中国社会科学年鉴

中国宗教研究年鉴 2013

YEARBOOK OF RELIGIOUS STUDIES IN CHINA

曹中建 主编
郑筱筠 执行主编

中国社会科学出版社

图书在版编目（CIP）数据

中国宗教研究年鉴．2013／曹中建主编．—北京：中国社会科学出版社，2015.4

ISBN 978－7－5161－5828－9

Ⅰ.①中…　Ⅱ.①曹…　Ⅲ.①宗教—研究—中国—2013—年鉴
Ⅳ.①B928.2－54

中国版本图书馆 CIP 数据核字(2015)第 063928 号

出 版 人　赵剑英
责任编辑　姜阿平等
责任校对　林福国
责任印制　张雪娇

出　　版　中国社会科学出版社
社　　址　北京鼓楼西大街甲 158 号（邮编 100720）
网　　址　http://www.csspw.cn
发 行 部　010－84083685
门 市 部　010－84029450
经　　销　新华书店及其他书店

印刷装订　三河市东方印刷有限公司
版　　次　2015 年 4 月第 1 版
印　　次　2015 年 4 月第 1 次印刷

开　　本　787×1092　1/16
印　　张　44.75
插　　页　2
字　　数　1142 千字
定　　价　188.00 元

目　录

第一篇　政策法规

第二篇　研究综述

第三篇　年度论文

第四篇　年度推荐论文

第五篇　年度著作

第六篇　年度人物

第七篇　年度新闻

第八篇　年度会议

第九篇　年度研究数据

第十篇　论文索引

第十一篇　年度信息

CONTENTS

I Policies and Regulations

II Research Overview

III Annual Papers

IV Annual Recommended Papers

VIII Annual Meetings

IX Annual Data for Studies

X Paper Index

XI Annual Information

第一篇

政策法规

国家宗教事务局发布2013年宗教工作十件大事

2014年1月7日中国宗教学术网

一　宗教教职人员认定备案率达98%

宗教教职人员认定备案是我局2010年确立的“两个专项”工作之一，是《宗教事务条例》确立的一项基本制度，也是宗教事务管理的基础性工作。2013年，我局加大对地方的指导和督察力度，对工作中存在的难点问题进行重点攻关，提出解决散居正一派道士以及基督教传道员认定备案有关问题的意见。经过3年多的努力，截至2013年底，宗教教职人员认定备案率达到98%，达到预定目标，此项工作的基本完成，对于实现宗教教职人员队伍的规范化管理打下了坚实的基础。

二　宗教活动场所财务监管验收达标率91.3%

宗教活动场所财务监督管理是我局2010年确立的“两个专项”工作之一。2013年，我局大力推动宗教活动场所财务管理进一步规范化，继续加强小型宗教活动场所财务管理创新，协调解决宗教活动场所开立单位银行账户中存在的问题。经过3年多的努力，截至2013年底，宗教活动场所财务监督管理验收达标率达到91.3%。此项工作的基本完成对于实现宗教活动场所的规范化管理奠定重要基础，也对贯彻条例起到了破点带面的作用。

三　基本实现社保体系对宗教教职人员的全覆盖

为落实中央五部委《关于妥善解决宗教教职人员社会保障问题的意见》，2010年，我局部署各地开展宗教教职人员社保工作。2013年，我局加大督促力度，对一些省（区、市）社保工作进度提出要求；继续指导解决宗教教职人员纳入社保工作中存在的难点问题。截至2013年底，在自愿原则基础上，宗教教职人员医疗保险参保率达到96.5%，养老保险参保率达到89.6%。实现社保体系对宗教教职人员的全覆盖，使宗教教职人员像其他公民一样共享改革发展的成果。

四　举办佛教生命观研讨会

为配合开展反自焚专项斗争，在我局指导下，中国佛教协会于1月16日至17日在四川成都举办“佛教生命观研讨会”。中国佛教三大语系的代表围绕“慈心悲愿善待生命”

的主题，以佛教经典教义教规为依据，阐发佛教慈悲为怀、珍爱生命的理念，从正面澄清和驳斥达赖集团蛊惑、煽动自焚的谬论及行为，起到了弘扬正信正见的成效。会后，我局组织编写并出版汉藏文对照的《佛教生命观研讨会论文集》3.5万册，免费发送藏区。指导和协助中央人民广播电台、中央电视台分别制作专题片，在藏传佛教寺庙以及藏族群众中进行宣传教育，扩大了会议后续宣传效果。

五 召开朝觐工作会议

9月4日，中央统战部和我局在北京召开朝觐工作会议。会议总结十年朝觐工作经验，分析当前朝觐工作面临的形势，部署当前和今后一个时期朝觐工作任务。刘延东同志出席会议并讲话。会议顺应朝觐工作重点的转移，提出了朝觐工作重点由制止零散朝觐为主转为做好朝觐事务管理服务的明确要求。公安部等16个朝觐工作联席会议成员单位、我驻沙使领馆，新疆等15个省（区、市）和新疆生产建设兵团党委统战部、宗教工作部门以及中国伊斯兰教协会有关负责人100余人参加会议。这次会议是继1998年、2003年之后又一次召开的朝觐工作重要会议。

六 召开中国基督教第九次全国代表会议

9月8日至11日，中国基督教第九次全国代表会议在北京召开。会议总结过去五年的工作，提出今后工作任务和目标，通过“发挥正能量，共圆中国梦”的倡议书以及“抵制异端、反对邪教”的决议，并首次以无记名投票方式选举产生新一届常委和领导班子。中共中央政治局常委、全国政协主席俞正声在人民大会堂会见全体代表。来自全国30个省（市、区）的基督教界代表共312人参加会议。

七 以“教风”为主题开展和谐寺观教堂创建活动

12月17日，中央统战部和我局在北京联合召开第二届全国创建和谐寺观教堂先进集体和先进个人表彰大会，对300个先进集体和161名先进个人进行了表彰。按照“动态创建、不断创新、不断提高”的要求，2013年我局以“教风”为主题持续开展和谐寺观教堂创建活动，激发了创建活动的生机和活力，充分发挥了宗教界的主体作用，使主题创建活动成为促进宗教关系和谐的重要途径、引导宗教界加强自身建设的重要平台和新形势下做好宗教工作的重要载体。

八 命名第二批宗教界爱国主义教育基地

评选命名宗教界爱国主义教育基地，是为深入贯彻党的宗教工作基本方针，表彰各宗教为国家、民族作出的突出贡献而搭建的教育平台。我局继2011年开展第一批命名活动之后，2013年在各地政府宗教工作部门、宗教团体和宗教活动场所大力支持下，经严格审核、征求意见、网站公示，从各地推荐的198处宗教活动场所中，评选出北京市白云观等24处，命名为第二批宗教界爱国主义教育基地，并编写出版了《同心共筑中国梦——

第二批宗教界爱国主义教育基地事迹》图书。这些场所均为新中国成立前与中国共产党同心同行方面有突出事迹，以及在推动中华文化形成发展方面有重要影响的宗教活动场所。

九　编写出版《中国特色社会主义宗教理论学习读本》

为使广大党员干部更好地学习和掌握中国特色社会主义宗教理论，我局党组理论学习中心组编写了《中国特色社会主义宗教理论学习读本》，作为国家出版基金项目社会主义核心价值体系建设“双百”出版工程重点出版物，由宗教文化出版社出版。全书分五个部分九章，共15万字，系统阐述了中国特色社会主义宗教理论的形成、中国共产党关于中国宗教问题的基本理论和基本观点、处理宗教问题的基本方针、党对宗教工作的基本要求，以及正确认识和妥善处理宗教问题的组织保障等问题，为广大党员干部坚持马克思主义宗教观，用中国特色社会主义理论体系武装头脑提供了重要参考。

十　举办两岸基督教论坛

为进一步深化对台宗教交流，8月27日至9月1日，基督教全国两会与台湾基督教界首次在台举办两岸基督教论坛，260多位基督教界代表参加，在台湾基督教界引起强烈反响，在海外基督教界也引起广泛关注，成为两岸宗教交流中新的亮点和平台。论坛客观介绍了大陆基督教发展现状，反映了大陆改革开放以来宗教信仰自由政策落实的成果，展现了大陆教牧人员良好的素质与形象。同时，进一步增进了两岸基督教界的了解与感情，实现了两岸宗教领域交流的新突破。

（文章来源：国家宗教事务局办公室）

国家宗教事务局关于继续开展“宗教慈善周”活动的通知

各省、自治区、直辖市政府宗教事务局、民宗委（厅、局），新疆生产建设兵团民宗局，各全国性宗教团体，中华基督教青年会、女青年会全国协会：

去年，为深入贯彻落实中央六部门《关于鼓励和规范宗教界从事公益慈善活动的意见》，促进宗教公益慈善事业健康有序发展，我局推动宗教界首次开展了“宗教慈善周”活动。通过广泛开展各类公益慈善活动，宗教界服务社会的意识进一步增强，从事的公益慈善活动进一步规范，宗教公益慈善的社会效益进一步提升，受到社会各界的一致好评。今年，我局将在总结去年活动开展情况的基础上，继续推动宗教界开展“宗教慈善周”活动。现将有关事宜通知如下：

一　总体要求

组织开展“宗教慈善周”活动，要同深入贯彻党的十八大精神结合起来，同深化中国梦宣传教育活动、服务于五位一体的总布局和全面建成小康社会的目标要求结合起来，引领宗教界为实现中华民族伟大复兴释放正能量。

（一）加强组织领导。各级宗教工作部门要充分认识到，举办“宗教慈善周”活动是引导宗教界发挥积极作用的有效途径和重要载体，是宗教工作的新亮点。要把举办“宗教慈善周”活动摆上重要议事日程，高度重视，周密部署，及早谋划，认真编制活动方案，落实各项保障措施，切实把活动抓实办好。

（二）深化细化主题。“慈爱人间，五教同行”，体现了宗教公益慈善的精神，已为宗教界广泛接受，仍是今年“宗教慈善周”活动的主题。各地、各宗教可在这一主题下，结合本地区、本宗教的实际情况和自身特点，细化深化主题，体现自身特色。

（三）灵活掌握时间。每年安排一周时间，集中开展宗教公益慈善活动，有利于集中展示慈善活动成果，形成聚集效应。但同时也发现，统一“宗教慈善周”时间，与一些地方宗教界开展公益慈善活动的时间节点不一致。因此，今年原则上仍安排在9月第3周（9月16日至22日），各地也可从本地区实际出发，从有利于动员宗教界积极参与的角度，自行确定“宗教慈善周”活动时间。

二　丰富活动内容

（一）举行各类公益慈善活动。要根据本地区公益慈善的需求，积极为公益慈善事业捐款捐物，设立公益慈善项目，搭建平台、创新载体，主动作为、量力而行，因地制宜地开展形式多样、丰富多彩的公益慈善活动，自觉服务于本地区经济社会发展的需要。

（二）举行学习宣传活动。要认真学习中央六部门《关于鼓励和规范宗教界从事公益慈善活动的意见》，学习我局编写的《宗教界从事公益慈善活动相关政策法规汇编》，提高宗教界对相关政策法规的认知和了解。要加强典型宣传，起到示范带动作用，进一步发挥“宗教慈善周”在宣传动员和教育引导方面的作用。

（三）举行交流座谈活动。要通过举办交流会、座谈会和现场会等方式，总结经验，树立典型，加强交流，提高宗教界开展公益慈善活动的能力和宗教工作干部管理服务宗教公益慈善活动的水平。

三　把握几个关系

（一）要把握好管理与服务的关系。既要帮助宗教界解决开展公益慈善活动过程中遇到的问题和困难，为宗教界提供良好服务，又要依法加强对宗教界公益慈善活动的监督和管理，推动宗教公益慈善活动走现代化、专业化和规范化道路。

（二）要把握好政府宗教事务部门与宗教界的关系。理顺政府宗教事务部门、宗教团体、宗教活动场所及宗教公益慈善组织间的关系，明确各方定位，切实防止包办代替，坚决杜绝强制摊派，决不允许滋生腐败现象。

（三）要把握好经常性与集中性的关系。宗教公益慈善重在平时，既要把握活动规律，注重对宗教公益慈善活动的日常引导，以面促点，整体推进宗教公益慈善工作，又要通过集中开展“宗教慈善周”活动，形成规模效应，以点带面，树立宗教公益慈善的良好形象。

请于活动结束后，尽快将总结以文字和图片形式报送我局政法司，最晚于10月底前报送。

国家宗教事务局

2013年5月31日

民政部、国家发展和改革委员会、公安部、司法部、财政部、国家卫生和计划生育委员会、国家宗教事务局《关于进一步做好弃婴相关工作的通知》

各省、自治区、直辖市民政厅（局）、发展改革委、公安厅（局）、司法厅（局）、财政厅（局）、卫生厅局（卫生计生委）、人口计生委、宗教事务局，新疆生产建设兵团民政局、发展改革委、公安局、司法局、财务局、卫生局、人口计生委、民宗局：

弃婴是全社会最弱势的特殊群体。近年来，各地区各部门以及社会各界在弃婴救助和保护方面做了许多卓有成效的工作，绝大多数弃婴得到了妥善安置和生活保障。但是必须看到，弃婴现象仍屡禁不止，弃婴安置和救治保障体系仍不健全，保障弃婴的基本生活和生命安全仍需要做大量艰苦细致的工作。为深入贯彻落实以人为本的执政理念和儿童优先的原则，维护弃婴合法权益，促进弃婴健康成长，现就进一步做好弃婴相关工作通知如下：

一　切实做好弃婴的接收、体检、户籍登记和抚育工作

（一）做好弃婴接收工作。公民发现弃婴后，要第一时间向所辖社区居民委员会或村民委员会通报，及时依法向当地公安机关报案，不得自行收留和擅自处理。公安机关要做好查找弃婴的生父母和其他监护人的工作，对查找不到生父母和其他监护人的，出具弃婴捡拾证明，送民政部门指定的儿童福利机构临时代养并签订协议。儿童福利机构要及时发布寻亲公告，公告期满后，仍查找不到生父母和其他监护人的，经主管民政部门审批后，办理正式进入儿童福利机构的手续。

（二）做好弃婴体检和救治工作。对公安机关移送的弃婴，儿童福利机构要及时送卫生部门指定的医疗机构进行体检和传染病检查，并出具体检表。对患病弃婴，医疗机构要按照“先救治、后结算”的原则，积极予以救治，出院时医疗机构要出具治疗证明。

（三）做好弃婴户籍登记工作。儿童福利机构应持弃婴入院登记表、公安机关出具的弃婴捡拾证明等相关材料，及时到当地公安机关办理户籍登记。

（四）做好弃婴的抚育工作。对办理正式入院手续的弃婴，儿童福利机构要按照国务院办公厅《关于加强孤儿保障工作的意见》（国办发〔2010〕54 号），做好抚育工作。

二　着力解决当前民办机构和个人收留弃婴的问题

（一）已收留弃婴的民办机构，应达到社会福利机构设置的基本标准，配置儿童成长必需的抚养、医疗、康复、教育等功能设施，配备与所承担工作和所提供服务相匹配的护

理人员，建立健全符合国家消防安全和卫生防疫标准的制度等。对具备上述基本条件并与民政部门合办的，要严格按照双方签订的协议，加强日常管理，强化监督责任，依法依规开展工作；对具备上述基本条件未与民政部门合办的，民政部门要与其签订代养协议，明确责任，加强业务指导和规范管理；对具备上述基本条件但既不同意合办又不签订代养协议的，或不具备上述基本条件的，民政部门要会同公安等有关部门责令其停止收留活动，并将收留的弃婴一律送交民政部门设立的儿童福利机构收留抚养。

关于宗教界收留的弃婴，由民政部、国家宗教事务局在调研基础上，另行制定相关意见，加强引导，规范管理。条件成熟的，由地方民政部门商同级宗教事务部门提出稳妥处理意见，先行一步。

（二）已私自收留弃婴的个人，收留人有收养意愿且符合《中华人民共和国收养法》及相关法律政策规定的，依法办理收养登记。收留人有收养意愿但不符合相关法律政策规定的，收留人常住户口所在地的乡（镇）人民政府、街道办事处应当动员其将弃婴送交当地儿童福利机构抚养，同时为收留人看望弃婴、奉献爱心、开展志愿服务提供优先和便利条件；若收留人坚持自行抚养又符合家庭寄养条件的，当地儿童福利机构可与其签订家庭寄养协议，并参照《家庭寄养管理暂行办法》指导和监管。

（三）对利用弃婴牟利或从事违法活动的机构和个人，要严厉打击。构成犯罪的，要依法追究其刑事责任。

三　不断加强弃婴源头治理工作

（一）加强对《中华人民共和国刑法》、《中华人民共和国治安管理处罚法》、《中华人民共和国婚姻法》、《中华人民共和国未成年人保护法》和《中华人民共和国收养法》中关于遗弃婴儿属于违法行为的宣传普及，提高儿童特别是残疾儿童的生父母及监护人的守法意识，营造呵护婴儿光荣、遗弃婴儿可耻的社会氛围。

（二）依据《中华人民共和国刑法》、《中华人民共和国残疾人保障法》和《中华人民共和国收养法》，打击和制止弃婴现象。加强技术防范、技术查询工作，对遗弃婴儿的当事人依法予以惩处。充分发挥民政助理员或基层社区工作人员、儿童福利督导员的作用，加强社区弃婴问题的监督管理，发现弃婴问题及时报案，积极协助弃婴捡拾人办理报案、移送等相关手续。

（三）依据《国务院关于批转中国残疾人事业“十二五”发展纲要的通知》（国发〔2011〕13号）要求，有条件的地方在开展一户多残、老残一体等困难残疾人生活补助试点和重度残疾人护理补贴试点工作中，统筹考虑残疾儿童保障问题，切实减轻生育和养育残疾婴儿家庭的经济负担。

四　落实相关部门职责，形成工作合力

民政部门要发挥做好弃婴相关工作的主导作用，协调有关部门健全弃婴的接收、救治、安置机制，加强对各类儿童福利机构以及弃婴收养工作的指导和管理，提高弃婴的养育质量和抚育水平。发展改革部门要根据儿童福利事业发展需要，推动儿童福利机构设施建设。公安机关要积极主动为弃婴办理相关手续，妥善做好弃婴接收、户籍办理等工作，

要积极查找弃婴和儿童的生父母和其他监护人，严厉查处打击遗弃婴儿等违法犯罪行为。司法行政部门要加大弃婴权益保护法律法规宣传力度，开展多种形式的法制宣传活动，指导公证机构依法办理收养公证。财政部门要加大资金支持力度，保障儿童福利工作相关经费支出。卫生计生部门要加强对医疗保健机构的指导，指定条件较好的医院作为弃婴救治、体检的医疗机构，明确费用结算办法，配合相关部门做好弃婴的救治工作，并全面掌握辖区内居民的家庭成员情况和育龄人员的生育情况。宗教事务部门要配合相关部门做好引导和规范宗教界收留弃婴相关工作。

自本通知下发之日起，社会力量兴办以孤儿、弃婴为服务对象的社会福利机构，必须与当地县级以上人民政府民政部门共同举办。严禁任何机构和个人私自收留弃婴。

民政部　国家发展和改革委员会
公安部　司法部　财政部
国家卫生和计划生育委员会　国家宗教事务局
2013 年 5 月 14 日

国家宗教事务局关于印发《国家宗教事务局工作规则》的通知

局机关各部门、各直属单位：

《国家宗教事务局工作规则》已经2013年10月23日国家宗教事务局第6次局务会议审议通过。现予印发，请遵照执行。

附件：《国家宗教事务局工作规则》（2013年10月23日国家宗教事务局第6次局务会议通过）

国家宗教事务局

2013年10月29日

附件

国家宗教事务局工作规则

（2013年10月23日国家宗教事务局第6次局务会议通过）

第一章　总则

一、为了进一步提高国家宗教事务局各项工作的法治化、制度化和科学化水平，根据《国务院工作规则》及有关要求，结合工作实际，制定本规则。

二、国家宗教事务局工作的指导思想是，高举中国特色社会主义伟大旗帜，以邓小平理论、“三个代表”重要思想、科学发展观为指导，贯彻党的宗教工作基本方针，落实宗教事务条例，全面正确履行政府机构职能，努力建设职能科学、结构优化、廉洁高效、人民满意的服务型政府部门。

三、国家宗教事务局工作的准则是，执政为民，依法行政，实事求是，民主公开，务实清廉。

四、国家宗教事务局要坚持“保护、管理、引导、服务”的宗教工作理念，践行“尊重、包容、团结、合作”的机关核心价值理念。

第二章 领导职责

五、国家宗教事务局实行局长负责制，局长领导国家宗教事务局的全面工作。副局长协助局长工作。局领导要模范遵守宪法和法律，认真履行职责，为民务实，严守纪律，勤勉廉洁。

六、局党组书记召集和主持局党组会议，局长召集和主持局务会议、局长办公会议。工作中的重大事项，须经局党组会议、局务会议或局长办公会议讨论决定。

七、副局长按分工负责处理分管工作；受局长委托，负责其他方面的工作或专项任务，并可以代表国家宗教事务局对外参加活动；工作中的重要情况和重大问题，应当及时向局长报告。

八、局长出访、出差、脱产学习期间，由局长指定的副局长主持工作。副局长出访、出差、脱产学习期间，其分管的工作由局长或局长指定的其他副局长代管。

九、局机关各部门、各直属单位主要负责人领导本部门、本单位的全面工作，领导班子其他成员协助主要负责人开展工作。司级非领导职务受主要负责人委托，可以负责或协助某一方面的工作。

局机关各部门、各直属单位要各司其职，顾全大局，协调配合，切实维护团结统一、政令畅通，坚决贯彻落实国家宗教事务局各项工作部署。

第三章 全面正确履行职能

十、要加快推进职能转变，优化职能设置，提高行政效能，加强宏观管理，完善制度机制，形成权界清晰、分工合理、权责一致、运转高效、法治保障的机构职能体系。

十一、全面贯彻党的宗教信仰自由政策，保障公民的宗教信仰自由权利，维护宗教界合法权益，促进宗教关系和谐，保持宗教领域的和谐稳定。

十二、加强和改进依法管理，注重分析研判宗教领域的现状及动态，提出处理宗教领域问题的政策措施，健全完善宗教事务管理的法律法规体系，依法保护正常的宗教活动，制止非法的宗教活动。坚持独立自主自办原则，抵御境外利用宗教进行渗透。

十三、重视和加强正面引导，指导宗教团体依法依章开展活动，支持宗教团体加强自身建设，帮助宗教团体办好宗教院校，充分发挥宗教界人士和信教群众在经济社会发展中的积极作用，积极引导宗教与社会主义社会相适应。

十四、注重提供公共服务，帮助宗教界解决实际困难，推动社会各项公共服务延伸、覆盖到宗教团体、宗教活动场所和宗教教职人员。

第四章 坚持依法行政

十五、要维护宪法和法律权威，建设法治机关。按照合法行政、合理行政、程序正当、高效便民、诚实守信、权责统一的要求，行使权力，履行职责，承担责任。

十六、根据宗教法制建设情况和宗教工作实际需要，拟定部门规章和规范性文件，制定工作的五年规划和年度计划。

十七、根据宗教工作实际需要，适时提出宗教事务方面的行政法规草案，制定、修改或废止部门规章和规范性文件。

十八、起草行政法规草案和部门规章，要坚持科学民主立法，增强针对性、实效性，做到备而不繁，简明易行；要扩大公众参与，除依法需要保密的外，所有行政法规和部门规章的草案都要公开征求意见；要对行政法规和部门规章进行实施后评估，发现问题，及时完善。

十九、制定部门规章和规范性文件，必须符合宪法、法律、行政法规和国务院有关决定、命令的规定，严格遵守法定权限和程序，执行《国家宗教事务局规章和规范性文件制定程序规定》。涉及公众权益、社会关注度高的事项及重要涉外、涉港澳台侨的事项，须事先请示国务院。会同有关部门联合制定的重要部门规章及规范性文件，发布前须报经国务院批准。制定的部门规章须按照规定报国务院备案。

继续简政放权，深化行政审批制度改革。部门规章和规范性文件不得增设行政许可、行政处罚、行政强制等事项，不得违法增加公民、法人和其他组织的义务，在发布前须由局法制工作机构作合法性审查。

对于其他单位征求国家宗教事务局意见的法律、行政法规和部门规章草案，由局法制工作机构协调办理，局机关其他部门对涉及本部门业务的内容协助提出工作意见。

二十、按照行政许可规定，加强行政程序制度建设，明确实施行政行为应当遵循的方式、步骤、时限和顺序，规范宗教事务部门实施宗教事务管理的职能。

二十一、要严格执法，健全规则，规范程序，落实责任，强化监督，做到有法必依、执法必严、违法必究，公正执法、文明执法，维护公共利益、人民权益和社会秩序。

第五章　实行科学民主决策

二十二、要健全完善重大决策程序规则，实行科学决策、民主决策和依法决策，把公众参与、专家论证、风险评估、合法性审查和集体讨论决定作为重大决策的必经程序，增强透明度和公众参与度。

二十三、凡事关全局的宗教政策法规、工作规划、工作部署、领导重要讲话、重要会议、上报中央的重要意见建议和财务预决算等重大事项，由局务会议讨论和决定。

二十四、凡做出重大决策和制定政策法规，都必须经过深入调查研究，并视情经研究、咨询机构等进行合法性、必要性、科学性、可行性和可控性评估论证；要充分听取相关部门、地方宗教事务部门、各全国性宗教团体的意见；涉及重大社会公共利益和信教群众切身利益、容易引发社会稳定问题的，要进行社会稳定风险评估，并采取多种形式听取各方面意见。

二十五、局机关各部门的重要事项须集体研究，并向分管副局长请示、报告。各直属单位实行法定代表人负责制，涉及业务工作中的重要事项，应当征求局机关相关部门意见，向分管副局长请示、报告。

二十六、要建立健全决策跟踪反馈和责任追究制度。局机关各部门、各直属单位必须坚决贯彻落实国家宗教事务局的决策部署，及时跟踪和反馈执行情况，实行责任追究。

第六章 推进政务公开

二十七、要深化政务公开，完善各类办事公开制度，健全信息发布制度，推进行政权力行使依据、过程、结果公开，提高宗教工作透明度。

二十八、凡涉及公共利益、公众权益、需要广泛知晓的事项和社会关切的事项以及法律和国务院规定需要公开的事项，均应通过政府网站、新闻发布会以及报刊、广播、电视、网络等方式，依法、及时、全面、准确、具体地向社会公开。

二十九、建立健全信息公开工作机制、依申请公开的受理机制、信息发布协调机制和保密审查机制，建立和完善信息公开工作考核制度、政务信息报送制度、社会评议制度和责任追究制度，保障信息公开工作规范运行。

三十、健全完善新闻发言人制度，加大召开新闻发布会力度，及时、主动向社会通报重要工作信息和重大决策事项。

三十一、加强电子政务建设，提升国家宗教事务局门户网站服务功能，强化网上行政监督，畅通与社会公众的互动渠道，提供更多网上查询、办事和便民服务。

第七章 健全监督制度

三十二、自觉接受全国人大及其常务委员会的监督；自觉接受全国政协的民主监督，虚心听取意见和建议。认真办理全国人大代表建议和全国政协委员提案。

三十三、依照有关法律的规定，接受人民法院依法实施的监督，做好行政应诉工作，尊重并自觉履行人民法院的生效判决、裁定；自觉接受监察、审计等部门的监督。对监督中发现的问题，要认真整改并向国务院报告。

三十四、严格执行行政复议法，加强行政复议指导监督，纠正违法或不当的行政行为，依法及时化解行政争议。

三十五、接受社会公众和新闻舆论的监督，认真调查核实有关情况，及时依法处理和改进工作。重大问题要向社会公布处理结果。

三十六、重视信访工作，通过来信来访听取群众的意见和建议，进一步完善信访制度，畅通和规范群众诉求表达、利益协调、权益保障渠道。局领导要亲自阅批重要的群众来信，督促解决重大信访问题。

三十七、推行绩效管理制度和行政问责制度，设立局长督办项目，加强对重大决策部署落实、部门职责履行、重点工作推进以及自身建设等方面的考核评估，健全纠错制度，严格责任追究，提高公信力和执行力。

第八章 工作安排布局

三十八、加强工作的计划性、系统性和预见性，制定年度工作安排，并根据形势和任务的变化及时作出调整。

三十九、根据党中央、国务院的年度工作安排提出局年度工作要点和重点任务，确定需要研究制定的政策法规、召开的系统全国性会议和重要工作等事项。

四十、局机关各部门、各直属单位要根据局年度工作要点和重点任务，研究制定本部门、本单位的工作计划，明确具体的工作进度和措施。

每年年中，对照年度工作要点，总结上半年工作，研究部署下半年工作。

每年年底，结合年终总结，形成年度工作报告，交局办公室汇总。

第九章　会议制度

四十一、国家宗教事务局实行党组会议、局务会议、局长办公会议制度。

四十二、局党组会议由局党组书记或局党组书记委托的局党组成员召集和主持，出席人员为局党组全体成员。必要时可根据会议研究的议题安排有关人员列席，列席人员名单由局党组书记审批。

局党组会议的主要任务是：传达学习中央重要决策部署、重要会议、重要文件和中央领导重要讲话、指示批示精神，研究提出贯彻落实举措；研究宗教事务管理方面的重要决策部署、干部人事安排及奖惩、机关党的建设、领导班子建设等工作；其他需要局党组集体讨论决定的重要事项。

四十三、局务会议由局长、副局长和局机关各部门、各直属单位主要负责人参加，局长主持。

局务会议的主要内容是：传达学习党中央、国务院的重大方针政策和重要指示、决定；讨论研究中央领导交办的重大事项；研究落实局党组会议精神；研究决定上报党中央、国务院的重要工作意见、建议、报告；决定和部署全局的重要工作；讨论通过以局名义发出的部门规章、决定和其他重要文件；讨论通过局工作总结和工作要点；其他需要局务会议讨论、研究、决定的事项。

四十四、局长办公会议成员为局长、副局长，由局长或局长委托的副局长召集和主持，根据需要可安排局机关有关部门、有关直属单位负责人及有关工作人员列席会议。局办公室主任列席会议。

局长办公会议的主要任务是，讨论、研究、审议决定重要工作安排部署、内部管理、经费预算和大额度资金使用、基础建设项目、大宗物品采购等事项，以及其他需要局领导班子集体讨论研究或需要提交局务会议讨论和决定的重要事项。

四十五、局党组会议的议题由局党组书记审定，会议纪要由局党组书记审批。局务会议和局长办公会议的议题由局长审定，会议纪要由局长审批。需要提交书面材料的议题由所涉部门、单位提前准备。

四十六、局党组成员因故不能出席局党组会议，应提前向局党组书记请假。列席人员请假，由局党组秘书向局党组书记报告。

副局长不能参加局务会议和局长办公会议的，应提前向局长请假。局机关各部门、各直属单位主要负责人不能参加局务会议的，应提前向局长请假，并指定一名本部门、本单位负责人参加会议。列席局长办公会议人员请假的，由局办公室向局长报告。

四十七、会议召开前，要充分准备，严格审批。要贯彻精简、高效、节约的原则，减少会议数量，尽量压缩会期，控制会议规模，提高效率和质量，重在解决实际问题。鼓励召开视频会议。

召开系统全国性会议，要报国务院审批，每年不超过 1 次。召开专项工作会议以及局机关各部门、各直属单位召开工作会议，要制定年度计划，确定数量，严格报批。局办公室对会议活动进行统筹协调，各类会议活动经费要全部纳入预算管理。严格控制和规范国际会议、论坛、庆典等活动。

第十章　公文处理

四十八、处理各类公文要符合《党政机关公文处理工作条例》的规定。公文处理工作要坚持实事求是、准确规范、精简高效、安全保密的原则。

四十九、局机关各部门、各直属单位起草的公文须经其主要负责人或主持工作的负责人审核，重要公文须送局办公室按照公文处理的规定进行审核。涉及局内其他部门业务的，须主动与相关部门沟通协商。

五十、国家宗教事务局令由局长签发。国家宗教事务局文（函）件、电报、国家宗教事务局办公室文（函）件由局长或者分管副局长签发。以国家宗教事务局党组、国家宗教事务局名义上报党中央、国务院的文件，由局党组书记、局长签发；局党组书记、局长外出时，由局党组书记、局长委托局党组成员、副局长签发。

与其他部门联合发文，由局长或者分管副局长签发。

五十一、除以局办公室名义外，局机关各部门一般不得以本部门的名义对外正式行文。确有需要的，须经局长或分管副局长批准。

五十二、国家宗教事务局接收的公文，由局办公室进行分类，阅知性公文根据公文内容、要求和工作需要确定范围后分送，批办性公文按照所涉业务内容分办处理，存在分歧的，报分管副局长批办。

五十三、严格控制发文数量。凡法律、行政法规已作出明确规定的，一律不再制发文件。缺乏实质内容、可发可不发的文件简报，一律不发。

第十一章　工作纪律

五十四、国家宗教事务局工作人员要坚决贯彻执行党和国家的路线方针政策和各项工作部署，严格遵守纪律，有令必行，有禁必止。

五十五、发布涉及政府重要工作部署、经济社会发展重要问题、与群众利益密切相关事项的信息，要经过严格审定，重大情况要按照规定向国务院报告。

五十六、以国家宗教事务局名义发表文稿或重要讲话，须报局党组批准。到地方宗教事务部门或宗教界代表国家宗教事务局发表讲话或表态，须报局领导审批。任何人不得发表违背党和国家宗教政策和法律法规的言论。

五十七、严格执行请销假制度。局长离京外出，应事先向国务院办公厅报告。副局长和局机关各部门、各直属单位主要负责人离京出访、出差和休假，应事先报告局长；局机关各部门、各直属单位其他负责人离京出访、出差和休假，应事先报告分管副局长。

五十八、严格执行国家宗教事务局接受新闻媒体采访工作制度和突发事件舆情应急处理工作制度。未经批准，不得以公职身份向新闻媒体发表谈话或接受采访。

五十九、严格遵守保密纪律和外事纪律，严禁泄露国家秘密、工作秘密等，坚决维护国家的安全、荣誉和利益。

第十二章　廉政和作风建设

六十、严格执行《十八届中央政治局关于改进工作作风、密切联系群众的八项规定》以及《国家宗教事务局关于贯彻落实〈十八届中央政治局关于改进工作作风、密切联系群众的八项规定〉的实施办法》，切实加强廉政建设和作风建设。

六十一、从严治政，对职权范围内的事项要按程序和时限积极负责地办理，对不符合规定的事项要坚持原则不得办理；对因推诿、拖延等官僚作风及失职、渎职造成影响和损失的，要追究责任；对越权办事、以权谋私等违规、违纪、违法行为，要严肃查处。

六十二、严格执行财经纪律，艰苦奋斗、勤俭节约，坚决制止奢侈浪费，严格执行住房、办公用房、车辆配备等方面的规定，严格控制差旅、会议经费等一般性支出，切实降低行政成本，建设节约型机关。

严格控制因公出国（境）团组数量和规模。规范公务接待工作，不得违反规定用公款送礼和宴请，不得接受下属单位及地方的送礼和宴请。

六十三、廉洁从政，严格遵循《国家宗教事务局工作人员与宗教界交往中的禁止行为》规定。领导干部要严格执行重大事项报告制度，不得利用职权和职务影响为本人或特定关系人谋取不正当利益；不得违反规定干预或插手宗教组织的工程建设等活动；加强对亲属和身边工作人员的教育和约束，决不允许搞特权。

六十四、局领导和局机关各部门、各直属单位负责人要做学习的表率。要通过局党组理论学习中心组集体学习、举办银安论坛和宗教工作论坛等方式，营造学习氛围，落实学习制度，建设学习型机关。

六十五、健全调研制度，提高调研实效，坚持开展“四深入”（深入信教群众、深入宗教教职人员、深入宗教活动场所、深入宗教团体）调研活动，围绕宗教领域存在的突出问题进行调研，注重研究和解决实际问题。要严格控制陪同人员数量，不搞层层多人陪同。要简化接待工作，减轻地方负担。除工作需要外，不到名胜古迹、风景区参观。

六十六、除统一安排外，局领导和局机关各部门、各直属单位负责人不出席宗教界举办的各类纪念活动以及与工作职责无关的各种研讨会议，不为这些会议活动发贺信、贺电，不题词，把时间和精力更多用于研究问题、推动工作。

第二篇

研究综述

2013年度马克思主义宗教观研究综述

曾传辉　王　静

2013年马克思主义宗教观学科话语异常活跃，热点突出，现实感强；同时学科基础研究有一些新成果问世。马克思主义宗教观研究在具有中国特色的哲学社会科学话语体系的构建方面贡献明显，是构建有中国特色的宗教学话语体系的主要推动力。

2013年，在政界、学界的不断努力下，马克思主义宗教观研究围绕马克思主义经典作家论著研究、马克思主义宗教观基本理论问题研究和中国宗教政策研究，联系当今国际国内的实际，采取开放开明的态度，在发展具有中国特色、中国风格、中国气派的宗教学话语链条上，继续延伸。

一　本年度国内外学科发展最新动态及代表作品

据我们收集到的资料来看，2013年马克思主义宗教观方面的理论成果在数量方面保持了可喜的产出。在《中国学术文献网络出版总库》中按主题为"马克思"和"宗教"，以及"中国共产党"和"宗教"进行搜索，时间设定为2013年1月1日—2013年11月30日，分别筛出266和91项成果。为了避免遗漏，我们今年增加了重要作者索引，将本学科代表性的作者发表的作品找出来，去重补缺。同时，计入没有进入此数据库的学术论文集中已公开出版的文章。再排除未公开发表和重复计算的学位论文和会议论文等作品，以及人工排除部分内容相关性不大的作品，2013年度国内共发表有关马克思主义宗教观研究类文章大约200余篇，与2012年度该题材类文章数量大致相当。从数量统计来看，本学科保持了稳步发展的趋势。

本年度国内相关学科出版了10余本专著、译著和论文集，现分别介绍。

1.《中国特色社会主义宗教理论学习读本》

国家宗教事务局党组理论学习中心组编，宗教文化出版社2013年12月第1版，15万字。该书《引言》指出："中国特色社会主义宗教理论，是我们党把马克思主义宗教观基本原理同当代中国宗教实际和时代特征相结合，正确认识和妥善处理改革开放和社会主义现代化建设中的宗教问题的理论政策体系，是中国特色社会主义理论体系的组成部分。"①该书分章就马克思主义宗教观及中国特色社会主义宗教观理论，中国宗教问题的特征（"三性"），宗教工作的基本方针（尊重和保护宗教信仰自由、依法管理宗教事务、坚持

① 国家宗教事务局党组理论学习中心组编：《中国特色社会主义宗教理论学习读本》，宗教文化出版社2013年版，第1页。

独立自主自办的原则和积极引导宗教与社会主义社会相适应等四句话，每句一章），发挥宗教界的积极作用，加强党对宗教的领导，最后是结束语：发挥宗教正能量，助力实现中国梦。概括了改革开放以来党的历届领导集体在宗教工作方面的理论思想和方针政策。该书由国家宗教事务主管部门组织编写出版，对阐述中国特色社会主义宗教理论具有权威性，同时简洁明了，要言不繁，具有很强的时代感、针对性和可操作性。

2.《宗教学讲义》

任继愈著，国家图书馆出版社2013年8月第1版，16万字。该书是任继愈先生20世纪80年代在北京大学给宗教专业本科生讲课的讲义的一部分。该讲义本来准备出版，由于种种原因，未能整理完毕。已经整理出来的这一部分，曾经先生本人修改和审定，其中个别章节，曾被作者编入《念旧企新》一书。其他部分，任先生逝世后，曾被编入《任继愈宗教论集》，由中国社会科学出版社出版。这次结集成册，独立出版，方便读者阅读和研究。本书对研究我国马克思主义宗教学的发展历程具有重要的史料价值，对今天我们应当如何认识宗教、如何开展宗教研究也颇有教益。

3.《东正教与俄罗斯社会》

张雅平著，社会科学文献出版社2013年11月第1版，29万字。该书对东正教与俄罗斯民族国家的深厚渊源、苏联时期政教关系、新时期俄罗斯的政教状况进行了回顾与分析，指出俄罗斯民族既崇拜神灵又崇拜权威的特殊个性。作者对苏联宗教政策流变脉络的梳理和俄罗斯宗教现状的介绍，建立在大量一手资料和长期观察了解的基础之上，学术原创性强。

4.《新中国宗教工作史》

段德智著，人民出版社2013年5月第1版，44万字。该书是教育部哲学社会科学研究重大课题攻关项目“境外宗教渗透与我国意识形态安全战略研究”的一项重要成果。由中共十八届中央委员、中央社会主义学院党组书记及第一副院长、全国政协常委叶小文作序推荐。叶小文在序中指出：“段德智教授的新著……在对新中国宗教工作的曲折历程作出详尽考察的基础上，对党的宗教工作基本方针和中国特色的社会主义宗教观逐步趋于完善的过程做了生动的富有历史感的说明，对于新中国抵制境外势力利用宗教进行渗透……主要成就和基本经验也作出了具体、深入和动态的阐述。”①

5.《社会主义国家处理宗教问题的经验教训》

孟宪霞著，中国社会科学出版社2012年12月第1版，27万字。该书曾获中国博士后科学基金、教育部哲学社会科学研究重大攻关项目、国家社科基金项目资助，是各相关项目的阶段性成果。本书立意在总结社会主义国家处理宗教问题的经验教训，分别对苏联、中国、东欧八国，以及至今尚存的越南、老挝、朝鲜、古巴四个社会主义国家在处理宗教问题上的理论和政策进行分析，认为马克思主义宗教观有其形成、发展的历史，在各个社会主义国家的情况是“龙生九子，各有不同”，与本国国情和国际政治形势变化都有密切联系。

6.《民族宗教问题与国家安全》

李渤著，时事出版社2013年5月第1版，24万字。该书选取国家安全中的国内视角，从社会、政治、经济、文化、军事及外交几个方面来探讨民族宗教问题对国家安全所

① 段德智：《新中国宗教工作史》，人民出版社2013年版，第2—3页。

产生的影响。其内容涉及冷战后出现的民族宗教问题的理论内涵及实质；现代民族国家所产生的诸多民族宗教问题的形式或类型；国家内部不同民族共同体的矛盾、冲突对其政治认同及国家认同的影响，等等。

7.《马克思主义宗教观探究》

卓新平著，中华书局2013年11月第1版，30万字。该书是卓新平近些年来系统研究马克思主义经典作家关于宗教的论述而完成的一部专著，其中部分内容作为“马克思主义理论研究和建设工程”的马克思主义宗教观研究部分的成果上交到有关部门，但其大部分内容迄今尚未公开发表过。本书既反映马克思主义经典著作翻译的最新成果，又保证本课题研究的全面性和系统性。

除了专著以外，本年度的出版物中还有一些论文集和译著值得提及。论文集有4部，它们是：

卓新平主编：《马克思主义宗教理论研究（第1辑 2011）》，中国社会科学出版社2013年版；

曾传辉主编：《马克思主义宗教观研究（2011）》，社会科学文献出版社2013年版；

曾传辉主编：《马克思主义宗教观研究（2012）》，社会科学文献出版社2013年版；

李虎群、钱雪松主编：《法治文化视域中的宗教研究——第一届“宗教·法律·社会”学术研讨会论文集》，宗教文化出版社2013年版。

过去一年中还出版了2部对马克思主义宗教观思想渊源研究有重要意义的译著：

［德］列奥·施特劳斯著，杨丽等译：《霍布斯的宗教批判》，华夏出版社2012年版。

［德］列奥·施特劳斯著，李永晶译：《斯宾诺莎的宗教批判》，华夏出版社2013年版。

二 重要理论观点与热点问题

以习近平为总书记的党中央关于“两个100年”的奋斗目标和实现“中国梦”的号召，唤起了广大干部群众积极投身各行各业建设的激情，理论界、学术界努力对中国共产党以马克思主义为指导处理宗教问题的实践进行总结与反思。2013年国内学界有关马克思主义宗教观的理论热点主要围绕朱维群、卓新平的相关言论而展开。现将两人的观点分别加以概述。

（一）全国政协民宗委主任朱维群2013年言论要点

1. 关于我国宗教现阶段人口和历史特征问题

朱维群认为，我国宗教主要包括佛教、道教、伊斯兰教、天主教和基督教及民间信仰。佛、道教由于其吸纳信众方式的开放性，信徒不易统计。故不宜采用人口普查形式搞信教人数普查，因为对国家来说宗教信仰是公民的私事；我国信教群众中相当一部分信仰会发生改变；由国家给每个公民定一个“宗教身份”在政治上也不利。这个问题完全可以通过科学抽查方式解决。

从历史上看，我国宗教具有三个特征。一是国家与宗教关系上，国家政权高于宗教，总体上没有出现政教合一或政教相争的局面。二是宗教与宗教关系上，中国没有一教独大局面，宗教具有较强的包容性，彼此之间有一定的交融。三是我国多数人口没有系统的宗教信仰，信教群众也比较重视现世人生问题。中国宗教具有强烈的现实品格，较少狂热和极端。①

2. 关于“全面理解党的宗教工作基本方针”问题

朱维群指出，对于宗教的社会管理要分层次。对涉及国家利益和社会公共利益的宗教事务，由政府宗教工作部门实施行政管理，加强对宗教团体、活动场所和教职人员的引导和监督；宗教涉及其他社会公共领域的事务，尽可能纳入一般社会管理，由政府各主管部门负责，形成齐抓共管工作机制；宗教内部事务，由爱国宗教组织发挥管理主体作用，实行民主管理。

独立自主自办原则是我国独立自主的外交路线在宗教工作中的体现，其实质就是我国宗教团体和宗教事务不受外国势力的支配。当前，境外利用宗教对我国进行渗透的问题日益突出，境外基督教的渗透从东向西、从低文化层次向高文化层次蔓延；梵蒂冈极力利用“圣统制”操控我国天主教；伊斯兰极端主义派别向我国西部地区特别是新疆渗透；达赖集团利用藏传佛教破坏西藏稳定、分裂国家。渗透目的是操纵我国宗教，进而把宗教变成反对中国党和政府的政治力量。②

3. 关于“保持共产党人世界观的纯洁性”问题

朱维群强调，必须旗帜鲜明地坚持党员不能信教的原则。如果允许党员信教，那么就是允许党内两种世界观并存，这势必造成马克思主义指导地位的动摇和丧失，在思想上、理论上造成党的分裂；就等于允许一些党员既接受党组织的领导，又皈依于宗教人士的门下，接受各类宗教组织领导；党员信教，势必成为某一种宗教势力的代言人，一些地方将出现宗教徒管党的宗教工作的现象，就不可能平等地对待每一个宗教，不可能真正贯彻宗教信仰自由的政策，也根本不能指望这些人去抵御境外渗透，党的宗教工作将从根本上塌台。③

无神论是中国传统文化的基本精神，这一特点是我们党作为无神论政党而能如此自然地从人民中生长起来、得到人民长期支持、取得胜利并长期执政的重要原因。党要不断对党员进行辩证唯物主义和历史唯物主义的教育，要求党员划清唯物主义与唯心主义、无神论与有神论的界限，坚决抵制各种腐朽思想对党的世界观的侵蚀、渗透，并提出纪律要求。党员不仅要保持政治上、组织上、作风上的纯洁性，还应在世界观上保持纯洁性。④

（二）中国社会科学院世界宗教研究所所长卓新平 2013 年文章要点

1. 关于马克思主义宗教观研究的基本态度和科学方法

卓新平研究员指出，马克思主义宗教观是马克思主义理论体系的重要组成部分，是马克思主义在宗教认识及宗教研究上的具体体现，因而也是我们宗教工作和宗教研究的指导思想。在党中央的领导下，我们的宗教研究一直坚持马克思主义的指导，尤其是改革开放

---

① 朱维群：《全国政协民宗委主任朱维群谈对我国宗教特征和宗教工作的认识》，《人民政协报》2013 年 11 月 21 日。

② 同上。

③ 朱维群：《朱维群：我坚持认为共产党员不能信教》，《中国新闻周刊》2013 年 6 月 17 日。

④ 朱维群：《为什么不问苍生问鬼神——谈保持共产党人世界观的纯洁性》，《求是》2013 年第 18 期。

以来，马克思主义宗教观研究取得了巨大成就，这是我国宗教学发展与众不同的一个重要标志。科学地研究和运用马克思主义宗教观，是我们宗教研究领域对坚持马克思主义指导的贯彻落实。因此，突出和强调马克思主义宗教观，正是我们在宗教工作及研究领域对马克思主义指导的坚持。对此，我们必须旗帜鲜明。

在研究马克思主义宗教观的基本态度和科学方法方面，卓新平研究员提出了以下几点建议：第一，读马克思主义经典作家原著应系统、全面，对其科学体系有整体性把握；第二，对经典作家的理论思想要争取读懂、读透，不可一知半解，更不可误解歪曲；第三，学习经典作家的著作必须了解其社会历史的时空关联，从其社会背景来理解；第四，研究马克思主义的思想、观点应抓住其精神实质、科学方法；第五，应把马克思、恩格斯、列宁作为人类历史进程中的伟人来看待，不可将其"神化"；第六，学习马克思主义必须理论联系实际，具有解决中国问题的意识；第七，在学术研究中应尽力将马克思主义的基本理论与我们的研究工作有机结合；第八，关注马克思主义经典作家对宗教问题的专有研究，把握其基本观点；第九，必须认识到马克思主义宗教观的辩证性、实践性和开放性；第十，以科学发展观来看待并发展马克思主义宗教观。①

2. 关于建立中国特色的马克思主义理论体系

卓新平研究员认为将改革创新作为时代精神是非常重要的，因为我们的时代精神就是强调与时俱进。具体来说，马克思主义是引领我们的主流意识形态，我们要坚持马克思主义这面旗帜，但是我们一定要认识到，马克思主义理论体系是在西方文化体系中产生的，本来不是中国原汁原味、土生土长的东西，我们将之"拿来"并使其在中国"接地气"，在中国干出了一番伟大的事业。吸收作为世界文明优秀成果的马克思主义，体现了中华文明海纳百川的情怀，能以一种开放的心态接受外来优秀的文化成果。当然，我们毕竟有自己五千年的中华文明，这种文化自知和自觉使我们要有一个使马克思主义中国化的过程，要弄清马克思主义究竟是什么、马克思主义中国化该怎么做，这种与时俱进的时代精神就要体现在这个方面。

新一届国家领导人非常强调我们对中国精神文化体系要有自信，中国特色社会主义理论体系其实就是要在对马克思主义"跟着说""接着说"的基础上"自己说"，要发展出我们自己的话语体系来，这是一个创举、一项创新、一种与时俱进，同时也是对我们理论界、学术界提出的一个巨大任务。我们对之深有紧迫感和使命感，学术界、理论界的"中国梦"就是要把中国特色社会主义理论体系构建出来、发展完善，这是时代的召唤，而且对中国未来的发展与长治久安也是非常重要的。我们要走自己的路，不断开拓创新，如果只是跟随前人说的东西说下去，就没有自己的创意和发展。我们看到，马克思主义在发展的过程中，不但马克思有自己的表述体系，此后恩格斯、列宁、毛泽东、邓小平等都有自己的表述体系，体现出各自的原创精神。

在改革开放的过程中，理论界对中华民族自己的文化精神体系创建，对体现现代精神、现代意识的中国文化构设的研究还需要进一步提高。当前在文化建设中，人们实际上谈得更多的是文化产业，如果只把文化作为一个产业来看待，这就没有抓住重点及核心，文化应更多体现为文化精神，并将之作为更为重要的事业来加以推动。今天中国现代文化

---

① 卓新平：《科学研究马克思主义宗教观　发展中国宗教学——纪念毛主席诞辰120周年暨批示建立世界宗教研究所50周年》，《中国民族报》2013年8月6日第6版。

建设的理论构架还需要加以深入探讨。[①]

3. 关于中国宗教学的发展

卓新平研究员强调，根据毛主席和周总理的指示，我们研究宗教必须要了解世界宗教的知识，包括对各种宗教理论、现状和历史的研究，并应该深入到这些宗教的起源、教义、教派、经典等方面来展开系统、全面、深入的探究。在此，有必要在其学科上及理论上做如下分析和澄清：第一，宗教学是一门科学研究的学科，而不是“基督教神学”；第二，对宗教经典的搜集、整理和翻译是宗教资料研究的必要举措；第三，把宗教视为文化的有机构成反映了我国在认识宗教上的进步；第四，宗教学术对外交流是中国当代文化开放、文化“走出去”的重要举措；第五，当代中国“神学建设”具有积极意义，不能对“神学”作狭隘之解；第六，宗教学应该推动宗教的“中国化”，使之积极适应中国社会；第七，宗教学要为我们党和政府正确对待和处理宗教问题作贡献；第八，无神论研究是中国宗教学的有机组成部分，必须推动和加强。[②]

三　其他相关理论研究和观点介绍

2013年度，国内学界关于马克思主义宗教观研究的论文还涉及当代中国在马克思主义宗教观指导下的宗教工作、马克思主义宗教观对引导宗教与社会主义社会相适应发挥的作用、马克思主义宗教观基本理论研究等诸多方面。

1. 当代中国在马克思主义宗教观指导下的宗教工作

马克思主义是中国共产党的指导思想，因此，在中国共产党制定宗教政策、处理宗教事务时，马克思主义宗教观也就成为了中国共产党推进宗教工作的理论依据和科学方法。段德智在《新中国宗教工作的曲折历程、主要成就和基本经验》一文中首先回顾了六十多年来新中国宗教工作经历的四个发展阶段：积极探索阶段、蒙受挫折阶段、拨乱反正阶段和稳步推进阶段。文章指出，虽然这一发展历程是曲折的，但是中国共产党努力地将马克思主义宗教观的基本原理与实际的宗教工作相结合，在曲折中不断发展，积累了宝贵经验。这些经验总结起来主要有以下五点：首先，是坚持两条战线：既要反对右的倾向，又要反对“左”的倾向。其次，是坚持推进宗教工作的法治化。再次，是坚持“积极引导宗教与社会主义社会相适应”的工作方针。第四，是要充分认识宗教的长期性、群众性。最后，是要充分认识宗教的“特殊复杂性”。[③] 在这一曲折发展的历程中，中国特色社会主义宗教政策体系也随之逐渐形成。何虎生、濮灵在《中国特色社会主义宗教政策体系的层次分析》一文中对中国特色社会宗教政策体系进行了分析，并提出中国特色社会主义宗教政策体系由三个层面构成：当代中国的基本宗教政策、中国特有的宗教政策和有中国共产党党性特征的宗教政策。文章强调，对中国宗教政策的理解和执行，一定要注意层

---

① 卓新平：《实现“中国梦”要将个人抱负与国家命运相结合》，《中国社会科学报》2013年3月29日第A06版。

② 卓新平：《科学研究马克思主义宗教观　发展中国宗教学——纪念毛主席诞辰120周年暨批示建立世界宗教研究所50周年》，《中国民族报》2013年8月6日第6版。

③ 段德智：《新中国宗教工作的曲折历程、主要成就和基本经验》，《武汉科技大学学报》2013年第3期。

面、对象，这样才能更好地掌握宗教政策，做好党的宗教工作。[①] 谢添在《新民主主义革命时期党的宗教工作基本经验》一文中总结了新民主主义革命时期，中国共产党在领导革命和处理宗教问题过程中积累的丰富经验。即：必须坚持中国化马克思主义宗教观的指导，不断创新党的宗教理论；必须巩固和扩大党同宗教界的统一战线，坚持党对宗教工作的领导；必须坚持宗教政策服从和服务于党的总路线，积极引导宗教与新民主主义革命相适应。[②]

在当今中国与时俱进的发展形势下，方立天和张雪松在《发挥宗教界的积极作用，为共同实现中华民族伟大复兴而奋斗》一文中强调了党的宗教工作的重要地位和意义，即宗教工作是坚持中国特色社会主义政治发展道路的重要方面，充分调动和发挥宗教团体与信教群众的作用，进一步完善宗教管理体制，是创新社会管理、推进政治体制改革的重要组成部分，更是统一战线工作的内在要求。文章还进一步解释了“发挥宗教界人士和信教群众在促进经济社会发展中的积极作用”这一观点的重要含义，并提出我们要在中国特色社会主义社会中，发挥宗教界的积极作用，为共同实现中华民族伟大复兴的目标而奋斗。[③] 韩秉芳在《充分发挥宗教的正能量，积极促进社会安定和谐发展》一文中更是强调必须充分注重发挥宗教的正能量，让宗教信仰者们也为实现中华民族伟大复兴梦想的新时代贡献其不可或缺的力量。[④] 何虎生在《宗教工作理念是做好宗教工作的本质要求》一文中也强调了宗教工作理念的树立对于是否能够正确认识和理解宗教现象、处理宗教事务具有重要的意义。[⑤]

在马克思主义宗教观教育方面，李建生在《马恩列斯关于马克思主义宗教观教育的论述及其意义》中总结了马克思、恩格斯、列宁和斯大林关于马克思主义宗教观教育的论述，并对这些论述提出了思考。[⑥] 文章认为学会应用辩证法可以帮助我们灵活处理马克思主义宗教观教育面临的现实问题和思想困惑。何虎生、刘福军的《论马克思主义宗教观教育的主要内容》提出在境外敌对势力已把我国作为利用宗教进行渗透的重要目标的历史时期，如何全面贯彻落实党的宗教工作基本方针和宗教政策，积极引导人民群众正确认识和对待宗教问题，已成为当前我国马克思主义宗教观教育的重要战略任务。[⑦]

在当代中国宗教事务管理方面，方立天在《努力推进宗教与法律的良性互动》[⑧] 和《运用法治思维和法治方式推动宗教健康发展》[⑨] 中提出的一些观点比较具有挑战性。他认为，宗教存在的思想根源永远也不可能消除，因而“只要人类还存在，宗教就会存

① 何虎生、濮灵：《中国特色社会主义宗教政策体系的层次分析》，《苏州大学学报》2013 年第 3 期。

② 谢添：《新民主主义革命时期党的宗教工作基本经验》，《世界宗教文化》2013 年第 6 期。

③ 方立天、张雪松：《发挥宗教界的积极作用，为共同实现中华民族伟大复兴而奋斗》，《中国民族报》2013 年 1 月 15 日第 5 版。

④ 韩秉芳：《充分发挥宗教的正能量，积极促进社会安定和谐发展》，载曾传辉主编《马克思主义宗教观研究（2012）》，社会科学文献出版社 2013 年版。

⑤ 何虎生：《宗教工作理念是做好宗教工作的本质要求》，《中国宗教》2013 年第 3 期。

⑥ 李建生：《马恩列斯关于马克思主义宗教观教育的论述及其意义》，载曾传辉主编《马克思主义宗教观研究（2012）》，社会科学文献出版社 2013 年版。

⑦ 何虎生、刘福军：《论马克思主义宗教观教育的主要内容》，载曾传辉主编《马克思主义宗教观研究（2012）》，社会科学文献出版社 2013 年版。

⑧ 方立天：《努力推进宗教与法律的良性互动》，《中国民族报》2013 年 7 月 16 日第 6 版。

⑨ 方立天：《运用法治思维和法治方式推动宗教健康发展》，《中国民族报》2013 年 10 月 22 日第 7 版。

在"，这种观点数年前韩秉芳曾有过类似的表述①，与过去人们一般关于马克思主义宗教观主张宗教会自然消亡的理解相矛盾，值得进一步讨论；方立天同时认为，宗教随人类社会产生发展，人类文明总体上在不断前进，因此"从总体来看，宗教在人类社会历史上的进步作用是主要的，其阻碍历史前进的负面作用是次要的，分清宗教社会作用两重性的主次，还宗教历史的客观真实，具有重要的理论意义和实践意义"②，这种观点也颇具颠覆性，值得学术界重视并加以讨论。

2. 马克思主义宗教观对引导宗教与社会主义社会相适应发挥的作用

马克思主义宗教观是我们认知宗教、理解宗教的科学指导方法。朱晓明在《关于宗教的"两重性"》一文中提到了宗教具有"两重性"，认识和分析宗教的"两重性"可以有助于我们积极引导宗教与社会主义社会相适应。③ 李向平在《应当怎样理解和实践马克思主义宗教观》一文中认为理解马克思主义宗教观最要紧之处在于要把宗教问题转换为社会问题。在谈到科学理解和实践马克思主义宗教观时，文章进一步提出了四个具体层次：社会结构变迁了，宗教功能就会随之改变；革命曾经是改变宗教信仰的实践方式，而非改变宗教、消灭宗教的方式；执政党应当超越无神论与有神论的简单对立关系，把宗教信仰及其实践关系，转换为一种积极的社会资源和文化资源；宗教工作的法制化，实际上是政教关系的法制化，这是依法管理宗教的前提或基础。因此，文章总结了宗教能够并已经成为当代中国社会主义社会建设的积极资源。④

在研究宗教与社会主义社会相适应方面，"宗教与文化建设"成为了热点议题。任杰的《简论中国宗教的文化特征》一文详细阐明了中国宗教文化的特征。同时，文章提出宗教文化作为中华民族文化的有机组成部分应在推进当代中国社会主义社会建设和发展中发挥其积极作用。⑤ 中国共产党的宗教文化观在中华文化的历史进程中也在发展变化着。龚学增的《中国共产党的宗教文化观》⑥ 和毛胜的《论宗教文化性命题的元理论意蕴——基于中国共产党认识宗教与文化关系的思想史考察》⑦ 两篇文章利用翔实的史料，深入分析了中国共产党在宗教文化观方面的发展脉络，体现了中国共产党注重宗教在社会主义文化建设中所发挥的积极作用。

牟钟鉴发表了一系列相关文章阐明了宗教对社会主义社会建设以及和谐发展具有积极作用。在《宗教和谐的中国经验——宗教和谐论述要》一文中，牟先生分析了中国的社会历史背景和文化特色，基于此，提出"宗教和谐论是马克思主义宗教观中国化的最新成果之一，符合新时期正确处理宗教之间、宗教与社会主义社会之间关系的需要，有益于

---

① 韩秉芳：《宗教未来之我见》，佛学百年国际学术研讨会论文（武汉·2006年）。

② 方立天：《运用法治思维和法治方式推动宗教健康发展》，《中国民族报》2013年10月22日第7版。

③ 朱晓明：《关于宗教的"两重性"》，载曾传辉主编《马克思主义宗教观研究（2012）》，社会科学文献出版社2013年版。

④ 李向平：《应当怎样理解和实践马克思主义宗教观》，《中国民族报》2013年10月1日第6版。

⑤ 任杰：《简论中国宗教的文化特征》，载曾传辉主编《马克思主义宗教观研究（2012）》，社会科学文献出版社2013年版。

⑥ 龚学增：《中国共产党的宗教文化观》，载曾传辉主编《马克思主义宗教观研究（2012）》，社会科学文献出版社2013年版。

⑦ 毛胜：《论宗教文化性命题的元理论意蕴——基于中国共产党认识宗教与文化关系的思想史考察》，载曾传辉主编《马克思主义宗教观研究（2012）》，社会科学文献出版社2013年版。

更好地体现宗教信仰自由政策，有益于建设以人为本、公平和谐的社会，有益于世界和平”。[①] 不仅如此，《中国宗教的多元通和模式——宗教生态论述要》一文也提出了“多元通和模式是一种良性生态模式，它是民族多元一体格局和多样文化相依共荣在宗教关系上的表现，有益于宗教自身的健康发展与和谐社会的建设，有益于社会主义社会的长治久安”。[②] 牟先生在《宗教是社会的一个子系统——宗教社会论述要》一文中对宗教的社会功能做出了总结，包括心理功能、道德功能、政治功能、文化功能和交往功能。这些功能都具有正负两重性。因此，牟先生指出公平与和谐的社会主义制度的建立能够消除少数权贵利用宗教巩固不合理秩序的社会环境；科学发展观所阐释的人本、和谐、兼容的治国方略，会为宗教发挥正能量、消解负能量创造良好的条件。[③] “宗教促进论”话语作为中国特色社会主义宗教理论的最新成果，在牟先生的《宗教界要做经济社会建设的促进派——宗教促进论述要》一文中出现。宗教促进论具有四个特点：“一是突出和强化了信教群体在宗教适应社会主义社会过程中的主体地位和主人翁的身份；二是给宗教在社会主义社会的定位与功能以充分积极的评价；三是更为明确地指出了宗教发挥促进作用的领域在经济社会发展，这也是全体中国人民面临的主要任务；四是表现出执政党高度尊重和信赖宗教界人士与信教群众的平等态度，使信教群体得到全社会空前的敬重和期待。”[④] 牟先生进而在此文中对宗教界要在社会建设、文化建设、生态文明建设中发挥促进作用分别提出了具体的基本要求。

3. 马克思主义宗教观基本理论研究

马克思主义宗教观基本理论研究为完善与发展中国特色社会主义宗教研究提供了可靠的理论依据。2013 年度，在马克思主义经典作家有关宗教的基本理论研究方面，发表的相关文章包括张强墙的《〈关于费尔巴哈的提纲〉中实践观和实践基础上的社会与宗教观》[⑤]，吴倬、王良滨的《从政治批判到经济批判：马克思早期宗教批判思想内在逻辑研究》[⑥]，哈斯巴根的《略论马克思的“宗教是人民的鸦片”之观点》[⑦]，杨淑琴的《简析马克思论宗教的历史作用》[⑧]，龙佳解、姬瑞的《论马克思宗教异化批判的社会哲学视域》[⑨]，刘晓欣的《青年马克思宗教批判思想的政治哲学意蕴》[⑩]，成祖明的《元批判视野

---

① 牟钟鉴：《宗教和谐的中国经验——宗教和谐论述要》，《中国民族报》2013 年 11 月 26 日第 6 版。

② 牟钟鉴：《中国宗教的多元通和模式——宗教生态论述要》，《中国民族报》2013 年 12 月 10 日第 6 版。

③ 牟钟鉴：《宗教是社会的一个子系统——宗教社会论述要》，《中国民族报》2013 年 11 月 12 日第 6 版。

④ 牟钟鉴：《宗教界要做经济社会建设的促进派——宗教促进论述要》，《中国民族报》2013 年 12 月 3 日第 6 版。

⑤ 张强墙：《〈关于费尔巴哈的提纲〉中实践观和实践基础上的社会与宗教观》，《经营管理者》2013 年 10 月下期。

⑥ 吴倬、王良滨：《从政治批判到经济批判：马克思早期宗教批判思想内在逻辑研究》，《教学与研究》2013 年第 3 期。

⑦ 哈斯巴根：《略论马克思的“宗教是人民的鸦片”之观点》，《内蒙古师范大学学报》（哲学社会科学版）2013 年 1 月第 42 卷第 1 期。

⑧ 杨淑琴：《简析马克思论宗教的历史作用》，《宁夏大学学报》（人文社会科学版）2013 年 3 月第 35 卷第 2 期。

⑨ 龙佳解、姬瑞：《论马克思宗教异化批判的社会哲学视域》，《新疆大学学报》（哲学·人文社会科学版）2013 年 1 月第 41 卷第 1 期。

⑩ 刘晓欣：《青年马克思宗教批判思想的政治哲学意蕴》，《新乡学院学报》（社会科学版）2013 年 6 月第 27 卷第 3 期。

下的马克思主义宗教观与古典儒学路径》①，叔贵峰的《青年黑格尔派对福音书批判的逻辑严谨》② 以及孙琥瑭的《重估费尔巴哈的宗教思想》③《普列汉诺夫宗教思想研究》④ 等文章。在马克思主义宗教观中国化研究方面，发表的相关文章有金泽的《立足中国宗教国情，坚持和发展马克思主义宗教观》⑤，刘明定的《胡锦涛中国化马克思主义宗教观研究》⑥，詹石窗的《坚持实事求是精神，开拓宗教研究新局面——纪念中共中央 1982 年“十九号文件”发布 30 周年》⑦，王康的《论新时期中国共产党宗教理论和实践的创新与发展》⑧，毛胜的《论宗教文化性命题的元理论意蕴——基于中国共产党认识宗教与文化关系的思想史考察》⑨，杨合理的《新时期以来党对马克思主义宗教观的新发展》⑩，曾长秋、李霞的《马克思主义宗教观及其中国化宗教理论的创新》⑪，王珍的《对马克思主义宗教观及其中国化的思考》⑫，刘泳斯、张雪松的《论马克思宗教观的形成与当代中国的发展与实践》⑬，段启明的《贯彻 19 号文件中的得与失——纪念中共中央“中发 1982 年 19 号文件”下发 30 周年》⑭ 以及禾众的《略论“中国化马克思主义宗教观”的两个语境》⑮ 等多篇文章。

四　未来展望

随着国家哲学社会科学发展规划的深入进行，世界宗教研究所马克思主义宗教观研究室成立以后，对相关研究也进行了有计划的推动，马克思主义宗教观研究发展的有序性越

---

① 成祖明：《元批判视野下的马克思主义宗教观与古典儒学路径》，载曾传辉主编《马克思主义宗教观研究（2012）》，社会科学文献出版社 2013 年版。

② 叔贵峰：《青年黑格尔派对福音书批判的逻辑严谨》，载曾传辉主编《马克思主义宗教观研究（2012）》，社会科学文献出版社 2013 年版。

③ 孙琥瑭：《重估费尔巴哈的宗教思想》，载曾传辉主编《马克思主义宗教观研究（2012）》，社会科学文献出版社 2013 年版。

④ 孙琥瑭：《普列汉诺夫宗教思想研究》，《世界宗教文化》2013 年第 6 期。

⑤ 金泽：《立足中国宗教国情，坚持和发展马克思主义宗教观》，《世界宗教文化》2013 年第 6 期。

⑥ 刘明定：《胡锦涛中国化马克思主义宗教观研究》，《喀什师范学院学报》2013 年 3 月第 34 卷第 2 期。

⑦ 詹石窗：《坚持实事求是精神，开拓宗教研究新局面——纪念中共中央 1982 年“十九号文件”发布 30 周年》，《宗教学研究》2013 年第 1 期。

⑧ 王康：《论新时期中国共产党宗教理论和实践的创新与发展》，《观察与思考》2013 年第 8 期。

⑨ 毛胜：《论宗教文化性命题的元理论意蕴——基于中国共产党认识宗教与文化关系的思想史考察》，《宗教学研究》2013 年第 1 期。

⑩ 杨合理：《新时期以来党对马克思主义宗教观的新发展》，《中共南京市委党校学报》2013 年第 2 期。

⑪ 曾长秋、李霞：《马克思主义宗教观及其中国化宗教理论的创新》，《青海社会科学》2013 年第 1 期。

⑫ 王珍：《对马克思主义宗教观及其中国化的思考》，载曾传辉主编《马克思主义宗教观研究（2012）》，社会科学文献出版社 2013 年版。

⑬ 刘泳斯、张雪松：《论马克思宗教观的形成与当代中国的发展与实践》，载曾传辉主编《马克思主义宗教观研究（2012）》，社会科学文献出版社 2013 年版。

⑭ 段启明：《贯彻 19 号文件中的得与失——纪念中共中央“中发 1982 年 19 号文件”下发 30 周年》，载曾传辉主编《马克思主义宗教观研究（2012）》，社会科学文献出版社 2013 年版。

⑮ 禾众：《略论“中国化马克思主义宗教观”的两个语境》，载曾传辉主编《马克思主义宗教观研究（2012）》，社会科学文献出版社 2013 年版。

来越明显。与其他相邻学科相对照，本学科面临的主要困难仍然是研究人员数量有限，成果欠丰富。近期内研究的重点将是马克思主义宗教观经典论著研究、马克思主义宗教观基本理论研究和西方马克思主义宗教观研究等方面。理论热点仍然会围绕宗教的性质与作用、宗教与国际政治、反宗教渗透等展开。

2013年度宗教学理论研究综述

李华伟

本文将以宗教学理论研究的几大分支学科（宗教哲学、宗教社会学、宗教人类学、宗教心理学）为基本构架，简要介绍宗教学理论2013年度研究成果和发展趋势。

宗教哲学

2012—2013年中国宗教哲学研究有不少重要的成果出现，既有对宗教哲学经典思想进行深入研究的论著，也有对宗教进行形而上美学研究和哲学建构方法论研究的专著。此外，由中国社会科学院世界宗教研究所宗教学理论研究室发起的宗教哲学论坛继续举行，《宗教与哲学》辑刊已出版两辑，在宗教学界和哲学界产生了积极的影响。

由中国社会科学院世界宗教研究所金泽研究员和赵广明研究员主编的《宗教与哲学》第2辑（社会科学文献出版社2013年版），收录了国内宗教哲学研究的许多代表性作品。李秋零翻译的《康德与哈曼往来书信集》，囊括了迄今所发现的康德与哈曼之间的全部书信，对研究康德和哈曼的宗教哲学思想有重要参考价值。卓新平的《简论西方哲学神学》、周燮藩的《伊斯兰哲学新论》体现了对宗教哲学的深度思考。金泽的《巫术、宗教与科学：既是分类，也是发展序列?》代表了对巫术、宗教与科学关系的最新思考。黄裕生的《情感何以是有序的？——续论马克斯·舍勒的“质料的价值伦理学”基础》、李秋零的《道德并不必然导致宗教》、陈立胜的《王阳明三教之判中的五个向度》、张荣的《论阿伯拉尔的榜样伦理学》、陈少明的《儒家的历史形上观——以时、名、命为例》以及王新生的《从“神本神学”到“人本神学”——卡尔·拉纳在当代天主教神学中的坐标点》乃是对经典进行创造性深度解读的成果。张志刚的《“宗教概念”的观念史考察——以利玛窦的中西方宗教观为例》、林安梧的《宗教的两个形态：“连续”与“断裂”——以儒教与基督宗教为主的对比》、王卡的《关于道家思想与中西价值观融合的一篇读书述评》以及周伟驰的《庄子、安萨里和商羯罗论人生之为梦》，是中西宗教哲学和思想比较方面的最新成果。

宗教哲学研究领域有不少论著出版，对尼采、奥古斯丁、康德进行了深入研究。赵广明的《尼采的启示——尼采哲学宗教研究》（社会科学文献出版社2012年版），立足尼采最重要的两部作品《查拉图斯特拉如是说》和《善与恶的彼岸》，结合西方哲学和精神的传统，对尼采的精神哲学和宗教哲学进行深度解读。通过对尼采时间、死亡、永恒回复、自由精神、精神变形等重要概念的阐释，将尼采的哲学或哲学宗教归结为爱的哲学或爱的宗教。吴飞的《心灵秩序与世界历史——奥古斯丁对西方古典文明的终结》（三联书店

2013年版），将奥古斯丁及其《上帝之城》置于西方思想史古今变化的脉络中，从心灵秩序、原罪、历史、末日等不同层面对其进行了深度梳理和创造性阐释，并对奥古斯丁创作时的历史背景和心理动因及其后世影响与遭遇的挑战等进行了深度辨析，是奥古斯丁研究的代表作。另外，赵广明的《康德的"至善"与〈判断力批判〉的宗教哲学含义》（《哲学研究》2013年第3期），是康德宗教哲学研究的最新成果，该文立足至善即自由与自然的关系，对审美情感以及目的论判断力批判进行深度解读，对"情感启蒙"或"情感自由"进行存在论定位，为康德研究提供了新的思路。

北京大学徐龙飞教授的《寻美之路——基督宗教本体形上美学研究》（中华书局（香港）2013年版）和《形上之路——基督宗教的哲学建构方法研究》（北京大学出版社2013年版），体现了作者对基督教宗教哲学的深度理解与思考，特别是其中对基督教神学美学或哲学美学的阐发，在国内学术界具有代表性意义。《寻美之路》分上下两篇，上篇讨论作为基督教神学美学源泉的古典美学中的形上美学问题，下篇则探讨建立在亚里士多德哲学美学和伪狄奥尼修斯哲学神学和哲学美学基础上的东部教会，特别是拜占庭时期的画像—圣像的理论问题，在汉语学界具有开创性。《形上之路》中对《新约》和《旧约》中爱的研究很有启发意义。

由中国社会科学院世界宗教研究所宗教学理论研究室牵头发起的宗教哲学论坛继续举办，"宗教哲学2013北京论坛"（第三届）于2013年10月19—20日在北京召开。论坛以"宗教与哲学关键词"为主题，在中西哲学和不同宗教的比较视域中，着重对自由观念、爱的观念、死亡观念等核心宗教哲学问题，展开了深入而热烈的交流与探讨。来自中国社会科学院、北京大学、清华大学、中国人民大学、复旦大学、山东大学、华东师范大学、上海交通大学、安徽大学、台湾慈济大学、加拿大英属哥伦比亚大学维真学院等十多所高校及科研机构的近三十位著名专家学者出席了本次论坛。在西方宗教哲学方面，许志伟的《亚当的童年：爱任纽人性论的当代意义》、李秋零的《"因行称义"、"因信称义"与"因德称义"》、戴晖的《新时代的新宗教》、周伟驰的《天主教现代主义神学的演化》、谢文郁的《语言、情感与生存——宗教哲学的问题与方法》、朱东华的《言为心身：安都经学宗师狄奥多若的本体论类比与"身"的玄义探析》等文章就西方哲学宗教思想进行了具体深入的讨论，有许多新颖独到的见解；吴飞的《涂尔干论家庭的神圣性——从对乱伦禁忌的研究谈起》则探讨了宗教社会学家涂尔干的乱伦禁忌研究，是国内学界在这个领域的最新成果；黄裕生的《有第三条道路吗？——兼论国家与宗教》则立足西方哲学精神，反思中国的思想、精神与政治路向，具有极高的学术思想价值。在中国宗教哲学方面，林安梧的《明、知、识、执——传统汉语哲学知识构成与心性功夫》、孙向晨的《向死而生与生生不息：中国文化传统的生存论结构》从宏观视角论述了中国传统哲学思想，孙向晨对生死问题的阐发，具有重要的哲学含义；卢国龙的《〈庄子〉的儒学批判和理解》、梁涛的《〈庄子·天下〉篇"内圣外王"本意发微》、赵法生的《〈周易〉刚柔思想之形成与易学诠释典范的转移》、方旭东的《论自然——从动物权利问题切入》都是基于对中国古代经典的解读来论述相关问题，展现出当今国学界的思想高度；韩星、陈静的《天人感应与天人合一：董仲舒天人关系思想的宗教哲学辨析》与《自由的含义——以严复为中心》都是从对人物思想的解读来聚焦问题，很有深度；王琛发、解光宇的《末劫收圆：晚清青莲教的瑶池信仰与其苦难道学》与《宗教视野中的民间儒教——以明清徽州释奠朱子为例》则从民间宗教视角分别对相关宗教思想与仪式进行了解读；赵敦华的《实事求是地评价高校的宗教学学科建设成就》与张志刚的《“中国无宗教论”反思》则对当前中国宗教学以及宗教研究进行了思考。另外，提交论坛的学术论文还有：王六二的《自然法与中国传统》，是对中国传统深度反思的重要论文；张晓梅的《邻人》，思想独到隽永，在《圣经》思想和克尔凯郭尔之间进行了创造性的阐释；赵广明的《神圣与世俗的先验根基——试论先秦性情思想》，从中西哲学对观的角度，立足先验情感，独辟蹊径，对先秦性情思想进行了重新诠释，很有启发意义。总的来看，本次论坛成果丰富，充分体现了当今汉语学术界宗教哲学领域的最高水准和最新成果。

由宗教学理论研究室发起并主办的宗教哲学论坛已经举办了三届，得到了学界的热情响应和积极反馈，三届论坛与两本辑刊的学术质量都令人鼓舞。宗教学理论研究室有志于藉此塑造良好的学术传统，推动学科建设，为中国的宗教哲学研究做出贡献。

宗教社会学

宗教社会学在近年来异军突起，在 2013 年取得了丰厚的成果，在学科自觉、学科建设方面也迈出了一大步。

一　经验研究成果与对西方理论的反思

2013 年度出版的宗教社会学方面的专著涵盖了对民间信仰、基督教组织及国际宗教非政府组织的研究，兹列述如下：

范丽珠和欧大年合著的《中国北方农村社会的民间信仰》（上海人民出版社 2013 年版）不仅研究了中国北方民间信仰的历史与现代复兴、嬗变，还探讨了研究民间信仰的方法，颇具启示意义。

年轻学者黄海波和李峰则分别对上海基督教青年会和国际宗教非政府组织进行多年的深入研究，其专著均在 2013 年出版。黄海波的《宗教非营利组织的身份建构研究：以（上海）基督教青年会为例》（上海社会科学院出版社 2013 年版）提出了一个很有解释力的分析框架，即合法性约束下的组织身份建构。该书独辟蹊径，不同于以往对基督教青年会的历史研究，而是以组织身份建构为核心，分析上海基督教青年会不同时期在与信仰、社会、政治等内外环境之间的张力中进行组织身份建构的历程，对上海基督教青年会新中国成立前后、改革开放前后的命运亦有所深思，为我们研究类似的组织机构提供了思路。李峰的《国际社会中的国际宗教非政府组织》（上海人民出版社 2013 年版），则紧跟国际学术前沿，利用组织社会学中的新制度主义分析框架，试图对国际宗教非政府组织进行跨学科探讨，并在此基础上就国际宗教非政府组织与我国的关系进行简要的分析。

此外，基于对中国基督教的经验研究而出版的专著较多仍是 2013 年宗教社会学界的特点。李华伟的《乡村基督徒与儒家伦理》（社会科学文献出版社 2013 年版）从市场经济的大视野考察小乡村的基督教，从社会现代转型的高度研究最基层基督教的演变，以及基督教对农村民众生活中的儒教伦理的影响。作者认为，乡村基督徒创造性地发掘并践行改造过的儒家伦理，某种意义上是中国文化创造性自我转化的一种尝试。陈彬在其博士论文基础上修改而成的专著《宗教权威的建构与表达——对 N 省 H 市山口教堂的研究》（香港中文大学崇基学院宗教与中国社会研究中心 2013 年版）在香港出版。该书通过实地调查和访谈，从宗教权威的研究进路深描、分析了宗教权威的建构与表达，丰富了对宗教权威的学术研究。

就宗教社会学领域内所发表的相关论文来看，有以下几个值得注意的趋势：定性研究仍居于优势，量化研究有所深入；理论研究与经验研究并重；在对中国宗教与西方理论深入了解的基础上，对西方理论的批评与反思越来越多。

基于中国社会转型期的特点及中国人信仰类型建构的特点，李向平教授继续致力于发展信仰社会学，并发表数文进行深入探讨。他在《两种信仰概念及其权力观》（《华东师范大学学报（哲学社会科学版）》2013 年第 2 期）中指出，从信仰社会学理论出发，可以把信仰还原为一种神圣关系的建构，进而构成从神人关系来研究信仰实践类型的“信仰关系论”。在这种建构过程中，人们不但建构了宗教信仰、民间信仰等信仰形式，同时还参与主流文化、意识形态等方面的建构，从而最后建构一个独特的象征权力领域。李向平在《信仰社会学研究要义——兼论信仰如何成为中国问题》中（《江海学刊》2013 年第 5 期）则进一步指出，在神人关系及其信仰类型的建构中，宗教仅仅是对神人关系及其信仰的一种表现，另外一种表现则是以非宗教（可以是种族、民族、国家、政党等）的形式，涵盖、垄断了对神人关系及其神圣性的阐述，同时也是一种信仰实践模式。这就构成了宗教信仰与其他信仰之间统一整合或彼此分离的深层关系。为此，中国人经常使用的“信仰”一词，似与宗教有关，却又更与现实权力、利益、个人身份及其对信仰模式的建构紧密相关。而人们一旦谈及信仰或宗教信仰，似乎就嵌入了一个内涵多样的语境及其现实关系之中，最终构成了信仰层面的中国问题。

李向平在《公共信仰与社会共识》（《探索与争鸣》2013 年第 8 期）一文指出，讨论公共信仰及其公民意识建构这个问题，以宗教信仰为出发点，或以现代社会为出发点均会有错误。真正的思想出发点，应该是二者的整合，公民的、公共认同的宗教信仰体系能够使现代社会成为可能。鲁克俭发文《世俗化·大小传统·常识理性》（《天津社会科学》2013 年第 4 期）指出当前中国社会转型必然伴随政教分离所引发的世俗化，新的主流价值观最终要靠普通民众在思想领域的用脚投票产生；在社会转型过程中形成的市场社会基础上，普通民众通过常识理性的博弈，既可以弥合中国传统文化大小传统的分裂，又可以从中孕育出与现代性精神相契合的中国新文化传统。

此外，在宗教管理方面，范丽珠、陈纳发表《中国民间信仰的现状及其管理问题》（《中国民族报》2013 年 10 月 22 日）一文指出，民间信仰是一种真实存在，但仍然处于“名不正、言不顺”的处境，部分民间信仰通过被列入各级“非物质文化遗产”名录的方式而获得合法性，但“非遗”是一把双刃剑，也对民间信仰的承传和发展具有破坏作用。目前，政府对民间信仰的管理基本上延续了对制度性宗教的管理方式，而忽视了民间信仰的“弥漫性”特征。

学界不仅关注中国信仰，也将视野扩展至对海外华裔宗教徒的研究。李四龙的《论移民社会的宗教徒身份——以美国华裔佛教徒为例》（《北京大学学报》2013 年第 4 期）发现，在美国这样的移民社会里，华裔佛教徒的宗教徒身份并没有加剧族群或宗教之间的矛盾与冲突。若能彰显宗教的文化内涵，淡化族群的政治色彩，在人口流动日趋频繁的全球化时代，宗教徒身份有利于构建多元一体的文化体系和社会结构。

对西方理论的批评与反思多集中在对宗教市场论/宗教经济学的批评上。在回顾归纳国外宗教经济学相关理论和经验成果的基础上，阮荣平、郑风田、刘力的《宗教信仰选择：一个西方宗教经济学的文献梳理》（《社会》2013 年第 4 期）一文建立了“供给—需求”分析框架，并分析了其利弊。作者认为，引入宗教经济学视野能推动对中国宗教现状及理论的研究，另一方面应考虑中国与西方社会之间的差异以及特殊性，对该视野的运用要有所甄别。通过对清末民初与改革开放以来这两个时代里安徽民众信仰基督教的动机与行为表现、基督教会及其所提供的“宗教产品”“市场区位”与基督教的发展等方面的比较研究，周典恩在《从基督教在安徽的传播再看宗教市场论：两个时代的比较分析》（《宗教学研究》2013 年第 3 期）一文指出，宗教市场论的科学性与普适性值得商榷，其缺陷主要在于忽视了社会文化传统对宗教发展至关重要的影响。

李峰的《回到社会：对当前宗教社会学研究范式之反思》（《江海学刊》2013 年第 5 期）则进一步从总体上反思我国宗教社会学界研究思路上存在的缺憾。该文指出，按研究思路我国宗教社会学可分为两类：一是作为自变量的宗教研究；二是作为因变量的宗教研究取向。第一种研究取向，与西方宗教社会学的经典研究范式一致，但这种取向存在着脱离中国社会现实，就宗教谈宗教的理论风险。第二种研究取向虽充分考虑了社会对宗教的影响，并在中国先后发展出宗教市场论、宗教生态论和权力场域论三种理论范式，但其背后不同的社会结构假设都不能准确反映我国当前的社会现实。李峰认为，必须在这三种宗教理论范式的基础上发展出一种“通过社会来分析宗教，通过宗教来透视社会”的分析思路。

卢云峰的《从类型学到动态研究：兼论信仰的流动》（《社会》2013 年第 2 期）则基于对中国本土宗教概念及其发展嬗变历程的了解，尝试“基于类型学基础上的动态研究”来分析华人社会中信仰的流动，并以此丰富或拓宽西方相关理论。该文认为，动态的视角有助于关照到被类型学忽略的过程以及隐匿于其中的趋势，继而发展诸多经典理论，即研究神灵的流动有助于理解“神灵的诞生与竞争”，研究信徒的流动可以丰富“改教”理论，对宗教组织流动的研究则可以拓宽“教派—教会”理论的视野。

在量化研究方面论著较少。李峰《对宗教组织之信任的探索性研究：以上海数据为例》（《社会》2013 年第 2 期）一文利用上海市的调查数据，从宗教归属、人口学变量、社会经济地位因素、社会信任、社会参与和其他机构信任等方面对宗教组织信任进行分析，了解人们对宗教组织信任的现状及其影响因素，并对相关的研究进行回应。孙尚扬、李丁在对北京市大学生所做的基督教态度调查中发现，自认为是基督徒（包括新教徒、天主教徒）的大学生在总体中所占比例不到 3%，远远少于佛教、道教等中国传统宗教的信徒人数（45.8%）。不过，对基督宗教感兴趣的大学生达到 17.9%。北京市大部分大学生对基督教持较为理性客观的立场。①

二　学科建设得到进一步强化

1. 宗教社会学专业辑刊和论坛开局顺利

由金泽、李华伟主编的《宗教社会学》第 1 辑（社会科学文献出版社 2013 年版）顺利面世。该辑由中心论题、经典钩沉、理论前沿、书评与学科综述等栏目组成，强调围绕西方宗教社会学理论某一议题进行多方位的深入研究，以及对中国宗教有理论深度的社会学研究。本辑刊的中心论题为宗教与现代性，围绕不同理论家对宗教在现代性语境下的变迁之诊断，围绕歧异的理论主张——理性化、世俗化、非世俗化、宗教私人化、宗教的去

① 孙尚扬、李丁：《北京市大学生对基督宗教态度的调查报告》，《同济大学学报》2013 年第 4 期。

私人化、宗教的进化、公共宗教等——进行深入分析，是国内首次围绕这一主题的集中研究与深入探讨。该辑刊注重厘清宗教社会学理论源流，推崇有理论支撑与历史深度的研究报告，力求为中国宗教社会学学科建设夯实基础、搭建平台。

为了对宗教社会学有关问题进行充分交流和深入探讨，在成功收集、出版《宗教社会学》（第1辑）的基础上，第一届宗教社会学论坛——“宗教社会学2013北京论坛”于2013年6月21—22日在中国社会科学院世界宗教研究所顺利举行。论坛围绕“西方宗教社会学理论与中国宗教”展开研讨，会议共分为8个专场，分别为：西方宗教社会学与中国信仰类型；宗教性与认同/身份；中国宗教及其测量；多元的中国基督教；中国宗教特征与另类的现代性；当代宗教；西方话语与中国宗教社会学研究等。“宗教社会学论坛”侧重宗教社会学学科建设，力求为学界搭建宗教社会学交流与沟通的平台，强调以下研究重点：对宗教社会学理论的研究；对宗教社会学关键人物、关键词的研究；对宗教社会学重要理论专题的研究；对中国宗教问题的社会学研究。

2. 期刊开辟宗教社会学栏目

《宗教社会学》（第1辑）创办之外，一些刊物如《社会》《江海学刊》《世界宗教文化》等也在2013年发表了数篇宗教社会学方面的文章，前文所提及的数篇论文皆集中发表在这几个刊物上。

《世界宗教文化》专门连续四期刊载关于台湾宗教的文章，并对台湾宗教社会学家瞿海源等人的研究进行梳理与反思①，为大陆学界树立典范。《世界宗教文化》还刊载了《2010年世界主要宗教群体规模和分布报告（一）》（《世界宗教文化》2013年第4期），为学界提供了最新的世界宗教分布地图。

《世界宗教文化》2013年第3期开辟了宗教社会学专栏，发表了Robert N. Bellah的《探索现代人类世界道德整合的不同途径》（范丽珠、袁黎筠译）和陈纳的《宗教与建构一个好社会的思考》。前文以贝拉领衔著作的《心灵的习性》和《好社会》两部社会学典范为基础，指出贝拉洞悉现代社会由于个人主义过度膨胀造成的道德困境，将宗教视为创造和维持道德团结的道德力量之源，由于文化的差异，会出现不同途径的道德整合方式。此外，吴云贵等人的《对话宗教与世俗化》（《世界宗教文化》2013年第2期）以及李向平等人的《对话神圣与世俗》（《世界宗教文化》2013年第5期）都涉及宗教社会学的部分议题。

3. 宗教社会学类课题获奖者增多

2013年度国家社会科学基金宗教学类青年课题立项名单中，宗教社会学理论方面有一位获准立项，课题名称《彼得·贝格尔宗教思想研究》（主持人为上饶师范学院的曹义昆），在国家社会科学基金社会学类青年课题立项名单中有三项入围，其中李峰的《当代西方宗教社会学理论的范式之争及基于中国经验的对话》为理论类课题，而韩恒的《农村基督教的皈信机制及管理策略研究》及徐凯的《农村基督徒政治认知的社会—文化—心理机制研究》则为经验研究类课题。

2013年度国家社会科学基金重点项目中宗教学类共有10个，其中何其敏主持的《宗教认同研究》和卢云峰主持的《台湾地区的宗教状况及对大陆的启示研究》皆为宗教社

① 林本炫：《当代台湾宗教社会学的开创者：瞿海源的研究特色及其方法学的相关检讨》，《世界宗教文化》2013年第4期。

会学类课题，占宗教学类重大课题的1/5。2013年度国家社会科学基金重点项目中社会学类有13个，其中吴效群的《中国民间信仰与民间组织关系的田野研究》位列其中。

此外，国外亦有宗教社会学类项目获得资金资助者。如美国普度大学中国宗教与社会研究中心和美国密西根大学中国信息研究中心中国宗教与社会空间研究项目（2014—2016）获得资金资助，于2014年1月到2016年12月联合实施“中国宗教与社会空间研究项目”。该项目是2011—2014年由路思基金会资助的“中国基督教和天主教空间研究”项目的继续，旨在对中国五大宗教（基督教、天主教、佛教、伊斯兰教和道教）进行系统的空间研究。其主要任务如下：（1）对现有的中国五大宗教场所的空间地理数据进行整理、分析，并以互联网为基础提供研究服务；（2）将宗教场所的空间数据与其他数据（如人口、收入、教育、性别等）进行集成，供社会大众、专业人士和研究人员免费共享；（3）从事以理论驱动和实证研究为主的中国宗教空间研究；（4）组织相应的专业和学术培训；（5）邀请有关学生和学者参与合作研究；（6）完善和健全有关中国空间宗教研究的网站。①

4. 第十届宗教社会科学年会顺利举行

2013年7月11—13日，由美国普度大学中国宗教与社会研究中心和香港中文大学崇基学院宗教与中国社会研究中心联合举办的“宗教、灵性资本与公民社会——第十届宗教社会科学年会”在香港中文大学召开。中国宗教研究领域的知名学者以及普度大学中国宗教与社会研究中心“中国宗教与社会项目”（CSSP）16个课题组的研究者出席了这次会议。与会者围绕着本届年会的主题“宗教、灵性资本与公民社会”进行了广泛深入的研究和探讨，发表论文100余篇。

总的来看，宗教社会学研究在2013年取得了丰硕的成果。无论在理论方面，还是在经验研究方面，无论在引介西方理论方面，还是在反思、批评西方理论，建构中国话语方面，都有所拓展。

宗教人类学

宗教人类学作为宗教学研究的重要分支学科，近年来在中国一直处在稳定发展的态势当中。无论是从相关的学术活动，还是从出版的著作、发表的文章方面来看，2013年宗教人类学学科都成果丰硕。

在学术活动方面，由中国社会科学院世界宗教研究所与兰州大学西北少数民族研究中心合办的“多元宗教与地方经验——第三届中国宗教人类学论坛”于2013年9月在兰州大学召开。会议汇聚了国内外25所高校、科研机构、相关政府机构及出版机构的专家、学者，从“宗教、理论与地方经验”“宗教、民族与社会生活”“伊斯兰、人类学与本土化”“信仰、历史与地方社会”“信仰、变迁与文化融合”“信仰、文本与地方经验”六个方面来共同探讨宗教人类学话题。一方面，本次会议如主题所示，充分展示了宗教人类学基于地方社会经验研究所呈现出的勃勃生机，另一方面，与会学者对于“宗教的人类学”与“人类学的宗教”的讨论则显示了学界对于理论探讨的兴趣以及对宗教人类学学科整体发展的关注。此外，5月由中国农业大学举办的“中国农村

① http：//www. purdue. edu/crcs/itemProjects/chineseVersion/mappingReligionsC/mappingReligionsC2. html.

发展与宗教问题研讨会”，汇聚了海内外宗教人类学界的同仁，同样有着广泛的影响。

在论集著作方面，在国内宗教人类学界具有广泛影响力的由金泽、陈进国主编的《宗教人类学》第4辑于2013年9月由社会科学文献出版社出版。本期刊物既包括数篇对西南民族宗教的研究，又刊发了数位以民间儒、道教研究为主的香港学者的作品，同时还辟专栏引介了一大批日本宗教人类学方面的研究成果以及人类学对于基督教的研究，内容丰富、视角独特，成为宗教人类学界发布最新学术成果的最好平台。由王建民主编、民族出版社出版的《历史、神话与民族志》一书，聚焦了萨满、神山等主题，并且融合宗教人类学、历史人类学的方法，开拓了宗教人类学的视野。黄剑波的《地方文化与信仰共同体的生成：人类学与中国基督教研究》，汇聚了作者多年来在基督教研究以及宗教人类学研究方面的成果，对于宗教学研究提供了诸多启发。

此外，在宗教人类学研究方面一个可喜的现象是：无论是宗教学界还是人类学界，跨学科研究已经成为主流，越来越多的硕博士论文开始关涉宗教人类学的话题，例如《乡村基督教的本土化研究》《池州傩变迁的人类学考察》《唐汪川回族葬礼仪式的人类学解读》《宁德霍童乡村信仰文化人类学考察》《东北农村地区黄仙信仰的人类学研究》《青海互助土族转山仪式的文化人类学研究》《多元信仰与藏汉和谐民族关系构建》《域拉奚达与隆雪措哇：藏传山神信仰与地域社会研究》《蒙古族萨满仪式结构与象征研究》《天主教在湖北武陵山地区的传播研究》《独克宗“乐斯”中的多元宗教文化及其社会功能研究》《巫术社会功能的人类学研究》《多元文化背景下旧村回族伊斯兰教信仰探究》等一系列的硕博士论文，或者用人类学的方法研究宗教学的问题，或者在人类学领域关注宗教的现象，这一趋势表明宗教人类学的研究越来越受到学界的关注，宗教人类学的研究队伍也不断壮大。

就发表的论文而言，涉及内容广泛，研究对象多元，既延续了以往的研究特征，又具有新的风格。宗教人类学理论与方法的研究依旧是学科的薄弱之处，而现象研究依旧是研究的主体。就研究对象而言，汉人民间信仰依然是研究者较为关注的话题。制度化宗教也越来越成为宗教人类学家关注的对象，涌现出一大批引介与研究基督教人类学、伊斯兰教人类学的文章。民族宗教研究依旧是宗教人类学研究中不可忽视的一大部分，而巫术、萨满教研究则呈现出日趋增多的趋势。此外，在研究地域上，宗教人类学的研究也开始拓展至对海外宗教的研究。

在宗教人类学的理论与方法研究上，陈锦均的《人类学宗教仪式研究评述》①，蔡圣晗、黄剑波的《权力、阐释和现代性——论阿萨德对宗教的谱系学研究》②，如静的《当代台湾宗教人类学研究的二位典范：刘枝万和李亦园的研究特色及其方法学的相关检讨》③，杜树海的《中国文化的一统与多元何以达致？——中西学界有关神明标准化与仪式正统行为的争论》④ 等文各自从不同角度对宗教人类学的理论或方法问题进行了

---

① 陈锦均：《人类学宗教仪式研究评述》，《民族论坛》2013年第6期。

② 蔡圣晗、黄剑波：《权力、阐释和现代性——论阿萨德对宗教的谱系学研究》，载金泽、李华伟主编《宗教社会学》第1辑，社会科学文献出版社2013年版。

③ 如静：《当代台湾宗教人类学研究的二位典范：刘枝万和李亦园的研究特色及其方法学的相关检讨》，《世界宗教文化》2013年第3期。

④ 杜树海：《中国文化的一统与多元何以达致？——中西学界有关神明标准化与仪式正统行为的争论》，《民俗研究》2013年第3期。

探讨。

在汉族民间信仰的研究上，杜树海的《民间信仰的社会功能——广西壮族地区J县扶乩活动的文献和田野考察》[①]，杜靖的《二郎：一个重建宇宙和社会秩序的神明》[②]及《从祖先神明向“旅游神明”的转换——关于山东费县闵家寨闵子祠的历史人类学考察》[③]，李红春的《云南纳村奎阁马天君神话的宗教人类学解析》[④]，刘友富的《民间杨泗信仰合法性探究——基于湖南省南县杨泗信仰的考察》[⑤]，董湘漪、孙振玉的《山远水长：西北汉族地方性丧葬仪式的个案研究——来自南长滩的田野报告》[⑥]，李胜的《命以载史：民间信仰与个体生命——以江苏省南京市高淳叔村出菩萨仪式为例》[⑦]，蒲娇的《国家、个人及民间社会的内在秩序：试论天津皇会中各阶层之间的互动关系》[⑧]，高明雪的《一个村庄里的民间信仰的民族志考察——以豫西L村为个案》[⑨]，狄金华的《民间仪式与权力意志——华北米村丧葬仪式的变迁研究》[⑩]等文从多重维度对宗教信仰进行了考察，这些考察不仅注重通过田野调查的方法获取研究材料，而且还关注历史研究的重要性，将宗教人类学的研究从单纯的田野考察拓展到历史与田野并重的层面，这说明了宗教人类学研究路径在近年来的新发展。

在伊斯兰教的人类学研究方面，马强、张再利《中国城市穆斯林研究的人类学视角》[⑪]一文提出从人类学视角研究宗教，需要将研究对象从信仰体系转向信仰者，从而试图丰富伊斯兰教研究的内容，拓展研究的视角。这一研究实际是在强调人类学视角的宗教研究相较于宗教学研究的独特性所在。另外，阿依努尔·艾尼瓦尔的《莎车县当代苏菲主义教团迪喀尔仪式的人类学调查与研究》[⑫]等文章从仪式等方面对伊斯兰教进行了探讨。

在佛教研究方面，陈国典、刘诚芳的《信徒、圣地及其关系——藏传佛教信徒朝圣

---

① 杜树海：《民间信仰的社会功能——广西壮族地区J县扶乩活动的文献和田野考察》，《宗教学研究》2013年第3期。

② 杜靖：《二郎：一个重建宇宙和社会秩序的神明》，《地方文化研究》2013年第3期。

③ 杜靖：《从祖先神明向“旅游神明”的转换——关于山东费县闵家寨闵子祠的历史人类学考察》，《民族论坛》2013年第9期。

④ 李红春：《云南纳村奎阁马天君神话的宗教人类学解析》，《西南边疆民族研究》2013年第2期。

⑤ 刘友富：《民间杨泗信仰合法性探究——基于湖南省南县杨泗信仰的考察》，《民族论坛》2013年第10期。

⑥ 董湘漪、孙振玉：《山远水长：西北汉族地方性丧葬仪式的个案研究——来自南长滩的田野报告》，《北方民族大学学报》（哲学社会科学版）2013年第4期。

⑦ 李胜：《命以载史：民间信仰与个体生命——以江苏省南京市高淳叔村出菩萨仪式为例》，《南京工程学院学报》（社会科学版）2013年第2期。

⑧ 蒲娇：《国家、个人及民间社会的内在秩序：试论天津皇会中各阶层之间的互动关系》，《山东社会科学》2013年第3期。

⑨ 高明雪：《一个村庄里的民间信仰的民族志考察——以豫西L村为个案》，《重庆科技学院学报》（社会科学版）2013年第8期。

⑩ 狄金华：《民间仪式与权力意志——华北米村丧葬仪式的变迁研究》，《南通大学学报》（社会科学版）2013年第3期。

⑪ 马强、张再利：《中国城市穆斯林研究的人类学视角》，《青海民族研究》2013年第3期。

⑫ 阿依努尔·艾尼瓦尔：《莎车县当代苏菲主义教团迪喀尔仪式的人类学调查与研究》，《时代报告》2013年第3期。

的特征》[1] 和罗宗志、梁宏章的《念念有“慈”——广西马山县古零镇灵阳寺“佛七法会”仪式解读》[2] 分别代表了藏传佛教和大乘佛教的相关研究。

在基督教研究上，国内宗教人类学家黄剑波的《地方社会研究的不可能与可能：吴庄基督教的人类学研究札记》[3] 则代表了从中国基督教研究出发开展人类学田野研究的思考与反思。

此外，作为宗教人类学研究一大主力军的少数民族宗教研究，其论述范围广，研究对象多，丰富了宗教人类学研究的广度和深度。

在少数民族宗教研究中，仪式研究仍然是大多数学者喜爱的主题。陈锦均的《一个盘瑶村寨的丧葬仪式》[4]，高志英、马居里的《仪式与象征——论傈僳族上刀山下火海仪式的文化意义》[5]，赵利生、钟静静的《仪式与秩序建构：对青海省互助县土族村落背经转山的民族学考察》[6]，靳志华的《仪式与村寨共同体社会运作：红河州老刘寨苗族祭龙仪式的人类学考察》[7]，彭娜娜的《盘县布依族非正常死亡葬仪的人类学思考》[8]，丰伟的《从人类学视野看青海湖祭海仪式的社会功能》[9]，雷翔的《边缘化族群的国家认同——土家族“梯玛信仰”仪式的人类学考察》[10]，周慧慧的《畲族的宗教仪式与村落生活——以做福与传师学师仪式的考察为例》[11]，杨福泉的《东巴教仪式略论》[12]，杨春艳的《仪式与族群关系表达——基于黔西北苗族族群“解簸箕”仪式的思考》[13] 等文章对各少数民族宗教仪式进行了探讨。尽管同为仪式研究，各位作者关心的主旨却迥异。有的考察国家与社会的关系，有的关注认同，有的关心族群关系，有的注重仪式的功能思考。值得肯定的是，大部分的仪式研究已经迈出了最初的对于人类学仪式理论的笨拙的模仿阶段，开始着

---

① 陈国典、刘诚芳：《信徒、圣地及其关系——藏传佛教信徒朝圣的特征》，《西南民族大学学报》（人文社会科学版）2013 年第 4 期。

② 罗宗志、梁宏章：《念念有“慈”——广西马山县古零镇灵阳寺“佛七法会”仪式解读》，《宗教学研究》2013 年第 1 期。

③ 黄剑波：《地方社会研究的不可能与可能：吴庄基督教的人类学研究札记》，《中国农业大学学报》（社会科学版）2013 年第 1 期。

④ 陈锦均：《一个盘瑶村寨的丧葬仪式》，《民族论坛》2013 年第 7 期。

⑤ 高志英、马居里：《仪式与象征——论傈僳族上刀山下火海仪式的文化意义》，《云南民族大学学报》（哲学社会科学版）2013 年第 1 期。

⑥ 赵利生、钟静静：《仪式与秩序建构：对青海省互助县土族村落背经转山的民族学考察》，《西北民族研究》2013 年第 3 期。

⑦ 靳志华：《仪式与村寨共同体社会运作：红河州老刘寨苗族祭龙仪式的人类学考察》，《湖北民族学院学报》（哲学社会科学版）2013 年第 4 期。

⑧ 彭娜娜：《盘县布依族非正常死亡葬仪的人类学思考》，《贵州民族大学学报》（哲学社会科学版）2013 年第 2 期。

⑨ 丰伟：《从人类学视野看青海湖祭海仪式的社会功能》，《文学界》（理论版）2012 年第 11 期。

⑩ 雷翔：《边缘化族群的国家认同——土家族“梯玛信仰”仪式的人类学考察》，《宗教学研究》2013 年第 3 期。

⑪ 周慧慧：《畲族的宗教仪式与村落生活——以做福与传师学师仪式的考察为例》，《宁德师范学院学报》（哲学社会科学版）2013 年第 1 期。

⑫ 杨福泉：《东巴教仪式略论》，《云南民族大学学报》（哲学社会科学版）2013 年第 1 期。

⑬ 杨春艳：《仪式与族群关系表达——基于黔西北苗族族群“解簸箕”仪式的思考》，《贵州民族研究》2012 年第 6 期。

重于各自关注的问题意识，朝向更为广阔的空间发展。

在仪式之外，对于宗教信仰的考察也在同时进行。佟春霞、杨圣敏的《民族文化的在地特色——湖南维吾尔族宗教信仰的人类学考察》①，孟慧英的《试论满族的两个祖先信仰系统》②，李翠玲的《市场化背景下彝汉杂居村落湖村的宗教信仰与族群认同》③，杨文笔的《宁南山区回族“精灵鬼怪观”的人类学观察》④，李玉琴的《人神共场：神山崇拜的界域与认同——对安多藏区山神信仰的特质与意义的考察》⑤，完麻加的《森普神山崇拜及其社会整合功能》⑥，孟万鹏的《试论“苯教是否为萨满教”问题的争论》⑦ 及《试论苯教研究中的几点争议》⑧，徐义强的《祭词、医疗与民族文化遗产——哈尼族宗教祭词〈斯批黑遮〉的疾病认知体系探究》⑨ 等文章从族群关系与信仰、信仰的功能与作用、信仰的认知体系等方面开展对少数民族宗教信仰的研究，也在一定程度上跳出了传统信仰研究的局囿，更呈现出近年来研究方法与问题的新颖性。

此外，罗兆钧、徐祖详的《20 世纪以来国内苗族宗教研究述评》⑩ 以及郭建勋的《人类学视野下康区宗教的研究路径》⑪ 则对少数民族宗教研究进行了学科的回溯和梳理，对于该领域的研究起到了总结、导航的作用。

萨满教和巫术的研究在2013 年呈现出一个受学者关注的高潮，《当代西方社会中的新萨满教研究述评》⑫《多面的他者：16 至 20 世纪中叶西方视野下的萨满形象》⑬《人类学视阈下的医疗——基于萨满文化医疗的思考》⑭《吉林九台满族石姓家族萨满野祭仪式调查》⑮《当代文化空间下原始信仰萨满在新疆地区的考察——以新疆哈萨克族和维吾尔族巴克希为例》⑯《多元并蓄：试论维吾尔族萨满信仰的“混杂状态”》⑰《巫术：民间狂欢

---

① 佟春霞、杨圣敏：《民族文化的在地特色——湖南维吾尔族宗教信仰的人类学考察》，《西北民族论丛》第 9 辑，2013 年。

② 孟慧英：《试论满族的两个祖先信仰系统》，《辽宁大学学报》2013 年第 5 期。

③ 李翠玲：《市场化背景下彝汉杂居村落湖村的宗教信仰与族群认同》，《云南社会科学》2013 年第 1 期。

④ 杨文笔：《宁南山区回族“精灵鬼怪观”的人类学观察》，《民族艺林》2013 年第 2 期。

⑤ 李玉琴：《人神共场：神山崇拜的界域与认同——对安多藏区山神信仰的特质与意义的考察》，《青海社会科学》2013 年第 4 期。

⑥ 完麻加：《森普神山崇拜及其社会整合功能》，《青海民族研究》2013 年第 3 期。

⑦ 孟万鹏：《试论“苯教是否为萨满教”问题的争论》，《四川民族学院学报》2013 年第 2 期。

⑧ 孟万鹏：《试论苯教研究中的几点争议》，《内蒙古民族大学学报》（社会科学版）2013 年第 2 期。

⑨ 徐义强：《祭词、医疗与民族文化遗产——哈尼族宗教祭词〈斯批黑遮〉的疾病认知体系探究》，《西南民族大学学报》（人文社会科学版）2013 年第 3 期。

⑩ 罗兆钧、徐祖详：《20 世纪以来国内苗族宗教研究述评》，《民族论坛》2013 年第 7 期。

⑪ 郭建勋：《人类学视野下康区宗教的研究路径》，《西南民族大学学报》（人文社会科学版）2013 年第 4 期。

⑫ 郑文：《当代西方社会中的新萨满教研究述评》，《北方民族大学学报》（哲学社会科学版）2013 年第 1 期。

⑬ 郑文：《多面的他者：16 至 20 世纪中叶西方视野下的萨满形象》，《民俗研究》2013 年第 3 期。

⑭ 孟慧英：《人类学视阈下的医疗——基于萨满文化医疗的思考》，《民族研究》2013 年第 1 期。

⑮ 于洋：《吉林九台满族石姓家族萨满野祭仪式调查》，《满族研究》2013 年第 2 期。

⑯ 黄适远：《当代文化空间下原始信仰萨满在新疆地区的考察——以新疆哈萨克族和维吾尔族巴克希为例》，《新疆社科论坛》2013 年第 3 期。

⑰ 热依汗古丽·依玛木：《多元并蓄：试论维吾尔族萨满信仰的“混杂状态”》，《青海民族研究》2013 年第 2 期。

化的自我救赎》①、《巫师及其巫术的结构主义体现——从列维斯特劳斯的结构主义来解读》② 等文章，尽管研究主旨不同，但都是基于宗教人类学的视角来开展对于这两大类宗教现象的研究。尤其是萨满教研究，从最初的东北萨满教研究到西北萨满教研究成果的不断出现，以及对于萨满教历史、文化现象研究的拓展，说明中国学界的萨满教研究在走向高潮。

此外，还有一些宗教人类学研究的新视野也零星出现：如香港学者陈志明从公益慈善的视角来论述宗教在现当代社会中的功能③，台湾学者张珣从性别视角来看宗教中的性别问题④。这些新视野充分显现了近年来跨学科研究的不断拓展以及学术研究与现实热点的不断接轨。

尽管在宗教人类学界，本土宗教研究一直以来都是主流，甚少看到有关海外的研究，然而，这一趋势随着人类学界“海外民族志”思潮的兴起，也开始发生变化。罗杨的《柬埔寨华人的土地和祖灵信仰——从“关系主义”人类学视角的考察》⑤，梁永佳的《在科学与宗教之间：印度占星术视野中的海啸》⑥，袁同凯、陈石的《老挝 Lanten 人的宗教信仰与仪式》⑦ 等文章对柬埔寨、印度以及老挝宗教的研究，充分表明这一“走出去”新趋势的到来。

整体来说，2013 年中国宗教人类学学科既延续了传统的研究风格：宗教实践与信仰两方面的研究同时进行，民间信仰、制度化宗教、民族宗教等都有所涉及，同时又在某些方面呈现出年度关注的热点，比如宗教与医疗关系的宗教人类学的考察、宗教人类学视野与历史人类学视野的交叉融合、宗教的地方经验研究、宗教在中国的本土化问题，等等。总的来说，这些新的年度热点呈现了某些值得思考的新取向和新问题。其一，对多元宗教混融问题的重视。宗教现象的多重叠写实际是地方宗教信仰的一种常态，近年来的研究逐渐从传统注重大宗教的取向转向了关注大宗教下的小宗教或者原生宗教（又或者称之为本土宗教）及其两者之间关系的研究。事实上，这一研究趋势显示了一种普适性现象背后对特殊性所在的关注。其二，在关注多元宗教混融问题的学科趋势之下，带来了很多新的学科关注和讨论的焦点。如近年来随着学者对萨满教的重视以及萨满教研究在中国宗教研究中的日渐兴盛，何为萨满教成为学界关注的一个重点，于是出现了如苯教是否为萨满教的学界争论。这反映了中国宗教人类学界乃至宗教学、人类学界存在的共同问题：外来术语如“萨满”是否能适用于中国宗教研究？此类问题和一系列的学术“本土化”问题将会需要中国学界花费数十年的时间来解决。

无论如何，值得期待的是，随着宗教人类学学科的不断发展与成熟，传统研究成果不

---

① 贾雯鹤、刘艳妮：《巫术：民间狂欢化的自我救赎》，《咸阳师范学院学报》2013 年第 1 期。

② 王丽：《巫师及其巫术的结构主义体现——从列维斯特劳斯的结构主义来解读》，《商》2013 年第 14 期。

③ 陈志明：《人类学与华人研究视野下的公益慈善》，《中山大学学报》2013 年第 4 期。

④ 张珣：《人类学视野下的台湾宗教与性别研究》，《世界宗教文化》2013 年第 2 期。

⑤ 罗杨：《柬埔寨华人的土地和祖灵信仰——从“关系主义”人类学视角的考察》，《华侨华人历史研究》2013 年第 1 期。

⑥ 梁永佳：《在科学与宗教之间：印度占星术视野中的海啸》，《西南民族大学学报》（人文社会科学版）2013 年第 1 期。

⑦ 袁同凯、陈石：《老挝 Lanten 人的宗教信仰与仪式》，《中南民族大学学报》（人文社会科学版）2013 年第 2 期。

断积累，新的研究视角和领域不断拓展，中国宗教人类学研究势必将在经验研究与理论研究两方面同时取得学科的突破，中国宗教人类学界所呼吁的“中国的宗教人类学”也必将到来。

宗教心理学

2013 年的宗教心理学学科继续保持稳步发展势头，研究基础继续夯实、研究队伍不断壮大、学科发展环境良好，中国宗教心理学作为新近兴起的交叉学科，继续呈现上升的发展势头，逐渐引起越来越多的学者以及普通人的关注。这一学科近年来不仅在研究成果的数量和质量上有较大幅度的提高，而且在社会影响力方面也不断提升。尤为可贵的是，这一学科目前已经出现了一批相当有实力和潜力的学者，逐渐形成合力，开始为宗教心理学的学科建设做出贡献。

（一）2013 年宗教心理学研究特点

1. 切实展开学科建设和整合。2013 年 6 月，金泽、梁恒豪主编的《宗教心理学》（第 1 辑）由社会科学文献出版社出版，该辑刊是国内唯一的宗教心理学辑刊，旨在整合学科力量，搭建学术交流平台，为学科发展助力，它的出版发行具有重要的学科建设意义。该辑刊收录的论文是从宗教心理学学科建设的角度出发，分历史展望、域外视野、理论前沿、思想交谈、实证研究、学术书评六个主题，试图概要勾勒该学科的大致轮廓，为该领域学者建立学术交流的平台，促进该学科在中国的发展。该辑刊主要介绍西方及中国宗教心理学的历史、西方著名宗教心理学家的思想以及西方宗教心理学研究中的新趋向和研究方法，对宗教认同、宗教经验、宗教皈依等相关概念进行理论探讨，分别从各大宗教的角度尝试探讨宗教心理学的相关领域，并且介绍国内宗教心理学领域有代表性的实证研究和实验研究成果。

2. 注重基本概念的探讨。卢川在《华人时刊》2013 年第 3 期上发表《一种整合的观点：精神性、宗教和心理学和谐共处》一文，提出精神性和宗教作为社会文化的一部分，对人的社会适应和人格成长发挥着重要的作用。文章对精神性、宗教的定义做了简述，然后从研究对象、研究内容两个方面将这两者进行整合，希望通过这些整合能为精神性、宗教与心理学的融合提供一种新的视野。

3. 重视学科历史回溯。宋斌、申荷永在《西南民族大学学报》（人文社科版）2013 年第 10 期上发表《简论荣格的宗教心理学思想》一文，文章认为，荣格最终对宗教采取了科学理性主义的态度，以现象学的视角来观察宗教心理经验，并把人们所体验到的宗教经验界定在心理真实的范畴之中进行探讨。荣格提出很多重要的宗教心理学思想，其中主要包括心灵固有的宗教功能、上帝意象与自性化的关系、从人类心理发展的角度评价宗教信仰，以及基于自性化理论而提出基督教改革思想。荣格从心理分析的视角对宗教的信仰、操作、来源和功能进行全面的心理学解读。马永霞、雒焕国、张海钟在《兰州石化职业技术学院学报》2012 年 12 月 12 卷第 4 期上发表《当代中国学者宗教心理研究成果综述与评价》一文，作者应用 CNKI 检索近 20 年来中国学者在宗教心理、民俗心理、迷信心理研究方面的相关文献，并查阅相关书籍，总结国内学者对宗教、民俗、迷信心理的研究成果，以期对进一步的研究有所启示。

4. 展开宗教和心理学学科间的互动。麦劲恒、范向阳在《宗教学研究》2013 年第 1 期上发表《禅宗公案中的心理学元认知现象研究》，根据元认知及禅的特点，初步分析元认知在参公案的过程中所起的作用及其有限性。公案是禅宗教育的独特方式之一，在参公案的过程中，参公案者达到“开悟”前的确存在元认知的作用。禅具有最大统一、纯粹直观、无住生念、无我执、法执等特点，而元认知作为认知心理学的一个重要领域，它是建立在知见的基础上的执念有住，不能纯粹直观。

5. 强调以实证为基础的调查研究。刘生琰、李静在《青海民族研究》2013 年第 3 期上发表《多维一体：关于宗教心理结构性分析——以裕固族女性宗教心理为考察对象》，文章认为，宗教心理研究是对关涉人类宗教体验的所谓纯粹的“内在性”和“深蕴性”的探究。该文从裕固族妇女的宗教认知、宗教情感、宗教意识、宗教行为角度来探讨少数民族女性的宗教心理结构。陈青萍在《世界宗教文化》2013 年第 5 期上发表《从心理学视角探讨膜拜教徒自杀类型及其归因机制》，采用社会支持评定、一般自我效能、心理控制源、状态特质焦虑这四项心理测验工具，对 30 名膜拜教徒进行了调查和访谈，结果显示膜拜教徒的心理测验数据均与常模有显著性差异，从而揭示其高自杀行为的心理活动背景因素。文章指出，膜拜教徒的社会功能不足诱发逃避式、传染式和工具式自杀；自我效能感错乱诱发夸大式、殉道式和被动式自杀；情绪障碍诱发恐惧式、焦虑式和神经质式自杀；归因方式不良诱发宿命式、受虐式和扩大式自杀。干预模式主要采用社会模式、心理模式和平衡模式。斯琴、陈青萍、梁颖、罗燕和李胜利等在《中国健康心理学杂志》2013 年第 6 期上发表《农民宗教信仰的心理意义及对膜拜现象认知的研究——（以陕西 1 个自然村为例）》，该文以陕西某自然村的农民为研究对象，调查农民宗教信仰的心理意义及对膜拜现象认知的情况，采用问卷调查对 212 位农民进行测查，结果表明：212 位被调查者中有 56 人信教，信教者与不信教者的总体幸福感 t 检验无显著差异；被调查者的个人身体健康状况、家庭经济状况与总体幸福感呈显著正相关（$r = 0.311$，$P < 0.01$，$r = 0.71$，$P < 0.05$）；宗教信仰基本情况及对膜拜现象的认识两项调查显示，农民对宗教信仰有理性认识，对膜拜现象的本质有清醒的认知。该文认为，宗教信仰对农民有心理慰藉意义，农民能正确区分破坏性膜拜团体与正统宗教的界限。

6. 开始关注宗教心理学的应用。刘援朝在《天津法学》2013 年第 3 期上发表的《对精神控制者及其家庭提供心理支持的思考》一文认为，破坏性膜拜团体控制受害者的心理成长工作。成长是人一生的课题，是一项涉及许多方面、非常艰难的工作。该文从完善家庭支持系统与被破坏性膜拜团体精神控制受害者的心理成长的角度提出了一些看法，是宗教心理学应用于实践的尝试。胡吉省、吕瑞芳和张晓泳在《宁波广播电视大学学报》上发表的《高校部分学生宗教心理倾向浅析》一文认为，当前宗教心理现象在高校部分学生中呈现，其性质则是非教徒式的，它受社会、媒介等的影响，也与部分高校师生自身因素相关，应当充分认识宗教心理调节的必要性、可能性和社会现实性，以生活为切入点，教育高校学生用科学的眼光看待一切，也要由此反思基础教育存在的问题。张承安、曹外成、张莉在《中南林业科技大学学报》（社会科学版）2013 年第 7 卷第 1 期上发表的《当代大学生宗教信仰引领路径初探》提出，宗教信仰在大学生这一特殊群体中呈现出上升的趋势，面对这种现象，高校应积极探索大学生宗教信仰的引领路径，注重人文关怀，对于大学生的宗教信仰要加强管理和积极引导，科学认识、分析宗教产生的根源及本质；正确看待、引导大学生树立马克思主义宗教观；以人为本，寻找大学生的归属感和价值实现的平台，拓宽渠道，加强大学生宗教心理疏导；加强管理，引领大学生网络宗教信仰。

（二）2013年国家社科基金项目

2013年，国家社会科学基金继续加大对宗教心理学学科的支持力度，显示了学术界对这一新兴学科的重视和期待。今年国家社科基金批准了三项宗教心理学的研究项目：中央民族大学何其敏教授主持的重点项目《宗教认同研究》、浙江工商大学陆丽青副教授主持的一般项目《精神分析学派的宗教思想研究》以及西南民族大学的谭颖主持的一般项目《西部少数民族地区宗教信仰的心理实证研究》，它们分别从理论创新、历史回望和实证研究的角度探讨宗教心理学问题。在国家社会科学基金的资助下，这些课题的开展必将促进这一学科之学科体系的建设和发展完善。

（三）2013年宗教心理学会议

1. 2013年3月28日，来自美国富勒心理学院和世界宗教研究所的专家学者在中国社会科学院世界宗教研究所举行了中美“宗教心理学”座谈会。Todd E. Johnson教授发表了题为《礼拜仪式中国化的思考》的论文，世界宗教研究所梁恒豪博士发表了题为《一位中国佛教徒皈依的文化心理学分析》的论文，J. R. Daniel Kirk教授在座谈会上发表题为《殉难、拯救与和平》的论文，Alvin Dueck教授发表题为《道德发展的文化心理学》的论文。世界宗教研究所的硕士、博士、博士后以及宗教学理论研究室和基督教研究室的相关学者参与了座谈会，并积极发言参与交流。与以往相比，此次座谈会时间比较充裕，讨论更加深入。

2. 2013年7月16—24日，第10届中美欧暑期宗教学高级研讨班在中国人民大学举办。本年度的主题是“宗教心理学的理论与实践”，主讲教授为美国印第安纳州大学南岸分校的拉德（Kevin L. Ladd）教授，马萨诸塞大学医学院的沃克霍兹（Amy Wachholtz）教授，来自全国十余所高校与研究单位的近30位研究生与青年学者参加了学习。近年来，暑期班加强了与国际宗教心理学界的联系。作为心理学与宗教学的交叉学科，国际学术界有宗教心理学家的学术团体。在美国，美国心理学会是一个拥有1万5千名会员的大型团体，其中第36分会为宗教与灵性心理学，约有1000名会员。2012年，美国宗教心理学分会组团参加了中国的“第9届宗教社会科学年会”。2013年，该学会又派出2位学者，为中美欧暑期宗教学高级研讨班授课。作为知名的宗教心理学教授，拉德教授已经被选举为宗教与灵性心理学分会2015年的会长。

凯文教授侧重讲授理论，沃克霍兹教授则强调具体问题研究。凯文教授从宏观视角，介绍了宗教心理学的最新发展，同时结合自己的研究，还原出一项具体的宗教心理学研究课题的产生与运作过程。在理论方面，拉德教授对“祈祷”的心理机制与社会作用有精深的研究，发表了诸多论述。他特别介绍了祈祷的三个维度学说，即“向内”祈祷内心、“向外”祈祷社会和“向上”祈祷神圣。沃克霍兹教授的研究领域是宗教心理与医学治疗，她侧重从中观和微观角度介绍宗教与健康的关系，如宗教与疼痛、宗教与临终关怀、宗教与精神健康等。沃克霍兹教授特别对于中国人的灵性测量有很大的兴趣，期待其能够与美国展开比较研究。

在外籍教授主讲之余，暑期班又邀请多位教授做配合性讲座。中国社会科学院的梁恒豪博士为学员介绍了西方宗教心理学的发展历史，并对外教主讲中出现的概念进行了梳理。中国社会科学出版社的陈彪编审为学员讲授了宗教心理学的理论类型及发展。中国人民大学何光沪教授为学员回顾了100年来中国宗教研究的脉络，特别对最近30多年的宗教研究予以了评论。魏德东教授则向学员介绍了一项最新研究成果，由他主持的国家自然科学基金项目，今年6月在国际最重要的宗教社会科学杂志《科学研究宗教》上发表了论文《宗教关涉与抑郁：曲线关系与压力缓解作用——基于中国农村青年女性的分析》，此文以对河北新乐市1200名青年女性的调查数据为依据，分析出内在宗教性与抑郁呈倒U形关系，即低宗教性与高宗教性的人抑郁程度较低，较高宗教性的人抑郁程度则较高。自主设计课题，采集第一手数据，发表具有国际水平的研究论文，应该是本土宗教研究的一个走向。自2013年开始，暑期班将用3年时间，侧重对宗教的社会心理学进行研究，如新兴教派产生的社会心理机制等。

尽管取得不少成就，总的来说，国内有关宗教心理学的研究还处于起步阶段，学者少，力量分散。尽管有学者意识到宗教心理学研究的必要性，并着意培养这方面的人才，有的学校试开了宗教心理学课程，甚至来自不同领域的国内少数学者还集中力量召开了几次国内宗教心理学会议，试图整合宗教心理学的研究力量，探讨合适的研究主题及国际合作前景，但总体来说，由于学科基础薄弱，中国宗教心理学的学科建设还有很长的路要走。

透过2013年度宗教学各分支学科的综述，我们发现，注重加强学科建设，是宗教哲学、宗教社会学、宗教人类学、宗教心理学等学科的共同特点。中国社会科学院世界宗教研究所整合、团结、凝聚现有力量，引领学界围绕学科基本概念、基础理论、关键术语、学科发展史进行深入探讨，既夯实基础又关注学科前沿，努力建设好宗教学各分支学科辑刊、办好学科论坛，立足中国宗教、积极反思西方理论，在稳步推进学科积累、加强学科建设方面起到了关键的作用。假以时日，中国宗教学理论必然会有大的发展，中国宗教学界的话语权必然能够建立起来。

2013年度佛教研究综述

杨　健

一　2013年国内外佛教研究概述

今年，国内外的佛教研究保持旺盛的势头，学术界关注大乘佛教和南传佛教中的诸多问题，涌现了一批具有较高学术价值的成果，提出了一些新的学术观点，推进了学术研究的深入进行。

国家图书馆出版社出版了《中国地方志佛道教文献汇纂》。该丛书分三大系列，是迄今为止对中国地方志进行的最大规模的专题文献选编和整理。全书分寺观卷、人物卷和诗文碑刻卷三大系列，涉及包括港、澳、台地区在内的全国各地历代地方志中的各种佛教文化和道教文化文献。

在汉传佛教研究方面比较重要的专著有：韩传强的《禅宗北宗研究》、白光的《〈坛经〉版本谱系及其思想流变研究》、江泓的《真妄之间：作为史传家的禅师惠洪研究》、张慧远的《惠洪文字禅思想研究》、张总的《中国三阶教史》、黄夏年的《当代佛教论集》、李建欣的《印度宗教与佛教》、张利文的《〈成唯识论〉识变问题研究》、袁瑾的《佛教、道教视野下的焰口施食仪式研究》等。

在藏传佛教研究方面，西藏人民出版社出版了《吉祥萨迦文库》。本丛书包括《历代萨迦赤巴传》《萨迦世系史（上下册）》《萨迦世系史续编（上下册）》等共20种23册。本丛书对西藏萨迦地方政权的历史、重要人物、社会文化、宗教教义、萨迦寺的建寺历史、制度、仪轨法事等做了详细的记述。此外，宝力高的《蒙古文佛教文学研究》、尕藏才旦的《藏传佛教僧侣生涯》以及桑德诺瓦和巩海蒂的《云南藏传佛教音乐文化》也出版面世。

佛教艺术研究领域的专著有：王敏庆的《北周佛教美术研究：以长安造像为中心》、新疆龟兹研究院主编的《龟兹佛教艺术史》以及霍旭初的《龟兹石窟佛学研究》等。

今年，学术界在佛教研究方面出现了诸多有价值的论文。在义理研究方面，许潇的《竺道生佛学思想的毗昙学印迹》通过探讨《注维摩诘经》中的“常”“我”思想以及“阐提成佛”论的论证方式，指出竺道生之所以成为“涅槃圣”与其深厚的毗昙学功底有密切联系。顾伟康的《重读李华〈润州鹤林寺故径山大师碑铭〉：“牛头祖统说”研究》通过对《鹤林碑》的考证，提出“牛头祖统说”出自径山的观点。习细平的《论藕益智旭的儒佛会通思想》探讨了智旭在心性论、修养论、孝道观三方面对佛教与儒学的会通。方广锠、张贤明的《中国刻本藏经对〈高丽藏〉的影响》探讨了功德回向思想在大藏经刊刻中的作用，佛教信仰层面与义理层面的内在张力在大藏经刊刻中的表现，汉文大藏经刊刻与流通在东亚汉文佛教圈起到的积极作用。

在人物研究方面，陈楠的《鸠摩罗什生平事迹新证》通过对汉藏文献的考察，厘清了鸠摩罗什生平中一些隐而不显的内容。圣凯的《智憬与〈起信论同异略章〉、〈一心二门大意〉》通过考察《同异略章》和《一心二门大意》，认为它们是日本奈良东大寺华严宗僧人智憬的作品。

在佛教与社会关系研究方面，孙英刚的《隋唐长安寺院长生畜禽考》考察了隋唐寺院传教的证据——长生畜禽，指出了它们在宗教信仰和城市生活中的重要角色及功能变迁。沈海燕的《皆已成佛道》探讨了《法华经》教义对居士佛教的启示、当代居士佛教的成就、居士住持佛教的合法性及其地位等问题。

藏传佛教研究领域也有一些有价值的论文。例如，孙悟湖的《藏传佛教前弘期"顿渐之诤"再考释》在研读藏汉文文献基础上，认为"顿渐之诤"是汉、藏、印学者佛教文化交流的历史见证，真实性和正面性毋庸置疑。德吉卓玛的《香巴噶举觉域教法传承钩沉》通过藏文原始教典文本及实地考察的资料，首次对"唐杰流派秘密耳传"觉域教法的渊源、师承等历史脉络、教法经典以及传承之变迁等进行了探究。

南传佛教研究方面的主要论文有郑筱筠的《南传佛教与佤族社会生活的"阶序"逻辑》。它指出，佤族社会的"阶序"是以佛教的业力和功德观念作为分类基础，以神圣性逻辑与世俗性逻辑的对立和交融形成的。它是佛教思想价值观念的体系化表现，是佤族社会政治结构、社会结构、宗教结构相互作用并趋于稳定的保障。

国外佛教研究在今年同样出版了诸多成果，例如，

Ourvan，Jeffrey. *The Star Spangled Buddhists*：*Zen*，*Tibetan and Soka Gakkai Buddhism and the Quest for Enlightenment in America.*

Cape，Tony. *Diamond Highway*：*A Tibetan Buddhist Path in America.*

Jaeger，Peter. *John Cage and Buddhist Ecopoetics.*

McLeod，Melvin. *The Best Buddhist Writing 2013.*

Barash，David P. *Buddhist Biology.*

Dolma，Lisa Tenzin. *Buddhist Mandalas.*

Salgado，Nirmala S. *Buddhist Nuns and Gendered Practice.*

Rambelli，Fabio. *A Buddhist Theory of Semiotics.*

Carter，Robert E. *The Kyoto School*：*A Introduction.*

［日］稻津纪三：《世亲唯识学的根本性研究》。

重要论文有：［俄］索罗宁《西夏佛教之"系统性"初探》、［日］斋藤明《中观思想的形成与发展》等。

今年全国各地召开佛教文化研讨会与论坛50余次，达到了历年之最。其中有代表性的会议有：中国人民大学主办的"中日佛教研讨会"和"中日韩佛教研讨会"、陕西师范大学宗教研究中心主办的"第二届国际密教研讨会"、敦煌研究院和兰州大学等主办的"敦煌文化与唐代文学国际学术研讨会"、中国佛教学会和香港中文大学人间佛教研究中心主办的"2013年中国佛教研究研讨会"、中国宗教学会与云南民族大学主办的"中国宗教研究五十人论坛"、南京大学中华文化研究院主办的"中国民间宗教文化论坛"、北京大学哲学系主办的"中国传统文化的反思与展望"等。总的来说，今年的佛学会议在规

模上比往年更大，论题也比往年更加丰富。这对佛教学术研究起到了积极的推动作用。但同时，由于会议的数量过多，密度过大，超过了学者们的承受能力。学者们有时来不及撰写论文，有些会议的会期发生冲突。这都使会议的质量打了折扣，不利于佛教学术研究的扎实推进和佛教文化市场的良性发展。

二 2013年中国社会科学院世界宗教研究所佛教研究室的主要学术活动及科研成果

2013年9月12日，由佛教研究室与北京大学哲学系、中国人民大学佛教与宗教研究所主办的“净慧长老禅学思想研讨会”在北京成功举办。

2013年10月17—20日，由佛教研究室与武汉市民族宗教事务委员会主办，由中国社会科学院佛教研究中心、武汉市佛教协会、武汉归元禅寺协办的首届武汉归元佛教文化论坛“佛教文化与强国战略”研讨会在武汉归元禅寺隆重召开。与会者有中国社会科学院、湖北省及武汉市的各级领导，来自中国社会科学院世界宗教研究所、北京大学、中国人民大学、武汉大学等全国诸多研究机构和高校的专家、学者。与会者分成三个小组，以“佛教文化与强国战略”为核心议题，围绕“佛教思想与中国梦”“佛教与社会主义核心价值体系建设”“佛教与中华民族精神”“佛教与社会伦理及公民道德建设”“佛教与生态文明建设”“佛教文化的现代价值”“佛教与对外文化交流及中华文化走向世界”“佛教与文化自觉”等议题进行了深入探讨。这次学术研讨会共收到学术论文70多篇。

本年，佛教研究室的主要科研成果有：

专著：

魏道儒：《中华佛教史·宋元明清佛教史卷》，山西教育出版社2003年版。（477千字）

尕藏加：《清代藏传佛教研究》，中国社会科学出版社2013年版。（360千字）

论文：

魏道儒：《略论法舫的人间佛教思想》，载梁建楼主编《法舫文化研究文集》，团结出版社2013年版。（7千字）

魏道儒：《佛教发展与社会主义核心价值观》，《中国宗教》2013年第11期。（6千字）

纪华传：《法舫法师与近代佛教国际化》，载梁建楼主编《法舫文化研究文集》，团结出版社2013年版。（8千字）

纪华传：《中国佛教制度与东山法门丛林改革之意义》，载黄夏年主编《东山法门研究》，大象出版社2013年版。（9千字）

尕藏加：《吐蕃外籍密宗大师无垢友考述》，《禅学研究》（第10辑），江苏人民出版社2013年版。（11千字）

尕藏加：《马克思主义宗教观与藏传佛教研究——兼论东噶·洛桑赤列〈论西藏政教合一制度〉》，载曾传辉主编《马克思主义宗教观研究（2011）》，社会科学文献出版社2013年版。（9千字）

尕藏加：《格鲁派密法传承系考述》，《中国藏学》（汉文版）2013年第3期。（10千字）

尕藏加：《民间信仰与生态环境——以藏区神山信仰与生态环境为例》，载苏发祥主编《中国宗教多元与生态可持续性发展研究》，学苑出版社 2013 年版。（9 千字）

周广荣：《佛教文学研究的视野与方法》，《书品》2013 年第 2 辑，中华书局 2013 年版。（4 千字）

杨健：《19 世纪美国的华工及其佛教信仰》，《青海民族大学学报》2013 年第 3 期。（9 千字）

研究报告：

尕藏加：《西藏创新性寺院管理模式》，内部研究报告，2013 年 10 月上报。（12 千字）

2013年度中国南传佛教研究综述

杨 莉

与汉传佛教、藏传佛教的研究成果相比，2013年度中国南传上座部佛教的研究虽然取得了一定进展，但是南传佛教的研究成果仍然显得较为单薄。总体而言，2013年度的南传上座部佛教研究，与以往相比表现出了学科知识点细化的特征，同时在研究主题、研究路径以及研究方法上呈现出跨学科、多角度的趋势，而且在一些研究较少的领域，如音乐人类学方面也出现了令人欣喜的研究成果。

一 南传佛教相关会议、活动以及热点问题概述

（一）南传佛教的相关会议及活动

相较于汉传佛教、藏传佛教，人们对南传佛教的了解稍少。近年来，人们开始意识到南传佛教在中国佛教格局中的地位，因此逐渐加大了调研力度。2013年也有多次对于南传佛教的调研活动。如，2013年4月下旬，中央统战部、国家宗教事务局等部门组成的调研组在村寨中对南传佛教佛寺进行了考察和调研，发现佛寺不仅是村寨宗教活动的中心，还是村民的教育中心、文化活动中心，可以说各级村寨组织都以佛寺为中心，遍布各村寨的佛寺构成了整个佛寺体系结构的基础。不仅如此，调研一行还考察了具有文化教育功能的贝叶经。调研同时发现，在当代由于现代教育的普及，寺院教育虽然也面临挑战，但并不乏保存较好的寺院学校。[①] 相应地，南传佛教也积极进行对外交流活动。2013年5月7日上午，以云南省省委统战部杨光海副部长为团长的南传佛教代表人士参观团一行36人拜访了中国佛教协会。[②] 同时还积极开展与东南亚佛教界的交流对话。

除了这些基于了解南传佛教真实形态的调研活动外，还有一些教内或学术交流会议在2013年召开。这些会议针对现实中的问题展开讨论，例如，就如何珍爱生命问题进行讨论的“慈心悲愿·善待生命”佛教生命观研讨会，该会议由中国佛教协会主办，于2013年1月16日、17日在成都举行，来自汉传佛教、藏传佛教及南传上座部佛教三大派系的约40名高僧大德和专家学者参与研讨。与会人士呼吁所有佛教界人士积极行动起来，向广大信众宣讲正确的佛教生命观，认清是非，抵制邪说，以戒为师，以法为依，保护僧俗群众的生命安全。[③]

2013年10月25日至27日，“第二届东南亚宗教研究论坛”在中国社会科学院世界

---

① 孙钢：《边陲伽蓝云南南传佛教寺院巡礼》，《中国宗教》2013年第6期。

② 刘东：《南传佛教在京考察团拜访中国佛教协会》，《法音》2013年第5期。

③ 田悦阳：《慈心悲愿·善待生命佛教生命观研讨会在成都举行》，《中国宗教》2013年第2期。

宗教研究所召开，本次论坛的议题为“东南亚宗教的复兴与变革”。由于南传上座部佛教主要分布在东南亚地区，因此关于南传佛教的研究也在此次论坛中占据了重要位置。会后出版的论文集《东南亚宗教与社会发展研究》一书，有多篇研究南传佛教的文章收录其中，如《云南临沧市南传上座部佛教慈善事业现状及模式探索》《贝叶经典籍对中国南传佛教地区社会发展的影响》《南传上座部佛教与傣族原生性宗教的调适与互动——试析上座部佛教在云南的本土化路径》《近现代南传佛教教育的展现》等。

2013 年 11 月，第十六次中韩日佛教友好交流会在海南三亚召开。中国佛教协会副会长祜巴龙庄勐在会上做了题为《加强南传佛教人才培养　提高服务社会大众意识》的补充发言，他认为“中国南传佛教教育，应该注重身心和谐，悲智具足，福慧双修，内心充满善法的力量与虔诚的信念。教育的目的并非完全是知识的积累与学识的丰富，而更需要心智的培养与道德的养成，不断促进人的全面发展与社会的和谐进步”①，同时发言还认为南传上座部佛教教育应该借鉴和吸收现代教育的方式和成果，从而提高僧人素质和服务社会的能力。

就整体而言，这些活动的展开有利于政府部门更深入地了解南传上座部佛教和南传佛教在社会中的真实形态。同时佛教界人士和政府相关部门官员参加的会议旨在关注如何更好地解决南传上座部佛教当下存在的问题，明确南传佛教自我认识的方向，以及政府部门如何帮助佛教完善自身建设，这些活动和会议对南传佛教的发展必有所裨益。

（二）南传佛教热点问题研究

2013 年度南传佛教有一些备受关注的热点问题，如自戕，佛教寺院世俗化、功利化，僧人减少等社会现实问题。依靠政府和相关法规并不能完全解决这些问题，还需要从佛教内部对这些问题进行澄清和管理。

近几年僧人自戕事件屡有发生，针对这一问题中国佛教协会副会长祜巴龙庄勐法师在《僧侣自杀和劝诱鼓励他人自杀违背比库巴帝摩卡》一文中强调劝诱、鼓励、赞叹自杀以及为自杀行为提供条件和方便，是一种极为严重的罪业，巴拉基咖的僧侣将被永远逐出僧团，道果无份，死后必堕地狱。所谓“自焚不违背佛教教规教义”的说法完全没有根据。②

与汉传佛教相比，南传佛教存在着僧人减少，甚至有寺无僧的问题。对此，学者们都非常关注。例如，张杰在《云南南传上座部佛教“有寺无僧”问题的影响及对策》③一文中针对南传佛教发展的热点问题进行研究，提出随着我国社会转型的推进，云南南传上座部佛教文化受到巨大的冲击，宗教的社会功能日渐式微，相应的问题浮出水面，其中“有寺无僧”问题日益突出。虽然学术界一直对云南南传上座部佛教“有寺无僧”这个现实问题密切关注，但是对此作深入研究的还是甚少。他从完善教育模式、提高僧人素质、创新宗教管理、发展寺院经济等方面提出解决问题的对策，认为这是南传上座部佛教文化传承与发展的内在要求，不仅关系到云南宗教和谐秩序的构建，而且维系着南传上座部佛

---

① 祜巴龙庄勐：《加强南传佛教人才培养　提高服务社会大众意识——在第十六次中韩日佛教友好交流会议上的补充发言》，《法音》2013 年第 12 期。

② 祜巴龙庄勐：《僧侣自杀和劝诱鼓励他人自杀违背比库巴帝摩卡》，《法音》2013 年第 2 期。

③ 张杰：《云南南传上座部佛教“有寺无僧”问题的影响及对策》，《商》2013 年 10 月号。

教在现代社会中的积极作用的发挥；既有利于推进云南“两强一堡”战略的实施，更有利于云南边疆的民族团结与社会安定。

济群法师在《当代佛教问题的思考》① 一文中围绕当代佛教建设一共谈了六方面的问题。文章首先提出了当代佛教建设所面临的一个重大现实，即如何面对传统的问题。无论是在时间上还是在空间上，佛教都拥有大量的传统积淀，因此假如不能辨清主次轻重，有效地将这些传统统合起来，那么传统就无法成为当代佛教建设的资源，相反地，还会变成当代佛教建设的累赘。文章又指出，佛教内部僧人自身的修学是当下继承传统的关键，而僧人的修学则面临着宗派教理与修证法门的脱节、“混搭”，乃至于缺失，尤其是在修证法门方面，更是薄弱，以致出现无论教属何宗，皆以念佛往生为修证法门的局面。由此文章又谈到当代汉传佛教修学的另一方面缺失——大乘菩提心的空泛化、形式化问题。文章重点谈到大乘修行的核心在于菩萨道修行，而菩萨道修行从根本上讲就是发菩提心，在此基础上才谈得到受菩萨戒与行菩萨行的问题。在厘清了汉传佛教的修学问题之后，文章更深入地探讨了修学次第问题，认为可以借鉴藏传、南传佛教在修学次第上的严密体系，来补充、匡正汉传佛教在此方面的不足与缺漏，并且扭转以上乱象丛生的局面。文章在最后还提到为了保证以上问题的解决，应该从外部着手，指向明确地建设修学型寺院和服务型寺院。修学型寺院可以保证僧人自身的修行，而服务型寺院则可以让僧人切切实实地实践大乘菩萨精神。

综上所述，2013 年研究所回应的主要热点有僧人和信徒的自戕，寺庙僧人缺乏等现状，而解决这些问题的方法指向了僧人的教育以及南传上座部佛教的社会作用等层面，而这些问题正是学术研究在这一年里所关注的。由此可见，通过这些活动和会议发现南传佛教的僧人和研究学者与现实问题的互动越来越紧密，其研究的现实感也日益增强。

二　关于南传佛教的学术研究

（一）宗教社会学角度的南传佛教研究

2013 年度南传佛教不再将研究的主题和重点放在教义和经文上，而是更注重从宗教社会学的视角和研究方法出发，探索和分析南传佛教在社会中的组织形态和所起的实际作用、历史和当下的传播方式，同时也更加关注南传佛教在“神圣”和“世俗”两个维度的互动关系。

这类研究的代表有郑筱筠研究员的《南传佛教与佤族社会生活的“阶序”逻辑——以云南临沧佤族为例》。文章从宗教社会学视角，借用“阶序”理论，选取信仰南传佛教的佤族社会进行研究，提出与佤族文化相比，由于以南传佛教为媒介的东南亚文化和傣族文化在 20 世纪 50 年代以前都处于相对发达的阶段，因此，南传佛教传入云南临沧佤族部落后，对佤族社会的政治结构、社会结构、宗教结构等方面产生了较大影响：它以“阶序”的思想和价值观念系统地重组了佤族社会的世俗生活和宗教生活。“阶序”作为不同等级之间排列的规则，体现的是一种体系化的关系，是信仰南传佛教的佤族社会政治结构、社会结构和宗教结构相互作用并趋于稳定的保障，它使生活于佤族部落的每一位成员一生注定是与整个佤族社会环环相扣、密不可分的。但与印度不同，接受了南传佛教的佤

① 济群：《当代佛教问题的思考》，《法音》2013 年第 6 期。

族社会“阶序”不以洁净和不洁为分类基础，而以“业”和功德观念为分类基础，以神圣性逻辑与世俗性逻辑的对立和交融来构建本民族的阶序。① 宗教的神圣性和社会生活的世俗性相互交织在一起，既相互关涉又有抵牾，而以南传佛教为主要信仰和文化根底的社会，世俗生活和神圣生活的关系更为密切，彼此介入的方式也更具多样性。学者程利的《神圣与世俗——南传佛教在云南傣族地区的适应和演变》一文从南传佛教在云南傣族地区的历史和现状中，可以看出它的教义、教理、伦理、仪式、戒律都在不同程度地向民俗化、民族化、世俗化和现代化演变，例如神话传说本土化、佛经文学民族化、政教等级对称化、戒律宽松化等。民俗化、世俗化主要表现为：佛教的许多节日、法会、宗教传说等逐渐演变为民族的风俗节日和民族民间文学。如浴佛节演变为傣族的泼水节；祭祀佛祖的一些祭祀活动演变为傣族原始宗教的祭神活动；赕佛等法会活动已失去原初宗教的内核，多数都已变为傣族经济的、体育的、文艺的内容，而成为该民族喜爱的传统节日。② 该研究关注的是南传佛教在神圣和世俗这两个维度间的相互转化，以及这种转化给南传上座部佛教和其研究的傣族地区带来的影响。

正因为在南传上座部佛教为主要信仰的社会神圣和世俗世界联系得更为紧密，佛教的神圣符号存在于日常生活的方方面面，而这种情况的出现与南传佛教如何融入目标社会的方式和策略密切相关。基于此，一些宗教社会学领域的研究也注意关注南传上座部佛教如何融入当地社会。学者梁晓芬认为南传上座部佛教和原本社会中的原始宗教是一种调适和互动的关系。在她的《南传上座部佛教与傣族原生性宗教的调适与互动——试析上座部佛教在云南的本土化路径》一文中，在原有的上座部佛教与傣族原生性宗教的关系研究的基础上，以宗教本土化为视角，基于调研的资料，通过实证的研究方法，论述南传上座部佛教与傣族原生性宗教如何互渗和共存。作者在梳理了傣族的神话传说的基础上认为南传佛教与傣族原生性宗教的冲突与调适是上座部佛教实现其本土化的主要途径，并注意到在这个过程中上座部佛教并未改变自身的本质，而吸收的本土文化的因子更有利于南传佛教在当地社会发展。该文章有一点结论值得关注，其认为“在两种宗教文化的碰撞与交流中，上座部佛教逐渐在傣族的信仰体系中占据了主导地位，然而，傣族的原生性宗教并未被南传佛教所取代，依然保持其自身固有的一些文化特质与之共存”。③ 对于这种调适和互动的原因，文章进行了较好的分析，基于这种有益的成果，未来的研究可以继续关注南传佛教和当地信仰之间的冲突所在、融合方式以及互渗的途径，而且可以进一步关注这一过程中信仰者的作用。

南传佛教的传播方式和策略也是备受关注的问题。学者周寒丽、李莲的《景谷傣族南传佛教的传播发展和经文系统初探》一文指出目前国内外对我国南传佛教的研究主要集中于西双版纳和德宏，而对景谷地区的南传佛教研究较少，因此研究中也存在一定的盲点。故而，厘清景谷傣族南传佛教的传播历史和发展状况对我们从宏观上把握整个中国南

① 郑筱筠：《南传佛教与佤族社会生活的“阶序”逻辑——以云南临沧佤族为例》，《世界宗教文化》2013年第1期。

② 程利：《神圣与世俗——南传佛教在云南傣族地区的适应和演变》，《贵州民族研究》2013年第6期。

③ 梁晓芬：《南传上座部佛教与傣族原生性宗教的调适与互动——试析上座部佛教在云南的本土化路径》，载郑筱筠主编《东南亚宗教与社会发展研究》，中国社会科学出版社2013年版。

传佛教区的历史和文化是具有一定重要价值和意义的。① 该文通过对汉文古籍和傣文古籍的分析对比，辅以一定的田野调查资料，对景谷南传佛教的传播、经文系统和所使用文字进行了探讨。

南传佛教传入到目标社会之后，形成了不同于其他社会的独特形式，正如梁晓芬女士所论，是一种本土化的过程。那么在本土化的过程中，南传佛教在当地社会中具有何种影响以及具体功能就是一个值得探讨的问题。

赕佛就是南传佛教本土化的典型活动。这种傣族的“赕佛”在社会中有着举足轻重的地位。2013 年也有研究基于此展开，如田玉玲博士的《论傣族赕佛活动的社会功能》一文，从协作与整合、互助与分享、节日与聚会、艺术展演与传承四个方面来分析傣族赕佛活动的社会功能。田博士通过个案研究发现：一方面，协作互助使个人供赕转化为社区的集体行为，供赕活动的烦琐与消耗也随之得到有效分解，更加简单易行；另一方面，赕佛活动加强了社区的联系，扩大了赕佛活动的社会功能，使供赕人可以获得更多的社会认同，从而更加乐于供赕。赕佛活动中的这种互助与分享的社会基础，其实就是傣族社会根深蒂固的协作互助传统。由于赕佛活动的社会化，傣族社会原有的协作互助机制自然而然地融入了宗教活动，保障了赕佛活动的顺利进行，由此而来的宗教功德分享反过来巩固和强化了这种协作互助传统，使傣族的亲友“邻里”社区乃至区域关系更加稳固。赕佛活动满足了人们的宗教需要，也满足了人们生产生活及娱乐消遣的需要。赕佛活动还是傣族佛教艺术走向广大受众的时刻。② 相关研究还有周娅博士的《贝叶经典籍对中国南传佛教地区社会发展的影响》，该文认为贝叶经典籍在南传佛教地区主要具有三方面的作用，首先是对传统文化的集成和保护作用；其次是对自然环境的保护作用；三是对社会发展的作用，而对社会发展的作用体现在（外化的）礼仪导向作用，（内化的）教育规范作用，凝聚、认同和维稳的作用，调节和控制作用，对特殊社会现象的治疗作用。③ 综上所述，由于贝叶经是南传佛教典籍的载体，使得南传佛教和传统的傣族文化得以传承，同时也是南传佛教文化的象征，因此，贝叶经对傣族社会有着重要作用。但是，贝叶经所起到的对社会发展的作用难免和南传佛教在社会中的作用混淆，也正因为这种混淆使得贝叶经在某种程度上成为了南传佛教的象征。

过去通常认为主要信仰南传佛教的地区在东南亚，国内便集中于云南，但是已有研究表明南传佛教在其他地方也具有影响。如成庆教授在《经济转型背后的幸福悖论：论当代上海佛教的信仰性格》一文中提及，在经济转型的背景下，中产阶层与社会精英阶层开始面对各种心理危机，这些成为新兴社会阶层在“幸福感”方面的主要关心内容。④ 文章用社会学访谈和统计的方法，在考察上海当代佛教的发展状况与幸福感的关系之外，还试图揭示经济发展的背景下，当代宗教信仰的回归一方面满足了个体对精神幸福的追求，另一方面又不可避免地夹带大量的世俗与物质主义性格。成庆教授特别论述了南传佛教在

---

① 周寒丽、李莲：《景谷傣族南传佛教的传播发展和经文系统初探》，《红河学院学报》2013 年第 10 期。

② 田玉玲：《论傣族赕佛活动的社会功能》，《民族论坛》2013 年第 8 期。

③ 周娅：《贝叶经典籍对中国南传佛教地区社会发展的影响》，载郑筱筠主编《东南亚宗教与社会发展研究》，中国社会科学出版社 2013 年版。

④ 成庆：《经济转型背后的幸福悖论：论当代上海佛教的信仰性格》，《上海大学学报》（社会科学版）2013 年第 1 期。

当代上海佛教回潮中的特性，相较于汉传佛教，藏传佛教和南传佛教的回潮更为明显，而且宗教性格更为正面，通过调查发现，南传佛教对于都市心理问题的治愈效果更为显著。基于成教授的成果和启发，以后的研究可以更多地关注非南传佛教传统的社会南传佛教是如何传播、如何融入的，也可以将得出的结论和历史上的传播过程进行对比，以期新的成果出现。通过成教授的研究可以分析出，现在汉传佛教、南传佛教、藏传佛教在信仰区域上开始互相融合，并不泾渭分明。但是在人们的观念中，这些佛教的不同派别确有自己的信仰区域，已有文章就此现象进行了分析。

例如王芳的《浅析大乘佛教与小乘佛教流行于不同区域的原因》① 一文分析这种传播区域的分隔的原因主要有三：一是佛教向北传播时受到政府的支持，这也为大乘佛教打下了良好的基础；二是相较起上座部佛教，大乘佛教更适合中国的士大夫阶层；三是大乘佛教传播的国家文明较发达，故此佛教只起到了对民众进行心理安慰的作用。

概言之，2013 年度的南传佛教研究通过对社会学理论和研究方法的借用，继续深化南传佛教在传播地区的社会功能及其在当地社会发展中的参与状况的研究，同时还注重讨论南传佛教在当代的发展与传播，甚至是南传佛教由其传统流行区域向外扩展的问题。同时，这些研究也为未来的研究提供了方向，例如，南传佛教和当地社会原生信仰互渗产生的原因、彼此补充的具体内容等问题。

（二）艺术人类学角度的南传佛教研究

1. 音乐人类学角度的南传佛教研究

2013 年度从音乐人类学的角度对南传佛教进行研究的文章相对多些，进一步推动了南传佛教音乐人类学领域的研究。在此之前，有关各国南传佛教音乐及南传与汉传佛教音乐比较研究的论文则相对较少，即便有相关研究也仅散见于不同学术书籍和刊物。至于关注南传、汉传、藏传诸佛教音乐支系之间城市化比较的研究，则迄今尚甚少见到专门的著作或论文出现。

杨民康教授长期致力于音乐人类学的研究，其对于南传佛教音乐的执着追求反映在他的成果之中，例如他的《云南与东南亚傣仂南传佛教文化圈寺院乐器的比较研究——以太阳鼓及鼓乐的传播与分布为例》② 一文以佛教乐器中的太阳鼓为切入点，为佛教历史文化的比较提供了一个新的角度。该文认为在车里、孟艮、八百、老挝等区域内存在一个“傣仂佛教（音乐）文化圈”，除了具有相同的文字和仪式风俗等佛教文化之外，还具有相似的音乐形式，其中包括曲调、乐器、舞蹈等形式。该文作者通过田野实地调查认为“太阳鼓”作为上述各地南传佛寺共有的标志性打击乐器，既体现了其中的相似性又是一种可比性的因素，同时也是上述文化圈中的特质代表。从音乐的角度进行此方面的研究，乃是以往对中国境内南传佛教音乐文化研究领域的一个实质性的拓展。在以往较少接触到境外研究资料的情况下，中国学术界历来有一种说法，认为铆钉鼓是西双版纳的特有打击乐器，甚至在尚未对该地佛教寺院音乐文化进行全面的调查之前，还存在一种“太阳鼓是基诺族特有的打击乐器”的偏狭观点。而文章指出，其实仅从南传佛教寺院大鼓的角

---

① 王芳：《浅析大乘佛教与小乘佛教流行于不同区域的原因》，《沧桑》2013 年第 6 期。

② 杨民康：《云南与东南亚傣仂南传佛教文化圈寺院乐器的比较研究——以太阳鼓及鼓乐的传播与分布为例》，《中央音乐学院学报》2013 年第 2 期。

度看，铆钉鼓既是其两种主要类型之一，又是傣仂佛教文化圈各寺院共有的一种标志性打击乐器（或法器）。这一观点对学界之前的观点有所修正。

杨教授的另一篇文章《保持、求变、追踪——中国与周边南传、汉传佛教音乐城市化的比较研究》①，首先梳理了佛教音乐城市化的一般特征及其“入世”思想和相关文化传统，说明佛教城市化源于“人间佛教”的思想，并对比了南传、汉传佛教在“人间佛教”这个维度上所具有的特征，又特别指出了南传佛教的“入世”精神，以及南传上座部佛教仪式民俗和民众的亲密联系。其次，杨教授认为相较于云南与泰国清迈等地区的传统保持，港台及大陆汉传佛教音乐和城市化表现得更为求新求变。综上所述他认为城市化——社区化、社团化、职业化及艺术化是中国与周边国家和地区佛教音乐文化共同的现代化发展趋向；多元化——保持传统（南传佛教）、创新求变（中国大陆及港台佛教）与紧跟社会（日、韩佛教）是不同国家地区佛教音乐文化发展的三种相异类型。

学者董宸的《西双版纳地区南传佛教跨界诵经风格的传统和变迁——以中缅打洛、小勐拉为例》拟从音乐人类学的视角出发，以西双版纳地区南传佛教跨界诵经风格传统模式与新模式的同步发展为描述对象，对经文经腔系统中与“音乐方言”相关的内容进行探讨、呈现和比较。② 文章以分布于云南西双版纳勐海县中（打洛）缅（小勐拉）交界地区的血缘、地缘、宗教文化关系紧密的同源掸傣民族为研究对象，对构成其共同社会文化认同的核心之一——南传佛教诵经风格现状进行结构性分析。

这些音乐人类学领域的研究，虽然是以具体的乐器、唱诵或是经文为研究对象，其本质却是对于文化圈同质性的研究，为研究南传佛教的传播和发展提供了新的角度，而且这些研究为从宗教学角度研究南传提供了例证，殊途而同归。

2. 美学角度南传佛教研究

吴之清等的《试论南传佛教对云南傣族审美艺术的影响》③ 一文谈到傣族地区的塑像、经画、寺塔、文身等艺术作品，强烈地反映了傣族人民的民族特点、传统思想及审美艺术风格。同时，作为越族后裔的傣族以及其全民信仰的南传上座部佛教，其艺术表现手法有别于汉族世俗审美艺术，也有别于其他宗教艺术等风格。除地域、历史、民族等原因外，从根本上讲，其艺术风格取决于南传佛教的信仰特征。傣族艺术审美特征突出体现在神圣与世俗结合、古典与豪放并举、文化与功利相宜、继承与嬗变统一等方面。孙媛女士的《云南德宏南传佛塔的装饰艺术》④ 一文从德宏佛塔的传入、佛塔的建筑形制以及佛塔的宗教象征、颜色等方面论述了德宏南传佛塔装饰艺术的成就。陆建军、左树刚在《巧夺天工——从灵山梵宫和九华山大愿文化园看“金螳螂”将传统佛教文化建筑与现代工艺相结合的美妙之笔》⑤ 一文认为现代的佛教建筑已经渐渐脱离了原有佛教建筑的布局与形式，功能也发生了巨大变化，从原有的一系列佛教功能建筑，演变到现在的现代佛教文

---

① 杨民康：《保持、求变、追踪——中国与周边南传、汉传佛教音乐城市化的比较研究》，《音乐艺术（上海音乐学院学报）》2013 年第 1 期。

② 董宸：《西双版纳地区南传佛教跨界诵经风格的传统和变迁——以中缅打洛、小勐拉为例》，《音乐探索》2013 年第 2 期。

③ 吴之清、杨杰、墨婧金：《试论南传佛教对云南傣族审美艺术的影响》，《宗教学研究》2013 年第 3 期。

④ 孙媛：《云南德宏南传佛塔的装饰艺术》，《现代装饰（理论）》2013 年第 6 期。

⑤ 陆建军、左树刚：《巧夺天工——从灵山梵宫和九华山大愿文化园看“金螳螂”将传统佛教文化建筑与现代工艺相结合的美妙之笔》，《中国建筑装饰装修》2013 年第 5 期。

化建筑综合体。

以上这些研究成果，一方面从音乐、经文唱诵等角度探讨了南传佛教在其流行区域内的特色以及南传佛教的音乐在其流行区域内所发挥的功能等；另一方面则从建筑的角度对南传佛教确立自身宗教特质的问题进行了讨论。

（二）南传佛教慈善的研究

基于“人间佛教”的思想，南传佛教在慈善方面一直颇有作为。以往的研究成果也颇多，继郑筱筠2009年、2012年分别在《中国宗教》《中国南传佛教研究》[①] 中系统地阐述了南传佛教在慈善方面的突破和发展体系之后，2013年孙浩然教授在《云南佛教慈善历史论略》[②] 一文中对云南佛教的慈善历史进行了梳理。文中按时间发展顺序概述了佛教在云南的四种存在派别——阿吒力教、汉传佛教、南传佛教和藏传佛教的慈善历史，并从宗教社会学的角度将佛教的慈善分为三类：慈善理念是内在型慈善，其实践是外在性慈善，具有浓烈的宗教色彩的超在性慈善，并在这三种分类的基础上分析了在不同历史时期佛教慈善的理念、具体的慈善实践、社会影响以及其间的互动关系。最后该文章对在当代云南佛教慈善发展的方向和应避免的问题提出了建议。

云南省临沧市佛教协会会长提卡达希在《云南临沧市南传上座部佛教慈善事业现状及模式探索》[③] 一文中提出，佛教慈善组织是基于佛教信仰建立，由佛教信众发起成立或参与运作，志愿从事慈善公益活动、提供社会服务的民间非营利性团体。提卡达希会长在云南省临沧市南传佛教上座部佛教慈善事业实践探究现状的基础上探究了临沧市南传佛教的运作模式。在社会的需求中，南传佛教以积极的姿态入世，得到了社会各界的好评。在这些活动实践中，临沧市南传上座部佛教协会正在积极从中探索具有本土特色的、适合南传佛教的慈善活动模式。

这些文章集中讨论了南传佛教在慈善事业方面的宗教特性与现实运作的具体模式和社会影响等问题。

（三）跨学科综合类南传佛教研究

宗教是一种社会文化现象，因此它不可避免地要和其他社会文化现象交织在一起。2013年的南传佛教跨学科成果中还有涉及法律、心理治疗、教育等方面的研究。

从宗教法律制度对社会的影响角度去谈南传佛教，如学者刘华的文章《法文化视野下傣族南传佛教运行制度探析》[④] 从南传佛教的内部管理制度和外部“赕佛”制度两个方面来探讨傣族传统社会如何对南传佛教进行约束。文章驳斥了在傣族传统社会中是政治控制宗教的观点，认为傣族传统社会中的南传佛教是以戒律为中心，通过简单明确的戒律制度、严密分明的教阶制度，以及次第而进的教育制度来维持其内部的独立性。同时在外部则是以“赕”为中心来实现社会保障制度，其具体表现为以村寨为基础的经济保障体系、

---

① 郑筱筠：《中国南传佛教研究》，中国社会科学出版社2012年版。

② 孙浩然：《云南佛教慈善历史论略》，《地方文化研究》2013年第6期。

③ 提卡达希：《云南临沧市南传上座部佛教慈善事业现状及模式探索》，载郑筱筠主编《东南亚宗教与社会发展研究》，中国社会科学出版社2013年版。

④ 刘华：《法文化视野下傣族南传佛教运行制度探析》，《云南大学学报（法学版）》2013年第2期。

土司头人为中心的政治保障方式，以及敬佛尊教的法律保障。

前文中成庆教授的研究成果谈到南传佛教之所以能在上海传播，其主要原因之一是它的修行方式可以提高幸福感。因此，不能忽视治疗仪式中宗教元素的使用。张振伟博士的《身体与信仰：西双版纳傣族仪式治疗中的二元宗教互动》一文从宗教仪式与身体治疗的角度研究西双版纳傣族的治疗仪式，并探究了在治疗仪式中傣族的民间信仰和南传佛教如何互动。该文章认为在具体的实践活动中，首先通过将仪式分类来说明当下的治疗仪式的具体形态。其次是通过民间信仰对南传佛教治疗仪式的补充使得南传佛教的教义和仪式符合傣族人的需要。“通过僧侣、布章、波莫等在仪式治疗过程中的表演和仪式用品象征的展现，反映出民间信仰作为傣族的信仰基础，具有强大的影响力和包容力；南传佛教在意义顺延和广延的过程中，对民间信仰既有迎合又有挑战”。① 张振伟的研究关注的不仅仅是治疗仪式本身，同时也关注了南传佛教和原生宗教之间的互动、借鉴关系，是从仪式角度对这一问题的研究。

南传佛教的教育方式是寺院教育，现代社会的教育对其有冲击和影响。面对这种情况，园慈法师的《近现代南传佛教教育的展现》② 一文的出现显得正逢其时。该文章梳理了19世纪之后，南传佛教在社会现代化的过程中如何应对以及如何完善原有的僧院教育体系。作者园慈法师以斯里兰卡、泰国、缅甸为例，认为“南传近代佛教教育提倡现代化的教育设置，倡导僧侣严格遵守戒律、受高等教育、扮演类似基督教传教士的角色，为人们提供教育、医疗、农业知识、道德精神指导等”，是对传统僧院教育的补充和调整，以便应对异己文化教育的挑战。该研究为当代寺院教育和现代教育之间存在的冲突提出了历史上可借鉴的解决思路，并且充分认识到这种冲击并不仅仅是教育方式本身的问题，还是宗教信仰的选择以及文化认同的问题。

正如前面所述，南传佛教传播和如何融入当地社会的研究颇丰，也正因如此，南传佛教的经验便也具有了可借鉴之处。例如，杨玲等人的《南传佛教本土化对傣族地区马克思主义大众化的启示》③ 一文认为，马克思主义与南传佛教内容和传播虽各有其径，但是马克思主义可以从佛理渗透、传播手段、教育机制等方面借鉴南传佛教本土化的历史经验，从而实现马克思主义的大众化。文章提出的路径大致有：傣族地区开展马克思主义大众化，应立足于“地方性知识”的民族文化，将马克思主义理论与“地方性知识”的民族价值取向、思维模式等方面融合起来。马克思主义大众化的传播，可以依托傣族地区民族文化的场域，以通俗化推动马克思主义大众化，实现民族宗教信仰与国家主导意识形态的和谐统一。

简言之，以上这些文章从广阔的视野上，从不同学科的角度对南传上座部佛教的思想、文化与现实做出了思考与探索。

三 总结

2013年南传上座部佛教的各种成果更着重关注与佛教相关的现实层面，以期通过对

---

① 张振伟：《身体与信仰：西双版纳傣族仪式治疗中的二元宗教互动》，《思想战线》2013年第2期。

② 园慈：《近现代南传佛教教育的展现》，载郑筱筠主编《东南亚宗教与社会发展研究》，中国社会科学出版社2013年版。

③ 杨玲、曹茂、杨云：《南传佛教本土化对傣族地区马克思主义大众化的启示》，《民族论坛》2013年第11期。

佛理的普及来解决信仰者对佛教的曲解问题，从而解决邪教等社会问题。这一年南传上座部佛教的学术研究同样具有现实性。主要是从宗教社会学的角度出发研究南传上座部佛教在社会中的真实形态。

云南南传上座部佛教已经融入当地社会的各个层面。在这样的社会形态下，宗教的神圣性和社会生活的世俗性密切交织、高度整合，既相互融合又存在张力。因此，在研究这一问题时不可少地要回应南传上座部佛教的传播方式和策略，以及这种融合是通过何种方式实现等问题。虽然这些研究引入了社会学的理论和研究方法，甚至将定量的研究方法应用其中，但是仪式的作用以及信徒的宗教心理等维度涉及较少，日后的南传佛教研究可以从这些方面着手，以期能有进一步的突破。

2013年度道教与中国民间宗教研究综述

李志鸿

中国民间宗教史专家马西沙先生指出，所谓道教，尤其是“所谓正一派，其多数支派的存在状态实即民间宗教的存在状态，对其进行研究，则要打破道教与民间宗教的学术概念，从历史、社会、生活的原状出发，写出真面貌。此即所谓生活之树常青，而概念往往是灰色的。”① 从中国宗教发展历史来看，道教无疑是一个古代各种思想延续的载体，也是各类民间宗教形成的渊源。从道教的形成过程可以看出，道教是中国各种思想、观念融合的结果，实际上代表中国宗教发展的模式。诚如金泽先生所言，信仰有聚与散的关系，对中国本土信仰而言，道教融合了传统中国的诸多观念，实际上是中国古代思想融合的一种表现，而各种民间信仰与民间宗教则或多或少吸收了其中的部分内容，彼此之间存在剪不断理还乱的关系，天生就有密切关系，后来者出于各种目的给予各种划分。②

近年来，王卡先生提出“大道教”的概念，力图涵盖道教和民间宗教，包括民间信仰在内，以期从更宏观的范围内研究中国宗教的发展，寻求中国宗教发展的特点，回应西方宗教的理论挑战。更为重要的是，“大道教”可以将道教作为中国本土宗教的代表，整合中国民间信仰，协助宗教部门将其纳入合法管理范围。“大道教”概念亦提醒我们，充分发挥道教及中国民间信仰在港台及海外的影响力，对构筑“文化中国”大有裨益。毕竟，时至今日，道教与民间信仰仍然是历史留给我们的文化资源和软实力。③ 基于此，本文将从“大道教”的视角，来考察2013—2014年中国道教与民间宗教研究。

一　道教与中国民间宗教研究本年度主要学术活动

2013年5月23—25日，中国社会科学院世界宗教研究所道教与中国民间宗教研究室主任王卡研究员率研究室部分成员前往山东考察道教与民间儒教。5月23—24日，考察团参访尼山圣源书院，并就“明清儒学与道教”相关问题展开讨论。尼山圣源书院执行院长、原山东师范大学副校长刘示范教授，书院秘书长赵法生研究员、副秘书长陈洪夫先生，山东师范大学赵卫东教授等参与讨论。5月25日，考察团考察了岱庙以及泰山碧霞祠。

2013年8月18—20日，“2013骊山问道之儒道两行·文化复兴”活动在骊山明圣宫举行，该活动由中国社会科学院道家与道教文化中心、世界宗教研究所儒教研究中心联合主

---

① 李志鸿：《道教天心正法研究》，社会科学文献出版社2011年版，第1页。

② 金泽：《民间信仰的聚散现象初探》，《西北民族研究》2002年第2期。

③ 见 http：//www. tianya. cn/techforum/content/647/5660. shtml。

办，陕西西安临潼明圣宫承办。中国社会科学院世界宗教研究所副所长金泽研究员，中国社会科学院道家与道教文化中心和儒教研究中心主任卢国龙研究员，中国道教协会会长任法融道长、副会长张继禹道长，中国社会科学院哲学研究所陈静研究员，北京大学郑开教授，中国社会科学院世界宗教研究所儒教研究室赵法生、王志跃副研究员，陕西省社会科学院樊光春研究员，明圣宫住持刘世天道长，以及众多专家学者与会。会议以“儒道两行、文化复兴”为主题，旨在探求儒教与道家的源同理通之处，搭建两家价值诉求和现实关注融会的桥梁，取长补短、互为助益，以期为儒教、道教的健康发展，乃至中国传统文化的复兴和中华民族文化主体性的建构提供资源和方略。大会议题分为：理性批判中的儒道张力、儒道两家在文化建构中形成合力的历史经验和理论可能性、以道教为现实载体建构合力的途径。与会专家学者就各个议题进行了精彩纷呈的研讨，方家之论高屋建瓴，彼此交流相得益彰。[①]

为了进一步推动道教研究，继承和弘扬中华优秀传统文化，共建中华民族的共有精神家园，由中国社会科学院世界宗教研究所、中国道教协会道教文化研究所共同主办，江苏省道教协会、苏州市道教协会协办，吴中区道教协会、穹窿山上真观承办的“铁竹道人施道渊与江南道教研究”学术研讨会于2013年9月17—19日在江苏苏州吴中区穹窿山上真观举行。会议期间，还举行了“穹窿山上真观重修工程竣工暨神像开光庆典”。施道渊，自号铁竹道人，是明末清初苏州道教界最为著名的道士。他在苏州创立了穹窿山道派，并续添天师正一滴血派谱系后十字，使这两派成为清代苏州道教诸派之正宗，一直延续到近代嗣法者不绝，对苏州道教的传播和发展起到了积极的推动作用。来自中国社会科学院世界宗教研究所、哲学研究所、历史研究所，中国道教协会道教文化研究所，北京联合大学，四川大学宗教研究所，华侨大学宗教研究所，长安大学，陕西省社会科学院宗教研究所，南京大学，山东师范大学齐鲁文化研究中心，南京师范大学等学术单位的40多位学者发表了论文。本次会议论文涉及中国道教的历史变迁、教义教理、宫观建制、斋醮科仪等诸多方面。涵括历史、哲学、宗教学、民俗学、音乐学、心理学等诸多学科。道教是中华民族固有的传统宗教，迄今已有两千多年的历史。它对中国古代社会的政治制度、意识形态，以及民间文化习俗等方面，都曾经产生过重要影响。近年来，随着宗教自由政策的贯彻、党和国家对道教界的关心，道教界在加强自身建设的同时，积极和各界接触，树立自身形象，提高道士的素质，宣传道教文化，得到社会各界的好评，吸引越来越多的人关注道教发展事业。古老的道教终于迎来了“历史上最好的发展机遇”。毋庸置疑，中国道教要走得更远，走得更好，就应该不断适应现代社会的发展，加强自身教团组织和宫观建设，着力于人才的教育培养，探索企业管理模式在宫观管理中的适用度。

2013年11月6—8日，华东师范大学明道道教文化研究所、上海市道教协会共同主办首届“正一道教：历史与现状”国际学术研讨会。这次会议，旨在合力推进正一道学术研究、深度发掘正一道文化价值，取得了丰硕成果。会议共收集论文90多篇，论文字数达140多万字。来自海内外的近百名参会学者，分别就正一道的历史、当代发展、经典教义、科仪法术、文学艺术、科学技术等方面，发表了论文演讲，并提出了许多具有创新性和突破性的研究成果。[②]

---

① 见 http://iwr.cass.cn/xw/201308/t20130827_15448.htm。

② 蔡林波：《拓展正一道研究的新气象——首届“正一道教：历史与现状”国际学术研讨会》，《中国道教》2013年第6期。

2014年1月4日，中国社会科学院世界宗教研究所道教与中国民间宗教研究室举办首期“道教学术研究沙龙”活动。该活动属于世界宗教研究所创新工程项目“新时期的道教与中国民间宗教研究”子课题之一。近期以来，经北京一些研究道教的青年同仁提议，中国社会科学院世界宗教研究所道教与中国民间宗教研究室筹建了一个主要面向中青年研究者的开放型的学术交流团体，以促进同仁之间的交流。希望能吸纳更多的青年学者、博士后、硕士生、博士生等参与这个团体。“道教学术研究沙龙”第一期活动，由世界宗教研究所道教与中国民间宗教研究室主任王卡研究员主持，邀请北京师范大学哲学与社会学学院章伟文副教授做《全真华山派承传谱系分析》的主题报告，邀请中国社会科学院世界宗教研究所李志鸿副研究员做《罗祖教开香仪式研究》的主题报告。以上报告分别邀请中国道教协会尹志华教授，以及中国社会科学院世界宗教研究所马西沙研究员担任点评人。来自中国社会科学院宗教所、历史所、哲学所以及北京大学、中国人民大学、首都师范大学、首都博物馆、中国中医药大学等单位的30多位专家学者、博士、硕士研究生参与了活动。报告会上，广大学者针对全真道的历史传承、谱系问题、民间宗教的历史传承、宝卷讲唱，以及宗教研究的方法论等问题展开了热烈的讨论。

2014年3月9—11日，由湖南省东盟文化研究与交流中心主办的“道教在东盟各国的传播高峰论坛”在湖南长沙成功举办。来自新加坡、马来西亚、中国台湾、中国大陆等地的道教研究学者50余人出席了本次论坛。与会专家学者共同希望，本次论坛能够促进道教文化于当代世界的弘扬，推动世界文化的多元发展和人类的和平与进步。经过讨论和协商，与会学者发表了《促进道教文化的海外传播——长沙共识》，指出：承继着中华先贤之智慧的道教文化伴随游子走出国门，得到诸国智者的青睐，已在海外落地生根，成为沟通中华文化与世界各地文化的桥梁。在世界文化的交流互动中，道教文化独具吐纳百川之势，可望成为宗教对话与文化融通的基石，它源于中华，属于全球，造福人类。与会学者呼吁：应当立足于道教文化原有的在地性，推动道教文化与世界文化的融通与互动，弘扬道教文化之智慧，应对今人生存的严峻挑战，促进人类的共生、共长、共存、共荣。①

二 道教与中国民间宗教研究重要问题

（一）民间宗教宝卷的收集整理

宝卷是唐、五代变文、讲经文演变而成的一种传播宗教的艺术形式，② 是独立于佛经、道藏外的另一中国传统宗教的经典。据统计，国内外公私收藏的宝卷约计1500余种，5000余种版本。③ 20世纪二三十年代，顾颉刚、郑振铎、向达等学者开始搜集、研究宝卷。此时的研究主要是将宝卷作为民间俗文学来看待的，研究方式主要是进行文献学上的

① 见 http：//iwr. cass. cn/xw/201404/t20140401_ 16582. htm。

② 马西沙：《中国民间宗教简史》，上海人民出版社2005年版，第103页。

③ 事实上宝卷还有着多样的名称，其中渊源于佛、道教，用于道场仪式的宝卷往往称为“科仪”“宝忏”“科”，与此类科仪文书类似的是在仪式上使用的以“偈”“偈文”为名的宝卷。另一类宝卷承袭了佛道的经典传统，径直将宝卷名为“经”“真经”“妙经”“宝经”。用于神道人物传说或是记载教派祖师传记类的宝卷，则称作“宝传”“传”。近代江浙一带的宣卷活动中使用的宝卷往往称为“古典”“故典”“古迹”“妙典”。参见车锡伦《中国宝卷总目》，北京燕山出版社2000年版。

编目。[①] 日本学者泽田瑞穗著《增补宝卷的研究》，是海外汉学界收集最丰者。在宝卷目录研究上，车锡伦堪称集大成者，其著《中国宝卷总目》是目前收入最全的宝卷目录。20 世纪 50 年代开始，已经有学者开始对宝卷演唱活动进行调查。[②] 80 年代之后，宝卷的田野调查卓有成绩。[③] 随着宝卷调查研究的深入，学者对宝卷研究进行了反思，[④] 对“宝卷学”[⑤] 也进行了阐述。

作为尚未被充分发掘、整理、研究的民间文献，宝卷与宋元以来的中国民间宗教有着重要的关联。明代中末叶，是民间宗教兴起的时期，也是宝卷大量撰写刊行的时期。几乎所有有实力的民间教派都以宝卷为名，撰写刊刻自己的经书。现在能见到的明刊本民间宗教宝卷不下百部，多为大字折装本，印制精美，与正统佛经无异。这些无疑都说明了宝卷对于民间宗教研究的重要性。宝卷包容的思想极为庞杂，兼杂儒、释、道等传统文化，又有历代积淀的各类民间宗教的思想资料，乃至民间神话、风俗、礼仪、道德规范等内容。就道教而言，影响也是多方面的。道教的哲学、炼养、斋醮、神话传说都深深渗透到多种宝卷之中，其中道教的内丹术及斋醮仪范对宝卷的影响最大。

目前，著名学者马西沙先生主编的大型宗教文献资料集《中华珍本宝卷》（第 1 辑）已由社会科学文献出版社出版发行。[⑥] 该书的出版必将引起中国学术界的广泛关注，对中国民间宗教、民间文学、佛教、道教、宗教艺术等研究将有重大的意义。此书诚可谓是“独具只眼、厚积薄发”之作。

20 世纪 70 年代末，马西沙先生在中国人民大学清史研究所从事中国民间宗教研究，于明清档案中发现大量民间宗教教义，皆以宝卷为载体。马先生开始体悟到，欲写出第一流的宗教史，应包括两大部分内容资料：其一是明清档案及官书、方志、笔记杂录，这部分内容是用于撰写宗教教派史的；其二是宗教经卷，特别是明、清宝卷，这部分资料用于解决不同教派的不同教法，即不同的宗教教义。这两大史料群要融为一体，才能写出合格的《中国民间宗教史》。马先生对明清档案下了十余年功夫，而从 20 世纪 80 年代初起，花费二十余年收集宝卷。1989 年，马先生的第一部专著《清代八卦教》出版，[⑦] 它凝聚了先生抄录档案和收集宝卷的心血。1986 年，先生承担了国家社科基金重大项目——《中国民间宗教研究》。经过多年的努力，1992 年，《中国民间宗教史》这部划时代、里程碑式的著作由上海人民出版社出版。[⑧] 此书对从汉到清末数十种大教派进行了深入研究，厘清了前人未解的多种谜团，还原了一部两千年的民间宗教史。该书引证分析明、清

---

① 1927 年，郑振铎在《中国文学研究》上发表《佛曲叙录》。20 世纪 40 年代，恽楚材先后发表《宝卷续录》《宝卷续志》。此后，傅惜华的《宝卷总目》、胡士莹的《弹词宝卷目》、李世瑜的《宝卷综录》也相继问世。李世瑜的《宝卷综录》著录国内公私 19 家收藏宝卷 618 种，共计 1487 种版本，还收藏有见诸文献著录不见传本的宝卷 35 种。

② 江苏省音乐工作组：《江苏南部民间戏曲说唱音乐集》，音乐出版社 1955 年版；张颔：《山西民间流传的宝卷抄本》，《火花》1957 年第 3 期。

③ 《酒泉宝卷》1991 年由甘肃人民出版社出版。江浙的宝卷调查也有成果问世，段平的《河西宝卷的调查研究》、方步和的《河西宝卷真本校注研究》1992 年先后在兰州大学出版社出版。

④ 车锡伦：《中国宝卷研究的世纪回顾》，《东南大学学报》（哲学社会科学版）2001 年第 3 期。

⑤ 濮文起：《宝卷学发凡》，《天津社会科学》1999 年第 2 期。

⑥ 马西沙主编：《中华珍本宝卷》（第 1 辑），社会科学文献出版社 2012 年版。

⑦ 马西沙：《清代八卦教》，中国人民大学出版社 1989 年版。此书已于 2013 年在中国社会科学出版社再版。

⑧ 《中国民间宗教史》于 1992 年由上海人民出版社首次出版，其后，于 2004 年由中国社会科学出版社再版。

宝卷两百部左右，引证档案史料等两三千种，为先生主编《中华珍本宝卷》打下了良好基础。

客观地说，在此之前，中国学界关于民间宗教文献也有数次编辑，也值得关注。山西人民出版社1994年出版了四十册的《宝卷》，收集了一部分相当珍贵的文献。这是民间宗教史研究以来第一次公开出版如此众多的宝卷经书，它给国内外研究者以重要的帮助。[①] 其后台湾王见川等人合编的《明清民间宗教经卷文献》初编和续编都已经出版，都为12册。[②] 2005年由周燮藩主编，濮文起任分卷主编的《中国宗教历史文献集成：民间宝卷》（共20册）由黄山书社出版发行。[③] 2011年，王见川、侯冲、杨净麟等主编的《中国民间信仰民间文化资料汇编》由台湾博扬文化事业有限公司出版。[④] 以上资料可以与四十册的《宝卷》相互参照，以作研究之用。

与上述的宝卷文献集成相较，《中华珍本宝卷》可谓囊括中国历代宝卷之精品。

1. 收入的宝卷版本久远

现存最早的宝卷应是金代崇庆元年（1212年）初刻，元代至元庚寅（1290年）新刻，其后在明代改本的《佛说杨氏鬼绣红罗化仙哥宝卷》，以及南宋宝卷忏书《销释金刚科仪》，元至元脱脱所修之《目连救母出离地狱升天宝卷》。明代最早的宝卷是宣德五年（1430年）问世的《佛说皇极结果宝卷》。尤其值得注意的是，通过研究我们可以发现，此次收入的藏于山西省博物馆的明版《佛说杨氏鬼绣红罗化仙哥宝卷》，曾经有过金代崇庆元年的版本及元代至元庚寅新刻本，此卷是最早的一部宝卷。[⑤]

2. 收入多种珍贵的明清民间宗教传教经书

如清代八卦教主要的传教经书《五女传道宝卷》，或曰《无圣宗宝卷》，虽为晚出刊本，但影响重大，不可或缺。此外，明代万历年间西大乘教的八部宝卷，如《销释圆通宝卷》《销释圆觉宝卷》《普度新声救苦宝卷》《销释大乘宝卷》《销释显性宝卷》等等，皆极为珍稀。黄天教大型宝卷，海内孤本《普静如来钥宝忏》四卷本，孤本《太阴生光了义宝卷》《虎眼禅师遗留唱经》等等也被收入其中。

罗祖教的五部六册宝卷，也是很早的教派宝卷，影响从明正德年间达于今日，版本不下二十余种。在以往学者所编辑的民间宗教文献中，亦曾收入多种五部六册宝卷，然而，所出版者，或有残损，或所出较晚，留有遗憾。以《宝卷初集》为例，其所收五部六册中，《苦功悟道卷》是康熙十七年重刊本，[⑥]《叹世无为卷》是民国八年重刊本，[⑦]《破邪显证钥匙卷》则仅注明姑苏陈子衡经房印行，[⑧]《正信除疑卷》以及《巍巍泰山卷》均为

---

① 张希舜等主编：《宝卷初集》，山西人民出版社1994年版。

② 王见川、林万传主编：《明清民间宗教经卷文献》，台北：新文丰出版公司1999年版；王见川、车锡伦、宋军、李世伟、范纯武编：《明清民间宗教经卷文献续编》，台北：新文丰出版公司2006年版。

③ 周燮藩主编、濮文起分卷主编：《中国宗教历史文献集成：民间宝卷》，黄山书社2005年版。

④ 王见川、侯冲、杨净麟等主编：《中国民间信仰民间文化资料汇编》，台北：博扬文化事业有限公司2011年版。

⑤ 马西沙：《最早一部宝卷的研究》，《世界宗教研究》1986年第1期。

⑥ 张希舜等主编：《宝卷初集》第一册，山西人民出版社1994年版。

⑦ 同上。

⑧ 张希舜等主编：《宝卷初集》第二册，山西人民出版社1994年版。

光绪壬午年重刊本。[①] 周燮藩主编、濮文起任分卷主编的《中国宗教历史文献集成：民间宝卷》收入的《苦功悟道卷》是康熙十七年重刊本，[②]《叹世无为卷》是康熙三十九年重刊本，[③]《破邪显证钥匙卷》亦仅注明姑苏陈子衡经房印行，[④]《正信除疑卷》以及《巍巍泰山卷》均为万历戊戌（即万历二十六年）中秋重刊本。[⑤] 王见川等人合编的《明清民间宗教经卷文献》初编收入五部六册两种，一为雍正七年合校本，二为道光二十七年重刊本。[⑥]

《中华珍本宝卷》收入的五部六册宝卷，全部为明万历十二年刊行大折装本，颇珍稀。此卷为闽西田野调查所得，无序、跋。此刊本每部宝卷卷首页刊印："泉下陆坊信士陆惟瑞室人张好佛刊印佛像愿赞颂"，卷后均刊印"大明万历十二年正月吉日积善堂重刊印行"。当代闽西罗祖教在宣卷仪式中仍然使用该卷。[⑦]

中国民间宗教研究所涉及的史料众多，但凡历代官书、笔记、杂录、档案、宝卷皆在其列。其中，清代档案和教派宝卷尤为重要。《中华珍本宝卷》的出版，必将引发学术界对中国民间宗教诸多问题的再探讨。

1. 宝卷与明清民间宗教的宗教实践

现有大量的宝卷中，至少有二三百种是明清民间宗教的相关经典、科仪。马西沙先生认为宝卷包容的思想极为庞杂，兼杂儒、释、道等传统文化，又有历代积淀的各类民间宗教的思想资料，乃至民间神话、风俗、礼仪、道德规范等内容。就道教而言，影响也是多方面的。道教的哲学、炼养、斋醮、神话传说都深深渗透到多种宝卷之中，其中道教的内丹术及斋醮仪范对宝卷的影响最大。还有一部分民间宗教，有一种自成体系的天道观，这种天道观又与内丹炼养之术汇于一体，则演化成一种极有吸引力的社会政治观点、一种反传统的思潮，这就是"三教应劫"思想。这种教义成为黄天教、闻香教、八卦教、一贯道等多类教门的基本教理，对下层受苦受难者无疑颇具吸引力，成为部分民间宗教反传统思想的核心内容，也是与道教天人合一思想最具分歧之处。[⑧] 近年来一些民族音乐学学者也涉及了宣卷仪式研究，对赣南"斋公""做佛事"讲唱《五部六册》宝卷的仪式音乐进行了调查，但由于专业差异，仪式音乐研究并未触及历史上赣南民间教派传承、演变情况。[⑨]

---

① 张希舜等主编：《宝卷初集》第三册，山西人民出版社 1994 年版。

② 周燮藩主编、濮文起分卷主编：《中国宗教历史文献集成：民间宝卷》第一册，黄山书社 2005 年版。

③ 同上。

④ 同上。

⑤ 同上。

⑥ 王见川、林万传主编：《明清民间宗教经卷文献》第一册，台北：新文丰出版公司 1999 年版。

⑦ 关于闽赣地区南传罗祖教的讨论可参见李志鸿：《民国十三年〈大乘正教宗谱〉与闽赣边区罗祖教》，载中国社会科学院世界宗教研究所编《宗教文化青年论坛（2010）》，社会科学文献出版社 2010 年 11 月版；《南传罗祖教初探》，《世界宗教研究》2010 年第 6 期；《罗祖教与闽西客家文化》，载苏庆华主编《汉学研究学刊》第三卷（2012），吉隆坡：马来亚大学中文系 2012 年 10 月；《新见罗祖教〈五部六册〉宝卷及宣卷仪式》，《世界宗教研究》2013 年第 3 期。

⑧ 马西沙先生率先对宝卷中的丹道与斋醮仪式问题进行了研究，参见马西沙：《宝卷与道教的炼养思想》，《世界宗教研究》1994 年第 3 期。

⑨ 李希：《赣南民间信仰仪式中的宝卷讲唱研究——以于都县为例》，华中师范大学 2008 年硕士论文；李希：《于都县宝卷讲唱调查报告》，《戏剧之家（上半月）》2012 年第 1 期。

2. 民间宗教宝卷的重新流传与文本转化

时至今日，在广大的农村社会，中国民间宗教各教派都出现了对传统经卷的整理与重新流传。在民间宗教历史上，罗祖教的五部六册宝卷对后世有着重大的影响。现今流行于福建闽西地区的罗祖教徒，仍然大量刊印罗祖五部经典。① 黄天教内传有“九经八书”之说。在现今河北易县一带，皇天教的《太阴生光普照了义宝卷》《太阳开天立极亿化诸神宝卷》仍然是民间音乐社的艺人们讲唱的文本，与《后土宝卷》一同流传。② 弘阳教经典和忏文之多，居明清诸民间教门之首。这些弘阳教的传统经典在当代华北的弘阳教道场中时常出现，成为该教派传播教义、教理，为民众提供仪式服务的重要文本支持。流传于福建西部地区的归根道（或称儒门），改革开放以来也得到了复兴。近年以来，该教教徒创新整理、刊印了不少经卷。③ 流传于当今河北、天津地区的天地门教，也整理出不少的本教经典。如《董祖立道根源》《根源记》《老祖经》等④。

特别值得一提的是，弘阳教、金幢教、天地门教、大乘天真圆顿教中的当家师傅还编写了一批新经卷。如天地门教传人编写了《菩提道》《做人之道》《杂谈说道》《歌词讲日集》等。这些经卷通俗易懂，为民众所喜闻乐见。⑤ 除了重新刊印传统的教门经卷外，在当代活跃于民间的弘阳教徒还经常念诵《千佛歌》，以及《人性图》。《千佛歌》是在韩祖庙庙会上信徒念诵得最多的经典，是弘阳教的教理总集，综合了五部经的基本内容，其念诵有一定的仪式。《人性图》则为弘阳教传法者代代相续的秘典，载有教内内丹修炼所需的方寸位置，不轻易示人。⑥ 现在莆田民间的金幢教除了流传《九莲经》等历史上已见记载的文献外，亦传行一些新的经典，如《宝忏一藏白话问》《大忏解》等⑦，这些经卷不仅叙述了金幢教的本门发展史，而且是该教门为广大民众提供仪式服务的重要典籍。

正因为仪式生活的鲜活性，大量教门的新科仪本也正在不断的创造中。此堪为当代民间宗教复兴的一个重要特征。同时，在活态的宣卷仪式中，许多传统的宝卷文本出现了新的形式，文本出现了转化的现象。作为文本的宝卷，其变异与转化也存在于华北的民间信仰中。当代民俗学者运用主题分析的方法，发现了定县秧歌和民间宝卷互为文本的现象，并对其意义进行了研究。⑧ 另外一些学者指出，宝卷和民间叙事文本存在着相互借用、传递、标准化、地方化的动态影响过程。⑨ 赣南闽西活跃的罗祖教，其《五部六册》宝卷衍生出了《大乘经开香本》《大乘经解经本》等一系列新文本，《销释金刚科仪》等宝卷也频繁地被采用。《大乘经开香本》《大乘经解经本》等新文本是《五部六册》宝卷仪式化、术数化的产物。宝卷不仅是书写的文本，更是活态的仪式文本。宣卷仪式倡导的是一

---

① 李志鸿：《南传罗祖教初探》，《世界宗教研究》2010 年第 6 期。

② 尹虎彬：《河北民间后土信仰与口头叙事传统》，北京师范大学 2003 年博士论文。

③ 陈进国：《外儒内佛——新发现的皈根道（儒门）经卷及救劫劝善书概述》，《圆光佛学学报》2006 年 4 月第 10 期。

④ 濮文起：《当代中国民间宗教活动的某些特点——以河北、天津民间宗教现实活动为例》，《理论与现代化》2009 年第 2 期。

⑤ 同上。

⑥ 李浩栽：《弘阳教研究》，中国社会科学院研究生院 2005 年博士论文。

⑦ 陈松青：《福建金幢教研究》，福建师范大学 2006 年硕士论文。

⑧ 董晓萍、欧达伟：《乡村戏曲表演与中国现代民众》，北京师范大学出版社 2000 年版。

⑨ 尹虎彬：《河北民间后土信仰与口头叙事传统》，北京师范大学 2003 年博士论文。

种“吃斋”“念佛”的宗教生活。①

（二）道教与清王朝政治

王卡研究员在《宗教学研究》上发表文章《雍正皇帝与紫阳真人》，对道教与清王朝政治进行研究。该文指出：清世宗雍正皇帝笃好禅学，对道教方术亦有兴趣。在儒家理学统治思想界的清代，他是对佛、道二教扶植最多的皇帝。雍正帝在位期间，尤其是在雍正八年（1730）重病愈复之后，至十三年（1735）八月驾崩之前，他极力提倡三教同源之说，驳斥儒学臣僚辟佛老为异端的偏见，而对宗（禅）、玄（道）二门则颇为关照。数年之中，编修经书语录，封赠禅僧道士，敕建寺院宫观，御制庙额碑文等优崇礼遇不断。雍正帝特别优崇的道士有两位，一个是宋代金丹派南宗祖师张伯端，一个是当时的龙虎山法师娄近垣。他们的著作被收入雍正帝主编的《御选语录》，两人同年内被加封为“真人”，而且雍正帝还拨帑银遣官修建其道场。他们所代表的道教全真、正一两大教派，因此一度兴盛。雍正帝宠待妙正真人娄近垣的史料，大多已收入乾隆五年娄氏所编《重修龙虎山志》，事实记载明确。紫阳真人张伯端受礼遇的史实则受学界关注较少，事件始末有不明之处。王卡研究员近来从清代官方文件中看到一些重要的资料，可以揭明雍正帝优崇紫阳真人的原因和史实。此外，雍正帝优待紫阳真人、修复紫阳道场的举措，还牵涉到清代另一位道士——龙门派宗师范青云的行迹，王卡研究员此文的研究为研究清代龙门派提供了重要资料。②

（三）全真道研究的最新进展

汪桂平研究员发表《金代全真道初传东北考》一文，对过去较少关注的全真道在东北地区的传播情况进行了考察，论文通过对藏内外文献和碑刻资料的钩沉，认为金代拿真道创立不久，即已传播到东北的辽西一带。其中全真七子中的郝大通、王处一，马钰的弟子刘真一，丘处机的高徒于通清等人，都曾到过东北弘道。经过这些高道的弘演阐扬，全真道在东北地区获得了一定的发展。③ 其后，汪桂平研究员又发表《明末道士马真一生平行实考》④，马真一是明代末年的一位全真龙门派道士，其嫡派传人王清正于清代初年曾兴复北京白云观。由于马真一、王清正一系的龙门派传谱，与清初传戒律师王常月一系的龙门律宗不是同一传承系统，故而引起学者们较大的兴趣和讨论。

近年来，多篇研究龙门派的论文中均提到马真一。如樊光春在《碑刻所见陕西佳县白云观全真道龙门派传承》一文中指出：起源于华山王刁洞的龙门派，属于靳道元—姜善信—马真一一系，其第十代王清正曾于清初在北京白云观传播龙门法脉，而明万历年间到达陕西佳县白云观的道士大概也属于此一系统。⑤ 又如赵建勇撰《全真姜善信教行初考》，认为马真一是明末清初真实的道教历史人物，但马真一的龙门法脉是否来自元代姜

① 李志鸿：《新见罗祖教〈五部六册〉宝卷及宣卷仪式》，《世界宗教研究》2013年第3期。

② 王卡：《雍正皇帝与紫阳真人——兼述龙门派宗师范青云（上）》，《宗教学研究》2013年第1期；《雍正皇帝与紫阳真人——兼述龙门派宗师范青云（下）》，《宗教学研究》2013年第2期。

③ 汪桂平：《金代全真道初传东北考》，香港中文大学《道教研究学报》2013年第4期。

④ 汪桂平：《明末道士马真一生平行实考》，《世界宗教研究》2014年第1期。

⑤ 樊光春：《碑刻所见陕西佳县白云观全真道龙门派传承》，载陈鼓应主编《道家文化研究》第23辑，三联书店2008年版，第272—274页。

善信，仍然存疑。[①] 在研究明清龙门派问题时，马真一成为一个不可回避的重要人物。然而，上述论文并不是针对马真一的专题研究，只是在文章中顺带提及，而且所用的资料主要局限于《广阳杂记》《华岳志》等少量文献记载，甚至对于马真一及其派系的真实性也不敢肯定。因此，关于道士马真一的生平事迹及其道脉传承等情况，需要进一步的考证分析。

《明末道士马真一生平行实考》主要考证了明末道士马真一的生平行迹，认为马真一是真实存在的历史人物，是一位佯装疯癫却修炼深厚、预言奇中的道士。他曾经在华山等地修炼，灵异传说颇多。他又多次往返于辽东军事前线，与明末重臣袁崇焕、张可大、梁廷栋等交往密切。而作为全真道龙门派第六代道士，马真一的传承系统主要来自王刁山，其嫡系传人王清正曾住持北京白云观，对清初白云观的修复贡献颇大。

张方的《房山隆阳宫与明代北方全真道》[②] 将新发现的碑石资料与方志、笔记文献相互印证，发现在明代前中期有一支全真道，起自北京房山隆阳宫，在明正统年间进驻全真祖庭白云观管理钵堂，后又发展到河南王屋山地区，在陕西终南山一带亦有传播。此系从“常”字辈开始传续龙门派字谱，是迄今为止所发现的最早使用龙门派字谱的全真教团，对于研究明代北方全真道极具参考价值。明代，全真道不为统治者所重视，道士多隐修于山野，云水于江湖，少见有正史记载者。而留存之民间文献又多出自南方，对于北方全真道活动情况所载寥寥。以至于陈教友在著《长春道教源流》时发出这样的疑问：“当明之世，全真之显著者多出南方，而北方无闻焉，岂元末北方大乱，于时宫观残毁、徒众星散，遂尔失传耶?”[③] 可见，史料之缺失乃明代北方全真道研究一大难题。

此外，陈文龙的《住庙与住家：山西朔州县家族化全真教的历史和生存方式》[④] 一文，通过研习新发现的材料，指出全真道在家道士的生存方式没有得到学界的充分注意，山西朔州全真道不仅在家修行，而且出现绵延数百年的道教世家。

（四）道教内丹学的最新诠释

《乐育堂语录》是一部非常重要的丹经，它以深入浅出的语言，朴实说理，大畅玄风，系统阐述了道教内丹学的基本原理和实践功法。其丹道思想可谓性命双全，理法并重；顿渐相资，三根普被；贯通三教，直指大道。戈国龙研究员所著《丹道今诠》[⑤] 以作者多年研究道教内丹学的学术功底与实践体验，对《乐育堂语录》进行了深入细致、全面系统的今注、今译和今诠，把文献的整理与思想的诠释有机结合，既普及了内丹学的基本知识，又阐发了道教内丹学的理论特色与微言大义；既对道教内丹学的学术研究具有重要的学术意义，也是一般读者深入内丹学堂奥的最佳入门读物，对现代人的身心修养具有重要的参考价值。

---

① 赵建勇：《全真姜善信教行初考》，载熊铁基等主编《第二届全真道与老庄学国际学术研讨会论文集》，华中师范大学出版社 2013 年版，第 386—388 页。

② 张方：《房山隆阳宫与明代北方全真道》，《世界宗教研究》2013 年第 4 期。

③ （清）陈教友：《长春道教源流》，《藏外道书》第 31 册，巴蜀书社 1990 年版，第 119 页。

④ 陈文龙：《住庙与住家：山西朔州县家族化全真教的历史和生存方式》，《世界宗教研究》2013 年第 6 期。

⑤ 戈国龙：《丹道今诠》（增订本），中央编译出版社 2013 年 1 月版。

（五）道教宗派史的最新成果

一直以来，道家思想研究、经典研究、历史研究是道教研究最重要的领域。20 世纪两套道教史[①]的出版即是这方面研究的重要成果。可以说，历史、文献、思想研究为道教学界奠定了扎实的研究基础。然而，近年来的道教研究在继承原有研究范式的基础上已经悄然发生了变化，道教图像学、道教音乐学、道教考古学等新兴学科方兴未艾。如何在“新”“旧”学科的交替变化中把握住道教学研究的新气象，进而推进道教学研究，这是新一代学人须要深入思考的。事实上，时至今日，道教图像学、道教音乐学、道教考古学等新学科的出现并不意味着道教历史、道教文献等传统学科已经走向没落。毕竟，在传统的道教历史和道教文献诸领域仍然存在着许多生荒地等待学者去挖掘。道教宗派史的深入研究可以说就是传统道教史在新时期的学术增长点。

赵建勇的《元大道教史补考——以“创建大明观更上清宫记”等三方碑刻及山西省境为中心》[②] 根据新见山西三方碑刻文献，可知大道教教祖刘德仁曾以“善仁”为法名，行教以“度恭山院冤思”“得白云洞石碣”“治梁子荣癫病”等“有为”之术，“除邪治病、济生度死为开化之方”，与“少思寡欲为立道之本”并重；其阐教范围“东连晋益北及燕齐”。三祖张信真对于该教在金代传播作用较大；而该教西传入蜀的时间要早至三祖、四祖分别“阐教廿五载”时。五祖郦希成道号曾为“道元子”，其出生地怀来水谷所建“太玄道宫”为其改号“太玄”原因。举师武德用对该教在山西的传布有重大贡献，且是该教西传关陕的关键人物。大明观为该教在山西境内最早形成的中心宫观；汾州地区是该教在山西的中心教区，另一教区为临汾、襄陵等县所属平阳路。

盖建民教授所著《道教金丹派南宗考论：道派历史文献与思想综合研究》[③] 一书是当前道教宗派史研究的优秀成果。应该说，传统道教研究基本以思想和历史研究为主要内容，对文本的研究是最主要的研究路径。中国拥有世界上最丰富的历史文献记载，这为研究提供了巨大的资料来源。文献的丰富性支撑着经久不衰的研究方式与数量最多的研究人员，构成中国道教研究的学术基础。不可否认，这一基本研究模式无论是现在还是将来仍将是中国道教学术研究的强大基础。

宗教与地理形成的特殊的人地关系，催生了历史宗教地理学。通过研究历史宗教地理学，我们可以探讨历史时期宗教形成、传播和发展的区域特征及其分布变迁的规律。具体说来，历史时期宗教源地的形成、宗教传播的途径、宗教景观的分布、宗教的区域特征以及历史时期地理环境与宗教发展的相互关系都是这一学科研究的题中应有之义。在研究方法上，除了运用历史学和地理学的研究方法外，历史宗教地理研究还要积极借鉴民族学、文化学、考古学等学科的研究成果和研究方法。[④] 显而易见，道教传播与地理的关系也是当代道教学者应该深入思索的。《道教金丹派南宗考论：道派历史文献与思想综合

---

① 任继愈主编：《中国道教史》，上海人民出版社 1990 年版；卿希泰主编：《中国道教史》，四川人民出版社 1996 年版。

② 赵建勇：《元大道教史补考——以“创建大明观更上清宫记”等三方碑刻及山西省境为中心》，《中国史研究》2013 年第 2 期。

③ 盖建民：《道教金丹派南宗考论：道派历史文献与思想综合研究》，社会科学文献出版社 2013 年版。

④ 介永强：《历史宗教地理学刍议》，《陕西师范大学学报（哲学社会科学版）》2004 年第 3 期；李悦铮：《试论宗教与地理学》，《地理研究》1990 年第 3 期。

研究》第九章“金丹派南宗起源发展的地理分布与遗存田野调查”，依据掌握的材料对白玉蟾云游地理进行了若干的补充说明，并重点考察了闽、浙、赣、粤南宗现存宗教遗迹。这些遗迹包括武夷山、福州、闽清县、宁德霍童山、浙江、江西、岭南、海南、湖南、湖北、广西等地。很明显，在道教研究中引入“田野”，开启了新资料的源泉，本书引入大量的田野调查资料，不仅是对传统文献资料的补充，更具有宗教史研究方法论上的意义。

同时，《白玉蟾诗集新编》① 亦已出版。白玉蟾是中国历史上一位杰出的道教思想家和诗人。本书是四川大学盖建民教授在国家社科基金项目《道教金丹派南宗考论》基础上所做的配套项目，是作者历时近十年，在详尽占有典籍文献和地方志、碑刻、笔记小说等史料的基础上，采用传统目录文献学方法和考据方法，通过《道藏》内外典籍文献与地方志史料和考古文献互证，整理和辑存散佚白玉蟾诗词的总汇。白玉蟾其文辞典雅、清空缥缈，诗文多被收入《全宋文》《四库全书》和唐宋诗词集各种版本中，后人多给予其很高的评价，称之为宋代杰出道教诗人和道教文学家，是中国思想史上一位有影响的思想家。元明清时期，白玉蟾的诗文在社会上流传很广，民间一些好道之士开始收集整理，本书力图以全集或者摘粹的形式将白玉蟾诗词汇编成册。

（六）中国民间宗教田野调查研究

可以说，“教派”与“教法”是研究中国道教和民间宗教的两个重要视角。② 流行于赣南闽西的南传罗祖教，自称“大乘罗祖正教”“罗祖大乘门”“乘门佛弟子”。该派不以“普”字为号，流传有78字字派：“大乘世系流派，清净道德文成。佛法能仁智慧，本来自性圆明。兴崇上乘正学，悟彻微理超群。一体同观大觉，垂世广传修真。永远绍隆圣典，千秋续祖功勋。海宇究兹宏义，贤良君国皆钦。临轩优锡褒美，御赞炳如日星。”至清初年间，闽赣罗祖教徒已经流传该字派。民国十三年（1924）再编《大乘正教宗谱》时，该字派已传至第三十八世，世字派。该教派宣称以罗梦鸿为初祖，罗梦鸿的异姓弟子李心安为二祖，江西的黄春雷为三祖，或可将此支罗祖教称为“罗祖心安派”。③ 该教派的存在，让我们对罗祖教外姓嫡传派系有了更深入的认识。关于罗祖教的最新研究表明：宝卷的刊印、流传与民间教派活动关系甚深。在活态的宣卷仪式中，《五部六册》宝卷衍生出了《大乘经开香本》《大乘经解经本》等一系列新文本，《销释金刚科仪》等宝卷也频繁地被采用。《大乘经开香本》《大乘经解经本》等新文本是《五部六册》宝卷仪式化、术数化的产物。宝卷不仅是书写的文本，更是活态的仪式文本。宣卷仪式倡导的是一种“吃斋”“念佛”的宗教生活。④

2013年7月，由中国人民大学清史研究所主办的“新发现黄天道帛书与写经”学术研讨会在京召开。此次公布的明清黄天道文献，是该所研究人员在田野调查中的最新发

---

① 盖建民辑校：《白玉蟾诗集新编》，社会科学文献出版社2013年版。

② 关于中国道教与民间宗教“派”与“法”问题的讨论可参见李志鸿：《道教天心正法研究》，社会科学文献出版社2011年版。

③ 李志鸿：《民国十三年〈大乘正教宗谱〉与闽赣边区罗祖教》，载中国社会科学院世界宗教研究所编，《宗教文化青年论坛（2010）》，社会科学文献出版社2010年11月版；《南传罗祖教初探》，《世界宗教研究》2010年第6期；《罗祖教与闽西客家文化》，载苏庆华主编《汉学研究学刊》第三卷（2012），吉隆坡：马来亚大学中文系，2012年10月。

④ 李志鸿：《新见罗祖教〈五部六册〉宝卷及宣卷仪式》，《世界宗教研究》2013年第3期。

现，包括9种罕见的大型彩绘帛书手卷和40多种珍贵的明清刊本和精抄本，另外还有大量符箓疏表、零散抄本、家谱等稀见史料。与会者认为，新发现文献除了极大地丰富了学术界所知的明清华北黄天道资料，还有助于推进一批相关问题的研究：其一，大型彩绘帛书手卷，为研究宝卷学者所首见；其二，多种明前期教派经卷的发现；其三，《三教应劫总观通书》的发现；其四，这批文献还涉及学术界前所未知的明清时期各个教派的关系；其五，在图像史上，这批帛书、写经首次提供了明清秘密教派中的“救劫银城”“陀罗尼符”“罗睺、计都、九曜”，以及“摘光祖”等信仰的大量视觉史料，为学界重新探讨明清秘密教派是否与晚唐、五代以来的摩尼教有关，提供了新的线索。[①]

（七）道教美术研究

李松教授的《中国道教美术史》（第一卷）[②] 在湖南美术出版社出版。书中对先秦至隋代的道教美术进行了细致的梳理、考据和研究，填补了相关研究的空白。《中国道教美术史》在总体上采用的是以时间为经，以材料为纬，以具体作品及个案为中心的写作方式。第一卷涵盖了先秦至隋朝的道教美术，将道教美术放到中国文化的大背景中去考察，融资料性和学术性于一体。《中国道教美术史》中披露了大量以往未进入研究视野的新材料，既包括美国芝加哥费尔德自然史博物馆库房中的石雕造像，也包括巴山秦地偏僻山村中的古墓壁画。在本书中，可以看到很多凝结了先民瑰奇想象的帛画或展现了古代工匠精湛技艺的石雕。但道教美术史研究，更多的是将这些艺术品视为与道教有关的人工视觉材料，以这些实物材料为核心，从考古学的角度出发，寻找材料、鉴别材料、归纳材料，从宗教学、思想史、社会史、民俗学的角度理解材料，从美术史的角度建构和解读材料。李松在前言中就指出，“美术史”不是关于“美”（的技术）的历史，“道教美术史”也不是在“道教”中寻找“美”的历史。对于美术史，李松的定位是从人工创造物中去“探索未知”。

近年来，道教美术研究日益引起学者的注意与兴趣。可以说，道教与艺术是当前国际学术界研究的热点问题。无论是佛教传入之前还是之后，中国本土宗教都拥有自己独立的精神特质和文化倾向。我们必须从对本土宗教的剖析本身，找到理解本土宗教艺术的关键。[③] 景安宁的《道教全真派宫观、造像与祖师》[④]，2012年由中华书局出版，本书以全真教宋德方派系的宫观系统为中心，重点探讨了全真道教的宫观形制和造像设置。“宫观形制”指宫观的形状、造型、总体结构，主要建筑的等级、数目、关系和位置安排等。“造像设置”指宫观内所供奉的主像，以及造像的整体安放布局。全真派宫观、造像的最大特点在于，特别强调祖师的地位，把祖师续接在传统道教主神之后，以此展示全真祖师是道教正传的继承者和全真教在道教内的正统地位。本书的重点即是探讨全真宫观、造像与全真祖师的这一密切关系。本书试图将现存的宫观和文献记录的宫观结合起来研究，把它们放到特定历史、宗派的环境中观察，把宋德方派系的宫观与其他全真宫观比较，力图找出全真宫观在形制和造像设置方面的主要特点。本书由五章组成：第一章介绍王重阳和

---

① 见 http：//www. csstoday. net/xueshuzixun/guoneixinwen/83964. html。

② 李松：《中国道教美术史》（第一卷），湖南美术出版社2013年版。

③ 聂清：《道教与书法》，中央编译出版社2012年版。

④ 景安宁：《道教全真派宫观、造像与祖师》，中华书局2012年版。

全真教的兴起；第二章讨论全真列祖谱系的形成；第三章考察宋德方派系的宫观及其他一些全真宫观；第四章探讨全真教石窟；第五章分析永乐宫建筑、雕塑和壁画所体现的全真列祖思想。贯穿这五章的主要论点是：全真祖师的“金莲正宗”地位是全真教宣教和宫观造像的最经典主题。此外，美籍华裔学者 Shih-shan Susan Huang（黄士珊），所著 *Picturing the True Form：Daoist Visual Culture in Traditional China*，由哈佛大学东亚中心出版。[①]该书着眼于传统中国道教的视觉文化，对诸如道教的坛场、道教的服饰、道教的法器等皆有独特的研究。

中国学者聂清博士所著《道教与书法》[②] 亦出版。该书通过书法来演示两种宗教精神对于中国艺术的内在影响，并不仅仅因为书法是中国文化独有的艺术形式，也不仅仅是因为书法在传统艺术中具有持续而典型的表达，主要是因为书法同时横跨了表现艺术和造型艺术两个领域。萨满精神在表现艺术领域有强烈影响，祭司精神往往渗透到造型艺术的各个领域。书法的创作过程属于表现艺术，而它的最终成就大多被理解作造型艺术，而书法的创作过程又同它的最终成果之间具有密切的关联。也就是说，书法艺术天生就具有萨满和祭司两种精神气质，它在每个时期的变化都可以表现出两种宗教精神的消长与离合。

（八）道教文献的编辑研究

在敦煌道教文献研究方面，王卡先生发表《敦煌本抱朴子残卷的传世经纬》[③]，指出：敦煌本《抱朴子残卷》现存三篇，即第一篇《畅玄》、第二篇《论仙》、第三篇《对俗》，原卷于藏经洞发现后，几经周折均流入日本。其中前一篇由孔宪廷先割赠许际唐，许氏又转售给中村不折。后两篇由孔宪廷售给了田中庆太郎，原卷毁于 1923 年日本关东大地震。敦煌本《抱朴子残卷》应为唐代抄本，而非罗振玉等所谓六朝写本，具有极高的文献和艺术价值。

此外，由中国人民大学何建明教授主编的《中国地方志佛教道教文献汇纂》，近日由国家图书馆出版社正式出版发行。这是迄今为止中国地方志文献最大规模的专题历史文献结集，也是继佛教大藏经、道藏和佛寺志、道观志等教内文献及正史文献之外最重要的佛教和道教的主流和主要文献。该丛书充分展现了 2000 多年来中国佛教和道教文化传统的历史性、文化性、民族性、地域性、社会性和实践性等鲜明特色，对于我们全面了解中国古代和近代社会中佛教和道教文化的本来面目，及其与当代佛教和道教之间不可分割的重要历史联系，有着重要文献价值。《中国地方志佛道教文献汇纂》全书共收录 1949 年以前编纂的全国和各省市区县及乡镇的各种地方志文献 6783 种。全书总计 1039 册（大 32 开精装本），其中寺观卷 408 册、人物卷 133 册、诗文碑刻卷 498 册、目录各卷两册。全书依照 2012 年中国官方公布的最新行政区划，按地区（华北、东北、华东、华中、华南、西南、西北和港澳台）及所属的省市区县乡镇和方志版本的历史时间顺序，依次先后排列，并在全部的各甄选文献的前面统一新增该文献所属方志的版权页，标明类别、地名——省市区（到地级市区）、方志名、修纂者及时代、版本种类及时间等重要信息。全

---

① Shih-shan Susan Huang（黄士珊），*Picturing the True Form*：*Daoist Visual Culture in Traditional China*，Harvard University Asia Center，2012。

② 聂清：《道教与书法》，中央编译出版社 2012 年版。

③ 王卡：《敦煌本抱朴子残卷的传世经纬》，《敦煌学辑刊》2013 年第 3 期。

书主要采用影印原方志文献的形式，对有污损和缺陷的版面进行电子化处理，力求保持原始文本的逼真效果，不仅使全书较原方志文字更清晰可读，更因聚集了数千种不同时期、不同地域的文献版本及近千种不同时代、不同人物的稿本和抄本等，从而具有不可替代的集版本、书法和文物于一体的重要的文化收藏和学术研究价值。

此外，郭武教授的《牛津大学图书馆藏瑶族道经考述》① 一文，指出其于2010年3—9月在英国牛津大学中国研究所访问时，曾在该校伯德雷恩（Bodleian）图书馆发现近300册清代及民国时期流传于云南、广西以及东南亚地区的瑶族道教经卷手抄本，它们就属于那些鲜为人知的瑶族文献。郭武教授利用牛津大学高级研究学者的身份，在该图书馆内索阅了这批文献，并花了近两个月的时间将其看完，大致摸清了这批文本的基本内容。这批文献为线装手抄本，其字体风格、经本大小、纸张质地并不统一，且多有破损，显然经过多次使用。通过阅读得知这批文献的内容多与道教有关，但也杂有一些其他文本，甚至有少数似乎是记事、习字之类的本子。这批文献不仅对于了解瑶族的宗教信仰、社会生活等有着很大价值，而且可为研究道教在中国少数民族地区以及东南亚国家的传播和发展提供新的材料。

道教是在中国本土产生的古老宗教，是中国传统文化的三大主干（儒释道）之一，是中国传统文化的一个重要载体，迄今已有两千多年的历史。它对中国古代社会的政治制度、意识形态，以及民间文化习俗等方面，都曾经产生过重要的影响。道教保存了相当丰富的传统文化内容，这对于我们了解古代中国人民的信仰和生活习俗，以及中国与周边国家间的文化交流状况，是难得的活着的资料宝库。中国民间宗教是不同于正统佛教、道教等宗教形态的另一种宗教形式。就宗教意义而言，民间宗教与正统宗教之间没有隔着不可逾越的壕沟。世界上著名的宗教在初起时无一不在底层社会流传，属于民间教派。由于逐渐适应社会的普遍需求，并在不断的抗争中，以自己的实力走向正统地位甚至统治地位；而后起的一些民间教派又往往是正统宗教的流衍或异端，由于宗教或世俗的原因被排斥在外，遂自成体系，发展成独立教团，并被迫走向下层社会。显而易见，这两者在历史的长流中不停地演进、转化，不仅在教义、组织、仪式、教规、戒律、修持等方面有着千丝万缕的联系，而且存在着对抗、改革与创新。

应该说，着眼于研究和解决道教与民间宗教学科面临的理论和现实问题，发展与创新宗教学学科体系，提出具有重大理论价值和创新意义的学术观点，是道教与民间宗教研究的可着力处。

---

① 郭武：《牛津大学图书馆藏瑶族道经考述》，《文献》2012年第4期。

2013年大陆学界基督教研究综述

王　梓

2012—2013年大陆学界在与基督教相关领域的研究延续了近年来的研究方向与势头。一方面，大陆学界越来越关注基督教在中国社会文化语境中的发展，这一对现实问题的关切，使得国内学界在基督教研究上有了更加深入的洞见，并逐渐形成了独立的研究视角和观点。另一方面，大陆学界在以往研究相对缺乏的领域——诸如早期基督教研究，特别是圣经研究、2—6世纪的基督教哲学思想，以及东方教父思想的研究——上取得了一定的进展，越来越多的学者开始关注并投身于这些领域的研究。从总体上看，本年度在基督教方面的研究成效主要表现在三个方面：学术研讨会议主题丰富、调研活动深入细致、出版的研究成果内容广泛。

在学术会议方面，2012—2013年举行了多场与基督教相关的学术研讨会，主题多样、内容丰富。主要有：2012年3月，由北京大学与中国社会科学院联合举办的“基督教中国化研究”学术研讨会；5月，由南京大学与爱德基金会联合主办的“宗教与社会发展：构建和谐社会”国际研讨会；7月，在洛杉矶—波士顿举行的“基督教与中国”学术年会；9月，由中国社会科学院与浙江大学合办的“渤海视野：宗教与文化战略”学术研讨会；11月，由福建师范大学举办的“多学科视野下的中国基督教本土化研究”学术研讨会；由汕头大学主办中国社会科学院协办的“基督教与文明人格的培育”学术研讨会；2013年6月，由上海大学历史系主办的“汉语文献与中国基督教研究”学术研讨会；由汕头大学主办的“2013年度基督教研究中心国际学术圆桌会议：潮汕的宗教慈善”；7月，由香港汉语基督教文化研究所和中国人民大学基督教研究所共同主办的“和谐共融：基督教在当代中国社会的作用”；8月，在牛津大学召开的“基督教与当代中国社会思潮”研讨会；9月，由中国社会科学院世界宗教研究所、罗马第三大学、佩鲁贾外国人大学、意大利世界历史学会在罗马和佩鲁贾联合举办的“当代宗教：全球化与地方化”研讨会；11月，由中国社会科学院近代史研究所、福建师范大学中国基督教研究中心主办的“第二届多学科视野下的中国基督教本土化研究”国际学术研讨会；由汕头大学文学院基督教研究中心主办，中国社会科学院基督教研究中心与香港中文大学基督教研究中心协办的“基督教与中西文化交流”学术研讨会；由浙江大学基督教与跨文化研究中心主办的“基督教与中华民族的复兴梦想：基督教在中华文化建设中的地位和作用学术研讨会”等。在这些会议上，中外学者齐聚一堂，分别就基督教的中国化、基督教与文化交流、宗教慈善以及基督教对当代中国社会的贡献等议题展开探讨，这些对基督教与中国文化和社会之关系问题的探索，为基督教在中国社会的存在与发展提供了借鉴。其次，2012年3月，西南大学主办的“解脱与拯救”第三届佛教与基督教比较学术研讨会，2013年

5 月，西南大学宗教研究所主办的“第四届佛教与基督教比较学术研讨会”以及 10 月华中师范大学东西方文化交流研究中心、宁夏社会科学院回族伊斯兰研究所、中国社会科学院世界宗教研究所合办的“第三届伊斯兰教与基督教对话学术研讨会”等学术会议，则在基督教与其他宗教之间展开对话，旨在为创建一个和谐共荣的宗教文化环境献计献策。此外，2012—2013 年度还举行了其他不同主题的学术研讨会，内容涉及基督教与法治、基督教文字传媒、天主教梵二会议等多种议题。

2012—2013 年度有关中国基督教现状的调研活动得到了广泛而深入的开展。中国社会科学院世界宗教研究所的学者们，足迹遍及川藏藏族聚居区、河北、河南、宁夏、云南、杭州等地，进行抽样及重点调研的活动。国家宗教事务局研究中心也对福建、四川、重庆等地展开调研，以了解基督教在中国社会发展的新形势。中国人民大学在周口市的调研活动，以及山东大学在济南市的调研活动等，均为进一步研究基督教在中国的存在形式与发展态势提供了最新的数据资料。

在出版的研究成果方面，2012—2013 年大陆学界出版的相关研究著作百余部，发表的研究论文千余篇。内容涉及基督教历史研究、神哲学研究；中国基督教历史与现状的研究；基督教与其他宗教文化之关系的研究；圣经注释与研究；基督教与社会文化；基督教与文学、艺术；以及灵修与生活辅导实用等诸多方面。具体研究情况如下：

1. 基督教历史与神哲学研究

在以往的研究中，西方基督教史与神哲学研究一直是大陆学者关注的重点。然而就西方基督教史而言，近年来学者们的研究兴趣却有所减退。在这两年与之相关的出版物中，颇为引人注意的是《道成肉身：基督教思想史》①，这本书介绍了基督教历史上容易被人忽视的非主流因素，从而极大地拓展和丰富了研究的视野。此外，2012 年还再版了中国神学家徐怀启先生的遗著《古代基督教史》②，以及作为经典教材的《基督教会史》③；于 2013 年出版的《基督教神学发展史》④ 和《基督教概论》⑤ 则以客观的态度考察了基督教神学思想的起源以及在各个历史时期的发展、变化和主要特征，不失为有价值的基督教研究著作。在发表的相关研究文章中，学者们的视野也从以往西方基督教的主流扩展到了诸如早期基督教史⑥、埃及基督教隐修制度的兴起⑦、中世纪的朝圣史、非洲基督教史等更具体、更深入的主题。

在基督教宗教的神哲学研究方面，对以往较为不受重视的早期基督教思想的研究，近年来却呈现出上升的趋势，特别是学者们对东方教会以及神秘主义传统的译介做了大量而有益的工作。其中一些学者在填补和深入相应历史阶段的基督教思想研究中还作出了突出的贡献，例如，徐龙飞的《形上之路：基督教的哲学建构方法研究》⑧、罗跃军的《尼撒

---

① ［美］玛格丽特·迈尔斯：《道成肉身：基督教思想史》，杨华明、李林译，中央编译出版社 2012 年版。

② 徐怀启：《古代基督教史》，上海人民出版社 2012 年版。

③ ［美］布鲁斯·L. 雪莱：《基督教会史》，刘平译，上海人民出版社 2012 年版。

④ 林容洪：《基督教神学发展史》，译林出版社 2013 年版。

⑤ ［英］麦格拉思：《基督教概论》，孙毅等译，上海人民出版社 2013 年版。

⑥ 例如，高莘：《从雅典到耶路撒冷——古希腊教化（paideia）的演变及早期基督教对其的传承》，《宗教学研究》2012 年第 2 期；汪琴：《宗教身份与罗马人格法》，《世界宗教研究》2012 年第 4 期。

⑦ 例如，张彦伟：《埃及、圣安东尼与基督教隐修主义的兴起》，《世界宗教文化》2012 年第 4 期。

⑧ 徐龙飞：《形上之路：基督教的哲学建构方法研究》，北京大学出版社 2013 年版。

的格列高利基督教哲学思想研究》[1] 等。2012 年出版的《哲学家的雅典基督徒的罗马：教父时期与中世纪神学研究》[2] 作为一部西方基督教哲学史的著作，是在中西方专家就古代西方基督教哲学的系列讲座的基础上编辑而成，介绍和分析了西方基督教从教父学到中世纪（即13 世纪前）的思想发展，主要侧重描述和分析基督教形成时期的状况，对丰富我国宗教哲学领域的研究很有借鉴意义。相关内容的研究性论文和著作也有数十篇之多，其中较为突出的是其他的研究文章和译、著作，内容涉及斐洛[3]、库萨的尼古拉[4]、德尔图良[5]、奥利金[6]、尼撒的格列高利[7]、奥古斯丁[8]、阿奎那[9]、斐奇诺[10]、安立甘宗的神学家[11]、爱德华兹[12]、朋霍费尔[13]、保罗·利科[14]、卡尔·拉纳[15]、莱茵霍尔德·尼布尔[16]、艾耶尔和普兰丁格[17]等人的神哲学思想。并且，2012 年还翻译出版了系统神学领域中的一部力作——《基督教神学导论》[18]。

在传记类书籍方面，2012 年出版了《复兴神学家爱德华兹》[19] 一书。译者以优美娴熟的笔触向人们引介了爱德华兹这位 18 世纪美国大觉醒运动的领导者和著名的神学家。

在天主教方面，值得注意的是 2013 年出版的《在华天主教报刊》[20]，这本书无疑丰富

---

① 罗跃军：《尼撒的格列高利基督教哲学思想研究》，人民出版社 2013 年版。

② 梅谦立、张贤勇：《哲学家的雅典基督徒的罗马：教父时期与中世纪神学研究》，中国社会科学出版社 2012 年版。

③ 例如，[古罗马] 斐洛：《论〈创世纪〉》，王晓朝、戴伟清译，商务印书馆 2012 年版。

④ 例如，[德] 库萨的尼古拉：《论隐秘的上帝》，商务印书馆 2012 年版；（伪）迪奥尼索斯：《神秘神学》，包利民译，商务印书馆 2012 年版。

⑤ 例如，[古罗马] 德尔图良：《护教篇》，涂世华译，商务印书馆 2012 年版。

⑥ 例如，[古罗马] 奥利金：《驳塞尔修斯》，石敏敏译，生活·读书·新知三联书店 2013 年版。

⑦ 例如，罗跃军：《论尼撒的格列高利的基督教柏拉图主义》，《哲学动态》2012 年第 5 期。

⑧ 例如，徐龙飞：《作为哲学观想对象的神学主题——试析奥古斯丁建构三位一体论的形上哲学方法论》，《云南大学学报》（社会科学版）2012 年第 4 期；吴飞：《奥古斯丁与尘世政治的价值——关于第三座城的争论》，《北京大学学报》（哲学社会科学版）2012 年第 2 期；何卫平：《奥古斯丁与西方解释学》，《武汉大学学报》（人文科学版）2012 年第 5 期。

⑨ 例如，濮荣健：《主仆关系透视——对阿奎那的神学和哲学的分析》，《广西师范大学学报》（哲学社会科学版）2012 年第 1 期。

⑩ 例如，梁中和：《灵魂爱上帝：斐奇诺柏拉图神学研究》，华东师范大学出版社 2012 年版。

⑪ 例如，呼克尔等：《安立甘宗思想家文选》，宗教文化出版社 2012 年版。

⑫ 例如，[美] 爱德华兹：《宗教情感》，杨基译，生活·读书·新知三联书店 2013 年版。

⑬ 例如，[德] 朋霍费尔：《团契生活》，高喆译，新星出版社 2012 年版。

⑭ 例如，[美] 凯文杰·范胡泽：《保罗·利科哲学中的圣经叙事：诠释学与神学研究》，杨慧译，中国人民大学出版社 2012 年版。

⑮ 例如，车桂：《论卡尔·拉纳的先验认识论——基督教的启示神学之形而上学奠基》，《同济大学学报》（社会科学版）2012 年第 3 期。

⑯ 例如，任小鹏：《个人道德与群体政治：莱茵霍尔德·尼布尔的基督教现实主义思想研究》，上海人民出版社 2013 年版。

⑰ 例如，孙清海：《试论艾耶尔和普兰丁格的上帝概念——兼论宗教语言中的经验指称与情感赋义》，《哲学分析》2012 年第 4 期。

⑱ [美] 艾利克森：《基督教神学导论》，陈知纲译，上海人民出版社 2012 年版。

⑲ [美] 乔治·M. 马斯登：《复兴神学家爱德华兹》，董江阳译，中国社会科学出版社 2012 年版。

⑳ 罗文达著：《在华天主教报刊》，暨南大学出版社 2013 年版。

了对在华天主教研究的历史资料，也使人们得以进一步理解在西学东渐过程中在华天主教报刊对本土文化变革的影响与促进作用。

就东正教研究而言，这两年来也涌现了一批颇具有参考价值的著作。2012 年徐凤林所著的《东正教圣像史》① 一书可谓中国学者研究东正教圣像艺术的首创之作。《拜占庭史研究入门》② 以及《文化与信仰：俄罗斯文化与东正教》③ 等书亦为中国学界展开对东正教的研究提供了可贵的背景资料。而《俄国的东正教与劝诱改宗》④《东正教与俄罗斯社会》⑤《俄罗斯与东正教：民族精神与信仰的融合》⑥ 等著作和文章则把研究视野扩展到了东正教与俄罗斯文化的关系问题上。

2. 中国基督教历史与现状的研究

中国基督教历史及现状的研究正逐年成为大陆学界的研究热点。2012—2013 年与此相关的研究论文与著作共计百余篇，不仅延续了此前的研究热情，并且在广度和深度上都有所突破，在个别领域还出现了难得一见的佳作。

首先值得一提的是，作为中国学者撰写的第一部也是影响最大的中国基督教通史著作《中国基督教史纲》⑦ 于 2012 年再版，这与学术界关注基督教在本土发展的热情是相吻合的。就这两年对中国基督教历史的研究范围而言，一方面，承袭了以往的研究兴趣与方向，涉及范围较为广泛。包括《传播学视角中的艾儒略与〈口铎日抄〉研究》⑧《清代中叶巴黎外方传教会在川活动研究》⑨《传教士与中外文化交流：李明中国近事报道研究》⑩《中国与基督教：中西文化的首次撞击》⑪ 等书。研究性论文也较多涉及了基督教的在华传教史，涵括了唐代、明清、民国等不同时期的研究。另一方面，这两年在中国基督教史的个案研究上有所突破，无论是材料的使用还是内容分析都有进一步的深入，涌现出了一些较为杰出的著作，如陶飞亚所著的《中国的基督教乌托邦研究：以民国时期耶稣家庭为例》⑫。此外，2012 年对中国基督教史的研究在范围上亦有所拓展，《元代也里可温考述》⑬ 一书，对蒙元基督教的历史提供了介绍。《河南天主教编年史》⑭ 一书则对天主教在华史作出了梳理。

其次，随着历史学、社会学和人类学方法在宗教研究领域中的广泛应用，对中国基督教的现状研究方兴未艾，涉及了不同的地区、民族和群体。在中国基督教的区域研究方

---

① 徐凤林：《东正教圣像史》，北京大学出版社 2012 年版。

② 陈志强：《拜占庭史研究入门》，北京大学出版社 2012 年版。

③ ［俄］T. C. 格奥尔吉耶娃：《文化与信仰：俄罗斯文化与东正教》，焦东建、董茉莉译，华夏出版社 2012 年版。

④ ［美］威特、［英］布尔多主编：《俄国的东正教与劝诱改宗》，刘洋译，中国民主法制出版社 2013 年版。

⑤ 张雅平：《东正教与俄罗斯社会》，社会科学文献出版社 2013 年版。

⑥ 齐亚讴：《俄罗斯与东正教：民族精神与信仰的融合》，《中国宗教》2013 年 7 月。

⑦ 王治心、徐以骅：《中国基督教史纲》，上海古籍出版社 2012 年版。

⑧ 罗群：《传播学视角中的艾儒略与〈口铎日抄〉研究》，上海古籍出版社 2012 年版。

⑨ 郭丽娜：《清代中叶巴黎外方传教会在川活动研究》，学苑出版社 2012 年版。

⑩ 周燕：《传教士与中外文化交流：李明中国近事报道研究》，浙江大学出版社 2012 年版。

⑪ ［法］谢和耐：《中国与基督教：中西文化的首次撞击》，耿昇译，商务印书馆 2013 年版。

⑫ 陶飞亚：《中国的基督教乌托邦研究：以民国时期耶稣家庭为例》，人民出版社 2012 年版。

⑬ 殷小平：《元代也里可温考述》，兰州大学出版社 2012 年版。

⑭ 刘志庆、尚海丽：《河南天主教编年史》，宗教文化出版社 2012 年版。

面，这两年发表和出版的研究性著作涉足的区域相当广泛，包括北京、新疆、青海、西南地区、川康地区、华东地区等地。值得关注的有《中国乡村的基督教：1860—1900 年江西省的冲突和适应》[①]《近代北京基督教史研究现状及史料利用综述》[②] 等。在民族研究方面，本年度的研究文章与著作包括了东粤客家族、怒江傈僳族、青海藏族、广西壮族等诸多民族与基督教的关系，可参见刘祥学的《论基督教在广西壮族地区的传播及文化冲突》[③] 等文。在群体研究方面，学者们的研究特别注意到基督教在大学生群体和农民群体中的传播，代表性的文章有彭迦叶的《大学生基督教团契的调查与思考》[④]、尹广文的《农村民间宗教的传播镜像——以华北地区农村基督教传播为例》[⑤] 等。

最重要的是，随着学者们对基督教与中国社会文化相结合这一课题的关注，“基督教中国化”成为讨论的热点，关于本土化的理论探索与个案研究层出不穷。由中国社会科学院基督教研究中心和北京大学宗教文化研究院策划、编写的“基督教中国化研究丛书”于 2013 年由宗教文化出版社出版，这套丛书包括了卓新平的《基督教与中国文化处境》[⑥]、唐晓峰的《改革开放以来的中国基督教及研究》[⑦]、孙尚扬的《明末天主教与儒学的互动》[⑧]、吴飞的《麦芒上的圣言——一个乡村天主教群体的信仰和生活》[⑨]、梁燕城的《儒、道、易与基督信仰》[⑩]、余国良的《拆毁了中间隔断的墙——基督教与转型中的中国社会》[⑪]，以及张志刚、唐晓峰主编的《基督教中国化研究（第 1 辑）》[⑫]。可以说，这套丛书的问世带动了大陆学界对基督教中国化问题的深入研究，基督教与中国文化社会的关系作为一个重要的现实问题，进入到学者们的研究视野之中，并引起了多方的思考与探讨。与之相关的理论研究还有李向平的《文化、伦理与中国基督教——从基督教伦理的实践特征谈起》[⑬]、许伦胜的《基督教在本土文化中扎根才有更好发展》[⑭]、蒿志强的《基督教中国化刍议——一种教牧思考与实践性的探索》[⑮]、尚海丽的《中国天主教本土化进程研究的进路与思考》[⑯]、张仕颖的《处境化神学的思考和实践：从新教神学看中国基督

---

① ［美］史维东：《中国乡村的基督教：1860—1900 年江西省的冲突和适应》，吴薇译，江苏人民出版社 2013 年版。

② 左芙蓉：《近代北京基督教史研究现状及史料利用综述》，《世界宗教研究》2012 年第 2 期。

③ 刘祥学：《论基督教在广西壮族地区的传播及文化冲突》，《宗教学研究》2012 年第 2 期。

④ 彭迦叶：《大学生基督教团契的调查与思考》，《世界宗教文化》2012 年第 4 期。

⑤ 尹广文：《农村民间宗教的传播镜像——以华北地区农村基督教传播为例》，《河北联合大学学报》（社会科学版）2012 年第 2 期。

⑥ 卓新平：《基督教与中国文化处境》，宗教文化出版社 2013 年版。

⑦ 唐晓峰：《改革开放以来的中国基督教及研究》，宗教文化出版社 2013 年版。

⑧ 孙尚扬：《明末天主教与儒学的互动》，宗教文化出版社 2013 年版。

⑨ 吴飞：《麦芒上的圣言——一个乡村天主教群体的信仰和生活》，宗教文化出版社 2013 年版。

⑩ 梁燕城：《儒、道、易与基督信仰》，宗教文化出版社 2013 年版。

⑪ 余国良：《拆毁了中间隔断的墙——基督教与转型中的中国社会》，宗教文化出版社 2013 年版。

⑫ 张志刚、唐晓峰主编：《基督教中国化研究（第 1 辑）》，宗教文化出版社 2013 年版。

⑬ 李向平：《文化、伦理与中国基督教——从基督教伦理的实践特征谈起》，《天风》2012 年第 2 期。

⑭ 许伦胜：《基督教在本土文化中扎根才有更好发展》，《天风》2012 年第 5 期。

⑮ 蒿志强：《基督教中国化刍议——一种教牧思考与实践性的探索》，《天风》2012 年第 5 期。

⑯ 尚海丽：《中国天主教本土化进程研究的进路与思考》，《学术探索》2012 年第 6 期。

教会神学思想建设》[①]、刘家峰的《中外新教合作建制与近代基督教中国化研究》[②] 等文章，它们都对基督教中国化的课题做了进一步的阐发。另外，《中国宗教报告（2012）》[③] 除了介绍包括基督教在内的中国各大宗教在2011年积极健康的发展态势之外，也重点讨论了建构“中国话语”的问题，极具参考价值。在本土化的个案研究方面，学者们也开始有所讨论，例如张志刚的《中韩基督教史比较引发的思考》[④]、周蜀蓉的《基督教与华西边疆研究中的本土化进程——以华西边疆研究学会为例》[⑤] 等文章都涉及具体社会文化背景下基督教本土化进程的研究。

3. 基督教与其他宗教文化之关系

随着学界对基督教与中国社会文化关系之研究的关注，基督教与中国传统文化及其与中国社会中其他宗教的关系，乃至基督教与当代经济社会的关系也逐渐成为学者们研究的热点。《庄子与雅各》[⑥]《心的交会：佛陀与基督的生命教导》[⑦]《耶稣也说禅》[⑧]《传教士与中国经典》[⑨]《基督教与中国文化》[⑩]《比较经学与晚明中国》[⑪]《基督教、儒家与中国社会主义市场经济》[⑫] 等一系列著作对比、引介了基督教与其他文化的关系，探讨了基督教进入中国社会并与中国社会文化相融合的可能性。相关的研究论文有：董群的《佛性与人的尊严——兼与基督教伦理中的尊严观相比较》[⑬]，姚新中、刘莉萍的《早期儒家和犹太—基督教传统中的智慧观：比较研究的思考》[⑭]，大卫·福特的《面向21世纪的信仰间对话：犹太教、基督教与穆斯林围绕经典的辩读》[⑮] 等。

4. 圣经注释与研究

大陆学界的圣经研究多以译介为主，相关的研究性论著并不常见，而范围广泛、内容深刻、有影响、成系统的圣经研究就更是屈指可数了。缺少深入而广泛的圣经研究，也成为阻碍构建汉语神学的因素之一，因此这一领域一直是基督教走入中国文化这个过程中的薄弱环节。然而，近几年大陆学界开始给予圣经研究越来越多的关注，与圣经相关的历

---

① 张仕颖：《处境化神学的思考和实践：从新教神学看中国基督教会神学思想建设》，《中国宗教》2013年第8期。

② 刘家峰：《中外新教合作建制与近代基督教中国化研究》，《史学月刊》2013年10月。

③ 金泽等编：《中国宗教报告（2012）》，社会科学文献出版社2012年版。

④ 张志刚：《中韩基督教史比较引发的思考》，《天风》2012年第2期。

⑤ 周蜀蓉：《基督教与华西边疆研究中的本土化进程——以华西边疆研究学会为例》，《四川大学学报》（哲学社会科学版）2012年第4期。

⑥ 杨克勤：《庄子与雅各》，华东师范大学出版社2012年版。

⑦ 一行禅师：《心的交会：佛陀与基督的生命教导》，海南出版社2012年版。

⑧ 梁兆康：《耶稣也说禅》，译林出版社2012年版。

⑨ 基督教文化学刊：《传教士与中国经典》，宗教文化出版社2012年版。

⑩ 国家宗教事务局宗教研究中心：《基督教与中国文化》，宗教文化出版社2013年版。

⑪ 游斌：《比较经学与晚明中国》，宗教文化出版社2013年版。

⑫ 陆耀明：《基督教、儒家与中国社会主义市场经济》，上海交通大学出版社2013年版。

⑬ 董群：《佛性与人的尊严——兼与基督教伦理中的尊严观相比较》，《东南大学学报》（哲学社会科学版）2012年第1期。

⑭ 姚新中、刘莉萍：《早期儒家和犹太—基督教传统中的智慧观：比较研究的思考》，《湖南大学学报》（社会科学版）2012年第1期。

⑮ ［英］大卫·福特：《面向21世纪的信仰间对话：犹太教、基督教与穆斯林围绕经典的辩读》，聂建松译，《民族论坛》2012年第6期。

史、文学、哲学和神学研究不断涌现，形成了良好的发展态势。

就译介工作而言，坎伯·摩根的释经书系列在2012年陆续出版了《约翰福音》[①]《耶利米书》[②] 以及《马可福音》[③]。此外，还有马太·亨利的《四福音注释》[④]，以及有关释经学和圣经历史背景的书籍：《基督教释经学》[⑤]《圣经的历史：〈圣经〉成书过程及历史影响》[⑥]《圣经导读：按卷读经》[⑦]《旧约圣经背景注释：对〈旧约〉逐节注释，供传道人、宣教士、圣经导师、作家和有意深入研究圣经的读者使用》[⑧]《新约圣经背景注释：对〈新约〉逐节注释，供传道人、宣教士、圣经导师、作家和有意深入研究圣经的读者使用》[⑨]《错引耶稣：〈圣经〉传抄、更改的内幕》[⑩]。

在研究性著作中，较为突出的是2012年出版的《创世纪：传说与译注（修订版）》[⑪]与《信与忘：约伯福音及其他》[⑫]。这两本书作为冯象翻译圣经工作的一部分，属于他的“译经系列”，但这两本书中不仅包括对《创世纪》和《约伯记》的译注，还另附有与之相关的若干圣经故事。作者以典雅老道的文字向读者们展示了他对基督教文化的深刻理解与领会。其次，“天道圣经注释丛书”作为目前第一套集合全球华人圣经学者撰著、出版的全本圣经注释，也于2012—2013年出版了《歌罗西书注释》[⑬]《雅歌注释》[⑭]。此外，《希伯来圣经之十诫研究》[⑮]《使徒保罗和他的世界》[⑯]《圣经中的女性，创世纪中的文本与潜文本》[⑰]《波斯时期的犹大社会与圣经编纂》[⑱]《圣经人论》[⑲] 等书也展示了大陆学者对圣经本身以及圣经时代的独到体悟。值得一提的是，赖若瀚的《十步释经法》[⑳] 作为中文圣经释经学的经典教材，堪称处境化神学的佳作。最后，与圣经研究相关的研究性论文

---

① ［英］坎伯·摩根：《约翰福音》，方克仁译，上海三联书店2012年版。

② ［英］坎伯·摩根：《耶利米书》，詹正义译，上海三联书店2012年版。

③ ［英］坎伯·摩根：《马可福音》，詹正义译，上海三联书店2012年版。

④ ［英］马太·亨利：《四福音注释》，华夏出版社2012年版。

⑤ ［美］W·克莱恩：《基督教释经学》，尹妙珍译，上海人民出版社2012年版。

⑥ ［美］斯蒂芬·米勒、罗伯特·休伯：《圣经的历史：〈圣经〉成书过程及历史影响》，黄剑波、艾菊红译，中央编译出版社2012年版。

⑦ ［加］戈登·菲、［美］道格拉斯：《圣经导读：按卷读经》，李瑞萍译，上海人民出版社2013年版。

⑧ ［美］华尔顿、麦修斯、夏瓦拉斯：《旧约圣经背景注释：对〈旧约〉逐节注释，供传道人、宣教士、圣经导师、作家和有意深入研究圣经的读者使用》，李永明等译，中央编译出版社2013年版。

⑨ ［美］季纳：《新约圣经背景注释：对〈新约〉逐节注释，供传道人、宣教士、圣经导师、作家和有意深入研究圣经的读者使用》，刘良淑译，中央编译出版社2013年版。

⑩ ［美］巴特·埃尔曼：《错引耶稣：〈圣经〉传抄、更改的内幕》，黄恩邻译，生活·读书·新知三联书店2013年版。

⑪ 冯象：《创世纪：传说与译注（修订版）》，上海三联书店2012年版。

⑫ 冯象：《信与忘：约伯福音及其他》，上海三联书店2012年版。

⑬ 鲍会园：《歌罗西书注释》，上海三联书店2012年版。

⑭ 黄朱伦：《雅歌注释》，上海三联书店2013年版。

⑮ 田海华：《希伯来圣经之十诫研究》，人民出版社2012年版。

⑯ 张晓梅：《使徒保罗和他的世界》，社会科学文献出版社2012年版。

⑰ 南宫梅芳：《圣经中的女性，创世纪中的文本与潜文本》，社会科学文献出版社2012年版。

⑱ 孟振华：《波斯时期的犹大社会与圣经编纂》，宗教文化出版社2013年版。

⑲ 杨克勤：《圣经人论》，宗教文化出版社2013年版。

⑳ 赖若瀚：《十步释经法》，新世界出版社2012年版。

较具代表性的有梁工的《圣经诠释学早期历史论略》[①]《〈圣经〉中译与文化诠释：几个相关问题的思考》[②] 等。而这两年对中国圣经学的研究则较为有限，其中比较突出的有唐晓峰的《超验存在之经验解读——赵紫宸圣经观述评》[③] 等。

此外，这两年出版的古典语言的学习类的图书相对较少。除了再版的《韦洛克拉丁语教程＋拉丁语汉语简明词典》[④] 以及《古希腊语简明教程（修订版）》[⑤] 之外，值得关注的是，魏明德、吴雅凌编著的《古罗马宗教读本》[⑥]，本书选取了22篇拉丁语古典作品，不仅使读者可以通过直接阅读原文经典来学习拉丁语，而且展示了早期基督教所处的宗教世界以及两者相遇的状况。

5. 基督教与社会、文化

随着对基督教进入中国社会文化这一课题的关注，学者们对“基督教与社会文化”方面的研究不仅局限于基督教在西方文化乃至现代文明的发展进程中的作用与地位，而且越来越注重基督教对中国社会文化建设的贡献。

在基督教与现代文明的关系方面，2012—2013年出版了《现代性的神学起源》[⑦]，它把现代性追溯到中世纪晚期的神学讨论；《基督教与古典文化（基督教与希腊主义相遇中自然神学的转化）》[⑧] 讨论了基督教对于希腊古典文化的重塑；《中世纪西欧基督教文化环境中“人”的生存状态研究》[⑨] 展示了基督教神学关于“人”的定义；还有《基督教对文明的影响》[⑩]《基督教与西方文化》[⑪]《神学的奇异回归——基督教在后现代思想中的变迁》[⑫]《基督教仪式与礼文》[⑬]《英格兰精神与基督教文化：透视中华文明》[⑭] 等。相关的研究文章有赵林的《基督教对欧洲中世纪文化复兴的重要影响》[⑮]、张殿清的《中古基督教选举的宪政意蕴》[⑯] 等。

在基督教与中国社会文化建设方面，学者们的研究涉及基督教与文化繁荣、基督教与社会慈善、基督教与教育事业、基督教与民族和谐等不同层面的主题。首先，学者们强调基督教能够为中国文化的繁荣发挥积极的作用，如许丽珠的《活出真我的风采——浅谈

---

① 梁工：《圣经诠释学早期历史论略》，《安徽师范大学学报》（人文社会科学版）2012年第3期。

② 陈声柏、姜宗强：《〈圣经〉中译与文化诠释：几个相关问题的思考》，《宗教学研究》2013年第1期。

③ 唐晓峰：《超验存在之经验解读——赵紫宸圣经观述评》，《圣经文学研究》第6辑，2012年第2期。

④ 张卜天：《韦洛克拉丁语教程＋拉丁语汉语简明词典》，世界图书出版公司2012年版。

⑤ 孙周兴：《古希腊语简明教程（修订版）》，上海人民出版社2012年版。

⑥ 魏明德、吴雅凌编著：《古罗马宗教读本》，商务印书馆2012年版。

⑦ ［美］米歇尔·艾伦·吉莱斯皮：《现代性的神学起源》，张卜天译，湖南科学技术出版社2012年版。

⑧ ［美］耶罗斯拉夫·帕利坎：《基督教与古典文化（基督教与希腊主义相遇中自然神学的转化）》，石敏敏译，中国社会科学出版社2012年版。

⑨ 刘城：《中世纪西欧基督教文化环境中“人”的生存状态研究》，北京师范大学出版社2012年版。

⑩ ［美］施密特：《基督教对文明的影响》，汪晓丹译，上海人民出版社2013年版。

⑪ 赵林：《基督教与西方文化》，商务印书馆2013年版。

⑫ ［英］库比特：《神学的奇异回归——基督教在后现代思想中的变迁》，王志成等译，社会科学文献出版社2013年版。

⑬ 谢炳国：《基督教仪式与礼文》，宗教文化出版社2013年版。

⑭ 马深：《英格兰精神与基督教文化：透视中华文明》，知识产权出版社2013年版。

⑮ 赵林：《基督教对欧洲中世纪文化复兴的重要影响》，《暨南学报》（哲学社会科学版）2012年第4期。

⑯ 张殿清：《中古基督教选举的宪政意蕴》，《文史哲》2012年第4期。

基督教为中国文化繁荣发展做贡献》[①]、陈企瑞的《发挥基督教在促进文化繁荣发展中的积极作用》[②] 等文。其次，学者们认为基督教在社会慈善事业上的传统是值得发扬的，应予以积极推动。相关的研究性文章有《中国基督教公益慈善事业回顾与展望》[③]，王作安的《巩固成果 开拓创新 推动中国基督教公益慈善事业迈上新台阶》[④]，陶飞亚、陈铃的《合作的慈善：香港地区政府与宗教慈善公益组织的关系及启示》[⑤] 等。第三，基督教在教育事业方面的贡献也引起了学者们的关注，如张龙平的《中华基督教教育会与西方公共考试制度的引介与实践》[⑥] 等文。最后，学者们认为应正视基督教在民族问题中的角色，使其为促进民族和谐发挥作用。代表性的文章有刘江岩的《基督教与民族传统宗教冲突探析》[⑦] 等。

6. 基督教与文学、艺术

2012—2013 年在基督教文学与艺术方面，出版了一些新书，并发表了数十篇与之相关的研究文章。在基督教文学方面，《从异教徒到基督徒》[⑧] 记述了一代国学大师林语堂的生平及信仰之旅。此外，福克纳、夏目漱石、沈从文、莎士比亚、班扬等人作品中基督教思想的元素也得到了学者们的探讨，相关的研究性文章有王钢的《福克纳小说的基督教时间观》[⑨]、荣光启的《现当代汉语基督教文学史漫谈》[⑩] 等。在基督教诗学方面，《神学诗学十四诗人谈》[⑪] 作为汉语基督徒诗人的集体亮相，在“诗学神学”的范畴下，对基督教的信仰经验进行了探讨。关于基督教诗学的研究文章还有李枫的《冯至与基督教浪漫主义》[⑫]、刘国亚的《谈谈海子与基督教文化》[⑬]、荣光启的《基督教与当代中国诗坛》[⑭]、刘燕的《中国现代诗歌中的自我意识与圣经话语》[⑮] 等。在基督教美学方面，陈璐的《基督教有关圣像的神学美学论争及对圣像制作的影响》[⑯]、张俊的《巴尔塔萨的美学基督论——以形式与光辉概念为核心的理论建构》[⑰]、任东升和马月兰的《〈圣经〉与

---

① 许丽珠：《活出真我的风采——浅谈基督教为中国文化繁荣发展做贡献》，《天风》2012 年第 8 期。

② 陈企瑞：《发挥基督教在促进文化繁荣发展中的积极作用》，《天风》2012 年第 3 期。

③ 基督教两会：《中国基督教公益慈善事业回顾与展望》，《中国宗教》2012 年第 7 期。

④ 王作安：《巩固成果 开拓创新 推动中国基督教公益慈善事业迈上新台阶》，《中国宗教》2012 年第 7 期。

⑤ 陶飞亚、陈铃：《合作的慈善：香港地区政府与宗教慈善公益组织的关系及启示》，《东岳论丛》2012 年第 1 期。

⑥ 张龙平：《中华基督教教育会与西方公共考试制度的引介与实践》，《暨南学报》（哲学社会科学版）2012 年第 4 期。

⑦ 刘江岩：《基督教与民族传统宗教冲突探析》，《民族论坛》2012 年第 8 期。

⑧ 林语堂：《从异教徒到基督徒》，湖南文艺出版社 2012 年版。

⑨ 王钢：《福克纳小说的基督教时间观》，《外国文学评论》2012 年第 2 期。

⑩ 荣光启：《现当代汉语基督教文学史漫谈》，《武汉大学学报》（人文科学版）2012 年第 2 期。

⑪ 刘光耀等：《神学诗学十四诗人谈》，九州出版社 2012 年版。

⑫ 李枫：《冯至与基督教浪漫主义》，《世界宗教研究》2012 年第 3 期。

⑬ 刘国亚：《谈谈海子与基督教文化》，《文学教育（上）》2012 年第 5 期。

⑭ 荣光启：《基督教与当代中国诗坛》，《哈尔滨工业大学学报》（社会科学版）2012 年第 4 期。

⑮ 刘燕：《中国现代诗歌中的自我意识与圣经话语》，《圣经文学研究》2013 年 3 月。

⑯ 陈璐：《基督教有关圣像的神学美学论争及对圣像制作的影响》，《南京艺术学院学报》（美术与设计版）2012 年第 1 期。

⑰ 张俊：《巴尔塔萨的美学基督论——以形式与光辉概念为核心的理论建构》，《宗教学研究》2012 年第 1 期。

西方美术》[①]、耿幼壮的《圣像的修辞——从形象到声音》[②] 以及何琦的《基督教艺术纵横》[③] 等都对神学美学展开了探讨。在基督教音乐方面，相关的研究文章有宫宏宇的《基督教传教士与晚清中国的盲人音乐教育——以安格妮丝·郭士立、穆瑞为例》[④]、孙悦湄的《中国近代基督教传教士声乐教育活动探微》[⑤] 等。在基督教建筑方面，则有李文的《基督教文化对教堂建筑的影响》[⑥]、魏良臣的《基督教景观的城市空间演化与影响研究——以明朝中叶以来的上海基督教教堂为例》[⑦] 等文。

从文学、诗学、美学、音乐、建筑等不同视角出发，探讨基督教对文学艺术的影响，这些研究在不同程度上揭示了基督教在人类精神文明方面的贡献。

7. 灵修与生活辅导实用

把读经、灵修与实际生活相结合，为教牧人员和平信徒的实际需要提供帮助的这类书籍，对基督教在中国的传播以及中国基督徒的实践生活的作用是不可小觑的。

除了不同版本的圣经故事之外，近两年还出版了各种介绍圣经及其背景的书籍：《听妈妈讲那圣经里的故事（圣经史话修订版）》[⑧] 帮助基督徒父母，以圣经故事来陶冶孩子的品格；《圣地与圣经》[⑨] 介绍了圣经中提到的各地；《圣经戏剧：找寻我们在圣经故事中的角色》[⑩] 把圣经演绎为一部六幕戏剧，语言简洁生动，可读性极强。

此外，《谁需要神学?》[⑪]《日光之上》[⑫]《信与思》[⑬] 等著作，以简明易懂的语言，分别处理了神学问题与信徒日常生活的关系，带领读者以属灵的视角看待世间万象，同时又在平实的生活中追寻永恒的真理。

小结

从整体上看，2012—2013 年大陆学界在基督教方面的研究主题丰富，内容广泛，并且在个别领域有所突破。

（一）就基督教史与神哲学研究而言，尽管大陆学界对基督教思想史以及神哲学研究在整体上兴趣有所减退，但颇为难得的是，当前这一领域的学者们已经不再满足于以往对关于基督教的神学思想、教会历史、新兴派别、哲学思潮等研究性著作的译介工作，而开

---

① 任东升、马月兰：《〈圣经〉与西方美术》，《世界文化》2013 年第 1 期。

② 耿幼壮：《圣像的修辞——从形象到声音》，《基督教文化学刊》2013 年 5 月。

③ 何琦：《基督教艺术纵横》，宗教文化出版社 2013 年版。

④ 宫宏宇：《基督教传教士与晚清中国的盲人音乐教育——以安格妮丝·郭士立、穆瑞为例》，《中央音乐学院学报》2012 年第 1 期。

⑤ 孙悦湄：《中国近代基督教传教士声乐教育活动探微》，《艺术百家》2012 年第 4 期。

⑥ 李文：《基督教文化对教堂建筑的影响》，《重庆科技学院学报》（社会科学版）2012 年第 3 期。

⑦ 魏良臣：《基督教景观的城市空间演化与影响研究——以明朝中叶以来的上海基督教教堂为例》，《山东社会科学》2012 年第 S1 期。

⑧ ［荷］冯罗敦希尔：《听妈妈讲那圣经里的故事（圣经史话修订版）》，钱耀诚译，世界知识出版社 2012 年版。

⑨ ［美］查尔斯 R. 佩奇、卡尔 A. 沃尔兹：《圣地与圣经》，张兢、刘素云译，宗教文化出版社 2012 年版。

⑩ ［美］克雷格等：《圣经戏剧：找寻我们在圣经故事中的角色》，张杰克译，同济大学出版社 2012 年版。

⑪ ［美］史丹尼·格兰兹、罗杰·奥逊：《谁需要神学?》，刘平注释，陈玉棠译，同济大学出版社 2012 年版。

⑫ ［美］辛克莱·博格森：《日光之上》，张宇栋译，团结出版社 2012 年版。

⑬ 齐宏伟：《信与思》，商务印书馆 2012 年版。

始对这些思想资源展开自主的探讨，并获得了一些具有价值的研究成果。更重要的是，近年来学者们的视野从主流的基督教思想史扩展到早期基督教史、东方基督教史、神秘主义传统、拜占庭传统等，极大地丰富了人们对基督教思想史的感知与体认，为人们进一步理解基督教提供了更为全面和有益的思想资源，特别是这些思想资源将有助于学界在对一些特定观念的理解上（如原罪、三位一体等）进一步摆脱具体神学传统（如拉丁教会的传统）的限制，从现实的社会人文关怀出发，提出更丰富的解读。另外，尽管在天主教和东正教的研究上本年度出版和发表的研究著作数量有限，但这些研究基本已经脱离了单纯引介的阶段，而是对更深层次的概念和范畴展开讨论，为进一步的学术研究打下了基础。

（二）就中国基督教史及现状研究而言，近年来大陆学界对中国基督教的研究风头正劲。一方面是更加扩展和细化了对历史文献的搜集与整理。元代基督教史、更多的传教士以及著名的基督徒知识分子，包括本色教会运动等各种基督教进入中国社会后的思想与活动，都纳入到了学者们的视野中。另一方面是在田野研究上取得了令人瞩目的成果。越来越多的学者们投入到区域基督教、民族基督教和群体基督教的研究之中，把实证的社会学与人类学研究方法运用到中国基督教的研究之中，为人们更好地理解基督教在中国的传播与发展提供了个案的支持。最后值得一提的是，学界对中国基督教的研究不再仅限于史学的范围内，而是在中国基督教神学思想的建构方面有所突破。特别是，2012—2013 年大陆学界在本土化、中国化的理论研究上表现出了极大的兴趣，涌现出了大量关于本土化的理论和现状研究的成果，学者们更加关注基督教与中国社会文化的关系及其发展前景。

（三）就基督教与社会、人文的关系而言，本年度学者们在这一领域上的研究兴趣不再囿于单纯的学科交叉，而是以更为强烈的现实关怀为指引。围绕着基督教在文化繁荣、社会慈善、教育事业、民族和谐以及人文思想方面的作用与贡献，学者们深入地讨论了基督教与中国社会文化共融，并且为中国社会建设做出积极贡献的可能性，倡导基督教在当代中国社会与文化的语境下发挥正能量。

（四）就圣经研究与注释而言，尽管这一领域目前仍是大陆学界在基督教研究中的薄弱环节，但从 2012—2013 年的研究现状来看，学者们在圣经注释与研究方面的自主性探索正逐步得到提高。不仅陆续译介了大量的圣经注释书，以及对圣经时代的历史与思想背景进行研究的著作，而且大陆学者对圣经、圣经历史，乃至中国圣经研究史的研究亦有相应的成果出现。这些研究不仅有助于汉语神学的建设，发展中国基督教的文化思想、文学艺术，推动基督教与中国社会文化的结合，而且也将进一步为中国基督徒的灵修与日常生活提供有益的指导。然而，从总体上看，大陆学界对圣经的研究与注释要实现更加深入的神学探讨，仍有很长一段路要走。

2013年伊斯兰教研究综述

马　景

2013年伊斯兰教研究学科方面呈现出平稳发展的态势，在上年的基础上，本年度出版了近30本关于伊斯兰教历史、教义、古兰经、苏非主义、伊斯兰思想、伊斯兰人类学、伊斯兰文化、地方性伊斯兰教、伊斯兰教与政治以及伊斯兰教基础知识读物等研究论著。据不完全统计，各类杂志公开发表与伊斯兰教有关的论文、译文、一般文章和学术资料、会议信息等有关的文章近200篇。另有与伊斯兰教有关的硕士论文近40篇，博士论文5篇。本文就2013年公开出版的以及公开发表的与伊斯兰教（包括回族伊斯兰教）相关的专著或译著以及学术论文作简单的概括和梳理。

一　2013年伊斯兰教研究论著

2013年出版的伊斯兰教研究论著较多，主要涉及伊斯兰教历史、教义、古兰经、苏非主义、伊斯兰思想、伊斯兰人类学、伊斯兰文化、地方性伊斯兰教、清真寺的社会功能以及伊斯兰教与政治等领域。

1. 伊斯兰教史

甘肃民族出版社出版了由孔德军主编的《简明伊斯兰历史百科》（上、下），该书突破了传统的史学观念和立论，以穆斯林自身记述的历史资料为主，较为详细地叙述了伊斯兰教的发展史。编者坦言，该书虽“不是最好的历史文献，但它绝对是至今您所看到的最可靠的中文伊斯兰历史文献”。

中国社会科学出版社出版了马建春著的《杭州伊斯兰教史》，该书主要探讨了伊斯兰教的兴起及入传中国、宋代伊斯兰教的发展及在杭州的传播、元代杭州伊斯兰教的兴盛、明代杭州伊斯兰教的发展、清代杭州的伊斯兰教、民国时期杭州的伊斯兰教等。

2. 伊斯兰教义学

宗教文化出版社出版了《伊斯兰教教义学大纲新解》（中阿文对照本）和《真主的尊名与属性》两种译著，前者属于中国伊斯兰教经堂教育传统教材的译本，译者是马文才和韩文清，该书曾于2011年初次出版，此次为修订版。后者属于当代沙特学者关于伊斯兰教义学的最新研究，译者是祁学义。

3. 古兰经

中国社会科学出版社出版了中国伊斯兰教协会修订的马坚所译的《古兰经》，该汉译本最初于1978年出版，曾多次再版。据悉，此次修订主要对译文中个别标点、人称、节数等做了调整，对极少量不常用词汇作了注释。

4. 苏非主义

商务印书馆出版了潘世昌的译著《伊斯兰苏非概论》，该书以简洁明快的文字介绍了苏非的渊源、历史、发展、蜕变及其在不同历史时期的思想特征。

民族出版社出版了姑丽娜尔·吾甫力的专著《苏非主义与维吾尔文学》，正如作者所言，该书试图从伊斯兰教苏非主义视角研究维吾尔文学，以期能对苏非主义在维吾尔文学中所产生的影响做出客观描述，同时为中国学术界提供苏非主义及其文学在中国本土实践的第一手资料。

5. 伊斯兰思想

上海社会科学院出版社出版了马玉秀的专著《伊斯兰经济思想概论》，该书比较系统地阐述了伊斯兰经济思想，作者指出伊斯兰经济思想有其相对静态的思想主轴，无论做何种阐发，其根本源自伊斯兰教典——《古兰经》和圣训，与此同时，伊斯兰的创制精神赋予了伊斯兰经济思想因时因地制宜的灵活性，彰显了其动态的活力。

中国社会科学出版社还出版了许淑杰的专著《马注思想研究》和马占明的专著《〈清真释疑〉研究》，前者立足于晚明清初中国近世社会转型的大文化背景下，对穆斯林学者马注的伊斯兰思想体系进行了系统考察。作者认为马注是兼具回（伊）儒两种文化气质的穆斯林思想家，强调“回儒兼修”，呈现出明显的回（伊）儒双重文化认同特征；在中国伊斯兰教发展问题上，他强调“回儒互补”，希望通过“公公理于天下”来实现其“经世”理想，这既彰显了马注高尚的人格精神，也为当今的“文明对话”提供了重要借鉴。后者就清代穆斯林官员金天柱及其著作《清真释疑》产生的历史背景、作者生平、著述原因、论述方法以及版本做了比较深入的研究，对原著进行了点校、对原文进行了分段、断句、标点和今译；对一些人名、地名、书名以及生词做了注释；对作者的思想进行了梳理和分析，补充了前人研究中存在的一些疏漏，纠正了一些学术错误。

宁夏人民出版社出版了金贵的专著《异而同，同而异——王岱舆对儒学的一种理解》，该书以中国伊斯兰教汉文译著的代表人物王岱舆为研究对象，以其所涉及的微观命题、范畴和思维为出发点，探讨了王岱舆对儒学的批判、认同和借鉴。

甘肃民族出版社出版了马中笑主编的《真友心语》（上、下两册），上册记叙了中国穆斯林学者陈克礼与甘肃穆斯林青年马志仲等人之间关于伊斯兰教话题的信件。下册是全国一些专家学者对陈克礼学术思想的研讨。

6. 伊斯兰教人类学

社会科学文献出版社出版了马雪峰所著的《从教门到民族——西南边地一个少数社群的民族史》，该书运用民族学和历史人类学的方法，对晚清以来云南穆斯林及民族属性作了较为全面的考证和梳理。作者指出，在中国近代的背景下，强化了传统中国人群分类中种族性的面向，思想界倾向于对民族与民族主义作族裔性的理解，由民族的族裔性理解，带来了社群的政治化建构。

甘肃民族出版社出版了马强的《中国和马来西亚归信穆斯林田野访谈》（上、下），该书通过人类学访谈和田野调查，对 71 名中国人、53 名马来西亚华人和 1 名菲律宾裔美国人归信穆斯林的信仰故事进行了记录和整理。通过受访者的口述，田野访谈主要关注了受访者的文化背景、职业身份、信仰缘起、宗族关系、宗教实践、社会交往、族群互动、宗教和族群认同，以及婚姻、家庭、困惑、忧虑。该书被誉为研究宗教归信者的第一手田野资料，也是国内第一部用人类学的方法记录的信仰往事，具有珍贵的资料价值。

中国社会科学出版社出版了丁明俊等著的《西北伊斯兰教社会组织形态研究》，该书采用宗教人类学、社会学、民族学田野调查方法，对我国伊斯兰教组织形态进行研究。课题组成员深入到我国西北甘、宁、青等地清真寺、拱北、道堂等伊斯兰教活动场所，通过实地考察、查阅资料、拜访门宦主持人、清真寺阿訇、道堂管理者，参与一些门宦大型“尔曼力”活动，重点对我国伊斯兰教内部不同教派门宦的组织形态、门宦教权体制的形成与演变、拱北经济运行、清真寺组织管理制度的历史演变、宗教职业人员在宗教组织活动中的作用进行研究。

中央民族大学出版社出版了高源的《清真寺的社会功能——兰州清真寺中的族群认同》，该书采用民族学的田野调研和文献研究相结合的方法，对城市变迁过程中兰州清真寺的社会功能作了全面的沿用。全书共分为五章，其中第一章是对兰州穆斯林社区历程的呈现，第二章至第五章则各有侧重地分析了城市社会宗教传统文化的现状，清真寺与回族穆斯林个体、群体的关联以及清真寺在宗教认同、族群认同、国家认同之间扮演的角色。

7. 伊斯兰文明与文化

宗教文化出版社出版了美国学者吉尔・卡罗尔的《跨文明对话——葛兰的伊斯兰理念与人文主义话语》，该书对当代土耳其颇具影响力的知识分子和伊斯兰学者——法土拉・葛兰及其对话思想作了全面的阐释，更为完整地凸显葛兰关于人类内在的价值观和尊严、思想自由、教育以及创建社会与世界的重任等问题的思想观点，并用葛兰的作品与孔子、柏拉图、伊曼努尔・康德、约翰・斯图尔特・密尔和让・保罗・萨特的作品建立了一种文本的对话，为来自不同时代、不同区域、持有不同世界观的读者提供了对话支撑点。

宗教文化出版社出版了高占福、李志坚主编的《伊斯兰教与中国穆斯林社会现代化》，作者指出，中国穆斯林社会的现代化是中华民族共同复兴与奔向现代化强国的重要组成部分，也是一项十分复杂的系统工程，牵扯到中国社会的各个层面，包括政治的、经济的、民族的、宗教的，以及不同地区的差别等多个方面。该书就是从伊斯兰教文化的角度，试就这一问题进行了初步的探索。

另外甘肃人民出版社出版了丁士仁主编的《伊斯兰文化》第 6 辑，宁夏人民出版社出版了杨占武、王臻、杨宏峰编著的《伊斯兰知识问答》，五洲传播出版社出版了英文版《中国伊斯兰教艺术》，著者为杨桂萍，译者为敏昶。

8. 地方性伊斯兰教

马万学等人编著有《吉林省伊斯兰教新“卧尔兹”演讲文选编》《吉林省伊斯兰教概览》及《吉林省伊斯兰教研究文稿选集》等。

《吉林省伊斯兰教概览》以客观严谨的笔触，全面、系统、翔实地介绍了吉林省伊斯兰教的发展轨迹。内容涉及省情概况，中国伊斯兰教概述，吉林省伊斯兰教工作经验集锦，吉林省伊斯兰教管理资料汇辑，吉林省伊斯兰教知名人士简介，吉林省穆斯林革命先烈、著名企业家、文艺家、学者传记，吉林省清真食品企业简介，吉林省伊斯兰文化典籍目录提要以及伊斯兰教基础知识。

《吉林省伊斯兰教新“卧尔兹”演讲文选编》是编者在已汇集成册的《吉林省新卧尔兹演讲文》（1—4 辑）和全省阿訇新卧尔兹演讲比赛参赛演讲文中遴选出 75 篇优秀文稿并附以专家点评语编写而成的，全书内容分为十编，分别为伊斯兰教与法制建设、伊斯兰教的基本理念与信仰、伊斯兰教的两世观、伊斯兰教与科学发展观、伊斯兰教与构建和谐社会、伊斯兰教与奥运、伊斯兰教的伦理道德观、伊斯兰教的知识观、伊斯兰教的饮食观、伊斯兰教的妇女婚姻观，编者希望在新形势下，对吉林全省伊斯兰教解经工作起到有益的参考和借鉴作用。

《吉林省伊斯兰教研究文稿选集》是将发表于各个历史时期的伊斯兰教研究文稿遴选成册，意在揭示吉林伊斯兰教的理性思考和发展轨迹。全书共分五个部分，分别为吉林省伊斯兰教历史文稿、吉林省伊斯兰文化研究文稿、吉林省伊斯兰教经济研究文稿、吉林省伊斯兰教解经工作经验交流文稿以及吉林省创建和谐清真寺经验交流文稿。

9. 伊斯兰教与国际政治

中国社会科学出版社出版了吴云贵的《追踪与溯源：当今世界伊斯兰教热点问题》、金宜久的《伊斯兰与国际政治》，这两部著作均是作者多年研究伊斯兰教与国际政治的论文集，也是多年研究心得和观点的总结。前者主要收录了伊斯兰原教旨主义与当代国际政治，伊斯兰教对国际政治影响评估，伊斯兰激进势力与中东地区冲突，阿拉伯、伊斯兰与西方复杂多变的关系史，伊斯兰原教旨主义，宗教极端主义与国际恐怖主义辨析以及伊斯兰教对当代伊斯兰国家外交政策的影响等内容。后者系统全面地探讨伊斯兰教与当代的政治关系问题，即伊斯兰世界或伊斯兰国家的当代政治问题，全书内容丰富，语言通俗，资料翔实，为广大读者研究伊斯兰教与当代政治问题提供参考。

北京大学出版社出版了刘曙雄等人合著的《南亚伊斯兰现代进程》，该书涉及伊斯兰文化在南亚的传播与发展，关于南亚伊斯兰现代化进程的先驱、穆斯林宗教哲学家、现代伊斯兰主义思想家的介绍，以及伊斯兰教对南亚现代政治的影响等内容。作者意在透视他们思想形成的时代因素、文化因素以及个人因素，把他们的思想理论与社会矛盾结合起来分析，力图勾画出南亚伊斯兰现代进程的脉络。

甘肃人民出版社出版了冶福东的译著《今日伊斯兰》，该书作者阿克巴·艾哈迈德为当今世界最著名的穆斯林作家之一，曾任巴基斯坦驻英国大使，现为英国、美国多所大学和研究机构的教授，长期致力于向西方社会表述伊斯兰，被西方媒体誉为“当今世界伊斯兰研究领域的权威”和“伊斯兰文明大使”，该书为其代表作之一，畅销欧美十余年，曾获《洛杉矶时报》非虚构类年度最佳图书，为当代以少数民族穆斯林立场向多数主体民族介绍伊斯兰的典范性读本，它几乎涉及了西方世界（和中国社会）所关心的关于伊斯兰的所有层面。

二　2013 年伊斯兰教研究论文

2013 年学术界研究伊斯兰教的论文较为广泛，基本涵盖了伊斯兰教研究的各个方面。既有国内的伊斯兰教研究，又有国外的研究，既有伊斯兰教经典、思想、理论的阐述，又有历史、文化和现状的分析。本年度的研究范围及代表作主要包括：

1. 中国伊斯兰教史

刘有延的《伊斯兰教入华隋开皇说溯源及其正确评价》系统地整理了自元代至民国全国各地清真寺碑文关于伊斯兰教入华的记述，探讨了“隋开皇”说的产生和流衍。研究结果表明，元至正十年泉州吴鉴撰《重立清净寺碑记》是我国最早和最准确的伊斯兰教文献，它同时是“隋开皇入华说”的源头。[①]

① 刘有延：《伊斯兰教入华隋开皇说溯源及其正确评价》，《回族研究》2013 年第 3 期。

王银春、强金国的《唐宋时期汉文献对伊斯兰教的认知——以“天”的翻译为例》一文认为，伊斯兰教传入华夏后，借用儒家“天”的概念来理解伊斯兰教信仰，在实现跨文化沟通的过程中也出现“名”与“实”的断裂，这种文本与解释错位对应的背后是中阿异质文化之中不同的天人观，而这具有本土特色用语的出现与流行，亦有助于伊斯兰教的中国化与普及化。①

马超的《民国河南伊斯兰教经师与经学》一文认为，民国时期河南伊斯兰教经堂教育十分兴盛，经师辈出，经学系统自成一体，开创了具有划时代意义的繁荣局面。文章从经师籍贯、经学重镇、经学传承、经学交流、经师与教派学派、经师与经堂教育、经师与汉文经学著作、经师与经学的地位和影响等几个方面进行了初步概括和探讨。②

2. 明清伊斯兰思想研究

许淑杰、于晓杰在《马注对中国佛教与道教的批判》一文中认为，站在伊斯兰教与中国传统儒家的角度，马注批判佛道两教“绝婚姻而废人伦，削须发而禁肉食”，有悖彝伦风化，完全背离了造物创世之宗旨。从整体来看，马注对二教的批判也只是其反“异端”思想的一部分，实际上，从伊斯兰教认主独一的层面出发，马注对整个中国传统文化，包括儒家，都是持批判态度的，只不过程度不同而已。③

马晓琴在《学者眼中的回儒大师马注——马注研究述评》一文中全面梳理了马注及其著作的学术价值，他的思想有什么独特之处，学者是如何研究马注的。文章认为在未来的相关研究中，马注的思想和贡献将是一个有待拓展和深入探讨的方面。④

金宜久在《马注的宇宙起源余光说》一文中分别探讨余光说的基本内涵、余光说中“造化”的作用、余光说的基本特点、余光说的思想渊源等问题。文章强调，中国是一个统一的多民族的国家，回族穆斯林思想家在思想构建、文化领域的和谐、共处方面，有其特殊的贡献。探讨余光说可以从一个侧面了解马注在伊斯兰教中国化过程中做出的努力，研究他的思想仍有其重要的现实意义和学术价值。⑤

金贵的《异而同，同而异——从王岱舆对儒学的理解看其文化认同》一文认为“异而同，同而异”是王岱舆与儒学关系的一种特征。王岱舆对儒学的批判表明其思想与儒学之异，对儒学的一些重要观念、理念，特别是伦理观及认识论上的观念及理念的认同表明其思想与儒学之同；他对儒学又有借用的地方，这又表现了其思想与儒学之异处，但是这种异处包括认同在内。借用之异的出现，突出地表明了王岱舆思想的创造性，以及文化认同立场。⑥

季芳桐在《〈天方性理〉与〈天方典礼〉的内在关联——兼论刘智思想的核心观念》一文中认为“心性”是刘智著作中一个非常重要的观点，贯穿于其著作之中。伊斯兰教苏非主义的“三乘”功修等都是为了发挥“心性”之功能，人道五典（伦理）也是“心

---

① 王银春、强金国：《唐宋时期汉文献对伊斯兰教的认知——以“天”的翻译为例》，《回族研究》2013年第4期。

② 马超：《民国河南伊斯兰教经师与经学》，《世界宗教研究》2013年第5期。

③ 许淑杰、于晓杰：《马注对中国佛教与道教的批判》，《吉林师范大学学报》2013年第2期。

④ 马晓琴：《学者眼中的回儒大师马注——马注研究述评》，《回族研究》2013年第4期。

⑤ 金宜久：《马注的宇宙起源余光说》，《世界宗教研究》2013年第3期。

⑥ 金贵：《异而同，同而异——从王岱舆对儒学的理解看其文化认同》，《宁夏社会科学》2013年第3期。

性”的社会实践，复归于真主是“心性”之终极目标。[①] 在《回儒会通：王岱舆的忠孝理论》一文中，作者认为，王岱舆一方面以伊斯兰教义为根本，一方面吸收、借鉴了儒家忠孝伦理中的合理内涵，故而这既是一个创新过程，又是一个回儒文化交流、会通的过程。[②]

杨学林、王蕾在《甘宁青伊斯兰教汉文译著在以儒学为核心的传统文化中的地位和作用》一文中认为，在甘宁青苏非学派中，珍藏着许多鲜为人知的汉文译著。这些译著将以儒学为核心的概念、范畴、符号，运用到苏非功修实践中，形成了中国特色的修炼方式和组织体系，丰富和发展了传统文化的内容，也成为我们深入了解甘宁青苏非学派的一把钥匙。[③]

3. 历代政府与伊斯兰教政策

田明、张龙海在《伊儿汗帖古迭儿的伊斯兰教政策分析》一文中指出帖古迭儿作为伊儿汗国首位信仰伊斯兰教的君主，其伊斯兰教信仰大体上经历了一个由充满兴趣、虔诚皈依到公开推行的变化过程。帖古迭儿亲伊斯兰教的实践虽然失败了，但在某种程度上促进了伊儿汗国伊斯兰教的发展，并为伊尔汗国的伊斯兰化奠定了基础。[④]

何孝荣、崔靖在《明代政府对伊斯兰教的基本政策和信仰伊斯兰教的居民分布》一文中认为，明代是伊斯兰教发展的重要阶段，明政府对伊斯兰教实行优容与约束并行的宗教政策。相比于唐宋穆斯林多以“藩客”形式生活，明代的穆斯林更加本土化，伊斯兰教在中国的分布格局基本形成。从地域角度来看，明代伊斯兰教分布呈现出大分散、小集中、遍布三级政区的格局；从民族角度来看，由以维吾尔族为代表的新疆地区信仰伊斯兰教居民和以回族为代表的内地信仰伊斯兰教居民两大系统形成。[⑤]

杨群、夏天成在《试析清代前期的伊斯兰教政策》一文中指出，清代前期对于伊斯兰教的政策有一个逐渐演化和发展的过程。这种内在的、细微的变化不仅体现了清政府对穆斯林社会的关注，以及对全国集权统治的加强，同时也反映了穆斯林社会内部不断发展的过程，以及两者（清政府的政策与穆斯林社会的发展）之间的互动过程。[⑥]

杨群、王兰在《试析苏四十三起义与清政府伊斯兰教政策的调适》《田五、张文庆起义与清政府对伊斯兰教政策的调整》两文中指出，苏四十三起义之后，清政府对伊斯兰教进行了严格的控制，采取“净绝根株”的办法，但并没有使社会稳定，而是引发了田五、张文庆等起义，这使得清政府意识到对于伊斯兰教政策要进行一定的调整，以便更有利于加强对伊斯兰教和整个穆斯林社会的控制。[⑦]

---

① 季芳桐：《〈天方性理〉与〈天方典礼〉的内在关联——兼论刘智思想的核心观念》，《中国穆斯林》2013 年第 1 期。

② 季芳桐：《回儒会通：王岱舆的忠孝理论》，《世界宗教研究》2013 年第 2 期。

③ 杨学林、王蕾：《甘宁青伊斯兰教汉文译著在以儒学为核心的传统文化中的地位和作用》，《回族研究》2013 年第 4 期。

④ 田明、张龙海：《伊儿汗帖古迭儿的伊斯兰教政策分析》，《内蒙古社会科学》2013 年第 5 期。

⑤ 何孝荣、崔靖：《明代政府对伊斯兰教的基本政策和信仰伊斯兰教的居民分布》，《黑龙江民族丛刊》2013 年第 4 期。

⑥ 杨群、夏天成：《试析清代前期的伊斯兰教政策》，《昌吉学院学报》2013 年第 4 期。

⑦ 杨群：《试析苏四十三起义与清政府伊斯兰教政策的调适》，《黑龙江史志》2013 年第 15 期；王兰、杨群：《田五、张文庆起义与清政府对伊斯兰教政策的调整》，《经济研究导刊》2013 年第 31 期。

4. 伊斯兰教中国本土化研究

伊斯兰教在传入中国的一千多年中，经过与中国文化的不断融合，逐渐形成了具有中国社会特色的伊斯兰教，被学术界看作是中国化进程比较成功的范例。因此伊斯兰教的中国化一直为学术界所认可，本年度该领域的研究论文有以下数篇：

林日举的《明清时期海南三亚回族穆斯林的中国化研究》一文认为，穆斯林真正中国化的历史进程发生在明清时期。海南三亚回族穆斯林作为中国回族穆斯林中的一员，其中国化进程既有明清王朝对穆斯林严厉管束的外在压力，也有穆斯林内部为改变其衰微而主动进行变通革新的内在要求，其中国化的途径及表现形式，基本上反映了中国伊斯兰教穆斯林中国化的一般进程和规律。①

张建芳、敏俊卿在《中国伊斯兰教的本土化特征》一文中指出，在明清之际伊斯兰教完成了本土化的历程，形成具有中国特色的伊斯兰教。中国伊斯兰教本土化是以伊斯兰文化为母体，在中国传统文化环境中调整和发展起来的，具有伊儒结合、民族性和爱国性特点。②

白建灵在《论伊斯兰教的中国化和回族化》一文中强调伊斯兰教进入中国的方式是宗教与民族俱来的。伊斯兰教作为世界性宗教，信仰伊斯兰教的穆斯林在中国多元汇聚，一体融合为回族，伊斯兰教也面临着回族化的选择和实践。中国化和回族化既有区别，又是一个过程中联系紧密的两个方面，是共同在中国特殊的政治文化环境中展开和完成的。③

高占福在《从外来侨民到本土国民——回族伊斯兰教在中国本土化的历程》一文中指出伊斯兰教在中国的传播经历了侨民时代、普遍传播时代、本土化时代、艰难时代及爱国意识的觉醒和文化自觉时代，在不同的历史时期，呈现出不同的时代特点，最终形成伊斯兰教在回族穆斯林社会的本土化，并通过与中国社会的相融共存，共同推进中国社会的进步与发展，进而促进了回族穆斯林的民族意识、爱国意识和民族团结思想的增强。同时，也印证了宗教文化在移植他国时，必须与当地的主流文化和平共处、交流、交融，才能使自身得以生存和发展的客观规律。④

杨凡在《伊斯兰教的中国化演进》一文中指出，伊斯兰教的中国化是个非常特殊的现象，在此过程中既缔造了一个新的民族——回族，在文化上实现了在中国的本土化、民族化，又保留着自己独有的伊斯兰文化特点，这一历程与佛教和基督教的中国化历程相比有着明显不同的特征。⑤

董波的《本土化的伊斯兰风尚——伊斯兰文化对明中期釉彩技艺的影响》一文认为鉴于伊斯兰文化的影响，明中期的釉彩技艺一度彰显出某种伊斯兰风尚，但与蒙元与明早期的情形相比，这种伊斯兰风尚更体现出本土化的特点。明中期，景泰蓝与“回青”青花瓷体现出伊斯兰文化较为明确的影响；成熟的官窑瓷器“二次烧”技术很可能包含伊

---

① 林日举：《明清时期海南三亚回族穆斯林的中国化研究》，《海南大学学报》2013 年第 2 期。

② 张建芳、敏俊卿：《中国伊斯兰教的本土化特征》，《中国宗教》2013 年第 6 期。

③ 白建灵：《论伊斯兰教的中国化和回族化》，《回族研究》2013 年第 1 期。

④ 高占福：《从外来侨民到本土国民——回族伊斯兰教在中国本土化的历程》，《世界宗教研究》2013 年第 1 期。

⑤ 杨凡：《伊斯兰教的中国化演进》，《湖北第二师范学院学报》2013 年第 4 期。

斯兰文化的影响；正德瓷釉彩纹饰则是本土化伊斯兰风尚的集中体现。①

马文慧的《从民俗文化视角看伊斯兰文化的本土化——以青海为例》一文，讨论了伊斯兰教在青海传播、发展过程中，吸收、同化、包含了许多民俗方面的传统内容，与传播地区的民族民俗文化不可避免地产生双向渗透和影响，在相互作用、相互影响中，得到融合、发展，并完成了它的地方化和民族化。②

金宜久先生也不赞同有人反对伊斯兰教本土化的提法，继2012年发表了《伊斯兰教在中国的地方化和民族化》之后，又发表了《再论伊斯兰教在中国的地方化和民族化》的文章，进一步阐述了伊斯兰教中国化的基本特征和历史演变，批评了否定伊斯兰教中国化的观点和提法，提出应该全面而恰如其分地认识宗教、研究宗教、对待宗教，并不应为强调世界宗教的统一性，而忽视它在不同地区、不同民族流传过程中存在的差异性，同时，也不应因为它在不同地区、不同民族中存在差异，从而忽视其统一性。③

5. 伊斯兰思潮与运动研究

近年来，伊斯兰中间思潮、中间主义的观点仍然是社会学术界的热门话题，探讨的话题较多，本年度具有代表性的论文有：

丁俊在《当代伊斯兰中间主义思潮与中国伊斯兰教的和谐发展》一文中指出，伊斯兰中间主义是当代阿拉伯伊斯兰世界日益具有广泛影响的重要思潮，它秉承伊斯兰文明中正宽容的文化传统，致力于弘扬伊斯兰教的和平理念，反对各种极端主义和恐怖主义，强调尊重文化多样性，主张不同文明的对话，谋求人类社会的和合共生与世界的持久和平。中间主义的诸多主张与中国倡导的和谐社会、和谐世界理念并行不悖，其中正和平、宽容和谐的价值取向对中国穆斯林抵御和防范各种极端思想，秉承爱国爱教的优良传统，恪守和平中正之道，参与构建宗教和顺、民族团结的和谐社会具有重要借鉴价值。④ 在《伊朗学者阿亚图拉·泰斯希里的伊斯兰中间主义思想》一文中，丁俊认为阿亚图拉·泰斯希里是当代伊朗积极倡导伊斯兰“中间主义”思想的著名什叶派学者，多年来笔耕不辍，著书立说，深入阐发伊斯兰教的和平中正理念，弘扬伊斯兰教的宽容仁爱精神，致力于开展宗教对话，促进教派和睦与团结，主张营造和传播“亲和文化”，其中正和谐、多元包容的“中间主义”思想不仅在伊朗，而且在整个伊斯兰世界都广受关注，颇具影响。在当前严峻复杂的国际形势下，阿亚图拉·泰斯希里和平中正、宽容和谐的“中间主义”思想无疑具有重要的现实意义。⑤

马纳琴的译文《谢赫·尤苏夫·盖尔达维：领袖型的伊斯兰学者》一文从西方人的角度介绍了尤苏夫·盖尔达维的生平、宗教领袖地位以及他的伊斯兰中间主义思想和他对西方的观点。文章指出，尤苏夫·盖尔达维是“伊斯兰中间主义”思潮的重要代表人物之一，他认为中间主义介于唯心论和唯物论、理想主义和现实主义、理性主义和感伤主义、个人主义和集体主义、固化与发展之间，是物质与精神、权利与责任、经典文本与个

① 董波：《本土化的伊斯兰风尚——伊斯兰文化对明中期釉彩技艺的影响》，《中国陶瓷》2012年第12期、2013年第1期。

② 马文慧：《从民俗文化视角看伊斯兰文化的本土化——以青海为例》，《青海社会科学》2013年第5期。

③ 金宜久：《再论伊斯兰教在中国的地方化和民族化》，载才让主编《西北宗教论丛》第3辑，甘肃民族出版社2013年版。

④ 丁俊：《当代伊斯兰中间主义思潮与中国伊斯兰教的和谐发展》，《西北民族研究》2013年第1期。

⑤ 丁俊：《伊朗学者阿亚图拉·泰斯希里的伊斯兰中间主义思想》，《西北民族大学学报》2013年第1期。

人解释、遵循传统与憧憬未来之间的一个绝好平衡。①

柳思思在《伊斯兰教的“和平”与“中道”理念——伊斯兰教对于文莱政治社会发展的作用》一文中分析了伊斯兰教在文莱的推广与实施情况。文章认为，在文莱政治社会发展过程中，伊斯兰教的精神与原则起到了重要作用。由于文莱长期以来坚持伊斯兰教的“和平”“中道”与“积极奋斗”等理念与价值，彰显了文莱的国家形象，增强了文莱的社会凝聚力，促进了文莱的反腐倡廉，从整体上带动了文莱的发展。②

杨桂萍的《当代赛莱菲耶及其对中国穆斯林的影响》根据中外文文献资料，全面梳理了当代赛莱菲耶在伊斯兰世界的发展、赛莱菲耶的教义思想和教法主张及特点，并且结合作者对甘肃、陕西、云南等地赛莱菲耶的田野调查，分析了当代赛莱菲耶对中国穆斯林的影响。文章认为，学界及社会各界对伊斯兰教赛莱菲耶存在三个认识误区：一是聚焦当代赛莱菲耶运动及不同赛莱菲耶团体的政治层面而忽视其更为根本的教义思想、教法主张及特点，实际上赛莱菲耶的政治主张不一。二是把当代赛莱菲耶的广泛传播和较大吸引力归因于沙特阿拉伯的经费支持，实际上赛莱菲耶团体的许多捐款不是来自沙特，一些赛莱菲耶追随者敌视沙特王室的统治和政策。三是把国际赛莱菲耶与中国赛莱菲耶视为具有相同内涵与特点的思潮和运动，实际上中国赛莱菲耶不具有政治色彩，但它与国际赛莱菲耶具有宗教上的联系。③

6. 伊斯兰教与圣训

李华在《伊斯兰教六大圣训集中译本评介——兼及“圣训”在中国》一文中介绍了六大圣训集中译本的基本内容和特点，简要梳理了圣训在中国的译介和研究进程。④ 在《六大圣训集中译本的学术价值和现实意义探讨》一文中，作者就中译本圣训的学术价值作了全面的梳理和分析，认为这些译本为中国穆斯林学习和研究圣训提供了便利条件，有利于圣训的普及，将中国的圣训学基础研究向前推进了一大步，对于中国伊斯兰文化的研究、发展和宗教文明对话都将发挥十分重要的作用。⑤

杨志中在《学圣训遵圣行完美德性——六大权威圣训集出版有感》一文中认为六大圣训集的出版标志着伊斯兰教逊尼派六大权威圣训集的中文译本已在我国全部出版发行。这是载入中国伊斯兰教史册的一件大事，是我国伊斯兰教文化事业的一项重大工程，它弥补了伊斯兰教传入中国1300多年以来的一个历史空白。⑥

高旭在《伊斯兰教“圣训”相关知识》一文中就什么是圣训、六大部圣训、圣训传述者、穆罕默德的十大门弟子以及圣训在教法中的地位做了详细探讨。⑦

周晓燕在《从圣训看先知穆罕默德的家庭生活》一文中指出，圣训中有大量的内容涉及先知穆罕默德的家庭生活，这能够还原穆罕默德在现实社会和人生当中如何履行作为

---

① ［西班牙］安娜·贝兰·索阿热：《谢赫·尤苏夫·盖尔达维：领袖型的伊斯兰学者》，马纳琴译，《西北民族大学学报》2013年第1期。

② 柳思思：《伊斯兰教的“和平”与“中道”理念——伊斯兰教对于文莱政治社会发展的作用》，《东南亚研究》2013年第2期。

③ 杨桂萍：《当代赛莱菲耶及其对中国穆斯林的影响》，《回族研究》2013年第1期。

④ 李华：《伊斯兰教六大圣训集中译本评介——兼及“圣训”在中国》，《民族艺林》2013年第4期。

⑤ 李华：《六大圣训集中译本的学术价值和现实意义探讨》，《中国穆斯林》2013年第4期。

⑥ 杨志中：《学圣训遵圣行完美德性——六大权威圣训集出版有感》，《中国穆斯林》2013年第4期。

⑦ 高旭：《伊斯兰教“圣训”相关知识》，《中国穆斯林》2013年第1期。

一个儿子、丈夫和父亲的不同职责，并为今天的穆斯林社会提供借鉴。[①]

马雁兵在《“古都斯圣训”与〈古兰经〉经文之比较》一文中对“古都斯圣训”和《古兰经》经文作了比较，认为二者的来源相同，但是《古兰经》是真主的语言，而“古都斯圣训”是穆罕默德的话。因此不能将二者相提并论，更不能相互混淆。[②]

7. 伊斯兰教与伦理

庾荣的《伊斯兰教的伦理观与社会主义核心价值观》一文认为，伊斯兰教伦理观中所倡导的爱国理念、敬业精神、诚信美德、友善规范与十八大所确立的社会主义核心价值观在个人层面的要求上具有一定的相通之处。文章探讨了两者之间的相通之处，指出这类探讨对于凝聚社会共识、增进民族团结、维护社会稳定、促进社会和谐具重要现实意义。[③]

李秀娟的《伊斯兰教劳动伦理的四重维度》一文认为，伊斯兰教的劳动伦理体现了尊重劳动、平等劳动、诚实劳动、和谐劳动和创新劳动的现代意蕴。伊斯兰教把人指定为真主的“代治者”，主张通过人的“再造”，即具体的劳动来实现人类社会的进步和个人现实生活的完美。[④]

郭苏星、孙振玉的《传统回族伊斯兰教之“礼教”：和谐家庭之伦理教育思想》一文认为，传统回族伊斯兰教虽然认为家庭是造物主意志的体现，为真主安排的结果，但是，却同样秉持“家和事兴”的和谐理念，认为家庭和谐（夫妇和谐）是自然与社会和谐（万物和谐）的基础，从而教育广大信教群众要过婚姻生活以协调两性关系；要全尽父子兄弟之义以完成家庭礼教；要慎重民用日常之事以确保家庭和谐发展。[⑤]

陈道德、李仁在《李贽伦理思想中的伊斯兰教情愫》一文中认为，李贽的伦理思想在中国古代伦理思想发展史上占有重要地位。他的“人皆有私”的人性伦理观、功利主义的经济伦理观、男女平等的两性伦理观给晚明时期的中国封建社会造成强烈震撼并产生深远影响。李贽的伦理思想之所以能够独树一帜，其中的奥秘就是：伊斯兰教的教义深深地影响了李贽的心灵，伊斯兰教情愫伴随他的一生。[⑥]

8. 伊斯兰教与慈善

高睿在《宗教与慈善之我见——以伊斯兰教的慈善事业为例》一文试图分析我国伊斯兰教慈善事业的思想、场所、资金来说明伊斯兰教慈善事业。文章指出，作为世界三大宗教之一的伊斯兰教，无论是在其圣典《古兰经》和“圣训”中，还是在其教理、教义中都无不体现着乐善好施、举善济世、济贫扶困的慈善思想。伊斯兰教慈善事业在我国慈善事业中起着非常重要的作用。[⑦]

杨姗姗的《宁夏伊斯兰慈善事业的特点》一文就宁夏伊斯兰慈善事业的特点进行了综合分析，认为伊斯兰慈善事业是相对于社会学的一个概念，慈善对象、给予及内容等都

---

① 周晓燕：《从圣训看先知穆罕默德的家庭生活》，《中国穆斯林》2013 年第 2 期。

② 马雁兵：《“古都斯圣训”与〈古兰经〉经文之比较》，《中国穆斯林》2013 年第 2 期。

③ 庾荣：《伊斯兰教的伦理观与社会主义核心价值观》，《辽宁省社会主义学院学报》2013 年第 4 期。

④ 李秀娟：《伊斯兰教劳动伦理的四重维度》，《中国宗教》2013 年第 12 期。

⑤ 郭苏星、孙振玉：《传统回族伊斯兰教之“礼教”：和谐家庭之伦理教育思想》，《内蒙古师范大学学报》2013 年第 1 期。

⑥ 陈道德、李仁：《李贽伦理思想中的伊斯兰教情愫》，《伦理学研究》2013 年第 1 期。

⑦ 高睿：《宗教与慈善之我见——以伊斯兰教的慈善事业为例》，《今日中国论坛》2013 年第 Z1 期。

大体趋于一致，但某种程度上又表现出宗教约束性所带来的特点，对于探索宁夏伊斯兰慈善事业的发展趋势有着深刻意义。①

虎利平的《试论伊斯兰教慈善伦理》一文认为，伊斯兰教慈善伦理所具有的德定性、普世性、全面性和务实性的特点，在现代大公益的背景下，为实现现代慈善与宗教的良性合作提供了条件。② 同样在《伊斯兰慈善公益探析》一文中，作者认为伊斯兰教有着先进的慈善公益理念，穆斯林现实社会中的慈善公益实践与这一先进理念存在着一定距离，探索伊斯兰慈善公益实践将拓展穆斯林的社会实践之路，对促进和谐社会建设具有积极意义。③

曾桂林在《试论近代中国伊斯兰教的慈善事业》一文中指出，中国穆斯林遵循伊斯兰教“信道而行善”的教义，积极开展兴学襄教、济贫助困、赈灾纾难、施医给药等方面的慈善活动，取得了显著的社会成效。同时由于中国伊斯兰教慈善的善款主要源于天课及穆斯林乐捐，且各地区发展极不均衡，其社会影响仍较微弱。④

9. 伊斯兰与经济

沙里赫在《伊斯兰经济与非伊斯兰经济制度的对比》一文中选择了以埃及国家的伊斯兰经济部门为例进行研究，作为考察对象的公司按财政来源分为两组，伊斯兰的和非伊斯兰的。两组按行业类型分为塑料制造业、汽车制造业、纺织业、肉禽加工、出版印刷业、食品旅游业以及日用品制造业等公司。文章通过对这些公司的调查，对当代伊斯兰经济的发展特点进行了分析，将伊斯兰经济公司与非伊斯兰经济公司进行了对比，总结出了二者的异同。⑤

曹庆锋在《伊斯兰保险理论与实践》一文中指出对伊斯兰法学家而言，保险是一种相对新颖的经济举措，穆斯林学者多以批判的眼光对待。19 世纪之前，伊斯兰法律文献并未提及保险。此后，伊斯兰法学家从实用主义出发，在不断接触西方经济思想的过程中，逐渐将保险业纳入伊斯兰经济思想之中，力图消弭伊斯兰与保险之间的张力，寻求既能为大多数穆斯林学者所接受的，又不违背伊斯兰教基本原则的保险类型和方式。⑥

孙光慧的《宁夏伊斯兰金融业务探析》一文认为，宁夏银行自 2009 年开始试办伊斯兰金融业务，几年来宁夏伊斯兰金融业务的有序开展为优化地区金融结构，推进宁夏金融发展和宁夏经济社会发展起到了很好的作用。文章在分析伊斯兰金融特点的基础上，阐述了宁夏伊斯兰金融业务的运作，通过近 5000 份调研问卷的整理分析阐述了宁夏伊斯兰金融的供给和需求情况，并针对发展中出现的问题提出了相关对策措施。⑦

10. 清真寺功能研究

马淑艳在《浅析云南省清真寺管理模式的历史变迁与现状》一文中认为，清真寺是我国回族等穆斯林举行宗教活动的中心场所，也是伊斯兰教在我国传播与分布的象征，同时还承载着伊斯兰文化传承与文物保护的主要功能。自 2000 年起，云南省各地清真寺新

---

① 杨姗姗：《宁夏伊斯兰慈善事业的特点》，《剑南文学》2013 年第 4 期。

② 虎利平：《试论伊斯兰教慈善伦理》，《中国穆斯林》2013 年第 3 期。

③ 虎利平：《伊斯兰慈善公益探析》，《昭通学院学报》2013 年第 4 期。

④ 曾桂林：《试论近代中国伊斯兰教的慈善事业》，《世界宗教研究》2013 年第 2 期。

⑤ 沙里赫：《伊斯兰经济与非伊斯兰经济制度的对比》，《现代营销》2013 年第 3 期。

⑥ 曹庆锋：《伊斯兰保险理论与实践》，《中国穆斯林》2013 年第 1 期。

⑦ 孙光慧：《宁夏伊斯兰金融业务探析》，《生产力研究》2013 年第 10 期。

一轮改扩建开始，其管理的世俗化更为凸显，管事民主选举也被提到新的高度，这在一定程度上反映出我国伊斯兰教与社会发展相适应的轨迹。①

杨志文在《西北回族聚居区清真寺社会功能研究——以宁夏吴忠市为例》一文中认为，近年来吴忠市在挖掘、发挥清真寺社会功能方面做了一些有益探索，对加强社会管理、促进民族团结产生重要推动作用，在西北回族聚居区有一定的代表性。文章认为，西北回族聚居区发挥清真寺社会功能必须从实际出发，坚持群众自愿、量力而行、服务群众等基本原则。②

齐一聪、马冰洋的《城市学视角下的清真寺作用机制研究——以银川市为例》一文从城市学中的规划、建筑、社会、景观等不同视角出发，通过田野调查法、对比分析法、实例论证等手段，发现清真寺在城市的对外文化展示与交流、维护区域和平稳定、坚定民族关系、满足居民日常生活、保持城市风貌与城市旅游可持续发展等方面做出了巨大的贡献。③

马妍的《从清真寺在回族社区的功能管窥回族的民族意识》一文认为清真寺在当代回族穆斯林群体中，既是回族穆斯林进行宗教活动的中心场所，又是回族穆斯林进行政治、经济、文化、教育、生活等一切社会活动的殿堂。作为回族穆斯林社区的中心，它在无形中强化了回族穆斯林的族群意识和民族认同感，增强了民族凝聚力。④

徐中林、刘立敏的《城市清真寺现代功能的拓展》一文认为，近年来，来济南务工、经商、学习、旅游的主要以青海、甘肃、新疆等西北地区的穆斯林为主。山东省和济南市宗教工作部门紧紧围绕民族团结、宗教和睦、社会和谐的工作目标，积极探索创新社会管理，拓展城市清真寺现代功能，发挥其在服务管理外来穆斯林中的特殊作用，维护民族团结与社会和谐稳定的作用。⑤

陆凤红的《清真寺作为穆斯林群众信息传播中心的价值探讨》一文用大量调研事实和数据展开论证，将研究视角放在社会转型过程中，研究清真寺的价值地位、功能演化和发展方向，具有一定的参考价值。⑥

孙凤娟的《当代都市清真寺的现状和功能》以兰州西关清真大寺为例，通过实地调研西关清真寺，阐述了该寺院的经济收入情况、经堂教育的改革和寺院的现代管理模式，论述了都市化进程中清真寺的变化和发展及其在新的社区环境下所起的作用。⑦

魏明洁、艾少伟、陈肖飞的《城市清真寺周边商业环境的空间区位分析》以青海西宁东关大寺为例，对清真寺周边商业环境进行空间区位分析，文章认为，西宁东关大寺周边商业行业在空间上的分布并不均匀，穆斯林传统商业行业主要依托穆斯林日常生活而存

---

① 马淑艳：《浅析云南省清真寺管理模式的历史变迁与现状》，《云南社会主义学院学报》2013 年第 2 期。

② 杨志文：《西北回族聚居区清真寺社会功能研究——以宁夏吴忠市为例》，《中国穆斯林》2013 年第 6 期。

③ 齐一聪、马冰洋：《城市学视角下的清真寺作用机制研究——以银川市为例》，《上海城市规划》2013 年第 4 期。

④ 马妍：《从清真寺在回族社区的功能管窥回族的民族意识》，《青年文学家》2013 年第 5 期。

⑤ 徐中林、刘立敏：《城市清真寺现代功能的拓展》，《中国宗教》2013 年第 3 期；徐中林、徐欣欣：《探讨城市清真寺现代功能拓展与社会管理创新——以济南市清真寺服务管理穆斯林流动人口为例》，《中国穆斯林》2013 年第 1 期。

⑥ 陆凤红：《清真寺作为穆斯林群众信息传播中心的价值探讨》，《图书馆工作与研究》2013 年第 6 期。

⑦ 孙凤娟：《当代都市清真寺的现状和功能》，《湖北第二师范学院学报》2013 年第 5 期。

在，对清真寺和回族居住区具有更强的空间敏感性，因而其“邻寺布局”的空间区位特征更加明显，基本靠近清真寺和回族居住区进行布局。[①]

11. 城市穆斯林和伊斯兰教研究

马艳的《从义乌穆斯林群体看跨国文化圈的共同体认同模式》认为浙江义乌穆斯林群体从本质上包含了文化适应和融合的过程。在这一过程中，义乌穆斯林中的个人和团体获得了其他个体或群体的记忆、情感以及态度，并通过分享他们的经历与历史而与他们整合，进入到了一个文化生活的共同体中。该共同体是以宗教生活为内核，且由于伊斯兰教所涵盖的神圣与世俗的世界并不能完全隔离开，因此，围绕着共同体所构建的文化认同常常包含了由宗教所规定的世俗生活的内容。也因此，文化共同体其实是义乌穆斯林群体所建构的隐含于其宗教文化生活内层的认同模式。[②] 在《试析义乌穆斯林族群认同及其特点》中，作者指出，义乌穆斯林群体的构成有其特殊性、复杂性和多样性，而群体的社会活动又具有跨地域和跨国主义的特征，他们不仅在社会关系上形成了在原住地和羁留地之间的具有共时性多股绞合的特质，并且建立起了一种跨越地理、文化和政治领域的社会场域，基于此，义乌穆斯林群体的族群认同也因特殊的社会互动关系和多元性的社会身份而独具特色。[③]

晏玲在《穆斯林流动人口的社会资本研究综述》一文中，以中东部穆斯林为例，分析了流动穆斯林的社会资本利用情况，文章认为穆斯林利用社会资本融入城市的过程中，首先表现在就业上，其次表现在社会交往上，再次表现在宗教生活上。但是，流动穆斯林的社会资本利用仍有一定的局限性，有一定的阻碍作用，需要引起重视。[④]

马建春、褚宁在《内地穆斯林人口与珠三角伊斯兰教的新发展》中认为，随着改革开放的深化、经济一体化进程的加快和城乡社会的迅速发展，越来越多的内地穆斯林族群离开故土，进入珠三角城市群寻求新的生计。由于其族群语言、文化风俗保持相对稳定，根深蒂固的宗教情感使之凝聚于一起，形成自己特有的文化交际圈。加之其已具群体规模，遂促成珠三角各城市清真寺的修建，从而推动了当地伊斯兰教的新发展。[⑤]

侯海冲在《西北大城市穆斯林流动人口的城市适应问题研究》一文中以兰州市为例，探讨了西北穆斯林流动人口的社会适应与融入，文章对兰州市穆斯林流动人口的分布格局和从业特征进行了总结，从居住、工作和生活条件，职业、收入和权益保障，子女受教育，城市文化融入四个维度探析了穆斯林流动人口的城市适应问题，并对穆斯林流动人口的城市适应障碍因素作了分析，最后就穆斯林流动人口的适应困境提出了对策和建议。[⑥]

马强、张再利的《中国城市穆斯林研究的人类学视角》以人类学的视野与方法，记录、体验、观察、分析当前中国城市穆斯林社区的真实生活，将传统上对宗教本身的关注，转向对城市穆斯林社区发展、人口迁移、中外移民、婚姻家庭、文化教育、弱势和边缘人口、归信穆斯林、穆斯林女性等社会生活层面的关注，拓宽了中国伊斯

① 魏明洁、艾少伟、陈肖飞：《城市清真寺周边商业环境的空间区位分析》，《经济地理》2013 年第 2 期。

② 马艳：《从义乌穆斯林群体看跨国文化圈的共同体认同模式》，《北方民族大学学报》2013 年第 2 期。

③ 马艳：《试析义乌穆斯林族群认同及其特点》，《中国穆斯林》2013 年第 2 期。

④ 晏玲：《穆斯林流动人口的社会资本研究综述》，《新西部》2013 年第 10 期。

⑤ 马建春、褚宁：《内地穆斯林人口与珠三角伊斯兰教的新发展》，《青海民族研究》2013 年第 4 期。

⑥ 侯海冲：《西北大城市穆斯林流动人口的城市适应问题研究》，《黑龙江民族丛刊》2013 年第 5 期。

兰教研究的新视角。①

马强在《现代化背景下中国城市清真寺功能转型初探》一文中认为，现代化引起的城市穆斯林问题，有待清真寺在伊斯兰教教义和教法许可的范围内，保持清真寺核心功能的同时，在文化教育、社会服务、文明表述、慈善公益、公共空间等方面拓展其功能，并对某些传统功能予以现代化的转型。②

12. 伊斯兰文化

牛香兰在《伊斯兰文化与中国古典文学互融现象研究》一文中通过对中国古代文学中有伊斯兰文化背景的作者、作品及其相应的伊斯兰思想进行梳理，以时代为分水岭，分析了作品的思想内容，研究了具体表现形式，总结了时代赋予伊斯兰文化的表现方式，探索了文学所体现出的伊斯兰文化及伊斯兰文化对其作者、作品的影响。③

朱琳的《基于伊斯兰文化的回商创业精神研究》一文以伊斯兰文化为主线索，系统阐释了回商的创业精神内涵及其对现代企业经营者的启示，即诚信公平、开拓进取、团结互助和艰苦奋斗精神。回商是回族穆斯林商人的统称，他们是参与并贡献于市场经济发展的重要力量，也是最具有开拓进取精神和拼搏创业精神的商贸实践群体。④

郑凤华的《伊斯兰文化影响下回族特性分析》一文分析、探究了伊斯兰文化影响下的回族习俗所表现出的性格特征，总结出回族尚洁求真、信仰唯一的人文性格。文章认为，应采取正确的态度对待回族及其他少数民族，使民族区域自治制度得到最充分、最优化的发挥，扬长避短，趋利避害，实现中华民族的整体进步和谐。⑤

杨欢、王慧的《中国传统文化与伊斯兰文化在清真寺建筑中的交融——以西安化觉巷清真大寺为例》认为，西安化觉巷清真大寺作为中国传统清真寺的代表之一，不仅具有伊斯兰文化特色，而且继承了中国传统建筑的内容与风格。文章从建筑功能、布局手法和装饰风格等方面进行分析研究，对这类建筑类型进行尝试性探讨，以期使这种多元文化融合下的清真寺建筑得到必要重视和保护。⑥

哈宝玉的《〈经学系传谱〉与伊斯兰教法》一文以赵灿记述明清时期经学教育的珍贵文献《经学系传谱》为依据，重点探讨了域外伊斯兰教法、教法学派对中国伊斯兰教经学教育、经学学者和穆斯林的广泛影响。文章认为域外传教师及其所携带的伊斯兰教法书籍对中国伊斯兰教经学学者和经学教育有很大的影响，哈乃斐教法学派的法学思想和学术观点自有明以来居于中国伊斯兰教经学教育的主流地位。⑦

金忠杰的《试论〈古兰经〉注释中的文化内涵》一文认为，《古兰经》的问世，催生了伊斯兰教与伊斯兰文化。鉴于《古兰经》之于伊斯兰文化和穆斯林社会所发挥的重大作用和具有的深远影响，历代经注学家根据他们对它有关段落的理解和注释，形成了自

---

① 马强、张再利：《中国城市穆斯林研究的人类学视角》，《青海民族研究》2013年第3期。

② 马强：《现代化背景下中国城市清真寺功能转型初探》，《青海民族大学学报》2013年第2期。

③ 牛香兰：《伊斯兰文化与中国古典文学互融现象研究》，《西北民族大学学报》2013年第1期。

④ 朱琳：《基于伊斯兰文化的回商创业精神研究》，《回族研究》2013年第2期。

⑤ 郑凤华：《伊斯兰文化影响下回族特性分析》，《山东省农业管理干部学院学报》2013年第2期。

⑥ 杨欢、王慧：《中国传统文化与伊斯兰文化在清真寺建筑中的交融——以西安化觉巷清真大寺为例》，《大众文艺》2013年第20期。

⑦ 哈宝玉：《〈经学系传谱〉与伊斯兰教法》，《世界宗教研究》2013年第5期。

己的价值判断和行为方式，并力求通过经注彰显其所蕴含的文化内涵、社会价值与时代导向。①

13. 苏非主义研究

周燮藩的《苏非主义初入新疆述略》一文概述了苏非主义传入新疆的早期历史。16世纪前，苏非派的活动主要以额什丁家族为主。16世纪玛哈图木·阿杂木等人入疆后，新疆伊斯兰教的历史几乎成了依禅派的传播史。由于政局混乱，苏非领袖常被统治者聘为精神导师，在扩张教团势力的同时，也卷入权力之争。和卓家族各系由争夺教权演变成为控制世俗政权的政治斗争。②

王希隆、单广宁的《阿帕克和卓三入中原说述考》一文认为，考察阿帕克和卓及其父玛木特·玉素布和卓在新疆的活动，只能得出阿帕克和卓曾两次离开新疆赴甘青传教的结论，另一次则应是其父玛木特·玉素布和卓在哈密期间赴内地的传教活动。"三入中原"传授虎夫耶教理的活动是由阿帕克和卓及其父玛木特·玉素布和卓共同完成的。③

白海提的《〈历史记录〉：一部关于20世纪新疆苏非派的未公开写本》一文通过介绍一部最新发现的苏非派写本《历史记录》，试图揭示中亚纳格什班底耶·穆加迪底耶在新疆的一个重要支系，亦即萨克比耶教团鲜为人知的一面，为探明近现代中亚苏非派在新疆的传播及影响提供有价值的线索。④

王正儒、敏俊卿的《真主与代治：一个伊斯兰教团体的生态实践与信仰表述》以伊斯兰教西道堂的生态实践为例，试图阐释伊斯兰信仰体系中真主、人、社区和自然之间复杂、多重的互惠关系。文章认为，穆斯林的生态实践不仅是对真主的信仰表述，而且透过宗教仪式赋予其神圣性和文化意义，并产生生态效应，展示出伊斯兰教"两世并重"的生命本质。⑤

敏敬的《土耳其奈格什班迪教团的历史特征与当代发展》一文认为土耳其奈格什班迪教团向来有关心政治、重视民生与社会发展的特点，19世纪复兴派崛起使该教团与奥斯曼帝国的近代化相联系。当代土耳其奈格什班迪教团的复兴和发展深受科提库等教团领袖个人思想的影响，也是该教团自身的现实主义和灵活性特征以及凯末尔主义的弱点和土耳其多党民主制等外部因素共同作用的结果。此外，该教团与世俗主义在现代价值上的趋同性也有利于世俗阵营对其持宽容和观望态度。⑥

14. 内地伊斯兰教研究

常青、尹伟先的《甘宁青地区穆斯林朝觐的经济行为调查研究》一文认为甘宁青三省（区）的穆斯林人数多、分布广，是每年朝觐的重点省区，朝觐人数增长很快。近些年，朝觐者经济行为既有其合理性，也有令人堪忧之处。有序朝觐、文明朝觐、平安朝觐值得大力提倡。⑦

---

① 金忠杰：《试论〈古兰经〉注释中的文化内涵》，《世界宗教研究》2013年第2期。

② 周燮藩：《苏非主义初入新疆述略》，《西域研究》2013年第1期。

③ 王希隆、单广宁：《阿帕克和卓三入中原说述考》，《世界宗教研究》2013年第3期。

④ 白海提：《〈历史记录〉：一部关于20世纪新疆苏非派的未公开写本》，《世界宗教研究》2013年第1期。

⑤ 王正儒、敏俊卿：《真主与代治：一个伊斯兰教团体的生态实践与信仰表述》，《世界宗教研究》2013年第4期。

⑥ 敏敬：《土耳其奈格什班迪教团的历史特征与当代发展》，《世界宗教研究》2013年第5期。

⑦ 常青、尹伟先：《甘宁青地区穆斯林朝觐的经济行为调查研究》，《兰州商学院学报》2013年第3期。

常棣的《由“籍”而“族”——三亚穆斯林的历史史实、记忆及情境》一文认为，三亚穆斯林之先民本为寓居占城的阿拉伯人。20世纪80年代以来，由于研究者的介入，尤其语言学研究者“回辉话”与占族语相近的结论，使三亚回族开始重新认识自己的来源，不具历史史实的“占族”认同日渐加强。作为历史记忆的主导者，三亚穆斯林对诸多历史材料进行取舍，构建了新的历史叙事并以此来强化自身的结构性情境。①

吴幼雄在《泉州伊斯兰教文化遗存及其现代价值》一文中指出，阿拉伯伊斯兰教在泉州的遗址和遗物，无可辩驳地证实该时期泉州海外贸易的繁荣，以及泉州与阿拉伯伊斯兰教的友好关系。泉州伊斯兰文化遗存为世界不同文明、不同宗教信仰观念的和谐共处与对话，提供了重要的历史镜鉴。②

刘景华在《青海伊斯兰教教派和谐相处的教育与管理研究》一文中回顾了青海省宗教管理部门贯彻执行党的宗教政策和有关法律、法规，依法加强对宗教事务的管理及所取得的成效。同时指出，在青海伊斯兰教界还存在如寺院教育单一化等突出问题。文章分析了其存在的成因，并提出了一些值得借鉴和参考的意见和建议。③

王伏平的《宁夏伊斯兰教研究综述》一文梳理了自20世纪40年代以来宁夏伊斯兰教研究的专著、论文等，文章指出，地区伊斯兰教研究，既是对中国伊斯兰教研究范围的扩大，又是对研究内容的丰富和深化。没有地区伊斯兰教研究成果和资料的充实，整体的中国伊斯兰教研究难以提高。伊斯兰教在宁夏有着丰富内容以及丰厚的研究土壤，不研究宁夏的伊斯兰教，就写不出完满的中国回族史和中国伊斯兰教史。因此，研究宁夏伊斯兰教是研究中国回族史和伊斯兰教史的重要组成部分。④

王晓云在《论伊斯兰教在闽都社会的传播及影响》一文中指出，伊斯兰教进入福州后，与本土社会互动变异，并将其文化基因融入本土，在闽都文化中留下深刻的印记。文章认为，外来穆斯林很快地获得了闽地百姓的认同，娶本土之女，长期驻留，其伊斯兰文化信息才得以在闽地数百年持续地传递、扩散和迁移继承，与闽都文化在时间和空间中不断地进行着冲撞、互动、重组、变异，从冲突走向融合，最终实现了伊斯兰教的本土化。⑤

15. 新疆伊斯兰教研究

魏铭静的《浅谈伊斯兰教对维吾尔族民俗的影响》一文从维吾尔族的人生礼仪、交际礼仪、日常生活、商贸习俗以及建筑、文学艺术风格等诸方面来分析伊斯兰教对新疆维吾尔族民俗的深刻影响。⑥

刘晨晨的《从婚葬习俗看伊斯兰教对维吾尔族社会的影响》一文研究了维吾尔族源的形成、伊斯兰教的传播、维吾尔族婚葬习俗等人生礼仪，分析了伊斯兰教与维吾尔族的互动关系以及伊斯兰教对维吾尔族的民族认同与文化认同的影响。⑦

---

① 常棣：《由“籍”而“族”——三亚穆斯林的历史史实、记忆及情境》，《北方民族大学学报》2013年第1期。

② 吴幼雄：《泉州伊斯兰教文化遗存及其现代价值》，《泉州师范学院学报》2013年第3期。

③ 刘景华：《青海伊斯兰教教派和谐相处的教育与管理研究》，《青海社会科学》2013年第6期。

④ 王伏平：《宁夏伊斯兰教研究综述》，《回族研究》2013年第4期。

⑤ 王晓云：《论伊斯兰教在闽都社会的传播及影响》，《福建行政学院学报》2013年第5期。

⑥ 魏铭静：《浅谈伊斯兰教对维吾尔族民俗的影响》，《科技信息》2013年第6期。

⑦ 刘晨晨：《从婚葬习俗看伊斯兰教对维吾尔族社会的影响》，《新西部》2013年第22期。

李丽、阿里木江·马克苏提在《新疆伊斯兰教麻扎建筑艺术特色浅析》一文中探讨了新疆麻扎的三种类型（帝王陵墓、圣贤麻扎、著名学者的麻扎）、麻扎建筑的布局及构成要素以及麻扎建筑显著的装饰特色。作者指出新疆麻扎建筑从属于伊斯兰教建筑，受中亚伊斯兰建筑的影响，并在历经一千多年的变迁发展中，融入了本土、本地民族的特征，形成了新疆地域性的建筑风格和艺术特色。①

陈刚、阿扎提在《20世纪前后伊斯兰教在新疆哈萨克族中发展演变及“本土化”诠释》一文中指出，在历史上，哈萨克族是由古代欧亚草原上众多部落和部族及其后裔经过长期错综复杂的交往和融合形成的。19世纪中期至20世纪初期，哈萨克族经历了剧烈的社会变动，最终由一个独立的民族演变成为地跨中俄两国的跨境民族。关于哈萨克族成为跨境民族之后，伊斯兰教在新疆哈萨克族中的发展演变及“本土化”的探析，是近代哈萨克族宗教发展史的一个重要课题。②

高亚滨、张炳勇的《新疆社会稳定视域中的伊斯兰教》一文分析了新疆各民族宗教信仰状况，阐述了伊斯兰教对新疆少数民族民族意识的影响，并对伊斯兰教与新疆社会稳定提出了相关的建议。③

王志刚、宋德志在《伊斯兰文化的传播与维吾尔族近代格局的形成》一文中指出，近代意义上维吾尔族的形成是西迁回鹘与环塔里木原住民族和其他外来民族长期融合的产物，其中，伊斯兰文化起到了关键性的作用。伊斯兰文化在环塔里木地区传播的过程中不断与当地文化和其他外来文化交融，使维吾尔族的伊斯兰文化具有了显著的民族特征。④

封兴中在《传播学视域下新疆近三十年伊斯兰教传播的变化》一文中运用传播学的理论和方法，对新疆喀什、和田地区近三十年来伊斯兰教传播的变化作了深入的分析和探讨，指出该两地维吾尔族人信仰伊斯兰教的原因，并提出相关建议和思考。⑤

16. 台湾、澳门的伊斯兰教

何绵山在《试论伊斯兰教在台湾的传播与发展》一文中指出，穆斯林早期从福建泉州传入台湾，主要聚集在鹿港和台西，与福建泉州的惠安、陈埭关系极为密切。台湾光复后有大批穆斯林迁台，他们从事公、军、教、商等各方面工作，大多受到家庭渊源影响。他们热心于教内公务，有的勤于著书立说，推进了伊斯兰教在台湾的影响。⑥

刘智豪的《近年来台湾伊斯兰教发展现状及研究初探》一文认为伊斯兰教是世界三大宗教之一，由于在台湾信众较少，而且长期以来大学院校缺乏专门的研究机构带动相关研究，所以，台湾的伊斯兰教学术研究成果与其在全球的影响力实不成比例。此外，在台外籍穆斯林不断增加，来台湾的印尼穆斯林虽然带入“家乡习惯”的传统文化，但由于在台湾伊斯兰较保守，使得在发展过程中，无法形成如同印尼地区伊斯兰与当地传统文化互相结合。但是，在台湾宗教多元文化的包容之下，各地清真寺包容外来相异仪式，让清

① 李丽、阿里木江·马克苏提：《新疆伊斯兰教麻扎建筑艺术特色浅析》，《城市建筑》2013年第16期。

② 陈刚、阿扎提：《20世纪前后伊斯兰教在新疆哈萨克族中发展演变及“本土化”诠释》，《西北民族研究》2013年第1期。

③ 高亚滨、张炳勇：《新疆社会稳定视域中的伊斯兰教》，《新疆职业大学学报》2013年第2期。

④ 王志刚、宋德志：《伊斯兰文化的传播与维吾尔族近代格局的形成》，《塔里木大学学报》2013年第1期。

⑤ 封兴中：《传播学视域下新疆近三十年伊斯兰教传播的变化》，《喀什师范学院学报》2013年第5期。

⑥ 何绵山：《试论伊斯兰教在台湾的传播与发展》，《福建省社会主义学院学报》2013年第4期。

真寺内呈现出多种不同的礼拜仪式，成为台湾独特的伊斯兰教仪式现象。①

马建福、张宇的《澳门伊斯兰教的历史与现状》认为在明代之前，伊斯兰就进入澳门，从历史遗留来推断，主要由阿拉伯和波斯商人带入澳门。他们从中东及波斯湾远道而来，在澳门落地生根。二战期间，有大量大陆穆斯林躲避战乱来到澳门。另外还有香港的华人穆斯林、印巴穆斯林以及其他族群的穆斯林。文章认为，清真寺建筑、坟场的墓碑还有社群成员，都从不同角度展现出，宗教文化的多样性呈现和本土化吸纳。②

17. 国外穆斯林与伊斯兰教研究

王国栋在《文明交往视野下的美国穆斯林移民》一文中认为在穆斯林移民与美国主流社会的交往进程中，文化差异、身份认同、国际环境等诸多因素都可能成为该群体融入美国社会的重要因素。“9·11”事件后，一方面，恐怖袭击对美国社会的冲击让穆斯林移民与美国社会的融合难度增加；另一方面，美国穆斯林移民群体也再次明确了与美国社会主动沟通的重要性，增加了深入文明交往的动力。③ 杨忠东在《试析影响美国穆斯林社会整合的制约因素》一文中从美国国家认同的宗教边界、文明冲突范式、社会舆论和外交政策四个方面，分析探讨了影响美国穆斯林社会整合的制约因素，指出宗教少数群体的社会整合不仅需要少数群体采纳合适的文化涵化战略，而且主流社会也应作出调整以促进少数群体的社会整合。④

李光在《德国的伊斯兰社区米里格瑞斯及其转型困境》一文中研究了德国的土耳其移民穆斯林社区米里格瑞斯，指出虽然该社区为德国穆斯林提供宗教、社会以及法律等方面的服务，为他们融入德国社会做出了很大的努力，但在转型时期，仍然面临困境。这一方面需要德国政府在国籍法和宗教政策等方面做出一些调整，另一方面也需要该社区在组织管理、宣传言论、宗教立场等方面更加开放、温和与灵活。⑤ 胡雨在《穆斯林移民在德国及其社会融入》一文中指出，穆斯林人口在德国迅速增长，形成了以土耳其裔为主体的穆斯林社群。然而，受制于弱势社会经济地位、特殊生活方式以及社会普遍存在的针对穆斯林和伊斯兰教的敌视、排斥、歧视及恐惧情绪，导致“穆斯林问题”的高度种族化、政治化、安全化和病理化的趋向。吸纳与整合穆斯林移民业已成为德国政府和社会亟待解决的问题。⑥

宋全成、王娅在《简论穆斯林人口移民英国的历史进程》一文中主要探讨了二战以来英国穆斯林移民的三次浪潮，文章认为，穆斯林移民族群成为英国外来族群中增长最快的族群。对英国政府来说，实现英国穆斯林的社会融合，依然任重而道远⑦。二人在《英国穆斯林移民的人口社会学分析》中指出，英国穆斯林主要来源于南亚，由于伊斯兰宗教价值观和传统文化的影响，英国穆斯林形成了有别于英国主流基督教社会的、独具伊斯兰文化的婚姻与家庭模式；由于受教育程度普遍低下，多就业于收入较少的低端领域或失业，成为英国社会的最贫困阶层；由于缺少基本的话语权，成为英国社会政策和政治生活

① 刘智豪：《近年来台湾伊斯兰教发展现状及研究初探》，《回族研究》2013 年第 3 期。

② 马建福、张宇：《澳门伊斯兰教的历史与现状》，《中国穆斯林》2013 年第 3 期。

③ 王国栋：《文明交往视野下的美国穆斯林移民》，《四川师范大学学报》2013 年第 3 期。

④ 杨忠东：《试析影响美国穆斯林社会整合的制约因素》，《回族研究》2013 年第 3 期。

⑤ 李光：《德国的伊斯兰社区米里格瑞斯及其转型困境》，《德国研究》2013 年第 4 期。

⑥ 胡雨：《穆斯林移民在德国及其社会融入》，《德国研究》2013 年第 3 期。

⑦ 宋全成、王娅：《简论穆斯林人口移民英国的历史进程》，《人文杂志》2013 年第 4 期。

领域的“沉默人群”。英国穆斯林族群正成为英国的“平行社会”。①

哈宝玉、摆祥在《法国穆斯林的历史与现状》一文中回顾了法国穆斯林移民的历史进程和现实情形，文章指出，在法国社会中，穆斯林群体有被边缘化的倾向，其主要原因是他们与法国主流社会在意识形态上多有不同。然而，随着法国政府对穆斯林生活条件的改善，相信法国穆斯林能够更好地融入法国社会。② 赵万智在《法国穆斯林的社会融入困境与实践》一文中对法国穆斯林人群相对聚居的生活模式与社会融入困境之间的制约关系作了深入的分析和探讨，并提出相关的思考和对策建议。③

黄海波在《合力与平衡：略论英法两国国内穆斯林政策的调整》一文中采取“多元文化模式”与“彻底世俗主义的共和模式”，分析了英国和法国穆斯林族群的认同与融合问题。文章认为，近年来，应国际、国内形势的变化，两国均在坚持原有基本模式的前提下，政策的重点从偏向法律调节与社会自理调整为加大国家直接干预力度，强调三者合力与平衡。④

齐昕的译文《高加索的伊斯兰教及其对俄罗斯地区冲突的影响》认为高加索的伊斯兰世界远非一个非黑即白、非官方即地下、传统与非传统对立的天地。伊斯兰教在当代北高加索各国中占有重要地位，积极填补着当地意识形态领域的空白。从表面来看，该地区大大小小的新旧冲突中，总能看到伊斯兰教的影子，事实上，很多时候，伊斯兰教往往只是冲突各方掩盖真实目的的一个幌子。⑤

王文俊在《论伊斯兰教在马来西亚政治中的作用和影响》一文中回顾了马来西亚政教关系的演变过程，分析了伊斯兰教在其现行政治结构中的影响，指出重视伊斯兰教因素在对抗反对党、维持现有君主立宪制、推行经济政策和处理外交事务中起着重要的作用。⑥

王云龙的《穆斯林西班牙的文化成就》一文认为，穆斯林西班牙杰出的学者阿威罗伊借鉴亚里士多德学说，把伊斯兰教义学理性化。与阿威罗伊大体同时代，犹太教拉比迈蒙尼德将理性引入希伯来神学，创作了犹太教神学—哲学的巨著《迷途指津》。这表明，穆斯林西班牙比基督教欧洲更加宽容，更能容纳文化发展与学术争鸣。⑦

张来仪在《俄国的莫斯科伊斯兰学研究》一文中指出，近年来，俄国伊斯兰学研究已经在研究世界伊斯兰教和俄国伊斯兰教的基础上开始向专题性和地域性的方向发展，前者主要有伊斯兰与俄罗斯的交往史研究，后者则以莫斯科伊斯兰学研究为代表。这些研究成果中包含着一系列闪光的学术睿智和启人心扉的历史认识。⑧

王艳的《中西方伊斯兰社会性别研究概述》全面梳理了西方关于伊斯兰社会性别的研究。文章认为，20 世纪 90 年代，伊斯兰女性主义运动兴起，穆斯林女性开始穿梭于传统意义上的“男性”空间。此后，基于不同文化、地区、家庭背景下的穆斯林女性个案

---

① 宋全成、王娅：《英国穆斯林移民的人口社会学分析》，《东岳论坛》2013 年第 2 期。

② 哈宝玉、摆祥：《法国穆斯林的历史与现状》，《中国穆斯林》2013 年第 1 期。

③ 赵万智：《法国穆斯林的社会融入困境与实践》，《中国穆斯林》2013 年第 1 期。

④ 黄海波：《合力与平衡：略论英法两国国内穆斯林政策的调整》，《新疆社会科学》2013 年第 6 期。

⑤ ［俄］阿·亚尔雷卡波夫：《高加索的伊斯兰教及其对俄罗斯地区冲突的影响》，齐昕译，《俄罗斯文艺杂志》2013 年第 4 期。

⑥ 王文俊：《论伊斯兰教在马来西亚政治中的作用和影响》，《东南亚纵横》2013 年第 11 期。

⑦ 王云龙：《穆斯林西班牙的文化成就》，《贵州社会科学》2013 年第 8 期。

⑧ 张来仪：《俄国的莫斯科伊斯兰学研究》，《世界宗教研究》2013 年第 4 期。

研究兴盛起来，这些研究主要关注的是伊斯兰教的性别观如何在不同的社会文化、规则、习俗中塑造社会性别角色、关系和权力。①

聂慧慧的《占婆国故地婆尼教寻踪——越南本土化伊斯兰教初探》一文认为，伊斯兰教作为一种外来宗教，其传播、发展经历了一个本土化的过程。婆尼教作为越南伊斯兰教的一个分支，正是伊斯兰教本土化的一个典型，它表现为与当地的原始宗教、婆罗门教以及偶像崇拜、祖先信仰等传统文化相融合，又深受政治、历史、地理环境等因素的影响，形成了自己的特色。②

李维建的《撒哈拉以南非洲伊斯兰极端主义》一文认为，撒哈拉以南非洲日渐成为伊斯兰极端主义的理想地。极端主义之所以能够在以温和为特色的撒哈拉以南非洲伊斯兰教中发生、发展，与该地区内部与外部的宗教、政治、经济与文化因素密切相关。而伊斯兰极端主义对该地区的影响远超宗教之外。③

李文刚的《马里的伊斯兰教与民主化》一文认为，西非国家马里曾是撒哈拉以南非洲历史悠久的伊斯兰学术中心。近年来，马里伊斯兰教所处的国内外环境均发生较大变化，马里政府和本国的民主化进程也面临伊斯兰激进势力、北方少数民族分离运动以及打着伊斯兰旗号的恐怖主义的挑战和威胁。④

柴玲玲、周海金的《论西方殖民主义对非洲伊斯兰教的影响》一文认为，殖民时期伊斯兰教在非洲的传播并未因为基督教的大规模扩张而中止，但西方殖民主义的进入使得穆斯林在非洲政治生活中处于“边缘化”状态。后殖民时期，伊斯兰教在非洲的传播取得了长足发展，非洲穆斯林开始提出自己的主张和诉求，以谋求政治地位与社会影响。⑤

王煜焜的《日本百年伊斯兰研究回溯》一文指出，日本对伊斯兰世界产生兴趣肇始于明治初期。日本的伊斯兰研究有两个高峰。第一个高峰期出现在昭和十年代（1935—1945），第二个高峰期则在“石油危机”爆发后出现。两者都是应时代的某种需求而诞生，政治与经济意味浓厚。⑥

综上是2013年度国内的伊斯兰教研究，专著主要涉及伊斯兰教历史、教义、古兰经、苏非主义、伊斯兰思想、伊斯兰人类学、伊斯兰文化、地方性伊斯兰教以及伊斯兰教与政治等领域。论文的范围很广泛，涉及研究的各个方面，其中讨论最多的是伊斯兰教的中国本土化、新疆伊斯兰教、清真寺的社会功能、西方与欧洲穆斯林的处境。从伊斯兰教学科来看，反映伊斯兰教法学、伊斯兰教史、近现代伊斯兰思潮以及中国伊斯兰教现状的内容较少，从研究的方法来看，许多研究成果已经突破传统的宗教学的研究方法，采用多种学科比如人类学、民族学、社会学、统计学的理论与方法，无论从研究深度，还是研究广度，都有所加强，从研究的范围来说，研究论著主要以中国伊斯兰教为主，兼及世界范围的伊斯兰教研究，而且研究的队伍和文章数量也有明显的增加，从发表的刊物来看，已经突破了专门发表宗教类或民族类文章的刊物。可以预测，未来几年，伊斯兰教的研究仍然是热门话题。

---

① 王艳：《中西方伊斯兰社会性别研究概述》，《世界宗教研究》2013年第3期。

② 聂慧慧：《占婆国故地婆尼教寻踪——越南本土化伊斯兰教初探》，《世界宗教研究》2013年第2期。

③ 李维建：《撒哈拉以南非洲伊斯兰极端主义》，《世界宗教文化》2013年第3期。

④ 李文刚：《马里的伊斯兰教与民主化》，《世界宗教文化》2013年第3期。

⑤ 柴玲玲、周海金：《论西方殖民主义对非洲伊斯兰教的影响》，《世界宗教文化》2013年第3期。

⑥ 王煜焜：《日本百年伊斯兰研究回溯》，《世界宗教文化》2013年第1期。

2013年儒教研究综述

张宏斌

一　年度儒教研究透视

本年度的儒教研究早已经脱离儒学是否是宗教的问题辩争，亦不关涉“儒教是什么性质的宗教”的争论，而是思索中国传统文化和儒教如何适应和应用于当下的建构问题，这个话头是前几年儒教问题争论的必然结果，也是儒教问题发展逻辑的自然导向。这种转向的“开始”在本年度继续被推向深入，思索的范围和问题的空间呈现蓬勃壮大之势，问题的针对性和思辨的深广度均有所加强和提升。

儒教从来都不仅仅是一种知识学意义上的学科，它是千百年来自然形成的一种文化文明体系，是人们习以为常的生活常态，是社会组织的自然状态，它代表了一个国家和民族的文化主体精神和民众的心理精神积淀。早已熔铸在人民、民族、国家的方方面面以及心理、习俗之中。时至今日，儒教虽不复为原来的面貌，但是儒教千百年来已经奠定了中国的底色，规定了中国人的内在性。生于兹、长于兹、养于兹、葬于兹的中国人脱不了儒教的浓重色彩，撇不开儒教的人伦规范，离不了儒教的沃土厚源。

而在不足以表达，亦不得不以现代宗教学科的范畴来区隔的情况下，儒教的宗教角色的定位和研究或可强为之三个区域，其一是有关个人身心安顿的层面，儒教必须能够尽日常生活轨道的责任，在生的阶段能够“启发人的精神向上之机，指导精神生活的途径”①，在死的阶段使人有所安息处。致力于儒教此方面的研究不甚多，有则是研究以前社会的儒教信仰，或今日的民间信仰，以及关注于海外华人的儒教社会。如载于《原道》20辑的一篇《陈淳的礼乐思想和实践》，发掘陈淳的礼乐实践在乡村社会的植根，对其家庭礼仪以及州县祭祀礼仪作了详细的表述，为了解宋代的乡村礼乐和理学的实践化等儒教切实处提供了视界。载于《儒道研究》第1辑的一篇文章，关注贵州省清镇市“清醮”仪式个案，以此呈现了现今民间以儒家思想作为灵魂，糅合佛、道、巫以及各地方性信仰的儒教形式，透露出儒教依旧承载着广大民众的精神寄托的现实。此外林端《宗教社会学、社会学理论与台湾的华人社会》② 一文虽然主旨在于反思台湾宗教社会学，但也点出了台湾儒教研究被忽视的情况，这种忽视的背后是儒家伦理已经成为台湾人的日常生活伦理。

---

① 牟宗三：《中国哲学的特质》第十二讲，学生书局2013年版，第76页。

② 林端：《宗教社会学、社会学理论与台湾的华人社会》，载陈明等主编《原道》第21辑，东方出版社2013年版。

其二则是有关社会组织的形态发育和秩序的厘定等，宗教为人们提供一定的团体生活，其由信仰而产生的社会价值观有助于社会秩序的维护，为社会组织的发育提供要素；其自然发育成的组织维系得益于宗教价值和道德观念的提供。关注过去的有《张载的经学：礼乐、井田、宗法与祭祀——以〈经学理窟〉为中心所做的探讨》①，探讨北宋理学家张横渠试图把早期儒家理想付诸实践的种种努力，习礼仪、复井田、行宗法、论封建、重祭祀，恢复与重新推行儒家所重视的礼教，以期解决社会矛盾，指出其虽有理想化的倾向，但却是儒教作为一种人们立身安命以及社会规范的现实体现。关注今天的则有《清代以来儒家宗法伦理思想对索伦鄂温克氏族组织的影响》②，将目光投向少数民族地区，通过对清代世袭佐领制以及八旗制度设立以来，索伦鄂温克氏族组织变迁的研究，分析儒家宗法制度是如何影响被纳入八旗制度的索伦鄂温克人，不仅促进其社会组织的变化，而且对索伦鄂温克传统文化产生巨大影响。《从民间信仰到儒教——以 XP 道坛为例探讨儒教建构的可能性》③ 一文走向儒教民间的组织建构，以当今某市乡镇的道坛为例，展现了民间信仰在提升自己合法性的过程中，自主与浸润其中的儒教产生契合，他们通过供奉神灵的更迭，神灵谱系的修正，将儒家原本的圣贤逐步神化，成为自己原有信仰的神灵，在教义层面，直接吸收儒家经典中的伦理道德的叙述，使得道坛在宗教的内容和实质上更具有了儒教特色。

第三则是关涉国家民族的层面，儒教肇端乎三代，它是中华文化传统的根源之所在，嗣后建立国家新秩序的理据来源于此，统治者权力的合法性以及合理的政权运作模式均要顺应一脉承之的文化精神和价值原则。从这个层面上讲，儒教是国家秩序建立、制度维系、民族主体精神寄托之所在。自然儒教对家国层面的安顿集中于合理制度的建构和文化主体性的呈现。致力于制度建设的则从合法性的提供、权力的制衡、权利的保证、利益的分配等处入手。一些学者对此进行了有益的探讨，在《公民儒教的进路：陈明先生访谈录》④ 一文中，论者以公民宗教的路子诠释儒教，探讨了现代权利意识、公民意识和法律意识等自由民主理论的价值，认为儒教可以是社会文化体之间的最大公约数，希望儒教能够凭着在现代国家建构中所做出的努力和贡献，来获得公民宗教的地位。而《公民宗教与政治制度——作为公民宗教的儒教建构之制度条件》⑤ 一文，则是其立论的对立面，作者认为公民宗教是立宪民主社会的公民习性训练方式，它依赖于宪政制度多于仰仗民俗习惯；它是现代的宗教形式，而不是传统的由信仰神学、仪轨仪式与生活方式构成的标准宗教。对一切尝试儒教复兴的人而言，要将世俗性与神圣性兼具的儒家学说完全改造成标准宗教，是一种不可能实现的目标。亦有对古代儒教政治制度的发掘，《子夏及其门人与郡

---

① 王志跃：《张载的经学：礼乐、井田、宗法与祭祀——以〈经学理窟〉为中心所做的探讨》，载卢国龙主编《儒道研究》第 1 辑，社会科学文献出版社 2013 年版。

② 王伟：《清代以来儒家宗法伦理对索伦鄂温克氏族组织的影响》，载陈明等主编《原道》第 21 辑，东方出版社 2013 年版。

③ 杨莉：《从民间信仰到儒教——以 XP 道坛为例探讨儒教建构的可能性》，载卢国龙主编《儒道研究》第 1 辑，社会科学文献出版社 2013 年版。

④ 陈宜中：《公民儒教的进路：陈明先生访谈录》，载陈明等主编《原道》第 20 辑，华东师范大学出版社 2013 年版。

⑤ 任剑涛：《公民宗教与政治制度——作为公民宗教的儒教建构之制度条件》，《天津社会科学》2013 年第 4 期。

县制之构建》[①]一文指出封建制度瓦解，面对广土众民如何治理的问题，子夏及其门人致力于创制立法，为政体，也即治理的上层政治架构完成儒家式的形态，开拓了儒家士大夫与皇权共治体制的模型。

致力于文化主体性建构的研究则从个人身份性的识别、共同价值的追寻、文化民族整体意识的塑造等层面入手。《儒学与中国的相互规定性》[②]一文认为，中国作为一个政治共同体，在漫长的历史进程中之所以能够一次次瓦解，又一次次重建，从根本上说是由中国作为一个具有原生性质的文明体系所决定的，政治只是这个文明体系的组织形态、体制外壳。外壳可以蜕变，共同体可以重组，但中国始终是中国，其内在规定性，不是政治，而是文明。儒家六经载述了“古人之大体”，可以为风生水起的诸子百家学提供精神资源和文化基础，从而建构思想共识，克服“道术将为天下裂”的危机。从某种意义上说，中国之所以为中国，就是由这种文明史意识陶铸而成的。中国如何规定儒学之成其为儒学，与前者是同理同义的，即儒学形成时期的思想内涵和学术形态，取决于尧舜禹三代的历史实践，此后儒学的发展，取决于此后中国的历史实践。在《重建中华文化价值的主体性——探索中国改革开放的前途》[③]一文中，作者则致力于探索中国改革开放的前途，认为中国仁义的道德理想来源于王道，王道是建立在封建宗法的基础上，秦汉以后，封建转成中央集权，但基于宗法血缘的道德精神，则成为中华民族的文化理想，时至今日，不仅是为了避免挨骂，而且是为了世界和平，必须重建中华文化价值的主体性，发扬济弱扶倾的王道精神，中国的改革开放和中华民族的复兴才不会是“中国威胁论”，而是“世界和平论”。《儒教重建之文化向路的思考》[④]一文，呈现了儒教的历史真实面相，发掘了其当今继续存在的充足理由，并为儒教的继续存在和在新时代发挥效用寻找了理据和真实的切入点。表明了儒教是中华文明的主体，是礼乐文明精神的核心，能够代表或者作为全民族的精神信仰和价值依归。儒家祖述尧舜，宪章文武以接续历史文化传统，损益三代文明以承道统精神之所在。秦汉得以重新统一天下，建立有序国家政治、文化秩序的理据正来源于以六经典籍为代表的三代损益的历史文化所传承的精神和信念。现实政权合法性以及政治运作模式的有效性、合理性落于此层面之下。

除此之外，对于儒教的研究，还有传统学术的路子，即对儒家古典文献进行注疏和时代的诠释。如《〈大禹谟〉、〈皋陶谟〉经解——大禹之功与皋陶之谟的内容、争论及其延续》[⑤]一文，关注《大禹谟》和《皋陶谟》的文本有着共同的议题，涉及古典政治讨论的核心问题；《〈论语〉新札记》[⑥]对儒教经典《论语》进行新的解读；《儒教〈孝经纬〉

---

① 姚中秋：《子夏及其门人与郡县制之构建》，载陈明等主编《原道》第 20 辑，华东师范大学出版社 2013 年版。

② 卢国龙：《儒学与中国的相互规定性》，《世界宗教文化》2013 年第 4 期。

③ 王晓波：《重建中华文化价值的主体性——探索中国改革开放的前途》，载陈明等主编《原道》第 22 辑，东方出版社 2014 年版。

④ 张宏斌：《儒教重建之文化向路的思考》，载卢国龙主编《儒道研究》第 1 辑，社会科学文献出版社 2013 年版。

⑤ 白立超：《〈大禹谟〉、〈皋陶谟〉经解——大禹之功与皋陶之谟的内容、争论及其延续》，载陈明等主编《原道》第 21 辑，东方出版社 2013 年版。

⑥ 李竞恒：《〈论语〉新札记》，载陈明等主编《原道》第 21 辑，东方出版社 2013 年版。

新论》[1] 对并不在六经范围之内的《孝经》和其《纬书》思想予以发掘等。另外还有比较的研究，将儒教与异质文化的宗教做一对比，寻绎两者的不同点和可能的会通处，如《以耶补儒，以儒化耶——杨廷筠耶儒思想研究》[2]《耶儒之间》[3]《〈商颂〉“致福”思维与〈新旧约〉中的“苦难”问题》[4] 和《〈论语〉中的“礼”与〈新旧约〉中的“法”：一种神学解释学的理解》[5]，等等。

二 儒教问题研究追踪

（一）代表性论文

卢国龙先生的文章《唐代庙学与文化共相》[6] 探讨唐代庙学与文化共相建构的历史关联及精神蕴涵。作者通过考察庙学的实例，认为虽然中国幅员辽阔，地域性文化差异很大，但儒家庙学作为一种信仰和文化模式，却因应并且克服地域差异，培养起人文教化的共相。站在宏观历史的角度看，这样的文化共相奠定了国家和民族认同的基础，是发生在唐政权所主导的国度又超越唐政权的。对于中晚唐来说，庙学推进文化共相建构、唤醒文化共同体意识，同时也就维护着国家的统一，维护了统一秩序及其权力象征的延续；而对于唐以后来说，这样的文化共相始终是一块建构国家共同体的模板，既预设疆域，也预设社会将如何接受某种国家形态的秩序意识。

陈明先生的《儒教三典论略说》[7] 认为大陆新儒学发展的特征之一，就是从宗教的角度描述其历史文化功能，探索其现实意义定位。故而需要对相关的神学问题做出理论阐述。文章即依托《易传》《中庸》和《大学》三部经典对这一问题进行探索。作者认为，宋以来的“四书系统”是以人格养成为动机目标建立的道德哲学，在思想格局和文本诠释上都存在许多问题，并尝试提出了一个以天为中心的宗教的神学系统：《易传》言天道，《中庸》论性命，《大学》说践履。

赵鼎新先生在《儒法传统与中国崛起》[8] 中指出，中国从天命观念中继承了以绩效为基础的合法性的强大传统，因此，极大地促进了改革开放时代中国经济的快速发展，以及近年来人民生活水平的普遍提高。儒教之所以曾在中华帝国占据主导地位，一是因为它为国家权力提供了合法性基础，为社会提供了道德秩序；二是因为自宋代以降，帝国政权和社会或多或少都是依据儒教准则进行构建的；三是因为一些国家或社会组织发展出了某种类似于教会的功能。然而，上述社会条件一旦消失，儒教便失去了根基，从一种支持国家

---

① 任蜜林：《儒教〈孝经纬〉新论》，载卢国龙主编《儒道研究》第 1 辑，社会科学文献出版社 2013 年版。

② 张羽：《以耶补儒，以儒化耶——杨廷筠耶儒思想研究》，载陈明等主编《原道》第 20 辑，华东师范大学出版社 2013 年版。

③ 李竞恒：《耶儒之间》，载陈明等主编《原道》第 20 辑，华东师范大学出版社 2013 年版。

④ 邹晓乐：《〈商颂〉“致福”思维与〈新旧约〉中的“苦难”问题》，载陈明等主编《原道》第 20 辑，华东师范大学出版社 2013 年版。

⑤ 王艾明：《〈论语〉中的“礼”与〈新旧约〉中的“法”：一种神学解释学的理解》，载陈明等主编《原道》第 20 辑，华东师范大学出版社 2013 年版。

⑥ 卢国龙：《唐代庙学与文化共相》，《世界宗教研究》2013 年第 3 期。

⑦ 陈明：《儒教三典论略说》，《天府新论》2013 年第 5 期。

⑧ 赵鼎新：《儒法传统与中国崛起》，《社会观察》2013 年第 11 期。

和社会的绝对组织力量退缩为一种离散的、非强制性的意识形态或哲学，这恰好是那些试图恢复儒教传统地位的人所面临的问题。

郭齐勇教授在《民间儒学的新开展》[①] 中提出，民间儒学是儒学灵根再植、重返社会人间的文化思想形态。他认为民间儒学，也可以理解为在民间、在日常生活世界里的儒学，或民间办儒学，即民间组织推动的儒学。现代儒学既包括乡村儒学的重振，又包括城市儒学的建设，是使中国文化的基本做人做事之正道，即儒家仁义之道，透过广大城乡的家庭、学校、社区、企业、机关等现代公民社会的组织形式，通过冠婚丧祭之家礼等宗教性的仪式，在每个国民的心中扎根。民间儒学是多样的，它与各宗教的活动，包括外来宗教的传教活动形成健康的互动，保持文化的主体性与生态平衡。所以儒家学者要眼中有民，努力到民间去，弘扬儒学，把会议儒学、书本儒学转化为民间儒学、生命儒学。

赵法生先生的《性情论与大学之道》[②] 一文从儒家性情学说入手，讨论了《大学》与之的关系，作者认为，《大学》的内圣外王之道是建立在性情论基础之上的，大学之道由情而一以贯之。所谓大学之道，不外是以身度物，以情挈情，推而广之，情通而畅，以达到人与人之间彼此情同意洽而均平如一的效果。因此，人情之感通、取譬和推广，乃是大学之道的核心内涵，正是在性情论的基础上，《大学》通过一系列详尽的修养次第功夫，最终将儒家的道德观发展为一个严密的内圣外王系统。

杨凤岗教授的《基督教会、民主制度、公民宗教》[③] 一文以美国为案例，集中讨论神圣合法性的三个方面：作为三权分立的信仰基础、作为民主共和总裁综合政体的教会基础、作为公民宗教的文化基础。基于这种分析，作者希冀展望这样一种中国未来，其中包括一种双重底色的天下公民宗教。

邹晓东的《“教化”意识：〈大学〉的隐含前提——〈大学〉为何没有专门解释“格物致知”?》[④] 以《大学》文本入手，他认为，朱熹和王阳明关于“格物致知”的讨论自有其哲学价值。然而不能把这种哲学价值，简单等同于文本分析的价值。作为一个文本事实，《大学》在进一步解释八条目（或八条目之间关系）时，确实略过了最基层的“格物致知”，并首先对“诚其意”大书特书。在批判朱、王的同时，文章还力图从“教化”概念入手，研讨《大学》文本的这一不同寻常之处。《大学》的“教化”意识最初由“古之欲明明德于天下者……”带出。教化意识导致“意志软弱”问题凸显。这是“诚其意”在《大学》下文独占先机的直接原因。此外，教化意识不提倡受教者单靠自己格物致知。而在“教化—接受—持守—体认”这一模式中，格物致知最终被归结为意志力问题。这是《大学》下文没有对“格物致知”作进一步解释的深层原因。

高会霞教授在《唐代〈春秋〉经典的学术转向及影响》[⑤] 一文中指出，在唐代学术转型过程中，经典体系面临分化和更新，《春秋》经典在新的话语系统下发生了学术重心的转变，即从“政治”转向内在的“性情”，由此也开启了宋代《春秋》学的新方向：

---

① 郭齐勇：《民间儒学的新开展》，《深圳大学学报》2013 年第 2 期。

② 赵法生：《性情论与大学之道》，载卢国龙主编《儒道研究》第 1 辑，社会科学文献出版社 2013 年版。

③ 杨凤岗：《基督教会、民主制度、公民宗教》，载陈明等主编《原道》第 21 辑，东方出版社 2013 年版。

④ 邹晓东：《“教化”意识：〈大学〉的隐含前提——〈大学〉为何没有专门解释“格物致知”?》，载陈明等主编《原道》第 21 辑，东方出版社 2013 年版。

⑤ 高会霞：《唐代〈春秋〉经典的学术转向及影响》，载陈明等主编《原道》第 21 辑，东方出版社 2013 年版。

“天理人欲”问题。因此，如果从经学的转变角度看理学的兴起的话，唐代“春秋学”功不可没。

王柯教授的《文明论的华夷观——中国民族思想的起源》[①]一文认为，在中国传统的天下思想中，“四夷”被看作“天下”的一个必不可缺的部分，而且可以进入“华夏”，变成“华夏”。先秦时代“中国人”的这种思想，反映了当时“中国人”的民族观。而这种民族观，毫无疑问，又是解释中国多民族统一国家的传统之所以形成并能够延续至今的关键。作者指出，一部五千年的中国史，根本不能简单地认定是一部充满了汉人歧视、压迫其他民族的历史。如果细细追究多民族国家形成的过程，它更是一部“华夏”文化与“蛮”“夷”“戎”“狄”的文化不断融合，“华夏”集团不断吸收消化“蛮”“夷”“戎”“狄”，使“蛮”“夷”“戎”“狄”不断进入“华夏”集团，从而使“中国”和“中国民族”从小到大不断发展的历史。

解光宇教授的《儒教与重振儒教》[②]一文提出要重振儒教，他认为儒、释、道三教在中国传统文化中具有重要的地位。儒教同样是中华民族精神家园的重要组成部分。儒学与儒教并行不悖。儒教自身的优越性有三点：一是能争取到更多的大众；二是更能维持社会的平稳安定；三是更能增强中华民族的凝聚力。儒教作为宗教的四个条件业已具备：孔子即是儒教之神，《论语》即是儒教之圣经，各地的孔庙、文庙、夫子庙、书院即是儒教的组织基础，崇拜与信仰儒教的信众分布世界各地。所以重振儒教需要从以下几个方面着手：首先要恢复祭孔仪式；其次要普及以《论语》为核心的儒家思想，使儒学大众化，为建构儒家圣经打基础、作准备；再次就是恢复孔庙、文庙、夫子庙和书院。

曾亦在《儒学、孔教与国教——论康有为保存与重建儒学的努力》[③]中论述了康有为建立孔教的种种意图和实践活动，以及儒学在现代社会重建的可能性，包括其面临的机遇与问题。作者以为，清末戊戌间，康有为欲变法以救中国，然而其对君主专制的批判使儒学的合法性受到质疑。因此，康有为借鉴了基督教等宗教的某些理论与仪式，试图从理论与实践上将儒学建立为宗教。康有为的这种努力不仅是出于变法的需要而保全儒学，而且他试图通过对儒学的重新阐释，使儒学能够在现代社会依然发挥普遍的作用，甚至能够融摄西方文明的某些方面。然而，康氏的努力最终归于失败，而儒学承担政治功能的一线希望亦最终破灭，其旧有的制度基础亦不复存在。

成中英先生在《儒学复兴与现代国家建设》[④]一文中强调，在中国建设一个现代化民族国家的当下，儒家思想怎样才能积极恰当参与，发挥正面的积极作用，是我们不得不重新思考的问题。他认为儒家思想能够建构一种相对温和的“儒家民族主义”。在这个意义上，中国的基本问题不是民族主义，而是文化融合的问题。中西两个不同的价值系谱，包含两类不同的理想价值。就此而言，理性地思索与讨论，并进行合理的交流毫无疑问是非常重要的。儒家的观点是：把普遍的道德修养看作国内和国际间利益和社会利益和谐化的基础。但用西方宗教的那一套来塑造儒家宗教，这是违反儒家基本精神的。儒家从不把天

---

① 王柯：《文明论的华夷观——中国民族思想的起源》，载陈明等主编《原道》第21辑，东方出版社2013年版。

② 解光宇：《儒教与重振儒教》，《学术界》2013年第3期。

③ 曾亦：《儒学、孔教与国教——论康有为保存与重建儒学的努力》，《同济大学学报》2013年第4期。

④ 成中英：《儒学复兴与现代国家建设》，《中共宁波市委党校学报》2013年第1期。

人绝对分开，所谓平凡里有神圣，神圣里也有平凡，人是处在一种开阔的精神空间里而，可以实现发展提升的现实可能。

林安梧先生的《新儒学理论系统的建构——牟宗三“两层存有论”及相关问题检讨》① 一文关注新儒家巨擘牟宗三的两层存有论，文章认为，当代新儒家中，牟宗三承上转下，在理论上表现特别突出。他将康德三大批判消融于中国传统儒道佛中，经由体系性的建构，成就了规模宏伟的“两层存有论”。其最大意义在于跨过了“逆格义”的限制，开启了活生生的觉知与思考。牟宗三的理论在根本上与“存有的连续观”的华人文化传统有密切关系，对立于西方的“存有的断裂观”，进而表现在中西“象在形先”与“形在象先”的分野。

周桂钿教授的《儒学与儒教》② 重点关注儒学与儒教的分歧和分野问题，在本文中，他认为，中国传统思想产生于春秋战国时代，儒家就是当时一个影响较大的学术团体，被称为“显学”。当时儒学只是理性的政治哲学，也可以说是政治智慧。汉代独尊儒术以后，儒学更受重视，在两汉之际就产生了迷信儒学的纬书，对孔子与儒学加进了一些神奇的内容。从那以后，历代当政者都要到孔子庙祭祀孔子，这就产生了信仰儒学的儒教。简单地说，历代书院是传承理性的政治智慧，各地的孔子庙则是出于信仰儒教，祭祀孔子的地方。这就可以明确了儒学在书院中传承，儒教在孔子庙中持续。儒学与儒教并存于世，可以相互配合，也可以各自发展，不必要求统一。

金春峰先生的《子学和经学》③ 一文，关注经学与子学的区隔，他认为，从诠释学观点考察汉代新经学的建立和性格特征，可以证知，董仲舒《春秋繁露》新儒学哲学、人学体系的建立，是汉代新经学得以成立并成为汉代政治、伦理、道德、学术之全面指导思想的关键。董仲舒之所以成功，除了政治和时代的风云际会，实有赖于其抓住了“人”这个根本，喊出了“人为贵”的响亮口号，并成功地完成了对先秦诸家学说的综合创新。

谢文郁教授的《儒家仁政和责任政治》④ 一文从四个角度（即社会情感、精英培养、成熟公民和政治领袖）分析了儒家仁政的基本思路和具体做法，认为这四个方面其实就是儒家仁政的四大支柱。社会情感是连接人际关系的基本纽带，包括诚、孝、信、尊。因此，儒家仁政是以亲情为基础的。精英培养涉及社会的主导群体之形成过程（以修身养性为途径）；成熟公民则涉及全体社会成员的形成机制（以五常为礼教）。当然，对于一个社会而言，政治领袖的产生机制十分重要。儒家仁政在最高政治领袖之产生问题上未能提供全备的解决方案，但在次级官员的任命问题上提供了行之有效的科举制。作者认为，儒家仁政是一种责任政治。

陈弘毅的《宗教、宗教冲突与宗教的和平共存与发展——唐君毅哲学的启示》⑤ 一文以唐君毅的哲学分析入手，他认为，唐君毅早在半个世纪以前，便意识到宗教问题是当代和未来中国现代化和中国文化发展中的重大课题，五四运动以来只重视科学和民主而忽视

---

① 林安梧：《新儒学理论系统的建构——牟宗三“两层存有论”及相关问题检讨》，《杭州师范大学学报》2013年第2期。

② 周桂钿：《儒学与儒教》，《衡水学院学报》2013年第5期。

③ 金春峰：《子学和经学》，《孔子研究》2013年第5期。

④ 谢文郁：《儒家仁政和责任政治》，载陈明等主编《原道》第22辑，东方出版社2014年版。

⑤ 陈弘毅：《宗教、宗教冲突与宗教的和平共存与发展——唐君毅哲学的启示》，载陈明等主编《原道》第22辑，东方出版社2014年版。

宗教的取向是有所偏差的。他主张世界各大宗教的相互了解和合作，联合起来共同面对人类在现代所遇到的危机。他更对中国传统儒家思想作出新的诠释，认为儒家具有其他伟大宗教所具有的超越性、终极关怀，而且可在协调和融汇各大宗教、化解宗教之间的矛盾和纷争等方面作出独特的贡献。

李晨阳先生的《儒家思想传统中的平等与不平等观念》① 一文认为，平等是现代社会的主要理想价值之一。所以必须认识到，平等有不同的形式，而且任何形式的平等都有随之而来的其他形式的不平等。文章通过考察儒家思想传统在经济、伦理和政治维度的平等与不平等观念，认为儒家平等观念的主要特征是比例性平等，以及随之而来的相关方面的不平等。儒家的平等思想是其理想社会的重要部分。

范瑞平先生在《走向儒教贤能政治：在现代西方政治陷入困境之际》② 一文中指出，现代西方政治已经陷入困境，只有认识到现代西方政治的严重危机和陷入困境这一事实，我们才能从长远的角度来探讨适当的人类政治，特别是中国政治的问题。中国若想避免走入这种困境，就不应该照抄照搬西方政治文化的基本原则及其政治制度，而是应当重新审视中国的儒教理念，设法建立我们自己的"贤能政治"。

陈杰思先生的《中国儒教重建的渐进路线——明确儒教法律地位的建言》③ 一文指出，儒教是人类起源最早、在中华大地上原生的宗教，然而时至今日，儒教的法律地位仍然不明确，儒教宗教团体尚未建立。此种现象，与中华民族伟大复兴事业不适应，也与"弘扬中华文化，建设中华民族共有精神家园"的指示相矛盾，更与"培养高度的文化自觉和文化自信，提高全民族文明素质，增强国家文化软实力，弘扬中华文化，努力建设社会主义文化强国"的精神相背离。今天必须重建儒教，儒教重建应当走现实、温和、渐进、包容、低调的路线，而不能走虚幻、偏激、冒进、对立、高调的路线。因时制宜，从现在做起，谋求儒教的法律地位。

邓林的《"限政"视域下的"仁政"》④ 一文从"宪政"即"限政"的角度出发，尝试性地挖掘"仁政"之中可能蕴含的"限政"力量或元素，然后再在此基础上试图揭示"仁政"与"宪政"的关系。作者认为，"仁政"与"宪政"在根本上就是不同的："宪政"的本质就是"限政"，其关键就在于通过宪法或法律来"限制"政府和政治权力；然而，从"限政"的角度来看，孟子所说的"仁政"几乎没有通过"法律"（更不用说"宪法"）来"限制"统治者和政治权力的理论考虑。但是它们也可以是共存的、互补的，"仁政"的目标是让真正贤能的政治领导者能够积极地"有所为"，从而利用政治权力为民众谋福利；而"宪政"的首要目标则在于限制政府或防止权力持有者去作恶或利用手中的权力损害民众的利益，也就是让政治权力首先能够做到"有所不为"。

时亮在《黄宗羲法政思想研究之"民主"范式述评》⑤ 一文中指出，黄宗羲的《明

---

① 李晨阳：《儒家思想传统中的平等与不平等观念》，载陈明等主编《原道》第 22 辑，东方出版社 2014 年版。

② 范瑞平：《走向儒教贤能政治：在现代西方政治陷入困境之际》，载陈明等主编《原道》第 22 辑，东方出版社 2014 年版。

③ 陈杰思：《中国儒教重建的渐进路线——明确儒教法律地位的建言》，载陈明等主编《原道》第 22 辑，东方出版社 2014 年版。

④ 邓林：《"限政"视域下的"仁政"》，载陈明等主编《原道》第 22 辑，东方出版社 2014 年版。

⑤ 时亮：《黄宗羲法政思想研究之"民主"范式述评》，载陈明等主编《原道》第 22 辑，东方出版社 2014 年版。

夷待访录》堪称儒家法政思想在晚期传统中国发展的最高峰。清末民初以来，对黄宗羲法政思想的研究自其开始就走向了单一的“民主”范式。但该“民主”范式存在严重的构成性不足，以致使其引领下的研究面临不可克服的困境。文章试图在对百年黄宗羲法政思想研究进行简要梳理的基础上，探讨这种构成性不足的具体内容，并对这些研究中所隐藏的深层理论困境予以揭示，达到对黄宗羲法政思想研究之“民主”范式的厘清。

白彤东教授在《主权在民，治权在贤：儒家之混合政体及其优越性》① 中指出，民主政体有四大问题，特别是它的一人一票机制。很多自由民主思想家也意识到这个问题，并试图给出内部修正。但是这些修正无法充分处理这些问题，而基于孟子思想构建的一个结合了民主与贤能成分的混合政体能更好地处理这些问题。这个政体不预设狭义的儒家文化的主导地位，其设计是普适性的，是孟子主权在民、治权在贤思想的一个具体制度实现，也是儒家面对自由民主的回应（拥抱自由法治，修正大众参与）的一个具体制度实现。

白欲晓教授的《关于儒教传统形态与现代转型问题的思考》② 一文，对儒教的传统形态、现代转型和重建问题提出一种思考和建议。作者认为，“中国儒教”的当代建设应该走“铸新魂、塑新形、赋新体”的道路。这里的“新魂、新形”，其所谓“新”不是“新旧对立”之“新”，而是“周虽旧邦，其命维新”之“新”。至于“新体”，是指当代和未来中国与世界的社会存在和文化发展。如何理解这个“新”，需要儒者对于中国与世界的社会发展和文化运会的前瞻和把握。“世移则事异，事异则备变”，未来儒教的实践方式和表现形式必然要有新的途径和方式。究竟以何种方式解构儒教新的“结晶体”，其表现方式如何，仍然需要在实践中探索和试验。在儒教转型的过程中既可以恢复好的传统，也可作新的规划，但无论如何，实践方式和表现形式仍是由“铸新魂”的要求和“赋新体”的需要决定的。笔者认为，当下儒教转型的建设性道路仍然需要落实到对儒教自身的研究和创造性发展上来，同时对于能够恢复儒教生机的不同实践方式和具体表现形式皆可以作有益的尝试。

李华伟先生的《当代大陆儒教复兴之载体及其效用——历史视野下的反思》③ 一文探讨了儒教重建的各种可能性和可行性方案，作者认为，儒教问题的争论，是事关文化建设与民族记忆的大问题。无论名称如何，存在一个儒教这一事实是毋庸置疑的，舍此无以解读中国历史。自历史言之，儒教传统一方面与政治结构相融合，镶嵌于政治结构中，另一方面镶嵌于以宗族、家庭为代表的宗法制度之中，所以方能延续数千年之久。在价值多元、宗教多元背景下，丧失正统地位及政治扶持的碎片化的儒教该如何应对世俗化、多元化的社会？儒教是否只能以碎片化的状态进入当代？在原有的载体崩解之后，作为弥散型宗教的儒教，需重新寻找“挂搭”之处，或者以他体为体，或者以自体为体。实践中，不外乎以下几种情况：（1）以儒教自身“被发明的传统”为体；（2）以儒教为基础的新兴宗教为体；（3）以其他制度宗教为体；（4）以儒教为公民宗教。在儒教凭借各种载体复兴之外，以儒教为公民宗教的设想，长远看来，或许是较为可行的方向。

问永宁教授的《当前深圳民间的三色儒学》④ 关注于深圳的民间儒学，他认为当前深

---

① 白彤东：《主权在民，治权在贤：儒家之混合政体及其优越性》，《文史哲》2013 年第 3 期。

② 白欲晓：《关于儒教传统形态与现代转型问题的思考》，《福建论坛·人文社会科学版》2013 年第 1 期。

③ 李华伟：《当代大陆儒教复兴之载体及其效用——历史视野下的反思》，《宗教学研究》2013 年第 3 期。

④ 问永宁：《当前深圳民间的三色儒学》，《周易研究》2013 年第 2 期。

圳民间的儒学活动中，有着多种色彩的供求交换关系，构成了一个多彩的儒学市场。大体可以分为和政府关系密切，合法的蓝色儒学；关怀教育，尽力断开政治和宗教，但为政府和学界所接纳的绿色儒学；有较强宗教色彩，但为政府所默许其存在的灰色儒学等三种形态。三者都比较活跃，其代表性团体的背后都有很强的社会需求做支撑。这表明当代城市文化的语境下，儒学复苏的迹象越来越明显，儒家的价值和现代的人伦日用越来越接近。三者的活动都具有良好的社会功能，可能代表了今后城市儒学发展的不同走向。

张宏斌的《“罢黜百家独尊儒术”——汉朝国族意识的建构》① 一文予“罢黜百家独尊儒术”以独特的解读，作者明言，传统对于“罢黜百家独尊儒术”的理解，大多从确立了儒学官方意识形态，或者建构了儒教，或者恢复了儒家道统、接续了斯文等层面进行理解。而该文从当时汉朝新帝国版图既定、政治完成一统之后，董仲舒力图以儒家思想整合与包容众多族属、部裔，建构新的国族意识，换言之，即从完成政治上的文化认同的角度来重新阐发，以期完整呈现“独尊儒术”的真切含义，并对当今构建中华民族意识有所借鉴。

张宏斌的另一篇文章《道之大原出于天——董仲舒天命信仰下的王道理想》② 从董仲舒的天命信仰着手，论述了其王道的理想，文章指出董仲舒作为儒家学派的典型代表人物，一向被视为儒教建制化和国教化的有力推动者，是封建统治者统治理论的注释者，但事实上董仲舒在儒教的建构过程中更倾注了自己的价值和理想，在为现实的统一秩序作出论证的同时，“屈民而伸君”；同时树立了天的权威，以“天”来规束世间权力的运作，“屈君而伸天”。“天”是董仲舒信仰之所在，在天命的信仰之下，董仲舒完成了自己王道理想的建构。

杨万江先生的《论现代祭天礼及其礼义和程序》③ 一文在儒教传统上重建祭天礼仪，以构造现代祭天礼仪的基本规范和程序。作者从古代祭天礼仪的帝王祭祀资格垄断制度建立在古代权力合法性脆弱基础上的观点入手，论证了在和平、公正和稳定的现代权力产生制度下，祭天资格的权力敏感性消失，从而带来祭天礼资格的开放性机会。主张在儒教“别事天神与人鬼”和“大报本反始”的古典教义下，现代儒教应当大幅拉开祭天礼与祭祖礼的区别性规格，使祭天礼成为普通人日常精神生活中更为深刻和广泛的最主要宗教礼仪形式。他认为不同人生活于不同地域而“习相远”所形成的不同文化传统及其社会与国家，无碍所有人有共同的神天精神父母而彼此亲如一家。这是儒教试图通过祭天礼仪要宣示的基本教义。文章给出了一个完整的可操作的现代祭天礼程序，并撰写了程序所需求的颂词和誓词，以充分表达祭天礼所要彰明的意义。

朱汉民教授在《曾国藩礼学的学术旨趣》④ 中以曾国藩为研究对象，提炼出其礼学的学术旨趣，作者认为，道、学、治的贯通向来是儒家的理想，湖湘地区在宋代就形成了追求道、学、治统一的学术旨趣。曾国藩是这一理想的追求者。他努力通过“礼”去实现道、学、治的贯通：他的礼学已经实践化为一种礼治的经世活动与制度建设，他的礼治是

---

① 张宏斌：《“罢黜百家独尊儒术”——汉朝国族意识的建构》，载陈明等主编《原道》第20辑，华东师范大学出版社2013年版。

② 张宏斌：《道之大原出于天——董仲舒天命信仰下的王道理想》，《世界宗教研究》2013年第6期。

③ 杨万江：《论现代祭天礼及其礼义和程序》，《世界宗教研究》2013年第6期。

④ 朱汉民：《曾国藩礼学的学术旨趣》，《世界宗教研究》2013年第6期。

以深厚的礼学为思想基础与学术依托，而他的礼义信仰又贯通在礼学与礼治之中。

刘增光先生在《汉宋经权观比较析论——兼谈朱陈之辩》① 一文中指出，儒家之经权观念起源甚早，先秦儒家主要是在道德意义上讲经权。"经""权"二字并用出自《春秋公羊传》，其中"权反乎经"的观念影响深远，但后代儒者对此观念削头去尾，由此就形成了"权反乎经"的双重面貌。宋代理学家扬弃了之前的经权观，以朱熹为集大成者，形成了将经、权统一于道之下的经权观。而经权观所涉及的领域也从道德进入了对政治与历史的看法，朱熹和陈亮之间的辩论即是代表。

吴根友教授在《儒学的批判性与批判儒学》② 中认为，儒学历来都具有批判性，这种批判性既表现在对世俗社会风气、政治上的不合理之处展开批判，亦表现在对儒家以外其他各家思想的批判方面，当然还表现在对儒学内部不同传统的批判方面。儒学正因为自己传统内部充满着批判性，因而在漫长的发展过程中发展出了一种批判儒学，从而推动儒学向前发展。作者提出儒学的批判性与批判儒学的话题，是基于对儒学的核心精神仁爱与仁道的理解基础之上的。他认为，历史上的儒家，他们的思想体系及其理论的侧重点各有不同，但其核心精神还是仁爱与仁道。而仁爱与仁道的精神，其核心的观念是把人当作同类来看，要求以对待人的方式来对待所有的人，这就是儒家思想一再强调的人与禽兽之间的区别这一根本底线。而这一根本的人伦底线落实在政治行动上，就是"以人文化成天下"的基本政治哲学理念。儒家以仁爱与仁道为核心的哲学理想及其所蕴含的丰富内涵，是儒学的批判性与批判儒学的根本灵魂。不理解此根本灵魂，则无法理解儒学的批判性与批判儒学的真正精髓。儒学所蕴含的建设性的思想内容与其所包含的批判性特征，甚至是批判儒学的思想内容，正是儒学一体两面的体现。

杨海文先生在《儒释道三教合流的历史经验》③ 一文中指出，儒、释、道三教合流，于南北朝后期初露端倪，于唐宋大致定型，于元明清登峰造极。它们各自建构的"三教合流"观，首先是确立"以佛修心、以道养生、以儒治世"的基础性含义，用政治儒学治理社会，用心灵佛教调适精神，用养生道家护养身体，殊途同归，共同达成善治的社会——文化目标；然后是标识自身高于或者优于其他两家的特殊性含义。基础性含义巩固并推进了三教合流的历史大势；特殊性含义深化并提升了三教合流的理论——实践内涵。基础性含义求多元，特殊性含义求发展，是中国古代三教合流积淀下的珍贵历史经验，有助于导引当代宗教各美其美、良性互动、和谐共存，以更好地构建和谐社会。

王帆教授的《论儒学的宗教底蕴——对儒学宗教性问题的再辨析》④ 一文认为，儒学本身是由古代对于天帝神灵的某种信仰形式以及巫术中的部分内容发展而来的。神灵信仰始终是儒学的核心内容和教义赖以成立的基石。儒学无论是其理论体系还是团体组织等诸多方面都符合普世宗教的基本特征。以超越文化形态的终极性宗教含义为衡量标准，儒教确定无疑属于世界宗教大家族中的一员。

袁名泽教授的《儒家人格培养中的宗教因素》⑤ 一文认为，儒家、儒学、儒教曾经三

① 刘增光：《汉宋经权观比较析论——兼谈朱陈之辩》，《世界宗教研究》2013 年第 6 期。

② 吴根友：《儒学的批判性与批判儒学》，《孔子研究》2013 年第 2 期。

③ 杨海文：《儒释道三教合流的历史经验》，《孔子研究》2013 年第 2 期。

④ 王帆：《论儒学的宗教底蕴——对儒学宗教性问题的再辨析》，《河北师范大学学报》2013 年第 2 期。

⑤ 袁名泽：《儒家人格培养中的宗教因素》，《西南民族大学学报》（人文社会科学版）2013 年第 4 期。

名一体，承担着中华民族的伦理规范和人格培育的历史重任。儒家富有特色的多神崇拜是其实现这种历史重任的重要手段：自然神崇拜，培养科学精神和自然生态伦理思想；图腾崇拜，培育高尚的社会伦理道德；祖先崇拜，培养良好的个人品性；社会贤达崇拜，培养积极入世的精神。

张怀承教授的《东亚崛起过程中的儒学因素》① 一文关注东亚的崛起与儒学的关系，作者认为，东亚的崛起在世界范围内引起了广泛的关注。在政治领域，学者们提出了亚洲式民主的概念，用以解释在儒学传统影响下所形成的新权威主义政治体制；在经济领域，提出了儒家资本主义的概念，用以描绘在新儒家伦理影响下出现的不同于西方资本主义的东亚经济模式；在文化领域，提出了亚洲价值观的概念，用以描述东亚在崛起过程中所形成的价值观念与自我意识。他认为，东亚模式所创造出来的经济奇迹在带给世界震撼的同时，也为东亚古老的文化传统带来了难得的复兴与重生的契机。作为东亚地区共同的文化背景的儒学，为整个东亚奇迹的产生与发展奠定了文化基础与思想支撑，从而为现实政治与社会生活提供了基本的政治秩序、道德基础与伦理价值，实现了社会的有效的整合、凝聚与发展。

左玉河先生的《明清鼎革之际的台湾儒学》② 将目光投向台湾儒学，寻绎其儒学演变的线索，他认为，明郑时期移入台湾的儒学，是与郑成功、陈永华渊源颇深的东林党及浙东学派的经世儒学。它以经学和经世实学为主流，强调反清复明之思想，重视经世实学之复振精神，一扫晚明阳明学空谈心性之学风，具有明显的功利色彩。清领台湾以后，以程朱理学改造明郑时期的台湾儒学，改变其宗旨及内容，淡化其反清复明思想，遂使朱子学逐渐成为清代台湾儒学之主流。

柳向忠在《信仰与教化之间：儒学宗教性之历史性格刍议》③ 一文中通过探析制度框架下之孔教运动，以及现代视域下之新儒家"宗教问题"，经由历史向度之比较以求了解儒学宗教性之历史性格，意在揭示中国传统儒家文化中不可忽视的宗教性之原义，乃是一类不同于基于对神"信仰"的，而是基于对民"教化"的宗教意识。简言之，信仰与教化之间不容忽视的契合性，是儒学在其宗教性维度应有之历史性格。

刘雪飞教授的《宗教情怀与人文理性——论许地山的儒教观》④ 一文关注民国学人许地山的儒教观，他认为，许地山的儒教观是其宗教情怀与人文理性精神的集中体现，对于儒学的现代开展具有十分重要的提示意义。依许地山，儒在源起上不应止于所谓的"殷民宗教者"，而应推设到更为久远的史前时期。原初的儒，本身具有进一步转化成教门的潜能，社会的光景、师儒之职，加之"《书》的理想"促使儒的名号自孔子之后逐渐演变为一种特殊的教义，而儒教正统地位的确立、神学化儒教的生成也有其自身的情势和客观的缘由；作为"伦教运动"的儒教比作为"神教运动"的儒教更合乎情理，故儒教在未来若欲成为一"新宗教"，必定要有"社会灵魂"，能切实抓住生活的根源，也还要在人群上寻求"更高的联络"；现代儒家若能"谋诸宗教的沟通"，用"宋儒的精神"以整理儒教的旧教义，就能使之成为一"高尚的宗教"。

---

① 张怀承：《东亚崛起过程中的儒学因素》，《湖南大学学报》2013 年第 2 期。

② 左玉河：《明清鼎革之际的台湾儒学》，《广东社会科学》2013 年第 6 期。

③ 柳向忠：《信仰与教化之间：儒学宗教性之历史性格刍议》，《孔子研究》2013 年第 2 期。

④ 刘雪飞：《宗教情怀与人文理性——论许地山的儒教观》，《齐鲁学刊》2013 年第 1 期。

任文利先生的《补王化之所未逮：儒教国家之佛教社会化功能的角色定位》[①] 一文认为在儒教国家，曾被视为“异端”的佛教能够补王化不足的社会功能，他从三方面阐释了这种社会功能，首先是慎终追远；其次是祈福消灾；其三就是慈善，这几点上与儒教士绅之社会角色有重叠与相合之处。

李天纲教授在2013年10月29日的《中国民族报》发表了《重视民间儒教，复兴“礼仪之邦”》[②] 一文，作者认为，封建社会时期官方主张的儒教，主张“三纲”原则，目的在于维持上下、长幼和性别之间的等级差别，肯定不适合现代社会，应该淘汰。然而，民间奉行的儒教，是以“五常”（仁、义、礼、智、信）的方式，通过民间的“礼仪”活动，来维持一种文明的规则和秩序，让人们知礼仪、懂礼节、讲礼貌，是有益于社会的，是应该继承的。中国古代的儒学、儒家和儒教，以及所谓的“礼乐文明”，分为“官方”和“民间”两类。“官方儒教”是以天子“祭天”（郊祀）为核心的祭祀，用“礼乐”来维系一个道德化的王权统治秩序。“民间儒教”很不同，它是以百姓“祭祖”“社坛”等祭祀为核心，以维系本土和方域内的家国社会。顺着当代中国“民间社会”重建运动的脉络来看，“民间儒教”中所包含的“礼乐文明”，仍有重要价值。经历了100多年“反传统”的现代中国人，应该辨析传统，与传统和解，并对“礼乐”制度重新发掘和整理，从中感受到文明的滋养，将其转型为当代中国的“礼乐文明”。

（二）代表性著作[③]

2013年1月商务印书馆出版了罗新慧教授的新著《曾子研究》，本书是关于春秋战国时期思想家曾子的专著。该书对曾子生活的时代进行了描述，对他生活时代的士和儒士进行了论述，并对曾子的家世和生平进行了考证；对曾子的著作、曾子的理想人格和修养方法、曾子对于儒家伦理思想的发展、曾子关于孝的理论和社会意义、曾子的阴阳学说及其与《易传》的关系等内容进行了研究。同时还附录了作者对于《大戴礼记》“曾子”十篇的注释，对研究曾子的学者大有裨益。

安徽人民出版社2013年1月出版了《中国历代绘刻本名著新编》，它以《孔子圣迹图》和《孔子圣迹图传》集结出版了现存的明代四版本《孔子圣迹图》——张楷本、木雕本、彩绘本和仇十洲文徵明版。《孔子圣迹图》是我国现存最早的反映人物事迹较全、具有完整故事情节的连环图画，图文并茂、绘制精细、形象传神，对孔子的生平事迹进行了具体描绘，是一部形象化的孔子编年史，是我国文化艺术宝库中的珍贵遗产，具有较高的历史价值、审美价值和收藏价值。

《太炎先生尚书说》由中华书局2013年2月予以出版，最初名为《章氏尚书学》。《尚书》是章太炎先生晚年在“章氏国学讲习会”完整地讲授完毕的最后一本书，由弟子诸祖耿先生记录并整理成文，分为《尚书故言》《尚书略说》《书序》《尚书二十九篇全文讲义》四个部分，并有四个附录。该书是研究章太炎先生学术思想的重要新资料。

鲍鹏山著的《孔子传》于2013年1月由中国青年出版社出版，该书满足了读者了解孔子一生主要行迹、事迹和心迹的知识需求。《孔子传》简明扼要、风格平实，对孔子生

---

① 任文利：《补王化之所未逮：儒教国家之佛教社会化功能的角色定位》，《云南大学学报》2013年第2期。

② 李天纲：《重视民间儒教，复兴“礼仪之邦”》，《中国民族报》2013年10月29日。

③ 著作以及会议述评多参考儒家中国网站 www. rujiazg. com，在此致谢。

平的叙述抓大放小、重点突出、短小精微，为读者梳理了孔子一生的重要事件和人生际遇，并发掘其思想深度，澄清近百年来对孔子无数的“曲解”和“误解”。在阐发孔子思想的现代意义的同时，也力求告诉读者，思想的更大价值在于判断是非。

黄开国著的《公羊学发展史》于2013年3月由人民出版社出版，该书梳理了公羊学两千多年的发展历史，从翔实的第一手资料出发，有选择地吸收前贤尤其是当今学者的研究成果，以公羊学的发展历程为经，以公羊学理论内涵为纬，经纬交织地剖析公羊学理论的历史变化，还原历史，还原人物，使其各归其位，力求准确地说明公羊学在不同历史阶段所具有的独特内容，并公允地评价其理论得失。本书依据汉代以来的社会历史变化以及社会政治、文化的相互作用，分六个阶段——战国的形成阶段、西汉的兴盛阶段、东汉的成熟阶段、汉后至清中期的衰落阶段、清代的理论复兴阶段、晚清与近代的嬗变阶段——对公羊学的理论变化进行了全面的整理分析，为读者和研究者呈现了公羊学两千年的发展大观，具有重要的学术价值。

复旦大学教授曾亦主编的《儒学与古典学评论》（第2辑）于2013年8月由上海人民出版社出版发行。该书是关于古代儒学经典与西方古典学著作的论文合集，分为“思想争鸣”“经学研究”“西学译介”“古籍整理”“学术札记”“书刊评论”六个部分。既有关于儒学在当代发展的探讨，也有扎实的经学考证研究，既有对西方古典文教之名家解读的翻译介绍，也有对珍贵古籍资料的收集整理。它关注思想的交锋，展开儒学与现代生活的对话，也重视扎实的学术功底，下功夫考史溯源。它表明，新儒家学者力图在现代新形势下，提供一个对于中国传统文化的新的解释框架，并从文明的源头出发，让中西在古典学的层面相遇，与当今时代对话。

卢国龙先生主编的《儒道研究》第1辑2013年8月由社会科学文献出版社出版，《儒道研究》是中国社会科学院道家与道教文化研究中心和儒教研究中心共同主办的研究辑刊，其前身是《儒教研究》，每年出版一辑。如主编所言，近几年来，有关儒教与道教的研究刊物不断涌现，对于推动相关研究发挥了重要作用，但它们的学术定位往往局限于某一方面，或者是儒教，或者是道教。本刊致力于探求儒教与道家的源同理通之处，搭建两家价值诉求和现实关注融汇的桥梁，取长补短、互为助益，以期为儒教、道教的健康发展，乃至中国传统文化的复兴和中华民族文化主体性的建构提供资源和方略。

任重主编的《儒生文丛》第2辑2013年8月由中国政法大学出版社出版，包括姚中秋著《儒家宪政主义传统》、余东海著《儒家文化实践史》（先秦部分）、米湾著《追望儒风》、张晚林著《赫日自当中：一个儒生的时代悲情》、林桂榛著《“亲亲相隐”问题研究及其他》、陈乔见著《闲先贤之道》以及任重主编《政治儒学评论集》等。

梁涛教授新著《儒家道统说新探》2013年9月由华东师范大学出版社出版，本书以长篇论文形式探讨儒家之“中”与子思思想，纵横于出土文献、孔孟荀、朱熹韩愈，力图对儒家道统说进行全面的检讨和重构，回溯儒学思想丰富的源流，统合仁学与礼学，统合孟荀，发展“合外内之道”的儒家新道统。

生活·读书·新知三联书店2013年10月出版了陈乔见先生的《公私辨》一书，该书以中国哲学史上几个重要时期关于公私问题的讨论为切入点，对各家作了考察和梳理，辨析了公私问题上的诸种流行之论，提出了新的见解；基于以上背景，进一步具体分析儒家的公私观念和公共哲学的理论。本书上篇对诸子百家的公私概念都作了细致的梳理和分析，指出春秋时代“公室”和“私家”的张力与冲突构成了当时公私观念的基调，而春秋后期，“公”作为公平、公正的价值理念发展出来。下篇阐发了古典儒学视野下的公共哲学的理论内涵，对公私观念给出现代诠释，努力构建儒家式的公私领域理论。

彭国翔教授新著《重建斯文：儒学与当今世界》2013 年 10 月由北京大学出版社出版，该书汇集了作者近年来对儒学与当今世界若干问题的一些思考，包括儒学的时代反省、儒学经典与世界、儒学与宗教、当代儒学人物、儒学与当今世界的访谈等部分，大都关乎当前的文化问题，尤其是中国文化和儒家传统的重建，从较为宏观的文化角度，在一个全球的视域中聚焦和反省儒学的精神价值与时代课题，反映了作者的文化关怀与价值立场。

姚中秋教授的《治理秩序论：经义今诂》一书 2013 年 10 月由广西师范大学出版社出版，这是一部以儒家经典和中国古代社会治理秩序为研究中心的政治哲学类著作。作者认为，中国的治理之道呈现在儒家十三经当中，构建今日中国优良治理秩序，须立足于中国经验，探究中国治理之道，会通中西，温故知新。作者从《论语》《孟子》《礼记》《尚书》《周易》中择取十章进行疏解，并运用现代人文与社会科学理论，从天下之大义、人心之趋向、君子养成之道、启蒙之道、客观规则之道、仁本宪政之道、健全的财政之道、治国平天下之大道、革命之道、华夏—中国之秩序想象十方面进行阐述，从儒家的政治理论和经验中探究合理的现代治理秩序。全书行文流畅，见解独到，系统展示了儒家关于社会治理秩序的架构和理念，为读者提供了一个理解中国古代政治，理解儒家乃至审视当代中国政制的新视角。

干春松、陈壁生主编的《经学研究》2013 年 11 月由中国人民大学出版社出版。本集以“经学与建国”为主题，旨在回顾一个问题：晚清民初，面对中国从帝国转向民族国家的局面，康有为、章太炎等人如何凭借经义，提出他们的建国理念。重温晚清民初经师大儒的建国理念，并非认为他们提供了现成的答案与灵验的药方，而是因为他们开启了一系列的问题，并且，这些问题在百年后的今天，仍然值得借鉴。

由陈明教授主编的《原道》第 21 辑和第 22 辑 2013 年年末由东方出版社出版。第 21 辑关注“儒教与公共生活”，即关于儒教本身的历史和现实的问题，关于当下中国乃至世界的公民生活的问题，关于儒教和公民生活之间的问题。而对这些问题的讨论也可以有多个维度：宗教的、历史的、哲学的、政治学的、社会学的、文化学的，等等。此外本辑关注的焦点还有一些经典解读，研究对象从先秦的《尚书》《大学》《论语》到唐宋的《春秋》学，再到现代新儒家梁漱溟、牟宗三的经典著作。在这些解读中，摆脱旧有中国哲学范式，寻求新的解读可能，着力探讨儒家在中国哲学研究范式中被抽离掉的政治学意涵等。第 22 辑《原道》以“政治儒学”为主题，汇集了目前一批学界前沿学者对此主题的思考。诸如谢文郁否认儒家宪政的提法，指出儒家政治哲学的特色在于仁政，而仁政的核心就是责任政治，为此儒家对次级官员的任命问题提出了行之有效的科举制，但儒家在对最高政治领袖之产生问题上未能提供全备的解决方案。同样持儒家仁政非宪政观点的邓林指出，儒家仁政对政治权力的态度是积极的，而宪政则对政治权力是一种消极的态度。此外，任剑涛的文章通过对朱陆之争的政治哲学角度的解析，探讨了理学与政治的深层次关系；李晨阳从平等观念切入，论述了儒家深刻而又与西方不同的平等观念；王晓波将传统文化与中国未来发展紧密联系在一起，等等。

（三）主要会议述评

由深圳大学主办、深圳大学国学研究所承办、深圳市宣传文化事业发展专项基金资助举办的“儒家思想与当代中国文化建设”国际学术研讨会于2013年1月19日—20日在深圳大学举行。来自国内外高校和研究机构的近130名儒学研究者，就“儒家思想与中国社会的变迁”“东亚现代化进程中的儒学”“儒学的当下境遇和未来发展”“当代都市化生活中的儒学”“儒家经典与现代生活”等议题展开了讨论。其中，儒家的核心价值、儒学与当代社会的关系、儒学的发展路径等话题，尤其是如何将儒家思想融入当代中国的文化建设赢得了大会最多的关注。

4月28日，孟子研究院在孟子故里山东省邹城市揭牌成立。出席2013年孟子故里中华母亲文化节的专家学者、孟氏宗亲代表、新闻媒体记者等共200余人出席了揭牌仪式。孟子研究院系经邹城市委、市政府批准成立的学术型事业编制单位，山东师范大学齐鲁文化中心主任王志民教授任院长，北京大学人文高等研究院杜维明教授任名誉院长，清华大学国学院院长陈来教授任学术委员会主任，聘请汤一介、牟钟鉴、张立文、张岂之、李学勤等著名学者担任研究院顾问。孟子研究院成立后，将定期举办国际学术研讨会、孟学高峰论坛、孟子公开课、儒学礼仪传播推广等活动。5月11日举行首届孟子文化国际学术研讨会，并于2014年正式启动《孟子文献集成》的编纂工作，不断加大对孟子思想的深度研究和传承弘扬。

6月8—9日，由北京航空航天大学人文与社会科学高等研究院主办的“儒家治道”学术研讨会在北京召开。出席会议的有杜维明、成中英、林安梧、陈弘毅、高全喜、陈明、姚中秋、任剑涛、干春松、彭永捷、赵法生、韩星、李若晖、白彤东、高超群、王利、任锋、陈壁生、张旭、明辉、任文利等从事儒学、政治哲学、法律史、法理学各领域研究的学者。与会学者围绕儒家宪政之基本理念、儒家宪政之历史形态、儒家宪政之现代阐释等主题展开讨论，畅论儒家宪政，提倡在社会中形成积极的宪政共识，充分激活儒家政治传统的宪政资源，在理性的交流中不乏激辩。

中国儒学与法律文化研究会于2013年6月7—9日在南开大学法学院召开2013年年会暨“儒家文化与中国宪政建设”研讨会，会议由南开大学法学院、南开大学比较法律与文化研究中心承办，来自全国34家单位的53位代表齐聚一堂，同议儒家思想，共谈中国宪政。本次会议持续一天半，分为四个单元：第一单元，儒学与宪政；第二单元，政法思想论衡；第三单元，政法制度探赜；第四单元，政法制度与思想。该学会是中国法律史学会下面的二级学会，参与者以法律史学界学者为主，是中国大陆唯一的一家对儒学、法学和传统文化等开展综合研究的学术团体。

6月18日在福建南平武夷山市召开了第五届海峡论坛·两岸朱子文化交流活动暨朱子文化与现代文明高峰论坛，来自海峡两岸的百余位专家学者与朱氏宗亲共襄盛会。开幕式上，两岸同胞齐声高诵《朱子家训》。论坛结束后，又相继开展了“海峡两岸传承弘扬朱子文化座谈会”和“朱子文化书法笔会交流”等活动。与会代表还参观了朱子文化遗迹，深入感受朱子“琴书五十载”的教化故里武夷山。

由中国孔子基金会、山东省中华文化学院、中国孔子研究院等联合主办的第六届全球中华文化经典诵读大会于7月13日在山东曲阜举行，来自泰国、柬埔寨、日本、马来西亚、印度尼西亚、新加坡、中国内地及香港、台湾等地的专家学者代表、大中小学学生代表共计1500余人参加。本届诵读大会主题是“诵读国学经典，提升人文素养，传承中华文明，共筑中国梦想”，主要活动包括中华文化经典诵读优秀节目汇报展演会、中华经典教育经验交流会、“全球中华文化经典诵读日”倡议宣言、“国学与企业成功之道”高端分享会等十项内容，主会场设在山东曲阜，另外还设有湖南长沙、浙江、云南三个分会场。自2004年开始，第一至五届全球中华文化经典诵读大会分别在香港、北京、台湾、深圳、长沙等地举行。

弘道书院成立典礼暨“儒家的命与运”研讨会于7月14日在北京举行。弘道书院为弘道基金的执行机构，由姚中秋教授任弘道书院院长，首都师范大学哲学系教授陈明担任弘道基金理事长，中国人民大学哲学院教授干春松担任弘道书院学术委员会主任，来自清华大学、中国人民大学、北京航空航天大学等高校的数位学者接受聘书担任学术委员会委员。20多名儒学研究著名学者出席了书院的成立大会。成立典礼后，书院举行了“儒家的命与运”的论坛研讨。

7月16日在江西省铅山县鹅湖书院举行了第六届海峡两岸“朱子之路”研讨活动。来自台湾清华大学、东海大学和大陆北京大学、厦门大学等20所海峡两岸高校的60余位学者、教授欢聚鹅湖书院开展论坛活动，交流朱子文化学术研究成果，研究朱子思想文化，弘扬朱子精神。这次“朱子之路”研习营由厦门大学国学院和台湾朱子学研究协会共同举办，沿着朱子出生、拜师、求学、讲学、著书的地方重新走一遍，亲身体验朱子的个人魅力以及朱子学更深的内涵。

8月6日第三届书院传统和未来发展论坛在北京开幕，来自北京大学国学院、中国人民大学孔子学院、中国书院研究中心、岳麓书院、白鹿洞书院、苇杭书院、博雅书院等108家院校、书院及国学研究和推广机构参加了大会。此届论坛的主题是“书院立志与启发式教育”。来自学术界、现代书院实践者、大学国学社等各界人士，就儒学现状、书院发展模式及书院教育进行了研讨与交流。与会人士一致认为，儒家经典教育正当时。新时期下，大力开展儒家经典教育具有重要的战略意义。儒家经典教育的目标是励志、养性、修身、启慧、增才，这些对家庭教育是有力的支撑，对学校教育是有益的完善，对社会教育是有为的担当，对宗教教育是有效的填补，对自我教育是有价值的提升。书院传统和未来发展论坛由白鹿洞书院、中国书院研究中心和七宝阁书院主办，从2011年起每年一届，旨在通过洞察国家、社会乃至世界格局中存在的问题和机遇，打开民众视野，探索新的教育模式。

由清华大学中国礼学研究中心和嘉礼堂共同举办的第二届礼乐文化研习班于8月10—15日在上海举行。本届研习班的开学礼暨释菜礼在上海市嘉定孔庙举行，之后全体师生迁至青浦区金泽镇进行为期六天的讲授和学习。来自全国各地的教育机构、新闻媒体、企业、社会文化机构等80余名学员参加了此次研习班。本届研习班课程主要内容为日常礼仪，主要包括概论、个人仪容（容礼）、家庭礼仪、尊师敬长、社交礼仪（做客待客礼仪）、宴饮礼仪、公共场合礼仪等内容。为借鉴日本礼仪教育的成功经验，特辟明治时代礼仪教育一课。另外还设有论儒家的乐教及其音乐哲学、钱宾四先生的礼学观和传统蒙学礼仪文献等课程。

2013年8月18—20日，“2013骊山问道之儒道两行·文化复兴”活动在骊山明圣宫举行，该活动由中国社会科学院道家与道教文化研究中心、世界宗教研究所儒教研究中心联合主办，陕西西安临潼明圣宫承办。中国社会科学院世界宗教研究所副所长金泽研究员、中国社会科学院道家与道教文化研究中心和儒教研究中心主任卢国龙研究员、中国道教协会会长任法融道长、道教协会副会长张继禹道长、中国社会科学院哲学研究所陈静研究员、北京大学郑开教授、中国社会科学院世界宗教研究所儒教研究室赵法生与王志跃副研究员、陕西省社会科学院樊光春研究员、明圣宫住持刘世天道长，以及众多专家学者与会。会议以“儒道两行、文化复兴”为主题，旨在探求儒教与道教的源同理通之处，搭建两家价值诉求和现实关注融汇的桥梁，取长补短、互为助益，以期为儒教、道教的健康发展，乃至中国传统文化的复兴和中华民族文化主体性的建构提供资源和方略。大会议题分为：理性批判中的儒道张力、儒道两家在文化建构中形成合力的历史经验和理论可能性、以道教为现实载体建构合力的途径。与会专家学者就各个议题进行了精彩纷呈的研讨，方家之论高屋建瓴，彼此交流相得益彰。

9 月 27 日第六届世界儒学大会在曲阜举行，来自中国内地、香港、台湾，日本、韩国、越南、马来西亚、印度尼西亚、以色列、澳大利亚、英国、爱尔兰、俄罗斯、美国等 14 个国家和地区 60 多个儒学研究机构与学术团体的 120 多位专家学者，根据“儒家思想与当代社会建设”的主题，围绕“儒家思想与生态文明”“儒家伦理与道德教育”“礼乐传统与社会礼仪”“儒家思想与文化传播”四个议题进行了深入研讨与广泛对话。自 2007 年举办发起国际会议以来，世界儒学大会至今已成功举办了六届七次。本届大会还发布了世界儒学大会会歌暨孔子研究院院歌《文明足迹》，彰显了孔子六艺中“乐”的含量。礼、乐并具，更凸显了大会的儒学内蕴。此外，从本届会议开始，世界儒学大会将改为两年举办一届。

10 月 13 日在山东兰陵举行荀子庙修成暨祭荀典礼、荀学研讨会，中国孔子基金会、山东省社会科学院、中国孔子研究院、临沂市、苍山县等单位或地区的负责人及来自海内外的荀子研究者、荀子后裔等参加了本次荀子庙园修成暨祭荀典礼。典礼后来自海内外的百余位专家学者在苍山县城兰陵大酒店举行了为期一天半的荀子专题学术研讨会，本次会议名称为“荀子思想当代价值学术研讨会”，由中国孔子基金会、山东省社会科学院、临沂市政府、苍山县政府主办。

10 月 17 日由弘道书院在北京问天阁举办了首届儒家公共政策论坛，本届论坛以“教育之更化”为中心议题，围绕“教师节日期调整与中国教育之更化”“教育目标与君子养成”和“中国经典进入中小学教育体系之必要性和可能性”三个主题展开。学界、政界、教育界、传媒界等数十位贤达与会，他们来自国家行政学院、北京师范大学、中国人民大学、九三学社、湖南大学、语文出版社、北京市教委等单位和团体。

由深圳市孔圣堂儒家文化交流中心、广东高科技产业商会和三和国际集团联合主办的深圳第四届孔子文化节于 10 月 20 日在深圳隆重举行。本次文化节由“祭孔大典”“文化论坛”和“慈善晚会”三大主题活动组成，来自全国学界、政界、商界及新闻媒体等社会各界超过 2000 人共同支持、参与和见证。在东湖公园孔子文化广场，由孔圣堂主持的祭孔大典拉开本届文化节的序幕；在五洲宾馆的“儒家智慧高峰论坛”，围绕“传承中华文化从爱子有道起步”的主题展开，将 2014 年定为组委会“关爱子女年”，以此作为深入推进儒家教育思想、践行孔子教育理念的主要方向和核心内容，并希望得到政府、学界、企业界、媒体等社会各界的呼应与参与，共同推动各种优秀教育理念的传播、渗透，以教育为基础提升素质，为社会转型构建坚实的基础。

由深圳大学主办，深圳大学国学研究所承办的第十届当代新儒学国际学术会议于 11

月 16 日—17 日在深圳大学举行。来自海峡两岸、香港、澳门及美国、加拿大、新加坡、马来西亚等国家和地区 60 多所高校和研究机构的 120 多名代表出席会议。会议围绕“儒学的当代发展与未来前瞻”这一主题，从近 30 年来儒学发展的实践入手，立足当代、回顾过去、展望未来，对儒学的当下境遇、发展与问题及其未来走向，做了深入的探讨和前瞻性研究。

由同济大学中国思想与文化研究院主办的同济大学第一届儒学与古典学年会于 11 月 16 日—17 日在上海举行，来自各院校院系的近 30 名学者参加。会议以经学视角为主题，认为近年来中国哲学研究范式发生巨大变化，以西方哲学概念剖析中国传统学术的“中国哲学”形态受到了普遍质疑，“中国哲学”学科面临合法性危机。回归中国经典阅读方式的固有传统成为大势所趋，而重建经学则是这一方向变化中的关键。

11 月 24 日，由弘道书院承办的“儒家与当代中国思想之创生暨《儒生文丛》第 2 辑出版座谈会”在北京燕山大酒店牡丹厅举行。本次座谈会由弘道书院学术部主任、中国人民大学任锋副教授主持。会议邀请了张晚林、林桂榛和陈乔见三位《儒生文丛》作者代表发言，并安排了两轮学术气息浓厚的评议与对话。对话一方是任剑涛、许章润、胡水君、程农、张旭、张龑六位来自政治学、法学和哲学等学科的代表性学者，另一方则是姚中秋、陈明、梁涛、任锋和唐文明五位儒家学者。关于当代中国思想能否创生、何时登场、如何展开的深入剖析，在这种跨学科、论辩式的讨论中展开。与会学者还就“家哲学”的普世性与哲学定位，“亲亲相隐”的考证和当代意义，儒家宪政主义的史学证据等话题展开了激烈的思想交锋。

由中国人民大学与韩国高等教育财团联合主办的第十届“国际儒学论坛”于 11 月 29 日在中国人民大学逸夫会议中心开幕。来自韩国、日本、俄罗斯、美国、荷兰，中国内地、香港、台湾等国家和地区的近百名学者参加会议。本次论坛会期 3 天，包括大会和分组会议，围绕会议主题“儒家与理想之治”，与会学者就“儒家思想与理想之治”“中西理想政治哲学模式”“儒家的正义观”和“儒家政治哲学对海外影响”等方面展开深入研讨和交流。国际儒学论坛于 2004 年创办，每年举行一届，如今已成为极具影响力的国际儒学盛会。国际儒学论坛自创办起，便坚持研究和弘扬中国传统儒家文化的精髓，致力于推动东亚和世界的儒学研究交流。

由武汉大学台湾研究所主办的海峡两岸中华传统文化教育论坛于 12 月 18 日在武汉召开，来自海峡两岸的 60 多位专家围绕中华传统文化教育问题展开讨论，旨在交流两岸教育经验，更好地促进优秀传统文化与当代社会相适应，与现代文明相协调，与世界文化发展趋势相符合。

2013年度宗教艺术研究综述(上篇·论文类)

张　总　王敏庆

宗教艺术部分主要包括佛教、道教与民间宗教以及三夷教三大部分。其中佛教艺术研究内容最为完备，分为“石窟”“地面寺院”“佛塔”“典籍”“法物器具”以及“其他”六部分。其他宗教艺术的研究内容较少且不完整，所以里面不再分类，但文章的基本组织顺序与佛教相似。从2013年的研究成果上来看，佛教的研究成果最多，种类最完整，其中关于敦煌石窟的研究是最多的，而其他的研究则相对较少。在佛教艺术的种类中，法物器具方面的研究最为薄弱。道教及民间宗教部分研究成果虽然不少，但内容较为分散。三夷教方面的研究数量继续呈下降趋势，研究成果较少。在2013年宗教艺术的理论研究中值得注意的是《试说宗教造型艺术基本形态》[①] 一文的出现。该文的理论导向使浩如烟海、“各自为政”的宗教艺术研究开始出现系统化的端倪，是值得重视的新的理论成果。

一　佛教

（一）石窟

文博简报与考古报告是进行宗教艺术研究的第一手资料，2013年主要的几个与佛教艺术相关的简报是苗利辉的《新疆拜城亦狭克沟石窟调查简报》[②]，陈晓捷的《陕西宜君县东部石窟、摩崖造像调查简报》[③]，王婷、李宏等的《四川石渠县新发现吐蕃石刻群调查简报》[④]，其中2010—2013年，考古工作者在四川石渠县境内新发现的3处西藏吐蕃时期摩崖石刻群，包括须巴神山石刻群、白马神山石刻群和洛须村石刻，共计17幅，为典型吐蕃时期石刻遗存。须巴神山石刻群现存施造题记，为赤松德赞在位期间所雕刻。这三处石刻的发现为研究藏区的宗教提供了重要的新材料。此外，房树辉、赵艳的《龙河北平山发现摩崖造像》[⑤]，蒋晓春、郑勇德等的《四川阆中石室观隋唐摩崖造像》[⑥] 也是文物类性质的的文章，为佛教艺术的研究提供了可靠的一手信息，龙河北平山摩崖造像位于平山县东林山，雕刻于一块天然巨型岩石上，共有造像13龛19尊，从雕刻技法和造型风

① 王敏庆：《试说宗教造型艺术基本形态》，《世界宗教文化》2013年第2期。
② 苗利辉：《新疆拜城亦狭克沟石窟调查简报》，《文物》2013年第12期。
③ 陈晓捷：《陕西宜君县东部石窟、摩崖造像调查简报》，《四川文物》2013年第3期。
④ 王婷、李宏等：《四川石渠县新发现吐蕃石刻群调查简报》，《四川文物》2013年第6期。
⑤ 房树辉、赵艳：《龙河北平山发现摩崖造像》，《文物春秋》2013年第3期。
⑥ 蒋晓春、郑勇德等：《四川阆中石室观隋唐摩崖造像》，《文物》2013年第7期。

格上看，其时代应为宋金时期。在东林山西边有一座万寿禅寺，传为唐时天寿太子出家处，文章认为此东林山摩崖造像应与万寿禅寺存在一定的渊源关系。阆中石室观摩崖造像位于保宁附近颉家山山腰一处石壁上，面北呈带状分布，多数窟龛距地面 2 至 4 米。该摩崖共留存 13 个窟龛，题记 18 处，大量的题记为该摩崖造像的研究提供了宝贵的文字资料。

敦煌石窟是我国最重要的石窟群之一，每年对其的研究成果也最多。关于洞窟的构造方面，曾有学者据《释名》形如覆斗的相关记载及有关考古资料提出覆斗顶窟模仿斗帐说，而戴春阳的《敦煌石窟覆斗顶的考古学观察——覆斗顶非模仿斗帐》① 一文则认为以现代考古学中“覆斗”一词定义对应《释名》中“覆斗”释读有误，指出覆斗顶并非模仿斗帐。在敦煌的石窟艺术中，研究最多的是在图像方面，郭俊叶在《敦煌壁画、文献中的“摩睺罗”与妇女乞子风俗》② 一文中认为敦煌壁画中的婴儿偶像与文献中的“摩睺罗”，是乞子风俗在敦煌佛教中的反映。张元林《敦煌、和阗所见摩醯首罗天图像及相关问题》③，一文主要是通过对敦煌、和阗两地的摩醯首罗天图像进行较系统的介绍和梳理，并对这两地的摩醯首罗天图像进行了比较，认为二者总体上属于不同的图像系统；此外该文还对目前学界存在的“摩醯首罗天非袄神”“摩醯首罗天非 Weshparkar（袄教风神）”的观点提出商榷，并进一步论证了中国古籍中相关记载的真实性。沙武田的《五代宋敦煌石窟回鹘装女供养像与曹氏归义军的民族特性》④ 一文认为，在敦煌这个以汉文化为主流的社会中，回鹘装作为一种反传统的现象，回鹘天公主供养像在汉文化圈中坚持以本民族的服饰出现在洞窟壁画中，集中反映着曹氏作为粟特人后裔的文化心理和民族认同。

米德昉的《敦煌壁画西方净土变与药师净土变对置成因分析》⑤、王惠民的《西方净土变形式的形成过程与完成时间》⑥、百桥明穗和苏佳莹的《日本的阿弥陀净土图与敦煌的净土变》⑦、史忠平及马莉的《莫高窟唐代〈观音经变〉中的观音画像及相关问题》⑧、王中旭的《敦煌吐蕃晚期〈普贤行愿图〉、〈普贤并万菩萨化现图〉与相关问题研究》⑨、潘亮文的《敦煌唐代的文殊菩萨图像试析》⑩、武海龙的《敦煌莫高窟第 31 窟金刚经变说法图主尊探微》⑪、张元林的《敦煌〈法华经变·药王菩萨本事品〉及其反映的“真法供养”观》⑫、刘永增的《敦煌石窟摩利支天曼荼罗图像解说》⑬、阮丽的《莫高窟天王堂图

---

① 戴春阳：《敦煌石窟覆斗顶的考古学观察（上）——覆斗顶非模仿斗帐》，《敦煌研究》2013 年第 2 期；戴春阳：《敦煌石窟覆斗顶的考古学观察（下）——覆斗顶渊源管窥》，《敦煌研究》2013 年第 4 期。

② 郭俊叶：《敦煌壁画、文献中的“摩睺罗”与妇女乞子风俗》，《敦煌研究》2013 年第 6 期。

③ 张元林：《敦煌、和阗所见摩醯首罗天图像及相关问题》，《敦煌研究》2013 年第 6 期。

④ 沙武田：《五代宋敦煌石窟回鹘装女供养像与曹氏归义军的民族特性》，《敦煌研究》2013 年第 2 期。

⑤ 米德昉：《敦煌壁画西方净土变与药师净土变对置成因分析》，《敦煌研究》2013 年第 5 期。

⑥ 王惠民：《西方净土变形式的形成过程与完成时间》，《敦煌研究》2013 年第 3 期。

⑦ 百桥明穗、苏佳莹：《日本的阿弥陀净土图与敦煌的净土变》，《敦煌研究》2013 年第 3 期。

⑧ 史忠平、马莉：《莫高窟唐代〈观音经变〉中的观音画像及相关问题》，《中国国家博物馆馆刊》2013 年第 8 期。

⑨ 王中旭：《敦煌吐蕃晚期〈普贤行愿图〉、〈普贤并万菩萨化现图〉与相关问题研究》，《中国国家博物馆馆刊》2013 年第 10 期。

⑩ 潘亮文：《敦煌唐代的文殊菩萨图像试析》，《敦煌研究》2013 年第 3 期。

⑪ 武海龙：《敦煌莫高窟第 31 窟金刚经变说法图主尊探微》，《敦煌学辑刊》2013 年第 2 期。

⑫ 张元林：《敦煌〈法华经变·药王菩萨本事品〉及其反映的“真法供养”观》，《敦煌学辑刊》2013 年第 4 期。

⑬ 刘永增：《敦煌石窟摩利支天曼荼罗图像解说》，《敦煌研究》2013 年第 5 期。

像辨识》[1] 等诸文，是一些研究经变的重要论文。

《敦煌壁画西方净土变与药师净土变对置成因分析》一文论述了初唐以降，敦煌石窟诸多经变在绘制位置上日趋固定，某些经变相互间逐渐形成一种空间搭配关系。其中西方净土变与药师净土变即是一例，二经变多绘于主室南、北两壁，呈对置之势。此格局为后期诸窟所沿用，并最终形成一种流行范式。文章认为这种范式既表达了弥陀与药师二法门的有机融摄和互补，又彰显了佛教对世俗凡众死生两极的无微关怀。

西方净土变是中国佛教美术的主要题材之一，《西方净土变形式的形成过程与完成时间》一文阐述了该经变滥觞于6世纪中叶，到8世纪初叶定型。早期西方净土变的构图形式主要是说法会，而后在漫长的演变过程中，加入了"十六观"内容，到8世纪初形成说法会与对联式条幅画"未生怨""十六观"结合的构图形式，成为西方净土变的主要构图形式。此文对西方净土变构图形式进行了考察与分析，有助于我们对佛教美术发展的理解。

百桥明穗、苏佳莹的《日本的阿弥陀净土图与敦煌的净土变》一文以呈现不同地域与时代的阿弥陀净土造型表现差异为目的，旨在通过日本古代的作品和敦煌莫高窟壁画的不同，说明两国阿弥陀净土的造型差异及其背后不同的净土观。日本的净土信仰将"欣求净土，厌离秽土"看作一种并不遥远的理想，持续地追求着。其净土图也正是这一追求的体现。而敦煌以及中国的净土变却不表现阿弥陀如来、阿弥陀极乐净土与现世的自己及往生者的关系，现世的生命与死后的世界之间的关系是淡漠的。

史忠平、马莉的《莫高窟唐代〈观音经变〉中的观音画像及相关问题》一文主要阐释了莫高窟此期的《观音经变》不仅反映了其对印度普门品变相图的继承与发展，而且反映了显性与隐性观音画像、三十三化身与世俗人物画、榜题与程式化等问题，并就此进行分析与论述。

王中旭的《敦煌吐蕃晚期〈普贤行愿图〉、〈普贤并万菩萨化现图〉与相关问题研究》一文在考证敦煌吐蕃晚期237、231、159窟《普贤行愿图》，吐蕃晚期361窟、吐蕃至张氏归义军时期144窟《普贤并万菩萨化现图》的基础上，探讨了普贤信仰与五台山信仰之间的关系，以及礼忏佛事对普贤像的流行所起的推动作用。

潘亮文的《敦煌唐代的文殊菩萨图像试析》一文透过对现存敦煌文殊作品的观察，考量其所在位置，归纳作品构成形式与图像元素的发展概况。具体阐释了初唐时，除第220窟外，都见有法华经变作品，说明与法华经关系较密切。盛唐时，狮子图像与初唐一样是最明确的特征，也见有一组后来常见的大菩萨与俗装众随侍以及昆仑奴，但未形成固定模式。昆仑奴的出现，说明佛教造像除以佛经为文本外，亦纳入社会流行的题材。中唐时，与法华经变同时出现的情形减少，见有五台山图的文殊或在背景中加入更多山水云彩表现，应与五台山文殊信仰有关。晚唐时，无论其所在位置或作品组合要素，皆延续中唐发展。五代宋时，增加于阗王驾狮子与善财童子，或佛陀波利与大圣老人的形象。依敦煌写本资料，可知是与中原往来密切有关。

武海龙的《敦煌莫高窟第31窟金刚经变说法图主尊探微》一文通过对第31窟建窟年代以及三位重要高僧生平和佛法思想的考证，论证了该铺经变说法图主尊为卢舍那佛并非是受到澄观教禅合一思想影响而出现，而是禅宗对华严学的吸收，或者是华严宗与南禅

---

① 阮丽：《莫高窟天王堂图像辨识》，《敦煌研究》2013年第5期。

宗在敦煌地区影响力的此消彼长的结果。

张元林的《敦煌〈法华经变·药王菩萨本事品〉及其反映的“真法供养”观》一文首先对敦煌《法华经变》中的《药王菩萨本事品》画面进行了系统梳理，在此基础上对该品画面中“焚身”“燃臂”情节所反映的敦煌法华信仰的供佛观作了初步探讨，认为其着重表现了“真法供养”的供佛观。

刘永增与阮丽共有4篇文章与密宗相关，刘永增的《敦煌石窟摩利支天曼荼罗图像解说》一文指出，敦煌石窟中的摩利支天曼荼罗及其造像共有三例，即榆林窟第3窟北壁东侧、东千佛洞第5窟、莫高窟第3窟主尊造像。这些壁画或塑像是根据宋代天息灾译《佛说大摩里支菩萨经》所绘制，与公元9—10世纪印度后期密教的图像及其仪轨在印度的流行有着深刻的关系。文章认为，宋代天息灾等印度高僧在中原弘传密教翻译密典，不但给予中原的宋代密教以直接的影响，而且还对西夏时代的敦煌佛教产生了深远的影响。刘永增另外一文《敦煌石窟尊胜佛母曼荼罗图像解说》① 主要对敦煌石窟中尊胜佛母曼荼罗中的诸尊像进行图像学上的解说。文章阐述了出现在西夏时代敦煌石窟中的尊胜佛母图像，是根据宋代法天译《佛说一切如来乌瑟腻沙最胜总持经》绘制的。与之相似的经典有《成就法鬘》第191、211、212号，文章指出表面上看两经中记述的尊胜佛母成就法大体一致，但在思想信仰上却有着本质的区别，前者是无量寿（光）佛信仰的产物，而后者则是在追崇毗卢遮那。文章认为，敦煌石窟西夏洞窟中出现的尊胜佛母像，为印度后期密教中流行的新样式，它的传入当与宋代天息灾、法天等印度僧在中国的弘法传教相关。

阮丽《莫高窟天王堂图像辨识》主要对天王堂上部穹隆体壁画进行了考证，认为其内容是依据法贤译《佛说瑜伽大教王经》的同本梵文原典《幻化网大怛特罗王》所绘。天王堂下半部主要表现的是以胎藏大日为中心与八大菩萨、四天王像。图像的传入很可能与天息灾（法贤）、施护在曹延禄执政时期“从北天竺国诣中国，至敦煌，其王固留不遣数月”之事件相关。其另一篇文章《莫高窟第465窟曼荼罗再考》② 是对该洞窟壁画内容的更深一步的探讨，作者通过对本尊像及其眷属身份的辨识，发现洞窟主题应是上乐金刚，中心土坛的五层圆轮结构亦是上乐金刚坛城，文章指出其主尊只可能是上乐金刚或金刚亥母，而又以金刚亥母的可能性为大。作者认为，第465窟是以金刚亥母为中心，并配有几种本尊而形成的一个曼荼罗，在图像上属噶举派传承。

其他关于敦煌石窟的文章还有赵晓星的《莫高窟第361窟与周边中唐洞窟之关系——莫高窟第361窟研究之九》③，该文为系列研究文章，文章以第361窟这一建于敦煌吐蕃晚期最具代表性的洞窟为中心，在实地考察的基础上，讨论了莫高窟第361窟与第359、360窟及周边其他中唐洞窟的关系，进而认为南区北端洞窟群是莫高窟中晚唐期最为重要的从事密教活动的区域。张景峰的《莫高窟祥瑞白狼塑像考察》④ 一文对现藏于俄罗斯艾尔米塔什博物馆的莫高窟第321窟的两尊动物原塑塑像以及该窟现存塑像等进行了详细的

---

① 刘永增：《敦煌石窟尊胜佛母曼荼罗图像解说》，《故宫博物院院刊》2013年第4期。

② 阮丽：《莫高窟第465窟曼荼罗再考》，《故宫博物院院刊》2013年第4期。

③ 赵晓星：《莫高窟第361窟与周边中唐洞窟之关系——莫高窟第361窟研究之九》，《敦煌研究》2013年第5期。

④ 张景峰：《莫高窟祥瑞白狼塑像考察》，《敦煌研究》2013年第5期。

考察，认为这两尊原塑动物塑像是祥瑞白狼，其进入莫高窟的洞窟中与敦煌阴氏家族的阴守忠有关。莫高窟其他洞窟中与之类似的塑像均是以瑞兽的形式仿照此窟白狼而塑造，起着护法神兽的功能与作用。佐藤有希子和牛源的《敦煌吐蕃时期毗沙门天王像考察》① 主要阐释敦煌地区吐蕃时期毗沙门天王像表现形式独特，经常与观音、地藏等组合出现。这一时期的毗沙门天开始与带有救度众生等现世利益的职能联系在一起。但毗沙门天信仰从起初的护国祈愿到去除众生苦难的各种现世利益，具有超越性的世俗信仰根基很深。文章特别指出，吐蕃时期敦煌的图像不能说只是一个地方的作品，而应该将中原的毗沙门天信仰情况作为其有力的比较对象进行再认识。这一时期的图像，对于时代和地域较为广泛的毗沙门天王像研究，具有不可回避的重要意义。赖文英的《唐代华严法界救度思想的开展——兼论榆林窟第25窟卢舍那佛与药师、地藏的组合》② 一文论述了“法界”是华严义学的一个核心思想，早期最具代表性的华严造像——法界人中像，被赋予的重要象征意义即是“法界”。菩萨遍入法界救拔众生，是华严行者的广大行愿，也是法界人中像传达的重要信息。唐代法界人中像与药师佛、地藏菩萨产生或对应、或组合的关联，反映出华严救度思想与当时的思想潮流相结合，将华严的教化具体融入法界，说明佛法不离世间法，更符合华严法界的意义。此一发展让法界人中像的图像意涵更为明确，也使法界人中像定位为卢舍那佛的性格更为彰显。榆林25窟卢舍那佛虽以大日如来形象呈现，但与药师佛、地藏菩萨的组合，与法界人中像所传达的概念一脉相承，就是华严法界的救度思想。

李新的《敦煌石窟古代朝鲜半岛资料研究——莫高窟第61窟〈五台山图〉古代朝鲜半岛资料研究》③ 一文认为敦煌莫高窟第61窟西壁《五台山图》中所绘新罗王塔的建造者为统一新罗国高僧慈藏，建造年代在贞观十二年至贞观十七年（638—643）之间；新罗送供使及高丽王使图中出现的不同身份的人物，反映出的当是统一新罗国末期和高丽国建国初期的人物及其冠帽服饰；菩提之庵推测是在新罗高僧慧超大师出家、修行、译经的菩提寺旧址上所建之庵。第61窟《五台山图》所据底稿的绘制年代当不晚于后唐。莫高窟第3窟是敦煌石窟的代表窟之一，以前学界认为该窟是元代窟，近年又有学者提出西夏说，沙武田、李国的《敦煌莫高窟第3窟为西夏洞窟考》④ 一文，经过对此歧义的仔细考察研究，对持元说主要证据——窟内史小玉题记作了辨析，结合窟内壁画内容及其艺术风格特征，联系敦煌石窟元代和西夏时期等窟的多方证据，认为该窟属西夏窟。仇春霞的《敦煌北凉三窟壁画的西域风格及本土化研究》⑤ 一文从美术学的角度分析了北凉时期莫高窟壁画的来源、风格及其在整个敦煌艺术中的地位。文章认为，北凉壁画在很大程度上与周边地区更早更成熟的石窟壁画有密切关系，如吐峪沟壁画、天梯山石窟壁画以及更遥远的西域壁画。文章指出，在禅学的共同主题下，北凉敦煌壁画从以下几个方面进行了吸收和借鉴：一是表现禅学思想的绘画题材，二是西域样式的人物形象，三是以“凹凸法”

---

① 佐藤有希子、牛源：《敦煌吐蕃时期毗沙门天王像考察》，《敦煌研究》2013年第4期。

② 赖文英：《唐代华严法界救度思想的开展——兼论榆林窟第25窟卢舍那佛与药师、地藏的组合》，《敦煌学辑刊》2013年第1期。

③ 李新：《敦煌石窟古代朝鲜半岛资料研究——莫高窟第61窟：〈五台山图〉古代朝鲜半岛资料研究》，《敦煌研究》2013年第4期。

④ 沙武田、李国：《敦煌莫高窟第3窟为西夏洞窟考》，《敦煌研究》2013年第4期。

⑤ 仇春霞：《敦煌北凉三窟壁画的西域风格及本土化研究》，《中国国家博物馆馆刊》2013年第2期。

为主的表现手法。同时，北凉壁画并没有照搬其他壁画，而是形成了自己的样式，主要表现在以下几个方面：一是洞窟壁画的布局，二是千佛在壁画中的地位，三是菩萨审美风格的确立。它们奠定了敦煌壁画的基本框架和风格，也是敦煌壁画本土化进程的基础。莫高窟第 100 窟是曹议金夫妇功德窟，米德昉的《形制与图像：莫高窟第 100 窟设计思想探源》① 一本文通过对晚唐及五代以来敦煌石窟形制与壁画布局的分析，探寻了第 100 窟的形制和图像的设计思想渊源。

关于其他地域石窟的研究，则没有敦煌这样集中。赵阳、陈爱峰的《吐峪沟石窟第 44 窟兔王本生故事考》② 一文认为，吐峪沟石窟第 44 窟正壁南侧起第二幅曾经被认为是“婆罗门妇欲害姑缘”的壁画内容，应是“兔王本生”，典籍依据出自三国吴支谦译《菩萨本缘经》卷下《兔品第六》。胡同庆的《试探东乡县红塔寺石窟的艺术特点》③ 一文试从宗教学、心理学、美学以及社会学等角度对红塔寺石窟的艺术特点进行了探讨。北石窟寺属于陇东石窟群，位于丝绸之路的东段北道，在南北朝中后期，这里曾一度是北方政权的交通要道。而对这里石窟寺的研究在石窟艺术史中也占有重要地位，但对于它的研究还远远不够。关于北石窟寺的研究主要有两篇文章，一是詹社红、米万忠的《北石窟寺历代题记辑录》④，文章记述了北石窟寺现存题记 150 余方，其内容涉及开窟造像、扩建修缮、宗教活动等多个方面，非常珍贵难得，对研究陇东地区佛教艺术发展提供了翔实可靠的文字史料。此文通过仔细校正，现整理出可读题记 150 方。另一篇是张宝玺的《北石窟寺第 165 窟帝释天考》⑤，文章指出，庆阳北石窟寺第 165 窟前壁窟门南侧乘象菩萨，长期以来定名为普贤菩萨，而本文则认为是帝释天。帝释天着菩萨装，乘阿伊罗婆陀大象（艾罗伐陀），它和窟门北侧阿修罗天配对守候在门侧。魏文斌的《汉至北魏秦州佛教史料与麦积山石窟》⑥ 一文从各种史料中搜罗有关秦州佛教的材料，加以考证，并就与麦积山石窟的关系作了比较充分的论证。陈悦新的《从佛像服饰和题材布局及仿帐、仿木构再论麦积山北朝窟龛分期》⑦ 一文，通过对佛像服饰和题材布局及仿帐、仿木构的类型排比，对麦积山北朝窟龛进行了分期研究。赵雪芬的《炳灵寺第 8 窟维摩诘经变探析》⑧ 一文通过炳灵寺第 8 窟造像、壁画与佛经比对，认为此窟是一个维摩诘经变窟。三十五佛作为佛教礼忏的重要法门对像，是石窟中常见的题材之一。炳灵寺石窟藏传佛教壁画中，共有 4 个洞窟中绘有整体或单尊的三十五佛像，王玲秀的《炳灵寺藏传佛教艺术中的三十五佛初探》⑨ 一文以这四窟中各窟的三十五佛为主线，分别梳理和简析了这一题材在各窟中的功用、特征以及其与窟中其他佛教内容结合、配置而展现出的佛教意涵。马蹄寺石窟群千佛洞第 1 窟中心塔柱北朝壁画，包含地神图像和犁车男女供养人图像，张善庆的

---

① 米德昉：《形制与图像：莫高窟第 100 窟设计思想探源》，《世界宗教文化》2013 年第 2 期。

② 赵阳、陈爱峰：《吐峪沟石窟第 44 窟兔王本生故事考》，《敦煌研究》2013 年第 6 期。

③ 胡同庆：《试探东乡县红塔寺石窟的艺术特点》，《敦煌研究》2013 年第 6 期。

④ 詹社红、米万忠：《北石窟寺历代题记辑录》，《敦煌研究》2013 年第 4 期。

⑤ 张宝玺：《北石窟寺第 165 窟帝释天考》，《敦煌研究》2013 年第 2 期。

⑥ 魏文斌：《汉至北魏秦州佛教史料与麦积山石窟（一）》，《敦煌学辑刊》2013 年第 1 期；魏文斌：《汉至北魏秦州佛教史料与麦积山石窟（二）》，《敦煌学辑刊》2013 年第 2 期。

⑦ 陈悦新：《从佛像服饰和题材布局及仿帐、仿木构再论麦积山北朝窟龛分期》，《考古学报》2013 年第 1 期。

⑧ 赵雪芬：《炳灵寺第 8 窟维摩诘经变探析》，《考古与文物》2013 年第 2 期。

⑨ 王玲秀：《炳灵寺藏传佛教艺术中的三十五佛初探》，《敦煌研究》2013 年第 4 期。

《涅槃经变、金光明经变抑或降魔成道图——甘肃马蹄寺石窟群千佛洞第1窟北朝壁画考》① 一文结合地神图像榜题和梨车供养人榜题、佛教经典以及图像资料，对壁画内容作了尝试性考释，认为壁画内容为涅槃经变、金光明经变或者降魔成道图。陈悦新的《金塔寺石窟佛像服饰与年代》② 一文运用考古类型学方法分析佛衣、菩萨及天王衣饰，推定金塔寺石窟佛像服饰的年代约在太和（477—499）初期，其中东窟佛像服饰的年代似较西窟略早。据佛像服饰分期，认为金塔寺东、西二窟的营造年代大体与之相当。唐仲明的《东魏北齐响堂与青州造像比较研究》③ 一文对东魏北齐时期代表邺城地区的响堂造像与代表地方特色的青州造像进行了类型对比和分析，发现存在着从邺城向青州传播的可能性。但青州造像有许多不同于响堂造像的特征，这说明青州造像风格来源的多样性，除受响堂影响外，既继承了部分本地早期特征，另外还可能受到了南朝甚至是域外新风尚的影响。

李静杰的《陕北宋金石窟大日如来图像类型分析》④ 一文着重介绍了在延安市所属区县的宋金石窟中发现的一批密教大日如来图像。这些图像包括多种存在形式，或属于金刚界曼荼罗成身会内容，或为金刚界与胎藏界大日如来组合，或为金刚界大日如来与《华严经》卢舍那佛⑤混合，反映了唐代密教艺术的后续发展情况。文章指出其大日如来组织在当地以净土信仰为核心的程式化图像体系中，密教成就法身思想与显教修菩萨行、往生净土等内涵，共同发挥教化众生的作用。陕北宋金石窟大日如来图像构成中国密教遗存的重要组成部分，扩充并深化了学界以往的认知范围和程度。该作者的另一文章《陕北宋金石窟题记内容分析》⑥ 是基于陕北宋金石窟题记资料，分析了石窟的施主身份、工匠班底、住持与经营、开凿背景四方面内容。认为石窟施主可以划分为家族、结社、军人、军民类型，前两者开凿洞窟以小型为主，兼有大中型，所在地点多比较偏僻，周围环境易于形成相对独立的居住区，后两者开凿洞窟多数属于大型和超大型，个别为中型，大多处在重要交通线经过的山谷之中。于硕的《甘谷县华盖寺石窟唐僧取经壁画初探》⑦ 一文通过对壁画人物进行简要分析，将华盖寺取经壁画同其他与之相似的取经图像进行比对，以及分析壁画的绘制时间，由此对唐僧取经壁画的出现位置、内容和传播线索进行了简要的概括和梳理。关于河南浚县大佛的建造年代，目前主要有后赵雕凿及北齐开凿成于唐初两种意见，陈悦新的《河南浚县大佛的年代》⑧ 一文在分析大佛的坐姿、手印和佛衣的基础上，试进一步讨论大佛的年代问题。李小强的《四川内江唐宋摩崖造像三题》⑨ 一文选择内江摩崖造像中的三种题材作了初步探讨，即现存3龛体量相当的千手观音造像，雕刻技

---

① 张善庆：《涅槃经变、金光明经变抑或降魔成道图——甘肃马蹄寺石窟群千佛洞第1窟北朝壁画考》，《敦煌学辑刊》2013年第1期。

② 陈悦新：《金塔寺石窟佛像服饰与年代》，《敦煌学辑刊》2013年第1期。

③ 唐仲明：《东魏北齐响堂与青州造像比较研究》，《华夏考古》2013年第4期。

④ 李静杰：《陕北宋金石窟大日如来图像类型分析》，《故宫博物院院刊》2013年第2期。

⑤ 华严经中主佛为卢舍那佛而非毗卢遮那佛。虽然梵文为一词，但华严经系显宗，卢舍那法身佛与密宗毗卢遮那仍有很大区别。

⑥ 李静杰：《陕北宋金石窟题记内容分析》，《敦煌研究》2013年第3期。

⑦ 于硕：《甘谷县华盖寺石窟唐僧取经壁画初探》，《敦煌研究》2013年第4期。

⑧ 陈悦新：《河南浚县大佛的年代》，《文物》2013年第9期。

⑨ 李小强：《四川内江唐宋摩崖造像三题》，《中国国家博物馆馆刊》2013年第5期。

艺娴熟；地藏与十王组合题材内容丰富；僧伽变相可能为国内少见的僧伽三十六化题材造像，弥足珍贵。

王瑞雷的《西藏西部东嘎1号窟法界语自在曼荼罗图像与文本》[①] 一文以东嘎1号窟法界语自在曼荼罗壁画为对象，梳理与该曼荼罗相关的藏文文献，并结合该窟法界语自在曼荼罗图像作对比研究，厘清11世纪初至12世纪中晚期在西藏西部流行的以四面八臂白色文殊菩萨为主尊的法界语自在曼荼罗图像与所据文本之间的关系。崔晓东的《从天龙山第八窟透视中心塔柱窟的演变》[②] 一文试以天龙山第八窟为例，以小见大，主要阐述了中心塔柱窟的起源、发展及演变。苏玲玲、杨超杰的《论天龙山石窟东峰区造像的相关问题》[③] 一文考察了该区一组七佛与弥勒龛像及相关凿补情况等。文章认为这些造像的开凿次第为：第一次雕凿活动，在大致完成了方形龛的雏形后，凿出立面后即告结束。第二次雕凿活动，在北齐时期，利用方形龛的里面，先后开凿了3个小龛，其中间龛的雕造要晚于两侧造像龛。第三次雕凿活动在唐代，即在方形龛的顶部刻出七佛龛，并且打破了方形龛的左侧壁。此外，关于佛教石窟艺术的论文还有周斌的《试论龙门石窟的造像艺术》[④] 以及赖天兵的《飞来峰玉乳洞北宋禅宗祖师像再探》[⑤] 等。

（二）地面寺院

地面寺院在功能上与石窟寺是基本相同的，而且越是到后来，地面寺院越是成为佛教寺院形态的主体。在此部分关于地面寺院的佛教艺术研究中，主要包括地面寺院的建筑及寺院内的绘画造像等相关内容。

关于地面寺院的考古报告，张华琴、丁友甫的《浙江宁波北仑灵峰禅寺旧址考古调查简报》[⑥] 是为其一，但更多的是地面寺院的相关研究，陈晓露的《鄯善佛寺分期初探》[⑦] 一文通过与犍陀罗佛寺对比，根据建筑形制、建筑材料、建造方法、出土物等将鄯善佛寺分为四期，并初步探讨了各期的年代、文化内涵及演变规律。该作者另一文章《楼兰LB佛寺考》[⑧] 一文通过梳理西方学者早期的考察记录，力图从佛寺布局、佛塔形制、木雕佛像等方面分析LB佛寺的特点，并对其年代、渊源及影响进行初步探讨。大兴善寺是西安佛寺历史最为悠久的寺院之一，其以“九五”贵位而建立，隋代处于“国寺”地位，唐时是国家译经中心和密宗祖庭，在佛教史上占有一席之地。景亚鹂、王原茵的《西安大兴善寺建置沿革与文化遗存》[⑨] 一本以文献史料和实地考察为背景，结合20世纪50年代老照片，梳理了大兴善寺的历史演变和文化遗存。

《东汉至南北朝时期汉地佛寺布局论要》[⑩] 一文关注的是在佛教初传中国至进入佛教

---

① 王瑞雷：《西藏西部东嘎1号窟法界语自在曼荼罗图像与文本》，《敦煌研究》2013年第5期。

② 崔晓东：《从天龙山第八窟透视中心塔柱窟的演变》，《文物世界》2013年第5期。

③ 苏玲玲、杨超杰：《论天龙山石窟东峰区造像的相关问题》，《文物世界》2013年第6期。

④ 周斌：《试论龙门石窟的造像艺术》，《文物世界》2013年第5期。

⑤ 赖天兵：《飞来峰玉乳洞北宋禅宗祖师像再探》，《东方博物》2013年第3期。

⑥ 张华琴、丁友甫：《浙江宁波北仑灵峰禅寺旧址考古调查简报》，《南方文物》2013年第3期。

⑦ 陈晓露：《鄯善佛寺分期初探》，《华夏考古》2013年第2期。

⑧ 陈晓露：《楼兰LB佛寺考》，《文物》2013年第4期。

⑨ 景亚鹂、王原茵：《西安大兴善寺建置沿革与文化遗存》，《文博》2013年第5期。

⑩ 赵娜冬、段智钧、吕学贞：《东汉至南北朝时期汉地佛寺布局论要》，《文物世界》2013年第3期。

中国化阶段之前的这个重要时期里，汉地佛寺建筑布局的主要演变发展情况。姜杉的《左权县普照寺大殿建筑年代之浅析》① 一文通过对寺中的碑刻资料以及建筑本身的形制特点的分析，指出普照寺大殿，完整地保留了五代、宋、金、元代各个时期的建筑特征及鲜明的时代风格，尤以金、元为盛。王书俊的《清泉寺建筑布局与结构特点》② 对清泉寺的布局及结构做了较为清晰完整的介绍。

青州龙兴寺造像先后被评为1996年中国十大考古发现之一和20世纪全国百项考古大发现之一，直到现在对它的研究仍然余热未消。李森的《北朝崔氏家族青州龙兴寺造像活动发覆》③ 一文分析考证了有关金石文献资料中北朝高门士族崔氏家族在龙兴寺进行造像活动的情况。但文中更多的证据所示实际上是崔氏与青州广福寺的联系，临淄等地也发现有相关崔氏的造像座等文物，张总及邱忠鸣曾对此做过研究。因龙兴寺造像基本没有题记，此文似推阐过深。其实当地崔氏与佛教及造像颇有联系，并无必要必指龙兴寺。其另一篇文章《青州龙兴寺造像北齐大盛原因考》④ 一文认为，龙兴寺造像高峰之所以凸显于北齐，创造出独步一时的精美绝伦石雕艺术，系因青州城是高齐王朝的第三大政治中心。政治中心佛法易盛，这是当时龙兴寺佛教造像大盛的主要原因。此前宿白的研究就曾以龙兴寺与青州城为造像之背景而作专文。更重要的是邺城新出土的佛像数量巨大，虽然发表仅数图，但也可知其精美不在青州龙兴寺之下。北齐王朝造像的精美与繁盛可以说有些空前绝后之意味。所以，仅从北齐内部情况来阐释佛像之精美是远远不够的。柯秉飞的《浅论青州龙兴寺菩萨雕塑的纯粹现实世界》⑤ 一文认为青州龙兴寺菩萨造像有着特别的意义，即具有现实社会的表现特性。纯粹现实世界的表达并不存在原始宗教虚拟空间下的塑造，是雕塑工匠通过自己情感移入对人物形象的重构来唤醒观众视觉的意识，通过材料、图像赋予作品沉静、震撼的力量。带给观众在空间中建构的那些表达作者的观念、激情和惊人作品的感性深度。该文确是浅论，仅就造像而言造像，青州佛菩萨造像所具有的印度意味是不容忽视的。

董华锋的《南朝造像题记与南朝佛教相关问题考论》⑥ 一文对南朝造像题记首先进行了整理，指出目前保存下来的南朝造像题记约有60余条，大致可分为两种格式，时间上以梁中大通至大同年间（529—545）为最多，空间上主要分布在四川地区和苏浙地区等两个区域，造像题材以释迦、弥勒、观音、无量寿佛为主。在此整理的基础上，该文讨论了南朝佛教的两个中心、大乘净土思想、世俗化倾向及造像的功用等基本问题。另一篇有关南朝造像的文章是韩国苏铉淑的《政治、祥瑞和复古：南朝阿育王像的形制特征及其含义》⑦，该文首先对成都出土的6世纪阿育王像（实为阿育王所造佛像）的形制特征进行分析，文章认为它们是在复古理念下以中国4世纪造像为底本塑造的。并尝试对南朝阿育王像的特殊含义进行阐释，以及分析复古形制所体现的政治性问题。谷新春的《洛阳

① 姜杉：《左权县普照寺大殿建筑年代之浅析》，《文物世界》2013年第3期。

② 王书俊：《清泉寺建筑布局与结构特点》，《文物世界》2013年第3期。

③ 李森：《北朝崔氏家族青州龙兴寺造像活动发覆》，《敦煌研究》2013年第2期。

④ 李森：《青州龙兴寺造像北齐大盛原因考》，《敦煌学辑刊》2013年第2期。

⑤ 柯秉飞：《浅论青州龙兴寺菩萨雕塑的纯粹现实世界》，《文物世界》2013年第6期。

⑥ 董华锋：《南朝造像题记与南朝佛教相关问题考论》，《敦煌学辑刊》2013年第4期。

⑦ ［韩］苏铉淑：《政治、祥瑞和复古：南朝阿育王像的形制特征及其含义》，《故宫博物院院刊》2013年第5期。

白马寺藏原北京大能仁寺佛教造像考》① 一文通过对相关文献资料的考证，指出现今陈设于白马寺天王殿与大雄殿堂内的共24尊佛教造像实际是元明时期北京著名的藏传佛教寺院大能仁寺内的遗物。这批佛教造像约在乾隆三十四年进入紫禁城慈宁宫，后于1973年调配至洛阳白马寺。

张永波的《对正定隆兴寺内一龛唐代造像的初步研究》② 一文对正定隆兴寺龙泉井亭北壁中央所嵌的一龛石造像进行了考证，主要从唐代佛教造像流行的连茎莲座入手，比对各地唐代特征明显和有准确纪年的造像，从而确认隆兴寺所存的此龛石造像为晚唐风格，以此作为今后隆兴寺唐代佛教艺术深入研究的一个基础。宋莉的《陕西长武县北魏佛教石刻造像的再认识》③ 一文以有纪年的石刻造像为标尺，对石刻造像进行分类，分析了各时期造像的样式特征、地域特征以及信仰群体等方面的内容。冉万里的《略论西安碑林博物馆藏景明二年造像碑上的神王像》④ 一文是对景明二年四面造像碑主龛下方的造像题材所作的研究。该文对其进行了较为详细的分析和论证，认为它们是陕西地区重要的早期神王像。王为群的《北魏泰常五年金铜弥勒禅定坐像考略》⑤ 一文是针对1976年11月在隆化县征集到的一批三尊金铜造像中有铭文和明确纪年（北魏泰常五年）的一尊造像的考察，该造像是目前我国发现的北魏较早时期有确切纪年的铜造像，对北魏时期金铜造像的分期、断代及定名均有一定的指导意义，同时也是难得的佛教艺术珍品。

孙宗贤、曹建宁的《北周建德二年观音石像座》⑥ 一文是对2008年1月，凤翔县博物馆在县城旁发现的一方石质像座的介绍。该像座有明确纪年，其所显示的文字信息及图像信息对于研究北周佛教艺术都大有裨益。现该像座收藏于县博物馆。陈智勇的《因型造势、随势塑形——善化寺二十四诸天彩塑造型艺术特点》⑦ 一文从彩塑程式化的塑造技法特点入手，结合二十四诸天塑像类型化的形象设计，进而分析彩塑的艺术特点。该文对二十四诸天彩塑技法和艺术特色进行了具体的分析和研究，这种彩塑的解读方式也是彩塑研究的新尝试。何志国的《南京博物院藏彭山陶座佛像考》⑧ 一文认为，现藏于南京博物院的彭山佛像是首见于陶座的佛像，其座并非摇钱树座，过去研究对该佛像的引用和描述错误甚多。该佛像年代应为东汉晚期，而非蜀汉，其图像志来源融合了犍陀罗和秣菟罗特征，并对长江中下游地区和日本早期佛像的图像志产生了影响。

马新广的《唐五代佛寺壁画里的文殊》⑨ 一文主要讨论了唐五代时期佛寺壁画里的文殊形象常和普贤相对而出，也常见于对“维摩示疾文殊来问”这一情形的描绘中，文殊菩萨常坐骑于狮子之上；同时，文殊形象也有五髻文殊、千钵文殊、五台山文殊变相等形式。通过比较典籍文字的记载和今存的文物壁画，文章认为二者是相互印证、一致的。

以下几篇文章主要是关于藏传佛教方面的研究。夏吾卡先的《西藏卓卡寺吐蕃壁画

---

① 谷新春：《洛阳白马寺藏原北京大能仁寺佛教造像考》，《文物世界》2013年第2期。

② 张永波：《对正定隆兴寺内一龛唐代造像的初步研究》，《文物春秋》2013年第2期。

③ 宋莉：《陕西长武县北魏佛教石刻造像的再认识》，《世界宗教文化》2013年第2期。

④ 冉万里：《略论西安碑林博物馆藏景明二年造像碑上的神王像》，《文博》2013年第1期。

⑤ 王为群：《北魏泰常五年金铜弥勒禅定坐像考略》，《文物春秋》2013年第5期。

⑥ 孙宗贤、曹建宁：《北周建德二年观音石像座》，《考古与文物》2013年第6期。

⑦ 陈智勇：《因型造势、随势塑形　善化寺二十四诸天彩塑造型艺术特点》，《美术研究》2013年第1期。

⑧ 何志国：《南京博物院藏彭山陶座佛像考》，《东南文化》2013年第5期。

⑨ 马新广：《唐五代佛寺壁画里的文殊》，《世界宗教文化》2013年第2期。

初探》① 一文结合西藏考古材料和历史文献，对西藏山南地区卓卡寺残存的壁画和历史进行了考察和研究，认为卓卡寺壁域所绘制的内容为佛传故事，绘制年代应该是在吐蕃末期。此壁画的发现，改变了人们认为西藏腹地不存在表现世俗人物的吐蕃壁画的观点。同时对佛传故事图粉本的源流研究等也具有极其重要的价值和意义。李翎的《密教双身图像研究——以丹丹乌里克木板画为引子》② 一文通过回顾学术史，讨论了以往学者对于早期双身像的研究和成果，认为所谓早期的双身像不过是印度教天神的形象，与佛教的密教像无关。结合唐译毗那夜迦经典和后期藏译母续怛特罗文献，该文讨论了真正的双身概念是合抱炙合状，并对佛教图像志中真正意义的双身像的出现年代作出了判定。张雅静在《清宫藏“白上乐王佛”图像溯源》③ 中介绍，故宫博物院所藏佛像中，有种名为“白上乐”的佛像，双身、一面两臂，男尊两手各持一宝瓶，交叉于胸前并拥抱明妃，明妃两手均持颅碗。这些上乐像均为清宫旧藏，且样式并不常见。作者通过查看各种佛教图像集成，发现与之相同的白上乐，只见于《三百佛像集》和《诸佛菩萨圣像赞》。再通过阅读文献，得知清宫白上乐主要用于长寿修法。同样用于长寿修法的白上乐，在《五百佛像集》中也有一尊，其身形与清宫白上乐完全不同。两尊功能相近的白上乐，却显示出相异的图像特征，一为立姿，一为坐姿。文章通过对两种白上乐佛图像的翔实考察，认为清宫中出现白上乐图像的原因与章嘉若必多吉和乾隆皇帝的密切交往以及他们祈求长生的愿望直接相关。而立姿白上乐并不专属于某个教派，而是与大多数印度传来的教法相同，在漫长的几个世纪中，分别在不同教派中传播蔓延。与此相比，坐姿白上乐显得较为特殊，坐姿白上乐由宗喀巴大师创立，是格鲁派特有的教法。从八世济咙呼图克图列出的传承序列中，得知坐姿白上乐与历代班禅关系密切。在清宫佛教中起到重要作用的章嘉若必多吉和六世班禅，也正属于班禅一系。同样是延命长寿的白上乐，坐姿白上乐与清宫的关系要直接得多，这应该也是坐姿白上乐在清宫中占据主流位置的原因所在。

钟子寅的《西藏山南贡嘎曲德寺大殿道果传承祖师壁画及其艺术史之意义》④ 一文对西藏山南贡嘎曲德寺大殿道果传承祖师壁画进行了详细的描述及初步的探讨。文章认为此两铺道果传承祖师壁画更可视为是钦泽大师亲笔的基准作品，此外，检视15—16世纪道果传承遗品，贡嘎曲德寺将萨迦的两种主要道果传承整合在一起布局也是到目前为止的唯一作例，这也为进一步研究开启了大门。李春华、金普军、刘洪的《四川康定县清代古经堂壁画颜料分析研究》⑤ 一文，是针对有别于藏传佛教寺院壁画的民居经堂壁画所作的研究。文章具体研究了康定古经堂壁画所使用的颜料，其从颜色上主要可分为蓝、红、粉红、绿、黄、黑、橘红、白、金、棕黑等色。采用常规X射线衍射分析，可知这些颜料多来源于天然矿物。文章指出，康定古民居经堂壁画颜料成分的确定，对研究藏区清代壁画保护和相关佛教史具有重要意义。

寺院碑刻往往记录了一座寺院的重要史事，很多时候可补史料之不足，是进行宗教艺

① 夏吾卡先：《西藏卓卡寺吐蕃壁画初探》，《考古与文物》2013年第1期。

② 李翎：《密教双身图像研究——以丹丹乌里克木板画为引子》，《中国国家博物馆馆刊》2013年第1期。

③ 张雅静：《清宫藏“白上乐王佛”图像溯源》，《故宫博物院院刊》2013年第4期。

④ 钟子寅：《西藏山南贡嘎曲德寺大殿道果传承祖师壁画及其艺术史之意义》，《法音》2013年第10期。

⑤ 李春华、金普军、刘洪：《四川康定县清代古经堂壁画颜料分析研究》，《四川文物》2013年第3期。

术研究的重要资料。杜平的《正定崇因寺明神宗圣旨碑》[①] 一文主要是对该寺院中失而复得的明神宗圣旨碑的碑文所做的考察。该碑碑阳所刻的明神宗颁经敕谕及碑阴所刻的募缘疏，为考订崇因寺的历史沿革及铜铸毗卢佛像的铸制缘起等，提供了确切的文字资料。刘东平的《〈晖福寺碑〉相关问题蠡测》[②] 一文着重介绍了其流传经过及刊刻的时代背景，并对涉及的相关人物进行了解析。文章对书法艺术价值进行了探索研究，指出其不仅开创了北魏由隶入楷的先声，更是平城时期书法艺术的代表作。该文最后还对碑的造型及章法进行了分析讨论。杨晓春的《南京鸡鸣寺现存明碑〈重修鸡鸣禅寺记〉探析》[③] 一文通过查询、分析碑文中涉及的撰文人等的基本情况、明代洪武年间创建和弘治年间重修的历史情况，使人们更进一步认识到该碑的价值。

于飞的《〈硖石寺大隋远法师遗迹〉碑刻及相关问题考述》[④] 除了叙述该碑现状之外，主要探讨了慧远的生平事迹及其与净土宗的关系、早期弥勒崇拜与碑刻内容的联系以及佛教寺院建筑的塔院式—殿堂式风格演变三个问题。其中佛寺格局的演变宿白等多位学者已有讨论，而中国佛寺这种格局的演变在《硖石寺大隋远法师遗迹》碑线刻图中，基本都可以看到，这为此类研究又增加了一项证据。冀洛源的《辽南京地区城镇中的经幢三例》[⑤] 一文详考了今河北卢龙、天津宝坻、北京顺义三座大型经幢，探讨其竖立、修复过程及形制特点，指出这三座经幢均占据城镇内十字大街中央且规模巨大、构造复杂，充分体现了辽代佛教信仰对这一地区城镇建设及社会生活的影响。文章指出，这些按照唐代经文选址建造的辽代经幢也是探讨幽州地区唐代地方城址布局的重要参考。

（三）佛

佛塔在佛教艺术中是一个非常独特的艺术形态，它在中国的发展演变自成体系。黄培量的《浙南砖石多宝塔的调查研究》[⑥] 主要考察了多宝塔的产生和历史演变过程。霍宏伟的《洛阳发现唐代咸亨三年石塔》[⑦]、田强的《昌黎赵翁宝塔》[⑧]、李丹的《太原永祚寺文峰塔》[⑨] 及苏义惠的《平阳栖真寺宋代五佛塔》[⑩] 主要是对这几座佛塔的介绍，性质近似于调查报告。从这些文章中，可以了解到这几座佛塔的较为详细的信息，可为进一步研究打好基础。

王敏庆的《佛塔受花形制渊源考略——兼谈中国与中、西亚之艺术交流》[⑪] 一文通过对早期佛塔的梳理，认为受花形成于中国本土，最早它有两种形式，即花叶式和阶梯几何式，其根源可追溯到犍陀罗佛教雕刻中的石柱花叶柱头和遥远西亚纳巴泰文明中的一种建

---

① 杜平：《正定崇因寺明神宗圣旨碑》，《文物春秋》2013 年第 1 期。

② 刘东平：《〈晖福寺碑〉相关问题蠡测》，《文博》2013 年第 5 期。

③ 杨晓春：《南京鸡鸣寺现存明碑〈重修鸡鸣禅寺记〉探析》，《东南文化》2013 年第 5 期。

④ 于飞：《〈硖石寺大隋远法师遗迹〉碑刻及相关问题考述》，《文物世界》2013 年第 2 期。

⑤ 冀洛源：《辽南京地区城镇中的经幢三例》，《文物》2013 年第 6 期。

⑥ 黄培量：《浙南砖石多宝塔的调查研究》，《东方博物》2013 年第 3 期。

⑦ 霍宏伟：《洛阳发现唐代咸亨三年石塔》，《文物》2013 年第 11 期。

⑧ 田强：《昌黎赵翁宝塔》，《文物春秋》2013 年第 5 期。

⑨ 李丹：《太原永祚寺文峰塔》，《文物世界》2013 年第 3 期。

⑩ 苏义惠：《平阳栖真寺宋代五佛塔》，《东方博物》2013 年第 3 期。

⑪ 王敏庆：《佛塔受花形制渊源考略——兼谈中国与中、西亚之艺术交流》，《世界宗教研究》2013 年第 5 期。

筑形式。受花在中国佛塔上的出现，正体现了中国与中亚乃至更加遥远的西亚之间所存在的文化交流。“无缝塔”在中国佛塔形制中，是比较独特的一类，王大伟的《从窣堵婆到无缝塔：论中国禅僧与无缝塔葬》① 一文认为无缝塔与印度的窣堵婆有着紧密的渊源关系。而在其历史演变过程中，中国僧侣逐渐演化出“无缝塔葬”这一安骨方式，但目前关于“无缝塔葬”的记载，主要集中在禅宗文献，事迹也几乎都与禅僧有关。故该文对无缝塔葬的研究，主要是探讨禅僧与之的关系。《静安寺塔和静安寺》② 一文结合辽代发现的佛塔，对静安寺塔进行了复原，并对其时代、建筑风格和技术提出了新的观点。通过对比研究，作者认为该塔的形制是传统辽地密檐与覆钵式塔结合的祖型，且其塔身以菩萨为装饰题材，为后世的装饰风格开创了先河，对研究辽代佛塔建筑和佛教文化具有重要意义。赵涛的《舍利生生塔瓦顶琉璃蟠龙初探》③ 一文主要讨论的是舍利生生塔瓦顶的琉璃蟠龙。该宝塔始建于隋开皇年间，重建于宋。现存建筑为清乾隆十六年（1751 年）重建，平面八边形，为七层仿木构阁楼式砖塔。文章指出，舍利生生塔的琉璃浮雕蟠龙瓦顶是宝塔的特色之一，工艺精湛，其创意使人耳目一新。

关于舍利函及瘗埋空间等的研究，是关于佛塔研究的一个重要组成部分，因为塔的灵魂就在于舍利子之上。杨效俊的《隋唐舍利瘗埋空间中的世界图像》④ 一文主要研究了隋代、唐代前期至唐代后期，舍利瘗埋空间中世界图像发生的显著变化。文章指出其原因是不同的舍利信仰经典导致舍利崇拜形态的差异，因此隋唐时期舍利瘗埋空间的建筑和图像程序也相应变化，导致舍利瘗埋空间中的世界图像的变化。此外，世界图像还反映了当时社会和佛教界普遍的世界观，而这种世界观与时代背景密切相关。隋代尚未形成纯粹的舍利崇拜和瘗埋制度，舍利瘗埋空间中的世界图像为佛教宇宙观与中国传统的灵力结合；唐代前期形成舍利崇拜和瘗埋制度，舍利信仰注重视觉文化与仪式，舍利瘗埋空间中的世界图像为中国传统的方位思想与佛教图像结合；唐代晚期以纯粹的佛教理念和空间瘗埋舍利，舍利瘗埋空间的中心既是佛骨舍利，也是宇宙的中心。两重象征意义统一于曼荼罗中。文军的《陕西蓝田出土舍利石函图像再探讨》⑤ 一文认为，该舍利函上的图像应该以较少见的逆时针的方式解读较为准确，供养者是在表达整个舍利的供养过程，从图像中的主体形象看，应该是僧人之家人为其进行的一个供养仪式过程的完美记录。

刘友恒的《正定广惠寺华塔内两尊唐代石佛像铭文试析》⑥ 一文通过对铭文的分析认为，两尊佛像应系唐代为国忌行香而造。唐代佛像中，有明确纪年的此类佛像存世者甚少，这两尊佛像虽残缺不全，但依然弥足珍贵。

佛塔题铭对于研究佛塔有着至关重要的意义。杨瑶、高辉的《明代辽东女真高僧塔铭〈圆公塔铭序〉考释》⑦ 一文通过对该序文的考释，使我们了解到明代女真高僧道圆的生平事迹及死后葬身之地，此外还涉及明代广佑寺、白塔、永宁寺的修建情况，反映了明代辽东地区的宗教概貌。故此序文具有很高的史料价值。王晓薇、孙斌的《定州塔〈李

① 王大伟：《从窣堵婆到无缝塔：论中国禅僧与无缝塔葬》，《世界宗教文化》2013 年第 2 期。

② 佟强、郎智明、郭雪松：《静安寺塔和静安寺》，《草原文物》2013 年第 1 期。

③ 赵涛：《舍利生生塔瓦顶琉璃蟠龙初探》，《文物世界》2013 年第 4 期。

④ 杨效俊：《隋唐舍利瘗埋空间中的世界图像》，《文博》2013 年第 5 期。

⑤ 文军：《陕西蓝田出土舍利石函图像再探讨》，《文博》2013 年第 2 期。

⑥ 刘友恒：《正定广惠寺华塔内两尊唐代石佛像铭文试析》，《文物春秋》2013 年第 5 期。

⑦ 杨瑶、高辉：《明代辽东女真高僧塔铭〈圆公塔铭序〉考释》，《文物春秋》2013 年第 5 期。

德泽等修塔记〉碑考析》[①] 一文对这则碑刻加以录文考析，并初步探讨了其题名部分所具有的史料文献价值。碑文记载了北宋定州开元寺塔的建造缘起和落成时间，反映了以定州开元寺为主体的僧俗佛教信仰状况，在一定程度上可补史料之不足。

（四）典籍

佛教典籍，主要是指佛教的文字系统，不论是研究佛教还是佛教艺术，它都是非常重要的资料。对于佛教艺术研究而言，关注的不仅是它的文字内容、书写形式，还包括它的装帧、插图、版式、制作方式，等等。

方广锠、张贤明的《中国刻本藏经对〈高丽藏〉的影响》[②] 一文从历代刊刻大藏经的内在动力角度，探讨了中国刻本《大藏经》对《高丽藏》的影响，指出功德回向思想在《大藏经》刊刻中的作用，佛教信仰层面与义理层面的内在张力在《大藏经》刊刻中的表现，以及汉文《大藏经》刊刻与流通曾经在东亚汉文佛教圈起到文化交流、文化认同、和平外交的作用。李翎、马德的《敦煌白伞盖信仰及相关问题》[③] 一文主要讨论了在藏传佛教中十分盛行的大白伞盖信仰。文章指出，从吐蕃时期开始这种信仰就已流传，保留在历史上的造像极多，汉传佛教也曾流行过白伞盖信仰。通过其译经和敦煌地区当时流行的白伞盖抄本及印画得知，至少在8世纪汉地白伞盖信仰就已广泛传播，大量的“置伞文”也说明民间的白伞盖信仰曾十分普遍。而早期汉地流行的白伞盖信仰的印画或奉伞仪式不是以不空译本为依据，而是以更为通俗的不空本的注释本和8世纪编纂的《大佛顶首楞严经》为依据。汉藏供奉的白伞盖样式也有所不同。张先堂的《一件珍贵的唐五代敦煌俗家弟子诵经录——敦煌研究院藏D0218号残卷新探》[④] 一文首次对敦煌研究院藏D0218号残卷刊布录文，考证此卷为唐五代敦煌俗家弟子诵经录，并引申论证此卷反映了唐五代敦煌俗家弟子的结社诵经、试经活动，对于深入研究唐五代敦煌民间基层社会人们诵读、受持佛经的信仰活动，即法供养活动及其组织形态提供了珍贵的第一手资料，具有重要的历史文献价值。

文献考释类的文章能够帮助我们廓清原来认识较模糊的东西，这类研究有助于佛教艺术的深入进行。郑怡楠的《敦煌归义军节度使曹延恭造窟功德记考释》[⑤] 一文指出P. 3542并非《敦煌遗书总目索引》《敦煌遗书总目索引新编》《法藏敦煌西域文献》所定名的“无遮大会斋文”，文中令公乃曹元忠，使君为曹延恭，曾经出任瓜州刺史。这篇功德记记载石窟绘制壁画内容与第454窟基本一致，故而P. 3542是敦煌曹氏归义军时期曹延恭开凿第454窟的修功德记。敦煌写本《河西节度使大王造大寺功德》是河西节度使大王曹议金及其子曹元德等人发愿造寺的功德记，郑怡楠的《敦煌写本〈河西节度使大王造大寺功德记〉考释》[⑥] 一文研究认为，曹议金所造大寺或与三界寺重修有关，且曹议金所造大寺体现了净土思想在敦煌的流传，文章指出这对我们了解晚唐五代宋初归义军政

---

① 王晓薇、孙斌：《定州塔〈李德泽等修塔记〉碑考析》，《文物春秋》2013年第4期。

② 方广锠、张贤明：《中国刻本藏经对〈高丽藏〉的影响》，《世界宗教研究》2013年第1期。

③ 李翎、马德：《敦煌白伞盖信仰及相关问题》，《敦煌学辑刊》2013年第3期。

④ 张先堂：《一件珍贵的唐五代敦煌俗家弟子诵经录——敦煌研究院藏D0218号残卷新探》，《敦煌研究》2013年第6期。

⑤ 郑怡楠：《敦煌归义军节度使曹延恭造窟功德记考释》，《敦煌学辑刊》2013年第3期。

⑥ 郑怡楠：《敦煌写本〈河西节度使大王造大寺功德记〉考释》，《敦煌学辑刊》2013年第4期。

权时期敦煌寺院修建制度与石窟开凿制度具有很高的价值。俄玉楠、郑怡楠的《敦煌写本 P. 3550〈都押衙镌大龛功德记〉考释》① 一文通过比较研究，认为修建第 108 窟的右马步都押衙与死于后晋时期的衙前都押衙张怀庆没有关系，也无法肯定《都押衙镌大龛功德记》所记洞窟是否就是 939 年中秋镌成的第 108 窟。

梁旭澍、王海云、王惠民的《敦煌研究院藏三阶教文献〈三阶观法略释〉残卷》② 一文对内容不见《大藏经》的敦煌研究院藏 D. 0135 仅残存 5 行 62 字的文献进行了研究，认为这件写卷是三阶教文献。D. 0135 内容不能与现存的三阶教文献对应，该文通过对现存三阶教文献的考察，推测 D. 0135 可能是《三阶观法略释》的一部分。李翎、马德的《敦煌印本〈救产难陀罗尼〉及相关问题研究》③ 一文着重阐释了敦煌印本《救产难陀罗尼》和写本《难月文》《佛顶心观世音经》都是佛教对于人类生育问题的关注，也是民间观音信仰的重要内容之一。其中伪经《佛顶心观世音经》卷中之《佛顶心观世音菩萨疗病催产方》，在较长的历史时期内广泛流行于中国的大江南北。赵和平的《俄藏三件敦煌宫廷写经初步研究》④ 一文对俄藏敦煌文献中的三件唐代咸亨至仪凤中（670—679）的宫廷写经残本，分别是 Дх. 00160、Дх. 04930 和 Дх. 11013 + Дх. 11014 进行了研究，文章判定 Дх. 00160、Дх. 04930 可能同为《妙法莲华经》卷七，并对 Дх. 11013 + Дх. 11014 两号《金刚般若经》五个残片进行了重新排列。

赵青山的《敦煌写经道场纸张的管理》⑤ 一文主要论述了敦煌写经道场用纸量巨大，为了有效管理纸张，避免浪费和偷盗，写经道场从最初纸张发放到写经过程中纸张的兑废，以及最后写经完毕佛经的收回和剩余纸张的追回，每一个环节均有严格的纸张出入记录。这些纸张出入记录前后关联，是写经道场纸张管理的重要依据。

（五）法服器具

佛教的法服器具是佛教中非常重要的一个门类，其内容也十分丰富，但遗憾的是对于它的研究目前来看，重视程度还是远远不够的。费泳的《佛像的衣着种类及安陀会、偏衫问题》⑥ 联系佛教律典、相关文献及造像实物资料，对“佛像的衣着种类”“安陀会用于上身还是下身披着”“偏衫是否应用于中国佛像”等几种佛衣研究不可避及的基础性问题进行考论。董立功的《唐代僧人获赐紫衣考》⑦ 一文论述了本是唐朝三品以上官员常服的“紫衣”，自武则天主政后，朝廷开始向僧人或道士赐紫色袈裟或法衣，使“紫衣”成为朝廷给予僧人或道士的一种特别褒奖。此做法后被历代王朝所沿袭。唐代僧人获赐“紫衣”的资料散见于中国的传统典籍中，日本官修史书中也有零星记载。该文通过对典籍中唐代僧人获赐“紫衣”情况的整理，对唐代僧人群体在唐代政治生活中的表现和佛教与世俗皇权的关系有了一个更全面的分析。此文所论其实饶宗颐早有评说，中国武周时

---

① 俄玉楠、郑怡楠：《敦煌写本 P. 3550〈都押衙镌大龛功德记〉考释》，《敦煌学辑刊》2013 年第 4 期。

② 梁旭澍、王海云、王惠民：《敦煌研究院藏三阶教文献：〈三阶观法略释〉残卷》，《敦煌研究》2013 年第 4 期。

③ 李翎、马德：《敦煌印本〈救产难陀罗尼〉及相关问题研究》，《敦煌研究》2013 年第 4 期。

④ 赵和平：《俄藏三件敦煌宫廷写经初步研究》，《敦煌研究》2013 年第 3 期。

⑤ 赵青山：《敦煌写经道场纸张的管理》，《敦煌学辑刊》2013 年第 4 期。

⑥ 费泳：《佛像的衣着种类及安陀会、偏衫问题》，《敦煌研究》2013 年第 5 期。

⑦ 董立功：《唐代僧人获赐紫衣考》，《世界宗教研究》2013 年第 6 期。

则天女皇赐紫僧人，也是中国佛教败坏之始。[①] 陈悦新的《青州地区北朝佛衣类型》[②] 一文将青州地区北朝佛衣类型分为三期：一期约北魏末至东魏初（约518—537），以上衣搭肘式和露胸通肩式佛衣为主；二期约东魏初至东魏末（约537—550），佛衣沿袭一期；三期约北齐时期（550—577），流行露胸通肩式、通肩式和袒右式佛衣。一、二期佛衣可能受到南朝文化中心建康的影响；三期佛衣既保持南朝传统，又有来自印度的影响，而来自印度的影响大约仍可能通过建康传至青州地区。

邹西丹的《泸州市博物馆藏东汉陶佛像灯台略考》[③] 一文是对灯座为一结跏趺坐佛像的灯台的考察，该灯台造型较为罕见，为研究早期佛教传入中国提供了新的资料。冉万里的《略论唐代狮形香炉造型的宗教含义及其源流——一个印度造型创意的传播》[④] 一文着重对河南偃师晚唐墓和陕西西安晚唐曹氏墓中出土的三件狮形香炉造型的宗教含义及其创意的源流、影响等方面进行了论述。文章认为这种狮形香炉在造型上取法于印度和传统的创意，达到了佛教与造型艺术的统一。可以看作是唐代文化在吸收外来文化因素并结合传统因素基础上，创造新的造型艺术的一个范例。

（六）其他

这一栏内的文章很难纳入以上五种佛教艺术的类别之中，但它与佛教艺术的研究却密切相关。这类文章主要包括与佛教文献、文物相关的总结概述性文章、理论性文章、美学类文章、广泛运用综合材料对某一图像或佛教某一问题的研究，以及对于某位佛教画家及佛教音乐的相关文章。

与佛教文献、文物相关的总结概述性文章主要有李芬林、曾雪梅的《甘肃省图书馆藏敦煌文献述评》[⑤]，林玉、董华锋的《四川博物院藏敦煌吐鲁番写经叙录》[⑥] 以及王惠民的《哈佛大学藏敦煌文物叙录》[⑦] 等。从这些文章中我们可以了解到甘肃省图书馆藏敦煌藏经洞文献的来源、内容及特点等，认识到其馆藏敦煌文献所具有的社会和历史研究价值；了解到四川博物院所收藏的一批敦煌、吐鲁番写经共有36卷，编为40个号。这批写经流传有序，内容丰富，涉及14种佛经，部分写经尚存题记、发愿文，其中5件有明确的纪年。敦煌、吐鲁番、黑水城出土文献的主体部分是写本，但也保存了大量唐五代、宋元时期的刻本，虽然多为片纸残页，但是吉光片羽，弥足珍贵；从这几篇文章中也使我们了解到美国哈佛大学所藏敦煌文物的数量、性质以及特点，等等。此外，郑阿财的《杏雨书屋〈敦煌秘笈〉来源、价值与研究现况》[⑧] 一文主要介绍杏雨书屋《敦煌秘笈影片册》1—9最新出版之情形，并论述此批藏品之来源，举例说明其价值。同时针对羽田亨收购敦煌秘笈前后，以及《敦煌秘笈目录》稿出现、照片陈列乃至《敦煌秘笈》目录册、

---

① 饶宗颐：《从石刻看武则天的宗教信仰》，《中国宗教思想史新页》，北京大学出版社2000年版。

② 陈悦新：《青州地区北朝佛衣类型》，《敦煌学辑刊》2013年第4期。

③ 邹西丹：《泸州市博物馆藏东汉陶佛像灯台略考》，《四川文物》2013年第2期。

④ 冉万里：《略论唐代狮形香炉造型的宗教含义及其源流——一个印度造型创意的传播》，《文博》2013年第4期。

⑤ 李芬林、曾雪梅：《甘肃省图书馆藏敦煌文献述评》，《敦煌研究》2013年第6期。

⑥ 林玉、董华锋：《四川博物院藏敦煌吐鲁番写经叙录》，《敦煌研究》2013年第2期。

⑦ 王惠民：《哈佛大学藏敦煌文物叙录》，《敦煌研究》2013年第2期。

⑧ 郑阿财：《杏雨书屋：〈敦煌秘笈〉来源、价值与研究现况》，《敦煌研究》2013年第3期。

影片册正式出版后，学界研究情形的总体说明，提供完整研究篇目。杏雨书屋所藏以李盛铎原藏品为主，在日本隐匿多年。该文是学界前此就最后这批重要敦煌文书的探考的后期总结。这些文章对于研究者掌握研究资料，了解资料信息都是十分重要的，同时它们也具有学术史的意义。

王敏庆的《试说宗教造型艺术基本形态》① 一文是一篇理论性研究文章，该文从造型艺术的宗教属性角度，依其存在状态，将其分为六种基本形态，与传统的从艺术角度的形态划分截然不同。该文所讨论的内容为基础理论研究，其目的在于厘清原来使用或理解模糊的相关概念，揭示宗教造型艺术的内部结构，以及这个结构中各部分之间的关系，为具体的宗教造型艺术研究提供理论指导。

胡同庆的《论悲惨与悲壮之差异——兼论敦煌早期佛教艺术内涵并与李泽厚先生“悲惨世界论”商榷》② 一文从壁画佛经内容、历史社会背景以及当代政治、经济与宗教的关系等方面进行分析，指出李泽厚先生关于敦煌早期佛教艺术是“悲惨世界”的反映、宗教和宗教艺术是苦难者的呻吟等观点的片面性，文章认为人们信仰宗教的原因很多，宗教艺术中的内容也非常丰富。

卢少珊的《北朝隋代维摩诘经图像的表现形式与表述思想分析》③ 一文分析了维摩诘经图像的表现形式与表述思想相互关联的两个基本问题。首先，该文兼顾维摩诘经图像的配置和意图，将其类分为佛说维摩诘经表现、维摩文殊主体性表现、装饰性表现和特殊表现四种形式，用以说明该图像的时空发展脉络。其后，文章关注了维摩诘经图像各种表现与其他图像的组合关系，划分为与释迦佛关联图像、与法华经关联图像、与净土信仰图像、与两种布施本生图像四种组合，以揭示其图像表述思想的演化状况。该文总体认为，由宣扬大乘、强调菩萨行到表述净土思想，形成北朝隋代维摩诘经图像发展的主旋律。王中旭的《故宫博物院藏〈维摩演教图〉的图本样式研究》④ 一文是针对故宫博物院藏《维摩演教图》图本样式的研究。文章主要得出以下三点结论：（1）该图是在唐代《维摩变》的基础上演变而来，作品突出维摩不二、天女散花的形象，体现了北宋后期以来文人士大夫的信仰和情感；（2）图中文殊一侧的会众中，除菩萨及青毛狮子外，还有善财童子、佛陀波利、文殊化现老人和于阗王，他们以文殊使者的身份出现在这场法会中；（3）从文殊使者进入与文殊相关题材图像的时机，以及该图与《降灵文殊、普贤像》中部分图像样式的相似上来看，二图创作的时间应接近，因此金维诺、方闻先生认为该图绘制于金是有道理的，二图对《新样文殊》的利用、改造，反映了南宋时代（包括金、西夏）宗教画创作观念的变化。

王治的《尊像与经变——禅学背景下东晋西方净土造像的双线发展》⑤ 一文主要论述了东晋后，伴随各类净土经典的翻译、重译和传播，弥陀净土信仰逐步发展，并反映出其禅法、般若学内蕴。同时，西方净土遗像也体现了禅观之功能与特点。此外，无量寿佛像

---

① 王敏庆：《试说宗教造型艺术基本形态》，《世界宗教文化》2013 年第 2 期。

② 胡同庆：《论悲惨与悲壮之差异——兼论敦煌早期佛教艺术内涵并与李泽厚先生“悲惨世界论”商榷》，《敦煌研究》2013 年第 2 期。

③ 卢少珊：《北朝隋代维摩诘经图像的表现形式与表述思想分析》，《故宫博物院院刊》2013 年第 1 期。

④ 王中旭：《故宫博物院藏〈维摩演教图〉的图本样式研究》，《故宫博物院院刊》2013 年第 1 期。

⑤ 王治：《尊像与经变——禅学背景下东晋西方净土造像的双线发展》，《中国国家博物馆馆刊》2013 年第 8 期。

的造作从一开始就可能出现了显隐两条并行的发展线路：一是立体雕刻，该文作者称之为“尊像图”系，其为显线；二是平面绘刻，作者称之为“经变图”系，这条线路比较暗弱，为隐线。该文对隐微于佛教文献中的中国早期“西方净土变”萌芽予以了揭释。张蕊的《丁观鹏〈释迦及十六尊者像屏〉的粉本来源及其艺术特色》① 一文通过对《清宫内务府造办处档案总汇》等史料的考察，探讨了清乾隆时期画家丁观鹏的两套《释迦及十六尊者像屏》组画作品的历史背景、粉本来源等问题，并通过实际临摹的艺术实践，对其艺术特点进行了总结。何卯平的《关于东传日本的宁波佛画〈十王图〉中有无地藏一图的再检讨》② 一文从相关资料出发，论证宁波佛画《十王图》中地藏一图存在的确定性，但文中个别论点还有待改进。陈文利的《水陆画中的关羽形象——兼论宗教美术的世俗化倾向》③ 一文按照时间顺序，综合从图像和文化两方面对水陆画中的关羽形象进行流考，兼顾穿插论述自唐以来水陆画的发展情况，表明关羽的形象在宗教艺术中经历了一个从宗教性为主到世俗性占主导的过程。文章认为，关羽形象在水陆画中的出现是儒、释、道以及民间世俗各方文化共同作用下的结果，而水陆画的出现与发展更是与宗教美术的世俗化进程相一致，从侧面论证了自隋唐以来宗教美术的世俗化倾向。

克观的《寓禅于艺——竹禅和尚的书画艺术浅析》④ 一文是对晚晴僧人竹禅书画艺术的初步评述和研究，认为竹禅作为晚清时代的一代名僧借助高超的艺术造诣将佛学思想的禅充分融入诗书画印的创作之中，其独特的竹风禅韵至今传世逾百年，得到海内外的一致公认，成为双桂堂继破山祖师之后的又一大师。关于佛教音乐的研究文章较少，夏凡的《早期南亚佛教音乐初探》⑤ 一文是较为重要的一篇。文章认为南亚的佛教音乐在具有宗教音乐传统的古印度发起并在次大陆流传，然后遗存于斯里兰卡，以僧伽罗的方式传承下来，早期南亚佛教音乐主要以唱念吟诵伴有鼓乐为正统，由于斯里兰卡宽泛的宗教音乐背景，各种民间乐舞甚至戏曲都成为佛教仪式的一部分。而南亚其他信仰佛教的地区由于佛教派别的差异以及所在区域并不那么集中，并没有斯里兰卡那样具备鲜明的民族特征。

二　中国道教及民间宗教

对于在莫高窟第 249、285、297 窟出现东王公、西王母、伏羲、女娲、雷神、开明、飞廉、青龙、白虎、朱雀、玄武、方士、羽人等形象，李正宇的《吸纳消化　化彼为我——谈莫高窟北朝洞窟“神话、道教题材”的属性》⑥ 一文认为这些形象或属之道教，或属之“佛道结合”或“佛道杂糅”的说法皆非确论。该文认为这是佛教对神话、道教题材的吸纳消化，化为己有。彼所有者我亦有，我所有者彼乃无。从而充实、壮大加强了自身，在佛道较量中更胜一筹。汪正一、赵晓星的《敦煌莫高窟三清宫正殿〈山海经〉

---

① 张蕊：《丁观鹏〈释迦及十六尊者像屏〉的粉本来源及其艺术特色》，《故宫博物院院刊》2013 年第 6 期。

② 何卯平：《关于东传日本的宁波佛画〈十王图〉中有无地藏一图的再检讨》，《世界宗教研究》2013 年第 1 期。

③ 陈文利：《水陆画中的关羽形象——兼论宗教美术的世俗化倾向》，《美术研究》2013 年第 1 期。

④ 克观：《寓禅于艺——竹禅和尚的书画艺术浅析》，《法音》2013 年第 7 期。

⑤ 夏凡：《早期南亚佛教音乐初探》，《法音》2013 年第 7 期。

⑥ 李正宇：《吸纳消化　化彼为我——谈莫高窟北朝洞窟“神话、道教题材”的属性》，《敦煌研究》2013 年第 3 期。

彩画考察》[①] 一文是对三清宫正殿彩画内容的图像识别。敦煌莫高窟三清宫为清代王道士创修的道观，其正殿木构建筑多处彩绘动物、人物图像，该文认定其中有14处彩画是依据《山海经》绘制，可与传世的明清《山海经》图本比较。此文考证和定名了凤凰、应龙、人鱼、文鳐鱼、九凤、柔利国人、相柳（相繇）、开明兽等18种人和动物。张方的《房山隆阳宫与明代北方全真道》[②] 一文将新发现的碑石资料与方志、笔记文献相互印证，发现在明代前中期有一支全真道，起自北京房山隆阳宫，在明正统前后进驻全真祖庭白云观管理钵堂，后又发展到河南王屋山地区，在陕西终南山一带亦有传播。此系从“常”字辈开始传续龙门派字谱，是迄今为止所发现的最早使用龙门派字谱的全真教团，这对于研究明代北方全真道极具参考价值。

黄勇在《高丽道观福源宫考》[③] 中介绍，福源宫是高丽睿宗时期建造的皇家道观。经考证，福源宫创建于政和六年，建成于政和八年，可能是仿照宋朝道观太一宫所建。福源宫是从属于国家祭祀体系的宗教机构，其宗教功能主要是为国家和王室祈福禳灾。文章指出，福源宫的建造，标志着在高丽正式形成了以宫观为依托的纯正的科仪道教，提升了道教在高丽王朝的地位，扩大了道教的影响，但是道教的地位及影响仍然不能与佛教相提并论。林源的《山西武乡会仙观》[④] 一文从建筑角度对此国家文物保护单位的道教宫观作了详细调查介绍。会仙观始建于金，清代有所增建耳房及东西配房。文章分析了会仙观各殿的建筑特征，铺作表现出比较显著的晋东南地方特征，这一地区的工匠常用天然弯材制作梁栿而且善于利用弯材的形状特点，既满足结构要求又具有自然率性的趣味。文章指出这一地区的建筑多用花边瓦而不用滴水。师又源的《介休城隍庙》[⑤] 一文为一篇介绍性文章，可为相关研究者提供研究资料。介休城隍庙始建年代无考，但建筑及碑刻资料保存相对完整，现存可见的七通明清碑，建筑华美宏大。

王鹏龙等在《蔚县单堠村关帝庙及其戏台考述》[⑥] 中指出，蔚县单堠村关帝庙现存建筑相对完整。它始建于明正德年间，后历经迁建、扩建和多次重修。文章认为，关帝庙及其戏台无论从时间的延续性，还是从建筑典型性来看，都可视为华北区域村落庙宇以及戏台的代表。

侯淑君在《浅谈榆次城隍庙壁饰与建筑的关系》[⑦] 中介绍，榆次城隍庙是榆次老城的一个代表性建筑，城隍庙的建筑群严格地按照中国古建筑形制而建，布局均衡对称。给人以庄严雄伟、神秘崇高的感觉。壁饰是依附于建筑物而言的，是建筑技术与艺术手段的结合，因此，壁饰艺术与其他艺术形式的不同特点就是它本身具有鲜明的建筑属性。作者认为，一幅成功的壁饰作品所表达的内容及效果不仅仅是其自身原因，而更要看它在整体建筑环境中所起的和谐作用。贾莉莉的《晋祠之景清门、惠远门考略》[⑧] 一文则主要考证了景清门与惠远门由两门而逐渐合而为一门的历史演变过程。

---

① 汪正一、赵晓星：《敦煌莫高窟三清宫正殿〈山海经〉彩画考察》，《敦煌研究》2013年第6期。

② 张方：《房山隆阳宫与明代北方全真道》，《世界宗教研究》2013年第4期。

③ 黄勇：《高丽道观福源宫考》，《世界宗教研究》2013年第5期。

④ 林源：《山西武乡会仙观》，《文物》2013年第9期。

⑤ 师又源：《介休城隍庙》，《文物世界》2013年第5期。

⑥ 王鹏龙、王黑特、王康：《蔚县单堠村关帝庙及其戏台考述》，《文物春秋》2013年第1期。

⑦ 侯淑君：《浅谈榆次城隍庙壁饰与建筑的关系》，《文物世界》2013年第3期。

⑧ 贾莉莉：《晋祠之景清门、惠远门考略》，《文物世界》2013年第1期。

以上几篇文章多是对宫观建筑方面的讨论，王雁华、宋志刚的《涿鹿上井沟龙王庙壁画》① 一文则主要介绍了上井沟龙王庙正殿内的北、东、西三壁现存的壁画。壁画面积27平方米，主要描绘龙王出巡降雨，绘制精美，人物生动。作者指出，该画具有浓郁的民间艺术特色和较高的历史、艺术价值。认为绘制时间约在清代中晚期。

"儒教"究竟是不是宗教在学界存在分歧，但在古代中国的各个州县都设有文庙祭祀孔子，因此它有具有一些宗教的性质。文庙建筑等相关艺术形式，是人们研究的一项重要内容。曹红星、韩月红的《平山文庙大成殿探析》② 一文主要讨论的是平山文庙大成殿这一元代文庙建筑的代表作，其柱网分布为典型的元代建筑平面布局风格；梁架举架较大，用自然材，简洁生动，彻上露明造，是早期建筑的范例。平山文庙大成殿自创建后，虽经历代重修，顶部梁架、装修、瓦顶、墙体等已非原貌，但其平面布局、大木构架却较完整地保留下来，具有我国北方早期（元代）文庙建筑的典型特征，同时历代加修而出现的一些明清建筑手法，印证了历史文献记载的真实性。赵涛的《试论曲阜孔庙建筑形制与彩画等级的关系》③ 一文以曲阜孔庙为例，阐述了建筑彩画所具有的体现建筑等级的功能，即建筑形制要与其彩画等级互相协调。曹雪霞的《沁县金代古墓二十四孝图》④ 一文主要是对该古墓的二十四孝图的内容进行解说，具有图像志意义。

墓葬是最能体现人们宗教思想之所，郝利荣的《汉代石椁画像与民间宗教信仰研究——从汉代墓葬建筑的"象生环境"和"死而不亡"的理想境界谈起》⑤ 一文主要探讨了汉代墓葬石椁上以绘画雕刻的形式为死者所刻上的丰盛的宴席食物、乐舞娱乐、神仙境界，以及守护死者来世中的"幸福家园"的各种保护神等。文章指出，人们认为理想的来世看来不过是生活本身的镜像，更倾向于永久的幸福可以在死后来实现——在死后和来世中升仙；指出研究、了解汉代的石椁画像对于人们更进一步了解汉代人的生死观念将所有裨益。孙机的《仙凡幽明之间——汉画像石与"大象其生"》⑥ 一文主要论述了墓画像石雕刻的题材，除含有吉祥寓意的神话故事及装饰图样外，大部分为墓主人生前起居出行等情况的反映，以期墓主在地下仍延续其尘世间优越的生活，即所谓"大象其生"。画像石中之"楼阁拜谒图"里的受拜谒者即墓主人，双阙夹峙的楼阁即代表墓主人生前的房舍。汉墓所出装在木棺前挡之铜牌上标出的"天门"一词，乃指墓主之阴宅的大门。而汉代追求的成仙则指肉体的长生。当时尚未信奉死后灵魂升天堂的观念；直到佛教在中国盛行后，往生净土、六道轮回等说才广泛传播开来。宾娟的《吐舌状镇墓兽及其文化意义的探讨》⑦ 一文论述了楚墓镇墓兽消亡、沉寂200余年后，东汉初年，川渝地区独立发展出一支吐舌状镇墓兽体系，并顺江而下影响到了长江中下游地区，得到进一步发展。文章指出这类镇墓兽长舌外露，双手持蛇和斧、钺等兵器的形象，正是川渝地区"信巫鬼、重淫祀"的巫术习俗在墓葬中的反映。白彬、葛林杰的《记美国芝加哥富地自然史

---

① 王雁华、宋志刚：《涿鹿上井沟龙王庙壁画》，《文物春秋》2013年第4期。

② 曹红星、韩月红：《平山文庙大成殿探析》，《文物春秋》2013年第3期。

③ 赵涛：《试论曲阜孔庙建筑形制与彩画等级的关系》，《文物世界》2013年第1期。

④ 曹雪霞：《沁县金代古墓二十四孝图》，《文物世界》2013年第1期。

⑤ 郝利荣：《汉代石椁画像与民间宗教信仰研究——从汉代墓葬建筑的"象生环境"和"死而不亡"的理想境界谈起》，《文物世界》2013年第5期。

⑥ 孙机：《仙凡幽明之间——汉画像石与"大象其生"》，《中国国家博物馆馆刊》2013年第9期。

⑦ 宾娟：《吐舌状镇墓兽及其文化意义的探讨》，《四川文物》2013年第6期。

博物馆藏唐代镇墓石刻》[①] 一文主要对该镇墓石刻的内容、形式进行了探讨，指出富地自然史博物馆所藏道士尹愔墓石刻，为研究早期道教云篆的标准字形和探讨道教对唐代丧葬礼仪的影响提供了新的例证。李青峰的《浅谈乾陵文物中的道教文化因素》[②] 一文阐述了唐乾陵作为中国古代丧葬文化的一部分也深受道教影响，其不管是地下出土的以壁画、线刻画和唐三彩为主的珍贵文物，还是地面遗存下来的精美石刻、建筑等，许多都留有道教文化影响的痕迹，带有道教艺术熏染的印记。张闻捷的《从“敬神”到“事鬼”——墓葬资料所见周代贵族生死观的变迁》[③] 一文通过考察两周时期贵族墓葬结构和随葬品组成的变化，并参之以传世文献和出土文字资料，来探讨这一时期“神”“鬼”“魂”“魄”等宗教观念的形成与变化过程，同时从“敬神”“事鬼”所受重视程度的转移来简要揭示两周时期贵族生死观的变迁，以及这种观念流变在中原地区和南方地区间的差别。

关于道教或民间宗教文献方面的研究，主要有以下几篇。关于墓葬之事，向来文献的直接记载不是很多，而敦煌所出《阴阳书·葬事》则是一件备受关注而又研究价值很高的较早讲述葬事择日的文献。吴羽的《敦煌文书〈阴阳书·葬事〉补正数则》[④] 发现其中有一些错误。为便于将来利用它来研究唐宋的葬日问题，对这件文书进行一些补正。王承文的《敦煌本〈灵宝经目〉与古灵宝经的分类及其内在关系考释之二——以古灵宝经“三洞经书”观念的传承为中心》[⑤] 一文研究认为，古灵宝经“元始旧经”有非常完整的“三洞经书”思想。而较后出世的“新经”则继承了这一重要观念。至于陆修静的“三洞经书”学说，则是对古灵宝经的直接继承。因而，敦煌本《灵宝经目》原有的“元始旧经”和“新经”的分类，更加符合古灵宝经的实际情况。而古灵宝经无论是“元始旧经”还是“新经”，亦均为“葛氏道派”所创作。刘永明的《P. 3562V〈道教斋醮度亡祈愿文集〉与唐代的敦煌道教（一）》[⑥] 一文从 P. 3562V《道教斋醮度亡祈愿文集》所录斋文的形成时间和文书的抄写时间两方面对其进行了断代，认为其中斋文的形成大致从唐玄宗时期一直延续到晚唐和五代初期的归义军时期。文章指出，这一长时段的形成过程使该文书具有多方面的研究价值。此外，该文还对该文书所反映的唐代道教斋事活动进行了一定的考察，分析了这一时期道教斋醮活动的内容及特点。常耀华的《殷墟卜辞中的“东母”“西母”与“东王公”“西王母”神话传说之研究》[⑦] 一文将载籍中的“西王母”与甲骨文中的“西母”作了仔细比对，发现二者虽有差别，却也不无相似性和关联性。二者或有一定的渊源关系，周及其以后的西王母崇拜习俗或可追溯至殷商时代。

---

① 白彬、葛林杰：《记美国芝加哥富地自然史博物馆藏唐代镇墓石刻》，《文物》2013 年第 11 期。

② 李青峰：《浅谈乾陵文物中的道教文化因素》，《文博》2013 年第 5 期。

③ 张闻捷：《从“敬神”到“事鬼”——墓葬资料所见周代贵族生死观的变迁》，《考古与文物》2013 年第 6 期。

④ 吴羽：《敦煌文书〈阴阳书·葬事〉补正数则》，《敦煌研究》2013 年第 2 期。

⑤ 王承文：《敦煌本〈灵宝经目〉与古灵宝经的分类及其内在关系考释之二——以古灵宝经“三洞经书”观念的传承为中心》，《敦煌学辑刊》2013 年第 2 期。

⑥ 刘永明：《P. 3562V〈道教斋醮度亡祈愿文集〉与唐代的敦煌道教（一）》，《敦煌学辑刊》2013 年第 4 期。

⑦ 常耀华：《殷墟卜辞中的“东母”“西母”与“东王公”“西王母”神话传说之研究》，《中国国家博物馆馆刊》2013 年第 9 期。

三　三夷教等

近几年来对三夷教（景教、祆教、伊斯兰教）艺术的研究有减少的趋势。彭金章的《敦煌新近发现的景教遗物——兼述藏经洞所出景教文献与画幡》① 一文记述了莫高窟北区新近发现两件景教遗物。文章指出，宋、西夏、元代的敦煌有景教徒存在。而早年藏经洞发现的公元9—11世纪的7件景教文献、画幡，无疑是当时敦煌有景教信仰的证据。焦建辉的《龙门石窟发现的景教遗迹及相关问题》② 一文介绍了龙门石窟新发现的一例唐代景教遗迹，根据龙门石窟同类窟龛遗迹，文章认为这是埋葬景教信徒骨灰的瘗穴。该文分析了其中的佛教影响因素，从相关文献和考古资料出发，认为这一遗迹的出现，与洛阳胡人聚落及其活动、龙门东北原一带胡人聚族而葬和龙门区系文化强大的向心力诸事态间有着密切的内在联系。文章指出，不同于洛阳此前发现的景教经幢、阿罗憾墓志中所体现的修建坟茔的传统丧葬方式，这一遗迹显示洛阳地区景教徒尚有与佛教「荼毗」相同的瘗葬形式。

对基督教艺术的研究仍属相当少见。陈云海的《基督教艺术中的圣母子图像》③ 一文主要阐释了作为基督教艺术中最重要图式之一的母子图像，它贯穿于基督教艺术产生、发展的全过程，并随着基督教宗教信仰的变迁而变迁。董丽慧的《圣母形象在中国的形成、图像转译及其影响——以〈中国风圣母子〉为例》④ 一文以署名“中国风圣母子”的卷轴画为个案研究对象，探讨圣母子形象在中国的形成、西方图像的本土化转译及其影响。除了这幅“架上”圣母子画像之外，本文还引入其他一般被认为是工艺美术的基督教图像，比如徽州刻印的《程氏墨苑》中的圣母子木刻图像，福建出口的圣母像牙雕、瓷塑等。通过对这些中国圣母子图像的研究，探析中国文化如何接受、同化、拒绝西方基督教图像，以及基督教艺术如何渗入、影响、参与中国视觉文化的建构。

沈骞的《从〈沙州图经〉所记敦煌祆舍谈〈晋书·石季龙载记下〉所谓之“胡天”》⑤ 一文的主要观点是，《晋书》卷107《石季龙载记下》所谓“龙骧孙伏都、刘铢等结羯士三千伏于胡天，亦欲诛闵等”中的“胡天”应与祆教无关，此中“胡天”是匈奴式祭天，为一种广泛流行于草原游牧民族中的原始天体崇拜信仰。此文引叙了前辈学者唐长孺、姜伯勤以及荣新江的观点，但对学界不少讨论如王素、林悟殊以及陈国灿等人意见未加引用，其实林悟殊等人意见与其相近，相对的观点以王素文章更有代表性。祆教及文物的研究在学术界堪称热门，张小贵等也有新书（《华化祆教史》）与论文等发表，显然该文对学术史的梳理是不够的。

---

① 彭金章：《敦煌新近发现的景教遗物——兼述藏经洞所出景教文献与画幡》，《敦煌研究》2013年第3期。

② 焦建辉：《龙门石窟发现的景教遗迹及相关问题》，《文物世界》2013年第6期。

③ 陈云海：《基督教艺术中的圣母子图像》，《美术研究》2013年第1期。

④ 董丽慧：《圣母形象在中国的形成、图像转译及其影响——以〈中国风圣母子〉为例》，《文艺研究》2013年第10期。

⑤ 沈骞：《从〈沙州图经〉所记敦煌祆舍谈〈晋书·石季龙载记下〉所谓之“胡天”》，《敦煌学辑刊》2013年第3期。

孙武军的《入华粟特文化的审美特征及接受——以入华粟特人墓葬图像为中心的考察》① 一文从入华粟特人墓葬的图像表现为着眼点进行考察。认为入华粟特文化的审美特征主要体现在以下四个方面：善、恶二元的祆教审美观；彼岸世界的憧憬与灵魂不朽；日常生活的审美化；身体美的彰显。文章指出，从墓葬图像来看，粟特审美文化与中原审美文化的区别主要体现在审美文化表达侧重点、表达方式和指导观念三个方面。入华粟特人对于中原审美文化的接受，更多地体现在礼制文化上，汉人对粟特审美文化的接受路径基本呈现出从拒绝排斥到主动接纳的转变轨迹，接受心理和评价历程则呈现出从“以丑为主”到“以美为主”的转变。

① 孙武军：《入华粟特文化的审美特征及接受——以入华粟特人墓葬图像为中心的考察》，《考古与文物》2013年第5期。

2013年度宗教艺术研究综述（下篇·专著类）

张　总　王敏庆

2013年关于宗教艺术的专著等成果中，佛教仍是最多。但我们可以看到，综合类宗教艺术的著作比较突出，它不限于某一种宗教，而是对宗教艺术的综合探讨或考察。

佛教艺术方面主要有以下著作。首先是台湾佛光山历时十多年所编写的工具书《图说世界佛教美术大辞典》。全套书从世界范围汇集佛教艺术资料，分类汇编各门各类的艺术及艺术家，依建筑、石窟、雕塑、绘画、书法篆刻、工艺、人物，分七大类别并附有索引。其中建筑卷有四册、石窟卷有五册、雕塑卷有四册、绘画卷有三册、书法·篆刻、工艺与人物各有一册，加上总索引，共达20册。全书收录中国、日本、韩国、尼泊尔、阿富汗、印度、巴基斯坦、斯里兰卡、泰国、马来西亚、菲律宾、新加坡、寮国（老挝）、越南、缅甸、美国、欧洲等国家和地区重要的佛教建筑雕塑、绘画书法、人物及博物馆藏等艺术作品，合计有9000余条目，近400万字，15000余张图片，是佛教艺术大汇集的辞典。响堂山石窟是中国北朝晚期规模最大、最具代表性的石窟群，其中尤以刻经洞的刻经及雕刻最为重要，具有显要的历史意义和研究价值。峰峰矿区文物保管所与芝加哥大学东亚艺术中心合作出版的《北响堂石窟刻经洞：南区1、2、3号窟考古报告》[①] 详细报告了刻经、造像的现存情况，充分利用激光扫描三维技术，不但将民国初年流落海外的欧、美、日本诸博物美术馆的佛像头部、身手等部件加以处理，还与石窟本身的残损进行对比，以确定其原始部位。在此基础上做出了资料补充进行对照，并绘制石窟与造像的复原图。为研究者提供了翔实而全面的第一手资料。张总的《中国三阶教史——一个佛教史上湮灭的教派》一书[②]，是填补佛教宗史空白的重要著作。该著详细地梳理探讨了三阶教自北朝至隋代创立与初禁的史实，分析了隋代唐朝三阶教屡禁屡起的现象和原因。纠正了一些前人研究中的讹误、补充了新发现的经窟等史料，提出不少富有启发性的独到见解。该著与其他佛教史的一个显著区别，是对于文物、艺术性质类材料的运用，书中使用了很多石窟刻经、敦煌写经、碑刻塔铭、造像拓本、各类图像等文物，也利用考察了古今艺术史文献及相关实物，如莫高窟、历代名画记所载长安寺院画迹，当然还有与三阶教重要人物直接相关的书法史上的名迹，甚至于中外艺术博物馆藏的白塔寺遗石等。作者原本所受为艺术史学的训练，运用此一方法撰述，从某种角度来说，该书是从艺术、考古与文物来入手著述的佛教史。因而该书不仅丰富了传统史学研究的材料，对宗教史与宗教艺术文化

---

① 峰峰矿区文物保管所、芝加哥大学东亚艺术中心：《北响堂石窟刻经洞·南区1、2、3号窟考古报告》，文物出版社2013年版。

② 张总：《中国三阶教史——一个佛教史上湮灭的教派》，社会科学文献出版社2013年版。

的研讨，也提供了可借鉴的新型的方法论。沙武田的《吐蕃统治时期敦煌石窟研究》① 一书主要探讨了吐蕃战争与民族统治对敦煌地区人们信仰的"重构"、敦煌世俗佛教的影响、于阗因素的影响、吐蕃及中原汉地艺术粉本的传入及其影响等。作者多角度全方位的论述，使人们对吐蕃统治时期的敦煌石窟有了一个较为完整的认识，对中唐时期敦煌石窟的艺术特征有了透彻明晰的了解与把握。以上两著都是入选国家社科基金文库的优秀成果。王敏庆的《北周佛教美术研究——以长安造像为中心》一书②，则是选入优秀博士后文库的文著。该书对长安造像及相关窟像特别是须弥山与敦煌石窟艺术进行了探讨，这有助于对北周佛教美术的整体研究。该书在全面梳理、分析资料的基础上，着重讨论了一系列比较重要的学术问题。此外，作者还分析了北朝晚期佛教艺术传播方向的改变，体现了中国佛教逐渐走向成熟，并向周边辐射的趋势。该项研究弥补了此前关于北周美术研究之缺环，使人们对北朝晚期的佛教艺术有了一个更为完整清晰的认识。王建林、朱英荣的《龟兹佛教艺术史》③ 是较全面而深入地研究龟兹佛教艺术的专题史著作。文近20万字约150图，以龟兹石窟为基础，联系中外文化等方面，描述了龟兹佛教艺术从开端、发展到兴盛和衰落的过程。但其中涉及龟兹克孜尔分期论点时仍有遗漏④。

张同标的《中印佛教造像源流与传播》⑤ 一书阐述了古印度佛教造像对中国的影响主要有三次浪潮。分别形成于古印度佛像造像高峰时期的贵霜时期、笈多时期、波罗时期，对应于中国的汉魏西晋、东晋南北朝至唐初、唐后期至北宋。其中，笈多佛教美术对中国的影响最为广泛而深远。中印两国佛教美术的高峰时期基本对应，并在造像仪轨、尊格谱系、风格流派等方面反映出明显的类同性。中国在取法印度的同时也创造了极具民族特色的佛教造像艺术。该著宏观概括三次浪潮，揭示中印佛教造像源流变化与传播规律，对中国佛教美术本身特色也有一定揭示。但中印佛教图像尊格谱系仍有较大差别，宫治昭在其研究佛教图像传播的著作中，点明了从印度经中亚到中国、朝、日等地的演化变迁（一些图像"有无数改观与变化"）、强调了应从佛教图像史观点来进行研究⑥。这个论断很有指导意义，佛教美术之图样谱系很多都是在发展中形成的（特别是大乘佛教在东亚地区），所以此著所论更多应在风格美感方面。岳钰的《唐代宗教造型艺术》⑦ 一书收录了古老的印度文明、早期佛教与佛教造型艺术，论及中国汉地佛教造型艺术的形成与本土艺术的融入、印度佛教东进过程中由被动接受到主动圆融、舶来初期的佛教造型艺术特点与绘画色彩特征、中国汉地佛教造型艺术公元1—10世纪的文化主流价值观、佛教文化在亚洲各地区及中国的繁荣与发展等内容。白文的《关中隋唐佛教艺术研究》⑧ 分为五个部分：第一章是"关中隋唐佛教艺术的形成"，认为陕西西安是外来宗教艺术与本民族文化融合，产生出新文化形态并进而辐射全国的文化原点。第二章是"关中隋唐石窟艺术"，

① 沙武田：《吐蕃统治时期敦煌石窟研究》，中国社会科学出版社2013年版。

② 王敏庆：《北周佛教美术研究——以长安造像为中心》，社会科学文献出版社2013年版。

③ 王建林、朱英荣：《龟兹佛教艺术史》，上海文化出版社2013年版。

④ 廖旸：《克孜尔石窟壁画年代学研究》，社会科学文献出版社2012年版。该书由博士论文修订而成，是分期方面重要著作，此著未提及。

⑤ 张同标：《中印佛教造像源流与传播》，东南大学出版社2013年版。

⑥ ［日］宫治昭：《涅槃和弥勒的图像学》序论，李萍等译，文物出版社2009年版。

⑦ 岳钰：《唐代宗教造型艺术》，陕西人民出版社2013年版。

⑧ 白文：《关中隋唐佛教艺术研究》，陕西师范大学出版总社有限公司2012年版。

研究隋唐关中地区的石窟艺术，这些石窟大部分位于西出长安的丝绸之路沿线上，按照图像志研究方法，对石窟图像进行辨认与记录，注意类型与样式，并结合图像产生的时代背景，分析图像风格的特征及其产生、发展和变化的原因。第三章是对关中隋唐佛教艺术中的佛塔与图像之间关系的研究。著者认为崇拜佛塔与崇拜佛像的动机是一致的，都是基于对佛陀的怀念与景仰。而佛塔的图像构成，虽然会受到时代变迁、信仰变化的影响，但对佛塔的境界、精神的诉求则始终没有变化。第四章考察了关中隋唐石刻造像艺术，以药师、地藏石刻造像为例分析图像艺术样式的由来及其源流。第五章是对关中隋唐佛教艺术与长安模式的探讨。李森的《青州龙兴寺历史与窖藏佛教造像研究》一书对青州青龙寺的历史与窖藏佛教造像的研究，翔实丰富，梳理考述了青州的佛教历史与僧人、寺庙种种情况，又专题于出土窑藏佛像、题材、埋藏等方面。其思路明显与宿白以三篇论文深考窖藏造像、龙兴寺与青州城的思路相似。但所论证的范围要增广很多，考论也较细致，取得较为丰硕的成果。但是，作为针对国际影响很大的考古成果所作的博士论文和经七年修改所成的专著，其参考文献与正文论述中没有引用任何外文的论文与著作，对国内成果的引用也有些许缺失①。确存遗憾。而且全著考虑角度过以山东青州为中心。由此，其论证中包含局限悖说。譬如其论证龙兴寺出土造像，特别是北齐阶段艺术成就极高之原因，引评为“史上最好的雕刻作品”。考证缘由时以青州为北齐第三大重要政治中心。依此而推，那么第二政治中心晋阳（太原）、第一政治中心邺城（今河北临漳）是否有更好的佛像呢？恰如此说逻辑而致，2012 年初河北临漳古邺城址沙下发现佛像遗藏，不仅出土数量达到全国有史之最，其精美佳作亦然②。其中亦有倒龙吐莲之细节③，原多认为是青州造像重要特点，李著又特别强调其与山东的关联。其实此像式多地出现，西安已有两件倒悬龙的早期金铜佛出土④。因而，对相关成果关注不够，于此著时效性会有较大影响。司开国的《唐宋时期南方民间佛教造像艺术》⑤ 分五章介绍四川、云南、浙江等地的观音、地藏、毗沙门天王、罗汉窟像的分期、特征、手势持物及组合方式与风格等问题。还专门论及了民间佛教信仰以及与北方图像的关系。第一章介绍四川、云南、浙江等地的观音造像，探讨了其分期与风格样式，以及观音造像记所反映的信仰。第二章探讨四川、浙江及云南地区的地藏菩萨造像的分期、特征、手势持物及造像组合方式。第三章研究毗沙门天王造像，重点考察了四川、云南的毗沙门造像，探讨了其造像特征、分期与风格样式。第四章是对四川、浙江地区的罗汉造像的考察研究。第五章为唐宋时期南方民间佛教造像与信仰，其中关注到了唐宋时期南方民间佛教造像与北方佛教图像的关系。此书最感奇怪的是其标题“民间佛教造像”的定义。诚然，学界有佛教中义理、信仰或世间、民间等说法，但这都是一个佛教的不同层面。无论是观音、地藏、毗沙门、罗汉等造像石窟，著者所参考的前此研究各种论著都直说佛教造像，并未贴民间佛教的标签。从学术的角度讲，

---

① 张小贵：《中古华化祆教考述》，文物出版社 2010 年版。

② 出土作品达 2845 件（块）。据笔者两次参观，知其精美程度确与北齐政治中心邺都相配。

③ 此批雕像中亦具山东普遍的造像背光上佛菩萨之间两只倒悬吐莲之龙，其图像网络上已有发表。大多资料虽未正式发表（《河北临漳县邺城遗址北吴庄佛教造像埋藏坑的发现与发掘》，《考古》2012 年第 4 期，只刊六图）。但可以大大改变前此方面研究成果。

④ 《收藏家》曾有文刊此两像，一鎏金一未鎏金，皆北魏造，龙吐莲台透雕极精美。图可见《陕西博物馆馆刊》18 辑，馆藏精品图版三 2。杭州雷峰塔所出晚唐五代鎏金佛像下方有向上吐莲之龙。

⑤ 司开国：《唐宋时期南方民间佛教造像艺术》，中国社会科学出版社 2013 年版。

如果说“民间佛教”，多少有些离开正统佛教，融入民间信仰的佛教内涵。作者还运用史学界唐宋变革的观点来作支撑，可是唐代之前南北朝造像仍然具有大型民间邑社，甚至证据更多。实际上佛教艺术中大致对应唐宋变革时期形态，以最典型的作品为例，是从石窟洞室变成了摩崖龛像；是累朝凿窟而成的大石窟群变成了统一规划的摩崖龛像（以宝顶山大佛湾最为典范）。

马榆的《妙香佛映——南诏大理国佛教造像艺术品鉴》① 属鉴赏类著作。涉及了大理佛金属铸像近年拍卖情况等问题。《故宫珍赏·铜鎏金佛教造像》② 从院藏大量铜鎏金像中藏传佛教造像辑选了八件藏品，有隋、辽、大理国等及明永乐汉藏合璧式官造像，制作工艺和艺术水平堪称登峰造极。另外一部具有图像资料参考价值的书是河北正定文管所《正定隆兴寺壁画》③。该书以精美图片、详尽文字弥补了摩尼殿壁画仅靠自然光源无法一睹真容的缺憾，为文物考古和美术研究提供了重要的资料。方世聪等主编的《新津观音寺佛教艺术》④ 较好地介绍了新津观音寺内的雕塑壁画。

在道教及民间宗教艺术研究方面，赵伟的《道教壁画五岳神祇图像谱系研究》⑤ 一书主要包括三个章节。其中，第一章主要是对“五岳”一词形成时间和汉至唐宋以来有关山岳壁画情况的探讨，以及对现存寺观壁画五岳图像情况的考察列表。第二章是针对具体寺观中的五岳壁画神祇位置的考辨，以尝试建立五岳神祇图像的“小谱系”。第三章通过对五岳壁画中神灵位业的归纳整理，建立起以道教朝元系统、国家岳庙祭祀系统以及民间岳庙祭祀系统为主体的道教壁画五岳神祇图像谱系，并通过分析三个谱系间的关系，最终勾画出由五岳神、雩祭神、方位神、时序神以及护佑、惩戒神组成的道教壁画五岳神祇谱系。胡彬彬的《长江流域民俗文化与艺术遗存：道风遗韵（道教造像）》⑥ 以唐以降至清末长江流域地区的道教造像作为研究对象，并将其置于我国唐宋元明清各代不同历史时期的政治、经济、文化背景之下，对长江流域不同区域间的多元民族文化交融下的中国道教造像艺术，做出较为全面系统的梳理，并对道教造像程式与仪轨、造型与风格、材料与工艺等方面做出重点的研究与论述。该书从道教造像的形而上到形而下都做了相应的探讨。查庆等的《宋代道教审美文化研究——两宋道教文学与艺术》⑦ 从道教美学思潮的总体发展趋势、道教文学和艺术异彩纷呈的审美实践成果、宋人道教审美人格理想三个向度，对宋代道教审美文化进行了全景式的审视和扫描。在道教艺术中，学者们对道教音乐的研究一直比较关注。蒲亨强的《道教音乐》⑧ 一书较为详细地论述了道教音乐的全貌和特点，注重理论与实践相结合，力图能付诸教学与研究实践。该书兼收并蓄前人的相关成果，运用音乐形态学、美学、古今互证和跨学科的方法，多角度多侧面地研究阐释道教音乐，尤其是仪式音乐之现状、历史、风格、价值及功能。另一本著作是刘红主编的《中国道教

---

① 马榆：《妙香佛映——南诏大理国佛教造像艺术品鉴》，云南美术出版社 2013 年版。

② 故宫出版社编：《故宫珍赏·铜鎏金佛教造像》，故宫出版社 2013 年版。

③ 河北省正定县文物保管所：《正定隆兴寺壁画》，文物出版社 2013 年版。

④ 方世聪、车永仁主编：《新津观音寺佛教艺术》，天津美术出版社 2013 年版。

⑤ 赵伟：《道教壁画五岳神祇图像谱系研究》，文化艺术出版社 2013 年版。

⑥ 胡彬彬：《长江流域民俗文化与艺术遗存：道风遗韵（道教造像）》，湖南大学出版社 2013 年版。

⑦ 查庆、雷晓鹏：《宋代道教审美文化研究——两宋道教文学与艺术》，四川大学出版社 2012 年版。

⑧ 蒲亨强：《道教音乐》，宗教文化出版社 2013 年版。

音乐史略》[①]，但该书之前已出版过，此为修订版。

孔庆茂的《中国民间宗教艺术：无生老母神像研究》[②] 一书研究的是中国民间宗教中的最高神无生老母神像，书中论述了无生老母信仰的产生，无生老母的起源，无生老母画像，以及明清至今无生老母神像的演变过程等。该书中的中国民间宗教包括民间宗教教派与民间宗教信仰两种。作者指出民间宗教信仰面更广，人数也更多，它是民间宗教教派的土壤。陆群的《湘西原始宗教艺术研究》[③] 主要内容包括：第一章，导言。第二章介绍湘西原始宗教艺术产生和发展的文化环境。第三章介绍湘西原始宗教艺术的产生。第四章、第五章讨论的是湘西原始宗教仪式中的艺术形态，主要包括仪式中的舞蹈、音乐、面具、绘画、服饰、法器、符箓篆、咒语和手诀、仪式的神坛和庙宇、仪式中的巫经。第六章主要是总结了湘西原始宗教艺术的地域自足性、历史叙述性、实用功利性、具象性与象征性以及恣肆张扬等特征。第七章是五个个案研究，从纵深的角度探讨了湘西原始宗教艺术变迁。第八章为湘西原始宗教艺术的功能。这是一本较为全面和系统地研究湘西原始宗教艺术的一部专著。

2013 年关于基督教等方面的专著不是很多。吴家琦所译的图像学权威、美国德裔学者欧文·潘诺夫斯基的《哥特建筑与经院哲学：关于中世纪艺术、哲学、宗教之间对应关系的探讨》[④]，将中世纪哲学研究的历史学家在没有受到外部干扰的情况下所获得的关于历史分期的结论，与艺术史家所独立获得的关于艺术分期的结论放到一起看待，并从中发现了二者之间的同步关系。何琦的《基督教艺术纵横》[⑤] 一书是作者三十多年从事基督教艺术创作与研究的结晶。该书共分五章，探讨了图像与偶像之争，以“圣雅各之路”为引领的欧洲各国朝圣之路，欧洲中世纪艺术，基督教教堂风格及其在东方的本土化。其横竖跨度都相当大，也颇具深度，涉及建筑、雕刻、音乐、绘画、圣器、服饰、礼仪，以及神学、美学、建筑学，在揭示西方文明历史厚度的同时，呈现出与东方古代文明的关联。邢啸声编著的《柱头上的圣经》[⑥] 可以说是填补了一个空白。西方艺术史上的柱头雕塑艺术，特别是中世纪以《圣经》故事为主题的罗曼柱头，在国内一直鲜为人知。罗曼艺术以其“符号表意”的鲜明特点，在西方艺术史上占据着重要地位，而研究罗曼柱头，对了解基督教的发展和演变，也具有极其重要的意义。作者精选了 280 个柱头，按照《旧约》《新约》、后世和其他四部分编纂起来，成为一部左史右图的奇书，供读者参研。

2013 年度对宗教艺术的综合研究方面的专著比较突出，它不局限于对某一种宗教的研究或考察。金秋野的《宗教空间北京城》[⑦] 一书对分散于北京全城的宗教空间进行探索与观察，从建筑学角度，提出了一种在当代社会文化环境中研究城市宗教空间的新视角。朱和平等的《长江流域民俗文化与艺术遗存：器以载道（宗教器物）》[⑧] 一书将唐以降至

---

① 刘红主编：《中国道教音乐史略（修订版）》，文化艺术出版社 2013 年版。

② 孔庆茂：《中国民间宗教艺术：无生老母神像研究》，南京大学出版社 2012 年版。

③ 陆郡：《湘西原始宗教艺术研究》，民族出版社 2012 年版。

④ ［美］欧文·潘诺夫斯基：《哥特建筑与经院哲学：关于中世纪艺术、哲学、宗教之间对应关系的探讨》，吴家琦译，东南大学出版社 2013 年版。

⑤ 何琦：《基督教艺术纵横》，宗教文化出版社 2013 年版。

⑥ 邢啸声编：《柱头上的圣经》，广西师范大学出版社 2013 年版。

⑦ 金秋野：《宗教空间北京城》，清华大学出版社 2011 年版。

⑧ 朱和平、晁蓉：《长江流域民俗文化与艺术遗存：器以载道（宗教器物）》，湖南大学出版社 2013 年版。

清末该地区的佛教与道教器物置于各代不同历史时期的政治、经济、文化背景之下，列出近245幅宗教器物实物图片，均系作者等20多年田野考察所得的珍贵资料。龙敏等的《长江流域民俗文化与艺术遗存：法门妙筑（宗教建筑）》[①] 对唐以降至清末长江流域的宗教建筑在不同区域间的多元民族文化的交融，做了较系统的论述。唐忠毛的《长江流域民俗文化与艺术遗存：经卷遗存》[②]，主要涉及佛教写经。钟仕伦的《中古宗教与自然审美》[③] 一书先后梳理了黄老、董仲舒、六家七宗、道教、绘画、《文心雕龙》里的美学观念，概括了此期美学思想的变迁。李向民的《中国美术经济史》是视角独特的著作[④]，其第五章"魏晋南北朝"涉及佛教艺术经济，分析了寺院经济、皇家与社会捐施赞助。其他章节也有些关涉。

莫小也的《澳门美术史》第二章"从考古遗物到华人寺院"与第三章"西洋宗教建筑与美术的产生"，涉及了妈祖阁、莲峰寺及普济禅院等，还刊出岭南名僧大汕青年时的自画像。书中介绍了传教士中专业画家与澳门土生画家，指明澳门作为近代西洋艺术入华的奠基之地，曾推动了西洋艺术的本土化。

《中华艺术通史》是括及造型艺术与表演性艺术的通史，原著出版于2006年，2013年又推出了部分简编本，其中包括了上述两方面的宗教艺术[⑤]。第二卷含原第四编南北朝内容，包括佛教音乐传入、梁武帝与法事音乐及仪轨音乐的完善；道教创立与道教音乐内容。佛教题材见于墓室与石窟中的壁画、石窟摩崖与寺址为主的雕塑。第七卷清代的宗教音乐中，佛教有朝暮课诵、水陆焰口法事及器乐。道教音乐则既是集大成时期，又是由盛转衰时期。萨满教音乐则由于宫廷着力提倡而保留，如乾隆时《钦定满州祭神天祭天仪式》以满汉两文印行。在坤宁与堂子祭祀神，其唱词随意但鼓点严格，此实为皇族仪式，满族各家族的家祭形式各有特点。藏传佛教的跳布扎、母打鬼跳神、民间浴佛迎神赛会如妙峰山香会延续不绝。1840年后传教区域深入内地，1861年有中西合璧乐谱的赞美诗歌集《圣事歌经简要》流行。宗教雕塑有雍和宫等处弥勒佛、千手观音大像，还有很多寺庙的五百罗汉殿像。唐卡绘画有了行业组织。

王嵘的《西域艺术史》分三编，其中中编为佛教艺术，下编为伊斯兰教艺术。此著也是再版。[⑥]

---

① 龙敏、杨莉、崔进山：《长江流域民俗文化与艺术遗存：法门妙筑（宗教建筑）》，湖南大学出版社2013年版。

② 唐忠毛：《长江流域民俗文化与艺术遗存：经卷遗存》，湖南大学出版社2013年版。

③ 钟仕伦：《中古宗教与自然审美》，商务印书馆2012年版。该著为国家社科基金"中国中古宗教意识形态与自然审美观研究"成果。

④ 李向民：《中国美术经济史》，人民出版社2013年版。

⑤ 有些卷册至2014年才推出。

⑥ 王嵘：《西域艺术史》，人民出版社2013年版。曾于2006年由云南人民出版社出版。

其他宗教研究综述

2013年中国萨满教研究综述

王　伟

内容提要： 近年来，萨满教越来越成为国内学术界的一个热点学科，每年都有大量研究成果问世。本文尝试对2013年国内的研究情况和关注的问题进行梳理，主要讨论三个方面的内容：首先，萨满文化及其与其他文化模式的关系。近年的趋势是将萨满教作为一种文化体系来讨论，研究者充分发掘了萨满文化的内涵，并且深入讨论了萨满文化与其他文化类型之间存在的联系，同时考察萨满教的社会功能及如何在现代社会存续和发挥作用。其次，作为非物质文化遗存的萨满艺术。萨满教的艺术形式丰富多彩，蔚为壮观。尽管萨满信仰处在社会的边缘，然而萨满文化在很多方面对现代社会有深刻影响，包括文学、体育、音乐、美术等。第三，国外萨满教研究及世界各地的萨满教现象。近些年国内萨满教研究学者不再仅关注国内的萨满教现象，而是将视野拓宽，对世界各地的萨满教现象都有所关注。

关键词： 萨满教　萨满信仰　萨满文化

国内萨满教研究越来越成为一个热点问题，21世纪以来每年的萨满教研究论文大体都在百余篇以上，研究著作也不断问世。2013年的萨满教研究有以下三个特点：首先，近年的趋势是将萨满教作为一种文化体系来讨论，研究者充分发掘了萨满文化的内涵，并且深入讨论了萨满文化与其他文化类型之间存在的联系，同时考察萨满教的社会功能及如何在现代社会存续和发挥作用；其次，作为非物质文化遗存的萨满教，其艺术形式丰富多彩，蔚为壮观。尽管萨满教处在社会的边缘，然而萨满文化在很多方面对现代社会产生深刻影响，包括文学、体育、音乐、美术等；第三，近些年国内萨满教研究学者不再仅关注国内的萨满教现象，而是将视野拓宽，对世界各地的萨满教现象都有所关注。下文将对这三个方面进行综述，限于学识，文中难免有疏漏之处，恳请指正。

一　萨满文化及其与其他文化模式的关系

萨满现象到底是宗教，还是信仰，抑或文化？这个问题一直在萨满教研究者中广受争议。对此，国际萨满教研究会主席霍帕尔认为应该称为“萨满文化”。萨满不属于狭义宗教，而是信仰体系，因为萨满不仅仅是一种信念，还包括很多操演样式。对民众而言，他们不仅要信仰，还要做仪式，这样才叫萨满。从实践方面讲，萨满与教会宗教具有相似性，但是霍帕尔认为它们之间存在巨大的差异，萨满是一种日常操演的信仰实践，不一定要在节日里展演，不一定要去教堂进行。霍帕尔将萨满定义为一个人在迷幻意识状态下通过灵媒让人与神进行沟通，这种作为灵媒进行沟通的萨满仪式都具有特定目的，比如祈福、消灾，进行牺牲仪式，为其共同体求得利益，在人与自然之间获得平衡等。① 当然，萨满现象在世界各地有不同的体现，用一个统一的称呼来概括似乎很难。不过，在学术研究中，人们仍然需要一个范畴来归纳这类现象。只是在理论研究中，由于不同地区、不同人群的萨满各具地方色彩，因此，任何一种归纳都需审慎使用。

在萨满文化中，有一种比较普遍的现象，即萨满被“神抓”。孟慧英以满族神抓萨满现象为例，深度剖析了萨满文化中的两个祖先信仰系统，她指出，神灵抓住萨满，并通过各种神秘的教导方式使萨满获得现实世界之外的各种知识、技能，甚至神灵还会赐给萨满一些助手精灵，以便帮助萨满行使自己的职能。这个抓住萨满的神灵常常被当作重要的“巫祖”，也称作“教导神”或“守护神”；他所赐予萨满的精灵们称作萨满助手神，这些神灵也都处在祖爷系统。此外，满族还有修族谱的传统，即将血缘祖先记载在族谱上。在满族民间既有与家谱续修相关的祖先祭拜习俗，也有与家族神灵相关的“祖爷”祭祀活动。由于两种祖先信仰系统的共存，一度造成了人们对于满族祖先信仰的一些误解。孟慧英认为，要更好地理解满族的祖先信仰，需首先理解这两种信仰体系的面貌、异同、相互关系，以及“祖爷”的族群身份。②

人类的氏族组织，与其他所有动物群体有质的区别，它不仅是一个社会性的生产、消费单位，而且承担着人类自己创造的文化的传承。此外，维护氏族外婚制度是其持久不衰、一刻不得松懈的文化功能——使人类健康繁衍。因此，氏族的延续与发展，需要意识形态的保障，而这种意识形态保障在地球的北方，在一个相当长的时间内是由萨满教提供的。③ 满族、蒙古族、达斡尔族等少数民族都是信仰萨满教的群体，他们主要生活在中国东北部，长久以来，他们实行族外婚制，直到近现代氏族制度的衰落解体。但是，萨满文化仍在很多方面扎根于它所生存的土壤。程家亮认为，在东北地区，萨满教已经融合于当地的民间风俗中，并影响了东北地区的艺术表达形式。尽管由于社会环境等影响，萨满教在现代社会呈现出衰落的迹象，但这同时也是一个多元文化融合的过程，这一过程造就了东北地区独特的文化形式。应该采取开放的视野和包容的心态，吸收萨满教中的有益原则，摒弃落后成分，对东北文化进行重组，以形成当地特色文化，这也可以在一定程度上助推当地经济发展。④

萨满文化并非通古斯语族独有，中国其他民族文化与萨满文化之间也存在着密切联系。无论是具有儒家传统的汉族、信仰藏传佛教的蒙古族，还是信仰伊斯兰教的维吾尔族或其他民族，都与萨满文化有着千丝万缕的联系。隶属于通古斯语族的满族，萨满教是其传统信仰。自清代以来，满汉文化就在满人有意识的行为中相互吸收、融合。方华玲以满人敬鸦文化为例，说明了满汉文化如何在接触中交融。清代满洲人的传说中将乌鸦视为祖先，在仪式中有祭拜乌鸦的习俗，在满人心中，乌鸦集灵禽崇拜、祖先崇拜与图腾崇拜于一体。由于汉族及其他民族也有崇拜乌鸦等鸟类的文化，因此清代统治者通过“敬鸦”行为笼络周边民族。同时，由于满人的敬鸦文化相对落后，因此满人吸收了儒家文化，用

---

① 参见中国宗教学术网，http：//iwr. cass. cn/xw/201309/t20130922_ 15548. htm. 阅读时间：2014 年 7 月 1 日。

② 孟慧英：《试论满族的两个祖先信仰系统》，《辽宁大学学报（哲学社会科学版）》2013 年第 5 期。

③ 王海冬：《论萨满教对北方初民性关系的规范》，《世界宗教研究》2013 年第 4 期。

④ 程家亮：《东北文化中的萨满教因子及其重组》，《理论观察》2013 年第 6 期。

"祭天祭祖"来修饰敬鸦文化。这既符合清朝极力建构并维护满洲身份认同的初衷，又达到了拉拢汉人的目的。①

蒙古族虽然自元代以来接受了藏传佛教，但是传统上也曾信仰萨满教，蒙古人对天神（长生天）的崇拜便体现出萨满教的自然崇拜特点。孛·蒙赫达赉所著的《呼伦贝尔萨满教与喇嘛教史略》一书，对内蒙古呼伦贝尔地区的萨满教和喇嘛教产生与发展的历史进行了考察，该书考证，呼伦贝尔地区的陈巴尔虎人直到19世纪初才开始信仰喇嘛教，喇嘛教传入呼伦贝尔后，对萨满教采取了宽容和吸纳的态度，并将萨满教和喇嘛教的因素相互融合，使蒙古族传统文化愈加丰富多彩，蒙古族的祭敖包、祭天、祭火神等习俗，源头都在于萨满信仰。尽管喇嘛教极大地冲击了萨满教，但是直到现在这一地区还活跃着很多巴尔虎萨满，仍有很多巴尔虎人对萨满有深厚感情。近年来，萨满越来越多地在一些公开场所活动，显示萨满教在当地仍有一席之地。②

蒙古族的萨满教与满族的萨满教在祭祀仪式、神职人员以及跳神治病等方面有很多相似之处，当然也有很多不同，高娃列举了科尔沁萨满与满族萨满在跳神仪式时的不同，科尔沁萨满跳神分为祈祷请神、附体下神、治病和送神4个步骤；而满族萨满跳神分为拜请萨满神、布设神堂、请神、降神和送神5个步骤。此外，这两个民族的萨满在跳神时也有很多细节不同。③ 蒙古族有祭祀敖包的习俗，这一习俗融合了藏传佛教与萨满教两种信仰要素。邢莉把蒙古族自民族社会绵延至今的敖包祭祀仪式视为一种"社会文本"，她指出，世代传承的敖包祭祀仪式折射了蒙古牧人建立的素朴的萨满教自然观，这种尊重自然、爱护草原的理念即人与自然和谐的思维模式，是敖包祭祀存在的合理文化内核，从这个意义上说，遥远的敖包祭祀为从现代人类学范式研究生态美学提供了思考。④ 而对于仪式的考察不仅具有对事件的个体记忆功能，也可以表述对于集体心智结构的认知记忆。仪式的这种认知性记忆除了通过语言来表达，更多的是以身体来展演。叶高娃以仪式中身体实践的认知记忆作为理论切入点，对蒙古族嘎日利祭祀仪式中身体实践结构与萨满神话和敖包祭祀的结构进行了对比，她认为，嘎日利祭祀所传承并延续下来的是萨满教信仰。⑤

萨满教也是新疆各民族古老的原始信仰，即便是在不同时期新疆经历了不同宗教的洗礼、与不同文明发生了交融，但萨满教仍在一定程度上保持了本色。新疆维吾尔族的祖先回鹘在公元9世纪从游牧转为定居后，农耕生活让萨满信仰变得更加完整而具有系统性，即便是改为信仰伊斯兰教后，萨满教作为古老的原始信仰在其生活中仍然承担着重要角色，没有被完全同化，而是自然融入伊斯兰教系统中并得以存续。新疆的哈萨克族、柯尔克孜族一直以游牧生活为主，作为萨满的巴克希以活态的传承和存续显示了其在草原上的力量。面对草原上各种可能发生的恶劣情况，巴克希的重要性不言而喻，其在几千年历史中所扮演的角色举足轻重，这也是时至今日，为什么草原上依然存在着巴克希，而农耕民

---

① 方华玲：《清代满洲的敬鸦文化》，《寻根》2013年第5期。

② 孛·蒙赫达赉：《呼伦贝尔萨满教与喇嘛教史略》，民族出版社2013年版。

③ 高娃：《科尔沁博与满族萨满教比较研究》，《满语研究》2013年第2期。

④ 邢莉：《蒙古族敖包祭祀的生态功能及文化价值》，《云南师范大学学报（哲学社会科学版）》2013年第2期。

⑤ 叶高娃：《仪式中身体实践的认知性结构隐喻——以成吉思汗查干苏鲁克大典中的嘎日利祭祀为例》，《贵州社会科学》2013年第7期。

族由于生产生活方式日趋接近城市，巴克希逐渐消亡。① 热依汗古丽·依玛木也讨论了新疆的萨满信仰现状，她认为维吾尔萨满文化存活至今的原因是：萨满巫师与民众之间存在着供求关系、萨满文化披上了伊斯兰教的“外衣”、萨满信仰及仪式活动已经世俗化和习俗化、萨满教能够通过巫术增强人们信心，以及各民族之间的相互影响。② 热依汗古丽·依玛木还认为维吾尔人的萨满信仰现状便是一种“混杂状态”，这一概念是对人类学家霍米巴巴提出的“无家可归”概念的演绎，“无家可归”用以总结那些被拒绝者、移民、被殖民者、被放逐者、妇女和同性恋等在“系统”内没有家的人的境遇，而“混杂状态”是杰克逊所归纳的这些人所共享着的一种状态，即他们以世界为家，却既不在这儿也不在那儿，而是处于一种游离不定的状态。

二 作为非物质文化遗存的萨满艺术

萨义德在《东方学》中揭示了西方文化支配东方“异文化”的历史过程和文化手段。萨满教作为一种“异文化”，20 世纪以来，经历了由“迷信”到“民族文化”的身份之变，并因其越来越在现代知识网格和制度体制中占据位置，而被纳入到中国现代性展开的特定历史进程之中。20 世纪初，中国引介的西方话语与本土具体的生活世界相互塑造，而成为社会文化再生产中最具活力的因素。范冬敏、石玉静以“异文化”萨满教为基点，勘查了文化霸权在东方具体的运作逻辑，这在一定程度上从东方主体的角度回应了萨义德解释的东方学实质。不过他们也指出，一旦其自我研究仍全部搬用西方的“东方学研究”中二元对立的“地理想象”，恐怕也容易染上西方的东方学的弊端。③

在我国社会主义新农村的重大战略部署下，如何建设少数民族新农村，成为社会各界广泛关注的重大问题，而加强少数民族地区的文化建设也成为了其中一项重要的内容。杨晗通过对黑龙江省满族非物质文化遗产资源现状的阐释，论述了在新农村建设的过程中，开发与保护满族非物质文化遗产的重要性及其对策措施。④ 作为一种非物质文化遗产，萨满文化的很多方面仍然体现在现代社会中，包括文学、体育、音乐、美术等。据布仁巴图论述，蒙古族的传统体育文化与古代蒙古人原始宗教联系密切。萨满信仰基于“万物有灵”观念的多神崇拜，这种原始纯朴的信仰使其观念无羁、思想无垠，对其延续至今的蒙古族传统体育文化产生了深远的影响。⑤ 而依据满族萨满观念而创作的神服、神帽、神鼓表现出来的艺术形式，是萨满教信仰观念的外在表现形式，具有一定的象征含义，每一种表现形式都传递着萨满教的宇宙观、灵魂观和神灵观。⑥ 并且，萨满服饰对北方少数民

---

① 黄适远：《当代文化空间下原始信仰萨满在新疆地区的考察——以新疆哈萨克族和维吾尔族巴克希为例》，《新疆社科论坛》2013 年第 3 期。

② 热依汗古丽·依玛木：《多元并蓄：试论维吾尔族萨满信仰的“混杂状态”》，《青海民族研究》2013 年第 2 期。

③ 范冬敏、石玉静：《萨满教由“迷信”到“民族文化”的身份之变》，《黑龙江史志》2013 年第 9 期。

④ 杨晗：《论社会主义新农村建设中满族非物质文化遗产的开发与保护》，《黑龙江民族丛刊》2013 年第 1 期。

⑤ 布仁巴图：《古代蒙古人的萨满信仰与蒙古族传统体育》，《内蒙古师范大学学报（哲学社会科学版）》2013 年第 1 期。

⑥ 宋小飞：《满族萨满器物美术及其价值》，《满语研究》2013 年第 2 期。

族服饰艺术产生了极为深远的影响，各民族服饰艺术中都可见萨满遗存。[①] 在音乐方面，满族萨满祭祖仪式“叙话—调子”是满族人在天神、祖先面前以七度音域、三度音程为主体的唱声形式，通过述说自己的内心话语，以表达内心企盼，其形式贯穿于整个祭祖仪式过程中。直观而言，“叙话—调子”就是满族人尽情地唱或跳，通过这样一种可以看和直接体验到的形态样式，去尽兴地表现自己对于生命和世界的态度。因此，“叙话—调子”所展现的不仅仅是一个简单的唱声，而是对满人生命价值和意义的一种诠释，是对自身生命活力的张扬，其所具有的生发潜力是无穷尽的。[②]

萨满文化还对现当代东北文学产生了广泛而深刻的影响，现当代东北文学鲜明的地域文化特色早已昭示了这一事实。李枫以马神话为例，讨论了萨满教对当代东北小说的影响，他认为，感恩母题是马神话和现当代东北小说马意象的共同母题，母题的表现形式具有明显的相同之处，可见马神话对现当代东北小说马意象全面影响。在此维度上，现当代东北小说的马意象和萨满神话的马神话具有渊源关系。[③] 另外，对萨满文化中“跳神”场景的描述成为现代东北作家群小说中的一种叙事常态，并始终缠绕着两种叙事态度和叙事策略：一方面，将“跳神”场景作为东北独特地域文化的一种表征，在对“跳神”场景的细节放大中掺杂了个体的文化记忆、地域文化历史积淀和区域文化模式；另一方面，将“跳神”行为作为复杂历史语境中的一个社会事件和文化场域，在其中隐藏了国家意识形态诉求、个体精神指向、文化身份认同、文化运作机制和文学社会功效等隐性层面的内容。[④]

此外，萨满说唱文本往往相当于民族史诗，记录了民族历史。高荷红以满族说部“窝车库乌勒本”为例，说明萨满说唱与真实历史的关系。作为萨满说唱文本中比较重要的一类文本，“窝车库乌勒本”具有神圣的地位，多由氏族中的萨满来讲唱，其中存留了大量满族及其先世的历史、文化。高荷红探究了史诗发生的地点、流传的地域情况与现实之间的关联，认为作为萨满史诗，“窝车库乌勒本”的确有很多与史实相契合之处。当然，作者也指出有些说唱内容与真实的历史是很难辨别的，毕竟史诗与史实是有区别的。[⑤]

三　国外萨满教研究及世界各地的萨满教现象

传统萨满教局限于土著部落群体，在一个相对封闭的文化体系中自我传承。16—17世纪以来，由于对这样一种文化体系缺乏了解，人们对西方萨满教的认识经历了颇为曲折的发展阶段，孟慧英将这几个阶段概括为“魔鬼化、骗子化、精神病理学化、普遍化、理想化、多样化”等。[⑥] 郑文认为，在16—20世纪长达5个多世纪的漫长岁月中，萨满

---

① 侯霞、潘春利：《北方少数民族服饰艺术中的萨满文化遗存》，《美术大观》2013年第9期。

② 关杰：《“叙话—调子”本质直观路径探索——以宁古塔满族萨满祭祖为例》，《黑龙江民族丛刊》2013年第4期。

③ 李枫：《小说中的萨满神话——现当代东北小说马意象中的马神话隐形结构》，《文艺争鸣》2013年第5期。

④ 刘慧敏：《东北作家群小说中“跳神”场景的话语机制、知识形态与文化身份》，《学术交流》2013年第2期。

⑤ 高荷红：《“窝车库乌勒本”与满族文化关系研究》，《满族研究》2013年第3期。

⑥ 孟慧英：《西方萨满教研究的几个阶段性特点》，《中国宗教学》（第4辑）2013年第1期。

的形象在西方社会经历了不断的变迁。早期，西方基督徒与西伯利亚的萨满相遇时，将其界定为异教徒、恶魔代言人。启蒙运动时期，西方人以理性、除魅和愚昧、迷信来区隔自我与“他者”，萨满被冠以江湖骗子的名号。19 世纪现代人类学诞生后，进化是西方学者常用的词眼，他们以高级/低级、文明/原始二元对立的逻辑审视自我与“他者”，此时的萨满被视为低等种族的低级信仰承载者。在反文化中心主义、文化整体论兴起后，萨满又被理解为土著社会文化的载体。此后，精神分析学说开始流行，精神错乱者又成为萨满的新名号，而反对滥用精神分析法的人，则强调萨满是身心健康的仪式专家，是为了族群利益而沟通神灵的人。20 世纪中叶之后，西方社会危机四伏，以反正统文化、新时代运动为首的各种思潮和社会运动迭起，“他者”又成为“堕落的西方人”借以反观自身、追求身心一体的榜样。在此情况下，西方新萨满教应运而生。这种新型的萨满教与西伯利亚或北美的萨满教不同，是西方人对传统萨满教选择性的“拿来主义”或与其他元素的“混搭”，其实践者被称为“白人萨满”。萨满形象的每一次转变，都与西方社会自身社会思想和文化潮流的风向密切相关。① 现当代，西方社会的萨满教在信仰与实践方面发生了转型，日益成为一种技术而非信仰。这种新型的萨满教与传统的西伯利亚或北美的萨满教不同，是西方现代社会文化的产物。它的出现体现了一部分西方人对现代性的反思以及他们的生命体验与西方主流社会范式的紧张关系。②

学术界一度认为只有生活在西伯利亚地区的通古斯人所信仰的才是真正的萨满教，因此对这一地区信仰特点的研究具有“正确”认识萨满教的意义。人类学家史禄国曾撰文《通古斯人萨满教的几个特征》，在这篇文章中，史禄国对通古斯人的萨满教特征进行了概括。该文认为，具备完备功能的萨满教应具有以下几个特征：第一，萨满是神灵的掌控者；第二，萨满要拥有一定数量的被其掌控的神灵；第三，在萨满教中，有一套与神灵交往的方式以及神器，萨满展现的知识为其所属的人群所认同，并被传承下去；第四，萨满知晓一套其实践所依凭的理论；第五，萨满承担特殊的社会作用。③ 事实上，西伯利亚和远东地区的诸民族一直世代传承着古老的萨满教传统，而到了前苏联统治时期，该地区萨满教曾经遭受过沉重的打击。在苏维埃的“无神论者”眼中，萨满教是“落后和黑暗的”以及“迷信的”典型代表，特别是那些萨满和作为萨满追随者的土著人对于苏维埃推行“集体化”所采取的沉默乃至抵制态度，更是招致了当局的无情打击。在这个过程中，萨满教通过一系列调适和反抗，为自身的延续谋得了一定的空间。苑杰对苏维埃时期西伯利亚和远东地区的萨满教进行了研究，认为走过这一历程的萨满教发生了重大变化：一方面，传统的信仰体系中的某些重要知识已经遗失，一些重要的概念与东正教、基督教等其他宗教的某些概念发生融合；另一方面，很多族群没有新萨满产生，一些可能成为萨满的人被贴上“精神病”的标签，真正的萨满隐去了自己的身份或者停止了一切活动，或者转入地下秘密为人治病，某些传统仪式已经不再举行；还有一个非常重要的变化是，由于受到东正教，尤其是苏维埃“无神论”宣传的影响，人们大多数时候都从负面的角度看待萨满及萨满教，认为萨满是江湖骗子和害人的巫师，认为萨满教是“迷信的”和“作恶多端的”。萨满在社会结构中的位置发生了重要的变化，而这一系列的变化形成了我们

① 郑文：《多面的他者：16 至 20 世纪中叶西方视野下的萨满形象》，《民俗研究》2013 年第 3 期。

② 郑文：《当代西方社会中的新萨满教研究述评》，《北方民族大学学报》2013 年第 1 期。

③ 史禄国：《通古斯人萨满教的几个特征》，于洋译，《世界宗教文化》2013 年第 5 期。

今天所见的萨满教文化遗产面貌的重要基础。①

很多人认为萨满文化是一种北极圈内的文化，这种看法的形成是由于生活在北极圈内的各民族传统上大都信仰萨满教。居住在斯堪的纳维亚半岛北部和俄罗斯科拉半岛的萨米人，处在亚欧大陆北部世界萨满教信仰的核心区域，其传统上所从事的狩猎和驯鹿放牧业更是萨满教产生和发展的温床。萨米人的萨满教曾受到来自斯堪的纳维亚群体的宗教的影响，吴凤玲的研究指出萨米人萨满教与斯堪的纳维亚宗教的互动，就历史的先后顺序而言，分别是其基督教化之前的本土信仰斯堪的纳维亚宗教和基督教。但是由于材料的局限和文化交流现象本身的复杂性，研究者们在对待两者在整体上究竟是谁影响了谁，或是在某些方面究竟是谁影响了谁的问题上，大多采取审慎的态度，“可能”和“或许”等假设和推断性的字眼充斥于这些研究。② S. A. Mousalimas 所著的《南阿拉斯加的古萨满》以南阿拉斯加的古萨满为主要研究对象，分别从文化与社会两种视角分析了南阿拉斯加过往的萨满。文化的视角关注于高度可视的文化特征，并将它们清晰地呈现出来。与之相对地，社会的视角聚焦于社会任务更为广泛的基础。从社会观点出发，文化特质具有依附性；最终的具有决定性的特点是同精灵之间的联系以及对主要的社会任务的完成。这两种视角所形成的对立有助于萨满教地域性转变与传承的研究，因为通过文化的视角我们可以看到文化特征（以及精神取向）的转变，而通过社会的视角我们可以看到社会任务（与角色）的维系。③ 另外，萨满教信仰万物有灵，而且认为灵魂可以迁移，因此，人们将永恒的灵魂迁入石头中“储藏”起来，使其成为精灵的寓所。在精灵迁移观念的影响下，亚欧草原居民利用象征永恒的自然物——石头来进行雕刻，因为在草原民族眼中石头就代表着永恒和长生，是“保存”祖先灵魂的最优物体。所以，制造出了占有二维或三维空间的人物或其他形象，并将这种石人作为灵魂的居所、神灵的化身而加以膜拜和敬畏。通过对亚欧草原石人的研究，包桂红认为石人的起源与原始宗教观念密不可分，尤其是萨满思想成为其信仰的基础。④

国内萨满教学者除了关注欧洲、美洲等地的萨满现象之外，也对日本、韩国和朝鲜的萨满教现象以及萨满教在该地区的产生、发展及衰落的过程进行了梳理，并论证了中国的儒释道学说对当地萨满教发展过程的影响。学者们不仅讨论了日本、韩国和朝鲜萨满教的研究成果，包括日本学者的萨满教人类学研究、韩国和中国的学者用日文撰写的研究，以及那些关注萨满教并取得优秀成果的外国学者的研究，而且提出了今后应该关注的研究课题，同时也将国外学者对中国萨满教研究的成果进行了总结。⑤

结　语

多元性、复合性和包容性是萨满教的主要特点。所有的文化本质上都是复合的，是传

---

① 苑杰：《适应与反抗——苏维埃时期西伯利亚和远东地区的萨满教》，《世界宗教文化》2013 年第 5 期。

② 吴凤玲：《交流与融合：萨米人萨满教与斯堪的纳维亚宗教的互动》，《世界宗教文化》2013 年第 5 期。

③ S. A. Mousalimas：《南阿拉斯加的古萨满》，李楠译，《世界宗教文化》2013 年第 5 期。

④ 包桂红：《从“萨满”思想解读亚欧草原石人及其手中杯》，《世界宗教文化》2013 年第 5 期。

⑤ 新里喜宣、刘正爱：《日本的萨满教研究——成果与课题》，《宗教人类学》（第 4 辑）2013 年第 4 期；代娜新：《朝鲜半岛萨满教的历史发展梳理》，《辽东学院学报（社会科学版）》2013 年第 6 期。

播和同化的产物，人们总是在交换文化要素、重新分化组合、改变原有习俗，来完成文化之间的接触。萨满教之所以从远古一直延续到现在，其所具有的包容性功不可没。历史上萨满教不断接触其他宗教和文化，在这个过程中不断吸收不同文化要素以适应时代主流，这也是萨满教如今具有多元宗教要素，成为一种复合状态的原因。

整合与区隔:宗教信仰与群体边界研究综述

郭慧玲

摘 要：宗教如何作用于人类社会中的群体区隔与整合？我们回顾沿两条线索展开的相关研究，一是宗教如何作用于沿宗教边界的群际态度和行为，二是宗教如何作用于诸如族群和阶层等社会分界。在这两条线索的文献中，宗教都体现出对群体边界的辩证作用，即既促进群体整合也加强特定区隔。通过阐述信仰本质的心理学意涵，本文指出，宗教界定的局限性和宗教性测量的不灵敏，是限制宗教与群际关系研究的主要方面，也是今后研究中可待突破之处。

关键词：群际关系　社会边界　宗教信仰　整合　区隔

宗教是一个神秘的字眼，它所激起的情感既令人神往又令人畏惧，其对现实社会的效应也不一而足、耐人琢磨。涂尔干说，宗教的本质乃是社会。或者作为社会得以可能的因素，或者作为一种社会制度，或者作为一套文化观念，宗教这一千姿百态、变幻莫测的事物，对人际和群际分界有何作用？宗教作为一种深刻的认同，因其中情感的卷入性和信念的坚定性，在群体之间划出的区隔的沟壑是难以弥合的；同时，宗教是人类社会得以可能的因素，它将散碎的个体凝聚起来，也将因其他认同所带来的群体区隔弥合起来。那么，宗教到底在如何作用于人类社会中的区隔和边界？

宗教对社会群体边界的作用，可以分为两类。一是沿宗教群体边界对群际态度和行为的影响，二是对诸如族群和阶层等社会区隔的影响。下面我们将对这两方面文献进行综述，然后做出评论。

一　信仰边界与群际关系

这里的群际关系指宗教信仰者对他群成员的态度和行为。这里的他群指各种不归属于相同宗教的群体，包括社会大众、社会少数群体、其他教派信仰者和非宗教信仰者等。关于沿宗教边界的群际关系的研究主要包括两个方面，一是关于宗教与群际态度，二是关于宗教与群际行为。

（一）宗教与群际态度

宗教性对信仰者对待其他群体的态度有影响。宗教性对排外主义有积极作用（Canetti et al.，2009）。不同的宗教性导致不同的不宽容机制。作者发现，在希腊共同体中，个人宗教性与宽容之间存在关系，而在土耳其岛，基于制度的宗教性则与不宽容只有中性的关系（Yesilada et al.，2009）。宗教性对族群不宽容的效应是由群体内外的对立所导致。宗教性和不宽容之间的联系，在于此作用机制中的竞争和冲突，因为意识到差异，群内团结导致对群外的负面认可（Kunovich and Hodson，1999）。在此可以理解为是宗教认同造成的群体范畴化带来群际敌意和不宽容，那么多元群体资格和叠合身份认同则可能增加群际宽容（Fang，2009a，b；Yang，1999）。

宗教信仰对群际态度并不必然是负面影响，而是其影响因教派的不同而不同。一般认为，自由派比保守派对他群成员更宽容。保守长老会成员对其他宗教的信仰者的捐献要多于自由派长老会成员，自由派长老成员所做的世俗捐献却比保守派多（Lunn et al.，2001）。但这并不必然说明自由派比保守派更宽容，而更可以说，保守派对宗教信仰者更为同情，而自由派对世俗人群更多同情，可以说是缘于相似者之间的相互保护和促进。但同时，保守教派更不希望其他保守宗教群体对公众态度有影响，而宗教自由派则更不反对其他自由群体对公众态度有影响（Evans，2006）。这里保守派因其更绝对的是非观念，更倾向于相互之间不宽容，而自由派之间则更为相互宽容。

社会信任是具有广泛而深刻的社会效应的态度。社会信任指个体对社会大众的信任。社会信任是相信其他人，相信如果能避免的话，他们不会故意或在知晓情况下伤害我们，如果可能的话，他们会照顾我们的利益（Delhey and Newton，2005）。信仰在社会中占主流的教派，促进社会信任。在天主教主导的拉丁美洲，天主教归属和实践促进社会信任（Branas-Garza et al.，2009）；在孟加拉国，占主流的伊斯兰教追随者总体上比印度教徒信任其他人多一些（Johansson-Stenman et al.，2009）。但宗教主流或少数派信仰与社会信任之间的关系并非单向线性。

保守派或少数派的宗教信仰对社会信任度的影响并不那么一致，既可能促进也可能减弱。在美国，总体来看，非主流新教的社会信任度低于主流教派；但在经常去教堂者当中，非主流新教派的社会信任度高于主流教派（Welch et al.，2004）。非主流本身虔诚度高，却在总体社会信任度低一些，但在宗教性高的人群中，还是非主流社会信任度更高，这可能是非主流派中社会信任度差异大所致。如果说保守派中社会信任度低是由其边缘地位造成，那么保守派虔诚度高者为何社会信任度更高？是因为其信仰和对周遭环境的认知更为确定？他们更为心安便更信任社会和他者？这些问题依然需要新的研究和考证。

具有宗教探索倾向者是否会宽容与其观念相反者？如果说人们总是倾向于帮助同见者、排斥异见者，多宗教开放者并不例外（Goldfried and Miner，2002）。那些在宗教上有较强探索倾向者具有头脑开放和宽容的价值观，但他们会帮助那些行为违反这些价值观的人吗？研究发现，他们会反感这种行为，但不针对有此行为的人（Batson et al.，2001）。宗教探索者反感促进封闭头脑的行为，但是并不反感有这种宗教封闭头脑的人（Batson et al.，2008）。

除了将宗教作为一个整体来探讨其对群际态度的影响，还有一些研究更细致地区分了宗教中对群际态度起作用的不同方面。宗教信仰对宽容有促进，但只是与宗教性中的一些相关方面有关（例如相关训诫），而非与宗教性的核心因素有关，如虔诚度和教堂参与等，后者的作用微弱（Karpov，2002）。宗教性对信任不一定有作用，而是信仰者们的世俗社会网络嵌入性对信任有作用（Welch et al.，2007）。信仰那些强调分享祈祷、提倡谅解的宗教有益于促进原谅别人，由此可能导向亲社会行为（Wuthnow，2000）。此外，影响群际态度的还包括语境因素。除了个人因素的净作用外，居住在一个大学毕业生占更大比例的地区显著地增加个体的宽容水平，而居住在福音派新教徒占更大比例的地区则显著地降低个人的宽容水平（Moore and Ovadia，2006）。态度与道德责任有所不同。宗教可能不是改变态度，而是增加责任（Ortberg et al.，2001）。可能宗教意识没有启动时，只是态度在起作用，而宗教意识得到启动后，则责任开始发挥作用。

宗教倾向影响信仰者对少数边缘群体的态度，包括对同性恋者的态度。尽管在传统上，很多宗教都对同性恋者持反对态度，但现在情形已有所变化，有些宗教在对性偏差行为者的宽容上也有所促进。内在宗教（intrinsic religion）取向使人们将有罪者与其罪区分开，因而内在宗教性较高者更倾向于反感违反其价值观的行为，但不会反感有此行为的个体（Mak and Tsang，2008）。东正教对同性恋者更多的是正面态度，也体现出其对事不对人的宽容态度。研究发现，一定程度的信仰有益于群际宽容，但极端的信仰则不利于群际宽容（Ford et al.，2009）。

宗教对群际态度的影响也因所针对群体的不同而不同。在美国社会，对宗教多样性的接受并没延伸至对非宗教人士的接受（Edgell et al.，2006）。有宗教信仰者对非宗教信仰者有负面刻板印象（Harper，2007）。宗教对群际态度的影响也因所针对的种族而不同。宗教与种族不平等的维持不无关系（Hinojosa and Park，2004）。宗教信仰在促进白人至上运动上发挥了作用（Dobratz，2001）。宗教信仰是否导致信仰者更高的自我评价和对不同信仰者的较低评价，从而导致歧视和不宽容？宗教信仰者认为自己在宗教信仰特征上更圣洁和具有宗教性，而在非宗教特征的自我评价上则比其他人更为谦虚（Rowatt et al.，2002）。这种自我评价上的差异所导致的群际态度也将朝向不同方向。

（二）宗教与群际行为

宗教信仰对人们的群际态度有影响，那么对他们的群际行为有何影响？个体行为取向是其态度取向的延伸，还是有其独立的逻辑和特征？我们考察的行为包括自愿劳动、给与行为、亲社会行为和其他慷慨行为等。

个体的自愿劳动受到其宗教性和其他方面因素的影响。宗教性的四个维度，参与、虔诚、归属和神学对世俗自愿组织的参与有很强且截然不同的作用（Lam，2002）。在新教教会参加者中，教会活动的参与对社区自愿活动的影响最大（Park and Smith，2000）。除了宗教性本身的影响，其他非宗教因素也有影响。自愿行为的影响因素还包括人力资源、社会和文化资源、被要求的可能性和接受要求的可能性等（Musick et al.，2000）。

宗教对自愿劳动的影响方向并不是始终如一，而是因语境不同而不同。对53个国家的数据进行的多层次分析显示，国家语境和宗教性共同对自愿劳动起作用（Ruiter and De Graaf，2006，2010）。政府对宗教的介入也影响宗教的捐献行为。政府卷入宗教，包括支持宗教，会弱化宗教成员认同，挤压宗教自愿劳动和捐献行为（Traunmueller and Freitag，2011）。在宗教多样化背景下，宗教自愿劳动并不挤压世俗自愿劳动（Borgonovi，2008）。宗教对自愿劳动的影响具有种族差异，相比白人，黑人在人力资源方面有所欠缺，但其社会和文化资源使其自愿劳动成为可能；而对白人而言，宗教对于他们没有像对黑人那么重要，其宗教参与反而减少世俗自愿劳动（Musick et al.，2000）。

一般而言，宗教信仰对给与行为和慷慨有促进作用。宗教性水平高对给与行为有很强影响，给与行为也促使共同体凝聚力加强（Peifer，2010；Wilhelm et al.，2007）。在印度农村社区的公共福利上，宗教信仰者更合作和更慷慨（Ahmed，2009）。宗教信仰对慷慨行为影响具有教派差异（Hoffmann et al.，2010；Ottoni-Wilhelm，2010）。教派领袖在某种程度上决定其教会的慈善工作做到什么程度（Allahyari，2004）。除了宗教性本身的影响外，给与行为还有很多其他影响因素。遇到的捐助要求、亲社会个性和经济资源都影响个体的慷慨行为（Wiepking and Maas，2009）。

宗教信仰对群内和群外给与行为有不同影响。在控制组织群体身份和信任的情况下，在宗教性和世俗给与行为之间是显著的反向关系（Bekkers and Wiepking，2007）。但是，如果说宗教通过加强组织参与和社会信任促进慷慨行为，那么我们也无法由此来否定宗教的贡献。宗教给与和世俗给与并非必然是非此即彼的关系，而是宗教也可能促进世俗给与（Hill and Vaidyanathan，2011）。宗教信仰对于慈善观念的树立很重要（Scheepers and Grotenhuis，2005），宗教通过道德教义和宗教领袖影响个体的观念，促进各种形式的捐献行为（Will and Cochran，1995）。宗教增加与给与行为有关的技能和习惯/实践（Hill and Vaidyanathan，2011）。但由此可见，宗教并不是作为一个整体发生作用，而是，其部件在发生作用，特定的部分也有其独特的逻辑，在此慷慨行为与宽容态度被作用的方式有显著不同。

国家总体态度影响人们的慈善观念，利他主义具有某种社会（组织和制度基础）嵌入性。比较欧洲的血液采集制度会发现，不同制度为捐献行为提供不同程度的机会，从而影响该制度下捐献者的人数（Healy，2000）。在1600—1800年的荷兰，社会通过增加社会压力，使慈善捐献成为富人和中产阶层的责任，从而增加人们通过宗教和世俗机构进行的捐献行为（Teeuwen，2012）。就中国而言，在无神论的意识形态下，宗教的组织化和社会化程度影响其在慈善公益中发挥作用的程度和可能性（李向平，2007；郑筱筠，2012；宁二，2010）。

基于信仰的慈善组织与世俗的慈善和社会服务组织有何差异？在贫困救助项目中，基于信仰的项目和世俗的项目的不同之处，在于发展社会资本上，基于信仰的慈善组织会建立受施者与教会的长期联系（Lockhart，2005）。对接受社会服务者来说，相对世俗社会服务组织，接受社会服务者对宗教慈善组织的有效性和信任度评价更高（Wuthnow et al.，2004）。就此而言，宗教对群际给与行为的促进间接地改善了双方面认知中的群际关系。

另外，宗教信仰影响人们的表达偏好。有宗教信仰的年轻人倾向于在处理日常争辩时不使用攻击，宗教信仰者的这种亲社会性无法还原为性别、社会称许性偏差（social desirability bias）、依恋、同情心或正直等（Saroglou et al.，2005）。宗教独立于这些非宗教因素的独特作用源于哪里？是否是语境或超自然信仰的作用？这依然尚待考察。宗教促进个体对陌生人的利他行为，但宗教性和亲社会行为的自我报告与个体对声誉的关注有关（Norenzayan and Shariff，2008）。那么就此而言，我们对宗教信仰对慷慨行为的影响的报告应当多少有所保留。

总之，宗教信仰促进面对世俗社会的慷慨行为，但宗教信仰者的宗教慷慨行为是否会挤压世俗慷慨行为，则无法一概而论。就群际慷慨行为而言，依然存在优先选择与自己价值观相似者为接受者的倾向。

这些研究都为我们认识宗教信仰和慷慨行为之间的关系提供了某种基础和背景。但是在这块知识拼图中，依然存在很多缺失片段。在这些研究中，关于中国宗教对慷慨行为的影响状况尚付诸阙如；而各宗教性维度分别与慷慨行为是什么关系，也缺少清晰的回答。

二　宗教信仰与社会边界

宗教信仰除了对沿宗教边界的态度和行为有所影响外，还对其他社会边界，例如族群和阶层边界，有强化或淡化的作用。关于宗教对社会边界影响的研究可以分为三种取向，有的强调宗教对特定社会区隔的弥合，有的则强调宗教对特定社会边界的加强，还有的则同时探讨宗教对社会群体关系的正负两方面作用。

（一）宗教对社会区隔的弥合

宗教对不同群体划分具有融合作用，这主要体现在宗教对不同族群的连接上。这类研究的研究对象主要包括多种族宗教和移民宗教。

宗教具有跨越族群边界的作用。宗教可以作为不同族群的连接而出现（Wuthnow and Offutt，2008）。守约者们（Promise keepers）的信仰提倡并促进种族交叉和相融（Allen，2000）。多种族教派将多样性看作其重要特征，强调和促进多种族之间的相容（Ecklund，2005）。以本身处于劣势的种族为主的教会，更易于吸收其他种族群体，成为种族更多样的教会（Dougherty and Huyser，2008）。多种族教派具有弥合和淡化族群分界的积极作用（Marti，2008）。多数教会成员都归属于多种族教派的地区具有更低的迫害发生率，就此而言跨种族的宗教团结减少种族暴力（Bailey and Snedker，2011）。

移民宗教在促进移民族群融入主流社会上有积极作用。在美国韩裔新教徒的信仰代际传播中，传播一种宗教并不必然传播其族群文化和族群认同，除非二者之间有很强联系（Min and Kim，2005）。新教帮助意大利裔移民文化同化，且第二代移民新教徒的新教认同超过族群认同，最后带有意大利民族认同的新教教会消失，二代移民成功融入主流美国文化（Form，2000）。移民或者文化同化进入主流社会，或者在保守派中保留原来身份，在前者情况下新教似乎成为同化工具。在一种分化环境中中庸似乎不是常态，而必然分成主流派和保守的边缘派。在亚裔宗教实践中的一些创新做法也促使其成员跨越多种边界，包括族群、宗教和民族等，例如多族群亚裔美国人教堂和供具有不同信仰者一起参拜的泰裔佛教寺庙等（Chong，2005）。在这些例子中，宗教在不同程度上促进不同族群的互动和相容。

（二）宗教对社会区隔的加剧

宗教对群体边界的促进作用，主要体现在对族群分界和社会阶层边界的加强上。如果说，宗教对社会区隔的化解作用主要体现在对不同族群的影响上，那么可以说，宗教对社会边界的加强作用则主要体现在对社会分层边界的影响上。

宗教对族群边界的加强在不少研究中得到证实。在很多情况下，宗教与族群认同紧密相关（Klaff，2006）。在美国，韩裔新教徒和印度裔印度教徒通过他们的宗教使其族群性得到保存和延续（Kim，2011）。俄罗斯通过宗教文化来加强其公民的民族认同（Agadjanian，2001）。在当代美国宗教认同的建构中，既有与族群密切相连的方面，也有后天获致的宗教认同方面，二者同时存在且整合在一起（Cadge and Davidman，2006）。在移民宗教中，一代移民容易将教会对立上升到族群对立的程度，固守族群文化，多层的忠诚混在一起（Cadge and Davidman，2006）。通过具有族群多样性特征的宗教共同体降低族群区隔，其效果是有限的。并不是任何族群都可能参与到同一教会中，而是仅在具有亲和性的族群之间才能形成特定组合（Dougherty，2003）。在这些研究中，宗教和族群身份之间是相互加强的。

宗教对阶层分界的加强也得到不少学者的探讨。通常，各宗教之间经济状况都有所差别，不同教派之间也有显著的阶层差异（Pyle，2006；Schwadel，2008；Sherkat，2001）。在19世纪的荷兰海牙，宗教信仰的类型与个体的社会地位紧密相关（van Poppel et al.，2003）。某些宗教通过改变其具体信条和组织方式来适应特定阶层，从而促进宗教在特定阶层中的传播和发展（Marti，2010a）。某些宗教甚至会排斥穷人（Smith，2001），这是教会与信仰者双方的文化倾向不同所致。我们可能会期待在社会资源方面本已欠缺的底层阶层能从教会这根救命稻草上得到帮助，但在教会对其成员的公民技能提高方面，实际上依然是高收入群体在教会中更为受益（Schwadel，2002）。此类研究让人发问，是先有个体的经济差异，他们的相似相聚导致宗教的阶层差异？还是教会本身的经济状况使其选择特定阶层的信徒作为成员？但这无疑是两个过程相互加强的过程。就此而言，宗教加强阶层分界。

神职人员的分层状况也有类似特征，在宗教共同体中阶层差异依然彰显。女性神职人员在教会中的地位也与其性别地位相关，其地位与家庭关系中女性的相对劣势地位相似（Sullins，2000）。圣公会中对女牧师的隐性歧视比比皆是（Fobes，2001）。正如格尔茨关于文化形式的渗透和遗存的讨论一样，社会分层和不平等自然地渗透到各种社会制度中并得以保留，在宗教共同体中也是如此。

宗教对阶层区隔的加剧得到很多研究的肯定，而关于宗教对阶层群际关系的缓解作用则较少得到证明，但也不乏例外。宗教参与可能增加不同社会地位的人们之间的友谊，主流群体通过做自愿劳动可能会与少数/边缘群体成为朋友（Wuthnow，2003）。但这种友谊也是局限的，它并非建立在双方完全平等的关系上。这使宗教对阶层关系少有的正面作用也大打折扣。

（三）宗教对社会区隔的辩证作用

宗教对群际边界的作用更多是辩证的，这一方面与教会本身的运作机制有关，另一方面与现代社会的宗教多样化背景有关。多族群宗教和移民宗教中的情况则是较为常见的例子。

参加一种教会所带来的外群接触和界分效应同时存在。神圣价值观是宗教群体认同的符号，也作为道德责任起作用（Atran and Ginges，2012）。这使同一宗教中的不同信仰者之间形成促进团结的共同意识形态。除了通过共同意识形态，宗教仪式还可以直接创造群体团结（Heider and Warner，2010）。这种团结创造的结果既包括对宗教内多族群和多阶层的连接，也包括对宗教外群体的分界的加强。在美国青少年宗教信仰者中，信仰宗教的负面效应之一是带来社交网络的关闭和缩小（Smith，2003）。人们可能用宗教来界定群体认同和关系的边界，宗教可以加强或阻碍跨社会地位和宗教区分的合作（Lichterman，2008）。同时，同一宗教中的不同种族和性别却也导致不同观点和取向（Read and Eagle，2011）。固有的边界效应与新的共存关系同时存在。宗教一般增加群内信任，减少群外信任和增加外群冲突（Atran and Ginges，2012）。由此可见，宗教在群际关系上有不同作用，一方面可能带来群际冲突，另一方面则作为制度和道德责任促进互惠和合作。这种嵌入在宗教群体本身的运作机制中的双面性，导致宗教对群际关系的辩证性。

在现代社会宗教多样化背景下，不同宗教相互接触可能性的增加也使其群际关系更加具有辩证色彩。一方面相互的接触带来相互理解的可能性，另一方面，相互的接触也增加矛盾激化的频率。宗教多样化既增加社会大众对少数宗教的支持率，却也使相互之间的关系更加对立和极化，人们对异己宗教的态度或者支持或者反对（Wilcox and Goldberg，2002）。佛教徒和其他宗教的信仰者对佛教的迥然不同的建构，显示的既是宗教间对话的契机，也是根深蒂固的对话障碍（Bender and Cadge，2006）。美国基督信徒中并不太区分派别，他们虽然保持与基督教的关系，但较少保持与特定教派相关的宗教认同标签的关系（Dougherty et al.，2007）。如果信仰者只对宗教的总体概念有认同，而非对特定的教派，那么宗教信仰导致的在不同教派之间的界分作用就相对减弱。后现代宗教组织是一种归属不同教会者都可以加入的松散组织（Kellstedt and Green，2003）。但这种组织是否能改善宗教之间的关系？宗教在凝结群体意识和形成群体边界方面的作用无非是相互关联的，或者对二者的作用都弱，或者都强。

在多族群宗教和移民宗教中，宗教对边界的双重作用都较为突出。在美国多族群社区中，族群边界依然是解释组织活动状况的重要因素，组织活动群体具有显著的同族相吸特征（Okamoto，2006）。在多族群教会中，肯定自身族群身份与超越族群身份是同时存在的辩证过程（Marti，2010b）。多种族教会在经济地位方面更加宽容，在性别平等方面则不一定，这决定于教会保守或进步取向和所在城市大小等特征（Yancey and Kim，2008）。在韩裔美国人教会中，牧师在多族群问题上的定位与偏好决定教会的发展方向，有的牧师偏好单族群教会，有的则不同程度地对多族群教会持容纳和偏好态度（Kim，2010）。

三　宗教与群际关系：局限与突破

人生活在一个建构起来的意义世界中，并依赖于此意义世界使周遭的一切具有相对的确定性。人对确定性的依赖和追寻使其倾向于将社会建构的事物客体化和实在化，从而抹杀其建构性和可变性。于是，因社会而不同的文化规范和惯例甚至被人们拿生命去捍卫，因文化而不同的象征符号和旗帜可以在陌生人之间激起莫大的仇恨和敌意。当个体接触这个世界时，围绕他/她的是心理环境、社会文化环境和周遭的物理环境。因社会文化环境和物理环境都需要通过人类的意义诠释来对个体发生作用，这二者经过意义建构直接作用于个体的方面才构成个体的生存环境。由此可以说，对个体直接发生作用的是其心理环境和生存环境。

为了维护个体心理环境的确定性，自尊、自大、自我中心和自我免责等心理倾向成为必然，心理上的安全感和优越感是人得以生存和发展的首要条件。为了维护其生存环境的确定性，被建构的社会制度、文化惯例、亚群体观念和象征符号等都被视为先在的、理所当然、不可抗拒和不应违反的客观事物。这些建构物的客观性和实体性通过群体的实践参与、身体规训、身体惩罚和生命牺牲建立起来，这也便是个体在一个社会中得以生存所必需的社会化和再社会化所关涉的内容。这种将建构物看作实体的“眼力”和条件反射过程，无论对于个体生存还是群体生存都有着进化上的意义。正是此过程保障个体心理环境和生存环境的确定性，由此避免不确定性所带来的焦虑、抑郁、混乱和失序。

信仰现象仅仅是这样一种生存倾向和心理过程的一个表现方面。超自然信仰从“理性”的角度看来可能是荒谬和不可理解的。但超自然信仰正是人类将不可知世界赋予意义，并使之具有确定性和可依赖性的主要途径。越是不确定和不可知的事物，越是需要通过意义建构和相应的身体规训来增加其确定性和实体性。德尔图良所言“正因为荒谬，所以我才信仰”和“我相信上帝，因为我无法证明他”显示的正是这样一种过程。信仰所带来的人类心理环境和生活环境的确定性对于其生存和进化极具意义。

信仰的本质在于将某种事物看作至高、绝对和无限，并愿意为之付出生命中的所有。这种事物的绝对性在群体中通过话语和实践建构起来，并通过社会化和再社会化使之客观化和实体化，从而使个体和群体的心理环境和生存环境有序化和具有确定性，而这也是人类得以生存和进化的条件和过程。在此视野下，宗教的界定范围就受到挑战，宗教对群际关系的影响就不像以往研究中所界定的那么简单。

以往很多研究中都存在将信仰化约为教会、将宗教化约为超自然信仰的倾向，这种取向局限了宗教性及其对群际关系影响状况的测量。“宗教的”（The “religious”）不同于宗教（religion）（Cadge et al.，2011）。有学者对扩展“宗教”概念的内涵和外延进行了尝试。内在宗教（intrinsic religion）、内取向宗教信仰、外取向宗教信仰和内隐宗教（implicit religion）等都是宗教性测量值得拓展的领域（Lam，2001；Leach et al.，2008；Mak and Tsang，2008）。将研究对象局限在教会甚至基督教会的做法在很大程度上约束了宗教研究的职责和解释力。除这些宗教性测量外，诸如无神论者、自由思考者和宗教独立者等概念也应当进入研究范围（Cimino and Smith，2007；Hayes，2000）。

近年来西方兴起很多与超自然信仰关系较小的灵性组织和无神论组织。这些灵性组织的信仰对象千奇百怪、包罗万象。他们可以信仰UFO，可以信仰多宗教共存，甚至信奉与“神”毫不相关的任意事物。在涂尔干的研究中，一种动物、一块石头和一个随意的符号都可以成为被信仰的对象；在韦伯的研究中，一个人可以成为被崇拜对象，即卡理斯玛型人物。虽然这种人物成为卡理斯玛型人物的过程存在共性，但什么特征可以使其具有此超凡魅力，却因文化和社会不同而有巨大差异。这些特征可以是残疾和疯癫，也可以是威武和俊俏；可以是沉默寡言，也可以是能言善辩；可以是粗鲁野蛮，也可以是细致讲究。一个人可以为了捍卫其宗教信仰而牺牲生命，也可以为了自己的民族认同而不顾一切，也可以为了事业而抛弃所有，也可以将一个信条、一个事物、一位爱人和一个符号赋予无限价值和至高地位。一个人为信仰超自然事物而牺牲生命与他/她为了其他事物而不顾一切的差别在哪里？关于超自然的信仰也可以是将信将疑、三心二意，而关于其他事物的信仰也可以达到付出生命的程度，如此信仰的本质又何以只是关乎超自然现象而已？

宗教研究可以说是在其发展中束缚了自己的手脚，如果回溯到涂尔干和韦伯的经典研究中，宗教社会学的研究是面向整个社会和各种社会行为的。涂尔干关于原始社会和图腾信仰的研究实际上是关于整个社会机制的研究，而韦伯关于社会行为的类型划分和价值理性的提法事实上并没有只圈入在教会和超自然信仰范围内。

同时，宗教信仰者与非信仰者之间难以划出一条明确的界线，还需要更为多样和敏感的宗教性界定和测量标准。绝对的无神论者和绝对的有神论者都是少数，处于中间多数的则是将信将疑者，因而也便有了相信但不归属者和归属但不相信者等概念。但即便这两种类型也是边界模糊的。相信还是不相信这种区分本身也是武断的，被调查者在这二者之间的断定和选择在很大程度上过于简化现实的复杂性和多样性。宗教认同发展的过程中存在三种状态，参与、选择和宣称（Peek，2005）。这个过程也包含了个体关于信仰还是不信的彷徨和犹豫，而这种状态应该被归于信仰者还是非信仰者？恐怕任一选择都是武断的。宗教怀疑与宗教挣扎的区分为信与不信的二元划分增加了其他维度（Small and Bowman，2011）。

是更多的人在走进教堂还是更多的人在信仰私人化？尽管这个问题依然存在很多争论，但宗教私人化似乎已经成为现代社会中存在的现象，而这一现象也使对宗教信仰后果的讨论增加了难度。宗教中的教义和制度规定与个体对所信仰宗教的诠释有很大差异。在当代以色列正统犹太教信仰者中，与教派的传统教条有差别的是，有的信徒并不认为世俗工作会成为救赎的障碍；他们会对传统的信条重新进行诠释和建构，从而塑造出具有个人特点的宗教信仰方式（Stadler，2002）。如果一个保守天主教信徒同时也有女性主义倾向，他/她也可以协调其信仰与其女性主义取向之间的关系（Ecklund，2003）。在摩门教中，信徒们个体间的差异性也使他们使用不同策略以达到各自多重认同之间的协调（Beaman，2001）。归属特定教会派别与个体对其信仰的建构并不等同，私人化宗教和主观宗教行为都使宗教的总体性意义被打破（Laubach，2004；Lewis and de Bernardo，2010；Zhai et al.，2007）。除了个人对制度性宗教的诠释差异和个人化现象外，流行宗教和民间宗教的信仰又如何定位？社会中的多数人都处于信与不信中间，而社会中也永远都有神和信仰的空间（Williams，2010）。这些都对宗教性的测量和操作提出挑战。

宗教的碎片可能到处都有，宗教则是它们的一种集中的汇集。在这种情况下，宗教更多的是作为一种文化资源，多数对之进行应用的人们都处于信与不信中间，甚至不把它们当作“宗教”，这就对定量式的计量和划分提出挑战。在这些对宗教性的更广泛意义的理解下，就需要对宗教与“非宗教”之间的区分更为敏感，方法的使用更加多样化和灵活，才有益于理解宗教在更广泛社会中对群体区隔和整合的深层作用。

从关注和解决现实问题的角度来讲，研究宗教与群体区隔和整合的关系是具有时代意义的。此方面的智识和探索将增加人们对文化冲突、文化震撼、文化中心主义、歧视和冲突等的成因的了解，从而改善人与人之间的关系，减少过多从群际关系角度的思考和实践所带来的不必要的敌意和冲突。就此而言，此类研究将增进社会文明的发展，促进实现全球化背景下更和睦的人际关系和群际关系。

参考文献

1. Agadjanian, A., 2001, “Public religion and the quest for national ideology: Russia’s media discourse”, *Journal for the Scientific Study of Religion*, v. 40, pp. 351－365.
2. Ahmed, A. M., 2009, “Are Religious People More Prosocial? A Quasi-Experimental Study with Madrasah Pupils in a Rural Community in India”, *Journal for the Scientific Study of Religion*, v. 48, pp. 368－374.
3. Allahyari, R. A., 2004, “Charitable choices: Religion, race, and poverty in the post-welfare era”, *American Journal of Sociology*, v. 109, pp. 988－990.
4. Allen, L. D., 2000, “Promise keepers and racism: Frame resonance as an indicator of organizational vitality”, *Sociology of Religion*, v. 61, pp. 55－72.
5. Atran, S., and J. Ginges, 2012, “Religious and Sacred Imperatives in Human Conflict”, *Science*, v. 336, pp. 855－857.
6. Bailey, A. K., and K. A. Snedker, 2011, “Practicing What They Preach? Lynching and Religion in the American South, 1890－1929”, *American Journal of Sociology*, v. 117, pp. 844－887.
7. Batson, C. D., D. M. Denton, and J. T. Vollmecke, 2008, “Quest religion, anti-fundamentalism, and lim-

ited versus universal compassion", *Journal for the Scientific Study of Religion*, v. 47, pp. 135 – 145.

8. Batson, C. D., S. H. Eidelman, S. L. Higley, and S. A. Russell, 2001, "And who is my neighbor?" II: "Quest religion as a source of universal compassion", *Journal for the Scientific Study of Religion*, v. 40, pp. 39 – 50.
9. Beaman, L. G., 2001, Molly Mormons, "Mormon feminists and moderates: Religious diversity and the Latter Day Saints church", *Sociology of Religion*, v. 62, pp. 65 – 86.
10. Bekkers, R., and P. Wiepking, 2007, "Generogisty and Philanthropy: a Literature Review", *Science of Generosity*, pp. 1 – 68.
11. Bender, C., and W. Cadge, 2006, "Constructing buddhism (s): Interreligious dialogue and religious hybridity", *Sociology of Religion*, v. 67, pp. 229 – 247.
12. Borgonovi, F., 2008, "Divided we stand, united we fall: Religious pluralism, giving, and volunteering", *American Sociological Review*, v. 73, pp. 105 – 128.
13. Branas-Garza, P., M. Rossi, and D. Zaclicever, 2009, "Individual's Religiosity Enhances Trust: Latin American Evidence for the Puzzle", *Journal of Money Credit and Banking*, v. 41, pp. 555 – 566.
14. Cadge, W., and L. Davidman, 2006, "Ascription, choice, and construction of religious identities in the contemporary United States", *Journal for the Scientific Study of Religion*, v. 45, pp. 23 – 38.
15. Cadge, W., P. Levitt, and D. Smilde, 2011, "De-Centering and Re-Centering: Rethinking Concepts and Methods in the Sociological Study of Religion", *Journal for the Scientific Study of Religion*, v. 50, pp. 437 – 449.
16. Canetti, D., E. Halperin, S. E. Hobfoll, O. Shapira, and S. Hirsch-Hoefler, 2009, "Authoritarianism, perceived threat and exclusionism on the eve of the Disengagement: Evidence from Gaza", *International Journal of Intercultural Relations*, v. 33, pp. 463 – 474.
17. Chong, K. H., 2005, "Asian American religions: The making and remaking of borders and boundaries", *American Journal of Sociology*, v. 110, pp. 1831 – 1833.
18. Cimino, R., and C. Smith, 2007, "Secular humanism and atheism beyond progressive secularism", *Sociology of Religion*, v. 68, pp. 407 – 424.
19. Delhey, J., and K. Newton, 2005, "Predicting cross-national levels of social trust: Global pattern or nordic exceptionalism?", *European Sociological Review*, v. 21, pp. 311 – 327.
20. Dobratz, B. A., 2001, "The role of religion in the collective identity of the white racialist movement", *Journal for the Scientific Study of Religion*, v. 40, pp. 287 – 301.
21. Dougherty, K. D., 2003, "How monochromatic is church membership? Racial-ethnic diversity in religious community", *Sociology of Religion*, v. 64, pp. 65 – 85.
22. Dougherty, K. D., and K. R. Huyser, 2008, "Racially diverse congregations: Organizational identity and the accommodation of differences", *Journal for the Scientific Study of Religion*, v. 47, pp. 23 – 43.
23. Dougherty, K. D., B. R. Johnson, and E. C. Polson, 2007, "Recovering the lost: Remeasuring US religious affiliation", *Journal for the Scientific Study of Religion*, v. 46, pp. 483 – 499.
24. Ecklund, E. H., 2003, "Catholic women negotiate feminism: A research note", *Sociology of Religion*, v. 64, pp. 515 – 524.
25. Ecklund, E. H., 2005, "Models of civic responsibility: Korean Americans in congregations with different ethnic compositions", *Journal for the Scientific Study of Religion*, v. 44, pp. 15 – 28.
26. Edgell, P., J. Gerteis, and D. Hartmann, 2006, "Atheists as 'Other': Moral boundaries and cultural membership in American society", *American Sociological Review*, v. 71, pp. 211 – 234.
27. Evans, J. H., 2006, "Cooperative coalitions on the religious right and left: Considering the resilience of sectarianism", *Journal for the Scientific Study of Religion*, v. 45, pp. 195 – 215.

28. Fang, W., 2009a, "Transition Psychology: The Membership Approach", *Social Sciences in China*, v. 30, pp. 35 – 48.

29. Fang, W., 2009b, "Transition Psychology: The Membership Approach", *Social Sciences in China*, pp. 35 – 48.

30. Fobes, C., 2001, "Searching for a priest... or a man? Using gender as a cultural resource in an episcopal campus chapel", *Journal for the Scientific Study of Religion*, v. 40, pp. 87 – 98.

31. Ford, T. E., T. Brignall, T. L. VanValey, and M. J. Macaluso, 2009, "The Unmaking of Prejudice: How Christian Beliefs Relate to Attitudes Toward Homosexuals", *Journal for the Scientific Study of Religion*, v. 48, pp. 146 – 160.

32. Form, W., 2000, "Italian Protestants: Religion, ethnicity, and assimilation", *Journal for the Scientific Study of Religion*, v. 39, pp. 307 – 320.

33. Goldfried, J., and M. Miner, 2002, "Quest religion and the problem of limited compassion", *Journal for the Scientific Study of Religion*, v. 41, pp. 685 – 695.

34. Harper, M., 2007, "The stereotyping of nonreligious people by religious students: Contents and subtypes", *Journal for the Scientific Study of Religion*, v. 46, pp. 539 – 552.

35. Hayes, B. C., 2000, "Religious independents within Western industrialized nations: A socio-demographic profile", *Sociology of Religion*, v. 61, pp. 191 – 207.

36. Healy, K., 2000, "Embedded altruism: Blood collection regimes and the European Union's donor population", *American Journal of Sociology*, v. 105, pp. 1633 – 1657.

37. Heider, A., and R. S. Warner, 2010, "Bodies in Sync: Interaction Ritual Theory Applied to Sacred Harp Singing", *Sociology of Religion*, v. 71, pp. 76 – 97.

38. Hill, J. P., and B. Vaidyanathan, 2011, "Substitution or Symbiosis? Assessing the Relationship between Religious and Secular Giving", *Social Forces*, v. 90, pp. 157 – 180.

39. Hinojosa, V. J., and J. Z. Park, 2004, "Religion and the paradox of racial inequality attitudes", *Journal for the Scientific Study of Religion*, v. 43, pp. 229 – 238.

40. Hoffmann, J. P., B. R. Lott, and C. Jeppsen, 2010, "Religious Giving and the Boundedness of Rationality *", *Sociology of Religion*, v. 71, pp. 323 – 348.

41. Johansson-Stenman, O., M. Mahmud, and P. Martinsson, 2009, "Trust and Religion: Experimental Evidence from Rural Bangladesh", *Economica*, v. 76, pp. 462 – 485.

42. Karpov, V., 2002, "Religiosity and tolerance in the United States and Poland", *Journal for the Scientific Study of Religion*, v. 41, pp. 267 – 288.

43. Kellstedt, L. A., and J. C. Green, 2003, "The politics of the Willow Creek Association pastors", *Journal for the Scientific Study of Religion*, v. 42, pp. 547 – 561.

44. Kim, K. C., 2011, "Preserving Ethnicity through Religion in America: Korean Protestants and Indian Hindus across Generations", *American Journal of Sociology*, v. 117, pp. 321 – 323.

45. Kim, S., 2010, "Shifting Boundaries within Second-Generation Korean American Churches", *Sociology of Religion*, v. 71, pp. 98 – 122.

46. Klaff, V., 2006, "Defining American Jewry from religious and ethnic perspectives: The transitions to greater heterogeneity", *Sociology of Religion*, v. 67, pp. 415 – 438.

47. Kunovich, R. M., and R. Hodson, 1999, "Conflict, religious identity, and ethnic intolerance in Croatia", *Social Forces*, v. 78, pp. 643 – 668.

48. Lam, P. Y., 2001, "May the force of the operating system be with you: Macintosh devotion as implicit religion", *Sociology of Religion*, v. 62, pp. 243 – 262.

49. Lam, P. Y., 2002, "As the flocks gather: How religion affects voluntary association participation", *Journal*

for the Scientific Study of Religion, v. 41, pp. 405 – 422.

50. Laubach, M., 2004, "The social effects of psychism: Spiritual experience and the construction of privatized religion", *Sociology of Religion*, v. 65, pp. 239 – 263.

51. Leach, M. M., M. E. Berman, and L. Eubanks, 2008, "Religious activities, religiousorientation, and aggressive behavior", *Journal for the Scientific Study of Religion*, v. 47, pp. 311 – 319.

52. Lewis, A. R., and D. H. de Bernardo, 2010, "Belonging Without Belonging: Utilizing Evangelical Self-Identification to Analyze Political Attitudes and Preferences", *Journal for the Scientific Study of Religion*, v. 49, pp. 112 – 126.

53. Lichterman, P., 2008, "Religion and the construction of civic identity", *American Sociological Review*, v. 73, pp. 83 – 104.

54. Lockhart, W. H., 2005, "Building bridges and bonds: Generating social capital in secular and faith-based poverty-to-work programs", *Sociology of Religion*, v. 66, pp. 45 – 60.

55. Lunn, J., R. Klay, and A. Douglass, 2001, "Relationships among giving, church attendance, and religious belief: The case of the Presbyterian Church (USA)", *Journal for the Scientific Study of Religion*, v. 40, pp. 765 – 775.

56. Mak, H. K., and J. A. Tsang, 2008, "Separating the 'Sinner' from the 'Sin': Religious orientation and prejudiced behavior toward sexual orientation and promiscuous sex", *Journal for the Scientific Study of Religion*, v. 47, pp. 379 – 392.

57. Marti, G., 2008, "Fluid ethnicity and ethnic transcendence in multiracial churches", *Journal for the Scientific Study of Religion*, v. 47, pp. 11 – 16.

58. Marti, G., 2010a, "Ego-affirming Evangelicalism: How a Hollywood Church Appropriates Religion for Workers in the Creative Class", *Sociology of Religion*, v. 71, pp. 52 – 75.

59. Marti, G., 2010b, "The Religious Racial Integration of African Americans into Diverse Churches", *Journal for the Scientific Study of Religion*, v. 49, pp. 201 – 217.

60. Min, P. G., and D. Y. Kim, 2005, "Intergenerational transmission of religion and culture: Korean Protestants in the US", *Sociology of Religion*, v. 66, pp. 263 – 282.

61. Moore, L. M., and S. Ovadia, 2006, "Accounting for spatial variation in tolerance: The effects of education and religion", *Social Forces*, v. 84, pp. 2205 – 2222.

62. Musick, M. A., J. Wilson, and W. B. Bynum, 2000, "Race and formal volunteering: The differential effects of class and religion", *Social Forces*, v. 78, pp. 1539 – 1570.

63. Norenzayan, A., and A. F. Shariff, 2008, "The origin and evolution of religious prosociality", *Science*, v. 322, pp. 58 – 62.

64. Okamoto, D. G., 2006, "Institutional panethnicity: Boundary formation in Asian-American organizing", *Social Forces*, v. 85, pp. 1 – 25.

65. Ortberg, J. C., R. L. Gorsuch, and G. J. Kim, 2001, "Changing attitude and moral obligation: Their independent effects on behavior", *Journal for the Scientific Study of Religion*, v. 40, pp. 489 – 496.

66. Ottoni-Wilhelm, M., 2010, "Giving to Organizations that Help People in Need: Differences Across Denominational Identities", *Journal for the Scientific Study of Religion*, v. 49, pp. 389 – 412.

67. Park, J. Z., and C. Smith, 2000, "To whom much has been given ...": "Religious capital and community voluntarism among churchgoing protestants", *Journal for the Scientific Study of Religion*, v. 39, pp. 272 – 286.

68. Peek, L., 2005, "Becoming Muslim: The development of a religious identity", *Sociology of Religion*, v. 66, pp. 215 – 242.

69. Peifer, J. L., 2010, "The Economics and Sociology of Religious Giving: Instrumental Rationality or Commu-

nal Bonding?", *Social Forces*, v. 88, pp. 1569 – 1594.

70. Pyle, R. E., 2006, "Trends in religious stratification: Have religious group socioeconomic distinctions declined in recent decades?", *Sociology of Religion*, v. 67, pp. 61 – 79.
71. Read, J. G., and D. E. Eagle, 2011, "Intersecting Identities as a Source of Religious Incongruence", *Journal for the Scientific Study of Religion*, v. 50, pp. 116 – 132.
72. Rowatt, W. C., A. Ottenbreit, K. P. Nesselroade, and P. A. Cunningham, 2002, "On being holier-than-thou or humbler-than-thee: a social-psychological perspective on religiousness and humility", *Journal for the Scientific Study of Religion*, v. 41, pp. 227 – 237.
73. Ruiter, S., and N. D. De Graaf, 2006, "National context, religiosity, and volunteering: Results from 53 countries", *American Sociological Review*, v. 71, pp. 191 – 210.
74. Ruiter, S., and N. D. De Graaf, 2010, "National Religious Context and Volunteering: More Rigorous Tests Supporting the Association Reply", *American Sociological Review*, v. 75, pp. 179 – 184.
75. Saroglou, V., I. Pichon, L. Trompette, M. Verschueren, and R. Dernelle, 2005, "Prosocial behavior and religion: New evidence based on projective measures and peer ratings", *Journal for the Scientific Study of Religion*, v. 44, pp. 323 – 348.
76. Scheepers, P., and M. T. Grotenhuis, 2005, "Who cares for the poor in Europe? Micro and macro determinants for alleviating poverty in 15 European countries", *European Sociological Review*, v. 21, pp. 453 – 465.
77. Schwadel, P., 2002, "Testing the promise of the churches: Income inequality in the opportunity to learn civic skills in Christian congregations", *Journal for the Scientific Study of Religion*, v. 41, pp. 565 – 575.
78. Schwadel, P., 2008, "Poor teenagers' religion", *Sociology of Religion*, v. 69, pp. 125 – 149.
79. Sherkat, D. E., 2001, "Tracking the restructuring of American religion: Religious affiliation and patterns of religious mobility, 1973 – 1998", *Social Forces*, v. 79, pp. 1459 – 1493.
80. Small, J. L., and N. A. Bowman, 2011, "Religious Commitment, Skepticism, and Struggle Among U. S. College Students: The Impact of Majority/Minority Religious Affiliation and Institutional Type", *Journal for the Scientific Study of Religion*, v. 50, pp. 154 – 174.
81. Smith, C., 2003, "Religious participation and network closure among American adolescents", *Journal for the Scientific Study of Religion*, v. 42, pp. 259 – 267.
82. Smith, R. D., 2001, "Churches and the urban poor: Interaction and social distance", *Sociology of Religion*, v. 62, pp. 301 – 313.
83. Stadler, N., 2002, "Is profane work an obstacle to salvation? The case of Ultra Orthodox (Haredi) Jews in contemporary Israel", *Sociology of Religion*, v. 63, pp. 455 – 474.
84. Sullins, P., 2000, "The stained glass ceiling: Career attainment for women clergy", *Sociology of Religion*, v. 61, pp. 243 – 266.
85. Teeuwen, D., 2012, "Collections for the poor: monetary charitable donations in Dutch towns, c. 1600 – 1800", *Continuity and Change*, v. 27, pp. 271 – 299.
86. Traunmueller, R., and M. Freitag, 2011, "State Support of Religion Making or Breaking Faith-Based Social Capital?", *Comparative Politics*, v. 43, p. 253 – +.
87. van Poppel, F., A. C. Liefbroer, and J. Schellekens, 2003, "Religion and social mobility in nineteenth-century The Hague", *Sociology of Religion*, v. 64, pp. 247 – 271.
88. Welch, M. R., D. Sikkink, and M. T. Loveland, 2007, "The radius of trust: Religion, social embeddedness and trust in strangers", *Social Forces*, v. 86, pp. 23 – 46.
89. Welch, M. R., D. Sikkink, E. Sartain, and C. Bond, 2004, "Trust in god and trust in man: The ambivalent role of religion in shaping dimensions of social trust", *Journal for the Scientific Study of Religion*, v. 43, pp. 317 – 343.

90. Wiepking, P., and I. Maas, 2009, "Resources That Make You Generous: Effects of Social and Human Resources on Charitable Giving", *Social Forces*, v. 87, pp. 1973 – 1995.

91. Wilcox, C., and R. Goldberg, 2002, "Public opinion on church-state issues in a changing environment", *Journal for the Scientific Study of Religion*, v. 41, pp. 369 – 376.

92. Wilhelm, M. O., P. M. Rooney, and E. R. Tempel, 2007, "Changes in religious giving reflect changes in involvement: Age and cohort effects in religious giving, secular giving, and attendance", *Journal for the Scientific Study of Religion*, v. 46, pp. 217 – 232.

93. Will, J. A., and J. K. Cochran, 1995, "God Helps Those Who Help Themselves-The Effects of Religious Affiliation, Religiosity, and Deservedness on Generosity Toward the Poor", *Sociology of Religion*, v. 56, pp. 327 – 338.

94. Williams, R. R., 2010, "Space for God: Lived Religion at Work, Home, and Play", *Sociology of Religion*, v. 71, pp. 257 – 279.

95. Wuthnow, R., 2000, "How religious groups promote forgiving: A national study", *Journal for the Scientific Study of Religion*, v. 39, pp. 125 – 139.

96. Wuthnow, R., 2003, "Overcoming status distinctions? Religious involvement, social class, race, and ethnicity in friendship patterns", *Sociology of Religion*, v. 64, pp. 423 – 442.

97. Wuthnow, R., C. Hackett, and B. Y. Hsu, 2004, "The effectiveness and trustworthiness of faith-based and other service organizations: A study of recipients' perceptions", *Journal for the Scientific Study of Religion*, v. 43, pp. 1 – 17.

98. Wuthnow, R., and S. Offutt, 2008, "Transnational religious connections", *Sociology of Religion*, v. 69, pp. 209 – 232.

99. Yancey, G., and Y. J. Kim, 2008, "Racial diversity, gender equality, and SES diversity in Christian congregations: Exploring the connections of racism, sexism, and classism in multiracial and nonmultiracial churches", *Journal for the Scientific Study of Religion*, v. 47, pp. 103 – 111.

100. Yang, F. G., 1999, Chinese Christians in America: Conversion, Assimilation, and Adhesive Identities: University Park, Pennsylvania, Pennsylvania State University Press.

101. Yesilada, B., P. Noordijk, and C. Webster, 2009, "Religiosity and Social Values of the Cypriots", *Social Compass*, v. 56, pp. 15 – 34.

102. Zhai, J. E., C. G. Ellison, N. D. Glenn, and E. Marquardt, 2007, "Parental divorce and religious involvement among young adults", *Sociology of Religion*, v. 68, pp. 125 – 144.

103. 宁二：《五大宗教的公益化冲动》，《南风窗》2010 年第 7 期。

104. 李向平：《社会化，还是世俗化？——中国当代佛教发展的社会学审视》，《学术月刊》2007 年第 7 期。

105. 郑筱筠：《"另类的尴尬"与"玻璃口袋"——当代宗教慈善公益的"中国式困境"》，《世界宗教文化》2012 年第 1 期。

西方宗教心理学研究综述[①]

梁恒豪

一　概述

众所周知，宗教心理学是一门非常年轻的“边缘”学科，由德国著名实验心理学家冯特创建，他的巨著《民族心理学：对语言、神话和习俗发展规律的探讨》中专门论述了“神话和宗教”，从心理学角度谈到了图腾崇拜、英雄崇拜、多神崇拜和人道宗教，从而也为宗教心理学研究和学科体系的建立奠定了基础。迄今为止宗教心理学在西方的发展已有100多年的历史。

而在当代中国，中国宗教心理学的研究者一开始就提出了要建设具有中国特色的宗教心理学，毋庸置疑，这是非常正确并具有决定性的方向。然而，笔者认为，要想实现建设具有中国特色的宗教心理学这一目标，必须要了解西方宗教心理学发展的历史及其处境，还要了解该学科在西方的最新进展，在吸收借鉴的基础上，更加关注中国处境，使我们的学科建设处在较高起点上，并且少走弯路，从而使具有中国特色的宗教心理学基础更加扎实，并逐渐走向完善。

西方宗教心理学近年来的最新进展主要表现为：以精神性为代表的核心概念的出现及其进展；以心理动力学、宗教整合理论等为代表的理论进展；西方宗教心理学的研究立足于神经生物学探究、阐释学—现象学方法、实证自然主义研究方法的发展和批判，以及应用领域拓展及更新。这使得西方的宗教心理学学科进一步走向成熟，它反映在研究问题的本质、调查主题的范围、研究方法的成熟、以数据为基础论证理论的精确性，还有宗教心理学的研究和其他心理学和应用领域研究之间的联系等方面。

二　核心概念进展

（一）“精神性”

1. 精神性概念的形成和发展

精神性（Spirituality）是揭示人内心体验的一个重要概念，是当今西方宗教心理学研究的一个热点。相比宗教性而言，近年来精神性在西方更多地被讨论，在研究方面也取得了一些新的成果，包括测量工作、影响因素以及实践中在不同人群中的应用等。和宗教的概念类似，精神性也一直没有一个西方学界公认的概念，研究者往往根据自己的研究需要

---

① 本文是国家社科基金项目《西方宗教心理学最新进展》（11CZJ002）的阶段性成果。

给出一个操作性定义。在国内，目前为止还比较鲜见关于这个概念的讨论。

精神性（spirituality）一词源自拉丁语 spiritus，意指呼吸。在公元前 600 年到公元 200 年的印度经文中，尚未对呼吸和精神进行区分。呼吸是对精神的一种描述，主要指“内部自我”的活动。① 公元5 世纪，spiritualitas 被基督教用来明确地指代上帝和神灵对人类生活的影响。② 20 世纪上半叶，这一术语渗入多种语言，意义更加丰富，有的与宗教有关，有的与宗教无关。20 世纪下半叶，“精神性”一词在医学和社会科学领域得到广泛使用，但仍缺乏明确的定义，表现出一种“理解的多样性和文化的差异”③。

在基督教里也涉及到 spirituality，学者们通常翻译为灵性或灵修，本文之所以把它翻译为精神性，一是考虑到它的概念其实与基督灵修还不太一样，所以不能简单趋同，二是与 religiosity 被翻译为宗教性一样，精神性似乎更加适合于宗教心理学这一领域，三是精神与物质相对，它的超越性在字面上比较显见，并且也不像“灵性”那么难以捉摸，所以在参照牛津双解辞典的基础上把 spirituality 翻译为精神性。

2. 精神性的定义及其特征

从心理学的角度讲，知、情、意三个维度是认知非常重要的三个层面，对精神性的概念界定也应该从这三个层面出发。

在认知层面上，精神性往往被赋予超越、终极、意义和目的等含义，其中以 Tart，Morgan，Armstrong 和 Ruth 为代表。Tart 认为精神性涉及到人们对终极意义、超自然的存在、上帝、爱、激情和目的追求等广阔的领域。④ Morgan 认为，精神性首先表现为对知识的追求和对生命价值的探索，其次表现为对自我存在状态和利他行为的理解。⑤ Armstrong 认为精神性是与超自然关系的存在影响了一个人行为的方式。⑥ Ruth 强调，精神性涉及到个人对生活意义和目的的追寻，对促进人类幸福、超越人性弱点具有重要作用。⑦

在情感层面上，精神性经常被定义为与神圣的关系、对神圣和超越性的经验等等。其中以 Benner，Vaughan，David 和 Greyson 为代表。Benner 认为精神性是人们对上帝召唤的回应，目的是与上帝相通。⑧ Vaughan（1991）认为精神性是对神圣的主观体验。David 指出，精神性代表了一种个人的生活方式和态度，它涉及到对超自然现实的信仰，对神圣和

① David F. Psychology，“religion and spirituaility”. *British psychological society and Blackwell publishing LTD*，2003：11 - 13.

② Christopher C H. Cook. “Addiction and spirituality”. *Addiction*，2004，99（5）：539 - 551.

③ Hungelmann J，Kennel-Rossi E.，Klassen L. & Stollenwerk R. M. “Spiritual well being in older adults：harmonious interconnectedness”. *Journal of Religion & Health* 1985，24（2）：147 - 153.

④ Tart，C. Introduction. In C. T. Tart（Ed.），“Transpersonal psychologies”. *New York：Harper & Row*，1975，pp. 3 - 7.

⑤ Morgan J D. “The existential quest for meaning”. In K. J. Doka & J. D. Morgan（Eds.），*Death and Spirituality. Amityville，NY：Baywood.* 1993：3 - 9.

⑥ Armstrong，T. D. “Exploring spirituality：The development of the Armstrong Measure of Spirituality”. *Paper presented at the annual convention of the American Psychological Association*，*New York*，1995.

⑦ Ruth A T. “Towards clarification of the meaning of spirituality”. *Journal of Advanced Nursing*，2002，39（5）：500 - 509.

⑧ Benner，D. G. “Toward a psychology of spirituality：Implications for personality and psychotherapy”. *Journal of Psychology and Christianity*，1989，5：19 - 30.

世俗的区分，以及对内心和谐状态的体验。[①] Greyson（2006）以濒死体验作为精神性存在的依据，认为濒死体验是一种天人合一、超越时空的积极情绪，这种情绪变化无常，对人具有神秘且持续的影响。[②]

在行为层面上，精神性则涵盖了对意义的找寻、个体的信仰行为以及与传统制度性宗教的区分等方面。其中以 Doyle，Hart，Ellingson，Matthey 和 Deck 为代表。Doyle 认为精神性是对存在意义的找寻。[③] Hart 认为精神性是人们日常生活实现其信仰的方式，是个人与终极存在相联系的方式。[④] Ellingson 指出，具有精神性的人并非与有组织的宗教完全脱离，但宗教圣会不再是他们寻求神圣的唯一场所，其他教派或非宗教的活动对其均具有吸引力。[⑤] Matthey 提出，“我爱上帝，但是我厌恶教堂”是精神性与传统宗教信仰相区分的基本标志。[⑥] Deck 主张，精神性活动已经不再局限于牧师和其他中产阶级，这一术语的外延已经扩展到不同的种族、不同的社会阶层以及非西方的文化。[⑦]

也有一些学者倾向于带有整合色彩的定义，Miller 在探索性因素分析的基础上提出，精神性是一个人关于生活、人性、自然的亲社会信仰和神灵信仰，是一个人追求理想化生活的价值观。[⑧]

综上所述，精神性的特征至少有三个方面：与超越性的存在相关；与有组织的宗教相对（包括教内人士）；属于个人的经验和认知。所以笔者对精神性的定义如下：精神性是个人内心及日常生活中对超越性存在的认知和追求。

这一理解充分反映在当今西方的宗教世俗化运动中，存在一种“信而不群”[⑨] 的呼声，也引起了诸多讨论[⑩]。笔者认为，针对这一呼声应该辩证地分析和解读，它并不意味着世界已经像西欧那样走向世俗化，比如，处在东方的中国其实在某种意义上是在走向“宗教”[⑪] 的复兴。另一方面，对这种呼声也并不能一棒子打死，制度化的宗教并非是信仰的唯一归宿。

---

① David F. Psychology，“religion and spirituaility”. *British psychological society and Blackwell publishing LTD*，2003：11－13.

② Greyson，B.“Near-Death Experiences and Spirituality”. *Journal of Religion & Science*，2006，41（2）：393－414.

③ Doyle，D.（1992）.“Have we looked beyond the physical and psychosocial”? *Journal of Pain and Symptom Management*，7，302－311.

④ Hart，T.“The hidden spring：The spiritual dimension of therapy”. *New York*：*Paulist Press*，1994.

⑤ Ellingson S.“The new spirituality from a social science perspective”. *A Journal of Theology*，2001，40（4）：257－263.

⑥ Matthey J；Barrow S.“Believing without belonging? Reports from groups to the consultation”. *International Review of Mission*，2003，92（364）：98－115.

⑦ *Deck，A F. Christian Spirituality*：*A New Model. America，2005，192（1）：8－10.*

⑧ Miller E D. The Development and Validation of a New Measure of Spirituality. *North American Journal of Psychology*，2004，6（3）：423－430.

⑨ “信而不群”，“Believing without belonging”，在当代社会中，很多宗教虔信者不完全认同既有的宗教建制，也没有明确的制度归属，这种现象称之为“信而不群”。

⑩ 涌现了诸如宗教经济模式（religious economies model，或称“宗教市场理论”）、“多维的”（multidimensional）和“去制度化”（deInstitutionalization）的“新世俗化理论”，以及“多元宗教现代性”（multiple religious modernities）的理论等。

⑪ 这里的“宗教”加引号，是因为中国的宗教状况比较特殊，如何定义人们的信仰尚存争论。

（二）意义

1. 意义的概念缘起及其发展

意义与宗教的关系非常密切也非常复杂，西方近年来针对它的探讨也呈上升趋势，从而逐渐成为西方宗教心理学中另一个非常重要的概念。宗教影响着人们的信仰、目标和情感等，而且宗教对于定位个人的神圣认知具有独特作用，而神圣的内容通常反映了个人的信仰、目标和情感。例如，宗教对个人的健康和幸福感具有极大的影响，在很大程度上是因为它提供的意义。

长期以来，虽然对意义的研究非常多，但是缺乏对意义的概念的共识阻碍了西方学者对意义认知的发展。研究者往往使用同样的术语指代不同的现象，不同的术语指代相同的现象，然而目前尚未有被广泛接受意义模型。

尽管对意义进行定义比较困难，很多心理学家已经提出了对意义的定义或者描述。Spilka 等人将意义定义为"对我们来说感觉、知觉刺激和信息对认知的重要性"[①]。Baumeister 提出"在事物、事件和关系中可能存在关系的共同心理表征"，强调意义的"连接事物的属性"。[②] 的确，从心理学视角出发，意义对于理解人类本质来说具有基础性的作用，它包括了很多其他概念，例如目标、信仰、幸福感和满意度以及生命叙事等。

也有很多作者描述了意义对于人类生命的核心作用。在《生命的意义》一书中，Baumeister 仔细讨论了意义的普遍本质，描述到它是如何让人们预测和控制其个人和社会环境，并且在此过程转化人们的经验。他认为，"意义是适应、控制世界、自我调节和归属感的工具。事实上，它是这个星球上最好的多用途工具"[③]。

在这一点上，意义是人类存在的核心，当意义与生命、终极目标等联结起来的时候，它就具有了宗教的含义。例如，宗教学经常讨论的终极意义和宗教心理学范畴的意义感等。

2. 意义和宗教的关系

在讨论生活意义的时候通常都会提到宗教。宗教可以被定义为"以与神圣相关的方式对意义的寻找"[④]，对很多人来说，宗教是其普遍意义系统的核心，尽管其重要性对于个人来说具有很重要的差异性。但宗教是否导致了对意义的需要？或者对意义的需要产生了宗教？不管宗教产生于对意义的需要或者它有助于那些出于其他原因信仰宗教的人建立意义系统，很多的研究都证实在普遍生活意义中都有宗教的参与或者宗教处于核心地位，很多人主张宗教来自人类面对存在主义问题时寻求理解和阐释某些事情的需要。

宗教在很多人的整体意义中普遍存在，他们通过对日常生活事件、日常生活架构和动机以及总体情绪和生活满意度的阐释而持续地经验着宗教的影响。例如，对救赎的信仰可以影响个人对其生活的理解，追求什么目标、做什么决策以及为生命注入深层次的目的感。而且，人们可能在对不公之人的公正、终极审判（也即，剥夺永恒的生命）的救赎

---

① Spilka, B., Hood, R. W., Jr., Hunsberger, B., &Gorsuch, R. *The psychology of religion: An empirical approach* (3rd ed.). New York: Guilford Press, 2003, p. 16.

② Baumeister, R. F. (1991). *Meanings of life*. New York: Guilford Press, 1991, p. 16.

③ Baumeister, R. F. *Meanings of life*. New York: Guilford Press, 1991, pp. 357 – 358.

④ Pargament, K. I. *The psychology of religion and coping*. New York: Guilford Press, 1997, p. 32.

观念中找到更大的、持续的安慰。①

3. 意义在宗教心理学中的作用

如前所述，意义和宗教的关系非常紧密，生活中的危机事件或者重大压力事件会触发个人的意义寻求过程，而信仰宗教的个人通常会从其信仰的宗教中寻求。通过意义寻求的过程，如果个人能够从其信仰的宗教中找到意义阐释的方式和途径，危机事件解除或者心理压力得到缓解，其信仰会更加虔诚；如果找不到，个人可能会遇到更大的危机或者遭受更大的压力，从而很可能转向其他宗教或者根本不再信仰宗教。Spilka 等人认为，在意义寻求中遭遇极大压力或者随之而来的困境中，有时候会导致宗教皈依的现象，也即，彻底的宗教转变。②

Pargament 这样描述了宗教在转化事件意义方面的强大力量："当神圣被认为在生活实践行使其意志的时候，起初似乎随意的、无意义的、具有悲剧色彩的东西被改变成其他事物——更加充分赞赏生命的一种机遇，与上帝在一起的一个机会，帮助他人成长的一种挑战或者一种阻止事情恶化的爱的行为"③。正是在最大压力、寻找意义的时候，宗教似乎发挥了其明显的作用。

宗教意义对高度压力情境的应对既可以有积极影响，也可以有消极影响，而宗教对心理的抚慰或者伤害作用主要是通过意义寻求来实现的，因此意义是联结宗教和心理之间的桥梁。从这一视角来看，意义在宗教心理学中的重要作用是不言而喻的。

三　理论进展

众所周知，涉及宗教心理学研究的理论大致有心理投射理论、人本主义心理学理论、生物心理学理论、本体知觉理论、发生认识论、惧怕死亡理论和认知需要理论等。例如，精神分析的投射理论是宗教心理学关于宗教起源的传统理论之一，认为信仰的上帝（或神）是一种祖先表象的投射。除此之外，西方宗教心理学理论方面近年来关注比较多的主要有心理动力学理论、进化心理学理论和宗教整合理论等。

（一）宗教的心理动力学理论

心理动力学（psychodynamic）又称精神动力学或精神分析学。根据心理动力学的观点，行为是由强大的内部力量驱使或激发的。心理动力学的动机原则是由维也纳医生弗洛伊德在 19 世纪末和 20 世纪初最完整地发展起来的。弗洛伊德的思想是从精神病人临床工作中得出来的，但是他相信他观察到的这些原则能同时应用于正常行为和变态行为上。心理动力学理论集中在个体的认知、情感和关系动力上，尤其是潜意识和意识之外的精神过程。特别地，心理动力学的方法集中在如下三种不同类型的过程中的一个或者多个上：（1）激发行为的驱力或本能过程；（2）提供个性/人格组织的结构或者内在模式；（3）

---

① Hall, M. E. L. , & Johnson, E. L. "Theodicy and therapy: Philosophical/ethological contributions to the problem of suffering". *Journal of Psychology and Christianity*, 2001, *20*, 5–17.

② Spilka, B. , Hood, R. W. , Jr. , Hunsberger, B. , &Corsuch, R. *The psychology of religion: An empirical approach* (3rd ed.). New York: Guilford Press, 2003.

③ Pargament, K. I. (1997). *The psychology of religion and coping*. New York: Guilford Press, 1997, p. 223.

自性和外在或者内在客体的关系。这些过程中的每一个类型都为宗教的心理观点提供了一种基础。

正如某些精神分析批评家所说，精神分析理论不仅限于弗洛伊德。精神分析，尤其是对宗教的精神分析方法在弗洛伊德死后并没有停止演变。根据派恩（1990）的观点，一个人在某种程度上可以分为“四种精神分析心理学”：动力心理学、自我心理学、客体关系心理学和自性心理学。[①] 尽管某些方面是重叠的，每一个视角关注的是心理功能的不同方面，因此不能被看作是相互矛盾的，而是针对相同的、复杂的、心理事实补充的观点（Wallerstein，1992）。[②] 这些方法的前三个激发了宗教心理学领域心理动力学方向的大多数研究。而且，尤其随着客体关系理论的出现，与弗洛伊德最初的构想和他同时代很多人的想法相比，精神分析对宗教的态度已经逐渐变得较少还原、较少敌对（Blass，2004）。[③]

动力心理学是弗洛伊德针对人类行为的主要方法。这一“经典的”方法激发了大部分旧有的关于宗教的精神分析文献，正如弗洛伊德自己所做的，主要聚焦在宗教上“隐藏的”个人欲望和冲突（e. g.，Daim，1951；Zilboorg，1955）。[④] 自我心理学主要集中在心理冲突的“另一方面”，也就是说自我防御个人动力和适应现实的能力。爱利克·埃里克森很可能是宗教心理学这一观点的最著名代表，不仅因为他关于伟大宗教领袖（例如马丁·路德和甘地等）认同形式的著作，还因为他在发展心理学领域非常有创意的研究。结合皮亚杰关于儿童发展的结构主义学派的进路，埃里克森的发展理论大大影响了儿童、青少年宗教发展以及宗教教育方面的研究。客体关系心理学的焦点是自我和他人的个体表征，这些表征的发展以及它们对现有认知、经验和行为的影响。客体关系理论在拓宽宗教的精神分析研究领域中也发挥了重要的作用，因为它们为宗教现象的客体关系功能提供了新的理论工具，例如宗教经验和东方宗教，在这些方面“经典”动力理论和自我心理理论似乎不太适用。关于过渡空间的观念不仅引领了对宗教中创造性过程的再认知，而且推动了对宗教信仰精神分析更加积极的关注。

总之，精神分析理论已经被某些人认为“清晰地引领了宗教研究领域的革命，尤其是宗教心理学”，“作为宗教心理学中应用最多、唯一的、综合的理论方法，精神分析法没有替代，从理论上也没有其他选择”。[⑤] 然而，其他人认为精神分析论及宗教的理论，虽说不上一无是处，但是有的时候过于简单，通常是还原主义的，并且普遍没有得到经验主义的支持。[⑥]

---

① Pine，F. *Drive*，*ego*，*object and self*：*A synthesis for clinical work*. New York：Basic Books，1990.

② Wallerstein，R. S. *The common ground of psychoanalysis*. Northvale，NJ：Aronson，1992.

③ Blass，R. B. Beyond illusion：Psychoanalysis and the question of religious truth. *International Journal of Psychoanalysis*，2004，*85*，615 – 634.

④ Daim，W. *Umwertung der Psychoanalyse* [Transvaluation of psychoanalysis]. Vienna：Verlag Herold，1951.

Zilboorg，G. *Faith*，*reason and modern psychiatry*：*Sources for a synthesis*. New York：Kenedy，1955.

⑤ Beit-Hallahmi，B. *Psychoanalytic studies of religion*：*A critical assessment and annotated bibliography*. Westport，CT：Greenwood Press，1996，p. 12.

⑥ Hood，R. W.，Jr.，Spilka，B.，Hunsberger，B.，& Gorsuch，R.（1996）. *The psychology of religion*：*An empirical approach*（2nd ed.）. New York：Guilford Press，1996.

Wulff，D. M.（1997）. *Psychology of religion*：*Classic and contemporary*（2nd ed.）. New York：Wiley.

（二）宗教的进化心理学理论

众所周知，心理学长期以来跨越自然科学和人文社会科学两个领域，其分支学科要么偏向自然科学，要么偏向人文社会科学，而宗教心理学通常偏向于人文学科一面。然而，大脑/心灵确实真的有一种固有的结构和功能，并且在心理学家们的安排下，现在已经有很强的理论基础来发现它们。逐渐兴起的学科进化心理学（随后简称 EP）承诺对心理学研究人类行为和经验的方法进行变革，并且随后这种方法也会应用到宗教心理学中。从进化心理学的观点出发，我们称之为“宗教的”各种行为和经验是如何出现和成形的？进化心理学开始假设，像所有其他生物一样，人类是万世进化的产物。它进一步假设自然选择（“适者生存”）已经成为塑造有机体的主要动力。（宗教的）进化心理学阐释了宗教的遗传性、人类是否有宗教本能、宗教信仰的内容、宗教动机、个体差异等方面的问题。

尽管为了方便起见进化心理学通常被归于心理学的“生物方法”①，但是如果没有环境因素和进化心理系统之间的互动，宗教或其他心理或行为现象就不能被正确理解。根据遗传的可能性系数，特点和行为特征被阐释为基因和环境影响的递增部分。关于宗教的进化思想，最明显的应用也许是假定宗教或宗教的某些方面代表的是一种适应——通过自然选择来解决一个或者更多适应问题而设计的进化心理学机制或体系的产物。也就是说，如果心灵像通过特定软件程序而运转的电脑，那么是否存在一个或者更多专门为宗教或者宗教的某些方面设计的程序呢？学者们一直在推测，作为人的宗教，我们拥有一个或者多个宗教的“本能”，为了某些“适应”的目的而产生宗教。不管明确还是含糊，这些主张通常是基于这样的观察：随着时间和文化的变化，宗教具有明显的通用性；大脑中“上帝模块”的神经学上的证明；其他物种中原型宗教的类似等。关于宗教信仰内容，宗教本身的普遍定义（还有宗教的类型和维度）的永恒寻求一直集中在寻找高度抽象的区分，超越人们实际信仰的细节。例如，宗教反映了一个人的“终极关怀”或者一个人受到“神圣的感染”——与那些东西事实上的样子完全没有关系。抽象的概念维度，例如内在宗教性和外在宗教性的定义要相当谨慎，同样要适用于任何特定的宗教内容，或者甚至超越宗教的处境，例如政治意识形态或者哲学。关于宗教动机，宗教未来的进化心理学会将宗教动机的问题从功能论的视角转向普遍的人类动机，反过来会根据我们远祖面对的适应问题和如何解决那些问题的心理体系来安排。我们用数不清的随意方法从概念上来刻画人类动机的领域，仅仅根据我们的观察，这些回应中只有一个适用于人类心理事实上的设计。关于个体差异，第一，假定各种特定领域心理机制是宗教信仰和行为的起因，那么人们这些机制的不同程度决定了他们个人的宗教思想；第二，很多心理体系产生了个体差异的特定领域模式，因为它们与环境和个人一生的经验是相互影响的。第三，个体差异的这些概念同样可以很好地用于文化差异方面。

总之，整合的宗教心理学必须最终与超越心理学之外很多学科互相联系，例如（尤其是）人类学和生物学对宗教发生过程进行整合的多层次分析。（宗教的）进化心理学范式为此提供了一种强有力的框架。心理学与生物学之间的联系是明显的，但是其他方向的联系也是大有可为的。

---

① Hood, R. W., Jr., Spilka, B., Hunsberger, B., &Gorsuch, R. *The psychology of religion: An empirical approach* (2nd ed.). New York: Guilford Press, 1996.

（三）宗教整合理论

宗教心理学是宗教学和心理学的交叉学科，这一学科属性决定了其内部存在一定张力，突出表现为科学的宗教心理学和宗教的心理学两支研究队伍之间的张力。宗教心理学家偏重于使用心理学的理论、观点和方法来解释宗教现象以及宗教信仰者的心理过程和规律，重视心理过程对宗教现象的主导作用，称之为宗教心理学（psychology of religion），即心理学取向的宗教心理学。一些有宗教信仰背景的宗教心理学家，其中也不乏基督教背景的学者，他们虽然承认心理学对宗教的影响，但尤为强调宗教先验的价值体系对个体和群体信仰者的心理影响，这一进路可以称之为宗教的心理学（religious psychology），即宗教学取向的宗教心理学。然而，随着西方宗教心理学学科的发展，宗教整合理论逐渐出现，它试图把传统的宗教观点和心理学知识结合起来。①

按照心理学和宗教之间一致程度的不同，整合方法是不一样的。大部分立场可以被分为三类：分离模型假定心理学和宗教拥有不同的关注和方法，并且最好是两者都要有所贡献。冲突模型表明它们有所重叠，但是在有些问题上有不同的可能冲突的观点②。补偿模型表明宗教和心理学有某些不同点，但是在重要的方面也互相补充③。

在整合理论和研究中，心理学或宗教在任何综合研究中总有某一个占优的时候：宗派主义认为宗教优于心理学，因为在宗教中感受到的是力量，而在心理学中感受到的是弱点。科学主义认为心理学优于宗教，因为心理学被认为是科学的努力。对话整合试图赋予两者完全同样的重要性。

总之，整合理论分为两个部分：批判性的部分，心理学知识和心理治疗技术从宗教知识和实践的角度应该受到批判；建设性的部分，建构心理学和宗教理论实践的综合，或许可以应用到心理治疗的情形。建设性整合可以涉及聚焦于与宗教有关的特定思想和实践的微观现象理论，或者把心理学和宗教思想在更广的意义上进行综合。

四 研究方法进展

在西方宗教心理学一百多年的发展过程中，以问卷调查为特色的实证自然主义方法一直占据主导地位，取得了长足的发展。随着诸多心理学流派的发展，西方宗教心理学的研究方法也经历了一定的发展演变，主要是随着脑科学发展而推动的神经生物学方法，阐释学—现象学方法，以及对实证自然主义方法的批判。

（一）神经生物学方法

近年来，随着进化论和神经生物学的发展，宗教和精神性经验的神经生物学的、神经

---

① Murphy, N. (2007). Naturalism and theism as competing research traditions. In G. Gasser (Ed.), *How successful is naturalism*? (pp. 49 – 75). Frankfurt: Ontos Verlag.

② Jones, S. (1996). A constructive relationship for religion with the science and profession of psychology: Perhaps the boldest model yet. In E. Shafranske (Ed.), *Religion and the clinical practice of psychology* (pp. 113 – 147). Washington, DC: American Psychological Association.

③ Gorsuch, R. (2002a). *Integrating religion and spirituality*? Westport, CT: Praeger.

心理学的相互关系已经开始被认同，因此对宗教和精神性经验的神经生理机制的研究也越来越多，西方宗教心理学中一直有一些人利用神经生物学方法来探究宗教经验和宗教现象。更具体地说，大脑功能通过自主神经系统和神经内分泌系统而与其他身体生理机能相互联系。大脑中认知过程和资助神经系统之间的联系可以产生对各种精神性经验更加彻底的认知，从“敬畏”到非常神秘的状态。从现有文献来看，神经心理学发展模式的基础被认为是为引导未来宗教和精神性经验的神经生物学研究。最先进的大脑成像技术的使用现在可以测量各种各样的神经递质系统，还有其他生理学的测量，可以应用到调查宗教经验中的大脑功能上，例如，冥想、祈祷和仪式经验。

宗教和精神性经验的神经生理模式的目的是为很多不同类型的宗教经验和实践的思考与比较提供一定的基础。这一模式开始于前额皮质，表明它与丘脑、顶骨枕角、边缘系统和植物性（自主）神经系统有很多复杂的联系。而且，很多兴奋性、抑制性神经传导物质在这样的实践和经验中发挥了作用，例如多巴胺、血清素、乙酰胆碱和几种其他的分子可能与这些经验的各种现象学层面相关。根据特定的实践、仪式、传统和个体差异，特定的机制可能有些许不同。然而，这一模式集中在这些经验的现象学层面，它为与宗教和精神性经验相关的经验多样性提供了信息，包括感觉、认知和情感等层面。

前额和扣带回的激活作用。大多数冥想、祈祷和其他默想的实践需要某种程度上的持续关注，而大脑成像研究表明，需要持续关注的有意行为和任务是通过（尤其是大脑右半球中的）前额皮质中的活动发起的。[①] 有研究表明，扣带回很可能也在集中注意力方面与前额皮质一起发挥了作用。[②] 因此，鉴于精神性实践要求注意力非常集中，冥想模式开始于前额皮质（尤其是大脑右半球）和扣带回的结论似乎是适当的。定量分析表明，冥想过程中，双边前额皮质（尽管右脑的活动更强一些）和扣带回中的活动逐渐增加。因此，通过激活与意志或意图相关的额前骨和扣带回清除大脑中的杂念或者集中在客体上而产生冥想活动。

丘脑激活是注意力网络的一部分。丘脑是大脑中联结其他结构、将“更高级的命令”进程传给促进情感的大脑区域并最终调节各种生理过程的主要中枢。一些研究已经表明激活了的前额皮质使丘脑的网状细胞核受到神经支配，[③] 这样的激活可能是通过前额皮质兴奋神经递质谷氨酸的产生和分配来完成的，前额皮质神经元用这些物质来实现自身之间传递，并且使其他大脑结构受神经支配。丘脑本身通过与外侧膝状体和侧向后核将感觉信息流引导向皮质处理区域，也很可能使用了谷氨酸系统来激活其他结构中的神经元。[④]

后顶上小叶传入神经阻滞。研究已经表明后顶上小叶参与了更高序列的视觉、听觉和集体感觉信息的分析和整合。通过接受来自丘脑的听觉和视觉输入，后顶上小叶（PSPL）

---

① Frith, C. D. , Friston, K. , Liddle, P. F. , & Frackowiak, R. S. (1991) . Willed action and the prefrontal cortex in man: Astudy with PET. *Proceedings of the Royal Society of London*, *244*, 241 –246.

② Vogt, B. A. , Finch, D. M. , & Olson, C. R. (1992) . “Functional heterogeneity in cingulate cortex: The anterior executive and posterior evaluative regions” . *Cerebral Cortex*, *2*, 435 –443.

③ Cornwall, J. , &Phillipson, O. T. (1988) . “Mediodorsal and reticular thalamic nuclei receive collateral axons from prefrontal cortex and laterodorsal tegmental nucleus in the rat” . *Neuroscience Letter*, *88*, 121 –126.

④ Armony, J. L. , &LeDoux, J. E. (2000) . “How danger is encoded: Toward a systems, cellular, and computational understanding of cognitive-emotional interactions in fear. In M. S. Gazzaniga (Ed.)”, *The new cognitive neurosciences* (pp. 1073 –1074) . Cambridge, MA: MIT Press.

能够帮助生成空间中身体的三维形象，提供身体指向的空间坐标意识，帮助区分物体，并且对物体施加影响，可能直接抓住并操纵。① 后顶上小叶的这些功能对于区分自我和外在世界来说可能是至关重要的。

精神性活动过程中海马趾和杏仁核的活动。除了复杂的皮质—丘脑活动之外，冥想和精神性活动可能也期待改变边缘系统中的活动，尤其是边缘结构的刺激与这些活动过程中描述的相似经验有关联的情况下。海马趾通过与前额皮质、其他新皮质区域、杏仁核和下丘脑之间丰富而集中的彼此联系而起到调节、中和皮质唤醒和响应的作用。海马趾对杏仁核的影响非常大，例如它们在注意、情感和形象的某些类型生成中互相补充并互相影响。② 情感的前额调整大部分是通过海马趾及其与杏仁核相关部分来实现的。

下丘脑和自主神经系统改变。下丘脑与边缘系统是普遍联系的，有研究表明右侧杏仁核的刺激在外围副交感神经系统引起刺激的帮助下激活了下丘脑腹正中部分的活动③。副交感神经系统增强的活动应当与主观感觉相联系，首先是放松的感觉，最终是更加深刻的沉默。副交感神经系统的活动也会引起心律和呼吸律的下降。所有这些生理反应都已经在冥想的过程中观察到了。

前额皮质对其他神经化学系统的影响。随着前额皮质活动的增加，大脑里会产生持续增加的游离突触的谷氨酸。增加的谷氨酸可以刺激下丘脑弓状核释放 β—内啡肽（BE）。β—内啡肽是主要由内侧下丘脑弓状核产生，并且分配到大脑的皮层下区域的一种鸦片类物质。④

自主神经系统激活。在 20 世纪 70 年代早期，Gellhorn 和 Kiely 几乎完全基于自主神经系统活动（ANS）开发了冥想的生理过程模型，虽然还有限，但它表明这样的经验中自主神经活动的重要性。⑤ 研究表明，冥想过程中存在强有力的副交感神经系统活动，伴随心律、血压、呼吸、氧代谢下降。⑥ 然而，不同研究通过证明冥想过程中心率变化的增加表明副交感神经系统和交感神经系统是彼此激活的。⑦ 猜测冥想过程中心律变化的增加反映了自主神经系统中两个分系统同时被激活。这种观念与冥想状态的特色描述是相吻合的，即主体会陷入完全沉静和高度警觉中。

血清素的激活。自主神经系统激活可以导致外侧下丘脑和前脑内侧束中结构的强烈刺激，众所周知，在直接刺激这两个部位的时候能够产生狂喜、喜悦的情感。外侧下丘脑的

---

① Mountcastle, V. B., Motter, B. C., &Andersen, R. A. (1980). "Some further observations on the functional properties of neurons in the parietal lobe of the waking monkey". *Brain Behavioral Sciences*, *3*, 520–529.

② Joseph, R. (1990). *Neuropsychology, neuropsychiatry, and behavioral neurology*. New York: Plenum Press.

③ Davis, M. (1992). "The role of the amygdala in fear and anxiety". *Annual Review of Neuroscience*, *15*, 353–375.

④ Yadid, G., Zangen, A., Herzberg, U., Nakash, R., &Sagen, J. (2000). "Alterations in endogenous brain beta-endorphin release by adrenal medullary transplants in the spinal cord". *Neuropsychopharmacology*, *23*, 709–716.

⑤ Gellhorn, E., &Kiely, W. F. (1972). "Mystical states of consciousness: Neurophysiological and clinical aspects". *Journal of Nervous and Mental Disease*, *154*, 399–405.

⑥ Travis, F. (2001). "Autonomic and EEG patterns distinguish transcending from other experiences during transcendental meditation practice". *International Journal of Psychophysiology*, *42*, 1–9.

⑦ Peng, C. K., Mietus, J. E., Liu, Y., Khalsa, G., Douglas, P. S., Benson, H., &Goldberger, A. L. (1999). "Exaggerated heart rate oscillations during two meditation techniques". *International Journal of Cardiology*, *70*, 101–107.

刺激也能够导致血清素活动的改变。事实上，一些研究表明，在冥想之后，尿液中血清素的分解产物显著增加，表明冥想过程中血清素有全面的提升。[①]

血清素水平的提高可以影响一些其他的神经化学系统。血清素的提高对于多巴胺有一种调节作用，表明可能增强欢愉情绪的血清素激活系统和多巴胺系统之间有一种联系。[②]

因此，神秘的冥想的经验是自然的并且很可能是可以测量的过程，而且不同种族、宗教和文化的各种各样的人都会有类似经验，拥有精神性经验的那些人可能有各种各样的神经心理机制。

（二）阐释学—现象学方法

宗教心理学中的第一项研究集中在对个体宗教经验的阐释上。因为阐释学是阐释的研究，现象学是经验的调查，把这一传统称之为阐释学—现象学的研究是合适的。阐释学—现象学计划的目标是从研究主体的角度来理解宗教实践和经验。这个计划中的科学实践有两个主要方面：（1）实证任务，收集关于人们的经验和实践的信息，还有对这些信息的解释；（2）理论任务，以一种有意义的方式来组织信息，有助于加深理解。特定的阐释学—现象学研究可能不同程度地接近阐释的问题（阐释学）和经验（现象学）。某些研究者不再重视阐释学方面，并且尝试从信普救说者的角度来看待经验，认为所有人的宗教经验中有必不可少的相似性。某些学者强调这些经验中的内在的阐释品质，把灵性看作是每个个人具有不同特点的事情。总之，阐释学—现象学计划对任务的阐释学本质逐渐变得更加敏感，而对现象学的观点缺少热情。

与科学哲学同步，尼尔森教授（Nelson）把阐释学—现象学的基本特点用我们的四个科学假设范畴来描述：本体论、形而上学的假设、认识论假设、伦理学假设和方法论假设。1. 本体论、形而上学假设。阐释学—现象学反对严格的唯物主义世界观并且认为事实是由人们赋予经验和实践的意义还有事物的物质客体和状态组成的。[③] 阐释学—现象学反对世界的原子论观点，认为事物本质上是互相联系的。这意味着没有对周围处境的理解，个体和事情的状态不能被理解，诸如关系和文化因素。[④] 2. 伦理假设。阐释学—现象学主张事实问题不能与事实的价值相分离，因此在科学实践上伦理问题的效果是敏感的。

---

① Walton, K. G., Pugh, N. D., Gelderloos, P., &Macrae, P. (1995). "Stress reduction and preventing hypertension: Preliminary support for a psychoneuroendocrine mechanism". *Journal of Alternative Complementary Medicine*, *1*, 263 – 283.

② Vollenweider, F. X., Vontobel, P., Hell, D., &Leenders, K. L. (1999). 5 – HT modulation of dopamine release in basal ganglia in psilocybin-induced psychosis in man—a PET study with [11C] raclopride. *Neuropsychopharmacology*, *20*, 424 – 433.

③ de Boer, T. (1997). "Inquiry into the foundations of a hermeneutical psychology: A critique of unpure reason". In J. Belzen (Ed.), *Hermeneutical approaches in psychology of religion* (pp. 35 – 49). Amsterdam: Rodopi.

Slife, B. D., Wiggins, B. J., & Graham, J. T. (2005). "Avoiding an EST monopoly: Toward a pluralism of methods and philosophies". *Journal of Contemporary Psychotherapy*, 35, 83 – 97.

Packer, M. (1985). "Hermeneutic inquiry in the study of human conduct". *American Psychologist*, 40, 1081 – 1093.

Packer, M. (1988). "Hermeneutic inquiry: A response to criticisms". *American Psychologist*, 43, 133 – 136.

④ O' Connor, K. (1997). "Reconsidering the psychology of religion: Hermeneutical approaches in the contexts of research and debate". In J. Belzen (Ed.), *Hermeneutical approaches in psychology of religion* (pp. 85 – 108). Amsterdam: Rodopi.

这通常会导致研究中过分关注被试从参与中获得的直接利益。3. 认识论假设。阐释学—现象学主张某些知识在本质上是非命题性的，某些知识和经验（尤其是宗教经验）必须用非命题性的方法（例如叙事法）来描述。被试是调查的焦点，拥有他们经验的独特知识还有个体拥有的意义。阐释学—现象学尊重科学，但是也注意到它的缺陷，并且对其他理解世界的方式开放。特别地，大多数阐释学的心理学家认为自然法不是理解人类自身最有帮助的框架。这一立场非常符合现代认识论哲学的发展。① 阐释学—现象学研究者更喜欢类型学、范畴学的分析模式。4. 方法论假设。阐释学—现象学反对人文学科的调查可以用自然科学的方法来进行的思想。阐释学思想家通常在自然科学和人文科学之间进行区分。他们主张自然科学的方法在人文调查的时候有局限性，并且为了理解我们的被试，我们需要额外的数据和方法的额外资源。② 一些科学哲学家认为使用过分客观化的方法来研究人文世界可能是有害的，因为它研究的客体那里移除了一种价值意识。③ 鉴于定量和定性的方法都可以在阐释学的框架里使用，这为定性研究方法提供了一种特别好的理论背景。这些定性方法可能包括基础扎实的理论调查④、民族志述评、观察⑤、现象学的分析⑥、叙事的阐释学分析、文本材料和对话⑦。

阐释学—哲学传统对宗教精神性心理学中的研究计划来说有很多引人注目的特点。它提供了理解影响科学假设的著作的框架，帮助理解科学方法假设的含义。它对理解人类经验中的独特方面很有帮助。它使用实证方法，在科学认识论领域中的发现部分逐渐增强。它集中在个体生动的生活经验以及意义的找寻，这样使得测量技术及其建构具有更高的效度。

（三）对实证主义方法的批判

实证自然主义方法一直成功主导着西方的宗教灵性心理学研究。这不完全是坏事情，因为据我们了解，以数据分析为主的实证自然主义构成了很多著作的主体内容。然而，了解宗教灵性心理学研究的普遍特点之后，对实证自然主义假设的分析揭示了很多问题：（1）实证自然主义方法论假设的问题表现在：方法的贫乏；对测量工具的阐释不充分；

---

① Audi, R. (2003). *Epistemology: A contemporary introduction to the theory of knowledge* (2nd ed.). New York: Routledge.

② Richardson, F. (2006). "Psychology and religion: Hermeneutic reflections". *Journal of Psychology and Theology*, *34*, 232-245.

③ van Fraassen, B. (2002). *The empirical stance.* New Haven, CT: Yale University, p. 191.

④ Strauss, A. L., & Corbin, J. M. (1998). *Basics of qualitative research: Techniques and procedures for developing grounded theory* (2nd ed.). Thousand Oaks, CA: Sage.

⑤ Bernard, H. R. (2002). *Research methods in anthropology: Qualitative and quantitative approaches* (3rd ed.). Walnut Creek, CA: AltaMira Press.

Spradley, J. (1979). *The ethnographic interview.* New York: Holt, Rinehart and Winston.

Spradley, J. (1980). *Participant observation.* New York: Holt, Rinehart and Winston.

Hopewell, J. (1987). *Congregation: Stories and structures.* Philadelphia: Fortress Press.

⑥ Moustakas, C. (1994). *Phenomenological research methods.* Thousand Oaks, CA: Sage.

⑦ Packer, M. J., & Addison, R. B. (Eds.). (1989). *Entering the circle: Hermeneutic investigation in psychology.* Albany, NY: State University of New York Press.

Belzen, J. A. (Ed.) (1997). *Hermeneutical approaches in psychology of religion.* Amsterdam: Rodopi.

循环论证致使研究结果无效。(2) 实证自然主义认识论假设的问题表现在:作为普遍的、命题的、自然的知识;作为因果关系命题的知识;科学主义;对哲学和宗教的贬低等四个方面。(3) 实证自然主义伦理学假设的问题表现在:很多宗教灵性心理学的研究都受益于问卷调查;过分强调简单易行的认识论价值,低估了宗教生活和实践的复杂性。科学哲学家强调平衡各种认识论价值的需要。现代复杂模型程序(如结构方程模型)的使用提供了纠正这一问题的可能性,尽管它们涉及到确保它们合理有效使用的复杂数据假设。(4) 实证自然主义本体论假设的问题表现在:忽视意义的问题;还原主义导致对实施的过分简化的观点;对人类经验关系特点的忽视。

总之,实证自然主义研究方法在西方对宗教和灵性的心理学研究中曾经占主导地位。然而,不管这种历史重要性,对这种模式的批评逐渐增加了。[①] 在实证自然主义已经成为很多有趣的重要研究背后的激励因素,很清楚这是在不适当的科学哲学之上的,这种科学在很多方面阻碍了这一领域的发展。

五 应用领域的拓展

西方宗教心理学非常重视其在现实生活中的应用,这一学科在人的发展、家庭生活、身体健康、心理治疗、应对、危机干预和临终关怀等方面的应用近年来取得了新的进展,对西方社会的人文关怀起到了很好的促进作用。

(一) 人的发展

在西方,宗教和精神性是非常重要的,有可能处在人类发展诸维度的核心地位。来自美国青少年的数据表明,95%的人相信上帝,并且四分之三的人试图听从其宗教的教导。几乎一半的美国年轻人说,他们经常独自祷告,36%的年轻人产于教会中的青年团契。[②] 宗教对于大多数美国家庭来说也非常重要。大约40%的美国家庭每周参加崇拜,95%的美国父母与宗教有联系,超过90%的父母希望他们的孩子接受某种形式的宗教教育。[③]

对于儿童的宗教和精神性发展,西方主要关注认知发展,即儿童对宗教概念的思考、儿童的上帝观念、神圣的秘密、儿童的灵魂观念、儿童的宗教经验、儿童宗教观念与父母的关系、宗教的家庭教育是否适当等方面。

对于青少年的宗教发展,西方主要关注青少年的宗教性、从青少年到成年转化阶段的宗教发展、宗教认知阶段、宗教和教育、宗教和精神性榜样、青少年的宗教皈依、宗教和性伦理以及对校园宗教的思考等方面。

对于成年人的宗教信仰和实践,西方宗教心理学主要关注宗教与现实生活、宗教的社会功能、宗教和利他主义、宗教和中年危机、宗教和精神性实践等方面,主要通过社会化

---

① Nelson, J. & Slife, B. D. (2006). "Introduction to the special issue". *Journal of Psychology and Theology*, 34 (3), 191 - 192.

② Gallup, G., &Bezilla, R. (1992). *The religious life of young Americans: A compendium of surveys on the spiritual beliefs and practices of teenagers and young adults*. Princeton, NJ: G. H. Gallup International Institute.

③ Mahoney, A., Pargament, K. I., Swank, A., & Tarakeshwar, N. (2001). "Religion in the home in the 1980s and 90s: A meta - analytic review and conceptual analysis of religion". *Journal of Family Psychology*, *15*, 559 - 596.

理论和认知理论两种模型来进行探究。

关于老年人的宗教心理学，西方主要关注濒死体验、终极关切、生命意义、人生价值、宗教和老龄化、宗教信仰和寿命的关系、晚年宗教性等方面的问题。

总之，宗教贯穿在人生发展的整个进程之中，对于人的发展具有不可或缺的重要作用。西方宗教心理学对于宗教与人的发展的研究已经取得了一定的成果，但是对于这个领域来说还远远不够。

（二）家庭生活

在1995年盖洛普对于美国家庭的调查中，65%的母亲和57%的父亲说宗教在他们的生活中“极其”或“非常”重要。大约90%的美国人想要对其孩子进行宗教的培养，55%的已婚人士一年至少要参加几次宗教崇拜。因此，大多数美国人能够接受针对家庭关系方面宗教传递的信息。过去几十年的实证研究表明宗教是与婚姻和亲子功能相联系的重要因素。①

家庭心理学的研究包括家庭生活的正常时期和家庭危机时期的不同家庭关系，包括婚姻功能、向父母身份的过渡以及亲子关系等阶段的宗教和日常生活关系的研究，还有家庭危机方面的研究，包括婚姻忠诚、离婚、家庭暴力、虐待儿童和智障儿童的抚养等问题。

宗教与婚姻生活满意度相关。例如，通过一个题目（如“总的来说，你会怎样描述你的婚姻：非常幸福，相当幸福，不太幸福”）或者简易调查问卷来调查很多婚姻相关的问题。证据表明，较高的宗教参与度与整体婚姻满意度相关。首先，教会参与的频度与婚姻满意度呈正相关（平均r值是0.07）。第二，更加引人关注的是，个人与宗教的相关性与婚姻满意度呈正相关（平均r值是0.15）。很多研究表明，宗教是一个反对离婚的保护性因素。那些认可宗教归属的人离婚的风险比那些没有任何归属的人要低（平均r值为-0.08）。②

向父母身份的转变。教会出席率一直与高出生率成正比。③ 其他研究表明，孩子的出生可能会引发父母亲精神性定位上的转变，例如，尤其是母亲会更加经常去参加教会活动，更加能够经验到上帝的重要性。④ 有一个定量研究结果发现，儿童的出生或存在对于某些男人来说能够提升宗教的反思或参与，这样的证据暗示着宗教可能使从无孩子的状态到当父母状态的转变更加平和⑤。

---

① Dollahite, D. C., Marks, L. D., & Goodman, M. A. (2004). “Families and religious beliefs, practices, and communities: Linkages in a diverse and dynamic cultural context. In M. J. Coleman&L. H. Ganong (Eds.)”, *The handbook of contemporary families: Considering the past, contemplating the future* (pp. 411–431). Thousand Oaks, CA: Sage.

② Mahoney, A., Pargament, K. I., Tarakeshwar, N., & Swank, A. (2001). “Religion in the home in the 1980s and 90s: A meta-analytic review and conceptual analysis of religion, marriage, and parenting”. *Journal of Family Psychology*, *15*, 559–596.

③ Krishnan, V. (1993). “Religious homogamy and voluntary childlessness in Canada”. *Sociological Perspectives*, *36*, 83–93.

④ Becker P. E., &Hofmeister, H. (2001). “Work, family, and religious involvement for men and women”. *Journal for the Scientific Study of Religion*, *40*, 707–722.

⑤ Palkovitz, R. (2002). *Involved fathering and men' s adult development: Provisional balances.* Hillsdale, NJ: Erlbaum.

孩子的养育方式。与普通人相比，属于基督教保守派的那些人或者那些忠实于圣经字面理解的人更加注重孩子的顺从（平均 r 值是 0.18），并且相信肉体惩罚（平均 r 值是 0.21）。[①]

（三）身体健康

在过去 10 年间，宗教科学研究的一种重要发展是大量研究令人信服地提出了宗教参与身体和心理健康结果之间的正相关关系。例如，一份有超过 40 个独立样本的系统分析报告表明，宗教参与与寿命呈显著的正相关关系。[②] 近期最完整的研究之一，对代表美国人口的超过 20000 个的成年人样本进行 8 年的追踪研究，发现从来不参加教会活动的与那些每周至少参加一次教会活动的人平均寿命差 7 岁。[③] 在非裔美国人中，寿命差与宗教参与度之间的相关是将近 14 年。在根据人口统计学、社会经济地位、健康状况、健康行为、社会联系等调整之后，死亡率仍然与不参加教会活动相关（提升 50%，也就是说，相对危险度［RH］是 1.50），几乎与严重的抽烟行为（提升 63%，也就是说，相对危险度［RH］是 1.63）一样。国家健康专家小组的结论是，除去其他已经确认的风险因素，经常参加宗教活动（即一周一次及以上）对长寿的预测作用现在是“有说服力的”[④]。

（四）心理健康

大量的实证研究和临床认知表明，宗教对心理健康及其机能具有积极影响。[⑤] Smith 及其同事（2003）发现，在对接近 99000 名被试所做的 147 项研究进行综合分析时，宗教参与与抑郁症状之间存在大小适度（与性别和抑郁症状之间的相关类似）的负相关在数据上是可信并且非常确切的，证实了已经综述的其他研究者的结论。[⑥] 这一相关并不是通过年龄、性别或者种族的中介作用实现的，而是受到所使用的宗教性测量工具（教会出席率、祈祷的频率等）的影响。在很多世界宗教的青少年和成年人中，宗教性对于自杀普遍具有保护性作用。[⑦] 影响宗教性对抑郁的保护性作用的因素包括基因影响、发展和家庭的动力、社会支持、事件评估、压力应对及其他因素。Smith 及其同事（2003）和 Ken-

---

① Mahoney, A., Pargament, K. I., Tarakeshwar, N., & Swank, A. (2001). “Religion in the home in the 1980s and 90s: A meta-analytic review and conceptual analysis of religion, marriage, and parenting”. *Journal of Family Psychology*, *15*, 559-596.

② McCullough, M. E., Hoyt, W. T., Larson, D. B., Koenig, H. G., &Thoresen, C. (2000). “Religious involvement and mortality: A meta-analytic review”. *Health Psychology*, *19*, 211-222.

③ Hummer, R. A., Rogers, R. G., Nam, C. B., & Ellison, C. G. (1999). “Religious involvement and U. S. adult mortality”. *Demography*, *36*, 273-285.

④ Powell, L. H., Shahabi, L., & Thoresen, C. E. (2003). “Religion and spirituality: Linkages to physical health”. *American Psychologist*, *58*, 36-52.

⑤ Levin, J. S., &Chatters, L. M. (1998). “Research on religion and mental health: An overview of empirical findings and theoretical issues”. In H. G. Koenig (Ed.), *Handbook of religion and mental health* (pp. 34-47). New York: Academic Press.

⑥ McCullough, M. E., &Larson, D. B. (1999). “Religion and depression: A review of the literature”. *Twin Research*, *2*, 126-136.

⑦ Regnerus, M., Smith, C., &Fritsch, M. (2003). *Religion in the lives of American adolescents: A review of the literature.* Chapel Hill, NC: National Study of Youth and Religion.

dler，Gardner，Prescott（1999）的研究都支持宗教性对于抑郁症状的主要影响及缓冲效果，这表明宗教性因素对于生活压力的增加具有保护性或者改善效能的作用。[①]

（五）应对和危机干预

危机事件可以通过精神性视角来看待，它们可以作为个人神圣成长的威胁、挑战、损失或者机会。关于创伤和悲剧，人们可以利用数千年来世界上各种宗教的大量资源。宗教可以成为人们面对生活困难情境时的负担和挣扎的来源，为疼痛和艰难的应对提供了另一个维度。

在发现危机和悲剧的地方，我们通常能够找到宗教的影子，这也许是不足为奇的。心理学家 Paul Johnson 写道，“在危机时期，宗教通常都出现在最显著的位置”[②]。例如，在美国 911 袭击之后很短时间内对美国人样本的调查中，Schuster 等人（2001）发现，90% 的人报告他们向其信仰的宗教寻求安慰和支持[③]。其他群体也经常利用其宗教进行应对生活中经验的创伤生活事件，到目前为止，祈祷或者信仰上帝是最常见的回应。在住院和长期护理的病人中，86% 的人报告利用宗教活动来应对问题[④]。

---

① Smith，C.，&Faris，R.（2003）. *Religion and American adolescent delinquency*，*risk behaviors and constructive social activities*. Chapel Hill，NC：National Study of Youth and Religion.

Kendler，K. S.，Gardner，C. O.，&Prescott，C. A.（1999）.“Clarifying the relationship between religiosity and psychiatric illness：The impact of covariates and the specificity of buffering effects”. *Twin Research*，*2*，137 – 144.

② Johnson，P. E.（1959）. *Psychology of religion*. Nashville，TN：Abingdon Press，1959，p. 82.

③ Schuster，M. A.，Stein，B. D.，Jaycox，L. H.，Collins，R. L.，Marshall，G. N.，Elliott，M. N.，Zhou，A. J.，Kanouse，D. E.，Morrison，J. L.，&Berry，S. H.（2001）.“A national survey of stress reactions after the September 11，2001，terrorist attacks”. *New England Journal of Medicine*，*345*，1507 – 1512.

④ Ayele，H.，Mulligan，T.，Gheorghiu，S.，&Reyes-Ortiz，S.（1999）.“Religious activity improves life satisfaction for some physicians and older patients”. *Journal of the American Geriatrics Society*，*47*，453 – 455.

第三篇

年度论文

保护公民信仰自由，促进宗教服务社会

卓新平*

当代中国公民宗教信仰自由问题本不应该成为一个持有异议、产生争论的问题，因为我们的宪法明确表示公民有这种自由，并且得到国家的保护。然而，最近有一些言论和文章却直接或间接挑战这一宪法原则和公民权利，对公民信仰宗教的现象横加指责、上纲上线。对之指责者并不去专门调查研究这些信教公民的社会表现和政治立场究竟怎样，而是单单因为公民信了教这一事实本身就对之严厉批评，视其为大逆不道，将之看作我们今天社会的异己和另类。这种针对信教公民的无理谴责和危言耸听，造成了事实上对中国当今信教群众在社会上及政治上的歧视和排斥，从而也就给我们社会的和谐稳定、安定团结带来了潜在的危险。所以，为了维护中华人民共和国宪法的尊严和权威，全面落实中国共产党的宗教工作基本方针，我们应该重新学习宪法，更应该让那些不满并指责公民信教者好好补补宪法之课。

一　对宪法关于公民宗教信仰自由的正确理解

1982年12月4日由第五届全国人民代表大会第五次会议通过、后又经过四次修订的中华人民共和国第四部宪法对中国公民信教的问题有着明确说明。宪法第2章“公民的基本权利和义务”中第34条规定，“中华人民共和国年满十八周岁的公民，不分民族、种族、性别、职业、家庭出身、宗教信仰、教育程度、财产状况、居住期限，都有选举权和被选举权”；其第36条则进一步规定，“中华人民共和国公民有宗教信仰自由”，“任何国家机关、社会团体和个人不得强制公民信仰宗教或者不信仰宗教，不得歧视信仰宗教的公民和不信仰宗教的公民”，“国家保护正常的宗教活动”。① 在此，宪法的表述很清楚，年满十八岁的公民完全可以自由地选择信仰宗教或不信仰宗教，这两种选择都是平等的，不能因其中某种选择而招致社会的歧视。如果公民仅因为信仰宗教而被指责或被人说三道四，显然不符合我们的宪法精神。这里，宪法并没有指某种特殊群体才享有宗教信仰自由，而是对全体公民的表达。也就是说，包括年满十八岁的大学生如果选择宗教信仰，这也是这一群体的公民应该享有的自由，并不能因为他们是大学生就要遭到特别指责，而其所在大学也不能由此而必须为之承受负担和压力。只要是“正常的宗教活动”，就理应受

---

* 卓新平，1955年生，土家族，德国慕尼黑大学哲学博士，现任中国社会科学院学部委员，世界宗教研究所所长，研究员。

① 全国人民代表大会常务委员会法制工作委员会编：《中华人民共和国法律（2013年版）》，人民出版社2013年版，第27页。

到国家的保护。所以，我们应关注的并不是什么样的公民群体会信教，而只能是其宗教活动是否“正常”。正如宪法所规定的，“任何人不得利用宗教进行破坏社会秩序、损害公民身体健康、妨碍国家教育制度的活动”，“宗教团体和宗教事务不受外国势力的支配”。[①]我们所不允许的，即这类“非正常”现象的出现。

其实，马克思主义也非常强调人类精神信仰的自由，马克思早在批评普鲁士书报检查制度时就已经指出，“你们赞美大自然悦人心目的千变万化和无穷无尽的丰富宝藏，你们并不要求玫瑰花和紫罗兰散发出同样的芳香，但你们为什么却要求世界上最丰富的东西——精神只能有一种存在形式呢”?[②] 可以看出，马克思是主张精神信仰的多种多样即多元存在的，精神的不同存在、信仰的多种方式是不以我们的意志为转移的。因此，我们应该承认信仰的多样性，争取不同信仰的和平共处。习近平主席于2013年9月初在哈萨克斯坦纳扎尔巴耶夫大学发表演讲时也指明了不同信仰的共在和相互尊重，表示在当今世界“只要坚持团结互信、平等互利、包容互鉴、合作共赢，不同种族、不同信仰、不同文化背景的国家，完全可以共享和平，共同发展”。所以说，坚持公民宗教信仰自由，也是马克思主义的基本观点，是中国特色社会主义宗教理论的基本立场。我们的宪法也正是正确体现了马克思主义的这一基本精神。

至于大学生或其他青年人群中出现的信仰宗教的现象，一没有必要过于敏感、紧张，二应具体问题具体分析。实际上，在中国当代社会处境中，信教的大学生和其他青年人毕竟是极少数，远低于在整个社会人口中信教人数的百分比，故而仍属正常发展。即使是从思想教育的角度，在对人生理想、价值观的认知和无神论的教育上，也没有必要谴责宗教、指责大学生或其他年轻人，我们所应该做的也只能是健体强身，加强自身思想教育、道德理想教育和无神论教育对大学生等青年人的吸引力和感染力，改善改进我们思想教育的方法和组织形式，提高我们无神论教育及宣传的质量和水平，以我们的精神境界、追求和知识智能、智慧来打动青年人、争取并抓住社会人心，在多元思潮、多种精神的客观共在中提高我们自己的免疫力、竞争力和影响力。在这些方面的积极引导和指导，应该说我们的青年工作、群众工作还是很有优势的。但任何怨天尤人、大惊小怪、恼怒指责则只会暴露自己的无能和缺失信心，表现出其在教育、工作的理念及方法上已经落伍，而这种表现的结果则只会适得其反，达不到本想争取的目的。所以说，在精神信仰追求的自由上，我们一定要理解我国宪法原则的真谛，认识到为什么要坚持并保护这种自由，而不可能、也办不到靠行政命令的强迫或强力来解决思想信仰的问题。

二 关于中国社会对宗教的认识和评价

近百年以来，我们的舆论对中国社会现状和中国文化传统存在着一种误读，即坚持认为中国是世界上“唯一”宗教观念淡薄、上千年的传统文化不以宗教为主的国度及民族。其实，这种说法在学术意义上很值得商榷，在事实上也很不准确。当然，这里涉及对宗教

① 全国人民代表大会常务委员会法制工作委员会编：《中华人民共和国法律（2013年版）》，人民出版社2013年版，第27页。

② 马克思：《评普鲁士最近的书报检查令》，引自《马克思恩格斯论文学与艺术》（一），人民出版社1982年版，第196页。

理解和定义的问题，同样也涉及我们的文化对宗教的价值判断问题，故此才有儒教是否为宗教的长期争论。但值得注意的是，中国没有宗教、儒教不是宗教之说最早本来就是外国人所提出来的。这一看法可以追溯到明末来华传教的意大利耶稣会士利玛窦，他认为以基督教为标准的宗教要高于中国文化，故而认为代表中国文化的儒教不是宗教且低于宗教，希望中国士大夫知识阶层能够皈依他们所谓更高水平的宗教。且不论历史上关于宗教理解的纷争，仅就今日中国的国内、国际处境而言，过于强调、突出中国的“非宗教”性在政治上也是很不睿智的。当前境外敌对势力在大力渲染中国社会文化的“非宗教性”，借此夸大、凸显宗教与共产主义、社会主义和中国传统文化的差别及分歧，进而大肆宣扬共产主义、社会主义、中国政治和文化乃是“非宗教”、“反宗教”的，并据此想把中国社会文化及我们当前的主流意识形态打入另类，企图使我国在国际社会中被边缘化，被彻底孤立，被从世界文化共识中挤出去。而如果我们自己还特意强调这种“非宗教”性，则对这种攻击有意或无意形成了呼应、表示了承认和肯定，这无疑会给境外敌对势力攻击我们、排挤我们提供最直接的口实和所谓确证，其结果这一推一拉反而汇成了不利于我国宗教工作及宗教政策的合力。故此，我们应该谨慎对待这种曾流行、最近又被反复重提的“非宗教”论，从讲政治的意义上为我国继续深化改革开放、扩大国际交往，创造更好、更佳的氛围、条件和选择。

对宗教的怎么看会影响到对宗教的如何办，那种从整体及基本观点上否定或贬低宗教的认知和行为，会使我们积极引导宗教与社会主义社会相适应、发挥宗教促进社会和谐、维护国家统一、推动民族团结的努力事倍功半，费力而不得好。目前，这种在根本意义和基本看法上对宗教作负面之论的意向，实际上已在宗教认知和宗教工作实践上造成了矛盾和悖论，使人们对我们宗教政策的依据和意向会产生怀疑和不解。一方面，我们强调要“积极引导宗教与社会主义社会相适应”、“发挥宗教在促进经济社会发展与社会和谐方面的积极作用”，让我国宗教形成爱党爱国爱教的发展方向，使广大信教群众尤其是宗教领袖跟党一条心、保持与党的一致，听党的话，跟党走；基于这一思路，我们组织了对宗教领袖的学习培训，开设了让宗教界参加的各种研讨班及论坛，在宗教社团机构中建立了党的组织和政府管理体制，并在实施对宗教有效、积极管理的同时，资助、维护宗教团体和教职人员的基本生存和社会保险，使中国宗教界感受、体会到党和国家对宗教的关怀和支持。但另一方面，却又反复在我们的重要报纸杂志和公开媒体上明确在最根本的认知上否认和否定宗教，让人们与宗教在意识形态及价值观上划清界限、保持距离，甚至对宗教加以批判，结果实际上把宗教当作了中国社会、中国政治和中国文化的另类或对立面。这些说法没有考虑或顾忌宗教界的情感和反应，没有细想由此可能会造成宗教界与我们的生分和隔离，而且也会使我们的上述积极做法徒劳无功。这些在核心点和基本点贬损、否定宗教的言行，显然并不符合“更多地从积极方面来看待宗教，肯定宗教在促进和谐方面有积极作用”“积极弘扬宗教教义中扬善抑恶、平等宽容、扶贫济困等与社会主义社会道德要求贴近的积极内容”这一基本精神，从而也就很难真正“带领信教群众积极为构建和谐社会作贡献”，实现“使信教群众在全面建设小康社会的宏伟目标下最大限度地团结起来”的强国使命。这种矛盾和悖论很容易让人质疑我们的政策水平和管理智慧，也会使我们的理论与实践难以有机协调、达成一致。

三 中国共产党与宗教的关系问题

若仔细分析，这里所涉及的仍然是我们在以往认识上还没有解决的老问题。而要想促进宗教积极有效地服务当今中国社会，则理应彻底、根本地解决好这些问题。其中一个最为敏感的问题，就是中国共产党与宗教的关系问题，其复杂一是在于如何认识中国的政党与宪法的关系，如何理解党员与公民的身份处境；二是在于如何理清在信仰层面的政治与宗教、意识形态与社会存在，以及信仰价值与理想追求等关系错综复杂的纠缠和交织。例如，坚持共产党员不能信教，主要应是从党的组织内部教育、整顿这一考量来坚定党员的政治信仰、加强党员的组织纪律、保持党组织自身的政治纯洁性、先进性及先锋队作用这种政党政治的意义上所言的，应是从组织系统和纪检层面来抓的，而没有必要把共产主义这种政治信仰与宗教信仰相等同、相并列和相比较，更没有必要过于在价值意义或意识形态、世界观上去贬损宗教、否定宗教。我们不能把共产主义这种政治信仰等同于宗教信仰，因为这种等同无意中会使我们的政治组织也被误解为一种宗教或准宗教组织，混淆政治信仰与宗教信仰的异质性和异层性，降低了党的领导地位和政治身份。至于个别党员拜神信鬼、算命求卦、参与迷信活动则必须得到整治，但这种负面性并不能完全被归为宗教；虽然宗教中仍有迷信等糟粕，这些迷信却不是、也不能被完全等同为宗教。宗教有清除迷信、不断改进和革新的任务，但宗教不是迷信，二者本质有别。宗教与迷信的关系和区分，在建国以来的历史中已有过激烈的讨论，后来也达到了相对的共识。我们不能因为共产党内有腐败就把二者等同，而仍必须强调并坚持党的先进性、崇高性，坚持党的领导地位和指导作用。同理，我们也不能因为宗教中有迷信就把宗教完全与迷信等同。我们仍需充分肯定宗教中所体现的超越境界、崇高人性、世间关爱和自我谦卑，必须发挥宗教信仰积极因素在社会主义和谐社会建设中的重要作用，让中国宗教精神的精华有效参与我们“中国梦”的构设和实现。至于提出党员可能会被宗教组织掌控的担心，则首先应该对我们的党保持有充分的自信，看到中国的宗教社团组织实际上也是掌握在我们党和政府的手中的，我们党对宗教乃有着更多的主动权，而且正在系统地对我们的宗教界开展爱党爱国爱教的教育培训。中国共产党在处理与宗教的关系上已经建立起理论正确且行之有效的“党的统一战线理论”，在以往的理论阐述和社会实践中都非常成功。在此，我们在处理我党与宗教的关系上应该多谈、多用“党的统一战线理论”“党的群众路线理论”和“正确处理人民内部矛盾”的理论，多做化解矛盾和统一和谐的工作。当然，中国执政党与宗教的关系这一问题既然已经重新提出，就理应得到妥善解决。在此，我们应该注意政治和政策是党的“生命”之论，应该有我党在新形势下正确处理好宗教问题的新思路。

还有一个敏感问题则是中国共产党作为“无神论”的政党是否必须批驳“有神论”，强调其“无神”意义。如果不是专门讲二者在政治意识形态上的对立，那么“有神”与“无神”实际上在认识论上是非常值得深究的问题，并不是简单说说就成的。从人类的认识史来看，“有神”观念和“无神”观念实际上是一个硬币的两面，自人类有宗教存在以来就一直在互动发展，我们应该对之展开哲学意义上的深入探讨，深化人们的认识。应该承认，我们当前对“有神论”的发展历史研究较多，而对“无神论”的发展历史研究太少，鲜有这方面的理论文章和学术专著问世。党和国家近些年来在这一方面也有较大的投入，但目前成果不多、成效不大，确实值得我们思考和研究。而专门承担这一重要任务的有关部门和研究机构也应该好好反省和总结经验教训，集中精力、加大力度来认真搞好对无神论的系统研究，及时推出高质量、高水平的研究成果，以不辜负党和政府的期望及要求。仅就无神论的发展而言，我们就可以追溯其从古代不承认多神存在的朴素无神论到不承认包括绝对一神的任何神明存在的哲学无神论，从自然无神论到战斗无神论，从宣称纯粹理论无法证明神之确实存在的理性无神论到以唯物史观为指导的科学无神论，这一发展线索很值得我们梳理研究，只有这样才能相对说清"有神"或"无神"之问题。中国宗教学完全可以展开对这一问题系统而深入的研究，也应该在大学教育中有相应的课程。在理论界、学术界和高等教育界，我们一定要提高上述研究的学术水平和理论质量，应以我们的学术实力和研究功底来赢得国际学术界的认可和钦佩，形成中国特色宗教学研究包括无神论研究的国际地位及声誉。

而在思想意识层面，非常明确地强调共产党应与宗教作斗争、与有神论划清界限的则主要是列宁的相关论述，但其理论前提是当时宗教存在的社会处境，以及无产阶级政党反对资本主义的历史使命。就是在这样的情况下，列宁仍然清楚表明："既然如此，我们为什么不在自己的党纲中宣布我们是无神论者呢？我们为什么不禁止基督教徒和信奉上帝的人加入我们的党呢？"[①] 也就是说，列宁所创立的无产阶级政党一没有在党纲中公开宣布自己是无神论者，二是允许宗教信仰者加入无产阶级政党。究其原因，列宁虽然旨在从思想、认识层面来解决这个问题，但这对于坚持历史唯物主义和辩证唯物主义立场、方法的列宁而言，也仅是一种浅层次的解决办法，因为他意识到仅靠书本、说教并不解决根本问题。为此，列宁进而强调："我们无论如何也不应当因此而'从理性出发'，离开阶级斗争抽象地、唯心地来提宗教问题……如果认为，在一个以无休止的压迫和折磨劳动群众为基础的社会里，可以用纯粹说教的方法消除宗教偏见，那是愚蠢可笑的。如果忘记，宗教对人类的压迫只不过是社会内部经济压迫的产物和反映，那就是受了资产阶级观点的束缚。如果无产阶级本身的反对资本主义黑暗势力的斗争没有启发无产阶级，那么任何书本、任何说教都是无济于事的。在我们看来，被压迫阶级为创立人间的天堂而进行的这种真正革命斗争的一致，要比无产者对虚幻的天堂的看法上的一致更为重要。"[②] 当今天在社会主义的中国讨论这一问题时，我们同样也要清醒地认识到，宗教存在的社会处境已经发生了根本变化，我们党的社会地位也出现了根本变化，即已经从推翻旧社会的革命党变为领导建设新社会的执政党。这样，既然我们在对中国社会经济这一基础、根本问题的认识上都已经取得了突破，都已经允许与之关联的私人企业家入党，那么就更没有必要纠缠在有神、信教这种思想认识问题上。在我们看来，全力以赴"带领信教群众积极为构建和谐社会作贡献"则远要比这种思想梳理、思辨之究更为重要，更加迫切。

四　一点思考

如何更有效地积极引导宗教与社会主义社会相适应，关键在于争取人心，掌握人心，而这种"暖心"工程则需要我们在民族、宗教界有一支我们信得过、靠得住、用得好的骨干队伍。在社会主义的社会环境中，虽然仍然存有共产主义思想与宗教意识的差异，但

---

① 《列宁专题文集：论辩证唯物主义和历史唯物主义》，人民出版社 2009 年版，第 222 页。

② 同上。

从社会存在决定社会意识这一马克思主义基本观点来看，过于突出我们党与宗教界在其核心信仰层面的分歧和区别，并不利于我们与宗教界的骨干力量建立起那种“肝胆相照”“同心同德”的融洽关系和积极引导宗教与社会主义（社会及思想）相适应，这一点确实值得我们深思。在此，不同信仰层面的区分，使各自能有机共构、求同存异，由此而不把自己逼到理论认知的死胡同、形成与其他信仰非此即彼的截然对立，仍是值得我们认真考虑的。此外，我们也可以好好研究并借鉴国际共运和当前社会主义国家中共产党与宗教关系的举措及经验，从而在我们今天中国特色社会主义发展中能够比较慎重地对待我们执政党与宗教的关系。的确，在深化思想理论认知的意义上，我们的主流意识形态与宗教意识形态、宗教价值观等信仰教义方面有许多难达一致的问题，对于这些棘手问题，如果我们暂时还不能找到一个比较理想的解决办法，至少我们可以对之加以搁置或回避，采取“不争论”的方式来绕过这些容易导致矛盾或纷争的问题，留待以后去根本解决，而没有必要在当前就硬去触动和解决尚难彻底解决的相关问题，刺激和激化这些敏感点、使矛盾复杂化并引起本来没有必要的冲突。我们应该发挥主流意识形态在当前众多社会思潮中的引领作用和主旋律作用，是领导、指挥、引导、领唱，形成和谐之音、共同合唱，而不是包打天下、孤自独唱。我们的当务之急，是尽可能团结广大信教群众与我们同心同德建设中国特色社会主义，让宗教界在今天的社会服务、社会公益慈善事业等社会建设上发挥其最大限度的作用，共同且积极参与促进中华文化伟大复兴的“中国梦”之尽早实现的伟大事业。因此，我们的理论建设和学术研究应在这种积极引导和努力促进上下功夫、出成就。

（原载《世界宗教文化》2013 年第 5 期）

科学研究马克思主义宗教观　发展中国宗教学

——纪念毛泽东主席关于开展宗教研究重要批示50周年

卓新平*

以马克思主义为指导的中国宗教学研究是毛主席亲自提倡和推动的，为我们的宗教研究指明了方向，开辟了道路。今年是毛主席诞辰120周年，也是毛泽东主席关于开展马克思主义指导下的宗教研究重要批示50周年。1963年12月30日，毛泽东主席对中央外事小组“关于加强对外研究的请示报告”做了重要批示，特别指出：世界三大宗教，至今影响着广大人口，我们却没有知识，国内没有一个马克思主义者领导的研究机构，任继愈用历史唯物主义写的论佛学的文章犹如凤毛麟角，不批判神学就不能写好哲学史，也不能写好文学史、世界史。根据这一重要批示，周总理对开展宗教研究做了具体指示：要研究世界三大宗教的理论、现状和历史，包括它们的起源、教义、教派、经典等。在毛泽东主席和党中央的亲切关怀和直接指示下，任继愈先生于1964年组建成立了世界宗教研究所，我国从此有了以马克思主义为指导专门研究世界宗教的学术机构。在纪念毛泽东主席诞辰120周年之际，我们重温50年前这一重要批示，回顾50年来中国宗教学的发展及其成就，感到格外亲切和振奋。明年是毛主席亲自倡导而成立的世界宗教研究所建所50周年纪念，梳理和回顾研究马克思主义宗教观、发展中国宗教学的成就，正确认识当前所面临的问题，是一件非常有意义的事情。

一　关于马克思主义宗教观的研究

马克思主义宗教观是马克思主义理论体系的重要组成部分，是马克思主义在宗教认识及宗教研究上的具体体现，也是宗教工作和宗教研究的指导思想。在党中央的领导下，我国的宗教研究一直坚持马克思主义的指导思想，尤其自改革开放以来，马克思主义宗教观研究已经取得巨大成就，这是我国宗教学发展的重要标志。科学地研究和运用马克思主义宗教观，是宗教研究领域贯彻和坚持马克思主义指导的有力落实。因此，突出和强调马克思主义宗教观已经成为当前宗教工作及其研究领域旗帜鲜明的举措。近年来，世界宗教研究所每年组织一次全国规模的马克思主义宗教观研讨会，出版了多卷研究马克思主义宗教观论文集，不少学者也相继推出了研究马克思主义宗教观的个人专著和文集，特别是在中央组织的马克思主义基础理论研究工程中设立了马克思主义宗教观的专项研究，有力推动

---

* 卓新平，现任中国社会科学院学部委员、世界宗教研究所所长、中国宗教学会会长。

了从资料搜集、原著翻译到专文及专题探讨的系统研究，马克思主义宗教观研究的繁荣局面已经形成。遗憾的是有人没有系统研究马克思主义关于宗教的学说及观点，却对这种马克思主义宗教观的专门研究说三道四、挑剔指责，甚至荒唐地认为马克思主义宗教观不是马克思主义的有机构成，而是“费一番周折”“装进”的。历史不怕检验，事实自有公论。

回到马克思主义经典作家的原典研究，仔细弄清马克思主义论宗教的基本观点及其时空背景联系，才是真正的马克思主义研究。在研究马克思主义宗教观的基本态度和科学方法上，我们应遵循如下一些思考：

第一，读马克思主义经典作家原著应系统、全面地对其科学体系有整体性把握。

谈论马克思主义，必须读马克思主义的著作，在认真阅读的基础上再思考论说。那种不读书而信口开河、把自己的想法想当然地视为马克思主义经典作家的观点来任意曲解或使用，并把自己的无知强加于人，这种不良风气尤为学术界所耻。马克思主义充满了严肃性和科学性，唯有静下心来认真、系统、全面地研读马克思主义经典作家的原著，才拥有真正的发言权，体现出我们对经典作家的尊重、崇敬。

第二，对经典作家的理论、思想要争取读懂、读透，不可一知半解，更不可误解歪曲。

领会马克思主义经典作家的所思所想，则应该顺着经典作家的思路来透彻、正确地理解其博大精深的思想精髓和基本要义。真正弄清马克思主义的原意，需要下功夫去仔细研读，根据对经典作家著述的系统了解、全面认识，再对其思想加以诠释、论说。对经典作家的言论断章取义、随便发挥，只会误解或歪曲，这也是对经典作家及其著述的一种亵渎。

第三，学习经典作家的著作必须了解其社会历史的时空关联，从社会背景来解读。

读经典作家之书不能孤立地、封闭地阅读，而应该以一种开放性视域，结合其社会实际、时代处境来思考性地阅读，辩证性地看待经典作家的相关结论、基本观点。这样才能有的放矢，读懂、弄通、用活。例如，马克思对宗教的分析是基于宗教与当时社会的关联，指出“这个国家、这个社会产生了宗教，一种颠倒的世界意识，因为它们就是颠倒的世界。……因此，反宗教的斗争间接地就是反对以宗教为精神抚慰的那个世界的斗争”。正是看到宗教的这种具体社会关联，马克思在当时就已经强调：“就德国来说，对宗教的批判基本上已经结束；而对宗教的批判是其他一切批判的前提。”① 现实与宗教的关系是存在决定意识，宗教是现实社会生活曲折、复杂的反映。马克思当时之处所在之“不好的社会”产生了“不好”、“消极”的宗教，也是当时宗教作为社会意识所反映出来的宗教特性。这也理应是我们今天分析中国宗教的一个基本的方法，社会存在是什么样的，那么社会的宗教反映就会是什么样的。有些人指责我们今天中国社会的宗教，却不谈或回避今天中国的社会现实。有人随之却如此联系来说：“按照这种推理，是否也可以这样说：马克思主义产生在不好的社会，所以是个不好的主义；马克思主义是个好的主义，所以产生它的社会是个好社会?”这种提问及联系实质上是把宗教与马克思主义完全等同起来了。我们在此需要指出的是，社会意识反映相应的社会存在，这是社会意识的共性；而不同的社会意识则有其不同的反映方式，这是其相关的特性。而马克思主义作为社会意

① 马克思：《〈黑格尔法哲学批判〉导言》，《马克思恩格斯文集》第1卷，人民出版社2009年版，第3页。

识与当时的宗教却有着不同的特性，马克思主义作为社会政治意识所反映的是当时刚出现的、代表未来社会发展的无产阶级先进分子的意识，其特点是以一种革命、批判的方式来反映其存在的社会；这种革命、批判的意识同样也是对当时社会存在的反映，其革命意识与宗教意识的不同就在于马克思主义主张批判并推翻这个“不好的社会”，为此也主张停止对宗教的批判，而直接来批判其社会、政治和法律。所以，马克思主义是与宗教性质全然不同的社会意识，但都产生于其存在的社会，也从不同层面反映出这一社会存在的真实。当时的宗教意识要维系这一“不好”的社会，故有其负面、消极和错误，因而也受到马克思主义对之进行的意识形态批评。而马克思主义则要成为这一“不好”社会的掘墓人，要对之加以造反、革命，这也是其对现实社会的反作用。显然，马克思主义作为革命理论之“主义”与宗教是不同性质的意识形态，不能将之等同、混淆。在此，我们必须分清不同的社会意识是如何对其存在社会加以不同的反映的。如果认为在同一社会中都是一样的意识形态，那么我们今天也就没有必要再谈意识形态分歧或意识形态斗争之说了。那种把马克思主义与宗教相等同，认为二者具有“相同”的性质、是“同样”的社会意识形态，会“相同”地反映其社会存在的说法只是强词夺理、反映出其意识形态的混乱和逻辑的荒唐而已。

同理，当无产阶级先进分子掌握了政权，人民自己当家做主之后，在这种“新社会”及“新政权”中，则不再应如对以往“旧社会”、“旧政权”的态度那样采取革命、造反或推翻的行动；而宗教对这一“新社会”及“新政权”的反映，如对其服从、维护等态度，也就应该重新评价，对之有着相对积极的审视。当然，对于复杂的宗教反映，我们也必须冷静分析，加以实事求是的说明。社会存在变了，其社会意识及其社会反映势必也有相应的变化。这才是历史逻辑、客观真实、历史唯物主义的正确态度。如果社会存在发生了根本变化，而对其社会意识的看法仍一成不变，那只能是教条主义、历史唯心主义，只会反映出持此观点者在思想上的僵化。

第四，研究马克思主义的思想、观点应抓住其精神实质、科学方法。

马克思主义对宗教问题探究的科学方法是历史唯物主义、辩证唯物主义，我们应以这种科学方法来指导我们对世界的观察，对相关问题的分析、处理；把握马克思主义的活的灵魂就是具体问题具体分析，意识到一切都会随时间、地点的变化而变化，因此，应该尊重客观事实，做到实事求是。

第五，应把马克思、恩格斯、列宁作为人类历史进程中的伟人来看待，不可将其“神化”。人的存在都有其时空之限，革命伟人也同样如此。马克思主义经典作家是历史进程中的伟人，其理论是在其革命发展的过程中不断拓展、提高和完善的。其思想的形成乃一动态的进程。所以，我们不能将马克思主义经典作家的相关理论及结论“教条化”，或将之作为不许更改、变动、调整的固定“教义”来对待。

第六，学习马克思主义必须理论联系实际，具有中国问题意识。

这种学习的关键在于用马克思主义的研究方法、科学思路来指导我们对当下、现实问题的观察、研究，立足于我们在中国国情、21 世纪世情中观察、分析、解决问题的客观需要，从而辩证地掌握其科学方法来运用于我们的实践之中，建设、发展“中国化”的马克思主义，并尽早形成中国特色社会主义的宗教观。

第七，在学术研究中应尽力将马克思主义的基本理论与我们的研究工作有机结合。

马克思主义的思想学说是重要的社会科学学问，同样有其学术特点和风格。例如，马克思对青年黑格尔派和费尔巴哈等人的研究，恩格斯对圣经、早期基督教和德国农民战争的研究等，都具有学术专业的性质，也给我们提供了研究学问的宝贵经验及方法。所以，我们的学术研究也应该结合这种学术性，突出其中相关的特色和重点。

第八，关注马克思主义经典作家对宗教问题的专有研究，把握其基本观点。

马克思主义宗教观是马克思主义理论体系的有机构成，因此，我们应该将马克思主义的基本理论体系与马克思主义宗教观的专门部分整体结合起来研究宗教问题。马克思主义经典作家除了论宗教的专题文章之外，还有不少论述及思想散见于其他著述之中，我们应该对这些散论加以梳理、集中，归纳出马克思主义经典作家宗教观的一些基本观点，并且准确、科学、理论联系实际地把握、运用这些基本观点，领会其核心思想。毫无疑问，马克思主义的基本原理和方法，自然也体现在其宗教观上。所以，我们应该善于将马克思主义普遍真理与具体问题的探究有机结合，注意其内在规律和逻辑关联。

第九，必须认识到马克思主义宗教观的辩证性、实践性和开放性。

马克思主义关于宗教问题之具体评说有其具体社会背景。其结论与这种具体时空密切关联，我们不能剥离这种具体的时空处境来随意引用、运用其相关结论。应该把握马克思主义分析、研究宗教问题的基本方法，注重理论前提与理论结论的逻辑关联及一致性，认识到其前提变了，其结论也势必会发生相应变化。所以，不能僵化、静止、形而上学地对待马克思主义有关宗教的具体观点和结论。

第十，以科学发展观来看待并发展马克思主义宗教观。

我们必须注意观察马克思主义经典作家本身在认识、研究宗教问题时的发展、变化，认识到其理论的历史发展和逐步完善。经典作家是历史中鲜活之人，决不可将之作为僵化、不变的“偶像”。基于这种认识，我们坚持、发展马克思主义就必须与时俱进，勇于创新。这也是当代中国马克思主义者在“全球化”的世情和改革开放的国情中的历史使命。

二 关于中国宗教学的发展

毛泽东主席所倡导的世界宗教研究在近50年来尤其是中国改革开放30多年来取得了巨大进步，可以说是硕果累累、成绩斐然。中国宗教学的这一主流发展及大好局面是不容否定的。根据毛主席和周总理的指示，我们研究宗教必须要了解世界宗教的知识，包括对各种宗教理论、现状和历史的研究，并应该深入到这些宗教的起源、教义、教派、经典等方面来展开系统、全面、深入的探究。在此，有必要在其学科上及理论上作如下分析和澄清：

第一，宗教学是一门科学研究的学科而不是“基督教神学”。

在人文社科领域中，宗教学是一门相对年轻的学科，其特点是对宗教展开客观、科学、悬置宗教信仰的系统研究。但宗教学不是凭空产生，而是有着语言学、历史学、人类学、文献学等学科背景，以及运用了比较研究、田野调研等方法。虽然宗教学发轫于“西方宗教学”，但这一学科独立发展的特点就是脱离西方基督教神学的范围及信仰前提而倡导中立的比较宗教研究和宗教史研究。这种分离以西方宗教学创始人之一、英籍德人比较语言学家麦克斯·缪勒与德国基督教教会史学家哈纳克关于“一种宗教”（指基督教）或多种宗教研究的著名争论为标志。西方宗教学从此发展为与基督教神学分道扬镳的新兴学科，并且取得了广远的学科发展和国际影响。中国的宗教研究当然也应对西方宗教学展开探究。那种认为“所谓‘西方宗教学’，实质上是诞生于麦克斯·缪勒的一种基督教神学”的断言，只能反映其对宗教学基本常识的缺失。

第二，对宗教经典的搜集、整理和翻译是宗教资料研究的必要举措。

研究宗教，必须了解其历史和教义，从而也理应搜集、整理和翻译相关宗教经典。资料积累是宗教研究的基本功。任继愈先生创立世界宗教研究所时就为其设定了两项基本任务，即积累资料、培养人才。况且，宗教经典中有不少都属于人类文化宝贵遗产，其本身就值得整理、译介和研究。我们不应该只允许自己进行佛教大藏经的整理编辑，而将其他宗教经典的译介整理视为“宣教”或“渗透”。这里有着平等对待所有宗教和与所有宗教研究者享有公平权利的问题。

第三，把宗教视为文化的有机构成反映了我国在认识宗教上的进步。

了解中国当代宗教学发展的人都知道，改革开放以来的我国宗教理解经历了对宗教是否为“鸦片”的争论和对“宗教是文化”的认知。从文化的角度认识宗教，是我国在“文革”后排除极“左”思潮的影响、在宗教领域拨乱反正上的重要发展。其实，毛泽东主席很早就已从文化的角度来看待和评价宗教。1947 年，当毛主席转战陕北途中想参观当地一处白云观时，身边工作人员将之视为封建迷信场所，毛主席为此而纠正说：那是文化，是名胜古迹，是历史文化遗产。后来，毛主席进而指出：“文化包括学校、报纸、电影等等，宗教也在内。”① 此外，毛主席还谈到，吸收外来优秀文化就包括宗教文化。比较之下，那种“突出宗教是文化，掩盖了宗教的鬼神论特性”之说，其境界之低、思想之狭隘则明显可见。当然，对“宗教是文化”不能作宗教与文化完全等同之解，也不是以此来对宗教定义，而是让人们注意到宗教与人类文化的密切关联及在文化发展演变中的重要作用。

第四，宗教学术对外交流是中国当代文化开放、文化走出去的重要举措。

学术乃天下之公器，其特点就包括相互交流、切磋、对话。宗教学同样也不例外，而且在一定意义上更有必要。中国宗教学作为新兴学科和交叉学科，在国际学术界的影响仍然很小，因此应该开展多层面、跨学科的交流，包括走出去、请进来。对这种学术交流不能歧视，更不可封杀。中国无神论学会也曾与美国相关基督教机构合作在美国组织召开过会议，因此不能霸气地认为自己的境外合作是学术交流，而其他单位或学者的国际合作则为“被渗透”、“被传教”。

第五，当代中国“神学建设”具有积极意义，不能对“神学”作狭隘之解。

毛主席所言“批判神学”是从研究、学理层面而论的，与写好哲学史、文学史和世界史直接关联。“批判”的原意指评断、批评，具有学术商榷的蕴涵，由于“文革”中以搞“大批判”形式来进行人身攻击，由此把“批判”的原意歪曲了，中国人在“文革”之后故而慎用或干脆不用“批判”一词，这在学术界尤其如此。所以，毛泽东主席在此所指“批判神学”实际上与其同时所言“研究宗教”是同一意思。

“神学”就狭义而言专指“基督教神学”。中国基督教神学建设旨在基督教与中国当代社会的积极适应，这一运动得到了我们党和政府的积极支持和指导，在基督教会之外的中国学术界也有积极的参与，如我们对丁光训主教倡导“爱的神学”就有过道义上和理

---

① 《建国以来毛泽东文稿》第 3 册，中央文献出版社 1989 年版，第 583 页。

论上的积极支持，而我们党和政府同样鼓励学术界参加和帮助中国教会的神学建设。因此，不能仅从负面否定神学。胡锦涛同志曾指出我们要“更多地从积极方面来看待宗教，肯定宗教在促进社会和谐方面有积极作用”，并指出“这是一个最新的根本的飞跃”。① 而且，胡锦涛同志还明确地要求我们“积极弘扬宗教教义中扬善抑恶、平等宽容、扶贫济困等与社会主义社会道德要求贴近的积极内容”。② 神学就是对其宗教教义的系统阐述，由此而论其中亦有积极内容，故而不可全盘否定，促进社会发展的一面可以相应地积极弘扬。

“神学”就广义而论则是对“神”这一问题的探究。“神学”这一表述不是基督教的发明，而乃古希腊哲学家柏拉图的原创。只是在“神学”这一术语流行了一千多年之后，才在中世纪被基督教所接受，并将之视为其“专利”。对“神”的学术研究既有基督教的，也有教外学术界的；既有“有神论”的，亦有“无神论”的，因此，从学术角度来客观研究“神”之问题的“学术神学”完全能够成立。那种认为“学术神学”就必然是“学术宣教”的说法要么是对这一研究根本不懂，要么就是对“神学”术语历史的无知。其实，若能对有关“学术神学”的文章仔细研读，也可避免这种望文生义、信口开河的学术幼稚。

第六，宗教学应该推动宗教的“中国化”，使之积极适应中国社会。

任何宗教都应适应其所处社会，在中国的宗教更应如此。中国宗教学的研究强调并鼓励各宗教的“中国化”，积极探索其中国化的道路和方法，并注意和研究这种中国化在政治、社会、文化、思想、语言各个层面的意义及举措。在各大宗教中，我们尤其积极倡导并推动基督教的“中国化”，使之在国际国内为当代中国发展提供正能量、正功能。基督教在全世界有近22亿信众，占全球总人口的近三分之一，我们必须正视这一基本事实。为了国家顺利发展具有良好的国际环境，为了粉碎极少数敌对势力“分裂”、“西化”中国的阴谋，我们应该尽可能多地团结广大信教群众，特别是争取、团结世界绝大部分基督徒。这是我们战略决策应有的思考，而不应该在宗教界过多树敌或将之推到我们的对立面。

第七，宗教学要为我们党和政府正确对待和处理宗教问题做贡献。

自中国改革开放以来，党中央反复强调要“将信教群众作为可以主动发挥作用的一方，更多地从积极方面来看待宗教”，“使信教群众在全面建设小康社会的宏伟目标下最大限度地团结起来”。习近平同志最近也专门指出，要“巩固和发展最广泛的爱国统一战线”，以“最大限度团结一切可以团结的力量”，其中自然也就要“发挥宗教界人士和信教群众在促进经济社会发展中的积极作用”。③ 把广大宗教界人士推向我们对立面，这仍然是沿袭了过去的极“左”做法，不利于吸引、争取所有信教群众与我们同心同德，共同去实现建设社会主义强国梦的理想。为此，宗教学领域应该积极响应党中央的这一战略举措，贯彻落实党的宗教工作的基本方针，通过学术、学理来积极引导宗教走与中国社会主义社会相适应的道路，参与构建中国和谐社会的伟大进程。这其中就包括依法保障公民

① 胡锦涛：《不断巩固和壮大统一战线，共同建设中国特色社会主义》，《人民日报》2006年7月13日。

② 《胡锦涛接受第十一世班禅的拜见》，《人民日报·海外版》2005年2月4日。

③ 引自《习近平同志在第十二届全国人民代表大会第一次会议上的讲话》（2013年3月17日），见中国政府网http：//www.gov.cn。

宗教信仰的自由，通过学术研究机构和高等院校培训、培养爱国爱教的宗教领袖和青年骨干，系统全面地展开与宗教界及其理论学说的积极对话，坚决批驳各种邪教的歪理邪说，强烈反对以民族宗教之名掩护的分裂祖国、政治渗透等阴谋。对于这些研究发展，不应该简单扣上“宗教进入高校和科研系统”或“宗教干涉教育”的不实之帽来横加指责。我们党和政府既不应该以行政手段来打压宗教，也不应该以行政手段来发展宗教，但面对已经发展起来、在群众中已经占有一定比例的宗教信众，我们对之是“统”还是“分”、是“和”还是“斗”、是“疏”还是“堵”、是“拉”还是“推”，这将考验我们的顶层设计和执政睿智。

第八，无神论研究是中国宗教学的有机组成部分，必须推动和加强。

中国宗教学以马克思主义为指导，自然涵括科学无神论的学术研究。“有神”、“无神”之争是关涉宗教领域的自然现象，学术研究无禁区，宗教学的相关探究应该贯彻“双百”方针，尊重研究者的权利。我们的无神论必须在18世纪法国“战斗无神论”的基础上有质的突破和科学发展，至少也要超过古人的无神论水平，对宗教学研究的找碴儿挑刺、上纲上线不是无神论研究的根本任务，只能变成学术界无序、无权“执法”的“城管临时工”。

科学无神论作为“濒危学科”的突破和加强，一要集中力量对以往无神论资料加以搜集、整理，形成系统研究资源；二要全面开展中外无神论历史的研究，总结以往的经验教训；三要提高“无神”之论的理论深度和学术蕴涵，积极适应当今世界相关讨论的话语、处境，能够真正做到有话语权，有中国特色无神论理论；四要服从党和国家积极引导宗教与社会主义社会相适应的大局，更多注意无神论研究的理论及学术水平的提高，有助于我们和谐社会的构建。对此，需要学术界共同努力，精诚合作。

毛泽东主席开创的以马克思主义指导的中国特色的世界宗教研究事业方兴未艾，50年的成就和大好局面来之不易，值得我们珍视。今后中国宗教学的发展，我们任重道远，唯有继续前进，方能完成党和人民的嘱托。

（原载《世界宗教研究》2013年第4期）

思想渊源·实践基础·体系建构·历史地位

——再论中国特色社会主义宗教理论

龚学增*

继党的十七大正式提出中国特色社会主义理论体系，党的十八大进一步强调要坚定对于中国特色社会主义理论体系的自信。

中国特色社会主义理论体系包含着丰富内容，其中也包含中国特色社会主义宗教理论。它是中国共产党在和平与发展成为时代主题的历史条件下，在改革开放以来中国特色社会主义伟大实践中，在总结国内外处理社会主义时期宗教问题经验教训的基础上，形成和发展起来的正确解决我国社会主义初级阶段宗教问题的理论。它形成于20世纪70年代末和80年代，在整个90年代和21世纪初得到了重大发展，经历了邓小平理论的宗教观、“三个代表重要思想”的宗教观和科学发展观指导下的宗教观三个阶段。它是马克思主义宗教观中国化的最新成果。在当代中国，坚持中国特色社会主义宗教理论，就是坚持马克思主义宗教观。

党的十七大后，笔者曾发表《试论中国特色社会主义宗教理论》一文，现根据党的十八大精神，从以下四个方面进一步就这一问题谈谈自己的认识。

一 思想渊源

中国特色社会主义宗教理论在思想渊源上同马克思列宁主义宗教观的基本原理，同毛泽东思想关于宗教问题的基本观点一脉相承又与时俱进。

（一）坚持了马克思主义宗教观的基本原理

马克思、恩格斯在19世纪中后期的自由资本主义时代，创立了马克思主义。他们不仅领导了工人阶级反对资产阶级的斗争，而且广泛研究了与社会主义密切相关的重大问题，其中包括宗教问题，创立了马克思主义宗教观，阐明了宗教与社会主义的关系。

马克思和恩格斯运用辩证唯物主义和历史唯物主义科学揭示了宗教及其规律。他们认为，宗教宣扬的神灵观念都不过是人们对支配自己日常生活的外部力量通过幻想认识的结果；宗教的根源不是在天上，而是在人间，必须在人类现实生活的过程中寻找宗教产生与存在的原因；宗教的演变归根结底要用人类社会生活的发展变化去说明；宗教最终要伴随

---

* 龚学增（1945— ），男，汉族，天津市人，中央党校教授，中国统一战线理论研究会民族宗教理论甘肃研究基地研究员。主要研究民族学、宗教学理论、当代民族宗教问题。

人类自觉掌握自己命运时刻的到来而走向消亡，但这要经历一个漫长的曲折的过程；宗教的社会作用具有二重性，宗教具有麻醉人们精神的作用，在阶级社会，统治阶级总是利用宗教维护自己的统治，被统治者往往也利用宗教达到自己的政治经济目的。关于无产阶级政党如何解决社会主义进程中的宗教问题，他们认为，科学社会主义与宗教在世界观上是对立的，二者不能调和；宗教本质上是精神现象，绝不能采取行政命令甚至暴力去对待宗教；要实行真正的宗教信仰自由，实行教会同国家分离，学校同教会分离；对宗教僧侣要进行阶级分析；在社会主义事业中，不能将宗教和无神论问题提到不适当的地位。

19 世纪末 20 世纪初，列宁在领导俄国革命和建立苏维埃政权的初期，根据俄国社会主义事业的需要，将马克思主义宗教观与俄国的宗教国情相结合，形成了俄国特色的马克思主义宗教观。列宁强调认识宗教必须以马克思主义的历史唯物主义世界观和方法论，以及阶级分析的方法为指导；着重分析了阶级社会中宗教的根源主要是社会根源特别是阶级根源；指出宗教在阶级社会是剥削阶级维护自己统治的精神工具；宗教教职人员的上层是剥削阶级的一部分，教会组织是隶属于剥削阶级国家的机构。关于工人阶级政党处理宗教问题的原则，列宁坚持马克思、恩格斯关于科学社会主义世界观与宗教世界观不能调和的观点；提出无产阶级政党处理宗教问题要服从社会主义事业的总任务的原则；发挥了恩格斯的思想，提出宗教对国家来说是私人的事情，对工人阶级政党来说就不是私事的原则；在社会主义革命过程中，要消灭宗教剥削及特权；实行教会同国家分离，学校同教会分离和彻底的宗教信仰自由；要注意争取团结进步的宗教界人士；对宗教信仰绝不能采取暴力手段；同时还要坚持对党员对人民群众进行无神论教育。

马克思列宁主义宗教观虽然产生于当时特定的时代，特定的社会历史条件，有特定的国情背景和强烈的针对性，但上述基本原理是科学的，其基本精神为中国共产党的宗教观所继承。

（二）坚持了毛泽东思想关于宗教问题的基本观点

中国共产党在新民主主义革命时期就十分重视宗教问题，特别是毛泽东提出了不少观点，继承和发展了马克思主义宗教观。如对群众反神权和鬼神迷信的斗争要加以引导，要服从反封建的政治斗争和经济斗争；对宗教徒要作具体的阶级分析；要保障民众宗教信仰自由；共产党人应当同宗教界建立政治上的统一战线；要保护宗教文化；指出帝国主义利用宗教作为他们侵略中国的工具。

新中国成立后到 1956 年建立社会主义制度及以后一段时期，毛泽东郑重宣布尊重和保护公民的宗教信仰自由是中国共产党一项长期的基本政策；要谨慎对待少数民族地区的社会改革和宗教；继续保持和发展党同宗教界的统一战线；指出宗教信仰是精神世界的问题，要慎重对待群众的宗教信仰，企图用行政命令的办法，用强制的方法解决思想问题、是非问题，不但没有效力，而且是有害的；要运用马克思主义观点研究宗教。

这期间，周恩来作为国务院总理直接参与党和国家关于宗教工作的决策和具体的指导工作，形成了比较丰富的关于宗教问题的思想。主要包括：中国宗教国情同欧洲不同；宗教教义也有积极的因素；天主教、基督教要割断和帝国主义的联系，中国的宗教要由中国人来办；对宗教制度的民主改革要十分谨慎；加强对宗教界的统一战线；宗教在新中国应研究怎样辅助社会进步，有益于社会；尊重和保护公民宗教信仰自由；不能用行政命令的办法对待宗教；信教和不信教的群众要互相尊重、彼此团结、和睦相处；宗教要在国家宪法、法律和政策范围内活动；要开展宗教方面的对外友好往来；社会主义时期宗教还会长期存在。

毛泽东思想关于宗教问题的基本观点，是马克思主义宗教观同中国新民主主义革命和社会主义建设初期的宗教问题正确结合的理论结晶，指导了党对于宗教问题的正确处理。

（三）对改革开放以来宗教学理论研究成果的吸收

中国特色社会主义宗教理论是改革开放以来逐步形成发展起来的，这期间也吸收了宗教学界的一些研究成果。

首先，关于马克思主义宗教观的研究。1979 年，中国社会科学院世界宗教研究所编辑出版了 30 余万字的《马克思恩格斯列宁论宗教》，这是新中国成立以来我国学者第一部全面展示马克思主义宗教观丰富内容的学术资料性专著。这本书说明马克思主义宗教观包含着十分丰富的内容，并非如“文化大革命”期间所宣传的将马克思主义宗教观仅仅归结为宗教就是“鸦片”，是反动的错误论断。这一成果为拨乱反正期间中国共产党全面系统提出关于宗教问题的基本观点和基本政策提供了理论支持。

其次，关于宗教是由“四个要素”构成的社会文化体系的研究。改革开放前，对于什么是宗教，基本上只是着眼于从唯心主义有神论世界观的角度为宗教下定义。这就忽视了宗教作为群众性的社会现象。改革开放后，宗教学界提出宗教是由宗教的观念、体验、行为、体制构成的社会文化体系的理论，并展开了宗教功能的多样性与积极和消极的二重性的分析，成为科学认识宗教的长期性、群众性和特殊的复杂性，宗教的社会作用，国家依法管理宗教事务的依据。

再次，关于宗教是一种精神文化的研究。改革开放前，对于宗教还是一种精神文化的研究很不够，宗教问题往往着眼于世界观和政治的角度。改革开放后，学术界提出宗教还是一种精神文化，宗教文化是中国传统文化的一部分，宗教文化有许多积极成分的理论，为党和国家所肯定。

最后，关于宗教与社会主义社会相协调的研究。如何正确认识和处理宗教与社会主义社会之间的关系。学术界在总结国内外处理社会主义时期宗教问题的经验教训基础上，提出在共产党执政的社会主义社会，既不能人为地消灭宗教，也不能任宗教放任自流，通过党和国家有效的宗教工作以及宗教方面的努力配合，宗教可以走上同社会主义社会相协调的道路。这一观点，为后来党中央提出积极引导宗教与社会主义社会相适应的重大论断作出了贡献。

二 实践基础

马克思、恩格斯、列宁创立和发展了马克思主义宗教观，但是由于社会历史条件的限制，马克思、恩格斯没有能够看到社会主义革命的胜利，也就没有可能直接参与社会主义时期如何正确处理宗教问题的具体实践。列宁在俄国十月革命胜利后的苏俄时期，依据马克思主义宗教观制定了社会主义时期处理宗教问题的政策法规，并进行了初步的实践，但实践时间很短他就与世长辞，未及面对大量新情况、新问题。如何正确认识和妥善处理好共产党执政条件下社会主义时期的宗教问题，实践的主体只能是后来的共产党人。最具代表性的一是苏联共产党，二是中国共产党。

苏联共产党将马克思主义宗教观，特别是列宁关于宗教问题的思想具体化为处理宗教问题的政策和法规，直接用于解决现实的宗教问题，即一方面保障公民宗教信仰自由，处理好国家与教会、国民教育同宗教的关系；另一方面，则在思想领域大力开展反对宗教有神论的无神论宣传教育。在这一过程中，体现出苏联共产党对于马克思主义宗教观在实际中运用的功与过。

苏维埃政权的初期，面对着强大的教会反革命势力的反抗，苏联共产党发挥了自己强大的政治优势，对于旧时代的教会特别是东正教会实施了政治改造，使之基本上站到了拥护苏维埃政权，拥护社会主义，爱国守法的立场，维持了几十年的政教关系大体协调的局面。苏联始终把坚持政教分离，绝不允许宗教干预国家行政、干预司法、干预国民教育这方面的问题作为其处理好宗教问题的基础，不断强化充实这方面的政策、法规，在实践中坚持不懈地贯彻落实这些政策和法规。这样，就在全局上大体保持了宗教状况基本稳定的局面。

但是苏联处理宗教问题的实践也存在不少问题，留下了深刻的教训。第一，忽视了社会主义时期宗教存在的长期性、群众性和复杂性，企图利用无神论的宣传教育，在短期内削弱甚至消灭宗教，再加上简单粗暴的方法，结果往往使宗教工作事倍功半。第二，对于马克思主义宗教观的运用，存在着片面性。相当长时间，将马克思、列宁关于阶级社会教会性质和作用的论断，不加分析地用于社会主义时期的宗教组织；将宗教世界观的消极性等同于宗教徒、宗教教职人员政治上的落后甚至反动；对宗教的社会作用，忽视对其积极作用的评价。在实践上，则继续“左倾”，例如在建立社会主义制度的过程中，在阶级斗争是主要矛盾的特定历史条件下，不能准确划清教会的反社会主义活动和正常的宗教活动的界限，混淆了两类不同性质的矛盾。在信教与不信教问题上，对信教群众尊重不够，甚至用行政手段干预正常宗教信仰。20 世纪 80 年代中期以后，又大幅度向右倾斜，任凭攻击马克思主义宗教观的思想泛滥，特别是随着苏共背离马克思主义，在宗教问题上，也就否定了工人阶级政党的宗教政策的理论基础，导致马克思主义宗教观最终被抛弃。第三，对科学无神论帮助人们摆脱宗教影响方面估计过高。尽管理论上也在宣传只有现实的社会主义社会的发展进程才是促进宗教削弱的根本因素，但由于把宗教仅仅看作是意识形态领域内的残余，从而指望强有力的科学无神论宣传就能在意识形态领域很快消灭宗教残余。在执行政策上，左右摇摆，缺乏政策的长期性、稳定性和连续性。第四，20 世纪 80 年代下半期，随着苏联政治剧变，开始和西方和解。在宗教方面，戈尔巴乔夫也努力寻求和西方的共同点，从而也完全解除了对西方敌对势力利用宗教渗透的政治设防。西方宗教势力特别是梵蒂冈罗马教廷势力乘虚而入，国内反社会主义的宗教地下势力日趋活跃，甚至公开成立宗教政党，构成了危害社会稳定的不安定因素，特别是民族分离主义与宗教势力结合，参加到促使苏联解体的过程中来。

新中国成立后，中国共产党的宗教工作也有过曲折。1957 年以前，由于清除了教会中的帝国主义势力，由于废除了宗教封建特权和压迫剥削制度，由于宣布和实行了宗教信仰自由政策，由于团结了广大爱国的宗教人士，我国宗教的状况发生了有利于社会主义的巨大变化。但在 1957 年以后的“左”的年代，尤其是“文化大革命”时期，马克思列宁主义、毛泽东思想的宗教理论被抛弃、被歪曲，党和国家的宗教工作遭到严重挫折，信教群众的正常宗教生活被禁止，宗教界爱国人士甚至一般群众也被当作“专政对象”，在宗教界制造了许多冤假错案，留下了深刻教训。

无论是在苏联还是在我国出现的处理宗教问题的错误，提出了一个尖锐的问题，即如何找到解决社会主义时期宗教问题的正确道路，实践呼唤着党和国家恢复马克思列宁主义宗教观的本来面目，重新科学认识宗教，深刻反思教训，处理好社会主义与宗教的问题。

1978年党的十一届三中全会召开，开启了中国社会主义进程的新阶段——恢复和发展了马克思主义、毛泽东思想的科学体系，开创中国特色社会主义道路的阶段，逐步形成中国特色社会主义理论体系的阶段。在这一伟大进程中，也恢复、继承和发展了马克思列宁主义、毛泽东思想的宗教理论，真正开创了中国特色的解决社会主义时期宗教问题的道路，逐步形成了中国特色社会主义宗教理论体系。

三 体系建构

中国特色社会主义宗教理论包含着十分丰富的内容，已经构成一个完整的科学理论体系。

（一）党中央对中国特色社会主义宗教理论要点的概括

1994年7月4日李瑞环同“新形势下民族、宗教问题研讨班”学员座谈中，首次从八个方面，归纳了中国共产党宗教观的基本要点。在2001年的中央工作会议上，李瑞环又进一步对于党的宗教观的要点，从八个方面扩展为十个方面。即：

1. 宗教有其发生、发展和消亡的过程，在社会主义社会中将长期存在，我们不能用行政力量去消灭宗教，也不能用行政力量去发展宗教。

2. 宗教信仰自由受宪法的保护，公民有信仰宗教的自由，也有不信仰宗教的自由。

3. 要宣传无神论，但不能把有神论和无神论的区别等同于政治上的对立，要坚持政治上的团结合作、信仰上互相尊重。

4. 国家依法对宗教事务进行管理，保护正常的宗教活动和宗教界的合法权益，制止和打击利用宗教进行违法犯罪活动。

5. 我国宗教方面的矛盾主要是人民内部矛盾，但在一定条件和一定情况下也可能出现对抗性的问题，要严格区别、妥善处理两类不同性质的矛盾。

6. 坚持独立自主、自办教会的原则，抵御境外敌对势力利用宗教进行渗透，不允许任何境外宗教团体和个人干预我国宗教事务。

7. 爱国宗教团体是党和政府联系群众的桥梁，要充分发挥其作用。

8. 有计划、有组织地培养爱国宗教教职人员队伍。

9. 积极引导宗教与社会主义社会相适应。

10. 所有宗教团体和宗教界人士都必须维护法律尊严，维护人民利益，维护民族团结，维护国家统一。①

上述概括说明，中国共产党关于宗教问题的理论和基本政策不但逐步形成了系统的成熟的体系，而且不断努力进行这一体系的逻辑建构。进入21世纪之后，党和国家宗教工作的理论和实践的新进展又为进一步建构、充实和完善中国特色社会主义宗教理论体系打

---

① 李瑞环：《关于统战工作的几个问题》，《中国统一战线》2002年第5期。

下了坚实基础。这期间，党和国家有关部门、宗教学界按照中央的精神也以“社会主义的宗教论”、“中国特色的社会主义宗教观”、“中国化的马克思主义宗教观”等理论形态为深化研究中国特色社会主义宗教理论体系作出了重要贡献。

（二）中国特色社会主义宗教理论是一个完整的体系

中国特色社会主义宗教理论包含着十分丰富的内容，形成了完整的理论体系。在党中央以往概括的基础上，需要进一步阐述它的基本内容。

1. 主题和精髓

宗教问题是社会总问题的一部分。中国特色社会主义宗教理论的主题是以正确认识和处理好中国特色社会主义事业中的宗教问题为基本目标，通过科学认识宗教，做好宗教工作，妥善处理宗教关系，发挥宗教界人士和信教群众的积极作用，促进宗教关系和谐，维护社会安定、民族团结、国家统一，服务中国特色社会主义事业大局。

中国特色社会主义宗教理论的形成过程，就是始终贯穿党的解放思想、实事求是、与时俱进、求真务实的思想路线的过程。马克思列宁主义、毛泽东思想的宗教观不能丢，丢了就丧失根本。同时，一定要从我国改革开放和现代化建设的宗教问题实际出发，着眼于马克思主义宗教观基本原理的运用，着眼于对宗教问题实际的理论思考，着眼于宗教工作新的实践和新的发展。没有不断的随着实践的发展与时俱进，就不会逐步积累宗教工作的基本经验，也就不会形成关于宗教问题的新观点。总之，解放思想、实事求是、与时俱进、求真务实，也是中国特色社会主义宗教理论的精髓。

2. 关于社会主义时期宗教和宗教问题的规律

中国特色社会主义宗教理论的基础是关于社会主义时期宗教和宗教问题的规律，主要涉及：

第一，关于什么是宗教。科学揭示宗教和宗教问题的规律，首先要科学界定什么是宗教。对于什么是宗教，马克思、恩格斯、列宁和毛泽东，都没有明确下一个规范性的定义。在这个问题上，中国共产党经历了从强调宗教的有神论本质到强调宗教是一种社会文化历史现象的转变。

改革开放以前，恩格斯关于一切宗教都不过是支配人们日常生活的外部力量在人们头脑中的虚幻的颠倒的反映的论断，曾长期被认为是宗教的定义。这就导致对于宗教主要是看重其作为唯心主义的有神论世界观的一面。在以阶级斗争为纲的“左”的年代，宗教有神论世界观的不科学性被认为是政治上的反动，由此导致在“文化大革命”中对于正常宗教的摧残和消灭，党和国家的宗教工作留下了深刻的教训。

1982 年党中央《关于我国社会主义时期宗教问题的基本观点和基本政策》的 19 号文件一开始就提出，宗教是人类社会发展到一定阶段的历史现象，有它发生、发展和消亡的过程。宗教信仰、宗教感情，以及同这种信仰和感情相适应的宗教仪式和宗教组织，都是社会的历史的产物。这是中国共产党对“什么是宗教”所作的新概括。19 号文件则根据党和政府宗教工作的需要，明确指出宗教是由宗教信仰、宗教感情、宗教仪式和宗教组织等要素组成。这种说法改变了长期以来把宗教简单地看作是一种意识形态的观点，特别注意到了宗教仪式活动和组织这些外在的表现形式，使人们对宗教有了全面的认识，宗教工作有了明确的目标，即不是单纯面对有神论的宗教信仰，更主要的是面对宗教信徒的宗教活动、场所和组织，做好宗教界人士和信教群众的工作。

不仅如此，随着宗教工作实践的不断推进，宗教还是一种精神文化的观点也为党和政府所接受。江泽民、李瑞环、贾庆林等党和国家领导人，多次对于宗教文化的积极成分给予了充分肯定。

上述可以看出，对于什么是宗教，中国共产党逐步形成了关于宗教不仅仅是意识形态，还是一种社会文化历史现象的比较全面科学的认识。

第二，关于社会主义时期宗教长期存在的根源问题。对宗教存在和发展根源的认识，在社会主义的发展史上经历了曲折的过程。马克思、恩格斯、列宁都没有来得及对建立了社会主义制度以后宗教还将长期存在的问题进行过具体的阐述。而前苏联一度认为社会主义制度建立以后，宗教的社会根源基本消失，宗教只是旧社会遗留的意识形态残余，只要依靠无神论宣传，甚至是行政命令的手段就可以很快消除宗教残余，结果违背了宗教自身的规律，在解决社会主义时期宗教问题上犯了急于求成和简单粗暴的错误。

在我国，特别是“文化大革命”期间也曾经犯过类似的错误。在总结历史教训的基础上，1982 年中共中央 19 号文件运用历史唯物主义分析了宗教的根源问题。指出，宗教观念的最初产生，反映了在生产力水平极低的情况下，原始人对自然现象的神秘感。进到阶级社会以后，宗教得以存在和发展的最深刻的社会根源，就在于人们受这种社会盲目的异己力量的支配而无法摆脱，在于劳动者对于剥削制度所造成的巨大苦难的恐惧和绝望，在于剥削阶级需要利用宗教作为麻醉和控制群众的重要精神手段。文件特别着重阐明了社会主义时期宗教长期存在的根源，指出在社会主义社会中，随着剥削制度和剥削阶级的消灭，宗教存在的阶级根源已基本消失。但是，由于人们意识的发展总落后于社会存在，旧社会遗留下来的旧思想、旧习惯不可能在短期内彻底消除；由于社会生产力的极大提高，物质财富的极大丰富，高度的社会主义民主的建立，以及教育、文化、科学、技术的高度发达，还需要长久的奋斗过程；由于某些严重的天灾人祸所带来的种种困苦，还不可能在短期内彻底摆脱；由于还存在着一定范围的阶级斗争和复杂的国际环境，因而宗教在社会主义社会一部分人中的影响，也就不可避免地长期存在。“四个由于”从宗教意识的相对独立性、社会生产力以及经济基础上层建筑的不完善、自然力量仍然对人类带来灾害以及一定范围阶级斗争的存在等方面论述了社会主义时期宗教存在的长期性。文件还特别强调了在人类历史上，宗教终究是要消亡的，但是只有经过社会主义、共产主义的长期发展，在一切客观条件具备的时候，才会消亡。

2001 年 12 月，江泽民在《论宗教问题》的讲话中明确提出了宗教的长期存在是因为宗教的自然根源、社会根源和认识根源的长期存在。他着重分析了当今世界宗教为什么依然昌盛以及社会主义时期宗教长期存在的根源。指出历史上的主要宗教源远流长，至今依然存在。宗教不仅存在，还时有蔓延发展之势。新兴宗教层出不穷，甚至出现了不少打着宗教旗号的邪教组织。特别是西方国家，宗教影响依然根深蒂固。当今世界宗教依然兴盛说明人类物质文明和精神文明发展的程度，以及人们思想认识的水平，还远未达到足以消除宗教根源的程度，宗教还有存在的相当深层的条件。社会的剧烈变化、社会的不安宁和苦难、生命和宇宙还有许多尚未作出科学解释的现象，这些都可能成为促使人们到宗教中去寻求精神寄托的原因。可以说，宗教走向最终消亡可能比阶级、国家的消亡还要久远。

第三，关于社会主义时期宗教的社会作用问题。中国共产党认为，我国宗教的社会作用仍然具有两重性，既有积极的一面，也有消极的一面。还会受到一定范围内存在的阶级斗争和国际上一些复杂因素的影响。

在社会主义社会，宗教的积极作用集中表现为亿万信教群众和广大爱国宗教人士政治上拥护中国共产党，爱国守法，积极投入中国特色社会主义的经济建设、政治建设、文化建设、社会建设、生态文明建设，做出了应有的贡献。另外，宗教的思想道德文化，经过爱国宗教人士作出有利于社会主义的开掘，也能发挥积极的作用。江泽民曾辩证地分析了宗教文化、道德乃至宗教信仰的积极作用。他说："我国宗教在其产生和发展的过程中，与我国文化的发展相互交融，吸取了我国建筑、绘画、雕塑、音乐、文学、哲学、医学当中的不少优秀成分，可以研究和发掘其中的精华。宗教道德中的弃恶扬善等内容，对鼓励广大信教群众追求良好的道德要求有积极作用。宗教通过对信教群众的心理慰藉，对稳定信教群众的情绪、调节信教群众的心理也有积极作用。当然，肯定宗教中的积极因素，目的不是为了发展宗教，而是要努力使已经存在的宗教多为民族团结、经济发展、社会稳定、祖国统一服务。在处理这个问题时，分寸一定要把握好。宗教中的积极因素可以肯定，但不能夸大。"①

宗教的消极作用主要表现为宗教极端主义对于民族团结、社会稳定、国家统一的危害。另外，宗教有神论的发展和传播，与社会主义的核心价值体系的思想建设有矛盾，尤其对于中国共产党的世界观纯洁性建设造成危害。

在社会主义条件下，如何正确理解马克思所说的"宗教是人民的鸦片"这一争议很大的问题，江泽民从马克思当时所处的阶级社会的大背景，以及劳动群众和剥削阶级都有各自的需要三个方面的结合作了全面的历史的分析。他说："在阶级社会中，宗教对人类的压迫是社会内部经济压迫的产物和反映，劳动群众受到这种压迫又无法解脱，就往往到宗教中去寻找寄托；剥削阶级也利用宗教作为控制群众的重要精神手段，削弱劳动群众的反抗意志，分散劳动群众的反抗力量。马克思说：'宗教是被压迫生灵的叹息'，'宗教是人民的鸦片'，就是从这个意思上来讲的。"②

第四，强调认识宗教问题要把握"三性"：根本是长期性、关键是群众性和特殊的复杂性。

强调认识社会主义时期的宗教问题，根本是长期性，就是要根治对待宗教问题的"短视症"。新中国成立以来，党中央多次强调宗教的长期性问题。针对"文化大革命"期间用粗暴手段消灭宗教的做法，党中央在 1982 年 19 号文件中明确指出，对于社会主义条件下宗教问题的长期性，全党同志务必要有足够的清醒的认识。那种认为随着社会主义制度的建立和经济文化到一定程度的发展，宗教就会很快消亡的想法，是不现实的。那种认为依靠行政命令或其他强制手段，可以一举消灭宗教的想法和做法，更是背离马克思主义关于宗教问题的基本观点的，是完全错误和非常有害的。后来，江泽民继续强调，宗教的特点是相互联系、相辅相成的，其中最根本的是宗教存在的长期性。宗教根源的长期存在决定宗教的最终消亡是一个漫长的过程，宗教走向最终消亡可能比阶级、国家的消亡还要久远。社会主义条件下宗教存在的长期性，决定了不能用行政的力量去消灭宗教，也不能用行政的力量去发展宗教，而是要引导宗教与社会主义社会相适应。

---

① 江泽民：《论宗教问题》（2001 年 12 月 10 日），《江泽民文选》第 3 卷，人民出版社 2006 年版，第 388—389 页。

② 同上书，第 380 页。

宗教的群众性，集中表现为信仰宗教的庞大人群是宗教的主体，没有宗教徒，也就没有现实的宗教。世界上绝大多数人都信仰宗教的这一现实，要求我们必须十分慎重地对待人们的宗教信仰。正因为宗教是一种群众性的社会现象，古往今来，宗教往往成为社会各种势力争取和利用的对象，同时，反过来，宗教又往往成为一些现实斗争和矛盾的依托与深刻背景。人们争取和利用宗教力量，目的就是要争取和利用众多的信教群众。统治阶级往往力图借助宗教来加强其政治统治，而被压迫群众为摆脱苦难也往往以宗教作为掩护或号召而进行反抗。在当今世界上，宗教更是为各派政治和势力所加紧利用。我国信仰宗教的群众占全国总人口的比例虽然不大，但绝对数不小。1 亿以上的人口都信仰宗教，这就决定了正确认识我国的宗教，实际上就是正确对待信仰宗教的群众问题。信教群众也是建设中国特色社会主义事业的积极力量。宗教工作，最根本的是做信教群众的工作，就是要团结和教育信教群众为祖国富强和民族振兴积极贡献力量。为此，就要尊重信教群众的宗教信仰。如果对他们的信仰不尊重，不理解，甚至采取错误的做法，广大信教群众就不会靠拢党和政府。我们党代表最广大人民的根本利益，当然也包括广大信教群众的合法权益。认真执行党的宗教政策，正确处理党同信仰宗教的群众的关系，就有利于巩固和扩大党的群众基础，增强党在广大群众中的吸引力和凝聚力，把他们仅仅团结在党和政府的周围。

宗教本身是十分复杂的社会现象，世界又是多宗教的世界，这就不可避免地产生宗教问题。宗教问题也从来不是孤立存在的，它总是同政治、民族等方面的历史与现实的矛盾相交错，还表现为一个国家国内宗教与国外宗教的交织，具有特殊复杂性。宗教问题与政治问题的交织主要表现在宗教与阶级和阶级斗争，宗教同殖民主义、帝国主义侵略，宗教与民族解放运动，宗教同政党，宗教同国家的关系等方面。宗教问题与民族问题的交织集中表现为宗教对于民族关系的影响。宗教既可以被用来制造民族之间的不和与冲突，又可以成为民族之间联系的纽带和通道。共同的宗教信仰固然可以比较容易导致国家民族关系的和谐和友好，但如果这些国家或民族之间出现重大的政治分歧和经济冲突，他们也往往不顾宗教信仰的相同而导致矛盾的激化和冲突的加剧。宗教具有国际性，这就使宗教常常与国际斗争和冲突相交织，构成国际关系和世界政治中的一个重要因素。世界各国都存在着国内外宗教问题相互交织的状况，这种状况既表现为国内外宗教之间的平等友好的交往，又表现为因为不能平等友好进行交往而导致的矛盾冲突。特别是一些国家的宗教势力向另一些国家强行传教往往会引发冲突。我国的宗教与国外宗教的矛盾，主要表现为境外势力利用宗教对我国进行的政治渗透和企图控制我国宗教的领导权。国内外宗教问题的交织往往渗透着经济、政治的因素，从而呈现出十分复杂的局面。

宗教的长期性要求我们对于处理宗教问题不能急于求成，宗教的群众性要求我们必须尊重群众的宗教信仰，宗教问题的特殊复杂性要求我们对于解决宗教问题必须十分谨慎、周密，不能采取简单粗暴的办法。

第五，要善于体察民族问题与宗教问题的区别和联系。中国共产党多次强调，我国既是一个多民族的社会主义国家，又是一个有多种宗教的国家。在宗教同民族的关系问题上，各个民族和各种宗教有不同的情况。有些少数民族基本上全民信仰某一种宗教，如伊斯兰教和喇嘛教，那里的宗教问题和民族问题往往交织在一起；但在汉族中，佛教、道教、天主教和基督教则同民族问题基本没有联系。因此，要善于具体地分析各个民族和各种宗教的不同情况，善于体察民族问题与宗教问题的区别和联系，并且正确地加以处理。

一定要警惕和反对任何利用宗教狂热来分裂人民、破坏各民族之间团结的言论和行动。在领导中国这样一个多民族大国进行社会主义现代化建设的伟大斗争中，我们党如果不能清醒而坚定地掌握这一方面的问题，我们就不能很好地团结各族人民共同前进。在历史发展过程中，形成了既有一个民族信仰一种宗教，又有一个民族信仰多种宗教，或一种宗教的信徒跨越多个民族、多个国家的局面。世界几大主要宗教都是跨民族、跨国界的宗教，这就使宗教不仅本身成为国际关系和世界政治中的一个重要因素，而且又往往同国家与国家、民族与民族的矛盾和冲突交汇在一起，起到推波助澜的作用，对国际关系和世界政治产生不可低估的影响。宗教往往使一个民族具有凝聚力，而民族又往往使某种宗教具有生命力。民族借助宗教张扬其个性，宗教利用民族扩大其影响。当一种宗教被某一个或某几个民族基本上全民族信仰时，会出现特殊的两重作用：一方面强化民族的凝聚力，成为民族的神圣的旗帜，一方面强化狭隘民族主义和排他性，容易被黑暗势力所利用。当狭隘的民族主义与宗教极端主义相结合时，就有可能产生很大的破坏力量。

3. 中国共产党的宗教工作基本方针

党的宗教工作基本方针是基于对于宗教和宗教问题规律的科学把握形成的，是处理现实宗教问题的工作原则，理所当然是中国特色社会主义宗教理论的一部分。它的根本出发点和落脚点，是使全体信教和不信教的群众联合起来，发挥宗教界人士和信教群众的积极作用，把他们的意志和力量集中到建设中国特色社会主义，实现中华民族伟大复兴的事业上来。

第一，全面正确贯彻宗教信仰自由政策，这是党的宗教工作基本方针的首要内容。它是党和国家根据马克思主义宗教观，根据党的基本路线，为保护公民合法权益制定的，是为了尊重和保护宪法规定的公民宗教信仰自由的权利，是尊重人权的具体表现，是党和政府对待宗教问题的一项长期的基本政策。

宗教信仰自由，就是说：每个公民既有信仰宗教的自由，也有不信仰宗教的自由；有信仰这种宗教的自由，也有信仰那种宗教的自由；在同一宗教里面，有信仰这个教派的自由，也有信仰那个教派的自由；有过去不信教而现在信教的自由，也有过去信教而现在不信教的自由。国家保护正常的宗教活动。任何国家机关、社会团体和个人不得强制公民信仰宗教或不信仰宗教，不得歧视信仰宗教的公民和不信仰宗教的公民。信教和不信教的群众之间，信仰不同宗教和不同教派的群众之间，都要彼此尊重，相互团结。在多数群众不信教的地方，要注意尊重和保护少数信教群众的权利；在多数群众信教的地方，要注意尊重和保护少数不信教群众的权利。

国家实行政教分离、宗教与教育相分离的原则。公民在行使宗教信仰自由权利的同时，必须守法，履行自己对于国家的义务。任何人不得利用宗教反对党的领导和社会主义制度，危害国家统一、社会稳定和民族团结，不得损害社会、集体的利益，妨碍其他公民的合法权利。

宗教信仰自由政策的实质，就是要使宗教信仰问题成为公民个人自由选择的问题。贯彻执行宗教信仰自由政策，处理一切宗教问题的根本出发点和落脚点，是使全体信教和不信教的群众联合起来，把他们的意志和力量集中到建设现代化的社会主义强国这个共同目标上来。

第二，国家依法管理宗教事务。宗教不仅仅是精神信仰，还表现为亿万宗教徒的社会活动和组织，对这些必须依法进行管理，这是实施依法治国方略的必然要求，是政府管理社会事务的一项重要职责。宗教方面涉及国家利益、社会公共利益的关系和行为，以及社会公共活动涉及宗教界权益的关系和行为，必须纳入依法管理范围，不能以宗教信仰自由和政教分离为借口，放弃和摆脱国家对于宗教事务的管理。依法管理宗教事务的要旨是保护合法，制止非法，抵御渗透，打击犯罪。

改革开放以来国家的宗教法制建设有了长足的进展。1991 年 2 月 5 日中共中央和国务院下发的《关于进一步做好宗教工作若干问题的通知》（1991 年 6 号文件）首次提出国家依法管理宗教事务，进一步推动了我国宗教法制建设进程。1994 年 1 月 31 日，国务院颁布了《宗教活动场所管理条例》和《中华人民共和国境内外国人宗教活动管理规定》。2004 年 11 月 30 日，国务院总理温家宝签署国务院第 426 号令，发布了《宗教事务条例》。这是新世纪新阶段国家推进依法治国，在宗教法制建设上的一个里程碑，是今后国家依法管理宗教事务的法律依据，是公民宗教信仰自由权利的法律保障。针对宗教方面出现的新情况新问题，宗教法制建设还需要进一步加强和完善。

第三，坚持独立自主自办的原则。坚持独立自主自办的原则涉及到我国宗教与国外宗教的关系，与国家的主权问题密切相连。我国宪法明确规定：宗教团体和宗教事务不受外国势力的支配。在独立自主、和平友好、互相尊重的基础上，积极发展同世界各国宗教界的友好往来，但不允许别国干涉我国的宗教事务。

我国宗教实行独立自主自办教会的原则是基于我国曾经长期遭受帝国主义侵略和掠夺，有的宗教被帝国主义控制和利用的历史事实，是我国信教群众作出的自主选择。

独立自主自办原则的主要内容是：中国教会不依附任何外国组织和势力，不接受外国组织和势力的支配和干涉；宗教徒作为中国公民，既有信教自由的权利，又有爱祖国的责任和义务；中国教会和宗教徒在政治上要维护国家的主权、民族的尊严，维护全国人民的根本利益。在宗教事务上，独立决定自己的宗教事务，与外国宗教组织平等相待和友好交往。

坚持独立自主自办的原则的实质是：中国基督教、天主教接受中国共产党的领导，拥护社会主义制度，把自己的根本利益与全国人民的根本利益一致起来，以实现真正的宗教信仰自由。虽然独立自主自办原则的提出和确定，与中国基督教、天主教有着密不可分的历史联系。但是随着时代的变迁，随着我国实行对外开放政策和中国教会国际交往日益增多，国际环境日益复杂，国外势力从未放弃对中国的宗教渗透和干涉的新形势下，这个原则不仅中国基督教、天主教要继续坚持，也同样适用于包括佛教、道教、伊斯兰教等在中国的各种宗教，即坚持独立自主自办的原则已成为中国各个宗教都要遵循的共同原则。

第四，积极引导宗教与社会主义社会相适应。积极引导宗教与社会主义社会相适应，从理论上来说是中国共产党对马克思主义宗教观创新的集中表现，从实践上说，构成了党和政府宗教工作基本方针的重要内容，也是处理好社会主义时期宗教问题的大原则大方向。

1993 年 11 月 7 日，江泽民在全国统战工作会议上的讲话中代表党和国家就如何解决好我国现阶段的宗教问题强调了著名的“三句话”：“一是全面、正确地贯彻执行党的宗教政策，二是依法加强对宗教事务的管理，三是积极引导宗教与社会主义社会相适应。”这就以十分严密的理论概括正式提出了“积极引导宗教与社会主义社会相适应”的著名论断，把引导宗教与社会主义社会相适应作为一项战略目标确定下来。

宗教与社会主义社会相适应是由宗教在社会中的位置和地位决定的。宗教与社会相适应是人类历史发展的事实。从社会主义社会的发展和宗教自身的现实利益及前途来看，也要求宗教与社会主义社会相适应。我国现在处于社会主义社会的初级阶段，宗教作为我国各民族中普遍存在的一种社会现象，还将长期存在，宗教具有的长期性、群众性、民族性、国际性和复杂性的特点仍然还十分鲜明。宗教方面的这一国情，就是我们正确认识和处理宗教与社会主义社会相互关系的出发点。如果关系处理不好，宗教与社会主义社会不相适应，就会发生冲突，既不利于国家，也不利于宗教的健康发展和进步。

宗教与社会主义社会相适应主要是指宗教要适合或符合社会主义社会的需要。“相适应”基本的要求是宗教界和信教群众要爱国守法，宗教活动要在国家的法律法规政策允许的范围进行。高层次的要求则是要求宗教界能比较自觉地根据社会的发展调节自身，将自己的发展和进步和建设中国特色社会主义事业的大目标一致起来，自觉地服从国家的和中华民族的最高利益。“相适应”是建立在政治法律的基础上的，党和国家反复强调，宗教与社会主义社会相适应，不是要求宗教徒放弃有神论的信仰，而只要求宗教徒热爱祖国，拥护社会主义制度，拥护共产党的领导，遵守国家的法律法规。“相适应”是全面的，包括经济上、政治上和思想文化方面，也包括如何挖掘宗教教义，特别是宗教道德中的积极因素，以适应社会主义社会。

争取、团结和教育宗教界人士，有计划地培养年轻一代的爱国宗教职业人员，充分发挥爱国宗教团体的作用，也是积极引导宗教与社会主义社会相适应的内容重要之一。

引导宗教与社会主义社会相适应需要党和政府与宗教方面共同努力，协调一致。这是基本的保证条件。

总之，积极引导宗教与社会主义社会相适应是中国共产党找到的解决好中国社会主义时期宗教问题的正确途径，也是宗教工作的目的，是对马克思主义宗教观创新的集中表现。

4. 贯彻宗教工作基本方针的基本要求：发挥宗教界人士和信教群众的积极作用

党的十八大报告在论述宗教工作时强调要“全面贯彻党的宗教工作基本方针，发挥宗教界人士和信教群众在促进经济社会发展中的积极作用”，这就对未来党和政府的宗教工作明确了方向，提出了基本要求。

新中国成立以后，特别是改革开放以来，我国宗教发生了巨大的变化。广大信教群众和绝大多数宗教界人士爱国守法，在中国特色社会主义事业建设中发挥了积极作用。发挥宗教界人士的积极作用尤其重要，因为他们对于信教群众影响极大，这就要不断巩固和发展同宗教界的爱国统一战线。中国共产党一贯坚持在政治上与宗教界合作的原则。改革开放以来，党中央提出了对宗教界要坚持政治上团结合作、信仰上互相尊重的原则。按照党的十八大的精神，要坚持科学发展观，真正调动宗教界人士与广大信教群众建设祖国的积极性，发挥宗教界人士与广大信教群众在维护社会稳定、促进民族团结、提高社会道德风尚以及发展慈善公益事业等各方面的积极作用。

上述四个方面，构成了中国特色社会主义宗教理论体系的基本内容。

四　历史地位

中国特色社会主义宗教理论是改革开放以来中国共产党人正确认识和处理社会主义初级阶段宗教问题基本经验的理论升华，它坚持和发展了马克思列宁主义、毛泽东思想的宗教观，是马克思主义宗教观中国化的最新成果，是中国特色社会主义理论体系的重要组成部分，是全面建设小康社会中党和国家宗教工作的指针。

中国特色社会主义宗教理论是马克思主义宗教观中国化的最新成果，说明这一理论凝聚着几代中国共产党人在革命和建设中对如何正确认识和处理好宗教问题的不断探索积累的经验，是党中央对全体党员和人民意志和智慧的总结。历史证明，对于宗教问题的认识和处理，中国共产党没有对马克思主义宗教观采取教条主义的态度，也没有照搬苏联的做法，而是走了中国自己的路。就是把马克思主义宗教观运用于中国，用马克思主义的立场、观点、方法研究和解决中国革命、建设、改革开放不同历史时期的宗教问题，运用中国人民喜闻乐见的文化形式、思维习惯和表达方式来阐述马克思主义宗教观，揭示中国革命、建设、改革进程中宗教问题的规律，使之成为具有中国风格中国气派的马克思主义宗教观。

科学理论形成以后又会反过来指导实践。中国特色社会主义宗教理论反映了社会主义时期宗教问题的规律，必然成为今后继续推进中国特色社会主义进程中正确处理宗教问题的指针。党的十八大强调的全面贯彻党的宗教工作基本方针，发挥宗教界人士和信教群众在促进经济社会发展中的积极作用，这对于包括广大宗教信仰者在内的全体中国人民，实现民族复兴的“中国梦”具有极为重要的意义。

参考文献

1. 国家宗教事务局研究中心：《马克思恩格斯列宁论宗教》，宗教文化出版社 2008 年版。
2. 吕大吉　高师宁：《马克思主义宗教理论研究》，中国社会科学出版社 2011 年版。
3. 国家宗教事务局：《新时期宗教工作文献选编》，宗教文化出版社 1995 年版。
4. 龚学增：《马克思主义宗教观中国化研究》，四川出版集团、四川人民出版社 2012 年版。

（原载《西北民族大学学报》2013 年第 6 期）

困惑的症结

——反思宗教学方法论

金　泽*

近年来，人们越来越多地讨论宗教（尤其是本土宗教）的文化定位、政治定位，以及在社会发展战略中的定位等问题，日益强调民族文化的主体性，倡导民族精神的自觉。但在此过程中，人们也感到一种困惑：一方面是找不到本土宗教的精神制高点，另一方面是深感西方宗教学话语解释中国宗教（历史的和现实的，社会的和文化的，等等）的乏力。要解决这些问题必须有所超越，即进入现象背后的哲学层面：我们不仅要追问自己如何看待宗教，更要追问是何种思想方式影响我们形成这种认知。例如，我们如何将表示宗教属性的范畴客观形态化，如何形成诸如本土宗教与世界宗教、迷信的巫术与理性的宗教等范畴，又如何由此判定现象的本质及其历史地位并将与之不符的现象排斥在外。只有解决了这些问题，才有可能实现中国宗教学科本我的思考。为此，本文拟从宗教结构的内在张力这一角度对这些问题作初步的探讨。

一　学术论断变成了解释工具

在现代化进程中，西方学者自觉或不自觉地在不同领域建构其学科的独特话语，这些话语体系虽然给范畴打上了不同学科的烙印，但其哲学支撑或说精神价值，实际上是相通的。这种“科学的”话语体系，在某种意义上，确实是中性的、客观的，如宗教学研究就与神学研究不同，它不是以某种假定的、先验的或超验的存在为起点，而是从历史现象、经验和事实出发，分析和研究。但是在另一种意义上，它又不是中性的，它产生的社会文化环境使之负载着西方中心论和基督教至上论的价值理念，弗雷泽的“巫术—宗教—科学”三段论就是一个例证。

事物是不断发展变化的，无论是自然界还是人类社会，都有一个从无到有、由低级向高级的发展进程。植物、动物、人类社会，都是先有低级形态后有高级形态，而且是在事物发展到一定阶段之后，即内因与外因的条件都具备时，新的物种与社会形态才会出现和延续。然而，变化显然不等于进化。在不同的语境中，两者又可以转化。一方面，从崇拜自然神到崇拜人格神可以说是某种进化，但出现新的不同的人格神只能看作变化；另一方面，从人类文化整体看，从没有宗教到信奉宗教可以看作某种进化，而从出现自然神到出

---

* 金泽，中国社会科学院世界宗教研究所研究员。

现人格神则只是一种小的变化。因为从后者说，并没有质（依旧是信仰与崇拜神灵）的飞跃。所以我们不能抽象地判定进化。讨论事物的进化，尤其是社会文化事物的演进时，一定要与特定事物、特定时空相关联。

就此来看人类的知识体系，宗教、哲学、政治、经济、科技、教育、文艺、道德等不同的领域，本身都有各自的从无到有、由低级到高级的发展进程。虽然在许多情况下各个领域之间的进程不是同步的，但总的趋势是大致不差的。在同一事物或同一社会文化领域内的进步或进化，并不意味着像我们今天使用的电脑程序一样，在我们安装新的版本之后，旧的版本就被覆盖了。自然事物和社会事物，在许多情况下都是新版本的事物尽管层出不穷，但旧版本的事物同时继续存在。所以人类文化不仅是个不断提升的进程，同时也是一个日益丰富的世界，是一个淘汰与叠加并存的世界。

由此考察“巫术—宗教—科学”的序列，就会发现这个看似“科学的”论断，本身有值得推敲的问题。在宗教学界，最先提出“巫术—宗教—科学”[①] 三阶段说的是弗雷泽（James George Frazer）。他认为巫术与科学在认识世界的概念上是相近的，两者都认定事物的演变更替是完全有规律的和确定的，并且由于这些演变是由不变的规律所决定的，因而它们是可以准确地预见到和推算出来的。一切不定的、偶然的和意外的都被排除在自然进程之外。所以，巫术与科学一样都在人们的头脑中产生了强烈的吸引力，强有力地刺激着人们对知识的追求。但是，巫术本身有着严重的缺陷，这并不在于“它对某种由客观规律决定的事件程序的一般假定，而在于它对控制这种程序的特殊规律的性质的完全错误的认识”。无论是顺势巫术还是接触巫术，都是“相似联想”与“接触联想”的错误运用。“这种联想的原则……运用合理便可结出科学之果。运用不合理，则只能产生科学的假姐妹——巫术。”巫术与科学的这种既有区别又有联系的关系，使之有可能“变为真实并卓有成效”，但如此一来，巫术“就不再是巫术而是科学了”。总之，“那些属于真理的或珍贵的规则成了我们称之为技术的应用科学的主体，而那些谬误的规则就是巫术”。[②]

弗雷泽认为巫术是“科学的近亲”，而宗教却与巫术不同：“我所说的宗教，指的是对被认为能够指导和控制自然与人生进程的超人力量的迎合或抚慰。”弗雷泽认为宗教包含理论与实践两大部分：对超人力量的信仰，以及讨其欢心、使其息怒的种种企图。从性质上说，宗教之所以不同于巫术，就在于它认定“世界是由那些其意志可以被说服的、有意识的行为者加以引导的”。而“巫术或科学都当然地认为，自然的进程不取决于个别人物的激情或任性，而是取决于机械进行着的不变的法则”。从时间上说，巫术体现了人类更早历史时期的更为原始的思想状态，“在一切地方都是宗教时代跟在巫术时代之后来到”，尔后才是科学时代。

弗雷泽的思路似乎很有逻辑力量，他先共时性地将巫术、宗教与科学作为三个并立的不同类别，它们具有不同的内涵，然后再历时性地将它们作为人类文化发展的三个不同阶梯。弗雷泽的这个论断影响很大，对于很多人来说，它的清晰与逻辑力量使之足以成为一种解释工具和判断标准。可是我们不能因为这个论断出自学术泰斗就对之顶礼膜拜。若我

① 埃文斯—普里查德认为弗雷泽“巫术—宗教—科学”三阶段的架构，可能是从孔德的神学阶段、形而上学阶段和实证阶段说那里拿来的。参见埃文斯—普里查德《原始宗教理论》，孙尚扬译，商务印书馆 2001 年版，第 33 页。

② 参见弗雷泽《金枝》，徐育新等译，汪培基校，中国民间文艺出版社 1987 年版，第 76—77 页。

们静下心来，仔细想想，就会发现其中有些地方说不通，或者说是似是而非。

实际上，早在1926年（弗雷泽去世的15年前），马林诺夫斯基（BronislawKaspar Malinowski）就在《巫术、宗教与科学》中，明确阐述了他对弗雷泽的“巫术—宗教—科学”三阶段论持有的不同看法。首先，马林诺夫斯基不同意弗雷泽将巫术看作“准科学”的东西，而是认为两者在性质上截然不同：“科学生于经验，巫术成于传统。科学受理论底指导与观察底修正；巫术则不要被两者揭穿，而且保有神秘的围氛，才会存在。科学向一切人公开，成为社会地方底公共福利；巫术则是神秘的，用神秘的入会仪式去教训，用遗传最少也很专私的系结去传授。科学概念依据自然力；巫术观念则原于神秘而非个人的势力。”① 在马林诺夫斯基看来，巫术、宗教与科学不是前后接续的三个文明发展阶段，而是同时存在的，但具有不同性质、承担不同的社会文化功能。

其次，马林诺夫斯基提醒人们，在泰勒（Edward Burnett Tylor）时代，人类学家需要“驳斥原始民族没有宗教的谬见”，而今的任务却是澄清原始社会的生活是否真的充满了神秘。他说：“初民对于自然与命运，不管是或则利用，或则规避，都能承认自然势力与超自然势力，两者并用，以期善果。只要由着经验知道某种理性的努力能有效用，他便不会忽略过去。他知道禾稼不能专靠巫术生长，独木舟（若）不制造适当也难航行水面，战争而无武勇更难攫得胜利。他永远没有单靠巫术的时候，然在另一方面，倒有时候完全不用巫术，即如生火与许多旁的技能之类。凡有时候必要承认自己底知识技能不够了，便一定会利用巫术的。”② 马林诺夫斯基将巫术看作对纯理性和经验的思想和传统体系的必要补充。人们之所以求助于超自然力量，是为了“衔接人类知识中的断层，填补对定数和命运的理解中的巨大空白”。

最后，在马林诺夫斯基那里，巫术与宗教既有共同点又有区别。他认为巫术与宗教都是源自感情紧张的情况，如“重要业务的失望，死亡与传授秘密的戒礼，失恋与莫可如何的恨怒等”。巫术与宗教是人们在“这等碰壁的情况下有所脱避”。即人们在理智的经验没有出路的状况下，借助于仪式和信仰“逃避到超自然的领域去”。巫术与宗教都严格地根据传统，都存在于奇迹的氛围中，都存在于奇迹能力可以随时表现的过程中。巫术与宗教都有禁忌与仪轨，其行动与世俗界不同。然而，马林诺夫斯基认为巫术与宗教又有所不同：巫术是实用的技术，所有的动作只是达到目的的手段；宗教则是包括一套行为本身便是目的的行为，此外别无目的。巫术的信仰，简单明了，实用性强，“永远是说，人是有用某种咒与仪式便可产生某种结果的”。而宗教信仰“则有整个的超自然界作对象：灵与魔、图腾底善力、保卫神、部落万有之父、来生的想望等等，足给原始人创造一个自然界以外的超自然的实体”。③

巫术是科学的“近亲”，还是宗教的一部分？在我们看来，巫术与宗教是一方，科学是另一方，三者不是三角关系，而是二类不同的认知和行为的方式。任何宗教形态中都有巫术的因素，只不过有不同的比重、类型和结构地位，因而使不同的宗教形态展现出不同的特色。由此来看，“巫术—宗教—科学”三段论的逻辑缺陷较为明显：首先，巫术只是宗教下面的一个子范畴，它（如同禁忌、祭祀等）不是一种宗教形态，人们可以说先有

① 马林诺夫斯基：《巫术、科学、宗教与神话》，李安宅译，中国民间文艺出版社1986年版，第5页。

② 同上书，第16页。

③ 同上书，第75—76页。

巫术因素比较重的宗教，后有其他因素占主导地位的宗教，但不能说最初只有巫术而没有宗教，也不能说后来只有宗教而没有巫术。人们借助某些特定的仪式行为希望死者复活，但这样做的前提是人们相信灵魂不灭，相信特定的行为或语言具有神秘的力量。其次，在所谓的“巫术时代”并非没有科学技术的影子，马林诺夫斯基的田野调查表明，居住在海岛上的未开化人在出海打鱼时要先举行宗教仪式，而在岛上的内河捕鱼时则只凭经验和技巧。所以夏普说，要在“巫术”与“宗教”这样两种抽象出来的东西之间划一条适当的分界线，往往过于困难。他认为在宗教史上，“两者总是密切相关”。① 但是从整个文明的发展趋势说，确实是科学越来越发达，宗教的巫术成分相对减少，这也是有很多人依旧欣赏弗雷泽“巫术—宗教—科学”三段论的原因之一。

二 范畴建构变成了认知方式

宗教学中的这种“巫术—宗教—科学”的三段论体系化的努力，使我们想到了黑格尔（G. W. F. Hegel）及其宗教哲学。我们知道，黑格尔将艺术、宗教与哲学看作绝对精神自我展示的三种形态，也就是说，虽然三者背后都有绝对精神的支撑，但却是三种不同的精神现象或文化形态，亦有不同的特点。在艺术中，绝对精神是以直观的形态认识自身；艺术的内容是理念，而其形态则是感性形象。在宗教中，绝对精神是在表象形态中认识自身；宗教与哲学的内容是一样的，即神与真理，只是形态不同而已，在宗教中为表象，在哲学中为概念。在哲学中，绝对精神是以概念形态认识自身，哲学的主要任务是思考逻辑范畴。

黑格尔认为，宗教是理性或说绝对精神的一种表现。但在如何看待巫术的问题上，黑格尔显然与康德不同。在康德看来，宗教是对超自然者的信仰。在原始意识中，这种信仰实则并不存在；巫术并不是祈祷。“人在祈祷中力图有所作为，并非通过中介，而是发自心灵深处。然而，其差别在于：人在祈祷中求助于绝对的意志——对其说来，个别的人乃是关注的对象，它可以接受祈祷，也可以不接受——实则决定于慈心善意。总的说来，法术则在于：人据其愿望，在其自然性中实现其制驭。”② 与此不同，黑格尔认为巫术的本质在于“精神”对自然的驾驭；然而这时的“精神”尚未作为精神而存在，尚未存在于其普遍性中；这无非是人之个别的、偶然的、经验的自我意识。③ 因而巫术不是与宗教并立的另一类事物，而是最古老的宗教，是“宗教之最原初、最粗陋的形态”。黑格尔说自然宗教作为巫术的宗教，其出发点为非自由的自由。“一旦中介进入法术，则为迷信开拓了极为广阔的天地，一切个别的实存获得意义，因为一切情状可被导致成功，导致既定的目的，一切成为被中介者或中介者，一切可支配或从属于支配，人之所作所为成功与否系于情势；其成为者、其目的，系于种种关系。”④

黑格尔没有像康德那样将巫术与宗教分开，而是将其看作宗教的最初形态，这与我们的看法有一致之处。然而与此同时，他将自己所知道的各种宗教形态按照一定的秩序排

① 参见夏普《比较宗教学史》，吕大吉等译，上海人民出版社 1988 年版，第 121 页。

② 黑格尔：《宗教哲学》（上卷），魏庆征译，中国社会出版社 1999 年版，第 224 页。

③ 同上书，第 222 页。

④ 同上书，第 232 页。

列，认为它们是绝对精神自我认知发展不同阶段的“定格”。位于宗教发展阶梯最底部的是巫术，位于第二阶梯的是自然宗教，黑格尔说这种“名副其实的泛神教”具有无所不包的性质，人的内在世界为外在的礼仪所取代，表现形态有三。一是“直接的宗教”，其代表为中国宗教。① 另一形态为“幻想的宗教”，其代表为印度教（婆罗门教）。② 第三种形态是“己内的宗教”，其代表为佛教。③ 在自然的宗教和自由的宗教这两个发展阶段之间，有一些过渡的宗教形态。如古代波斯的琐罗亚斯德教，腓尼基的苦难宗教，古埃及宗教。自由的宗教内部又分为两个阶段：一是“精神个体性的宗教”，其主要特征是凸显唯一者、必然性、合目的性的概念，具体表现形态有“崇高的宗教”犹太教，“美的宗教”古希腊宗教，“知性的宗教”古罗马宗教。二是“绝对的宗教”，其主要特征是凸显自我展示、启示、真理和自由等概念，其代表为基督教。

从历史与逻辑的统一来看，黑格尔的宗教发展序列基本上是服从于他的精神演化的阐释需要，而牺牲了历史性。正如人们经常提到的，伊斯兰教按时间序列产生于基督教之后，且崇拜对象更加抽象，但是由于黑格尔已经将基督教列为“绝对的宗教”，所以对之视而不见。显然，黑格尔按照所谓的“一定的秩序”排列各种宗教形态，其实透露出了他的价值判断“具有一定的局限性”。

康德将巫术与宗教分开，黑格尔将巫术作为宗教的最初形态，虽然在逻辑分类上明显不同，然而透过现象，他们所执的价值判断却基本相似。他们所说的巫术和宗教不仅仅是抽象的概念，还是有具体形态的，是有地域宗教文明为例证的。而反过来，这些具体形态或说例证，就在此论证过程中被贴上了价值的标签，有了不同的附加值或说具有了不同的“含金量”。如果将这些因素纳入我们所看到的分析框架，就会发现，东方的宗教不是在康德的分立框架中属于巫术，就是在黑格尔的发展框架中属于低级形态。而西方的基督教（包括天主教、东正教和新教），则或属于宗教，或属于宗教发展的高级形态。

将宗教与巫术分开，不仅仅是在分类的逻辑上区分现象，更重要的是这种区分所承载的价值判断，会对人们的认知与实践产生重要的影响。这是一个硬币的两面，分类与价值

---

① 黑格尔认为“中国人时刻处于恐惧之中，唯恐一切外在者对他们有所作用，对他们说来成为一种威力，对他们加以制驭，对他们有所影响。……就此说来，个体并未采取任何抉择，亦无任何主观的自由”。——黑格尔：《宗教哲学》（上卷），魏庆征译，中国社会出版社 1999 年版，第 266 页。

② 在黑格尔看来，印度教既是多神崇拜的，又有“唯一者”，即大梵天，“一切皆出于此，一切又复归于此”，人生的目的就在于通过修行而与之合一。黑格尔对印度宗教的评价是：“人如此不具有自由，而且在自身不具有价值，则在具体的现实中情致不可言状的、无限度的迷信，导致不可思议的障碍和限制。对欧洲人说来并无意义的、与外在自然之物的关系，在此则成为稳定的和牢固的依存性；迷信正是植根于：人并非对外在事物漠不关心，——而这见诸他在自身既无自由，又无精神的真正独立性之时。一切无关紧要者是稳定的，而一切非无关紧要者、法者和伦理者则付诸随意。……印度人民陷于完全无伦理的境地。”——黑格尔：《宗教哲学》（上卷），魏庆征译，中国社会出版社 1999 年版，第 302—303 页。

③ 黑格尔认为佛教的主要特点是追求自我完善：“在人与本原，与无的关系中，至关重要的是：他（如果他欲臻于极乐）通过持续不断的思索、冥想、自省，与这一本原等同；人的神圣性在于：在这一静修中与神结合。”但是轮回的信仰又使这种宗教“与所谓威力和法术相结合”，在自身实质上为虚空的理论范畴，在实践上却转变为法术。“神职人员开始起中介者的作用，他们将至高无上者和制驭人所从属的诸形相之力同时体现于自身。”而灵魂转世之说：“乃是从单纯的己内存在崇拜向异常繁复的偶像崇拜过渡之转折点。此说为不查胜计的偶像、造像之基础和渊源；凡是佛教盛行之地，它们则为人们所敬奉。”——黑格尔：《宗教哲学》（上卷），魏庆征译，中国社会出版社 1999 年版，第 317 页。

判断互为表里：分类强化了价值，而价值判断也强化了这种分类。范畴的建构反过来影响着人们的认知方式。黑格尔将中国宗教放在宗教发展序列较低阶段上的论述，和康德等人的“巫术—宗教”二分法，都对人们如何把握中国宗教产生了重大影响，直接影响了人们的认知方式和话语。比如韦伯（Max Weber）在讨论宗教如何由“非理性化”变得越来越“理性化”时，实际上是既接受了康德的二分法，也接受了黑格尔的发展阶段论。韦伯所说的“理性化”的重要标准之一就是破除巫术的程度。① 他的宗教社会学主旨即在研究世界几大宗教的理性化进程，尤为注重的是新教怎样在漫长的发展中逐步减除巫术和迷信成分而引发出一种普遍伦理（以及伦理如何影响人的经济行为），② 并以此轴线解析中国的传统宗教。韦伯强调高级宗教是由“卡里斯玛”式的宗教先知所创立，先知以自己超凡的品格与魅力吸引人们，提出预言和戒律，指示一种生活方向作为神圣价值去追求。③ 在高级宗教中出现了系统化了的教义和伦理，超越了个人的日常生活，使宗教向理智化、理性化方向发展，借助“卡里斯玛”的理性化作用，“一旦发展为有条理的生活方式，成为禁欲主义或神秘主义的核心，它们就开始超出了巫术的前提”。④

中国学者陈来在肯定韦伯的同时又有所批评，他说中国文化的理性化进程，它的价值理性的建立过程，是与对天神信仰的逐渐淡化和对人间性的文化和价值的关注增长联系在一起的。这也是中国文化在18世纪西欧理性启蒙的时代受到启蒙思想家热烈称扬的基本原因。陈来认为宗教的发展，是从非理性的巫术与迷信向理性的宗教演进的过程。“非理性化”宗教是指大量神秘的巫术力量和不可控制的因素起作用的宗教，这种宗教与伦理往往无涉或影响很少。反之，“理性宗教”则摆脱神秘的、巫术的力量，使宗教伦理与世俗生活相结合，强调人为的可控制的因素。这种宗教的理性化韦伯称之为“世界祛除巫魅”，即原则上不必再像野蛮人那样迷信神秘力量，不再诉诸巫术手段去支配或祈求神灵，在行动中采取基于价值理性的伦理行为。⑤

韦伯与陈来在讨论中国古代宗教的演变时，都自觉不自觉地受到康德与黑格尔的影响，尽管他们在理性化的程度与分期上观点不同，但显而易见的是：他们所使用的话语和对中国古代宗教的认知方式，是“巫术—宗教”二分法的一种延伸，即“非理性化宗教”＝巫术，“理性化宗教”＝宗教。尽管有长短粗细的程度之别，但都认为中国传统宗教的身后有一条巫术的尾巴。

三　我们如何把握宗教的内在张力

对人类文化的分类以及在此过程中形成的范畴，既反映了也取决于人们的世界观和方法论。弗雷泽在宗教学领域中提出的“巫术—宗教—科学”三段论，前有康德与黑格尔提供了哲学基础，后有韦伯等人在其他学科中提出的说法不同、但实质相近的学说。这种现象使我们不能孤立地看待和分析弗雷泽的三段论，而是要将其与近二三百年间全球化和

① 顾忠华：《韦伯学说新探》，唐山出版社1992年版，第35页。

② 参见苏国勋《理性化的限制》，上海人民出版社1988年版，第59页。

③ 同上书，第61页。

④ 同上书，第63页。

⑤ 同上书，第87页。

现代性的进程联系起来。实际上，弗雷泽的三段论乃是这一进程的产物并构成其组成部分。

范彼得（Peter van der Veer）在其新著中指出："'巫术'与'宗教'的对立，体现了现代西方与传统的和落后的东方的对立……'宗教'与'巫术'的对立的一个体现是在19世纪产生的进化理论，它将巫术看作失败的科学，逐渐被真正的科学和作为一种道德形态的宗教所取代。正如我们已经看到的，19世纪创造出来的Religionswissenschaft（世界宗教）一词，使得基督教之外的其他宗教可以被看作普世道德的资源。宗教作为道德资源，不得不脱下任何科学知识的伪装。学者们做的就是探索某一宗教（如儒教）的道德核心而摒除其余。这种进化思想的线索，在对现代基督教的理解和对其他宗教的理解中，影响极大。"①

确实，这种价值理念对于人们认识宗教和理解宗教产生了十分重要的影响。首先，人们容易将宗教"理性化"看作单向度的必然趋势，以为宗教的发展就是韦伯所说的不断"祛魅"的过程。但事实是，作为黑格尔所尊崇的"绝对的宗教"和韦伯视为"理性化宗教"之楷模的基督教，在某些教派日益"理性化"的同时，所谓"非理性化"的教派或宗教因素亦层出不穷，例如当代世界各地方兴未艾的灵恩派运动（如五旬节教派），所谓"非理性"的神秘主义或巫术因素在其中起着十分重要的作用。问题在于，虽然可以说从整个文明的发展趋势看，确实是科学越来越发达，宗教的巫术成分相对减少，宗教的伦理道德作用越来越突出，但绝不是宗教已经完全变成伦理道德，与巫术、神秘主义或说"非理性"因素完全没有关联了，如果真是那样，宗教也就没有了存在的根据。宗教之所以是宗教，而不是伦理道德、科学或艺术，有它不可替代的内在根据，这种根据就是对神圣存在或神秘力量的信仰与崇拜。应当说，虽然在比较宗教时可以说某个宗教或教派相对"理性化"或"非理性化"，但实质上"非理性化"与"理性化"是任何宗教存在与发展的内在张力。这种张力在不同的宗教或教派中有不同的程度、比重和表现，但不会没有这种张力。这是我们在认识宗教、理解宗教和把握宗教时的一个基本原理。更重要的在于，在理性与非理性的对立背后还有一种隐含的价值判断，即理性=真理，非理性=荒谬。但实际上这个等式是不成立的，无论理性还是非理性，都有可能接近真理，也都有可能陷入荒谬。这也是在研究宗教现象时我们应当经常警醒自己的。

其次，在这种话语体系中，无论人们是否同意，都不得不将本土宗教对号入座、列入既有的范畴分类框架，结果是将本土的传统宗教看作巫术、"非理性"或"迷信"十足的宗教，看作进化序列中必须铲除或替代的文化事项。在西方话语体系的影响下，近现代中国的知识分子在很长一段时间里对本土的传统宗教嗤之以鼻，或者将其定性为巫术或"迷信"而非宗教加以口诛笔伐，期望以科学取而代之，至少以正统的"宗教"取而代之；或者是知识精英极力撇清本土的传统文化与巫术、"非理性"或"迷信"的关联，具体表现就是否定"儒教"是宗教。这种纠结也表现在学科研究内容上，无论在中国还是在外国，宗教学领域里研究的是各大"世界宗教"或民族—国家宗教，而所谓的巫术、民间信仰或民俗宗教则归入民俗学或人类学（民族学）。这就明显地看出我们所说的"巫术—宗教"二分法背后隐含的价值理念：一方面是西方与东方的区分，东方宗教是"巫

---

① Peter van der Veer, *The Spirit of Asia: Religion and Nationalism in India and China*，此书英文版即将由Princeton University Press出版。

术的”、“非理性”的或低级的，西方宗教是“宗教的”、“理性的”或高级的；另一方面是精英文化与民俗的区别，民间信仰是低级的或充满“迷信”的，世界宗教是高级的或充满伦理道德的。

尽管我们对弗雷泽“巫术—宗教—科学”三段论的价值理念作了初步的分析与批评，但我们依然困惑。为什么？

一是我们已经习惯于西方宗教学家在一二百年间建构的这套话语体系，尽管我们意识到它有西方中心论的基督教至上论的附加的价值理念，也意识到它在理解和解释东方宗教、特别是本土传统宗教时的局限，但是我们却深感缺乏建构新话语的能力，无法在短时间内建构出新的范畴和范畴体系。即使我们建构的新话语对本土的传统宗教有了足够的尊重（而非刻意贬低）和理解，但并没有解决进化观念给我们提出的难题：宗教有没有一个如同自然界一样的从低向高发展的进程，如果有，那又是在什么意义上说 A 比 B 高级或 D 比 C 低级？自然界有植物和动物之别，它们在地球上的出现也有先后之分，但我们是在什么意义上说动物比植物高级？即使说动物有若干理由比植物高级，是不是由此可以得出植物不应在地球上存在的结论？另一方面，生活在现时代的人们又应当如何理解和定位宗教的“理性化”和“非理性”因素以及它们的互动？

二是在宗教学研究中，分类和比较如同在其他科学研究中一样是十分重要的工具，但是当我们将并立的分类范畴纳入历史化的时序中时，一定要特别谨慎，因为这很容易让人感到并立的范畴有了高下之分。另一方面，在比较的时候，我们要警惕在选取不同的宗教体系的具体现象时陷入用 A 的头比较 B 的脚。头当然可以和脚比较，但是 A 与 B 各自都有头和脚，如果用 A 的头与 B 的头比较是对称的，但用 A 的头比较 B 的脚，由此得出的结论价值何在可想而知。所以我们要经常不断地反思宗教学的客观中立问题。从事宗教学研究的学者不应以自己的信仰干扰自己的学术研究，但是这并不意味着宗教学研究者对宗教现象的理解和解释就是绝对真理。宗教学研究不应受信仰的干扰，这只是科学研究的出发点，它是一条底线。但这只是宗教学研究的科学性和客观性的必要条件而非充分条件。思想的背后有利益，范畴的关联有权利。追求客观性与科学性是个过程，建构有中国特色的宗教学话语也是个过程，只有不断地运用哲学武器自觉地保持自我反思的批判精神，才能使我们对宗教学发展史上的各种理论学说，以及西方学者建构的话语体系背后所隐含的价值理念，保持清醒的认识，也才能使我们有所突破和拓展。

三是当我们研究宗教现象时，要注意把握属性与形态的关系。任何宗教都有理性的维度，也有非理性的维度；既有地方性的维度，也有普世性的维度。区别不在于有无，而在于程度。在学者的论证中，往往会举例 A 宗教说明宗教的地方性，用 B 宗教说明宗教的普世性，用 C 宗教说明宗教的理性方面，用 D 宗教说明宗教的非理性方面。但是在此理论分析的建构过程以及后来的知识普及过程中，人们却不知不觉地将 A 宗教看作地方性宗教，B 宗教看作世界宗教，C 宗教看作理性宗教，D 宗教看作非理性宗教。宗教现象的属性本来是宗教现象具有的某个方面，经过自觉或不自觉的割裂，分别独立化或实体化，甚至对立化了。即在人们的思维过程中变成了一个一个的或不同群组的宗教形态。我们不能忘记，ABCD 这些宗教中都是既有地方性又有普世性，既有理性因素又有非理性因素的。绝不能以为作为例证说明某种属性的宗教形态就是只有某种属性。学术论断变成了解释工具、范畴建构变成了认知方式，这是人类思维过程的产物，有助于增进我们对宗教的理解，但是同时，我们也要意识到其中的异化，更不要受之影响扭曲我们对宗教的理解。

理论范式是人们对现象做理论分析中抽象而来的，但是它们一旦形成，就会反过来影响人们看事物的眼光。人类头脑中的世界不是绝对客观的世界，而是附加了认知网格的世界，人们在认知世界和解释事物或事件时，会自觉不自觉地将现象纳入这些框架。所以，在探讨宗教与哲学的关系时，最重要的是坚持哲学的批判精神，尤其是自我审视。我们要自觉地和不断地将哲学作为一种武器，反思宗教学的基本范式，并由此推动宗教学的拓展与深化，从而认识中国宗教的内在张力，并建构中国宗教研究的话语模式。

（原载《世界宗教文化》2013 年第 1 期）

“基督教中国化”研究的三重视野*

张志刚**

“基督教中国化”（SinicizationofChristianity）是一个既有重要学术价值更有重大现实意义的研究课题。改革开放以来，中国政府拨乱反正，落实宗教信仰自由政策，各大宗教都得以恢复和发展，其中尤以基督教信仰人数的迅速增长最引人注目。于是，如何妥善处理基督教与中国文化、中华民族、特别是当今中国社会的关系问题，便作为一道历史难题再次进入了我们的研究视野。

关于基督教的“本色化”（indigenization）、“本土化”（localization）、“处境化”（contextualization）和“中国化”等，海内外学者长期以来做过大量的研究。通过研读以往的研究成果，特别是参考、比较与权衡诸种不同的倾向、观点和结论，笔者认为，若要切实推进基督教中国化，我们不可或缺“三重研究视野”，即“过去、现在与未来”。这也就是说，我们只有全面地探讨中国基督教的过去、现在与未来，才有可能客观而如实地呈现基督教中国化所存在的主要难题，以期通过百家争鸣、集思广益而达成基本共识，积极探索具有前瞻性且富有建设性的理论成果。下面，笔者略表浅见，算作抛砖引玉。

一　勿忘过去：基督教中国化的必要性

以往研究表明，作为一种外来宗教，基督教得以落足于中国文化土壤，历经“曲折的四传”，即唐朝时“景教”的传入，元朝时“也里可温”的传入，明末清初天主教的传入，鸦片战争前后天主教、东正教和新教的相继传入。相比之下，后两次传入过程颇受中外学者的重视，但以往的研究倾向及其结论却明显存在很大的分歧。

譬如，有些学者主要倾向于考察明末清初的来华传教士为中西方文化交流——“西学东渐”和“中学西传”所作出的开拓性贡献；有些学者则主要认为，传教士只是以西学特别是近代科技知识作为手段，更何况他们所传播的西学旨在论证其教义与神学，而科技知识也不全是“先进的”，甚至有些是“过时的”。又如，有些学者主要倾向于认为，19 世纪中叶基督教传入中国，是与西方殖民者的武力入侵相联系的，这便使基督教一度成为帝国主义的侵华工具，在鸦片战争后长达百年的中华民族苦难史中主要扮演了丑恶的或负面的角色；有些学者则主要致力于研究，传教士和基督徒为中国近代社会的教育体

---

* 本文为教育部人文社会科学重点研究基地重大项目“中西宗教哲学比较的几组关键问题”（10JJD720013）、北京大学宗教文化研究院与中国社会科学院基督教研究中心合作项目“基督教中国化研究”的阶段性成果。

** 作者：张志刚，1957 年生，北京大学哲学系、宗教学系教授，外国哲学研究所研究员，中国统一战线理论研究会民族宗教理论甘肃研究基地研究员。

制、医疗卫生、慈善公益和新闻出版等所作出的大量积极奉献。

尽管以上两种不同的研究倾向不足以反映以往的研究全貌，更不能代表诸多相交叉或相调和的理论观点，但它们至少可使我们清醒地意识到这样两点：首先，对于这两段最受重视也最有争议的传教史，以往的研究者之所以持有不同的倾向和观点，就是因为他们具有不同的背景和立场；其次，虽然这两段历史是错综复杂的，致使人们的研究视角与价值判断也难免多种多样，但它们毕竟是发生在华夏大地的往事，已成为客观存在的历史事实。那么，我们能否在身份认同、学术立场、理论视野和研讨重点等关键环节上达成基本的共识呢？在笔者看来，这样一种基本共识既有必要性也有可能性：我们作为中华民族的学术同行，无论是学界的、教界的、政界的研究者，都理应站在整个民族与国家利益的高度，亦即以广大人民群众的利益为重，着眼于中华民族的文化传统和中国社会的历史进程，就其主要的文化影响与社会作用，而对前述两段传教史作出理性而客观的历史评价。

国内外专家大多认为，明末清初天主教传入中国，并不简单意味着中国人又接触了一种外来的宗教；如果把天主教理解为当时仍在欧洲社会占统治地位的宗教与文化传统，它的传入则可视为中西方文化的主流传统在信仰与价值层面上的“第一次相遇、碰撞、磨合”。[①] 这场深层次的文化交流，起初虽以传教士迎合、附会或修正儒家思想传统，引介西方人文科技知识为主要传教途径，也在客观上为中西方文化传统的双向传播、相互认知，特别是中国近代科学的形成发展产生了不可忽视的积极作用，但后来却因传教士内部引起的“中国礼仪之争”而不得不中止了。如果说这场“中国礼仪之争”及其结局，首次在历史上暴露了西方基督教与中国文化传统的差异、矛盾和冲突，鸦片战争后欧美天主教和新教传教士，跟随西方列强的坚船利炮，在一系列不平等条约的保护下再次涌入中国，则显然再次激化并愈发加深了西方基督教与中华民族、中国社会及其文化传统的矛盾冲突，以致使西方基督教与侵华战争、教案纠纷、非基督教运动、非宗教运动等，成为中国近现代史上不可忘却的民族记忆。正是就这种特定的历史背景、社会作用和文化影响而言，“洋教”、“文化侵略工具”、“多一个基督徒，少一个中国人”、“并非‘中国的基督教’，而是‘基督教在中国’”等等，岂不注定成为近代中国基督教史里的“关键词”或“主要论点”，而部分传教士特别是大多数基督徒为中国社会所作出的默默奉献，岂不注定沦为其中的“省略号”或“次要内容”。

以上扼要分析表明，基督教中国化所面临的主要历史难题就在于，由西方传教士所传入的基督教与中国文化、中华民族和中国社会的矛盾冲突，而这一历史难题也正是基督教之所以要实现中国化的根本原因。但要充分论证这一点，我们不能不考虑一种流行已久的护教论观点，即以“基督教的普世性”来断然地否定其本色化、本土化、处境化尤其是中国化。关于这种质疑，我们可遵循逻辑与历史相一致的研讨思路，从“普世”概念含义、世界宗教史特别是上述历史难题三个方面来展开辨析。

---

① 正如著名的法国汉学家谢和耐（Jacques Gernet）指出，中西方文明传统之间的差异是一个特有意义的研究课题，而切入此项研究的最好办法，或许就是考察中西方文明在明末所发生的最早交流及其反应，因为此时第一批耶稣会传教士进入中国，并与中国最有文化修养的阶层建立了联系，这就在历史上使两个相对独立发展的欧亚社会首次开始了真正的交流（参见谢和耐《中国和基督教——中国和欧洲文化之比较》，耿昇译，上海古籍出版社 1991 年版，“中译本”）。

首先，就概念含义而言，前述流行观点显然对“普世”概念缺乏辩证的理解，如果认为基督教信仰所传播的是一种“普世性的教义或精神”，那么，此种教义或精神必定是能够本色化、本土化、处境化或中国化的；假若矢口否认这一点，基督教信仰便无所谓的“普世性”可言了，或用古汉语来严格释义，此乃并非“推而放诸东海而准，推而放诸西海而准，推而放诸南海而准，推而放诸北海而准”。

其次，从世界宗教史来看，千百年来几大世界性宗教之所以能够广为传播，其首要条件无疑在于，它们均能适应不同的文化、民族、国家或社会境遇，并以不同的方式来实现本色化、本土化、处境化或民族化，作为世界第一大宗教的基督教何其不是如此？比较宗教学家、宗教现象学家斯马特（Ninian Smart）在其名著《世界宗教》里开篇就指出：当我们考察世界上的诸多宗教传统时，切莫忘记它们的丰富多样性。以基督教为例，我们在许多国家或地区可以发现，不同的文化都为这种宗教传统增添了特色，如乌克兰的天主教不同于爱尔兰的，希腊的东正教不同于俄罗斯的，德国的路德宗不同于美国的……[①]由这段描述可推演刚才提到的问题：其他国家或地区的基督教已然如此，基督教在中国文化和社会处境下何其不能这样？

最后，接着以上发问来进而深究前述历史难题：为什么由西方传教士所传入的基督教信仰竟会与中国文化、中华民族和中国社会发生尖锐的矛盾冲突呢？如前所述，这一历史难题始于明末清初的“中国礼仪之争”。回首这段往事，我们不能不反思这样一种学术现象：为什么这场争论事过百余年后还有众多西方著名的思想家持续予以关注、纷纷发表议论呢？[②] 为什么这场争论至今仍是西方汉学、中国宗教史、中西文化交流史等领域的研究重点或热门话题之一呢？此种迹象无疑表明，这场旷日持久的激烈争论，并非只是起因于“传教士内部的传教策略之争”，也并未终止于“罗马教皇与中国皇帝的权威之争”，而是从根本上反映了“中西方宗教与文化传统观念的矛盾冲突”。如果借鉴国际学术界关于文明对话特别是宗教对话的晚近研究成果，我们可以重新发现，这场中西方宗教与文化传统观念的矛盾冲突，除了以往研究者所着重考察的三点具体内容，即“能否祭祖”、“能否祀孔”和“上帝译名问题”，除了现已认识到的，冲突双方在文化、宗教、哲学、社会和政治等方面的诸多差异，其实还隐含着一个更深层的、具有价值导向作用的冲突原因，这就是来华传教士所普遍怀有的“西方基督教传统中心论”及其强烈的“排他性思维倾向”。这一深层次的冲突原因之所以很值得追究，就是因为它不仅作为“一种普遍的心态”，驱使各修会的传教士几乎都“自以为是”——只有他们所传播的“西方的基督教”才是“唯一的真宗教”，只有他们所诠释的“西方的天主观或上帝观”才是“绝对的真信仰”，而中国人已有的其他任何信仰形式，无论“本土的”还是“外来的”、“哲学的”还是“宗教的”、“上层的”或是“民间的”，要么仅有“些许合理成分”，要么纯属于“偶像崇拜”甚至“迷信”。就此而论，我们可在以往研究基础上更深刻地认识到：正因为明末清初以降的来华传教士几乎都抱有上述“唯我独尊、排斥异己”的偏颇思维方式，才会在观念层次上致使“中国礼仪之争”以及鸦片战争后的中西方宗教与文化传统的矛

① 参见斯马特《世界宗教》（第二版），“导言”，高师宁等译，北京大学出版社2004年版。

② 他们包括伏尔泰、孟德斯鸠、莱布尼茨、沃尔夫、康德、赫德尔、谢林、黑格尔等。参见李天纲《中国礼仪之争——历史、文献和意义》，上海古籍出版社1998年版，第1—6页。

盾冲突成为“一个必然的历史过程”① 也正是就此而言，若不根除西方基督教传统中心论及其排他性思维倾向，基督教便无法植根中国文化土壤，无法融入中国主流社会，无法真正实现其本色化、本土化、处境化或中国化。

二　正视现状：基督教中国化的重要性

改革开放以来，基督教尤其是新教在中国大陆的迅速发展广受海内外学界、教界和政界的关注，并把大量疑难问题摆在了研究者的面前。综合近些年来的研讨情况，目前基督教在中国社会所面临的所有疑难可归结为这样一个关键问题：基督教的迅速发展将对整个中国的宗教、文化和社会状况产生什么重要影响？

近五六年来，海内外学者围绕上述关键问题展开了热烈的论争，提出了不少发人深省的观点。例如，有些专家学者指出，基督教在中国的迅速发展具有不可忽视的“国际背景或西方后盾”，即西方敌对势力依旧抱有“和平演变中国的野心”，仍在实施“基督教化中国的战略”，这尤为明显地反映为“地下教会”或“家庭教会”的大量存在；而“地下教会”或“家庭教会”的“非法性与排他性”，不仅破坏了我国独立自主的办教原则，而且影响了基督教的本真形象；更为令人担忧的是，假如基督教在中国“一教独大”甚至“一教独霸”，势必恶化中国的宗教生态，有损中华民族文化的多元性与主体性，影响社会和谐乃至国家安全等。以上观点深切地表露了“一种现实忧虑”，即在中国近代史上被作为“帝国主义列强侵略工具”的基督教，在中国社会不断改革开放、中华民族走向繁荣富强的今天，恐怕又会沦为“西方敌对势力的渗透工具”。

客观而全面地加以判断，上述观点及其忧虑或许未必得到所有海内外研究者的同意，但它并非没有一定的根据或道理。譬如，从比较的观点来看，中国社会现有的佛教、基督教和伊斯兰教等世界性宗教，都是“外来的”或“传入的”，而且近些年来不少学者经过考察或调研都有这样的感知，改革开放以来，虽然基督教的信仰人数发展最快，但在整个社会上影响最大的要数佛教，在诸多民族中影响最大的还是伊斯兰教，可值得推敲的问题在于，为什么国内外学界、教界和政界都很少有人强调中国佛教、中国伊斯兰教的“国际背景或国际后盾”，反而有不少人认为“基督教的中国化仍显得任重道远”呢？这是否意味着基督教在中国社会至今尚未甩掉“洋教身份”这个沉重的历史包袱，尚未像佛教和伊斯兰教那样融入中国文化或中华民族呢？再如，无论从历史传统还是现实国情来看，我们都要充分意识到，中国社会是一个多民族、多宗教的国家，中华民族文化传统的基本价值理念在于，和而不同、求同存异、海纳百川、有容乃大；而当今的中国基督教界，假

---

① 或许有读者会觉得，这里做出的“全称判断”，即“明末清初以降的来华传教士几都……”，是否显得有些绝对化了？在以往研究中，不少学者把利玛窦（Mathew Ricci，1552—1610）的传教策略概括为“合儒、补儒、超儒”，认为后来的传教士若能认可并贯彻此种传教路线，或可避免“中国礼仪之争”。这种假设恐怕难以成立。如果把利玛窦《中国札记》和《天主实义》里的相关论点连贯起来，加以严谨的文本分析，我们可以清楚地认识到，这位所谓的“西儒”，实际上是以西方中世纪经院哲学的“天主观或上帝观”来全盘否定中国宗教与文化传统的，并把“儒释道三教”贬斥为“中国人的全部迷信”。因此，从利玛窦的中西方宗教观来看，他可谓这里所要深究的“西方基督教传统中心论及其排他性思维倾向”的始作俑者。关于上述文献分析，可参见张志刚“‘宗教概念’的观念史考察——以利玛窦的中西方宗教观为例”，刊于金泽、赵广明主编《宗教与哲学》第2辑，社会科学文献出版社2013年版。

如在教外人士看来不但仍然显得比较保守、相对封闭，未能真正融入中国主流社会及其发展潮流，而且其内部的“真假教会或真假信徒之争”看似愈演愈烈，这就让人不能不产生种种疑虑了，中国基督教内部在神学和组织上是否还残存着“唯我独尊的排他倾向”①，这种信仰分歧的教会现状是否还配得上其“博爱的传统”，是否能被大多数中国人所理解或认可呢？

然而，在充分考虑上述观点及其合理性的同时，笔者更想与大家一起探讨的是，我们是否主要应当着眼于当今中国国情特别是改革开放30多年来中国社会所发生的巨大发展进步，以求“正视中国基督教的整体现状”呢？这里所说的“正视”，不仅取其常用词义“严肃而认真地看待”，也不但意味着“不要忽视或漠视观察对象的正反两面或积极与消极作用”，而且旨在提倡一种辩证的、深刻的方法论原则，这就是我们理应从本质上、主流上来观察与思考中国基督教的整体现状。

从当今中国国情以及教情（宗教状况）来看，广大基督徒和其他几大宗教的信众一样，不但享有宪法意义上的信仰自由，而且属于人民群众或国家公民，他们无疑是促进社会和谐、推动中华民族繁荣进步的重要力量。如果这种定性判断符合当今国情的基本事实，那么，我们便有充足的理由认为，绝大多数中国教会组织及其信众，无论所谓“地上的”或“地下的”，还是“三自的”或“家庭的”，都是爱国爱教的，是甘愿以他们所追求的信仰境界而与全国人民一道建设美好的祖国家园的，并能在经济发展、文化繁荣、社会服务、慈善公益，特别是道德伦理建设等诸多领域，做出正面而积极的重要贡献的。当然，谁也不能否认，有些境外势力企图利用基督教来“恶意渗透中国”、“和平演变中国”，还有个别西方记者面对中国的和平崛起而不识时务地肆意放言“基督的羔羊”将要征服“中国龙”，同时国内也确有极少数的“教会组织或个人”打着信仰的招牌却抱有政治目的，企图与境外敌对势力相呼应、相配合。然而，谁也不能因为把眼光仅仅盯在上述境内外少数人或个别人身上，而漠视甚至否认当今中国基督教会及其广大信众的本质和主流。否则的话，我们在思维方式上就难免“以偏概全”或“以管窥天”，在认识判断上便会导致“清浊不分”或“敌我不分”。

同时需要申明，我们力主从本质上、主流上来客观而全面地认识当代中国基督教的整体状况，并不意味着只做出正面的、肯定的判断，而忽视或回避现存的不足或问题。坦率地讲，尽管改革开放以来基督教的信仰人数在中国大陆增长很快，可不但大多数中国人对基督教还缺乏了解或理解，反倒有不少专家学者为基督教的迅速发展而担忧或质疑，一个不容忽视的客观现象就在于，与中国社会改革开放以来发生的深刻变化相比，中国基督教会显然尚未完全适应整个国家在经济与政治体制改革、法治与社会公德建设、社会服务与慈善公益、文化大发展大繁荣等诸多领域的迫切需要，尚未充分发挥出其应有的、积极的、重要的社会作用和文化影响。这便意味着，基督教在当今中国社会所面临的主要问题

① 笔者在此用“残存”一词，是想联系前面关于西方基督教传统中心论及其排他性思维倾向的讨论，进而提出一个需要澄清的问题，即这种“唯我独尊、排斥异己”的思维倾向，是否合乎“基督教的真精神”，或是否属于基督教信仰的本性呢？翻开西方教会史和神学史，我们可以察觉，这种偏颇的思维倾向，其实是在基督教成为“罗马国教”后才得以抬头，并在西方中世纪的神哲学氛围下日渐盛行的，其典型表现形式就是，罗马教廷直到“梵二会议”前仍在坚持的“教会之外无拯救”。据此可以推断，这种偏颇的思维倾向，不但是西方特定的历史阶段、社会形态和文化背景的产物，而且是西方传教士自明末清初后一直力图灌输给中国基督徒的。这便是笔者用“残存”一词的主要理由。

与挑战，恐怕不在于“信徒的数量”，而在于“教会的质量”，即数以千万计的中国基督徒到底能对中国社会作出什么贡献？

因此，就当前基督教中国化所面临的主要问题而论，笔者之所以强调基督教在当代中国社会的发展进步中应当充分发挥积极且重要的作用，就是想阐明一个朴素的道理：在我们的日常生活中，人与人之间的相互了解、彼此信任主要取决于什么，主要凭“说的”还是主要靠“做的”呢？问题的答案显然系于后者，或更准确些表述，靠的是言行一致或知行合一。同理可证，任何一种宗教信仰，如果能被某个社会、民族或国家所接受或容纳，其主要条件或主要因素何在，主要在于“经典和教义解释得多么好”还是“优异的社会实践与文化影响”呢？晚近较为成熟的宗教学方法论力求“内外兼顾”，既要重视“教内的观点”，更要注重“教外的观点”，因为后者对于某种宗教信仰犹如一面“社会镜子”，要比前者的“自我描述”显得更客观、更如实。这种方法论观念启发我们，从某种宗教内部来看，经典与教义肯定是最重要的，是信仰的依据；但在局外人看来，特别是对整个社会、民族或国家来说，社会实践与文化影响却无疑是能否或在多大程度上接受或认可某种宗教信仰的主要条件或主要因素。正是就此而言，基督教能否在当代中国社会的发展进步中充分发挥其积极的、重要的建设性作用，确实显得至关重要了。

三　面向未来：基督教中国化的建设性

“回顾过去，认识现在，走向未来”，可以说是人文社会科学研究的理论意向或学术指归。基督教中国化研究的立意、思路与愿景也应该如此规划。因而，我们所致力的基督教中国化研究是要面向未来的，是要富有建设性的，也就是要有助于克服中国基督教所面临的主要难题，推动基督教积极融入中国文化、中华民族尤其是当代中国社会，以使其广大信众与全国人民一道共创中华民族的美好未来。这无疑是一项长期而艰辛的研究任务，要靠海内外、教内外专家学者的集体智慧和共同努力。行笔至此，笔者呼应本文引言，接续前两部分讨论，略陈些许学术见地，以期方家深入研讨。

1. “基督教中国化”可为构建文明对话神学奉献中国智慧

要让基督教成为“中国的”，首先必须探索有中国特色的神学思想体系，因为“神学作为教会的思想”，显然对于本土化、本色化、处境化或中国化具有“观念导向”和“理论支撑”作用。关于这一点，中国基督教界的前辈学者和领袖人物早已有所认识。譬如，赵紫宸早就疾呼，中国基督教绝不能一味地跟从西方，而是要自己寻求“基督教的真精神”；谢扶雅深情地写到，如果耶稣基督降生在中国，他会认为中国的传统文化和道德伦理是可以不变的，他也会把这些纳入自己的话语；吴耀宗中肯地指出，所谓的“自传”不只是“什么人去传”，更是“传什么”的问题，若要真的“自传”，中国信徒就必须摆脱西方神学的羁绊，自己去发掘耶稣福音的宝藏，创造自己的神学体系。[①]

那么，在当今中国社会致力于妥善处理宗教关系，呼唤宗教界人士和信教群众为社会和谐、文化繁荣作出贡献的良好氛围下，怎么才能更有创见地探索有中国特色的神学思想呢？笔者以为，国际宗教学界所倡导的“比较方法”与“对话观念”，可启发我们在神学

---

① 详见赵士林、段奇主编《基督教在中国——处境化的智慧》（上、下册），宗教文化出版社2009年版，第一章“导论”的第四节“处境化的神学”，以及该书相关章节。

思想建设上更新观念，拓宽视野。“比较方法”可视为当代宗教研究的“立学之本”，它旨在破除各宗教的封闭性与排他性，促使各宗教经过比较研究来达到“双重认知境界”——“认识他者”与“认识自我”，或辩证地说，若不把他者作为“比较的镜子”，便无法重新认识自我。而“对话观念”既是比较宗教研究的理论延伸或新近趋势，又是妥善处理全球化时代的宗教关系的实践理念，它促使各宗教通过跨文化、跨宗派的真诚对话来消除冲突，增进理解，友好合作，共同回应全球化时代的诸多难题、危机或挑战。若能立足中国国情来感悟上述学术启发，我们可否认为，历史深厚的中国文化土壤，丰富多样的中国宗教形态，尤其是历来提倡兼容并蓄、和而不同的中国文化与宗教传统，不但为“比较与对话”提供了得天独厚的客观氛围①，而且能使中国教会的神学思想建设大有可为，为探索一种适应世界宗教多元化现状的“文明对话神学”而奉献中国文化智慧呢？下面略表两个基础性研究课题，以初步印证此种神学建设构想。

譬如，基督教神学体系在其形成过程中曾充分借鉴了古希腊哲学的合理思想，把本体论与上帝观的学理探讨结合起来，从而论证了“一种向往外在超越的信仰境界”。相比之下，中国古典哲学传统则兼容并包儒释道的学说精华，形成了“一种注重内在修养的信仰境界”。这两种不同的信仰境界显然是能够相互启发、相互补充的，如果我们综合二者并加以创新，不但可像佛教禅宗那样深化中国古典哲学的心性论，从神圣观上来进一步丰富并强化中国现代哲学研究的本体论意识，而且有可能创造出一种与中国文化传统相辅相成的、“外在超越”与“内在修养”相得益彰的信仰与实践理念。

再如，在“德治”与“法治”的关系问题上，基督教神学作为西学传统的基本组成部分，与中国文化的德治传统也是能够相互启发、相互补充的。虽然中西方皆有“德治”与“法治”的思想资源，但比较起来，二者又有不同的逻辑思路和立论根据。中国文化传统是以儒家伦理思想为主流的，儒家思想之所以力主人本主义的伦理观，其学理根据主要系于“性善论”，即充分肯定人性主要是“向善”的，人完全有能力靠自我修养而“明明德、亲（新）民、止于至善”，并把这种“仁者的境界”推及家庭、国家乃至天下。这恐怕是中国文化传统在社会实践上重视“德治”而相对轻视“法治”、重视“群体”和“国家”而相对轻视“个体”和“公民”的深层原因之一。而基督教的伦理观则立论于“神圣的律法”，即从神与人的关系出发，把“爱上帝”规定为“首要的戒命”。因而，基督教神学的“原罪论”所强调的“人的不完善性甚至堕落性”，“上帝观”所推演出的“律法的绝对性”、“契约的神圣性”、“对神圣而绝对的立法者的敬畏感”，以及“律法面前人人平等”等思想观念，曾在西方两大法律体系——“大陆法系”与“英美法系”的形成过程中产生了重要影响。若能互为借鉴上述二者的长处，并做出符合当今中国国情的创造性阐释，一方面可使我们在法制建设上广为汲取中西方“法哲学”和“法神学”的合理思想资源；另一方面则可在“道德哲学”和“道德神学”上着力加强中西方文化传统的比较与对话，以使基督教成为富有中国伦理特色的——更注重人伦关系、更负有社会

---

① 可以说，这种观点在改革开放以来的中国宗教史研究中已得到了较为充分的论证。例如，牟钟鉴先生概括总结道：中国是一个多宗教的国家，历史上有祭天祭祖祭社稷的国家民族宗教，有土生土长的道教，有诸多民间信仰和民族传统宗教，有外来的佛教、基督教和伊斯兰教，还传入过犹太教、摩尼教、琐罗亚斯德教等。中国犹如一个“宗教百花苑”，诸种宗教都能在这片大地上共同生存、和平相处（参见牟钟鉴“继承和发扬中国宗教文化的优良传统”，《探索宗教》，宗教文化出版社 2008 年版）。

责任的道德型、奉献型宗教。

2. “基督教中国化”可为应对重大现实问题作出积极贡献

任何一种宗教都要做到信仰与实践相统一。宗教社会学的开创者杜尔凯姆指出：“一种宗教就是一个统一的体系，它把与神圣事物相关的信念和实践统一起来了”；宗教社会学家英格尔（J. Milton Yinger）进而强调：宗教可定义为一种信念与实践的体系，是某个群体用来与人类生活中的那些终极问题相抗争的。[①] 国际宗教学界近30年来的一种新动向，就是把宗教比较与对话研究引向道德实践，呼吁各宗教携起手来，重建世界伦理，共担社会责任，以应对目前人类所面临的诸多困境、危机或挑战。[②] 所以，若把基督教建设成富有中国伦理特色的道德型、奉献型宗教，这既可顺应世界宗教的发展趋向，又能适应中国社会的现实需要。

例如，联系近些年来颇受关注的“社会道德底线争论”、“工商金融欺诈现象”乃至“公益慈善诚信危机”等，中国教会如果能与其他宗教和学术界进行广泛合作，大力推动合乎国情的道德伦理观建设，其重要的理论价值和现实意义便能充分反映出来了。又如，针对全球化的生态环境危机，如果能与道教界、佛教界在宇宙观和自然观上展开深层次的比较与对话，中国教会的神学建设也能取得有国际影响的思想成果。再如，面对冷战后部分国家或地区愈演愈烈的民族和宗教冲突，如果能借鉴中国文化所具有的和而不同、求同存异的优良传统，中国教会无疑可为构建和谐社会与和谐世界奉献富有中国特色的神学思想智慧。

就应用研究和社会实践而言，国内宗教学界近几年来最为关注的课题之一，就是慈善公益与社会服务。然而，目前国内的慈善公益与社会服务事业尚处于起步阶段，尚缺乏系统化、有深度的理论研究。客观地说，基督教与其他几大宗教传统相比，不但历来就更投入慈善公益与社会服务实践，而且具有更悠久的思想资源和更完备的理论体系，如果能将其与中国社会的现实需要相结合相适应，无疑可成为中国教会神学思想建设及其社会实践的一大亮点。

3. “基督教中国化”可为拓展中外文化友好交流铺路搭桥

前述内容已蕴含此意，这里单独来谈，主要是想充分展现我们所寄予中外文化交流的美好期望。关于中西方文明的比较与交流，著名哲学家罗素讲过：回顾过去，不同的文明相接触，往往被证明是人类进步的里程碑。例如，希腊向埃及学习，罗马向希腊学习，阿拉伯向罗马帝国学习，中世纪的欧洲向阿拉伯学习，文艺复兴时期的欧洲向拜占庭学习等，后者被证明比前者更优秀。至于中国，可能又是一例，我们西方要向中国学习的东西，和中国要向我们西方学习的东西一样多。[③] 除了罗素多年前所讲的“相互学习”，就当今人类文明或文化传统的多元化及其丰富性而言，我们还应该主张相互借鉴、相互启发、相互补充、共同繁荣。要而言之，凡是其他文明或文化传统中合理的因素、观念和思

---

① See Emile Durkheim, The Elementary Forms of the Religious life, New York: The Free Press, 1965, p. 62; J. Milton Yinger, The Scientific Study of Religion, New York: The Macmillan Company, 1970, p. 7.

② 关于这种理论动向的概括与评论，可参见张志刚“宗教对话的理论动向及其现实启发”，《西北民族大学学报》2010年第5期，或《人大复印报刊资料·宗教》2011年第2期。

③ 同时参照罗素《中国问题》，秦悦译，学林出版社2009年版，第147页；《中国印象——世界名人论中国文化》下册，“罗素部分”，何兆武等译，广西师范大学出版社2001年版，第89页。

想，我们都应当予以汲取利用，这样才能继承发扬中国文化所具有的海纳百川、有容乃大的优良传统。

基于以上主张，在目前中华民族致力于文化大繁荣大发展，重树文化自觉性与自主性的历史时刻，我们确有必要重新认识几大世界性宗教在中外文化交流史上的重要作用。正像我国专家学者指出的那样，回顾一下中外文化交流史，我们便会不无惊奇地发现，世界三大宗教具有桥梁作用。譬如，源于印度文明的佛教，自汉代传入中国，经过千百年来同化和改造，不但成为我国西藏、蒙古等地区的民族文化的组成部分，而且成为中国与南亚、东南亚和中亚等地区的文化交流桥梁。伊斯兰教作为阿拉伯—波斯世界的文化基础，自唐代传入中国，经过千百年来的同化和改造，不但成为我国回族、维吾尔族、哈萨克族、柯尔克孜族、塔里克族、塔塔尔族、撒拉族、东乡族、保安族等10个少数民族的文化要素，而且成为中国与波斯—阿拉伯世界的文化交流渠道。作为希腊—罗马文明之标志的基督教，自唐代传入中国，历经多个历史阶段的碰撞与磨合，也已成为中华民族文化的一部分，并已成为中西方的文化交流桥梁。据此而言，中外文化的交流与比较研究，若不涉及世界三大宗教，那将是很不全面、很不深入的。①

就世界宗教现状而言，基督教（包括天主教、新教和东正教）堪称世界第一大宗教。据新近估算，目前全球的基督教徒已近23亿，约占世界人口三分之一，其中天主教徒约12亿，新教徒约7亿，东正教徒近3亿，广泛分布于251个国家和地区。由此来看，我们是否可以说，如同市场经济并不存在“姓资还是姓社”的问题，真正意义上的基督教信仰也已不存在“姓西还是姓中”的问题了。问题的关键在于，只要我们能使基督教真正实现中国化，中外文化的交流与对话也就多了一座黄金桥梁。

（原载《世界宗教研究》2013年第2期）

① 参见耿昇“译者的话”，谢和耐著《中国和基督教——中国和欧洲文化之比较》，上海古籍出版社1991年版，第5页。

儒学与中国的相互规定性

卢国龙*

儒学与中国的相互规定性是个很宏观的问题。问题越是宏观，理解问题的角度也就越是多种多样，理论上说具有随机选择的可能性。举例来说，如果将中国仅仅看作一个政治共同体，就可能认为所谓儒学与中国的相互规定性，只是为了寻求某种文化意义的虚构，中国之成其为中国，固然与儒学有些关系，但没有与秦始皇的关系那般真切实在，因为中国作为一个组织体制基本确定的统一国家，是由秦始皇建立的，与孔子无关。反之，如果承认中国的历史并非从秦朝开始，秦朝之前有礼乐制度相互沿革的夏商周三代，秦朝以后又经历了无数次的朝代更迭、制度沿革、治权离合、疆域伸缩，等等，那么就不得不承认，政治共同体不是某个自在自为、自果自因的“自在之物”，在漫长的历史进程中之所以能够一次次瓦解，又一次次重建，从根本上说是由中国作为一个具有原生性质的文明体系所决定的，政治只是这个文明体系的组织形态、体制外壳。外壳可以蜕变，共同体可以重组，但中国始终是中国，其内在规定性不是政治，而是文明。这里所说的文明与政治，可以理解为体与用的关系，文明是历代持续发展的体，政治则是取决于文明发展状态的应用。二者既不可剥离开甚至对立起来，也不可不加以辨析，在思索中国之所以为中国的内在规定性这样一类特定问题时，尤其如此。

当然，作为原生文明体的中国，既非创始于秦始皇，也非创始于孔夫子。孔子之前有尧舜三代，孔子之后有诸子百家，以至近现代的千流百派。如《汉书·艺文志》有所谓“儒家者流”云云，说明将儒家作为一个流派是古有渊源的。这种渊源巩固了许多现代人的一个基本观念，即孔子儒家只是三教九流之一，秦汉以前同列诸子百家，魏晋以后并称儒释道三教，如果说有什么特别之处，那就是儒家专以伦理教训为职志，充当着帝制秩序的“协警”，所以在情感上，这个学派是惹人厌倦的。但在理智上，我们又不能不正视儒家对于中国文明的独特意义，正视儒家与道法名墨诸家不可同日而语的文明史地位。这层差别，最初是由激烈而且深刻批判儒家的《庄子》发现的。这好像是一个很值得玩味的现象，感愤儒家的伦理主张与诞谬的现实秩序之纠结，因而痛批儒家的是庄子或庄子学派。同样，以理性的精神重新发现儒家，从而彰显其文明史意义的也是庄子或庄子学派。这种现象似乎表明，对于儒家可以激烈批判，但要以深入的理解为基础；也可以表达深切的同情，但要经过理性批判的升华。与真实的理解比较起来，态度表现是不重要的。

作为中国思想评论的第一篇经典之作，《庄子·天下篇》着眼于“天下”，立论的视角与诸子百家不同。诸子百家立论，通常都从自身的立场、主张出发，甚至也可以说是从“各为其所欲焉以自为方”的“偏见”出发。正因为《天下篇》本着天下意识，独具只

---

* 卢国龙，中国社会科学院世界宗教研究所研究员。

眼，所以发现表面繁荣的诸子百家学，并不必然推动社会整体朝着理性而有序的方向发展，因为诸子百家都将各自的偏见强调为“道”的普遍原则，“皆以其有为不可加矣”，圆满自足，思想领域就被划分成相互排斥的大小领地，于是，学术思想的分裂与战国现实的分裂相互推波助澜，陷于恶性循环，在集体无意识中隐伏着“道术将为天下裂”的深层危机。

理性地克服危机，必然以建构思想观念上的认同、共识为基础，否则就只能像秦皇汉武那样，以强权政治焚书坑儒，罢黜百家，用非思想的手段强制思想统一。而要在百家争鸣的时代环境中建构思想观念上的某种共识，无疑是极其困难的。困难主要表现在两方面。一是社会思想一旦复苏，就会成为具有自我复制能力的生命体，若非遭遇战争以及随之而来的极权政治等社会灾难，则繁衍的能力不会枯竭，只是思想的内容和形态可能发生演变，或者趋同，或者变异，与现实的社会生活相呼应，纷繁而复杂。二是思想共识的建构必须具备与之相应的精神资源、文化基础。在两希——西方文明——我们姑且称之为“两希流域”的历史经验中，这样的精神资源和文化基础，要么是哲学，要么是宗教。哲学以知识体系建构共识，宗教以信仰体系建构共识，途径或许相反，风格也可能迥异，但由于试图建构共识的有效范围，在发轫时期同样都很狭小，只是希腊城邦或犹太族群而已，所以二者同样都足以济其用。而诸子百家学所应对的，是一个庞大的社会群体，无论采用哲学还是宗教的途径来整合共识，似乎都很无效。春秋战国时代的礼崩乐坏，证明传统的信仰体系已然无效；关尹、老聃的自然主义哲学，站在宇宙意识的高度，运用相对的思维方法，畅叙万物之“本”，理论造诣未尝不高，但对于这个庞大的社会群体来说，难免曲高和寡，不能作为最大的文化公约数，整合共识的效用也就隐而不显，所以老子的策略是“小国寡民”，《天下篇》则将关尹、老聃列为“皆有所长”的流派之一。这种整合庞大社会群体的困境，与中国原生文明的特性有关，古代如此，现代也无非如此。历史地看，中国从来就不是一个民族国家，而是一个不断整合的文明体，所以如何建构某种足以支持文明体整合的精神资源和文化基础，既十分困难，又极其重要。

思想层面重要的，通常都是让人忧患的。如果找不到一个相应的精神资源和文化基础来建构思想共识，那就只能出现两种结局，其一是湮灭诸子百家学，用思想专制将社会群体逼回到蒙昧状态，但能够实现政治上的短暂统一。其二是任由“道术将为天下裂”，裂变到小国寡民的状态后，既可能重现理念中的美妙的自然生活，也可能只是回到蒙昧与文明相循环的端点。无论哪种结局，中国都将不成其为中国，至少不是两千多年历史所呈现出的这样一个中国。站在这个角度来理解中国的规定性，可以说就是在春秋战国那样一个承上启下的时代，能够整合思想、构建共识的精神资源和文化基础。而按照《天下篇》的理解，这个精神资源和文化基础的现实载体，是而且也只能是经由孔子所删述的六经。其说云：

> 古之人其备乎！配神明，醇天地，育万物，和天下，泽及百姓，明于本数，系于末度，六通四辟，小大精粗，其运无乎不在。其明而在数度者，旧法世传之史尚多有之。其在于《诗》《书》《礼》《乐》者，邹鲁之士、播绅先生多能明之。《诗》以道志，《书》以道事，《礼》以道行，《乐》以道和，《易》以道阴阳，《春秋》以道名分。其数散于天下而设于中国者，百家之学时或称而道之。①

① 以上引文皆《庄子·天下篇》，（清）王先谦《庄子集解》，中华书局1987年版，第287页。

众所周知，《天下篇》既是一篇思想评论，也是对春秋战国思想的一次历史总结。如果按照《春秋》史学的示范来理解，史学著作的体例是思想表达的一种特殊方式，那么《天下篇》的体例也有值得关注的地方，即不将孔子儒家与其他的诸子百家等列。这种体例也许不足以说明作者特别崇尚孔子儒家，但至少表明了作者的一个基本判断，即古人“道术”之大全的现实载体、将古人日用而不知之道彰显为自觉意识的，是《诗》《书》等六经。也正因为六经相对完备地载述了古人道术，所以《天下篇》视之为整合共识的基础，其他的诸子百家，则各自发挥古人道术的一种面相，“皆有所长，时有所用”，但不像六经这样是构建共识的本源之“体”。

六经由孔子删述而成，实际上也就是对尧舜三代的传世文献进行编纂整理。按照现代学科划分，应该属于历史学门类，既非哲学，也非宗教，何以能发挥整合社会共识的作用？这个问题若出现在中国古代，会被认为很愚蠢，也很虚假，但在现代却很真实。现代人所熟悉的理论模式和思维方式，以“两希流域”的历史经验为基础，在这个经验里，历史学从来就不是独立的精神载体，而只是“神学的婢女”，是任人打扮的小姑娘，历史本身则被描述为神迹或者神恩的显现，例如都尔教会主教格雷戈里的《法兰克人史》等，就很典型。按照中国古代的信史尺度来衡量，这类“神编史学”顶多也只是些佞神的诳语，甚至算不上真正的史学著作，更遑论什么“史学名著”了。但对于“两希流域”的文明来说，这种“神编史学”其实极为重要，因为至今流行的一元论文明史观、“绝对实在”的哲学概念等，最初都是由其一神论的“神编史学”支撑起来的。所以“两希流域”史学批判的任务很沉重，这种批判如果不彻底，则所谓“宗教宽容”、“多元主义”等等，都只能是相对于一神论来理解的，在五十步与百步之间，而对于新的世界文明版图以及相应的世界秩序，会流于姿态上的开明，而非观念上的理解。

由六经所开创的中国史学，在基本观念上就与“神编史学”有着天壤之别，即六经所叙论的，不是神的意志呈现为人类的历史，而是人类创造自身的历史，贯穿其中的，是人文理性精神。这一点，我们可以顺着前人的两句话来略叙梗概。

其一如清人章学诚说，“六经皆史也”①。在中国古代经史子集四部分类中，经部的品秩最高，如古代竹简，六经的规格为长二尺四寸，其余的则至少减半，汉以后“经”又被训释为“常”，推尊为贯穿历史的“万世常法”，等等，章氏断言六经都是历史，或许不符合传统的“尊经”立场，但却符合历史事实。因为孔子删述六经的基本原则是“述而不作”，根据传世的文献编纂成册，所以六经从“祖述尧舜”开始，也就是从具有明确记载的人文活动开始，没有传说中的三皇五帝故事，也就没有神话史和英雄史这样两个通常被认为是史学发展所必经的阶段。具体而言，六经其实是分类编纂的历史，“《诗》以道志”，是汇聚前人表达情感、意志的作品；“《书》以道事”，是尧舜以来有关政务活动的断代史合编，在中国古代，一般都认为《尚书》是“史家之初祖”②；“《礼》以道行，《乐》以道和”，是有关行为规范、典章制度的历史记载和意义阐释；“《易》以道阴阳”，在《易》学的两派六宗中，以史解《易》乃六宗之一，因为六十四卦的卦爻辞，是历代卜筮活动及其结果的记录，其中包含了大量的历史信息，所以，大量的卜筮活动虽然被归纳为三百八十四爻、六十四卦，构成一个周而复始的体系，启发哲学思维，但内容上却是

① （清）王先谦《文史通义》卷一《易教上》，叶瑛校注，中华书局1985年版，第1页。

② 详见章学诚《文史通义》卷一《书教上》，叶瑛校注，中华书局1985年版，第30页。

反映实际的历史活动；"《春秋》以道名分"，《春秋》本来就是编年史，其特点，是通过历史叙述的"体例"，表达有关伦理秩序的意识。显然，六经的全部内容，都以文献所记载的历史活动为依据，不像创生性宗教那样专在迂怪夸诞上用功夫，所以是理性的；也不像哲学那样特设一种理念以解释宇宙万物，而是关注人文化成，所以参照现代学术来理解，六经具有历史哲学的基本风格，是理性而且人文的。

其二如宋人苏洵，叙议孔子志业，谓之"因史修经"①。所谓"因史"，是从历史实际出发，以客观事实为依据；所谓"修经"，是从漫长的、大量的历史事实中发现一以贯之的文明之道。"经"的本义，是贯穿竹简的青丝绳。而历史作为群体活动的记忆，从来就不是全景式的，只能像一片片竹简，是片段性的。孔子"因史修经"，将片段的历史记忆升华为整体的文明史意识，从现代史学所描述的尧舜三代部族冲突和更替中，发现了礼乐制度的沿革，发现间歇性的历史冲突之中贯穿着文明的持续发展，发现文明的历史本来是一个宏观整体。也唯其有这样的发现，所以孔子说"吾道一以贯之"，并预言继承尧舜三代的未来文明，"虽百世可知也"。

如果我们将尧舜三代同条共贯的文明史归结为孔子的"发现"，或许会牵连出古代史研究的诸多问题，但有关这种文明史的意识，则可以肯定地说是由孔子删述六经所唤醒的。也正由于这个缘故，《天下篇》认为六经载述了"古人之大体"，可以为风生水起的诸子百家学提供精神资源和文化基础，从而建构思想共识，克服"道术将为天下裂"的危机。从某种意义上说，中国之所以为中国，也同样是由这种文明史意识陶铸而成的，否则，没有文明史认同，也就没有文明体认同，剩下的，就只是些周朝、七雄、五霸所代表的部族、地域冲突之类的片段，诸子百家也就"各自为方"，在离裂的道路上愈行愈远。

至于规定性的另一面，中国如何规定儒学之成其为儒学，与前者是同理同义的，即儒学形成时期的思想内涵和学术形态，取决于尧舜三代的历史实践，此后儒学的发展，取决于此后中国的历史实践。只要我们放下某些现代"成见"，诸如将关于哲学家的历史当成哲学史，又专门将语录当成哲学家的哲学，等等，就不难理解所谓相互规定性，其实是文明精神与历史实践"对待流行"的发展机制。

（原载《世界宗教文化》2013 年第 4 期）

① 《嘉祐集》卷九《史论上》，《四库全书》集部别集类。

信仰社会学研究要义*

——兼论信仰如何成为中国问题

李向平**

人类文明中的信仰形态，林林总总，非常丰富，但就其主要形式来说，不外就是两大信仰类型：以人为本与以神为本。在这两大信仰类型中，神人关系（信仰者与超验者、神圣对象、终极关怀者等关系）及其神圣性建构是它们的核心。以此为核心，人类文明呈现了不同模式的神人关系与信仰类型，构成了不同的宗教观及其实践模式，由此也构成了信仰社会学基本论题。

本文基于信仰社会学的基本理论，认为神人关系及其信仰模式的建构，实际上即是人本与神本两大信仰概念及其信仰类型的建构，而人类文明中的神人关系，是两大信仰类型得以建构的基础，同时把一神信仰归类为神本信仰类型，把无神、非神以及多神的信仰，定义为人本信仰类型，进而讨论两种信仰概念、两大信仰类型及其不同宗教模式的构成。正是这两种信仰类型，分别界定了人类文明中神圣与世俗之间不同的实践模式乃至各种不同的宗教形态，最后，本文提出信仰社会学研究“4B”模式。

一　中国宗教社会学研究的研究困境

随着宗教社会学研究在中国的展开，部分论著认为，宗教社会学理论源自基督宗教，不适用于中国宗教与社会关系的分析，讨论中国宗教现象，为什么不能用中国人的宗教概念，非用西方宗教概念不可。特别是杨庆堃有关“制度宗教”与“扩散宗教”① 的概念被引入中国宗教社会学领域后，不少论著以为中国宗教的制度特征很弱，那些出自基督宗教的欧美宗教社会学理论对中国宗教、信仰现象不具解释功能。同时，西方宗教研究论著中，也对宗教概念发生质疑，认为那种凝固僵化的宗教，忽略了信仰者与超验者的关系；中国人也不适合于这种宗教诸体系的模式。② 近年来兴起于欧洲的“灵性社会学”即当属此阵营。在此背景下，有关中国宗教社会学研究的理论方法似已进入一个瓶颈式的困境。

---

* 本文为国家社科基金重大研究项目《中国民间信仰研究》（10&ZD113）《现阶段我国社会大众精神文化生活调查研究》（12&ZD012）的阶段性成果。

** 李向平，华东师范大学社会学系教授，宗教与社会研究中心主任。

① 杨庆堃：《中国社会中的宗教》，范丽珠等译，上海人民出版社 2007 年版。

② 威尔弗雷德·坎特韦尔·史密斯（Wilfred Cantwell Smith）：《宗教的意义与终结》，董江阳译，中国人民大学出版社 2005 年版，第 292、138 页。

杨庆堃从结构功能主义立场出发，将帕森斯关于扩散性与特殊性的概念与瓦哈关于“自然宗教群体”和“有特殊组织的宗教群体”结合起来，试图超越实质论和功能论的定义方式，提出“制度宗教”与“扩散宗教”两种概念，以分析中国宗教信仰类型。

“制度宗教”与“扩散宗教”这一对概念，揭示了中国宗教与基督宗教的某些不同特征；而目前研究中国宗教论著者，大多也因此强调中国宗教信仰的扩散特征，论定制度宗教的概念不适于中国宗教信仰的研究。由此观之，制度宗教或扩散宗教等问题已构成中国宗教社会学研究的关键问题。但这种宗教分析模式仍存在着诸多不足，如即便在儒教体系中，既存在着诸如个体儒教信仰方式的分散性，也有着与国家权力纠缠在一起的制度性。① 导致此困境的一个重要原因，仍在于杨庆堃的宗教定义方式，依旧源自于个人与社会、信仰与宗教二元对立的宗教信仰模式。

然而，值得指出的是，信仰者个人与超验者、神圣对象之间的关系乃是一个普遍的问题。它们即便在中国，也不仅仅是制度与扩散两大形式。至于已经成为中国宗教特别之处的扩散宗教，它们在中国，也不过是信仰模式、实质是神人关系的另外一种建构形式、存在形式而已。扩散宗教之根源，即是这种神人关系的依附型建构、依附型信仰方式。虽是信仰关系，却不是通过宗教制度而表达为宗教信仰，反而是通过现实权力关系的信仰建构与信仰表达方式。

制度宗教与扩散宗教的两个概念，即是把各种宗教视为一种静态结构，而忽略了任何一种宗教信仰体系，皆为一种社会建构的结果，其社会学本质就是神人关系的不同表达与不同建构方式而已。

神人关系的团体建构方式、信仰结社方式，即为制度宗教；神人关系的其他建构方式，即是制约于这些建构方式的信仰模式，或为宗教，或为民间信仰、政治信仰，甚至是以人为中心的信仰模式。② 中国宗教在中国社会中并无结构性地位，即便是当代中国，宗教也是“悬置”于社会结构之中。③ 这就是扩散宗教的真正的社会学本质。它已经不是宗教的信仰结社及其建构方式，而是具有宗教特征、不是宗教、却能发挥宗教功能的各种信仰模式。

仔细分析目前中国学术界趋向于扩散宗教而相对忽略制度宗教研究的特征，此乃出自于制度宗教之地位与功能被极大弱化的结果。与此同时，神人关系的权力建构方式及其结果，也形成了“信仰替代宗教”的路径与功能。而这种信仰模式也许是民间信仰、也许是政治信仰，也许是宗教信仰与其他信仰的混合形式。

因此，我们应当回到宗教社会学研究的理论原点，即如何把握这种源自于神人关系的信仰建构方式，如何经由不同建构方式而呈现为各种不同的信仰模式。虽然这种不同建构方式导致了信仰模式的差异，这与中国和欧洲在社会基本结构形式上的差异相关，如马克斯·韦伯指出的那样，没有居中的教士与圣徒的等级制就不能存在的新教。它强调在君主之外的个人与超验领域的直接的联系。中国的统治伦理不是从宗教领域，而是从亲属关系

---

① 李向平：《信仰但不认同：当代中国信仰的社会学诠释》，社会科学文献出版社 2010 年版。

② 李向平：《两种信仰概念及其权力观》，《华东师范大学学报》2013 年第 2 期。

③ 李峰：《乡村基督教的组织特征及其社会结构性位秩》，复旦大学出版社 2005 年版。

中演化出来的。[①] 为此，从这些考虑出发，神人及其“信仰关系”，是否能超越权力或亲属关系，如何建构个人与超验者的关系，建构为一种居于国家与个人、社会与个人之间的信仰模式，这就使我们要把我们可以称之为宗教对象的东西，理解为神圣者的构成，即一种个人与神性的关系，于是把 religion 一词理解为人与神之间各种纽带关系的名称。[②]

如同康德指出的那样，有关宗教的定义，一指人的一种特性或个人与超验者的关系；二指那种超验者本身。[③] 中国宗教及其信仰方式与基督宗教信仰结构，在其本质上并没有根本的差异，仅只是神人关系的建构方式不同，导致了信仰实践及其信仰模式的不同。这些被建构起来的信仰模式，虽然大多被局限于制度的、扩散的两种方式，同时还有其他可能。这就是说，中外宗教及其信仰结构，普遍拥有一个共同的神人关系，并分别呈现为准宗教、半宗教、伪宗教与纯宗教等四个维度。[④]

二　神人关系：基本概念工具

无论中国还是西方，其宗教社会学研究的基本逻辑是，个体与社会之间的关系，神圣与世俗的关系，为此，个人信仰与宗教结构之间的关系成为个人和社会构成的内在逻辑。在这些关系之中，神人关系及其信仰的建构方式，应当是其基础的基础。埃米尔·涂尔干和马克斯·韦伯都曾假定宗教信仰能解释社会规范的普遍约束力与其合法性。其中，神人关系及其信仰构成，即是这种约束力与合法性的基本构成。

信仰作为宗教的核心，最初只是人与人之关系的一种形式。但信仰或宗教形式的体现，离不开神人关系的建构与社会关系的表达。一旦宗教形式凝聚成形，又会对其赖以形成的母体——社会形式产生规导作用。信仰最初是社会关系的一种形式，以后演化为一种纯粹的精神关系，直到形成这一纯粹的信仰——超越的唯一的上帝信仰，才得以脱离了社会因素的约束。

G. 西美尔曾认为，人与人之间各种各样的关系中都包含有一种宗教因素。信仰最初是作为人与人之间的一种关系而出现的。“宗教存在于社会关系形式之中，有了宗教，这些社会关系形式便从其经验内容中摆脱出来而获得独立，并拥有了自己的实质。”[⑤] 显然，宗教社会学理论中固有的宗教与社会的二元论区分理论特征，在西美尔那里就已有一定的超越与讨论。“力图从人与人的关系去揭示宗教本质的问题”，[⑥] 宗教作为社会关系的一种超越形式。本调研可说是试图去检证宗教是一种社会关系的超越形式这一理论，并且赋予

---

① 杨美惠：《礼物、关系学与国家》，赵旭东等译，台北，南天书局 2005 年版，第 274 页。

② W. C. 史密斯（Wilfred Cantwell Smith）：《宗教的意义与终结》，董江阳译，中国人民大学出版社 2005 年版，第 21、26 页。质疑宗教概念的史密斯也认为，“信仰” 指的是一个人心灵之终于超验者相关联的一种内在的特质（第 118 页）。

③ W. C. 史密斯（Wilfred Cantwell Smith）：《宗教的意义与终结》，董江阳译，中国人民大学出版社 2005 年版，第 113 页。

④ Fenggang Yang, *Religion in China: Survival and Revival under Communist Rule*, *Oxford University Press*, 2012, p. 37.

⑤ G. 西美尔：《现代人与宗教》，曹卫东译，香港，汉语基督教文化研究所 1997 年版，第 3、5、10、14 页。

⑥ 同上书，第 3 页。

了信仰与宗教信仰的中国经验及其证明。

信仰如何可能？社会如何可能？宗教如何可能？此乃所有信仰、宗教的社会学问题出发点。当个体与团体的关系“具有融升华、献身、神圣、忠诚于一体的特征”，就是宗教性的关系。若能从这种关系发展出一套具体理想内容的神圣观念体系，分化出一个具有特殊身份阶层，教士、僧侣、儒生等，成为神圣观念的化身，专业料理宗教性的关系，“宗教”就出现了。[①] 若缺乏这样一个专业料理宗教的身份阶层或职业团体，那种非宗教、各种不同的信仰方式也就会构成了。

信仰与宗教关系融化在社会关系之中，个体与上帝的关系同个体与社会共同体依附感很近似。这是G. 西美尔把施莱尔马赫宗教哲学的依附感，转换为“依附感的宗教社会学”的出发点。[②] 而这种依附感，则使信仰者个人与超验者、神圣对象等关系，融入了不同的社会关系之中，并呈现了不同的建构方式与信仰模式。

实际上，西方社会及其基督宗教信仰结构中，也往往呈现一种“神人关系”及其建构过程。它与其他宗教信仰模式相异之处，是在于社会与个人之间的互动关系，在基督宗教结构中则呈现为基督宗教信仰的团体建构，这就是杨庆堃说的“制度化宗教”。所以，基督宗教一神论信仰中同样呈现有威廉·詹姆斯认定的“个人信仰”与“制度宗教”。[③] 基督宗教如教会、团契的信仰结构如此，而穆斯林的“乌玛”、印度人的“种姓”、佛教徒的“僧团”以及其他一些信仰共同体，在很大程度上，同时也是那构成和已经构成了这些集团的男男女女个人信仰的表达方式。[④] 它们都是一种神人关系建构的结果。同时也会具有个人宗教与制度宗教两个层面。可以认为，基督宗教等一神论与多神论信仰结构的建构，同样是出自于神人关系，仅因这种神人关系的结构方式不一样，所以构成的宗教形式不一样。为此，我们假设，神人关系及其建构方式的相异，导致信仰模式与宗教结构形式的不同，所谓个人宗教、制度宗教与弥散宗教，皆为各种不同的神人关系及其建构的结果。

中国人的关系取向，大致分为情感型关系（expressive ties）、工具型关系（instrumental ties）、混合型关系（mixed ties）[⑤]。它们也是一种结构类型，往往是结构的运作机制。这些关系正是神人关系得以建构的基础，并且成为上述三种关系得以运作、体现的核心。它们以神人关系为中心，结合了现实社会中的伦理关系、权力关系、人际交往关系，既是现实社会中人们交往交换的基本关系，同时也是公共权力进行展现的基础。为此，中国社会中的神人关系，有以宗教建构的结果，如佛教、道教；也有借助于其他权力关系建构的结果，如儒教、民间信仰等。因此，中国信仰模式及其宗教结构之中的神人关系，不一定能够独立建构为宗教形态，而是人神交往、人神互惠的关系，嵌入并且渗透在权力合法性构成、国家统治、社会生活、家庭生活、经济交换之中，从而构成了关系中的信仰，信仰中的关系，依附性极强，随时有可能被其他关系如权

---

① G. 西美尔：《现代人与宗教》，曹卫东译，香港，汉语基督教文化研究所1997年版，第8页。

② 刘小枫：《编者导言·西美尔论现代人与宗教》，曹卫东译，西美尔《现代人与宗教》，香港，汉语基督教文化研究所1997年版。

③ 威廉·詹姆斯（William James）：《宗教经验种种》，华夏出版社2008年版。

④ W. C. 史密斯（Wilfred Cantwell Smith）：《宗教的意义与终结》，董江阳译，中国人民大学出版社2005年版，第358页。

⑤ 黄光国：《儒家关系主义》，北京大学出版社2006年版，第7—8页。

力关系所替代。

“关系研究”已经成为一种非常值得讨论的研究方法。因为在中国人的社会活动及生活中，“关系”具有非常突出的意义。[①] 而中国人的信仰取向与宗教结构之中，神人关系经由权力建构的信仰关系取向也同时渗透于这类“关系”之中。[②] 为此，中国人的信仰结构亦非实体论、而是关系论；它是出自于一种“非神圣目的论的世界观模式”,[③] 其本质是过程的、关系论的。它的真正内涵，制约于各种权力关系、社会伦理关系。这是一种超越了主客二元对立的方式，是中国人用来分析和解释世界的基本方法，最终又深深地渗透在中国人的信仰与信仰实践之中，有一种自我神圣的信仰建构趋向。

在这些关系之中，神人关系及其信仰建构作为其核心构成，乃与西方宗教一样，无疑也是其中各种社会信仰、权力关系的基础。关键的问题是，这种神人关系及其信仰的建构，它更体现了中国信仰结构的依附型、可替代性等特征。因为神人关系作为人与人交往关系的价值基础，它的建构，并没有完全建构为宗教，或直接构成为宗教体系，而直接体现为人与人交往的价值规范及为人处世、为官治民、为王治国的价值原则。所以，神人关系作为一种非常重要的价值资源，成为中国天人关系中的关系、人伦关系中的关系。它使中国宗教及其国家权力呈现为一种关系主义信仰结构。它们并非局限于宗教，但是又有宗教的巨大功能。所以，在中国语境之中，伦理、美育、科学、哲学能够替代宗教，而最终的结构却是：信仰能够替代宗教。

信仰与宗教信仰建构与表达中的这种现象，正如德国社会学家斐迪南·滕尼斯所提出的：“关系本身及来自关系的社会结合，或者被认为是现实的有机生活，这是共同体的本质。”[④] 而皮埃尔·布迪厄（Pierre Bourdieu）提出的“实践的逻辑”，则表达了他对行动与结构“二元论”的超越以及对方法论关系主义的追求，进而立足于个人主义与社会结构论之间的契合，解决社会理论中关于个人与社会、行动与结构的问题，超越个人与社会的对立关系。

这种方法论的关系主义，超越了西方惯用的社会—文化结构决定论。“它们从关系主义方法论立场，提出了个人与社会、社会与政治、经济与文化、理性与感性等一系列社会学研究之中的重大问题，并在反实体论的关系论角度展开了卓有创见的论述。”[⑤] 方法论的关系主义（methodological relationalism）认为，社会现象的事实和原则不可以化约为关于个人的知识之上。他们是从许多个人所形成的关系、群体和机构中滋生出来，并独立于个人特征之外的。因此，策略性的分析单位并不是单独的个体或情境，而是“各种关系中的人”（person-in-relations），其焦点在于不同关系中的人；而“关系中的人们”（per-

---

① 金耀基：《关系及网络的建构》，香港《二十一世纪》，1992 年 8 月，第 143—157 页；黄光国：《论华人的关系主义：理论的建构与方法论的考量》，《儒家关系主义》，北京大学出版社 2006 年版，第 82—108 页。Ho, D. Y. F. 1991. Relational Orientation and Methodological Relationalism . Bulletin of the Hong Kong Psychological Society, No. 26 - 27, 81 - 95. Ho. D. Y. H. 1998. Interpersonal Relationship and Relationship Dominance : An Analysis Based on Methodological Relationlism . Asian Journal of Social Psychology, 1, 1 - 16.

② 李向平：《信仰是一种权力的建构》，《西北民族大学学报》2012 年第 4 期。

③ 唐逸：《理性与信仰》，广西师范大学出版社 2005 年版，第 401 页。

④ Ferdinand Tonnies, Community and Civil Society. Cambridge: Cambridge University Press 2001. p. 17.

⑤ 刘少杰：《后现代西方社会学理论》，社会科学文献出版社 2002 年版，第 192、199 页。

sons-in-relation)，其焦点是位于某一关系脉络中互动的人们。①

出自于中国宗教社会学的理论方法困境，反思固有宗教社会学方法论的基本问题，试图以关系主义方法论，我们提出“神人关系”及其研究方法，认为“神人关系”，即是信仰者与超验者、神圣对象之间的关系，而这种超验的、神圣的关系的构成，却不得不依赖于现实社会、权力关系的建构。

这种神人关系及其研究方法，试图从对制度宗教与扩散宗教的过分关注，转移到对神人关系及其建构以及信仰模式、宗教结构再生产模式的关注，促使人们从神人关系的角度展开思考，超越由中西宗教差异以及信仰与宗教二元对立思维引起的中国宗教社会学的方法论困境。

三　神人关系与“信仰”定义

保罗·蒂里希虽然把信仰定义为“终极关怀”，但他同时也说：“在宗教的语言里，不论学者所说的，抑或民众所用的，引起最多误解、引起最多歪曲、引起最可质疑的概念规定的，莫过于‘信仰’一词。”②

对于信仰的定义，虽难有定论，但人们最常想到的就是宗教信仰，事实上，在欧美基督宗教传统中，信仰往往即指宗教信仰。“宗教就是对一位至高无上的神的信仰。”③并且认为，这种信仰是对神的一种渴望，渴望得到神和上帝的爱。④于是，宗教信仰被定义为宗教认识因素：“它指一个虔诚信徒所信奉的宗教的观念世界，这个世界被看作是一种存在于现在、过去或未来的现实。这个观念世界为保持其对信徒的意义而不愿受到触动，只希望恒定不变，具有不可侵犯的权威。”⑤

信仰之所以神圣，是因为信仰是人们对终极实在的个体体认的自我表现。“信仰不仅是一种思维方式，而且是一种生活方式，它把日常生活置于永恒实体的笼罩之中。”⑥

信仰的主要作用是使我与超越者相联结，与站在我们上面的东西联结，信仰是与彼岸的联结，所以信仰带来的一件事就是拯救：信仰的要务显然是拯救我们。⑦宗教不仅仅是个人的事情，也不仅仅是与绝对者的一种垂直“联结”，它也是与人类的联结；它有一个传统，有一个历史的维度。宗教相遇并非仅仅是两个或两个以上这样的人的相遇。⑧

信仰最初是社会关系的一种形式，是在“丝毫未受宗教影响的情况下产生的，作为个体之间的一种纯粹精神关系的形式，后来在宗教信仰中表现得十分纯粹、十分抽象”。

---

① Ho. D. Y. H. 1998. Interpersonal Relationship and Relationship Dominance：An Analysis Based on Methodological Relationlism. Asian Journal of Social Psychology，1，4. Ho，D. Y. F. & Chiu，C. Y. 1988. Collective Representations as a Metaconstruct：An Analysis Based on Methodological Relationalism. Culture and Psychology，4（3），349－369.

② 维尔斯·叔斯勒：《蒂利希：生命的诠释者》，杨俊杰译，开封大学出版社 2011 年版，第 114 页。

③ 埃米尔·涂尔干：《宗教社会的基本形式》，渠东、汲喆译，上海人民出版社 1999 年版，第 35 页。

④ 麦克斯·缪勒：《宗教的起源与发展》，上海人民出版社 1989 年版，第 15 页。

⑤ 特洛尔奇：《基督教理论与现代》，朱雁冰、李承言、刘宗坤译，华夏出版社 2004 年版，第 203 页。

⑥ 斯特伦：《人与神——宗教生活的理解》，金泽、何其敏译，上海人民出版社 1991 年版，第 59 页。

⑦ 雷蒙·潘尼卡：《宗教内对话》，宗教文化出版社 2001 年版，第 74 页。

⑧ 同上书，第 83 页。

因此，“信仰最初是作为人与人之间的一种关系而出现的”。[①] 这就是说，在人与人之间各种各样的关系中都包含有一种宗教因素，因为这种关系并非完全建立在真正了解对方的基础之上。而在彻底的信仰过程——对上帝的信仰中，信仰摆脱了相应社会成分的束缚，成为独立的因素，又反过来对社会起到整合的作用。西美尔的论述构成了“信仰关系论”或者是从神人关系研究信仰的社会学基础。

诚然，经典宗教社会学一般是从对宗教的定义中来分析信仰的。如涂尔干认为，宗教现象包括两个基本范畴：信仰和仪式。其中，信仰是观念状态及其各种表现构成的；而仪式则是某些明确的行为方式。涂尔干基于神圣与世俗的分别进一步认定，信仰“不仅表达了神圣事物的性质，也表达了赋予神圣事物的品性和力量，表达了神圣事物之间或神圣事物与凡俗事物之间的关系”。正因如此，整个世界被划分成两大领域，一个领域包括所有神圣的事物，另一个领域包括所有凡俗的事物……简言之，任何事物都可以成为神圣的事物。[②]

很明显，信仰的基本内涵就是神人关系（信仰者与超验者、神圣对象、终极关怀者等关系）及其神圣性的建构，以及依此而构成的神圣与世俗两个世界的区分；神圣的皈依成为信仰关系的核心。只是这个神、神圣及其神圣性，在基督宗教看来是上帝，在伊斯兰教是真主，而在其他信仰或宗教看来，则是其他众多神灵，或者是其他能够被信奉为神圣的存在。信仰可以是宗教的信仰，也可能是非宗教的信仰，“信仰包括宗教信仰、政治信仰、群体（或社团）信仰以及文化信仰等”[③]。

信仰之关系与定义，它首先建立的是神人关系（信仰者与超验者、神圣对象、终极关怀者等关系）、神圣对象、终极关怀者与人群之间的互动关系，一般指那种经由神人关系及其神圣性的建构，实现自我超越、以期发现生命意义的人类习性。它具有超自然与超社会两大类型。它能包含自己、他人及神人之间最深层的关系，包含了人与神圣、人与世界相接的各种关联，去努力寻找启发神圣、敬畏、意义与目的，即使不信仰任何神灵的人也会有之。它是个人精神关怀方式，同时又不局限于个人精神，从而整合了各个层面的人类交往经验；它还能参与主流文化、意识形态等方面的建构，最后建构一个独特的象征权力领域，将权力统治转换为忠诚、虔敬或孝顺，将政治资本转换为象征资本，以神圣、完美的观念来信奉政府的权力。

因此，以人与神之间的神圣交往关系为核心，构成了无限与有限、此岸与彼岸、生命与死亡之间的信仰关系，各个信仰体系大多能把个人的神人交往关系，建构成一个共享的、建制型的价值体系，以表达它的信仰理念、规范信众们的行动逻辑。更加重要的是，这些绝对与相对、永恒与现时、整体与局部的对照和对比的关系，同时也显示了人神之间充满吸引力的我—你关系。[④] 为此，在人与神的关系之中，神人及其神圣关系构成了“……对关系的需要是人类基本人性的一部分”。[⑤] 可以说，神人关系或神圣与现实的关系，应当是任何一个信仰类型、宗教体系的核心构成，从神人交往关系，直接延伸到人与

---

① G. 西美尔：《宗教社会学》，曹卫东译，上海人民出版社 2003 年版，第 5 页。

② 埃米尔·涂尔干：《宗教社会的基本形式》，渠东、汲喆译，上海人民出版社 1999 年版，第 43 页。

③ 卓新平：《神圣与世俗之间》，黑龙江人民出版社 2004 年版，第 17 页。

④ 卓新平：《基督宗教论》，社会科学文献出版社 2000 年版，第 232 页。

⑤ 查尔斯·L. 坎默：《基督教伦理学》，中国社会科学出版社 1994 年版，第 144 页。

人的交往关系、宗教间与宗教与社会的交往关系。

值得指出的是，在神人关系及其信仰类型的建构之间，宗教仅仅是对神人关系及其信仰的一种表现，另外一种表现则是以非宗教（可以是种族、民族、国家、政党等）的形式，涵盖、垄断了对神人关系及其神圣性的阐述，同时也是一种信仰实践模式。为此，宗教信仰仅仅是接近、了解信仰的一种方法，而建构信仰的其他社会关系乃至现实权力，则是一种非宗教、权力层面对信仰进行建构与诠释的另一种方法。因此，信仰既可植根于宗教之中，亦能嵌入其他社会关系之中。它们作为不同的信仰形式，同时都包含了群体以及私人的象征权力及其神圣性资源。这就是说："……信仰乃是社会学的事实，而不是神学的事实。"① 因此，信仰社会学所要研究的，就是不同信仰类型之间的关系、信仰与其他事实之间的关系。

信仰社会学的主要观点，就是信仰的意义与类型是神人关系的一种建构，不同的神人关系及其不同的建构路径，构成了不同的信仰模式与宗教结构。其对信仰的研究方法有两个主要层面：一是从宏观的现实生活关系考察神人关系及其神圣性的建构；二是从宗教角度来关注神人关系及其神圣性的自我建构。而此处要重点论述的，则是以前一个层面为对象，讨论神人关系及其信仰类型建构与宗教结构、实践形态的内在关系。

在此基础上，信仰被视为一个社会中神圣价值的象征，是社会意义的整合与接受，认为神圣性的建构是社会权力关系的隐喻。社会中的人们对神圣关系采取的方法与实践形式，往往会符合这一特定群体所处的社会地位与价值期待。而对信仰类型研究的意义则在于社会建构的神圣性本身，约束了人们会以相应的方式信奉和认同一个社会的神圣性及其特征。

与其说不同文化中的信仰类型不同，不如说是神人关系及其神圣性的社会建构之间的差异，造成了信仰类型的不同。为此，虽然是神人关系及其神圣性建构，但它们与社会权力具有十分密切的关系。神人关系及其神圣性的构成，并存于社会权力的建构之中。神人关系的背后，蕴藏的是社会现实各种"关系"，所以，在宗教层面，信仰是由神人关系及其神圣性构成，但是其信仰与社会关系、象征权力的内在关系层面，信仰类型则是由象征社会权力的各种"关系"建构而成。② 正是社会各种各样的权力关系及其构成形式，现实社会的各种权力都是围绕一个神圣性建构而得以展开，它们都将神圣对象及其神圣性的构成，作为一个神人关系建构的焦点，都对一个能够整合社会行动规范的神圣性进行规划和设计。

因此，本文采用方法论关系主义（methodological relationalism）的视角，假设神人关系与信仰模式建构具有内在关联，进而把神人关系及其信仰模式视为动态的、流动的，而不是如迪尔凯姆所说的静止的"集体表象"，将神人关系（人与超验者、神圣对象的关系）作为信仰模式建构的一个重要基础来加以论述，以此深入洞察神人关系在信仰模式建构中的地位与功能。

---

① E. E. 埃文斯·普里查德：《原始宗教理论》，孙尚扬译，商务印书馆 2001 年版，第 20 页。

② 李向平：《信仰是一种权力的建构》，《西北民族大学学报》2012 年第 4 期。

四 神人关系及其神圣性建构

信仰概念与信仰类型的不同，其实就是神人关系及其神圣性建构形式的不同。这种不同，主要是因为来自于信仰类型的建构动力，出自于宗教层面与权力层面的不同。

这种不同，基本包含了从宗教来讨论信仰，以及从其他社会现实关系来讨论信仰构成的两个层面。“（1）相信自然界存在着一种巨大的道德力量（不管这种力量是否以人的形象出现）的信仰，（2）人与这种更高权力之间的系统化关系。”① 布朗认为，如果这一定义能被认可，那么，人们就会相信有一种道德力量是能够控制宇宙、进而掌控人间社会。所以，想要在那些能够称作宗教、信仰、习俗和不能称作宗教、信仰、习俗之间划分明确的界限，似乎是不可能的事情。

布朗所说的“系统化关系”，实际上即是建构神人及其信仰模式的象征权力关系，同时也是基于神人关系、却又超越神人关系的信仰建构系统。它们有可能属于宗教信仰类型，也有可能不是宗教信仰形态，而是其他信仰模式，却又具有比宗教信仰类型还要强大的影响力量。

神人关系对不同信仰类型构成的直接影响，它们是任何一门宗教的基础信仰；而神人关系的处理与建构方式，则往往会直接影响到任何一门宗教的信仰特征。一神的信仰、多神的信仰、泛神的信仰以及无神的信仰等方式，都在不同程度上构成了不同的信仰建构模式。

在各种不同的信仰建构模式之中，神是否为普遍的，先于个别的，是公正的，始终如一的，神的本性是不是一切善的原因，能够永远保持自己的秩序不变。这些信仰建构与信仰实践方式，都已经深刻制约并且影响到不同信仰类型的构成及其变迁。

另一方面，不同形式的神人关系，经由不同形式而表达，可能构成不同的信仰类型，如宗教信仰与其他替代了神或神圣性的信仰；也可能经由仪式、家族、习俗、规范、国家权力等不同形式来予以表达，成为一种依附于这些社会权力关系的信仰类型。与此对应，每一种建构方式，都将会有一种相应的信仰体系，使人们很容易相信经过信仰形式的改变，成为不同的宗教体验，进而对仪式、权力、家庭、国家等方面的接纳与认同。所以，不同的神人关系，构成不同的信仰类型，不同的神圣性建构路径，不同的信仰类型及其实践结构。但是，最重要的是，宗教信仰本身的构成，是直接对神、神圣的信仰建构，建构的结果就是宗教的成型；而非宗教（种族、民族、国家、政党等）的信仰类型，则是以对神、神圣性的替代为前提，把神圣性的建构主体直接打造为对神的替代。

宗教社会学的经典理论虽然原创性地划分了“神圣/世俗”的分类，却并没有对二者之间的互动中介、特别是如何在神人关系之间、神圣与世俗关系之间的建构动力模式，给出一个令人满意的解释。即便是在神人交换仪式的实际表现和展演中，要达到“神圣/世俗”的分离，并非完全能够像信仰共同体构成宗教那样简单和容易，特别是世俗社会各种权力关系的介入之后，他们就能对信仰中的“神圣/世俗”关系进行不同于宗教信仰的各种定位或关系分离，从而使神圣与世俗的定义方式在特定领域之中，构成了在宗教信仰类型之间、宗教形态之间、神圣与世俗的不同。

---

① 拉德克利夫·布朗：《安达曼岛人》，梁粤等译，广西师范大学出版社2005年版，第300页。

信仰社会学拟以人与神，社会权力与神圣化的关系为核心，梳理不同的神人关系，进而分析以神人关系为基础的神圣性建构，如何去建构不同类型的政治权力模式。这就是说，信仰的核心，在于对什么是真正的“神”、“神圣”、“神圣对象”、“超验者”的认定；不同的认定方法，即有不同的信仰类型；而信仰之间公共而又平等的共享结构，即是一个多元社会共同之神圣、共同的善。

一般而言，神圣性具有两大要素。首先，神圣性是被赋予某个事物的超自然价值。从这个意义上说，神圣性指涉的是一组事物，这些事物在任何时刻、任何场所都受到人们不容亵渎的尊敬。其次，神圣性是人们觉得遭遇到的一种力量；这种力量给人的体验是他者的、现实的、神性的、神秘的。从参与者的体验看来，那是一种非凡的力量，就像神一样。因此，神圣性既是构建世界的一种方法，也是事物被感觉到的作用于其信仰者的方式；既是事物被赋予的一种价值（表现在这些事物发出的行为中的价值），又是那些事物给人带来的令人敬畏的体验（被体验为走进或走出彼岸超验王国的关口）。由此看来，神圣性这个概念已经变成理解一个人所在以外的其他世界的一件工具。①

在此神圣性的建构构成之中，神人关系作为信仰关系中的核心层次，它们在微观领域，乃是嵌入在神人关系中神圣资源的可获得性以及对这些神圣资源的使用；在中观领域，信仰者个人或信仰共同体在信仰结构中的地位与身份，能够有利于其获得有效的神圣资源并且能够支配神圣资源（如处于跨越人与神之间的“桥梁”位置），以呈现其信仰表达的目的，建构信仰与权力的交换关系；在宏观领域，以信仰为中心的神圣资源对组织社会或国家具有基础性的重要影响，具体表现信仰论政治与怀疑论政治不同类型。

这说明，一切能够将神人关系建构为信仰类型的权力关系，多少都混合有神权政治或政教合一的要素，因为任何的卡里斯玛终究都要求多少有一点巫术起源的痕迹，因为神人关系与权力关系具有不同程度的亲缘关系，结果政治权力中也因而总带着某种意味的“神授性”。② 这种“神授性”，直接在神圣与世俗的世界之间构成了二元分离或二元整合的复杂关系，进而建构了神圣事物与凡俗事物之间的“异质性”，③ 宇宙、信仰、宗教与秩序因此被一分为二，相互排斥或彼此整合。

一般说来，社会只要凭借着它凌驾于人们之上的那种权力，就必然会在人们心中激起一种“神圣”的感觉，也能够创造神的信仰。其根源在于“它确实来自于一种外在于个体并且高于个体的力量的作用”。④ 最后把它们建构为神圣，建构为神圣化的权力，使“神与圣者”成为“国家的神与国家的圣者，其祭典是国家事务，政治的权力拥有者可以自由准许或摒弃新的神、新的教义与崇拜”。所以，国家与宗教不同，在国家权力机构里面，人们“对神的种种义务，皆直接由国家官员本身、在教士‘专家’们的协助下来履行”，⑤ 而不是交由专职的宗教神职人员来履行。比较而言，那种具有宗教形态的神人关系及其信仰类型，则是由具有身份阶层的专业神职人士来料理宗教事务。

---

① W. E. 佩顿：《阐释神圣》，许泽民译，贵州人民出版社2006年版，第98—99页。

② 马克斯·韦伯：《支配社会学》，康乐、简惠美译，广西师范大学出版社2005年版，第357—358页。

③ 埃米尔·涂尔干：《宗教社会的基本形式》，渠东、汲喆译，上海人民出版社1999年版，第44页。

④ 同上书，第296页。

⑤ 马克斯·韦伯：《支配社会学》，康乐、简惠美译，广西师范大学出版社2005年版，第358页。

五　人本信仰或神本信仰

毫无疑问，宗教是与神圣事物相关联的信仰与实践的统一体系。基于这个统一体系，“宗教是一项人类事业，神圣的宇宙秩序通过它得以建立”。[①] 于是，这一神圣的宇宙秩序，以及人们对于这一秩序对个体和社会意义的竭力追问，一起构成了所有信仰、信仰类型与信仰实践的核心。宗教信仰结构以此为核心，非宗教信仰类型也以此为核心。

自从工业革命时期社会学诞生以来，人们就一直在探讨这个问题，即为什么信仰、宗教对于许多人类群体和社会来讲都起着基础性的作用，神圣的理念是如何通过信仰、宗教这个统一体系发生作用，进而引起社会行动和群体认同的。从这个层面而言，宗教信仰本身就是一个共同体。“宗教在共同体之中把人们绑在一起，将彼此分离的个体统一成一个集团”。[②] 而非宗教的其他信仰类型，同样也能够把人们统一在一起，将彼此分离的个体统一成为一个集团。这可以不叫宗教，是基于一个共同信仰的特殊目标团体，同时也能够称之为权力共同体、种族、民族或政党国家。

在其神人关系的建构动力不是出于具有身份阶层的专业人士的建构，信仰类型无法构成某个特别的宗教形态的同时，那些通过其他非宗教途径而建构起来的神圣对象、神圣秩序，特别是在那些非宗教性信仰实践方式特别强盛的时候，某种宇宙哲学、真理观、意识形态、完备性价值学说等，则很容易成为现实权力神圣化的基础，成为一个社会或一个国家信仰类型。在此基础上，神人关系的建构结果，实际上便取代了团体性宗教信仰实践的可能性，或者是压制了社会性宗教信仰实践的社会时空，促使信仰类型的建构从此走向另一条路，不是直接走向宗教，而是走向另一种神圣崇拜、民族的国家的崇拜，或者是对建构那种宇宙哲学、提供真理的人或组织的崇拜。

这种信仰及其构成的象征权力或符号权力，大多具有符号性、表征性、规范性，包括了人们建构神圣的权利、承诺、义务、身份等。虽然这种权力不同于实质权力，仅仅是一种价值规范，依赖并构成人们的精神世界，却可以独立的方式来说明现实、制约世界。它已经与宗教信仰类型不同。它可以创造规范、准则、目标和理想，能够定义什么是神圣的，什么不是神圣的；什么是正当的，什么不是正当的。同时，它也能够构成人神、人人之间、信仰共同体与符号权力之间互动的桥梁或无法逾越的隔阂。

在此层面上，神人关系的不同建构，呈现了两大信仰类型。一种是宗教信仰类型，一种是非宗教信仰类型。一种是以超自然关系为基础的信仰，一种是以超社会力量崇拜为核心的信仰。它们都是以一种信仰或世界观的形式，为世界或社会提供解释的方法。其追求目标，大多是一个比现实世界更加美好、更加理想的人心与存在，以解决人们的苦难与困惑。

神的信仰，分化出不同的宗教共同体；人的信仰，分化出政治信仰、国家信仰与民族信仰。神本信仰建构的神圣秩序，通过宗教共同体来表达；人本信仰建构的社会秩序，则通过权力建制来实行。两种信仰类型，两大信仰秩序，无不通过基于信仰的规矩与社会共识。关键在于，它们的信仰神圣性实践基础不同。在这个基础上，说明“宗教和政治之

---

① 彼得·伯格：《神圣的帷幕》，高师宁译，上海人民出版社 1991 年版，第 25 页。

② 乔尔·M. 卡伦等：《社会学的意蕴》，张惠强译，中国人民大学出版社 2011 年版，第 235 页。

间的真正关系是非二元的，这种关系符合基于人类本质的因而归根结底基于实在结构的本质。现实问题也即宗教问题。关于人类终极的思考也是政治性的。政治与宗教不能彼此分离。没有一种宗教行为不同时属于政治行为。当今人类所有重大问题都既有政治性又有宗教性：饥饿、正义、生活方式、泛经济文化、资本主义、社会主义，如此等等。和平构成一个典型的例子，证明这一论断的真实性。依此观念，宗教的要素必须和超越者、超自然者、神圣者、超然者、涅槃、终极实在（paramartha）、永恒之物以及不可理解的内在之物有关”。①

超自然的信仰，以有神论信仰为基础，最终是宗教的构成。它的基本运作方法是对象征性的支配，神道设教，最好以一个彼岸乌托邦构成人们对现实世界的超越。超社会的信仰，基本上是以无神论信仰或不可知论为内容，往往借助于世俗国家权力或其他相关力量来建构自己的信仰体系，并且把民族、国家、权力关系等视为其信仰对象，其主要功能则是对世界进行象征性支配，政道设教，构设一个此岸乌托邦作为人们的社会理想。

就其最终目标而言，它们都可能会构成人类历史上的两大类型的理想王国。前者是彼岸乌托邦，后者是现世乌托邦。虽然这些“乌托邦都有一个基本成分，这就是更新、新存在与重生的奇迹”，② 但是，它们努力的方向、实践的方式，都会给人类文明、对于世界和人生的解释带来极其不同的两种方法和两种路径。

原来梁漱溟说：“宗教问题是中西文化的分水岭。”③ 似乎已指出了两种信仰类型所带来的历史影响。实际上，这恰好是信仰类型及其神圣性实践方式的不同，才构成了中西信仰、中外宗教形态以及中西宗教观的差异。

总体上说，神人关系存在于各种具有神圣性的价值关怀之中。所以，信仰结构的社会学本质之中，具有三大不可或缺的层面：神人关系、信仰共同体和信仰类型。在这三类关系中，神人关系是基础，神人关系基于人们对神圣的理解以及人与神圣关系的构成。因此，可以把神人关系视为信仰关系的原初结构，或者是信仰关系在宗教层面最简单形式的扩展。至于群体、社会与神圣对象、神圣性构成之间的复杂关系，则大多在非宗教的层面，通过对神圣的替代，通过一个社会中人生观、世界观、价值观的具体表达，成为权力得以建构的基础形式。

虽然从宗教信仰的层面上讲：“信仰是一种非日常性的、纯个人性的信赖神意的特殊卡理斯玛……并导致远超越通常人力所能为的结果。”④ 但是从信仰及其社会实践的关系来说，一般讨论信仰，所经常采用的“三 B”模式，即信仰（Beliefs）、信仰的归属（Belonging）与信仰行动或信仰的表达（Behavior），而非局限于信仰的神学领域。实际上，信仰、信仰归属以及信仰行动，它们无不受制于一个信仰行动得以展开的社会语境，这就要再加一个 B 要素，即信仰实践的基础或社会背景（Basis or background）。为此，一种信仰类型及其与象征、符号权力的建构，正是信仰“4B”研究模式的全面展开。

显然，经由神人关系的建构及其两大信仰类型、现实乌托邦、世俗宗教及其对宗教乌托邦、超自然信仰关系的控制与排斥，无疑要归因于那种介入了神人关系之中的权力关

① 雷蒙·潘尼卡：《文化裁军——通向和平之路》，四川人民出版社 1999 年版，第 62 页。

② 保罗·蒂利希：《政治期望》，徐均尧译，四川人民出版社 1989 年版，第 204 页。

③ 梁漱溟：《中国文化要义》，上海人民出版社 2005 年版，第 46 页。

④ 马克斯·韦伯：《宗教社会学》，康乐、简惠美译，广西师范大学出版社 2005 年版，第 238 页。

系，主宰制约了信仰类型之中的神人及其神圣性建构过程，从而界定了信仰、宗教与权力之间的互动中介，并依据权力神圣化的要求，以建构信仰类型及其权力格局。虽然神人、人伦间的等级式互动关系，能够被视为人的信仰以及超脱现世的世俗宗教关系，可它却意味着宗教、信仰等神圣资源的配置，乃可出自于神人之间、权力与神祇之间的利益互惠和象征交换。就此而言，在人类历史中经常呈现的各种信仰类型、宗教形态，它们也大多是神本信仰与人本信仰两大类型之间的相互整合、结构变异而已；把握了神人关系及其建构方式，就等同于把握了不同信仰类型与宗教形态的基本内核。

六　中国“信仰”如何成为问题

基于上述讨论，我们能够得知，“信仰”概念，是目前中国社会被使用最广泛，同时也是最有歧义的词汇之一 。因此，人们在批评社会现象、深入改革之时，常从信仰层面着眼，以至于把其他社会问题与信仰关联。一般而言，当代社会舆论出现了与此紧密相关的三种观念：第一种是始于 1980 年的信仰危机论，其次是议论多年的信仰缺失论，再次是近年呈现的信仰无用论。

信仰危机论，肇始于对“文革”时代、信仰作为一种权力工具等信仰现象的反思，其主要原因是长期以来，中国虽有被称为“信仰”的政治教义，但并不存在真正的信仰，进而导致信仰现象的高度政治化。于是，当这种神圣教义与社会真实经验相互抵牾之时，信仰危机就不可避免。它以人活着有什么意义的问题为基点，对改革开放、社会变迁以及经济发展提出了一个普遍性的价值要求，即一个开放公正的社会须以信仰为基础，社会经济的发展须与信仰的构建同步。

信仰缺失论，基于一种怀疑主义。它不仅是怀疑现实世界中的那些固有的价值观念，而且还根本怀疑人类是否真能拥有长久和普遍的价值，怀疑那些充满了功利主义的信仰形式，最后把这种怀疑归因于信仰的根本不存在，同时也要求去建构一种新的信仰。一般是基于具有终极性而又神圣性特征的宗教信仰判断，认为那种具有稳定而制度化的宗教信仰体系，方能给人以智慧、构成心灵上的抚慰，特别是能够基于宗教信仰进而构成一个社会普遍价值规范，基于信仰抽象建构为一个社会准则。至于信仰无用论，则是认为当代中国缺乏一个社会认同予以普遍支持的信仰体系。

信仰无用论，则是集中于对信仰之功利性或私人性的批评，认为那种以求神为依归的信仰方式，总是以“无事不登三宝殿”的信仰方式，局限于个人的现实利益欲求，在神人之间进行象征性的利益交换。就当前中国信仰的社会现状而言，这种功利性信仰诉求招致的批评最为严重。中国人目前不缺信仰，各种信仰形形色色、林林总总，不一而足。但这些信仰太缺乏社会认同，太私己、太个人化了，所以即便有信仰，却无法构成对社会人群普遍性的价值约束，为此，有信仰的，实际上等同于没有信仰。

从信仰社会学的理论出发，这三类有关信仰的评论，事关中国信仰现状与复杂多变的信仰关系。无论是危机论，还是缺失论或无用论，实际上是“信仰焦虑”综合征，以至于有学者指出，中国虽有被称为“信仰”的政治教义，但并不存在真正的信仰。[①] 中国信仰之所以会呈现如此复杂混乱的现象，一方面，是因为中国语境之中的“信仰”很有歧

---

① 徐贲：《中国并不存在真正的信仰》，《中国新闻周刊》2012 年 7 月 10 日。

义，各种定义甚至会构成冲突，在人本与神本两大信仰概念与信仰模式方面，常常是相互混淆，难以界定；同时，也是因为经济发展超前、体制改革滞后所导致人们对信仰规范的强烈期待，进而使信仰成为改革开放以及未来十年中国深度改革的重大问题。一个经济发展、政治民主的社会，很难说是一个没有信仰或信仰混乱的社会。

然而，“在处理信仰问题上，中国人不似西方人，一定要把信仰置于宗教的范畴，把信仰视为对神的信仰，或者是以对神的信仰为中心，反而是把信仰作为生活之方法与智慧；既有对神的信仰，亦有人本信仰。这是因为，中国人对待文化、信仰，本不出自本体论、神圣目的论的进路，而是一种方法论”，[①] 依人依事，具体处理神人关系、神圣与世俗之间的关系。在这些关系之中，中国信仰构成了这样一种特点，“中国的宗教和信仰往往不是单纯的宗教和信仰，他们常常被镶嵌在权力与秩序之中而难以得到一种纯粹的呈现形式”，[②] 它“并不确信或深究神圣意志的结构，以制度形式来表达人与神圣意志的交通，倾向于神人交往、日常实践、权力认同等形式来反复加强对某些权力神圣意志的确认和信仰”，[③] 因此，处于社会变迁与结构转型中的中国信仰，如果要实现相应的变迁与重建，就不仅仅是单纯的信仰，而具有更加复杂丰富的社会权力内涵，特别是在历经重大改革、变迁的中国政治秩序之后，中国信仰模式才会呈现变迁与转型的可能。诚然，也正是因为三十年来权力结构与社会秩序的变迁与改革，中国信仰问题才呈现了当下的多重面向和多元视野。

这说明，中国社会深层之处，常常呈现一个信仰中心，类似于“帝国隐喻”。[④] 基于这样一个具有“帝国隐喻”功能的信仰中心，常能建构一种“象征权力”或“符号权力”。[⑤] 此处所用的权力概念，就其与信仰的深层关系而言，是一种“象征权力”或“符号权力”。这是一种“神圣化”的权力，是使对象变得神圣的权力。[⑥] 它说明了“即便在它依靠着赤裸裸的暴力即武器暴力或金钱暴力时，总具有一种象征维度”。它恰好界定了一个信仰的真正核心，“是通过交往和象征交换的功能被建立、积累和延续的权力”。[⑦] 所以，信仰是一种权力关系的建构，其权力指的就是这种象征权力，通过权力对神人关系及其神圣性的垄断而展现出来的象征权力。它能够整合了神本与人本两大信仰类型，为我所用；而作为信仰实践机制的信仰关系及其神圣性，就是被这种象征权力，经由宗教的、非宗教的历史事件而逐步得以建构起来。

值得指出的是，在信仰、宗教与权力之间，宗教仅仅是对神人关系及其信仰的一种表现，另外一种表现则是以非宗教（可以是种族、民族、国家、政党等）的形式，涵盖、

---

① 唐逸：《理性与信仰》，广西师范大学出版社 2005 年版，第 406—407 页。

② 李向平：《信仰、革命与权力秩序——中国宗教社会学研究》，上海人民出版社 2006 年版，第 1 页。

③ 李向平：《信仰是一种权力关系的建构》，《西北民族大学学报》2012 年第 5 期。

④ Sangren, Steven, 2000, Chinese Sociologics: An Anthropological Account of the Role of Alienation in Social Reproduction, London: The Athlone Press. Feuchtwang. Stephan 1992, Boundary Maintenance : Territorial Altars and Areas in Rural China, Cosmos , Vol. , pp. 93 - 109.

⑤ 符号权力是一种“神圣化”的权力，是使对象变得神圣的权力。戴维·斯沃茨：《文化与权力：布尔迪厄的社会学》，陶东风译，上海译文出版社 2006 年版，第 55 页。

⑥ 在此意义上，布尔迪厄声称其社会学就是“关于神圣的社会学”。戴维·斯沃茨：《文化与权力—布尔迪厄的社会学》，陶东风译，上海译文出版社 2006 年版，第 55 页。

⑦ 皮埃尔·布尔迪厄：《帕斯卡尔式的沉思》，刘晖译，生活·读书·新知三联书店 2009 年版，第 202 页。

垄断了对神人关系及其神圣性的阐述，同时也是一种信仰实践模式。为此，宗教信仰仅仅是接近、了解信仰的一种方法，而建构信仰的其他权力，则是非宗教、权力层面对信仰进行建构与诠释的另一种方法。因此，信仰既可植根于宗教之中，亦能嵌入权力领域。它们作为不同的信仰形式，同时都包含了群体以及私人的象征权力及其神圣性资源。这就是说："……信仰乃是社会学的事实，而不是神学的事实。"[①] 在这些事实当中，也就使中国信仰成为了当下中国社会最为关注的问题之一。

在此基础上，信仰被视为一个社会中神圣价值的象征，是政治权力与信仰神圣的整合与接收，认为神圣性的建构是权力关系的隐喻。社会中的人们对神圣关系采取的方法与实践形式，往往会符合这一特定群体所处的社会地位与价值期待。而对信仰类型研究的意义则在于，社会建构的神圣性本身，约束了人们会以相应的方式信奉和认同一个社会的神圣性及其特征。许多问题，似乎是信仰问题，可是，当人们沿着信仰方式深层挖掘之际，就会发现，这个信仰问题的本质，又完全不是信仰问题所能完全包含的：在于信仰，却又超乎信仰；似为信仰，亦非信仰。中国信仰之难题，就难在此。

于是，一种象征权力，依据其实践逻辑就能够囊括所有中国信仰的实践机制及其功能。无论是佛教、道教，还是后来的基督教等，虽然具有不同的信仰体系，但在这些信仰现象背后，它们大多能够汇总到这样一个信仰中心的结构之中，以此信仰中心为圆点，并与国家权力紧密整合，依赖权力制度而具有了国家、民族的意识形态特征。因此，中国人的信仰实践方式，常常是以此信仰中心作为一个联结方式，通过象征或符号权力等中介，在国家治理、意识形态、社会交往关系、人际伦理之中，建构社会变迁、权力建构、甚至是利益交往、社会共识的多重关系。

所以，在中国人的信仰实践与信仰认同过程中，参与建构的往往有权力、哲学、意识形态、道德伦理、身份利益等诸多因素，潜在地分离出不同层面的信仰及其认同方式。为此，中国人的信仰构成，还表现在中国信仰的多重结构：官方信仰、学者信仰、宗教信仰、民间信仰、家族信仰等等。这多重信仰关系，彼此贯通而又相对独立，甚至出现上下冲突，前后脱节，很难用一个简单的判断来概括中国人的信仰特征。[②]

一般说来，神人关系及其信仰方式的一个基本功能，就是如何使世间秩序得以神圣化，进而证明世间秩序的神圣化与合法性。[③] 那么，就中国信仰传统而言，一个悠久和强大的儒教传统，给予当代中国社会和中国宗教的最大影响，就是儒教信仰及其制度化要求，基本是因为公共权力秩序，进而建构出公共型信仰体系及其政教（政治与信仰教化）结构性关系。所以，中国人的主导型儒教信仰模式，一般就呈现为两大层次：一个是国家公共权力秩序，一个是私人的，采用儒佛、儒道互补，甚至是礼失而求诸野的民间信仰方式。它的一个基本特征，可以用"天地君亲师"或辛亥革命之后"天地国亲师"的信仰模式来表达其信仰功能，用象征国家建构起来的象征权力及其意识形态权力整合中国信仰。这样一种信仰关系及其信仰机制，它能够把宇宙人间、社会生活的所有意义囊括于其

---

① E. E. 埃文斯·普里查德：《原始宗教理论》，孙尚扬译，商务印书馆 2001 年版，第 20 页。

② 牟钟鉴、张践：《中国宗教通史》（下），社会科学文献出版社 2000 年版，第 1219—1221 页。但其限于官方信仰、学者信仰、民间信仰三类，还应有家族信仰、宗教信仰、民族信仰、国家信仰诸类型。参见李向平《信仰但不认同——当代中国信仰的社会学诠释》，社会科学文献出版社 2010 年版。

③ 彼特·贝格尔：《神圣的帷幕》，高师宁译，上海人民出版社 1993 年版。

中。既能“官自读书高”，亦可“门从积德大”，在它的信仰机制之中，包括了个人、家庭等人生信仰，却又呈现了道德、修身、天下、国家、民族等层面的信仰内涵。

基于上述论点，不难看出，中国人经常使用的“信仰”一词，似与宗教有关，更与现实权力、利益对信仰模式的建构紧密相关。中国文化对世界的根本态度，是信仰一个超越的本原，但对宇宙及历史是否体现这种出自一个超越本原、却又确定不移的神圣计划，始终没有一种确认的信仰，仅仅是一种未知或不可知的敬畏之心。在对超越界的信仰上，它独具中国民族性格。其特点是，并不确信或深究神圣意志的结构，神本与人本信仰类型的界限混淆，导致不同信仰类型最后只能以权力形式来表达人与神圣的交通，倾向于在神人交往及其神圣性的建构过程中，以权力形式来反复加强对某些神圣意志的确认和信仰。这就构成了中国信仰的社会学难题。

一方面，改革能够忽略信仰问题而深度推进；另一方面，改革之深水作业，又不得不大大强化了信仰转型的难度。所以，如何深化改革，如何解决信仰危机，表面上似为两个问题，实际上却是一个整体。这就构成了信仰社会学研究对当下中国而言的重要所在。

（原载《江海学刊》2013 年第 5 期）

中国道教史研究的意义

卿希泰*

我国是一个多民族和多宗教的国家。世界三大宗教（佛教、基督教、伊斯兰教）在我国的传播和发展，各自都有着漫长的历史。道教是中华民族固有的传统宗教，也有其长期发展的历史，并对我国整个的历史文化均产生过重大影响。在考察道教历史的时候，有必要先就道教史研究的意义、目的、要求以及研究方法等问题，作一个简要的说明。

一　中国道教史研究的学术价值和现实意义

中华民族是由多种民族在历史的长河中经过相互交流和相互融合而形成的。在长期的社会发展过程中，各个民族对中华传统文化的形成和发展都有他们各自的贡献。因此，中华传统文化也是一个多元互补的文化。早在春秋战国时期，就有诸子百家的兴起，形成了“百家争鸣”的局面，推动了中华民族传统文化的发展和繁荣。在诸子百家中，最主要的有“九流十家”。班固的《汉书·艺文志》对此作了很详细的介绍和总结。在秦汉之际，法家和道家，曾先后一度处于统治地位。后来，汉武帝重用董仲舒，“罢黜百家，独尊儒术”，但这个儒术已经不是孔子时候的儒术，而是以董仲舒为代表的吸收了阴阳家和道家等思想在内的宗天神学。随着佛教的传入和道教的产生，在漫长的封建社会中，便一直是儒道释三教一方面彼此相互对抗、相互斗争，另一方面又相互吸收、相互融合，形成了中华传统文化的三大支柱。从中华传统文化的整个发展历史来看，三教之间的相互对抗、相互斗争是表面的、次要的，而相互吸收和相互融合则是实质性的、主要的。因此，我们可以毫不夸张地说：正是由于道教与儒、释之间既相矛盾和斗争，又相吸收和融合，才推动了整个中华传统文化的繁荣和发展。所以，要全面地了解中华传统文化，就必须对道教与儒、释均有一个全面的了解。

但是，长期以来，在我国却流行着一种模糊的观念，似乎儒家文化就可以代表整个中华传统文化，一说到中华传统文化，大家都把注意力集中在儒家文化的身上。这是一种对待中华传统文化的学术偏见，虽然由来已久，但并不符合中国的历史事实，而且在学术上往往带来一些非常片面的看法，阻碍了我们全面了解中华传统文化的历史及其发展规律，因而是一种非常有害的学术偏见。

在这种学术偏见的影响下，过去很长时期，我们在中华传统文化的研究工作方面，都把重点仅仅放在儒家文化的研究上，无论是研究机构的设置、人员的配备，还是资金的投入、研究课题的分配等，都很不平衡，只侧重儒家，而对道、佛二教的研究则很不重视，

* 卿希泰，国家“985 工程”四川大学宗教、哲学与社会研究创新基地首席专家，四川大学文科杰出教授。

特别是对道教的研究，更是相形见绌，根本没有把它提到议事日程上来，以致有些名为“中国哲学史”的著作，实际上并未全面地探讨整个中国哲学思想发生和发展的历史，其中除了儒家的哲学思想之外，既看不到道、佛二教哲学思想的发生和发展，更看不到各少数民族哲学思想的发生和发展，与我们这个多民族和多宗教国家哲学思想发展的实际情况是不相符的。特别是我们的道教研究和某些外国学人对道教研究的情况相比，还显得非常落后。在“文化大革命”以前，有些人还把道教研究视为“禁区”，从事这项研究的人不多，成果也很少。而在国外，道教研究在很早以前便形成了一个“热门”，他们从事这项研究的人比我们多，成果也不少。以致1968年9月在意大利佩鲁贾召开的第一次国际道教学术研讨会议和1972年9月在日本长野县蓼科召开的第二次国际道教学术研讨会议，在出席的各国众多代表中，都没有一个来自中国的学者，这是很不正常的，与我们作为道教文化故乡的身份，也是极不相称的。当时在国际上甚至还流传着“道教发源在中国，研究中心在西方”的言论。

改革开放以来，这个情况才开始发生变化。道教研究才摆上了国家的议事日程，研究课题列入了国家计划，建立了专门的道教研究机构，加强了人才的培养。现在研究队伍逐渐形成，并正在逐步发展和壮大，一大批研究成果已经陆续问世，引起了国内外研究者的瞩目。《中国道教史》这个研究课题，就是列入经全国人民代表大会讨论一致通过的《中华人民共和国国民经济和社会发展第六个五年计划》之中的国家重点科研项目，并且还横跨了“七五”和“八五”。1983年4月在福州召开的全国学术界落实全国哲学社会科学“六五”计划项目的代表大会上，任继愈先生当时作为全国宗教学学科规划领导小组组长在开幕式上谈到为什么要把这个研究课题列为国家“六五”计划的重点研究项目时，曾慷慨激昂地说：“道教本来就是我国土生土长的传统宗教，可是，长期以来，是由我们国家提供材料，让外国人去出成果，这是国家的耻辱！民族的耻辱！这种状况再也不能这样继续下去了，我们一定要痛下决心，自己编写出自己的道教史来，为国家争光！为民族争光！”任先生这段语重心长和大声疾呼的讲话，简直就像是对我们发出了一道向道教史研究进军的动员令，真是如雷贯耳，听了以后令我们非常激动，实在无法平静下来。我们必须竭尽全力，拿出高质量的研究成果来，为国家和民族作出自己应有的贡献，中国学者自己研究撰写《中国道教史》，其意义的重大是不言而喻的。

开展中国道教史的研究，不仅从国际文化交流方面来说，它的意义是十分重大而迫切的，而且对于全面弘扬中华传统文化、建设中华民族共同精神家园来说，它的意义同样也是十分重大而迫切的。为什么这么说呢？可以从以下三个方面来说明这个问题。

第一方面，由于道教本来就是中华民族的传统宗教，它是在神州大地的怀抱中诞生，由中华传统文化的乳汁养育而成，它在创建和发展过程中，吸收了不少中华传统文化作为它的营养成分，成为它的思想渊源的一部分，这里可以举几个主要的例证来说明：

一、道家思想。道家与道教二者既有区别又有联系。先秦道家，是以老庄为代表的一个哲学派别，而道教乃是东汉形成的一种宗教，二者并不是一回事。但是，道家思想乃是道教最为重要的思想渊源之一，道家哲学乃是道教的理论基础之一。道教创立的时候，奉老子为教主，以老子《道德经》为主要经典，并把它规定为教徒们必须习诵的功课。《道德经》的基本思想是“道”，并把“道”视为超时空的天地万物的根源，既有宇宙本体的意义，也含有规律的意义，其界属非常宽泛，“玄之又玄”，十分神秘，不同的人可以对它作出不同的解释。在《庄子·大宗师第六》中，更把“道”解释成为：“有情有信，无为无形；可传而不可受，可得而不可见；自本自根，未有天地，自古以固存；神鬼神帝，生天生地；在太极之先而不为高，在六极之下而不为深，先天地生而不为久，长于上古而不为老。”并谓：“黄帝得之，以登云天；颛顼得之，以处玄宫；禺强得之，立乎北极；西王母得之，坐乎少广，莫知其始，莫知其终；彭祖得之，上及有虞，下及五伯。”① 这种以“道”为万古常存，得“道”以后便可以长生久视、成为神仙的思想，为后来的道教所吸取。道教的基本信仰也是“道”，它从宗教的角度把“道”说成是“神异之物，灵而有信”②，“为一切之祖首，万物之父母”③，并与神秘化了的元气学说结合起来，认为“道”是“虚无之系，造化之根，神明之本，天地之源。其大无外，其微无内”④，“无形”、“无名”，“有清有浊，有动有静”⑤，“万象以之生，五音以之成”⑥，宇宙、阴阳、万物都是由它化生的。道教还把老子也看成是由“道”化生的，这种思想在道教正式成立之前就有了，东汉明帝（57—75 年在位）、章帝（76—88 年在位）之际，益州太守王阜作《老子圣母碑》，其中便有：“老子者，道也。乃生于无形之先，起于太初之前，行乎太素之元，浮游六虚，出入幽明，观混合之未判，窥清浊之未分。”⑦ 把老子与道合而为一。道教继承并发挥了这一思想，把老子奉为神灵。道教的早期经典《太平经》中说：“老子者，得道之大圣，幽明所共师者也。应感则变化随方，功成则隐沦常住。住无所住，常无不在。……周流六虚，教化三界，出世间法，在世间法，有为无为，莫不毕究。”⑧ 传为张陵所著的《老子想尔注》（一说为张鲁所著）中，也把老子作为“道”的化身，称“一者，道也”，“一散形为气，聚形为太上老君”⑨。宋张君房《云笈七籤》卷 1《道德部》之《总叙道德》引葛玄《五千文经序》说：“老君体自然而然，生乎太无之先，起乎无因，经历天地终始，不可称载，穷乎无穷，极乎无极也，与大道而轮化，为天地而立根，布气于十方，抱道德之至纯，浩浩荡荡，不可名也。……堂堂乎为神明之宗，三光持之以朗照，天地禀之得生……故众圣所共宗。”⑩ 其后南宋谢守灏所编撰的《混元圣纪》、《太上老君年谱要略》、《太上混元老子史略》等著作中也反复地说道：“太上老君者，大道之主宰，万教之宗元，出乎太无之先，起乎无极之源，经历天地，不可称载，终乎无终，穷乎无穷者也。其随方设教，历劫为师，隐显有无，罔得而测。然垂世立教，应现之迹，昭昭然若日月。”⑪ 又说：“太上老君，乃大道之宗祖，三才之本根也。……化生诸天，成就世界，莫知其大，强目曰‘太’；莫知其高，强目曰‘上’；首出无极，仰之曰

① （清）郭庆藩集释，王孝鱼点校：《庄子集释》第 1 卷，中华书局 1961 年版，第 246—247 页。

② （唐）司马承祯撰：《坐忘论》，《道藏》，文物出版社、上海书店、天津古籍出版社 1994 年版，第 22 册第 896 页。下同。

③ 《妙门由起序》，《道藏》第 24 册，第 721 页。

④ （唐）吴筠撰：《玄纲论》上篇《道德章第一》，《道藏》第 23 册，第 674 页。

⑤ 《太上老君说常清静经注》，《道藏》第 17 册，第 141 页。

⑥ （唐）吴筠撰：《玄纲论》上篇《道德章第一》，《道藏》第 23 册，第 674 页。

⑦ （清）严可均校辑：《全上古三代秦汉三国六朝文·全后汉文》卷 32《王阜》，中华书局 1958 年版。

⑧ 王明：《太平经合校》，中华书局 1960 年版，第 10 页。下同。

⑨ 饶宗颐：《老子想尔注校笺》第 13 页“载营魄抱一能无离”注，香港大学出版社 1956 年版。

⑩ 《道藏》第 22 册，第 4 页。

⑪ 《道藏》第 17 册，第 780 页。

‘老’；宰而无我，主之曰‘君’，故曰‘无上三天玄元始三炁太上老君’焉。”① 又说：“太上老君，乃元气之祖，万道之宗，乾坤之根本，天地之精源。”② 又引唐尹文操的话说：“老子者，即道之身也，迹有内外不同，由能应之身或异也。”③ 并称他“秉生成之柄，镇造化之原，故在天为众圣之尊，在世为万教之主。谓之老子者，道之形也，应既不一，号亦无量，或三十六号，或七十二名”④。于是，老子与道在道教中便被神化为众生信奉的神灵。“道”是天地万物的根源，因而作为“道”的化身的太上老君，也就成为“混沌之祖宗，天地之父母，阴阳之主宰，万神之帝君”。这说明哲学家老子与哲学范畴“道”，在道教中已被神化为天上的神灵和信仰的信条，信道也就变成了信神，崇奉老子亦即崇奉天神。修道成仙思想，乃是它的核心，其他的教理教义和各种修炼方术，都是围绕这个核心而展开的。这一宗教之所以命名为“道教”，也与它的基本信仰是“道”有着密切的关系。上述一切，都说明道家与道教的关系是十分密切的。道家虽是先秦以老庄为代表的一个哲学派别，但在东汉以后就为道教所继承和发展了，从道教产生时起，研究老庄思想者，相当多的人都是道教徒，阐述和注释老庄的许多宝贵著作，都集中在道教典籍的丛书《道藏》之中。这些道教徒对老庄思想的阐述和注释，虽然不免带有一些宗教性的曲解成分，但其中也包含了不少精华，不可忽视。老子及其学说之所以在中华传统文化中占有极为重要的地位，产生如此广泛的影响，道家文化之所以能够成为中华传统文化的三大支柱之一，是与道教对它的继承和发展分不开的，如果没有道教的继承和发展，那么，老子及其学说在中华传统文化中的地位及其影响，将是另一回事了。正因为道教文化继承和发展了道家文化，它们之间具有如此密不可分的关系，所以人们习惯上常常把道教也称为道家。

二、黄老思想。先秦道家后来演变为黄老之学。这种黄老学说起源于稷下道家，他们同时尊奉传说中的黄帝和老子为道家创始人。在战国时，虽然出现过“百家皆言黄帝”的局面，但首先把黄帝与老子联系在一起的，乃是道家庄子，这便是后来道家的黄老并称之所本。这一思想流派主张以道家的清静养生、无为治世为主，但又吸取了阴阳、儒、墨、名、法各家的部分内容，已不完全是先秦的道家，而是被称为黄老新道家。至汉初，文景以黄老之术治天下，治黄老之学者蜂起。黄老思想包含很多神秘主义的因素，加以治黄老之学的学者中，本来就有许多方士，他们以神仙长生思想和阴阳五行学说对这些因素作出宗教性的解释，使黄老之学与神仙方术相结合，而向神仙方术的方向发展。至东汉，进一步将黄帝、老子神秘化，又由着重尊崇黄帝转而推崇神化后的老子，逐渐形成奉老子为神明的黄老道，并与方仙道逐步合流，成为道教的前身。当时道教的一个派别太平道，其创始人张角，最初就是黄老道的信徒。

三、儒家的伦理纲常思想。儒家伦理纲常的核心是“三纲五常”，这是封建社会中最主要的人际道德关系。所谓“三纲”，《白虎通义·三纲六纪》说：“三纲者，何谓也？谓君臣、父子、夫妇也。”⑤《礼记·乐记》称：“然后圣人作为父子君臣以为纪纲”，唐孔

① 《道藏》第17册，第793页。

② 同上书，第895页。

③ 同上书，第805页。

④ 同上书，第795页。

⑤ （清）陈立撰，吴则虞点校：《白虎通疏证》上册，中华书局1994年版，第373页。

颖达疏引《礼纬·含文嘉》说："君为臣纲，父为子纲，夫为妻纲"[①]，合称"三纲"。董仲舒在《春秋繁露·基义》中说："王道之三纲，可求于天。"[②] 所谓"五常"，又称"五典"，《尚书·舜典》有"慎徽五典，五典克从"之语，西汉孔安国传谓："五典，五常之教。父义、母慈、兄友、弟恭、子孝。"[③]《尚书·泰誓》又有"狎侮五常"之语，唐孔颖达疏说："五常即五典，谓父义、母慈、兄友、弟恭、子孝；五者，人之常行。"[④] 亦即"五伦"。《孟子·滕文公上》说："人之有道也，饱食暖衣，逸居而无教，则近于禽兽。圣人有忧之，使契为司徒，教以人伦：父子有亲，君臣有义，夫妇有别，长幼有序，朋友有信。"[⑤] 故对五常的解释，最初各家略有不同，以后一般均认为是指仁、义、礼、智、信五种道德规范。董仲舒在《举贤良对策》中说："夫仁、谊（义）、礼、知（智）、信五常之道，王者所当修饰也。"[⑥] 儒家用以配合"三纲"，与"三纲"合起来，统称"三纲五常"，或简称"纲常"。南宋朱熹说："其张之为三纲，其纪之为五常。"[⑦] 又说："纲常千万年，磨灭不得。"[⑧] 儒家把这种伦理纲常思想看作是维护封建社会秩序的最主要的道德关系，是天经地义的永恒不变的"天理"，谁也不能违反。这种伦理纲常思想，也为道教所继承和发展。在道书中，虽然很少提到"三纲五常"的名称，但却也宣扬这种伦理道德思想。道教在宣扬这些伦理道德的时候，往往和它的长生成仙思想结合起来，在民众中发生的实际效用比儒家更大。葛洪在《抱朴子内篇·对俗》中说："欲求仙者，要当以忠、孝、和、顺、仁、信为本。若德行不修而但务方术，皆不得长生也。"[⑨]《正一法文天师教诫科经》说：诸欲修道者，务必"臣忠、子孝、夫信、妇贞、兄敬、弟顺，内无二心"[⑩]。它特别强调"事师不可不敬，事亲不可不孝，事君不可不忠……仁义不可不行"[⑪]。道教的许多戒律，都有不少类似的规定。在《太上洞玄灵宝智慧罪根上品大戒经》中更把儒家的许多伦理道德规范都包括进去了，它说："与人君言，则惠于国；与人父言，则慈于子；与人师言，则爱于众；与人兄言，则悌于行；与人臣言，则忠于君；与人子言，则孝于亲；与人友言，则信于交；与人妇言，则贞于夫；与人夫言，则和于室；……与奴婢言，则慎于事。"[⑫] 这样，把处理人与人之间的各种关系的道德规范都讲到了，用"忠""孝""慈""惠""悌""和""贞""信""慎"等道德规范来调整各种不同的人与人的关系，比儒家讲得更集中、更全面，而且以"神"的威力驱使人们去奉行，这对维护封建社会的伦常和秩序，更容易发挥其特殊的作用。儒家荀子提出"礼有三本"之说，他说："天地者，生之本也；先祖者，类之本也；君师者，治之本也。无天

---

① （清）阮元校刻：《十三经注疏》下册，中华书局 1980 年版，第 1540 页。下同。

② （汉）董仲舒撰：《春秋繁露》卷 12《基义第五十二》，光绪二年浙江书局据卢氏抱经堂本重斛刻线装本，第 8 页。

③ （清）阮元校刻：《十三经注疏》上册，第 125 页。

④ 同上书，第 182 页。

⑤ （清）阮元校刻：《十三经注疏》下册，第 2705 页。

⑥ 《汉书·董仲舒传》，（汉）班固撰：《汉书》第 8 册，中华书局，第 2505 页。

⑦ （宋）朱熹撰：《晦庵先生朱文公集》卷 70《读大纪》，同治求我斋本，第 6 册。

⑧ （宋）黎靖德编：《朱子语类》卷 24《论语六^为政篇》第 2 册，中华书局 1988 年版，第 597 页。

⑨ 王明：《抱朴子内篇校释》，中华书局 2007 年版，第 53 页。

⑩ 《道藏》第 18 册，第 237 页。

⑪ 同上书，第 232 页。

⑫ 《道藏》第 6 册，第 887 页。

地，恶生？无先祖，恶出？无君师，恶治？三者偏亡焉，无安人。故礼，上事天，下事地，尊先祖，而隆君师，是礼之三本也。”① 《太平经》还将这种伦理道德规范与它的“承负说”联系起来，主张为子当孝，为臣当忠，为弟子当顺。如果“子不孝，则不能尽力养其亲；弟子不顺，则不能尽力修明其师道；臣不忠，则不能尽力共敬事其君。为此三行而不善，罪名不可除也。天地憎之，鬼神害之，人共恶之，死尚有余责于地下，名为三行不顺善之子也”②。又说：“子不孝，弟子不顺，臣不忠，罪皆不与于赦。令天甚疾之，地甚恶之，以为大事，以为大咎也。鬼神甚非之，故为最恶下行也。”③《太平经》不仅继承儒家旨趣，大肆宣扬天、地、君、父、师信仰的重要，而且还第一次将“天、地、君、父、师”合为一体④，这在当时的儒家经典中，尚未有如此整齐而简明的排列，而这正是后来社会上非常普遍奉行的“天、地、君、亲、师”信仰的由来，其影响甚为深远。陶弘景还“搜访人纲，究朝班之品序；研综天经，测真灵之阶业”，“捋其高卑，区其宫域”⑤，对神仙地位作了排列。这样，就把人间世界的品第等级搬到了神仙世界，使道教更好地为封建等级制度服务。由此可见，道教不仅把儒家的伦理道德思想吸收过来，而且还把它纳入了自己的思想体系，为维护封建的社会秩序发挥了更大的作用。

四、墨家思想。章太炎先生早就指出过：道教思想是“本诸墨氏，源远流长”⑥。墨子提倡尊天明鬼，这种思想被道教所吸收，无须多加说明。此外，墨子还站在小生产者的立场上，提倡自食其力和互助互利。这些思想对早期道教经典《太平经》的影响，也是明显的。如墨子提倡“赖其力者生，不赖其力者不生”⑦，反对“不与其劳获其实”⑧，《太平经》亦强调“夫人各自衣食其力”⑨，反对“强取人物”⑩。墨子主张人与人之间应当采取“兼相爱、交相利”⑪ 的原则，认为“为贤之道”就是“有力者疾以助人，有财者勉以分人，有道者劝以教人”，只有这样，才可以使“饥者得食，寒者得衣，乱者得治”⑫；反之，“若至有余力，不能以相劳；腐余财，不以相分；隐匿良道，不以相教”，那就会使“天下之乱，若禽兽然”⑬。《太平经》亦强调这种人与人之间的互助互利思想，主张有财物的人，应当“乐以养人”“救穷周急”。它说：“或积财亿万，不肯救穷周急，使人饥寒而死，罪不除也。”⑭《太平经》还主张：有道德的人，应当以道德教人，否则也是犯了“不可除”的弥天大罪。它说：“人积道无极，不肯教人开蒙求生，罪不除

① 《荀子·礼论》，（清）王先谦撰：《荀子集解》，中华书局 1988 年版，第 349 页。

② 王明：《太平经合校》，第 406 页。

③ 同上书，第 135 页。

④ 王明：《太平经合校》，第 405—406 页。

⑤ （梁）陶弘景撰：《洞玄灵宝真灵位业图序》，《道藏》第 3 册，第 272 页。

⑥ （清）章太炎撰：《章氏丛书》，《检论》卷 3《附录黄巾道士起义说》第 18 册，江苏广陵古籍刻印社 1981 年版，第 25 页。

⑦ 《墨子·非乐上》，（清）孙诒让撰，李笠校补：《墨子间诂》上册，中华书局 2010 年版，第 256 页。下同。

⑧ 《墨子·天志下》，（清）孙诒让撰，李笠校补：《墨子间诂》上册，第 215 页。

⑨ 王明：《太平经合校》，第 36 页。

⑩ 同上书，第 243 页。

⑪ 《墨子·兼爱中》，（清）孙诒让撰，李笠校补：《墨子间诂》上册，第 102 页。

⑫ 《墨子·尚贤下》，（清）孙诒让撰，李笠校补：《墨子间诂》上册，第 70 页。

⑬ 《墨子·尚同上》，（清）孙诒让撰，李笠校补：《墨子间诂》上册，第 73—74 页。

⑭ 王明：《太平经合校》，第 242 页。

也。……人积德无极，不肯教人守德养性，罪不除也。"[①] 它也反对"智者"欺负"愚者"、"强者"欺负"弱者"、"少者"欺负"老者"。它说："或多智，反欺不足；或力强，反欺弱者；或后生，反欺老者，皆为逆。……与天心不同，故后必凶也。"[②]《太平经》的这些思想，显然都是墨子有关思想的继承和发展。还有，道教的有些神仙方技和变化方术，也依托墨子。葛洪《抱朴子内篇・金丹》篇记有《墨子丹法》，《遐览篇》记有变化之术的《墨子五行记》，称"其法用药用符，乃能令人飞行上下，隐沦无方"。葛洪还把墨子列入《神仙传》，说他外治经典，内修道术，精思道法，想像神仙，后得神人授书，"乃得地仙"，可见墨子在道教信仰中的吸引力也是不小的。过去许多学者认为墨家学说在秦汉以后就中绝了、失传了，实际上，它并未中绝，也并未完全失传。到哪里去了呢？被道教吸收进去了，它的许多内容，在被道教所吸收以后，仍在社会上流传。

五、《易》学和阴阳五行思想。《易》本来就是一种卜筮之书，这种占卜之术，为后来的道教所承袭。《易经》里卦象的推演，其中蕴含着变化的观念和朴素的辩证法思想，这些观念和思想在老子的《道德经》里作了很好的发挥。宋代学者邵雍就说过："老子知《易》之体者也。"[③] 说明道家和《易》早有密切关系。东汉时候，道教的早期经典《太平经》，就是"以阴阳五行为家"。而魏伯阳《周易参同契》，乃是假周易爻象的神秘思想来论述修仙的方法，对后世道教的影响甚大，被称为"万古丹经王"。此后，以《易》学和阴阳五行思想阐发道教的内外丹法的道教学者，更是络绎不绝。

六、谶纬之学。阴阳五行思想起于先秦，汉代从董仲舒起，就开始萌发以这种思想解经，逐步形成谶纬之学。西汉末至东汉初，谶纬之学盛行，儒生与方士合流，以阴阳五行推验灾异祯祥。这种谶纬思想，许多都为道教所吸取。道书中，有些是直接从谶纬书中搬用过来，连文字都未作多少改变。如《河图纪命符》说的"天地有司过之神"以及每个"人身中有三尸"，"故求仙之人"首先均应"先去三尸"，[④] 等等，这类神秘的东西，几乎原封不动地被道书所引用。其他如《龙鱼河图》中关于天人相互感应和呼神（五岳神、四海河神、五官神）可以防病却鬼，《河图稽耀钩》与《河图帝览嬉》中关于星象预示吉凶之说，以及《河图括地象》与《尚书帝验期》中关于昆仑山是圣人仙人集聚之所，西王母为赐授仙经、指引修道之神等，皆为道教所承袭。

七、古代鬼神思想。中国古代社会中，人们将日月星辰、河海山岳和祖先视为神灵，并对它们进行祭祀和祈祷等崇拜活动，由此逐渐形成了天神、地祇和人鬼的神灵系统。道教承袭了这种神鬼思想，并不断将许多神灵纳入道教的神灵之中，成为道教崇奉的神灵。

八、巫术和神仙方术。古代殷人认为，卜筮可以决疑惑、断吉凶，巫师能交通鬼神，这种倚仗巫术祈福禳灾的方式也为道教所吸收。战国以后神仙方术渐盛，神仙思想在《庄子》和《楚辞》里已屡见不鲜。稍后，在燕齐一带出现了鼓吹长生成仙的方士，利用战国时齐人邹衍的阴阳五行学说解释他们的方术，从而形成了所谓神仙家，即方仙道。传

① 王明：《太平经合校》，第241—242页。

② 同上书，第695页。

③（宋）张行成撰：《皇极经世观物外篇衍义》卷9，《文渊阁四库全书》第804册，台北：台湾商务印书馆1986年版，第187页。

④ 中村璋八、安居香山辑：《纬书集成》下册，河北人民出版社1994年版，第1196页。

说崇尚方仙道的宋毋忌、郑伯侨等都向往神仙，“形解销化，依于鬼神之事”①。以后神仙家的神仙信仰和方术皆为道教所承袭，神仙方术演化为道教的修炼方术，方术之士亦逐渐演化为道士。

以上事实说明，道教的思想来源是多方面的，它对中国古代的许多传统文化都采取了兼收并蓄的态度，马端临称它是“杂而多端”。唯其如此，所以许多古代的文化思想，都汇集在道教之中，并借道教的经典留存下来，得以流传至今。这便是为什么说研究中国道教史，有利于全面弘扬中华传统文化、建设中华民族共同精神家园的一个方面。

第二方面，道教在长期发展过程中，对我国古代的思想文化和社会生活的各个领域都产生过巨大而复杂的辐射作用，留下了深刻影响。其某些影响至今在中国人的生活方式和文化构成中仍然不可忽视。概括起来，主要有以下几个方面：

一、从政治领域来看，道教的社会影响非常广泛。在我国漫长的封建社会中，一方面是上层统治者常常利用道教为巩固他们的封建统治服务，因而长期以来，道教受到过封建统治者的扶植，其中尤以唐玄宗、宋徽宗、明世宗等人最为突出。有的道教徒也直接参与了统治集团内部的政治斗争，为他们彼此之间的争权夺位出谋划策，在政治上和军事上起着重要作用。有的道教徒虽“身在山林而心存魏阙”，甚至还有“山中宰相”之称，有的以“终南”为仕途之捷径，担任朝廷重要官职，出入宫廷，辅佐王政，道教遂成为上层统治阶级的支柱之一。另一方面，农民起义的领导者，也曾利用道教作为农民起义的组织形式，并利用道教经典中的某些思想作为他们发动起义的思想武器。汉末的黄巾起义，就是其中最著名的例证，此后利用道教起义者络绎不绝，甚至还建立了地方政权，统治一个地区达几十年，如汉末五斗米道的首领张鲁在汉中地区建立的政教合一的政权，统治了巴、汉一带将近30年，史称“民夷信向”，“朝廷不能讨”，在当时社会动乱、四处都是军阀混战的局面下，汉中成了人民避难的“乐土”，不少人都投奔这个相对安定的地区。又如西晋时李雄在成都地区所建立的成汉政权，凡经六世47年（从西晋惠帝永宁元年起兵，至东晋穆帝永和三年为桓温所灭，即从公元301年至347年），主要也是靠天师道的支持。这个政权在天师道首领范长生的辅佐下，刑政宽和，事役稀少，甚得人民的拥护，“由是夷夏安之，威震西土。时海内大乱，而蜀独无事，故归之者相寻”②。在近现代的抗日战争中，许多道教徒还为保卫祖国、反抗日本侵略者而牺牲了自己的生命。所以，道教在下层群众中的影响，也是非常广泛而深刻的。由此可见，道教与中国的政治生活和社会生活，有着极其密切的关系。因此，不对中国道教史进行认真的研究，就不可能全面地了解中国过去的政治及其历史。

二、从中国学术思想的领域来看，道教在历史上曾产生过许多著名学者，如晋代的葛洪，南北朝的陶弘景，唐代的成玄英、李荣、王玄览、司马承祯、吴筠、李筌，五代十国时的杜光庭、谭峭，宋代的陈抟、张伯端、陈景元、白玉蟾，元代的俞琰、杜道坚、张雨、雷思齐，明代的张宇初、赵宜真、陆西星，清代的娄近垣、王常月、李西月，当代的陈撄宁等，他们在各自所处的时代对思想文化方面都各有一定的贡献和重要的影响。特别是道教在长期发展的过程中，不可避免地与儒释之间产生了复杂的互动关系：一方面相互排斥、相互斗争，另一方面又相互吸收、相互渗透，从而促进了中国学术思想的内在融合

① 《史记·封禅书》，（汉）司马迁撰：《史记》第4册，第1368—1369页。

② 《晋书》卷121《李雄载记》，（唐）房玄龄等撰：《晋书》第10册，中华书局1974年版，第3040页。

与发展。譬如被称为儒学发展最高峰的宋明理学的形成，即是儒学家吸收了道、佛二家思想影响的结果。唐代道教学者司马承祯所倡导的守静去欲理论，本身既吸收了儒释的思想，后来又为宋儒所吸取。北宋著名理学家周敦颐、邵雍等人的学说，都渊源于道士陈抟。早在南宋初，朱震在《汉上易解》中已具体指出了这种传承关系。当代著名学者蒙文通先生写过一篇《陈碧虚与陈抟学派》并《附：图南学系表》①，系统地论证了宋代理学家邵雍、周敦颐、程颢、程颐等人的学术思想都来源于道士陈抟，并指出陈抟对整个宋代的学术思想都有影响。南宋著名理学家朱熹，对道教经典也下过许多搜集整理和研读的功夫。他曾托名“空同道士邹圻”为《周易参同契》作注，并对《阴符经》也作过考订，尝自谓“清夜眠斋宇，终朝读道书”，足见他对研读道教经典的勤苦用心。正是由于他把道教的宇宙图式论和守静去欲思想同儒家的纲常名教和佛教哲学思想相结合，从而构成了他的客观唯心主义哲学体系。可以说，宋明理学乃是道、儒、释三家思想的结晶。所以，道教与儒、释之间的相互关系，也是一个很需要研究的重要课题。过去对于道教吸收儒、释的思想这一方面，已有不少人探讨指出过，但对于儒、释吸收道教的思想，特别是儒学吸收道教的思想这一方面，则揭示得很少，一些儒学家对此更是讳莫如深，宋代一些理学家们在这个问题上表现得特别突出，这就掩盖了学术思想的真实历史。我们要弄清楚中国学术思想特别是哲学思想的发展和演变，必须首先还其本来面目。道家和道教都特别重视自然观的探讨，它们在这方面的许多观点都为后来儒学家所借鉴。道书中有关《老》《庄》《易》的阐释也很多，《易》《老》思想在道教中有其自身的特色，值得我们去发掘和整理。道教的大量戒律和劝善书，虽然都是以宗教神学为其体系，但其中也包含了许多伦理道德的思想，不仅对道教的发展有重要意义，而且曾经产生过广泛的社会影响。事实表明，道教在中国古代思想史上占有相当重要的地位。我们要全面地了解中国传统的学术思想，探讨其发展规律，就有必要研究中国道教史。

三、从文学艺术领域来看，道教对中国古代的文学艺术，也有非常深刻而突出的影响。道教信仰的理想，是长生成仙。这种神仙思想反映在文学领域中，成为文学的重要题材之一。古代以道教神仙为题材的作品，充满于诗、词、歌、赋、戏剧、小说等各种文学形式之中，数量甚多，作者亦不少。魏晋南北朝的“游仙诗”，是抒写神仙漫游之情的一种诗歌，以郭璞为著名的代表，在《文选》中被列为文学体裁之一，以后不断有人为之。唐代道教兴盛，反映在诗歌中，以神仙思想为题材的作品相当多，涉道诗成为唐代诗歌门类之一。伟大诗人李白，“正是反映道教思想的杰出作家”②，其部分诗作堪称神仙诗门的代表，人们称他为“诗仙”，他也以“谪仙人”自居。李白晚年，就北海高天师受道箓于齐州紫极宫，正式成为道士。在宋代词作当中，反映道教活动题材的作品也是大量的，而且不少词牌的名称，其得名即来源于道教的有关神仙故事。例如，《凤凰台上忆吹箫》，因《列仙传》萧史与秦穆公女弄玉吹箫引凤故事而得名；《解佩令》因江妃二女解佩与郑交甫的故事而得名；《惜分钗》因道士杨通幽于蓬莱仙山见杨贵妃，取回金钗之半给唐明皇的故事而得名。从这类事例当中，可以看出道教对宋词的影响是广而深的。在元代戏曲当中，反映道教神仙人物的戏曲特别突出，文学史家称之为“道剧”。明代戏曲理论家朱权在《太和正音谱》中分元曲为 12 种，“神仙道化戏”为其中之一，专门演述神仙度化

---

① 载《蒙文通文集》第 1 卷，巴蜀书社 1987 年版，第 369—382 页。

② 范文澜：《中国通史》第 4 册，人民出版社 1965 年版，第 279 页。

和飞升的故事。例如，《张天师夜祭辰钩月》、《张天师断岁寒三友》，皆是写张道陵的故事；《黄粱梦》，写钟离权度化吕洞宾；《岳阳楼》、《城南柳》，写神仙人物吕洞宾的故事；《铁拐李》、《蓝采和》、《升仙记》等，都是写八仙的故事；《陈抟高卧》，是写道士陈抟的故事；《任风子》，是写马丹阳度人的故事。这类神仙道化戏的作品数量很多，影响很大。元代著名戏曲家马致远还被称为“万花丛里马神仙”。明代的神魔小说中，属于道教神仙人物故事的也不少。除散见于“三言二拍”中的若干短篇之外，长篇以道士陆西星所作《封神演义》（一说为许仲琳所作）为最著，此外，还有吴元泰的《东游记》、余象斗的《北游记》，邓志谟的《铁树记》、《飞剑记》、《咒枣记》，等等。上面是就道教神仙思想对文学的影响来说的。道教对文学的影响，不仅反映在题材方面，而且也反映在文体上。如《步虚词》这种文体的来源，据《异苑》的记载，乃陈思王曹植游山，忽闻空中诵经声，清远遒亮，解音者则而写之，为神仙声。道士效之，作步虚声。文学家和道教学者又根据步虚声，进而作《步虚词》。唐吴兢《乐府古题解》谓：“《步虚词》，道家曲也，备言众仙缥缈轻举之美。”道士斋醮赞颂时，常以道家法曲腔调，讽颂步虚词。还有一种文体叫“青词”，亦称“绿章”，这种文体为道教举行斋醮时，呈给天神的奏章表文，用青藤纸书朱字，故谓之“青词”。明代道教盛行，道士写青词，文人亦写之，明世宗时大臣争以青词邀宠，如顾鼎臣、夏言、严嵩、徐阶、袁炜、严讷、李春芳、郭朴等，皆先后以青词得宠，卒至入阁，以至有“青词宰相”之讥。此外，道教对中国书画、音乐等艺术形式均有重要影响。由于道教注重写经，而写经必须讲究书法，故道教对书法有着重要的贡献。据文献记载，两晋南北朝时许多奉道世家，同时也是书法世家。如《晋书·王羲之传》载：“王氏世奉张氏五斗米道，凝之弥笃。”① 而王氏父子皆以书法著称。高平郗氏也是如此。郗愔是虔诚的天师道信徒，又“善隶书，与右军相埒”②。杨羲乃是道教上清派宗师，其书法亦工。《真诰》卷19《叙录》在谈到他的书法时说：“不今不古，能大能细，大较虽祖效郗法，笔力规矩并于二王。”③ 并谓上清派的另一个宗师许翙的书法“乃是学杨，而字体劲利，偏善写经”④。又谓许谧“章草乃能，而正书古拙”⑤。梁代上清派的著名道士陶弘景，其父即“工草隶”，“而陶隐居亦善隶书，虽効王书，而别为一法”⑥。其他如唐之颜真卿、元之赵孟頫，均既是道教的信奉者，又是著名的书法家。道教对绘画也颇有影响，晋代的顾恺之，就是一个受道教思想影响较大的画家。他的《画云台山记》，即是记述张道陵于云台绝岩之上考试弟子的情景。唐代有“画圣”之称的著名画家吴道子，改名道玄，曾画有太上玄元皇帝之像。还有不少的画家，如唐之张素卿，元之马臻、方从义、张雨等，本身就是道士。道教重视醮仪，故亦重视音乐。随着道教的发展，道教音乐在吸取各个历史时期民间音乐之因素的基础上，逐步形成了自己独特的风格和体系，不仅源远流长，并在历史上确实达到了较高的艺术水平，对中国古代音乐的发展有着重要的影响。如唐代把管理音乐的机关叫“仙韶院”，盛唐时乐舞的代表作

---

① 《晋书》卷80《王羲之传》，（唐）房玄龄等撰：《晋书》第7册，第2103页。

② 《太平御览》卷666《道部·道士》，（宋）李昉等撰：《太平御览》第3册，中华书局1960年版，第2974页。下同。

③ 《道藏》第20册，第602页。

④ 同上。

⑤ 同上。

⑥ 《太平御览》卷666《道部·道士》，（宋）李昉等撰：《太平御览》第3册，第2972页。

《霓裳羽衣舞》等，都很明显的是受到道教音乐影响的结果。道教音乐是中华民族文化的一份珍贵遗产，需要我们搜集和整理。1981 年 8 月在韩国汉城举行的第 21 届国际民间音乐讨论会上，道教音乐被列为会议内容之一；1985 年 12 月在香港中文大学还专门举行了道教音乐的国际学术研讨会。可见道教音乐作为中国音乐艺术的一部分，受到了各国音乐研究者的重视。此外，有关道教的雕塑、石刻、建筑等，都各具特色，对这些艺术形式的发展也曾产生过一定的影响，值得我们认真研究。例如，道教崇尚自然的思想，就对这些传统艺术的审美倾向具有重大影响，为这些传统艺术的发展提供了取之不尽的精神源泉。因此，为了弄清楚道教对中国古代文学艺术的影响和作用，开展道教史的研究，也是非常重要而有意义的。

四、从科学技术的领域来看，道教对我国古代科学技术的影响，也是不容忽视的。道教为了实现其长生成仙的理想，从其开创时起，便十分重视修炼方术，试图通过各种方术，来达到它所追求的目标。虽然这只不过是一种幻想，这个目标是不可能实现的，但在其长期发展过程中，通过各种修炼方术，客观上却在中国科学技术的有关领域积累了许多很有价值的材料，这对中国古代科学技术的发展有十分重要的意义。例如，丹鼎派的道士们，因为企图炼制出长生不死之药，积极从事炼丹活动，对各种丹术进行了认真的探讨。在这方面，他们所留下的著作甚多，《道藏》的洞神部众术类便集中汇集了这方面的资料。在这些资料里，虽然科学思想与神仙思想往往交织在一起，但其中合理的菁华是绝不能否认的。而且正是这种炼丹术的发展，为近代实验化学的产生提供了条件，可以说它是近代实验化学的前驱。汉末魏伯阳的《周易参同契》，借《易》道以明丹道，其中便含有丰富的科学思想，为我国古代化学、气功学、养生学留下了宝贵的遗产。在东晋葛洪的《抱朴子内篇》中，有关于物种变化的一些论述，还具体介绍了许多炼丹的方法，对化学和生物学都是极为重要的贡献。儒家对医学本不重视，孔子曾以轻蔑的口气说："人而无恒，不可以作巫医。"[①] 道教则不然，由于它祈求长生，故对医学特别重视。许多道教学者往往兼攻药物学和医学，葛洪就曾明确地指出，古之初为道者必须"兼修医术"[②]，他曾撰有《金匮药方》、《肘后备急方》等医学专著，内容包括各科医学，其中有关于肺结核病、烈性传染性天花、狂犬病等的记载，是世界上最早的有关医学文献，在医学史上具有极其重要的价值。南北朝时候的陶弘景，也同样既是一个道教徒，又是一个医学专家，撰有《本草集注》7 卷，为一部系统整理《神农本草经》和全面总结梁以前药物学方面成果的巨著，对隋唐以后的本草学研究产生了深刻的影响。他还撰有《药总诀》、《肘后百一方》、《效验方》等实用医药学的专著，这在当时也起过很大的作用。唐代道教学者孙思邈，更是这方面的杰出的代表，他所撰的《千金要方》30 卷，其内容之丰富、规模之宏伟，为前此各种医著所不及，被誉为我国最早的一部临床实用的百科全书，具有很高的学术价值，对祖国传统医学的影响极其深远。可见，道教在医学、药物学方面的贡献，都是应当肯定的。道教的养生术与预防医学紧密结合，作为祛病延年的重要手段，在道书中的论述颇多，内容十分广泛，涉及导引、行气、服食、房中、按摩、居处、养性等许多方面，其中包含的合理因素，值得我们认真发掘和整理。道教的内丹修炼方术，专讲人体内精、气、神的修炼方法，在宋、元时期，这种方术特别盛行，名家辈出，论著甚多，为

① 《论语·子路》，（清）阮元校刻：《十三经注疏》下册，第 2508 页。

② 王明：《抱朴子内篇校释》，第 271 页。

我国气功学的发展奠定了很好的基础。总而言之，道教在我国古代科学技术发展史上有它的独特作用，并给我们留下了大量科学技术方面的宝贵遗产，这在世界宗教史上也是罕见的，有待我们认真地总结。英国著名学者李约瑟（Joseph Needham，1900—1995）博士在其所编《中国科学技术史》中剖析道家道教对中国传统科学技术的贡献、影响及其意义时，也一再指出："它是一种哲学与宗教的出色而极其有趣的结合，同时包含着'原始的'科学和方技。它对于了解全部中国科学技术是极其重要的。"[①] 又说：这种哲学虽然含有"宗教神秘主义以及个人修炼成仙的各种因素，但它却发展了科学态度的许多最重要的特点，因而对中国科学史是有着头等重要的。"[②] 由于在这笔遗产里，是科学与神学的相互杂糅，因此，运用唯物辩证法对它们进行科学的分析研究，汲取其精华，剔除其糟粕，这也是摆在我们科学史工作者面前的一个迫切的任务。

五、从道德伦理的领域来看，道教所产生的社会影响也很突出。道教是一个十分重视伦理道德教化的宗教，它在长期发展过程中，积累了大量的戒律和劝善书，包括功过格等，其中包含了许多对当时的社会来说是合理的伦理道德思想。这些内容不仅对道教的发展有重大意义，而且对中国人的价值观念及生活方式等诸方面，都产生了广泛深远的影响，特别是它的各种劝善书，在社会上流传很广，深入到社会各阶层，士大夫也对它赞不绝口，为之作注者难计其数，其影响不可低估。对道教的伦理道德思想加以系统的整理和研究，对我们当前的伦理道德建设，也是很有意义的。

六、从民族心理、民族性格这些领域来看，道教在这些方面的影响也是很大的。例如，道教是以道为最高信仰，以得道为人生的最终目的，这种人生哲学培养了一代又一代的道教徒尊道重道和唯道是求的传统，历史上许多道教徒为了得道求道，抛弃人世间的一切物质享受和功名利禄，甘于恬淡素朴的生活，安贫乐道，刻苦磨炼，主动忍受一般人难以忍受的痛苦和折磨。这种传统，通过具有民族风格的宗教形式，长期传播于社会，对形成中华民族的心理素质和民族性格起了重大作用。历史上许多知识分子，特别是一些具有"隐士"风范的人物，莫不以安贫乐道、唯道是求作为自己的人生哲学，他们立身行事，本着"是道则进，非道则退"的原则，"淡泊以明志，宁静以致远"，视富贵如浮云。他们的言行，影响着一代又一代的社会风气。尽管他们所追求的道，与道教徒所追求的道，并不一定完全一致，但这种唯道是求的人生哲学的根源，与道教却有密切的关系。其次，道教是以长生成仙为其最终目的，因此，它竭力倡导重生、贵生、热爱现实的生活原则。葛洪在《抱朴子内篇·对俗》篇说："求长生者，正惜今日之所欲耳，本不汲汲于升虚，以飞腾为胜于地上也。若幸可止家而不死者，亦何必求于速登天乎？"[③] 他确信人的寿命长短，不是上天所决定的，人们通过修炼可以达到长生不死。同书卷16《黄白》篇中引《龟甲文》说："我命在我不在天。"[④]《老子西升经》亦称："我命在我，不属天地。"[⑤] 这些思想表明了道教长生不死信仰的特点，既与佛教悲观厌世思想不同，又与儒家"死

① 李约瑟：《中国科学技术史》第2卷，科学出版社、上海古籍出版社1990年版，第33页。下同。

② 同上书，第175页。

③ 王明：《抱朴子内篇校释》，第53页。

④ 同上书，第287页。

⑤《道藏》第11册，第506页。

生有命，富贵在天”① 的听天由命思想有很大的区别，它是鼓励人们积极顺应自然、努力自己掌握自己的命运。这种思想经过道教的长期宣传，深入人心，不能不影响到国人的民族心理和民族性格，使人定胜天的信念成为中华民族的优良传统。再次，道教还奉行《道德经》里“知常容，容乃公”② 的准则，主张宽容、谦让，虚怀若谷，反对自矜、自足、自大、自伐，反对骄傲自满，这种精神集中体现在文化方面的兼收并蓄态度，融摄百家，像海纳百川一样，具有极大的包容性，没有儒家那种视自己为正统、别人为异端的排他性。这种文化心理的发扬，形成了中华民族开阔的文化胸怀，容易吸收各种先进文化以发展自己的民族文化，使中华民族的古老文化能够经久不衰，而且愈来愈繁荣昌盛。

七、从民族凝聚力的形成和发展方面来看，道家和道教文化所起的作用，就更为明显了。例如，我们大家都承认自己是黄帝子孙，这个思想的渊源，就和道家与道教有极其密切的关系。我们知道，儒家的创始人孔子，是“祖述尧舜，宪章文武的”③，他并不谈论黄帝，也没有说自己是黄帝子孙。儒家所信奉的最古的史书是《尚书》，或者叫作《书经》，儒学家说它是由孔子亲自整理而成的，当然可以代表儒家的历史观。这部书的开头第一篇是《尧典》，然后是《舜典》，可见儒家讲历史是从尧舜讲起的，这与孔子“祖述尧舜”的思想是完全一致的。然而道家讲历史，则是从黄帝讲起的。最著名的代表作品就是《史记》。《史记》的作者是司马迁，他是属于道家学派的学者。为什么这么说呢?有司马迁自己的叙述为证。据《史记·太史公自序》的记载，司马迁的父亲司马谈，“习道论于黄子”④。所谓“黄子”，《集解》徐广注说：“《儒林传》曰黄生，好黄老之术。”《史记·儒林传》记载了他在汉景帝时与儒林博士辕固生当着汉景帝的面为汤武是否受命的问题进行激烈的争辩，他坚决反对儒生的观点。可见，司马迁的父亲以及他父亲的老师，都是属于道家学派的学者。所以司马谈在《论六家之要指》批评“儒者博而寡要，劳而少功”，批评“墨者俭而难遵”，批评“法家严而少恩”，批评“名家使人俭而善失真”，唯独对道家最为推崇，说：“道家使人精神专一，动合无形，赡足万物。其为术也，因阴阳之大顺，采儒墨之善，撮名法之要，与时迁移，应物变化，立俗施事，无所不宜，指约而易操，事少而功多。”⑤ 至于司马迁本人，“论大道，则先黄老而后六经”⑥，讲历史，则“自黄帝始”⑦。《史记》的开宗明义第一篇就从黄帝的本纪说起，认为尧舜都是黄帝的后代，与《尚书》所讲的历史完全不同。在《史记·封禅书》中又说：“黄帝且战且学仙”，后来乘龙上天。所以黄帝历来是道家和道教所崇拜的人物，正统儒家对这些说法是很难接受的。因而历来总是“黄老”并称，从来还没有人把黄帝与孔子联系在一起而并称“黄孔”的。在道家和道教的著作中，往往大肆宣扬黄帝，为黄帝树碑立传。仅《庄子》一书的许多篇章，如《在宥》、《天地》、《天运》、《胠箧》、《大宗师》等，都讲述过黄帝的事迹，且不用说后来稷下黄老学派了。而道教更明确是以黄帝为“道家之宗”，所以道教典籍中有关黄帝的记载，那就更不胜枚举了。《道藏》第5册《历世真仙

① 《论语》卷6《颜渊第十二》，（清）阮元校刻：《十三经注疏》下册，第2503页。

② 《道德经》第16章。

③ 《中庸》第30章，（清）阮元校刻：《十三经注疏》下册，第1634页。

④ （汉）司马迁撰：《史记》第10册，第3288页。

⑤ 同上书，第3289页。

⑥ 裴骃：《史记集解序》引班固之言，载《史记》第10册，第1页。

⑦ （汉）司马迁撰：《史记》第10册，第3300页。

体道通鉴》卷1就是以《轩辕黄帝》开头，该册第32—35页还另有《广黄帝本行记》，《藏外道书》第18册又收有《轩辕黄帝传》，其他托名黄帝所撰的道书也很多。至今道教所使用的道历，仍是以黄帝作为它的纪元开始的。相反，在正统儒家的经典中，谈到黄帝的时候则相对比较少。而他们所宣扬的那一套尧舜之道，在普通老百姓中对它的了解并不多，其影响甚微，不像黄帝的影响那样广泛。直到今天，广大同胞和海外侨胞不分男女老少，莫不以自己同是黄帝子孙而彼此心心相印，互相紧密地联系在一起，同呼吸，共命运。以黄帝为祖宗，这是家喻户晓的事。这个思想，形成了中华民族强大的凝聚力，“血浓于水”的这种民族感情比什么都珍贵，它是我们几千年来战胜一切困难、越过无数险阻、始终立于不败之地的精神武器，在今天仍然显示着它强大的生命力。

除以上所讲七个领域之外，道教对民间的风俗习惯和民间信仰，也有重要的影响，如崇拜三官、灶神、城隍神、土地神、财神、雷神、八仙、妈祖等，都和道教有密切关系，这里就不再详细地讲了。

第三个方面，是道教与中国少数民族关系的问题。道教在其创建和整个发展过程当中，和我国的少数民族的发展是密不可分的。它不断吸收少数民族的宗教文化成分，并得到少数民族的信奉和支持，从而形成了比较进步的民族观。道教主张各民族在道法面前人人平等，不论是“生在中华，或生夷狄之中，或生蛮戎之内，或富或贵，或贱或贫”，只要“心修正道”均可“渐入仙宗”[①]。其超越死亡病痛，以长生成仙为宗旨的信仰，与氐羌族群之间即存在着渊源关系。著名历史学家向达先生即认为：“我疑心张道陵在鹤鸣山学道，所学的道即是氐、羌族的宗教信仰，以此为中心思想，而缘饰以《老子》之五千文。因为天师道的思想原出于氐、羌族，所以李雄、苻坚、姚苌以及南诏、大理，才能靡然从风，受之不疑。”[②] 又说：“南诏本身属于羌族”，“南诏之所以信奉天师道，因这原来是氐族和羌族的本来信仰。前蜀巴氐李氏族人于汉末就信奉张鲁的鬼道，李雄尊天师道人范长生，称为范贤而不名，并欲‘迎立为君而臣之’，后乃加范长生为天地大师，封西山侯，其信仰天师道可谓至矣。”[③] 并称：又在晋代，“氐族苻氏（苻坚）以及羌族姚氏（姚苌）应该都是相信天师道的”[④]。著名的历史学家蒙文通先生则更为直截了当地说：“天师道盖原为西南少数民族之宗教。”又说：“五斗米道原行于少数民族。”[⑤] 这便说明天师道之创建和传播，均与西南地区少数民族的宗教信仰是密不可分的。不仅如此，根据一些考古发掘的资料证明，至迟在东晋末年，现今新疆维吾尔族先民聚居的吐鲁番地区（当时称“高昌”）便已盛行道教。北魏拓跋氏支持寇谦之对道教的改革，金元女真人中还产生了几位颇有影响的女真高道，元代蒙古的统治者还接纳全真高道的进言，促进道派间的合流，推动了道教的兴盛。表明少数民族先民不仅共同创建了道教，还共同推动了道教的发展，而道教对少数民族政权的巩固，亦发挥过重要的作用。近现代，一些少数民族传统宗教逐步道教化，一些少数民族产生了由道教与当地传统宗教结合而成的道教流派形

---

① 《太上玄灵北斗本命延生真经》，《道藏》第11册，第346页。

② 向达：《唐代长安与西域文明》，重庆出版社2009年版，第150页。下同。

③ 同上。

④ 同上书，第147、149页。

⑤ 《蒙文通文集》第1卷，巴蜀书社1987年版，第316页。

式，一些少数民族虔诚地信奉道教[①]。

少数民族信奉文化形态相对较高的道教，有助于推动自身社会经济文化的发展，并在信仰的层面上缩小了各民族相互之间思想观念的差异，培养了共同性和认同感，逐渐清除族界意识和防范心理，促进思想文化及民族实体的相互融合，从而增强了中华民族的向心力和凝聚力。

以上三个方面的情况说明，道教思想曾消化吸收了中华民族的各种传统文化成分作为它的营养，同时又曾渗透到我国社会生活的许多方面和意识形态的许多领域，对包括少数民族在内的中华传统文化皆发生过极为深刻的影响。鲁迅先生在1918年8月20日《致许寿裳》的信中曾说："前曾言中国根柢全在道教，此说近颇广行。以此读史，有多种问题可迎刃而解。"[②] 可见道教文化在中华传统文化中占有极其重要的地位。因此，开展中国道教史的研究，对于全面弘扬中华传统文化、建设中华民族共同精神家园的重要理论价值和现实意义，也就不难明白了。

改革开放以来，由于我国经济的蓬勃发展和国际地位的日益提高，具有五千年文明史的中华传统文化，以及作为这一传统文化"根柢"的道教文化，也愈来愈受到人们的关注。

究其原因，乃是由于西方文化所暴露出来的一些弊端，给当前人类社会造成了许多严重的灾难，而道教文化的一些合理思想，却是医治这些弊端的良方，试举例说明如下：

第一，道教奉行《道德经》里"知常容，容乃公"[③] 的准则，这个准则集中体现在文化方面的兼收并蓄的态度，主张宽广能容、虚怀若谷，尊重不同文化，善于向不同的文化学习，认为应该像海纳百川一样地融摄百家之长，以不断地丰富自己。没有英国著名汉学家李约瑟（Joseph Neddham，1900—1995）博士指出的西方文化那种"自以为是"的"精神优越感"，"认为只有他们自己的文明才是唯一具有世界性的文明，而对其他人们的社会文化思想和传统一无所知，所以，觉得理所当然地应该把他们自己的思想意识和传统习惯（无论在法律、社会民主或政治体制方面）都强加给其他人民"[④]。而且，随着世界经济向全球化的方向发展，西方世界的某些人也就极力主张，在文化发展的方向上，也应当单一化、一元化，即让他们把自认为是整个世界最完美的文化推向世界各国。这与联合国教科文组织起草的《文化多样性公约》（2004年7月）的精神也是相违背的。和他们的说法和做法相反，我们认为，随着世界经济向全球化的方向发展，各国人民相互往来的日益增多，在文化发展方面，也必将走向各种文化的相互沟通、相互对话、相互交流、相互学习、共同发展，从而形成一个"百花齐放"的多元文化的世界。虽然彼此之间的矛盾和斗争，仍然是不可避免的，但同时也应该和需要彼此之间的相互汲取和相互补充。因而，未来的人类文化，应是多元的，而不是一元的。而这也符合道教文化所主张的那种"宽广能容"的精神。只有这种文化精神，才能具有一种开阔的文化胸怀，经常汲取不同文化的合理因素来进行自我更新，充满勃勃的生机，可以经久而不衰。

---

① 参见钱安靖撰《道教与少数民族》，载卿希泰主编《道教与中国传统文化》，福建人民出版社1990年版，第440—472页；张桥贵：《道教与中国少数民族关系研究》，四川大学出版社1998年版。

② 《鲁迅全集》第9册，人民文学出版社1958年版，第285页。

③ 《道德经》第16章。

④ 李约瑟：《四海之内》，劳陇译，三联书店1992年版，第1页。

第二，在对待人与社会和人与人的相互关系问题上，道教从《道德经》的“道生之，德畜之”① 这一思想出发，认为“道者，天也，阳也，主生；德者，地也，阴也，主养；万物多不能自生，即知天道伤也”②。主张“凡事无大小，皆守道而行，故无凶；今日失道，即致大乱”③。这个“道”，就是指相生相养之道，“道生、德畜”之道，既是“天道”，又是“人道”，是天与人的合一，也就是社会的公共准则。

怎样才能相生相养，既符合所谓的“天道”，也符合所谓的“人道”，或符合社会的公共准则呢？道教对此反复地指出：天地间的一切财物，都是“天地和气”所生，属于社会公有。它说：“物者，中之有。”④ “此中和之财物也”⑤，“中和有财，乐以养人”⑥，不应当为少数人所独占，为少数人所私有，更不能以此为资本，去敲诈别人和掠夺别人。它主张每个人都要有济世度人的社会责任感，强调在社会生活当中，每个人都要遵守社会的公共准则，要友善地对待他人，在人与人之间要实行互助互爱，要“悯人之凶，乐人之善，济人之急，就人之危”⑦。有财物的人，应当“周穷救急”，“有财相通”；有道德的人，也应当以道德教人，不能仅仅是洁身自好。它还认为，“天道助弱”⑧，“天之道”是“损有余而补不足”⑨。所以，它反对“智者”欺负“愚者”，“强者”欺负“弱者”，“少者”欺负“老者”，认为这是“与天心不同，故后必凶也”⑩。它强调，为人君父者，应当实行人人平等而又公平的原则，认为“天地施化得均，尊卑大小皆如一，乃无争讼者，故可为人君父母也”⑪。如果每个人都按照道教文化的这些思想办事，就可以处理好人与人之间的各种社会关系，使整个社会和谐有序；也可以处理好国与国之间的相互关系，使大国和小国、强国与弱国、富国和穷国都能和平共处，整个世界也自然就会得到安宁，实现人类的和谐社会了。

第三，在个人生活准则上，道教认为，人生的最高价值就是得道成仙。当然，长生不死、即身成仙，仅仅是道教的一种信仰，实际上是难以实现的。但道教从这样一种信仰出发，在个人生活准则上，则强调要尊道贵德、唯道是求。为了求道，必须保持恬淡无欲、清静素朴的思想，教人“抑情养性”，不为名利等外物所累。“不汲汲于富贵，不戚戚于贫贱”，“不以物喜，不以己悲”，不为个人的私欲而心神不安，始终保持一种“知足常乐”的高尚情操，养成一种开朗旷达的胸怀，“遇人无忤，与物无争”，以崇尚节俭为荣，以攀比奢侈豪华为耻，明确主张“见素抱朴，少私寡欲”⑫ 和“去甚，去奢，去泰”⑬。这与当前社会上那种拜金主义、享乐主义、个人主义普遍泛滥的社会风气是截然不同的。

---

① 《道德经》第51章。
② 王明：《太平经合校》，第218页。
③ 同上书，第21页。
④ 同上书，第246页。
⑤ 同上书，第242页。
⑥ 同上书，第248页。
⑦ 《太上感应篇》卷3，《道藏》第27册，第20—22页。
⑧ 王明：《太平经合校》，第703页。
⑨ 《道德经》第77章。
⑩ 王明：《太平经合校》，第695页。
⑪ 同上书，第683页。
⑫ 《道德经》第19章。
⑬ 《道德经》第29章。

在我国，目前有一些人在商品大潮的冲击下，头脑发昏，只晓得金钱第一、享受第一。为了金钱和享受，可以不顾一切，甚至包括出卖自己的良心和人格。这种人在整个社会中虽然只占少数，但如不加以制止，任其泛滥，就可能使整个社会的道德沦丧，歪风邪气蔓延滋长，与道教文化所倡导的个人生活准则背道而驰。相反，如果人人都按照道教文化所倡导的个人生活准则办事，做到“是道则进，非道则退”，就可以使整个社会风气大大好转，人们的思想素质也会大大提高，并把人们从金钱的奴役下解放出来，摆脱追求个人名利的精神枷锁，更好地发挥每个人的聪明才智，体现人的真正价值，促进社会的协调发展。

第四，在对待人与自然的相互关系问题上，道教文化的基本出发点，乃是“天人合一”的思想。它从这一思想出发，提出了“天、地、人，本同一元气，分为三体”①，“元气有三名，太阳、太阴、中和。形体有三名，天、地、人”②。这天、地、人三气应当相互协调，“相爱相通，无复有害者”③，方能“并力同心，共生万物”④；“一气不通，百事乖错”⑤。道教的这种思想，首先是承认宇宙间的万物都有其合理性与平等的存在地位，主张让宇宙间的万物任性自在、自足其性，得其自然之存在与发展，人当无为，勿加干预。《太平经》说：“凡物自有精神，亦好人爱之，人爱之便来归人。”⑥《抱朴子内篇·塞难》认为：“天道无为，任物自然，无亲无疏，无彼无此也。”⑦因而主张圣人“任自然……存亡任天”⑧。清人闵一得《阴符经玄解正义》亦称：“万物自生，岂劳人力也哉?”⑨不仅如此，这种思想还认为人也是自然的一部分，强调“道法自然”⑩，“自然之道不可违”⑪，因而主张人应当爱护自然，保持与大自然协调相处的和谐关系，顺应大自然本身的客观规律办事，不应当把自己凌驾于万物之上，似乎自己对天地万物的所有征服改造都是合理的、必要的，以征服者的态度无情地去掠夺自然，反自然之道而行之。这些想法和做法必将作茧自缚，必然会危害人类自身，引起自然界对人类的无情惩罚。今天人类所面临的生态危机、环境污染、物种绝灭、资源枯竭、各种自然灾害的频繁发生以及环境难民的不断增加，等等，就是这种惩罚的反映。再不悔改，整个人类就有可能被大自然开除出“地球村”。由此可见，道教这种道法自然、顺应自然的思想，乃是从对自然界和人类社会的深刻认识中总结出来的，是符合自然界和人类社会发展规律的，是一个古今中外都概莫能外的普遍真理，应当是人类行为的共同准则，在新世纪里也必将闪烁着巨大的光芒。

由此可见，道教文化中确有不少的合理思想，对于当代的现实生活具有十分重要的意

---

① 王明:《太平经合校》，第236页。
② 同上书，第19页。
③ 同上书，第148页。
④ 同上书，第148页。
⑤ 同上书，第18页。
⑥ 同上书，第251页。
⑦ 王明:《抱朴子内篇校释》，第124页。
⑧ 同上书，第142页。
⑨ 《藏外道书》第10册，巴蜀书社1994年版，第300页。
⑩ 《道德经》第25章。
⑪ 《黄帝阴符经》，《道藏》第1册，第821页。

义，有的甚至还可以说是一种匡救时弊的救世良方。所以，加强对道教历史文化的研究，取其精华，去其糟粕，对于国家发展、社会稳定、人民幸福，对于推进世界和平，建设全人类的和谐社会，都是具有非常重要的现实意义的。

二 研究中国道教发展史的基本要求和主要目的

道教是以“道”为最高信仰而得名，相信人们经过一定修炼可以长生不死，得道成仙。道教以这种修道成仙思想为核心，神化老子及其关于“道”的学说，尊老子为教主，奉为神明，并以老子《道德经》为主要经典，对其中的文辞作出宗教性的阐释。道家思想便成为它的思想渊源之一。与此同时，它还吸收了阴阳家、墨家、儒家和包括谶纬学的一些思想，并在中国古代宗教信仰的基础上，继承了方仙道、黄老道的某些思想和修持方法而逐渐形成。它是在东汉中叶产生的，伴随着漫长的封建社会的发展而发展。其发展的历史，与封建社会的历史进程交织在一起，必然会受到封建社会的政治和经济等各个方面的制约。但作为一种宗教，它一旦产生以后，其发展过程便有它自己一定的相对独立性，有其本身的发生、发展和演变的客观规律。我们研究道教发展史的主要目的和基本要求，就在于必须以客观的态度和科学的方法，实事求是地分析道教之所以产生的社会历史条件和思想渊源，并紧密结合各个历史时期的整个社会政治和经济等实际状况，来探求道教本身的发生、发展和演变的客观规律。为此，首先就必须排除关于道教起源的各种神话传说，以及许多臆测，“把悬挂在天国的宗教问题还原为现实的社会政治问题”。同时也不能完全以封建王朝的朝代变更来替代道教发展过程中自身的演变阶段。因为这样的分段，很难恰当地如实反映出它自己具有一定的相对独立性，并揭示出道教本身的发生、发展和演变的客观规律性。在此基础上，我们还应以高度的自觉性来探讨当今的道教如何与社会主义社会的发展相适应，从而为弘扬道教文化尽自己最大的努力。

根据以上的基本要求和主要目的，本书遂将道教发生和发展过程依据其各个不同阶段的不同特点，从张陵创教起到中华人民共和国建立前为止，区分为四个时期；中华人民共和国建立以后，道教的发展又进入了另一个崭新的时期。时期的划分，既应考虑到整个中国社会在政治、经济等各个方面的变化，也应如实反映道教本身的发生、发展和演变的客观规律。因此，在说明各个时期的具体划分时，就应紧密结合各个时期中国社会在政治、经济等各个方面的各种变化，并在此基础上，阐述道教在其发展过程中各自不同的特点和状况。按照这一准则，现将各个时期的划分及其主要特点和基本状况扼要介绍如下：

1. 道教的创建和改造时期

在东汉张陵创教之前，道教的形成有一个酝酿过程，一般仅把它看作是道教的前史，并不计算在道教发展史的时间之内。从张陵创教开始，到魏晋南北朝为止，属于道教的创建和改造时期。这个时期的主要特点，是民间的比较原始的早期道教逐渐分化并向上层化的方向发展，使与当时农民起义相结合的民间早期道教逐步被改造并转化为维护封建统治阶级利益的上层化的道教。

东汉张陵创立的五斗米道和张角创立的太平道，都是早期比较原始的民间道教派别，主要是在下层群众中流传，都受到道教早期经典《太平经》中部分反映农民群众愿望和要求的思想影响，并与农民群众反对封建的经济剥削和政治压迫相结合，为农民起义者所利用。东汉末年，太平道发动了黄巾起义，五斗米道亦与之东西相应，后来还在汉中建立了政教合一的地方政权。封建统治阶级对这种民间的道教，采取了镇压限制与利用改造相结合的两手政策。太平道遭到残酷镇压而失败，从此销声匿迹。张鲁的汉中政权亦被收降，张鲁及其道民被令北迁。不久，张鲁逝世。五斗米道虽在北方得以传播，但由于失去了统一领导，陷入组织涣散、纪律松弛、思想紊乱的状态。道教内部便逐渐分化，一部分向上层发展，接受统治者的利用和扶植。有些道徒站在维护封建统治的立场对民间道教进行改造。东晋时，葛洪系统总结和阐述了战国以来神仙方术的理论，在《抱朴子·内篇》中建立了一套成仙的理论体系，丰富了道教的思想内容，并为道教构造了种种修炼成仙方法，对后来道教的发展有较大的影响。他攻讦民间早期道教，诋毁农民起义，提出以神仙养生为内，儒术应世为外，将道教的神仙方术与儒家的纲常名教相结合，宣扬道教徒要以儒家的忠孝仁恕信义和顺为本，否则，虽勤于修炼，也不能成仙，这就为上层化的道教奠定了理论基础。于是，士族阶层参加道教的人日益增多，出现了许多天师道世家。这些上层士族人士参加道教以后，必然把他们的思想和要求也带到道教中来。反映这类思想的上清、灵宝等道教派别遂相继出现，并迅速得到了发展。

道教在上层化的同时，民间仍然传播着通俗形式的道教，并不断发动反抗统治阶级的起义。西晋时，道士陈瑞首先在巴蜀犍为地区发难。继之而起的李特、李雄所领导的流民起义，亦与天师道有密切关系。他们在天师道首领范长生的支持下在成都建立了成汉政权，凡经六世 47 年，至东晋穆帝永和三年（343）方被桓温所灭。和天师道有一定渊源的李家道，三国时从蜀中传到江南，并在江南地区广泛传播。从东晋初年开始的李弘起义，与这个道派有一定关系。在晋代，杜子恭一派的天师道，在江南也颇有影响。东晋末，孙恩、卢循利用天师道派组织发动了起义，并提出了“诛杀异己”的口号，诛杀了士族中“世奉张氏五斗米道”的道徒王凝之。表明虽同为道教信徒，也会因阶级利益不同而互相对抗，可见这时道教内部在改造过程中存在着激烈的斗争。对民间早期道教的成功改造，是在南北朝的时候。北魏太平真君年间（440—450），嵩山道士寇谦之在崇信道教的北魏太武帝和司徒崔浩的共同支持下，自称奉太上老君的意旨，“清整道教，除去三张（张陵、张衡、张鲁）伪法”，制订乐章诵诫新法，“专以礼度为首，而加之以服食闭练”，“佐国扶命”，代张陵为天师，被称为北天师道。在南朝刘宋，则有庐山道士陆修静，“祖述三张，弘衍二葛（葛玄、葛洪）”，搜罗经诀，尽有上清、灵宝、三皇各派经典，遂“总括三洞”，汇归一流；又依据封建的宗法思想和制度，并吸收佛教修持仪式，广制斋戒仪范，以改革五斗米道，“意在王者遵奉”，被称为南天师道。道教的教规、仪范经过寇谦之和陆修静的修订之后，便逐步定型。在此基础上，陶弘景继续吸收儒、释两家思想，充实道教的内容；构造道教神仙谱系，叙述道教传授历史，主张三教合流，对以后道教的发展影响甚大。道教经过南北朝的改造之后，其教理教义、斋戒仪范等都大大地得以充实和健全，改变了早期比较原始的状态，逐步成熟起来，并由民间的宗教转化为上层化的为封建统治服务的宗教。

2. 道教的兴盛和发展时期

自从民间道教被改造成为上层化的为封建统治服务的道教以后，道教就一直受到封建统治者的崇奉和扶植。隋唐到北宋，道教便进入了兴盛和发展时期。其特点主要表现在，这个时候道教的社会地位大为提高，道士的人数大增，道教的组织更加强大，道教的宫观不仅遍布全国，而且它的规模也日益壮观。特别是这个时候道教学者辈出，道书数量益增，并汇编成藏，正式刊行，修持方法及其理论也有重大发展。道教理论的空前繁荣，是唐宋时代道教的一个显著特点。

隋唐至北宋，国家基本上是统一的，虽然有过五代十国的分裂，但为时不长。中国封建时代的经济，在唐宋时代也较为繁荣。经济的发展为整个文化的发展提供了有利条件。从道教本身来说，由于经过魏晋南北朝与儒、释之间的大辩论之后，促使道教加强教理的研究，进一步吸收儒、释各家的思想来充实自己的理论；道教内部也在各个道派间形成了以茅山宗为主流的局面，南北不同的学术流派亦互相交融，从而使它的教理向纵深和细密的方向发展。另一方面，由于唐宋时代的许多封建统治者都奉行崇道政策，利用道教来为巩固其统治地位服务，由此也促进了道教理论的发展。如唐代统治者自称是老子后裔，尊之为“太上玄元皇帝”，令两京及诸州普遍建立玄元皇帝庙，又“令道士女冠隶宗正寺”，视道士为宗室。宋真宗称其始祖赵玄朗为道教尊神，封为“圣祖上灵高道九天司命保生天尊大帝”，并加封老子为“太上老君混元上德皇帝”。宋徽宗还自称是“神霄帝君”下凡，示意道箓院上章，册封自己为“教主道君皇帝”。唐宋统治者在大力提高道教地位的同时，还大力提倡对道书的研究，采取一系列措施来加以推动。例如，设立道举制度，规定贡举人皆须兼习道经并把《老》《庄》《文》《列》定为“真经”，作为“明经”科内容之一进行考试，规定士庶均须家藏《道德经》一本，又置崇玄学和玄学博士，并配置生员，定期宣讲道经，令群官百僚观礼，不断派人收集和整理道书，加以缮写或刊印，颁布天下，以广流布，便于学者研习。他们还亲自召开和主持道教与儒、释的讨论会，又亲试“四子”举人和带头为道经作注，以及对道士的学业进行培训和考核，不才者勒令还俗，等等。上之所好，其下必甚。所有这些措施，不能不造就一时的风尚，使对道经的研究蔚然成风，道书的造作日益增多，道教的理论大为发展，著名的道教学者也相继出现。如唐之孙思邈、成玄英、李荣、王玄览、司马承祯、吴筠、李筌、施肩吾，五代十国时的杜光庭、彭晓、谭峭、闾丘方远，北宋时的陈抟、张伯端、陈景元、贾善翔等，都是道教史上或学术史上有较大影响的人物。他们或者创为论著以阐述自己的学说，或者通过整理注释其他道教经书以发挥自己的思想，研究范围相当广泛，成就也是多方面的。在道教的教理、历史、修持方法和医学、药物学、养生学以及哲学思想、政治思想、军事思想等许多方面，都作出了贡献。其中不少著作不仅对当时道教思想的发展有重大意义，且对中国古代学术文化的发展也有相当的影响。隋唐时候，道教的外丹方术特别盛行，出现了不少的炼丹家和丹书。但由于统治者和士大夫服丹致死者较多，服食者与炼丹道士皆吸取教训，此后遂转向于内丹方术的研究。北宋张伯端作《悟真篇》，从理论上总结了当时内丹修炼的成就，为南宋以后的金丹道派所继承和发展。

3. 道教的宗派纷起与融合和继续兴盛发展与变革时期

南宋以后至明代中叶，封建统治者对道教仍然继续支持，道教也仍然继续发展。但由于出现了南宋偏安，形成与金、元南北对峙的局面，民族矛盾异常尖锐。在这种形势下，道教内部也随之宗派纷起和进行变革，并互争教会的领导权，从而形成了与上一阶段显著不同的特点。在南方，除旧有的龙虎天师、茅山上清、阁皂灵宝等三山符箓派仍然受到南宋统治者的尊崇而外，自称独得异传而先后别立宗派者也甚多，如神霄派、清微派、天心正法派、东华派、净明派等，多系从三山符箓派分化而来，但都各有自己不同的变化。还有所谓金丹派南宗者，奉张伯端为祖师，专主内丹修炼之说，在这点上与全真道有些相似，后来归入全真道。这些派别大多倡导道教与儒、释的三教同源一致，大量融合儒、释思想，特别是以援引、融摄理学思想为其特色，这与当时南方理学思想的影响愈来愈大有关。在北方，则有金大定七年（1167）由王重阳创立的全真道，亦认为三教同源，尤以更多地援引、融摄佛教思想为其特色。这个道派在过去原有道派的基础上进行了一系列的改革，可称为道教发展史上的一个革新派。此外，还有金熙宗天眷（1138—1140）初，萧抱珍创立的太一道，皇统二年（1142）刘德仁创立的大道教，后称为真大道教，皆一度在北方流传，曾盛极一时，但历时不久，即衰落下去了。唯有全真道，由于受到元代统治者的支持，经久兴盛不衰。天师道为了与新起的全真道相抗衡，遂与上清、灵宝、净明等各符箓派逐渐合流。到元成宗大德八年（1304），三十八代天师张与材被授为正一教主，主领三山符箓，符箓各派遂统一为正一派。此后，道教遂正式分为正一和全真两大宗派，在明代继续流传。明代统治者对道教特别是正一道十分重视，尤以明世宗为甚，自号"玄都境万寿帝君"，亲自斋醮，任命邵元节、陶仲文等道士担任朝廷官职，深入宫廷，参与朝政，使政教发生了更为密切的关系。其时道教的社会地位之高，影响之大，前所未有。明代统治者对道教经书的整理也十分重视，正统十年（1445）和万历三十五年（1607）所编纂的正、续《道藏》，共5485卷，对道教经书的保存和传播，起了较大的作用。南宋以后，特别是明代，道教的各种劝善书逐渐盛行，元代反映道教神仙人物的戏剧为数不少，元末明初宣扬道教法术的神魔小说也日益增多，道教文学较为兴盛，是这个时期道教活动的又一特点。

4. 道教社会地位日益低下，道教组织日益分裂，道教进入逐渐衰落的时期

明中叶以后，也就是明嘉靖至万历以后，随着封建社会内部资本主义因素的萌芽和商品经济的发展，启蒙思想和市民运动日益兴起，封建社会便进入了它的逐步衰落时期，处于一个缓慢解体的过程之中，到了一个所谓"天崩地解"[①]的时代，正如毛泽东所说："中国封建社会内的商品经济的发展，已经孕育着资本主义的萌芽，如果没有外国资本主义的影响，中国也将慢慢地发展到资本主义社会。"[②]作为长期依靠封建统治者的崇奉和扶植而发展兴盛的道教，也随着它的社会地位的逐步低下而不得不逐渐走向衰落。因此，从明代中叶以后，特别是经过鸦片战争使整个中国社会沦为半殖民地半封建社会以后，到中华人民共和国成立之前，便是道教逐步进入了一个派别丛生、内部四分五裂而不断走向衰落的时期。这一时期的主要特点是，道教逐渐失去封建统治者的有力支持，其社会地位逐步下降。明世宗以后，明穆宗鉴于世宗崇道过甚，即对道教采取了打击和压制的措施。神宗时虽略有好转，但仍抑制甚严，到他的晚年至明熹宗、思宗时，明代的统治已进入末世，阶级矛盾和民族矛盾均十分尖锐，内外交困，国力衰弱，明统治者已无暇顾及道教。清代统治者"起自关外，承袭萨满教传统，对道教不感兴趣"[③]，对它采取了抑制政策。清初顺治、康熙、雍正三朝，从笼络汉人的需要出发，对道教虽仍沿明例加以保护，到乾隆时，即一再加以贬抑，禁止正一真人差遣法员往各地开坛传度，限天师率领龙虎山的本山道众。及宣宗即位，已近鸦片战争前夕，内忧外患日趋紧张，于道光元年（1821）敕令张天师"停其朝觐，著不准来京"[④]，从此断绝了清王朝与道教的一切联系，"听其自生

---

① （清）黄宗羲撰：《南雷文定前集》卷1《留别海昌同学序》，四库备要本，第12页。

② 《毛泽东选集》第2卷，人民出版社1952年版，第620页。

③ 任继愈主编：《道藏提要》，中国社会科学出版社2005年版，第8页。

④ 《清朝续文献通考》卷89《选举考六》，（清）刘錦藻撰：《清朝续文献通考》第1册，上海商务印书馆1936年版，第8494页。

自息于天地之间”[①]。辛亥革命后，“真人”封号亦被取消。但是道教在上层的地位日趋衰落的时候，民间各种通俗形式的道教仍很活跃。以各种宗教互相融合为特点的民间宗教和秘密结社近200余种，虽然派别繁多，思想渊源也极其复杂，政治观点和政治态度亦很不一致，但其中有些派别在思想上乃至组织上，同道教仍有一定的关系，属于变相的道教。如清初出现的八卦教，便是属于这类组织之一，后来的义和拳，也和道教有一定的关系，这类通俗形式的民间道教以及民间秘密组织虽然在民间很活跃，但他们始终各自不断分裂，山头众多，形不成一个统一而强大的社会力量；道教的命运总是和国家与民族的命运紧密地联系在一起的，道教的兴衰和国家与民族的兴衰是分不开的。“皮之不存，毛将焉傅?”[②] 特别是鸦片战争以后，中国社会外受帝国主义的侵略和掠夺，内有封建军阀的割据，整个神州大地烽火连天，社会动荡不安，广大人民处于水深火热之中，民族存亡已经危如累卵，在国运如此式微的情况下，尽管教内也有少数有识之士为振兴道教曾企图组建一个跨宗派的全国统一的道教协会组织而作过一些努力，但始终未能实现，这便是这个时期道教的另一个基本特点。随着道教活动的重点从上层转向民间，它对少数民族宗教信仰的影响也愈来愈大，许多少数民族宗教信仰的道教化，亦是这个时期的一个显著特点。

以上便是从道教产生之后到中华人民共和国建立之前的道教发展史的分期和各个时期的基本特点。

5. 道教在中华人民共和国建立后的新生和改革开放以来的全面发展

1949年10月，中华人民共和国成立。历尽苦难的中国人民从此摆脱了帝国主义、封建主义和官僚资本主义的反动统治，整个中国社会的性质，在政治、经济、文化等各个方面均发生了翻天覆地的大变化，古老的中国焕发出耀眼的青春光彩，从而也不能不直接影响到整个道教的面貌。在中国共产党的领导下，人民政府实行了宗教信仰自由政策，对道教界上层爱国人士和下层广大教徒采取了团结的方针，尊重他们的宗教信仰和宗教感情，并在思想上给以关心和教育，在生活上给以帮助和照顾，在政治上让他们与各界人民一样享有参政议政的平等权利，为繁荣祖国共理国家大事当家做主。广大教徒皆衷心拥护人民政府的宗教政策，以主人翁的态度与全国人民一道投入了社会主义建设的行列，使道教从过去日益衰落的困境下走出来获得了新生，古老的道教也开始“旧貌换新颜”，并为适应社会发展的需要，在经济生活、政治思想和政治态度以及宫观管理体制等各个方面均发生了许多重大的变化，特别是历史上第一个跨宗派的全国道教组织——中国道教协会，也由此诞生，改变了过去道教内部那种四分五裂的状况，形成了与过去四个时期均不相同的一些基本特点，从而使道教发展的历史进入了一个崭新的历史时期，翻开了道教历史的新篇章。虽然在“文化大革命”的十年动乱中，由于林彪、“四人帮”等反革命集团肆意推行极“左”路线，践踏国家宪法，破坏党和政府的各项方针政策，使道教也遭受了严重的挫折和打击。但在党中央先后粉碎了林彪、“四人帮”等反革命集团、确立了改革开放的路线以后，于1978年12月召开了党的十一届三中全会，提出了全面拨乱反正、落实宗教政策，中共中央于1982年3月专门就宗教问题制定了《关于我国社会主义时期宗教问题的基本观点和基本政策》，认真总结和吸取了建国以来党在宗教工作中的历史经验，全面

① （清）黄钧宰撰：《金壶七墨·浪墨》卷7，《笔记小说大观》第2编第7册，台北：新兴书局1984年版，第3999页。

② 《左传·僖公十四年》，（清）阮元校刻：《十三经注疏》下册，第1803页。

阐述了党对宗教问题的基本观点和基本政策，从而成为党和政府正确对待和正确处理我国社会主义历史条件下宗教问题的纲领性文件，同时也是宗教界和学术界共同的行动指南。在这个承前启后、继往开来的重要文件精神的指引下，中国道教协会的各项工作均步入正轨，在中国道教协会的统一领导下，全国有关各省市的地方道教协会均先后陆续建立，并高举爱国爱教旗帜，积极参与社会政治生活，不少道教徒被选为中央或地方的各级人民代表大会的代表或常务委员会的委员；还有不少的道教徒被选为中央或地方的各级人民政治协商委员会委员或常委，共同参与国家管理和社会主义现代化的建设；建立宫观管理制度，努力办好教务活动；恢复传统的“传戒”与“授箓”仪典；大力发展宫观经济，促进道教“自养”事业的发展；创办全国或地方的各种道教学院，加强道教内部各类人才的培养；创办道教文化研究所以及全国或地方的各种道教专业的学术期刊，为加强道教的理论研究和弘扬道教文化开创了新局面；与学术界相互交往合作，共同探讨有关教理教义的各种理论问题，并共同举办全国性的、两岸三地的和国际性的各种学术研讨会议，不仅使内地的道教出现了许多新气象，而且加强了各种对外交流，扩大了道教对港、澳、台地区和海外的影响力，推进了道教文化的向外发展，迎来了百年来道教发展的黄金时期。

改革开放以来，我国的道教研究工作也被提上了党和政府的议事日程，并采取各种有力措施从各个方面加以大力推进，先后在中国社会科学院系统和高等学校系统建立专门的道教研究机构和硕士与博士学位的授权点，面向国内外公开招收道教专业的研究生，使具有高等学历和高等学位的专门人才不断地、成批地从这些机构培养出来，分配到全国各地，并在全国有组织、有计划地开展道教学术文化的研究工作，各类道教研究的学术成果不断地、成批地涌现出来，数量甚多，所涉及的范围也非常广泛，从而使道教的学术文化也得到了前所未有的蓬蓬勃勃的大发展，受到了海内外广大同行学者的高度关注，在港、澳、台地区和海外均有不少学者前来进修、访问或攻读道教专业的硕士或博士学位，还有更多的专家学者应邀前来参加我国各单位召开的有关道教文化的各种学术会议；我国的道教学者也经常应邀前去港、澳、台地区和海外访问、讲学和参加各种道教文化的学术会议，海内外各种道教文化学术交流活动之频繁，出席的专家学者人数之众多，研讨议题之广泛，均达到了前所未有的局面，表明“道教发源在中国，道教研究中心在西方”的说法已经过时，这也是这个时期道教发展史上的一个重要特点。

三　研究中国道教史的科学方法

要做好任何一件事情，都必须懂得如何去做的方法，如果不懂得方法，无论如何也是做不好的。所谓“工欲善其事，必先利其器”，就是说的这个道理。所谓的“器”，也就是方法。方法既是一种工具，也是一种武器。工具要力求精良，武器要力求锐利。只有这样，才能有利于做好我们的工作，完成我们的任务，达到我们的目的。科学研究也是如此。特别是研究道教史，这是一项艰巨而复杂的任务。

首先，道教史研究所涉及的知识范围非常广泛，涉及许多学科。不仅涉及许多社会科学的学科，而且又多学科相互交叉。它还涉及许多自然科学，而且和多种自然科学学科也相互交叉。

其次，经历的时间比较长，从张陵创教时起，至今已有 1800 多年的历史；若从它的前身方仙道和黄老道算起，那就几乎把整个封建时代都包括进去了。

再就是需要阅读的文献资料非常之多，仅是《道藏》所收的道书就有几千卷，在《道藏》之外还有更为大量的文献资料也需要考察，对于研究者的治学能力有较高要求。而且其内容又往往是精华与糟粕杂陈，科学与谬误交织，加之过去我国对它的系统研究不够，积累下来的有价值的资料比较少，基础比较薄弱，可以说它还是一块正待开垦的处女地。

由于存在着这种艰巨性和复杂性，所以方法论的问题就显得特别重要。没有一个正确的方法论作指导，在这样复杂的问题面前，就可能沉埋在文献故纸的海洋里，迷失方向；只有依靠正确的方法作指导，才能帮助我们走上正确的道路。在这里，最正确最根本的方法，就是马克思主义的唯物辩证法，恩格斯把这种方法称作是"我们最好的劳动工具和最锐利的武器"①，毛泽东称它是我们工作中"应该借助"的"望远镜和显微镜"②。这个方法就是一分为二的两点论的方法，它最本质、最核心的东西，就是从实际出发、实事求是，对于具体的情况作具体的分析。毛泽东指出："列宁说，对于具体情况作具体分析，是'马克思主义最本质的东西、马克思主义的活的灵魂'。"③ 又说："马克思主义叫我们看问题不要从抽象的定义出发，而要从客观存在的实际出发，从分析这些事实中找出方针、政策、办法来。"④ 从实际出发，实事求是、对具体问题作具体分析这一个马克思主义的原则，是"放之四海而皆准"的，对于道教史的研究当然也是完全适用的。为什么在道教史研究工作中需要以这个原则作指导呢？下面我们就联系道教史的具体实际来说明这个道理。

一切宗教，在本质上都是唯心的，道教自然也不会例外。就它的整个思想体系来说，本质上也是唯心的，是客观现实在人们头脑中的虚幻的和颠倒的反映。但是，当我们分析历史上某一个具体的道教徒或某一部具体的道教著作时，就不能仅仅停留在"抽象的概念"上，不能"从抽象的定义出发"，对于具体的问题还需要从具体的实际出发，进行实事求是的具体分析，否则就不能作恰当的科学的结论。因为任何事物都包含有内部矛盾，都是矛盾的统一体，都是对立的统一体，是复杂的，不是单纯的。古代历史上的一个人或一部著作，其思想内容大体也是如此，往往比较复杂，包含着对立的成分，其中既有正确的合理的因素，也有错误的糟粕的东西，二者互相交织在一起，这就需要我们对它采取科学的具体分析，看它的思想哪些是正确的，哪些是错误的，正确与错误究竟是三七开还是四六开，即使绝大部分是错误的，只有很少部分是合理的，也应把正确与错误区分开来，而不能笼统地一锅煮。这才符合唯物辩证法思想，这才叫作从实际出发、实事求是，对于具体问题的具体分析。如果不是从实际出发，不实事求是地对于具体问题作具体的分析，而只是从抽象的定义出发，按照"是—是、否—否"的方法办事，认为"所谓坏的就是绝对的坏，一切皆坏；所谓好的就是绝对的好，一切皆好"⑤；不是否定一切，就是肯定一切，而不按照一分为二的两点论的方法看待问题，那就不可能对历史上的宗教人物和宗

① 《路德维希·费尔巴哈和德国古典哲学的终结》，《马克思恩格斯选集》第4卷，人民出版社1972年版，第239页。

② 毛泽东：《中国革命战争的战略问题》，《毛泽东选集》，人民出版社1967年版，第196页。下同。

③ 毛泽东：《学习和时局》，《毛泽东选集》，第893页。

④ 毛泽东：《在延安文艺座谈会上的谈话》，《毛泽东选集》，第810页。

⑤ 《毛泽东选集》，第789页。

教著作进行恰如其分的合理的分析和评价。

以早期道教经典《太平经》的研究为例。这部书并不是一时、一地、一人的作品，其内容是十分庞杂的，其中有许多互相矛盾的言论，反映了不同阶级和阶层的思想，既有维护封建统治阶级根本利益的言论，又有揭露并批判豪门贵族黑暗统治的言论，也有部分反对封建残酷剥削和财物私有、主张自食其力和救穷周急等反映人民群众愿望和要求的言论；在它的宗教神学的体系里，还往往放射出唯物主义和辩证法的光芒。我们在研究它的时候，首先就应当从这本书的这样一个实际出发，尊重原来的本来面目，实事求是地对这些互相抵触的思想进行全面梳理和具体分析，这样才有可能作出科学的结论和合理的评价。有些人不从这本书里客观存在的实际出发，仅仅抓住其中维护封建统治阶级利益的部分言论，便把它随意鼓吹膨胀起来，从而一概否定和抹杀其他方面的合理思想，其结果便是以偏概全、以主观代替客观、以随心所欲代替实事求是，以致得出荒谬的结论。例如，他们把《太平经》中所有的“此财物乃天地中和所有，以共养人也。此家但遇得其聚处，比若仓中之鼠，常独足食，此大仓之粟，本非独鼠有也；少（小）内之钱财，本非独以给一人也；其有不足者，悉当从其取也。愚人无知，以为终古独当有之，不知乃万尸（户）之委输，皆当得衣食于是也”① 等等这类明显地主张财物公有、反对私人独占的言论，认为只不过是代表中、小地主和非当权派的大地主的“共同要求”，而并不反映当时农民群众的愿望，这就违反了从实际出发、实事求是、对具体问题作具体分析的科学方法。因为在封建社会里，一切地主阶级，不管是当权的和不当权的，也不管是大的和小的，其共同特点就是靠占有土地以剥削农民为生，怎能设想他们的“共同要求”是自动放弃其所独占的财物，主张他们的私有财物是用以供养众人的，凡有不足者都可以到他们那里去取用呢？这种“善良”的所谓中小地主和非当权派的大地主，事实上古今中外是不会有的。同样，他们还把《太平经》中主张人人应当“各自衣食自力”的言论，说成是仅仅代表封建地主阶级的要求而并不反映当时农民群众的愿望。这样一来，于是依靠自己劳动为生也成了封建地主阶级的“共同要求”了，封建社会里农民与地主两个阶级的本质区别和阶级对抗，也不见了。这只能是对《太平经》的一种曲解，也反映了持这种观点的人对中国封建社会历史实际的愚昧无知。由此可见，我们在研究某些宗教著作的时候，如果不能从实际出发、实事求是地对具体问题作具体分析，不按照唯物辩证法的“两点论”的方法办事，而是按照“是—是”、“否—否”的形而上学的方法办事，不承认《太平经》这一早期道教经典中也有反映当时农民群众愿望和要求的合理因素，就会得出不太恰当的结论。

对于历史上某些道教人物的评价也是如此。以东晋时候著名的道教人物葛洪为例，他是士族上层道教理论的奠基人，是两晋时候道教向上层化方向发展的一个关键人物，在道教历史上有着重大的影响。他站在维护封建统治阶级利益的立场，对民间道教抱着非常仇视的态度，把他们视为异端，称之为“妖道”，因为他们不“以忠孝和顺仁信为本”，常常为农民起义所利用，便诅咒他们“诳眩黎庶，纠合群愚，进不以延年益寿为务，退不以消灾治病为业，遂以招集奸党，称合逆乱……威倾邦君，势凌有司”②，主张对他们进行镇压和禁止。葛洪早年曾经参加镇压石冰领导的农民起义。从这些方面来看，他的政治

① 王明：《太平经合校》，第247页。

② 王明：《抱朴子内篇校释》，第173页。

立场的确是反动的。然而，并不能因此就否定他在中国学术思想发展史上的重要地位，也不能因此就抹杀他的著作中所包含的一些合理因素。他所阐发的社会进化论思想和知人善任思想，还是很有价值的，特别是其中有关古代化学和古代医学的材料，至今仍然是中国科技史上的宝贵遗产。绝不能因为他是道教信徒或上层道教的狂热鼓吹者，就把他这些合理的东西也一概加以否定，认为“毫无价值”，“没有研究的必要”。在这种思想的影响下，长期以来，对于葛洪与鲍敬言关于究竟是“今胜昔”还是“昔胜今”的一场辩论，没有作出公正的评价，往往过分赞扬鲍敬言的“昔胜今”的复古主义思想，而过分贬低葛洪的“今胜昔”的社会进化论思想。这样一来，就不能实事求是地如实反映葛洪这个人的客观实际。葛洪这个人，既有反动的一面，也有进步的一面，既站在维护统治阶级利益的立场，力图使道教向上层化的方向发展，为道教建立了一套成仙的理论体系，鼓吹长生成仙的宗教思想，同时又在化学、药物学、医学等许多自然科学方面作出了重要贡献。对于同一个人来说，是不是互相矛盾呢？是的，是互相矛盾的，但这种互相矛盾，正是葛洪本身的实际情况。因为葛洪本身具有两重人格。他既是一个虔诚的宗教家，又是一个科学实验家；就前一方面说，他信仰神仙，是长生成仙的狂热鼓吹者，是唯心主义者；就后一方面说，他又尊重客观事实，尊重客观规律，倾向唯物主义。两重人格反映出来的两重思想，不免前后左右互相矛盾，这就是他的实际事实。葛洪的思想，就是这样一个矛盾的统一体。因此，我们在研究葛洪的时候，就应当从这样一个客观实际出发进行实事求是的具体分析，一分为二地看待问题，这样才能全面认识葛洪以及类似人物的本来面貌，给以恰如其分的评价。如果只是抓住某一个方面而否定另一个方面，企图把本来是很复杂的事情简单化，结果就会离开历史的复杂的真实性，犯主观片面的毛病，违背唯物辩证法。

在研究道教史的时候，不但对某些人物或某些著作的研究需要贯彻从实际出发、实事求是、对具体问题作具体分析的原则，对于一个具体道派的研究，也应贯彻这些原则。一般说来，在阶级社会里，宗教往往是为处于统治地位的统治阶级服务的，是他们用以维护其统治地位的重要工具。但在分析一个具体的宗教派别时，就不能从这样一个抽象的概念出发，停留在抽象的概念上。在历史上，“每个不同的阶级都利用它自己认为最适合的宗教”①。这是因为社会的阶级斗争，也必然反映到宗教内部来。宗教之间的斗争，也是社会阶级斗争的反映。因此，对于具体的宗教派别和宗教观念，也应当作具体的阶级分析。有一些民间的原始的宗教派别，在历史上也曾经为被统治的下层劳动群众所利用，发挥过一定的积极作用。奴隶社会的奴隶、封建社会的农民，都曾经通过宗教形式来表达他们争取解放的意愿，在他们反对阶级压迫和民族压迫的斗争中，都曾利用过宗教组织作为他们实现自己的阶级团结和民族团结的纽带和斗争的旗帜。早期资产阶级革命，也是在宗教的旗帜下进行的，其中最著名的，就是西欧所谓的宗教改革运动。可见，在过去，在世界各国的封建社会中，各个阶级之间的斗争，社会上进步势力和反动势力之间的斗争，常常是穿着宗教的外衣，在一种宗教观念反对另一种宗教观念的口号声中进行的。恩格斯曾经指出：“中世纪把意识形态的其他一切形式——哲学、政治、法学，都合并到神学中，使他们成为神学的科目。因此，当时任何社会运动和政治运动都不得不采取神学的形式，对于完全受宗教影响的群众的感情来说，要掀起巨大的风暴，就必须让群众的切身利益披上宗

① 《马克思恩格斯选集》第4卷，人民出版社1972年版，第253页。

教的外衣出现。”① 中国的情况和西欧中世纪的情况略有不同。中国的宗教在社会上的势力没有西欧中世纪那么强大，宗教思想对社会的影响也没有像西欧中世纪那么深，但是不同阶级都曾利用他们自己认为适合的宗教这一点，却是相同的。道教在历史上，既长期被封建统治者所利用，同时在很多时候不少民间的道教派别又为农民起义者所利用。在为封建统治服务的上层道教中，又有不少人在文化和科学方面对社会做出了有益的贡献。而且道教和道教的各种派别，并不是一成不变的，而是发展变化的；其成员结构不仅有上下层之分，各个成员的具体情况往往也不尽相同。对于所有这些不同的情况，都应当联系当时的历史条件，实事求是地对它们进行具体分析，才能揭示隐藏在宗教观念背后的社会的内容，区分不同宗教派别的本质，从而对它们进行正确的评价。

我们在研究道教发展史的时候，还常常碰到道教与中国古代自然科学的关系问题。一般地说，宗教与自然科学在本质上是不相容的，在西欧中世纪的时候，不少著名的自然科学家如哥白尼（Nicolavs Copernicus，1743—1545）、布鲁诺（Giordano Bruno，1548—1600）、伽利略（Galileo Galilai，1564—1642）等均曾受到过宗教的迫害，他们为维护科学真理均同宗教进行过针锋相对的斗争。但对于我国历史上的道教，却不能如此简单地不加分析地来看待，而应当从道教这样一个具体的实际情况出发，实事求是地、一分为二地对它进行具体的分析。就以它所追求的长生不死、即身成仙这个最终目标来说，也应抱这样一种具体分析的态度。虽然有生必有死是一种自然规律，所以不死成仙只是一种幻想，是不可能实现的，但它所追求的长生不老，却有一定的合理之处。因为一个人生命的长短，与他所生活的社会环境、自然环境和医疗保健水平，以及他本人是否善于养生等各个方面均有非常密切的关系。随着这些方面的不断进步和发展，人们的平均寿命也在不断延长，古人常说“人生七十古来稀”，而今70—80岁的老人却并不稀罕了，90—100岁的人也逐渐地增多了，甚至100多岁的老人也有了。所以，随着社会的进步和科学技术的发展，人们所追求的长生不老还有向前拓展的可能。据有关报道，现今有些科学家已发现人体的长寿基因和导致衰亡的基因，并试图通过基因改编和纳米技术以及器官替换等方式，来诊断和治疗人体疾病，追踪早期癌症并及时予以治疗等，从而使人类的生命得以大大的延长。著名科学家雷蒙德·科兹威尔（Raymand Kurzweil）著有《奇点迫近》（*The Singularity is Near*）一书，预言不久的将来科学家们将最终实现“长生不老”的梦想。由此可见，道教所追求的“长生不老”这一最终目标，是具有合理的科学价值的，与当代科学技术的发展目标是一致的。再从道教本身的发展历史来看，过去许多道教徒为了实现“长生久视”、“即身成仙”，在“我命在我不由天”的精神鼓舞下，便积极从事各种修炼活动；如相信外丹服食者，便积极从事炼制各种“长生不死”之药；相信内丹修炼者，便积极从事人体精、气、神的各种修炼。而探讨医学养生和防病治病，则彼此都是共同的。通过他们的长期实践，从而积累了许多很有价值的科学材料，对我国古代许多科学技术的发展，均产生了深刻的影响，他们所留下的各种有关著作，都是具有一定科学价值的宝贵遗产。如果仅以他们是道教徒，其世界观是宗教唯心主义的，就一概抹杀他们在科学技术方面的贡献，不承认这个事实，这也是违反从实际出发、实事求是、对具体问题作具体分析的原则，这种态度的本身，就是违反科学的。因此，也就不能对道教与自然科学的关系问题作出正确的结论。

---

① 《马克思恩格斯选集》第4卷，第251页。

总而言之，马克思主义的唯物辩证的方法、一分为二的两点论的方法，是我们研究道教发展史的最根本的方法。因此，我们在研究道教史的时候，应该而且必须以这种方法为指导，才能在复杂的事物面前，按照事物的本来面目去认识它们，“从迷离混沌的状态中发现规律性”。当然，由于道教发展史的研究，乃是一种跨越诸多领域的学术研究工作，因此，我们除了必须坚持这个最根本的方法作为总的指导原则之外，同时还应该借鉴和吸纳其他学科的各种有效的具体研究方法，如中国哲学、宗教学、历史学、文献学、史讳学、考古学、人类学、社会学、伦理学、语言学、民族学、文化地理学、文化比较学和经典解释、田野调查、有关出土文物的研究以及相关的各种自然科学及其实验技术等各种方法，力求多角度、多层次地来探讨与说明和“中国道教史”相关的各种问题，以便我们能够从不同的观察角度对中国道教这一“杂而多端”的非常复杂的社会现象和文化现象有一个更清楚的认识。再者，我们在坚持古为今用、洋为中用的原则下，还应尽可能地吸取和借鉴古今中外一切适用的相关优秀成果及其宝贵经验，在前人的基础上努力把道教文化的研究工作推向前进，为全面弘扬中华传统文化、建设中华民族共同精神家园而努力奋斗！

（原载《宗教学研究》2013 年第 1 期）

法显与佛教律在汉地的传承

王邦维*

内容提要：佛教的文献总称三藏，律是其中之一。佛教僧人依律而住，律因此更成为佛教宗教生活最基本的原则。历史上中国佛教的发展，离不开从印度传入的戒律。律对于中国佛教和印度佛教，都具有关键性的意义。东晋时代的法显，舍生忘死，去印度求法，主要目的就是求取戒律。法显最后带回了当时重要的三种戒律。这三种戒律，其中的一种，法显亲自参与了翻译；一种由其他人翻译；另一种因为已经有了完整的汉译本，没有被翻译。这三种律，加上《四分律》，代表了汉地最早传承的佛教的四个部派律系统。了解其间传译的过程，无论对于研究中国佛教的历史，还是印度的佛教文献传承的情况以及佛教部派的历史，都有重要的意义。法显因此在历史上做出了多方面的贡献。

关键词：法显　佛教律　佛教部派　汉译佛经

在中国古代的历史上，法显是第一位有明确记载到达印度本土的中国人。关于法显，可以讨论的题目很多。作为历史上最杰出的求法僧之一，他的贡献是多方面的，其中之一是，他通过到印度求法，为汉地带回了印度当时很重要的三种戒律。这三种戒律，后来在汉地分别形成不同的传承。为什么会这样，与法显西行求法的目的直接有关。《法显传》第一句话讲："法显昔在长安，慨律藏残缺，于是遂以弘始二年岁在己亥，与慧景、道整、慧应、慧嵬等同契，至天竺寻求戒律。"① 法显去印度，主要是为了寻找佛教的戒律。我们对法显的研究，这是首先必须注意到的一点。本文因此重点讨论法显与佛教律的关系以及法显对于佛教律在汉地传承的历史贡献，讨论分为四个部分：

一、法显赴印前佛教律在汉地传承的情况；

二、法显求法所带回的律典；

三、法显与汉地律的传承；

四、结语：法显的意义。

---

* 王邦维，北京大学东方文学研究中心教授。

① 《大正藏》第51卷，No. 2085，第857页上；章巽：《法显传校注》，上海古籍出版社1985年版，第2页。下同。

一 法显赴印前佛教律在汉地传承的情况①

佛教最初传到汉地，佛教的律是否就随之传来，情况实际上并不清楚，估计即使有，也很少。从情理上推断，佛教经典中的经律论，最早传来的，应该主要是经，其后才是律和论。文献中能看到的记载也的确如此。佛教传到汉地的时间，一般认为是在两汉之交，但我们能找到的有关佛教戒律传译最早的记录，是在三国时代。《高僧传》卷1《昙柯迦罗传》讲：

> 昙柯迦罗，此云法时。本中天竺人，家世大富，常修梵福。迦罗幼而才悟质像过人。读书一览，皆文义通畅。善学四围陀论。风云星宿，图谶运变，莫不该综，自言天下文理毕己心腹。至年二十五，入一僧坊。看遇见《法胜毘昙》，聊取览之，茫然不解。殷懃重省，更增昏漠。乃叹曰：吾积学多年，浪志坟典，游刃经籍，义不再思，文无重览。今睹佛书，顿出情外。必当理致钩深，别有精要。于是赍卷入房，请一比丘略为解释。遂深悟因果，妙达三世。始知佛教宏旷，俗书所不能及。乃弃舍世荣，出家精苦。诵大小乘经及诸部毘尼。常贵游化，不乐专守，以魏嘉平中来至洛阳。于时魏境虽有佛法，而道风讹替。亦有众僧，未禀归戒，正以剪落殊俗耳。设复斋忏，事法祠祀。迦罗既至，大行佛法。时有诸僧，共请迦罗译出戒律。迦罗以律部曲制，文言繁广。佛教未昌，必不承用。乃译出《僧祇戒心》，止备朝夕。更请梵僧立羯磨法受戒。中夏戒律始自于此。迦罗后不知所终。

《昙柯迦罗传》的末尾还讲：

> 又有安息国沙门昙帝，亦善律学。以魏正元之中来游洛阳。出《昙无德羯磨》。②

嘉平和正元是曹魏的年号，嘉平年从249年到253年，正元年从254年到255年。《高僧传》写成，虽然是在萧梁时代，距离曹魏的时代有二百多年，但从当时佛教传入汉地的情形看，这里的一段记载，应该可信。这段记载可以说明的至少有三点：第一，“中夏戒律始自于此”，汉地戒律的传承以此开始。第二，这个时候传承的，最早是大众部系统的戒律，然后是法藏部的戒律。第三，传承这两种戒律的僧人，分别来自印度和安息。

这是最早时的情况，在此之后的一百多年里，更多戒律的文本陆续传到了汉地。我们

---

① 此处涉及的一些问题，笔者二十多年前曾经从另外的角度做过较为详细的讨论。见拙文 Buddhist Nikāyas through Ancient Chinese Eyes，载 Untersuchungen zur buddhistischen Literatur，Vandenhoeck & Ruprecht in Göttingen，Germany，1994年，第165—203页。

② 《大正藏》第50卷，No. 2059，第324页下至325页上。今《大正藏》第22卷收有曹魏康僧铠译《昙无德律部杂羯磨》一卷（No. 1432）及曹魏昙谛译《羯磨》一卷（No. 1433），但这两种文本来源很可疑。康僧铠译《昙无德律部杂羯磨》的说法实际上首见于《开元释教录》。见《开元释教录》卷1、13、17、19。智昇说是“拾遗编人”，这样的说法显然靠不住。《大正藏》第55卷，No. 2154，第619页中。日本学者平川彰根据文本和经录的记载分析，认为它们都不是曹魏时代的译本。见平川彰《律の研究》，山喜房1968年版，第202—218页。

可以列出最主要的一些。首先应该提到的是《出三藏记集》卷2记载的两种戒律：

> 《十诵比丘戒本》一卷（或云《十诵大比丘戒》）。右一部，凡一卷。晋简文帝时西域沙门昙摩持诵胡本，竺佛念译出。
>
> 《比丘尼大戒》一卷。右一部，凡一卷。晋简文帝时沙门释僧纯于西域拘夷国得胡本，到关中，令竺佛念、昙摩持、慧常共译出。①

西域拘夷国即龟兹，也就是今天新疆的库车。东晋简文帝（371—372）在位是从371到372年。不过，这两种律，译出的地点不在东晋统治的南方，而是在十六国时代的长安。《出三藏记集》卷11载有道安撰写的《比丘大戒序》和另外一篇《比丘尼戒本所出本末序》，对翻译的背景和其他相关的情况作了更详细的说明②。

竺佛念是这个时期很有成绩的一位佛经翻译家。除了上面提到的戒律，他还译出了另外一种戒律，称作《鼻奈耶》，又称《戒因缘经》。《鼻奈耶》由印度僧人耶舍诵出“胡本”。耶舍来自罽宾，后来随车师前部的使人来到长安。《鼻奈耶》译出的时间是东晋建元十九年（383）。这些戒律，都属于一个系统，即都属于说一切有部的律③。

当然，这时译出的律，尤其是其中的戒本，并不限于说一切有部的律，其他部派的戒本在此前后也有翻译和传承。宝唱《比丘尼传》卷1《净捡尼传》讲到传比丘尼戒的情况：

> 晋咸康中，沙门僧建于月支国得《僧祇尼羯磨》及《戒本》。升平元年二月八日于洛阳译出。外国沙门昙摩羯多为立戒坛。晋沙门释道场以《戒因缘经》为难，云其法不成，因浮舟于泗。捡等四人同坛，止从大僧以受具戒。晋土有比丘尼，亦捡为始也。④

西晋咸康年即335年到342年，升平元年即357年。这里传承的是大众部系统的律。汉地从此有了为比丘尼授戒的传统。比起前面提到的东晋简文帝时译出的说一切有部的《比丘尼大戒》，《僧祇尼羯磨》及《戒本》要早十多年。

总起来讲，在法显赴印之前，虽然已经有一些佛教的戒律陆续传到了汉地，但没有一部可以说是完整的。这一点，当时已经影响到中国佛教的正常发展。这个时候中国佛教的领袖人物是道安，道安对此有深切的认识。他在为前面提到的《鼻奈耶》写的序言中讲：“经流秦地，有自来矣。随天竺沙门所持来经。遇而便出。”⑤ 说的便是这样一种情况。为此道安采取了两项举措：一是尽量与西域僧人取得联系，邀请通解戒律的僧人到汉地，翻译戒律，讲传律学。二是鼓励和支持汉地僧人西行，到西域诸国，或者进而到印度本土去求取戒律，尤其是所谓的“广律”。在这一时期，有这样的需求、感受到这

---

① 《大正藏》第55卷，No. 2145，第10页上。
② 同上书，第79页下至第80页下。
③ 同上书，第90页上。
④ 《大正藏》第50卷，No. 2063，第934页下。
⑤ 《大正藏》第24卷，No. 1464，第851页上。

种形势的，当然不止道安一人，还有其他的僧人，法显是其中之一。为何《法显传》的第一句话就讲“法显昔在长安，慨律藏残缺，于是遂以弘始二年，岁在己亥，与慧景、道整、慧应、慧嵬等，同契至天竺寻求戒律”以及法显为什么会在这个时候赴印求法，原因都在于此。

二 法显求法所带回的律典

弄清楚法显赴印时中国佛教发展尤其是有关戒律传承的背景与情况，可以更好地理解法显赴印的动机以及他在印度的行为，但仅此还不够，我们还需要了解印度以及中亚佛教的情况，其中尤其是佛教戒律与佛教部派的关系①。

法显在后秦弘始元年（399），离开长安西行，四年后到达印度，并在印度逗留八年。《法显传》详细记载了法显求法经历，其中一段讲到他求取经典的过程：

> 从彼波罗柰国东行，还到巴连弗邑。法显本求戒律，而北天竺诸国，皆师师口传，无本可写。是以远涉，乃至中天竺。于此摩诃衍僧伽蓝得一部律，是《摩诃僧祇众律》，佛在世时最初大众所行也，于祇洹精舍传其本。自余十八部各有师资，大归不异，然小小不同。或用开塞，但此最是广说备悉者。复得一部抄律，可七千偈，是《萨婆多众律》，即此秦地众僧所行者也。亦皆师师口相传授不书之于文字。复于此众中得《杂阿毘昙心》，可六千偈。又得一部经，二千五百偈。又得一卷《方等般泥洹经》，可五千偈。又得《摩诃僧祇阿毘昙》。故法显住此三年，学梵书、梵语，写律。②

需要指出的是，法显得到《摩诃僧祇众律》的地方，是在“摩诃衍僧伽蓝”，也就是在一座大乘寺庙。看来这里的僧众使用的应该就是这部律。

义熙五年（409），法显从东印度的多摩梨帝国乘船到达师子国，也就是今天的斯里兰卡。法显在斯里兰卡停留了两年③，《法显传》讲：

> 法显住此国二年，更求得《弥沙塞律》本，得《长阿含》《杂阿含》，复得一部《杂藏》，此悉汉土所无者。得此梵本已，即载商人大舶。④

义熙七年（411），法显离开斯里兰卡，乘船东返。他乘坐的商船几次遇到大风，先是到达一座荒岛，然后又到达一处叫作“耶婆提”的大岛。从耶婆提出发，向东北方航行，计划的目的地是广州，遭遇大风，无意中却被吹到今天山东的青岛崂山附近，在此登陆。此时已经是义熙八年（412）。

---

① 在佛教发展的历史上，律的传承与部派的形成和分化有很重要的联系，但这一问题此处无法做仔细的讨论，具体可以参考拙著《南海寄归内法传校注》“前言”的第二章的第一至第二节，中华书局1985年版，第38—66页。

② 《大正藏》第51卷，No. 2085，第864页中；章巽：《法显传校注》，第141页。

③ 法显赴印求法的行程及时间的排比依章巽《法显传校注》。

④ 《大正藏》第51卷，No. 2085，第865页下；章巽：《法显传校注》，第164页。

对于法显从印度和斯里兰卡带回的经典，僧祐《出三藏记集》卷2的记载是：

《大般泥洹经》六卷（晋义熙十三年十一月一日道场寺译出）
《方等泥洹经》二卷（今阙）
《摩诃僧祇律》四十卷（已入《律录》）①
《僧祇比丘戒本》一卷（今阙）
《杂阿毘昙心》十三卷（今阙）
《杂藏经》一卷
《綖经》（梵文，未译出）
《长阿含经》（梵文，未译）
《杂阿含经》（梵文，未译）
《弥沙塞律》（梵文，未译）
《萨婆多律抄》（梵文，未译）
《佛游天竺记》一卷。

右十一部，定（?）出六部，凡六十三卷。晋安帝时沙门释法显，以隆安三年游西域，于中天竺师子国得胡本。归京都，住道场寺，就天竺禅师佛驮跋陀共译出。其《长》、《杂》二《阿含》、《綖经》、《弥沙塞律》、《萨婆多律抄》，犹是梵文，未得译出。②

十一部佛经中，有四种是律，分属三个部派，即大众部的《摩诃僧祇律》及《僧祇比丘戒本》，化地部的《弥沙塞律》，说一切有部的《萨婆多律抄》。其中的《摩诃僧祇律》，后来法显与印度僧人佛陀跋陀罗合作，翻译为汉文。《僧祇比丘戒本》，僧祐说“今阙”，但现存汉译佛经中，有一种《摩诃僧祇大比丘戒本》，还有一种《摩诃僧祇比丘尼戒本》，篇幅都是1卷，译者是佛陀跋陀罗，但没列出法显③。僧祐说的《僧祇比丘戒本》，应该就是指这个本子，只是他没有见到。

不过，当法显还在印度寻找佛教戒律，尚未回到中国的时候，另外两种“广律”的传本也到达了汉地，那就是说一切有部的《十诵律》和法藏部的《四分律》。

《十诵律》的翻译与鸠摩罗什直接有关。后秦弘始三年（401），鸠摩罗什从凉州到达长安。弘始六年（404）十月十七日，罗什在长安中寺翻译《十诵律》。罽宾僧人弗若多罗诵出梵文，罗什译为汉文，参与翻译的还有“义学僧数百余人”。翻译完成了三分之二，弗若多罗去世，翻译于是停顿下来。第二年，“外国沙门”昙摩流支到达长安，昙摩流支刚好携有《十诵律》的梵本。于是庐山慧远写信给昙摩流支，请他与罗什合作，继续《十诵律》的翻译工作。最后完成了汉译58卷，译文尚未删定，弘始十一年（409），

① 僧祐此处所谓的《律录》，指《出三藏记集》卷3《新集律来汉地四部序录》中有关“婆麄富罗律”一段文字。僧祐把《摩诃僧祇律》等同于“婆麄富罗律”，有原因，但这是误解。《大正藏》第55卷，No. 2145，第20页下至第21页上。

② 《大正藏》第55卷，No. 2145，第11页下至12页上。法显自己讲，他在巴连弗邑还寻得一部《摩诃僧祇阿毘昙》，但所有传世经包括《出三藏记集》对此都未做记载。章巽先生已经指出了这一点。章巽：《法显传校注》，第141、195页。

③ 《大正藏》第22卷，Nos. 1425，1426，1427。

罗什也去世了。罽宾僧人卑摩罗叉是罗什在西域时学习《十诵律》的老师，这时也来到了长安。罗什去世后，卑摩罗叉带着未最后完成的译文，到了南方寿春的石涧寺，补译出《善诵毗尼序》（或称《毗尼诵》）3卷，与罗什所译58卷合在一起，全书成为61卷。这就是我们现在所见到的《十诵律》[①]。

《四分律》译出的时间稍晚于《十诵律》，在弘始十二年（410）到弘始十四年（412）。梵本由佛陀耶舍诵出，竺佛念翻译，道含笔录。佛陀耶舍也来自罽宾。依现在传本的《四分律》前不知名作者的“序”的说法，东晋的僧人支法领西行求法，经过于阗，遇见佛陀耶舍，佛陀耶舍受邀于是来到长安。不过《高僧传》卷2《佛陀耶舍传》中的说法略有不同[②]。

在法显的当时，有了《十诵律》和《四分律》，加上法显带回的《摩诃僧祇律》和《弥沙塞律》，作为北传佛教律的几种“广律”，就基本完备了。其后只有唐初由义净从印度带回并翻译的《根本说一切有部律》，成为最后一种传到汉地的“广律”。

三　法显与汉地律的传承

戒律对于佛教的成立，其重要性不言而喻。佛教所谓的“三宝”（佛、法、僧），是支撑佛教的三大基石。其中的僧，既指僧人，也指僧团。无论是个体的僧人，还是整个僧团，都需要持戒而行。佛教的基本教义，称为“三学”，包括戒、定、慧，其中“戒”排在首位。可以这么说，佛教如果没有戒律，就不成其为佛教。

在中国佛教的历史上，完整或基本完整流传于汉地的戒律，前后一共五种，即说一切有部的《十诵律》、大众部的《摩诃僧祇律》、化地部的《五分律》、法藏部的《四分律》，以及根本说一切有部的《根本说一切有部律》。前面已经讲了，《根本说一切有部律》译出最晚，义净从印度携回并翻译，已经是在武后时期。在法显的时代，只有前四种。四个传承系统或者说部派的律中，法显从印度带回的就占了三种，其中完整的，即所谓的“广律”两种，包括《僧祇比丘戒本》，不完整的一种，也就是说一切有部的《萨婆多律抄》。

这三种律，不仅是由法显从印度和斯里兰卡带回中国，法显回国以后，又参与了其中的《摩诃僧祇律》的翻译。传本《摩诃僧祇律》后附有一篇“私记”，其中讲到有关《摩诃僧祇律》的传说，也讲到了翻译的情况：

> 中天竺昔时，暂有恶王御世，诸沙门避之四奔，三藏比丘星离。恶王既死，更有善王，还请诸沙门还国供养。时巴连弗邑有五百僧，欲断事而无律师，又无律文，无所承案。即遣人到祇洹精舍，写得律本，于今传赏。法显于摩竭提国巴连弗邑阿育王塔南天王精舍，写得梵本，还扬州。以晋义熙十二年岁在丙辰十一月，于斗（道?）

---

① 《高僧传》卷2《弗若多罗传》，《大正藏》第50卷，No. 2059，第332页下至第333页下，以及《出三藏记集》卷3《新集律来汉地四部序录》，《大正藏》第55卷，No. 2145，第20页上至中。

② 《四分律》卷1《四分律序》，《大正藏》第22卷，No. 1428，第567页上至中；《高僧传》卷2《佛陀耶舍传》，《大正藏》第50卷，No. 2059，第333页下至第334页中；《出三藏记集》卷3《新集律来汉地四部序录》，《大正藏》第55卷，No. 2145，第20页中至下。

场寺出之，至十四年二月末都讫。共禅师译胡本为秦焉。故记之。[①]

此处的禅师指佛陀跋陀罗，因为佛陀跋陀罗当时以精于禅学而闻名。扬州即今天的南京。《摩诃僧祇律》的原本，《法显传》讲得自中天竺巴连弗邑的“摩诃衍僧伽蓝”，这里讲是“摩竭提国巴连弗邑阿育王塔南天王精舍”，不过二者可以不矛盾。义熙十二年到十四年即416年到418年。

至于化地部的《弥沙塞律》，虽然法显在世时未能译出，但法显去世后不久就有了汉文的译本。《出三藏记集》卷3《新集律来汉地四部序录》讲：

弥沙塞律（三十四卷）。弥沙塞者。佛诸弟子受持十二部经，不作地相、水火风相、虚空识相，是故名为弥沙塞部。此名为《五分律》。比丘释法显于师子国所得者也……法显以晋义熙二年还都，岁在寿星。众经多译，唯《弥沙塞》一部未及译出而亡。到宋景平元年七月，有罽宾律师佛大什，来至京都。其年冬十一月，琅琊王、练比丘、释慧严、竺道生于龙光寺，请外国沙门佛大什出之。时佛大什手执胡文，于阗沙门智胜为译，至明年十二月都讫。[②]

宋景平元年即423年，汉译本全部译出在第二年的年底。汉译本的全名是《弥沙塞部和醯五分律》，简称为《五分律》。

在中国佛教发展的历史上，法显带回和翻译的这两种律典，《摩诃僧祇律》和《五分律》，非常值得注意。虽然现在中国汉地的佛教，以《四分律》作为律学的传承基础，并由此有了律宗和律宗传承的系统，但这样的情形，主要发生在唐代。汉地佛教以《四分律》作为唯一的律学经典，更是唐代中期以后的事，此前的汉地佛教，传承更多的是《十诵律》和《摩诃僧祇律》[③]。讲到《摩诃僧祇律》的传承，当然离不开法显。至于《五分律》，虽然影响要小一些，但一度也是一些律学僧研究和传承的对象。

至于属于说一切有部的《萨婆多律抄》，法显带回了中国，但最后没有被翻译出来。原因似乎很简单，当法显出发去印度时，完整的说一切有部的律还没有传到汉地，更没有翻译出来，但当他回到汉地时，说一切有部的律，即《十诵律》，已经被鸠摩罗什等人翻译了出来，重复翻译显然没有必要。

---

① 《大正藏》第22卷，No. 1425，第548页中。僧祐《出三藏记集》卷3《新集律来汉地四部序录》“婆麁富罗律”一节即抄自这篇“私记”，僧祐误以《摩诃僧祇律》与“婆麁富罗律”同名。《大正藏》第55卷，No. 2145，第20页下至第21页上。

② 《大正藏》第55卷，No. 2145，第21页上至中。

③ 对此唐代的义净曾经做过一个总结：“然东夏大纲，多行法护。关中诸处，僧祇旧兼。江南岭表，有部先盛。”见其《南海寄归内法传》卷1。《续高僧传》卷22《智首传》：“关中专尚，素奉僧祇。洪遵律师创开四分，而兼经通诲，道俗奔随。”同卷《法砺传》：“又往江南，游览《十诵》。”《大正藏》第50卷，No. 2060，第614页中、第615页下。更多的讨论见拙著《南海寄归内法传校注》“前言”第二章第四节，第96—97页。国内讨论佛教律学的著作很少，即使讨论，基本上也只涉及所谓的“四分律学”。但如果我们能够有一个比较大的视野，同时考虑到印度、中亚、东南亚和汉地佛教几个方面的情况，律学研究的内容其实应该丰富得多。

四 结语：法显的意义

本文的题目是《法显与佛教律在汉地的传承》，但讨论至此，我以为我们对法显和法显带回的佛经的理解，还不能仅限于佛教的戒律，也不能仅限于从中国方面考虑，我们显然还需要从一个更广大的范围，也就是当时的中亚和南亚整体的形势、印度佛教与中国佛教的关系等方面来做考虑。这方面可以讨论的问题很多，这里我只简单地列举三点。

首先是法显分别从印度和斯里兰卡带回佛经中的两种律，《摩诃僧祇律》和《五分律》。在现存的佛教文献中，无论何种语言形态，完整或者基本完整的律，只有六种，即前面讲到的五种再加上巴利文的上座部律。这六种律，是研究佛教、理解佛教发展历史最基本、最重要的资料。其中的上座部律，保留的是印度古代语言巴利文的文本。根本说一切有部的律既有印度古代语言梵文的文本，也有汉文和藏文的译本。其余四种，作为完整的文本，基本上都是以汉译本的形态而存在。这中间就包括《摩诃僧祇律》和《五分律》①。如果没有法显，《摩诃僧祇律》和《五分律》很可能就失传了。这两种律能够流传下来，用佛教的话说，是因为有法显印度求法的这段殊胜因缘。对于今天研究佛教文献和佛教史，尤其是其中的印度佛教史而言，这两种律是非常重要的基本资料。汉译所传，完整或基本完整保留在汉地的就有五种，汉译中唯一没有流传的，只有上座部律②。佛教历史上不同的部派，使用不同的律，了解它们之间的差别十分重要，现存的这几种律，无论结构还是内容，都是进行这种对比的最基本的坐标。

其次，法显从印度和斯里兰卡带回的佛经，还有他自己写成的《法显传》，为今天研究中亚和印度佛教的历史、佛教的文献，还有古代中国与中亚、南亚地区文化交流、交通的历史，提供了极其宝贵的资料。这方面的例子太多，这里不用再举例。章巽先生多年来研究《法显传》，1985 年出版的《法显传校注》一书，至今仍然是研究法显和《法显传》最重要的著作。③

再有第三点，法显带回和翻译的佛经，除了律以外，还有其他很重要的经典，其中最重要的是《大般泥洹经》。这部经，法显与佛陀跋陀罗，还有与法显一起去印度求法的宝云合作，在东晋义熙十三年（417）十一月一日在建康的道场寺翻译了出来，一共 6 卷。

---

① 参考拙文《关于法显从斯里兰卡带回的几种佛经》，《文史》2010 年第 3 辑（总第 92 辑），第 45—49 页。拙文中讨论到《摩诃僧祇律》对于研究现存的梵文本大众部——说出世部律的重要性。有关佛教各种律的文献概况，可以参考 Akira Yuyama（汤山明）：Vinaya-Texte，Systematischeüersicht über die Buddhistische Sanskrit Literatur，Erster Teil，Wiesbaden：Franz Steiner，1979 年。汤山明书出版稍早，书出版后，又有一些新资料被发现，不过总量不多。

② 上座部的律，在中国历史上其实也曾经有过翻译。《出三藏记集》卷 2："《五百本生经》（未详卷数，阙）；《他毘利》（齐言《宿德律》，未详卷数，阙）。右二部，齐武皇帝时，外国沙门大乘于广州译出，未至京都。""他毘利"即上座部的另一个译名。僧祐没见到原书，原书显然后来没有存留下来。不过，汉译佛典中的《善见律毗婆沙》，属于上座部，只是不是"广律"而是"律论"。《出三藏记集》卷 2："《善见毘婆沙律》十八卷（或云《毘婆沙律》，齐永明七年出）。右一部，凡十八卷。齐武帝时沙门释僧猗于广州竹林寺请外国法师僧伽跋陀罗译出。"《大正藏》第 55 卷，No. 2145，第 13 页中。汉译本《善见律毗婆沙》今存，只是它究竟是一部什么性质的书，古代与近代的学者有一些不同的意见。

③ 关于2003 年以前研究《法显传》的学术史，见拙文《法显与〈法显传〉：研究史的考察》，《世界宗教研究》2003 年第 4 期，第 20—27 页。最新的研究著作则有 Max Deeg，Das Gaoseng-Faxian-Zhuan als religionsgeschichtliche Quelle，Wiesbaden：HarrassowitzVerlag，2005 年。

它与北凉昙无谶翻译的40卷《大般涅槃经》实际上是同一经典的不同译本，都是大乘佛教的重要经典，在中国佛教思想的发展史上曾经有过很重要的影响。法显带回来和翻译的《大般泥洹经》，相对于昙无谶的译本，虽然篇幅较小，不是全本，但如果我们今天要了解和研究这部经典流传的历史，其中所提供的信息非常重要。稍晚一点时间，在法显译本和昙无谶译本的基础上，僧人慧严、慧观和谢灵运一起"改治"成36卷本的《大般涅槃经》。①

再有《杂阿毘昙心》，僧祐说有"十三卷"，但又说"今阙"。现存的汉译佛经中有一部以《杂阿毘昙心论》为题的经典，译者题刘宋僧伽跋摩等。僧伽跋摩为印度僧人，元嘉十年（433年）到达建康，大致与法显同时。虽然法显的译本究竟是什么文本今天并不清楚，但有这一件事，对了解当时印度和中国毗昙学发展的历史仍然具有价值。法显带回却没有翻译的《长阿含经》和《杂阿含经》，也是同样的情况。即便是篇幅很短，看起来并不太重要的《杂藏经》，如果仔细地做研究，也有很多值得讨论的地方。②

最后，回到本文的主题，我们似乎可以做一个总结，那就是，对于佛教律在汉地的传承，法显确实有过重要而特殊的贡献。现存佛教部派律中重要的两种，《摩诃僧祇律》和《五分律》，是被法显带回中国，同时又被翻译为汉语而存留至今的。

以上讨论，仅仅涉及法显研究的一个方面，有关法显，还有许多问题有待于做深入的研究。在古代中印文化交流和佛教的历史上，法显有着多方面的贡献，所有这些，显然需要做更多的讨论。

（原载《宗教学研究》2013年第4期）

① 见拙文《略论大乘〈大般涅槃经〉的传译》，《季羡林教授八十华诞纪念论文集》，江西出版社1991年版，第769—787页。

② 见拙文《杂藏考》，《国学研究》第2卷，北京大学出版社1994年版，第561—573页以及拙文《论阿富汗新发现的佉卢文佛教经卷》，《中华佛学学报》（卷上），台北，2000年第13期，第13—20页。

从类型学到动态研究：兼论信仰的流动

卢云峰*

一　问题的提出

最近几十年来，关于华人宗教的类型学研究十分繁荣，各种概念层出不穷，其中，最重要的概念可以说是20世纪60年代由杨庆堃提出的“制度化宗教”（institutional religion）和“混合宗教”（diffused religion）。他（Yang，1961）发现，与西方社会中制度化宗教占主导地位不同，混合宗教在中国社会生活中扮演着重要的角色。尽管混合宗教缺乏系统的组织机构和专业的神职人员，但其神话、仪式和组织与世俗制度、俗存观念和社会结构密不可分。借助“混合宗教”概念，杨庆堃试图“将研究者的关注点从西方历史背景下形成的宗教类型学，带回到中国宗教的现实之中”（魏乐博，2010：43）。受到杨庆堃的启发，社会人类学家弗里德曼（Freedman，1974）提出存在着一个“中华宗教”（Chinese religion），该范畴是指汉人社会普遍存在的对神、鬼、祖先的崇拜以及与此崇拜相联系的神话、仪式和组织，大体上与人类学所说的“民间宗教”相当（参见王铭铭，1998）。近年来，更多的类型学被建构出来，从救赎团体（redemptive societies）、社区宗教（communal religion）、救度宗教（salvationist religion）、乡村宗教到宗法宗教、中华教、民俗宗教，等等。

笔者认为，首先，中国宗教类型学的繁荣与翻译的差异有关。一个英文概念往往有多个中文翻译，最典型的例子还是上文提到的“diffused religion”。由于杨庆堃在《中国社会中的宗教》一书中用大量的篇幅来分析该概念，于是很多研究者对它非常重视，在翻译这一概念时也特别用心。尽管杨庆堃自己（刘创楚、杨庆堃，1989）把它译为“混合宗教”，但也有学者试图通过创新译名来挖掘其背后的学术意涵，由此使得对应于这一英文概念的中文词汇呈现出多样化的状况，如“普化宗教”、“弥散性宗教”、“散开性宗教”、“扩散性宗教”、“弥漫性宗教”，等等。

其次，类型学的繁荣与具体的历史处境以及一些学者不同的社会关怀有关。同一个范畴，在不同时期往往有不同的称呼，中国传统的教门组织就是一例，其称呼包括“邪教”、“反动会道门”、“民间宗教”、“教派”、“救赎团体”、“救世团体”、“救度宗教”等。历史上，这些教门组织严密、教义完备、仪式严谨，有祖师传承并强调救赎与度人，譬如，为人们所熟知的教门包括白莲教、罗教、闻香教、八卦门、三一教、一贯道等，明清时期这些教门曾被官府称为邪教；建国以后其中一些被称为“反动会道门”。为了避免

* 卢云峰，北京大学社会学系副教授，北京大学中国宗教与社会研究中心副主任。

这两种称谓所带有的政治色彩和价值判断，马西沙和韩秉方（1992）用比较中性的“民间宗教”来称呼它们；同样，为了追求价值中立，加拿大学者欧大年（1986）在他的成名作《中国的民间教派研究》一书中借用社会学的“教派”概念来指称这些宗教团体，考虑到“教派”一词源自基督教社会，其中隐含了西方社会中二元对立的世界观，因此欧大年特别强调他所使用的“教派”一词并不包含“排他”与“超然”（detachment）的意涵。然而，尽管欧大年在使用“教派”一词时已非常谨慎并对此加以重新定义，但仍然有学者（ter Haar，1992）认为该词在中国语境中具有误导性，因此加以拒绝。出于类似的考虑，一些学者认为，杜赞奇所提出的救赎团体（redemptive societies）更贴近中国社会，同时也有助于去除曾经附着于传统教门身上的“污名”。但究竟该如何翻译“redemptive societies”仍然令许多人颇费思量，有人最初将其译为“救赎团体”，后来改成“救世团体”（王见川等，2011），在此基础上又提出了“救度宗教”的新概念。① 在此旗帜之下，相关的学者们召开了两次研讨会并在台湾颇具影响力的《民俗曲艺》上出版了两期研究专辑，不少收录于其中的论文兼具理论关怀与现实关切，质量颇高。毫无疑问，这些努力有助于减少以往教门研究中的政治化色彩，建构更为纯粹的学术共同体，从而使相关研究向纵深推进。

最后，类型学的繁荣也与学科差异有关。举例而言，在汉语学界，人类学和历史学所讨论的“民间宗教”意义完全不同。历史学家所说的“民间宗教”是指有组织、有领导、有经典、有仪式的教派，比如太平道和白莲教等，其对应的英文概念是 sect（马西沙、韩秉方，1992）。然而，在人类学界，“民间宗教”对应的英文词汇是 popular religion 或者“folk religion”，它大致包含以下一些现象：（1）在信仰层面，包括对神、鬼、祖先三类人格化的超自然力量的崇拜（Jordan，1972），以及对“气”、命、运、风水等神秘力量的信仰；（2）在实践层面，民间信仰涵盖算命、改运、进香、收惊、看风水、积功德、神人沟通等宗教行为；（3）在仪式层面，包括庙祭、绕境、巡游、做醮等社区宗教仪式以及与生命周期相关的个人性的宗教仪式（比如葬礼）；（4）在组织层面，民间信仰包括基于血缘基础的家族性的仪式组织以及基于地缘的、以社区庙宇为中心的仪式组织（卢云峰、李丁，2011）。对于许多“民间宗教”，中国大陆曾将它们视为“迷信”并予以取缔，随着“非物质文化遗产”保护制度的实行，现在，其中一些已获得了一定的合法性。由此可见，人类学和历史学使用“民间宗教”概念所指涉的含义有很大的不同。

总之，由以上讨论可知，在关于中国宗教的研究领域，有关类型学问题的研究异常活跃，尽管这对于一个学科来说是非常必要和重要的，而且研究者在此过程中所体现出来的严谨态度与社会关怀也值得钦佩，不过，笔者以为，我们还可以在此基础之上走得更远。关于这一点，或许我们可以从“教派—教会”理论的发展史中获得一些有益的启示。

---

① 宗教社会学界也曾有类似的努力。二战以后，西方社会出现了一大批由少数人组成的信仰团体，他们最初被称为灵修的或者另类的宗教运动，后来“膜拜团体（cult）”和“教派（sect）”这两个词也经常被用在这些群体身上。尽管社会学家将膜拜团体技术性地定义为“与外部社会存在高度张力的宗教团体”（Stark and Bainbridge，1987），但也有人认为，日常意义上的“膜拜团体”是骂人的粗话，带有强烈的负面意涵。出于体现价值中立的考虑，社会学家开始使用“新兴宗教”（new religion）或“新兴宗教运动”（new religious movements）这两个概念（Cowan and Bromley，2008）。然而令他们始料未及的是，当媒体广泛地将“新兴宗教”与集体自杀等新闻联系在一起时，该术语也开始变得越来越负面，很多团体都不愿被称为“新兴宗教”。宗教社会学家试图通过创新术语来为某些宗教团体“去污名化”的初衷，往往以新术语很快重新被“污名化”而告终。

"教派"和"教会"原本是西方社会中的日常用语，德国学者特洛尔齐（Troeltsch，1931）将它们改造成学术概念。教会是指"接受世俗秩序"的宗教团体；而教派则是指具有排他性的自愿加入的宗教组织。这一区分成为"教派—教会"理论的源头，后来包括韦伯在内的很多学者对该理论予以了发展，甚至一段时间学者们热衷于构造非常复杂和精致的教派类型学，例如，英国社会学家威尔逊（Wilson，1970）一个人就提出了七种类型的教派，包括皈依型（conversion）、革命型（revolution）、内省型（introversion）、操纵型（manipulation）、奇术型（thaumaturgy）、改革型（reformation）和乌托邦型（utopia）。对此，有批评者（斯塔克、芬克，2004）认为：类型学纯属静态描述，无助于我们把握宗教的演变趋势；理论必须预测动态的趋势而不是简单的分类；类型学的繁荣恰恰意味着理论的误入歧途。而且，他们认为，与那种静态描述的类型学相比，尼布尔的工作代表了正确的理论方向。尼布尔（Niebuhr，1929）将教派和教会视为一个连续统的两端，认为伴随着时间的流逝，成员的代际更替以及信徒社会经济地位的提升会逐渐改变教派自身的神学立场，通向教会化之路。由于引入了这种连续和动态视野，"教派—教会理论"[①] 被赋予了新的学术生命，以至于后续的许多研究专注于考察教派变迁的过程与机制（Johnson，1963；Lu，2006；卢云峰，2011），而不再热衷于堆积更多的教派类型。

我们可以把"教派—教会理论"所体现的研究方法称为"基于类型学基础上的动态研究"，该方法不排斥类型学，而是在类型学的基础上考察各种类型之间的关系与转化，继而达到揭示其隐秘的面相和把握趋势的目的，相比之下，单纯的类型学研究显然无法达成这一任务。

本文试图运用"基于类型学基础上的动态研究"的分析视角，对中国的一些宗教现象进行分析。笔者认为，一旦我们自觉地采用动态的视角就会发现，中国的宗教并非静止的，而是变动不居的；信仰的流动无处不在，这种流动既体现为神灵的流动、信徒的流动，也体现为宗教组织的流动。需要特别说明的是，本文所说的流动指的是从一种类型向另一种类型的转化。其实，"宗教流动"也并不算新概念，国外学者及台湾地区的学者林本炫（2001）都曾对此有过相关的论述。下文对信仰流动的讨论只是为了进一步阐明研究视角的转换能提出新问题或者对经典理论进行新的诠释，其用意在于强调研究视角的创新而非在于提出一套宗教流动的理论。动态的视角既可以观照到曾经被忽略的细节，也能够给宗教社会学及宗教人类学的诸多经典理论开辟新的发展空间，同时也可以提醒我们多留意"灵"、"义"、"诚"等本土概念的社会科学化。在文章的最后，笔者将把目光转向宗教社会学领域之外，讨论"基于类型学基础上的动态研究"对"过程—事件分析策略"的补充，以期有更多的学者关注和运用此种研究视角。

二 神灵的流动

汉人的民间信仰大体上针对的是以下三种超自然力量：神明、祖先和鬼魂（Jordan，1972）。有人认为它们分别对应着世俗社会的三个等级：神明是帝国官僚的隐喻，他们身穿官袍、供于庙宇、等级分明；汉人的神明体系既有从玉帝、城隍到土地公等职级的区分，也存在各司其职的功能神，比如龙王、财神、灶神等，几乎就是世俗帝国官僚系统的

① 关于"教派—教会"理论发展史的详细论述，参见斯塔克和芬克（2004）所著的《信仰的法则》第六章。

翻版（Feuchtwang，1992）。鬼是令人厌恶或可怜的陌生人的代表，他们颇类似于乞丐，需要人们的施舍；同时也有些类似危险的强盗，人们必须小心应对，否则会带来厄运。祖先则是代表自己人的超自然力量，是已经过世的家族或宗族成员的灵魂。

虽然神、鬼、祖先代表着不同的群体，但他们之间的界限并非不可逾越。一方面，作为自己人的祖先对于外群来说即是鬼魂，尤其是当亡灵没有子孙提供祭品时，它们便会沦为无家可归的孤魂野鬼。但是，另一方面，有些鬼魂兼具鬼格与神格，它们能逐步升格为神灵，譬如，台湾地区的"有应公"信仰就是鬼魂变神灵的典型案例。拓荒时期的台湾很多人死于海难或械斗；人们将开荒时挖掘出来的无主枯骨或散落在海边的人骨集中起来加以埋葬，并建坟墓或小庙进行祭祀。那些鬼魂据说非常灵验，"有求必应"，于是得名"有应公"。由于灵验的缘故，那些原本属于孤魂野鬼性质的"有应公"享受着鼎盛的香火，受众多乡民的崇拜，因此它们逐渐升级为神灵（Wolf，1974）。"有应公"的案例清楚地告诉我们，"鬼"和"神"之间存在着流动的通路。

在汉人的民间信仰中，不仅存在着鬼魂演化为神祇的情况，也存在着神灵流动的其他特征：它们可以跨越宗教的门户界限，为各宗教传统所接受。华人社会中大多数有影响的神灵都在各宗教传统中通行无碍。民间广泛认为，佛教的观音菩萨、文殊菩萨和普贤菩萨对应于道教就是慈航真人、文殊广法天尊和普贤真人；源出儒教的"武圣人"关公被道教尊为"关圣帝君"，被佛教奉为"伽蓝菩萨"，而民间则有"关公当玉帝"的说法。除此之外，河北地区的王二奶奶信仰则为我们展现了民间信仰神祇进入正统宗教的极为典型的案例。相传王二奶奶是明末清初的河北香河县人氏，由于死后身体不腐，受到人们的祭拜，变成地方女神。之后，王二奶奶信仰被道教接纳："一个处于京城郊区正规的道教道场，不但为来自香河县乡下的一个民妇修了殿堂、接受各方的香火，而且还非常厚道地承认了她的'灵验'，更对来自王二奶奶娘家香河的所有人给予更多的热情"，这说明"民间信仰与制度性宗教之间始终存在着良性的互动"（范丽珠，2010：227）。

基于上述讨论，我们大致可以清楚，神灵的流动基本上可分为两类：一类是超自然力量的位格变化，即神灵、鬼魂和祖先之间的性质转换，这涉及宗教社会学的经典议题："神灵的诞生"；另一类是特定神灵在各宗教传统之间的跨界流动，比如关公被儒释道三教共同崇奉，妈祖和王二奶奶等原本始于地方民间信仰的神祇被正统的道教接纳等。总之，如果我们自觉地带着动态的视角进一步考察神灵跨界流动的话，那么我们就可以清楚地勾勒神灵扩大影响的路径以及诸神之间的竞争。不过，神灵的流动毕究还涉及"诸神的诞生与竞争"，这是宗教人类学和宗教社会学关注的大问题，因此，我们有必要对此略加论述。

神灵是如何诞生的？人类学家泰勒（1992）认为，无论宗教也好，神灵也好，都源于万物有灵论，"灵"即"灵魂"。那么"灵魂"又源自何处？他的回答是来自古代哲学家的推理：这些蒙昧时代的哲人力求了解生与死的区别，探讨梦、幻觉等难以理解的现象，于是建构出灵魂的概念。在万物有灵论的基础上，泰勒提出了宗教进化论，认为宗教的发展存在着从低级到高级，从多神到一神的线性进化过程。这一观点至今仍有影响，斯塔克和芬克（2004）就认为，人出于交换的需要建构出神灵，随着社会的发展和神灵之间竞争的加剧，一神教会战胜多神教；社会越复杂，范围越大，历史越悠久，就越可能出现占统治地位的排他性一神教。

涂尔干（1999）也认为，宗教的起源与社会环境密切相关，人们对神灵的崇拜实际上是对社会本身的崇拜。沿着这一思路，他的学生斯万森（Swanson，1960）分析了有文字记载前后的社会历史材料，写出了著名的著作《诸神的诞生》。此书探讨了某些信仰（如一神论和多神论）与各种社会条件（如食物的来源与总量、人口数量、社会分层、社会组织的多样性等）之间的关系。他发现，一些社会因素和特定的宗教信仰之间的确存在高度相关。比如，当人们在重要事情上都要相互影响，但又没有什么明确的规范、控制和结构来指导他们时，巫术就会出现，巫术实际上是一种代替物，它作为一种补偿的手段用以解释和控制在他们生活中发生的事情。

继斯万森之后，西方社会学界关于神灵起源的研究日渐稀少，这或许是因为人们在基督教一教独大格局下的西方社会中很难找到相应的经验材料，于是绝大多数研究者将目光转向“一神教是如何产生的”之类的问题（Lang，2004）。与之相对，中国社会中丰富的多神信仰却能为讨论神灵的起源提供丰富的素材，历史学家也已经在这方面做了出色的研究，比如日本学者滨岛敦俊（2008）认为，中国江南地区的人格神诞生与三个因素有关：生前的义行、死后的“显灵”和官府的敕封。

首先，有必要讨论一下义行问题。义行所强调的“义”或许是汉语中使用最广泛、最具理论伸展性却又被社会学界忽略的概念之一。礼义廉耻被儒家称为“四维”，“四维不张，国乃灭亡”；儒家又把仁、义、礼、智、信合称为“五常”，义乃为最高的道德标准之一。当子路问道：“君子尚勇乎？”孔子的回答颇耐人寻味：“君子以义为上。君子有勇而无义为乱，小人有勇而无义为盗。”义在孔子那里显然成为决定事物性质的首要标准。孟子也从不讳言他对义的重视：“生，吾所欲也；义，吾所欲也；两者不可得兼，舍生而取义者也。”或许是受圣人之言的影响，民间对“义行”也异乎寻常地强调。在汉人民间信仰中，“义行”不仅关乎现世的道德，更左右着死后的归宿。按照汉人的理解，人死后魂魄分离，但灵魂仍然存在，通常被称为“鬼”，这意味着成为鬼是大多数人死后的宿命，只有极少数人能成为神。滨岛敦俊（2008）的研究表明，那些成为“神”的幸运儿在生前都具有“义行”。

关于“义行”，笔者认为最值得分析的个案或许就是关公信仰。民间流传关公所做的“义行”主要有两件：千里走单骑和华容道捉放曹操。这两件事是否属实并不重要，重要的是它们对关公形象的建构具有非凡的意义。尤其是传说中的私放曹操，它所体现的是私人情谊，这与儒家文本中所讲的“义”旨趣迥异，与基督教所强调的“义行”更是相距甚远，但它不妨碍关公成为汉人心目中最讲“义气”的神祇。关公形象也颇为丰富，最常见的是儒家化色彩十分浓烈的武圣人“关夫子”造型：手抚美髯，正襟危坐读《春秋》；商店食肆供奉的则是作为“财神”的关公；从事非法买卖或曰“偏门生意”的帮派三合会则把关公当作保护神。在这些看似差异的背后，是否有共同的“义”的逻辑？这有待进一步研究。

其次，有关死后“显灵”的问题。实际上，曾经在生前行义的人有很多，但绝大多数人死后都未能由“鬼”变成“神”。滨岛敦俊（2008）认为，“鬼”与“神”的区别在于其是否显灵，或者说有无灵迹。前文提到的“有应公”信仰便说明了这一点，灵验成为其由鬼变神的关键。时至今日，“显灵”仍然是当代华人社会人格神诞生的因素之一。譬如，广东海陆丰地区的圣人公妈原本也是鬼魂，信者们相信，它是“通过鬼魂附于灵媒报出自己的来历，或者显出身形等现象，才被称为‘圣人公妈’，后来蒙受恩惠的当地宗族开始于固定的时间集体祭祀，渐渐称为乡社的保护神”（志贺市子，2010：187）。需要指出的是，社会科学无法考证“显灵”的真假与否，也无意宣扬此类神迹，但我们可以通过对民间关于“显灵”问题的讨论，探索哪些社会因素助长或抑制了民间信仰现象的发生和变化。志贺市子（2010）的研究发现，随着现代性的展开，近年来广东地区关于圣人显灵的神迹越来越少，这可能与佛教和道教知识的普及、灵媒活动的衰退和政府的殡葬改革政策都有直接或间接的关系。这些观察为我们理解华人民间信仰的复兴与演化趋势提供了一定的启发，也值得我们在后续的研究中跟进。

最后，关于朝廷敕封对民间信仰的影响问题。值得注意的是，朝廷的敕封对人格神的诞生也至关重要。我们不妨仍然以关公信仰为例来说明这个问题。自宋代开始，官府开始敕封关羽，以宣扬其忠义精神。宋哲宗封其为“显烈王”，元代加封为“显灵义勇武安英济王”，明神宗赐其“协天卫国忠义帝”封号，清顺治皇帝更是加封其为“忠义神武灵佑仁勇威显卫国保民精诚绥靖羽赞宣德关圣大帝”。而且，在清代，朝廷在各地大修关帝庙，称为“武庙”，与崇祀孔子的“文庙”相提并论，清朝还规定了每年五月十三日祭祀关帝视察制度。由此可见，关帝信仰同孔子信仰一样，在历朝历代官方的敕封下，成为国家祭典的常规内容。关公信仰的民间版本纵然有千差万别，但在关于何谓正统关公的问题上，国家具有最大的话语权。对此，华生（Watson，1985）认为国家的敕封是地方神明“标准化”的关键所在。

除了上述三个因素外，笔者以为宗教团体的推动也是神灵跨界流行的原因之一。关公信仰的例子说明它的盛行是各种社会力量合谋的产物：在香港，尽管三合会和警察彼此对立，但都崇信关帝；在台湾，“恩主公庙”遍布全岛，所谓“恩主”就是能拯救世人的神明，在众多恩主之中，关公居首，其后有吕洞宾等神祇。实际上这些“恩主公庙”就是民间崇拜关公的祭祀场所，在这种社会氛围的影响之下，一些教派也纳入关公信仰，近年来台湾更是兴起了专门崇奉关公的新兴宗教团体“玄门真宗”（卢云峰、李丁，2011）。

总之，通过以上论述，笔者希望强调的是，如果以动态的视角考察神、鬼、祖先这三类超自然信仰对象的流动现象，那么我们不仅可以充分了解到华人信仰的复杂性，也可以对宗教社会学的一些经典问题（诸如神灵的诞生与竞争等）提出新的研究思路。

三　信徒的流动

信仰流动的另一个重要维度是信徒的流动。宗教社会学在研究信徒流动时主要以“改教”（conversion）概念来加以把握。“改教是指跨宗教传统的转换”（斯塔克、芬克，2004：143），其关注的重点是宗教身份的改变，即从一种信仰转移到另一种信仰。提到改教，人们往往会联想到保罗的故事。据《圣经》记载，保罗原名扫罗，是一个与基督教为敌的犹太教徒，有一天，他在前往大马色捉拿基督徒的路上，忽然天放大光，保罗扑倒在地，听见耶稣问他为何逼迫基督徒，此一经历让保罗从一个逼迫基督教的犹太教徒瞬间转变成一个虔诚的基督徒。保罗的故事成为“改教”的经典案例，其传奇性的神秘体验和急遽的信仰转变令许多人觉得不可思议。

在一些社会学家看来，“改教”一词带有过多的基督教色彩，由此也影响了这一术语的普适性，于是有人（Whitt and Babchuk，1992）建议用“宗教流动（religious mobility）”代替“改教”。在他们看来，“宗教流动”的提法比较中性，一方面淡化了“改教”的基督教色彩，另一方面也可以提醒人们更多关注基督教各主流宗派之间的信徒流动现象，而不是过分聚焦于新兴宗教。引入流动的概念还意味着可以将社会分层研究的高度成熟的量化技术运用到宗教流动分析中，分析哪些宗教团体彼此之间的流动性更强，哪些团体之间存在着流动的障碍（Suchman，1992）。此外还可以分析宏观的结构性因素对宗教流动的影响，比如杜克（Duke，et al，1993）等人对多个国家之间宗教的比较研究发现，宗教流动往往与宗教管制的程度、宗教市场的开放和竞争程度以及各阶层的剥夺程度密切相关。

与改教一词在西方社会所带有的基督教色彩相比，该词在华人社会中的适用性受到更多的质疑。郑志明（2002）认为，汉人社会中与其说存在“改教”，不如说广泛存在着“游宗”，意即信众在各宗教之间来回游走，今天拜这个神，明天拜那个佛，后天可能还会光顾教堂；他们以开放的心态平等对待各种宗教，与各类神灵广结善缘。焦大卫（Jordan，1993）勉强同意保留改教的概念，但他认为，华人社会中的改教具有许多基督宗教不曾有的特征：累加性、制约性和众神可交替性。在他看来，中国人很容易在保持原有信仰的基础上接受新的宗教或者神明，多多益善，此即所谓“累加性”。但是这种累加无损于已有的信仰体系，新的信仰往往与原有的世界观有共通之处，这就是“制约性”。在此背景下，华人乐意将各种宗教人物进行同质化的类比，比如“老子化胡说”将释迦牟尼视为老子的化身，民间很多人倾向于把西王母等同于圣母玛利亚，这即是“众神可交替性”。笔者认为，尽管焦大卫的分析颇有见地，但问题在于，这种无损于改教者原有世界观和社会网络的“中国式改教”是否还能叫作“改教”？

以上这些反思有助于使我们认识到“改教”概念的局限性以及它在中国的适用性，也可以提醒我们多留意用“宗教流动”一词来把握人们的信仰变迁。不过，人们同时还需要注意“宗教流动”概念本身也存在一些问题。该概念的倡导者之一萨奇曼（Suchman，1992）承认，宗教流动关注了个体目前的宗教信仰和先前的宗教信仰的变化，但是无法究竟其间的过程，也无法体现只经历一次宗教流动者与经历多次宗教流动者之间的差异。事实上，前面所提到的一些概念，无论是“改教”、“宗教流动”还是“游宗”，它们关注的重点都是信徒宗教归属（religious affiliation）的转变；这在排他色彩强烈的犹太教—基督教社会中或许是无可厚非的。然而，对非排他性宗教占主导的华人社会，强调宗教身份未免有失焦点（卢云峰，2008a）。有鉴于此，笔者认为，在考察信徒的流动时有必要改弦更张，淡化宗教身份，强调宗教偏好（religious preference）。

具体而言，笔者主张从宗教偏好变化的角度来考察华人社会中信徒的流动。传统的宗教社会学习惯用宗教与外部社会之间的张力来衡量人们的宗教偏好，认为宗教偏好大体呈正态分布，那些喜欢高张力和低张力的信徒都很少，居于正态分布的两端，大多数人偏好中等程度的张力。这个模型构成了宗教市场理论的基础，广为学界所知（斯塔克、芬克，2004）。笔者则以为，对于宗教偏好的测量，我们可以抛开“张力”另辟蹊径，具体而言就是考察信众对“灵验”的在意程度。基于在台湾地区开展田野研究的经验，笔者认为，华人社会大致存在一个“高度关注灵验—低度关注灵验”的连续统：民间信仰的追随者居于“高度关注灵验”一端，另一端是信奉佛教和基督教等主流宗教的信徒，居于中间的是教派和新兴宗教成员。民间信仰的实践者极为关注神明是否灵验，他们“无事不登三宝殿”，“平时不烧香，临时抱佛脚”；一旦他们认为所拜神明灵验就会飨之香火美食，不灵验则转拜其他神灵。现实中较为极端的例子，是那些为彩票中奖而去神庙求取明牌的赌徒，如果反复求签烧香却屡屡落空的话就会迁怒于所拜的神灵，甚至损坏神像，其戾气之重和功利心之强由此可见一斑。

相对于民间信仰而言，教派和新兴宗教更重视神人交换之间的延宕性，更注重救赎而非灵验。以笔者曾考察过的台湾某一教派为例，其信徒大多来自民间信仰，为了改变这些人急功近利的心态，该教派会举办一系列的活动来逐渐塑造信徒们新的宗教习性。他们举办了很多层次不同的读经班，信徒每参加一个读经班就需要“立愿”，包括“去毛病、改脾气”、“重圣轻凡”、“财法双施”、“清口茹素”、“海外开荒”，等等。笔者（卢云峰，2008b）注意到，虽然实际上一些成员会因为追求“神通”而不愿意继续留在该教派，但通过规章严明的读经班、“立愿—还愿”机制以及“渐进性严格”机制的共同作用，仍有不少原本看重灵验的信徒会变得不再那么在乎与神灵之间的即时交换，而是将目光放得更长远，强调明心见性，从灵验的偏好者转变成救赎的寻求者。随着灵性层次的提高，其中的一部分信徒会继续流动到佛教中去，或许这是因为后者在教义上更为精深。同样，正信的佛教承认神通的存在，也会利用一些方便法门来吸引信众，但之后便会不断告诫信众不应受神通与灵验的诱惑。

如前所述，以往对个体宗教流动的研究无法体现过程也无法跟踪一次改教者和多次改教者之间的差异（林本炫，2001），如果借助“宗教偏好”这一概念，那么我们就可以比较细致地观察到个体的宗教流动是如何展开和深化的。笔者认为：人们的宗教偏好存在从“灵验”到“超验”的差异；宗教偏好的变化最终会导致宗教身份的改变或者说“改教”；华人社会中那些多次改教者或所谓的“游宗者”或许在宗教偏好上并无显著变化，因为他们始终在寻求“灵验”；只有当宗教偏好从“灵验”转为“超验”时，真正意义上的改教才会发生。当然，上述的结论还只是一些来自田野研究的粗浅认识，有志于这项研究的人可以继续进行更为细致的探讨，尤其是定量的研究。如果我们能够设计一些较为完备的问卷，测量人们对灵验的偏好，并将其与人口特征、文化因素等结合起来进行分析，那么我们就会更全面地了解宗教偏好与生命周期、受教育程度、收入状况、个人的社会阶层变化等因素是否相关的情况。[①] 在组织层面，我们可以研究宗教团体的组织程度、资源动员能力、传教策略、神学的精深程度等对个体宗教偏好的影响。在宏观层面，我们可以探讨个体的宗教流动与社会对宗教的开放程度、政府管制（卢云峰，2010）、经济发展状况、社会整合以及宗教市场的竞争等因素之间的关系。这些研究不仅能够为传统的“改教”研究拓展新的发展空间，也能够更直接地切入个体的信仰变迁研究。

四　宗教组织的流动

下面，我们简要地论述一下宗教组织的流动问题。本文所说的宗教组织的流动实际上就是组织变迁。宗教社会学对此已有很多论述，但是，从已有文献来看，绝大多数的讨论都是在教派—教会理论框架下展开的。笔者（卢云峰，2008a）以为，在探讨中国社会中宗教组织的变迁时，我们不必拘泥于“教派—教会”理论，因为华人社会中教派的地位比较边缘化，所占市场份额很小。

---

① 目前笔者尚未见到有调查问卷直接涉及华人社会中民众的宗教偏好，但是“台湾社会变迁调查”曾关注被访者的信仰动机，涉及“寻求平安”、“寻求精神寄托”、“趋吉避凶”、“修身养性”、“寻求安慰”、“减少烦恼”和“跟父母信的”等。笔者认为，这些问题可以部分地测出人们的宗教偏好。

现实社会中宗教组织存在诸多的流动方向。我们首先来看看宗教组织与世俗组织之间的相互转化。事实上，很多宗教团体都由世俗组织转变而来。斯塔克和本布里奇（Stark and Bainbridge，1980）认为，宗教组织与世俗组织最大的区别在于前者提供的是无法在此世验证的“彼岸收益”（otherworldly rewards）；他们预测，当某些组织追求价值巨大而又不能通过直接的手段获得酬赏时，便倾向于转向超自然的假设，亦即是走向神圣（卢云峰，2010）。这也意味着：世俗化是一个自我限制的过程。华人社会中很多案例可以验证这一预测，比如福建的三一教原本是学术团体，四川的刘门教最初也是知识分子社团，但随后它们都演化成组织完备的教派（马西沙、韩秉方，1992）；上世纪末，我国也有不少原本从事治病的、世俗性的气功团体在市场竞争以及商业逻辑的促使下逐渐演变成宗教组织（Lu，2005）。

宗教团体也可以逐渐演变成世俗社团，这一现象与经典的世俗化理论相关。扎德和邓同（Zald and Denton，1963）的研究发现，最初的基督教青年会（YMCA）是一个从事传教的福音机构，由于社会环境的变迁，其福音路线受阻，迫于环境压力，基督教青年会的宗教色彩逐渐淡化，最终转变成为一般性的社会服务机构。中国也不乏这样的例子，马西沙和韩秉方（1992）认为，青帮就是由信奉罗教的漕运水手组织演化而来。未来值得学界关注的是台湾慈济功德会的走向。在证严上人的领导下，慈济功德会从偏居花莲一隅的小宗教团体发展成为台湾地区最大的非政府组织，也是华人社会中最具国际影响力的慈善组织。毋庸讳言，相对于台湾地区其他三个比较有影响的佛教团体（佛光山、法鼓山、中台山），慈济的宗教色彩偏淡，其主要任务并非传教而是慈善；外界更多的是将其视为基于信仰的组织（faith-based organization）。将来，慈济是否会越来越淡化其宗教色彩，像基督教青年会一样演化成纯粹的公益组织？哪些因素和机制会促成宗教组织与世俗组织之间的转化？这些问题都有待今后进一步的观察与研究。

除了世俗组织与宗教组织之间的相互转化，我们还可以关注宗教的组织化程度以及排他性程度的变化。在台湾，传统的民间信仰原本组织松散，边界模糊。但近三十年来许多民间信仰的精英开始有意识地组建教团来应对制度化宗教的竞争（Lu，et al. 2008）；不少鸾堂发展出自己的教义、仪式、组织架构和运行章程，形成定期聚会的教团（林本炫，2000）。在传统社会，很多教派特别强调综摄主义（syncreticism），高举“三教合一”、“五教合一”乃至“万教合一”的旗帜。但现在，排他主义（exclusivism）抬头，越来越多的新兴宗教开始提升其排他性程度。例如，一些崇奉净空法师的佛教徒形成教团，他们积极参与净空倡导的三时二系运动，“在组织内部推行对净空法师的排他性崇拜，即非净空法师的说教和物品一概不允许带入道场，除了净空法师推荐的高僧大德的书”（谢燕清，2012）。这些变化趋势都值得我们研究。

五 讨论与结论

如前所述，关于中国宗教，学界已经有了太多的类型学研究，而且近年来还有不断增加的趋势。毋庸置疑，类型学是社会科学研究的重要手段，也是我们理解社会现象的工具，但类型学的知识往往只能告诉人们“是什么”而无助于我们了解“为什么”，许多学者已经认识到，类型学的泛滥最终会成为阻碍人们思考的概念巴别塔。有感于此，笔者以为有必要进行研究视角的转换。具体而言，就是我们在前面强调过的宗教的流动性视野，即对信仰进行“基于类型学基础上的动态分析”。孙立平（2000：7）曾经倡导：“在对待社会现象的时候，就如同印象派画家将空气和阳光看作是流动的一样，将社会现象看作是流动的、鲜活的、在动态中充满着种种‘隐秘’的。”同样，中国的宗教现象也不是呆滞的，而是活泼的，动态的视角有助于我们理解信仰现象的种种隐秘性和趋势。

下面，本文尝试运用此种分析方法对神灵的流动、信徒的流动和宗教组织的流动进行初步的分析。笔者认为，动态视角有助于我们以全新的思路去理解神灵的诞生与竞争，有助于我们了解信徒的宗教偏好变化如何导致宗教身份的变化，并能促使我们更多地关注宗教组织的变迁。不仅如此，基于动态视角还可以使我们保持这样一种自觉，即在研究中国的宗教现象时，有必要考证国人惯常使用的概念，比如神灵诞生与流行过程中的“灵”的角色与“义”的逻辑以及国人信仰生活中“诚”的重要性等。如果不关注它们，那么我们会屏蔽掉中国宗教中最隐秘与核心的内容。关于这一点，罗伯特·贝拉（1998）是先行者。贝拉（1998）在分析日本的宗教时固然十分重视引入社会学的分析框架，但是他也非常关注“恩”、“德”、“忠”、“孝”等在日本社会中鲜活存在的概念。贝拉的研究带给我们的启示在于，如何将这些词汇社会科学化不仅有利于理解东方的宗教现象，也有助于拓展宗教社会学的边界。

需要说明的是，本文主旨并不在于排斥类型学，相反，我们强调以类型学为基础。本文所阐述的“基于类型学基础上的动态分析”与孙立平等人提出的“过程—事件分析策略”有类似的地方，两者都强调动态分析。但两者也存在差异，如各自的名称所示，本文所谓的动态分析的重点是类型学，而后者是事件。孙立平在展开分析时经常会借一些有趣的故事来达到“微言大义”的效果，借以揭示社会生活中的“隐秘”。所谓“隐秘”有两层含义，“其一，是不确定性，即在因素与因素之间、事物与环境之间并不存在一成不变的联系。其二，是静态结构中的不可见性”（孙立平，2000：5）。在孙立平那里，探索“因素”与“因素”之间的联系是社会学研究的目的，而关于事件的叙述只是手段。然而，遗憾的是，后来很多以“过程—事件分析策略”追随者自况的学人本末倒置，将叙事当作目的。他们一上来就讲一通故事，略加评论便扬长而去。鉴于很多研究存在叙事有余而理论不足的现象，应星（2006）曾提醒人们，在叙事的同时需要有问题感、充分关注故事的复杂性以及叙事方式的技巧性。

如果将类型学作为动态—过程分析的基础，那么研究者就会更自觉地在研究中约束泛滥的叙事热情，给理论腾挪出成长的空间。我们知道，概念和命题是理论的基础，如果研究者对故事过于关注，忽略了概念的重要性，那么就会给自己的研究带来叙事有余、理论不足的后果。与过程—事件分析一样，本文也强调动态视角，但分析的起点与终点都是范畴化的概念，或者说类型学，比如由“鬼”到“神”，由“教派”到“教会”，由“世俗组织”到“宗教组织”，等等。当两端确定以后，其中的变迁与联系完全可以运用“过程—事件”分析策略来完成。换句话说，“基于类型学基础上的动态视角”分析，其重点不是从A事件到B事件的过程，而是从A概念/类型到B概念/类型的过程以及其中的机制；当我们关注概念之间的联系时，可以通过丰富的叙事来充实其概念的空间，但更重要的是，通过那些由叙事所充实的概念之间的差异可以考察变迁的机制，从而发展出若干中层理论。就中国的宗教社会学而言，这种尝试既可以体现在通过考察由“鬼”到“神”的变迁来丰富有关“神灵诞生”的理论方面，也可以体现在通过分析信者的宗教偏好的变迁而以全新的视角重新诠释“改教”理论，以通过“宗教组织”向“世俗组织”的变迁分析来发展世俗化理论。

有评论者认为，动态分析的关键在于剖析因果机制，对此，笔者深表认同。如前文所示，“教派—教会理论”之所以有生命力，就在于该理论揭示出信徒的阶层流动以及代际更替等因素会导致宗教团体与外部社会之间张力的变化。同样，本文尝试对中国语境中导致神灵流动和信徒流动的机制进行初步的分析，比如神灵的流动是基于人格神生前的义行、死后的“显灵”、官府敕封以及宗教团体崇奉等因素的共谋，正是试图揭示信徒的流动与“渐进性严格”机制以及“许愿—还愿”机制之间的相关性。当然，本文对这些机制的分析还远远不够，有待同道的进一步研究。此外，需要强调的是，本文所分析的三个维度（神灵、信众与组织）并没有涵盖宗教的所有内容。因此，人们在考察宗教的流动问题时除了要注意这三者之间的层次差异与联动，也有必要关注与之相关的其他面向，比如世界观与宇宙论等。有评论者指出，道家的“齐物论”思想与基督教排他独大的世界观形成鲜明对比，这或许导致了中国宗教更强的流动性，尤其是神灵的流动。很显然，由于本文的主要目的在于倡导研究视角的转换而非构造一套有关信仰流动的理论，所以本文对世界观的分析有所忽略，期待未来的研究能加以弥补。

在讨论宗教社会学的研究方法时，罗伯茨（2007：72）写道：“一位深孚众望的社会学家曾经这样评说宗教：‘在重要事物当中，几乎没有什么像宗教这样，人们对其知之寥寥，却又深信不疑。’这对于同情与敌视宗教的人同样适用。基于此，在进行研究时，我认为两种品格或者态度大有裨益：适度的虚心并因此对新观点持开放态度。没有一个人对宗教行为是全知的，但通过聆听别人的观点，我们每一个人都可以拓宽自己对宗教的理解。”的确，虚心和开放对宗教研究大有裨益。基于这样的认识，本文主张进行研究视角的转换，在对中国宗教进行静态的类型学考察的同时，我们也不妨用动态的视角来理解信仰现象的流动以及从中透析出的种种趋势与机制。虽然这种认识源自于宗教社会学研究本身，但是我们也希望这种分析策略对社会学其他学科有所启示。

参考文献

1. 贝拉·罗伯特：《德川宗教：现代日本的文化渊源》，王晓山、戴茸译，生活·读书·新知三联书店1998年版。
2. 滨岛敦俊：《明清江南农村社会与民间信仰》，朱海滨译，厦门大学出版社2008年版。
3. 范丽珠：《北方民间信仰中的肉身成道：从王二奶奶到香河老人》，金泽、陈进国主编：《宗教人类学》（2），社会科学文献出版社2010年版，第210—236页。
4. 林本炫：《台湾的宗教变迁与社会控制》，《辅仁学志》2000年第31期，第1—26页。
5. 林本炫：《台湾民众的宗教流动与地理流动》，“中央研究院”社会学研究所、“中央研究院”合办“宗教与社会变迁”研讨会会议论文，2001年。
6. 刘创楚、杨庆堃：《中国社会：从不变到巨变》，香港中文大学出版社1989年版。
7. 卢云峰a：《超越基督宗教社会学》，《社会学研究》2008年第5期，第81—97页。
8. 卢云峰b：《渐入圣域：虔信徒培养机制研究》，《中国研究》，社会科学文献出版社2008年版，第128—139页。
9. 卢云峰：《苦难与宗教增长：管制的非预期后果》，《社会》2010年第4期，第200—216页。
10. 卢云峰：《从边缘到主流：“教派—教会”理论视野中的摩门教的变迁》，《社会学研究》2011年第3期，第179—190页。
11. 卢云峰、李丁：《台湾地区宗教的格局、现状与趋势》，《宗教蓝皮书：中国宗教报告》（2011），金泽、邱永辉主编，中国社会科学出版社 2011 年版，第 225—252 页。
12. 罗伯茨：《宗教研究的科学视角》，刘海涛译，《道风：基督教文化评论》2007 年第 26 期，第 47—73 页。
13. 马西沙、韩秉方：《中国民间宗教史》，上海人民出版社 1992 年版。
14. 欧大年：《中国民间教派研究》，周育民译，上海古籍出版社 1986 年版。
15. 志贺市子：《粤东海陆丰地区的义冢信仰与其演变：从“圣人公妈”到“百姓公妈”》，金泽、陈进国主编：《宗教人类学》（2），社会科学文献出版社 2010 年版，第 187—209 页。
16. 斯塔克·罗德尼、罗杰尔·芬克：《信仰的法则——解释宗教之人的方面》，杨凤岗译，中国人民大学出版社 2004 年版。
17. 孙立平：《“过程—事件分析”与对当代中国国家农民关系的实践形态》，《清华社会学评论》（特辑），2000 年，第 1—17 页。
18. 泰勒、爱德华：《原始文化》，连树声译，上海文艺出版社 1992 年版。
19. 涂尔干：《宗教生活的基本形式》，渠敬东、汲喆译，上海人民出版社 1999 年版。
20. 魏乐博：《“制度性宗教 VS 散开性宗教”笔谈》，《世界宗教文化》2010 年第 5 期，第 40—46 页。
21. 王见川、康豹、宗树人：《导言：救世团体研究的回顾》，《民俗曲艺》2011 年第 172 期，第 13—20 页。
22. 王铭铭：《社会人类学与中国研究》，生活·读书·新知三联书店 1997 年版。
23. 谢燕清：《净土修行中的三时系念》，《宗教人类学》2012 年第 4 期，金泽、陈进国主编，社会科学文献出版社。
24. 应星：《略论叙事在中国社会研究中的运用及其限制》，《江苏行政学院学报》2006 年第 3 期，第 71—75 页。
25. 郑志明：《华人的信仰心理和宗教行为》，《鹅湖月刊》2002 年第 324 期，第 14—26 页。
26. Cowan, Douglas E. and David G. Bromley. 2008. *Cults and New Religions* : *A Brief History*. Oxford: Blackwell.
27. Duke, James. T. , Barry L. Johnson, and James B. Duke. 1993. “Rates of Religious Conversion: A Macrosociology Study.” *Research for the Social Scientific Study of Religion* 5 (1): 89 – 121.
28. Feuchtwang, Stephan. 1992. *The Imperial Metaphor*: *Popular Religion in China*. London: Routledge.
29. Freedman, Maurice. 1974. “On the sociological study of Chinese religion.” *In Religion and ritual in Chinese society*, edited by A. P. Wolf. Stanford: Stanford University Press: 9 – 42.
30. Johnson, Benton. 1963. “On church and sect.” *American Sociological Review* 28 (4): 539 – 549.
31. Jordan, David. 1972. *Gods*, *Ghosts*, *and Ancestors*: *The Folk Religion of a Taiwanese Village*. Berkeley: University of California Press.
32. Jordan, David. 1993. “The Glyphomancy Factor: Observation on Chinese Conversion.” In *Conversion to Christianity*: *Historical and Anthropological Perspectives on a Great Transformation*, edited by Robert W. Hefner. Berkeley: University of California Press: 285 – 303.
33. Jordan, David and Daniel L. Overmyer. 1986. *The Flying Phoenix*: *Aspects of Chinese Sectarianism in Taiwan*. Princeton: Princeton University Press.
34. Lang, Graeme. 2004. “Challenges for the sociology of religion in Asia.” *Social Compass* 51 (1): 99 – 109.
35. Lu, Yunfeng. 2005. “Entrepreneurial Logics and the Evolution of Falun Gong.” *Journal for the Scientific Study of Religion* 44 (2): 173 – 185.
36. Lu Yunfeng, Byron Johnson and Rodney Stark. 2008. “Deregulation and Religious Market in Taiwan.” *The Sociological Quarterly* 49 (1): 143 – 157.
37. Lu, Yunfeng and Graeme Lang. 2006. “Impact of the State on the Evolution of a Sect.” *Sociology of Religion*

67 (3): 240 – 270.

38. Niebuhr, H. Richard. 1929. *The Social Sources of Denominationalism.* New York: Holt.
39. Stark, Rodney and Willliams S. Bainbridge. 1980. "Toward a theory of religion: Religious commitment." *Journal for the Scientific Study of Religion* 19 (2): 114 – 128.
40. Stark, Rodney. and Willliams. S. Bainbridge. 1987. *A Theory of Religion.* New York: Peter Lang.
41. Suchman, Mark. 1992. "Analyzing the Determinants of Everyday Conversion." *Sociological Analysis* 53 (Supplement): 15 – 33.
42. Swanson, Guy. 1960. *The Birth of the Gods: The Origin of Primitive Beliefs.* Ann Arbor: University of Michigan Press.
43. terHaar, Barend. 1992. *The White Lotus Teachings in Chinese Religious History.* Honolulu: University of Hawaii Press.
44. Troeltsch, Ernst. 1931. *The Social Teachings of the Christian Churches.* London: George Allen and Unwin.
45. Whitt, Hugh. P. and Nicholas Babchuk. 1992. "Some Theoretical and Methodological Reason for Using Stephan-Deming Adjustments in Religious Mobility Tables." *Social Science Research* 21 (2): 204 – 215.
46. Watson, James. 1985. "Standardizing the Gods: The Promotion of T' ienHou (Empress of Heaven) along the South China Coast, 960 – 1960." In *Popular Culture in Late Imperial China*, edited by David. lohnson, Andrew Nathan, and Evelyn Rawski. Berkeley: University of California Press.
47. Wilson, Bryan. R. 1970. *Religious Sects: A Sociological Study.* New York: McGrawHill.
48. Wolf, Author. 1974. "Gods, Ghosts, and Ancestors." In *Religion and ritual in Chinese society*, edited by A. P. Wolf. Stanford: Stanford University Press.
49. Yang, ChuanKwang. 1961. *Religion in Chinese Society.* Berkeley: University of California Press.
50. Zald, Mark and Patricia Denton. 1963. "From Evangelism to a General Service: On the Transformation of the YMCA." *Administrative Science Quarterly* 82 (2): 214 – 234.

（原载《社会》2013 年第 2 期）

第四篇

年度推荐论文

宗教事务管理法治化：成就、挑战与展望

刘金光*

不断提高法治化水平，是依法管理宗教事务的必由之路。改革开放以来，我国的宗教事务管理，按照1982年颁布实施的《中华人民共和国宪法》规定的大原则，① 根据依法治国的大方略，不断推动对宗教事务的管理从依政策管理为主向依法管理转变。特别是经过最近10多年的努力，我国宗教法制建设已经取得了显著成就，宗教工作法治化水平不断提高，宗教界人士和信教群众的法律素质也逐步提高。但是，随着国际形势的不断变化，改革开放的不断深入，宗教方面不断出现新情况新问题，宗教事务管理的法治化进程也面临前所未有的挑战。随着依法治国战略的实施和建设法治政府的推进，必然要求政府管理部门不断提高宗教事务管理的法治化水平。本文拟从宗教事务管理法治化取得的成就、遇到的挑战以及今后时期的展望等三个方面，对推进宗教事务管理法治化问题进行探讨。

一　宗教事务管理法治化是中央实施依法治国方略的必然要求

依法治国方略是中共十五大提出的，并于1999年写入经过修改的宪法。它的核心要义就是依照宪法和法律的规定，通过各种途径和形式管理国家事务、管理经济文化事务、管理社会事务，保证国家各项工作都依法进行。这是中国共产党治国理政从观念到方式上的重大变革，具有划时代的重大意义。这其中当然包括对宗教事务也要依照法律去管理。

（一）宗教事务管理法治化是建设法治政府的必然要求

1999年，国务院发布了《关于全面推进依法行政的决定》，这是国务院第一个系统阐释依法行政的文件。这个文件要求加大行政执法力度，确保政令畅通。要强化行政执法监督。2004年3月，国务院发布的《全面推进依法行政实施纲要》② 明确提出了建设法治政府的目标，对于规范政府行为提出了新的更高的要求。《纲要》要求，要理顺行政执法体制，加快行政程序建设，规范行政执法行为，严格按照法定程序行使权力、履行职责。建立健全行政执法主体资格制度。③ 2005年，国务院办公厅发布了《关于推行行政执法责任制的若干意见》，规定要依法界定执法职责，建立健全行政执法评议考核机制，认真落实

* 刘金光，国家宗教事务局政策法规司副司长。

① 关于宗教的内容主要体现在《中华人民共和国宪法》第34条和36条规定中。参阅《中华人民共和国宪法典》（宪法30周年纪念版），中国法制出版社2012年版。

② 《国务院关于印发全面推进依法行政实施纲要的通知》（国发［2004］10号），http://www.gov.cn/zlzl/yfxz/content_374160.htm。

③ 王宝明：《法治政府——中国政府法治化建设的战略选择》，外语教学与研究出版社2010年版。

行政执法责任，加强推行行政执法责任制的组织领导。2008年6月18日国务院公布了《国务院关于加强市县政府依法行政的决定》。这是落实2004年国务院发布的《全面推进依法行政实施纲要》的基础性部分。主要针对基层矛盾比较多，民众参政意识高涨的情况，政府如果不强调基层法治建设，势必影响到维持稳定和发展。因此，这个决定规定，要严格行政执法，改革行政执法体制，完善行政执法经费保障机制，规范行政执法行为，加强行政执法队伍建设，强化行政执法责任追究。2010年10月15日，国务院办公厅颁发《国务院关于加强法治政府建设的意见》①，这是国务院关于依法行政最新的系统规定，并第一次提出"法治政府建设"的概念。这个意见规定，要严格规范公正文明执法，要求严格依法履行职责，完善行政执法体制和机制，规范行政执法行为。2011年3月28日，中共中央政治局就推进依法行政和弘扬社会主义法治精神进行第二十七次集体学习，时任中共中央总书记的胡锦涛同志在主持学习时强调："全面推进依法行政、弘扬社会主义法治精神，是坚持立党为公、执政为民的必然要求，是推动科学发展、促进社会和谐的必然要求。是党的十七大为适应全面建设小康社会新形势、推进依法治国进程而提出的一项战略任务，对深化政治体制改革、发展社会主义民主政治，对全面实施依法治国基本方略、加快建设社会主义法治国家，对建设富强、民主、文明、和谐的社会主义现代化国家、实现党和国家长治久安具有十分重要的意义。"胡总书记的讲话还提出了明确的要求："各级党委要按照科学执政、民主执政、依法执政的要求，带头维护社会主义法制的统一、尊严、权威，坚持依法办事。各级政府要认真履行宪法和法律赋予的职责。广大党员、干部特别是领导干部要带头遵守和执行宪法和法律。要加强对全体人民的普法宣传教育，深入开展社会主义法治理论教育，特别是要加强与人民群众生产生活密切相关的法律法规宣传，加快在全社会形成学法遵法守法用法的良好法治环境。"②

法治作为一个与人治相对应的概念，最核心的思想就是通过法律规范国家权力，特别是行政权力，也就是说政府行为必须受到法律的控制，严格依照法律规定的权限和程序行使权力。法治政府最基本的特征：就是把自身的权力自觉地限制在法律的范围内，严格依法办事，以防止权力被滥用。因此，法治政府不仅要求公民守法，更要求自己带头守法。依法加强对宗教事务的管理，是贯彻依法治国基本方略的必然要求。依法对宗教事务的管理，主要包括三方面的内容：一是规范宗教活动主体从事宗教活动的行为，要求宗教团体、宗教活动场所、宗教教职人员和信教公民，在宗教活动中应当遵守宪法、法律、法规和规章，维护国家统一、民族团结和社会和谐。二是规范政府的行政行为，要求政府必须依法保护正常的宗教活动、维护宗教团体、宗教活动场所和信教公民的合法权益。三是依法惩处各种违法行为。在依法加强对宗教事务的管理中，必须按照中央关于建设法治政府的要求，自觉做到合法行政、合理行政、程序正当、高效便民、诚实守信、权责统一。

（二）宗教事务管理法治化也是建设服务型政府的要求

2004年，国务院发布《全面推进依法行政实施纲要》，提出了转变政府职能，建设服

---

① 《国务院关于加强法治政府建设的意见》（国发［2010］33号），http：//www.gov.cn/zwgk/2010—11/08/content_1740765.htm。

② 《胡锦涛强调：推进依法行政，弘扬社会主义法治精神》，http：/www.gov.cn/ldhd/2011—03/29/contenL1833760.htm。

务型政府的任务。2010 年 3 月 5 日，温家宝总理在《政府工作报告》中指出，要“努力建设人民满意的服务型政府”。[①] 宗教工作与建设服务型政府的关系：一是要在宗教工作中始终着眼于维护信教群众的合法利益；二是要弘扬法治精神，培育对法的信仰，培植对法的忠诚，倡导对法的依赖；三是要在宗教工作中弘扬法治精神，改变以内部政策为依据处理宗教事务的做法，不断提高法治化水平。

二　宗教事务管理法治化取得的成就

改革开放以来，伴随社会主义民主与法制建设进程，宗教工作逐渐纳入制度化、法制化的轨道，走上了依法管理宗教事务之路。依法加强对宗教事务进行管理，既是实施依法治国方略的必然要求，更是党和政府在新的历史时期处理宗教问题的实践中总结出来的重要经验，丰富和发展了马克思主义宗教观。

（一）我国依法管理宗教事务的历程和启示

改革开放以来，依法管理宗教事务主要经历了以下三个阶段。

一是酝酿阶段（1978—1990 年）。十一届三中全会后，党在拨乱反正、落实宗教政策的同时，比较系统地总结了新中国成立以来在宗教问题上正反两个方面的历史经验，于 1982 年发布了《关于我国社会主义时期宗教问题的基本观点和基本政策》（中发［1982］19 号）[②]，这是中国特色社会主义宗教理论和政策形成的重要里程碑，全面恢复和贯彻落实宗教信仰自由政策，政府宗教工作部门恢复正常工作，各级爱国宗教团体相继恢复建立，宗教工作走上了正轨。[③] 与此同时，我国在宗教法制建设方面开始了一些探索。社会主义时期的历部宪法都规定了我国公民宗教信仰自由的权利和义务，与此同时，《刑法》《民族区域自治法》《民法》《教育法》等有关法律都明确了保护公民宗教信仰自由的条款。[④] 1988 年 3 月，广东省政府率先出台了《宗教活动场所行政管理规定》，开辟了地方制定宗教法规的先河。但就全国范围而言，依法管理宗教事务还没有正式提出，也没有形成全国性专门的宗教方面的法律。这个阶段的突出特点是，依据政策管理宗教事务。

二是起步阶段（1991—2003 年）。随着社会主义市场经济的进一步发展，宗教领域在思想观念、管理方式、价值观念、法律观念也发生了深刻变化，宗教工作的深度和广度不断加大，宗教涉及的社会公共事务大量增多。根据依法治国方略的要求，党和政府逐步将宗教工作作为社会公共事务的组成部分，由政府对宗教事务进行依法管理。1990 年全国宗教工作会议及会后下发的《中共中央、国务院关于进一步做好宗教工作若干问题的通

---

① 温家宝：《努力建设人民满意的服务型政府》，http：//news. xinhuanet. corn/politics/2010 - 03/05/content_l3102634. htm。

② 中共中央文献研究室综合研究组、国务院宗教事务局政策法规司编：《新时期宗教工作文献选编》，宗教文化出版社 1995 年版，第 54—73 页。

③ 刘金光：《中国特色社会主义宗教理论与政策形成的重要里程碑——纪念中发［1982］19 号文件发表 30 周年》，载《中国宗教》2012 年第 3 期。

④ 国家宗教事务局政策法规司编：《宗教事务条例相关法律法规及政策手册》，宗教文化出版社 2010 年版。

知》，鲜明提出了要依法加强对宗教事务的管理，并明确要求加快宗教立法工作。[①] 1994年国务院颁布了《中华人民共和国境内外国人宗教活动管理规定》和《宗教活动场所管理条例》两个单项宗教行政法规，据此，国家宗教事务局颁布了《宗教社会团体登记管理实施办法》《宗教活动场所登记办法》和《宗教活动场所年度检查办法》三个配套部门规章。各省（区、市）也都根据国家的有关法律法规，结合各地实际，制定了地方性行政法规。这个时期，宗教工作实现了从过去单一依靠政策管理，向依法管理和政策指导并行并重的管理方式的转变。

三是形成阶段（2004—现在）。随着依法治国方略的实施，党和政府对宗教问题的认识逐步深化。作为社会管理和公共服务的一部分，宗教事务逐步纳入法治轨道，更加法律化和规范化。2004 年，按照中央“通过制定社会政策和法规，依法管理和规范社会组织、社会事务”的统一部署，国务院颁布了《宗教事务条例》，依法管理宗教事务迈上了新台阶。这部条例按照依法治国、依法行政的要求，把党对宗教的方针政策具体化为行政法规，为依法管理宗教事务提供了较为全面的法律依据。[②] 此后，国务院有关部门制定颁布了《宗教活动场所设立审批和登记办法》《宗教教职人员备案办法》《宗教活动场所主要教职任职备案办法》《藏传佛教活佛转世管理办法》《宗教活动场所财务监督管理办法（暂行）》等一系列部门规章，各地也都陆续修订本地已颁布的相关行政法规、规章[③]，有关宗教事务管理的法律框架体系已构建起来，各级政府宗教事务部门依法决策、依法管理和依法行政的能力不断增强，宗教事务行政公职人员的法制观念和执法水平逐步提高，依法管理宗教工作的局面基本形成。回顾改革开放以来依法管理宗教事务的历程，与世界其他国家的宗教立法相比较，可以得出以下四点经验：一是始终坚持将党的宗教政策上升为法律法规；二是始终坚持立足我国国情完善法律法规；三是始终坚持与教规教义相结合管理宗教事务；四是始终坚持综合运用各领域法律法规共同管理。认真总结这些经验，科学把握依法管理宗教事务规律，对于做好新世纪新阶段的宗教工作具有十分重要的意义。[④]

（二）当前我国的宗教法制建设成就

经过多年的努力，我国在宗教法制建设方面取得了显著成就，初步形成了较为完备的宗教法律体系，确立了基本的宗教法律制度，实现了对宗教事务的依法管理有法可依。

1. 已经建成的宗教法律体系

目前，我国的宗教法律体系是由国务院的行政法规、国家宗教事务局的部门规章及规范性文件和地方性法规及政府规章等几个方面构建起来的。

由国务院颁布的宗教方面的国家行政法规有两个：一是于 1994 年颁布的《中华人民共和国境内外国人宗教活动管理规定》，二是 2004 年颁布的《宗教事务条例》。[⑤] 1994 年

---

① 中共中央文献研究室综合研究组、国务院宗教事务局政策法规司编：《新时期宗教工作文献选编》，宗教文化出版社 1995 年版，第 217 页。

② 帅峰、李建主编：《宗教事务条例释义》，宗教文化出版社 2005 年版。

③ 国家宗教事务局政策法规司编：《宗教法规规章制度汇编》，宗教文化出版社 2010 年版。

④ 刘金光：《世界各国对宗教的立法及实践》，《宗教与世界》2011 年第 10 期。

⑤ 国家宗教事务局政策法规司编：《宗教法规规章制度汇编》，宗教文化出版社 2010 年版，第 2—15 页。

由国务院颁布的《宗教活动场所管理条例》，由于其主要内容已经列入《宗教事务条例》，因此这部新单项行政法规中止执行。

根据上述国务院颁布的两部上位行政法规，近年来，国家宗教事务局加大了立法力度，陆续制定颁布了11个部门规章，它们是《中华人民共和国境内外国人宗教活动管理规定实施细则》《宗教活动场所设立审批和登记办法》《宗教活动场所财务监督管理办法》《宗教教职人员备案办法》《宗教活动场所主要教职任职备案办法》《藏传佛教活佛转世管理办法》《宗教院校设立办法》《宗教院校聘用外籍专业人员办法》《藏传佛教寺庙管理办法》[①]《宗教院校教师资格认定和职称评审聘任办法（试行）》《宗教院校学位授予办法（试行）》[②] 等。同时，在《宗教事务条例》颁布后，各省、自治区、直辖市和少数较大城市、自治州制定或修订了地方性法规和政府规章27部。[③]

上述这些行政法规和部门规章以及地方性的法规规章，涉及了宗教事务管理的主要方面，对宗教事务的管理提供了法律依据，为宗教事务管理法治化提供了坚实的基础。

2. 法律确立的基本的宗教法律制度

现行的宗教方面的法律法规和部门规章，确立了以下几个宗教法律制度。

（1）关于宗教团体的法律制度

宗教团体从作为爱国宗教组织的性质来看，是我国各宗教各自组成的由宗教教职人员和信教群众参加的爱国爱教的联合组织或教务组织，是党和政府争取、团结和教育宗教界人士和信教群众的桥梁。[④] 从现代社会管理的角度来看，是非营利性社会组织。[⑤] 对宗教团体的管理，形成了以下法律制度。

第一，登记管理制度。目前，我国社会团体统一由民政部门登记，由登记管理机关和业务主管单位双重负责管理，并按照社会团体活动地域分级登记管理。[⑥] 宗教团体也是如此，即“归口登记，双重负责，分级管理”。基本程序如下：一是要经业务主管部门审查同意；二是要向登记管理机关申请筹备成立；三是要向登记管理机关申请登记。[⑦]

第二，年度检查制度。按照《社会团体登记管理条例》规定，政府对社会团体实行年度检查制度，即业务主管单位和登记管理机关对已登记的社会团体执行法律、法规、政策的情况，按照法定的内容和程序进行监督检查，以确认社会团体是否具有进行开展活动的资格的行政执法行为。宗教团体也要接受同样的年度检查制度。

（2）关于宗教活动场所的法律制度

宗教活动场所，是指经依法登记、拥有崇拜设施、组织信教群众开展集体宗教活动、为信教群众信仰生活提供服务的寺院、道观、清真寺、教堂及其他固定宗教活动处所，属于非营利性社会组织。[⑧] 对宗教活动场所管理的法律制度有如下两方面。

---

① 国家宗教事务局政策法规司编：《宗教政策法规文件选编》，宗教文化出版社2012年版。

② 国家宗教事务局网站，http：//www. sara. gov. en/zefg/bmgz/17897. htm。

③ 中共中央文献研究室综合研究组、国务院宗教事务局政策法规司编：《新时期宗教工作文献选编》，宗教文化出版社1995年版，第80—335页。

④ 国家宗教事务局政策法规司编：《宗教政策法规文件选编》，宗教文化出版社2012年版，第21页。

⑤ 帅峰、李建主编：《宗教事务条例释义》，宗教文化出版社2005年版，第39页。

⑥ 同上书，第65、248页。

⑦ 同上书，第65页。

⑧ 同上书，第75页。

第一，设立审批和登记。需要两道程序，即必须先提出设立申请，经批准后方可进行筹备工作，筹备工作完成后，还须向所在地的县级人民政府宗教事务部门申请登记，经登记后即取得合法地位，可以开展宗教活动。①

第二，管理制度。一是宗教活动场所的自我管理：实行民主管理；建立健全规章制度。二是政府有关部门的监督检查：政府宗教事务部门依法履行管理职责；政府有关部门的监督检查。②

（3）关于宗教院校的法律制度

我国实行宗教与教育相分离的原则，但法律保护宗教界内部通过设立宗教院校来实施宗教教育。③ 宗教院校是指宗教团体举办的培养宗教教职人员和其他宗教专门人才的全日制院校。对宗教院校的管理主要依靠以下法律制度。

第一，举办主体。全国性宗教团体或省、自治区、直辖市宗教团体是宗教院校的举办主体，其他组织或个人不得设立宗教院校。④

第二，宗教院校的设立审批。宗教院校的设立审批权限在国家宗教事务局，省、自治区、直辖市人民政府宗教事务部门对本省、自治区、直辖市宗教团体申请设立宗教院校有初审权。⑤

第三，管理体制。国家宗教事务局是宗教院校的行政主管部门，依据有关法律、法规、规章和政策对宗教院校进行监督、检查、指导。各全国性宗教团体建立教育委员会，科学规划宗教院校教育体系，审查、统编宗教专业课教材，指导教师资格认定和职称聘任、学生学位授予、课程设置等工作。

（4）关于宗教教职人员管理的法律制度

宗教教职人员是指各宗教专门从事教务活动的人员。宗教教职人员的范围，由各宗教全国性宗教团体依本宗教的教义教规并结合实际情况确定。⑥ 对教职人员的管理有如下法律制度。

第一，认定和备案。一是认定，宗教团体是认定的主体。各全国性宗教团体依照《宗教事务条例》等法规规章和本宗教的教义、教规及传统，制定了本宗教的教职人员认定办法，宗教团体根据本宗教的认定办法开展认定工作。⑦ 二是备案，政府宗教事务部门是备案的主体。宗教团体对宗教教职人员的认定完成后，必须报相应的人民政府宗教事务部门备案。⑧

第二，有下列情形之一的，不予备案：一是未按照本宗教的宗教教职人员认定办法认定的；二是提供的备案材料不属实的。

第三，监督管理。宗教教职人员认定备案后，受以下四方面的监督：宗教活动场所管理组织、有关宗教团体、宗教工作部门、当地信教群众。

---

① 帅峰、李建主编：《宗教事务条例释义》，宗教文化出版社 2005 年版，第 77—79、83 页。

② 同上书，第 87—92 页。

③ 同上书，第 57 页。

④ 同上书，第 59 页。

⑤ 同上。

⑥ 国家宗教事务局政策法规司编：《宗教团体教规制度汇编》，宗教文化出版社 2012 年版。

⑦ 同上。

⑧ 同上书，第 83—84 页。

(5) 对宗教财产管理的法律制度

为了切实保障宗教团体、宗教活动场所的财产权益，《宗教事务条例》及相关宗教法规明确规定宗教财务受法律保护。同时还做了如下三方面的规定。

第一，宗教财产管理应当执行国家的财务、会计制度。按照《社会团体登记管理条例》规定，宗教团体作为社会团体，必须执行国家规定的财务管理制度。根据财政部的要求，社会团体执行事业单位财务管理制度。根据财政部制定，宗教活动场所属于民间非营利性组织，必须执行《民间非营利组织会计制度》，同时，宗教活动场所的财务要按照《宗教活动场所财务监督管理办法（试行）》进行管理。

第二，财务收支情况接受监督。宗教团体、宗教活动场所的财务收支情况和接受、使用捐赠情况，既要向当地县级以上人民政府宗教事务部门报告，又要以适当方式向信教群众公开。

第三，依法纳税和依法享受减免税优惠。宗教团体、宗教活动场所必须执行国家规定的税收管理制度，依法纳税。同时，按照我国税法规定，宗教活动场所用于举行宗教活动的房屋及其附属的宗教教职人员生活用房，免征房产税、城镇土地使用税，宗教活动场所举办文化、宗教活动销售门票的收入免征营业税，等等。

政府宗教事务部门要依法履行指导和监督管理职责。履行职责时要严格遵守有关法律、法规。同时明确要求政府宗教事务部门在依法管理的过程当中：一是不得侵占、哄抢、私分、损毁或者非法查封、扣押、冻结、没收、处分宗教活动场所的合法财产；二是不得以任何方式授意、指使、强令宗教活动场所会计人员伪造、变造、销毁会计凭证、会计账簿和其他会计资料，提供虚假财务会计报告。否则，要依法给予行政处罚，构成犯罪的，法追究刑事责任。①

(6) 关于重大事项的许可制度

第一，大型宗教活动管理制度。大型宗教活动是指跨省、自治区、直辖市举行的超过宗教活动场所容纳规模，或者在宗教活动场所外举行的大型集体宗教活动。举办主体是宗教团体、寺观教堂，其他任何组织和个人不得举办大型宗教活动。举办大型宗教活动，需要事先向活动举办地的省、自治区、直辖市人民政府宗教事务部门提出申请，获得批准后方可举办，同时相关部门要落实责任，确保大型宗教活动安全有序进行。②

第二，大型露天宗教造像管理制度。有两方面的规范要求：一是明确修建主体，即除宗教团体和寺观教堂可以提出修建大型露天宗教造像的申请外，其他任何单位和个人都无权提出申请。二是确定审批权限，即修建大型露天宗教造像的申请由省级人民政府宗教事务部门审核同意后报国家宗教事务局审批。③

第三，宗教出版物管理制度。一是涉及宗教内容的公开出版物，属于重大选题，公开出版时应当经由所在地省、自治区、直辖市人民政府出版行政部门审核后，报国务院出版行政部门备案，未经备案不得出版。二是宗教团体、寺观教堂按照国家有关规定可以编印宗教内部资料性出版物。但在印刷或复制宗教内部资料性出版物时必须到省、自治区、直辖市人民政府出版行政部门办理准印证或复制委托书，在办理准印证前，事先要报省、自

① 国家宗教事务局政策法规司编：《宗教法规规章制度汇编》，宗教文化出版社2010年版，第39—45页。

② 国家宗教事务局政策法规司编：《宗教政策法规读本》，宗教文化出版社2012年版，第82—84页。

③ 同上书，第85—86页。

治区、直辖市人民政府宗教事务部门审批。①

（7）关于宗教涉外事务的法律制度

政府鼓励和支持宗教界在平等友好、相互尊重的原则上开展对外交流，但需要遵守相关的法律规定。

第一，宗教院校的涉外事务规定。一是宗教留学人员的选派和接收由全国性宗教团体负责。二是选派和接收宗教留学人员按国家有关规定办理。三是宗教院校聘用外籍专业人员资格需要报国家宗教事务局审批并得到国家外专局的认可。②

第二，邀请国外宗教团组来访及组织我国内宗教团组出访的有关规定。外国人在中国境内进行宗教活动需遵守中国的法律法规。③

第三，非宗教交往不得附加宗教条件。④

三 依法管理宗教事务的内涵和要求

宗教事务管理法治化，必须深刻认识和准确把握依法管理宗教事务的内涵和相关要求，否则就会出现管理界限不清、胡乱管理、越俎代庖、管理不到位等问题。

（一）依法管理宗教事务的内涵

宗教是由宗教意识、宗教制度、宗教礼仪、宗教活动、宗教设施等多种要素组成的复杂体系。宗教不仅是一种思想意识、一种观念形态，还是一种社会现象、一种社会实体，是社会的组成部分，对社会有着广泛的影响。宗教实体必然与其他社会实体或社会整体之间发生关系，宗教活动对社会公共利益、对国家利益都有着密切关系。宗教活动是在现行社会秩序内开展的，就必须受现行社会秩序的约束和规范。宗教事务是社会事务的一个重要组成部分。因此，政府依法对宗教事务进行管理，是依法对社会事务进行管理的一个重要组成部分，是履行正常的职责。⑤

1. 依法管理宗教事务的基本概念

依法管理宗教事务，是指政府根据宪法和有关法律、法规及规范性文件，对宗教方面涉及国家利益、社会公共利益的关系和行为，以及社会公共活动涉及宗教界权益的关系和行为进行的行政管理。

2. 依法管理宗教事务的含义解析

第一，政府对宗教事务的管理必须依据宪法和有关法律、法规及规范性文件进行。⑥要求宗教必须在法律、法规和政策的范围内活动，也要求政府宗教事务部门必须依法行政和依法管理。政府宗教事务部门依法办事，是权责统一的，既有权也有责，既不能失责，又不能越权。政府部门依法行政的目的，是为了维护公民的合法权益，这其中也必然包括

① 国家宗教事务局政策法规司编：《宗教政策法规读本》，宗教文化出版社2012年版，第80—81页。

② 同上书，第97—98页。

③ 同上书，第103—104页。

④ 同上书，第96—97页。

⑤ 王作安：《中国的宗教问题和宗教政策》，宗教文化出版社2010年4月第二版，第132页。

⑥ 同上书，第133页。

信教的和不信教公民的合法权益。

第二，依法对宗教事务进行管理是政府对有关宗教的法律、法规和政策的贯彻实施进行行政管理和监督。[①] 不能把对宗教事务的管理同实行宗教信仰自由政策对立起来。政府对宗教事务的管理，首先是要依法保护宗教团体和宗教活动场所的合法权益，保护宗教教职人员履行正常的教务活动，保护信教群众正常的宗教活动。对正当的宗教信仰、正常的宗教活动和宗教界的合法权益进行干涉或侵犯的行为，是法律、法规和政策所不允许的，这些行为一旦发生应当予以及时纠正，触犯刑律的，要依法处理。同时，也要通过依法管理，实现宗教活动的规范化，妥善处理宗教方面的人民内部矛盾，坚决制止敌对势力和不法分子打着宗教旗号进行违法犯罪活动，抵御境外势力利用宗教进行渗透。

第三，对宗教事务进行管理，是为了使宗教活动纳入法律、法规和政策的范围，不是去干预宗教团体的内部事务。实现宗教活动的正常化，符合国家和社会的利益，也符合各宗教的利益。要实现宗教活动正常化，除加强政府对宗教事务的依法管理，还要依靠各爱国宗教团体发挥积极作用，自主地处理好自己的事情，加强自我教育和自我管理。没有这两个方面的结合，依法管理就达不到预期的目的。因此，对宗教事务进行管理本身就要求支持和鼓励宗教团体办好自己的内部事务，而不是去包办或干预。[②] 当然，宗教团体的自主管理，也不能超越国家法律法规，违反现行政策规定，政府对此负有依法监督责任。如果进行的宗教活动妨碍了正常的社会秩序，损害了其他公民权益，导致公民生命损害、财产损失，政府就要依据有关法律进行干涉和处理。

（二）政府部门要努力提高依法管理宗教事务的水平

1. 要提高法律意识、增强法制观念。随着宗教工作逐步走上法治化轨道，法律意识就成为宗教工作干部一项不可缺少的素质。宗教工作干部要增强学习法律法规的自觉性，积极主动参加法律知识培训活动，在工作中学会并善于运用法律法规去分析、处理宗教问题。近期的重点就是要学习和贯彻落实好国家宗教事务局制定的《全国宗教工作系统法制宣传教育第六个五年规划》[③]，着力提高宗教工作干部的法律意识和法律素质，切实增强宗教工作的法制观念。

2. 要不断改变观念、切实改善管理。在依照法律加强管理的同时，宗教工作还需要增强群众观点和服务意识，做好信教群众的工作是宗教工作的根本任务。[④] 宗教工作干部要乐于和善于做群众工作。

要用公仆的赤诚，满腔热情地为广大宗教界人士和信教群众服务，维护他们的合法权益。在实施依法管理的过程中，既要坚持原则、依法行政，又要注意方法策略、教育引导，并寓教育引导于依法管理之中。只有改善管理，才能切实加强管理。宗教界也会欢迎

---

① 中共中央文献研究室综合研究组、国务院宗教事务局政策法规司编：《新时期宗教工作文献选编》，宗教文化出版社 1995 年版，第 216 页。

② 王作安：《中国的宗教问题和宗教政策》，宗教文化出版社 2010 年第二版，第 134 页。

③ 《全国宗教工作系统法制宣传教育第六个五年规划》，载国家宗教事务局政策法规司编《宗教政策法规文件选编》，宗教文化出版社 2012 年版，第 394—400 页。

④ 《胡锦涛在政治局第二次集体学习时强调：全面贯彻党的宗教工作基本方针》，2007 年 12 月 20 日，http：//politics. people. eom. en/GB/1024/6675949. html。

这种管理。[①]

3. 要坚持依法行政、严守权限程序。[②] 在依法管理宗教事务的过程中，各级政府宗教事务部门处于主导地位，扮演着重要角色。政府宗教事务部门在行使管理权力时，必须以法律为准绳，必须在法律授予的职权范围内行使职权，必须依据法律规定的要求和程序管理宗教事务，既不越权，也不失职。

（三）宗教界人士和广大信教群众要知法懂法守法

宗教团体负责人及工作人员、宗教教职人员、宗教活动场所管理组织成员、宗教院校教师和学生以及广大信教群众要树立法律至上、国法大于教法的观念，自觉地学习国家相关的法律知识，学习宗教事务方面的法律法规和部门规章，自觉做到知法、懂法、守法，提高维护法律尊严的自觉性，增强在宪法、法律、法规和规章范围内开展活动的意识，自觉接受政府宗教事务部门的依法管理和监督，抵制各种非法的宗教活动。同时也要学会依法表达自己的利益诉求，依法解决各种矛盾和纠纷，学会运用法律手段维护自身的合法权益。[③]

四　宗教事务管理法治化面临的挑战

随着国内外形势的不断变化，宗教方面出现许多新情况、新问题，使宗教事务管理法治化面临着许多挑战。

（一）国际因素造成的挑战

一是全球化，造成政治多极，文化多元。一方面国界虚化，国际交流频繁，另一方面各种思潮碰撞，矛盾冲突增多。整个世界显示出依存与分裂、统一与多样并存的局势。[④]

二是宗教极端主义，使宗教民族身份凸显，宗教的民族性、文化性和民族的宗教性、文化性增强，民族主义更高尚、更具道德感和感召力，宗教成为文化的核心标识，民族宗教身份认同冲击或替代传统的阶级、政党认同。[⑤]

三是互联网，导致社会碎片化与网络一体化，也造成一些无形与有形群体性事件的发生。言论自由与羊群效应，导致国家权威衰减与社会权威上升。[⑥]

这些形势的变化与发展，一方面改变了宗教和文化传播方式，另一方面加强了宗教的民族性和文化性，同时加强了宗教的国际性，对推进宗教事务管理法治化进程造成挑战。

（二）国内因素造成的挑战

一是随着改革开放的不断深化，社会急剧转型，结构持续开放，活力不断增强，造成

① 叶小文：《宗教七日谈》，宗教文化出版社、中共中央党校出版社 2007 年版，第 88—89 页。

② 宋大涵主编：《依法行政辅导读本》，中国法制出版社 2011 年版，第 69—84 页。

③ 国家宗教事务局政策法规司编：《宗教政策法规读本》，宗教文化出版社 2012 年版，第 13 页。

④ 卓新平：《“全球化”的宗教与当代中国》，社会科学文献出版社 2008 年版。

⑤ 金宜久：《当代宗教与极端主义》，中国社会科学出版社 2008 年版。

⑥ 刘金光：《国际互联网与宗教渗透》，《中国宗教》2003 年第 3 期，第 27—29 页。

一些制度断裂失效。

二是思想多元化趋势加快，道德失范、信仰缺失的情况日益凸显。

三是利益格局调整，城乡差别与贫富差距拉大，造成社会矛盾增多。[①]

这些情况的变化与演化，一方面为宗教发展扩展了空间，另一方面导致社会控制力减弱，管理宗教事务难度加大，同时也使宗教方面的矛盾触点增多，复杂性加大。

（三）宗教工作本身造成的挑战

一是宗教界自身还存在着宗教思想陈旧、制度建设不足、人员素质不高，导致爱国宗教团体发挥作用不够等问题，宗教界自身建设亟待加强。[②]

二是宗教自身情况的发展变化挑战我们的应对能力。比如，宗教发展呈较快趋势、信徒结构发生变化；境外势力利用宗教对我国渗透呈加剧趋势；“三股势力”等境内外敌对势力利用宗教破坏民族团结、危害国家安全的事件时有发生；宗教方面的非法违法活动屡禁不止，等等。[③]

三是宗教工作力量薄弱，特别是在基层，党政领导重视不够。宗教工作执法主体削弱，宗教工作机构、编制、经费严重不足，无法应对日趋复杂、任务繁重的管理工作。[④]

同时也必须看到，已经制定出台的宗教法律法规和部门规章也存在一些不足和缺陷，比如针对性和可操作性不强，解决和处理问题的措施效力不够等，也影响到宗教事务管理法治化的进程。

五　展望：如何进一步提高宗教事务管理的法治化水平

在看到宗教事务管理法治化取得成就的同时，必须面对存在的问题和挑战，思考对策，才能进一步提高宗教事务管理的法治化水平。

（一）必须坚持依法管理与积极引导并重

一是要加强宗教思想建设。宗教界要自觉主动开展宗教思想建设，比如基督教的神学思想建设、天主教的民主办教和本地化探索、伊斯兰的解经以及佛道教的讲经说法活动。政府部门对此要给予重视、推动和支持。

二是支持宗教界服务社会人群。通过开展公益慈善事业，是宗教界融入社会、顺应时代呼唤的必由之路。政府部门要解放思想，真心实意地采取措施，鼓励和支持宗教界广泛开展公益慈善事业。[⑤]

三是引导和推动宗教界加强自身建设。要把和谐寺观教堂的创建活动打造成引导和推动宗教界加强自身建设的一个重要平台，通过开展创建活动，引导和推动宗教界进一步加

---

① 卓新平：《“全球化”的宗教与当代中国》，社会科学文献出版社 2008 年版，第 257—278 页。

② 张全录：《对加强宗教团体自身建设的几点思考》，《中国宗教》2012 年第 10 期。

③ 王作安：《中国的宗教问题和宗教政策》，宗教文化出版社 2010 年版，第 434—435 页。

④ 同上书，第 422—423 页。

⑤ 国家宗教事务局、中共中央统战部、国家发展和改革委员会、民政部、财政部、国家税务总局：《关于鼓励和规范宗教界从事公益慈善活动的意见》（国宗发［2012］6 号），载国家宗教事务局政策法规司编《宗教政策法规文件选编》，宗教文化出版社 2012 年版，第 355—360 页。

强制度建设、组织建设和道风建设；通过开展创建活动，着力于人才培养，进一步提高宗教教职人员队伍的素质。①

四是继续加强和创新对宗教事务的管理。一方面要健全法制，加强宣传，深化培训，加大执法力度，树立法律权威，使所有涉及国家利益和社会公共利益的宗教事务都置于法律的规范下。另一方面要重视源头设计，要在制度设计的源头上，在体制机制的创新上下功夫，加强和创新对宗教事务的管理。

（二）必须坚持政府管理与宗教自治并重

一是要发挥政府行政功能与宗教自治功能并行并重。一方面要切实加强基层宗教工作行政执法主体建设，没有健全的基层行政执法主体，再好的法律法规也无法落到实处。二是要发挥宗教团体的自律与协同作用，推动落实宗教团体的规章制度。

二是挖掘和利用政府行政资源与社会资源共用。要推动对宗教事务的社会化管理，充分利用社会上各有关方面的资源，对宗教事务进行综合管理。要打开寺观教堂和宗教工作的围墙，让宗教在党政相关部门的监管和社会的监督下健康发展。

三是推动宗教事务管理方式多元化。管理的主体要从一元变多元，管理的方式要从线性变互动，同时要注意刚柔相济，疏堵结合。要善于寓管理于教育之中，通过做细致的思想工作解决管理中的难题。

（三）坚持社会管理与提供公共服务并重

宗教组织属于一类社会组织，宗教活动场所属于满足信教群众信仰需要的公共设施，政府相关部门应该改变以往重监管轻保护、重管理轻服务的做法，在通电、通水、通路、消防等方面提供必要的公共服务。宗教教职人员是社会的一个群体，应该纳入社会保障体系中，为他们提供社会保障。要树立寓监管于保护、融管理于服务的意识。要通过这样的管理与服务，使宗教界与党和政府以及社会各个方面共担社会责任、共享发展成果。

（原载《世界宗教文化》2013 年第 1 期）

---

① 《中国宗教界关于建设“和谐宗教、和谐寺观教堂倡议书”》，《中国宗教》2007 年第 2 期。

对宗教组织之信任的探索性研究：以上海数据为例

李　峰*

一　研究背景与问题的提出

改革开放以来，随着社会发展和宗教政策的落实，中国宗教呈现良性发展的趋势。已公布的权威数据显示，在1993年，中国有8个全国性宗教团体和2000多个地方性宗教团体；共有宗教活动场所7万处，宗教教职人员20多万人，参加宗教活动的信教人数3000多万[①]。到2012年，中国各种宗教信徒达1亿多人，宗教活动场所13.9万余处，宗教教职人员约36万余人，宗教团体5500多个。[②] 根据上海民族宗教委员会2012年公布的数据，上海信教群众约108.83万人，已正式开放宗教场所413所[③]。

宗教的快速发展使中国学界的关注日甚，宗教社会学研究也开始增多（卢云峰，2008；高师宁，2011）。而伴随着社会快速的转型，中国社会也正面临越来越严重的信任危机（冯仕政，2004；邱建新，2005；郑也夫，2006），信任问题成为当前中国社会学研究的一个热点议题。在此背景下，宗教信仰与信任的关系也成为其中的重要话题之一，可从两个层面展开讨论：一是将宗教信仰作为自变量，探讨其对社会信任的影响；二是将宗教视为因变量，探讨民众对其的信任或接受程度。对于前者，已有学者基于费孝通先生的“差序格局”模式，就宗教信仰之于人际信任或社会信任的影响进行了实证研究（王佳、司徒剑萍，2010；阮荣平、王兵，2011）。对后者的研究却还鲜有涉猎。

在国外，相关的探讨也多集中于宗教信仰对信任的影响。不过，近年来已有学者开始关注宗教组织信任问题。这些研究大体可分为两类：一是普通社会学在机构信任研究中顺带的简单频数描述（Newton and Norris，2000）；二是宗教社会学领域中对宗教组织信任的专题性研究。

---

* 李峰，华东政法大学社会发展学院副教授。

① 参见《中国宗教概况》，引自中国中央人民政府网（http：//www.gov.cn/test/2005 - 05/24/content_546.htm），2005年5月24日。

② 参见《中国宗教状况》，引自国家宗教事务局网站（http：//www.sara.gov.cn/zwgk/17839.htm），2012年11月21日。

③ 参见《上海宗教简介》，引自上海宗教和民族事务网（http：//www.shmzw.gov.cn/gb/mzw/shzj/index.html），2012年5月24日。

总体来看，欧美地区对宗教组织信任的专题研究源自世俗化命题的争论。与古典社会学有着直接渊源的世俗化论长期支配着西方宗教社会学的研究，其基本观点是：在现代化的进程中，随着社会的分化、多元化和理性化，宗教对社会的影响日趋衰退（贝格尔，1991；Wilson，1982，1985；Bryan，1985；Dobbelaere，1985；Greely，1989；Bruce，1995），而这主要表现为宗教信仰人数和宗教实践的逐渐下降。但到20世纪七八十年代，整个宗教社会学界围绕世俗化是否发生展开了激烈的论争（Tschannen，1994）。在现实和理论的双重压力下，“世俗化”论也出现转型，发展出各种版本的“新世俗化”论。代表之一查维斯（Chaves，1994）认为，世俗化并不意味着个体宗教性的衰退，而是宗教权威在社会中的衰落。为此，“新世俗化”论应承认宗教性表达的多样化，放弃之前通过对宗教实践和信仰等测量来论证宗教影响衰退的思路，改而关注宗教机构权威的变化。在这种理论关照下，欧美学者发展出对宗教领袖和组织的研究（Kleiman，Ramsey and Palazzo，1996；Hoffman，1998；Chales，2010）。另外，在欧美学界的启发下，有学者在“世俗化”议题之外对韩国（Kim et al.，2010）和伊斯兰世界（Hassan and Azadarmaki，2003）的宗教领袖和组织信任问题进行了探讨。

与西方学界争论宗教是否由盛转衰不同，中国当前的宗教处于快速发展的阶段，为此，我们的问题意识应当是探讨民众对此的态度，宗教组织信任研究是一个理想的视角。因为机构信任在一定程度上是其社会合法性的反映，宗教组织信任亦然。对此，近年来，特别是自“少林寺风波”、“李一事件”后，舆论界一度热衷于宗教的公众形象的讨论。[①] 但学术界却缺乏足够的敏感，少有的关注也集中于“应然”分析（卓新平，2001）。

同时，宗教组织信任作为机构信任的一个组成部分，我们的研究也应顾及一般社会学对机构信任的分析框架，但此方面相关的先行研究基本都在探讨不同亚群体对宗教组织之信任的差异，缺乏与普通社会学相关议题的对话。一般社会学关于机构信任主要有着文化论（culture-based）和绩效论（performance-based）两种不同的研究取向（Mishler and Rose，2001）。

“文化论”的理论假设强调机构信任的外生性。它认为，对机构的信任源自制度领域之外，是根植于社会中的一种信仰，机构信任只不过是人际信任的延伸。该理论也有宏观和微观两种视角，微观视角强调个体早期的社会化经历。按照埃里克森的社会化理论，0—1岁的婴儿期是人形成信任的关键，一旦形成稳定的信任，它就成为个体人格的一部分，因而这个阶段社会化的成功与否会使得一部分人更信任他人，另一部分难以信任他人[②]。因此，微观视角认为人际信任是机构信任的源泉（Eckstein，1966；Eckstein et al.，1998）。宏观视角强调民族文化传统，其先驱者包括托克维尔、穆勒和韦伯等，后来者有阿尔蒙德与维巴（2008）、帕特南（2001）和福山（1998）等人。他们认为社会中的某种文化传统和生活经历，尤其是志愿精神和志愿行动对信任有积极的影响。

“绩效论”的理论假设强调机构信任的内生性。它以理性为基础，认为制度信任是民

---

① 李利安：《当代中国宗教公众形象的构成要素及其相互关系》，引自人民网（http://sn.people.com.cn/GB/190202/190257/200245/12467545.html），2010年8月17日。

② 也有的学者倾向于将此微观视角单列为信任研究的心理学取向（Newton and Norris，2000）。

众对政治运行满意度评估，即制度运作的结果。这也分宏观和微观两种：宏观视角强调制度在促进增长、政府效率、避免腐败等方面的表现；微观视角则重视制度执行评价过程中个体偏好与经历的影响（Mishiler and Rose，2001）。

一方面为弥补现有宗教组织信任研究的不足，另一方面也出于对普通社会学中机构信任研究的回应，本文试图围绕三个问题进行讨论：（1）了解民众对宗教组织信任的现状；（2）具体分析影响宗教组织信任的诸因素；（3）尝试与现有的相关理论和论题进行对话。

二　分析框架和研究假设

基于以上分析，本研究从五个层面对宗教组织信任进行探讨。

1. 宗教信仰层面

从心理依附的角度看，当个体对宗教产生认同时，他对宗教组织的信任度自然会增高。已有的研究也证明，信教者对宗教组织的信任度要比非信徒高（Kleiman et al.，1996；Hoffman，1998；Kim et al.，2010；Hassan and Azadarmaki，2003；Chales，2010）。但在中国，民众对宗教的态度显然有别于西方，而且无宗教信仰者也远远多于有宗教信仰者；同时，无论是传统中国，还是近现代中国，主流文化与宗教在大部分时候都保持或紧或松的张力。由此就形成本文的两个假设：

假设1：在所有机构信任中，民众对宗教组织的信任处于一个低位水平。

假设2：信徒对宗教组织的信任要高于非信徒。

本研究不仅要了解信教者与不信教者对宗教组织信任的差异，更希望了解不同宗教信仰者之间的不同。从理论上讲，在不同的宗教中，宗教组织有着不同的定位。佛教和道教作为楷模先知型宗教，其救赎方法强调的是个人的依法修行。如佛教强调对“佛、法、僧”三宝的皈依，但皈依的最终目的不是为了得到庇护，而是为了使自己成为三宝。对于普通信徒（如居士等）而言，他们只需皈依，而不一定要皈依该信仰群体所构成的佛教制度，由此形成的宗教组织只是一个“模范型教团……流行的还是自愿且随机性的组合”（韦伯，2011：79—80）。也就是说，佛教和道教的宗教组织更多是作为一群特殊信徒（出家人）信仰实践的特殊机构。但对于基督宗教而言，“教会是上帝在基督身上成为人这一事实的延伸，是带来拯救的奇迹在人类中之建制形式的延续”（特洛尔奇，2004：196），为此，对基督的信仰与对具有神性机构教会的信仰如同一体两面，即对基督教的信仰就几乎等同于教会信仰，也等同于信仰教会。

另外，西方学者的研究表明，神职人员丑闻对宗教组织信任有直接的负面影响（Smith，1992；Hoffman，1998）。从上述组织特征来看，由于佛教和道教组织是某些“楷模”性出家人的修行场所，僧与组织密切相连；而基督教教会是神性的场所，教职人员与教会并不如佛教和道教那样合一，为此，丑闻的发生对后者的影响更大，基督教对此则更容易解释为是神职人员，而非教会的问题。

综上所述，推论出本文的信仰归属与宗教组织信任假设：

假设3：制度宗教较无固定信仰者对宗教组织的信任要高。在制度宗教内，亚伯拉罕传统宗教信仰者对宗教组织的信任又要高于中国传统制度宗教的信仰者。①

2. 人口学因素层面

本文主要考虑性别、年龄和受教育程度对宗教组织信任的影响。从宗教心理学的角度看，虽然现在仍无定论，但大多数学者都认可男性和女性在宗教体验和行为方面的差异，女性的体验更具私人领域特征（洛文塔尔，2002：14）。那么性别是否会影响到对宗教组织的信任，现有的研究结果无一致的判断。有研究表明，女性比男性对宗教组织的信任度更高（Kleiman et al.，1996；Hoffman，1998；Kim，*et al.*，2010）。但也有研究认为无法证实这一点（Hassan and Azadarmaki，2003）。在对中国信徒的特征概括方面，“三多”（老人多、女性多、下层民众多）基本成为学界的定论。既然女性多，同时考虑到信教与不信教者对宗教组织信任的差异，故提出以下假设：

假设4：女性对宗教组织信任程度较男性高。

在年龄方面，霍夫曼（Hoffman，1998）的研究显示，与年长者相比，年轻人对宗教组织的信任程度低。还有研究表明，随着年龄的增长，人们的宗教参与和对宗教的好感也会逐步增长（Greeley，1989；Stolzenberg，*et al.*，1995）。就中国而言，考虑到年龄背后的时代背景，在“文革”以后，随着国家对宗教政策的落实和社会日趋多元化，此阶段出生的世代群对宗教组织的态度可能比其上辈更宽容。因此，本文的年龄假设可表述为：

假设5：“文革”之后出生的人要比之前出生者对宗教组织的信任度高。

在教育方面，霍夫曼（Hoffman，1998）、吉布姆（Kim，*et al.*，2010）和查尔斯（Chales，2010）分别对美国、韩国和亚美尼亚的研究都显示，个人的受教育程度与宗教组织信任呈负相关。一个通行的解释是现代教育是建立在科学主义之上。而在中国，无神论教育依然在教育内容中占主导地位。基于此，本文提出以下假设：

假设6：受教育程度与对宗教组织的信任呈负相关。

3. 个体的社会经济地位

包括阶层地位和政治面貌等方面。不同的阶层有着不同的“品位”（Bourdieu，1984）。韦伯对阶层地位与宗教选择及宗教性的关系进行了开创性的研究（韦伯，2011），而尼布尔（Niebuhr，1929）对教派的社会学研究则催生出美国宗教社会学关于“宗教分层”（Pyle，2006）的论题。此后的讨论主要集中在两方面：不同阶层对基督教内部不同教派的选择（Stark and Bainbridge，1985；Roof and Mc-Kinney，1987）和同一信仰内不同阶层的宗教行为差异（Fukuyama，1961；Cohen，1983）。学界对阶层地位与宗教组织信任的关系分析较少。在有限的研究中，纽顿等（Newton and Norris，2000）的分析结果表明，中产阶层对包括宗教组织在内的机构信任最高。也有学者从收入分层的角度进行了探究，但数据皆不显著（Hoffman，1998；Chales，2010；Kim，*et al.*，2010）。

随着中国社会的快速转型，何蓉等（2010）的研究发现，当代中国人的宗教信仰的确出现了分层现象。但他们的研究是在宗教组织不在场的前提下，仅是就诸如因果

---

① 由于基督教、天主教和伊斯兰教都源自犹太圣经，而在犹太圣经中，亚伯拉罕是第一个与上帝进行对话的人，为此，这三种宗教又常被统称为亚伯拉罕宗教。中国传统宗教可分为制度宗教（佛教与道教）和分散性宗教（如民间宗教等）（杨庆堃，2007）。

报应等信仰内容的讨论。若延续受教育程度与宗教组织信任假设的逻辑，由于中国当前中间阶层的构成主体是科教文卫等人员，其文化资本最高（陆学艺，2002）。因此作以下假设：

假设7：与其他阶层相比，中间阶层对宗教组织的信任最低。

从政治面貌来看，由于中国共产党"坚持以马克思主义作为自己的行动指南，党的全部理论、思想和行动都是建立在辩证唯物主义世界观基础之上的……由此，也就决定了党员不能赞同唯心主义、不能信仰宗教成为中国共产党一项基本的思想和组织原则"（朱维群，2011）。共青团作为共产党领导下的青年社会组织，其章程也有类似的要求。基于此，本文提出以下假设：

假设8：中国共产党党员和共青团员较非党团员对宗教组织的信任程度要更低。

4. 宗教组织信任与社会资本的关系

这主要是基于对机构信任研究中文化论的回应①。"文化论"的逻辑实质是一种"文化和社会结构论"（房莉杰，2009：134）或"社会资本论"（胡荣、胡康、温莹莹，2001：97—99）。如福山（1998）和帕特南（2001）指出，文化传统中"亲社会"倾向会直接影响着人们的人际信任，并进而影响到社会信任乃至系统信任。部分实证研究也表明，人际信任度高和社会参与活跃的人对政治方面的信任度也高（阿尔蒙德、维巴，2001；Rothstein，2003；Schyns and Koop，2010）。而按照帕特南对社会资本的界定，社会信任与组织参与是其测量的两个关键指标（胡荣等，2011）。因此提出下面假设：

假设9：社会信任和社会参与有助于提高宗教组织信任。

5. 宗教组织信任与其他世俗机构信任的关系

西方学界对宗教信任的讨论是置于世俗化命题下进行，"世俗化论"假设宗教权威下降是由于它由原来独享权威变成要与其他世俗机构分享权威，也就是说，两者存在此起彼伏的关系（Sonmmerville，1998：249—253）。但汉森（Hassan and Azadarmaki，2003）的研究发现，在埃及、印度尼西亚和巴勒斯坦，人们对宗教机构的信任与对国家机构的信任正相关，且都呈上升的趋势。

无论是宗教特征，还是政教关系，中国的情况都迥异于西方社会。结合已有的研究成果，笔者认为，在分化程度较低的社会中，由于不同系统之间的区隔不清，机构信任可能表现出更强的一致性。虽然处于转型阶段，但中国从本质上仍具有相当强的总体化社会色彩，主要表现为国家与社会合为一体，社会的组织类型和组织方式都按相同的模式建构和按统一的方式运作（孙立平，2004：5）。作为一种特殊的社会组织，对宗教组织的信任与对社会一般机构的信任都体现了中国当前社会的整体信任状况。虽然在"文革"前，官方的意识形态将宗教视为"四旧"之一，但政府在"文革"后，特别是中共中央1982年19号文件重新以实事求是的态度对待宗教，宗教不再被视为社会主义的异质力量，先后提出了"宗教与社会主义相适应"、"宗教和谐论"等纲领性的宗教政策方针。基于此，与西方经验不同，本文提出如下假设：

假设10：宗教组织信任与公共机构信任、其他社会机构信任相比表现出正向相关性。

---

① 由于问卷中未涉及宗教组织绩效方面的测量，故绩效论就不在本文的讨论之列。

三 数据、变量及分析方法

本研究所采用的数据源自华东政法大学社会发展学院于2011年在上海市进行的“上海市居民法律意识与行为调查”。该调查采取多段随机抽样的方法，以Kish表入户的方式进行，共获得有效问卷2300份。样本的性别比、年龄段比例与总体基本吻合①。

（一）因变量：宗教组织信任

本文的因变量“对宗教组织的信任”来自问卷中“您对下列组织机构的信任程度”，这些组织包括公共机构和社会机构两类。选项包括“非常不信任”、“不太信任”、“比较信任”、“非常信任”和“说不清”。在宗教组织信任中，由于两级的选择者比例过低，为此，我们将“非常不信任”和“不太信任”合并为“低信任”，将“比较信任”与“非常信任”合并为“高信任”，这样就形成“低信任”、“说不清”和“高信任”三个定类变量。

（二）自变量

如前所述，基于本文的问题意识，特别是汉语学界未有此类实证研究，为此，笔者不置控制变量或中介变量，而分为宗教归属、人口学因素、社会经济地位因素、社会信任、社会参与和其他机构信任等几类。

1. 宗教归属。问卷列举了“佛教”、“基督教”、“天主教”、“伊斯兰教”、“道教”、“没啥固定信仰，偶尔拜拜神”、“其他信仰”和“无神论”等选项。“其他信仰”无人选择；而基督教、天主教、伊斯兰教和道教的选择比例均小于5%。基于此，同时考虑到宗教自身的特征，我们将佛教和道教合并，称为中国传统宗教，基督教、天主教和伊斯兰教合并为亚伯拉罕传统宗教。这样就形成中国传统宗教，亚伯拉罕传统宗教，没固定信仰、偶尔拜拜神和无神论四个定类数据。

2. 人口学因素（包括性别、年龄与受教育程度等）。性别赋值为男性=1，女性=0。在年龄的处理上，基于本文的意图和年龄分布的特征，以1976年出生为基准进行年龄段划分，从而形成“18—35”、“36—53”和“54—69”三个定类数据。在受教育程度方面，由于有的选项低于5%，为避免统计估值误差，本研究将受教育程度合并为三个定类数据：初中及以下、高中/中专和高等教育（包括大专、本科和硕士以上）。

3. 社会经济地位变量。首先，阶层主要源自受访者的主观阶层认同。由于上层认同者太少，为此，笔者将中上层与上层合并，形成下层、中下层、中层和中上层及上层四个定序数据。其次，在政治面貌方面，将中国共产党党员和共青团员合并为“党、团员”，将民主党派和群体合并为“非党、团员”。

4. 社会信任变量。该变量的测量来自社会学常用的题目：“总体来说，您认为大多数

---

① 本调查的总体以第六次全国人口普查的上海数据为依据，对18—69岁的上海市常住人口进行调查。样本中男女的比例分别为50.6%和49.4%，总体的比例分别为51.5%和48.5%。上海市统计局公布的年龄段分布为15—29岁的人数占全部的35.9%，30—44岁占33.7%，45—59岁占30.3%，60岁以上为15.1%，样本的数据依次为30.0%、31.6%、28.3%和12.2%，考虑到本调查的年龄限定，样本基本能较好地反映总体的情况。

人是可以信任的，还是要和人相处越小心越好”。

5. 社会参与变量。这源自对受访者参与公共活动情况的因子分析，最后降为两个公共因子①，因子一包括“环保组织参与”、“慈善组织参与”、“专业或行业协会参与”、“文教活动参与”、“妇女团体参与”和“工会参与”，可称为“志愿型参与”；因子二有“所在小区组织的活动”、“单位组织的活动”，称为“组织型参与”。两者都为定距变量。

6. 其他机构信任。本文将表1中的机构（将宗教组织剔除）进行因子分析得出两个因子②：前一个因子包括政府、人大、政协、法院和检察院，为“公共机构信任因子”；“消费者协会”、“律师协会”、“报纸杂志”和“电视台”则构成另一因子，为“世俗社会机构信任因子”。

表1　　机构信任比例分布（%）（N=2300）

			非常不信任	不太信任	比较信任	非常信任	说不清
公共机构		中央政府	0.4	2.7	48.0	46.0	2.9
		全国高院	0.4	2.9	55.5	36.3	4.8
		全国高检	0.4	3.1	54.8	37.1	4.6
		全国人大	0.4	2.9	52.8	39.1	4.7
		全国政协	0.4	3.2	53.9	35.9	6.6
社会机构	世俗性	消费者协会	2.5	16.8	56.4	13.1	11.2
		律师协会	1.1	16.0	56.4	14.0	12.4
		报纸杂志	1.8	22.2	52.7	13.9	9.3
		电视台	0.9	17.2	60.9	12.3	8.5
	宗教性	宗教组织	12.0	24.5	28.8	5.6	29.2

为实现上述研究目的，本文分两步进行数据处理和说明：先对数据进行描述性分析，然后建构起一组嵌套模型进行多变量探讨。在对宗教组织信任有限的多变量研究中，学者多采用多元线性回归（Hoffman，1998；Hassan，*et al.*，2003；Chales，2010；Kim，*et al.*，2010），但根据本数据的特征，笔者选择多项分类 Logistic 回归。这主要是基于以下两方面的考虑。

首先涉及的是对选项中“说不清”的处理。在先行研究中，研究者对此常采取的方法主要有三种：一是视为缺损值而忽略，而采用这种方法的前提是此类数据在整个数据集中所占的比例不宜过高，同时，这种处理也必然会降低统计检验的效能。更重要的是，在本数据中，选择“说不清”的比例高达29.2%，所以这种方案显然不行。二是仍视为缺损值，并采用某种方法进行替换。同样，由于缺损值过多，而且缺损的原因难以确定，基

① 通过信度分析，其 Cronbach α 系数为0.878。分析时采用方差最大旋转（Varimax）法，KMO 值为0.924，约67.54%的总方差可由此两个潜在因子解释。

② 通过信度分析，其 Cronbach α 系数为0.861。该几项亦采用方差最大旋转（Varimax）法，KMO 值为0.818，约65.55%的总方差可由此两个潜在因子解释。

本忽略这些，替换后生成的“完全数据集”也非彼“完全数据集”，故此法也需谨慎使用。三是基于中国社会中的中庸原则，将“说不清”视为一种中间态度（Chen，Lee and Stevenson，1995；洪大用、卢春天，2011：161），这就形成了非常信任、比较信任、说不清、不太信任和非常不信任五个定序变量，并视作定距变量处理。但笔者认为，这种方法也要视情况而定，因为“信任”和“不信任”意味着先知道，然后判断。而在中国，对于宗教组织信任，选择“说不清”除了包含中间态度外，还存在着多种情况。如从调查反馈的情况来看，的确有些受访者不知道宗教组织指什么，而这在政府之类机构信任中几乎不存在。还有一种情况就是受访者有自己的意愿，但不愿表态。基于以上考虑，本文视之为是与信任或不信任平行的一种剩余态度项。

其次，即便是将“说不清”视为中间态度，形成一个态度序列，笔者认为这也不宜采用线性回归模型。其原因在于：第一，在对宗教组织信任的态度分布上，本数据呈非正态状态，不符合线性回归的基本要求；第二，根据谢宇的讨论，只有当定序变量中有五个以上的选项或级别，将其视为连续变量才不会产生太大的统计估计问题（Xie，1989）。

四 数据分析

（一）描述统计

为更全面了解民众的宗教组织信任概况，作为机构信任之一，有必要将对宗教组织信任与其他机构信任进行横向比较。

表1显示，总体来看，受访者对行政、司法及人大和政协等公共机构的信任程度明显要高于对社会机构的信任，而在社会机构中，民众对宗教组织的信任程度又要远远低于对世俗性机构的信任。具体来看，在宗教组织信任方面，受访者选择“非常不信任”的比例高达12.0%，“不太信任”的选择位居第一，为24.5%，两者合计达36.5%，这较此方面居于第二的报纸媒体信任要多出12.5%；对宗教组织“非常信任”的比例为5.6%，“比较信任”的为28.8%，两者合计为34.4%，要远远低于其他组织信任。这一数据完全支持假设1，即在所有机构信任中，民众对宗教组织的信任处于一个低位水平。

（二）多变量分析

为体现各变量对宗教组织信任的净相关影响，本文采用5个嵌套模型进行分析。模型1仅将宗教归属作为自变量进行分析，是为基准模型；模型2在模型1的基础上加入性别、年龄、婚姻和受教育程度等人口学变量；模型3增加阶层和政治面貌等社会经济变量；模型4继续加入微观文化论的社会信任变量和宏观文化论的公共参与类变量；模型5在模型3的基础上加入其他机构信任，即公共机构信任因子与世俗性社会机构信任因子等变量（结果见表2）。①

① 模型中因变量的对照组为“低信任”，由此，在5个模型中，每个模型又生成“高信任/低信任”和“说不清/低信任”两组预测概率模型。同时，如前所述，考虑到“说不清”包括多种可能的情况，本研究视为剩余项，为此，文中仅对每个模型中的“高信任/低信任”组进行讨论。

表 2　宗教组织信任多分类 logistic 回归

	模型 1		模型 2		模型 3		模型 4		模型 5	
	高信任/低信任	说不清/低信任	高信任/低信任	说不清/低信任	高信任/低信任	说不清/低信任	高信任/低信任	说不清/低信任	高信任/低信任	说不清/低信任
宗教归属[a] 中国传统制度宗教	2.286/9.839 (0.247)***	0.062/1.064 (0.335)	2.289/9.864 (0.249)***	0.086/1.090 (0.336)	2.234/10.213 (0.250)***	0.092/1.096 (0.336)	2.350/10.481 (0.254)***	0.041/1.042 (0.340)	2.801/16.453 (0.274)***	0.238/1.269 (0.340)
亚伯拉罕传统宗教	1.824/6.196 (0.399)***	0.224/1.251 (0.503)	1.973/7.195 (0.422)***	0.363/1.437 (0.522)	1.974/7.199 0 (.423)***	0.378/1.459 (0.523)	1.954/7.053 (0.431)***	0.380/1.462 (0.528)	2.697/14.832 (0.274)***	0.612/1.845 (0.530)
无固定信仰	0.846/2.330 (0.142)***	-0.004/0.0996 (0.162)	0.838/2.311 (0.144)***	-0.001/0.999 (0.163)	0.853/2.347 (0.145)***	-0.001/0.999 (0.994)	0.774/2.168 (0.148)***	-0.090/0.914 (0.167)	0.845/2.329 (0.158)***	0.012/1.012 (0.166)
性别[b]			-0.077/0.926 (0.105)	0.135/1.144 (0.105)	-0.057/945 (0.106)	0.136/1.146 (0.106)	0.006/1.006 (0.108)	0.223/1.010 (0.109)*	-0.025/0.975 (0.114)	0.151/1.163 (0.107)
婚姻[c]			0.076/1.079 (0.149)	0.125/1.134 (0.149)	0.121/1.129 (0.151)	0.131/1.140 (0.150)	0.137/1.146 (0.153)	0.142/1.153 (0.154)	0.032/1.032 (0.163)	0.105/1.111 (0.152)
年龄[d] 18—35			-0.197/0.821 (0.158)	-0.055/0.946 (0.158)	-0.231/0.794 (0.162)	-0.080/0.923 (0.162)	-0.233/0.792 (0.166)	0.067/1.069 (0.167)	-0.211/0.810 (0.175)	-0.067/0.935 (0.164)
36—55			-0.208/0.812 (0.154)	-0.075/0.927 (0.146)	-0.228/0.796 (0.139)	-0.094/0.910 (0.147)	-0.256/0.774 (0.150)	-0.037/0.964 (0.151)	-0.151/0.860 (0.158)	-0.081/0.922 (0.149)
受教育程度[e] 初中及以下			-0.198/0.821 (0.150)	0.106/1.111 (0.149)	-0.019/0.981 (0.160)	0.064/1.066 (0.160)	-0.022/0.978 (0.163)	0.106/1.111 (0.164)	-0.085/0.919 (0.173)	0.062/1.064 (0.161)
高中			-0.135/0.874 (0.133)	0.117/1.125 (0.133)	-0.006/0.994 (0.966)	0.120/1.127 (0.139)	0.008/1.008 (0.141)	0.173/1.189 (0.142)	-0.030/0.971 (0.149)	0.118/1.125 (0.140)
阶层认同[f] 下层					-0.958/0.384 (0.332)**	-0.369/0.691 (0.327)	-0.736/0.479 (0.339)*	-0.418/0.658 (0.335)	-0.844/0.430 (0.358)*	-0.340/0.712 (0.332)
中下层					-1.074/0.342 (0.297)***	-0.739/0.477 (0.300)*	-0.954/0.385 (0.302)**	-0.817/0.442 (0.305)**	-1.032/0.356 (0.319)**	-0.738/0.478 (0.303)*
中层					-0.598/0.550 (0.291)*	-0.772/0.462 (0.297)**	-0.523/0.593 (0.296)*	-0.777/0.460 (0.301)*	-0.654/0.520 (0.312)*	-0.796/0.451 (0.300)**

续表

	模型 1		模型 2		模型 3		模型 4		模型 5	
	高信任/低信任	说不清/低信任	高信任/低信任	说不清/低信任	高信任/低信任	说不清/低信任	高信任/低信任	说不清/低信任	高信任/低信任	说不清/低信任
政治面貌[g]					0. 004/1. 004 (0. 149)	0. 086/1. 089 (0. 150)	0. 225/1. 252 (0. 155)	0. 300/1. 349 (0. 156)	0. 129/1. 138 (0. 161)	0. 108/1. 114 (0. 152)
社会信任[h]							0. 465/1. 591 (0. 093)***	-0. 006/0. 936 (0. 081)		
志愿参与因子							0. 382/1. 466 (0. 063)***	0. 192/0. 003 (0. 065)*		
组织参与因子							0. 164/1. 179 (0. 060)**	0. 487/1. 628 (0. 056)**		
世俗社会机构信任因子									1. 108/3. 028 (0. 069)***	0. 324/1. 383 (0. 054)***
公共机构信任因子									0. 205/1. 228 (0. 350)**	-0. 007/0. 993 (0. 052)
常数	-0. 407 (0. 059)***	-0. 224 (0. 056)***	-0. 137 (0. 166)*	-0. 359 (0. 168)*	0. 561 (0. 325)*	0. 274 (0. 330)*	-0. 976 (0. 433)*	0. 007 (0. 412)	0. 306 (0. 350)	0. 313 (0. 333)
-2log likelihood	43. 8989		564. 992		1. 472E3		3. 484E3		4. 168E3	
Chi-Square (df)	219. 952 (6)		231. 539 (18)		273. 331 (26)		425. 080 (32)		616. 034 (30)	
Nagelkerke	0. 103		0. 109		0. 127		0. 191		0. 266	
sig.	0. 000		0. 000		0. 000		0. 000		0. 000	

注：1. “/” 前为原始系数，后为 Exp（B），括号内为标准误差；

2. *** $p<.001$; ** $p<.01$; * $p<.05$（双尾检验）；

3. a 以“无神论”为参照；b 以“女性”为参照；c 以“已婚”为参照；d 以“54—69”为参照；e 以“高等教育”为参照；f 以“中上及上层”为参照；g 以“党、团员”为参照；h 以“与人相处越小心越好”为参照。

在模型1中，各宗教归属的Exp（B）都在0.001水平上显著。这表明，以对宗教组织的低信任为对照，在控制了其他变量的条件下，中国传统宗教信徒，亚伯拉罕传统宗教信徒以及无固定信仰、偶尔拜拜神者比自我宣称为无神论者选择高信任的发生比分别高8.839倍（9.839—1）、5.196倍和1.330倍，这与频数分析基本一致。也就是说，中国传统宗教信徒对宗教组织的信任度最高，其次为亚伯拉罕传统宗教，无固定信仰、偶尔拜拜神者和无神论者。这支持假设2，且支持假设3中关于“制度宗教信仰者较无固定信仰者对宗教组织的信任度要高”的判断，但不支持亚伯拉罕传统宗教信仰者较中国传统宗教信仰者对宗教组织信任度高的推论。

模型2显示，人口学变量都不具有统计显著性，而宗教归属的影响依然。同时，模型2似然比 χ^2 比模型1高出11.587（231.539—219.952），伪决定系数Pseudo R^2（Negelkerke值）也仅从10.3%上升到10.9%。由此可以推论出，不同性别、婚姻、年龄和受教育程度在宗教组织信任方面无差异，这些显然不支持假设4、假设5和假设6。

在模型3中，仅宗教归属和阶层具有统计显著性，人口学变量、政治面貌及其他变量都不显著。从整个模型的信息来看，模型3的似然比 χ^2 较模型2高出41.792，伪决定系数Pseudo R^2（Negelkerke值）增加了1.8%（12.7%—10.9%）。这与模型2较模型1的增幅要稍明显。这表明主观阶层认同对模型的拟合度有一定的提高效应，其社会意义为阶层认同对宗教组织信任具有实质影响。以对宗教组织的低信任为对照，在其他因素保持不变的情况下，主观阶层认同为下层者较中上层和上层认同者对宗教组织持高信任态度的发生比低61.6%（1—38.4%），中下层和中层的这一数据分别为65.8%和45.0%。即主观阶层认同为中上层和上层者最可能对宗教组织产生高信任，其次为中层认同者，再次为下层，最后为中下层，同时，后两者有差别，但不甚明显。由此，本模型的数据不支持假设7。

模型4在模型3基础上增加了反映微观文化论的“社会信任”变量以及两个宏观文化论变量——“志愿参与因子”和“组织参与因子”，它们与宗教归属和阶层等都具有统计显著性。从整个模型的解释能力来看，模型4的似然比 χ^2 较模型3高出151.7499，伪决定系数Negelkerke值则增加了6.4%。这说明，文化论各变量对宗教组织信任有着实质的影响。

从具体的数据来看，社会信任的Exp（B）值为1.591，这意味着，以对宗教组织的低信任为对照，在其他因素保持不变的情况下，与认为“与人相处越小心越好”相比，认为“大多数人是可信任的”发生比可提高59.1%。“志愿参与因子”和“组织参与因子”的Exp（B）值分别为1.466和1.179。这就是说，以对宗教组织的低信任为对照，在其他因素保持不变的情况下，“志愿参与因子”平均提高1个标准差，高信任的发生比可提高46.6%，“组织参与因子”平均提高1个标准差，高信任的发生比可提高17.9%。由此，本模型的数据支持假设9的判断，即社会信任与社会参与对宗教组织信任有促进作用，并且主动志愿参与较被动的组织参与对提高宗教组织信任具有更明显的作用，

模型5在模型3基础上加入了“世俗社会机构信任因子”和“公共机构信任因子”后出现了以下变化。

第一，从整个模型来看，模型的拟合度有了显著提高。在前4个模型中，随着变量的逐渐加入，其伪决定系数缓慢增加，但模型5则较模型3高出了13.9%。同时，考虑到模型1中宗教归属对宗教组织信任影响的伪决定系数（0.103）。笔者认为，在所有的变

量中，世俗机构信任因素与宗教归属两者对宗教组织信任的影响最为明显。另外，此两个因子的 Exp（B）值表明，以对宗教组织的低信任为对照，在其他因素保持不变的情况下，社会机构信任因子平均提高 1 个标准差，对宗教组织持高信任的发生比要增加 194.3%；公共机构信任因子平均提高 1 个标准差，对宗教组织持高信任的发生比则提高 23.8%。由此可推断“社会机构信任因子”的影响更大。

第二，从各宗教归属的情况来看，中国传统宗教和亚伯拉罕传统宗教的 Exp（B）出现了明显的提高。其意义是，在此模型中，以对宗教组织的低信任为对照，在控制了其他变量的条件下，中国传统宗教信徒、亚伯拉罕传统宗教信徒以及无固定信仰、偶尔拜拜神者比自我宣称为无神论者选择高信任的发生比分别高 15.453 倍、13.832 倍和 1329 倍。虽然影响的次序没发生变化，但这可说明，信徒对宗教组织的信任除了受信仰因素影响外，在很大程度上还受到他们对社会机构和公共机构信任的态度影响。

综合来看，假设 1、假设 2、假设 9 和假设 10 获得数据的支持，而其他的则得不到数据的支持。具体来说，性别、婚姻、年龄、受教育程度和政治面貌都对宗教信任无影响，为此，假设 4、假设 5、假设 6 和假设 8 应完全放弃。假设 7 需重作表述：主观阶层认同为中上及上层者对宗教组织的信任度最高，接下依次为中层、中下层和下层认同者。

五　结论与讨论

通过数据对假设的支持和不支持，有必要对宗教组织信任进行整体的深入分析。一方面，必须考虑中国人的宗教信仰特征；另一方面，不能就宗教论宗教，而应将之置于整个社会结构中进行讨论。唯有如此，才能从获取数据支持的假设中引发出更深层次的思考，才能对有些未获得数据支持的假设进行“实然”分析。

（一）宗教的结构性地位、信仰特征与宗教组织信任

对于宗教组织信任必须辩证地看，如假设 1 所判断的那样，与其他机构信任相比，宗教组织信任处于一个较低水平。但若与之前类似的社会调查相比，上海民众对宗教组织持信任态度的比例也可说是处于一个比较高的水平[①]。同时，考虑到样本中宣称有信仰者的人数比例为 23.7%，而对宗教组织持高信任态度者的比例为 34.4%，这些都可说明伴随着社会的逐步开放，民众对宗教的态度也日趋包容。

1. 宗教的结构性“悬置”与信任的低水平及向好趋势

虽然本文未涉及机构信任的绩效论，但对任何一个信任客体来说，其社会作用和表现是影响人们态度形成的最重要原因之一。在传统中国，在儒家正统思想的影响和政治领域对宗教的严格管制下，制度性宗教被迫处于一个弱势的结构性地位，这严重制约了制度性宗教对世俗社会体制的直接影响。基于此，杨庆堃（2007：275）基本否认了宗教在中国传统社会中的结构性地位。李峰（2005）则认为宗教在当代中国社会结构中处于一种“悬置”状态，这与以前相比虽然有较大进步，但社会的不落地使得宗教组织的自主性和社会性受到极大的削弱，人们对它的全面了解乃至信任也就受到了一定的限制。同时，随

---

① 社会价值观调查 1990 年和 2007 年的中国部分有宗教组织信任的调查项目。在 1990 年的调查中，对宗教组织表示“非常信任”和“比较信任”的比例合计 4.7%；2007 年的这一数据为 22.4%。

着社会的日益多元化，信教人数的增加以及国家对宗教事务管理的日趋法治化和合理化，各宗教组织社会功能的发挥空间也越来越大，其社会影响也逐渐为民众所感知。综合以上因素，这样才会出现了一方面是民众对宗教组织的低水平信任，另一方面也呈现出日趋向好的宗教组织信任现状。

然而，按此逻辑，接下来必然会得出假设5中关于“文革”后出生的世代群对宗教组织更信任的推论，但这却并未获得相关数据的支持。笔者认为，对此的解释还必须回到宗教议题。

2. “强信仰、弱宗教”信仰特征下世代群和阶层对宗教组织的信任问题

信仰与宗教既有联系，但也有实质的区别。信仰是与个体性、社会关系联系在一起的个体层面的主观体验（李峰，2005：44；李向平，2010：382），强调的是“一种精神结构，体现为某种人际行为态度，它们往往是自发形成的情绪、灵魂的敞开状态、作为与超越域相遇的前体验形式，并不具有客观的建制形式”（西美尔，1997：xix）。而宗教则是个体信仰表达的一种制度化方式，它具有一定的组织建构。由此就形成了两种信仰方式：一种是个体化的私人信仰表达，这只关注个人的信仰认同，而不附着于某种宗教组织；另一种则是宗教化的信仰表达，其信仰方式是通过某种制度化了的宗教组织来实现。后一种方式体现的是西方基督宗教的信仰模型；而就中国人的信仰传统而言，私人化的信仰表达更为普遍①。

当将信仰与宗教进行区隔后，由此就可能会出现宗教性的高低或宗教皈依人数的多少与宗教组织信任并不完全一致的情况。如查尔斯（Chales，2010）对格鲁吉亚、阿塞拜疆和亚美尼亚的研究表明，这三个后社会主义国家就存在低宗教性但高宗教组织信任的情况。盖洛普（Gallup）公司于2004年在欧洲的调查也显示，对宗教组织的高信任与宗教参与并不呈正相关②。当然，这也会存在高宗教性与高信任、高宗教性与低信任、低宗教性与低信任等类型的社会。

据此，本文也许就能较好地解释数据中所呈现的年龄和阶层特征。就年龄而言，各种数据都表明，青年人对宗教的态度已基本跳出“科学—迷信”的二元对立思维，表现出更加宽容的态度，甚至皈依者也不乏比例。从上海的情况看，根据2000年全国大学生政治思想状况滚动抽样调查的结果显示，上海地区大学生信教者的比例为11.81%，另有53.29%的学生虽然不信仰宗教，但对宗教文化现象感兴趣（赵斌，2001）。这只能说明青年人会更客观对待宗教，但未必就意味着对宗教组织有着更高的信任感。因为青年对待宗教的态度的特点更多来自“无形宗教”对大学生的影响，他们将信仰看成是私人领域的事情（华桦，2009），“信仰而不归属；兴趣而不痴迷；文化而不神秘，凸显了大学生对待宗教现象的理性特征”（张金桃，2005）；而且他们对权威抱有更强的怀疑态度。当私人化的信仰超过宗教化的信仰时，宗教热只能是私人化的信仰热，对信仰的态度和对宗

---

① 第二次世界大战后，西方社会的宗教与信仰也出现了这种分离，西方社会学界所提出宗教的私人化（贝格尔，1991）、“无形的宗教”（卢克曼，2003）、“信仰但不归属”（Davie，1994）和“灵性社会学”等都是对这种现象的描述，但这与中国人信仰的私人化只是形式上的类似，两者有着实质的区别。

② Or, K. Y. Eunice. “Trust in Religious Institutions does not Convey to Church Attendance.” 引自 *Christian Today*（http://www.christiantoday.com/article/trust.in.religious.institutions.does.not.convey.to.church.attendance/1462.htm），2004-09-23.

教组织的态度就越可能出现分离，对宗教的包容与对宗教组织信任的不一致才能得以理解。

就阶层而言，假设7的理论依据在于科学主义和无神论教育的影响，但数据显然不支持此种判断。这表明，无神论教育体系对宗教组织信任的影响有限，在多元化的环境下，这可能还受到其他因素的影响。

对于不同阶层的信仰偏好及其对宗教的态度，西方的研究表明，上层和中层更倾向于组织化或制度化的宗教及活动，因为他们更关注教义和神学思想，更愿参与教会组织的正式礼拜活动；而下层则更重视个人的宗教体验，更愿进行个人性的日常祈祷，更关注于新兴宗教和巫术（Fukuyama，1961；Stark，1972）。中国当代社会亦与之有些类似。上层人士信仰的理性化色彩较下层强，更多关注的是精神的有效寄托，为此，他们更愿意通过组织化的宗教来表达自己的信仰。同时，由于社会经济地位的不同，下层民众对待宗教更可能表现出中国传统信仰中的神秘性和功利性等特征，他们追求更多的是一种功利性的即时需求，一切基于个人的需求。为此，他们的信仰多是私人化的表达，重视的是仪式而非内容，灵验而非委身。正如李向平（2010：435）所述："中国知识分子的信仰重于哲学、意识形态层面；民间大众的信仰偏向于民间在多神甚至是怪力乱神和祖先崇拜。"这种信仰态度不仅见于信仰群体，而且弥散于整个社会。同时，由于受过更良好的教育，中层和上层对事物的判断更具客观性和理性化，而下层更易受外界的影响。由此，从阶层的信仰及其对待宗教的态度特征的"实然"角度，而非仅是从无神论教育的"应然"角度，才能解释数据中显示的主观阶层认同与宗教组织信任间的负相关关系。

结合前面的数据分析和理论讨论，可以拒绝假设4、假设6，接受假设1和假设2，修正假设5和假设7。综合来说，由于信教者占人群的少数，再加上文化传统影响，中国人信仰的特征以及宗教组织的社会功能有限等因素的影响，在所有机构信任中，民众对宗教组织的信任处于一个低位水平，但基于信教人数的增加和国家对宗教事务管理的合理化，民众对宗教的态度更加宽容，对宗教组织的信任也呈正向发展的态势。由于心理认同的原因，信教群体较非信教群体对宗教组织更信任。虽然青年的成长环境使其对宗教的态度更客观化和多元化，但他们对待宗教与信仰的包容态度难以转化为对宗教组织的高信任，为此，"文革"后与之前成长起来的民众在此方面并没明显的差异。由于阶层在对待宗教和信仰的差异，为此，中上层及上层对宗教组织的信任度更高，其次为中层，最后是下层。人们对宗教组织的信任主要受社会原因的影响，为此，性别和婚姻对宗教组织不存在直接影响。由于无神论教育对宗教组织信任的影响有限，因此，受教育程度对其影响也不显著。

（二）作为机构信任的宗教组织信任

此外，作为一种社会机构，对宗教组织的信任也体现了一般机构信任的某些特征。前面的数据表明，强调机构信任外生性的文化论对宗教组织信任具有较好的解释力，不论是微观取向的社会信任，还是宏观取向的社会参与，它们与宗教组织信任都存在正相关关系。同时，还可作进一步的补充，与被动的组织参与相比，主动的志愿性参与对宗教组织信任的影响更大。因为志愿性的活动网络犹如一个"信任学校"，它能促进人们之间合作和互利互惠规范，他们就越可能为了共同的利益而合作，公民参与网络还体现了以往合作的成功，可以把它作为一种具有文化内涵的模板，未来的合作在此基础之上进行（帕特南，2001：204），更重要的是，志愿性的参与发展出来的是普遍信任，而非特殊信任，这种普遍信任会扩散到对一切合法组织的信任。为此，本研究接受假设 9 的判断。

假设 10 也得到了数据的完全支持。与假设推论的逻辑一致，除了结构分化程度较低的原因外，结合数据分析，本文认为在宗教组织与公共机构信任的关系上还有两个影响因素：第一，机构信任程度实质是其合法性高低的问题。当官方承认了宗教的政治合法性，且民间信教人数增多，对宗教的态度更趋理性时，人们对宗教及其组织的社会合法性认同也自然会加强。同时，各种数据都表明，中国民众对公共机构保持强信任，这既与中国文化传统有关，也与总体性社会结构所形成的民众对政府和权威的依赖有关。这些都会使宗教组织信任与公共机构信任呈正相关的关系。第二，与西方国家与社会的二元对立模式不同，中国的社会转型是国家主动退出某些领域，同时积极培育社会发展的过程，双方更多是合作关系。为此，许多学者认为中国浮现的是更具法团主义色彩，而非多元主义特征的结构转型（张钟汝等，2009；陈家建，2010；吴建平，2012）。而这也可导致宗教组织信任与公共机构信任的正向发展。故结合数据分析，可将假设 10 重新作如下表述：对其他机构的信任是影响人们对宗教组织信任的最重要的原因之一，且社会机构信任较公共机构信任的影响更大。①

综上所述，可以将本文的结论进行如下归纳：宗教归属、社会信任、组织参与和其他机构信任对宗教组织信任的影响最大，阶层、社会参与也有一定的影响，而性别、年龄、受教育程度和政治面貌等则没有影响。

最后，本文无法合理解释假设 3 与数据之间的矛盾。数据的结果可以证明假设 2——信教者较不信教者更信任宗教组织，也可支持假设 3 中关于制度宗教信仰者较无固定信仰者信任度更高的判断，但文中呈现出的中国传统宗教信仰者较亚伯拉罕传统宗教信仰者更信任宗教组织的数据特征与理论之间存在着很大的隔阂。因为佛教和道教虽然具有制度形式，但它们“至少是对俗人而言，没有成为在社会学上的具有决定性意义的宗教团体通常没有社会性”（韦伯，1993：254），更多是作为私人精神慰藉或救赎而存在于社会的一种组织形式，它们长期缺乏公共性社会功能。同时，中国人的传统信仰表现出“一种扩散式的信仰方式……不太强调信仰群体或组织性格”（李向平，2010：264）。由此必然导致民众对中国传统制度宗教组织的信任不及有着宗教组织信仰特征的基督教。若一定要为数据给出解释，本文认为，原因之一可能源自样本中亚伯拉罕传统宗教信众所占的比例偏小。若数据没大问题，那么是否存在着民众将亚伯拉罕传统宗教仍视为“洋教”的可能？或者由于佛教和道教更多见诸于媒体，丑闻有报道，其慈善事迹等也有报道，普通民众由此形成较其他宗教更多的正面评价？

此外，在诸多变量的考虑中，文章对信徒的宗教性变量并未涉及，原因之一是此方面数据的缺失值过多，另一原因在于对中国人的宗教性测量手段和方法的困难。同时，受制于样本中某些数据的严重缺失，文中在诸如阶层等变量的测量方面也存在着进一步深化的空间。这些问题和不足也正好开启以后研究的空间。要言之，作为一项初探性的研究，本文希望我们的方法和结论会起到抛砖引玉的作用。

---

① 这也提醒我们在探讨中国宗教问题时应慎重对待“世俗化”这一概念，西方的世俗化缘起于教会包括公共机构和社会机构，随后是政教、社教的逐渐分离，而中国的情况则完全相反。

参考文献

1. 彼得·贝格尔:《神圣的帷幕——宗教社会学理论之要素》,高师宁译,上海人民出版社 1991 年版。
2. 陈家建:《法团主义与当代中国社会研究》,《社会学研究》2010 年第 2 期。
3. 冯仕政:《中国当前的信任危机与社会安全》,《中国人民大学学报》2004 年第 2 期。
4. 弗朗西斯·福山:《信任——社会道德与繁荣的创造》,李宛蓉译,远方出版社 1998 年版。
5. 高师宁:《一支突起的异军——再议宗教社会学及其在中国的进展》,《世界宗教文化》2011 年第 1 期。
6. 何蓉、F. Carson Menchen:《当代中国宗教信仰与社会经济地位的初步考察》,《世界宗教文化》2010 年第 6 期。
7. 洪大用、卢春天:《公众环境关心的多层分析》,《社会学研究》2011 年第 6 期。
8. 胡荣、胡康、温莹莹:《社会资本、政府绩效与城市居民对政府的信任》,《社会学研究》2011 年第 1 期。
9. 华桦:《中国青年和大学生信教现象研究综述》,《理论观察》2009 年第 3 期。
10. 加布里埃尔·A. 阿尔蒙德、西德尼·维巴:《公民文化——五个国家的政治态度和民主制》,徐湘林等译,东方出版社 2008 年版。
11. 李峰:《乡村基督教的组织特征及其社会结构性位秩》,复旦大学出版社 2005 年版。
12. 李向平:《信仰但不认同:当代中国信仰的社会学诠释》,社会科学文献出版社 2010 年版。
13. 陆学艺:《当代中国社会阶层研究报告》,社会科学文献出版社 2002 年版。
14. 托马斯·卢克曼:《无形的宗教:现代社会中的宗教问题》,覃方明译,中国人民大学出版社 2003 年版。
15. 卢云峰:《超越基督教宗教社会学——兼论宗教市场理论在华人社会的适用性问题》,《社会学研究》2008 年第 3 期。
16. 凯特·洛文塔尔:《宗教心理学简论》,罗跃军译,北京大学出版社 2002 年版。
17. 罗伯特·D·帕特南:《使民主运转起来》,王列、赖海蓉译,江西人民出版社 2001 年版。
18. 邱建新:《信任文化的断裂》,社会科学文献出版社 2005 年版。
19. 阮荣平、王兵:《差序格局下的宗教信仰与信任:基于中国十城市的经验数据》,《社会》2011 年第 4 期。
20. 孙立平:《转型与断裂:改革以来中国社会结构的变迁》,清华大学出版社 2004 年版。
21. 特洛尔奇(Ernst Troeltsch):《基督教理论与现代》,朱雁冰等译,华夏出版社 2004 年版。
22. 王佳、司徒剑萍:《当代中国社会的宗教信仰和人际信任》,《世界宗教文化》2010 年第 4 期。
23. 吴建平:《理解法团主义:兼论其在中国国家与社会关系研究中的适用性》,《社会学研究》2012 年第 1 期。
24. 马克斯·韦伯:《儒教与道教》,洪天富译,江苏人民出版社 1993 年版。
25. 马克斯·韦伯:《宗教社会学:宗教与世界》,康乐、简惠美译,广西师范大学出版社 2011 年版。
26. 乔治·西美尔:《现代人与宗教》,香港:道风书社 1997 年版。
27. 杨庆堃:《中国社会中的宗教:宗教的现代社会功能及其历史因素之研究》,范丽珠译,上海书店出版社 2007 年版。
28. 张金桃:《当今中国青年宗教现象的辩证思考》,《华中农业大学学报》(社会科学版)2005 年第 2 期。
29. 张钟汝、范明林、王拓涵:《国家法团主义视域下政府与非政府组织的互动关系研究》,《社会》2009 年第 4 期。
30. 赵斌:《对大学生宗教暧昧现象的透视》,《东华大学学报》(社会科学版)2001 年第 6 期。
31. 郑也夫:《信任论》,中国广播电视出版社 2006 年版。

32. 朱维群：《共产党员不能信仰宗教》，《求是》2011 年第 24 期。
33. 卓新平：《宗教在当代中国应有的自我意识和形象》，《宗教文化》2001 年第 2 期。
34. Bourdieu, Pierre. 1984. *Distinction: A Social Critique of the Judgment of Taste*. M. A.: Harvard University Press.
35. Bruce, Steve. 1995. "The Truth About Religion in Britain." *Journal for the Scientific Study of Religion*, (4): 417 –430.
36. Chales, Robia. 2010. "Religiosity and Trust in Religious Institutions: Tales from the South Caucasus (Armenia, Azerbaijan, and Georgia)." *Politics and Religion* (3): 228 –261.
37. Chaves, Mark. 1994. "Secularization as Declining Religious Authority." *Social Forces* (72): 749 –774.
38. Chen, Chuansheng, Shin-Ying Lee and Harold W. Stevenson. 1995. "Response Style and Cross-Cultural Comparisons of Rating Scales among East Asian and North American Students." *Psychological Science* (6): 170 –175.
39. Cohen, S. Martin. 1983. *American Modernity and Jewish Identity*. N. Y.: Tavistock.
40. Davie, Grace. 1994. *Religion in Britain Since 1945: Believing Without Belonging*. Oxford: Wiley-Blackwell.
41. Dobbelaere, Karel. 1985. "Secularization Theories and Sociological Paradigms: A Reformulation of the Private-Public Dichotomy and the Problem of Social Integration." *Sociological Analysis* (46): 377 –387.
42. Eckstein, Harry. 1966. *Division and Cohesion in Democracy*. Princeton: Princeton University Press.
43. Eckstein, Harry, Frederic J., Jr. Fleron, Erik P. Hoffmann and William M. Reisinger. 1998. *Can Democracy Take Root in Post-Soviet Russia*. N. J.: Rowman & Littlefield Publishers.
44. Fukuyama, Yoshio. 1961. "The Major Dimensions of Church Membership." *Review of Religious Research* (4): 154 –161.
45. Garment, Suzanne. 1991. *Scandal: The Crisis of Mistrust in American Politics*. New York: Random House.
46. Greeley, Andrew. 1989. *Religious Changes in America*. Cambridge. M. A.: Harvard University Press.
47. Hassan, Riaz and Taghi Azadarmaki. 2003. "Institutional Configurations and Trust in Religious Institutions in Muslim Societies." *Islamic Studies* (42): 97 –105.
48. Hoffman, P. John. 1998. "Confidence in Religious Institutions and Secularization: Trends and Implications." *Review of Religious Research* (39): 321 –343.
49. Kim, Jibum, Sang-Wook Kim and Jeong-Han Kang. 2010. "Confidence in Religious Leaders in Korea: A Research Note." *Journal for the Scientific Study of Religion* (49): 320 –327.
50. Kleiman, B. Michael, Nacy Ramsey and Lorella Pallazo. 1996. "Public Confidence in Religious Leaders: A Perspective from Secularization Theory." *Review of Religious Research* (38): 79 –87.
51. Mishler, William and Richard Rose. 2001. "What are the Origins of Political Trust? Testing Institutional and Cultural Theories in Post-Communist Societies." *Comparative Political Studies* (34): 30 –62.
52. Newton, Kenneth and Pippa Norris. 2000. "Confidence in Public Institution: Faith, Culture or Performance?." In *Disaffected Democracies: What's Troubling the Trilateral Counties? edited by Susan Pharr and Robert Putnam*. Princeton: Princeton University Press.
53. Niebuhr, H. Richard. 1929. *The Social Sources of Denominationalism*. New York: Henry Holt and Company.
54. Pyle, E. Ralph. 2006. "Trends in Religious Stratification: Have Religious Group Socioeconomic Distinctions Declined in Recent Decades?." *Sociology of Religious* (67): 61 –79.
55. Roof, C. Wade and William Mc-Kinney. 1987. *American Mainline Religion: Its Changing Shape and Future*. New Brunswick: Rutgers University Press.
56. Rothstein, Bo. 2003. "Social Capital, Economic Growth and Quality of Government: The Causal Mechanism." *New Political Economy* (8): 49 –71.
57. Schyns, Peggy and Christel Koop. 2010. "Political Distrust and Social Capital in Europe and the USA." *So-*

cial IndicatorsResearch (96): 145 – 167.

58. Smith, W. Tom. 1992. "The Polls: Poll Trends, Religious Beliefs and Behaviors and the Televangelist Scandal of 1987 – 1988." *Public Opinion Quarterly* (56): 360 – 380.
59. Sonmmerville, C. John. 1998. "Secular Society/Religious Population: Our Tacit Rules for Using the Term 'Secularization'." *Journal for the Scientific Study of Religion* (37): 249 – 253.
60. Stark, Rodney. 1972. "The Economics of Piety: Religious Commitment and Social Class." In *Issues in Social Inequality*, edited by Thielbar, W. Gerald and D. Feldman Saul. Boston: Little, Brown.
61. Stark, Rodney and William Sims Bainbridge. 1985. *The Future of Religion: Secularization, Revival, and Cult Formation.* Berkeley: University of California Press.
62. Stolzenberg, Ross, Mary Blair-Loy and Linda Waite. 1995. "Religious Participation over the Early Life Course: Age and Family Life Cycles Effects on Church Membership." *American Sociological Review* (60): 94 – 114.
63. Tschannen, Oliver. 1994. "Sociological Controversies in Perspective." *Review of Religious Research* (36): 76 – 86.
64. Wilson, R. Bryan. 1982. *Religion in Sociological Perspective.* Oxford: Oxford University Press.
65. Wilson, R. Bryan. 1985. "Secularization: The Inherited Model." In *The Sacred in a Secular Age Toward Revision in the Scientific Study of Religion*, edited by Philip Hammond. Berkeley: University of Caledonia Press.
66. Xie, Yu. 1989. "Structural Equation Models for Ordinal Variables." *Sociological Methods and Research* (17): 325 – 352.

（原载《社会》2013 年第 2 期）

宗教信仰选择

——一个西方宗教经济学的文献梳理

阮荣平　郑风田　刘　力*

一　引言

改革开放以来，中国经历了巨大且迅速的信仰转型，在全国总人口中，信教者所占比重迅速上升而无神论者所占比重却不断下降（郑风田等，2010；阮荣平等，2010），出现了所谓的“宗教热”（谭飞等，2007）。世界价值观调查（WVS）的研究结果表明，1990年无神论者所占比重是信教者所占比重的9倍，2001年则下降为2倍，2007年信教者比重（21.79%）已经超过了无神论者比重（17.93%）。其他全国性调查以及地区性的调查结果也都显示，宗教在中国发展迅速（阮荣平等，2010）。

在国外，有关宗教发展趋势以及影响力的争论（即著名的世俗化之争）在持续了二三十年后，以世俗化理论的领军人物皮特·伯格的倒戈而取得了初步共识性的结论，即宗教在世界上许多地区并没有表现出衰亡的迹象，同时宗教对社会、经济和政治依然有着很大影响（Iannaccone，1998；Stark and Finke，2000），在这样的背景下，国外宗教社会科学（包括宗教经济学）研究有了极大地推进，一大批顶级的学者和研究机构加入研究行列之中，积累了诸多丰硕成果。然而，在当下中国的经济学研究中，宗教问题似乎总是被忽视。时至今日，从总体上说，中国的宗教研究不仅尚处于起步阶段（金泽等，2008），而且也主要集中在哲学、历史学和宗教学等有限的研究领域（魏德东，2005）。经济学甚至社会学对宗教研究的介入都十分少见。① 在国内各社会科学学科的顶级期刊上，很难找出宗教主题的文章。以《经济学》（季刊）、《经济研究》、《管理世界》和《社会学研究》为例，到目前为止仅有36篇相关文章，这一数量相对于这些期刊发表总量（15411篇）可以忽略不计；相对而言，《社会》对该主题关注程度比较高，但该主题占刊文总量的比重也不到1%。② 无论是相对于中国宗教发展的实际状况而言，还是相

* 阮荣平、郑风田：中国人民大学农业与农村发展学院；刘力：德国基尔大学农业经济系。

① 令人比较欣慰的是，目前已经有不少学者和研究机构意识到了这一点。开始通过资助、培训以及召开年会等形式，唤起国内学者对宗教社会科学研究的重视，推动中国宗教社会科学研究的发展。如普渡大学的培训项目，中国人民大学每年召开的宗教社会科学年会等。

② 数据来源：中国学术期刊网络出版总库（中国知网），http：//acad. cnki. net/Kns55/brief/result. aspx？dbPrefix=CJFQ。检索条件仅限关键词或主题词和期刊名，其他条件不限。检索时间：2011年4月4日。

对于国际上宗教研究的总体水平来说，国内的宗教研究水平都显得颇为滞后，而且对于伴随中国宗教信仰结构巨大变化而引发的许多亟待解决的问题都没有令人满意的描述和解释，如中国目前的信教规模究竟有多大？其结构特征是什么？究竟是什么原因导致中国社会宗教信仰转型的发生？宗教信仰转型对中国社会的经济、政治和文化又会造成何种影响？

本文主要围绕信仰转型发生原因这一问题，对国外宗教经济学有关信仰选择研究成果进行回顾总结，我们希望这一回顾梳理和总结，能为当今中国宗教研究提供某种视角和理论参考。我们相信，充分借鉴国外宗教社会科学理论，不仅有益于进一步推进中国宗教社会科学研究的发展，同时也可以为拓展国外宗教社会科学理论提供某种契机，从而能有效地推动整个宗教社会科学的发展。

本文以下的主要内容论述顺序为：首先归纳总结宗教信仰选择的相关理论和经验研究；其次通过建立一个分析框架来对以往理论研究和经验研究的关系予以梳理；最后对以往研究进行评述，主要讨论其存在的不足和未来的研究方向及其对中国宗教研究所可能具有的启示等。

二　宗教信仰选择的相关理论与经验研究

在展开文献回顾之前，需要对相关概念以及本文的研究范畴予以界定。

首先，必须强调的是，虽然对宗教现象的研究在人文艺术和社会科学领域同时存在，但是应当看到更多的研究成果集中在前者，纳入本文回顾范围的文献主要是宗教社会科学研究领域中的成果。在宗教社会科学的研究中，成果最为突出的是宗教社会学和宗教经济学，本文重点所要回顾的主要是宗教经济学的相关成果。

其次，有关宗教信仰选择的研究大体可以分为两种范式：一种范式认为宗教信仰选择是心理认知结构的变化，也就是说是“洗脑”的结果，是一种非理性行为；另一种范式则认为宗教信仰选择是理性选择的结果。Stark 和 Finke（2000）称前一种范式为旧范式，后一种范式称为新范式。新旧范式都是世俗化之争的重要组成部分，旧范式支持世俗化理论，而新范式支持宗教市场理论，随着世俗化理论的领军人物皮特·伯格的倒戈，世俗化理论逐渐失去其影响力，新范式开始被宗教社会科学研究者广为接受（杨凤岗，2010）。本文主要针对基于新范式所展开的相关研究成果进行回顾。

最后，宗教信仰选择包括两种情形：一种是信仰选择，即在信教与不信教之间的选择；另一种是宗教选择，即在信什么宗教之间的选择，根据选择集差异的大小又可进一步区分改教和改宗。改教是在不同宗教之间的选择，如从信仰佛教转变为信仰基督教等；而改宗则是在同一宗教中不同教派之间的选择，如从信仰基督教中的路德宗转变为信仰加尔文宗等。Barro 等人（2010）对信仰变化作了区分，即在一个起点时间 t_0 有三种信仰状态（$R_{t_0}^0$，$R_{t_0}^1$，$R_{t_0}^2$）的社会（其中 $R_{t_0}^0$ 表示无宗教信仰，$R_{t_0}^1$、$R_{t_0}^2$ 表示信仰不同的宗教）中，在 t_1 时该社会信仰发展的方式共有九种：（1）$R_{t_0}^0 \to R_{t_1}^0$，（2）$R_{t_0}^0 \to R_{t_1}^1$，（3）$R_{t_0}^0 \to R_{t_1}^2$，（4）$R_{t_0}^1 \to R_{t_1}^0$，（5）$R_{t_0}^1 \to R_{t_1}^1$，（6）$R_{t_0}^1 \to R_{t_1}^2$，（7）$R_{t_0}^2 \to R_{t_1}^0$，（8）$R_{t_0}^2 \to R_{t_1}^1$，（9）$R_{t_0}^2 \to R_{t_1}^2$。

除（1）、（5）、（9）外，其余六种都属于宗教信仰选择（Stark and Finke，2000）。其

中（2）、（3）属于信仰选择，（4）、（6）、（7）、（8）属于宗教选择。本文所考察的宗教信仰选择，同时包括信仰选择和宗教选择这两种情形。

（一）宗教市场理论

宗教市场的思想最早可以追溯到亚当·斯密，在他看来，与其他社会组织一样，教会组织的有效运行也离不开市场力量的约束。斯密（Smith，1965：740—741）指出，“教会的牧师……与其他世俗学校的教师一样，其生计要么依赖于倾听者的捐赠，要么来自于国家的财政补贴。……在前一种情况下，他们的努力程度要远远高于后一种情况。因此，新建教会的牧师在抨击原有和现有制度时总是有很大的优势，在这些制度下，那些安于享用圣俸的神职人员会缺乏热心和激情……”Stark 及其同事（如 Stark and Finke，2000；Stark and Mccann，1993；Finke and Stark，1998；Finke et al.，1996）在斯密这一思想的启发下，进一步完善了宗教市场理论（Religion Market Theory）。

在宗教市场理论看来，宗教需求是相对不变的，而宗教供给则是起伏波动的，且宗教参与的总体水平是宗教供给差异性和能力的函数。其中，影响宗教供给的最主要因素是宗教市场结构。当宗教市场处在可以完全竞争的情况下，宗教供给水平会不断提高，而且，由于宗教需求不变，所以此时宗教参与的总体水平也就越高；而当宗教市场因宗教管制或者宗教补贴偏离完全竞争而形成垄断或者寡头垄断时，宗教供给水平就会降低，此时宗教参与的总体水平也就越低。

宗教管制是指政府限制某个或者所有宗教组织从事相关的宗教活动。因此，宗教管制的一个直接作用就是导致宗教供给的减少。Yang（2006）对此提出了质疑，认为宗教管制虽然会导致“合法”[①] 宗教供给的减少，但是在需求一定的情况下，也会导致“非法”宗教的滋生，因此宗教供给总体水平未必减少。这一观点对我们深入认识在宗教管制政策下宗教的持续存在无疑有所帮助，但是，人们必须注意的是，相对于“合法”宗教，“非法”宗教在提供宗教产品和服务方面必定要面临更大的成本。如果宗教供给者也是理性的话，在其他条件相同的情况下，其宗教供给水平肯定要低于“合法”宗教的供给水平。

宗教补贴是指政府对某一个宗教组织进行鼓励或者支持。从短期效果来看，政府对某一个宗教进行补贴，会导致该宗教能够以更低成本向信者提供其宗教产品或服务，从而促使该宗教供给水平的增加，在宗教市场上其他宗教供给水平还没有做出调整的情况下，宗教市场上的总体供给水平是增加的。但是这种状态是不可持续的，从长期效果来看，随着时间的推移，得到政府持续补贴的宗教提供宗教产品或服务的成本会更低，因此很容易击败其竞争对手，在宗教市场上形成垄断；而一旦垄断形成，斯密所描述的宗教产品及服务供给者的努力程度会下降的现象就会出现，从而导致宗教市场上总体供给水平的下降。

因此，与完全竞争的宗教市场相比，无论是宗教管制还是宗教补贴都会导致供给水平的下降。而在需求不变的情况下，宗教供给水平的下降则会导致宗教参与水平的下降（参见图 1）。

---

① 此处所谓的“合法”和“非法”主要指官方是否承认。

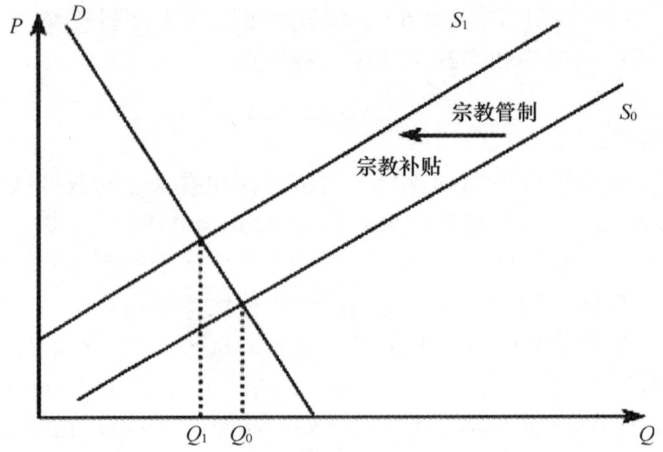

图1　宗教管制、宗教补贴对宗教参与的影响

注：P 表示宗教参与的机会成本，Q 表示宗教参与水平，S 表示宗教供给，D 表示宗教需求。在存在宗教管制或宗教补贴的情况下，会导致宗教供给水平下降。在图中则表示为：宗教管制或宗教补贴会导致供给曲线由 S_0 变为 S_1，此时宗教参与水平则从 Q_0 变为了 Q_1，$Q_0 > Q_1$。因此宗教管制或宗教补贴导致了宗教参与水平的下降。

宗教市场竞争影响宗教信仰选择主要有两方面的作用机制：一是质量效应，即宗教竞争导致宗教产品或服务质量上升，从而提高个体消费宗教产品或服务的效用水平，因此会增加非信教者转信宗教的概率；二是区位效应，即宗教竞争导致了宗教产品多样化，因此会缩小人们从原宗教信仰转信到理想宗教信仰的成本，从而会导致信仰转型概率的增加。

宗教市场竞争现象之所以受到宗教经济学家的关注，主要是因为它与宗教参与之间的紧密关系。由此也引发了一场大的论战，成为著名的世俗化之争的主要组成部分（Perl and Olson，2000；Voas et al.，2002；Chaves and Gorski，2001）。世俗化理论认为，宗教多样性的发展趋势必将导致人们观念的多样化，从而动摇人们原先的宗教信念，并最终导致宗教参与水平降低（Berger，1969；Sherkat and Wilson，1995）；而宗教市场理论则认为，多样性的存在增加了宗教市场竞争，从而会促使宗教供给者提供更为优质的宗教产品服务，这一过程将会导致宗教参与水平的提高（Finke and Stark，1988，1992，1998；Finke et al.，1996；Stark et al.，1995；Stark，1997）。

需要进一步指出的是，在宗教社会学中，宗教市场理论往往被认为等同于宗教经济学或者宗教理性选择理论。这主要是因为 Stark 等人在推动宗教社会学理性选择研究范式过程中作出了卓越的贡献，由此，Stark 等人也被誉为宗教社会学中理性选择研究范式的领军人物。在某种程度上，Stark 等人的学说本身就被等同于宗教理性选择理论，因为在向旧范式发起挑战的过程中，他们所构建的新范式的代表性成果就是宗教市场理论。由此，他们所倡导的宗教市场论便往往被等同于宗教理性选择理论或宗教经济学。

然而，将上述三者简单地画等号的做法其实是不恰当的。Stark 等人的宗教市场理论假定宗教需求是不变的，因此，其理论重点是对宗教供给变化的解释，也就是说，他们的宗教市场理论实际上是供给视角的市场理论或者市场结构理论。但是，在宗教经济学中，市场其实包含了两部分，即供给和需求，市场均衡的形成与变化是供给和需求共同作用的结果。所以，宗教经济学中还包含了很多基于宗教需求而形成的理论，这些理论的基本前提假设是宗教需求也会发生变化，并且宗教需求的变化是影响宗教信仰选择的一个重要因素。因此，可以说Stark等人的宗教市场理论与这些理论在最基本的假设方面就是不同的。从这个意义上说，将Stark等人的宗教市场理论等同于这些理论，或者认为包含了这些理论是不恰当的。Stark等人的宗教市场理论只是宗教经济学中的一部分，是诸多宗教理性选择理论的一个组成部分，而不能简单地将它们画等号。

在经验研究方面，宗教多元性被认为是宗教市场竞争程度的一个直接反映（Perl and Olson，2000；Voas，Crockett and Olson，2002；Chaves and Gorski，2001），尽管并不是准确无误的反映（Stark and Finke，2000）。[①] 在现有的实证研究中衡量宗教多元性的指标有：宗教市场中宗教组织的数量（Finke and Stark，1992；Welch，1983）、某一宗教组织所占宗教市场的份额（Stark and McCann，1993；Zaleski and Zech，1995；Phillips，1998；Perl and Olson，2000）以及荷芬达尔指数（Herfindahl Index）。虽然前两个指标的应用频率也比较高，但是它们并不能有效地反映市场竞争程度。Chaves 和 Gorski（2001）以及Perl 和 Olson（2000）都指出，在度量市场竞争程度方面，荷芬达尔指数更为有效。可以说，荷芬达尔指数是有关宗教竞争与宗教信仰转型关系研究中应用最为广泛的指标。该指数的计算一般是仅考虑有宗教信仰的群体，其计算公式为：

$$P = 1 - H = 1 - \sum_{p_i^2}$$

p_i 表示宗教组织 i 成员占所有宗教组织成员的比重。P 衡量了在该社会中个体隶属于不同宗教组织的概率。

Barro 等人（2010）则给出了考虑非信教人口比重的宗教市场多元性的计算方法：

$$P_n = \frac{1 - H}{1 + n} = (1 - \sum_{p_i^2})/(1 + n)$$

n 表示非信教人口占总人口比重。P_n 表示在该社会中个体隶属于不同宗教组织以及无宗教信仰群体的概率。

Barrop 等人（2010）对40个国家的宗教信仰转型[②]与宗教多元性之间的关系进行了研究，该研究对宗教多元性的衡量，不但包括 P 和 P_n，还包括了宗教多元性的变化。其研究结果表明，信仰转型与宗教多元性之间具有显著的正相关关系，此外，宗教多元性与新宗教的进入具有紧密的相关关系。Nunn（2010）发现，在非洲殖民地时期基督教供给密度比较大的地区，当前基督信仰比重也就比较大。

还有，一些经验研究还直接考察了信仰管制对信仰转型的影响。相关研究结果也大都表明，信仰管制与宗教发展之间具有负相关关系，诸多历史文献研究，也对此提供了较为翔实的证据。如在康熙年间，康熙对天主教会的禁令导致了天主教信徒大量减少，而鸦片战争以后，由于重新允许天主教和基督教的传教活动，这两个宗教因此再次进入中国市场，导致了很多人的归信（Bai and Kung，2011；[③] Kane and Park，2009）。此外，近代日

---

① Stark 和 Finke（2000）给出的一个例子是，在多元化的卡斯特等级（caste）系统中，每个等级系统都有其自己的宗教，虽然有很多元但是相互之间却没有竞争。尽管如此，在大多数情况下宗教多元性仍然被认为是宗教市场竞争的一个十分有用的衡量指标（Voas et al.，2002）。

② 在 Barrop 等人的研究中，只包括了有宗教信仰者在不同信仰之间的（即宗教选择的）转换，没有包含有宗教信仰与无宗教信仰者之间的（即信仰选择的）转换。

③ Bai，Ying and James Kai-Sing Kung. 2011. "*Diffusing Useful Knowledge while Spreading God's Message：Protestantism and Economic Prosperity in China，1840－1920.*" HK University of Science and Technology. Working Paper.

本与韩国的信仰转型演变轨迹基本上也都证明：尽管信仰管制不是唯一的决定因素，但至少扮演了重要的角色（Kane and Park，2009）。Barro 和 Hwang（2010）在研究中发现，信仰管制越严格的国家，其信仰转型的发生率就越低。但也有一些学者对信仰管制的有效性提出质疑。如 Yang（2006）基于中国宗教市场的分析指出，中国宗教信仰管制并没有导致宗教信仰的减少或者增加，而只是导致了在不同宗教市场（红色、黑色和灰色）之间的转换。卢云峰（2010）也指出，宗教管制的结果并不是宗教的削弱，而是宗教团体禁而不止，并在动荡的社会中迅猛发展。

信仰管制程度是对中国目前信仰转型的主要解释。尽管没有很明确的经验证据，但大多数研究者都认为信仰管制是中国信仰转型的一个主要影响因素（参见吕朝阳，1999；程俊飞等，2007；闭伟宁，2001；魏德东，2005）。

总之，宗教市场理论主要是从宗教供给的角度来解释宗教信仰选择，其基本假定是宗教偏好恒定不变，由此完全忽略了宗教需求对宗教信仰选择的影响。一些学者认为这一假设过于严格，因此，他们试图通过放宽假设条件，着力于从宗教需求的角度来解释宗教信仰选择，由此发展出包括宗教社会网络/社会资本理论、宗教家庭生产模型、宗教人力资本模型、宗教事后保障模型等诸多理论。以下我们对这些理论作逐一回顾。

（二）宗教社会网络/社会资本理论

最早使用社会网络和社会资本概念解释宗教转型的研究源自20世纪60年代初 Lofland 和 Stark 等人对美国统一教（Unification Church）成员归信经历的观察（Lofland and Stark，1965；Lofland，1966；Yang and Tamney，2006），而在此之前对宗教信仰选择的研究更多集中在教义等神学解释方面（Strark and Finke，2000）。目前该理论得到了大多数学者的认可，被认为是当今宗教社会科学中最为确定的发现之一（Smilde，2005；Kane et al.，2009）。

宗教社会网络/社会资本理论（Religious Social Network/Social Capital Theory）的核心观点是，对宗教组织成员的人际依恋是宗教信仰选择的一个核心影响因素（Stark，1996；Smilde，2007）。首先，宗教信仰是社会分化的一个重要指标，也即是社会网络的一个重要属性。人们对相同信仰者的信任水平明显高于对不同信仰者的信任水平。诸多经验研究对此均提供了很有力的支持，如 Fershtman 等人（2005）通过信任博弈实验发现，耶路撒冷地区 Ultraorthodox 学院的以色列学生存在明显的组内支持行为，被调查者对来自 Ultraorthodox 学院的博弈对象（即组内）比对来自世俗大学（即组外）以及没有表明身份的博弈对象（参照组）更加信任。Fershtman 等人（2001）以比利时 Flemish 和 Wallonn 大学学生为实验对象的研究也发现了组外歧视现象的存在：对外部人员的支付额度比对组内成员或者匿名身份者的支付额度要低。他们的研究还表明，以色列的犹太教学生对东方人更加不信任。Johansson-Stenman 等人（2009）对孟加拉地区印度教信徒和伊斯兰教信徒的样本比较研究也表明，印度教信徒和伊斯兰信徒对同教者的信任要明显高于异教者。

信任引发的人际依恋，在成为宗教信仰选择的重要心理资源的同时也建构了社会网络，因此，宗教信仰被视为划分社会网络的一个重要属性。按照宗教社会网络理论的观点，社会网络分为由宗教信仰群体所组成的社会网络和由非宗教信仰群体所组成的社会网络。与此对应，人际依恋也分为两类：一类是对宗教信仰社会网络的人际依恋，另一类是对非宗教信仰社会网络的人际依恋。

研究者进一步发现，前一类依恋会阻碍宗教信仰转型的发生，而后一类依恋则会推动宗教信仰转型的发生。两类依恋影响程度的不同便构成了不同的宗教信仰网络结构，Kane 等人（2009）将这种不同的结构模式称为结构可获性（Structural Availability）。结构可获性是研究世俗性和宗教性组织成员加入和退出的一个重要研究工具（Rochford，1985；Cable，1992；Stark，1996；Kitts，1999；Williams and Queen，1999；Schussman and Soule，2006；Smilde，2005，2007）。①

宗教社会网络理论所说的两类依恋，实质上分别对应的是宗教信仰理性选择的成本与收益，对原有宗教组织的依恋，将会形成组织压力（Sherkat and Wilson，1995），从而增加转型成本，降低信仰转型发生率；而对其他宗教组织（或非宗教组织）的依恋则会增加信仰转型的效用，从而提高信仰转型发生率。

需要特别指出的是，虽然宗教社会资本理论和宗教人力资本理论（参见第四节）都使用了人际（或者组织）依恋这个词，并且将其作为各自理论的核心概念，但是各自所强调的具体作用机制存在较大差异。前者认为，个体出于人际依恋，会倾向于与其所处社会网络的宗教属性保持一致；后者认为，当个体对宗教知识掌握越多或者与教会教友的关系越好，那么其进行宗教产品消费或生产时就越有效率，进而就越可能消费或生产更多的宗教产品，而非世俗产品。前者强调的是社会压力，后者主要强调的是宗教产品的生产效率。

在经验研究方面，婚姻被看作宗教社会网络可获性的一个重要影响因素，在信仰转型中扮演着重要角色。同质婚姻②有利于强化原有信仰网络的人际依恋，因此会降低宗教信仰转型概率；异质婚姻则更可能弱化原有信仰网络的人际依恋，因此会加大宗教信仰转型概率（Greeley，1982；Stark and Finke，2000）。Need 和 Graaf（1996）发现，娶一个没有宗教信仰的配偶会极大地增加信者脱离教会的风险。Alston（1971）的分析也表明，信仰转型与异质婚姻之间具有明显的相关关系。此外，Crockett 等人（1969）以及 Hertel（1988）和 Sherkat（1991）的研究都支持同质婚姻信仰转型的概率远远低于异质婚姻的结论。Hadaway（1980）、Stump（1987）以及 Roof 和 McKinney（1987）的研究则表明，信仰转换者的宗教性要高于非转换者的宗教性。另外，从宗教参与的角度来看，同质婚姻家庭的宗教参与程度明显高于异质婚姻家庭（Hoge and Roozen，1979，Azzi et al.，1975；Ehrenberg，1977）。Iannaccone（1990）基于美国天主教调查、北加利福尼亚教会成员调查以及 1978—1987 年 GSS 三套数据，选用教会贡献、教会参与频率、圣经阅读频率和祷告频率作为因变量，并对其他变量进行控制，结果发现，相对于异质婚姻，同质婚姻对上述因变量均有显著的正向影响。

此外，宗教社会网络/社会资本理论还可以用来预测人口流动性对信仰转型的影响。居住地理位置的变化，会降低原先社会网络的人际依恋，而增强新居住地社会网络的相对

---

① 虽然宗教信仰转型网络理论在解释个体宗教信仰转型方面取得了很大成功，但是仍然存在不少需要改进的地方，如 Gould（2003）指出，为什么说与一项社会运动参与者和非参与者的联系会导致非参与者行为的改变，而不是参与者行为的改变呢？更具体地说，如果一个非教会成员（i）与教会成员（j）有密切关系，那么应该会导致 i 和 j 形成两种不同的信仰转型网络。对 i 而言，其教会人际依恋增加；而对于 j 而言，其非教会人际依恋增加。如果 i 和 j 仅仅为了他们之间的关系而改变自己的行为，那么可能会出现两种情况：一是 i 入教，另一种是 j 离教。信仰转型网络理论只能解释一种行为的出现，但并不能同时对两种可能出现的行为进行解释。

② 同质婚姻指夫妻双方信仰一致，而下文所说异质婚姻则指夫妻双方信仰不同。

影响。如果新居住地与原居住地社会网络的宗教信仰属性异质，那么信仰转型就有可能发生。随着社会经济的发展，人口流动性将会越来越高，因此测量人口流动性对宗教信仰以及宗教参与的影响对理解宗教发展趋势至关重要，[①] 已有的对二者关系的考察大都印证了人口流动性与宗教信仰转型之间的正相关关系。Hadaway 和 Roof（1979）及 Hadaway 和 Marler（1993）都发现，与迁移到一个新城市或州的人相比，那些居住在儿时故乡的人很少发生信仰转型。Born（2007）[②] 的研究也表明，人口流动性提高了信仰转型的发生率。

地缘政治视野的引入在某种程度上扩充了宗教社会网络理论，因为之前该理论主要被应用于个体信仰转型（Long and Hadden，1983；Gartrell and Shannon，1985；Staples and Mauss，1987；Hall，1998；Granqvist，2003；Chen，2005；Chao，2006；Zhang，2006），而对地缘政治与信仰转型的研究主要以国家或地区为分析单位。Kane 和 Park（2009）对韩国基督教兴起以及其相对于中国、日本基督教发展更为成功的现象进行了解释，认为地缘政治在其中扮演着重要的角色。Montgomery（1996）也发现，对主导性社会的攻击行为，与归信该社会传教士所传播的宗教之间具有显著的负相关关系。

（三）宗教家庭生产模型

宗教社会资本理论强调宗教需求主要来自社会压力，但是 Azzi 和 Ehrenberg（1975）则从救赎动机出发构建了一个新的理论，即宗教家庭生产模型（Religious Household Production Model）。

宗教家庭生产模型是第一个正式的宗教经济学模型，由 Azzi 和 Ehrenberg 于 1975 年建立，因此又称 A-E 模型。宗教家庭生产模型在本质上是家庭经济学的进一步发展，是经济学“帝国主义”的又一例证。该模型尤其强调以下两个问题，即效用的来源和生产（或消费）的单位问题。宗教家庭生产模型认为，效用由现世效用和来世效用共同构成，现世效用主要取决于对世俗产品的生产（或者消费）数量，而来世效用则主要取决于对宗教产品的生产（或消费）数量。但无论是对世俗的还是对宗教的产品的生产（或者消费）都需要时间或金钱的投入，而资源总是稀缺的，个体所拥有的时间和金钱是一定的，个体在实现自己效用最大化的过程中，必须在世俗的与宗教的产品生产（或者消费）之间找到均衡，由而，效用函数被引入该模式之中。关于生产（或者消费）的单位，该模型延续了贝克尔的家庭经济学的主张，认为生产（或者消费）的单位是家庭而非个人。

A-E 模型假设参与宗教活动主要是为了来世消费。对于一个仅由丈夫和妻子组成的家庭而言，该家庭的效用函数可表示为：

$$U = U\ (C_3,\ C_2,\ \cdots,\ C_{t,q})$$

其中：

$$C_t = C\ (x_t,\ h_{1t},\ h_{2t})\ \text{对所有}\ t\ \text{而言}$$

$$q = q\ (r_{11},\ r_{12},\ \cdots,\ r_{1n},\ r_{21},\ \cdots,\ r_{2n})$$

收入约束条件为：

---

① Born，Christopher J. 2007. “*Moving on Over：Geographic Mobility as a Predictor of Religious Switching and Attendance Frequency in the American Religious Landscape.*” Working Paper.

② Ibid.

$$\sum_{i=1}^{n}\left[\frac{px_t}{(1+i)^{t-1}}\right]=\sum_{t=1}^{n}\left[(v+w_{1t}l_{1t}+w_{2t}l_{2t})/(1+t)^{t-1}\right]$$

时间约束条件为：

$$h_{jt}+r_{jt}+l_{jt}=Tt=1，2，\cdots，并且 j=1，2$$

其中，U 表示家庭各期总效用；C_t 表示 t 期家庭消费水平；q 表示来世预期消费水平；x_t 表示 t 期市场商品消费水平；h_{1t}和 h_{2t}分别为丈夫和妻子在 t 期投入家庭消费的时间；r_{1t}和 r_{2t}表示丈夫和妻子 t 期的宗教参与时间；p 为市场商品的价格，不随时间变动；w_{1t}和 w_{2t}分别为丈夫和妻子各自在 t 期的工资率；v 为家庭外生的非劳动收入；l_{1t}和 l_{2t}分别为丈夫和妻子在 t 期的工作时间；i 为利息率，不随时间变动；T 为每期的总时间。

求解效用最大化可得：

（1）对于所有 t 而言，则有 $(\partial q/\partial r_{1t})/(\partial q/\partial r_{2t})=(w_{1t}/w_{2t})$。此公式的含义为，如果丈夫和妻子在宗教产品生产过程中生产效率相同的话，那么工资率高的一方宗教参与时间就少，由于男性的工资率一般要高于女性，因此可以推断女性的宗教参与时间高于男性。

（2）对于 $j=1，2$，则有 $(\partial q/\partial r_{jt})/(\partial q/\partial r_{jt-1})=(w_{jt}/w_{jt-1})(1-i)^{-1}$。由此公式可知，当工资率不随时间变化时，宗教参与将会随着年龄的增加而增加。而当工资率随时间变化时，宗教参与的年龄效应将会随工资率在不同时期的变化程度而变化。一般而言，男性工资率的变化程度要快于女性，因此对于男性而言，宗教参与的年龄效应可能会不太明显，但是对女性而言，宗教参与的年龄效应可能会更大。

（3）对于 $j=1，2$，$\partial q/\partial v>0$。此公式说明宗教参与程度随非劳动收入的增加而增加。

（4）对于 $j=1，2$，$\frac{\partial r_i}{\partial w_j}=\frac{\partial q}{\partial w_j}^*+l_j\frac{\partial r_j}{\partial v}$。此公式说明，工资对宗教参与有两种效应：替代效应和收入效应，这两种效应的作用方向是相反的。替代效应是指工资率的提升，会降低宗教性，而收入效应则是指非工资性收入的增加会提高宗教性。

在 A-E 模型看来，人们的宗教参与频率和宗教信仰选择主要是为了获取来世收益，因此影响这一净收益的因素也会影响宗教参与频率和宗教信仰选择。工资率提高了宗教参与的机会成本，所以与宗教参与负相关，年龄会减少来世收益的折旧率，因此与宗教参与正相关。

尽管存在着局限性，但是 A-Z 模型对后来的宗教经济模型仍产生了深刻影响。正如 Iannaccone（1998）指出的那样，它几乎是后来所有宗教行为经济模型的基础，之后的各种模型虽然放宽了 A-Z 模型假设的条件限制，却仍然保留了其基本的分析框架。如后来的宗教人力资本模型就是在 A-Z 分析框架基础上，进一步分析了影响世俗产品和宗教产品生产（或者消费）效率的因素；事后保障模型则在降低 A-Z 模型中来世效用重要性的同时，取而代之的是给宗教活动设定了更广泛的报偿，如将宗教组织所提供的社会互助视为宗教参与的一种重要收益。

基于宗教家庭生产模式的经验研究主要体现在以下四个方面：第一，现有实证研究大都支持年龄与宗教参与之间有正相关关系的结论。Azzi 等人（1975）、Ulbrich 和 Wallace（1983）以及 Iannaccone（1998）的研究均表明，年龄与宗教参与有正相关关系。Ehrenberg（1977）还发现了 A-E 模型所预期的 U 字形关系。然而，Long 等人（1977）发现，

A-E 模型所强调的年龄对教会参与频率并没有显著的影响。

第二，大多数实证研究都支持女性的宗教性高于男性的结论。Azzi 等人（1975）发现，在女性比重越高的州，信徒比重就越高，女性的宗教参与频率高于男性。Iannaccone（1998）、Ehrenberg（1977）、Ulbrich 和 Wallace（1983）的研究也都支持这一结论。Ulbrich 和 Wallace（1984）的研究还进一步表明，有工作的女性的宗教性要显著低于没有工作的女性的宗教性。

第三，在有关收入与宗教信仰选择之间关系的研究中，Azzi 等人（1975）使用家庭收入以及自有住宅等财富指标研究了二者之间的关系，发现平均财富越高的州其信教比重就越低。Ehrenberg（1977）的研究进一步表明，家庭收入的增加会导致夫妻双方成为教会成员的概率以及宗教参与和宗教贡献水平的增加。但是 Lonh 等人（1997）发现，工资率、非工资性收入和财富等对宗教参与并没有显著的影响。Iannaccone（1998）的研究则表明，虽然收入与宗教参与没有显著的相关关系，但是对宗教贡献具有显著的正向影响。

第四，城乡居民宗教性的差异是宗教家庭生产模型的主要理论预期之一。在宗教家庭生产模型看来，由于农村非市场活动相对于城市少很多，因此宗教参与的可替代性也就较弱，所以农村居民的宗教性要强于城市居民。Azzi 等人（1975）的研究表明了这一差异的存在。

（四）宗教人力资本模型

与宗教社会资本模型、宗教家庭生产模型不同，宗教人力资本模型（Religious Human Capital Model）和宗教事后保障模型则主要基于即期消费动机来解释宗教需求的变动，进而解释宗教信仰选择的差异。

宗教人力资本模型是继家庭生产模型之后，宗教经济学发展进路中的另一个里程碑。该模型最早由 Iannaccone（1990）提出，是 Becker 人力资本模型在宗教研究领域中的应用（Kumar，2008）。在宗教家庭生产模型的基础上，宗教人力资本模型重点考察了“宗教产品生产（或者消费）是如何决定的”这一问题。宗教人力资本指的是对特定宗教文化（包括宗教知识、宗教仪式、教义等）的熟悉程度和与教会成员间的友谊以及对宗教组织的人际依恋（Iannaccone，1990，1995，1998；Starkand Finke，2000；Smith and Sawkins，2003；Kumar，2008）。其核心观点是，一个人生产（或者消费）宗教产品的能力不仅取决于时间和物质投入，还取决于对宗教知识、宗教仪式或者教义的熟悉程度以及与教会同伴的友谊，即宗教人力资本。当个体拥有的宗教人力资本越多时，其生产（或者消费）宗教产品的效率就越高。此时如果整个社会按照比较优势的原则进行分工并且交易，就能改进帕累托最优。按照帕累托最优原则，拥有高宗教人力资本的个体就应该承担更多的宗教产品生产（或者消费）。因此，个体宗教参与水平将会随着宗教人力资本的增加而提高。而宗教人力资本的来源主要是以往的宗教活动（Iannaccone，1984，1990；Durkin and Greeley，1991）。在宗教人力资本模型中，个体的即期效用函数可以表示为：

$$U(t) = u\{c(t), S(t), y(t)\}$$

$$u_c > 0,\ u_{cc} < 0,\ u_s > 0,\ u_{ss} < 0,\ u_y > 0,\ u_{yy} < 0$$

$U(t)$ 是 t 期的效用，$c(t)$ 表示对宗教产品的消费数量，$y(t)$ 表示非宗教产品消费数量，$S(t)$ 表示宗教人力资本存量，由过去积累的 c 所决定，主要是其父母进行宗教人力资本投资决策的结果。宗教技术和宗教经历是宗教产品生产（或者消费）能力的关键决定因素。宗教知识存量越大，对宗教仪式和教义的理解就越深刻，对赞美诗、祷告和宗教音乐就越熟悉，进而从宗教参与中得到的收益也就越大（Iannaccone，1990，1995，1998）。这一思想可以正式表述为当前消费宗教产品或者服务的边际效用会随宗教人力资本的增加而增加，即 dc（t）/ds（t）＞0（Smith and Sawkins，2003；Krumar，2008）。

在宗教人力资本模型看来，人们的宗教信仰选择主要决定于宗教人力资本，而个体宗教人力资本积累的过程也就是其社会化的过程（Bisin and Verdier，2000）。因此，能够影响这一过程的因素，被看作可以影响个体的宗教信仰选择的因素。

宗教人力资本模型的核心推论是：（1）由于孩子的宗教人力资本主要来自父母，因此，孩子在未来的宗教信仰选择中总是倾向于与父母宗教信仰保持一致。（2）由于宗教人力资本是宗教参与的函数，因此，宗教信仰转换如工作变换一样，在生命周期早期发生的概率更高。（3）学校教育在孩子社会化过程中扮演着重要角色，这将会在一定程度上削弱或弥补家庭社会化的影响，同时由于学校教育更加多元化，从而也会进一步削弱家庭宗教性对孩子宗教人力资本积累的影响，降低孩子对其父母所信宗教的忠诚度，增加信仰转型概率。

宗教人力资本强化了对现有宗教信仰的消费能力，导致信仰转型成本变大，从而会降低信仰转型概率。这也就决定了宗教信仰的稳定性（Stark and Finke，2000；Stark and Glock，1968；Alston，1971；Kluegel，1980；Sherkat and Wilson，1995；Sherkat，1998）。

有关基于宗教人力资本模型的经验研究的成果，主要体现在以下三个方面：第一，不少研究结果支持宗教人力资本模型关于“家庭宗教性与信仰转型之间具有负相关关系”这一理论预期。① 1988 年 GSS 数据表明，在首次宗教转换的原因中，37% 的受访者选择了因为婚姻或者家庭发生了变化，是宗教转换诸原因之首（Barro and Hwang，2010）。大多数生活在宗教家庭中的人在成年时会选择加入宗教（Kluegel，1980；Sherkat and Wilson，1995；Stark，1998）。另外一些研究还考察了成长环境的宗教性与宗教参与之间的关系，发现儿时父母教堂参与频率对成年时宗教贡献和教堂参与有显著的正向影响（Iannaccone，1990；Smith and Sawkins，2003；Bibby，1978；Hunsberger and Brown，1984），儿童时期的宗教参与对信仰维持具有显著的正向影响（Bibby，1978；Stump，1987）。

第二，一些考察信仰转型发生年龄的研究发现，宗教信仰转换确实是在生命周期早期发生的概率更高。Pressey 和 Kuhlen（1957）指出，人们首次做出宗教委身决策的年龄平均在 16 岁或 17 岁。Clark（1929）的研究发现，宗教觉醒的时间通常发生在 12 岁，而清晰的归信经历则平均发生在 16 岁。Beit-Hallahmi 和 Argyle（1975）对归信年龄的研究发现，归信平均发生在 15 岁左右。Iannaccone（1990）的研究表明，在非天主教家庭长大的人转信天主教的年龄在 20 岁左右，85% 的转教行为发生在 30 岁以前，此结论与 McGuire 等人（1981）的研究结论相似。1988 年的美国综合社会调查（GSS）数据也表明，在至少发生了一次转教者当中，首次转教在 30 岁以前者占到了 76%（Barro and

① 需要指出的是，家庭虽然是宗教人力资本模型重点考察的内容，同时家庭也是宗教社会网络的主要组成部分。在宗教人力资本模型看来，家庭是宗教人力资本投资的重要场所（Iannccone，1990，1995，1998，Bisin and Verdier，2000），而在宗教社会网络理论看来，家庭也是一个十分重要的社会网络（Lehrer，1998；Sherkat，2004；Albrecht and Cornwall，1989）。虽然两种模型所强调的影响机制有所差异，但是其预期结果是一致的。

Hwang，2010）。Need 和 Graaf（1996）对荷兰人离教时间的研究也表明，大部分离教行为发生在 30 岁以前。但是也有一些研究对比了信仰转型者与非信仰转型者之间的年龄，发现二者之间并不存在差异（Alston，1971）。

第三，一些经验研究也提供了学校受教育程度与宗教信仰转型之间存在正相关关系的推论。Iannaccone（1990，1998）指出，随着孩子受教育水平的提高，其离开父母所信宗教，转信其他宗教的概率就越大。Barro 等人（2010）的研究则表明，国际上信仰转型发生率的差异可以部分地由不同国家居民受教育水平来解释，受教育水平的提高增加了信仰转型发生的概率。但是 Alston（1971）对比了信仰转型者与非信仰转型者之间的受教育程度，并没有发现二者之间有显著的差异。

（五）宗教事后保障模型

虽然都是基于即期消费动机发展起来的理论，但是宗教人力资本模型主要认为宗教信仰选择是为了获取更多的宗教产品，而宗教事后保障模型则认为宗教信仰选择是为了获得更高的社会保障水平。

Chen（2008，2010）首次将宗教组织模型化为一种风险化解制度，并具体设定了宗教事后保障模型（Religious Ex-Post Social Insurance Model）。该模型借鉴了宗教俱乐部模型（Iannaccone，1992；Berman，2000）和非正式社会保障模型（Coate and Ravallion，1993；Kocherlakota，1996；Alvarez and Jermann，2000；Krueger and Perri，2002；Genicot and Ray，2003）。

宗教事后保障模型提出了一种具体的宗教收益形式——社会保障，认为宗教可以为个体提供事后保障。宗教的事后保障功能之所以能够维持，是因为宗教的社会制裁机制能够有效阻止那些正向收入冲击者不再进行宗教参与的行为，而这些人的参与将会为负向收入冲击者提供保障的来源，进而会激励负向收入冲击者进行宗教参与。据此，该模型进一步认为，宗教社会保障功能运行得越良好，那么个体选择该宗教的收益就越大，进而选择该宗教的概率也就越大。影响这一过程的因素主要有：个体所面临的风险和其他替代性的社会保障。风险越高，宗教选择概率就越大，宗教参与和宗教贡献就越高；其他替代性的社会保障水平越高，宗教选择概率就越小，宗教参与和宗教贡献就越低（郑风田等，2010）。

事后保障模型假定，个体收入为 x，其受到正向冲击（H）和负向冲击（L）的概率均为 1/2，$H>L$。个体在受到收入冲击以后，选择宗教参与水平。宗教参与水平可以用宗教贡献比例 Q 表示，$Q\in[0,1]$。教会组织根据成员的相对宗教性 $Q/\bar{Q}$（$\bar{Q}$ 表示教会成员的平均宗教性）重新分配宗教贡献。个体效用函数可以表示为：

$$U_x=u\left[(1-Q_x)\ x+\frac{Q_x}{\bar{Q}}\ (\bar{u})\right]-V\ (\frac{\bar{Q}}{Q_x})\ -C\ (Q_x)$$

其中 U_x 表示受到收入冲击 x 的个体的效用水平；u（.）为收入的标准递增凹函数；V（.）表示社会制裁程度，如果 $Q<\bar{Q}$，则 V（.）$=V\ (\frac{\bar{Q}}{Q})$，如果 $Q\geqslant\bar{Q}$，则 V（.）$=0$；C 为宗教性的显示成本。根据定义 $\bar{u}=\frac{1}{2}\ (HQ_H+LQ_L)$，$\bar{Q}=\frac{1}{2}\ (Q_H+Q_L)$。

由此模型可以得出，（1）$Q_L^* > Q_H^*$，即低收入者的宗教性要高于高收入者。（2）$\frac{\partial}{\partial M}(\frac{Q_L^*}{Q_H^*}) > 0$，M 为收入减少数量。其含义为：当收入冲击越大时，宗教性的差异就越大。（3）当存在其他社会保障时，宗教性未必会随着收入冲击而增加。信贷可得性使得 Q_L^* 下降幅度大于 Q_H^*，因此 $\frac{\partial}{\partial M}(\frac{Q_L}{Q_H}) \mid credit < \frac{\partial}{\partial M}(\frac{Q_L}{Q_H}) \mid nocredit$。

在经验研究中，基于宗教事后保障理论的研究主要关注的是风险和社会保障与宗教信仰选择之间的关系。Idler（1987）指出，长期无法摆脱的生理痛苦可能会导致人们努力寻求一种信仰体系来予以应对。Pargament 等人（2002）的研究表明，消极事件（包括疾病）加强了人们的宗教参与。Ellison 等人（1996）则发现，那些被迫面对疾病、慢性病的人比那些没有健康或者丧失亲人等问题的人成为祈祷者的可能性大 5 倍。Ferraro 等人（2000）的研究也表明，疾病是激发人们宗教诉求的一个重要因素。Chen（2010）利用印度尼西亚在金融危机前后的数据分析发现，人均每月非食物消费支出每下降 1 美元，家庭参加可兰经学习的概率就提高 2%，将孩子转学到伊斯兰学校的概率就增加 1%。郑风田等（2010）使用中国农村调查数据分析发现，疾病是当下农村信仰选择的一个重要决定因素。

与风险相对应的是社会保障。Chen（2010）的研究结果表明，信贷的可获性使得经济危机对宗教委身的影响下降 80%。郑风田等（2010）则直接考察了社会保障与信仰选择之间的关系，发现“新农合”的开展能够有效地降低农村宗教的发展速度，并且“新农合”开展越早的乡村信教比重就越低。

仅就经验研究而言，从对上述文献的回顾可以看出，现有经验研究所识别出的宗教信仰选择影响因素主要有：婚姻、人口流动性、地缘政治网络、年龄、家庭、受教育程度、宗教多元性、信仰管制等，其中比较稳健的因素是年龄、性别、家庭、婚姻，可以用来解释这些因素与宗教信仰选择之间关系的理论包括宗教家庭生产模型、宗教人力资本模型和宗教社会资本理论等。

但是我们并不能据此就认为宗教家庭生产模型、宗教人力资本模型和宗教社会资本理论比其他宗教经济理论更加正确。第一，有关宗教信仰问题的经验研究中存在的两个困难使得其研究结果的可靠性很容易遭到质疑。首先，宗教信仰数据的缺乏以及数据质量的参差不齐（Iannaccone，1998）使得估计结果很容易会因为不同研究者所使用的数据不同而不同。其次，宗教信仰往往度量了许多不可观测的变量，如经济态度等，这样，在估计某个因素对宗教信仰选择影响的过程中往往很容易会遭受到遗漏变量问题，从而使得计量模型的设定形式会对估计结果的稳健性产生影响。

第二，即使假设上述所有经验研究的估计结果都是正确的，这些结果仍然不能证明宗教家庭生产模型、宗教人力资本模型和宗教社会资本理论比其他宗教经济理论更加正确。首先，现有经验研究中直接针对某个宗教经济理论加以检验的文献并不多见。上述经验研究充其量仅仅是检验了理论预期而没有对理论的前提假设等进行更为完整的检验。其次，如果仅从理论预期检验结果的稳健性来评价理论的话，那么解释力越强的理论则更容易被认为是无效的理论。因为解释力越强，理论预期就越多，理论预期越多，经验检验结果不稳健的概率就相对更大。此外，即使是对同一理论的检验，该标准也往往不能得出有效的结果。例如，宗教家庭生产模型所预期的性别与宗教信仰选择之间的关系，在经验研究中结果是稳健的，据此标准，可以认为宗教家庭生产模型是正确的；但是宗教家庭生产模型所预期的收入与宗教信仰之间的关系，在经验研究中结果却是不稳健的，据此标准，则又可以得出判断，宗教家庭生产模型是不正确的。

三　“供给—需求”分析框架

相对于其他社会科学学科，经济学最为显著的特点之一在于，其所有理论构建的基石是一致的——理性人假设，即所有经济主体都是理性的。宗教经济学作为经济学的一个分支，秉持了这一假设。[①] 因此，尽管不同理论所强调的宗教信仰选择的作用机制有所不同，但按照经济学的一般框架来看，这些理论之间是存在着某种关系的。

在宗教理性选择范式看来，信仰选择不是“洗脑”的结果，而是理性选择的结果，人们在进行信仰选择时会考虑收益和成本。Azzi 等人（1975）将宗教信仰选择的收益概括为三点：一是“救赎动机”，宗教可以增加来世消费；二是“消费动机”，宗教可以增加即期消费；三是“压力动机”，宗教可以维持社会整合。

基于宗教理性选择的假定，Barro 等人（2010）指出，信仰转型源自现有宗教信仰（X）与理想宗教信仰（X^*）之间的偏离，二者之间差异可表示为 $\Delta X = | X - X^* |$，制约个体向 X^* 转型的因素有两个：一是信仰转型成本（C），一是由 X 转向 X^* 所得到的效用增加（U）。显然 C 越大，信仰转型的概率就越小；U 越大，信仰转型的概率就越大。个体最终是否进行信仰转型取决于二者间的净收益。

基于上述梳理，本文认为影响宗教信仰选择的因素主要有两个方面，即需求和供给。现有相关理论主要是从这两方面的不同维度来对信仰选择进行解释的。因此，现有宗教经济学关于宗教信仰选择相关理论之间的关系可以用这一“供给—需求分析框架”（参见图 2）来予以概括。从上述理论回顾可以看出，供给维度最先为宗教理性选择范式所重视，之后需求维度也得到了更多的研究。

宗教市场理论是从宗教供给角度来解释宗教参与变化问题的，该理论的核心观点在于，人们对宗教的偏好是一定的，因此宗教需求具有稳定性，信徒数量的变化主要取决于宗教供给，而决定宗教供给的主要因素是宗教市场结构。在现实生活中造成市场偏离完全竞争状态的主要因素是政府对宗教的干预，具体的干预手段是宗教管制和宗教补贴。反映在图形中，宗教需求曲线不会发生移动，宗教市场均衡的变动主要是由宗教供给曲线变化所引起的，而引起供给曲线发生移动的主要因素是宗教管制和宗教补贴。

宗教社会资本理论、宗教家庭生产模型、宗教人力资本模型、事后保障模型等则主要从需求维度来解释宗教参与水平的变化。与宗教市场理论不同，这些理论模型认为宗教需求并不是稳定不变的，在不同的经济环境中，这些需求也是变化的。这些理论模型的实质主要是解释哪些因素会导致宗教需求的变化。

---

① 类似于一般经济学所受到的攻击，将理性人假设运用于宗教信仰研究领域的做法更是招致了许多学者的抨击，其实目前关于宗教信仰选择的理论争论在很大层面上就是对这一假设的争论，也正是因为这一争论形成了宗教社会科学研究的两大范式：心理认知范式和理性选择范式。有关这一假设是否合理的讨论超出了本文的讨论范围，因此本文只回顾归纳在这一假设前提下所发展出来的理论以及经验研究成果本身。

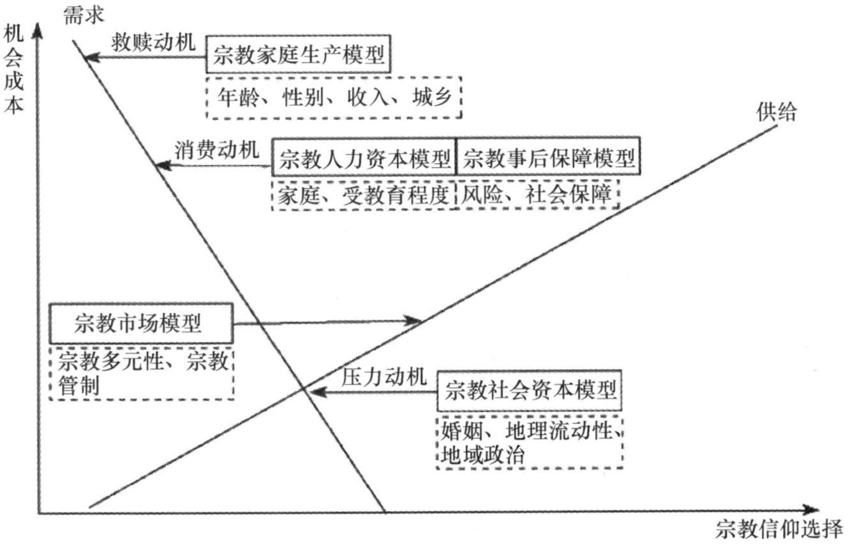

图2　供给—需求框架与宗教信仰选择理论所强调的核心机制及经验因素

注：实线方框是各理论模型，虚线方框内为各理论模型所强调的经验因素。

宗教社会资本理论主要基于宗教的“压力动机”，认为宗教需求主要取决于其所处社会网络的宗教信仰属性，当个体所处的社会网络宗教信仰属性越强时，个体的宗教需求就越大。宗教家庭生产模型主要基于宗教的“救赎动力”，认为宗教参与的机会成本和收益折现是影响宗教需求的重要因素。宗教人力资本模型主要基于“消费动机”，认为个体对世俗产品或者宗教产品的消费量，主要取决于其消费这两类产品的效率，而人力资本则是决定消费效率的重要因素。当个体积累的宗教人力资本越多时，其消费宗教产品的相对效率就越高，因此，其选择宗教信仰的概率就越大。事后保障模型也主要是基于宗教的“消费动机”，认为个体之所以加入宗教组织就是因为宗教组织能够为其带来某种收益，而宗教组织的社会保障功能便是其中的一个重要收益。该收益所能增加的个体效用主要取决于个体能够从世俗社会获取的社会保障强度和其所面临的风险。当个体面临的风险越高，能够从世俗社会获取的社会保障越少时，那么宗教组织所供给的社会保障给其带来的效用就越高，那么个体加入宗教组织的概率就越大，反之亦然。

宗教社会资本理论、宗教家庭生产模型、宗教人力资本模型、事后保障模型等反映在供给—需求框架图形中的情形是，宗教市场上宗教参与水平的均衡发生变化主要是由宗教需求曲线变动所引起的，而导致宗教需求曲线发生变化的主要因素是社会网络的宗教信仰属性、宗教参与的机会成本和收益折现、宗教产品或者服务的消费效率、个体所面临的风险与宗教组织和世俗组织所供给的社会保障水平。

关于各个理论模型所强调的经验因素各自体现为：宗教市场理论强调的宗教信仰选择的影响因素包括信仰管制、宗教竞争程度等；宗教家庭生产模型所强调的宗教信仰选择影响因素包括年龄、性别、城乡、收入等；宗教事后保障模型所强调的影响因素包括风险和社会保障等；宗教人力资本模型所强调的影响因素主要包括家庭宗教性和个体的受教育程度；宗教社会资本模型所强调的影响因素包括婚姻的同质性、地理流动性以及地缘政治等。需要注意的是，虽然某一模型在其提出之初所针对或者所强调的影响因素不尽相同，但是某些因素往往可以用其他理论所强调的作用机制来予以解释，如年龄、受教育程度、城乡等。年龄一方面会通过家庭生产模型所强调的工资率变动和来世预期收益折旧率等影响宗教信仰选择，但是同时年龄也是宗教人力资本积累的重要影响因素。

另外，受教育程度一方面可以通过削弱家庭社会化的影响来影响宗教信仰选择，另一方面也可以通过削弱原有社会网络的影响来影响宗教信仰选择。城乡因素一方面会通过宗教家庭生产模型所强调的农村宗教可替代活动数量影响宗教信仰选择，另一方面也会通过宗教市场理论所强调的信仰管制难度影响宗教信仰选择。由此可见，具体的影响因素可能会通过多种作用机制影响宗教信仰选择，不同的模型只是识别出了其中一种机制。因此，究竟是哪种作用机制的解释力度更大，还取决于研究对象所处的具体环境。

四 主要结论及研究启示

国外宗教经济学研究已经取得了巨大的进展，其中对宗教信仰选择等现象已经发展出了宗教市场理论、宗教社会资本理论、宗教家庭生产模型、宗教人力资本模型和宗教事后保障模型等理论成果。按照传统经济学研究范式，我们可以对这些理论作如下的“供—需”归纳：宗教市场理论是从宗教供给角度建立发展起来的理论；宗教社会资本理论、宗教家庭生产模型、宗教人力资本模型和宗教事后保障模型是从宗教需求角度建立发展起来的理论，其中宗教家庭生产模型主要强调“来世消费”，宗教人力资本模型和宗教保障模型关注“即期消费”，而宗教社会资本模型则着眼于“社会压力”。现有实证研究所强调的宗教信仰选择的影响因素主要包括年龄、性别、受教育程度、收入、家庭与婚姻、风险和社会保障、宗教多元性和宗教管制等，其中比较稳健的因素是年龄、性别和家庭。

需要进一步指出的是，虽然最近几年宗教经济学引起了越来越多学者的重视，取得了诸多研究成果，但是总体而言，该学科仍然是一门新兴的学科，其局限性也十分明显。例如，现有理论仅仅强调了宗教信仰选择的某一种作用机制，即要么只关注供给，要么只关注需求，很少有理论将这两者有机地整合在一起。而现实世界中宗教信仰的选择，如近年来中国社会正在发生的信仰转型，往往是多种因素共同作用的结果，可能同时涉及供给和需求因素。因此，对各种作用机制的进一步整合，如何来形成一个更为完整的既能反映供给因素也能反映需求因素的理论，是宗教经济学未来发展需要进一步解决的问题。

同时，各个理论的经验证据也并不十分充分，甚至相互矛盾。这在一定程度上说明了现有理论的不足。不过需要注意的是，经验研究结论的相互矛盾从另一个方面看，也反映了现有宗教经济学研究领域实证研究的某些不足。这些不足主要体现在以下两个方面：一是数据，即使是在宗教社会科学发展程度较高的西方国家，目前关于宗教的调查相对于其他社会经济调查也依然十分少见，数据质量也存在很大瑕疵（Iannaccone，1998）；二是方法，宗教信仰往往还度量了其他一些不可观察的特征，因此很难识别出相关影响因素对宗教信仰选择的因果性影响（Gruber，2005）。

另外，现有宗教经济学理论大都是针对基督传统宗教——主要以美国为主（Barro et al.，2010；Iannaccone，1998）而建立发展出的理论，因此，其理论能否应用于其他宗教占主体的社会也是一个十分值得探讨的问题。尽管任何理论的构建者如 Stark 和 Finke（2006）所主张的那样，都雄心勃勃地认为或者希望自己理论的适用性不囿于宗教种类，但是由于缺乏其他宗教占主体社会的经验证据，这一理论愿景的实现依旧任重而道远。与西方社会不同，中国宗教主要以普化宗教为主（杨庆堃，2007）；基督传统的宗教具有明显的排他性，而中国传统宗教则不具有排他性（卢云峰，2008；Lu et al.，2010）；此外，国外研究所关注的改宗（改教）主要指的是宗教或者教派之间的转换，而目前中国正在发生的信仰转型主要是无宗教信仰与有宗教信仰之间的转换。由此，不少学者（如卢云峰，2008；Lu et al.，2010；范丽珠，2008，2009）已经开始质疑国外宗教经济学理论对中国宗教的适用性，甚至明确提出在中国宗教研究中应该摒弃其影响。

笔者以为“适用与否”是需要进行严肃的实证检验之后才能得出的判断。然而比较遗憾的是，现有研究中，无论是支持还是反对使用西方宗教经济学来研究中国宗教的各方对此都没有提出有力的证据。此外，中国宗教社会科学的研究一是没有统一的范式，二是缺乏有力的分析工具，这两点已经成为制约中国宗教社会科学发展的重要因素，同时也是中国宗教社会科学与西方宗教社会科学发展存在巨大差距的主要表现。因此，笔者认为，仅仅根据中国宗教的特殊性就完全拒绝西方宗教社会科学理论的做法并不科学。这些理论是否适用于中国宗教发展实践，需要进行严肃认真的检验之后才能作出结论。其实，即使检验的结果表明这些理论不适用于中国宗教发展实践，也可以在检验的过程中，进一步完善、拓展这些理论，这也是推动国内外宗教社会科学发展的一个重要途径。

据此，笔者认为，在立足于中国宗教发展实践的基础上，充分借鉴国外相关理论和经验研究成果，既可以为认识中国宗教提供某种便利的认识途径，有助于加快推进中国宗教社会科学研究，同时，这也可能为拓展和发展现有宗教经济学理论形成较为明确的方向，有益于整个宗教社会科学的发展。借鉴西方宗教经济学的理论成果可以为认识改革开放以来中国“宗教热”提供十分有力和崭新的研究视角。其实目前已经有不少学者进行了这方面的尝试。如 Yang（2006）提出的“三色宗教市场理论”就是基于中国宗教发展实践对西方宗教市场理论的一个拓展。Yang（2006）认为，不同于西方宗教市场，中国宗教市场的宗教管制程度是比较大的，但是他发现，即使是在宗教管制程度较高的时期，中国的信教群众依然有相当的数量。据此，他得出的结论是：宗教管制并没有影响到宗教需求，而仅仅使得信徒的宗教活动从“地上”或者“合法”（红色宗教市场）转为了“半地下”或“半合法”（灰色宗教市场）甚至“地下”或“非法”（黑色宗教市场）。此外，郑风田等（2010）借鉴宗教事后保障理论分析后认为，“新农合”的实施使得人们在面临风险时可以获取的应对资源增加，从而削弱了因风险而求助宗教的动机，其基于实地调查的数据分析在村级层面也发现了这一替代机制的存在。

就后一个方面——即借鉴国外相关理论能为今后研究确立某种方向而言，笔者认为，文中所提及的诸理论或模型对于我们审视当今中国的“宗教热”所可能带来的启发在于：从宗教人力资本理论来看，“宗教热”主要可以视为相对的状况，即是相对于非信教群体而言的，由于信教群体在对后代信仰人力资本的投资力度更大，从而导致了信教群体的信仰代际传递能力要大于非信教群体，进而导致了信教比重逐步增加；宗教社会资本理论对解释中国“宗教热”所提供的一个潜在的新视角是，改革开放以来中国城市化的进程导致了中国社会原有的社会网络被弱化，从而使得民众寻求以新的形式重构原有社会网络的需求加大，宗教需求的增加可能就是这一需求的衍生之一；而宗教家庭生产模型对中国“宗教热”的一个可能启示是中国日益凸显的老龄化现象可能也是推动中国宗教发展的一个重要力量。

参考文献

1. 闭伟宁:《改革开放与基督教在我国沿海农村的变迁——基督教在斜桥镇发展状况调查与思考》,《武汉大学学报》(社会科学版)2001 年第 5 期,第 636—641 页。
2. 程俊飞、刘宪俊:《基督教在晋南农村盛行的实证研究——以晋南 A 村为例》,《山西农业大学学报》(社会科学版)2007 年第 1 期,第 11—16 页。
3. 杜景珍:《当代农村基督教信仰调查》,《中国宗教》2004 年第 1 期,第 53—54 页。
4. 范丽珠:《现代宗教是理性选择的吗? ——质疑宗教的理性选择研究范式》,《社会》2008 年第 6 期,第 90—109 页。
5. 范丽珠:《西方宗教理论下中国宗教研究的困境》,《南京大学学报》(哲学 · 人文科学 · 社会科学版)2009 年第 2 期,第 92—101 页。
6. 卢云峰:《超越基督宗教社会学——兼论宗教市场理论在华人社会的适用性问题》,《社会学研究》2008 年第 5 期,第 81—97 页。
7. 卢云峰:《苦难与宗教增长:管制的非预期后果》,《社会》2010 年第 4 期,第 200—216 页。
8. 卢云峰:《从类型学到动态研究:兼论信仰的流动》,《社会》2013 年第 2 期,第 33—52 页。
9. 吕朝阳:《苏北农村基督教发展现状及其原因分析》,《南京师大学报》(社会科学版)1999 年第 6 期,第 41—46 页。
10. 阮荣平、王兵:《差序格局下的宗教信仰和信任——基于中国十城市的经验数据》,《社会》2011 年第 4 期,第 195—217 页。
11. 阮荣平、郑风田、刘力:《公共文化供给的宗教信仰挤出效应检验——基于河南农村调查数据》,《中国农村观察》2010 年第 6 期,第 72—85 页。
12. 魏德东:《从经济学角度看宗教》,《世界宗教文化》2005 年第 1 期,第 1—4 页。
13. 杨凤岗:《近 30 年美国宗教社会学的发展情况》,《中国农业大学学报》(社会科学版)2010 年第 1 期,第 186—187 页。
14. 杨庆堃、范丽珠:《中国社会中的宗教》,上海人民出版社 2007 年版。
15. 郑风田、阮荣平、刘力:《风险、社会保障与农村宗教信仰》,《经济学》(季刊)2010 年第 3 期,第 829—850 页。
16. Albrecht, Stan L. and Marie Cornwall. 1989. "Life Events and Religious Change." *Review of Religious Research* 31 (1): 23 - 38.
17. Alston, Jon P. 1971. "Religious Mobility and Socioeconomic Status." *Sociology of Religion* 32 (3): 140 - 148.
18. Alvarez, Fernando and Urban Joseph Jermann. 2000. "Efficiency, Equilibrium, and Asset Pricing with Risk of Default." *Econometrica* 68 (4): 775 - 797.
19. Argyle, Michael and Benjamin Beit-Hallahmi. 1975. *The Social Psychology of Religion.* Oxford: Routledge & Kegan Paul.
20. Azzi, Corry and Ronald G. Ehrenberg. 1975. "Household Allocation of Time and Church Attendance." *The Journal of Political Economy* 83 (1): 27 - 56.
21. Barro, Robert J., Jason Hwang and Rachel M. McCleary. 2010. "Religious Conversion in 40 Countries." *Journal for the Scientific Study of Religion* 49 (1): 15 - 36.
22. Berger, Peter L. 1967. *The Sacred Canopy: Elements of a Sociological Theory of Religion.* New York: Anchor Books.
23. Berman, Eli. 2000. "An Economist's View of Ultra-Orthodox Jews." *Quarterly Journal of Economics* 115 (3): 905 - 953.
24. Bibby, Reginald W. 1978. "Why Conservative Churches Really are Growing: Kelley Revisited." *Journal for*

the Scientific Study of Religion. 17: 129 – 137.

25. Bisin, Alberto and Thierry Verdier. 2000. "Beyond 'the Melting Pot': Cultural Transmission, Marriage, and The Evolution of Ethnic and Religious Traits." *Quarterly Journal of Economics* 115 (3): 955 – 988.
26. Cable, Sherry. 1992. "Women's Social Movement Involvement." *Sociological Quarterly* 33 (1): 35 – 50.
27. Chao, Hsing-Kuang. 2006. "Conversion to Protestantism among Urban Immigrants in Taiwan." *Sociology of Religion* 67 (2): 193 – 204.
28. Chaves, Mark and Philip S. Gorski. 2001. "Religious Pluralism and Religious Participation." *Annual Review of Sociology* 27: 261 – 281.
29. Chaves, Mark and James D Montgomery. 1996. "Rationality and the Framing of Religious Choices." *Journal for the Scientific Study of Religion* 35 (2): 128 – 144.
30. Chen, Carolyn. 2005. "A Self of One's Own: Taiwanese Immigrant Women and Religious Conversion." *Gender and Society* 19 (3): 336 – 357.
31. Chen, Daniel L. 2010. "Club Goods and Group Identity: Evidence from Islamic Resurgence during the Indonesian Financial Crisis." *Journal of Political Economy* 118 (2): 300 – 354.
32. Clark, Elmer T. 1929. *The Psychology of Peligious Awakening*. London: Macmillan.
33. Coate, Stephen and Martin Ravallion. 1993. "Reciprocity without Commitment: Characterization and Performance of Informal Insurance Arrangements." *Journal of Development Economics* 40 (1): 1 – 24.
34. Crockett, Harry J., Nicholas Babchuk and John A. Ballweg. 1969. "Change in Religious Affiliation and Family Stability: A Second Study." *Journal of Marriage and Family* 31 (3): 464 – 468.
35. Durkin, John T. Jr. and Andrew M. Greeley. 1991. "A Model of Religious Choice under Uncertainty." *Rationality and Society* 3 (2): 178 – 196.
36. Ehrenberg, Ronald G. 1977. "Household Allocation of Time and Religiosity: Replication and Extension." *The Journal of Political Economy* 85 (2): 415 – 423.
37. Ellison, Christopher G. and Robert Joseph Taylor. 1996. "Turning to Prayer: Social and Situational Antecedents of Religious Coping among African Americans." *Review of Religious Research* 38 (2): 111 – 131.
38. Ferraro, Kenneth F. and Jessica A. Kelley-Moore. 2000. "Religious Consolation among Men and Women: Do Health Problems Spur Seeking?." *Journal for the Scientific Study of Religion* 39 (2): 220 – 234.
39. Fershtman, Chaim, Gneezy Uri and Verboven Frank. 2005. "Discrimination and Nepotism: The Efficiency of the Anonymity Rule." *Journal of Legal Studies* 34: 371 – 394.
40. Fershtman, Chaim and Uri Gneezy. 2001. "Discrimination in a Segmented Society: An Experimental Approach." *Quarterly Journal of Economics* 116: 351 – 377.
41. Finke, Roger, Avery M. Guest and Rodney Stark. 1996. "Mobilizing Local Religious Markets: Religious Pluralism in the Empire State. 1855 to 1865." *American Sociological Review* 61 (4): 203 – 218.
42. Finke, Roger and Rodney Stark. 1998. "Religious Choice and Competition." *American Sociological Review* 63 (5): 761 – 766.
43. Finke, Roger and Rodney Stark. 1988. "Religious Economies and Sacred Canopes: Religious Mobilization in American Cities, 1906." *American Sociological Review* 53 (1): 41 – 49.
44. Finke, Roger and Stark Rodney. 1992. *The Churching of America, 1776 – 2005: Winners and Losers in Our Religious Economny*. New Jersey: Rutgers University Press.
45. Gartrell, C. David and Zane K. Shannon. 1985. "Contacts, Cognitions, and Conversion: A Rational Choice Approach." *Review of Religious Research* 27 (1): 32 – 48.
46. Genicot, Garance and Debraj Ray. 2003. "Group Formation in Risk-Sharing Arrangements." *Review of Economic Studies* 70 (1): 87 – 113.
47. Gould, Roger V. 2003. "Why do Networks Matter? Rationalist and Structuralist Interpretations." *In Social*

Movements and Networks: Relational Approaches to Collective Action. Edited by Mario Diani and Doug McAdam. Oxford University Press: 233 – 257.

48. Granqvist, Pehr. 2003. "Attachment Theory and Religious Conversions: A Review and a Resolution of the Classic and Contemporary Paradigm Chasm." *Review of Religious Research* 45 (2): 172 – 187.
49. Greeley, Andrew M. 1982. "The Failures of Vatican II after Twenty Years." *America*, 146 (February): 86 – 96.
50. Hadaway, C. Kirk, Marler Penny Long and Chaves Mark. 1993. "What the Polls Don't Show: A Closer Look at US Church Attendance." *American Sociological Review* 58 (6): 741 – 752.
51. Hadaway, C. Kirk. 1980. "Denominational Switching and Religiosity." *Review of Religious Research* 21 (4): 451 – 461.
52. Hall, Deana. 1998. "Managing to Recruit: Religious Conversion in the Workplace." *Sociology of Religion* 59 (4): 393 – 410.
53. Hertel, Bradley R. 1988. "Gender, Religious Identity and Work Force Participation." *Journal for the Scientific Study of Religion* 27 (4): 574 – 592.
54. Hoge, Dean R. and David A. Roozen. 1979. *Understanding Church Growth and Decline, 1950 – 1978*. New York: Pilgrim Press.
55. Hoge, Dean R.. 1981. *Converts, Dropouts, Returnees: A Study of Religious Change among Catholics*. New York: Pilgrim Press.
56. Hunsberger, Bruce and Laurence B. Brown. 1984. "Religious Socialization, Apostasy, and the Impact of Family Background." *Journal for the Scientific Study of Religion* 23 (3): 239 – 251.
57. Iannaccone, Laurence R.. 1984. "*Consumption Capital and Habit Formation with an Application to Religious Participation.*" Chicago University: Ph. D. Dissertation.
58. Iannaccone, Laurence R.. 1990. "Religious Practice: A Human Capital Approach." *Journal for the Scientific Study of Religion* 29 (3): 297 – 314.
59. Iannaccone, Laurence R.. 1992. "Sacrifice and Stigma: Reducing Free-Riding in Cults, Communes, and other Collectives." *The Journal of Political Economy* 100 (2): 271 – 291.
60. Iannaccone, Laurence R.. 1995. "Voodoo Economics? Reviewing the Rational Choice Approach to Religion." *Journal for the Scientific Study of Religion* 34 (1): 76 – 88.
61. Iannaccone, Laurence R.. 1998. "Introduction to the Economics of Religion." *Journal of Economic Literature* 36 (3): 1465 – 1495.
62. Idler, Ellen L.. 1987. "Religious Involvement and the Health of the Elderly: Some Hypotheses and an Initial Test." *Social Forces* 66 (1): 226 – 238.
63. Johansson-Stenman, Olof, Minhaj Mahmud and Peter Martinsson. 2009. "Trust and Religion: Experimental Evidence from Rural Bangladesh." *Economica* 76: 462 – 485.
64. Kane, Danielle and Jung Mee Park. 2009. "The Puzzle of Korean Christianity: Geopolitical Networks and Religious Conversion in Early Twentieth-Century East Asia." *American Journal of Sociology* 115 (2): 365 – 404.
65. Kitts, James A.. 1999. "Not in Our Backyard: Solidarity, Social Networks, and the Ecology of Environmental Mobilization." *Sociological Inquiry* 69 (4): 551 – 574.
66. Kluegel, James R.. 1980. "Denominational Mobility: Current Patterns and Recent Trends." *Journal for the Scientific Study of Religion* 19 (1): 26 – 39.
67. Kocherlakota, Narayana. 1996. "Implications of Efficient Rrisk Sharing Without Commitment." *The Review of Economic Studies* 63 (4): 595 – 609.
68. Krueger, Alan B. and Jitka Malekovά. 2003. "Education, Poverty and Terrorism: Is There a Causal Connec-

tion? ." *The Journal of Economic Perspectives* 17 (4): 119 – 144.

69. Kumar, Vikas. A. 2008. "Critical Review of Economic Analyses of Religion." *Indira Gandhi Institute of Development Research, Mumbai Working Papers.*
70. Lehrer, Evelyn L.. 1998. "Religious Intermarriage in the United States: Determinants and Trends." *Social Science Research* 27 (3): 245 – 263.
71. Lofland, John and Rodney Stark. 1965. "Becoming a World-Saver: A Theory of Conversion to a Deviant Perspective." *American Sociological Review* 30 (6): 862 – 875.
72. Lofland, John. 1966. *Doomsday Cult: A Study of Conversion, Proselytization, and Maintenance of Faith.* London: Prentice-Hall.
73. Long, Stephen H. and Russell F. Settle. 1977. "Household Allocation of Time and Church Attendance: Some Additional Evidence." *The Journal of Political Economy* 85 (2): 409 – 413.
74. Long, Theodore E. and Jeffrey K. Hadden. 1983. "Religious Conversion and the Concept of Socialization: Integrating the Brainwashing and Drift Models." *Journal for the Scientific Study of Religion* 22 (1): 1 – 14.
75. Need, Ariana and Nan Dirk de Graaf. 1996. "Losing My Religion: A Dynamic Analysis of Leaving the Church in the Netherlands." *European Sociological Review* 12 (1): 87 – 99.
76. Nunn, Nathan. 2010. "Religious Conversion in Colonial Africa." *American Economic Review* 100 (2): 147 – 152.
77. Pargament, Kenneth I.. 2002. "Is Religion Nothing but. ? Explaining Religion Versus Explaining Religion away." *Psychological Inquiry* 13 (3): 239 – 244.
78. Perl, Paul and Daniel V. A. Olson. 2000. "Religious Market Share and Intensity of Church Involvement in Five Denominations." *Journal for the Scientific Study of Religion* 39 (1): 12 – 31.
79. Phillips, Rick. 1998. "Religious Market Share and Mormon Church Activity." *Sociology of Religion* 59 (2): 117 – 130.
80. Pressey, Sidney Leavitt and Raymond G. Kuhlen. 1957. *Psychological Development Through the Life Span.* New York: Harper & Row Press.
81. Rochford, E. Burke. 1985. *Hare Krishna in America.* New Brunswick: Rutgers Universty Press.
82. Roof, Wade Clark and William MacKinney. 1987. *American Mainline Religion: Its Changing Shape and Future.* New Jersey: Rutgers Universty Press.
83. Schussman, Alan and Sarah A. Soule. 2006. "Process and Protest: Accounting for Individual Protest Participation." *Social Forces* 84 (2): 1083 – 1108.
84. Sherkat, Darren E. and Shannon A. Cunningham. 1998. "Extending the Semi-Involuntary Institution: Regional Differences and Social Constraints on Private Religious Consumption among African Americans." *Journal for the Scientific Study of Religion* 37 (3): 383 – 396.
85. Sherkat, Darren E. and Wilson J.. 1995. "Preferences, Constraints, and Choices in Religious Markets: An Examination of Religious Switching and Apostasy." *Social Forces* 73 (3): 993 – 1026.
86. Sherkat, Darren E.. 1991. "Leaving the Faith: Testing Theories of Religious Switching Using Survival Models." *Social Science Research* 20 (2): 171 – 187.
87. Sherkat, Darren E.. 2004. "Religious Iintermarriage in the United States: Trends, Patterns, and Predictors." *Social Science Research* 33 (4): 606 – 625.
88. Smilde, David. 2005. "A Qualitative Comparative Analysis of Conversion to Venezuelan Evangelicalism: How Networks Matter." *American Journal of Sociology* 111 (3): 757 – 796.
89. Smilde, David. 2007. *Reason to Believe: Cultural Agency in Latin American Evangelicalism.* Berkeley: University of California Press.
90. Smith, Adam. 1965. *An Inquiry into the Nature and Causes of the Wealth of Nation.* New York: Modern Library.

91. Smith, Ian and John W. Sawkins. 2003. "The Economics of Regional Variation in Religious Attendance." *Applied Economics* 35 (14): 1577 – 1588.

92. Song, Lihong and Yunfeng Lu. 2010. "Religion and Society: Cross-Cultural Communication." *Social Sciences in China* 31 (1): 198 – 216.

93. Staples, Clifford L. and Armand L. Mauss. 1987. "Conversion or Commitment? A Reassessment of the Snow and Machalek Approach to the Study of Conversion." *Journal for the Scientific Study of Religion* 26 (2): 133 – 147.

94. Stark, Rodney. 1997. "German and German American Religiousness: Approximating a Crucial Experiment." *Journal for the Scientific Study of Religion* 36 (2): 182 – 193.

95. Stark, Rodney and Charles Y. Glock. 1968. *Patterns of Religious Commitment.* Berkeley: University of California Press.

96. Stark, Rodney and James C. Mccann. 1993. "Market Forces and Catholic Commitment: Exploring the New Paradigm." *Journal for the Scientific Study of Religion* 32 (2): 111 – 124.

97. Stark, Rodney and William Sims Bainbridge. 1996. *Religion, Deviance, and Social Control.* London: Psychology Press.

98. Stark, Rodney and Roger Finke. 2000. *Acts of Faith: Explaining the Human Side of Religion.* Berkeley: University of California Press.

99. Stump, Roger W.. 1987. "Regional Variations in Denominational Switching Among White Protestants." *The Professional Geographer* 39 (4): 438 – 449.

100. Ulbrich, Holley and Myles Wallace. 1983. "Church Attendance, Age, and Belief in the Afterlife: Some Additional Evidence." *Atlantic Economic Journal* 11 (2): 44 – 51.

101. Ulbrich, Holley and Myles Wallace. 1984. "Women's Work Force Status and Church Attendance." *Journal for the Scientific Study of Religion* 23 (4): 341 – 350.

102. Voas, David, Alasdair Crockett and Daniel V. A. Olson. 2002. "Religious Pluralism and Participation: Why Previous Research is Wrong." *American Sociological Review* 67 (April) 212 – 230.

103. Welch, Kevin. 1983. "Community Development and Metropolitan Religious Commitment: A Test of Two Competing Models." *Journal for the Scientific Study of Religion* 22 (2): 167 – 181.

104. Williams, Duncan Ryuuken and Christopher S. Queen. 1999. *American Buddhism: Methods and Findings in Recent Scholarship.* Richmond: Surrey Curzon.

105. Yang, Fenggang and Joseph B. Tamney. 2006. "Exploring Mass Conversion to Christianity among the Chinese: An Introduction." *Sociology of Religion* 67 (2): 125.

106. Yang, Fenggang. 2006. "The Red, Black, and Gray Markets of Religion in China." *Sociological Quarterly* 47 (1): 93 – 122.

107. Zaleski, Peter A. and Charles E. Zech. 1995. "The Effect of Religious Market Competition on Church Giving." *Review of Social Economy* 53 (3): 350 – 367.

108. Zhang, Xuefeng. 2006. "How Religious Organizations Influence Chinese Conversion to Evangelical Protestantism in the United States." *Sociology of Religion* 67 (2): 149 – 159.

（原载《社会》2013 年第 4 期）

早期佛教与婆罗门教的差异和融合及相关影响

严耀中[*]

一个新的宗教兴起，即是对同一个文化领域里的旧有信仰之标新立异，这当然也是对旧有信仰体系的重大挑战，两者之间产生重大矛盾和激烈的冲突是应有之义。2500多年前佛教在印度诞生时，它与原来的婆罗门信仰之间爆发的就是这样的冲突。正如麦克斯·缪勒所说："实际上，佛教只有作为婆罗门教的发展和反作用才是可以理解的。"① 由于篇幅的关系，本文主要谈及的是那些与后来佛教传入中国相关的部分。

佛教与婆罗门教的差异，可分为两个层面：一个是在教义的理论层面；另一层面便是宗教在实践中所形成的形态，主要指其组织形式和修行方式。当然，这两个层面是交错的。本文就这两方面的主要差别略言之。

一

佛教与婆罗门教在理义上最主要的差异，在于佛教通过因缘和合观念的推导，归结出"三法印"和"四谛"等概念，② 进而建立色即如空、空即如色的性空论。空即是色，便有万象；色即是空，万象之"有"则系假，假有是不应该被执着的。而婆罗门教以梵为本体滋生万物，则梵为非空。梵既非空，无现象则无本体，是故现象界亦非空系有。因此人的存在，各色人的存在都系梵有之派生而具有合理性。人作为存在之一，只有向最高和最根本的存在梵回归，才能得到永恒。

佛教和婆罗门教之间在理念上的一些分歧，都是从这个基点上展开的。

首先，对婆罗门教而言，神圣的梵既然是所有万物之本源，一切都可以在梵的层面上统一起来。由于源于梵的包罗万象、变化无穷，因而梵之底下是"一种不断变化的生活的统一"，"印度教几乎把形形色色的信仰和教义都纳入了它的体系之中，并且把它们当作是精神努力的真实表现，不管它们看起来是怎样的对立"③。由此就使种姓制度具有合理性，若云梵天"从自己的口、臂、腿、足，创造了婆罗门、刹帝利、吠舍和首陀罗"，而"婆罗门因为从最高贵的肢体所生，因为首先被产生，因为掌握经典，理应为一切创造物的主人"④。而婆罗门教之得名，与其信奉"婆罗门至上"的观念相关。

---

* 严耀中，复旦大学文史研究院特约研究员、教授。

① 麦克斯·缪勒：《宗教的起源与发展》第3章，中译本，上海人民出版社1989年版，第94页。

② 三法印：诸行无常，诸法无我，涅槃寂静；四谛：苦谛、集谛、灭谛、道谛。

③ A·L. 巴沙姆：《印度文化史》第7章，中译本，商务印书馆1999年版，第91、89、102页。该章为S. 拉达克里希南所撰。

④ 《摩奴法典》第1卷，中译本，商务印书馆1982年版，第12、21页。

由于“婆罗门至上”是指出身于婆罗门种姓的人最高贵，被置于社会的顶层，但这种地位是属于精神的、宗教的，而非世俗经济的。[①] 这是由于能阅读《吠陀书》和掌握这些知识的人就是婆罗门，如“只有婆罗门才有权利诵习圣典《吠陀》”[②]。婆罗门不仅由此掌管祭祀诸神，这在古代是极其重要的，他们也就掌握着表示神意的话语，而且被人们视为博学的智者，这也是与宗教和哲学互相结合的形态相适应的。所以婆罗门教认为“婆罗门、刹帝利、吠舍和首陀罗的行动，按照他们各自本性产生的性质加以区分”[③]，绝对不能混淆。从后来佛教在中国被迫接受君权至上的情况看，婆罗门教的这个原则在中土是绝不会被容忍的。

而佛教则是一个由佛陀阐发的理念发展起来的宗教，超越阶层和习俗。佛家从认识“性空”的基础上，推演出平等的观念，以无争求解脱成为一种修行，讲究和平也成了佛教一大特色。“种族平等的沙门文化，必然地成为反婆罗门教的。”[④] 于是佛教反对婆罗门至上，一大主要点是关于有无超越的平等性。因为在佛教看来，婆罗门纵使出身高贵，其存在也不过是一种假有，从性空的角度看，其与首陀罗等低种姓，本质上也无二无别。“佛陀的主要目的是要用纯道德标准来代替世袭特权，确认在自然律面前一切众生平等，确认他们在他所发现的宇宙缘起条件范围之内具有享受他们自己命运的平等自由权利”，进而“一切人生而平等，与众神与上帝自己也是平等的。他们变成什么样子依赖于他们自己的行为。婆罗门关于人类的不同种族和种姓即阶级的来源的神话都是无意义的胡说八道”[⑤]。而佛教“不重视种姓差别这件事本身就是对婆罗门的反抗”[⑥]。这样，教义的分歧与社会的现实利益上的冲突结合了起来，成为二教之间最根本的矛盾。但由“性空”而导致平等的观念却容易使佛教和其他的宗教或文化相结合。

其次，就婆罗门教而言，“‘欲’是一种冲动，是创造性的，以大梵天（更早是‘生主’）为象征。印度宗教哲学从来就肯定‘欲’的存在，无论讲出世或入世都一样”[⑦]。而佛教认为“一切皆苦”的源头就在于“欲”，无明的冲动就来自于欲，故要“务苦脊其身，自身、口、意，莫不有禁”[⑧]。“性空”说是对“欲”之合理性，来一下釜底抽薪。

说到无明，姚卫群先生认为在“无明”的问题上，婆罗门教与佛教主要有两点差别。其一是对什么是无明的理解上。在佛教看来，“所谓无明主要是不明了佛教的缘起思想，不理解事物的无自性或性空观念”，而婆罗门教认为，“所谓无明主要是不能理解事物在本质上就是最高实体（如梵），不知道没有真正独立于最高实体的东西”。其二是关于如何消除的智慧。佛教的“基本倾向或主流思想都与缘起理论有关，都否定有根本的真正唯一实在的实体”。而婆罗门教“都承认有实在的根本实体”，在此前提下才会有各种除

---

① 婆罗门可以从事高低不同的各种职业，可以贫但不可以贱。如此使婆罗门种姓成员并不构成马克思所谓的“阶级”，与其他种姓之间的差别也不属于“阶级矛盾”。这反而有助于种姓制度之维持和婆罗门教在印度社会中的纽带作用。

② 《婆罗门》，载《泰戈尔诗选》，中译本，人民文学出版社 1994 年版，第 210 页。

③ 《摩诃婆罗多·毗湿摩篇》，黄宝生译本，译林出版社 1999 年版，第 191 页。

④ 印顺：《佛教之兴起与东方印度》，载《印度佛教论集》，中华书局 2010 年版，第 250 页。

⑤ 渥德尔：《印度佛教史》第 6 章，中译本，商务印书馆 2000 年版，第 150、151 页。

⑥ 季羡林：《原始佛教的历史起源问题》，载《佛教与中印文化交流》，江西人民出版社 1990 年版，第 10 页。

⑦ 金克木：《略论印度美学思想》，载《梵佛探》，河北教育出版社 1996 年版，第 144 页。

⑧ 《苏东坡全集》卷 31《中和胜相院记》，中国书店 1986 年版，第 379 页。

去无明的智慧。[①] 其实这二者的根本区别在于现象的本体是实有还是假有。

从姚氏的观点延伸，对“无明”的不同理解其实包含着更深的观念分歧。佛家学说中的无明，类似于亚里士多德所讲存有论中的“动力因（efficient cause）”。不管佛教在讲哪一种缘起，诸法之生成过程（becoming process）中，都是因无明而缘起。无明是将色界“从其潜能的状态变为一个现实状态”[②]。所以佛家的“无明”概念是属于本体论的范畴。与此对照，婆罗门教里的“无明”则属于认识论的范畴。因此消解无明的智慧也就不在一个层面上了。在认识论层面上的各种智慧、知识和理性等等，都是可陈述或阐述的。而本体论层面上的智慧却难以言说，佛家称之为般若智。按牟宗三先生的说法，“般若智”不能用 wisdom 去了解，它跟西方哲学“纯粹理智的直觉（intellectual intuition）相等”[③]。其智慧的表现在于“必须从主体方面，通过存在的实感而被呈现或被展示，这是不能用语言或概念加以分析的”[④]。这种思维的方式和中国人喜欢以直观来推断的习惯很相似。

和婆罗门教种姓观念与佛家平等观的矛盾相关的是“轮回”说。虽然以婆罗门教、佛教和耆那教为代表的印度宗教，都信奉着有同有异的轮回说，“轮回是奥义书以降印度底共通信仰，把解决这个问题，看作所有的宗教哲学底最终目的”[⑤]。不过佛教与婆罗门教在关于轮回的解说上是不同的。

在现实社会里由于婆罗门身份之认定在于种姓，即在于血缘关系，并因此确立其社会地位，形成人与人之间天生的不平等关系。“婆罗门教有一个关于生死相续之基本的哲学概念”，即“一个人的家庭、父母、种姓等，都是根据其前世业因预定的”，“一个人今世之所为决定了他下世投生在那个种姓”。如“一个生在首陀罗家庭的人在现世做好人，在来世就会收到回报，生在一个高等种姓的家里”[⑥]。在佛教早期的轮回观里，以因缘和合角度视之，处于轮回中的诸有情，是不存在主体的，犹如泥人被解体后，粉碎之泥粒散归大块，当大块里再缘起一个有情时，其和先前之有情并无主体承袭的关系。故而“佛教的理论是人要凭德行定高低”[⑦]，和婆罗门教观念有着一条明确的分界线。但应该注意的是，佛教传入中国后，在华夏传统祖先崇拜英灵长存观念影响下，接受的是源于婆罗门教的有主体轮回说。

婆罗门掌握着印度社会的主流话语权，所以早期佛教与婆罗门教的教义分歧还表现在话语上。“对婆罗门教来说，梵语是神圣的语言。在最初，宗教、哲学、文学、艺术，甚至医学、天文学等方面的书籍都是用梵语来写的”，而“佛教和耆那教一兴起，为了对抗婆罗门教，争取群众，立刻就否定梵语的神圣地位，而采用俗语作为经堂语言。佛教和耆那教的经典都是用俗语写成的，同婆罗门教使用梵语形成了鲜明的对照”[⑧]。季羡林先生

---

① 参见姚卫群：《佛教与婆罗门教的“无明”观念比较》，《西南民族大学学报》2010 年第 4 期。

② 牟宗三：《四因说演讲录》，上海古籍出版社 1998 年版，第 3、195 页。

③ 同上。

④ 牟宗三：《中国哲学十九讲》之十六，上海古籍出版社 1997 年版，第 336 页。

⑤ 黄忏华：《印度哲学史纲》第 1 篇第 2 章，商务印书馆 1935 年版，第 29 页。

⑥ S. K. Kulkarni：Hinduism—Triumphs and Tribulations，Indus Source Books，Mumbai，2008，pp. 113、114.

⑦ 金克木：《梵语文学史》第 2 编第 5 章，江西教育出版社 1999 年版，第 179 页。这里的“德行”与“高低”，当就现世而论。

⑧ 季羡林：《“沙恭达罗”译本新序》，《中印文化关系史论文集》，生活·读书·新知三联书店 1982 年版。

还认为，因此佛陀不用梵语而“用摩揭陀语说法，是意中事”①。从更具体的层面说，“以文体论，释氏之所谓‘经’多讲论述之文，与婆罗门修多罗之为短句奥义，文体迥异”，而“释氏书原多不称经，佛徒汉译，附以‘经’名者不一而足，乃借汉名以尊重其书。婆罗门之经（《修多罗》），大都为极简质之语句，非有注疏，义不能明，故经与疏往往合刊。又其注疏之体裁，每因对话方式，假为一问一答，究元决疑，覃极阃奥，亦与汉土经疏不尽相同”②。两种文体比较起来，还是佛教的更接近汉语。

二

与教义上的异见相联系，佛教在其诞生之初，在宗教形态上和婆罗门教也迥然有别。而且主要是针对所谓婆罗门教的三大特点。在“所谓婆罗门教确立时代，即婆罗门当时三大纲领：吠陀天启主义、祭祀万能主义、婆罗门至上主义作为教义的树立”③。三者互相交叉，所以佛教要在同一文化地域内后来居上，必须要在这三方面与婆罗门教针锋相对。

婆罗门教的思想依据来自于《吠陀书》。该书是公元前2000年活动在印度西北部的雅利安（Aryan）人的语言所写成的文献，《梨俱吠陀》《莎摩吠陀》《阿闼婆吠陀》《夜柔吠陀》等合成最古的吠陀本集。这些吠陀书以及阐释它们的《奥义书》《梵书》《森林书》④ 等统称为吠陀文献。由于这些吠陀书凝聚着古代雅利安人的知识和智慧的精华，“吠陀”（Veda）的本义就有智识之意，积淀着当时雅利安人最先进也是最实用的各种知识，所以便被他们视为神圣的天书。于是最早的婆罗门教也被称为吠陀教。而“佛教由《吠陀》之教反激而成者”，若“以《吠陀》教为正，则原始佛教为反，而合乎大乘。以大乘为正，则密乘为反，而合乎印度教诸宗”⑤。前文所说的佛教与婆罗门教在教义上的对立，实际上也是与诸吠陀书文献中思想观念的分歧。

另一个与教义相关的突出分歧点是关于祭祀。在婆罗门教里，祭祀是所有精神力量的来源。“印度教从根本上来说，只是在人的世界与超越的世界之间建立起联系的一系列技术。”⑥ 还因为婆罗门的地位显然与祭祀活动有关，“唯是婆罗门，《黎俱》之祭司”⑦。任何民族的早期信仰中都很重视祭祀，但雅利安人对祭祀之目的性似乎特别明确。因为“在民族宗教的时代，祭祀体系在社会生活中具有中心意义，有关社会生活的规定也被包含在祭祀体系当中。在古代印度，有关社会秩序（梵 dharma，规范）的学问就被包含在祭祀学问（Kalpa）当中”⑧。在婆罗门教看来，“众生的躯体靠五谷滋养，五谷靠雨水生长。雨水因祭祀的举行而降，祭祀则来自规定职责”。反之，“谁在人生中不遵从韦达经

---

① 《三论原始佛教的语言问题》，《季羡林论佛教》，华艺出版社2006年版，第125—126页。

② 饶宗颐：《华梵经疏体例同异析疑》，《梵学集》，上海古籍出版社1993年版，第269、261、262页。

③ 高楠顺次郎、木村泰贤：《印度哲学宗教史》第2篇第1章，昭和廿三年，第222页。

④ 黄忏华先生认为：“净行书、森林书、奥义书三种有时相混，而自有别存底形式。”见氏著《印度哲学史纲》第1篇第3章，第31页。

⑤ 徐梵澄：《五十奥义书》“译者序”，《五十奥义书》，中国社会科学出版社1995年版，第5、6页。

⑥ 沙尔玛：《印度教》，张志强译本，上海古籍出版社2008年版，第41页。

⑦ 《唱赞奥义书》，《五十奥义书》，徐梵澄译本，第169页。

⑧ 中村元：《比较思想论》第4章，中译本，浙江人民出版社1987年版，第211页。

规定的祭祀循环，谁的生活无疑会充满罪恶”①。

不过“婆罗门教那么重视的宗教祭祀和献礼方面，我们将会看到佛陀完全无条件的反对，视为社会的祸害”②。金克木先生指出其中的一个重要原因，“‘婆罗门’重祭祀，就是要屠宰牲畜”，若据“婆罗门法，天祀中应杀生啖肉”③。而“‘沙门’（佛教与耆那教）重戒杀，反对祭祀，就是反对屠宰牲畜”④。因为“婆罗门法，天祀中应杀生啖肉”，理由是“此生在天祀中死故，得生天上”⑤。即祭祀予死亡以神圣的意义，诸被杀之有情由此虽死犹生，且能生于天上，故在祭祀中杀生当然就不是一件罪过，“若祠祀者，咒羊杀之，羊必升天”。但佛教驳斥执祭的婆罗门道：“汝今何故不自咒身杀以祠祀求升天耶？何故不咒父母知识妻子眷属而尽屠害，使之升天？不灭己身，但杀羊者，当知皆是诸婆罗门欲食肉故，妄为是说。”⑥ 对于儒家思想已占统治地位的中国来说，佛教的主张更可取些，因为这符合农耕经济豢养牲口成本高的因素，后来梁武帝进一步用官府之力令僧侣素食，可反证佛教更适合中国国情。

与重视祭祀相关的是看重符咒，所以也成了两者的分界线。在婆罗门教神话里，“婆罗门的咒语具有无比的威力，可以改变一个人的命运，甚至连天神也常常是他们诅咒的受害者”⑦。而佛陀是反对咒符之类的。如《十诵律》卷9云：“又比丘往语婆罗门子，比丘言：汝婆罗门种，用出家受戒为。汝应学《围吠经》，教他学；自作天祠，亦教他作。学饮食咒、蛇咒、疾行咒、鸲罗咒、犍陀罗咒，如是种种婆罗门技术，汝应学。轻毁心故，一一语突吉罗。”

祭祀的对象是神祇。婆罗门教所崇拜的，是从各地方神祇里上升为三大主神的湿婆、毗湿奴和梵天，它们一开始便具备完全的神格，更不用说作为最高存在的梵了。而佛教徒一开始所崇拜的对象是佛陀，是一位有着巨大人格魅力的导师和精神领袖，一个从凡人依自力而升华的伟大觉者。且二者对比，《吠陀》神话中的人神相杂，是由神而人格化，佛教则是由人而努力成为觉者而呈现神通。这是两者非常重要的一个分歧点，因为后者更接近于中国的人神关系。中国由于祖先崇拜，而认同于有德有功者升华为神。⑧

也由于教义上的差异，使得信徒在社会各阶层中的分布有着不同的比例。尤其是因为低种姓者，甚至是一些低于婆罗门种姓的统治者也难以认同婆罗门至上的观念。于是在很多情况下形成“在王室宫廷和城市中占支配地位大佛教与仍由各地的众多婆罗门家庭为代表的正统婆罗门教之间的竞争”⑨。这导致了两者在宗教形态上的一大区别。婆罗门教的宗教骨干是出自于同一种姓的成员，他们虽然受到了很好的宗教和文化教育，但是彼此之间的联系仅仅是在种姓上的认同。婆罗门则以获得梵的更多联系和能量为目的之一，所以“婆罗门大都是分散在社会上活动的，只有师徒传授和同种姓的关系。有的在森林中

---

① 《博伽梵歌》第3章，嘉娜娃译本，陕西师范大学出版社2007年版，第74、76页。韦达，吠陀之另一译名。

② 渥德尔：《印度佛教史》第5章，第141页。

③ 鸠摩罗什译：《大智度论》卷3《释初品中住王舍城》，台北：佛陀教育基金会2000年版，第89、90页。

④ 金克木：《古代印度唯物主义哲学管窥——兼论“婆罗门”、“沙门”及世俗文化》，《梵佛探》，第302页。

⑤ 鸠摩罗什译：《大智度论》卷3《释初品中住王舍城》，台北：佛陀教育基金会2000年版，第89、90页。

⑥ 竺律炎、支谦共译：《摩登伽经》卷上“明往缘品第二”，《大正新修大藏经》第21册。

⑦ 薛克翘：《中印文学比较研究》第4篇，昆仑出版社2003年版，第210页。

⑧ 严耀中：《中国宗教与生存哲学》第3、4章，学林出版社1991年版。

⑨ 赫尔曼、库尔克、迪特玛尔·罗特蒙特：《印度史》第2章，中译本，中国青年出版社2008年版，第100页。

建立一种类似村社的生活基地的，称为仙人，也没有组织”①。

而称之为沙门的佛教徒一起修行是为了更好地抑制欲望冲动而追求解脱，所形成僧团能够有助于更好地理解教义和获得更多的制约，实行八正道，所以修行的过程主要是在社会的场景里进行的。参加佛教僧团的信徒出自于不同的种姓和地域，为了将他们聚集在一起，也为了捍卫自己一些独特的理念，于是佛陀为本教教徒设立了戒律。可以说，佛教最初的那些戒律，在很大程度上是针对着体现婆罗门教观念的生活方式。然而正是印度佛教的这些清规戒律“将僧俗行事，加以清楚的区分”，于是佛教“在一般印度人民的日常生活，没有扮演过什么必要而重要的角色，其后信徒的减少，正好说明了这种事实”②。因为佛教在成立之初，如何与婆罗门教划清界限是确立一个新的宗教的首要任务。由于婆罗门教在印度作为一种社会性的宗教，渗透在绝大多数印度人的生活方式中。“印度哲学底一般的特质，是拿思想和生活一致做理想。”③ 由此却给佛教带来了优势，即若埃利奥特所云：“佛陀的伟大实际成就，就是建立了一个宗教团体”，“他的宗教之所以能够持久，主要是因为有这个组织。④

有组织就有推动外出传教的集体力量，而超脱某一特定文化习俗的戒律，更容易和其他文化结合。这二者加起来，恐怕是佛教而不是婆罗门教能走出印度成为世界性宗教的一个重要原因。

三

作为同一个文化地域产生的佛教和婆罗门教，当然会有很多共通的东西，如佛陀创建佛教之初，就在俗谛的层面上，“乔达摩和他的追随者接受了当时流行的印度宇宙观，它包含了由无数天神和恶魔主宰的天堂、地狱的庞大的等级制度。这种信念反映在多处巴利文经典中”⑤。又据《佛本行经》，佛陀为太子时，阅遍六十四种书，其中包括“梵天所说之书”⑥，其他的大多数也是来自于婆罗门教的文化。本文拘于篇幅，主要从上述的两教差异的地方，说及后来如何得到相当程度的融合。由于本文主要依据汉译佛教文献来讨论，所以比较着眼于佛教对婆罗门教内容的吸收。但不管是谁吸收了谁的东西，两者的共同点因此而增加，如果说中国佛教因此而显得丰满，那么在印度则是为佛教最后被婆罗门教所同化创造了条件。

向对立面转化是矛盾斗争的一种重要形式，其结果往往是我中有你，你中有我。佛教从小乘到大乘，再到密教，既是佛教不断发展的过程，在整个印度社会文化的背景中，又未免不断地被婆罗门教因子所渗透。与大乘佛教的发展几乎同步的是佛教经典的梵语化，如龙树的著作全都是梵语所写成。“佛典的梵语化，不仅使佛教对婆罗门教的影响增大

---

① 金克木：《梵语文学史》第2编第1章，江西教育出版社1999年版，第74页。

② 冉云华：《从印度佛教到中国佛教》，《震山韩基斗博士华甲纪念论文集》，圆光大学出版社1993年版，第837页。

③ 黄忏华：《印度哲学史纲》“绪论”，商务印书馆1935年版，第2页。

④ 查尔斯·埃利奥特：《印度教与佛教史纲》第3篇第11章，中译本，商务印书馆1982年版，第342页。

⑤ 约翰·希克：《宗教之解释——人类对超越者的回应》第15章，中译本，四川人民出版社1998年版，第298页。

⑥ 《法苑珠林》卷9引，周叔迦、苏晋仁校注本，中华书局2003年版，第332页。

了，而且反过来使婆罗门教对佛教的影响也增大了。”[①] 所以当汉译佛典越来越多地采用梵语本为底本时，就亦可能更多地接受婆罗门教的因子，从词语到观念。以至汤用彤先生认为“达摩‘四行’非大小乘各种禅观之说，语气似婆罗门外道，又似《奥义书》中所说。[②]

后来大乘佛教也是如此，以致“昔者于阗诸部谓《道行经》为婆罗门书，乌荼小乘谤大乘学作空花外道”[③]。这些小乘僧众可能言过其实，但大乘经典中也应该有一些早期佛教中所未有而与婆罗门教相近或相同的东西，如“随着印度婆罗门教‘七世父母（七代的父母）’的思想混入佛教，一部分佛经中也开始论述‘七世父母’的救济。西晋和东晋初期翻译的佛典之中，例如译者不明的《佛说报恩奉盆经》和《般泥洹后灌腊经》，都是论述救济‘七世父母’的经典”[④]。尤其是一阐提皆有佛性说的出现，理论上可证魔界即是佛界，因“如来秘藏其味亦尔，为诸烦恼丛林所覆，无明众生不能得见，一味者喻如佛性，以烦恼故出种种味，所谓地狱、畜生、饿鬼、天人、男女、非男非女、刹利、婆罗门、毗舍、首陀，佛性雄猛难可沮坏，是故无有能杀害者。若有杀者，则断佛性。如是佛性，终不可断。性若可断，无有是处。如我性者，则是如来秘密之藏。如是秘藏，一切无能沮坏烧灭”[⑤]。

又如佛经中所谓三十二相是表现佛陀伟力的标志，“三藏经典中一再提到关于这些标志的知识是婆罗门教养的一部分”[⑥]。而“佛教的大乘思潮受到了奥义书的影响”[⑦]。佛教中“所谓生死、轮回、菩提、涅槃皆外道固有之说，佛特别出新义，至于言及世间，则尤漫从其俗而已”[⑧]，所以佛教与婆罗门教之间的斗争与融合，更是有形而频繁。以佛家角度说，吸收对方的东西为我所用，是相合的最主要方面。可以说这个过程贯穿于整个印度佛教，而新婆罗门教从旧婆罗门教中脱颖而出时，对佛教理论的吸收也是很关键的。“大乘佛教对印度教发展的影响是重要的。”[⑨] 另一方面是相斥带来的互相促进，大约到了公元4世纪前后，“佛教徒纷纷摒弃俗语，采用印度贵族语言梵语”[⑩]，如《妙法莲华经》“原是口语，后来佛教徒为了跟婆罗门教相争，要提高自己地位，于是把口语改成梵文”[⑪]。

从过程而言，两者的融合有着一个很长的历程，但其中有两个比较重要的节点。其一是大乘有宗的出现，其二是密教的形成。因为前者关于佛性的学说接近了梵我一致。大乘有宗的所谓“真常净心，易与婆罗门之梵我相杂，而其时又适为婆罗门教复兴，梵我论

---

① 佐佐木教悟等：《印度佛教史概说》第11章，中译本，复旦大学出版社1989年版，第70页。

② 见《汤用彤致胡适书》，《胡适学术文集·中国佛学史》，中华书局1997年版，第35页。

③ 《宋高僧传》卷13《习禅篇论》，范祥雍点校本，中华书局1987年版，第319页。

④ 小林正美：《中国的道教》第2章，王皓月译本，齐鲁书社2010年版，第132页。

⑤ 昙无谶译：《大般涅槃经》卷7《如来性品第四之四》，《大正新修大藏经》第12册。

⑥ 查尔斯·埃利奥特：《印度教与佛教史纲》第3篇第15章，第448页。

⑦ 舍尔巴茨基：《大乘佛学》第18章，中译本，中国社会科学出版社1994年版，第133页。

⑧ 梁漱溟：《印度哲学概论》第1篇，上海人民出版社2005年版，第10页。

⑨ T. Richard Blurton, *Hindu Art*, The British Museum Press, London, 1992, p. 30.

⑩ 林梅村：《寻找楼兰王国》第23章，北京大学出版社2009年版，第174页。

⑪ 《中国的梵文研究》，《周一良学术论著自选集》，首都师范大学出版社1995年版，第436页。

大成于世，佛陀渐与梵天同化矣"[①]。"梵我不二说，在奥义书底初期，已经是定说。"[②]《薄伽梵歌》也说："不可毁灭的超然生物称为梵，其永恒的本质称为自我。"[③] 大乘佛教则宣称"一切众生皆有佛性"，并由此衍变出来的"阿赖耶识"概念。由于作为种子的受染阿赖耶识近似一般所指认的灵魂，故其与净态之阿赖耶识的关系十分接近婆罗门教中"灵魂和梵同为一体"之说。查尔斯·埃利奥特指出："旧派佛教曾经严厉批判和否认过这一学说，但是这个学说在后期佛教中再度出现，说明它支配了印度人的气质。在后期佛教中，佛陀以惊人的变化，被认为和宇宙精神同为一体。"[④] 中国佛教的唯识宗被认为最具印度色彩，或许与此有关。在佛国和净土思想方面，"叙及天国之乐，《梨俱吠陀》以刻画物质方面，《阿闼婆吠陀》更为全面，说天国有父母妻子团聚的天伦之乐，有着音乐唱歌和池中自然涌出之饮食百味，还有能满足人之随意产生的一切欲望的如意牛（Kāmadughā?）"等等，"佛教有关极乐世界（Sukhāvati）之思想，当是受到它的影响"[⑤]。而佛教与婆罗门教在"法"这个"术语的内涵有许多互通的地方"[⑥]。

至于大乘佛教发展到密教，其教义里则混杂有更多的婆罗门教因子，此已为学界所共识。密教更多的是从宗教的形态上吸收婆罗门教的成分，并围绕着祭祀为中心，即：①作为祭祀对象的神祇；②祭祀的仪轨；③对陀罗尼等功能的重视。

如"在榜葛剌（Bengal，今孟加拉）引人注目地发展起来的早期佛法传统——在很大程度上脱离了中部恒河地区强化的'重新印度教化'，而凭借佛法传统，这种'纳忒瑜伽'，（Nāth—yoga）也有'沙依瓦教法'的成员，因为九大'纳忒'是以湿婆为首，而最初的大能手们是从湿婆那里获得其教义的"[⑦]。甚至佛陀也被印度教徒视为毗湿奴的第九个化身。

教义的融合导致图像上产生不少共同的特征。如宫治昭指出在源自犍陀罗的佛教和婆罗门教的图像中，"水瓶是梵天、婆罗门行者、弥勒菩萨共同的持物。它不仅是苦行僧的实用物品，还寓意水瓶是万物之源，蕴藏在水中的潜在力量象征着智慧，手持水瓶才能获得智者的资格。梵天是宇宙本质梵的体现，弥勒孕育菩提种子，水瓶象征的是梵的智慧、菩提的智慧"[⑧]。还如马图拉博物馆中的一座公元2—3世纪的弥勒菩萨像，"这尊雕像基本上仍是一个夜叉，但附加了许多特定细节让他扮演了菩萨的角色"。这些细节包括"右手举起作祝福的无畏势，左手提着一个标志着未来佛的水瓶"[⑨]。在佛教典籍里也同样有形象上的混合，如云世尊在成佛前"或复现于帝释之形相，或时有现梵王形相"[⑩]。

由于婆罗门教在印度可以说是一种全民性的宗教，或者说社会上下基本上都信奉着婆

① 印顺：《印度佛教流变概观》，《佛教史地考论》，中华书局2011年版，第66、67页。

② 黄忏华：《印度哲学史纲》第1篇第3章，第33页。

③ 《薄伽梵歌》第8章第3节，嘉娜娃译本，第157页。

④ 《印度教与佛教史纲》第2篇第5章，第182、183页。

⑤ 高楠顺次郎、木村泰贤：《印度哲学宗教史》第1篇第3章，第160页。

⑥ 舍尔巴茨基：《小乘佛教》第1章，中译本，中国社会科学出版社1994年版，第1页。

⑦ C. 沙克勒：《印度教社会中的非伊斯兰神秘主义运动》，《中亚文明史》第4卷下，中译本，中国对外翻译出版公司2002年版，第54页。这里"纳忒"即梵文1社16，意为"主人"。

⑧ 宫治昭：《涅槃和弥勒的图像学》第2部第3章，中译本，文物出版社2009年版，第254页。

⑨ 罗伊·C. 克雷文：《印度艺术简史》第6章，中译本，中国人民大学出版社2004年版，第88、89页。

⑩ 《法苑珠林》卷11，中华书局2003年版，第392页。

罗门教诸神，因此佛陀宣扬佛教，其对象当然主要是那些有着原先信仰的民众。而这种争取从制高点着手，就是使那些被崇拜的诸神皈依佛教，这从佛经中也可充分反映出来，即一般佛经所描述的佛陀说法之听众里包括着各式各样印度民众所崇拜的神祇。一般佛经在开首“如是我闻”之后都列有如此的听众，如《法华经》中具列“娑婆世界主、梵天王、尸弃大梵、光明大梵等”和八龙王及诸“天龙、夜叉、乾闼婆、阿修罗、迦楼罗、紧那罗、摩睺罗伽、人非人”等。又如《胜鬘经》里所列听众包括“他方国土及娑婆世界海神、江神、树神、山神、地神、川泽神、苗稼神、昼神、夜神、空神、天神、饮食神、草木神，如是等神，皆来集会。复有他方国土及娑婆世界诸大鬼王、所谓恶目鬼王、啖血鬼王、啖精鬼王、啖胎卵鬼王、行病鬼王、摄毒鬼王、慈心鬼王、福利鬼王、大受敬鬼王”等，不一而足。假若这些芸芸鬼神都归顺佛教，那么婆罗门教内诸神为之一空，将不成其教了。这种情形，在中国的各种佛教图像里是表现得非常明显的。是故婆罗门教内一切神魔皆可为佛教所容，甚至是为佛教所用。虽然以后婆罗门教亦可藉此来消化佛教，但这个过程在印度是婆罗门教化，在中国则是佛教化。

总之，生于同一文化地域的两个宗教，在长期共存的过程中互相吸收靠拢也许是难以避免的。不过后来导致它们不同的发展趋向，还由此影响到中国的宗教史，却是值得做一些探讨的。

（原载《宗教学研究》2013 年第 2 期）

南传佛教与佤族社会生活的"阶序"逻辑

——以云南临沧佤族为例

郑筱筠*

一　题解"阶序"逻辑

法国社会学家路易·杜蒙（Louis Domount）在其著名的《阶序人：卡斯特体系及其衍生现象》（*Homo Hierarchicus——the Caste System and its Implications*）一书中，提出卡斯特制度（Caste System）的阶序特征，而译者王志明先生更在领会全书理论精髓的基础上，将"hierarchy"一词翻译为"阶序"，准确地概括出印度社会制度的种姓逻辑特征。杜蒙认为卡斯特只是西方所熟悉的等级和身份差别的一种极端形式而已，因此基本上它是社会性的，而非宗教性的，它在印度是作为一种社会体系而存在。而阶序却是人们社会生活的重要特征，"人不只有各种不同的概念，他还有价值观。接纳一项价值也就不免引进阶序，而社会生活免不了需要在价值上有一定的共识，在观念上，在各种事物上，在人上面都免不了有一定的阶序"（杜蒙，1992：76）。① 杜蒙认为价值判断所依托的规则意指一个价值的序列，这就是"阶序"（hierarchy）。"阶序通过价值判断这个意识形态的主要方面与意识形态联系到了一起。简而言之，它不可避免地与其观念联系在一起，尤其是共享的价值体系。"② 在杜蒙的笔下，阶序是不同等级之间排列的规则，阶序体现的是一种体系化的关系。其中，洁净与不洁是印度种姓分化的基础，也是阶序的存在基础。应该说，杜蒙先生的阶序理论是在深入研究印度种姓社会的基础上提出的，把握住了印度社会发展的逻辑。《阶序人》一书因此被称为研究印度社会的一本力作。

受此阶序理论的启发，笔者认为在云南信仰南传佛教的地区，也存在阶序逻辑。可是由于佛教是以消除印度种姓差别为前提而产生，强调去除各种姓之间的洁净与不洁界限，主张众生平等。因此在深受南传佛教影响的社会所产生的阶序显然已经不同于印度种姓社会的阶序。故在南传佛教传入东南亚经东南亚地区而传入我国的云南境内之后，阶序逻辑在信仰南传佛教的少数民族社会有了不同的发展和变化。本文拟以云南临沧地区信仰南传佛教的佤族社会为例，展开论述，研究南传佛教与佤族社会的阶序逻辑及其作用，以期进

---

* 郑筱筠，中国社会科学院世界宗教研究所副所长、研究员，中国社会科学院佛教研究中心副秘书长。

① 路易·杜蒙（Louis Domount）：《阶序人：卡斯特体系及其衍生现象》，王志明译，台北：远流出版事业公司1992年版。

② 夏希原：《发现社会生活的阶序逻辑——路易·杜蒙和他的〈阶序人〉》，《社会学研究》2008年第5期。

一步探讨和反思阶序理论。

二 阶序逻辑：南传佛教如何去重组佤族社会生活

与佤族文化相比，由于以南传佛教为媒介的东南亚文化和傣族文化在20世纪50年代以前都处于相对发达的阶段，因此，南传佛教传入云南临沧佤族部落后，对佤族社会的政治结构、社会结构、宗教结构等方面产生了较大影响，它以阶序这样的思想和价值观念的系统去重组佤族社会的世俗生活和宗教生活。阶序作为不同等级之间排列的规则，体现的是一种体系化的关系。但与印度不同，接受了南传佛教的佤族社会阶序不是以洁净和不洁为分类基础，而是以业力和功德观念为分类基础，以神圣性逻辑与世俗性逻辑的对立和交融来构建本民族的阶序。

（一）南传佛教与佤族世俗性逻辑阶序

信仰上座部佛教的佤族主要聚居在思茅市的孟连、临沧市沧源、耿马、双江、镇康、永德等县，部分散居在西双版纳傣族自治州和德宏傣族景颇族自治州境内。佤族地区虽然是较为分散的一个个部落，但却聚居于阿佤山地区，很多部落由于深受傣族的影响，在信仰了南传佛教的佤族社会政治结构中，它以傣族政治结构为摹本，逐渐建立佤族部落内部的政治结构的等级化制度①，来巩固佤族社会的政治权威，同时又通过南传佛教特有的佛王观念来保证其神圣性，以佛教的业力和功德观念为价值基础，进一步保障其政治等级制度的合理性，故其逐渐形成了自己鲜明特色的内部阶序。

据专家考证，“佤族作为一个单一的民族至迟在11世纪的时候就已经初步形成了”②。临沧是我国佤族的重要聚居区，佤族也是临沧地区最古老的世居民族之一，临沧地区分布有很多佤族部落，在大的部落联盟下面又有很多小的部落支系，例如整个班洪佤族部落分布于现在沧源佤族自治县境内，包括18个部落，佤语称为“戈恩”，汉语称为“大户”。每个大户实际上便是一个小部落。这18个部落（大户）共有1500户、9889人，其中汉族203户、1107人，傣族2户、11人，傈僳族13户、70人，其余的均为佤族，一共77个寨子，这样便组成为整个班洪部落。③ 班洪部落酋长制④是在长期的历史发展中形成的，在20世纪50年代以前，它与尚处于部落酋长制度的西盟地区的佤族部落相比，社会发育程度相对较高，班洪王在管理其他17大户时，已经超越了原有部落内部的血缘关系，而是以地缘关系为主要的联系纽带。

由于班洪部落长期深受傣族政治、社会文化的影响，其部落开始形成了一套完整的行政机构，大酋长的行政机关称为“达示”，汉意为大衙门。其下设有5个管理行政、军

---

① 详参郑筱筠《傣族对佤族社会政治、宗教生活的影响》（内部报告），2010年。

② 何平：《从境外诸国文献和传说看佤族的形成》，《思想战线》2006年第6期。

③ 杨毓才、刘达成：《景颇·佤族的部落酋长制》，《思想战线》1980年第5期。又有专家认为，如果不包括班洪王本身在内，班洪部落应该有17大户。（田继周：《班洪佤族从原始社会发展为封建领主制》，《民族研究》1983年第5期。）

④ 杨毓才、刘达成：《景颇·佤族的部落酋长制》，《思想战线》1980年第5期。另外，也有专家认为班洪部落由于受傣族影响日深，已经进入封建领主制。（田继周：《班洪佤族从原始社会发展为封建领主制》，《民族研究》1983年第5期。）笔者认为班洪佤族部落酋长制特征较为突出，尚处于还未完全过渡到封建领主制的时期。

事、财政、交涉等事务的衙门（佤语“达伙”）。还设有管理司法裁决事宜的机构称为“彭勐”，但这个机构的权力不大，不能与上述5个衙门并列。5个衙门的官员都是由大酋长的亲属贵族成员担任的，由大酋长委任，可以世袭继承，也可以被酋长撤换另行委派。此外，在大酋长之下，还设置有军队武装等。班洪部落大酋长之下，辖78个（或17个）小部落“戈恩”（或称大户），每个部落“戈恩”之内设有3个头人，第一头人佤语称为“给温勐”，第二头人称“尧相”，第三头人称“安掌”，有的大户只有一个头人。大户头人也是由长子世袭继承，由班洪大酋长给予赐号，在大户头人继任时，同样要取得该部落各村寨头人会议的公认。在这种部落酋长制下，社会阶级已有明显的分化，人们按照政治地位及经济地位划分为官家（贵族）、大户（小部落头人）、斯埃提（最富裕户）、着米（富裕户）、着寨（中等户）、着长（贫困户）及奴隶7个等级。这种社会等级的划分完全反映了各个等级的经济地位。因此班洪部落已经形成一种独特的、体系化的酋长管理模式。

接受了南传佛教的佤族社会在逐渐形成其等级制度分明的政治管理秩序的同时，也依靠南传佛教赋予了佤族社会政治组织制度的神圣性，并以佛教的功德观念、业力观念来形成佛教价值观和宇宙观，从而最大限度地以世俗性逻辑和神圣性逻辑来组织佤族部落的阶序。

班洪部落班洪王是世袭制，部落大酋长称为“达崩”，“达”是长者，“崩”是首领，即最大的首领。长子世袭继承酋长职位时，要按照传统习惯，召集18大户（或17大户）的大头人举行部落首领会议，由部落首领会议正式通过，并举行宗教仪式，由勐角傣族佛爷、长老主持授任礼，授予大酋长骑骡一匹，委状一幅，衣服一套，半开银元百元。例如：“1954年胡中华继任班洪王时，就在班洪寨做大赕（佛事活动），把班洪地区的大伙头、佛教的长老、佛爷，都召来参加。经过这些重要头人的开会协商，正式‘委任’胡中华为班洪地区最大的官，即班洪王了。委任时，给胡中华一匹全备的骑骡、一套衣服、100元半开，还请勐角傣族佛寺的长老宣读委任状。委任状内容大体是：我们大家让你做大官，为大家办事等等。”[①] 在寺院举行即位仪式，此承袭仪式不但要先在寺院里举行，还必须在寺院举行灌顶仪式才能表明国王的神圣身份是深受佛教影响之后形成的。

国王即位必须举行灌顶仪式本是印度传统，后来以佛教为传播载体，在东南亚各国广为传播。这些经文虽是汉语系大藏经内容，记录的虽不是东南亚国家的情况，但东南亚国家受印度文化浸染较深，也接受了此习俗。在傣—泰文化交流过程中，此仪式也为傣族地区统治阶层所接受，并通过这一仪式而赋予了傣族最高首领神圣身份的象征。这一宗教世界的神圣认同使得召片领及其统治系统获得了神圣性特征，从而在世俗世界的管理中取得了某种程度的合理性和不可侵犯性，和谐地处理了世俗世界统治权力分配的问题。同时，也使中国南传上座部佛教与世俗世界的政治权力之间处于和谐有序的状态。这在某种程度上既保证了世俗世界政治权力的有效实施，同时也有利地保障了中国南传上座部佛教的顺利发展。[②] 佤族社会也接受了傣族社会文化灌顶仪式对政治体系的影响这一观念。

在南传上座部佛教文化体系内，政治被置于佛教准则之下，统治集团的政治权威是以佛教观念来组织的。最高统治者往往都被赋予神圣的统治地位特权，“君主的独裁统治是

① 田继周：《班洪佤族从原始社会发展为封建领主制》，《民族研究》1983年第5期。

② 郑筱筠：《中国南传佛教研究》，中国社会科学出版社2012年版，第115页。

以神性原则为背景的，这是整个南亚和东南亚佛教国家政治观念中的共同性，这种观念的流行与上座部佛教密不可分。君主专制是中央政权同各地封建主斗争的必然产物，佛教在理论中提出了自己的政治支持。”① 这样的情况不仅出现在东南亚国家，也存在于中国南传佛教信仰区域。甚至在班洪王辖区内的官佛寺中，每逢佛教节庆活动，寺院所宣传的教义，已不完全按照佛教原有的教义了，而增加了一些为扩大和提高班洪王的地位和威信的内容，“宣传班洪王是天生的，群众应该服从他等等。”② 政治权威在部落社会中的神圣性通过佛教仪式被认可，这是受到南传佛教社会宗教政治化、政治宗教化的体现。信仰南传佛教之后，班洪王的地位是神圣的，是不可侵犯的，按照佛教业报轮回的观念，班洪王之所以能够在今世称王，乃是因为他在前世做了很多的善业，积累了足够的功德，正是王的前世业力使之能够在六道轮回之中，经转世成为今世的王。此外，由于佛教强调的是众生生而平等，任何人都有可能在来世转世为王，只要虔心赕佛、做善事，积累够转世为王的功德，就可能在来世转世为王。因此，任何人在今世不能称王，只是因为自己的业力和功德达不到。故而人们就不能反对现在的政治结构，应该顺从于现有的政治管理制度，积极赕佛、做善事，提升自己的功德资粮，从而在生生不息的轮回转世之中让自己在未来有一个善果。

佛教的这一观念和价值标准在佤族政治结构逐渐沉淀下来，并成为世俗社会的阶序。因此，佤族部落的王位继承仪式必须在具有显圣物功能的佛像面前举行，使班洪王的王权合法性在庄严的佛寺里得到认可，让神圣世界的威力护佑着世俗政治权威。

此外，与未信仰南传佛教的沧源佤族自治县境内的其他佤族部落相比，由于信仰南传佛教的佤族社会是由很多不同的部落组成的，其社会组织结构相对松散，因此这种合法性的论证更为重要，它除了要论证统治者本人地位的合法性之外，它更需要以佛教世界的宇宙观和价值观来保证自己的统治队伍的合理性和稳定性。因此，在下属每一个组织机构的首领任职时，也要像班洪王这样的王位继承仪式一样要在寺院举行任职仪式，以佛教的功德和业力观念来论证其合法性地位，以佛教的宇宙观来组织自己的队伍。

从这一点来看，信仰了南传佛教的佤族部落非常强调佛教的业力和功德观念，强调佤族部落统治结构、政治组织与佛教的关系，以佛教的理念来保障政治阶序，这是政权合法性和合理性的神圣逻辑。

（二）南传佛教与佤族社会神圣性逻辑的阶序

在佛教影响佤族部落之前，佤族部落普遍信仰鬼神观念，这一原生性宗教至今仍然存在于沧源佤族自治县的佤族翁丁部落。但与翁丁部落相比，由于班洪部落、班老部落等佤族部落信仰了南传佛教，其在宗教生活方面就更为系统，形成了以佛教价值观为指导的神圣性逻辑，并按照此逻辑有序地组织着佤族社会的阶序。

1. 佤族南传佛寺的神圣性逻辑与阶序

宗教在一个有秩的繁荣的社会中则成为福田，通过它积累着可享用的福业果报。国王往往是最大积功德者，在世俗社会的统治之中，他要借助僧伽来积累并实现自己的福业和统治。临沧地区佤族信仰南传佛教，佤山沧源自明永乐五年（1407 年）在勐董的戛里寨

---

① 宋立道：《神圣与世俗——南传佛教国家的宗教与政治》，宗教文化出版社 2000 年版，第 75 页。

② 田继周：《班洪佤族从原始社会发展为封建领主制》，《民族研究》1983 年第 5 期。

建立了第一所佛寺以来，经过几百年的巩固、发展和变迁，其传播区主要是沧源的班洪、班老、勐角、勐省等区以及双江、耿马、永德、镇康的部分佤族地区。至1950年已有43所佛寺，1958年沧源“班洪部落”（当时包括南腊），共有17个（或18个）大户，77个自然村，其中信仰小乘佛教而又或多或少保持原始宗教的有12个大户，47个自然村；班洪佤族共有佛寺11所，长老2人，佛爷18人。20世纪80年代后，随着宗教政策的落实，1980年佛寺又恢复了33所，到1987年恢复到51所。如班洪、班老两个乡的各村寨，勐董、勐角、勐来、勐省、南腊几个乡镇的很多村寨都有进行佛教活动的场所。值得注意的是，在众多的佛寺之中，南传佛寺却形成了不同的等级，这些等级之间的神圣排列规则就是阶序。

首先，由于在历史上，沧源佤族部落与耿马土司、孟定土司有或多或少的管理关系。据记载，耿马土司始祖罕刷、罕谢，因勐卯（今瑞丽）地方动乱，率领臣民到木邦（今缅甸兴威），于明洪武十三年（1380年）到勐角（今沧源境内），辟地建城立寨。洪武三十年（1397年）到达耿马，因此从1380年起至1950年11月22日废除土司制度止，耿马土司统治共570年。① 在这近600年的漫长时间里，傣族土司利用自己的政治权力对周边的其他少数民族进行了经济控制和文化影响，而耿马地区、沧源地区的佤族文化就在这样的政治背景下产生了一些变化，表现在宗教方面就是接受了南传佛教，并且逐步形成了本民族特色的佛寺管理模式和阶序，并按照神圣性逻辑有序地开展活动。

耿马土司境内的佛寺分为3个等级：城内5座，称为官佛寺。最高级的称为总佛寺（“拉扎深”），由印长老②主持。其他4座佛寺称为“袜勐”，地位略低于总佛寺；城外各地有中级佛寺11座。大致各勐、各大圈各设1所，由5座佛寺分别管理；各村寨有佛寺163座，由各勐、圈的中级佛寺进行管理。在佤族、布朗族、德昂族聚居地区的21座佛寺，由印长老、副印长老直接管理。③ 由于沧源地区的佤族历史上曾经属于耿马土司管辖，故而在佛寺管理方面总体上曾经隶属于耿马地区的印长老管理。这是与政治管理模式相对应的。因此，班洪部落在佤历6月（阳历4月中旬）举行的“堆沙节”的具体日子是由勐角的傣族佛寺长老规定，其他地方一般由本寨老人或佛寺长老来确定。人们对此节日极为重视，有如内地过年，要连续三日举行活动。关门节是傣历9月（阳历6、7月）、开门节是傣历12月（阳历9、10月），这两个节日，人们的重视程度略逊于堆沙节。由傣族佛寺的长老来规定具体的活动日期显然就是傣族土司对佤族地区进行管理的阶序逻辑。在长期的联系中，虽然随着时代的变迁，傣族土司与佤族地区的政治管理关系日渐松散，但在民间佛事活动中，却一直延续着这样的阶序逻辑。傣族与佤族历史上曾经存在的阶序关系却形成了一种民间的潜规则和观念，沉淀下来，组织着佤族地区的佛事活动。

此外，佤族社会也以傣族社会的南传佛教管理模式为范本④，按照神圣性逻辑，建立了具有本民族特色的部落总佛寺、中心佛寺和村寨佛寺的三级化管理模式。例如，班洪王

---

① 《耿马傣族佤族自治县志》，云南民族出版社1995年版，第476页。

② 印长老是临沧地区傣族土司辖区内地位最高的南传佛教僧侣。他是由各佛寺长老联合提名，被称为“安雅坦”。土司批准后，颁给木质印信，因而又被称为印长老。

③ 临沧地区民族宗教事务局编：《临沧地区民族志》，云南民族出版社2002年版，第65页。

④ 关于傣族南传佛教佛寺管理模式，详参郑筱筠《历史上中国南传上座部佛教的组织制度与社会组织制度之互动》，《世界宗教研究》2007年第4期。

是班洪地区的最高统治者，班洪王所在的班洪寨佛寺称为官佛寺，管辖班洪地区的其他17个大户的中心佛寺，而这17个大户的中心佛寺又分别管理诸多的村寨佛寺，由此而形成三级化的管理模式，例如在堆沙节的第一天一定要由班洪王所在的官佛寺开始举行活动后，其余的各个佛寺才能按照官阶大小的秩序逐级开始。这样的神圣性逻辑指导着佤族社会的宗教生活活动次序。又如，沧源地区的班老佤族亦与班洪佤族一样，也信南传佛教。班老曾因中缅划界分为两部分，上班老部落部在我国，另一部分属缅甸。原来班老佤族的佛寺建于清朝，在2012年3月，班老乡上班老总佛寺经过重建，举行盛大的开光仪式，成为百年来佤族南传佛教最盛大的一次开光法会。由于班老佛寺在历史上居于班老部落的总佛寺地位，故此次班老总佛寺的匾额上“上班老总佛寺”几个字分外引人注目，它向世人昭示着自己独特的地位，因此其开光法会也非常盛大隆重，但其活动秩序井然，全部由佤族部落的老人、窝朗、头人等组织，其组织的原则正是参照世俗社会的管理模式形成的。这说明佤族地区按照佤族部落内部的等级进行活动，逐渐形成了自己的佛寺管理模式，这就是佤族社会的佛事活动的神圣性逻辑和阶序。

2. 以神圣性逻辑来规范神圣世界的僧阶制度，形成阶序。

就宗教生活而言，南传佛教传入佤族地区之前，佤族部落有自己的原生性宗教，并形成了宗教独特的宗教生活习俗。但南传佛教传入之后，形成了僧阶制度，并体现出鲜明的神圣性逻辑，这正是南传佛教对佤族宗教结构进行重新组织的阶序。

由于沧源地区的佤族深受孟定和耿马南传佛教的影响，沧源上座部佛教分为摆润派和摆多派。摆润派以勐董、勐角、勐省地区为中心，摆多派以班老、班洪为中心。[①] 其中耿马土司辖区内的印长老还要负责管理佤族地区的佛寺，故而在沧源佤族南传佛寺也形成一定的僧阶制度，只是未形成如西双版纳、耿马和孟定那样划分为较细致的僧阶，却也以一种不同等级之间排列的逻辑来体现南传佛教的阶序。临沧地区的孟定多列派还曾经实行过三等九级僧阶，即一等芽宝、芽金、芽银；二等叶宝、叶金、叶银；三等花宝、花金、花银，但现未流传下来。[②] 摆庄派僧阶也是四级，与多列派相似，但称号不同：嘎比（可以看作是预备和尚）、尚旺（相当于沙弥）、召们（比丘）、召几（长老）；而左抵派只有比丘一级，分为大和尚、小和尚。临沧地区摆润派佛教僧阶制度划分较细，分为三等九级：和尚为三等九级；小佛爷和大佛爷分为二等八级和七级；四长老、三长老、二长老、大长老、副印长老、印长老为一等，分别为六、五、四、三、二、一级。[③]

一般说来，人们是对僧侣按年龄、戒腊、学行来划分僧阶，这是对僧侣自身学识修养和品德、修行深浅的一种神圣性认同，虽然只是一个荣誉，并不意味着任何的特权，但是，对于僧侣来说，进一步的晋升僧阶既是在佛教体系内部对自己精进不懈、勤修佛法的整个修行实践行为的神圣认可，同时也是世俗社会对其本人的神圣权威的一种认可。因为僧侣晋升僧阶并不是由僧侣本人提出来，而是由其所在佛寺所属的村寨或者是某一区域的

---

① 杨逸平：《南传佛教、汉传佛教、基督教在佤族的传播及其影响——以临沧市沧源佤族为例》，《中国佤族“司岗里”与传统文化学术研讨会论文集》（2008年）。

② 参邱宣充《耿马县小乘佛教》，载《云南少数民族社会历史调查资料》（五），云南人民出版社1985年版，第348页。

③ 陈卫东主编：《沧源佤族自治县统战史》，云南民族出版社2006年版，第36页；郑筱筠：《中国南传佛教研究》，中国社会科学出版社2012年版，第148页。

信众们认为其已经符合晋升的条件，经过慎重考虑后才提出来的，经过相当复杂的程序，最后该僧侣同意，并且经该僧侣所在佛寺的大佛爷同意之后，村寨举行隆重的升和尚仪式，才逐步晋升的。选拔和申请晋升和尚的整个过程是在僧团制度之外进行的，是世俗社会在自己的组织管理机构内部，以自己的管理方式对佛教僧侣的神圣性认可，但是其选拔的结果却必须要得到神圣世界的同意方可①。值得注意的是，这些等级不同的僧阶是无法越级晋升的，而是必须按照相应的规定，逐步往上晋升。因此，就中国南传上座部佛教管理模式而言，逐级晋升、等级分明的僧阶制度既是对僧才的认可，也是对僧才进行严格管理的一种制度，这种规范和观念在整个南传佛教信仰世界里已经体系化，作为一种神圣性逻辑，形成阶序，进一步有序地管理佛教事务，这既是中国南传上座部佛教体系成熟的一个体现，也是南传佛教以阶序逻辑为途径，有机地对少数民族宗教社会结构进行组织的表现。

三　结论

综上所述，我们可以看到，在信仰南传佛教的佤族部落，由于其社会发育程度相对较高，在时代的变迁中，佛教以其特有的业报轮回观念和功德观念形成了佛教的宇宙观和价值观，用佛教准则去解释政治思想，形成宗教政治化、政治宗教化的社会特征，并以这样的神圣性逻辑和世俗性逻辑去组织稳定的等级化制度，逐渐形成了独特的佤族社会政治结构、社会生活结构和宗教结构。但是，这些等级制度的形成需要在佤族部落中实现秩序化、物化，它需要每一位部落成员的认可和执行，从而实现等级化的管理模式，而阶序正在这个意义上作为一条暗线，体现着不同等级之间排列的规则和价值观念，它通过神圣性逻辑和世俗性逻辑的对立和交融，嵌入到人们的意识之中，引导着人们按照阶序去进行自己的社会活动和宗教活动。

因此，在这个意义上，我们可以说，由于佛教是以消除印度种姓差别为前提而产生，强调去除各种姓之间的洁净与不洁净界限，主张众生平等。因此在深受南传佛教影响的社会所产生的阶序显然已经不同于印度种姓社会的阶序。以佛教为媒介传入东南亚社会和中国云南南传上座部佛教文化圈的印度文化，在传播过程中，不断地发生变化，佤族南传佛教社会的阶序就是以佛教的业力和功德观念作为分类基础，它不同于印度种姓社会以洁净和不洁净为分化基础的阶序，它体现的是佛教思想价值观念的体系化关系，是信仰南传佛教的佤族社会政治结构、社会结构和宗教结构趋于稳定的保障，它使生活于佤族部落的每一位成员一生注定与整个佤族社会环环相扣、密不可分。

（原载《世界宗教文化》2013 年第 1 期）

---

① 郑筱筠：《中国南传佛教研究》，中国社会科学出版社 2012 年版，第 148 页。

从后代注释看《黄帝阴符经》的社会形象

王宗昱*

《黄帝阴符经》（下简称《阴符经》）的研究最近这些年进展比较缓慢了①。对于它的出世年代和作者的确定是很艰难的事情②。认为它是李筌伪造的人似乎还有着科学研究的态度。认为它是远古奥典的人怀着对古代神话的憧憬，也糅合了士大夫的孤芳自赏。各种注释也在不同时代成为读书人的时髦。《阴符经》的形象实际上是被后代的注释塑造而成的。不同时代的注释会反映那个时代对《阴符经》的认识。我们今天对《阴符经》的认识也是受到了存世注释的支配。由于大量注释已经亡佚，我们甚至不能确知《阴符经》在历史上的真实影响。本文仅仅就存世的注释试图探讨《阴符经》在历史上的几种社会形象。

《阴符经》注释简述

《阴符经》的传播伴随着注释，也伴随着关于它的神话传说。目前所见的经文也有不同篇幅和文本③。概括地说，《阴符经》的神话有苏秦神话、李筌神话和黄帝神话。苏秦神话最早见于《战国策》记载。《战国策》记载苏秦“夜发书陈箧数十，得太公阴符之谋”。《史记》也记载了这个故事，说苏秦“得《周书阴符》，伏而读之”。《集解》和《索隐》都认为这个《周书阴符》就是《战国策》说的那本太公的书，而且是兵书。《隋书》著录《太公阴符钤录》10卷、《周书阴符》9卷，列入兵家类。历史上有很多根据传说填补失散文献的事。《隋书》著录的这两部书是否为如此的炮制品我不能断定。但是，这些记录给了阴符以兵法的含义。这是阴符在历史上最初的含义。没有证据说明《阴符经》的出世和历史上的苏秦传说有直接关系，但是传世的托名太公、张良、诸葛亮等人的注释说明《阴符经》被世人理解为兵家之书。假托的注释者还有鬼谷子和范蠡，因此《阴符经》的社会形象不仅限于兵家。这也是由于苏秦本人并不是以兵家闻名的。托名鬼谷子、范蠡的注解说明有一些人从纵横家的角度去阐发《阴符经》的含义。这几篇托名的注释是《阴符经》在社会上流传的第一个阶段。

---

* 王宗昱，北京大学哲学系教授。

① 最受学界推重的研究是王明先生的作品。见其《试论阴符经及其唯物主义思想》，收入《道家和道教思想研究》。李养正先生的两篇论文也很重要，分别见其《道教经史论稿》和《道教义理综论》。

② 自古以来很多人根据苏秦的故事认为《阴符经》为秦汉古籍。也有人根据李筌神话认为是李筌所作。王明先生认为是北朝隐士作品。余嘉锡认为是东晋末年杨羲之流所作。王明：《道家和道教思想研究》，中国社会科学出版社1984年版，第146页。余嘉锡：《四库提要辨证》，中华书局1980年版，第1181页。

③ 王宗昱：《关于〈阴符经〉的几个问题》，樊光春主编：《2009骊山问道文集》，三秦出版社2010年版。

目前的《阴符经》基本划分为三章。这个划分和李筌的神话有直接关联。三章的主题分别是：神仙抱一演道、富国安民演法、强兵战胜演术。我们会看到最初的含义被推到了最末的位置。这显然是新兴起的解说掩盖了过去的教义。如果这样理解，神仙的解说应该是最后出现的。如何理解第二个解说的出现呢？我们现在还找不到充足的证据。兵法的教义和神仙的教义都有神话故事作背景。治国安邦的教义没有神话支持。我们可以从传世的《周书阴符》和唐代的政论文献中寻找材料。《初学记》引《周书阴符》曰："凡治国有三常，一曰君以举贤为常，二曰官以任贤为常，三曰士以敬贤为常。夫然虽百代可知也。"① 这段话证明阴符还有政治的含义。唐朝人把类似《周书阴符》的含义增加到《阴符经》之上。玄宗时代有个冯用之②写了《机论》和《权论》两篇文章，用了一些《阴符经》的文句。两篇互为表里，并且对《阴符经》的思想有所发挥："知机而不知权者，得于预谋，失于临事。知权而不知机者，巧于临事，拙于预谋。知机而知权者，帝霸之君也，王佐之臣也。自五帝既降，舍机权而能治天下者，未之有也。"冯用之列举了许多历史事件，讲的是治理国家，没有谈军事。随着时间的推移，兵符兵法的含义逐渐消磨掉了。政治学的讨论引导《阴符经》走出兵法阴谋的旧时代，不过很快又被加以道教的包装，所谓富国安民的讨论很少。冯用之一类人的治国谋略在后来的道教注释里面被改造成了治国兼治身的教义。这也是《阴符经》社会形象转变中的一个不甚明晰的情节。

我们看到的最初引用《阴符经》经文的是624年成书的《艺文类聚》。我们还会看到许多文献引用注释文字的时候也说引自《阴符经》。盛唐道士吴筠（？—778）的《形神可固论》引用了《阴符经》，有人认为属于经文的异文，我们其实可以在现存鬼谷子注文里看到。如果那几句话的确属于注解而非经文，那么我们可以说《阴符经》的注释在盛唐以前就在世上流传了。从那以后一直到现代的道士任法融先生都还在继续着注释《阴符经》的事业。早在元代就有人编辑过近百种注释的合集③。丁培仁教授《增注新修道藏目录》记录了71部《阴符经》的注释或不同版本④。《阴符经》的身世是一个千古之谜，连同它的注释也有很多谜团甚难解开。1042年修成的《崇文总目》和1060年成书的《新唐书》分别记录了14种和7种《阴符经》注释。此前的《旧唐书》只是在张果的传记里提到张果写作过《阴符经玄解》⑤。《阴符经》及其注本迟至北宋才在官方目录中出现说明它在很长一段时间里没有受到史家的重视，因为我们可以在道门以外的政论和诗人作品看到它的踪迹。到了《崇文总目》的时代，流传在世上的注释肯定多于被著录的本子。我们可以在道藏丹书的引文里看到很多零星文句。而且，集注本的各家注释也可能分别有单行本在世上秘传⑥。目前我们能见到的最早的注解是集注本。《崇文总目》记录了两种集注本。第一种收入了十一家注释。第二种有六家注释：太公、范蠡、鬼谷子、诸葛亮、

① 《文渊阁四库全书》第890册，影印本，台北：商务印书馆1986年版，第276页。

② 南宋陈思：《宝刻丛编》卷7记录有《唐户部尚书章仇兼琼碑》，唐检校仓部郎中冯用之撰。天宝十年立。又有《唐阳城郡太守赵公夷碑》，天宝八年立。《文渊阁四库全书》第682册，第203、308页。

③ 刘因：《集注阴符经序》，《文渊阁四库全书》第1198册，第570页。

④ 丁培仁：《增注新修道藏目录》，巴蜀书社2008年版。

⑤ 《崇文总目》和《新唐书》都记录张果写作了两部著作：《阴符经太无传》和《阴符经辨命篇》。《文渊阁四库全书》第674册，第60页。

⑥ 就目前所见的材料说还找不到这些注释有单行本的证据。现存张果的注释在引用前世注解时显然用的是集注本。

张良、李筌。显然，除了李筌，其他几家注释都是假托古人。这几个人的注释一直以集注的形式流传，就是明代《正统道藏》里的七家集注本，增加了伊尹的注释。南宋的楼钥看过的集注本还是六家集注，而且注释文字比今天看到的七家注本少很多。七家注本里面还有两段广成子的话，所以应该是八家集注。由于道藏本题下标明七位注者名字，所以被称为七家注本。由于没有彻底调查存世的明代版本，所以我不能断言六家集注本已经消失。比楼钥所见本多出的文字显然是后人增补的。这些托名古人的注解文字很少，很难进行深入分析。这些假托名义可能反映了《阴符经》在不同的地域和团体那里被罩上了不同的神话解释。托名太公的注释就是对苏秦神话的扬弃，保留了兵法的含义。李筌神话和道士吴筠的引用说明在盛唐以前《阴符经》属于兵法权谋之书，和道教没有关系。我们也可以从这些文字看出它们有时间的先后。太公的注释显然具有权威性，因为鬼谷子、诸葛亮和李筌的注释都沿袭或发挥了太公的文字。

集注本以外的注释似乎只有署名张果的注释比较早，因为它不仅以集注本里的李筌注释为敌人，而且也仅仅引用了集注本的注释。目前署名李筌注释的单行本被认为只有前面的序言是李筌所作，而注释则是抄录了宋人袁淑真的注释①。现在学术界在研究李筌思想的时候都使用七家集注本里的李筌注释。托名古人的注释成为了《阴符经》注释的典范，里面的一些词汇术语被后代的注家作再阐释。但是，这些注释非常简短，用词玄奥。李筌的注释开辟了新的风格，他的注释不仅解说明白，而且引经据典，利用古代文献和历史故事进行说理。这样发挥《阴符经》义理的做法在冯用之那里就有了，但是在《阴符经》的注释传统里是从李筌开始的。冯用之和李筌的做法说明《阴符经》在盛唐时代就走出了师徒秘传的旧时代，开始成为广泛流传的公共资源。李筌的注释里有两段文字涉及道教。第一段文字是把神仙、房中、金丹和治国、兵法配合在一起解释经文里的“五贼”一词。第二段文字谈到了外丹烧炼用到的原料。不过，李筌是用矿物之间的化学反应或物理反应说明万物之间控制或被控制的现象。所以，李筌的注释本身并没有宣传道教的立场。然而，第一段注释文字似乎可以被概括为神仙、治国和强兵。如何解释它与《神仙感遇传》李筌故事的巧合是有待研究的。第一段文字里的“神水华池”成为丹书引用《阴符经》的常见词汇，强化了李筌和《阴符经》在后代历史中的道教形象。

作为神仙书的《阴符经》

世人追溯《黄帝阴符经》的神仙故事多采用《神仙感遇传》和《墉城集仙录》。我们如果看《云溪友议》和皮日休（约838—约883）、陆龟蒙（？—881）的唱和诗篇就可以知道《阴符经》的道教化在晚唐以前就开始了。皮日休说：“三百八十言，出自伊祈氏。上以生神仙，次云立仁义。”陆龟蒙说：“虚施神仙要，莫救华池源。但学战胜术，相高甲兵屯。”他们看到的已经是三章划分的文本。“伊祈氏”的说法还有待考察，但是皮日休后面也说到“黄帝之五贼，拾之若青紫”。《云溪友议》也证明唐僖宗的时候已经有“黄帝阴符经”的名目了。我们这里只是要刻画《阴符经》道教形象的时间。实际上《阴符经》从唐玄宗时代就开始进入道教领域了。吴筠引用了《阴符经》的经文和鬼谷子

① 关于这个问题最近的研究请见陈进国《李筌〈黄帝阴符经疏〉的真伪考略》，《中国道教》2002年第4期，第28页。

的注释解说养生。晚唐的《玄珠心镜注》引用了李筌的注释解说清静无为的修行要义。在《云笈七签》里面还有几篇服气养生的经典引用了《阴符经》。这些著作都不看重李筌注释里的金丹说，而是和唐朝以前道教的养生修炼方法联系比较密切，也因此没有受到研究《阴符经》的学者的重视。李筌的注释里两次提及炼丹术，他的注释很受后人的看重。“神水”“华池”这两个词语是被引用最多的，也几乎成为金丹术的代称。外丹术语里面也有阴符这个词，表示文火。但是，《阴符经》成为道家的著作主要是李筌的注释和神话故事造成的结果。

在官方目录学里面《阴符经》被列入道家是从《崇文总目》开始的。在道家内部它主要还是和炼金术相联系。这种联系一方面表现为许多道士利用《阴符经》的原理或者格言解说炼丹理论乃至技艺，另一方面表现在道士们用炼丹理论解说《阴符经》的经文。彭晓是最早引用《阴符经》讨论内丹的。他用“贼”和“盗”这两个词讲述内丹是要把握天地阴阳的关系。他看到了《阴符经》和《周易》都是在讨论阴阳问题。他也用内丹修炼的方法解说了“神水”“华池”。在彭晓之后重要内丹家张伯端的《悟真篇》给了《阴符经》极大的重视。20世纪的内丹家王沐对此作了很好的总结①。由于《悟真篇》在内丹历史上的地位，它推动了后代道士对《阴符经》的研究。明代编辑《道藏》的时候收入了12部《阴符经》的注释。在那以后问世的注释保存下来的也有大约20种，而且多有道士的作品。即使那些利用百家思想的注释也多少受到了内丹的影响。这反映了内丹派注释在历史上的重要影响。

现在保留下来的《阴符经》注释只有李筌谈到了外丹，但是可能历史上还出现过外丹的注释。北宋杨在的外丹著作《还丹众仙论》引述《阴符经注》说：“真铅中有汞，名曰虎。”这个注释出自已经亡佚了的著作。现存最早的内丹注释问世于北宋，以后又有夏元鼎这样的儒生也写作内丹注释。北宋时期的内丹注释还在尝试阶段，讨论内丹的文字比重不大。《黄帝阴符经颂》有很浓厚的内丹色彩，不过更像是文学作品，不在乎是否符合经文。进入南宋，内丹的注释有了比较大的进展，这是因为当时的道教对儒教和佛教有了比较好的吸收，在理论方面有比较熟练的表达。《阴符经》的内丹注释有几个特点：①对于很多经文作出了内丹的解释，而且和传统的解释有重大的区别。例如对“五贼”的解释大多失去了传统的辩证法特征。传统的解释强调五行之间的相互作用，但是很多道士的注释强调了五行对人身的伤害。道教的注释进一步把五贼解释为发自人身的欲望。在李筌以前的注释里对“五贼”和“三盗”的理解是不同的，但是从张伯端开始就把“贼”和“盗”解释成相同的意思。道教的这些新的解释是从内丹的需要出发的，最终形成了道教的解释体系，塑造了《黄帝阴符经》宋代以后的道教形象。②道教的注释形成了一套特殊的语言。首先，它们对某些经文赋予了内丹的含义。例如“日月”可以是指铅汞，“三要”可以是指三丹田。不同的作者在批注的时候会根据自己的理解赋予新的含义。早期的夏元鼎在这方面有比较大的贡献。清代范宜宾的注释甚至使用拆字法给经文赋予双修的含义。其次，这些内丹注释大多遵循了《周易参同契》的易学原理，所以注释中有很多易学语言。它们也根据易学原理赋予经文新的含义。例如，它们会把日月解释为月亮的运行并且配以八卦。一些注本使用消息卦来解释“杀机”，认为冬至是杀机发动的时候。内丹和易学的语言是道教注释的主要语言。③道教的注释在不同的历史阶段有不同。同一个

① 王沐：《悟真篇浅解》，中华书局1990年版。

阶段的不同道士的注释也有很大的不同。这和当时的学术界的大背景有关系，也和注释者个人的教团背景有关系。夏元鼎和刘处玄的注释里都有很强的佛教因素，但是也有明显的差异。北宋时期的注释内丹文字很少。南宋金元时期的注释心性论述比较多，这当然是受到了理学和禅宗的双重影响。心性说使注释不再拘泥内丹修炼的技术，而偏向说理。总的来说，宋元时代的道教注释成功地塑造了《阴符经》的道教形象，使《阴符经》成为道门内的必读书。无论在炼养技术还是在哲学阐发方面，这些注释都取得了重要的成果。目前存世注释中文字最优美的也是道教注释《黄帝阴符经十真集解》。它们的缺点是过于严守道教的立场，尽管有三教合一的大背景，比起诸子派的注释，它们的眼界和胸襟显然狭窄很多。

诸子书进入《阴符经》注释

我们看集注本的注释里只有李筌的注解引用了诸子百家的文献，不过比较少，并且没有明确地表现出要利用诸子百家或者经学的传统阐述《阴符经》的意向。李筌引用的文献有《尚书》《金楼子》和《鹖冠子》。李筌的注释比起集注里的其余诸家的注释要繁复得多，但是远不能和宋代兴起的长篇议论相比。他的引录条目也不多。

引用百家文献阐述《阴符经》成为宋代迥异乎前人注释的一大特征。我现在用保存在《道藏》里的萧真宰的《黄帝阴符经解义》为例作一个介绍。最早著录这部著作的是1161年成书的《通志》，所以这部著作应该是北宋末年的作品①。现在我们能见到的是残本，缺少了第一章的注文。尽管如此，后面两章的篇幅也颇为可观。我选择它是因为这部注释大量引用了古代文献。它引用的经典有《老子》《庄子》《列子》《孙子》《论语》《孟子》《尚书》《周易》。

世人论《阴符经》多以其五贼三盗作为该书思想的总括。五贼和三盗在历史上有前人的论述做基础。这一点王明教授早已经指出。五贼指五行之间的相生相克。这在王充的《论衡》里有所论述②。三盗指天地、万物和人类之间的循环利用关系。王明先生认为这个思想来源于《列子》。不过《列子》论述似乎不如《阴符经》明确。萧真宰的注释第一章没有保存下来。我们不能看到他如何发挥五贼的思想。在第二章，萧真宰回到《列子》的论述里并且结合了《庄子》等书的思想对三盗思想进行阐发。《阴符经》说："天地，万物之盗。万物，人之盗。人，万物之盗。三盗相宜，三才既安。"萧真宰发挥道：

> 可以无而取之者伤廉。非其有而取之者为盗。③ 志动而次，见美而慕。分无欠余，不足者羡。"智不足则欺，财不足则盗。盗窃之行，谁责而可？"④ 非《胠箧》

---

① 文中提到《御制圣济经》，此书为政和八年（1118）颁布。现存有《丛书集成新编》影印十万卷楼丛书本，书题为《宋徽宗圣济经》第44册，台北：新文丰出版公司1985年版。

② 《论衡·物势》云："或曰：欲为之用，故令相贼害，贼害相成也。天用五行之气生万物，人用万物作万事，不能相制，不能相使；不相贼害，不成为用。金不贼木，木不成用。火不烁金，金不成器。故诸物相贼相利。含血之虫相胜服，相啮噬，相啖食者，皆五行气使之然也。"王明先生也指出《淮南子》有类似说法："善用兵者持五杀以应，故能全其胜。"

③ 《孟子·离娄下》："可以取，可以无取。取，伤廉。"《万章下》："非其有而取之者盗也。"

④ 见《庄子·则阳》。

探囊发匮之盗也。《列子》曰："有公私者亦盗也，亡公私者亦盗也。""天地万物不相离也，仞而有之者皆惑也。"盖莫不有生，生生者未尝终。莫不有形，形形者未尝有，声声者未尝发，色色者未尝显，味味者未尝呈。皆无为之职也。"阴阳相照、相盖、相治。四时相代、相生、相杀。"① 五行更王、更废、更相，至于"能宫能商，能出能没，能玄能黄，能甘能苦，能膻能香"②，孰使之也？则天地为万物之盗。人未丽乎物，而天地公盗之。物之数不止于万，"以数之多者号而读之也"。人之所以为贵者，以其为物之灵也。与时转徙，物无不备于我，我无不役于物。资之以生而有所养，徇之以死而有所归，则万物人之盗，人虽异乎物而万物公盗之。③

我们从他引文的出处可以看出萧真宰是杂糅了各家的议论来写作的。萧真宰著作的题目是《黄帝阴符经解义》。所谓解义就不是注释，可以脱离经文做铺陈，所以他的议论完全不是比照经文的。这是现存残篇的开首一段，后面的文字全是这样的风格。他引用诸子文句时并不声明出处。这当然也表现出他驾驭文献的能力，不去理会原文的语境。

萧真宰引用诸子百家的文献注释《阴符经》的确给人们理解经文打开了巨大的空间，打破了《阴符经》的神秘形象，也改变了托名姜太公、诸葛亮的注释闪烁其词的风格。这给世人利用这部所谓先秦古籍做了一个很好的榜样。当然这个风气未必是到了萧真宰手里才大行其道的。北宋的道士黄居真的注释不如萧真宰这样的大手笔，但是也很能突破道门的藩篱，不受神仙写作的局限。他就比较喜欢利用《庄子》的义理阐述《阴符经》，也利用《周易》的象辞。利用诸子解释《阴符经》的传统到了1920年黄元炳的《阴符经真诠》达到了登峰造极的地步。他不仅引用了历代的诗词歌赋，而且不以阐发义理为重，多为攒集古人论述，或解辞，或解义。这样固然给了读者极大的空间各取所需，但是全书显得甚为琐碎。作为个人著作，它是失败的。然而，作者攒集的资料为读者理解《阴符经》打开了无限的空间。黄元炳这种做法无形中也摧毁了千年来《阴符经》在社会上的各种形象，使《阴符经》成为一个可以随心利用的格言集。如果我们回到冯用之的时代，就会看到《阴符经》并不被世人看作一个严密的理论系统，许多文句可以被独立运用，各有喻义，也可以独立地做联想和发挥。后代很多注释刻意寻求经文句子甚至章节之间在含义上的连贯一致，和冯用之时代截然不同。黄元炳的注释再次告诉读者一个文句可以借助不同哲学家的思路去理解。

《阴符经》注释的理学因素

浏览一遍能够找到的《阴符经》注释，最有理学色彩的，似乎是问世于金元之际的胥一元的《黄帝阴符经心法》。任继愈主编的《道藏提要》认为它"着力发挥儒家存天理、灭人欲、修心诚性践履之旨"④。此书把原来的章节题目更换为：发明天理章、开示养生章和胜欲复命章。作者似乎不理会《阴符经》原文的逻辑关系，一意孤行地叙述自

---

① 见《庄子·则阳》。

② 见《列子·天瑞》。

③ 《中华道藏》第15册，华夏出版社2004年版，第717页。

④ 任继愈主编：《道藏提要》，中国社会科学出版社1991年版，第91页。

己的观点。本文仅举两三例子。《阴符经》说："五贼在心，施行于天。"胥一元说："五贼者，天之道也。在心者，谓天道在人心也。天道在心，即心是道耳。至哉言乎。五贼在心，盖圣人恐后世之学观天有五贼，必求之于天之天，而莫知求于心之天。言至如此，其着力为人发明天性之意可谓切矣。"《阴符经》说："立天之道，以定人也。"胥一元说："立者，刚正不倚也。天之道，天性之道也。定，镇静也。人则人欲之心也。夫天性之道，学至廓然无我，何人欲之有哉！"① 胥一元的儒家立场更多地表现在使用孔子师徒的传说，也因此和假托吕洞宾等神仙人物的注释形成了鲜明的对比。

这样彻底改变《阴符经》面貌的注释或许没有产生重大影响，但是它唯一的传本居然是由《道藏》保存下来的。我们现在还看不到《阴符经》有一个和道家分庭抗礼的儒家的注释传统。随着理学的广泛传播，理学的语言在潜移默化地影响着《阴符经》的注释。例如元代出入儒家和道教的学者俞琰在解释《阴符经》首句"观天之道"时利用《中庸》作阐述："《中庸》云诚者天之道。又云至诚无息。诚则真实无妄而纯乎天理之自然也。无息则瞬有养、息有存，而须臾不间断也。人能观天之道而存其诚，执天之行而自强不息，则与天为徒矣。"② 俞琰的注释中理学的语言还是比较多的，到了明代的吕坤就不那么浓厚了。吕坤解释五贼时说："五贼，五行也。五行盗天之道，而成气质以化生乎万物。而天之元气，从此耗矣。故谓五贼。"③ 张载说："神者，太虚妙应之目，凡天地法象皆神化之糟粕尔。"又说："太虚无形，气之本体，其聚其散，变化之客形尔。"吕坤对五行与元气的关系的理解就是张载的这个路数。

历史上有一部很著名的《阴符经考异》，因为据说它是朱熹写的。现在它的权威性受到了极大的质疑④。目前所见最早的朱熹注本是元朝人黄瑞节编辑的《朱子成书》⑤。此前有元朝人俞琰（1253—1314）在《黄帝阴符经注》⑥ 里引用了朱熹的注解。我目前还找不到更早的记载。"阴符经考异"这个书题也肯定不是原始的。《中国古籍善本书目》收录的明代版本朱熹注解均不题"考异"⑦。因此，所谓朱熹撰写《黄帝阴符经考异》是一个不断演变的传说。不过，这部据说是出于理学背景的注释的理学色彩的确不够浓厚。它是借着朱熹的名义在明代以后逐渐传播开，以至于本世纪仍然有人希望据此了解注解中的儒家思想⑧。朱熹撰写《黄帝阴符经考异》的故事被后人坚信。后世儒生也努力使用儒家的语言对它做解说。这些注解针对《阴符经》里"天道""性""理"和"静"几处文字利用理学的语言进行了重新的解释。明代陈楚良的《黄帝阴符经阐秘》利用了大量内丹

---

① 《中华道藏》第15册，第802、803页。

② 《中华道藏》第15册，第832页。瞬有养、息有存是张载的"六有"内容，可参见南宋李幼武纂集的《宋名臣言行录》外集卷4，《文渊阁四库全书》第449册，第683页。

③ 吕坤：《黄帝阴符经注》，引自周止礼、常秉义批点《黄帝阴符经集注》，中国戏剧出版社1999年版，第146页。

④ 最新的研究是杨燕的《〈阴符经考异〉作者非朱熹、蔡元定蠡测》，《泉州师范学院学报》2009年第1期。

⑤ 国家图书馆出版社2007年出版的中华再造善本依据了至正元年（1341）的本子。刘将孙为此书所作序言的时间是1305年。

⑥ 道藏本此书的序言作于1348年，晚于《朱子成书》。不过，俞琰在《席上腐谈》里面也谈到朱熹曾经注解《阴符经》。因此，俞琰在世时署名朱熹的注解已经流传了。《文渊阁四库全书》第1061册，第612页。

⑦ 上海古籍出版社1996年出版。王铁在新整理出版的《朱子全书》里面指出"阴符经考异"的名称出现在康熙年间的《朱子遗书二刻》第13册，上海古籍出版社、安徽教育出版社2002年版，第501页。

⑧ 田智忠、胡东东：《简论朱子〈阴符经考异〉的儒学特色》，《河北师范大学学报》2008年第2期。

语言解说人体病理，但是也使用了理学语言。清代的汪绂、刘光才和丁杰在他们各自的注释里都对《阴符经》的这些名词作出了理学的解释。从这些清代的解释可以看出在宋元时代的儒生们还没有这么明晰准确地阐释。不过这并不表明汪绂等人有坚定的儒家立场，而是由于理学的语言在清代已经深入人心。宋元时代的儒生比较多地使用的是四书的语言。明代以后宋明大儒的理学思想更为哲学化和系统化，因此我们可以看到理学的语言对于道家的语言有明显的优势。

进入20世纪，唯物辩证法的传播给了《阴符经》新的社会形象。以王明先生为代表的学者对于《阴符经》作出文献考据的同时也顺应时代风潮希望对它的思想内容作出新的阐发。于是，《阴符经》在20世纪成为中国古代辩证法的代表性典籍，直至21世纪仍然有很多学者希望从中发掘古代人的智慧。平实而论，《阴符经》本身并没有那么深邃的精神世界，它的权威性是由历代注释者造就的。大部分流传下来的注释有着深厚的宗教背景和学术资源。某些文学品位高雅的注释说明《阴符经》曾经成为文人泛滥词章的题材。半个世纪以来的许多学者仅仅试图阐发其中的辩证法，评价这些研究则需要去看当时中国哲学界发生的巨大变革。

（原载《宗教学研究》2013年第3期）

保罗的“皈依”:一个宗教心理学经典案例的再理解

张晓梅[*]

使徒保罗的皈依是基督教历史上最著名的皈依案例，以保罗的皈依为范本的各种皈依故事，对基督徒的自我认知与宗教意识有极大的塑成作用。保罗皈依的这种典范意义也对宗教心理学的创始和早期发展有着决定性的影响。伴随有强烈情感和神秘经验的突然皈依在很长一段时间内是宗教心理学皈依研究的核心议题，被研究者和普通人当作宗教皈依的最重要的模式。然而在过去三十多年中，对保罗的重新理解引发新约学术的重大变革；与之相应，宗教心理学对保罗皈依的研究也有很多新的思路和结论，一些传统上被普遍接受的解读模式渐渐不再有效。这些变化也体现着当代宗教学术的一些基本特征和趋势，我们将从几个方面来讨论。

一　“皈依”概念的适用性

今天的学者意识到现代语言中的宗教“皈依”概念，并不适用于保罗。我们理解的“皈依”，最通常的含义是从没有宗教信仰到有宗教信仰的转变，也指从一种宗教信仰转变为另一种宗教信仰，在少数情形下也可以指在同一宗教信仰传统当中从一个教派转变到另一个教派，甚或是加入一个全新的宗教组织。按照传统上对保罗的理解，他是从一种宗教（犹太教）皈依进入了另一种宗教（基督教），然而从宗教史的角度而言，当时还没有所谓的“基督教”，保罗最多不过是从犹太教的某个教派（奉行严守律法的法利赛主义）转而归属另一个教派（接纳外邦人为神的子民的新宗教社群）；更重要的是，以他的自我理解而言，他并没有发生宗教信仰上的改变。尽管保罗在书信中也强调他的转变，如在《腓立比书》中说“我先前以为与我有益的，我现在因基督都当作有损的。不但如此，我也将万事当作有损的，因我以认识我主基督耶稣为至宝。我为他已经丢弃万事，看作粪土”（《腓》3：7—8），但这种转变并非我们通常理解的宗教皈依，因为他的信仰对象仍然是犹太人的神，他对这位神的基本理解（也就是他的神学）、他的最根本的宗教思路，都没有变，变化的只是外邦人是否被接纳为神的子民这一项；保罗神学的一项基本主张，即行律法不再是人得救的先决条件，也是从外邦人被接纳为神的子民而推论出来的结果。我们后世所知的基督教的基本教义（如三位一体与基督论）在保罗那里都是不存在的。换句话说，以保罗的自我理解而言，他没有“皈依”任何一种“宗教”。

然而在大量的保罗研究文献里，学者们仍然保留了“皈依”这一术语，其原因在于，虽然我们不能从保罗的自我理解的角度去谈论“皈依”，却还是可以在外在行为特征转变

---

* 张晓梅，中国社会科学院世界宗教研究所副研究员。

的意义上使用这一概念。也就是说，当我们讨论保罗的“皈依”时，需要意识到这是一个客位（etic）而非主位（emic）的描述。若保罗曾为我们留下文字讲述他归信耶稣基督的事，他大概会说自己是“受呼召”。[①] 保罗的行为变化是显然的，他从一个基督信仰的迫害者转变为传扬这一信仰、以之为毕生使命的使徒。在这个意义上我们可以说，宗教心理学的皈依研究一直以来视保罗为宗教皈依的典范、并从主位描述的角度展开相关讨论是缺乏依据的；扩展开来说，以任何文献上的历史人物作为研究对象的皈依研究都面临同样的问题，即主体自述材料的缺乏。在极少数的案例中我们有足够大量的主体自述（典型的有如奥古斯丁）可以作为研究资料；但在保罗的案例中，文献的奇缺使得相关讨论很难有依据地进行下去。

我们今天所了解到的保罗的“皈依”，来自《使徒行传》的相关叙述，并非他的自述。保罗的故事之所以能够成为基督教历史上的皈依典范，主要归功于路加的文学。[②]《使徒行传》对保罗的皈依有三段记载，讲述的是同一件事。第九章中的描述是：

> 扫罗行路，将到大马色，忽然从天上发光，四面照着他；他就仆倒在地，听见有声音对他说：“扫罗！扫罗！你为什么逼迫我？”他说：“主啊！你是谁？”主说：“我就是你所逼迫的耶稣。起来！进城去，你所当作的事，必有人告诉你。”同行的人站在那里，说不出话来，听见声音，却看不见人。扫罗从地上起来，睁开眼睛，竟不能看见什么。有人拉他的手，领他进了大马色；三日不能看见，也不吃也不喝。（《徒》9：3—9）

第二十二章中，记载保罗在耶路撒冷亲口讲述这段经历，则是：

> 我将到大马色，正走的时候，约在晌午，忽然从天上发大光，四面照着我。我就仆倒在地，听见有声音对我说：“扫罗！扫罗！你为什么逼迫我？”我回答说：“主啊！你是谁？”他说：“我就是你所逼迫的拿撒勒人耶稣。”与我同行的人看见了那光，却没有听明那位对我说话的声音。我说：“主啊，我当做什么？”主说：“起来，进大马色去，在那里，要将所派你作的一切事告诉你。”我因那光的荣耀不能看见，同行的人就拉着我手进了大马色。（《徒》22：6—11）

最后，在第二十六章，保罗在亚基帕面前陈情，说：

> ……我在路上，晌午的时候，看从天上发光，比日头还亮，四面照着我并与我同行的人。我们都仆倒在地，我就听见有声音用希伯来话问我说：“扫罗！扫罗！为什么逼迫我？你用脚踢刺是难的！”我说：“主啊！你是谁？”主说：“我就是你所逼迫的耶稣。你起来站着，我特意向你显现，要派你作执事，作见证，将你所看见的事，

---

① 在犹太人的宗教语言中，并无“皈依”的概念，他们通常只讲“悔改”。和合本圣经为《使徒行传》9：1—19的段落起小标题名为“扫罗悔改归主”，十分贴切。

② 严格地说，我们并不能确定路加作《使徒行传》。本文暂且接受传统上的认定，在讨论《使徒行传》的时候，用“路加”指称它的作者。

和我将要指示你的事，证明出来。我也要救你脱离百姓和外邦人的手。我差你到他们那里去，要叫他们的眼睛得开，从黑暗中归向光明，从撒但权下归向神；又因信我，得蒙赦罪，和一切成圣的人同得基业。”（《徒》26：13—18）

三个版本的不同显而易见，不仅有小的细节上的差异，在大的神学取向上也不一致。有一种可能是，这三个版本都是路加的忠实记录，保罗讲述了几个版本，他就记录了几个版本。但这种情况既不符合古代作家的惯例，也显然错误判断了路加所作文字的性质。路加不是，也根本不打算做一名所谓“客观记录者”。历史文献研究表明古代历史传记的写作，需要作者为人物创造话语。通过对新约正典的深入考察，我们发现路加是有着自身神学历史意图的作者，现代学者大多认同这三个版本，程度不等都是路加的创作。

在保罗为我们留下的文字中，没有一次正面讲述他如何受神的呼召，当然也绝没有路加笔下如此丰富的细节。[①]《哥林多前书》中广为人知的一段话，若与路加的记录对比，完全不像是在讲同一件事：

……（基督）复活了；并且显给矶法看，然后显给十二使徒看，后来一时显给五百多弟兄看，其中一大半如今还在，却也有已经睡了的；以后显给雅各看，再显给众使徒看，末了也显给我看；我如同未到产期而生的人一般。（《林前》15：4—8）

我们暂且忽略这段文字自身的混乱之处（如把“矶法”与“十二使徒”相分别），也忽略了它与福音书传统的差异，[②]单从他的自我理解而言，保罗没有把自己所见异象与其他使徒的经历认作是不同的东西。同样在哥林多书信中，他还曾有一次提到“我不是使徒吗？我不是见过我们的主耶稣吗”（《林前》9：1）？亦是将自己与其他使徒同等对待，好像他“见过”耶稣这件事，发生得极其自然，毫无特别之处，如同《路加福音》中描述耶稣复活后向众人显现，使用平实、自然、日常的语言，并非什么神秘经历，人们见到复活的基督，就如同在他未死之前。而在《加拉太书》中，保罗完全依照犹太宗教传统中先知受神呼召的模式来讲述自己如何成为一名使徒：

然而，那把我从母腹中分别出来、又施恩召我的神，既然乐意将他儿子启示在我心里，叫我把他传在外邦人中，我就没有与属血气的人商量，也没有上耶路撒冷去见那些比我先作使徒的；惟独往亚拉伯去……（《加》1：15—17）

---

① Seyoon Kim 主张除《林前》9：1；15：8、《加》1：12；1：16 等比较明显的几例之外，保罗书信中多处文字可以被看作是间接表述他的皈依经验，包括《罗》10：2—4、《林前》9：16—17、《林后》3：16；4：6；5：16、《腓》3：4—12、《弗》3：1—13、《西》1：23—29，以及《罗马书》《哥林多前/后书》《加拉太书》《以弗所书》和《歌罗西书》开篇处自称受神呼召作使徒的文字。参见 Kim，S.，*The Origin of Paul's Gospel*，Tübingen：J. C. B. Mohr（Paul Siebeck），1984，3-31。这个判断标准过于宽松（甚至包括了一般认作托名伪书的《以弗所书》和《歌罗西书》），因此并无实际意义。

② 福音书之间的差异，或许可归为福音传统形成的过程中加利利传统（马可、马太以及没有被收入正典的彼得福音）与耶路撒冷传统（路加、约翰福音）之间的分歧。至于耶稣复活后在世活动的时间，早期基督教文献中相互出入的说法表明基督教传统形成时的多元。

这显然也与大马色道路上的神秘经验有很大的差距。

比较《使徒行传》和保罗书信，两者在一个问题上高度一致：保罗归信前后两种生活、两种生命状态构成截然对比。只是在路加笔下，这个转换似乎突然间就完成了，一次超凡的经历足够将热心“祖宗的遗传”的犹太青年扫罗，转变为“传扬真道”的基督的使徒保罗。基督教传统历来推崇路加塑造的那个“突然转变”的保罗，仿佛“使徒保罗”是一次成型的产品。[①] 保罗书信中透露出来的信息却为我们展现一个较为缓慢的过程，他对信仰之意义的理解、对自身之使命的理解，是被他所遭遇的环境和人事塑造形成的，前后都有变化，我们若比较正典现存最早的文字作品《帖撒罗尼迦前书》急切激进的终末论语言，与保罗最后一篇书信《罗马书》包容而圆润的辩证法，就可看得明白。若考虑到保罗“皈依”后有十余年时间我们全无了解，而今天能看到的全部保罗书信时间跨度不过短短五六年，这个变化就更显惊人了。若我们能在客位描述的意义上将“皈依”概念用于保罗，那么渐进的皈依或许要比突然的皈依更适用。

与早期学术相比，当代宗教心理学的皈依研究更加强调宗教社群对皈依者的影响。一方面，突然发生的、伴随有强烈情感冲击的皈依经验不能持久；另一方面，皈依之后也还需要一个再社会化的过程，使皈依者能够真正融入新的信仰社群。路加在《使徒行传》中的叙述方式，淡化了保罗从刚刚形成的犹太人基督徒团体继承而来的东西，在他的描述中，亚拿尼亚的行为并无自觉，只是按部就班地执行启示给他的命令；他是一个人在行动，身后并没有一个教会组织。[②] 然而保罗自己在书信中有意无意透露出来的一些内容，表明他的转变过程，对已有传统的依赖——虽然它的时间之短，几乎不允许用“传统”这个概念来描述。[③] 这个转变过程可以相当漫长，从保罗受呼召到他真正以独立的使徒形象出现在《使徒行传》的叙事时空中，其间有十几年的空白；而今天我们能够看到的保罗自己在历史中留下的第一道清晰印记，是他写给帖撒罗尼迦教会的信，新约正典中的《帖撒罗尼迦前书》，写作时间距离他的“受呼召”已经有近二十年。因此我们可以说，在流散地犹太人与外邦人相混杂的环境里工作，构成了保罗转变的一个大的社会背景；保罗不仅仅是诸多教会组织的创建者，他自己也是这些教会的产物。

二 “皈依”的动因：神秘经验还是神学突破

若我们可以接受在客位描述的意义上将“皈依”概念用于保罗，亦即指他为人和行为的某种转变，那么接下来我们需要思考这一转变的动因。《使徒行传》的三段相关记

---

① 如鲍尔的论述：“考虑到他通常的个性以及他皈依的性质与状况，也就是内心突然而深刻的改变，我们必须认为他并不是先经历多个中间阶段，而是一旦恢复神志、重又健壮，此后我们看见的那个保罗立即就全部都有了。” Baur, F. C., *Paulus, der Apostel Jesu Christi, sein Leben und Wirken, seine Briefe und seine Lehre*, Stuttgart: Becher & Müller, 1845. 引文摘自 Hengel, M. and Schwemer, Anna M., *Paul between Damascus and Antioch: the Unknown Years*, SCM Press Ltd., 1997, 13-14.

② 在讲述大马色的故事时，路加没有用“教会”这个词，然而在此前的耶路撒冷（《徒》5：11；8：1，3）和此后的犹太全地（9：31），他都用 *ekklesia* 来指称早期基督信徒群体。路加对大马色门徒的描写，遣词造句有某种古远的意味，或许表明他意图营造一种印象：大马色的基督徒组织尚不完备，一切都还只是雏形。参见 Hengel 1997, 81.

③ 如《林前》11：23—25；15：1—7；15：11 等处。

载，描述的全部是神秘经验，这种解释模式在基督教的历史上影响深远，这个宗教传统中最为人熟知的皈依故事几乎全部是按照这一模式来讲述的。但是，这一模式在现代学术中已经渐渐失去解释的效力，一方面因为《使徒行传》自身的可信度遭到怀疑，另一方面也因为我们今天对“皈依”概念本身的认识发生了很大的变化。我们可以在加以修正了的意义上继续使用“皈依”这个词来讲述保罗的改变，但“神秘经验”却是一个问题更严重的概念。① 对神秘经验的判断依赖主体自述，而保罗自己在书信中唯一一次类似于神秘经验描述的是如下文字：

> 我自夸固然无益，但我是不得已的；如今我要说到主的显现和启示。我认得一个在基督里的人，他前十四年被提升到第三层天上去。或在身内，我不知道；或在身外，我也不知道；只有神知道。我认得这人，或在身内，或在身外，我都不知道，只有神知道。他被提升到乐园里，听见隐秘的言语，是人不可说的。为这人，我要夸口；但是为我自己，除了我的软弱以外，我并不夸口。我就是愿意夸口，也不算狂，因为我必说实话；只是我禁止不说，恐怕有人把我看高了，过于他在我身上所看见所听见的。(《林后》12：1—6)

描绘的内容虽与犹太传统中的“默卡巴神秘主义”颇有类似的地方②，但这段经文历来难解，至今我们不知道保罗是在描述还是在讽刺，也无法确定保罗所说的那个“在基督里的人”，是否就是他自己，虽则若我们能在二人之间画上等号，那么无论《哥林多后书》第十二章的上下文，还是保罗自己的思想整体，似乎将显得更为通顺。③ 即便我们暂且认定他是在讲述自己的某次经验，仍然很难认定它就是“皈依”经验，因为从时间线索上来看，《林后》第十二章可能成文于公元 54 年，往前推十四年，保罗确乎是在叙利亚和基利家附近活动，不过距他的“皈依”已经时隔多年。

---

① 对“神秘经验”和“神秘主义”这样的术语作深入探讨、给出准确定义，不在本文所述范围之内。笔者认为一般读者对其大致的理解，于本文的主题而言即已适当。著名学者阿道夫·戴斯曼在《保罗：社会和宗教历史研究》一书中对“神秘主义”的定义，完全符合我们通常对这个词的非学术、非专业的理解和使用：“任何一种宗教倾向，它通过内在经验，或者不经由理性的中介而直达神。神秘主义的构成要素是与神接触的直接性。”按照这样的理解，《使徒行传》中描写的保罗皈依、所见异象等，以及《哥林多后书》第十二章中的保罗自述，都可被看做是神秘经验。参见 Deissmann，Gustav A.，*Paul：A Study in Social and Religious History*，New York：Harper & Row Deissmann，1957，149。

② “默卡巴”（*merkabah*）在希伯来文中是“王座战车”的意思，“默卡巴神秘主义”是形成于公元 2 世纪的拉比传统对由先知以西结开端的神秘主义/终末论文学的指称，希伯来圣经《以西结书》第一章中用细致的笔墨描摹以西结所见异象，尤其“在宝座形象以上，有仿佛人的形状”（1：26），“这就是耶和华荣耀的形象”（1：28）等文句，后来也被基督教神学继承，成为基督教神秘主义和基督论中的要素。

③ 有学者主张保罗此处所讲实为耶稣本人，参见 Segal，Alan F.，*Paul the Convert：The Apostolate and Apostasy of Saul the Pharisee*，New Haven：Yale University Press，1990，314，n7。也有人主张“在基督里的人”指的是保罗的反对者，使徒在这里用讽刺模仿的修辞手段批评后者的虚夸。由于保罗此处的记述语焉不详，为后人留下很大的再创作空间，遂造就有如《保罗升天记》《保罗启示录》这样的作品。可能是公元 2 世纪灵知派人士所作的《保罗启示录》，混合了希腊—罗马升天文学传统、犹太神秘主义、基督教信仰、灵知主义等要素，接续《林后》第十二章的文字，描写保罗继续上升，从第四层天直到第十层天的奇妙经历。参见《灵知派经典》，杨克勤译，华东师范大学出版社 2008 年版，第 290—294 页。

保罗自己似乎并不大愿意多讲所谓的神秘经验，在多篇书信中他都表达出对信徒宗教生活中的神秘主义要素持一种批评的态度，至少也是不加以鼓励。① 在他的宣教生涯中，第一位的考虑始终是教会的团结，并非神学的正统（那个时候当然也无所谓正统神学），也不是灵性的索求，而神秘经验的泛滥在一个集体生活的环境中容易造成巨大的混乱和矛盾，是一个正在追求制度化的宗教难以容忍的因素。写作时间比保罗晚了三十多年的路加，则在描写神秘经验方面更为自如，除三个版本的皈依故事均涉及神秘经验之外，路加还曾数次描写保罗的奇妙经历，这可能反映了制度化形态初具的基督教在心态上的某种转变。②

从文化背景上考虑，无论在犹太传统还是希腊—罗马的社会风尚中，都不缺乏类似的故事和语言，路加的这些描写符合一般大众对宗教经验的心理期待，也能满足他们对于宗教领袖人物的想象，考虑到路加的目标读者为希腊—罗马社会中的上层人士和知识阶级，或许这正是他如此写来的目的所在。然而我们现在所做的考察，却不能轻易地用一两次神秘经验来打发掉保罗的皈依问题，这与威廉·詹姆士所批评的“医学的唯物论”用脑疾来解释宗教异象，是同样的简单粗暴。③ 虽然我们或许可以暂且认定保罗有过类似的经验，而它们也在某种程度上促成了他的转变，但学术研究并不接受传统宗教文献所营造的那个“皈依神话”，这不能仅仅归为现代思想趣味对迷狂经验有天然排斥，更多的是建立在事实依据上的学术研究理路之必然，因为我们无法分辨保罗的皈依经验与耶路撒冷使徒的皈依经验本质上有何不同（保罗自己的描述恰恰是要强调他与其他使徒并无区别），然而他们各自发生出来的宗教信仰方式却相去甚远。若我们说保罗是基督徒，那么在他同时代以及稍晚一些时候，由犹太人而成为基督徒的并不在少数，为什么他的信仰与其他犹太人基督徒的信仰有这么大的差异？“皈依经验”不能解释这种差异。大量的实证研究表明皈依经验本身不足以自立，它需要一个庞大的阐释体系作为支撑，人们对皈依者的理解、以及皈依者的自我理解，都需要参照这个阐释体系来获得意义。

与我们通常被灌输的观念相反，保罗的全部神秘经验（即便真的发生过）都并不必然导致他皈依基督教，因为它们在犹太宗教传统的话语方式之内完全可以得到解释。因此

---

① 最典型的案例是《哥林多前书》，如批评一些有灵知主义倾向的信徒宣扬“智慧”、曲解教义（1：18—31；2：1—5；3：18—23；4：6—13）；批评一些信徒夸耀圣灵的恩赐，按个人受灵恩而有的能力不同，将教内众人分为三六九等（第十二、十三和十四章）；反对重灵轻身的倾向、维护肉身复活教义（第十五章），等等。保罗在《哥林多前书》中用最长篇幅的文字来讨论“智慧”（主要集中在第一到第四章）和“灵恩”（主要集中在第十二到第十四章），这是他最为担忧的引起教内不团结的问题。

② “在夜间有异象现与保罗。有一个马其顿人站着求他说：‘请你过到马其顿来帮助我们。’”（《徒》16：9）“夜间，主在异象中对保罗说：‘不要怕，只管讲，不要闭口；有我与你同在，必没有人下手害你，因为在这城里有我许多的百姓。’”（《徒》16：9）“后来我回到耶路撒冷，在殿里祷告的时候，魂游象外，看见主向我说：‘你赶紧地离开耶路撒冷，不可延迟；因为你为我作见证，这里的人必不领受。’”（《徒》22：17—18）有学者主张22：17—18中的描写，就是《林后》第十二章保罗自述的那次经验。不过，考虑到路加文字的文学创作性质以及保罗年表的时间顺序，这似乎并不可行。参见 Segal 1990，314，n9。

③ “真的，医学的唯物论似乎是我们刚说的这种幼稚的思想法的一个好名称。医学的唯物论把圣保罗在到大马士革路上所见的幻象叫做出于大脑后头叶皮质的损伤之发射作用（他是患羊痫风的），就把他了结了。”（威廉·詹姆士：《宗教经验之种种》，唐钺译，商务印书馆2002年版，第9—10页。）近代批判学术发端以来一直就有将保罗的皈依经验归为神经疾患所致的尝试，并用来解释保罗书信中的如下文句：“……有一根刺加在我的肉体上……为这事，我三次求过主，叫这刺离开我。”（《林后》12：7—8）

我们需要考察神秘经验之外的皈依动因，也就是为他的经验赋予全新意义的一个神学解释学的框架。如果在大马色的经历很大程度上促成了保罗最初的转变，那么我们或可大致确定他是在大马色的耶稣信徒团体中接受了最初的信仰教育——亚拿尼亚或许就是他最早的导师，也是为他施洗的人。① 他在这里学会一套新的宗教话语方式来解释自己的经验。不是经验本身，而是阐释方式的不同，导致了基督教与犹太教的分歧。

阐释体系的转变提示我们关注保罗皈依的神学理性的动因，也就是说我们可以将保罗的"皈依"看作是一次神学上的突破，理性和认知的要素在其中起到了关键的作用。犹太教本来就是一个极重理性的宗教传统，它完全在认知的层面上理解皈依：皈依是仪式与洁净状态的改变，是在长期训练后作出的决定。② 有着这样的宗教教育背景，保罗日后的任何一种宗教选择都不可能排除神学理性的要素。早期宗教心理学的皈依研究多强调"皈依"是一种被动的经验，皈依者在身不由己的状态下，受强大的外力支配，经历到强烈的情感体验与神秘经验，从而发生某种宗教取向的改变。然而当代宗教心理学的皈依研究亦强调"皈依"的主观能动性，"皈依"是主体有意识的、试图解决重大问题的尝试；因"皈依"而有的观念变化，可以缓解主体的认知失调。也就是说，我们可以认为保罗的"皈依"为他解决了一些极为重要的神学问题；换言之，保罗在"皈依"之前即有他的"问题意识"。

三　保罗的"问题意识"：心理学还是社会学

一直以来，用心理学的因素来解释保罗皈依以及一般宗教皈依的方法是宗教心理学皈依研究的主流。在这种解释模式中，皈依是主体从一种焦虑、压抑、充满挣扎和矛盾的不快乐的心理状态，转变为安定、平和、满足和快乐的心理状态的过程，如威廉·詹姆士在《宗教经验之种种》一书中对皈依作出的经典定义：

> 皈依，更生，蒙神恩，体验宗教，得到安心立命之处，这许多短语都是代表一种过程——由这一种过程，或逐渐地，或突然地，一向分裂的，并自觉为错误的、卑劣的、不快乐的自我，因为它对于宗教的实在得到更牢固的把握而变成统一的并正当的、优越的、快乐的。无论我们是否相信必须有个直接的神的作为，才可以引起这种精神上的变化，至少就一般说，这是皈依的意义。③

用这个模式来解释保罗，那么我们可以认为他在犹太教中做法利赛人的时候是极不快乐的，时时体验到焦虑、自卑、痛苦、不安等等情绪，甚至有人格的分裂。而"皈依"基督信仰极大地缓解直至消除了这些心理问题，使他能够安心立命。尽管这些描述性的心理学术语是现代的，这种解释模式的历史却源远流长，我们在基督教历史上许多著名的皈依

---

① 《使徒行传》中并没有记录保罗受洗。但保罗自己曾说"我们这受洗归入基督耶稣的人……"（《罗》6：3），考虑到他做使徒，又常常为皈依者施洗，他自己不大可能没有一个基本的入教身份。洗礼取代割礼成为信徒归主的灵性标记，是保罗神学和教会思想的核心，若自己没有受洗，他绝无可能安然处之。保罗受洗应是在大马色。

② Segal 1990，292.

③ 《宗教经验之种种》，第190页。

故事中都可以找到。①

心理学的理解方式在保罗自己的书信中可以找到一些证据，最著名的例子是《罗马书》第七章，保罗用一大段文字描述自己生活在一种极度罪疚的心理状态中，因转向耶稣基督而得到解脱：

> 我们原晓得律法是属乎灵的，但我是属乎肉体的，是已经卖给罪了。因为我所作的，我自己不明白；我所愿意的，我并不作；我所恨恶的，我倒去作。……我也知道在我里头，就是我肉体之中，没有良善；因为立志为善由我，只是行出来由不得我。……我觉得有个律，就是我愿意为善的时候，便有恶与我同在。因为按着我里面的意思，我是喜欢神的律；但我觉得肢体中另有个律和我心中的律交战，把我掳去，叫我附从那肢体中犯罪的律。我真是苦啊！谁能救我脱离这取死的身体呢？感谢神！靠着我们的主耶稣基督就能脱离了。（《罗》7：14—25）

然而，心理学的解释模式在近年来的保罗研究中渐渐失去原有的解释力。大多数学者不接受保罗在皈依前饱受良心煎熬的说法，也不认为他做法利赛人的时候是焦虑的、不快乐的。不仅《使徒行传》中没有相关的记述，保罗自己在书信中透露的极其有限的生平信息，都表明他在犹太教中是安稳的，比如在《加拉太书》中他说：

> 我又在犹太教中，比我本国许多同岁的人更有长进，为我祖宗的遗传更加热心。（《加》1：14）

在《腓立比书》中又说：

> 若是别人想他可以靠肉体，我更可以靠着了。我第八天受割礼，我是以色列族、便雅悯支派的人，是希伯来人所生的希伯来人。就律法说，我是法利赛人；就热心说，我是逼迫教会的；就律法的义上说，我是无可指摘的。（《腓》3：4—6）

"就律法的义上说，我是无可指摘的"，表明保罗并不认为自己未能满足律法之义的要求，因此也不会忧虑自己会否受到神的责罚而时时惶恐不安。他相信自己是一名合格的法利赛人，因此他才能够批评其他一些自己尚不能严守律法的犹太人，拿律法的条规去要求外邦人的服从，比如他在《加拉太书》中说："他们那些受割礼的，连自己也不守律法。他们愿意你们受割礼，不过要藉着你们的肉体夸口"（《加》6：13），这里的论证逻辑是：只

---

① 最著名的例子有如奥古斯丁在《忏悔录》卷八中对自己皈依历程的描述："灵魂被重大的忧苦所割裂"（第十节）；"我被这心疾折磨着……我在心中自言自语说：'快快解决吧！快快解决吧！'……这些争执在我心中搅扰，正是我与我的决斗"（第十一节）；"我读完这一节，顿觉有一道恬静的光射到心中，溃散了阴霾笼罩的疑阵"（第十二节）等文句（译文摘自《忏悔录》，周士良译，商务印书馆1996年版，第155—158页）。路德对自己在修道院中找寻福音真理的历程描述亦有类似，如"我曾经通过禁食、祷告、守夜，以此苦待自己来找到良心的平安。但越是这样努力，我经历到的平安就越少"（德文版路德著作全集WA 44，819）；"我努力遵照规条来生活，常常懊悔、认罪、数算自己的罪行；经常反复认罪，急切地按照要求行补赎。然而，我的良心从来都没有给我任何确据"（德文版路德著作全集WATr 6，106－107）等处。

有一丝不苟地遵行了律法的全部要求，才有资格藉着律法夸口，拿律法去要求别人。

今天的学者们越来越意识到将心理学的解释模式用于保罗皈依的这种思维方式，是受到新教神学自身偏见的极大影响。1963 年，时任哈佛大学神学院院长的瑞典学者克里斯特·斯丹达尔在《哈佛神学评论》上发表文章《使徒保罗与西方的内省意识》[①]，指出宗教改革以来西方传统对保罗所著文字的理解，错误地"以之为人类意识的记录"[②]，"尤其在基督教新教——当然，这里所说的新教是源于奥古斯丁及中古时代的宗教虔诚——里面，人们按照路德与他自己良心挣扎的模式，来理解保罗的罪疚意识"[③]，然而这种理解无法在保罗自己的文字中找到依据，"我们甚至可以说，人们曲解了保罗的论证，与他的原意南辕北辙"。[④] 斯丹达尔强调保罗关心的问题是外邦人被弥赛亚社群接纳的可能性，而不是"在人类普遍的困境中，如何得到关于拯救的确信"。[⑤] 斯丹达尔在这篇文章中的一句名言，是说保罗拥有一颗"强健的良心"（a robust conscience）[⑥]；他强调现代读者应该抛却宗教改革时代的眼镜，按其本来面目去理解使徒保罗，不应以"一颗颤抖着的良心"[⑦] 作为其神学和宗教思考的起点。"使徒保罗与西方的内省意识"一文在现代新约学术和保罗研究中影响深远，对二十多年后兴起的"保罗新视角"思潮有直接的推动作用。

与心理学的解释模式密切相关的是被从事保罗研究的学者们称之为"人类学"的解释模式，这里所说的"人类学"，指的是人类的普遍处境，或者说人性的固有缺陷。[⑧] 与心理学的解释模式一样，"人类学"的解释模式同样受到宗教改革和新教神学的偏见极大影响。按照这个模式来理解保罗的皈依，也就是说保罗皈依的动因在于他对人类的普遍困境有深切的问题意识，"皈依"基督教为他提供了解决人性本罪这个"人类学"问题的途径。这尤其是现代神学中"存在主义"流派推崇的解释模式，也与前文所述的"心理学"解释模式的思路有高度的契合。我们前文引用过的《罗马书》第七章的文本，是"人类学"解释模式最倚重的文本之一，按照这种理解，保罗所说的"我"，实际上是普遍人性的代称；他所描述的个体对罪和罪疚心理的经验，也是人类共有的。

人类学的解释模式与心理学的解释模式在思维方式上基本相同，区别仅在于人类学关注普遍人性，心理学关注个体之人，但是在具体论述中，普遍人性与个体之人往往又是可以互相替换的。因此，斯丹达尔在"使徒保罗与西方的内省意识"一文中对心理学解释模式的批评，在相当大的程度上也适用于人类学的解释模式，二者同样不能够在保罗自己的书信文字中找到足够的文本证据支持。犹太教中并没有人性本罪的思想，在这个宗教传统中，人固然总不能免于犯错误、违反神的意愿，却总可以通过悔改和补赎求得与神的和

---

① Stendahl, K., "The Apostle Paul and the Introspective Conscience of the West", *Harvard Theological Review* 56 (1963): pp. 199－215. 本文中的引文摘自 Meeks, W. A. (ed.), *The Writings of St. Paul*, W. W. Norton & Company, 1972, pp. 422－434.

② Ibid., p. 422.

③ Ibid., p. 423.

④ Ibid., p. 427.

⑤ Ibid., p. 426.

⑥ Ibid., p. 423.

⑦ Ibid., p. 433.

⑧ 此处对"人类学"这个术语的使用，有别于我们的通常理解。用"人类学"来指称保罗对人性的洞察与对人性罪的问题意识，是近年来保罗研究中的谈论方法，本文也是在这个意义上使用这一术语。

解；保罗虽然日后脱离了犹太教的主流，在这一点上却没有发生根本性的改变，他依然坚信人可以通过正当的生活与神接近——实际上，这正是《罗马书》所要讨论的主要问题之一。

传统上占主流地位的心理学以及相关的人类学解释模式，在近年来的保罗研究中备受争议，这种现象与过去三十年里新约研究中的“保罗新视角”[①] 思潮有密切的关联。所谓“保罗新视角”，指的是反对宗教改革以来西方主流新教神学的偏见，试图重新理解保罗文本属性和话语原意的学术思潮；支持“新视角”的学者，虽然在针对一些具体问题的学术观点上亦存在较大分歧，但都有一些大致共同的思路可循：他们反对宗教改革以来的神学思路，反对用基督新教与天主教的争斗模式去理解早期基督教与犹太教的关系；“新视角”主张把保罗放在他自己的历史和文化语境中去解读，不要将现代人（尤其现代西方人）的思维方式和心理状态加在他身上。其中最为关键的，笔者以为，所谓“新视角”的“新”，在于视角从“个体”到“人群”的转换，它努力要强调的是宗教的社会属性。很多“新视角”学者都试图从社会学（也可以说是教会学）的角度去理解保罗的皈依，亦即认为保罗在皈依前的“问题意识”，实质上是一个社会学（教会学）的问题，即教会应该如何构成。换言之，保罗“皈依”基督教的最根本的动力，在于这种新的宗教社群能够接纳外邦人成为神的子民。

这种“社会学”的解释模式得到“新视角”思潮著名的代表人物詹姆士·邓恩与尼古拉斯·托马斯·赖特的支持，此处我们就以这两位学者为例简要梳理一下“社会学”解释模式的思路。邓恩与赖特都主张一种“身份标识说”，他们认为保罗文字中涉及的“反律法”的言论，实际上反对的不是普遍意义上的“行律法”本身，而特指那些将以色列人与外邦人分别开来的东西，如割礼、犹太饮食法、安息日及其他犹太节期等，亦即犹太民族独特的“身份标识”；保罗对此的批评，并非因为它们导致犹太人“行律法称义”的自负，却是因为它们维护人群的分隔，构成外邦人归信的障碍。[②] 杜伦主教赖特是英国著名的新约学者、神学家和教会领袖，早在“新视角”正式登上学术舞台之前，他就曾撰文表达与之极为合拍的观点：保罗所批评的以色列人的错误，并非“律法主义的自义”，而是“民族主义的自义”。[③] 赖特是在大量阅读犹太教原始文献后得出这种观点，他在评论《死海古卷》时写道：“所谓‘行律法称义’，绝不是指一些犹太人像帕拉纠主义者那样试图拽着道德的鞋带把自己拔起来，它说的其实是在终末来临之前如何定义真正的以色列。在这个语境里谈论称义，其所指绝不是‘一个人如何成为神的子民之一员’，而是‘我们如何判别哪些人是神的子民’……它既不是说信徒如何被‘接纳’，也不是说他如何‘维系’宗教身份，而毋宁说是一个判别问题：我们怎样才能判断一个人是否为教徒。用标准的基督教神学语言来表述就是：与其说它事关拯救论，不如说它事关教会论；

---

① “保罗新视角”（“the New Perspective on Paul”，亦简称作“the New Perspective”），是著名新约学者詹姆士·邓恩（James D. G. Dunn）创造的术语，正式见诸学术出版物是他以此为标题的一篇文章刊于 *Bulletin of the John Rylands Library*，Vol. 65，1983，95 - 122；文章后被收入 Dunn，*The New Perspective on Paul*：*Collected Essays*，Tübingen：Mohr/Siebeck，2005。

② 参见 Dunn，James D. G.，*The Theology of Paul the Apostle*，Grand Rapids：Eerdmans，1998。

③ Wright，N. T.，“The Paul of History and the Apostle of Faith”，in *Tyndale Bulletin* 29（1978），61 - 88.

与其说它事关拯救，不如说它事关教会。"[①] 实际上，赞同或拥护"新视角"的学者，大多重视圣经的整体和两约之间的连贯性、强调教会学（因而也就是强调福音的社会属性）、维护群体宗教生活中秩序和规则的一面，在思想上与加尔文主义较为接近。

与赖特一样，邓恩也主张保罗批评律法的言论，本意是反对将律法作为特殊宗教身份的标识。邓恩认为保罗所说的"行律法"，即等于犹太教的"约法主义"，"我们可以说，当保罗批评当时的犹太教约法主义时，他的矛头所指既不是律法，也不是约……而是这样一种'约法主义'，即坚持以律法为以色列的边界，将犹太人与外邦人隔开，坚持只有边界内的人才是神对亚伯拉罕所作承诺的继承人。简而言之，保罗反对的是律法的滥用而非律法本身。"[②] 例如《加拉太书》中的如下段落，在新教神学的理解中恰恰是对"因信称义"的阐释：

> 既知道称义不是因行律法，乃是因信耶稣基督，连我们也信了基督耶稣，使我们因信基督称义，不因行律法称义，因为凡有血气的，没有一个因行律法称义。(《加》2：16)

然而，邓恩却主张这段话所处的上下文，讲的是安提阿争端的前后因果，在这一具体的语境中保罗反对的恰恰不是福音之外另外一种"称义"的途径，而是犹太人"与外邦人隔开"（《加》2：12)，而割礼、饮食这样的律法要求，被用作"隔开"的理由。[③] 至于"因信称义"的语言后来在《罗马书》中再度出现，邓恩以为道理与《加拉太书》是一样的，如"凡有血气的，没有一个因行律法能在神面前称义，因为律法本是叫人知罪"（《罗》3：20)，在他看来与《加》2：16 说的完全是一回事。

前文说过，"新视角"与所谓"旧视角"的不同，主要是一个从私人到社会、到人群的视角转换，这一点在邓恩的著述中表现得尤为明显。他强调保罗之所以反对"行律法称义"，主要的关切并不在于指明罪人不能通过遵行律法而得到拯救；使徒主要的意图，乃在于指明若坚持"行律法称义"，即等于说"神只作犹太人的神"。面对众多"新视角"批评者的声音，邓恩对其早年的一些主张也作了重新的解说，然而在这一点上他始终持坚定的立场。他在"新视角：来自何处、所为何事、去向何方?"一文中这样为"新视角"运动辩护：

"我再一次强调'新视角'于我而言意味着什么。它并不试图将这种对'因信称义'的理解与'个人因信称义'对立起来。它不反对宗教改革经典的称义论。它只是指出称义论在形成之初即有其社会的和种族的维度，实际上，这一维度是称义论第一次成文表述与辩护的不可分割的部分。'先是犹太人，后是希利尼人'……这是称义论被人遗忘的神学维度，我们需要将它重新带到光亮中来，并非是为消灭传统教义，而是以圣经为本丰富

---

① Wright, N. T., *What Saint Paul Really Said: Was Paul of Tarsus the Real Founder of Christianity?* Grand Rapids: Eerdmans, 1997, 119.

② Dunn, James D. G., *The Parting of the Ways: Between Christianity and Judaism and Their Significance for the Character of Christianity*, SCM Press, 1991, 138.

③ Ibid., 136 – 137.

这一教义，重新发现保罗在此问题上整全的见解。”①

社会学的解释模式可以提供一种新的思路，一些在传统神学的话语方式之内很难得到合理解说的文本段落，若以“新视角”观之，其论述理路将显得更为清晰。但是，我们同样需要注意到社会学解释模式自身的固有缺陷。首先，保罗书信中有大量的文本段落，无论用心理学（或人类学）还是社会学的解释模式都是说得通的，后者的说服力与前者相比并没有质的不同。另外，保罗书信中还有一些文本，例如我们前文中引用过的《罗马书》第七章中的相关段落，“新视角”不能够提供足够合理的解说；或者说，“新视角”的解说方式与我们直观的阅读经验有很大差距。今天的很多学者青睐社会学的解释模式，契合着现代社会希望实现宗教宽容与和解的迫切要求，这是今日世俗世界的潮流，未必是一些宗教自身的诉求和逻辑。当我们批评新教神学传统受其自身所处的历史文化的限制时，也需要注意到“新视角”同样是受到它自己的历史文化限制的。

需要指出的是，当代宗教心理学的皈依研究，不再将关注的重点放在“理想型”的皈依事件上；今天的学者们越来越清楚地意识到宗教文献中记述的“理想型”的皈依，在现实生活中是极少有的。当代宗教心理学的皈依研究强调皈依是一个极其复杂的过程，往往也有着极其复杂的、各种因素综合而成的动因。这种思路与当代的保罗研究有不谋而合之处。以“心理学”、“人类学”或“社会学”这样的有清晰界定的术语来概括保罗皈依的“问题意识”，都是一种“理想型”的论述方式，真实生活中的人是不可能这样来想问题的。保罗其人又是一个极其复杂的个体，他的皈依不仅涉及他自己的宗教经验，还与他所受的宗教教育、所处的时代、文化以及生活环境有密切的关联。② 另外，宗教心理学的皈依研究还强调人际的情感联系对皈依者转变的积极促成，以及在皈依后维系其社群归属的重要作用，我们不难合理地想象，在保罗这个例子中也很可能会有人际情感的要素在起作用，只不过由于文献的缺乏，我们不能对此作出肯定的判断。因此，与其被迫做一个非此即彼的选择，不如在这一问题上采取一种兼容并蓄的视角。若我们以保罗的“问题意识”作为他“皈依”的神学理性的动机，那么这个“问题意识”应该是融合了多种考虑的，有心理学（人类学）的，有社会学（教会学）的，也应该有神学的，因为无论是心理学意义上的拯救问题，还是社会学意义上的教会构成问题，在神学的考虑中最终可被归结为一个神正论问题。当然，若我们从神正论的角度来谈论保罗的皈依，则他的皈依完全可以是一个纯理性的行为，不必包含有任何神秘经验的要素。然而在目前的情况下，我们尚不能将神秘经验的影响排除在外。

四 小结

当代宗教心理学的皈依研究与早期研究相比有一些明显的变化。早期研究将主要的关

---

① Dunn, James D. G. , “*The New Perspective*: *whence*, *what and whither*?” Dunn 2005, 33.

② 关于保罗其人的复杂性，著名新约学者斯坦利·波特的如下评述十分恰当：“研究作为犹太人、希腊人和罗马人的使徒保罗意味着什么？这个问题的提法本身就揭示了如下事实：三者之间的区分造就了一种复杂的种族、社会与文化标志。保罗是古代世界的一个复杂个人，因为在他身上体现着古代世界三种文化—种族的（甚至是宗教的）生活特征；与此同时，他也是古代世界里这种复杂性的诸多见证者之一。” Porter, Stanley E. , “Paul as Jew, Greek, and Roman: an Introduction”, in Porter, Stanley E. , ed. , *Paul*: *Jew*, *Greek*, *and Roman*, Brill, 2008, 1.

注点放在突然发生的、伴随有强烈情感体验和神秘经验的皈依上；今天的研究则更多注重皈依过程中缓慢、渐进的一面，强调皈依者受宗教教育的过程，以及为皈依经验赋予意义的解释学体系的构建。早期研究关注单纯的、“理想型”的皈依；今天的学者们则对皈依的复杂性有更清楚的认识。早期研究注重皈依的心理学层面，多从心理学的角度考察皈依的动因、过程与结果；今天的研究则有从心理学向社会学转向的倾向。当然，这里需要强调的是，在今天的研究中，“社会学”与“心理学”并不是相互排斥的两类范畴，尤其在皈依研究中，它们往往是重合在一起的，我们仅是用这两个术语来指称两种研究思路的基本取向，并不含有是非判断的意思。早期以心理学为关注重点的皈依研究同样强调社会文化因素的影响，而今天更侧重社会学的研究思路也包含有心理学的关切。

宗教心理学的这些学术趋势与近年来的保罗研究恰可相互呼应。当代的保罗研究不再依赖《使徒行传》中的皈依叙事，学者们对“皈依”概念的适用性有新的理解，对“神秘经验”的考察也多得出否定的结论。当代学术关注保罗皈依的神学理性的动因，更多从社会学（教会学）的角度去考察他的思想与行为动机。过去三十年中“新视角”思潮的影响使得保罗研究变得更加丰富和多样化，学者们渐渐抛弃了“理想型”的阐述方式，更多强调个体宗教经验与思想的复杂性，重视社会、文化、经济、政治、生活环境、人格心理、情感、人际关联等多重因素对个体宗教选择的影响。一种兼容并蓄的学术讨论方式渐渐取代了传统上非此即彼的观点论争。我们可以说，当代的保罗研究与宗教心理学研究有共同的发展趋势：变得更丰富、更多样化、更包容，也更有解释力。

（原载《宗教心理学》第1辑，社会科学文献出版社2013年版）

欧洲宗教与国家关系的历史演变

张训谋　雷丽华*

在欧洲历史上，政教关系在很大程度上是指国家（state）与基督教会（church）之间的关系。欧洲的宗教与国家关系比较复杂，不同国家，甚至同一国家的不同地区，因有独特的宗教经历而有不同的历史，因而在不同时期、不同地方有着不同模式的政教关系。

一　16 世纪宗教改革前欧洲宗教与国家的关系

基督教产生前，欧洲并没有宗教与国家关系的概念，社会结构是政教一体的。《米兰敕令》结束了对基督徒的迫害，成为基督教历史上的转折。基督教成为罗马帝国的国教后，很快成为罗马帝国的官方意识形态，成为每个臣民必须信仰的宗教，基督教迅速发展并逐步形成了系统严密的组织形式和权力体系。但基督教仍处在帝国政教一体的体制之内：皇帝召集基督教大公会议，制定并颁行信经；按行省划分教区，由皇帝亲自任命主教。

751 年，法兰克王国宫相矮子丕平在教会的支持下当上了国王，教皇为其举行了加冕涂圣油礼。自教皇为丕平加冕后，王位就涂上了一层神圣的色彩，对日后西欧政治的发展产生了重大的影响。教皇为国王加冕，意谓着承认教皇对世俗君主的批准权，自然也有罢免权。到底是教权高于王权，还是王权高于教权，这为后来教皇与皇帝、国王争夺权力的斗争留下了根源。

公元 8 世纪，“丕平献土”奠定了教皇国的基础，加上早在罗马帝国时期就已形成的与世俗国家权力体系平等并列的二元结构，构成了教权与王权对抗的基础和前提，但教权并没有强大到足以与世俗王权相抗衡。直到 11 世纪教会改革前，教权一直臣服于王权：①王权掌握重要主教和修道院长的选任权；②王权控制宗教会议；③王权操纵教皇更替。

11 世纪末，教皇格利高列七世的教会改革使教权得以壮大，政教之争开始突出。在德、英、法等国都产生了国王同教皇之间关于主教任命及管理等问题的权力之争，即“主教叙任权之争”。12—13 世纪，教权达到鼎盛，不仅摆脱了世俗政权的控制，赢得了全面独立管理教会的权力，而且还把手伸向世俗世界，干预西欧各国事务。教会不仅拥有立法权与刑事权，垄断教育，拥有较多的赋税收入，还发起十字军东征，插手神圣罗马帝国的皇位继承。

直到 13、14 世纪，在君权神授思想影响下，英法等国君主越来越不愿屈从教权，兴起了摆脱罗马教廷对本国的控制，反对教皇干政的斗争，各国教会民族化。14 世纪起，西欧城市经济发展，王权逐渐强大，欧洲各国对教权发起了强有力的攻势，罗马天主教会

* 张训谋，国家宗教事务局宗教研究中心主任；雷丽华，国家宗教事务局宗教研究中心二处处长。

从权力的巅峰跌落。

在东欧，东罗马帝国一直沿袭了罗马帝国宗教与国家关系的传统。由于东罗马帝国国家政权没有中断，东、西教会分裂后，东正教会始终处在皇帝的掌控下，君士坦丁堡大教长必须服从皇帝的管辖。在拜占庭帝国时期，东正教是帝国国教，它在很大程度上依附于世俗政权：大主教的任免、主教会议的召开、对教义的解释等重大教会事务，均由皇帝操控，日常领导则由牧首负责。15世纪拜占庭帝国灭亡后，各个国家、地区和民族先后成立自主教会，各国教会在信仰和圣事上是共同的，并继承了拜占庭帝国政教合一的体制，教会和民族关系十分亲密。

总之，16世纪宗教改革前，欧洲宗教与国家关系在拉丁传统的西欧国家基本上表现为罗马天主教与国家之间的二元较量，在斯拉夫传统的东欧国家基本上表现为东正教对国家的依附。

二　宗教改革至20世纪初欧洲宗教与国家的关系

（一）宗教战争奠定宗教格局

1517年，马丁·路德发表了反对罗马教廷的《九十五条论纲》，拉开宗教改革序幕。随后，加尔文创立加尔文宗，影响波及瑞士、尼德兰等地；亨利八世在英国掀起自上而下的宗教改革，创立英国国教会圣公会（安立甘宗）。这些宗教改革运动无一不引发血与火的宗教战争。在德国，支持路德的新教联盟与天主教联盟经过多年内战，于1555年缔结《奥格斯堡和约》，形成北部和东北部属路德派、南部和西南部属天主教的并存局面。在法国，出现新教徒胡格诺派反对天主教的战争，1598年颁布《南特敕令》，实行宗教宽容。

经历了长达30年的宗教战争，西欧各国于1648年签署《威斯特伐利亚和约》，从此建立欧洲新的均势。条约规定加尔文派享受与路德派同等权利，基本确立了“教随国定”的原则，由此奠定了基督教在西欧各国的基本格局。此后，北德意志的很多地区主要是新教的，南德意志和奥地利是天主教的，波兰、匈牙利、意大利、克罗地亚、西班牙、葡萄牙和大部分的法兰西是天主教的。瑞士的一部分、尼德兰、苏格兰是加尔文宗的，斯堪的纳维亚路德宗占上风。在东欧，俄罗斯等地东正教仍占统治地位。从此，罗马天主教在西欧一统天下的局面被打破，在欧洲形成了天主教、新教各教派、东正教三足鼎立的局面。

（二）宗教与国家关系的变化

16世纪宗教改革，既是罗马天主教会大一统局面的终结，更是西欧基督教与国家关系二元结构的终结。宗教改革后，欧洲版图主要以天主教—新教各派—东正教划分。虽然本质上都是基督教，但宗教与国家关系模式大相径庭。

1. 新教地区：政主教从、以教辅政的国教会模式

英国自亨利八世开始推行宗教改革，建立了安立甘宗的英格兰教会并置于国家的掌控之下：国王成为最高统治者，国会有权决定教会事务。1533年《主教任命法》规定，主教人选由首相与教会协商后呈送国王任命。1533年《教士法案》规定坎特伯雷、约克两郡的宗教会议在一定程度上有权批准宗教法规。1599年，国会通过新的“至尊法案”，规定国王是英国教会唯一的、至高无上的首脑，拥有纠正错误、镇压异端和处理教会事务的

一切权力。1563 年制定《三十九条信纲》，它作为英国国教会的正式信条一直沿用至今。除了在涉及宗教自由和立法方面的一些变化之外，这种宗教与国家关系模式仍在发挥作用。

在德国，根据 1555 年《奥格斯堡和约》确定的教随国定原则，路德教取得合法地位，德意志新教诸侯、国王和皇帝成为新教的领袖和护教者，以自己领土上的教会最高首脑自居，对教会实行绝对的控制。

1581 年荷兰共和国（尼德兰联省共和国）成立。在共和国时代，归正宗是荷兰的国教，其信徒享有优越地位，公职只能由他们担任。直到 18 世纪末，荷兰实行政教分离，建立起平等对待各种宗教派别的原则。

北欧的丹麦、挪威、瑞典和芬兰等国家，在宗教改革后就把新教路德教会确定为国家教会，国王成了教会的最高领袖，教会事务由国家管理，而原有的学校不论私立还是公立，都把宗教课作为必修课。1944 年冰岛独立时，也把路德教会确立为国家教会。

2. 日内瓦："神权共和国"模式

1541 年，加尔文在日内瓦建立了政教合一的神权共和国，以加尔文宗为唯一合法宗教。对非加尔文宗的"异端"严厉镇压。加尔文既是日内瓦的大主教，又兼大法官，是"日内瓦的教皇"。他编写的《教理问答》等被确立为指导市民思想行动的规范，违反者要受到法律制裁。教会与国家保持十分密切的关系，它们是神的助理，传达神的旨意。当时日内瓦成为"加尔文主义的罗马"，教会机构与政府机构虽有分工，但实际上合而为一，不仅人员交叉，而且职责难以划分。

3. 天主教地区：宗教与国家双方继续博弈和对抗

宗教改革后，罗马天主教在西南欧和中欧仍占主导地位，宗教与国家关系仍然保持政教二元体系，但王权都在与罗马教皇的对抗中不断争取国家对本国教会的控制。

法国是这种政教关系模式的代表。1516 年，法王法兰西斯一世与教宗利奥十世订立政教条约，规定法国总主教、主教等均由国王任命。路易十四时期，法国奉行君主专制政策，他和教皇针锋相对，坚持"高卢主义四条"，即世俗统治者有权处理世俗事务的全权，公会权力高于教皇，法国教会习俗不受教皇干预及教皇并非永无谬误。由此引起纠纷直到 1693 年才以妥协的办法了结。法国大革命中，天主教丧失了国教地位。拿破仑上台后，与庇护七世签订 1801 年条约。该条约虽不承认天主教为国教，但视之为多数人的宗教。它允许政府任命主教，然后由教皇授予教会职务，同时承认宗教自由权利以及新教和犹太教的合法地位。政府承担了向神职人员发薪的义务，随后拿破仑于 1802 年发布"组织条例"对"条约"给予教会的权利又作了进一步限制。按照协定，教会放弃被没收并已不归政府管理的财产，但仍在政府掌握中的归还教会。主教和大主教由政府提名，教皇任命。下级神职人员由主教任命，但政府有权否决，神职人员的薪俸由国库开支。未经政府许可，教皇不得发布敕令，不得举行法国宗教会议。同时，准许新教享有充分的宗教权利，其教牧人员由国家支给薪俸，教务由国家管理。法国的政教关系朝世俗化方向发展。

4. 俄罗斯：彼得大帝的宗教改革加强了对俄罗斯东正教会的控制

彼得大帝登基后，对东正教进行了全面改革，其中包括加强对俄罗斯东正教会的控制。1721 年废除俄罗斯东正教牧首制度，成立最高宗教事务会议，负责管理全国教会。最高宗教事务会议的高级官员都由彼得大帝任命。这一改革，标志着俄罗斯东正教已成为俄罗斯的国教，教会已经成为沙皇政府的附庸机构，主教们就如同政府的官吏。

三　20世纪以来欧洲政教分离原则的确立

（一）法国政教分离

政教分离是现代政治学的一项重要原则，即国家力量和宗教互相分离，互不干涉。1905年12月9日，法国议会通过政教分离法，这是现代意义上的政教分离的开端。法国政教分离法毁弃了1801年由法国与罗马教皇签订的政教协约，针对国家与宗教的关系定出两个原则，第一条承认“信条的自由”，主张：共和国保障信教的自由，为利于公序，在法定的制宪下，保障所有宗教自由的礼拜行为；第二条禁止国家财政援助宗教：共和国对于任何宗教，不给予法律的认证、支付俸给以及国库补助。政教分离法实施后，国家、县市、镇村所有关于宗教的行为的预算支出全部删除，而教会财产经政府调查后被视为持有教会使用权的文化团体。

法国政教分离的核心是限制天主教会的特权，摆脱教会对政府的控制。政教分离后，法国政教关系发展稳定，宗教不干预政治，各宗教一律平等，国家不介入宗教与精神领域。除受聘在学校、监狱、医院和军队担任神职者外，国家一般不发给神职人员薪金和补贴。神职人员与公民一样有选举和被选举权；有义务服兵役。在教徒未办完民政手续前教士不得为他们主持婚礼和葬礼。但政教分离法并不适用阿尔萨斯和洛林地区的上、下莱茵、摩泽尔三省。

（二）欧洲其他国家政教分离

继法国之后，政教分离原则在西方各资产阶级建立的国家中得以普遍推广。二战后，随着《世界人权宣言》和一系列保障各国公民基本权利的国际公约发表，宗教信仰自由原则和政教分离的精神被越来越多的国家所接受，也越来越多地体现在各国的立法和社会对宗教的态度上。当前，除了英国、挪威、丹麦、瑞典、芬兰等少数国家仍未废除国教会外，其他西欧国家大都在宪法上明文规定实行政教分离。但由于各自的历史传统，各自的政教分离情况有所不同。

1. 天主教国家的政教分离模式

南欧传统天主教国家直到“梵二”会议后政教关系模式才发生显著的变化，特别是20世纪80—90年代以后，它们相继同罗马教廷签订新的政教协定，取消了天主教会的国教地位，实行政教分离。

意大利1984年与梵蒂冈签订了新的《拉特朗协定》，确立政教分离，明确罗马天主教不再是意大利的国教，但仍承认罗马教廷在意大利的独特地位，剥夺了天主教对婚姻问题的管辖权，公立学校原来的天主教教育由必修课改为选修课。意政府还先后与新教各派和犹太教社团，如新教派别瓦尔登派、浸礼派、信义宗、基督教复临派等教会和犹太教等非天主教团体签订了新的协定，赋予这些非天主教团体以合法地位。从1990年起中止向教会神职人员和教会组织提供补贴。

西班牙1978年宪法明确规定了国家的世俗性质，1979年与罗马教廷签订了新的政教协定，废除了罗马天主教的官方宗教地位。1980年新宪法确立政教分离原则。1980年西班牙国会通过了《1980年宗教自由组织法》。在该法的基础上，西班牙政府和三个宗教团体联合会（新教、犹太教和伊斯兰教）签署了相关协议。西班牙从专制式的国教体制转型为民主式合作式国家。

葡萄牙于1910年第二个共和国时期采取政教分离政策。1940年，葡萄牙政府与梵蒂冈签订政教协约，确立政教分离原则，同时承认天主教会在葡萄牙的传统宗教地位。1971年，葡萄牙政府通过《宗教自由法》，1975年修改1940年与梵蒂冈的协议，进一步明确政教分离原则。

其他天主教传统国家也相继与罗马教廷签订政教协定，废除天主教的国教地位，实行政教分离。政教分离后，天主教在这些国家的地位进一步下降，但仍是这些国家的主要宗教。这些国家越来越世俗化的政府与社会的天主教传统之间的矛盾冲突在所难免。

2. 新教及其他国家政教分离

德国在第一次世界大战后正式实行政教分离。1919年，魏玛共和国宪法规定：不允许有国家教会。在此原则基础上，国家与教会通过签订和约规定各自的权利。1949年颁布的《德意志联邦共和国基本法》宣称，教会为"自由国家中的自由教会"，规定在保障个人和团体宗教自由的同时，国家协商解决宗教团体特别是德国福音教会和天主教主教会的补助费用。该宪法规定国家无国教、也非基督教政体，基督教也无司法权，另一方面政教也不是完全分离，在教育、社会服务随军牧师等方面都有教会参与。

德国基本法所确立的政教体制是既有教会与政府的分离，又有两者之间受宪法保障的合作方式，是在有国家教会与严格政教分离之间走中间道路。德国政教关系的法律基础是围绕三个原则建立的：中立、容忍和同等。"中立"要求政府不得与某一个教会打成一片，不得设立国教；"容忍"是政府不仅要在各种不同的宗教观点之间保持中立，而且要维持一个积极容忍的范围，给社会的宗教需要一个空间；"同等"是指平等地对待所有的宗教社团。①

荷兰1795年归正宗教会的特权地位就被终止。1798年宪法明确规定了政教分离原则，但政府仍给宗教团体提供一些资助，范围包括教会所办的学校和医疗机构等。一般认为，荷兰与法国一样是政教分离比较彻底的国家。政府对教会没有普遍的财政支持，但这并不意味着教会与政府之间不存在财政上的联系。目前政府资助教会的方式各种各样，资助的数额不是太多，而且理由各异。

北欧以新教为官方宗教的国家，法定教会也有了政教分离的趋势。经过数十年的争论，1995年瑞典宣布实行政教分离，信义宗教会不再是官方宗教，这一原则从2000年开始实行。这一决定不仅意味着瑞典信义宗教会不再是官方教会，而且还意味着其他的宗教团体可以申请登记为合法的宗教团体，拥有法人地位，同样享受政府的资助。

四 前苏东社会主义阵营宗教与国家关系基本情况

1917年俄国革命改变了苏俄的宗教与国家关系，第二次世界大战则真正改变了整个欧洲的政治分界和面貌，决定了战后欧洲宗教与国家关系的两大阵营——西欧模式和东欧模式。东欧模式是彻底的政教分离，虽有失误，但进步意义不容抹杀。

十月革命后，苏维埃政府制定了一系列的宗教政策。1918年颁布了《关于教会同国家分离和学校同教会分离》的法令。法令规定，凡因信奉或不信奉某一宗教而被剥夺权

① 参阅《恺撒与天主之间》，第155页。

力的规定一律废除；国家机关和其他公开的社会权力机关在进行活动时，不得举行任何宗教礼仪；任何教会与宗教团体都无权占有财产；任何宗教和宗教团体都不享有法人的权利；学校同教会分离，在一切讲授普通科目的国立、公立和私立学校中，禁止讲授宗教教义；公民可以私人教授或学习宗教教义。法令的核心内容，一是教会同国家分离，二是学校同教会分离，从法律上保证宗教信仰变成个人私事，保证了真正的宗教信仰自由。作为世界上第一个社会主义性质的宗教法令，对正确处理好社会主义条件下的宗教问题具有重要的指导意义，成为此后70多年苏联宗教政策的基础。

在苏维埃宗教政策指导下，国家与教会的关系从十月革命初期激烈的对抗逐步走向关系正常化，绝大多数宗教组织站到了拥护社会主义和爱国守法的立场。但是，由于特殊的历史条件，特别是缺乏社会主义条件下处理宗教问题的经验，宗教工作出现一些偏差，伤害了宗教界的感情。卫国战争时期，全国上下处于抗击法西斯侵略斗争中，政教关系进一步协调，教会由于在战争中的爱国行动威望提高，宗教影响迅速回升。战后，斯大林继续实行战时宗教政策，宗教组织进一步活跃。赫鲁晓夫及之后的苏共政府，调整宗教政策，政教关系保持基本协调状态。到20世纪80年代后。苏联政教关系发生变化。俄罗斯东正教会利用东正教传入俄国1000年掀起新的宗教热。戈尔巴乔夫的开放政策导致信教人数、宗教活动场所、宗教院校大幅度增加；传教活动广为开展；教会人士积极开展政治活动；出现了一些宗教政党。教会势力的增长使教会有机会在苏联解体中扮演了不可缺少的角色。

东欧各国确立社会主义制度后，也都吸收了苏联的做法，在宪法中明确规定了保障公民的信仰自由权利，都很认真地制定了各自的宗教政策，实行彻底的政教分离，坚持学校同教会分离，同时开展了无神论的宣传教育。

阿尔巴尼亚是一个伊斯兰国家，东正教处于第二位。1945年阿尔巴尼亚人民共和国成立，宪法明确规定：国家与教会分离、学校和教会分离。政府对群众进行无神论宣传教育，允许正常的宗教活动，政教关系大体处于正常。20世纪60年代后，阿尔巴尼亚逐渐执行“左”的宗教政策，对宗教采取了取缔政策。在全国掀起一场反宗教运动，关闭宗教场所、批判宗教。从1966年起要“从人们的思想意识中根除宗教信仰”，宣布一切宗教团体都是非法的，[①] 强行关闭教堂，批判和谴责宗教，大搞批判宗教的群众运动。通过用行政暴力手段废除一切宗教，宣布自己是一个“无神论国家”。人民议会撤销了涉及宗教的所有法律和条例，用行政手段废除一切宗教，但地下宗教活动依然活跃。东欧剧变中，阿局势也日益动荡，宗教方面出现新变化。

波兰一直是以天主教为主要宗教的国家，教会是一支不容忽视的政治力量。特别是二战期间，波兰教会和波兰人民一起共同抗击法西斯的侵略，形成广泛的影响。战后，教会力量不但没有被削弱，反而更加壮大。波兰建立社会主义制度后，也要求改变教会的资产阶级性质，在实行政教分离过程中，不可避免地遭到教会的反对。50年代初，波兰党照搬苏联的一些做法，犯了阶级斗争扩大化的错误，政教关系恶化，后来虽有所改善，但并没有完全平息。80年代以后，教会长期充当团结工会的顾问，是团结工会的保护人，历次政治危机中，教会都站在闹事群众一边。1989年，波兰局势动荡，为了让教会在大选中保持中立，政府又向天主教会妥协。议会通过了《关于波兰政府与天主教会关系的法

---

① 参阅《当代世界民族宗教》，中央党校出版社2003年版，第250—256页。

案》，规定给予天主教会更多的权利，但天主教会仍站在团结工会一边，波兰统一工人党失去了政权，团结工会获胜。

总体来说，东欧各社会主义国家宗教政策是正确的，也取得较好的经验和成效。但在后来的执行过程中出现偏差，特别是到苏东剧变前，放弃了马克思主义宗教观的指导，对宗教的发展和影响听之任之。导致苏东剧变过程中宗教势力复苏，各个派别的宗教团体、组织利用国内的政治、经济与民族矛盾，组织信众，向政府施压，与国内种种反社会主义势力及国外反共势力勾结，在苏东剧变中起到了不可忽视的作用。

五　冷战结束以来宗教与国家关系的新变化

（一）当代欧洲的宗教现状

冷战结束，欧洲大陆呈现出新的政治版图，除了政教一体的梵蒂冈城国，欧洲现有44个国家，其中27个国家加入欧盟，还有一些国家在申请加入欧盟，在政治、经济方面，欧洲出现一体化趋势。基督宗教不再占据社会政治舞台的主角，开始隐退为一种潜在的、有统一内涵的精神力量，仍保留着一定程度的社会、政治、思想、文化等影响，发挥着重要作用，是欧洲一体化进程中的精神、文化上的凝聚力量，或多或少地决定欧洲政治文化的走向。

1. 传统教会日渐衰退，宗教多元化不断发展

欧洲社会日益增长的宗教多元化和社会世俗化，使传统教会逐渐失去优势，在欧洲的传统地位动摇。国家重新立法取消传统宗教原有的特权地位（多是国教地位），或者通过政府与非传统宗教签署协议以确认或提高其法律地位，这种情况在南欧国家如意大利、西班牙和葡萄牙等国家非常突出；北欧一些原以新教信义宗为官方宗教的国家如德国、瑞典等国家相继取消官方教会，丹麦、冰岛等国则取消或减少其特权而仅保留官方宗教的名号。宗教团体的社会影响力减弱，许多古老的教堂因为信众太少而无法维持下去，逐渐关闭和遗弃。

80年代后，伊斯兰教、印度教、锡克教、佛教等东方宗教大量涌入欧洲。在一些天主教徒占优势的国家里，新教和伊斯兰教、佛教等信徒逐年增长，呈现出宗教多元化和社会世俗化趋势。伊斯兰教已成为仅次于新教、天主教的主流宗教之一，对基督宗教形成很大的冲击。据美国国家情报委员会通过各种不同资料估计，自1985年至2005年的20年间，欧洲穆斯林人口增加了50%；到2050年，欧洲的穆斯林总人数预计将达到4000万，占欧洲5亿总人口的15%。1999年，全欧天主教主教会议工作文件曾悲观地声言，“欧洲正在经历一场渐进和深刻的非基督教化及异教化过程”。

另一方面，20世纪后半叶，欧洲新兴宗教与膜拜团体大量出现与快速发展，成为近几年来欧洲各国政府所关注的重要社会现象之一。据估计，欧洲约有2000种新兴宗教。在英国，新兴宗教信仰和团体是英国宗教多元化的重要组成部分，形成了与传统宗教竞争的局面。在俄罗斯，1990年《苏维埃社会主义共和国联盟关于信仰自由和宗教组织》的法律公布后，政府的宗教政策松动，随之而来的是新兴宗教的大量传入。在东欧，随着社会主义模式的解体，各种宗教复兴，新兴宗教和各种膜拜团体大量兴起。

2. 天主教、新教及东正教的分布格局发生变化但尚未根本性改变

基督教在历史上的两次大分裂基本上确立了天主教、东正教和新教三大派别在欧洲的

分布格局，这一格局自欧洲宗教改革以来近500年的风云变化一直在发生变化，虽然传统宗教日渐衰退、多元宗教不断发展，但总体而言，基督宗教仍是欧洲各国多数人的传统宗教信仰，是民族认同的重要文化载体。南欧、西欧的传统天主教国家爱尔兰、法国、比利时、卢森堡、意大利、西班牙、葡萄牙、马耳他、奥地利、波兰、捷克、匈牙利仍是天主教信仰占绝大多数；东正教仍然是俄罗斯、希腊、保加利亚、罗马尼亚的国家特征；伊斯兰教、东正教和罗马天主教仍是阿尔巴尼亚宪法规定的主要宗教；北欧仍是新教占统治地位的地区。英格兰圣公会、苏格兰教会、挪威、丹麦、芬兰等的新教路德宗等仍然保留其为国教的名号。

（二）欧洲宗教与国家关系现状及发展趋势

欧洲宗教信仰分布上的这些变化和不同宗教势力的此消彼长必然会给原有的宗教与国家关系带来新的变化。

1. 新兴宗教与膜拜团体的发展对传统政教关系的挑战

在许多欧洲国家，新兴宗教运动都被视为对传统宗教的挑战，对国家认同以及整个社会的一种威胁，是对传统宗教与国家关系的挑战。在处理新兴宗教与膜拜团体的态度与做法上表现出一种倾向：社会管理体制的完善与强化。1992年2月，欧洲委员会议会通过《关于宗派和新兴宗教运动的建议》，呼吁各成员国采取包括教育和法律在内的各种手段，对付新兴宗教运动所带来的问题。一些西欧国家特别是法国、比利时、奥地利和德国等国家已经成立议会相关委员会调查研究新兴宗教和膜拜团体现象，并提出具体对策甚至新的限制性立法（如法国和奥地利）。

新兴宗教的兴盛成为俄罗斯最大的宗教问题，对传统东正教的价值观造成了严重冲击。为了应对这一问题，俄罗斯在宗教自由权利方面开始出现向民族文化和传统宗教的回归，强调传统东正教的价值，抬高东正教的地位，并且对新兴宗教采取了限制政策。俄罗斯联邦新宗教法规定宗教团体登记之前，政府应有15年的时间考察该团体的情况，目的就在于排挤90年代以来大量涌入俄罗斯的新兴宗教。

东欧国家的传统宗教和主流社会都对新兴宗教和外来宗教表现出一种越来越强的敌意，国家主要出于重塑民族文化认同基础和政权意识形态基础的考虑，对传统宗教文化予以支持、鼓励而限制外来的非传统宗教。

2. 外来宗教文化凸显宗教与国家关系的张力

自20世纪80年代以后，来自第三世界的移民大量增加，带来了多元化的宗教信仰和文化传统，特别是穆斯林在西欧人口中的比例持续攀升，欧洲各国政府既要维护和展示民族宗教多元平等的形象，又要妥善处理国内穆斯林移民带来的社会问题。经济政治机会与社会地位的不平等反映在宗教文化关系方面的矛盾日益突出，引发了一系列冲突，如丹麦漫画事件、瑞士宣礼塔事件以及面纱和罩袍事件等，表明西欧宗教与国家关系之间的张力在不断增长。

2009年，经瑞士右翼人民党提议和全民公投，瑞士以57.5%的民众支持率通过了禁止清真寺修建宣礼塔的议案。按照瑞士法律，宪法中将增加“禁止修建伊斯兰教清真寺宣礼塔”条款，这使得瑞士成为世界上首个立法禁止修建清真寺宣礼塔的国家，引起国际社会一片哗然。

近10年来，因穆斯林头巾和罩袍引发的冲突和争论一直不断。2004年2月，法国国民议会以绝对的赞成票通过“公立学校内禁止佩戴明显宗教标志”的法案，即“头巾法”，在法国和伊斯兰世界引起激烈争论。2010年4月29日，比利时议会以多数票数通过了禁止在公共场所穿穆斯林“布卡”罩袍的法令。2010年9月14日，法国参议院以压倒性优势，通过一项法案，禁止女性在公众场所穿着伊斯兰罩袍。此法案待法国宪法委员通过后，可能在2011年生效。这将使法国成为欧洲第二个禁止身穿阿拉伯罩袍或佩戴面纱的国家。

此外，荷兰政府表示要禁止穆斯林妇女在公共场合穿戴面纱，德国北威州政府官员表示如果穆斯林教师违反不允许戴头巾的规定将受到处罚，根据意大利反恐法，在公共场合把脸掩藏起来是违法的。围绕穆斯林妇女面纱和罩袍的争论，是移民宗教文化加剧宗教与国家关系张力的另一个写照。

3. 不断深入的世俗化进一步淡化欧洲的宗教色彩

政教分离不断深入。2000年5月，希腊政府删除了公民身份证上的“宗教信仰”条目，理由是以此向欧盟保护隐私和公民权的标准看齐。包括犹太教、伊斯兰教和罗马天主教在内的小教派对此表示欢迎，认为这一决定有利于遏制希腊境内的宗教歧视现象。而希腊影响极大的东正教会则表示强烈反对，指控政府企图削弱宗教在希腊的作用，牧首赫里斯托祖洛斯亲自带领50万示威者举行两次大型集会进行游行，但没能迫使政府收回成命。挪威仍然是政教合一的国家，但关于信义宗教会的国教会地位和政教合一制度，是近些年来挪威社会争论的重要问题之一。2002年3月，挪威教会（信义宗教会）属下的“政教委员会”发表报告，建议结束挪威教会作为国教的宪制安排。到现在为止，英格兰教会的官方教会地位在很大程度上只有一种象征意义，官方教会的存在在很大程度上只是一种政治仪式的需要，而无多少实际意义。英格兰教会两名大主教和24名主教虽坐在上院的席位上，但他们的政治作用微不足道。英国圣公会内部取消国教地位的呼声越来越高。英国王储查尔斯曾表示，他继承王位后将要结束君主为教会首脑和这种信仰的保护者的局面，认为教会应该非国有化。2008年，英国圣公会决定，修改过去由英国首相任命国内圣公会主教的传统，改由教会自行决定。

公共场所的基督教标志受到挑战。2009年11月3日，欧盟人权法庭在斯特拉斯堡作出判决，宣布意大利国立学校教室悬挂十字架损害学生的宗教信仰自由和父母的教育权。近10多年来围绕公共场所悬挂十字架的纠纷一直持续不断。早在1995年，在德国的巴伐利亚，一对夫妇就向联邦宪法法院起诉要求取消州立各学校在教室悬挂基督受难十字架的法律。有宪法专家认为，欧洲人权法庭的这一判决将对欧洲产生影响，一些国家有可能引发将十字架清除出其他公共场所（比如法庭）的讨论。在这次裁决之前，意大利已经判定，选举站不得悬挂十字架。欧洲的基督教色彩进一步淡化。

欧盟文件一再回避欧洲的宗教传统。1999年，法国强烈反对即将通过的《欧洲基本权利宪章》中提到任何有关欧洲基督教传统的字眼，最后的文字表述是欧洲的“文化和人道主义传承性”。

2007年3月25日，欧盟27国领导人在柏林签署旨在促进欧洲统一的《柏林宣言》，宣言没有提及上帝，也没有提到欧洲的宗教遗产。据悉，在《柏林宣言》中原本写进了有关上帝和宗教遗产继承的段落，但因法国、荷兰的强烈反对而最终删除。对此，教皇本笃十六世曾给予过强烈抨击。他认为，宗教是维系欧洲“同一性”的纽带。

从欧洲宗教与国家关系历史演变可以看出，欧洲各国的政教关系既有共性又有不同。

基本上都历经了从宗教专制到宗教自由的艰难历程，都经过了从政教合一到政教分离，再到目前追求双方关系良性互动的演变发展。既有宗教与国家关系这两个阶段进度的不一致，又有东欧与西欧两个地区之间的明显不同，也有东欧在苏东社会主义时期前后的差别。一个国家实行什么样的政教关系，受该国社会内部多种因素制约，这些都取决于时代的要求、政治制度和社会环境等各方面因素。但服从服务于国家利益需要，牢牢掌握宗教与国家关系的主导权，是国家在确立政教关系模式时的基本目标。

（原载《世界宗教文化》2013 年第 3 期）

欧洲穆斯林及其移民问题简析

贾建萍*

内容提要： 文章分两部分。第一部分从历史与渊源、构成与人数、来源与特点三方面介绍欧洲穆斯林；第二部分从缘由、出路和启示三方面探讨欧洲穆斯林移民问题。

关键词： 欧洲穆斯林　欧洲穆斯林移民问题　流动穆斯林

一　欧洲穆斯林简介

早在公元7、8世纪，欧洲已有穆斯林的身影。目前，欧洲各国均有不少的穆斯林，一部分系本土居民，绝大多数为移民。欧洲穆斯林移民主要来自其前殖民地或半殖民地，特点鲜明，风貌各异。

（一）欧洲穆斯林的历史与渊源

伊斯兰教在欧洲的出现不是一种新近现象，也不是一种异域风格的现象。自从公元7世纪伊斯兰教发祥以来，欧洲人就与伊斯兰教有了接触，穆斯林在欧洲的足迹可以追溯到早期伊斯兰教史。

公元630年，穆斯林成功地统一阿拉伯半岛，而后迅速涌出半岛走向世界。原来属于拜占庭帝国（东罗马帝国）的叙利亚、巴勒斯坦、埃及和北非逐步成为穆斯林领土。

公元711年，应一位基督教君王之邀，7000穆斯林在柏柏尔人将领塔里格的带领下登陆西班牙。直布罗陀海峡由此因这位将领而得名——“直布罗陀”一词源自阿拉伯语，意为“塔里格之石”。

公元732年，从北非出发航行至欧洲的穆斯林夺取了西西里、南意大利和伊比利亚半岛，到达法国的普瓦捷。对这些地方的征服，让穆斯林的身影徜徉于欧洲长达数世纪，后来更出现大规模的皈依。公元711—1492年间的伊比利亚半岛、10—11世纪的西西里岛、13—17世纪的东南欧，统治者都是穆斯林。

公元750年，伍麦叶王朝被起义推翻，称号为“阿拉伯之鹰”的年轻王子阿布杜·拉赫曼辗转逃到西班牙（时为伍麦叶王朝的一个行省），很快掌握了那里错综复杂的局势，于6年后建立了西班牙伍麦叶王朝，定都科尔多瓦，史称“后伍麦叶王朝”或“后倭马亚王朝”（756—1031年），开创了发达繁荣的穆斯林西班牙文明。1492年，在长达几百年不懈“圣战”的打击，格林纳达——位于西班牙的最后一个穆斯林城堡陷落。联

---

* 贾建萍，国家宗教事务局宗教研究中心副处级调研员。

军的这次胜利为天主教重回伊比利亚半岛，同时将穆斯林和犹太人逐出伊比利亚半岛扫清了道路。1609 年，那里的最后一批穆斯林（50 万人）遭到驱逐，曾经在西班牙生活了近 800 年的穆斯林“永远地”离开了这块土地。

不过这个时候，欧洲其他地方已有相当多的穆斯林——缘于自 14 世纪中叶开始的奥斯曼人的扩张。1453 年，君士坦丁堡陷落，拜占庭帝国灭亡，胜利的奥斯曼人轻易地穿过巴尔干半岛，在此过程中出现许多穆斯林社群，很多为当地皈依居民。

奥斯曼土耳其帝国曾两度围攻维也纳，一次在 1529 年，一次在 1863 年，虽然两次都未成功，但在二度围攻时，日耳曼南部诸邦已有穆斯林居住。公元 1866 年，柏林的一处穆斯林义地修建清真寺，得到了奥斯曼土耳其帝国苏丹的赞助。

自 14 世纪晚期始，金帐汗国的鞑靼士兵西迁并开始定居东欧，这是波兰和立陶宛穆斯林社群的由来。和西班牙、意大利不同，东欧留下了永久的穆斯林社群。

西欧和穆斯林的最初接触，主要通过来访的土耳其、波斯和印度外交使团，但也有普通的穆斯林住在那里，如 1863 年围攻维也纳后被落下的奥斯曼战俘，以及尤其 17 世纪以来汇集于海港和贸易中心的大量水手和商人。英国和法国的穆斯林移民，好多是 19 世纪定居伦敦与其他港口的亚非水手。

帝国主义时代，当权势的天平倾向欧洲时，欧洲与穆斯林的接触变得更加广泛深远。18 世纪晚期、19 世纪早期，诸多因素帮助欧洲强大起来，而伊斯兰世界遇到重大危机，不断后退，逐渐让步，任凭欧洲各国渔利。1798 年，拿破仑悍然入侵埃及，通告了穆斯林帝国作为国际体系中主要力量之终结的开端，拉开了欧洲国家竞相在其疆域建立势力范围的序幕。

1881 年，英国在印度成为主导力量，不久影响力扩展到阿拉伯海湾地区。1869 年苏伊士运河的开通，又让在与其他欧洲国家之竞争中胜出的英国于 1882 年侵占了埃及，而对埃及的占领，又导致 1898 年盎格鲁—埃及共管苏丹。在东非，英国与其他欧洲国家共享桑给巴尔和索马里，影响力远达也门，阿拉伯半岛的主要港口——亚丁港也被占领。法国则横扫了北非和西非的大部分地区，在阿尔及利亚、突尼斯和摩洛哥等地牢牢地建立起统治。当波斯沦为俄国和英国的势力范围时，穆斯林中亚地区被俄国占领。在东南亚，荷兰控制着印度尼西亚，而英国人把马来诸国置于其保护之下。至 19 世纪时，硕果仅存的伊斯兰国家只剩下奄奄一息的奥斯曼帝国。其实，它的大片领土，尤其巴尔干，早已落入欧洲列强之手，第一次世界大战开始时，它只保留着土耳其本土和东部中东的阿拉伯国家。奥斯曼帝国在第一次世界大战中的失败，标志着穆斯林强国的最终消亡，英国和法国瓜分了其在中东所剩的领土。至 1919 年时，伊斯兰世界只有阿富汗、也门（亚丁港除外）和阿拉伯半岛上的希贾兹、奈季德，勉强逃脱了直接的政治征服，保留了表面上的独立。

欧洲国家作为强权的兴起，对伊斯兰世界的影响是巨大而深远的。殖民关系的建立，意味着主权的丧失、政治和经济方面彻底的征服与依赖，穆斯林对其自然资源不再有任何控制力。欧洲和伊斯兰世界之间出现了巨大的鸿沟：一边在经济、政治、科技方面不断进展，另一边的军事、政治范围日益缩小。

18、19 世纪，来自伊斯兰世界的水手、商人、外交官、流亡者和学生因不同缘由来到欧洲，虽然很少有人决定留在那里。来自欧洲国家的军士、外交使节、投机者、留下大量有关伊斯兰世界风情记录的旅行者、希望让穆斯林皈依基督教的传教士、想更多了解基督教文化之外世界的参观者、寻求精神和宗教之满足者也纷纷走向穆斯林东方。在最后一部分人中，一些皈依了伊斯兰教，一些留了下来并与东方世界的穆斯林妇女完婚，还有一些回到家乡，建立起属于自己的按照伊斯兰原则生活的宗教团体并介绍伊斯兰教给非穆斯林。

20世纪上半叶，穆斯林以有限的规模向西欧移民，但第二次世界大战后，这一模式发生巨变，西欧工业国家最为显著。1940年，丘吉尔在一次战时内阁会议上，拨款修建英国第一座大清真寺——位于伦敦摄政公园的中心清真寺。1944年，这座清真寺竣工开放，英国国王乔治六世前来参加典礼并剪彩。20世纪60年代，欧洲经济高速发展而劳动力极度匮乏，大量穆斯林移民在欧洲各国政府的“鼓励”下来到欧洲（意大利除外，意大利的穆斯林移民出现于80年代）。自20世纪70年代始，欧洲经济增长放缓，劳动力市场发生变化，但移民潮仍然持续高涨。随着连续数十年的流入和穆斯林移民的相对较高生育率，欧洲人口中穆斯林的比例不断攀升，以致在一些欧洲国家，“穆斯林”在某种意义上就是“移民”的同义词。

（二）欧洲穆斯林的构成与人数

总体上，欧洲穆斯林大致有两种构成：欧洲本土穆斯林和穆斯林移民。欧洲本土穆斯林又可分为两种：土生土长的欧洲穆斯林和皈依伊斯兰教的欧洲本土公民。东南欧、高加索、俄罗斯和土耳其的穆斯林绝大部分属于土生土长的欧洲穆斯林。欧洲穆斯林移民主要集中在西欧，绝大多数来自中东、北非、南亚和土耳其。

目前，几乎所有欧洲国家都有穆斯林，尤以法国、英国、德国、荷兰为多。由于不少欧洲国家禁止政府在人口普查和其他官方调查中涉及宗教问题，欧洲国家没有关于境内穆斯林人数的准确数据。据估计，当前欧洲居住着约2300万穆斯林，其中西欧约1000万以上。法国是境内穆斯林人数最多的欧洲国家，约有穆斯林500万—600万，占法国总人口的8.3%，伊斯兰教由此成为法国的第二大宗教。德国有穆斯林约330万，占德国总人口的4.3%；英国有穆斯林约270万，占人口总数的4.8%，是英国第二大宗教群体；比利时有穆斯林约40万，占比利时总人口的3.9%；荷兰有穆斯林约90万—100万，西班牙和意大利各有穆斯林约100万。

（三）欧洲穆斯林移民的来源与特点

欧洲穆斯林移民和欧洲的殖民史有直接联系，大多来自其前殖民地、被保护国或附庸国。例如，英国的穆斯林移民主要来自南亚——巴基斯坦、印度和孟加拉国；法国和西班牙的穆斯林移民主要来自北非——阿尔及利亚、摩洛哥、突尼斯、塞内加尔和马里；德国的穆斯林移民主要来自土耳其；意大利的穆斯林移民主要来自利比亚；荷兰的穆斯林移民主要来自苏里南。

大致而言，欧洲穆斯林移民具有以下特点：

1. 地缘性强。从来源地角度看，欧洲穆斯林移民有一个共同的特点——地缘性强，绝大多数来自上述地区。

2. 出生率高。相对于欧洲人的低出生率，欧洲穆斯林移民的生育率较高，约为其3倍。随着一高一低出生率的多年累积，欧洲穆斯林的人口比例不断上升。不过，据美国学者对欧洲穆斯林移民的社会调查和统计，现代化的生活方式也在改变着穆斯林的家庭传统。例如，20 世纪 70 年代，来自摩洛哥和阿尔及利亚的穆斯林移民家庭平均有 7 个孩子，现在则低于 3 个。美国中情局据欧洲穆斯林移民家庭演变趋势预测，未来法国穆斯林移民家庭的子女人数将降为两个。

3. 年轻化程度高。总体上，欧洲穆斯林移民的年轻化程度高于非穆斯林。这与多数穆斯林移民的打工者身份、高早婚率、高出生率相匹配。

4. 居住相对集中。欧洲穆斯林移民大多聚居于某几个地区或城市，如英国的伦敦、伯明翰、曼彻斯特；奥地利的维也纳（穆斯林移民占居民总数的 7.8%，居第二位）；法国的马赛、荷兰的鹿特丹（穆斯林移民的人口比例几乎为 25%）。

5. 与主流社会相隔离。欧洲穆斯林移民主要集中居住在城郊和工业化地区，倚重社群关系生活。这种互帮互助、集中居住的社群模式在早期穆斯林移民中发挥了很大作用，但在一定程度上造成了穆斯林移民与主流社会的相对隔绝或隔离，影响穆斯林移民融入当地社会。

6. 处于社会底层。欧洲穆斯林移民的失业率通常是非穆斯林的两倍或三倍，加上多数人的教育水准和技能水平较低，即使就业，晋升空间也非常有限。在与主流社会相隔离的情况下，大多数欧洲穆斯林移民的经济状况很难改善，始终处于社会底层，一定程度上为社会主体排斥，身陷隔离—受排斥—愈加隔离的恶性循环中。

7. 社会处境尴尬。近年来，欧洲各国发生多起针对穆斯林的暴力和威胁事件，如破坏清真寺、毁坏穆斯林义地、辱骂及袭击穆斯林等。在这种情况下，许多穆斯林感觉受到排斥、侮辱和歧视，觉得自己是二等公民，觉得自己处于一种被怀疑参与恐怖活动的大环境中，觉得他们能否被主流社会接纳，越来越取决于他们是否接受主流社会的同化，是否愿意抛弃穆斯林的特征。

8. 内部差异迥然。欧洲穆斯林移民群体内部的差异非常大，分别属于不同的种族和宗派，语言、体貌、风俗习惯、思想文化等都折射着丰富与多元色彩。就宗教操守而言，他们中有严格遵循教规的，也有比较随意或完全世俗化的。换言之，欧洲穆斯林移民没有模式化的单一形象，也不是一个完整的整体。欧洲没有任何组织或机构可以代表某个国家或整个欧洲的穆斯林社群。

二　欧洲穆斯林移民问题简析

欧洲穆斯林移民问题缘于多种因素，主要可归结为政治、经济、心理、文化四个方面。

（一）欧洲穆斯林移民问题的缘由

历史上，穆斯林在欧洲的发展曾经引起紧张并遇到迅速回应。穆斯林的信仰曾遭到中伤并打上基督教异端的烙印。先知穆罕默德曾被污为骗子和基督的敌人，他所传播的信息是欧洲利益在宗教上的、政治上的和战略上的潜在威胁，因此需要尽可能地遏制或彻底摧毁。然而，团结的伊斯兰教不断取得胜利，基督教世界无力停止其发展的脚步。

19 世纪以来，欧洲走强而伊斯兰世界衰微，近年来更出现所谓的欧洲穆斯林移民问题——欧洲的穆斯林移民与当地社会之间的紧张关系。这一问题的形成有多方面缘由，最主要的四个方面在于政治、经济、心理和文化。

1. 政治因素

欧洲各国的移民政策和族群宗教政策，西方极右翼势力的走强，西方主流媒体和学者的误导，欧洲政客和美国全球反恐策略，当代国际政治形势，以及穆斯林移民自身的问题，都是欧洲穆斯林移民问题产生与发展的重要元素。

（1）欧洲各国移民政策

欧洲国家的移民政策大致可划分为三类：以“同化”为特征的法国模式，以“客籍工人”为特征的德国模式，以“多元文化”为特征的英国模式。概言之，“同化模式”难免引发抵触情绪；“客籍工人模式”将穆斯林移民当作暂时现象，不利于融合；“多元文化模式”有利于制造相对宽松的环境，缔造相对和睦的社会关系。此外，欧洲各国虽实施不同移民政策，但均对穆斯林移民推行“归化”政策。可是，在移民境遇不佳的情况下，归化可能反而会促使后者强化其传统与文化特征。

欧洲国家的移民政策随国家利益的演变而变化，不过欧洲国家从来没有真正关切过国内的移民群体。例如，德国把外国劳工称作“客籍工人”，不给予正式的长期居留权，也未出台相关融合政策。“一战”后，由于阿尔及利亚士兵为法国做出的突出贡献，法国政府不仅欢迎阿尔及利亚人随时移居法国并享受法国公民待遇，而且在巴黎修建了大清真寺。许多阿尔及利亚穆斯林移民作为功臣来到法国，但法国政府没有让他们长期居留法国的打算，其近年来的种种政策和行为更引发热议。

（2）欧洲各国族群宗教政策

当今，穆斯林是欧洲最大的少数族群，但欧洲很多国家不承认穆斯林为少数族群，因此他们无法分享给予少数族群的待遇和保护。欧洲 37 国中，伊斯兰教在 16 个国家中是第二大宗教，但其中 13 个欧洲国家没有正式承认伊斯兰是合法宗教，清真寺只是以民俗传统的地位存在，清真寺内伊玛目的生活待遇不能同基督教牧师相比，伊玛目得到的政府公共服务津贴非常少，而且必须以合法公民身份为条件。多数欧洲国家在制定就业和教育政策时，极少考虑穆斯林移民的经济、教育和文化背景，为其特供的教育设施明显低于平均水平。穆斯林在选举、加入社团等方面要经过比当地人严格得多的审查。

（3）西方极右翼势力

近年，随着西方极右翼势力的走强，欧洲各国排外风潮高涨，尤以排斥和仇恨伊斯兰教和穆斯林之风最炽。西方极右翼势力利用新闻媒体煽动反穆斯林情绪，力图将穆斯林与宗教极端分子等同起来；煽动对伊斯兰的曲解和仇恨，企图影响西方政府制定符合其利益的反伊斯兰政策。法国的国民阵线、荷兰的自由党、比利时的佛拉芒利益党，瑞士的人民党等政党非常喜欢开展针对伊斯兰教的政治行动，常以简单化和负面模式化做法四处宣扬扭曲的伊斯兰教形象，对穆斯林形象的丑化功不可没。欧洲极右翼势力还大力兜售一种恐怖场景——欧洲正在被穆斯林淹没。他们还警告社会说，来到欧洲国家的穆斯林都是破坏者，仇恨西方且没有建设性价值，但美国国务院在许多欧洲国家进行社会调查后发现事实并非如此。

（4）西方主流媒体和学者

西方主流媒体和一部分专家学者是造成欧洲穆斯林移民问题的一个重要原因。

媒体在塑造、传播伊斯兰教和穆斯林形象方面发挥着重要作用。不过，报道相关问题的记者常对伊斯兰教和穆斯林知之甚少，且目光往往聚焦于极端的个体事件或人物。有时，记者会将打着伊斯兰教旗号的政治极端主义，甚至将某政权的不民主行为和政治行为与伊斯兰教混为一谈，让伊斯兰教在不少人眼中成了极端主义分子、恐怖主义分子或原教旨主义分子的宗教。强势的西方主流媒体之外，几十年来，伯纳德·刘易斯一类西方学者在妖魔化伊斯兰教和穆斯林方面亦功不可没。由于上述影响，不甚了解伊斯兰教和穆斯林的欧洲大众，往往对伊斯兰教持批评或否定态度，对穆斯林有怀疑、敌对和歧视情绪。

（5）欧洲政客和美国全球反恐

近年来，法国、德国、英国等欧洲主要国家的领导人开始高唱“文化多元化失败”论调，这一方面来自次贷危机和债务危机等经济风波的影响，另一方面在很大程度上出于其个人政治行情的考量，因为就争取选票的速度来看，妖魔化伊斯兰世界要比发展经济、改善民生快得多。有专家认为，这一论调的实质是对外来移民尤其穆斯林移民的排斥。这种论调的不断被强化，标志着上述欧洲国家执政党在加速“右转”和日趋保守。而美国的“全球反恐”不仅带来了“越反越恐”的恶果，一定程度上也是造成欧洲穆斯林移民问题的次生因素。

（6）当代国际政治形势

当代国际政治形势是影响欧洲穆斯林移民问题的重要变量。每当西方世界与伊斯兰世界矛盾激化时，欧洲穆斯林的处境往往会相应恶化。拉什迪事件、海湾战争、波黑战争、“9·11”事件等都有力地证明了这一点。

（7）穆斯林移民自身问题

欧洲穆斯林移民问题与欧洲穆斯林移民自身也有很大关系。最重要的，他们在主体上不是精英移民。他们中的大部分人经济状况差、文化技能低、社会地位低、政治参与度低、相对封闭落后，还有因贫困境遇或其他情况造成的一些缺点。弱势群体和外部的歧视、排斥甚至攻击相遇时，有时可能会产生一些问题。

2. 经济因素

20 世纪 70 年代，欧洲经济发展渐趋停滞，移民与当地人在劳动就业方面的冲突开始出现。以法国为例，当 70 年代法国失业人数激增时，“外国移民应滚出法国”“停止外国移民”等呼声持续高涨，随着各种极端主义、种族主义和极右翼组织的推波助澜，1973 年法国发生了武力袭击阿尔及利亚移民的暴行，历时数月。20 世纪 90 年代，全球化快速推进，欧洲很多跨国企业纷纷外迁，本土职位进一步减少、就业竞争更加激烈。经济危机发生后，欧洲各国失业率迅速攀升，教育水平普遍偏低的穆斯林移民不仅成为失业大军的主流，而且沦为本土人士发泄不满的主要对象。

3. 文化因素

一方面，欧洲对伊斯兰教缺乏了解，民众对伊斯兰教的看法往往陈旧而刻板，误解深重。近年来似乎弥漫欧洲的“伊斯兰恐惧症”更加剧了这一情形。从字面上看，“伊斯兰恐惧症”意味着恐惧伊斯兰教。实际上，“伊斯兰恐惧症”通常指的是“针对伊斯兰教或穆斯林的偏见或歧视”。“伊斯兰恐惧症”往往源于无知、简单化、陈词滥调和负面的模式化看法。

另一方面，欧洲穆斯林移民问题在某种层面上反映的其实是基督教文化对伊斯兰文化的排斥。视伊斯兰世界为“异教徒”之地，恐怕一直是欧洲绝大多数基督徒的心理基石。经年累月的谣传与中伤，加之无知与误会，西方人提起伊斯兰往往疑窦丛生，常常怀着好奇、轻蔑或恐惧的心情。

4. 心理因素

一方面，有些欧洲人比较保守并内藏某种高人一等的想法，看到越来越多的移民来欧洲生活并享受福利时，心里渐生不平，觉得移民所得乃自己所失，从而激发排外主义，引发社会矛盾。有人认为，欧洲在经济、社会和文化融合领域歧视穆斯林，与其说是基于某种宗教动机，不如说是基于一种对外国人的恐惧或憎恶。

另一方面，因为欧洲穆斯林移民的祖国大多曾是欧洲国家的殖民地、被保护国或附庸国，所以欧洲人对这些穆斯林移民有一种心理上的优越感，不会真正平等相待。欧洲主流社会也历来视穆斯林移民为“外来者”，很少关心他们的生活状况。据调查，尽管大多数欧洲穆斯林移民对居住国有归属感，但超过50%的穆斯林移民认为，居住国主流对其并不认同，拒绝将其视为欧洲社会的“一分子”。

（二）欧洲穆斯林移民问题的出路

欧洲穆斯林移民问题会以怎样的趋势发展？长远看来，可能会在经历痛苦和艰难后出现一个较好的结局。这个美好的结局需要多方共同努力。

首先，让欧洲社会对伊斯兰教和穆斯林有全面深入的了解、客观理性的认识，逐渐消除欧洲社会对伊斯兰教和穆斯林的偏见、驱散西方主流媒体和学者长期妖魔化造成的阴霾，应是一项长期工程。虽然社会心理的改变并非易事，但欧洲不乏正义与理性的学者和民众，这是一条曲折但前景光明的道路。

其次，欧洲各国应关怀与理解本国的穆斯林移民群体，最起码应将绝大多数穆斯林与极少数极端分子区分开来。面对欧洲穆斯林移民成为今日欧洲锁定的主要目标之现实，欧洲各国不应采取狭隘封闭、灌输仇恨的思维模式。事实上，大多数欧洲穆斯林移民在积极融入主流社会，而歧见和政策却为弱者的融入树起高墙。有人说，在帮助众多且日益增长的移民，尤其第二代穆斯林移民适应社会方面，欧洲的记录极为糟糕。因此，欧洲各国在肯定伊斯兰文明对欧洲文化有所贡献的基础上，应积极主动采取措施解决各种社会、经济和政治不平等现象，给予穆斯林移民更多权益、机会和文化、情感上的尊重与关怀，而不是表象上的“宽容”和“一视同仁”。政府的政策和法令直接关系着千千万万民众的生活与命运，这条道路应是解决欧洲穆斯林移民问题最直接有效的办法。

再者，欧洲穆斯林移民应加快觉醒，努力改变自身政治经济教育境况，更加积极地寻求融入欧洲社会之道。自立者人恒立之，自助者天助之。这是欧洲穆斯林移民问题得以解决的根本道路。“在8—18世纪的大部分时间里，地球上居主导地位的文明当属伊斯兰文明”“在被称作公元的年代，大约有一半时间，走在人类进步最前列的是穆斯林”①。今天的情况与此完全不同，欧洲穆斯林移民需要以昔日的辉煌激励自己奋发图强，改变境遇，走出困境。

（三）欧洲穆斯林移民问题的启示

全球化时代，多元文化并存是整个世界都无法规避的事实。在时代主题仍为和平、发展、合作的今天，欧洲穆斯林移民必将融入欧洲主流社会。推动欧洲穆斯林移民融入欧洲

① ［英］弗朗西斯·鲁宾逊主编：《剑桥插图伊斯兰世界史》，安伟华、钱雪梅译，世界知识出版社2005年版，“导言”。

主流社会，对建设和谐社会、和谐世界具有重大意义。各国政府和社会应尊重穆斯林的传统文化，让他们共享社会发展成果，并做好相关政策法规的修订与落实工作。

就欧洲穆斯林移民问题对我国的影响而言，影响可能在长远而不在近期。从近期来讲，欧洲穆斯林移民问题对我国基本没有什么影响，原因在于：第一，历史上，我国穆斯林远在宋代已完成本土化过程。第二，现实中，我国境内的穆斯林绝大多数都是我国公民。第三，自古以来，我国和伊斯兰国家和平友好相处，没有历史积怨、现实冲突和政治经济利益纠葛。第四，“外人”很难融入欧洲社会，而中华文化以兼容并蓄见长，以和为贵。

从长远来讲，欧洲穆斯林移民问题对我国可能产生不良影响。首先，随着现代化和全球化的发展，地球日益成为一个小村庄，“蝴蝶效应”亦愈益显然。在多种因素的交织作用下，在我国的普通民众、高校学者和政府官员中，持与西方媒体报道趋同的伊斯兰教/穆斯林见解者为数不少。这种情况如继续发展，于治国非常不利。

其次，虽然塞缪尔·亨廷顿的“文明冲突论”存在多处短板且备受争议，但在西方列强的谋划策动下，伊斯兰已成为全球反恐的对象，穆斯林已成为欧洲锁定的目标，如情况继续恶化，亨廷顿的“文明冲突”图景很可能会进一步成为现实，天下大势很可能会重新分合，世界包括我国的和平、稳定和发展势必会受到影响。

再者，经考察比较，我国的流动穆斯林在某些方面与欧洲穆斯林移民有一定相似之处，如经济、文化、教育程度、政治参与度等。尽管可以享受国家赋予的特有的优待和保护，但在现代化的滚滚车流中，未来他们会不会越来越边缘化，可能并不是一个未知数。如何及早发现问题、解决矛盾，切实解决好国内穆斯林流动人口在就业、子女就学、社会福利等方面的困难；如何做好普及宗教知识，开展伊斯兰教基本知识和穆斯林生活习惯等常识的教育宣传，扩展公众对伊斯兰教和穆斯林的了解认识，消弭误解、加强理解，或许应是这一问题的未来关注重点。

西藏转经习俗与个人宗教体验

张虎生　陈映婕*

内容提要： 从个人与群体的心理机制去探求民间宗教生发与延续的深层结构，是研究民间宗教的重要方法之一。转经习俗是藏传佛教在民间社会盛行的信仰实践与信众日常化的朝圣仪式。转经人作为该习俗的文化主体，其丰富的个人宗教体验不仅以“灵验”主题的口头神性叙事得到自我认同与集体传播，同时折射了个体心灵世界中的强音与弱音，满足了人们差异又多元的世俗心理需求。融入到民众生活内部的、大量宗教体验的深刻存在，是转经习俗得到稳固传承的隐形动力，甚或成为藏传佛教长期扎根于青藏高原的民间机制之一。

主题词： 西藏宗教习俗　个人宗教体验　转经人

对于转经这一藏传佛教在藏区民间社会中稳固传承的习俗惯制与生活方式，学界一直多有关注。但其中流于文化表象描述和追溯其历史成因的文字居于主要，以田野作业为研究手段、真正深入到藏族百姓的日常生活世界以探求转经的多重意义，此类研究尚不丰富。如果要很好地理解一类宗教现象的存在，不仅需要了解其特定的历史传统、政治制度和经济背景，还要试着进入到那些沉浸在宗教文化中的鲜活个体的微观世界，挖掘他们生动又具体的宗教体验、丰富又敏感的宗教情感，以及充满了世俗气息的宗教行为。

一　转经习俗：日常化的朝圣

在盛产阳光和神灵的西藏，林立的寺庙、频繁的宗教节日、隆重的佛事仪式、庞大的僧尼群体，还有热闹的转经道，无时不让人感到雪域圣地浓厚的宗教气氛、人神同在的殊胜时空。转经，作为藏区①内藏传佛教信众盛行的、日常化的朝圣习俗和宗教实践，在民间的佛教信仰中具有广泛的普遍性。转经空间弥漫于西藏各个地区，遍布城乡各处。信众通过绕转圣迹、寺庙、神像、神山圣湖、佛塔、嘛呢堆等神圣象征物，向神灵表达尊崇之意，以期积累自己今生和来世的功德。

在西藏著名的圣地拉萨，民众广为认同的主要有六条转经道，即“囊廓”“帕廓”

---

* 张虎生，西藏大学文学院副教授，民俗学博士；陈映婕，浙江师范大学省非物质文化遗产研究基地助理研究员。

① 藏区是一个民族地理范围，并不仅限于西藏自治区这一政治实体下的行政范畴，国内的藏族还分布在云南、青海、甘肃和四川等省。

“林廓”“孜廓”“堆廓”和“麦廓”（“廓”为藏语，意为“圈”）。它们在地理空间上均呈圆形环状，是藏民们经过日积月累、循环反复的环绕活动建构起来的日常信仰空间。转经的人群除了西藏各地的民众以外，还有四川、青海、甘肃、云南等地的大量藏民，他们翻越积雪覆盖的山岭和狂风呼啸的高原奔赴拉萨朝圣。其中还有不少藏民千里迢迢地以叩等身长头的方式前往拉萨。转经的人们一般都要前去朝拜供奉在大昭寺主殿内的佛陀“十二岁等身金像”，为家人和所有有情生命祈求今生的福祉，希望来世不坠地狱，努力摆脱佛教中所说的“无尽轮回”。除了拉萨，藏区还有许多其他的转经圣地，如日喀则、阿里等一些影响力较大的神山圣湖，如纳木措湖、羊卓雍湖和玛旁雍措湖。除了朝拜藏传佛教的圣地，信众们还朝拜某些重要的本教圣地，如岗仁布切神山、本日神山等。

在转经道上，最常见的就是转经人手摇或大或小的嘛呢筒，口里不断念着六字真言，或快或慢地按顺时针方向，在转经道上绕行。尤其是在每日的上午和傍晚时分，转经道上常常热闹非凡，到处涌动着转经的人流。在转经过程中，信众还有一些特定的宗教行为，如旋转经桶、悬挂经幡、堆砌嘛呢堆、捡白石、供净水、燃供灯、建“擦康”（藏语，意即“供神奉佛的小房子”）、叩长头，等等。如果在转经道上经过寺庙，转经人就要进去转嘛呢筒，向神灵念经祈祷或者叩长头；经过山脚下的转经道时，要在岩石上放置自家带来的净水和供灯，有的还会自制一个小“擦康”；经过嘛呢堆时，要以顺时针绕转嘛呢堆，旋转一周或数周，同时摘帽、合掌或顶礼，有的还从路边拾起一颗或数颗小石子，恭敬地把它紧贴在额头上同时默诵祈祷词，再把小石子丢进嘛呢堆。转圈的数量一般以单数为吉祥。

对于大多数转经人，尤其是一些退休的老年人，转经是他们每日必修课，需要完成一定的转经量。他们往往结伴而行，并自行规定每天的转经量，如用三至四个小时转一圈“林廓”。许多人坚持转经数年，日积月累，积少成多，花费在转经上的时间十分惊人，足见转经习俗在民间的强大生命力。

从宏观的角度，转经习俗之所以会在西藏特定的文化空间里存在并延续着，与西藏社会历史上“政教合一”的根本性体制有着直接关联，致使民间社会在生活的各个层面都延续着强大的宗教传统。如果从微观的角度，更多地去关注转经人的琐碎日常与内心深处，就能发现转经习俗中饱含着一个个转经人具体生动的丰富体验与情感诉求。转经活动中深刻存在的真实感受与生存经验，成为转经习俗在民间社会中持久存活与传承的一个隐形力量。

二　宗教体验：内心世界的“与神共存”

在西方哲学史上，“经验”（experience）一词作为哲学术语很早就开始得到使用。“宗教经验”（religional experience）的术语最终形成并被广泛运用，则发生在十九世纪末和二十世纪初近代心理学诞生之后。霍尔、柳巴、斯塔伯克和詹姆士在美国创立了宗教心理学，自此，“宗教经验”成为宗教研究的重要内容。尤其是在詹姆士（James）的著作《宗教经验之种种》出版后，“宗教经验”一词更加广泛和频繁地出现在宗教学等诸多学科的研究中。在詹姆士的宗教心理研究中，意欲通过讨论宗教经验的“实存”问题，从而论证宗教具有“非科学理性”的特征。在汉文学者的著作中，“宗教经验”的含义显得较不稳定，其内涵涉及得比较宽泛[①]。它既含有知觉、感觉等感官表象，又含有宗教活动主体的主观评价和能动表现；有时既包括宗教信仰者的个体切身体验，也包括非宗教信仰者的外在感知；有时既包括宗教信仰者在宗教活动中出现的短暂、强烈或神秘的某种特殊感受，也包括其在宗教活动中长时间持续的一般、琐碎的经验。

一切宗教信仰者和非信仰者，都有可能产生这样或那样的宗教经验，但是唯独宗教信仰者在宗教活动中对“意义”产生的强烈感受，才属于“宗教体验”的范畴。宗教体验作为宗教经验中最为核心与特殊的部分，其实质是信众对某一宗教意义的切身体会与感同身受。宗教体验作为一类普泛性的宗教现象，对大多数信徒来说，是一类以偶然或必然形态出现的个人宗教认知。宗教体验具有比较鲜明的一些基本特征：

首先是个人性，主要来自詹姆士的“个人的宗教”的概念。詹姆士把宗教领域分成两个部分，一个是制度的宗教（institutional religion），另一个是个人的宗教（personal religion）。前者包括制度宗教的要素，如神学、仪式和教会组织，后者比较注重个人的宗教部分，“是人自己的内心倾向，他的良心、功过、他的无可奈何、他的不完备”“宗教关系直接由心到心，由灵魂到灵魂，直接在人与上帝之间。”[②] 也就是说，个人的宗教是个体与神灵直接交流与沟通，内心完全向神灵敞开，和神灵交谈、向神灵祈祷、对神灵赞美、突然感觉到神的降临等。这些只有个体本身能够深刻地体验到，有时甚至根本无法用语言准确说出内心瞬间的感受，而其他人亦无法证实或证伪。另外，每个人宗教体验的强度和频率，与个体的敏感度、接受能力、具体遭遇，以及发生情境均有关。如果没有个人内心真切的宗教体验，也就没有宗教生活的真实存在。

其次是直接性，该属性与宗教体验的个人性直接相关。处于信仰状态的个体，有时是在瞬间、不可预料的时刻感受到神灵，有时是在较长的一段时间内与神“共存”，有时这种神圣状态是断断续续、不连贯的。正是这种直接性，给了信众最深刻的神圣体验和笃信宗教的最充分理由，同时使他们感到自身处在情感和心理最微妙或最需要依赖和帮助的状态中。

再次是再生性，即生活中的宗教体验不是僵死的、过去式的，而是伴随着信众的宗教生活不断地得到创造和再生的。宗教体验会不断地得到强化和再现。在不同的情境下，个体有可能会出现不同的宗教体验。信徒们往往倾向于用他们特有的内在因果逻辑，“宗教式”地解释生活中的较特殊事件。

最后，宗教体验伴有强烈的情感性。有的人在讲述他们的宗教体验时，伴有极为虔诚的情感和极大的叙述热情，一再强调这些事实“都是真的”，并且希望倾听者务必要相信他们的话。可以想象，宗教徒在遭遇宗教体验时出现的情感上的震撼，与信仰对象之间产生了强烈的共鸣。这些情感包括感激、愉悦、恐惧、敬畏、神秘、依赖、无能、迷狂、卑微、热爱等，有些体验侧重于其中某一种或几种情感，有些体验侧重于另外一种或几种

---

① 陈麟书在《宗教学原理》一书中将“宗教经验”这个术语用“通常的宗教意识”来代替，认为它与宗教观念相比，离“经济基础”更远。赖永海在《宗教学概论》一书中把宗教的三要素之一即宗教意识，分为“宗教观念”和“宗教感情”两部分，直接将“宗教经验”与“宗教感情”等同起来，只讨论“宗教感情”问题。罗竹风在《宗教学概论》一书中则把宗教意识分为“宗教信仰”“宗教理论”“宗教情感”和“宗教经验”四个部分，认为“宗教经验属于广义概念上的经验，是宗教信仰者围绕其信仰产生的各种心理体验的总和，即宗教信仰者在其信仰活动中所获得的与宗教相关的各种经验”。

② ［美］威廉·詹姆士：《宗教经验之种种——人性之研究》，唐钺译，商务印书馆2002年版，第26—27页。

情感。

就转经这一宗教习俗而言，佛教信众和非佛教信众都有可能产生一定的宗教经验。许多不信佛或不转经的人，也能说上一些关于转经的宗教知识与经验，比如他们认为转经是佛教信众的修炼方式，熟悉拉萨市内几条比较重要的转经道，有的表示自己将来退休了也有可能去转经。因此，并非只有宗教徒才有资格拥有宗教经验。但是，只有当信众亲身进入宗教实践，全身心地投入到宗教的世界或沉浸在宗教的精神状态中，并对宗教的教义与理念感同身受，方可称得上是真正意义上的宗教体验。

许多转经人都或多或少地有一些鲜活的宗教体验，也很愿意向周围的人主动讲述发生在他们身上的宗教生活故事。这些宗教体验丰富多样，世俗气息浓郁，大多与日常事件与生活要求紧密地结合在一起，情感真挚，有时也并非空穴来风。可以说，宗教体验有时即是生活本身，就是一类生存经验，存在着功利又积极的一面。在这种体验下，人们膜拜的各种神灵，虽然是不可视的，却又似乎触手可及。

三　灵验事件：转经人的神性叙事

詹姆士在《宗教经验之种种》一书中，大量列举了他收集到的不同年龄、性别、国籍的人们遭遇到的心灵和情感的宗教体验，认为宗教体验也可以是“实在”真理，从而证明“他的直觉来自人性的更深层面，超出了理性主义的论辩范围”①。如某传教士在山顶突然感到，上帝就在那里，比他自己都真实地存在，传教士从那一刻即产生了真正的关于上帝的最高信念。其中，更多地强调了处于宗教状态中个体的瞬间感、庄重感、莫名感与被造感，以及与世俗经验的暂时中断。这都与上帝造人、赎罪观及上帝的选民观等西方宗教的核心理念有着不可分割的联系。

与西方“接受上帝的爱”的宗教体验不同的是，笔者所了解到的、藏族本土式的宗教体验，有许多是和个体日常发生的“灵验”事件联系在一起的，并且在集体的快速传播中形成了一类特殊的口头叙事。由于转经人在日复一日、年复一年的转经生活中，身心频繁地与意识中的神灵发生“互动”与“交流”，因此当他们被问及个人切身的宗教体验时，尤其爱兴致勃勃地说起神灵显灵或带来应验的故事。若是几个转经人一起谈论某个神灵时，大家最感兴趣的焦点，就是该神灵如何灵验，治好了病、降了雨，或者很快解决了现实生活中的困难。随着此类神圣叙事由个体向个体、个体向群体不断地传播，神灵的“神性”和“灵性”变得越来越强大，信众也越聚越多，转经的队伍在无形中也不断得到壮大。以“灵验”为主题的宗教体验与口头叙事是否具有客观真实性，很难证实或证伪。但当人们真切地笃信这类宗教体验的产生与结果时，便形成了一类“社会事实”，其“真实性”表现为转经人某种心理与愿望的真实存在，他们常常主观地倾向认为转经行为与某一时刻下的生活事件之间具有密切的因果联系。

如被访谈人朱某回忆了他曾经带孩子去色拉寺转经的宗教体验：

① 张志刚：《宗教学是什么》，北京大学出版社2002年版，第69页。

色拉寺不是有个“马头明王”[①] 吗，我去过一次，我忘了是孩子几岁的时候了，他晚上老闹，去了一次就好了，不闹了。谁家的孩子，就像五六岁啦、八九岁啦左右的孩子，身体不好了，老闹病了，晚上不睡觉了，爱哭闹了，等等，大人们就带小孩去色拉寺的那个大殿里转，拜“马头明王”。僧人们就在每个小孩的鼻子尖上抹上一点黑，就是点酥油灯留下的那个黑，这样小孩的毛病就好了，可灵了！有时殿内殿外都排好长的队哪！

“灵验”，意味着举行一定的宗教仪式之后，出现了“神迹”，“上帝之手”令困难在一种不可知的神秘情境下自动瓦解，使当事人很快摆脱之前的苦恼与无奈。如果人们不约而同地感受到了“灵验”的存在，即将转经行为与生活事件以一种特殊的因果逻辑勾连在一起时，那么类似的情况在个人身上会一而再、再而三地发生。个体和集体共同参与了对此类信仰习俗的渲染和强化。神灵被认为是无形的、强大的、可以影响个人当下与未来发展的实在之物，即詹姆士所说的“实有无形者”——“我们信仰的对象，使我们觉得它是实在的，可以觉得很强烈，弄到我们的整个生活好像完全被对于所信仰的东西真实存在之感所‘磁极化’（Polarized）；然而那个东西，假如要形容得正确，可以说几乎不在于我们身上。”[②] 可见，宗教体验之所以在世俗世界显得神秘与未知，并让个体产生“灵验”的体悟、叙述与记忆，“实有无形”的特性在其中是关键。

青海藏族严某从师专毕业后，在拉卜楞寺学经四年，现居拉萨。其母亲是个佛教徒，哥哥是一位僧人，家庭的宗教氛围很浓厚。他经常在闲暇时间转经，也是一个虔诚的佛教徒。据他说，他的父亲在解放前是当骑兵的，打仗的某一天，正好是他的母亲带子女们一起去寺院转经和念经的日子。后来他的父亲回来向家人提起那天打仗的事，说子弹几次从他衣服上穿过，但就是没有打到身体，身边好多人都死光了，唯独他安然无恙。全家都觉得这件事情很蹊跷，便庆幸那天念的经发挥了作用，令神灵在暗中保佑家人。另一个故事是关于他的老乡朝圣信佛的神奇事迹：

以前在海东，我们有个老乡走着来拉萨朝圣，他走了九个月，一边走一边磕头，后来脚底下出脓了。他就晚上念《度母经》，吹一下气再睡觉，第二天就好好的了。可见佛是很灵验的！

这些“灵验”的宗教体验背后，存在着一定的世俗功利性，神灵在生活中常常扮演的是一类工具性角色，具有中国民众通行的实用主义风格。“所以一切宗教的崇拜可以说是人类利用宇宙神秘力量来满足他们愿望的一种尝试”[③]。再如，一位藏族女性讲述了自己转经念经求子、最后得到应验的故事：

---

① “马头明王”是藏传佛教里有名的护法神，色拉寺的尤其有名。一面表示空性，二臂表示智悲双运，三目圆睁表示降伏三界恶魔，在发际上有一或三个马头。此表征为啖食一切众生无明罪障，摧破诸恐而现之形。马头明王的主要功德为：降伏罗刹、鬼神、天龙八部之一切魔障，消无明业障、瘟疫、病苦、免一切恶咒邪法等。

② ［美］威廉·詹姆士：《宗教经验之种种——人性之研究》，唐钺译，商务印书馆 2002 年版，第 53 页。

③ ［英］薛尔曼：《神的由来》，郑绍文译，上海文艺出版社 1990 年版，第 5 页。

我们都很熟了，我就说一个我的秘密吧。我结婚十几年了，掉了两个小孩，都是人为的。那时我年轻，调山南，不想（要孩子）。第二次是吃乱七八糟的东西就流产了。后来五六年没怀上孩子。我丈夫也是学藏医的，检查了两个人都没有问题。我们在北京有名的医院也看了。父母和高僧都说去转经念经。我念了三年，终于今年怀孕了。我很相信的！

一些信徒对宗教真正的皈依，并不是由周围环境或其他人促成的，而是在发生了某一件和自身密切相关的"事件"之后，才真正触动了皈依之心，产生虔诚的"相信"。经常会有一些人在经历这类特殊的宗教体验之后，前后判若两人，由蔑视宗教的人变成热爱宗教的虔诚信徒，从一个极端走向另一个极端。詹姆士把这种性格变换和现象称作"变质"(transformation)，认为皈依（convertion）是自我宗教式的急转变化。说一个人"皈依"了，意指从前在他意识里居于边缘的宗教观念，现在占据了中心地位，并且宗教的目标形成了他能力所惯集的中心（the habitual center of his personal energy)①。所以，研究宗教体验，同时也是在关注宗教主体的心理结构和生存状态，充分了解其意义多样的现实宗教生活。

四 转经之由：心灵的强音与弱音

在拉萨街头经常能见到一些不远千里、从区内遥远的牧区、甘肃、青海、云南和四川一路叩着长头前往拉萨敬佛的朝圣者，有些甚至是十几岁的孩子。他们都是从几千里外，一步一长头叩到拉萨来朝佛的，不但路途遥远，在途中还必须忍受十分清苦的生活。朝圣者们往往手戴护具，膝着护膝，前身挂一毛皮衣物，尘土覆面，沿着道路，不辞辛劳，三步一磕，直至拉萨。叩长头的信徒绝不会用偷懒的办法来减轻劳累，如果因故暂停磕头，就画线或积石为记，就是这样不折不扣地依靠坚强的信念，步步趋向心中的圣地拉萨。朝圣者们认为，路途越遥远，意义越神圣。长途跋涉对心理和生理的严峻考验，都能够激发朝圣者的无限想象以及超出平常的宗教潜能。在趋向神圣的过程中，转经人的情绪和心理能力都会得到非常态地增强。与在拉萨城区天天能见到庙宇和神像的老百姓相比，远途朝圣者的分离—过渡—重聚的三阶段式宗教体验，更加明显。

被访谈者次仁讲述了关于其家人的转经生活：

我弟弟转神山起码四五天，坐车搭车啊麻烦得很，路上艰难困苦，路也不好走，有时海拔高，有时海拔低，吃也吃不好，睡也睡不好。但他回来非常高兴。他觉得在家里干干净净地待着，心里不踏实，老觉得空荡荡的。他觉得转神山是一年来做得最好的一件事。这个没法解释得清楚。

用人类学家特纳的仪式理论，有时也被称作是"阈限"② 理论，去解释此类朝圣的宗

① ［美］威廉·詹姆士：《宗教经验之种种——人性之研究》，唐钺译，商务印书馆 2002 年版，第 197 页。

② "阈限"一词最初见于人类学家维克多·特纳（Turner）的关于朝圣的研究。他发展范格内普（VanGennep）的过渡仪礼（riteofpassage）理论，将朝圣之仪礼描述成"阈限态现象"。当朝圣者来到神圣的中心，也就暂时摆脱了日常的社会角色与结构，沉浸在充满神圣符号和仪礼的神秘氛围之中。

教现象也许比较恰当。朝圣者在其中共经历了宗教心理与实践的三个阶段。

第一个阶段是“分离阶段”。在这个阶段中，主体无论是从身体、心理，还是情感上，都意欲摆脱平时的日常状态。这个状态也许是平淡无奇的、庸庸碌碌的，也许是烦恼丛生的、俗务缠身的，也许是精力和情绪无处宣泄，整个身心处于飘忽不定的不稳定状态。总之，出于种种动机和理由，最终产生了足够大的力量和勇气，促使朝圣主体迈出与日常常态“分离”的第一步。第二个阶段是“过渡阶段”。在朝圣的过程之中，朝圣是个动态运行的仪式过程，如磕长头、膜拜神像、实物供奉、布施、放生等，他们进行着一系列有序的具体宗教行为。这个过程可被视作是正在进行过渡或边缘化，因为这个阶段并没有定性，处于一种不固定的“非此非彼”的状态中。第三个阶段是“并入阶段”，即完成重新聚合的功能。朝圣者归来，也许从表面上看，身体与之前并没有什么差异，但是在精神、情感和心理上，已经判若两人了。他的喜悦、充实、满足、重生感和神圣感，被充分地激发出来，正以“另一个新个体”的生命状态，重新出现在日常生活中，最终得以定性。

人的心理与感情是极为复杂的，除了有对强大与升华的诉求，还会出现脆弱和退却的情状，如同一个曲子中既有震耳的强音，也有轻缓的弱音。还有一些宗教体验，和人们强烈的心理需求和终极的情感诉求有关，展示了精神世界中弱势的一面。笔者曾在转经道上遇见两位高中女生，她们都会念《度母经》，说有时下课晚了走夜路，心里很害怕，就一起念《度母经》，就不太害怕了，路上也没有出什么事情。或者半夜睡着时被突如其来的声音惊醒后，也会觉得心慌和不安，这时候念一下《度母经》就没事了，也能入睡了。当负面情绪，如空虚、惊慌、恐惧、烦躁、愤怒、焦虑等出现时，宗教起到的镇静、缓冲、平息与转移的作用便表现较为明显和突出。人们会选择口头或行为上的宗教仪式，借助神圣的语言力量和强烈的宗教情感，祛除不利因素，获得一段时间内的稳定感、安全感和满足感。

老年人的转经生活与宗教心理尤其值得重视和关注。老年人作为转经人群中的主力军，具有较特殊的心理与感情需求，并且成为其转经不止的重要内驱力。一位藏学学者向笔者谈了他对老年人转经心理的观察与体会：

> 对他们（老年人）触动最大的是早上天没亮的时候，听到将尸体送往天葬台的送葬队伍的声音。尤其是在八角街一带，早晨很静的时候，一个“马扎扎”（手扶拖拉机）过来的声音大得很。我有好几次，就在这个季节（夏季）的早上五点，观察在帕廓转经道上转经的送葬队伍。整个队伍的声音啊、拖拉机的声音啊、哭的声音、念经的声音、默默祈祷的声音、脚步的声音，是综合的声音，集体行动会发出许多声音。住在附近的老人们，对这种声音就很敏感。对一个老人来说，瞌睡很轻，很容易听到，（这对他们）是很刺激的。这个（送葬的队伍）过去了，（他们）再没法安然入睡了。他们就在想，又有一个人走了，我怎么办？来日不多了，就起来转（经）吧！

转经之所以成为老年人的日常惯习，与“死亡”这一不可回避的人生事件有着密切关联。死亡是人类文化的经典主题，也是集合了人类最丰富情感的生命事件之一，其文化和心理的意义大于生物学上的意义。老年人的时间大多是过剩的，日常生活是闲散和自主的，但另一方面他们的时间同时也是有限的、紧迫的和未知的。青年的时间总是指向未来，死亡似乎遥遥无期，但对于老年人而言，随着生命极限将至，会有如同被步步紧逼的切肤感受。他们虽然在理智上觉得自己年事已高，已经历经了人间的酸甜苦辣，可以坦然地面对死亡了；但从情感上讲，依然存有对世间的种种眷恋，所以但凡涉及死亡的现象、对之的思考与猜测，都会引起个体深深的焦虑、紧张和恐惧。

宗教理念及其习俗在指导人们超越自我与死亡、安抚消极情绪、宣泄与充实情感等心理功能上获得了极大的成功。民间社会的宗教习俗促使人们在日常生活的层面充分地展示了心灵世界的强音与弱音，从而更积极平和地面对生活，更平静淡定地看待死亡。作为民间宗教习俗和民众生活方式的转经，提供给人们的是面临死亡时的精神力量和改变自己命运的能动方式（如“下世投胎继续为人”的宗教理想），从而使自身的生命时间以宗教的方式得以延续。

五　结语

特定宗教语境下的个人都会有不定量的宗教经验，但唯有在特定情形下，遵循某一宗教逻辑进行实践的个体所持有的、宗教意义上的切身感受，才可称得上是宗教体验。宗教个体通过对宗教意义的切身体验与具体实践，从而建立更加深刻宗教知识与对个体自身存在价值的认识。虽然宗教体验往往让研究者有看不到、摸不着的困扰，但正是这种无形却强大、隐性却真实的宗教体验的广泛存在，使得像转经这样的宗教习俗，在民间社会中拥有无数的参与者和实践者，至今生机勃勃。

（原载《宗教学研究》2013 年第 1 期）

第五篇

年度著作

2013年度宗教学研究类十大著作

谢　添 编

【追踪与溯源：当今世界伊斯兰教热点问题】

作者：吴云贵

中国社会科学出版社2013年版

本书主要收录了伊斯兰原教旨主义与当代国际政治、伊斯兰教对国际政治影响评估、伊斯兰激进势力与中东地区冲突、阿拉伯、伊斯兰与西方：复杂多变的关系史、伊斯兰原教旨主义、宗教极端主义与国际恐怖主义辨析、伊斯兰教对当代伊斯兰国家外交政策的影响等内容。

【中国三阶教史——一个佛教史上湮灭的教派】

作者：张总

社会科学文献出版社2013年版

《中国三阶教史》详细地探讨了自北朝至隋代三阶教创立与初禁的史实，分析了唐代三阶教屡禁屡起的现象和原因。其间，纠正了一些前人研究中的讹误，补充了许多新发现的史料，提出了不少富有启发性的作者的独到见解，有些对当今佛教的发展也具有借鉴的意义。书中，作者也细密地梳理了三阶教历代传承的谱系与著名人物，三阶教的基本教义、僧俗信徒的修行实践，以及三阶教的主要典籍等等，使读者对三阶教有一个全面的了解。本书丰富了中国佛教史的内容，同时也为中国佛教史研究提出了不少新的题目，如三阶教与其他佛教宗派的关系、三阶教被历史湮灭的教训，等等。

【苏非主义在中国】

作者：金宜久

社会科学文献出版社2013年版

中国伊斯兰教史研究，资料匮乏是相关学者的共识。有关苏非主义在中国流传的史料，更是罕见。本书介绍了从事汉文著述的著名学者、经师和阿訇，探讨苏非主义对汉文著述的教义、功修、“奇迹”和“非遵法派”的影响，当前民间流传的汉文著述；对道门兴趣的社会历史背景及其发展的基本阶段，道门的道统与教主的教权，教主教权的传承，道门的功修、祭祀和管理制度等作了简要的论述。

【意义：当代神学的公共性问题】

作者：杨慧林

北京大学出版社2013年版

本书分别从“当代人文学术的‘意义’问题”“‘意义’问题的跨文化读解”“‘诗性智慧’的‘意义’同构”“‘意义’追寻的现实情境”四个维度，深入探究宗教学与一般人文学术的相互关联和相互启发，并与当代西方的神学研究直接对话，力图梳理出一种“关于基督教的‘非宗教’诠释”，从“意义结构”的角度探讨宗教与神学的公共性问题，为宗教问题提供更为理性的理解途径。作者认为：在理解的基础上“破执”，不仅可以摆脱任何“中心话语”的束缚，也将在体制化的信仰形态之外，真正揭示宗教的文化意蕴。

【太平天国与启示录】

作者：周伟驰

中国社会科学出版社 2013 年版

本书从近代西方基督教全球传教史的视野重新探讨了太平天国意识形态的基督教来源，揭示了太平天国跟千禧年主义和末世论的密切关系，尤其洪秀全跟启示录神学、洪仁玕跟新教传教士“基督教文明观”的关系。全书共分五章：“由宗教革命引起的宗教战争”“别样的基督教”“太平天国与启示录”“千禧年主义及其中传”“一个基督教国家的现代化方案”。本书基于大量的文本对照、比较和分析，反驳了许多流行的看法，提出了新的观点。

【宗教非营利组织的身份建构研究：以（上海）基督教青年会为例】

作者：黄海波

上海社会科学院出版社 2013 年版

该书提出了一个很有解释力的分析框架，即合法性约束下的组织身份建构。该书独辟蹊径，不同于以往对基督教青年会的历史研究，而是以组织身份建构为核心，分析上海基督教青年会不同时期在与信仰、社会、政治等内外环境之间的张力中进行组织身份建构的历程，对上海基督教青年会新中国成立前后、改革开放前后的命运亦有所深思，为我们研究类似的宗教非营利组织机构提供了思路。

【明末天主教与儒学的互动：一种思想史的视角】

作者：孙尚扬

宗教文化出版社 2013 年版

《基督教中国化研究丛书·明末天主教与儒学的互动：一种思想史的视角》是一本颇有学术价值的专著。《基督教中国化研究丛书·明末天主教与儒学的互动：一种思想史的视角》末章亦颇有特色。作者孙尚扬在论及“拒斥”反应时，对其排外的错误倾向进行了重点批评，但并不片面，相反，还揭示了这种排斥反应中也包含着极富洞察力的正当方面。这是全面的研究态度和实事求是的学风。在上篇论及利玛窦对儒学的批评中，作者已抓住了“大伦与五伦”这一耶儒之学差别、分歧之关键问题；到最后一章，通过思想上强烈的突出对比，进一步揭示了这一要点，从而把中国传统文化以人伦为本的核心昭示出来，并提出了以往中国人伦文化有宗法性缺点这一本质问题。

【古代中国民众的精神世界及社会运动】

作者：马西沙

中国社会科学出版社 2013 年版

作者马西沙先生是中国社会科学院荣誉学部委员，数十年来致力于明清民间宗教史和思想史的研究，有多种专著和论文问世。本文集是作者研究的精华，展现了中国明清底层社会的生活状态和民众心理，广大人民群众与统治者之间的矛盾和斗争。这些研究，至今仍有深刻的社会价值和借鉴意义。

【当代中国宗教问题探析】

作者：龚学增

甘肃民族出版社 2013 年版

当代中国宗教问题的研究是宗教学研究的重要方面，已经日益引起重视，越来越多的学者进入到这个领域。他们选取不同角度，采用多种方法来研究这一问题，不少成果已经问世。龚学增教授多年来一直在党校的干部教育岗位上从事民族、宗教问题的教学与研究。《当代中国宗教问题探析》诚如作者所说，是“多年在党校从事当代中国宗教问题研究的一些心得”，为当代宗教研究作出了贡献。

该书具有以下几个突出特点。

第一，明确的读者定位以及政治性和学术性的有机结合。该书主要是面向党政干部兼及其他关心当代中国宗教问题的读者。目的很明确，就是希望通过自己的研究使他们对当代中国宗教问题有一个基本的了解，有一个基于马克思主义指导下的对于当代中国宗教问题的比较科学的认识。由于当代中国宗教问题就是指新中国成立以来的宗教问题，它同新中国60多年政治、社会曲折的发展历程息息相关，因而这一研究的政治性很强，无论对于历史的陈述，还是对于现实问题的分析，都不能违背党和国家现行的宗教政策，更不能伤害信教者的宗教感情，以致措辞用语都需要十分准确慎重。

第二，使全书呈现出以下基本内容和总体思路，形成了自己的特色。全书共三大板块。第一部分，第一章至第三章。首先，作为背景，介绍中国的宗教状况，即多元宗教并存的中国宗教国情，归纳了中国宗教的历史特点，阐述了当代中国宗教状况的重大变化，改革开放以来中国宗教现状及发展趋势。在此基础上，论述了当代中国宗教存在、发展的规律性，即宗教的长期性、宗教的群众性和宗教问题的特殊复杂性。第二部分，第四章至第六章。回顾了中国共产党处理当代中国宗教问题的历程，总结了基本经验。在此基础上，论述了中国共产党的宗教工作经验已经升华为中国特色社会主义宗教理论，并形成了中国共产党的宗教工作基本方针。第三部分，第七章至第九章，阐述了新世纪新阶段宗教方面的几个重要问题。即按照党中央的要求，如何全面贯彻党的宗教工作基本方针，促进宗教关系和谐，构建社会主义和谐社会，又凸显出正确认识妥善处理好少数民族地区的宗教问题以及从党的建设高度论述了共产党必须坚持唯物论无神论，共产党员不能信仰宗教等重要问题。

第三，对中国共产党关于宗教问题基本理论和方针进行了有研究新意的解析。作者从八个方面总结了基本的经验；尤其是对于改革开放以来中国共产党关于宗教和宗教问题的基本理论，作者按照党的十七大提出的中国特色社会主义理论体系的基本精神，用中国特色社会主义宗教理论这一概念，从思想渊源、实践基础、形成发展、体系建构、历史地位等方面进行了深入研究；对于党的宗教工作基本方针的研究，作者认为应进一步突出巩固和发展对宗教界的爱国统一战线的地位。

第四，对于当代中国宗教研究一些热点问题作出了回应。涉及如何正确认识改革开放以来中国宗教的发展问题，如何正确评价当代中国宗教的二重性社会作用，如何高度重视并妥善处理少数民族宗教的相关问题，从党的建设的高度如何坚持共产党必须坚持唯物论无神论的原则同时又要妥善处理好少数共产党员信仰宗教参加宗教活动的具体问题等。

第五，全书论述简明、通俗、可读性强。该书的文字风格朴实无华、通俗易懂，深入浅出，读来比较顺畅。

第六，需要指出，该书基本上反映了作者在党的十八大之前的研究成果。对于新近的研究，只好以后有机会再适当加以修订。

【马克思主义宗教观探究】

作者：卓新平

中华书局2013年版

本书探讨了研究马克思主义宗教观的基本定位和方法，梳理了马克思主义宗教观的主要表述、马克思主义宗教观的基本理论，分析与讨论了当代世界对马克思主义宗教观的回应，以及当代中国对马克思主义宗教观的正确理解与科学发展。

第六篇

年度人物

2013年度人物

1. 卓新平

（1）个人简历

卓新平，土家族，生于1955年，湖南慈利人。1983年5月至1988年11月留学德国慕尼黑大学，1987年获哲学博士学位，1988年9月当选为德国（欧洲）宗教史协会终身会员；1996年任中国社会科学院研究生院学术委员会委员，博士生导师，任中国社会科学院基督教研究中心主任。

1998年9月任中国社会科学院世界宗教研究所所长，1999年当选为中国统一战线理论研究会副秘书长，常务理事，2000年至2004年任联合国教科文组织下属国际哲学与人文科学研究理事会副主席，2001年当选为中国宗教学会会长。

2003年任国家社科基金宗教学评审组组长，任香港中文大学庞万伦基督教与中国文化讲座主讲，2003年至2009年任美国亚洲基督教高等教育联合董事会董事。

（2）主要成就

卓新平现任中国社会科学院世界宗教研究所所长，研究员、博士生导师，中国宗教学会会长。研究方向为基督教思想、中西文化对话、马克思主义宗教观，同时在宗教对和谐社会构建的作用方面亦有建树。被国家人事部和国家教委评为“有突出贡献的留学回国人员”“优秀留学回国人员”等称号，同时还被评为国家级有突出贡献的中青年专家和“新世纪百千万人才工程”国家级人选，入选中宣部首批“四个一批”人才，并任国务院学位办哲学组成员。

卓新平主要著作有《全球化的宗教与当代中国》《基督教与中国文化的相遇、求同与存异》《当代亚非拉美神学》《当代基督宗教教会发展》等，独著共20余部，主编30余部，并合著十余部，主编丛书十余部，发表文章200余篇。

由于在宗教学方面的贡献，卓新平被评为中国社会科学院研究员、享受国务院政府特殊津贴专家，当选为中国社会科学院学位委员会委员、中国社会科学院学部委员，并入选为欧洲科学艺术研究院院士。

自2008年以来，卓新平当选为第十一届全国人大常委、民族委员会委员、资格审查委员会委员，并任中国统一战线理论研究会常务理事。

2. 吴云贵

（1）个人简历

吴云贵，1939年生，辽宁省抚顺市人。1964年毕业于辽宁大学外国语言文学系，同年供职于中国科学院哲学社会科学部世界宗教研究所，历任中国社会科学院世界宗教研究所助理研究员、副研究员、研究员、博士生导师，所任行政职务包括研究室副主任、所长、所党委书记等。从事宗教学和伊斯兰教研究，为该所最早一批研究人员之一。

历任兼职职务包括：第十届全国人民代表大会代表（2003年至2008年），中国社会科学院学术委员会（后易名为院学术咨询委员会）委员（2003年至2008年），中国宗教学会常务副会长（1993年至2006年）、顾问，中国社会科学院世界宗教研究所学术委员会主任（1994年至1998

年），中国社会科学院世界宗教研究所巴哈伊研究中心主任等。

（2）主要成就

吴云贵长期致力于伊斯兰教理论、现状和历史研究，尤为重视当代伊斯兰教和伊斯兰教法学研究。个人独立完成的学术专著主要有：《伊斯兰教法概略》《当代伊斯兰教法》《伊斯兰教典籍百问》《伊斯兰教义学》《伊斯兰教法》《近代伊斯兰运动》等；合著有《伊斯兰教史》《伊斯兰教词典》《伊斯兰教文化面面观》《近现代伊斯兰教思潮与运动》《伊斯兰教与国际热点》《当代宗教与极端主义》等；主编的著作有《伊斯兰教文化丛书》12 部；译著主要有《伊斯兰教简史》《伊斯兰教法律史》《论宗教宽容》《伊斯兰威胁：神话还是现实?》《英汉辞海》（宗教词目）。此外，还有公开发表的学术论文和文章 50 余篇。

吴云贵在研究工作中注重理论与实际相结合，除钻研文本、文献资料外，多次到英国、美国、日本、德国、比利时以及台、港、澳进行学术交流。多年来曾赴巴基斯坦、印度、印尼、伊朗、叙利亚、约旦、以色列等地进行实地考察和学术交流。曾以“伊斯兰教与国际政治”等热点问题为题，在山东大学、黑龙江大学、首都师范大学、中央党校、中央民族大学、中国人民大学、中国政法大学等高校作学术报告。此外，还以此为题在中央统战部、国家宗教事务局、公安部、外交部等党和政府有关部门作过学术报告和交流，受到好评。

3. 楼宇烈

（1）个人简历

楼宇烈，1934 年生于杭州，浙江省嵊县人。1960 年北京大学哲学系哲学专业本科毕业。现为北京大学哲学系教授，中国哲学专业博士生导师，佛教道教教研室主任，北京大学宗教研究所所长，北京大学国学研究院中国传统文化博士研究生班导师，北京大学外国哲学研究所（教育部人文社会科学重点研究基地）学术委员会主任等。

1985 年 9 月，任北京大学哲学系教授；1985 年 12 月，任北京大学哲学系东方哲学教研室主任；1989 年 12 月，任北京大学宗教研究院名誉院长、北京大学学术委员会委员。1990 年，任中国哲学专业博士导师。

1986 年任孔子基金会理事、学术委员会委员；1988 年任全国宗教学会理事、副会长。1991 年任中华炎黄文化研究会理事、学术委员会委员；1992 年，任全国高等院校古籍整理研究工作委员会委员；1997 年，任教育部人文社会科学研究专家咨询委员会委员、全国古籍整理出版规划领导小组成员；1999 年任国际儒学联合会理事。

楼宇烈教授长期从事于中国哲学史、中国佛教史方面的教学和研究工作。在中国哲学史方面，侧重于魏晋玄学和近现代哲学的研究；在中国佛教史方面，侧重于禅宗思想和近现代佛教史的研究。他发表的主要论著有：《王弼集校释》（获国家古籍整理图书三等奖）、《郭象哲学思想剖析》《玄学与中国传统哲学》《袁宏与东晋玄学》《易卦爻象原始》《康有为与儒学的现代转化》《儒家修养论今说》《中国儒学的历史演变与未来展望》《敦煌本〈坛经〉、〈曹溪大师传〉与初期禅宗思想》《胡适禅宗史研究平议》《中国近代佛学的振兴者——杨文会》《佛学与近代中国哲学》《佛教与现代人的精神修养》《禅宗“自性清净”说之意趣》等。

（2）主要成就

楼宇烈兼任北京大学宗教文化研究院名誉院长、北京大学国学研究院导师，以各种方式积极弘扬中国传统文化，常年奔波于祖国各地，从高等学府到乡间小庙，或在电视上娓娓道来，或在论坛上慷慨陈词，时以儒释道答疑解惑，时以琴曲雅乐传习道艺，倡导要从整体上综合研究中国的传统文化，主张中国人要在哲学、宗教、艺术乃至科学与医学领域都应有自己的理论和观点，兼容并包，综合创新，多年以来一直强调中国文化要传承与发扬自己的特色与主体性，要有自己的文化战略与建设方向。

楼宇烈是我国著名的中国哲学史家、中国传统文化学者，是中国优秀传统文化的真诚实践者、倡导者、弘扬者，泛读学海数十载，倡导整理综合的研究方法，坚持中国文化的主体意识，在中国哲学、佛教哲学等方面成果丰硕，教书育人几十秋，传道授业桃李满园，为中国文化发扬光大尽心尽力，贡献良多，深受学术界、文化界、教育界和广大青年学者的尊敬与爱戴。

2013 年 12 月 6 日，楼宇烈先生八十华诞。北大召开了“中国传统文化反思与展望学术研讨会”，社会各界人士畅叙在新形势下的中国文化建设，对楼宇烈的学术贡献做出极高评价。

4. 方立天

（1）个人简历

方立天，1933 年生于浙江永康。北京大学哲学系毕业，中国人民大学哲学系教授。

1961 年，北京大学毕业的方立天进入中国人民大学从事中国哲学史教研工作，确立了以魏晋南北朝隋唐时期为研究重点。第二年，为了对佛教有比较准确的了解，方立天到中国佛学院进修 8 个月，1984 年晋升为教授。2001 年，方立天为教育部选中，成为佛教与宗教学理论研究基地的领军人物，中国人民大学也由此成为国内外知名的宗教学教研重镇。

（2）主要成就

方立天躬耕于人大校园，相继开设了中国哲学史、中国古代哲学问题、佛典选读、佛教概论、佛教哲学、佛教与中国文化、魏晋玄学、隋唐佛学等课程，发表著作 17 部、文章 370 余篇，培养国内外研究生 40 余名。

方立天历任中国宗教学会副会长、顾问，中国哲学史学会常务副会长、顾问，《中国哲学史》杂志主编，教育部社会科学委员会哲学学部委员、教育部古籍整理委员会委员、中国文化书院导师等。他重视宗教与社会的关系，并对中国宗教观进行了理论探索，撰写了《论中国化马克思主义宗教观》，归纳、总结了中国化马克思主义宗教观的十个创新观点。半个世纪以来，方立天主要从事中国佛教和中国哲学的教学与研究，尤其是在中国佛教思想史研究领域卓有建树。著有《方立天文集》《慧远及其佛学》《中国哲学研究》《中国佛教研究》《法藏评传》等著作。

5. 马西沙

（1）个人简历

马西沙，1943 年生于陕西省延安。1969 年毕业于北京大学中文系。

1982 年到中国社会科学院世界宗教研究所工作，1985 年至 2003 年任该所道教研究室主任，该室后改名道教与民间宗教研究室。1991 年至 1992 年马西沙任德国汉诺威大学客座教授，与苏为德教授（Prof. Hubert Seiwert）进行合作研究。1992 年马西沙被评为研究员，同年获国家人事部颁发的“有突出贡献的中青年专家”称号，同年享受国务院政府特殊津贴。1993 年春受美国华裔学者刘广京教授之邀，赴美做访问学者。1994 年之后，四次赴香港讲学。1996 年开始担任中国社会科学院博士生导师。2003 年任香港全真道研究中心顾问。1999 年至 2000 年赴日本东海大学，与浅井纪教授进行合作研究。20 世纪 90 年代以来任中国社会科学院道家与道教研究中心名誉主任。2005 年任山东大学兼职教授。

（2）主要成就

自 1980 年以来，马西沙对多种民间教派进行科学研究，多发前人所未发，他的《清前期八卦教初探》《从罗教到青帮》《最早一部宝卷的研究》《黄天教源流考略》等数十篇论文受到国内外学者大量引证。马西沙的论文在 80 年代就受到柳存仁先生的介绍，《从罗教到青帮》一文甫经发表，即被日本大学译成日文。

1989 年马西沙第一部专著《清代八卦教》出版，已故学界大师徐梵澄先生在《读书》上以《专史、新研、极成》给予高度赞许。这是徐先生一生唯一的书评。1986 年马西沙主持国家社会科学基金重点项目《中国民间宗教研究》，此项目经过五年的写作，完成于 1991 年，即上海人民出版社于 1992 年 12 月出版的《中国民间宗教史》。此书共 23 章，计 100 多万字。涉及自汉代至清末两千年来数十种流行民间的宗教教派，好评颇多，荣获第二届中国社会科学院优秀成果奖和国家社会科学基金优秀成果奖。

1985 年起马西沙负责组织道教研究室全体成员撰写《中国道教史》，此书于 1991 年由上海人民出版社出版。1998 年又出版了《民间宗教志》，此书 2005 年由上海人民出版社列入专题史系列丛书，以《中国民间宗教简史》为题出版。2003 年荷兰莱顿大学出版社出版了苏为德教授（Prof. Hubert Seiwert）与马西沙合作的英文著作 *Popular Religious Movements and Heterodox Sects in Chinese History*（《中国历史上的民间宗教运动和异端教派》）。马西沙现在承担国家新修清史典志部分的纂修项目。

6. 第十一世班禅额尔德尼·确吉杰布

（1）个人简历

确吉杰布，藏族，第十一世班禅额尔德尼，俗名坚赞诺布。1990 年出生于西藏嘉黎县。任中国佛协副会长、第十一届全国政协委员、政协第十二届全国委员会常务委员等社会职务。

1995 年，经数轮筛选后，坚赞诺布成为参加在大昭寺佛祖释迦牟尼像前金瓶掣签的三名灵童之一，最终被佛祖“法断”为第十世班禅转世真身，取法名为吉尊·洛桑强巴伦珠确吉杰布·白桑布。后经国务院批准，被确认为十世班禅转世灵童真身。2008 年，北京市第五中学为他颁发了毕业证书。2009 年，在扎什伦布寺举行受比丘戒仪式。这是十一世班禅健康成长，修行精进的重要标志，也是贯彻落实党的宗教自由政策的具体体现。圆满的受戒对于年轻的活佛来说是一个新的起点，从此负起普度众生之重担，必将成为藏传佛教的优秀领导和信教群众所崇信的大活佛。

（2）主要成就

十一世班禅额尔德尼·确吉杰布坚持不懈学习佛教知识，努力修行，谙熟佛教教义。他多次参加阐释藏传佛教教规教义座谈会，宣扬佛法。在 2009 年的第二次世界佛教大会上，班禅用英语发表演说，教导佛教界鼓励并引导人们多行利他之善事，成为美谈。班禅还以实际行动促进我国与其他国家在宗教领域的交往，倡导和平理念。2010 年，他在北京西黄寺会见了新加坡外交部长杨荣文以及新加坡佛教总会主席广声法师等佛教界人士，促进中新两国加强宗教领域的交流交往。

十一世班禅非常热心公益慈善活动，他经常到儿童福利院看望慰问孤残儿童，走访农户等。逢地震发生时，就会为地震灾区举行超度祈愿法会。祈愿法会是藏传佛教格鲁派最重要的佛事活动之一，主要是通过咏诵祈愿经，祈祷世界和平，去灾灭祸，利乐有情。班禅还亲自前往察看灾情，听取受灾情况介绍，慰问僧众。

2010 年，十一世班禅当选为中国佛协

副会长，这是他担任的首个社会职务，并于同月被增补为第十一届全国政协委员，成为中国首个“90后”委员。2013年当选政协第十二届全国委员会常务委员。

7. 星云法师

（1）个人简历

星云法师，出生于1927年，俗名李国深，江苏扬州（江都）人，现任国际佛光会世界总会会长，南京大学中华文化研究院名誉院长等职。星云法师十二岁于南京栖霞寺礼志开上人出家。为临济宗第48代传人。1945年入栖霞律学院修学佛法。1949年春，组织僧侣救护队来台湾。1967年创建佛光山，并出任佛光山寺第一、二、三任住持。先后在世界各地创建200余所道场，并创办美术馆、图书馆、出版社、书局、中华学校、佛教丛林学院及大、中、小学等数十所。曾主编《人生》《今日佛教》《觉世》月刊等佛教刊物。

1990年7月，星云大师于美国加州创办西来大学。2006年西来大学正式成为美国大学西区联盟（WASC）会员，为美国首座由中国人创办并获得该项荣誉之大学。1991，成立中华佛光协会。发起“佛力平正二二八死难同胞慰灵法会”。华视播出“星云法语”，荣获社会建设金钟奖。

（2）主要成就

星云大师无疑在两岸宗教交流中扮演了重要角色，无论是讲经弘法、学术交流，还是慈善事业，星云大师的佛光教团都有诸多行动，是当之无愧的两岸和平使者。佛光山通过在大陆推动文化事业不仅惠及民众，而且极大地促进了两岸的友好关系，是以文化交流推动两岸和平的成功尝试。星云大师对大陆的教育事业非常关心，于内地建立百余所佛光希望小学。又在各地发放奖学金，各项助学措施不胜枚举。2010年，星云大师与杨钊居士共同捐建了南京大学中华文化研究院，而这里也成为大陆研究星云大师人间佛教思想的一个中心。

几十年间，佛光山在海内外先后创办了16所佛学院，聘请优秀师资，以优质教育培育出无数僧俗人才。除僧伽教育外，在儿童、中学、大学、信众教育等各项社会教育方面，同样不遗余力，培养大批人才，建设了4所大学、26座图书馆、9所美术馆。此外，在全世界同步举办世界佛学会考，举办佛学夏令营、佛学讲座、都市佛学院、星期儿童班等，通过定期为社会各阶层人士举办种种活动，提升人们的生活质量。

1994年荣获香港港督奕信爵士夫人颁赠“公益金特别筹募奖”。2010年，星云大师获香港大学颁授名誉社会科学博士。同年获聘为南京大学中华文化研究院名誉院长暨客座教授，同年获得“中华文化人物”终身荣誉奖。2013年，星云大师参加由凤凰卫视联合海峡两岸和香港富有影响力的十余家华文媒体共同主办的“世界因你而美丽——影响世界华人盛典2012—2013”，并荣获“影响世界华人终身成就奖”。

8. 刀述仁

（1）个人简历

刀述仁，傣族，生于1935年，云南勐海人。1947年世袭西双版纳勐海土司。1951年入成都西南民族学院学习。1954年后任西双版纳勐海副版纳长，自治州政府委员，云南省青联副秘书长。1957年入云南少数民族社会历史研究所从事傣族及东南亚文化研究工作，并在云南大学进修历史学。

1981年至1984年任云南省佛教协会副秘书长、秘书长、会长。1984年至2002年9月任中国佛教协会副会长兼秘书长、云南省佛教协会会长。2002年9月至今任中国佛教协会副会长兼秘书长、云南省佛教协会会长。

2002年应香港佛教文化产业创办人、主席庄世平先生及祖古白玛奥色仁波切之邀，担任香港佛教文化产业荣誉顾问。

（2）主要成就

在云南工作期间，刀述仁经常深入西双版纳、德宏、双江、耿马等地的佛寺，宣传党的佛教政策，协调佛寺与教育、佛寺与村寨、佛寺与佛寺、僧侣与僧侣之间的关系，为规范佛教的教规，调动西双版纳僧侣建设边疆的积极性作出了自己的贡献。

刀述仁曾多次率领僧侣代表团访问泰国、缅甸、日本、尼泊尔、印度等国，倡导“佛教走出去”，为增进中国佛教界人士与各国僧侣之间的友谊迈出了新的步伐。2009年，斯里兰卡佛教主要派别之一的阿斯羯利派向在斯里兰卡访问的中国佛教协会副会长刀述仁颁发荣誉学位证书。阿斯羯利派长老高度赞扬刀述仁副会长长期以来为传播佛教文化和促进斯中佛教交流所作的贡献。斯里兰卡佛教荣誉学位专为对佛教文化传播作出重大贡献的人士设立。几十年来，仅有三位外籍人士获得该项殊荣。

刀述仁钻研佛学，对西双版纳南传上座部佛教的历史、教规、教义颇有研究，并创办了云南省佛学院。自2002年以来任中国佛教协会副会长兼秘书长、云南省佛教协会会长。并连任第七、八届全国人大代表，第九届全国政协委员，第十、十一届全国政协常委。2013年3月，当选为十二届全国政协常务委员。

9. 任法融

（1）个人简历

任法融，生于1936年，俗名任志刚，中国道教协会会长，原籍甘肃天水市。其外祖父为清末秀才，颇精儒学，以教学为生，其母在外祖父教育影响下，亦通读儒家四书，并常阅读佛、道教经典书籍。1955年冬，年已19岁的任法融到陕西陇县道教宫观“龙门洞”游览，留居，渐读便渐对道教产生信念，与道教结下不解之缘。尔后，正式入道，拜全真龙门正宗廿八代玄裔王嗣林道长为师，随师学道。

（2）主要成就

任法融是我国著名道教学者，现任世界宗教和平会主席，全国政协常委，中国宗教界和平委员会副主席，国家民族宗教委副主任，中国道教协会会长，陕西道教协会会长，山西道教协会名誉会长，中国道教学院院长，陕西周至楼观台道观监院。2013年3月，当选为十二届全国政协委员会常务委员。

2013年9月，中国道协组成81人的代表团，在比利时布鲁塞尔、英国伦敦、法国巴黎举办“道行天下·2013中国道教文化对外交流”系列活动。本次活动以“文化和融、宗教和睦、人类和平”为主题，内容包括道教文化展览、道教文化讲座、道教音乐和武术演出及赠书活动等。此次活动是中国道教界弘扬道教文化、让世人认识道教这一人类文明财富的一次尝试，力求通过多种方式展示中国道教文化的深邃内涵，介绍中国道教界的优良传统和教义践行，进一步扩大道教的国际影响，推动中华文化走向世界。

10. 房兴耀

（1）个人简历

房兴耀，1953年生于山东临沂，毕业于中国天主教神哲学院。

1994年任天主教临沂教区代理主教，1997年任临沂天主教堂晋牧、天主教临沂教区正权主教，1998年，中国天主教第六次代表会议当选中国天主教主教团常委，1999年任山东省天主教爱国会副主任、教务委员会主任，2004年中国天主教第七次代表会议当选中国天主教主教团副主席、教务委员会主任，2010年中国天主教第八届代表会议当选中国天主教爱国会主席、主教团副主席，2011 年中国天主教神哲学院董事会会议当选中国天主教神哲学院董事长。

（2）主要成就

房兴耀现任中国天主教爱国会主席、中国天主教主教团副主席。当选第九、十、十一届全国政协委员，第十二届全国政协常委；并当选第七届省政协委员，第八、九、十届省政协常委；以及第十三、十四届临沂市政协常委。兼任全国政协民族和宗教委员会委员、中国宗教界和平委员会委员、中华宗教文化交流协会顾问。

房兴耀是第一位由中国和梵蒂冈共同认同的主教，被选为中国天主教爱国会主席，为促进中华人民共和国与梵蒂冈城国之间建立正式的外交关系创造了积极条件和氛围。房兴耀主教多次出访我国香港、新加坡、马来西亚、意大利、法国、德国、奥地利、荷兰、比利时、俄罗斯等国家和地区，促进了我国与世界各国之间的宗教交流与合作。

第七篇

年度新闻

2013年度宗教十大热点

张世辉 编

刚刚过去的2013年，无论从世界范围还是从国内来说，“宗教的世界”极不平静：教宗的辞呈在天主教界掀起轩然大波、唐僧埋骨地拆迁风波引起教界的群起护法、中国高规格接待首次访华的东正教大牧首引来中国宗教政策微调的猜测、“法海你不懂爱”引发对“消费宗教”观的论争，而宗教极端主义在全世界范围的再次猖獗更是引起国际社会的广泛关注……可以说，2013年，宗教既是国内新闻的热点，同样是国际新闻的焦点。

一　是法海不懂爱　还是对宗教的无知

事件回放：2012年12月31日，江苏、湖南、浙江、深圳等地的跨年演唱会如约上演，其中最引发热议的节目非龚琳娜在湖南卫视跨年演出中的“蛇年题材”歌曲《法海，你不懂爱》莫属。龚琳娜当晚相当出位，先是在龙头里“血口大开”，然后以一种幽默的方式演唱这首歌词和旋律相当直白的歌曲。节目播出之初便引起网友争议，成为2014年最搅动网民神经的“神曲”，尤其是歌中“法海你不懂爱，雷峰塔会掉下来”的歌词，雷翻了网友，也惹恼了佛教护法：在网友们的质疑声中，一批佛教人士站出来，指《法海，你不懂爱》冒犯了佛教的祖师、江南禅风的开创者——真实的法海禅师。而龚琳娜则以时代需要“真实的声音”回应网友们和佛教人士的质疑。因其在社会上影响颇大而被称为“法海事件”。

点评：关于《法海，你不懂爱》，人们争论的焦点一开始只是在娱乐方向上打转；而明贤法师要求龚琳娜道歉、公开护法的博文刊发后，论争的焦点随即转到了出家人为什么生气、能不能生气上来。有人质疑：当初拍《白蛇传》《新白娘子传奇》时你不生气，为什么现在要生气？其实，这是一个极其无聊而且有违常理的问题：你无缘无故打了别人一拳，人家忍让了，不等于这人从此以后就任你宰割了。

我们发现，在2013年，各种戏谑宗教的现象较多，比如洛阳“大背头佛像闹剧”、丽江“欢喜佛闹剧”、北川“丘处鸡”事件（一位证监局处长下海经商养鸡，并将所养之鸡以“丘处鸡”之名注册，而丘处机乃道教全真七子之一，被称为“丘祖”，在道教界影响极大）……这些事件的始作俑者，我们相信绝大多数都出于对宗教的无知，属于无心之过，更确切地说只是为了哗众取宠、换得利益，而非对宗教的恶意亵渎。值得注意的是，这些戏谑甚至侮辱宗教的人士，既有普通民众，也有明星商人，更有公职人员，这就值得思考了。

我们要思考的是，为什么那么多不同阶层的人会出现有意无意亵渎宗教的行为？难道真如护法者所说，是国人良心与品格的缺失吗？笔者认为，倒不见得，更重要的，是我们国民教育和普法教育中宗教教育的缺失，是大部分公权力所有者和社会大众对宗教缺乏基本的了解与认知，无知者无畏，故而这种事件频繁发生。

记得笔者上学那会儿，小学、初中、高中的教科书均不涉及宗教，到21世纪初笔者大学毕业时，宗教依然是课堂的禁区。而作为传播知识、弘扬文化、引导文明主要途径的大众媒体，也同样视宗教为畏途。甚至在笔者创办大陆大报中的首份宗教专版——《中国民族报·宗教版》乃至首份宗教周刊——《中国民族报·宗教周刊》出来若干年后的2008年，宗教依然是媒体的畏途，当时对于宗教界为奥运会助威和服务的报道，聊胜于无。正规的课堂无法了解，课堂之外没有了解的途径，人们从何处了解宗教、从何处知晓宗教？在对宗教缺乏了解的情况下容易出现两种极端：一种是易受宗教的影响，轻易信教甚至信邪教，进而排斥其他宗教；另一种是对宗教的无畏。缺乏真正的了解就谈不上真正的尊重，所以出现戏谑侮辱宗教的现象也就再正常不过了。

从上述辱教和护法情况来看，一方是无心之过，一方则是对信仰的维护。护教者自无可厚非，然而如果无心之过的一方发现问题就及时改正、道歉，也当予以谅解。真正该认真思考的，是我们那些把握国民教育方向、制定教育政策、编制教材的部门和官员，以及手中拥有庞大传播平台的媒体，应该学会怎样向我们的民众、向我们的未来普及宗教知识，让他们了解宗教、认识宗教、辨识宗教。只有这样，我们的社会才会消除对宗教的盲从、才会消除对宗教的无知，才能让“法海不懂爱”这样可笑、可叹、可悲的事件不再前赴后继地出现。

二　教宗本笃十六世退位　开启天主教改革的大门

事件回放：2013年2月11日，罗马天主教教宗本笃十六世正式提出辞职，令自己成为1415年以来首位主动退位的教宗。3月13日，梵蒂冈西斯廷教堂顶端的烟囱冒出白烟，来自阿根廷首都布宜诺斯艾利斯的红衣大主教豪尔赫·马里奥·伯格里奥被选为第226任教宗，这是罗马天主教历史上首次由来自拉丁美洲的红衣大主教担任教宗，取名圣方济各。

评论：教宗为全世界罗马天主教会最高领袖和梵蒂冈的元首。根据教规，教宗是终身制的，不受罢免，但可自行辞职。本笃十六世的辞职举动，开了600年的先河。

“本笃十六世的辞职决定，在天主教世界掀起了轩然大波。英国《天主教先驱报》称，教皇辞职的消息事先连他身边的人都不知晓。意大利总理蒙蒂听到消息后除了表示震惊，惊讶得说不出话来。法国总统奥朗德认为，本笃十六世的决定‘令人尊重’。德国政府发言人则表示‘十分感动’。”①

本笃十六世在退位信中说：“当今世界遭遇了无数的快速变化，与我们的信仰深深相关的问题撼动了我们虔诚的生命。”新时代带给教宗的是无力感、危机意识，以及在传统与改变之间的权衡。的确，新时代人们生活方式的变化，给传统的布道仪式出了难题——年轻人宁愿待在家里对着电脑，也不肯起早到教堂去。正如英国学者阿弗罗·曼哈顿所认为的，“第二次世界大战之后，宗教不断丧失着领地。无论是对个人还是社会来说，更值

① 张慧：《“退休教皇”将开教廷改革大门?》，《青年参考》2013年2月20日第10版。

得关心的事情似乎是薪水、财政状况、失业和其他成千上万‘更实用’的问题”①。

面对时代变化带来的冲击，50年前，“梵二会议”做出了许多决议，采取了不少步骤，促使天主教离开中世纪的政教方式和心态，以便“与时代共进”，与当代人同呼吸共命运。1978年，天主教第一次从意大利之外选出了波兰人沃衣蒂瓦当教宗，从而完成了一次历史性突破。而为了应对数字化时代的挑战，本笃十六世也曾以85岁高龄探寻宗教与教徒接近的新路径——2012年12月13日，他启用推特网账户，树立了“网络布道”的好榜样，超过65万人“粉”了他。

“网络布道”的受捧证明，尽管时代给宗教带来冲击，天主教的影响仍然不容小觑。统计数据指出，全世界天主教徒的数量，从二战后的4亿增长到了今天的7亿人。而随着第三世界国家开放地接收外来文化，天主教在非洲和拉丁美洲的扩展速度非常惊人。葡萄牙法蒂玛主教安东尼奥·马托指出，今日欧洲正经历的文化疲倦、枯竭期也反映在了对宗教的信仰上。“而在非洲或拉丁美洲，你看不到这种颓势，相反，这两个地方的信仰既新鲜又热情。”这就要求天主教更好地展现其普世色彩。天主教不仅要“从欧洲，更从世界，从发展中国家的教会来看待天主教内的问题并寻找新的实践之道”②。这正如本笃十六世辞职信中所说：“也许我们需要这样一位教宗：他能够看到欧洲以外，为整个教会注入其他大陆所见的那种活力。”

于是，天主教世界的观察家纷纷猜测，本笃十六世的辞职决定将开启罗马教廷改革的大门。而随后来自拉丁美洲的红衣大主教豪尔赫·马里奥·伯格里奥的当选似乎就是对此猜测的证明：天主教转向了新大陆，那里有着与欧洲不同的文化和生活方式，这就要求天主教更加注意教会的发展与它的本地化之间的关联，更加勇敢地面对教会的某些历史痼疾。③

三　藏传佛教高僧致信习近平　感谢党的宗教政策

事件回放：2013年3月9日上午，中共中央总书记、国家主席、中央军委主席习近平来到十二届全国人大一次会议西藏代表团参加审议。会前，洛桑旦巴代表献上洁白的哈达，并捧上一封特殊信函——藏传佛教108位高僧用藏文书写的长达3米的感谢信。他说：“西藏的高僧大德们感谢党的宗教政策，手写了这封信，托我带来了。”习近平接过信，微笑着说：“请转达我对大家的祝福，扎西德勒！”

评论：献“哈达”是藏族人民最普遍的一种礼节，在藏族聚居区，婚丧节庆、迎来送往、拜会尊长、觐见佛像、送别远行等，都有献“哈达”的习惯。献“哈达”是向对方表示纯洁、诚心、忠诚、尊敬的意思。西藏的高僧大德们以向中共中央总书记写信、敬献哈达的方式表示了他们对党的宗教政策由衷的感激之情。感激之情从何而来？我们看看《西藏的发展与进步》白皮书就知道了。

2013年10月，中国国务院新闻办发表了《西藏的发展与进步》白皮书，白皮书指出：“目前，西藏有各类宗教活动场所1787座，住寺僧尼4.6万余人，活佛358名。藏传

① 张慧.《“退休教皇”将开教廷改革大门?》，《青年参考》2013年2月20日第10版。

② 桂人：《天主教的历史性突破》，《中国民族报·宗教周刊》2013年3月19日第8版。

③ 同上。

佛教是西藏大多数群众信奉的宗教。寺庙学经、辩经、晋升学位、受戒、灌顶、修行等传统宗教活动正常进行，每逢重大宗教节日都循例举行各种活动。活佛转世作为藏传佛教特有的传承方式得到国家的尊重，目前已有40多位新转世活佛按历史定制和宗教仪轨得到认定……信教群众家中普遍设有经堂或佛龛，转经、朝佛、请寺庙僧尼做法事等宗教活动正常进行。西藏自治区及其7个地市均设有佛教协会，中国佛教协会西藏分会办有佛学院、印经院和藏文会刊《西藏佛教》。寺院的壁画、雕刻、塑像、唐卡、经卷、法器、佛龛等宗教文化载体，得到保护和修缮。大量宗教文献典籍得到抢救、整理、出版。各寺庙的传统印经院得到继承和发展，现有木如寺印经院、布达拉宫印经院等大型传统印经院近60家，年印经卷6.3万种，民间经书销售摊点20家。”白皮书通过翔实的数据对西藏宗教信仰自由的现状做了基本的、令人信服的描述。

或许，白皮书所说对于很多人来说只是枯燥的数据和描述，但对于生活在西藏的藏传佛教僧人来说则是实实在在的改变，是对宗教信仰自由的真实保障，是对藏传佛教僧人的真切关怀。也许，在很多人眼中，藏传佛教的僧人是游离于尘世之外的特殊群体，生活在梵天净土之中，诵经礼佛；然而，他们也是中国的普通公民，对西藏发生的翻天覆地的变化和自己修行条件的改善有着亲身感受。当西藏自治区2.9万多名在编僧尼告别“自己管自己”的历史，全部纳入社会保障体系，实现了病有所医、老有所养的时候；当他们知道中央和自治区财政拨出巨款修葺那些承载着厚重文化和信仰的宗教活动场所的时候；当他们看到西藏文化得到很好的保护与传承、人民的生活逐渐富裕起来的时候；当他们亲身体会到信仰自由得到切实地保障的时候……心存感激就再正常不过了。

四 兴教寺事件的警示 宗教界利益必须维护

事件回放：2013年4月10日，有媒体报道，埋有唐代高僧玄奘大师灵骨的西安兴教寺将拆除部分建筑，当地政府给出的拆迁理由是“丝绸之路联合申遗的需要”。4月11日，兴教寺提出退出此次加入丝绸之路中国段“申遗”的报告，并向政府有关部门发出公开信，呼吁相关部门关注和重视这一事件，维护兴教寺及其僧团权益。兴教寺距今已有1300余年历史，是中国唯识宗两辈三祖——玄奘法师、窥基法师、圆测法师的最终安葬地，有着历史、艺术、文化和宗教多方面的珍贵价值，是中国佛教的重要寺院，在世界宗教界也占有重要地位。当地政府的拆迁举动，引发了佛教界、文化界等各界人士及国家宗教事务局的高度关注：星云、明贤、圣凯等佛门人士，西北大学李利安、上海佛学院导师金易明等学者，唐僧徒弟孙悟空扮演者六小龄童，诸多高校学子及大量网友纷纷呼吁有关部门慎重对待兴教寺拆迁“申遗”，因而被称为“兴教寺事件”。

点评：2013年之前，在我国，与宗教有关的热点多集中在宗教活动场所商业化方面，是有关宗教界是否应该参与市场经济以及在市场经济中扮演何种角色的论争；而“兴教寺事件”，以及江苏南京毗卢寺围墙遭城管强拆、北京东城区嵩祝寺及智珠寺变身高档餐厅会所①、甘肃泾川大云寺佛舍利安奉乱局②、福建福州瑞云寺遭强拆③……上演的却是各

① 刘汨、成怀喜、石爱华：《两古寺变会所曝光后仍营业》，《法制晚报》2013年1月29日A15版。
② 《泾川大云寺舍利安奉初叹：当佛教圣物遭遇物欲嘉年华》，《光明网》2013年7月8日。
③ 《旧城改造与古寺突围——福州百年老寺瑞云寺拆迁困局》，中国民族宗教网2013年12月11日。

路神仙争抢宗教活动场所这盘“唐僧肉”、损害宗教界利益的大戏。这些事件又以“兴教寺事件”最为典型，因而具有标志性意义。

在这些争夺战中，有四点尤为引人注目：其一是政府有关部门角色的转变。在改革开放后的几十年里，政府有关部门是以维护宗教界合法权益的身份出现在公众视野的；在这些事件中，扮演的却是“唐僧肉”的实际争夺者。其二是宗教界态度的转变。在我国传统中，宗教界常以青灯古寺、与世无争、不染红尘的形象示人；而在这些事件中，无一例外地，宗教界群起反抗和自发护法。其三是对宗教活动场所法人身份的质疑。其四是斗争的结果多以不当利益攫取者的收敛而收场。

这些事件的出现也带有警示意义：比如说政府和社会在触及宗教界利益时，应该懂得尊重宗教界的情感和利益，将宗教界的利益纳入其中，而不能把宗教界的宽容、慈悲当成掠夺的借口。而要从根本上解决这些问题，只能从法律和制度层面予以解决：宗教界人士公民化和宗教活动场所法人化。宗教界人士原本就是中国公民，享有中国公民所享有的一切权利，包括财产权，不能因其有信仰就剥夺他们的公民权利；而作为宗教界人士安身立命的根本——宗教活动场所，也应该在法律层面明确其法人和法人地位。这两点不解决，2012 年国家宗教事务局等十部委发布的《关于处理涉及佛教寺庙、道教宫观管理有关问题的意见》也就很有可能成为一纸空文，而“兴教寺事件”等围绕宗教界合法权益的侵犯与保护的斗争也将持续上演。

五 宗教极端主义 文明世界的毒瘤

事件回放：2013 年 4 月 23 日，新疆维吾尔自治区喀什地区巴楚县色力布亚镇 3 名社区工作人员到居民家中走访，在一居民家中发现多名可疑人员和管制刀具，遂用电话向上级报告，之后被藏匿于屋内的暴徒控制。接报后，镇派出所民警和社区干部分头前往处置，先后遭屋内外暴徒袭杀。此前被控人员也被杀害，暴徒点燃房屋焚烧。随后赶到的民警击毙继续暴力对抗的暴徒，控制现场事态。该暴力恐怖案件，造成民警、社区工作人员 15 人死亡（维吾尔族 10 人、汉族 3 人、蒙古族 2 人），2 人受伤（维吾尔族）。处置过程中击毙暴徒 6 人，抓获 8 人。此事被称为“巴楚暴力恐怖事件”。

评论：“9·11”事件后，“宗教极端主义在全世界范围再次猖獗，并与暴力恐怖主义高度结合，危害世界安全与和平，引起国际社会广泛关注”①。我们看到，2013 年，宗教极端主义不仅在中国新疆制造了多起暴力恐怖袭击，并制造了天安门恐怖事件；不仅如此，宗教极端势力还在其他许多国家和地区制造了大量的恐怖袭击：英国伦敦士兵被杀，俄罗斯达吉斯坦、莫斯科、伏尔加格勒恐怖袭击案，加拿大“细菌战”袭击案，美国波士顿马拉松连环爆炸袭击案，巴基斯坦奎达市场自杀式炸弹袭击案……宗教极端主义已成为当代世界政治生活和文明世界的毒瘤。

宗教极端主义的暴力恐怖袭击活动遭到了联合国及众多国家和地区领导人的谴责，反恐斗争也在各国政治和国际关系中成为一种主流的思潮和自觉行动。除了美国的重拳反恐外，很多国家和地区也加强了反恐的力度：英国首相办公室宣布组建反极端主义特遣部队；中国宣布设立国家安全委员会；普京誓言俄罗斯将继续严厉打击恐怖主义，直至其灭

---

① 买买提艾力·阿布都拉：《宗教极端主义的本质及其危害》，亚心网 2013 年 11 月 23 日。

亡；欧盟内政事务专员马尔姆施特伦呼吁欧盟各成员国“预先处理”各国存在的极端主义，警告各国现存的状况有可能“滋生”恐怖主义……但是世界反恐形势并无根本性好转，宗教极端主义仍大行其道。

牟钟鉴教授认为，“原因在于恐怖主义的国际根源、社会根源、思想根源仍然存在，世界范围的民族宗教冲突仍然存在，恐怖主义的滋生有其适宜的土壤”，“以基督教基要主义为背景的西方霸权主义和以伊斯兰教极端主义为背景的东方恐怖主义是一对孪生兄弟……只要霸权主义者不放弃以暴力手段维持不合理的世界秩序，恐怖主义就不会消失”，“在精神层面上，民族和宗教极端主义的流行是恐怖主义的思想根源。民族极端主义奉行社会达尔文主义的‘弱肉强食’‘优胜劣汰’的丛林原则，一味地煽动民族对抗。亚伯拉罕系三大一神教（犹太教、基督教、伊斯兰教）有唯我独尊、排斥异端的传统，历史上他们彼此间发生过长期流血冲突，至今三大一神教之间的争斗仍然是国际民族宗教矛盾的焦点。其原教旨主义以‘唯一真理’‘救世英雄’自居，从中发展出宗教极端主义，把信仰绝对化，置于社会公理和道德劝善之上，为实现自身狭隘的目标，不惜采用恐怖手段，蔑视和伤害他者的生命，使和平的宗教变成暴力的宗教”①。

牟钟鉴教授进而指出，“在经济全球化及地球村的时代，对抗必然两败俱伤，和解才能实现共赢；强权政治、畸形经济和极端主义已经成为全人类的公害。未来的人类文明必须实现一次根本性的转型：着手建立公平的世界新秩序；克服市场经济的盲目性，实现竞争与调控、正义与求利并重；放弃贵斗哲学，奉行贵和哲学；放弃文化一元独尊，实行文化多元通和；抑制极端主义，让温和主义流行起来。只有这样，才能保证人类社会和平持续发展”②。

六 基里尔访华与中国东正教未来

事件回放：2013年5月10日至15日，应中国国家宗教事务局的邀请，俄罗斯东正教大牧首基里尔首次以大牧首身份，率团对我国进行友好访问。访问期间，国家主席习近平在北京人民大会堂亲切会见了大牧首一行，并与其进行了友好、坦诚的交流。除北京外，基里尔一行还访问了哈尔滨、上海。访华期间，基里尔受到了中方高规格接待，圆满完成了访问任务。

点评：“虽然大多数的中国人对俄罗斯比较熟悉和关注，但对于东正教却了解甚少。东正教是俄罗斯文化之‘根’，没有东正教，或许就没有俄国。这样强调东正教在俄国形成中的作用并不过分。因为在建立和维护俄罗斯国家的过程中，东正教发挥了至关重要的作用。而且在近现代以来的转型变化中，俄罗斯也深深地受到东正教的影响。”“2009年2月1日，包括时任俄罗斯总统梅德韦杰夫和总理普京在内的近5000人出席了基里尔大主教就任新大牧首的典礼仪式。”③

东正教有组织地传入我国是在清代康熙年间出现的，距今已有300多年历史。随着近现代以来中俄两国国内政局的转折发展，随着两国国际地位的升降变化，随着两国间外交

---

① 牟钟鉴：《反对恐怖主义和宗教极端主义，任重而道远》，《中国民族报》2011年9月6日第6—7版。

② 同上。

③ 张志鹏：《东正教大牧首访华展示主权平等下的宗教外交走向》，《中国民族报》2013年5月28日第5版。

关系的起起落落，东正教进入中国300多年来，历经波折，但依然生根发芽，并获得了正常发展。由于历史和国际关系等诸多复杂原因，新中国成立后东正教在华日益萎缩。20世纪后期，中俄各自走上了改革的道路，两国各自的宗教政策也得到了调整和发展。近些年来，中俄间形成全面战略协作伙伴关系，为两国间全面开展经济文化交流创造了良好条件。

基里尔此次访华就是在这样的背景下成行的，也是俄东正教大牧首历史上的第一次访华，得到了两国元首的关心与支持。基里尔此次访华不仅深化了中俄宗教交往，还达成了从长远和战略高度把握两国宗教交往的共识，必将促进中俄全面战略协作伙伴关系的深入发展，造福两国和两国人民。

正如中国国家宗教事务局局长王作安在会见基里尔时指出的：基里尔作为大牧首首次访华，是中俄友好交往中的大事，更是中俄宗教交往中的一件盛事，将载入中俄宗教交往的史册。我们愿同俄方一道，在平等友好、相互尊重、互不干涉内政的基础上，积极开展中俄各宗教间的交流与合作①。而俄罗斯驻华大使杰尼索夫也认为：基里尔访华具有历史性意义，它不仅标志着中俄两国宗教交往的深入发展，也展示了在全球化时代新型国家关系中的宗教交流趋势②。

目前中国官方只认可佛教、道教、伊斯兰教、天主教和基督教五大宗教在境内开展活动，包括东正教、犹太教、印度教等在内外国宗教目前尚没有列入中国官方认可活动的范畴之内。然而，鉴于中国高调接待基里尔，“俄罗斯媒体认为，这有可能意味着中国对外国宗教政策出现微调，东正教在华活动或逐步正常化”，东正教在中国或将“解禁”，“该教或将在不久的将来获得合法地位，以凸显两国友好”③。

七　弃婴落户与宗教慈善身份的认同

事件回放：2013年5月14日，民政部、国家宗教事务局等7部委联合下发《关于进一步做好弃婴相关工作的通知》，要求各级相关部门切实加强对弃婴的规范管理，严禁任何机构和个人私自收留弃婴。对宗教界收留的弃婴，要求“由民政部、国家宗教事务局在调研基础上，另行制定相关意见，加强引导，规范管理。条件成熟的，由地方民政部门商同级宗教事务部门提出稳妥处理意见，先行一步。”④《通知》下发3个月后的8月29日，福建省政府办公厅率先下发《关于规范宗教活动场所收留抚养弃婴工作的通知》，明确福建省将为宗教活动场所收留的弃婴办理落户手续，户口集中落在当地福利机构的集体户上，以保障这些弃婴享受教育、医疗、康复、就业等的同等待遇。至此，福建成为首个对宗教界收养弃婴行为进行规范的省份。

点评：慈善一直是宗教界身体力行、回报社会的重要方面，而对弃婴的收留也历来是

① 国家宗教事务局四司：《王作安局长会见莫斯科及全俄罗斯东正教大牧首基里尔一行》，国家宗教事务局网站2013年5月10日。

② 张志鹏：《东正教大牧首访华展示主权平等下的宗教外交走向》，《中国民族报》2013年5月28日第5版。

③ 王宇：《习总晤俄罗斯“教皇”东正教在华或合法》，大公网2013年5月13日。

④ 民政部、国家发展和改革委员会、公安部、司法部、财政部、国家卫生和计划生育委员会、国家宗教事务局：《关于进一步做好弃婴相关工作的通知》，2013年5月14日。

我国宗教活动场所行善积德的重要方式。2013 年 5 月，民政部曾组织了全国弃婴收养情况的大排查。排查发现，“全国范围内共有 878 家个人和民办机构收留了 9394 名弃婴、孤儿，其中个人自行收养的占 25%，以佛教寺庙为主的宗教机构收养的超过 60%”①。数据公布后，既让社会各界对宗教活动场所的默默奉献深感钦佩，也引起更多人关注中国未来弃婴、孤儿的收养问题。关注的焦点，自然就落到了长期未解决的宗教活动场所收养弃婴的身份问题上。《关于进一步做好弃婴相关工作的通知》正是在这一背景下出台的。

《关于进一步做好弃婴相关工作的通知》的出台，为进一步解决宗教活动场所收养弃婴的身份问题提供了政策支持，然而，如果没有相关的专门政策和执行标准，再好的政策也难以落地。福建省《关于规范宗教活动场所收留抚养弃婴工作的通知》则成为首个关于宗教活动场所收养弃婴的专门政策和执行标准，为《关于进一步做好弃婴相关工作的通知》有关政策的落地提供了可操作的平台和细则，也为其他地方相关政策的出台提供了范本。

福建省《关于规范宗教活动场所收留抚养弃婴工作的通知》下发后，福建做的第一件也是最为重要的事情就是为全省宗教活动场所收养的弃婴办理落户登记。落户后，该省民政部门将在审核后把符合条件的“纳入孤儿基本生活保障体系，录入全国儿童信息管理系统，并发放基本生活费。同时，按就近入学原则，保证儿童接受义务教育。在医疗、康复、就业等方面，也将与孤儿享受同等的福利保障待遇”②。如果这些政策得到认真的落实，福建省宗教活动场所收养的弃婴的未来是可以预期的。

如果说宗教活动场所收养的弃婴得以落户是对宗教慈善机构收养弃婴的认同，倒不如说这是对宗教界参与慈善事业身份的认可。关于宗教慈善事业的发展，国家宗教事务局等六部门曾于 2012 年出台了《关于鼓励和规范宗教界从事公益慈善活动的意见》。但作为宏观的政策性文件，《意见》和《关于进一步做好弃婴相关工作的通知》均不可能对宗教慈善事业发展过程中出现的所有问题进行全面回答和详尽规范，这就需要有更具可操作性的地方性行政法规和政策出台、需要非宗教事务管理部门的各级公共权力机构以及大众媒体和社会层面对宗教慈善的理解、帮助和认可。因此，福建省出台《关于规范宗教活动场所收留抚养弃婴工作的通知》，“全省各地的民政、民族宗教、公安等部门将协同”参与排查辖区内宗教活动场所收留的弃婴③，其意义远非“弃婴落户”一词所能包含。

八 两大协会 60 周年 春华秋实一甲子

事件回放：2013 年 8 月 26 日、30 日，中国佛教协会成立 60 周年纪念会、中国伊斯兰教协会成立 60 周年纪念会相继在北京人民大会堂举行。中共中央政治局常委、全国政协主席俞正声分别会见中国佛协和中国伊协领导班子成员。中共中央政治局委员、国务院副总理刘延东出席纪念会并作重要讲话。

点评：60 年前，一个由全国各地区、各民族、各宗派佛教徒共同发起和参加的全国

① 《民政部部长谈孤儿保障 兰考大火后排查民间收养——专访民政部部长李立国》，民政部网站 2013 年 3 月 4 日。

② 洪波、张子亚：《福建出台政策：宗教活动场所不得私自收留弃婴》，中国广播网 2013 年 9 月 16 日。

③ 谢丹：《宗教场所收留的弃婴将落户》，《东南快报》2013 年 9 月 10 日 A28 版。

性佛教爱国团体和教务组织——中国佛教协会诞生，实现了中国佛教三大语系四众弟子的大团结，由此揭开了新中国佛教的崭新篇章。

同样在60年前，我国历史上第一个空前统一的全国性伊斯兰教组织——中国伊斯兰教协会在北京成立。

60年来，中国佛协、中国伊协始终高举爱国爱教的旗帜，在会务工作、宗教活动组织、文化教育、对外友好交流等方面取得了重大成就，在中国宗教史上留下了重要篇章。正如中共中央政治局委员、国务院副总理刘延东对中国佛协和中国伊协的未来工作提出的希望所言：两大协会要继续高举爱国爱教的伟大旗帜，带领佛教和伊斯兰教界人士和广大信教群众，与党和政府风雨同舟，不断融入时代，融入社会，融入国家民族发展繁荣的大业，为全面建成小康社会、实现中华民族伟大复兴的中国梦作出新的更大贡献。①

九　道教文化欧洲行　令人期待的尝试

事件回放：2013年9月26日至10月6日，由中国道教协会组成的81人代表团，在比利时布鲁塞尔、英国伦敦、法国巴黎举办“道行天下·和谐共生——2013中国道教文化对外交流系列活动”。活动以“文化和融、宗教和睦、人类和平”为主题，内容包括道教文化展览、道教文化讲座、道教音乐和武术演出及赠书活动等。活动受到欧洲观众的极大欢迎和国内外新闻媒体的广泛关注。

点评：近代以来，我们耳熟能详的，多是西方宗教通过各种途径主动向中华大地传播；而我们的传统宗教尤其是土生土长的道教，虽然随华人移居海外而被带到了当地社会，辐射到世界不同地区，但这只是零星地、被动地为西方所感知，故而神秘依然是西方世界对道教的笼统认知。

自20世纪80年代起，海外对道教文化感兴趣的人日益增多，越来越多的外国人在大道的感召下加入了道教队伍，成为奉道之人。然而，受限于中国道教界对外交流活动的有限和主动向西方展示、弘扬道教文化的大规模活动的缺乏，西方世界对道教的认识仍旧有限。因此，积极主动地向国外展示、弘扬道教文化势在必行。

此次对外交流系列活动就是中国道教界首次主动走出国门去向西方国家弘扬道教。在活动展示中，为克服语言障碍所带来的理解差异，主办方力求通过简单易懂、易沟通交流的方式展示中国道教文化的深邃内涵，故而特别选取了更加形象、易引起共鸣的音乐和武术演出形式，并邀请研习道教文化的外国友人为展览担任文字翻译。可谓是对道教文化一次浓缩的、多维度的直观展示。

一次活动究竟能够产生多大的影响力、让多少西方人了解道教、认识道教，是否能让西方世界从此消除对道教和以中国为代表的东方文化的误解，这是对此次活动期望过高了。笔者认为，此次活动最令人欣慰的是，我们的传统宗教——道教终于迈出了第一步。作为与世无争、乐当隐士的道教人士，能够突破认识传统，勇敢地迈出这一步，难能可贵。正如中国道教协会国际部副主任尹志华所说，“此次对外交流系列活动是中国道教界弘扬道教文化、让世人认识道教这一人类文明财富的一次尝试”，一次有益的、开创性的

---

① 周芳、熊坤新、吕超：《2013年中国十大宗教新闻述评》，《中国民族报·宗教周刊》2013年12月31日第6版。

"尝试"。我们期待着这种"尝试"能够成为习惯，成为常态，而不要浅尝辄止，从而为博大精深的道教文化和中华文化走进西方、走向世界贡献应有的力量。

十 美国大兵拥抱穆斯林妇女 世界更需要包容

事件回放：2013年11月3日，据人民网报道，美国洛杉矶日落大道一块新竖起的广告牌引发争论。在这幅止鼾药广告中，一名美国大兵和一位戴着头巾和面纱的穆斯林妇女拥抱在一起，广告语为"让你们在一起"，广告牌上还打出相关的推特话题"在一起"。这则广告是为了告诉人们这种止鼾助眠的产品可以拯救受到呼噜声影响的伴侣们①。广告使用美国士兵和穆斯林妇女拥抱在一起的照片引起了争议。

点评：这个止鼾药的广告旨在告诉人们：他们的产品可以很有效地挽救夫妻关系。但是，广告中的人物形象却引起了争议：广告以一张美国大兵搂着穆斯林女子的照片为背景，印有："让你们在一起吧。"的广告标语。新闻观察家 Jan Clair 这样评论："这个广告就是为了博人眼球。"而该产品的发言人则表示："但他们难道不知道这种情侣关系（美军和穆斯林女子）是存在的?"

据福克斯电视台报道，这则广告的灵感来自一位美国现役军人撒顿和他的穆斯林妻子，而广告中的模特在现实中也是一对情侣，是同样为美国士兵的保罗·伊万斯和他的女朋友。广告设计方表示他们这么做是希望能提高广告创意的多元化。

在西方基督教文化圈中，常有如伊斯兰教是具有攻击性的宗教等观念先入为主，"穆斯林友好"的形象难以建立，尤其是举世震惊的美国"9·11"事件后，让不少国家患上了"穆斯林恐惧症"，于是在这些国家甚至出现了不少针对穆斯林的限制措施，而美国大兵与穆斯林的关系，最易让人联想到的是误解、是歧视、是战争。当事人保罗在社交媒体上就曾表示，自己进行拍摄是因为在现实生活中遇到过各种各样的歧视和误解。在这种背景下，美国大兵与穆斯林妇女以伴侣的形象出现在最繁华街头的广告牌上，无疑会有所反响。但广告出现的本身和广告展示后没有激烈反对声音出现的现象，或许反映出美国民众甚至可以说是基督教世界对穆斯林的心态可能正在发生变化，或许正在尝试着以比较包容的心态去看待穆斯林。这种猜测如果成真，将是世界的福祉，毕竟，世界是多元的，多元的世界更需要的是包容。

据《赫芬顿邮报》报道，美国—伊斯兰关系协会对于广告高度评价，其发言人称，"如果你能在一个无关宗教的广告中看到穆斯林，说明穆斯林文化正在逐渐得到更广泛的认可。"

据悉，这幅广告还将在美国其他主要城市陆续出现。

---

① 徐澍：《美军士兵与穆斯林妇女拥抱广告牌引发争议》，人民网2013年11月3日。

第八篇

年度会议

2013年度宗教学研究十大会议

梁恒豪　王　伟　杨　莉　编

【会议1：东岳信仰与北京东岳庙学术研讨会】

关键词： 东岳信仰

2013年5月7—8日，“东岳信仰与北京东岳庙学术研讨会”在北京召开，研讨会由中国社会科学院世界宗教研究所主办，北京东岳庙承办，北京市道教协会支持。5月7日上午的开幕式在中国社会科学院一层学术报告厅隆重举行。开幕式由中国社会科学院世界宗教研究所党委书记曹中建主持，中国社会科学院世界宗教研究所所长卓新平、国家宗教事务局副局长蒋坚永、中央统战部二局副局长袁莎、北京市政协民宗委主任佟根柱、中国道教协会副会长丁常云、北京市朝阳区政协主席辛燕琴、北京市朝阳区副区长苑文新、北京东岳庙住持袁志鸿道长分别致辞。

北京东岳庙是道教正一派在华北地区最大的庙宇，元代建成后即作为东岳大帝在京都的唯一道场。东岳信仰体现了道教崇奉神灵、敬畏自然、规范人伦的宗教精神，对中国的政治、文化、民族性格等都产生了重要影响。在提倡文化大发展、大繁荣的今天，召开“东岳信仰与北京东岳庙学术研讨会”具有重要的意义。来自中国社会科学院世界宗教研究所、历史研究所、哲学研究所以及北京大学、中国人民大学、北京师范大学、中央民族大学、首都师范大学、北京联合大学、南京大学、四川大学、华东师范大学、华中师范大学、中南大学、云南大学、山东师范大学、陕西省社会科学院、四川省社会科学院、云南省社会科学院等高校和科研院所的50余位专家学者及来自道教界的人士围绕“东岳信仰与北京东岳庙”这一主题，分别讨论了东岳信仰与道教神谱、东岳信仰与封禅文化、东岳信仰与山岳崇拜、东岳信仰与地狱文化、东岳信仰与当代道德建设、东岳信仰的内涵与传播史、北京东岳庙庙史研究、北京东岳庙文物研究、道教的过去与现在等专题。

这次研讨会对于学术界与道教界厘清东岳信仰的产生、发展演变、社会功能及其海外影响具有积极的价值，展现了道教文化在建设“和谐社会”、文化大发展大繁荣过程中的积极作用。

【会议2：国家社会科学基金重大项目《中国地方志佛道教文献汇纂》出版座谈会】

关键词：《中国地方志佛道教文献汇纂》

2013年5月22日，国家社会科学基金重大项目《中国地方志佛道教文献汇纂》出版座谈会在中国人民大学举行。该项目由中国人民大学哲学院及佛教与宗教学理论研究所教授何建明任首席专家和主编，将由国家图书馆出版社推出。《中国地方志佛道教文献汇纂》丛书分三大系列，共1039册，是迄今为止对中国地方志进行的最大规模的专题文献的选编和整理。中国人民大学宗教高等研究院、中央民族大学、四川大学道教与宗教文化研究所、中国社会科学院世界宗教研究所、北京大学、中国道教协会、中国佛教协会等教内外著名专家学者出席座谈会并发表讲话。会议由中国人民大学佛教与宗教学理论研究所执行所长张风雷主持。与会专家充分肯定了这一工程在宗教学术研究上的开拓性意义，认为其必将开辟佛教和道教研究的新天地，为传承和弘扬优秀传统文化做出新贡献。

据何建明介绍，《中国地方志佛道教文献汇纂》项目筹备于2006年，2008年初正式启动，专门招聘了一批各大学的优秀毕业生从事搜集、甄选、编辑、排版和校勘工作。2011年，该项目被批准为国家社会科学基金重大项目。《中国地方志佛道教文献汇纂》全套丛书收录1949年以前编纂的包括港澳台地区在内的全国各省、市、区、县及乡镇的各种地方志文献（寺观志除外）6813种。其中，汉唐和宋、辽、金、元方志辑佚本337种，唐本4种，宋本38种，金本1种，元本9种，明本704本，清本5108种（含旧志清刻本），民国本1569种（含旧志新版本），各类稿本143种，各类抄本800余种。全套丛书分寺观卷、人物卷和诗文碑刻卷3个系列，依照2012年的最新行政区划，按地区（华北、东北、华东、华中、华南、西南、西北和港澳台）及所属的省、市、区、县、乡镇和方志版本的历史时间顺序，依次先后排列，并将各甄选文献的前面统一新增该文献所属方志的版权页，标明类别、地名——省市区（到地级市区）、地方志、修纂者及时代、版本种类及时间等重要信息。

该套丛书继佛教《大藏经》、“佛寺志”和道教《道藏》、“道观志”等教内文献及正史文献之后，比较充分地展现了2000多年来中国佛教和道教文化传统的历史性、民族性、地域性、社会性和实践性等鲜明特色，以及其与当代中国佛教和道教之间的重要历史联系。

【会议3：宗教与中华文化软实力高层论坛暨2013年中国宗教学会年会】

关键词：宗教　文化软实力

2013年6月8—9日，“宗教与中华文化软实力高层论坛暨2013年中国宗教学会年会”在华侨大学开幕，论坛由中国宗教学会、中国社会科学院世界宗教研究所、华侨大学联合举办。华侨大学副校长张禹东教授主持开幕式，中国宗教学会常务副会长、中国社会科学院世界宗教研究所党委书记曹中建、华侨大学校长贾益民、福建省民族与宗教事务厅副厅长林致知、中国伊斯兰教协会副秘书长张广林、中国道教协会副会长林舟、中国宗教杂志社副主编胡绍皆分别在开幕式上致辞。

“宗教与中华文化软实力高层论坛暨2013年中国宗教学会年会”围绕宗教与中国传统文化、宗教与国家文化软实力、宗教与地域（区域）文化发展、宗教与台港澳地区文化、宗教与海外华人文化、目前我国宗教工作需要研究解决的重大理论与现实问题进行了研讨。来自中国社会科学院世界宗教研究所、北京大学、中国人民大学、复旦大学、浙江大学、南京大学、四川大学、山东大学、厦门大学、西北大学、兰州大学、华侨大学、西北民族大学、新疆师范大学、首都师范大学、西南大学、上海社会科学院、江苏省委党校、吉林民族干部学校、内蒙古师范大学等科研机构的学者，来自福建省民族与宗教事务厅、福建省委统战部、中国道教协会、中国伊斯兰教协会等部门的领导，以及来自中国宗教杂志社、佛教在线等媒体的代表参加了这次论坛。

论坛分为六个专场进行了讨论。会上，还召开了中国宗教学会理事工作会议，讨论增补学会理事以及学会其他工作事宜。

【会议4：第二届中日韩佛教学术大会】

关键词：中国　日本　韩国　南北朝佛教思想

2013年6月22—23日，第二届中日韩佛教学术大会在北京举行，大会由中国人民大学佛教与宗教学理论研究所和日本东洋大学东洋学研究所、韩国金刚大学佛教文化研究所联合主办，来自中、日、韩三国的佛学研究专家，围绕“南北朝佛教思想”这一主题进行了研讨。中国人民大学校长陈雨露教授，日本东洋大学校长竹村牧男教授的代表伊吹敦教授，韩国佛教天台宗元老院长、金刚大学副理事长云德长老，中国人民大学佛教与宗教学理论研究所所长方立天教授在会议开幕式上分别致辞，韩国金刚大学校长郑柄朝教授做了“关于南北朝佛教研究的展望及其课题”的基调演讲。与会者认为，南北朝不仅是佛教中国化的一个极为重要的时期，而且也是中、日、韩三国佛教文化交流的肇始期，这一时期的佛教思想对中、日、韩三国佛教文化传统的形成和发展产生了极为深远的影响，值得三国学术界认真探讨。据了解，下一届大会将于明年在日本东洋大学举行，主题是“东亚佛教的对立和争论及其意义”。

【会议5：宗教与法治学术研讨会——关于宗教财产的立法问题】

关键词：宗教法治

2013年7月20日，由北京外国语大学法学院、北京大学宪法与行政法研究中心、北京普世社会科学研究所联合举办的“宗教与法治学术研讨会——关于宗教财产的立法问题”在北京举行。来自法学界与宗教界的代表及“2013年宗教与法治暑期培训班”的学员共70余人出席了会议。此次研讨会与近年来国内关于宗教与法治的历次学术研讨相比，其最大不同是开始了从理论探讨向如何通过立法对具体问题进行法律规范的转变。会上，与会者运用法治思维，围绕宗教财产的归属、宗教教产的退还、宗教机构的内部治理与财务监督等问题展开了热烈、务实的讨论。

【会议6：“2013中国宗教研究五十人论坛——宗教与文化多样性”学术研讨会】

关键词：宗教文化多样性

2013年9月2日上午，由中国社会科学院文学哲学学部、中国宗教学会、中国社会科学院世界宗教研究所、云南民族大学联合主办的“2013中国宗教研究五十人论坛——宗教与文化多样性”学术研讨会在云南民族大学雨花校区图书馆报告厅隆重开幕。来自中国社会科学院世界宗教研究所、国家宗教事务局宗教研究中心、云南民族大学、中国道教协会、山东大学、新疆社会科学院、西北民族大学、中国人民大学、上海大学、华东师范大学、浙江大学、陕西终南山宗教文化研究院、云南大学、云南师范大学、云南社会科学院、中共石家庄市委党校等全国各地的宗教学界知名学者以及云南民族大学的部分师生近百人汇聚一堂，共同研讨“宗教与文化多样性”这一理论意义深远、现实意义重大的课题。

开幕式由中国社会科学院世界宗教研究所党委书记、中国宗教学会常务副会长曹中建主持，他指出，宗教作为文化的重要组成部分，在影响社会文化风格的同时，也被特定的社会文化所建构。在特定社会背景中，研究宗教与多种文化形式相互影响与建构的关系是一个重大而深远的课题。本次会议的宗旨即是整合国内外理论成果，认真审视中国社会尤其是边疆民族地区蕴含的宗教文化资源，加深对“宗教与文化多样性”的理解和认识，进一步服务于社会主义精神文明和物质文明建设。总之，深刻认识宗教与文化多样性的内在互动关系，对社会主义和谐社会建设具有重要的理论与现实意义。

全国人大常委、中国社会科学院学部委员、世界宗教研究所所长、中国宗教学会会长卓新平研究员，国家宗教事务局宗教研究中心原主任赵匡为先生，云南民族大学党委副书记、校长彭金辉教授先后致辞。卓新平在致辞中说，文化多样性在“全球化”的时代乃异彩纷呈、格外突出。从生态、社会的多样性进而论及文化的多样性，这里就涉及各种文化如何友好交往、和平共处的问题。其实，宗教的存在与交流也突出反映了文化多样性的现象，我们研究宗教就必须关注宗教的多样性存在及其多元文化意义。我们应该看到，宗教折射出人类精神及灵魂的存在，展示了许多民族文化血脉的传承。基于人的文明素质和多元文化共在的现实，我们理应认识到各宗教之间的和谐共在、和平共处乃是人类文明的表现，而我们与各种宗教和谐共存、良性互动、和平发展所表现的也是应有的一种文明姿态。所以，作为改革开放、与世界接轨、积极融入当代世界的中国人，我们就应该尊重宗教、理解宗教、保护人们的宗教信仰自由，这就是我们必须维护的社会文明理念及社会和谐形态。达到了这一点，也就能实现人类社会文化生态的和谐。

卓新平强调，宗教的多样性使人类历史极为复杂。马克思曾说：研究历史，首先看到的就是所有人都信教。人类历史在某种文化或精神意义上就是人类的宗教信仰史，而毛泽东也把这种宗教信仰看作一种文化现象。从人类文明史、文化史的视角来看宗教，是对宗教社会史、经济史和政治史研究的重要补充。因此，如果我们从政治的角度来研究宗教，就应该总结历史的经验教训，在今天的中国社会尽量避免宗教可能产生的负能量，而全力促成宗教正能量的释放和发挥。对于当今中国的宗教研究者，我们的任务是积极引导、努力促成宗教参与建设当前的新世界，实现我们和谐中国、美丽中国这一中华民族伟大复兴的中国梦。

卓新平还谈到，中国当今宗教研究的主流，反映出这种让宗教发挥正能量、正功能的正气，是在为我们和谐社会建设实实在在地增砖添瓦。这种主流只能充分肯定、积极提倡，而不应被歪曲、误解。最近出现了一些对中国宗教学研究说长道短、歪曲攻击的杂音，给人一种“文革”遗风泛起之感。对于这种文风极差、根基脆弱的指责，我们一要说“不”，二要有所针对，即充分肯定我们自中国改革开放以来宗教研究的正确方向和众多成果。面对国际上政治、经济、文化、思想、学术等领域的挑战和交锋，我们中国宗教学必须旗帜鲜明、准备充分，扩大我们的学术成果，推动我们的学术研究，并进一步走向世界学术领域的最前沿。为此，我们绝不可对中国宗教研究自我否定，也不能因为某些不实指责而气馁、放弃。让我们以千帆齐发之势迎来中国宗教学术的万木之春。

卓新平最后说道，文化对话的展开需要对各自文化资源的发掘、弘扬。而对宗教的理解也需要对其思想理论、精神传承的研习、把握。宗教及文化多样性中蕴含着丰富的精神及文化元素，有着深厚的信仰及文明积淀。多种文化价值、各类宗教信仰、不同精神智慧，可以给我们今后构建和谐世界带来启迪，提供经验。中华文化上下五千年，形成了华夏文明“一体而多元”的“中和之道”，有着中国信仰精神的“天人合一”。中国文化追求“多样性中的统一”，主张一种“整体性”“内涵式”和“共构型”的文化发展。因此，我们的文化结构中自然有着各种宗教之位，保持着丰富的信仰传统。就构成中华传统文化主体及核心要素的儒、佛、道三教而论，这三教文化的交流及融合，使理学、心学、道学有机共构，深化了中国文化的精神底蕴，提升了华夏思想的灵性境界，丰富了中华民族的心性造诣，由此让我们的社会走向成熟，使人们的生活态度达到升华，以富有禅意、哲思和雅趣的姿态而对超越与世间有了一种全新的审视，其“淡泊明志、宁静致远”的人生之旅亦更为平静、深沉、睿智和洒脱。中华文化在这种多元宗教、多样文化的沟通中获益匪浅，其豁达、明智、开放、包容之举使自己的文化体系建构得以更为博大、厚重、广远、开阔、雄辉。在“三教合一”中并没有消减其各教个性，而乃让禅学、理学和道学尽情发挥，高潮迭起，尽善尽美。中华多民族的文化在这种“大一统”的格局中仍然有其百花齐放、多彩纷呈的个性特色，即以多样性的差异、区别而共构其稳态、和谐的整体，用各自千姿百态的倩影来汇聚成美丽而不奢华的共在，这使中华文明含蓄而不张扬，温和却仍有刚强，使其理想境界是“人类一家”“世界大同”，从而对外来文化所保持的基本态度是开放而不扩张，是“海纳百川，有容乃大”，是宽容、包容而不吞并、取代，同样也是“道法自然”而不强求。我们追求“国家兴旺”“社会和谐”的进程，是在“多”中求“一”，以“多元一体”来呈现自我，以“多样统一”而与时俱进，这种“一体”或“统一”都立意在“中和”，其“和而不同”允许个性的张扬、差异性的存在；而其“不同而和”则展示了其文化的凝聚力及其共存、共在、共同发展的人生智慧。“同”是一种境界、一种向往、一种梦寻，而“和”则是现实的、当下的、可行的，是在“多元化”“多样性”中人类真正得以共存的奥妙之处、睿智之举。中华民族的这种“和合文化”是我们今天构建和谐社会、推进社会文化建设的思想基础和精神传承。在今天“全球化”多元文化的相遇及碰撞中，我们要立于不败之地就必须保持这种开拓、进取、创新之势。在我们睿智、冷静地对待从西方引进的“斗争哲学”时，我们还应该以一种多样化的视域关注、研习蕴含着古代希伯来、希腊和罗马文化精华的基督教，传扬着阿拉伯、波斯等文化要素的伊斯兰教，以及体现着南亚及东方文化神韵的印度教等。中华文化的自立、自强，在当代也更加需要这种对外开放、相互学习、扬长补短的姿态，以及胸襟、胆识和气魄。这种态势可以充实自我、惠及他人，使整个人类文化发展能够更为深入，更加辉煌。

在9月2日上午的主题发言中，中国人民大学哲学系宗教学系魏德东教授反思了现代中国宗教研究从批判性到理解性范式转化的过程，云南民族大学副校长张桥贵教授总结了云南多元宗教和谐共处的经验，四川大学道教与宗教文化研究所李刚教授解读了道教与中国老百姓的日常生活生老病死诸方面的关系，华东师范大学宗教与社会研究中心李向平教授分析了“公共信仰”的定义方式及其构成路径，浙江大学基督教与跨文化研究中心安伦教授提出了宗教多元和谐关系形成与构建的理论设想，国家宗教事务局宗教研究中心原主任赵匡为研究员论述了文化建设中的宗教文化问题。这一系列学术观点富有真知灼见，令人耳目一新。

在9月2日下午和9月3日举行的学术研讨中，与会者还围绕“宗教与少数民族文化、当代宗教与中国社会文化变迁、宗教管理与文化建设、宗教与中国传统文化、多元宗教和谐相处、跨境民族地区宗教文化交流”等议题展开了深入讨论。

【会议7：“伊斯兰教与丝绸之路经济带”学术研讨会】

关键词：丝绸之路　经济带

2013年9月，国家主席习近平在哈萨克斯坦纳扎尔巴耶夫大学演讲时提出，为了使欧亚各国经济联系更加紧密、相互合作更加深入、发展空间更加广阔，可以用创新的合作模式，共同建设“丝绸之路经济带”。历史上，穆斯林商人曾经为海上与陆路丝绸之路的贸易与文化往来做出过不可磨灭的贡献，那么，在这条重新焕发活力的丝绸之路经济带上，伊斯兰教又将对区域文化合作、经济合作和安全合作带来哪些影响呢？

为了从学术角度探讨这一系列问题，中国社会科学院世界宗教研究所主办的“伊斯兰教与丝绸之路经济带”学术研讨会于2013年12月23日在北京召开。中国社会科学院世界宗教研究所副所长郑筱筠主持开幕式，副所长金泽致辞。此次会议邀请来自中国社会科学院宗教所、欧亚所、亚非所、亚太所、考古所，以及国家宗教事务局、中国伊斯兰教协会、北京大学、中央民族大学、对外经贸大学、外交学院、中国现代国际关系研究院等单位的专家、学者二十余人共同研讨。会议为期一天，分为“区域文化合作”“区域经济合作”与“区域安全合作”三个议题。

在会议第一节“区域文化合作”中有五位专家发言。内容不仅涉及丝绸之路经济带，而且结合西进战略将议题延伸到当代伊斯兰教的发展趋势，以及近期西亚北非发生的政治剧变。中国社会科学院“上海合作组织”研究中心秘书长孙壮志的发言“丝绸之路经济带的文化与政治内涵”提出，对于“丝绸之路经济带”不仅是一个经济构想，而且还应包括文化与政治的内涵。中国社会科学院考古研究所研究员马文宽的发言“丝绸之路上的伊斯兰世界文物”为这一说法提供了有力的支持，即历史上的丝绸之路从来就不是简单的商贸之路，而是同时兼具文化交流之路的功能。北京大学哲学系教授沙宗平的发言“宗教信仰、经济生活与文化建设：以伊斯兰教为例”探讨了伊斯兰教的信仰与经济、文化之间的内在联系。中央民族大学哲学与宗教学学院教授杨桂萍的发言“全球赛莱菲耶的发展及其对中国穆斯林的影响”从宗旨、来源、演变等角度对赛莱菲耶运动进行了全景考察，并重点分析了其在中国的发展以及值得关注的问题。中国社会科学院亚非所王凤的发言“北非转型与中国的相互认知”旨在通过在摩洛哥等地的一线调查与访谈所得，揭示当地人对于这场激烈的社会转型的看法，即这是一场类似1848年曾经在欧洲发生的“资产阶级革命”，而其长期、艰巨与反复则远远超过前者。

会议第二节“区域经济合作”旨在挖掘“丝绸之路经济带”所具有的经济含义，有三位专家发言，既有从全球性的宏观论述，也着眼于地区经济发展的微观视角。外交学院副教授施展的发言“世界经贸双环流结构与区域经济合作”提出了全球经济经济的双环流结构，即以美国为中心的消费国与以中国为中心的制造国所形成的“生产—消费”环流，同时任何区域性的经济发展都必须置于这一双环流结构之内深思方具有现实意义。对外经贸大学外国语学院教授丁隆的发言“丝绸之路经济带：中阿经贸合作的新机遇”结合近年来中阿经贸合作的成果，分析了丝绸之路经济带对于中阿经贸合作的作用与影响。中国现代国际关系研究院教授王世达的发言“中巴经济走廊的战略意义及可能挑战”提出了中巴经济走廊也是一条战略走廊，它对中国经济的战略转移和巴基斯坦的经济发展都具有战略意义。

会议第三节“区域安全合作”旨在探讨丝绸之路经济带所涉及的区域安全合作问题，有四位专家发言。北京大学国际关系学院教授钱雪梅的发言“丝绸之路经济带构想的安全含义”从政治安全与社会安全两个角度分析了丝绸之路经济带的安全含义，涉及相关地区的国家关系走向以及极端主义演变。中国社会科学院欧亚所研究员苏畅的发言“当前中亚宗教极端主义势力形势及地区安全合作重点”从中亚宗教极端主义的发展趋势、演变特征入手，提出了区域安全合作的三个重点。中国社会科学院亚太所叶海林的发言“以我为主与富邻安邻：丝绸之路经济带战略的成本评估问题”提出中国外交战略正在从“大多边”向“小多边”转变，结合区域合作的成本评估，中国与中亚的合作必须在“以我为主”与“富邻安邻”之间做出选择。北京大学外国语学院教授王旭的发言“2014 年后阿富汗安全形势及其对周边地区的安全影响”结合2014 年后阿富汗的安全局势，探讨了巴阿地区的教派冲突以及恐怖组织的再网络化。

会议由国家宗教事务局三司二处处长于晓南、中国伊斯兰教协会研究部主任张广林和中国社会科学院宗教所伊斯兰教研究室副主任李林做总结发言。来自不同领域的专家、学者在此次会议上所达成的一项基本共识是，丝绸之路经济带不仅具有经济内涵，更应赋予其文化与政治的含义。在历史上，穆斯林商人曾在丝绸之路上发挥过不可替代的作用，直至今日，如果不了解伊斯兰教、不了解伊斯兰世界，就无法真正地认识丝绸之路经济带，更无法从战略上赋予其必要的文化与政治内涵。由此引发的一个问题是，如何认识伊斯兰教在构建丝绸之路经济带上的作用？究竟是仅从被动与消极的一面，将其视为抵制与防御渗透的对象，还是发挥其积极的一面，将其作为构建丝绸之路过程中的助力和可依赖的力量？进一步可以引申出，在我国“西进”与“南下”战略、在中阿经贸合作、在预防和遏制宗教极端主义的过程中，应该如何评估伊斯兰教这种客观存在可能带来的实际影响，如何才能发挥其本身蕴含的“正能量”，做到扬正去邪，为我所用？而这一切都必须建立在对伊斯兰教这种社会现象及其内在规律充分认识和理解的基础之上，这正是摆着当代中国伊斯兰教研究者面前的历史使命。

【会议 8：第二届东南亚宗教研究论坛——东南亚宗教的复兴与变革】

关键词：东南亚宗教　复兴与变革

2013 年 10 月 25—27 日，中国社会科学院世界宗教研究所主办了“第二届东南亚宗教研究论坛——东南亚宗教的复兴与变革”，本次论坛主题为“东南亚宗教的复兴与变革”。作为一个具有浓郁宗教传统的地区，东南亚是当今世界经济发展最有活力和潜力的区域之一，东南亚的宗教与社会发展势必影响到世界政治、经济秩序格局，因此，对这一地区的研究与探讨极为重要。有鉴于此，此次学术论坛的召开受到学界的广泛关注，汇集了 30 余位国内外东南亚研究领域的重要学者。

中国社会科学院世界宗教研究所党委书记曹中建在论坛开幕式的致辞中指出，当前，国际宗教格局愈加复杂化，在此背景下，探讨东南亚宗教的发展特点、社会功能，认清东南亚各宗教在现代社会的复兴与变迁过程，对于我们更好地处理我国的宗教问题，构建社会主义和谐社会，实现中华民族伟大复兴的中国梦无疑具有极其重要的理论意义和现实意义。曹中建进一步指出，本次论坛还有着巨大的社会意义，体现出中国宗教学界的人文关怀。此外，论坛的召开既拓展了国内学术界的视野，也为各位学者进一步加强联系和沟通搭建了一个良好平台。

论坛有以下四个议题：东南亚宗教的复兴与变革、中国与东南亚的宗教文化交流、东南亚华人宗教的传承与变迁、东南亚宗教与民族文化的互动。与会学者围绕这些议题积极发言，并展开了热烈的讨论，取得了较好的效果。

世界宗教研究所副所长金泽为论坛致闭幕词。金泽副所长对本次论坛的讨论进行了回顾与总结，并对东南亚宗教未来的研究提出了建议与期望。在热烈而和谐的氛围中，论坛圆满落下帷幕。

本次论坛是国内宗教学界第二次以东南亚宗教为主题召开的学术研讨会，去年中国社会科学院世界宗教研究所举办了“东南亚宗教与区域社会发展”学术论坛，围绕东南亚宗教研究的相关专题展开研讨。在此基础上，本次论坛对东南亚宗教问题进行了更深入的探讨和发掘，在理论分析、实证研究等方面都有更进一步的突破和更翔实的论证。

【会议 9：中国社会科学论坛（2013・宗教学）——世界宗教与文明对话】

关键词： 世界宗教　文明对话

2013 年 11 月 3—4 日，由中国社会科学院、中国宗教学会主办，中国社会科学院世界宗教研究所承办的“中国社会科学论坛（2013・宗教学）——世界宗教与文明对话”国际学术研讨会在京召开。中国社会科学院世界宗教研究所所长卓新平出席开幕式并致辞。开幕式由中国社会科学院世界宗教研究所副所长曹中建主持。

卓新平在致辞中说，“文明对话”的呼声越来越高，世界有识之士为之付出的努力也越来越大。而当人们意识到无论是“文明冲突”还是“文明对话”都与宗教密切关联以后，也更加强调世界宗教在文明对话中的意义，鼓励并促进世界宗教对文明对话的积极参与。卓新平指出，为了世界和平和人类共同发展，我们只能选择文明对话、宗教宽容之道，这正是我们组织世界宗教与文明对话这一论坛的初衷和真谛。

会议期间，来自中国、美国、意大利、芬兰等国的相关领域专家学者齐聚一堂，围绕世界宗教中的文明对话、中国宗教在文明对话中的参与、西方宗教的文明对话、宗教与中西方对话、宗教与文明对话的多样性等问题展开理论探讨及经验分析。

与会学者表示，在当前国际形势下，探讨宗教与文明对话的基本理论、考察各种宗教与文明间的多维相处之道、分析当今国际诸宗教与世界文明对话的途径、主要特点及发展趋势，对构建世界和平无疑具有极其重要的理论意义和现实意义。

【会议 10：“基督教与和谐社会建设”国际论坛】

关键词： 基督教和谐社会

2013 年 11 月 22—23 日，中国社会科学院世界宗教研究所、燕京神学院在北京联合举办“基督教与和谐社会建设”国际论坛。中国基督教教会及高校的专家学者，海外教会的合作伙伴，国家宗教事务管理部门的相关人员参加了本次论坛。论坛关注基督教与和谐社会建设关系，同时也反思了基督教的“本色化”（或称“本土化”“中国化”，即融入中国的政治、文化、社会传统）的历史进程。论坛以积极的、建设性的姿态将基督教的发展与和谐社会建设紧密结合起来，并对之展开全方位的研讨。

本次论坛的举办正值我国贯彻落实党的十八届三中全会精神、全面深化改革开放之际，按照全会“最大限度增加和谐因素，增强社会发展活力”的精神，深入探讨基督教对世界和平与社会和谐的积极参与和贡献、基督教在构建中国和谐社会中的正能量和正功能、基督教思想文化的历史积淀、理论发展、精神资源及在中国思想文化的处境中实现本土化，以及基督教与当代中国社会相适应的理论和实践。

关于基督教与社会和谐问题，香港圣公会大主教、神学及历史研究特别顾问魏克利认为，并不是所有形式的基督教都能促进社会的和谐。有一些基督教的传统旨在促进社会及宗教的和谐，但是也有一些在不断制造出不和谐或事件冲突。和谐社会并不一定需要基督教信仰的统一模式，而是应接受“不同”以及一些“无须和解”的差异性。

芬兰赫尔辛基大学、南京金陵协和神学院教授罗明嘉认为，传统上说，基督教在与其他宗教的关系中一直是排他的。但是，在社会、政治、经济和其他方面的实际问题上，基督教早在中世纪时期就已学会与犹太人、穆斯林合作，并与他们和谐共处。一种有效的宗教间对话的最好的模式也可应用于中国，那就是经文辩读的方法。

国家宗教事务局刘金光则认为，谈论中国基督教离不开一个核心问题，那就是中国基督教的神学问题。神学思想的导向决定了基督教向自己的信徒传播教义的导向。神学思想能否与时代精神一致，直接影响到基督教能否与时代相合拍、相适应。新中国成立60多年来，在中国传播的神学仍然可以见到某些新中国成立前神学思想的烙印。这种状况使基督教在中国社会内的异质性依然存在，甚至在某些条件下，出现矛盾乃至冲突的情况。因此，要倡导中国特色的和谐神学。

关于如何开展适应于和谐社会的神学建设的问题。加拿大文化更新研究中心教授梁燕城说，中国基督教应走出西方神学的思维框架与理念，寻找和探讨中国哲学的思维方法特色，去消化《圣经》中的基督教基本信仰，构建符合中国实际的“中华神学”。

神学建设的目标在于基督教的“中国化”，只有“中国化”，基督教在构建中国和谐社会中的正能量、正功能才能实现。清华大学教授王晓朝说，基督教的中国化开始虽早，但数次中断，仍旧需要进一步中国化、需要深度中国化，包括组织制度、神学思想建设等方面。武汉大学教授赵林指出，在“大国意识”觉醒和中国特色社会主义文化建设的现实背景下，基督教必须与时俱进地调整自身姿态和文化特点，才能像佛教那样融入中国社会。“深度中国化”，离不开与中华文化的对话。中央民族大学教授游斌认为，基督教要参与中国的和谐社会建设，其中一个必需的内容就是与中国传统文化进行对话。中国基督教三自爱国运动委员会副主席、北京市基督教三自爱国运动委员会主席、燕京神学院副董事长蔡葵表示，中国基督教近年开展的神学思想建设，使越来越多的基督徒认识到，中国是一个多宗教国家。不管是本土还是外来宗教，在长期的历史演进中，都应探索与中国文化的合流。多宗教的传统决定了中国宗教文化的多样性，这也成为中国和谐文化的深厚底蕴，为探索实现基督教的中国化奠定了思想基础。他同时表示，一个具有“自我”的中国教会，才能对普世教会做出贡献，同时也才能更好地抵御海外宗教势力渗透。

第九篇

年度研究数据

2013年度我国宗教研究专业学刊目录

2013年度《世界宗教研究》目录

第一期目录

马克思主义宗教观

论中国化马克思主义宗教观的三种形态/毛胜

宗教与国际政治

外部宗教性干预与地区安全：以科索沃冲突为例/章远

中国民间信仰研究

中国民间宗教试论/濮文起
去巫化与正统化：民间信仰的生存和发展之路——以福建民间信仰为例/林国平
台湾民间信仰的研究回顾/郑志明
香港地区传统信仰与宗教的世俗化：从庙宇开始/危丁明
从澳门看天妃（后）与妈祖信仰的名实演变/谭世宝
海外华人社会网络与华人宗教传播：泰北德教团体创建考/陈景熙、张禹东

佛教研究

佛经转读与四声发现献疑/戴伟华
竺道生佛学思想的毗昙学印迹/许潇
土观·洛桑却吉尼玛宗教思想简述/吕其俊
真言宗教·镇护国家·二语教学——空海编写《文镜秘府论》的出发点/吴双
论宋元禅寺中的职事僧群体/王大伟

基督宗教研究

从上帝到他人：论列维纳斯现象学神学的内在伦理进路/林华敏
漫漫合一路——罗马天主教与圣公会关系钩沉/党翼鹏、张晓华
试析艾香德的耶佛对话观/王鹰

伊斯兰教研究

《历史记录》：一部关于20世纪新疆苏非派的未公开写本/白海提
从外来侨民到本土国民——回族伊斯兰教在中国本土化的历程/高占福

伊斯兰主义与现代化的博弈——中东现代化进程中伊斯兰复兴运动的多维透视/李艳枝

信息与评论

西方早期日本学中的神道研究/牟学苑

中国社会科学院世界宗教研究所第八届青年学者暨第二届博士后论坛综述/陈玉梅

“第二届河北禅宗文化论坛”学术研讨会综述/梁世和

第二期目录

专稿

“基督教中国化”研究的三重视野/张志刚

佛教研究

中国刻本藏经对《高丽藏》的影响/方广锠、张贤明

鸠摩罗什生平事迹新证——汉藏文献记载的比较研究/陈楠

隋唐长安寺院长生畜禽考/孙英刚

“施者得福”——中古世俗社会对佛教僧团的医药供养/陈明

关于东传日本的宁波佛画《十王图》中有无地藏一图的再检讨/何卯平

道教与民间信仰研究

道教生态安全意识发微/杨燕、詹石窗

《宋白玉蟾尺牍》考/刘守政

论唐代公主入道原因与道观生活/焦杰

《中华珍本宝卷》前言/马西沙

敬惜字纸信仰习俗在海外的传承与变迁——以新加坡崇文阁为例/李勇

基督宗教研究

伽达默尔评布尔特曼“解神话化”的解释学意义/何卫平

“同志社风波”与近代日本基督教学校的本土化/张永广

从中国经学传统出发诠释《圣经》：吴雷川解读《圣经》的立场和方法/梁慧

《古新圣经》考/王硕丰

何明华与战后香港社会的重建/吴青

伊斯兰教研究

试论《古兰经》注释中的文化内涵/金忠杰

回儒会通：王岱舆的忠孝理论/季芳桐

试论近代中国伊斯兰教的慈善事业/曾桂林

占婆国故地　婆尼教寻踪——越南本土化伊斯兰教初探/聂慧慧

其他宗教研究

共享和谐——青海省循化县多民族、多宗教共同信仰阿尼夏吾神山现象分析/周拉、夏吾交巴、炬华

信息与评论

《如来藏经典与中国佛教》评述/孙昌武

评余欣《中古异相：写本时代的学术、信仰与社会》/游自勇

第三期目录

专稿

马注的宇宙起源余光说/金宜久

中国宗教史新论

唐代庙学与文化共相/卢国龙

隋唐五代之际的宫廷“三教论衡”探析/武玉秀

邓隆“万法归一”思想研究/切排、王兰

佛教研究

《成唯识论》种子本有论探析/张利文

论藕益智旭的儒佛会通思想/习细平

重读李华《润州鹤林寺故径山大师碑铭》——“牛头祖统说”再研究/顾伟康

康区藏传佛教文化区的划分及相关问题——以1949年的甘孜和昌都为中心/王开队

道教与民间信仰研究

魏晋南北朝道教传授仪式中的盟誓/孙瑞雪

台湾宫庙联谊组织研究——庙际关系网络的视角/范正义

“法号”“郎号”与民间道坛“传度奏职”仪式探讨/黄建兴

新见罗祖教《五部六册》宝卷及宣卷仪式/李志鸿

基督宗教研究

1911年后美国传教士对孙中山之态度/陈才俊

《华西教会新闻》办刊宗旨的演变与四川基督教的本色化/白晓云、陈建明

余家菊与20世纪20年代的收回教育权运动/郑刚

亚伯拉罕的上帝与笛卡尔的上帝——关于“上帝之死”的思考/陶杨华

明清时期天主教“圣母领报”故事版画研究——兼论天主教《圣经》的图像化翻译/叶农、陈焕强

伊斯兰教研究

阿帕克和卓三入中原说述考/王希隆、单广宁

书评

《圣经》阐释与汉语神学的路径——评谢文郁的《道路与真理——解读〈约翰福音〉的思想史密码》/林纯洁

《中古时代的礼仪、宗教与制度》读后/吴羽

综述

中西方伊斯兰社会性别研究概述/王艳

20 世纪“佛教与古代文学”研究述评/何坤翁、吴光正

回顾与展望：中国学者伊斯兰教研究历程座谈会召开/李晓曈

第四期目录

特稿

研究马克思主义宗教观，发展中国宗教学——纪念毛泽东主席关于开展宗教研究重要批示 50 周年/卓新平

专稿

中国佛教的“戒德”思想研究/黄夏年

佛教研究

西夏佛教之“系统性”初探/［俄］索罗宁

伊犁河谷藏传佛教寺院考察——以新疆伊犁哈萨克自治州昭苏县圣祐寺为中心/胡方艳

藏传佛教前弘期“顿渐之诤”再考释/孙悟湖

智憬与《起信论同异略章》《一心二门大意》——中日韩佛教思想交流的“边地情绪”和“伪托现象”/圣凯

道教研究

房山隆阳宫与明代北方全真道/张方

基督宗教研究

古代犹太教与早期基督教：希腊哲学观照下的两种释经理念/梁工

希伯来圣经上帝称谓的谱系学研究/舒也

古克尔的形式批判及其对圣经诠释的贡献/田海华

“虑以下人”与基督的谦卑——从理雅各对“虑以下人”的译解谈起/邱业祥

伊斯兰教研究
真主与代治：一个伊斯兰教团体的生态实践与信仰表述/王正儒、敏俊卿
从黄钺书牍解析辛亥前后马元章的安民护教/马英杰
试析政治伊斯兰力量未在中东剧变中发挥突出作用的原因/曾向红
安萨里——在赞美与批评之间/潘世昌

其他宗教研究
波塞冬崇拜起源论考/朱毅璋
从匹兹堡到哥伦布：论犹太教改革运动从激进向保守的嬗变/杨帆
论萨满教对北方初民性关系的规范/王海冬

综述与书评
俄国的莫斯科伊斯兰学研究/张来仪
“2013 民族宗教问题高层论坛”学术研讨会综述/马桂芬
菩萨信仰研究的拓展与深入——评《四大菩萨与民间信仰》/王鹤琴

第五期目录

专稿
“四大门”崇信之精神分析/高长江

宗教理论研究
贝格尔“把相对化者相对化”命题辨析/曹义昆

佛教研究
佛道修行的科学诠释问题——以《楞严经》与道教内丹学之关联为例/夏志前
慧光“四宗”判教之略探/可祥
“会昌毁佛”原因与反思/静贤
香巴噶举觉域教法传承钩沉——对唐杰流派秘密觉域耳传的田野考察/德吉卓玛
佛塔受花形制渊源考略——兼谈中国与中、西亚之艺术交流/王敏庆

道教与民间宗教研究
元代全真教在山西的发展/赵改萍
高丽道观福源宫考/黄勇
论秦汉时期西王母信仰民俗的构建——兼论异地文化认同/李秋香

基督宗教研究
梵蒂冈原传信部历史档案馆所藏 1622—1938 年间有关中国天主教会文献索引钩沉/刘国鹏

传教士与近代中国残疾人教育事业/陆德阳

伊斯兰教研究
《经学系传谱》与伊斯兰教法/哈宝玉
民国河南伊斯兰教经师与经学/马超
土耳其奈格什班迪教团的历史特征与当代发展/敏敬

其他宗教研究
放马滩秦简《志怪故事》中的宗教信仰/姜守诚

书评
一部颇具学术价值的地域宗教史——《天津宗教史》简评/温克勒
穆斯林妇女的面纱——蕾拉·艾哈迈德《无声的革命》述评/周传斌、胡美娟
汇集着多科知识和探索空间的《中国三阶教史》/严耀中
《青州龙兴寺历史与窖藏佛教造像研究》序/金维诺

综述
圣地之“圣”何来？——法国人类学研究空间神圣性的几个方向/鞠熙
“回儒世界观与中国伊斯兰研究的当代价值”学术研讨会综述/阿里木·托和提

第六期目录

专稿
民国时期佛学通史的书写/龚隽

马克思主义宗教观
革命神学——恩斯特·布洛赫对基督教千年王国理想的马克思主义解读/金寿铁
关于我国当前两类宗教矛盾问题的思考——与李东清同志商榷/陈秋月、周原

当代宗教研究
宗教与2012年美国大选及当前中美关系/徐以骅
文化旅游开发视野下的中国政教关系现状考察——以湘南、桂北地区的寿佛信仰为例/曹辉林

佛教研究
金代佛教政策新议/王德朋
唐代僧人获赐紫衣考/董立功

道教与民间宗教研究
陈国符先生学术年谱/盖建民、杨子路

住庙与住家：山西朔州县家族化全真教的历史和生存方式/陈文龙

基督宗教研究

汉语官话方言圣经译本考述/赵晓阳

郭显德与罗约翰传教活动比较研究/徐炳三

中国基督教大学从外国式到“中国化”的转折及其启示——华西协合大学从异质到本土化身份的递进/张丽萍

知识与福音：近代教会博物馆与城市公共空间——以济南广智院为中心的考察/张德明

人际网络与反教运动：《圣朝破邪集》人物关系考/肖清和

伊斯兰教研究

艾布·曼苏尔·马图里迪与马图里迪教义学派初探/马占明

中国伊斯兰教虎夫耶探源/王雪梅

世纪之交埃及伊斯兰主义的新动向/哈全安

其他宗教研究

“道之大原出于天”——董仲舒天命信仰下的王道理想/张宏斌

插箭节与安多藏区宗教兴衰——以西仓十二部落与合作四部落为例/蒙小燕、蒙小莺

书评

《百年道学精华集成》学术思路及其进展/黄永锋、詹石窗

《宗密思想综合研究》序言/方立天

独具只眼、厚积薄发——《中华珍本宝卷》评价/李志鸿

综述

帝制晚期中国文化的研究框架与范式——反思华琛的标准化理论/徐天基

宗教典籍翻译研究大有可为——“第二届宗教经典翻译理论与实践研讨会”综述/任东升、高玉霞

“三论宗与栖霞山”学术研讨会综述/王富宜、董群

2013年度《世界宗教文化》目录

第一期目录

特稿

困惑的症结——反思宗教学方法论/金泽

宗教事务管理法治化：成就、挑战与展望/刘金光

心与文明——佛教徒在当代社会的使命/学诚

理论前沿　宗教经济

宗教经济理论的限度——以中国台湾地区宗教实践为例/黄飞君

托马斯·阿奎那与安萨里经济思想的传承与比较/白若萌

专家论坛　海外华人宗教研究

海外华人传统宗教的现代演化/张禹东

青云亭《六十甲子灵签》的宗教内涵及其社会意义/黄海德

海外华人宗教团体赈济侨乡社会机制研究/陈景熙

新加坡联合宫信仰模式探究/李栋材

国际视野　日本宗教研究

日本百年伊斯兰研究回溯/王煜焜

战后法日两国学者对道教存思术的关注与探讨/胡百涛

20世纪上半叶日本学者对蒙辽地区辽代佛教建筑的考察与研究/曹铁娃、曹铁铮、王一建

日本学者南条文雄与中国佛教居士杨仁山的交往/嘉木扬·凯朝

元朝时期中国日本的划时代交流/［日］渡边索

学术专题　佛教研究

南传佛教与佤族社会生活之阶序逻辑——以云南临沧佤族为例/郑筱筠

佛教东来与海南宝岛之猜想/田德毅

论新加坡汉传佛教与殖民政府的关系/张文学

现状研究

田野中的宗教——当地人的宇宙观及宗教实践/代启福

深度解读　民间信仰研究

民间信仰神祠祭祀空间规模及其影响因素——以民国时期鄞县平原为例/郑衡泌
现存妈祖信俗非物质文化遗产档案中的和平因子/陈祖芬、王生才

学海扬帆

宗教旅游的利益主体分析与协调机制构建/袁银枝
本期目录及主要文章（英文）摘要/梁恒豪译

第二期目录

特稿

人类智慧之光——走进中国佛学/张文勋

理论前沿

全球化语境下的宗教认同与公民身份互动分析/刘骞
宗教与冲突：概念、政治性及相互关系/张战、李海君

专家论坛　台湾宗教研究

当代台湾佛教史学论述及其思想诠释冲突/江灿腾
人类学视野下的台湾宗教与性别研究/张珣
宗教社会学视野中的台湾新兴宗教：历史概述与理论反省/丁人杰
台湾妈祖研究新论：清代妈祖封“天后”的由来/王见川

学术空间

对话宗教与世俗化/吴云贵、Weller、范丽珠、郑筱筠

学术专题　宗教艺术

陕西长武县北魏佛教石刻造像的再认识/宋莉
从窣堵婆到无缝塔：论中国禅僧与无缝塔葬/王大伟
试说宗教造型艺术基本形态/王敏庆

国际视野

19 世纪新教传教运动的环境与其特点/龚昊
近年来越南北部苗族新教皈依者的民族性和跨国性/［德］吴清心著，黑颖、杨莉译

现状研究

民族宗教领域：有待开发和规范的信息宝库——以中国民族宗教网为例/张世辉
宗教网站：一种新型的宗教场所/唐名辉

深度解读

试析俄罗斯的东正教封圣制与我国的孔庙从祀制/王帅
皆已成佛道——《法华经》对居士佛教的启示/沈海燕
从四行观看达摩禅法中的如来藏思想/刘珏燕
试析《维摩诘所说经》与《说无垢称经》不同的翻译风格/范晶晶
韩国巫俗的由来及其对外来宗教的影响/廉松心

学海扬帆

大陆地区无我、如来藏思想的研究及其问题/樊沁永
本期目录及主要文章英文摘要/李文彬译

第三期目录

特稿

欧洲宗教与国家关系的历史演变/张训谋、雷丽华

理论前沿　宗教社会学

探索现代人类世界道德整合的不同途径/［美］Richard Madsen（赵文词）著，范丽珠、袁黎筠译
宗教与建构一个好社会的思考/陈纳

专家论坛　当代台湾宗教研究

当代台湾佛教文学研究的诠释建构者群像及其相关论述/丁敏
当代台湾汉传佛教转型史学的诠释建构者：江灿腾的研究特色及其方法学的相关检讨/侯坤宏
当代台湾宗教社会学的开创者：瞿海源的研究特色及其方法学的相关检讨/林本炫
当代台湾人类学宗教研究的二位典范学者：刘枝万和李亦园的研究特色及其方法学的相关检讨/如静

国际视野　非洲宗教研究

撒哈拉以南非洲伊斯兰极端主义/李维建
马里的伊斯兰教与民主化/李文刚
论西方殖民主义对非洲伊斯兰教的影响/柴玲玲、周海金
基督教会在巩固非洲政治民主化成果中的作用/郭佳

学术专题　宗教艺术研究

形制与图像：莫高窟第100窟设计思想探源/米德昉
唐五代佛寺壁画里的文殊/马新广
艺术之维与神性之维——米开朗琪罗的四组“Pietà”之探讨/吴莉琳

现状研究

当代中国知识阶层基督徒佛耶对话态度的实证研究/周晓薇

深度解读

试论马来西亚伊斯兰党的发展演变/辉明

论锡克人卡尔萨组织的形成及其发展演变/韦健锋

数字7、19在《古兰经》中构建的数学理型/兰顿

真妄和合与本觉自证——《大乘起信论》"心灵环保"义趣探析/孟淑媛

汉语成语中的佛道世界/焦玉琴

学海扬帆

从《达摩流浪者》看"垮掉的一代"作家对佛教的接受与误读/邓建新

本期目录及主要文章英文摘要/李文彬译

第四期目录

特稿

儒学与中国的相互规定性/卢国龙

理论前沿

宗教对话的理论嬗变及其困境分析——兼谈斯特伦的宗教观对宗教对话的启示/高硕

专家论坛　台湾宗教研究

当代台湾本土宗教的文化史诠释——童乩仪式装扮的新探/林富士

关于撰述当代《台湾道教史》的诠释建构试探——兼论台湾本土世业道坛与道法传承谱系的相关研究突破问题/谢聪辉

当代台湾学术性佛教多元哲学研究的诠释建构者——林镇国的研究特色及其方法学的相关检讨/刘宇光、赵东明

台湾基督教研究之内部研究——以基督教历史与神学为主要探讨范例/梁唯真

现状研究

2010年世界主要宗教群体规模和分布报告（一）/［美］皮尤研究中心，谢荣谦、雷春芳编译

国际视野　德国宗教研究

19世纪德国天主教社会训导理论之核心宗旨/徐龙飞

宗教改革与德国领地国家的发展/朱孝远

马丁·路德与德国基督徒贵族的民族性/刘新利

思想微澜与社会狂澜：论马丁·路德的救赎学范式转换/刘平

宗教改革时期纽伦堡的修道院改革——基于圣佳兰修道院的考察/周施廷
德国社会市场经济体制中的基督教伦理/姚燕

学术专题 儒学研究
修道之谓教——段正元论道与教/韩星
段正元内道外儒之学理意蕴——兼论儒家之道/鞠曦
段正元的鬼神观/靳晓东

深度解读
对当前我国基督教问题的思考和认识——从基督教四次传入中国谈起/黄杰
论江淮地区民间祭祀活动与方相驱傩仪式的关系——从南通方言词“放相”的语义成分来看/张同铸
印度什鲁蒂的音乐研究/夏凡

学海扬帆
关于借用汉传佛教文化力量改造重刑罪犯的一点思考/李晓非
本期目录及主要文章（英文）摘要/梁恒豪译

第五期目录

特稿
保护公民信仰自由，促进宗教服务社会/卓新平
简析各国对宗教团体的登记管理/宋明军

理论前沿
当代中国伊斯兰教法研究的问题与反思——兼议伊斯兰教法研究的两大学术传统/李林
从心理学视角探讨膜拜教徒自杀类型及其归因机制/陈青萍

专家论坛 台湾宗教研究
当代台湾新儒学宗教向度的多元诠释与建构者：杨儒宾教授的研究特色和方法学的检讨/林永胜、赖锡三
台湾新兴宗教理论建构的检讨和反省/保良
当代台湾天主教的宗教交谈：历史—现况—展望/黄怀秋
当代台湾道教文化诠释的典范学者：李丰楙的研究特色及其方法学的相关检讨/张超然

学术空间
对话神圣与世俗/李向平、赵广明、宗树人、赵法生、郑筱筠

学术专题　萨满教研究
交流与融合：萨米人萨满教与斯堪的纳维亚宗教的互动/吴凤玲
南阿拉斯加的古萨满/S. A. Mousalimas 著，李楠译
通古斯人萨满教的几个特征/［俄］史禄国（S. M. Shirokogoroff）著，于洋译
适应与反抗——苏维埃时期西伯利亚和远东地区的萨满教/苑杰
从“萨满”思想解读亚欧草原石人及其手中杯/包桂红

国际视野　欧洲宗教研究
中世纪西欧卡塔尔教派问题辨析/王首贞
古罗马传统宗教与元首崇拜的构建/宋凤英、何立波
古道教刍议/［法］Marcel Granet 著，巫能昌译

实证研究
20 世纪 50 年代以来裕固族藏传佛教信仰变迁及原因探析/贾学锋、钟梅燕

深度解读
汉族宗教发生学研究：颛顼改革与上古创世说空白的因果联系/曹兴
论汉民族的宗教信仰特点/刘伟
神圣生活：儒家宗教观的另一种诠释——译读《孔学古微》的几点体会/李文彬

学海扬帆
信息时代下的佛教传播——新媒体与中国当代佛教传播之道/李一苇

第六期目录

理论前沿　马克思主义宗教观研究
立足中国宗教国情，坚持和发展马克思主义宗教观/金泽
毛泽东宗教观及其当代价值/何虎生、黄晓霓
普列汉诺夫宗教思想研究/孙琥瑭
马克思恩格斯论宗教与教育的关系/李小辉、罗春梅
新民主主义革命时期党的宗教工作基本经验/谢添

专家论坛
卢梭的公民宗教思想/戴晖

学术空间
对话民间信仰与弥散性宗教/范丽珠、李向平、周越、陈进国、郑筱筠

国际视野 欧洲宗教研究

法国佛学发展与佛教文化的贡献/［法］Tampalawela Dhammaratana，李岩译

当代英美两国宗教活力差异的形成原因/孙艳燕

英国维多利亚时代的佛教/杨健

深度解读

三苏的神祇崇拜/许外芳、张睿

安世高译经“五阴六识”相关词汇之《荀子》探源/兰宇冬

再论《大智度论》之作者/王孺童

《三天正法经》的成书和演变/王皓月

学术专题 基督教与西方政治

从“地上之城”到“世界帝国”——但丁对奥古斯丁政治思想的继承与修正/朱振宇

加尔文与现代政治的秩序化/孙帅

相对主义危机下的洛克宗教宽容理论/杨维宇

尼采从文化政治视角对基督教的批判/罗辛谷

现状研究

“祖荫”与“神佑”：村落社会的文化与秩序——赣南客家民间信仰的实践/魏程琳

地方性知识体系中的民间信仰——以甘肃中部地区 M 镇为个案/李建宗

庐山道教文化刍议/欧阳镇

学海扬帆

台湾地区天主教对敬天祭祖传统的传承/汪长亮、刘黎

2013年度《宗教学研究》目录

第一期目录

道教研究

中国道教史研究的意义/卿希泰
雍正皇帝与紫阳真人——兼述龙门派宗师范青云（上）/王卡
茅山乾元观《道藏》抄本流传山东考/赵卫东
《洞玄灵宝三师记并序》作者归属及相关的会昌灭佛问题考论/罗争鸣
阳道生内丹思想在融合金丹派南北宗中的作用和地位/黄红兵
早期丹法传授仪及其黄金崇拜/韩吉绍
陈垣与20世纪中国的道教研究/刘玲娣
略论明代武当山修志兴盛的原因/张全晓
《太平经》与谶纬关系考析/李铁华
明传奇中的道教文化透视——以《六十种曲》为例/李艳
道教碑文的修辞与语篇建构/赵静
唐代道教“孝道”的物质载体：真子飞霜镜/刘艺

佛教研究

法藏敦煌文献P. 2550号与三阶教的斗争问题/杨学勇
论《金师子章》“十玄门”的方便说法/郑朝晖
惠洪、祖琇关于承古“三玄”的论争/李熙
奥义书与佛教的发生/吴学国
唐代南禅在河北的早期传播/冯金忠
无相禅师及其弟子的头陀行/王玲、王大伟
禅宗公案中的心理学元认知现象研究/麦劲恒、范向阳
以“法布施”为核心的都市佛教社会福利实践——以台湾法鼓山前十年为例（1989—1999）/谭苑芳
念念有“慈”——广西马山县古零镇灵阳寺“佛七法会”仪式解读/罗宗志、梁宏章
乐山弥勒大佛造像中几个问题的探讨/徐杉

基督教研究

托马斯·阿奎那论预定和人的自由意志/刘光顺、徐勇
马·雅巴拉哈三世生平考略/李超、孟楠

1922年非基运动中两大组织宣言与通电之“非”与“反”词义考/王良滨
《圣经》中译与文化诠释：几个相关问题的思考/陈声柏、姜宗强
福音东传：英国浸礼会在华布道事业论略/张德明
季理斐与广学会文字布道事业的发展/陈喆
城市基督教基层组织的认同整合研究——以上海市基督教闸北堂为例/黄海波
山脚下的十字架——广东揭西县棉湖镇玉石村天主教信仰的考察/贺璋瑢

少数民族宗教研究

苗族“保东斋”仪式符号象征及其发生学研究/陆群
滇越瑶族“度戒”的文化内涵和社会功能/龙倮贵
东部方言区山江苗族仙娘“跳仙”仪式调查/黄金

宗教学理论与其他宗教研究

坚持实事求是精神，开拓宗教研究新局面——纪念中共中央1982年第“十九号文件”发布30周年/詹石窗

论宗教文化性命题的元理论意蕴——基于中国共产党认识宗教与文化关系的思想史考察/毛胜

论宗教学术研究的当代价值——纪念《关于我国社会主义时期宗教问题的基本观点和基本政策》发表30周年/潘显一

不辱使命　开拓进取——纪念中共中央（1982）19号文件发表30周年/杨光文
关于宗教的界定/陈麟书
宗教存在长期性的两重含义/程洪猛、林吉啸
西藏转经习俗与个人宗教体验/张虎生、陈映婕
犹太教科学运动及其影响/胡浩

书评与信息

新的方法、新的视角与新的范式——《丘处机学案》评介/刘莉
微观史学与道教史研究——《多面相的神仙——永乐宫的吕洞宾信仰》评介/张悦
《道教在当代中国的阐扬》评介/林銮生
“基督宗教与近代黄河中下游地区社会历史变迁”学术研讨会述评/柳岳武
“宗教文化与社会关怀”国际学术研讨会综述/褚国锋、王玉蛟、张小华

第二期目录

道教研究

雍正皇帝与紫阳真人——兼述龙门派宗师范青云（下）/王卡
太乙教的唯一传世科仪——蓬壶炼度科/刘仲宇
杜道坚《关尹子阐玄》的心性论思想/张丽娟、詹石窗
道的争议及其新释/廖德明
版刻本老子八十一化图的流传及相关问题/胡春涛

道经图像概述/许宜兰
刘辰翁《道德经评点》刍论/杨秀礼
关于《黄帝阴符经》蔡氏注本与邹䜣注本作者的考证/陈茉
出土汉代望气图谱的搜集整理与研究/刘克
明代甘肃永登地区道教真武信仰研究——以万历年间《新建北灵观碑记》为中心/米德昉
明清时期杭州道观经济浅探/王文章
墉城女仙服饰“青”“紫”设计符号的文化意蕴/田晓膺
道教视野中的“婴孩”意蕴/郭继民、高巍

佛教研究

早期佛教与婆罗门教的差异和融合及其相关影响/严耀中
百丈怀海的禅学精神/伍先林、刘渊
蕅益智旭性相融通论探析/龚晓康
佛教史与批判佛教视野中的涅槃思想/陈凯
无情有佛性——论佛性论在南禅思想中的地位变化/汪韶军
藏传无上瑜伽生起次第修行的心理分析——以萨迦道果法生起次第为主/尹立
略论藏传佛教与早期赎替仪式的差异性/许渊钦
四川南朝弥勒信仰与弥勒造像/李晓宇
艾克哈特对“空”义的阐释及其与僧肇之差异/胡永辉、周晓露
中国早期雕版印刷品所反映的净土信仰/武玉秀
明代洮州卫僧纲司研究/武海龙

民族宗教与西部边疆研究

西部民族宗教文化转型与边疆社会稳定/闵丽
试析西藏归入祖国统一的宗教背景/李顺庆
文化传播视野中的彝族宗教信仰/杨甫旺
送唤之间：丧葬中的“你黑笔”仪式——永仁直苴彝族倮倮颇起仕学的个案调查/罗明军
断裂与复兴：土家族梯玛信仰与“玩菩萨”仪式的生存逻辑/刘伦文
20 世纪以来国内苗族传统宗教研究探析/周永健
变迁与认同：区域社会史视野下的湘西白帝天王信仰/龙圣
城镇化与藏区僧侣修行行为的关系研究/臧肖、郭潇嵋

基督教研究

论马丁·路德的基督教正义观/张仕颖
论莫尔特曼的时间观/郭郁
权力意志、自我中心性与罪——《上帝之城》中对权力意志的诊断/陶杨华
“同化”与坚持：略论在美所见两种基督教早期中文书籍/李期耀
民国时期金陵神学院乡村文字事工——《乡村教会》研究/王京强

苏慧廉论基督教与中国宗教的会通——以耶儒会通为例/伍玉西

宗教学理论与其他宗教研究

宗教的认知科学解释/陈培峰、江艳平、张庆林

“神圣情感”与“绝对依赖”——论施莱尔马赫与奥托宗教思想路向的差异/闻骏

绝对彼岸信仰对藏地“家园”的建构性探析/陈昌文、肖尧中

摩尼教与宋元东南沿海农民起义——研究评述与展望/杨富学、史亚军

清代粮船水手中的罗教/曹金娜

陕西关中地区姜嫄信仰研究/王芳妮

壁山神信仰探微/贾雯鹤

书评与信息

《周立昇文集——谈道录》读后/王艺

农道双修：道教与中国传统农业社会之关系研究——《道教农学思想发凡》评介/陈碧

近代中国政教关系的变与不变——读《救赎与自救：中华基督教会边疆服务研究》/王立桩

中国西部边疆安全与发展战略协同创新中心系列论坛及学术研究会综述/王卓、黄钰

近三十年来近代东北基督教研究综述/王晓辉、黑龙

第三期目录

道教研究

从后代注释看《黄帝阴符经》的社会形象/王宗昱

清末南阳玄妙观传戒考略/刘迅

晚晴杭州玉皇山福星观传戒历史初探/郭峰、梅莉

中国现存地方道教仪式新探/吕鹏志

《列子》厚生派生命观质疑/刘华

《老子》中的“帝”“鬼”与“神”——兼及老子思想中的多神论因素/林榕杰

《鬼谷子》与《道德经》思想同异研究/颜文强

葛洪伦理养生智慧及其现代价值/曾勇

草衣子考/盖菲

传统气论与道教神仙思想之互通关系略析/张利明

明清士绅支持泰山全真道行为探析/张琰

“经文辩读”视野下道教术语英译的宗教学考察——以施舟人和傅飞岚《道藏通考》为例/何立芳

陶弘景与道教文献整理——以《真诰》为例/寇凤凯

佛教研究

老僧已死成新塔——略论禅林僧塔之体制及其丧葬文化观念/周裕锴

《佛门请经科》:《西游记》研究的新资料/侯冲
试论南传佛教对云南傣族审美艺术的影响/吴之清、杨杰、墨婧金
回鹘文佛教文献断代考析/王红梅
竺道生与慧远佛教思想的差异/高璐
佛教徒眼中的胜论派句义思想/何欢欢
佛教经行解/张庆松
简论明代比丘尼的生存困境/郭辉

民族宗教与西部边疆研究

中国土地信仰的文化人类学研究/吴秋林
边缘化族群的国家认同——土家族“梯玛信仰”仪式的人类学考察/雷翔
中越跨境民族宗教生态发展的特点和规律/徐祖祥
云南怒江丙中洛地区多种宗教并存现象的宗教经济学分析/朱映占
浅谈白龙江上游民间苯教经典中反映的文化信息/阿旺嘉措、洲塔
近代贵州少数民族地区宗教与医疗文化研究/史经霞
凉山彝族死亡认知的本土表达与现代调适——以“尼木措毕”仪式为例/肖雪
民间信仰的社会功能——广西壮族地区J县扶乩活动的文献和田野考察/杜树海

基督教研究

探索作为历史人物的耶稣/梁工
从耶稣与外邦人、门徒、约翰的关系看《马可福音》中的两个群体/查常平
《传道书》结尾诗研究/黄薇
加拿大差会在华西地区的社会文化活动————以华英书局传教士为中心的讨论/周蜀容
从基督教在安徽的传播再看宗教市场论:两个时代的比较分析/周典恩
犹太—基督教哲学中恶的问题/褟庆文

宗教学理论与其他宗教研究

当代大陆儒教复兴之载体及其效用——历史视野下的反思/李华伟
从“穷人的习惯法”管窥青年马克思宗教思想观念之巨变/徐世强
徘徊在圣俗之间:汶川地震灾区女性宗教信仰研究/李海梅、谢海欣
首尔的关帝庙和关帝信仰/具银我

书评与信息

基督教文化在中国区域传播研究的力作——《近代基督教在华西地区文字事工研究》序/谢放
探索中国古代国家政权与宗教关系的力作——《宋代政教关系研究》评介/王晓龙、田海滨
断代研究犹太教的一部力作——读《古典时代犹太教导论》/张礼刚、晁燕燕
“茅山乾元观与江南全真道国际学术研讨会”综述/孙鹏

第四期目录

道教研究

魏晋南北朝道教、佛教思想关系研究/张广保

王家祐的道教研究/李远国

论道教星斗信仰在朝鲜半岛的传播方式/孙亦平

从神仙传记看早期道教对神仙世界超越性问题的认识/苟波

张伯端籍贯考辨的几个关键问题/郑为一

道家“无境论”探析/蔡钊

俄藏黑水城文献全真教佚词跋/张秀清

浅析道教文本中的“皂荚”意象/李裴

《阴符经》“三盗”论解析/张永宏

岱岳庙碑记所见孙履道之题名/张方

从诗作看洪武年间僧人姚广孝与白云观之关系——兼及明代“真武助燕王”神话的历史背景/郑永华

论《老子通释》的以佛解老/刘玲娣

佛教研究

法显与佛教律在汉地的传承/王邦维

无准师范早年行迹钩沉/段玉明

论唯识学之第七识及自我或无我/陆沉

禅宗黄龙派“平实禅”禅学思想探析/罗凌

中土佛教“迎像”风俗小探/蒋家华

藏传佛教寓言小说和苯教寓言小说比较/觉乃·云才让

太虚的佛教慈善观/刘聪

南宋名将孟珙的佛教价值取向浅析/黄锦君

《维摩诘经》文本对勘的启示——《维摩诘经·弟子品》梵藏汉对勘实例举隅/范慕尤

民族宗教与西部边疆研究

中国西南少数民族梅山教的三元信仰/张泽洪

壮族天地善院教送灵仪式分析/莫幼政

利见大人：“龙”在壮族“牛魂节”仪式中的审美建构——多民族节日研究之三/金乾伟、杨树喆

羌族祭祀仪式中“直得国拉”的符号意义解读/赵洋、赵曦

海南侾黎的鬼灵崇拜及其仪式实践——以乐东县控诉村的田野调查为例/戴五宏

“土家族白虎图腾”说辨疑/陈心林

武陵地区飞山神崇拜儒释道思想影响之探析/廖玲

基督教研究

简述当代圣经考古及其流变/田海华
民国时期华西基督教联合机构的本色化/陈建明
“汉语神学”的道路问题/杨雪梅
女性主义圣经诠释/林燕
教民敌对身份建构与晚清民教畛域/杨雄威

宗教学理论与其他宗教研究

巨赞与中共关系的历史考察/陈卫华、邓子美
论宗教神秘主义的超个人心理学诠释/陈明、吕锡琛
元代白莲教的乡村生存及其与吃菜事魔和弥勒信仰的糅合/范立舟
从明清北京东岳庙祀典看“小祀”制度的融通性/关昕
明清江西萧公、晏公信仰入黔考/唐庆红、张玉莲
山西定襄留晖村七岩圣母生存空间论析/毛巧晖、刘同彪、李博文
志怪小说中圣数“七”的宗教象征及民俗联动/曾礼军

书评与信息

《道教金丹派南宗考论：道派、历史、文献与思想综合研究》评论/李志鸿
一部优秀的道学教材——评《道教礼仪学》/胡小柳
东海西海　心理攸同——读朱越利先生新编《理论·视角·方法——海外道教学研究》/李明
苏州穹窿山上真观·铁竹道人施道渊与江南道教学术研讨会综述/黄吉宏

2013 年度《中国宗教》目录

第一期目录

特稿

准确把握十八大新要求　推动宗教工作再上新台阶——2013 年全国宗教工作会议暨全国宗教工作系统表彰大会在京举行/本刊编辑部

清简务实转会风——2013 年全国宗教工作会议暨全国宗教工作系统表彰大会侧记/张雪梅

专题

用十八大精神统领宗教工作——国家宗教事务局党组中心组召开十八大精神专题学习扩大会议/本刊编辑部

要闻

引领思想　凝神聚气——国家宗教事务局核心价值理念研讨提炼活动侧记/若谷

理论

树立新理念——加强和创新宗教事务管理/蒋坚永

论“平安之道”的文化意蕴/詹石窗

宗教道德对建设社会核心价值体系的作用/晏可佳

人物

成中英谈宗教精神的真义/李嶷

舒孜汉 60 余载的爱国爱教情/亚南

文化

道教养生文化中的知行思维/裘梧

宗教在经济发展中的作用——以伊斯兰教为例/范国华

佛教的生态伦理智慧/王菊英、赵建功

“佛教文学”之内涵辨/戴莹莹

论坛

对中国伊斯兰教教务指导委员会工作的四点思考/张乐斌

都市寺院与人间佛教——上海玉佛寺在当代的探索与实践/觉醒
当预言成为愚言/单渭祥
浅谈心理健康与宗教/雷秀雅、高淑芳

交流
探索宗教事务管理工作的广东模式/章晓丹等
推进民主管理　促进宗教和谐——浙江省宗教活动场所财务规范化管理工作初见成效/楼剑涛
“六个结合”提升“和谐寺观教堂”创建水平/郑斌、李多师

生活
中国哈吉：放心、安心、舒心的朝觐之旅/李革、敏俊卿
一碗粥里的幸福味道——杭州灵隐寺腊八节施粥侧记/曹莉

专栏
宗教政策法规知识回答（之九）

悦读
打开年度的记忆——读《中国宗教报告·2012》/张雪梅
成就你的幸福人生——《幸福人生的因和缘》读后/木子

胜迹
古刹著域中 名山传海外——记浙江天台国清寺/李嶷
大连金顶山上真武庙/李常明
瑞应寺：关外的藏佛古刹/尚诚

第二期目录

特稿
俞正声走访在京全国性宗教团体/本刊编辑部
守护生命，我们共同的神圣责任——佛教生命观研讨会侧记/本刊编辑部
佛教生命观研讨会引起媒体广泛关注/本刊编辑部

理论
倡导“保护、管理、引导、服务”的宗教工作理论/王作安

人物
天主教工作的“活字典”——记河北省民宗厅张麦刚
宗教工作战线的“明星”——记吉林省延边朝鲜族自治州宗教事务局金明星
奉献不言苦　追求无止境——记江苏省兴华市民宗局韦雁国

平凡岗位上的“实干家”——记山东省菏泽市民宗局沙启忠
桃李不言　下自成蹊——记河南省夏邑县民宗局苏明君
砥砺创新的“铿锵玫瑰”——记云南省昆明市盘龙区民宗局王爱民
宗教工作的辛勤“园丁”——记甘肃省夏河县民宗局桑德合
“为民办事是我的开心钥匙”——记青海省贵德县民宗局南杰才让
智慧胆量　熔铸荣光——记宁夏回族自治区固原市原州区民宗局锁少武
用责任和真情书写宗教和谐的乐章——记新疆维吾尔自治区喀什地区民宗委袁健新

交流

为北京建设世界城市助力——记北京市东城区民宗侨办
滨海新区宗教工作的“新”字经——记天津市滨海新区民宗侨办
“三个加强”：提升宗教工作水平——记河北省唐山市民宗局
用“三个坚持”创新宗教事务管理——记山西省阳泉市民宗局
依法推进管理　真情服务群众——记内蒙古自治区鄂尔多斯市宗教事务局
服务经济促发展——记辽宁省大连市西岗区民宗局
把握宗教工作的“四宜、四不宜”——记吉林省吉林市宗教事务局
因势利导铸和谐——记黑龙江省绥化市民宗局
以依法管理与服务引导相结合促进宗教和谐——记上海市黄浦区民宗办
文化先行　制度护航　打造宗教团体新形象——记江苏省无锡市民宗局
探索宗教事务管理的新路子——记浙江省舟山市民宗局
黄梅之乡翻新曲——记安徽省安庆市宗教事务局
管理网格化　服务零距离——记福建省泉州市泉港区民宗局
探索亮点纷呈的宗教工作模式——记江西省萍乡市民宗局
以健全体系构建良好秩序——记山东省淄博市民宗局
激发活力　共建和谐——记河南省平顶山市民宗局
以宗教和谐助建宜居、昌盛之城——记湖北省宜昌市民宗局
让宗教和睦助力幸福汨罗——记湖南省汨罗市民宗局
和谐韶关的宗教因子——记广东省韶关市民宗局
用服务凝聚力量——记广西壮族自治区贵港市宗教事务局
琼剧之乡：宗教工作有声有色——记海南省定安县民宗局
和谐东风绿“南岸”——记重庆市南岸区民宗局
抗震救灾献真情——记四川省德阳市民宗局
以调研推动工作——记贵州省毕节市民宗委
探索建立藏传佛教管理的长效机制——记云南省迪庆藏族自治州宗教事务局
无私奉献在雪域高原——记西藏自治区拉萨市民宗局
把握规律创一流——记陕西省宝鸡市民宗局
立足基层夯基础　科学管理上水平——记甘肃省临夏县民宗局
建设“平安寺院”促进宗教和谐——记青海省玛沁县民宗局
同心谋发展　同建促和谐——记宁夏回族自治区吴忠市民宗局
促进宗教和顺　共建幸福霍城——记新疆维吾尔自治区霍城县民宗局

专题

三大语系高僧：慈心慈愿，善待生命

论坛

生为第一生道合一——道教的生命观/强昱

珍爱生命乐观处世——伊斯兰教的生命观/中国伊斯兰教教务指导委员会秘书组

珍爱生命是天主的诫命/周太良

珍惜生命　呵护生命——基督教的生命观/张忠成

第三期目录

特稿

俞正声与全国性宗教团体负责人座谈

专题

唱响宗教界参政议政的“好声音”/本刊编辑部

要闻

国家宗教事务局制定贯彻落实中央八项规定实施办法/本刊编辑部

慈云法雨寄哀思——社会各界沉痛悼念惟贤长老/本刊编辑部

弘道立德　泽被香江——香港“道教日”成立仪式暨第十三届香港道教节庆典活动举行/王晓刚

时评

惩治违法　重塑形象/刘元春

理论

宗教工作理念是做好宗教工作的本质要求/何虎生

生态文明与佛教智慧/学诚

人物

枯槎老干尽芬芳——追忆惟贤长老/宗性

赵紫宸：建构本色教会的探寻者/唐晓峰

陈坤：用书法让真理熠熠生辉/张雪梅、姜小溪

旅美弘法的三代僧人/宏正

文化

圣经中的婚姻观/周忠新

心灵的歌唱——当代天主教福传诗歌意蕴/寇宏广

梁武帝崇佛的因缘故事/陈映锦
宋代文人画中的禅悦之风/邢静、刘声远
老子尚慈思想的现代启示/樊建武
观音信仰中国化的文化解读/刘玒燕
当黑格尔遇到老子——“道”思想的逻辑演化/吴雁
廊桥文化中的生命意识/黄建铭

论坛

道教如何走向世界/王书献、郭硕知
藏传佛教健康发展的必由之路/曲木史哈
道路决定命运——天主教发展道路的历史省思/刘元龙
城市清真寺现代功能的拓展——以济南市清真寺服务管理外来穆斯林为例/徐中林、刘立敏
“光盘行动”中的基督教角色/康鸿
宗教慈善若干法律问题研究/刘波

交流

创新才能出成绩——辽宁省宗教院校工作的实践与思考/魏岚崧
五载春秋谱新章——甘肃省宗教事务局“三支队伍”培训工作取得良好效果/甘肃省宗教事务局
碧蓝海湾扬起法治之帆——青岛市依法管理宗教事务的实践与思考/王颖

专栏

宗教政策法规知识问答（之十）

悦读

专注于生命的每一刻——读《心的交会——佛陀与基督的生命教导》/孔雁
《悲惨世界》：爱与救赎/曲萌

胜迹

洗心为镜和谐天下——记湖南洗心禅寺/李嶷

生活

龙泉寺里过大年/成蹊
道教在泰国——“道行天下”泰国行侧记/孙钢

第四期目录

特稿

宗教界要高度重视教风建设/王作安

要闻

树立好教风　传递正能量——国家宗教事务局召开宗教界加强教风建设座谈会/本刊编辑部

国家宗教事务局：推进信息公开　改进工作作风/本刊编辑部

独具特色的文化名片——少林寺武僧团出访俄罗斯/本刊编辑部

切实推进佛道教场所管理工作——国家五部门督察调研组在京检查国宗发［2012］41号文件贯彻落实情况/张雪梅

时评

教风是宗教的生命线/王生才

专题

共圆中国梦的宗教担当/王作安

宗教界畅谈中国梦/传印等

理论

中国佛教与文化强国（上）/方立天

社会管理视域下的宗教事务管理观念创新/朱岚

人物

梁漱溟：我的前生是和尚/圣凯

实实在在做好平信徒工作——对话孟青录主教/周太良

基督徒刘宝敬：环保"狂人"，绿色天使/本刊编辑部

文化

我心中的天台/陈邦杰

圣经中的生态保护理念/何桂娟

建设和谐社会中的宗教角色/李莉

青山当佛阁　红叶满僧廊——唐诗中的青龙寺/荣小措、雒莉

李道纯的"致中和"思想/王彤江

玉皇信仰的文化解读/王玲

论坛

基督教信仰中的共同富裕/陈驯

世界的俗化与天主教的圣化/谭立铸

关于重庆市基督教社会服务的思考/唐代虎

回归宗教的精神价值/孙雄

都市寺院的当代定位/刘海玲

深入调研，推进宗教活动场所法人资格问题的解决/国家宗教事务局研究中心

交流

福建：搭建宗教慈善新平台/福建省民宗厅

山西：探索宗教团体负责人述职交流制度/山西省宗教事务局

重庆：宗教活动场所危房整治见成效/重庆市民宗委

散居区清真寺的建设和管理/王国良

专栏

宗教政策法规知识问答（之十一）

悦读

解析中国古代政教关系的密码——评《中国古代政教关系史》/孙悟湖

生活

城市共融下的“中国梦”——上海基督教青年会、女青年会为外来务工人员服务掠影/马兆珍

石磙淌：深山中的天主教村落/黄明畅

大道法自然　仙宫不染尘——西安万寿八仙宫的生态实践/潘存娟

胜迹

什刹海边火神庙/一言

观音证道处　近悦远来地——记河南平顶山香山寺/孙胜久

用建筑语言诠释基督精神——记温州基督教会柳市堂/尚斌

第五期目录

特稿

习近平会见俄罗斯东正教大牧首基里尔

宗教问题怎么看怎么办——国家宗教事务局局长王作安答记者问

要闻

神州四海留晖远　谷雨双峰洒泪多——净慧长老追思大会、荼毗法会在湖北四祖寺举行/本刊编辑部

清心为治本　直道是身谋——国家宗教事务局召开廉政工作会议/本刊编辑部

时评

批评别人　先要自我反省——评美国国际宗教自由委员会《2013 年国际宗教自由报告》/钟亦文

宗教工作者更要带着问题学/王生才

不要拆了那方净土——强拆兴教寺的错误阐述及解决出路/圣凯

专题

爱心汇聚　情暖雅安——各地宗教工作部门暨宗教界援助雅安地震灾区纪实/本刊编辑部

勇于承担　甘于奉献——四川省宗教工作部门暨宗教界抗震救灾纪实/王昕

理论

中国佛教与文化强国（下）/方立天

创建中国特色政教关系理论体系/张践

人物

净心奉献　慧德觉悟——缅怀净慧长老/蒋坚永

入泥入水菩提路　亦诗亦禅自在僧——纪念恩师净慧长老/明海

中国天主教本地化教会建设的实践者——纪念金鲁贤主教/刘建

剑桥教授福特：我看中国的宗教研究/焦玉琴、薛立杰

论坛

浅谈都市寺院社会服务与管理——以广州大佛寺为例/何方耀

谈“保护”/林致知

宗教行政执法的实践与思考——以陕西渭南市为例/熊绮芬

梦想　从我开始——关于发挥基督教积极作用的若干思考/岳清华

宗教信仰与幸福感——以拉萨市为例/孟唯一

文化

组建译场正当时——关于启动藏文大藏经汉译工程的建议/朱越利

在苦难中寻找智慧——《约伯记》解读/黄稼辉

从“善男子”到中性化——菩萨造像的转变/王敏

油画中的天主教女性观——评《耶稣与玛利亚玛达肋纳》/李顺华

佛教慈善的现代意义与现实问题/段彩虹、邓莉雅

交流

对新一轮机构改革中宗教基层基础工作的调研与思考/马冬青、李平

普陀山佛教协会加强教职人员队伍建设的经验与启示/浙江省民宗委与舟山市民宗局联合调研组

专栏

宗教政策法规知识百题

生活

我的宗教专题集邮乐/潘明权

城隍华诞日　福寿满人间——癸巳年上海城隍庙城隍华诞庆典活动侧记/刘金豪
撑起爱的蓝天——峨眉山佛教协会慈济功德会慈善侧记/周蜜

胜迹
地开黄岭　泽被莞江——记广东黄旗观音古寺/国威
秀美临川的圣若瑟天主教堂/本刊编辑部

第六期目录

特稿
中央领导赴新疆调研　强调扎实做好稳疆兴疆工作/本刊编辑部

要闻
中俄高水平和特殊友好关系的生动见证——俄罗斯东正教大牧首基里尔来访侧记/本刊编辑部
铺就宗教公益慈善的前行路——首次宗教公益慈善工作专题培训班侧记/马硕
清静教风待人弘——2013 年全国道教界代表人士读书班侧记/卢晓容
探寻中国佛教的故事——“佛教胜地行”系列采访活动正式启动/本刊编辑部
为爱而生与爱同行——中华基督教青年会、中华基督教女青年会社会服务工作经验交流观摩会在广州举行/张华
业兴于学　行成于思——2013 年“宗教政策法规学习月”活动专题会召开/本刊编辑部

时评
让学习成为一种责任——深入开展“学习月”活动的重要意义/蒋坚永

专题
宗教工作：助力新疆跨越式发展/姬阳等

理论
论道风建设的首要条件/任法融

人物
慈航法师：吾爱吾教，亦爱吾国/陈卫华、邓子美
孙金耀：人生因爱而圆满/本刊编辑部

文化
聚焦亮点　展示佛教风采/张乐斌
宋代的佛教与茶/湛如
赵朴初的佛教观及其意义/袁普泉、陈辽

平山郁夫与敦煌壁画/刘哲
儒道佛融合对文学的影响——以南梁为中心/赵理直
道教医疗的现代价值/颜文强、詹石窗
厉行节约　反对浪费——穆斯林的信仰践行/从恩霖
中国伊斯兰教的本土化特征/张建芳、敏俊卿
慧心妙手铸佛境——上海静安寺的佛教造像艺术/李宝贵

论坛

重在行动　贵在实效——道教界对加强教风建设的建议/王晓刚、宋晓艳、王磊
伊斯兰教生态保护思想及当代践行/武启祥
宗教团体加强依法管理的若干思考/马文武
论道教文化资源的保护与开发/陈雅岚

交流

在宗教工作中拥抱梦想——一位青年宗教工作者的心声/黄甲
传佛陀智慧　筑僧才摇篮——杭州佛学院建院十五年的回顾与展望/刘向荣
让民族团结旗帜高高飘扬/青海省西宁市东关清真大寺民管会

生活

远逝的佛影——寻访什刹海边正在消失的古刹/夏云
继承传统　弘法利生——记少林寺癸巳年三坛大戒传戒法会/邹相

悦读

凝眸沉思品道教——读《凝眸云水》/卓新平

专栏

宗教政策法规知识问答（之十二）

胜迹

西子湖畔的清净尼寺——记杭州法镜讲寺/李嶷
沂蒙山下的红色记忆——记山东沂水王庄天主堂/周太良
边陲伽蓝——云南南传佛教寺院巡礼/孙钢

第七期目录

特稿

发挥宗教界在生态文明建设中的作用/王作安

要闻

国家宗教事务局　党的群众路线教育实践活动全面展开/若谷

深化民主办教理念　推动教会健康发展——中国天主教民主办教三项制度颁布十周年座谈会举行/李永战

擦亮眼睛明是非　坚守正道谴暴行——宗教界人士和宗教工作者强烈谴责发生在新疆的暴恐罪行/何春明

时评

敞开寺门　广结善缘——从湖南29所寺院取消门票说起/刘元春

专题

服务社会　奉献爱心——中华基督教青年会、基督教女青年会的社会服务工作/本刊编辑部

理论

善待宗教应成共识/张乐斌

人物

宗教工作怎么看怎么办——地方党政干部一席谈/吴娟
五台深处长明灯——记梦参长老/马明博
冰心：诗意的爱/谢荣谦
应成钊：在爱中行走/本刊编辑部

文化

俄罗斯与东正教：民族精神与信仰的融合/齐亚讴
佛教与长安古城的因缘/卫晓君、佘树声
中虚圆通——道教的竹文化/蔡林波、杨蓉
珍贵的艺术瑰宝——天主教题材的书法作品/周太良
践行信仰要量力而行——《天方典礼》有关朝觐能力的阐释/穆卫宾
《老人与海》中的圣经元素/高伟玲
道教中的符箓文化/赵芃

论坛

加强教风建设　创建和谐寺院/王孺童
改进宗教工作培训也要走群众路线/黄康健
浅谈宗教对人类伦理的贡献/曹兴
中西之“道”——论《道德经》在西方的翻译及传播/袁朝云
宗教情怀与灾后心理康复/李明

交流

山东：多措并举加强宗教工作基础建设/晁京震
西藏：建立寺庙管理长效机制/西藏自治区民宗委

湖南：探索民间信仰活动场所管理新举措/湖南省宗教事务局

悦读

悠然禅意论音乐——田青《禅与乐》读后/姚慧

全球化之下的群体焦虑——读《大中东行纪》/张雪梅

生活

一路前行一路景　风雨兼程访兰若——“佛教胜地行”系列采访活动之河北、河南纪行/卢晓容、姜小溪

凝聚爱国情　传递正能量——江苏省宗教事务局加强宗教文化建设纪实/鞠桂富

胜迹

泉城之水润古寺——记济南清真北大寺/本刊编辑部

江楚清虚地　道子云集处——记武汉长春观/本刊编辑部

第八期目录

特稿

俞正声西藏调研　关心藏传佛教的健康发展

要闻

你们的需求就是我们努力的目标——记国家宗教事务局党的群众路线“开门征求意见日”活动/田悦阳

聚焦作风建设　推进宗教工作——国家宗教事务局群众路线专题学习研讨班侧记/卢晓容

禅化生活无尽悦——柏林禅寺生活禅夏令营二十届纪念大会举行/姜小溪

专题

桃李芬芳会有时——中国道教加强人才建设/王晓刚等

理论

佛教思想与生态文明/洪修平

人物

梦在前方　路在脚下/王作安

六十年继往开来——中国佛教协会成立60周年之际专访传印会长/本刊编辑部

跨越边界的深度学习——哈佛大学世界宗教研究所所长克鲁尼教授访谈/潘少铎、孙乃木、游斌

忆丁文方先生二三事/马文艺、王树理、袁澍

文化

养气之道：道教的生命哲学/王毅

云在青天水在瓶　闲来自听落花声——王维《鸟鸣涧》一诗的禅意解析/张锦辉

穷彻本源犹不休——高峰原妙禅师的参禅经历/牟成娟

中国基督教音乐先河/陈伟

“以琴说法”——《枯木禅琴谱·竹序》的佛理阐释/夏凡

心悟梵天净土　共绘和谐桃源——2013中国梵净山生态文明与佛教文化论坛举行/姜小溪

论坛

基层宗教事务依法管理新探/林传富

汉传佛教素食传统浅谈/圣凯

发挥宗教优势　拓展民间外交——中国基督教合唱团访塞述评/岳清华

处境化神学的思考和实践——从新教神学看中国基督教会神学思想建设/张仕颖

论莲花的意象与佛教/赵志刚

交流

在社会转型中创新宗教事务管理——江苏新农村建设中的宗教和谐关系研究/张华、薛恒

做好伊斯兰教工作的“点”字经/杨月峰

悦读

笃行山道　坚守经训——读《希拉伦丁·陈广元传》/许晓晴

生活

梦想起航的地方——醇亲王府三代守门人心中的梦/夏云

山西佛教印象/李嶷

宗教专题集邮　乐在其中/潘明权

胜迹

高塔传慈悲　伽蓝寄恩情——记西安大慈恩寺/本刊编辑部

金陵古城中的欧式风情——记南京市石鼓路天主堂/本刊编辑部

第九期目录

特稿

凝心聚力　建设和谐健康发展的中国教会——中国基督教第九次代表会议在北京召开/马宇虹、焦洋

中国佛教协会举行成立60周年纪念会　俞正声会见与会代表/本刊编辑部

中国伊斯兰教协会举行成立60周年纪念会　俞正声会见与会代表/本刊编辑部
风雨一甲子　奋进六十年——刘延东副总理在中国佛教协会成立60周年纪念会上的讲话
六十年砥砺前行　六十年春华秋实——刘延东副总理在中国伊斯兰教协会成立60周年纪念会上的讲话
刘延东在青海调研时强调　宗教要和睦民族要团结/夏云

专题

宗教工作如何践行群众路线/王作安、蒋坚永、张乐斌等

理论

六祖思想的现代启示/传印
道教养生智慧及其现代价值/吕锡琛

人物

光辉历程六十年——在中国伊斯兰教协会成立60周年之际访陈广元会长/敏俊卿
“在我们相似的地方就可以对话”——美国乔治敦大学教授莱弗比尔访谈/游斌、聂建松

论坛

民主办教是天主教会的发展趋势/沈斌
也谈天主教民主办教/王怀茂
关于加强宗教界档案工作的思考/莫宗通
中国禅的生态意蕴/王治河、吴言生
关于推进中国教会神学教育的思考/楼世波

文化

“清真”的真精神——伊斯兰教“清真”饮食漫谈之一/从恩霖
眸首灵山静思华萃——解读现代佛教艺术的本土化/章岁青
道教文化与民族精神/黄海德
牧心如牛——《十牛图》及其图颂中的禅学思想/俞思雯

交流

打造新时代法乘　树立僧教育典范——中国佛学院普陀山学院的管理与特色/陈宏成

专栏

宗教院校教师资格认定和职称评审聘任办法（试行）
宗教院校学位授予办法（试行）

生活

存善心　行善事　快乐行善——洗心禅寺慈善基金会的助学活动/尚诚

一位基层宗教工作干部的中国梦——何祥英和她的《提神正气歌》/本刊编辑部
古塔·古柏·佛刹·僧人——河北佛教掠影/李嶷
觉悟人生：文化节外的六祖惠能——广东禅宗六祖文化节暨惠能大师圆寂1300周年系列活动侧记/张华

悦读
超越伊斯兰政治史的中东史——读《中东：自基督教兴起至二十世纪末》/韩大猛

胜迹
让古刹重归清净庄严——太原龙泉寺改造环境的故事/孙伟

第十期目录

特稿
习仲勋同志与宗教工作　纪念习仲勋同志诞辰100周年
习仲勋同志对宗教工作的卓越贡献
重温五十八年前的一次批评/王作安

要闻
丝路著新语　文化展风姿——2013中国·土耳其伊斯兰文化展演随记/刘阳
书写两岸佛教交流新篇章——大陆佛教代表团赴台湾交流侧记/颜玉科、张华
互鉴拓展视野　对话增进和谐——第三届天主教本地化神学论坛在北京召开/姜小溪
西行万里结金兰——中国道教赴欧洲三国开展文化交流活动侧记/陈冠桥

专题
习仲勋：宗教工作的卓越领导者——纪念习仲勋同志诞辰100周年

理论
禅：文明沟通的桥梁/梁世和

人物
凝心聚力　继往开来——访中国基督教三自爱国运动委员会主席傅先伟、中国基督教协会会长高峰/本刊编辑部
宗教对话：中国宗教学的紧迫主题——浙江大学王志成教授访谈/徐晓燕
林巧稚：怀着基督仁爱的医者/岳清华、林超群

文化
民间灯彩中的图腾崇拜——以吉安灯彩为例/肖文、周冬梅
佛教在北魏的调整与适应/徐婷、陈昌文
穆斯林的求“真”——伊斯兰教“清真”饮食漫谈之二/从恩霖

妈祖：中国海洋文化的象征/孙晓光、张赫名
唐卡中的佛教世界/尚诚

论坛

伊斯兰教健康发展五要/张乐斌
宗教活动场所法人资格调研与思考——以广东省为例/广东省宗教活动场所法人资格调研课题组
宗教教职人员社会养老保险的几个问题/李沫

悦读

新中国宗教工作的理论解读——《新中国宗教工作史》评介/黄超

交流

重视宗教工作　践行群众路线——云南省建立领导干部联系宗教界人士工作机制/梁慧斌
“135”工作法：释放宗教界正能量——太原市万柏林区积极引导宗教与社会主义社会相适应/李晓玉

生活

信仰且行善——印尼穆斯林组织的社会服务/杨桂萍
素朴传幽真——辽宁佛教印象/李嶷
开启智慧　点燃心灯——记2013年少林问禅活动/邹相
两岸是一家　主内是弟兄——两岸基督教论坛侧记/邱云
生命与生活——山西省基督教首届讲道交流活动侧记/石薇

胜迹

闽中名刹　梅峰古寺——记福建莆田梅峰光孝寺/国威
穹庐下的爱国古寺——记内蒙古自治区多伦县清真北寺/本刊编辑部
峥嵘岁月铸风骨——记吉林省双辽市天主教堂/本刊编辑部

第十一期目录

特稿

用优良作风推进宗教工作/王作安

要闻

深入查摆剖析　认真整改落实——国家宗教事务局党组召开党的群众路线教育实践活动专题民主生活会/若谷
三十载耕耘结硕果——中国天主教神哲学院成立30周年庆祝大会在京举行/张华

时评

中国宗教文化“走出去”大有可为/刘元春

专题

向宗教极端主义说“不”/本刊评论员马劲、从恩霖、何春明、沈毅

理论

关于中国宗教学研究的几个问题/卓新平

人物

佛教与社会主义核心价值观/魏道儒

觉者之光耀香江——记香港佛教联合会会长觉光长老/本刊编辑部

建立富有中国特色的圣经学——香港中文大学教授李炽昌访谈/焦玉琴、游斌

文化

铜箔镌经：净心的艺术/尚诚

道教对生态文明建设的启示/郭敬宇

基督教音乐的神圣之美——以威尔第的《安魂曲》为例/曲萌

圣经对英语语言的影响/王国君

南山风范显宗风　薪火相传三十年——福建佛学院成立30周年庆典侧记/普光

论坛

佛教健康发展的三个根本保障/蒋坚永

浅议民间信仰活动的引导和管理/陈振华

爱的神学　美之生命——探索丁光训主教的神学思想及其精神/肖安平

加强宗教文化建设　促进社会和谐发展/杨玉辉

宗教文化对西藏生态保护的积极作用/陈焱

交流

让普法之花在宗教工作中绽放——2013年“宗教政策法规学习月”活动总结/国家宗教事务局政治司

听良策　纳贤言　实现转型——关于“三支队伍”培训工作情况的调研与思考/左卫国、李晓宏、叶倩、周燕飞

壮大主流舆论　服务工作大局——国家宗教事务局记2013年宣传通联工作会议/本刊编辑部

河北佛教慈善基金会的成长之路/邓莉雅

生活

叙述历史的诗歌——西藏佛教印象/李巍

少林文化的背后是伟大的中国——“首届北美少林文化节”活动纪实/邹相
“天府之国”的美好见证　四川省基督教两会抗震救灾纪实/四川省基督教两会
爱兄弟　爱众人——温州基督教会柳市堂的社会服务/恩言

悦读

道教学研究“全球化”时代的到来——《理论·视角·方法：海外道教学研究》评议/张雪松

胜迹

兹山信是无量寿——记广西全州湘山寺/张云江
在烽火岁月里熔铸爱国情怀——记江西省兴国县冰心洞观/本刊编辑部

第十二期目录

“黄金纽带”宜珍惜/王作安
和睦相处　美美与共——记香港六宗教领袖座谈会成立35周年/燕子
千秋兄弟情　日日德业新——第十六次中韩日佛教友好交流会议在海南三亚举行/李嶷
对话增进友谊　交流创造和谐——第二届中美基督教领袖论坛在沪成功举行/薛春梅、姜小溪
佛教放生习俗的形成及其流行/圣凯
人鸟虽殊同是客——白居易的护生故事/范文丽
亲经患难知断杀——苏东坡的护生故事/范文丽
莫让放生变杀生/蒋劲松
佛教与中国梦/方立天
基督教中国化之浅见/李平晔
保罗·尼特：宗教多元论与中国宗教/富瑜
闻一多与基督教/谢荣谦
佛教民俗与生态文明建设——民间文艺中的护生宣传/陈红兵
道教的整体营养观/张崇富
海峡两岸的门神文化/王世伟
清真与禁忌——伊斯兰教“清真”饮食漫谈之三/从恩霖
于此山中　别有洞天——葛洪与罗浮山道教文化/张华
在继承创新中探索佛教院校发展路径/张乐斌
世界宗教发展的几个新动向/雷春芳
伊斯兰教劳动伦理的四重维度/李秀娟
发挥宗教文化正能量　促进经济社会发展——以浙江省宁波市为例/张慧珍
“处境化”的宗教思想史解读——评《宗教改革运动思潮》/王琦
将慈善进行到底——厦门南普陀寺慈善会的慈善心得/姜小溪
扬州：规范宗教活动场所建设/姜涛、赵颖

生活

“许可”、幸福、神圣的朝觐之旅/李革、敏俊卿、马秀邦
觉悟群生　奉献社会——记上海玉佛禅寺第十二届觉群文化周/曹曙红
百年教堂　旧貌新颜——记山东省临沂市兰山路天主教堂/杨力鸣、卜祥武

2013年度我国宗教研究专业辑刊目录

2013年度《宗教与哲学》目录

宗教哲学

康德与哈曼往来书信集/李秋零译

宗教思想中的后现代主义/［英］约翰·麦奎利著，何光沪、高师宁译

简论西方哲学神学/卓新平

情感何以是有序的？——续论马克斯·舍勒的“质料的价值伦理学”基础/黄裕生

王阳明三教之判中的五个向度/陈立胜

道德并不必然导致宗教——康德宗教哲学辩难/李秋零

经典诠释

巫术、宗教与科学：既是分类，也是发展序列？/金泽

伊斯兰哲学新论/周燮藩

关于道家思想与中西价值观融合的一篇读书述评/王卡

寻求解脱的思辨方式/王志远

从《梵经》及其注释看佛教与吠檀多派的理论差别/姚卫群

道德学社与道德宗教/韩星

哲学能否成为“严格的科学”——舍斯托夫评胡塞尔哲学观/徐凤林

论阿伯拉尔的榜样伦理学/张荣

思想视野

宗教的两个形态：“连续”与“断裂”——以儒教与基督宗教为主的对比/林安梧

“亲亲相隐”与“隐而任之”/梁涛

儒家的历史形上观——以时、名、命为例/陈少明

庄子、安萨里和商羯罗论人生之为梦/周伟驰

宗教研究

“宗教概念”的观念史考察——以利玛窦的中西方宗教观为例/张志刚

从“神本神学”到“人本神学”——卡尔·拉纳在当代天主教神学中的坐标点/王新生

宗教多样性的合理性挑战与人类认知的个体相对性/钱雪松

西方宗教信念认知合理性的两种解读方式/翟志宏

阿奎那的实在论在天使观上的困境分析/濮荣健

宗教经济学：成就与发展/张清津

2013年度《宗教人类学》目录

名家特约

Local Religion in North China in the Twentieth Century: The Structure and Organization of Community Rituals and Beliefs/Daniel L. Overmyer

田野现场

神山与家屋——嘉绒藏人的神圣历史和社会结构/张原

洞穴世界——以洛域为例/陈波

神判中的讼争与教谕——以一个黔中屯堡村寨的降乩仪式为例/汤芸

重建中的社会与宗教体系——一个西双版纳的历史人类学个案/杨清媚

“叠写”的限度——一个大理节庆的地方意义与非遗化/梁永佳

“藏彝走廊”的宗教人类学研究/王铭铭

本土眼光

妈祖造像与“标准化”问题讨论/张珣

本土宗教研究的人类学视角——以儒家祭祀文化为例/王霄冰

三时系念与净空派居士道场——以临江净空派某居士道场为例/谢燕清

村落间的仪式互助——以安国县庙会间的“讲礼”系统为例/徐天基

从超验到通俗——弘阳教诉求主题变迁的研究/杨德睿

官方的态度与宗教在民间发展的关系/范丽珠

域外视野

现代非洲妖术研究的发展——以非洲市场经济化及妖术现象为中心/［日］沟口大助著，边清音译，刘正爱校

日本的萨满教研究——成果与课题/［日］新里喜宣著，刘正爱译，陈进国校

日本人类学的风水研究/［日］小林宏至著，张晶晶译，刘正爱校

日本民间信仰研究回顾——从反思二分法的视角来看/［日］阿部朋恒著，刘正爱、陈进国校

日本宗教人类学的现状/［日］河合洋尚

思想交谈

基督教人类学/Jon Bialecki，Naomi Haynes，Joel Robbins 著，方静文译，黄剑波校

基督教人类学在美国/刘琪

学术评论

丹尼尔·法布尔的狂欢节研究/鞠熙

宗教人类学研究的清新之风——评吴乔博士的《宇宙观与生活世界》/孟慧英

信仰主体、地方与生活实践中的政治经济过程——读《构建中国的耶路撒冷》/黄剑波

《乡村社区的信仰、政治与生活》评介/孙璞玉

第二届宗教人类学学术论坛在北京召开/李金花

2013年度《宗教社会学》目录

中心论题：宗教与现代性

变奏中的创新/何其敏

文化演化与宗教/范丽珠、James Whitehead、Evelyn Whilehead

现代性语境下的世俗化理论研究/郑莉

范式崩溃？世俗化理论再思考——以彼得·伯格的立场转变为线索/黄海波

世俗化的意义与视野/［比］道博莱尔（Karel Dobbelaere）著，李华伟译

全球化、公共宗教及世俗主义：一个宗教社会学的争论/刘义

权力、阐释和现代性——论阿萨德对宗教的谱系学研究/蔡圣晗、黄剑波

卡萨诺瓦论世俗化、公共宗教与现代性——《现代世界中的公共宗教》评介/李韦

现代性中的宗教支持与限制：罗伯特·贝拉的宗教社会学思想述评/李峰

西美尔的诊断和议案：现代宗教生活的困境和重建/田薇

西美尔对宗教与货币的形式相似性的理解：以“信仰”为例/邵铁峰

中国宗教的社会学研究

论中国宗教的社会学研究/［英］莫里斯·弗里德曼著，李华伟译

信仰是一种权力关系的建构——以中国社会的“信仰关系”为中心/李向平

意义的匮乏与北京市大学生对宗教的兴趣态势/孙尚扬、李丁

需求—供给传播和社会化传播——试论熟人社区的基督教传播模式/韩恒

俗土筑就的圣殿——基于一个华北村落的庙宇演变/郭慧玲

经典钩沉

重读《宗教生活的基本形式》/高师宁

超越宗教研究：玛丽·道格拉斯的“格/群”文化理论/陈锐钢

理论前沿

《身份认同与宗教——国际跨文化研究路径》导言/［德］汉斯·莫尔（Hans Mol）著，黑颖译

扬纳科内的宗教经济学思想评介——兼论宗教研究范式的转型/杨林霞

书评

主题阅读导言/黄剑波

读葛兰言《中国人的宗教信仰》/王超文

“分散性宗教”概念本身的张力探析——评《中国社会中的宗教》/付来友

学科综述

国外灵性资本研究综述/乌媛

2012 年宗教社会学教师研修班暨第九届中美欧暑假宗教学高级研讨班综述/李钧杰

2013年度《宗教心理学》目录

宗教心理学之我见/梁恒豪

历史展望

重视我国宗教心理学问题的研究/宋兴川

宗教研究的心理学视角：历史、理论与方法/陈彪

中国宗教心理学的发展现状和展望/梁恒豪

域外视野

西方宗教心理学的历史——理论和方法/吉姆·尼尔森著，梁恒豪译

跨文化、不同信仰背景中的宗教经验/路易斯·霍夫曼著，梁恒豪译

皈依心理学与信仰转换/刘易斯·兰博著，陈纳、刘芳译

理论前沿

宗教心理学在美国的发展历程及态势探析/陈永胜、梁恒豪、陆丽青

宗教心理学视阈下弗洛伊德的宗教经验观——兼论弗洛伊德理论的 X 模型/周普元、彭无情

冯特的宗教心理学思想研究/陆丽青

詹姆斯的宗教心理学思想新探/陈永胜、沈洋

瓦茨的神秘体验宗教心理观探究/陈永胜

西方宗教心理学研究的“去宗教性”倾向/石文山

思想交谈

保罗的“皈依”：一个宗教心理学经典案例的再理解/张晓梅

中国古代道家责任心理思想及其现代意义/叶浩生

无我：佛教中自我观的心理学分析/彭彦琴、江波、杨宪敏

论儒道互补与中国心理咨询本土化/周武、徐学俊

实证研究

关于宗教认同的调查与分析/梁丽萍

宗教体验的情绪活动与生理活动研究/韩慧娟、刘昌

学术书评

发展中国的宗教心理学的必由之路——陆丽青译冯特的《民族宗教心理学纲要》序/

吕大吉

　　佛教心学的智慧——评陈兵《佛教心理学》/张海滨

2013年中国宗教学及宗教类新版图书简目

王　伟编

宗教学及宗教通论

《马克思主义宗教观研究》（第1辑）/卓新平主编，中国社会科学出版社2013年/336页（马克思主义专题文丛）

《中国宗教研究年鉴（2011—2012）》/曹中建主编，中国社会科学出版社2013年/1379页

《中国宗教报告（2013）》/金泽、邱永辉主编，社会科学文献出版社2013年/326页（宗教蓝皮书）

《宗教研究指要》（修订版）/张志刚著，北京大学出版社2013年/570页

《宗教学讲义》/任继愈著，国家图书馆出版社2013年/173页

《中国宗教学》（第4辑）/中国宗教学会秘书处编，宗教文化出版社2013年/473页

《宗教研究（2012）》/方立天主编，宗教文化出版社2013年/306页

《当代中国民族宗教问题研究》（第7集）/中国统一战线理论研究会民族宗教理论甘肃研究基地编，中国社会科学出版社2013年/280页

《论内心生活》/［德］托马斯·厄·肯培等著，孙平华、曲欣译，中国对外翻译出版公司2013年/198页

《就公民社会论宗教的本质与特性》/［德］萨缪尔·普芬道夫著，俞沂暄译，上海三联书店2013年/140页（思想与社会丛书）

《古代埃及宗教与政治关系研究》/李模著，线装书局2013年/205页

《历史与信仰：个人的探询》/［英］科林·布朗著，查常平译，上海三联书店2013年/147页

《当代美国的宗教》/［美］约翰·F. 威尔逊著，徐以骅等译，上海人民出版社2013年/171页

《形上之路——基督宗教的哲学建构方法研究》/徐龙飞著，北京大学出版社2013年/560页（北京大学外国哲学研究丛书·第2辑）

《马克思主义宗教观研究（2011）》/曾传辉主编，社会科学文献出版社2013年/378页

《俄国的东正教与劝诱改宗》/［美］小约翰·威特、［英］迈克尔布尔多主编，刘洋译，隋嘉滨校译，中国民主法制出版社2013年/317页（西方法律与宗教学术论丛）

《宗教与哲学》（第2辑）/金泽、赵广明主编，社会科学文献出版社2013年/499页

《宗教人类学》（第4辑）/金泽、陈进国主编，社会科学文献出版社2013年/459页

《宗教心理学》（第 1 辑）/金泽、梁恒豪主编，社会科学文献出版社 2013 年/300 页（宗教学理论研究丛书）

《宗教社会学》（第 1 辑）/金泽、李华伟主编，社会科学文献出版社 2013 年/467 页

《东南亚宗教与社会发展研究》/郑筱筠主编，中国社会科学出版社 2013 年/385 页

《基督教与中国文化处境》/卓新平著，宗教文化出版社 2013 年/236 页

《意识的神学——施莱尔马赫神学方法研究》/黄毅著，人民出版社 2013 年/247 页（启蒙时代的理性与信仰）

《宗教演化史》/郑建业著，中国大百科全书出版社 2013 年/97 页（中国大百科全书·名家文库）

《战后日本的新宗教与政治》/郜宏伟著，世界知识出版社 2013 年/296 页

《论美国政治一体化的宗教文化基础》/宁玲玲著，世界图书出版公司 2013 年/189 页

《地方文化与信仰共同体的生成：人类学与中国基督教研究》/黄剑波著，知识产权出版社 2013 年/217 页

《乡村基督徒与儒家伦理——豫西李村教会个案研究》/李华伟著，社会科学文献出版社 2013 年/318 页（宗教学理论研究丛书）

《儒学与中国宗教》/张践著，中国财富出版社 2013 年/246 页

《卫三畏生平与书信》/［美］卫斐列著，大象出版社 2013 年/490 页

《历史与性别——儒家经典与〈圣经〉的历史与性别视域的研究》/贺璋瑢著，人民出版社 2013 年/382 页

《宗教与中医学发微》/赵文著，宗教文化出版社 2013 年/403 页

《马克思恩格斯宗教思想研究》/牛苏林著，宗教文化出版社 2013 年/305 页

《宗教非营利组织的身份建构研究——以上海基督教青年会为例》/黄海波著，上海社会科学院出版社 2013 年/266 页

《近代理想主义》/［英］柏克莱等著，谢扶雅等编译，宗教文化出版社 2013 年/423 页

《中国宗教多元与生态可持续发展研究》/苏发祥主编，学苑出版社 2013 年/381 页（西部中国民族学文库）

《刘峰著作全集》（上、中、下卷）/刘峰编著，社会科学文献出版社 2013 年/1160 页（法源丛书）

《龙牌会：一个冀中南村落中的民间宗教》/华智亚著，上海人民出版社 2013 年/283 页

《新中国宗教工作史》/段德智著，人民出版社 2013 年/384 页

《人的宗教》/［美］休斯顿·史密斯著，刘安云译，海南出版社 2013 年/390 页

《生态文明视阈中的民间信仰》/张祝平著，暨南大学出版社 2013 年/260 页

《跨文明对话——葛兰的伊斯兰理念与人文主义话语》/［美］吉尔·卡罗尔著，宗教文化出版社 2013 年/184 页

《新疆宗教工作基础知识干部读本》/国家宗教事务局三司编，宗教文化出版社 2013 年/233 页

《宗教经典汉译研究》/雷雨田、万兆元主编，社会科学文献出版社 2013 年/282 页

《时代学术经典·阿奎纳著作集》（全 6 卷）/［意］圣多玛斯·阿奎纳著，吕穆迪

译，安徽人民出版社 2013 年/2424 页

《明末天主教与儒学的互动——一种思想史的视角》/孙尚扬著，宗教文化出版社 2013 年/265 页

《法治文化视域中的宗教研究》/中国政法大学宗教与法律研究中心编，宗教文化出版社 2013 年/389 页

《魏晋南北朝佛教经学》/任继愈著，国家图书馆出版社 2013 年/198 页

《在自然主义与宗教之间》/［德］尤尔根·哈贝马斯著，郁喆隽译，上海人民出版社 2013 年/303 页（世纪人文系列丛书·世纪前沿）

《心性之学述要——探索儒道佛学间的实质》/俞昌达著，浙江大学出版社 2013 年/418 页

《基督教与中国文化》/国家宗教事务局宗教研究中心编，宗教文化出版社 2013 年/262 页

《佛教、道教视野下的焰口施食仪式研究》/袁瑾著，宗教文化出版社 2013 年/449 页

《法律文化视野下的宗教规范研究》/王宏选著，厦门大学出版社 2013 年/204 页

《佛教哲学》/方立天著，宗教文化出版社 2013 年/319 页

《全球化与宗教对话》/王志成著，武汉大学出版社 2013 年/148 页（高等院校通识教育系列教材）

《佛学概论：流行海外 30 年的佛学入门经典》/周绍贤著，世界图书出版公司 2013 年/269 页

《宗教与当代中国社会》/卓新平主编，社会科学文献出版社 2013 年/359 页（世界宗教研究丛书）

《印度宗教与佛教》/李建欣著，宗教文化出版社 2013 年/434 页

《儒、道、易与基督信仰》/梁燕城著，宗教文化出版社 2013 年/326 页

《国尚师位——历史中的儒家释奠礼》/［韩］柳银珠著，宗教文化出版社 2013 年/244 页

《宗教问题探索 2011～2012 年文集》/晏可佳、葛壮主编，上海社会科学院出版社 2013 年/271 页

《20 世纪西方文化危机宗教哲学批判》/陈树林等著，人民出版社 2013 年/375 页

《马克思主义宗教观教育的理论与实践研究》/李建生著，中国社会科学出版社 2013 年/336 页

《宗教与中国文学散论：梦枕堂丛稿二编》/李小荣著，凤凰出版社 2013 年/364 页

《当代宗教多元论》/王志成著，宗教文化出版社 2013 年/342 页

《人文宗教研究》（第 3 辑）/李四龙主编，宗教文化出版社 2013 年/349 页

《宗教研究方法讲记》/楼宇烈著，北京大学出版社 2013 年/246 页（名师大讲堂系列）

《东汉佛道文献词汇新质研究》/俞理明、顾满林著，商务印书馆 2013 年/474 页

《全球化、公共宗教及世俗主义——基督教与伊斯兰教的比较研究》/刘义著，上海人民出版社 2013 年/226 页

《民族文化与宗教哲学研究论集》/马福元著，中国社会科学出版社 2013 年/443 页

《宗教与美国社会——宗教与变化中的美国和世界》（第 8 辑）/徐以骅等主编，时事

出版社 2013 年/460 页

《中国特色社会主义宗教理论学习读本》/国家宗教事务局党组理论学习中心组编，宗教文化出版社 2013 年/222 页

《滇藏澜沧江谷地的教派冲突》/王晓、高薇茗、魏乐平著，中山大学出版社 2013 年/204 页（艽野东南的民族丛书）

《整体稀缺与文化适应：三岩的帕措、红教和民俗》/许韶明、何国强著，中山大学出版社 2013 年/373 页（艽野东南的民族丛书）

《大辞海·宗教卷》/夏征农、陈至立主编，王作安著，上海辞书出版社 2013 年/1040 页

《马克思主义宗教观研究（2012）》/曾传辉主编，社会科学文献出版社 2013 年/319 页（世界宗教研究丛书）

《宗教信仰与中国古代小说叙事》/万晴川著，浙江大学出版社 2013 年/385 页

佛教

《佛教文化与中国电影》/高飞著，中国传媒大学出版社 2013 年/165 页

《中国一百僧佛》/卢延光绘，吴伯衡、蔡卓之编文，中国青年出版社 2013 年/205 页（中国历史文化人物读本）

《禅诗精选》/王春红编著，企业管理出版社 2013 年/152 页

《空谷心音——易菁讲心经》/易菁著，中央编译出版社 2013 年/195 页

《问佛陀：〈碧岩录〉里明心见性大智慧》/卢倩倩著，新世界出版社 2013 年/202 页

《禅师读红尘：写给都市人的枕边幸福禅》/刘江川著，新世界出版社 2013 年/216 页

《证严上人　琉璃同心圆》/潘煊著，复旦大学出版社 2013 年/280 页

《让心安住》/陈春花著，机械工业出版社 2013 年/185 页

《呼吸之间》（增订版）/李谨伯著，华夏出版社 2013 年/398 页

《每天读一点佛教常识》/雨轩著，沈阳出版社 2013 年/270 页

《雍仲本教法藏宝典》/（清）夏尔匝·扎西坚赞著，卡纳尔·格桑嘉措译，青海人民出版社 2013 年/386 页

《佛学与文化论集》（第 2 辑）/释大愿主编，宗教文化出版社 2013 年/473 页

《般若波罗密多心经讲录》/弘一法师著，中医古籍出版社 2013 年/240 页

《太阳，我的心：观照的奇迹》/一行禅师著，线装书局 2013 年/203 页

《来自心上的答案：生活是最好的修行》/一行禅师著，线装书局 2013 年/207 页

《文殊菩萨传》/明一居士著，现代出版社 2013 年/279 页

《看淡：活出人生大格局》/闫荣霞著，武汉出版社 2013 年/247 页

《八大人觉经》/释证严讲述，复旦大学出版社 2013 年/152 页（证严上人著作·静思法脉丛书）

《欢喜自在》/释证严著，复旦大学出版社 2013 年/114 页（证严上人著作·静思法脉丛书）

《茶密禅心》/悟义著，文汇出版社 2013 年/378 页

《佛学经义》/王孺童著，漓江出版社 2013 年/228 页

《佛学启蒙》/王孺童著，漓江出版社 2013 年/152 页

《季羡林说佛遗稿汇编》/荣宏君编注，上海三联书店 2013 年/151 页

《我愿无穷》/圣严法师著，世界图书出版公司 2013 年/278 页

《慢慢禅》/路勇著，韩淑萍绘，东方出版社 2013 年/274 页

《六朝佛教思想研究》/［日］小林正美著，王皓月译，齐鲁书社 2013 年/314 页

《想：浮现心中之相》/赵健雄著，上海人民出版社 2013 年/128 页

《雪漠：光明大手印三部曲》（全 5 册）/雪漠著，中央编译出版社 2013 年

《禅修入门》/虚云等撰，九州出版社 2013 年/325 页

《妈妈的佛法书之上学篇》/［澳］萨拉·娜塔莉著，蒋竹怡译，译林出版社 2013 年/248 页

《唐代宗教造型艺术》/岳钰著，陕西人民出版社 2013 年/179 页（西部人文讲座丛书）

《常诵佛经十种》/陈兵编，华文出版社 2013 年/325 页

《和佛陀一起云游四季》/释见介著，释见澈绘，中国友谊出版公司 2013 年/227 页

《开启智慧之门——毗婆舍那禅修讲记》/缅恰宓西亚多著，王眉涵译，华文出版社 2013 年/324 页

《迎面撞上禅 1：宠辱不惊》/明一居士著，现代出版社 2013 年/252 页

《迎面撞上禅 2：万物有情》/明一居士著，现代出版社 2013 年/279 页

《迎面撞上禅 3：心帆破浪》/明一居士著，现代出版社 2013 年/284 页

《〈净土决疑论〉讲记》/印光法师著，释传印讲记，金城出版社 2013 年/292 页

《般若智》/单非著，中国财富出版社 2013 年/237 页

《妙香佛映——南诏大理国佛教造像艺术品鉴》/马榆著，云南美术出版社 2013 年/281 页

《不是为了快乐：前行修持指引》/［不丹］宗萨蒋扬钦哲仁波切著，姚仁喜译，深圳报业集团出版社 2013 年/234 页

《苦才是人生》（全 2 册）/索达吉堪布著，甘肃人民美术出版社 2013 年

《空·人生》/李华民著，西藏人民出版社 2013 年/336 页

《世亲唯识学的根本性研究》/［日］稻津纪三著，肖平、杨金萍译，宗教文化出版社 2013 年/270 页

《完整佛教思想导论》/周贵华著，宗教文化出版社 2013 年/360 页

《根本没烦恼》/杜大宁编著，中国民族摄影艺术出版社 2013 年/244 页

《玄奘精神》/墨川著，经济管理出版社 2013 年/181 页

《金刚经·心经释义》/王孺童译注，中华书局 2013 年/431 页（国民阅读经典）

《佛教》/赵朴初著，中国大百科全书出版社 2013 年/94 页（中国大百科全书·名家文库）

《汉译佛典语法研究论集》/蒋邵愚、胡敕瑞主编，商务印书馆 2013 年/615 页

《菩提语路》/王嘉良著，企业管理出版社 2013 年/178 页

《秀甲天下峨眉山》/余志超著，大象出版社 2013 年/158 页（中国佛教文化之旅丛书）

《雪域梵宫：布达拉宫和大昭寺》/噶特才让（韩腾）著，大象出版社 2013 年/159 页（中国佛教文化之旅丛书）

《吴地梵音：苏州三寺》/顾鹏程著，大象出版社 2013 年/159 页（中国佛教文化之旅丛书）

《普天佛香：宋辽金元时期佛教》/熊江宁著，大象出版社 2013 年/159 页（中国佛教文化之旅丛书）

《鼎盛辉煌：隋唐五代时期佛教》/熊江宁著，大象出版社 2013 年/158 页（中国佛教文化之旅丛书）

《未来救赎：弥勒佛》/卢晓容著，大象出版社 2013 年/156 页（中国佛教文化之旅丛书）

《寺塔灵秀：江南名寺》/张静雯著，大象出版社 2013 年/159 页（中国佛教文化之旅丛书）

《清凉世界：五台山》/李凌己等著，大象出版社 2013 年/159 页（中国佛教文化之旅丛书）

《佛说诸经缘起》（汉藏对照）/曲甘·完玛多杰编著，青海人民出版社 2013 年/350 页

《支提山华严寺志》/袁冰凌编著，福建人民出版社 2013 年/284 页

《〈宗教不宜混滥论〉讲记》/印光法师著，释传印讲记，金城出版社 2013 年/226 页

《佛教仪规入门》/衍慈法师著，宗教文化出版社 2013 年/141 页

《密教发达志》（全 2 册）/吴信如主编，中国书籍出版社 2013 年/565 页

《宁海福泉寺五百罗汉》/李江林编著，西泠出版社 2013 年/509 页

《中国佛教》/赵朴初著，中国大百科全书出版社 2013 年/94 页（中国大百科全书·名家文库）

《西藏本教研究：岷江上游本教的历史与现状》/同美著，民族出版社 2013 年/444 页

《佛家的人生三悟：放下、看破、自在》/张铁成著，新世界出版社 2013 年/260 页

《禅学研究》（第 10 辑）/赖永海主编，江苏人民出版社 2013 年/273 页

《我爱红尘——凡人眼中的〈金刚经〉》/刘冬颖著，中华书局 2013 年/216 页

《中国佛门书画家图典》/于建华、于津著，学林出版社 2013 年/272 页

《与无常共处：108 篇生活的智慧》/［美］佩玛·丘卓著，胡因梦译，深圳报业集团出版社 2013 年/180 页

《天台四教仪浅释》/释心悟著，中国财富出版社 2013 年/386 页

《佛教经典诗研究》/孙尚勇著，高等教育出版社 2013 年/457 页

《无名的造神者》/陈乃华著，世界图书出版公司 2013 年/392 页

《转逆境为喜悦：与恐惧共处的智慧》/［美］佩玛·丘卓著，胡因梦译，深圳报业集团出版社 2013 年/178 页

《禅宗是什么》/胡适著，漓江出版社 2013 年/189 页

《藏传佛教宁玛派圣迹文化研究》/段晶晶著，四川民族出版社 2013 年/356 页

《星云大师十堂人生智慧课》/书亦编著，内蒙古人民出版社 2013 年/248 页

《金刚经·心经》/彭文译注，岳麓书社 2013 年/170 页（古典名著阅读）

《佛度有缘人》/周广宇著，北京燕山出版社 2013 年/237 页

《修行即修心：一念心清净莲花处处开》/罗俊英著，中国华侨出版社 2013 年/214 页

《做从容的自己：不生气的佛法课》/师永涛著，万卷出版公司 2013 年/230 页

《药师经法修学汇要》/杨颂编，宗教文化出版社 2013 年/299 页

《楞严经如来藏思想研究》/苏磊著，中国社会科学出版社 2013 年/221 页

《佛言禅语大合集》/王屏编，希望出版社 2013 年/373 页（成功素养大合集）

《日本佛教源流》/韦立新、任萍编著，世界图书出版公司 2013 年/172 页

《佛教神话研究：文本、图像、传说与历史》/王邦维、陈金华、陈明编，中西书局 2013 年/371 页

《走近藏传佛教》/王尧著，中华书局 2013 年/285 页

《禅与生活》/［日］铃木大拙著，刘大悲译，上海三联书店 2013 年/236 页

《悟性的提升》/［日］铃木大拙著，孟祥森译，上海三联书店 2013 年/185 页

《正念禅修》/［美］威廉姆斯、［美］彭曼著，刘海青译，九州出版社 2013 年/284 页

《闭上眼睛才能看清自己》/贤宗法师著，电子工业出版社 2013 年/238 页

《人间佛教语录》（全 6 册）/星云大师著，上海文化出版社 2013 年

《小和尚的白粥馆》/释戒嗔著，九州出版社 2013 年/291 页

《佛光祈愿文》/星云大师著，东方出版社 2013 年/424 页

《弘一法师全集》（全 4 册）/李叔同著，新世界出版社 2013 年

《直通现代心灵的佛法——六祖坛经》/杨慧南编，中国友谊出版公司 2013 年/269 页

《在岸边》/济群法师著，九州出版社 2013 年/214 页（白象丛书·问道系列）

《在此刻》/济群法师著，九州出版社 2013 年/213 页（白象丛书·问道系列）

《在浮世》/济群法师著，九州出版社 2013 年/214 页（白象丛书·问道系列）

《在路上》/济群法师著，九州出版社 2013 年/214 页（白象丛书·问道系列）

《慈心悲愿善待生命——佛教生命观研讨会论文集》/中国佛教协会编，宗教文化出版社 2013 年/308 页

《一念间：我所体悟的慈济思维》/何日生著，复旦大学出版社 2013 年/225 页

《佛养心　道养性：用佛的境界道的胸怀点释人生》/清音编著，立信会计出版社 2013 年/334 页（时光文库）

《“批判佛教”的批判》/张文良著，人民出版社 2013 年/360 页

《清净在源头》/释证严著，复旦大学出版社 2013 年/220 页（证严上人著作·静思法脉丛书）

《佛遗教经》/释证严讲述，复旦大学出版社 2013 年/246 页（证严上人著作·静思法脉丛书）

《禅心密印（2010）》/达照著，上海古籍出版社 2013 年/313 页

《绳命》/延参法师著，长江文艺出版社 2013 年（萌法师·禅解幸福·乐活人生系列）

《浮云》/延参法师著，长江文艺出版社 2013 年（萌法师·禅解幸福·乐活人生系列）

《临济宗黄檗派与日本黄檗宗》/林观潮著，中国财富出版社 2013 年/328 页

《话说佛教》/刚晓著，宗教文化出版社 2013 年/420 页

《中国三阶教史——一个佛教史上湮灭的教派》/张总著，社会科学文献出版社 2013 年/725 页（国家哲学社会科学成果文库）

《大藏经》（图文版）/鸠摩罗什等著，万卷出版公司 2013 年/336 页（万卷楼国学经典）

《佛学纲要》/蒋维乔编，知识产权出版社 2013 年/131 页

《佛陀说》/［英］奥利弗著，邱匀译，商务印书馆 2013 年/181 页（心灵访谈）

《当生命陷落时：与逆境共处的智慧》/［美］佩玛·丘卓著，胡因梦、廖世德译，深圳报业集团出版社 2013 年/194 页

《心如晴空：禅修带你的心回家》/明奘著，华文出版社 2013 年/412 页

《藏传噶玛嘎孜画派唐卡艺术》（上卷）/康·格桑益希著，四川美术出版社 2013 年/391 页

《藏传噶玛嘎孜画派唐卡艺术》（下卷）/康·格桑益希著，四川美术出版社 2013 年/388 页

《云南藏传佛教音乐文化》/桑德诺瓦、巩海蒂编著，袁静芳主编，宗教文化出版社 2013 年/448 页

《惠洪文字禅思想研究》/张惠远著，宗教文化出版社 2013 年/239 页

《牵骑心牛》/陈建宇著，译林出版社 2013 年/267 页

《释家文化》/李家晔主编，时事出版社 2013 年/273 页

《听林清玄讲禅意——在如诗如画般的语言里悟到生命真谛》/凌龙著，安徽人民出版社 2013 年/266 页（名师大讲堂系列）

《一口气读懂佛教的故事》/毕伶丽、彭永海编著，民主与建设出版社 2013 年/229 页（一口气文史系列）

《一口气读懂禅宗的故事》/张秀欣编著，民主与建设出版社 2013 年/260 页（一口气文史系列）

《读佛即是拜佛：弥勒佛传》/明一居士著，凤凰出版社 2013 年/285 页

《图解转心改运法》/释心田著，紫禁城出版社 2013 年/320 页

《佛教汉语词汇系统的结构及形成》/谭代龙著，西南交通大学出版社 2013 年/255 页

《大藏经》（全 4 册）/王俊杰、韩传强主编，印刷工业出版社 2013 年（藏书阁第 2 辑）

《高僧大德说观音》/吴平编，国家图书馆出版社 2013 年/249 页

《明代南京寺院研究》/何孝荣著，故宫出版社 2013 年/465 页（明清史学术文库）

《迷路原为等花开——听佛说幸福》/悟妙法师著，安徽人民出版社 2013 年/248 页

《和平零时差：全球对话录·从北纬 23.5°出发》/释心道著，宗教文化出版社 2013 年/338 页

《云在青天水在瓶：智宗法师佛学随笔集》/智宗著，浙江人民出版社 2013 年/318 页

《读禅阅心》/苏曼殊著，北京联合出版公司 2013 年/271 页（大家写给大家丛书）

《心与禅》/李叔同著，北京联合出版公司 2013 年/354 页（大家写给大家丛书）

《禅外阅世》/丰子恺著，北京联合出版公司 2013 年/245 页（大家写给大家丛书）

《拈花笑佛》/梁启超著，北京联合出版公司 2013 年/279 页（大家写给大家丛书）

《圣严说禅》/圣严法师著，译林出版社 2013 年/246 页（圣严法师著作系列）

《佛度有心人》/璨金居士编著，立信会计出版社 2013 年/341 页（时光文库）

《禅修心钥》/［缅］班迪达著，果儒译，海南出版社 2013 年/239 页

《本焕长老传奇》（全2册）/温雪著，海南出版社2013年/595页

《松巴佛教史》/（清）松巴堪布·益西班觉著，蒲文成、才让译，甘肃民族出版社2013年/568页

《清心：明学大和尚简记》/仁华、文华著，宗教文化出版社2013年/214页

《〈中观心论〉及其古注〈思择焰〉研究：以对数论派、胜论派、吠檀多派的批判为中心》（全2册）/何欢欢著，中国社会科学出版社2013年

《内蒙古佛教与寺院教育》/嘉木扬·凯朝著，中国社会科学出版社2013年/400页

《向释尊问佛》/邹牧仑著，海天出版社2013年/367页

《星云大师十句箴言》/王贵水编著，四川人民出版社2013年/190页

《佛教逻辑研究》/沈剑英著，上海古籍出版社2013年/720页

《明朝宫廷与佛教关系研究》/杜常顺著，中国社会科学出版社2013年/236页

《华枝春满，天心月圆：弘一大师传》/吴黎明著，长江文艺出版社2013年/265页（浪漫古典行·素心系列）

《星云日记》（简装44册）/星云大师著，岳麓书社2013年

《禅无境界——怡僧法师〈六祖坛经〉讲记》/怡僧法师著，陕西师范大学出版社2013年/317页

《禅宗是什么：胡适谈禅说佛》/胡适著，克川选编，当代中国出版社2013年/217页（聆听大师丛书）

《佛家养生大道》/张其成著，广西科学技术出版社2013年/196页（张其成国学养生系列）

《本来面目：关于佛法的多元相对论》/正心堂编著，中国友谊出版公司2013年/218页

《生命这出戏》/希阿荣博堪布著，华文出版社2013年/245页

《禅宗入门》/净慧法师著，华东师范大学出版社2013年/370页

《能断——〈金刚经〉给你强大》/索达吉堪布著，甘肃人民美术出版社2013年/262页

《旅途的脚印：放下就是幸福》/索朗达吉著，陕西师范大学出版社2013年/291页

《铃木大拙说禅》/［日］铃木大拙著，张石译，浙江大学出版社2013年/311页

《佛经故事》/王邦维选译，中华书局2013年/214页

《起信论讲记·第一辑》/萧平实著，中西书局2013年/424页

《起信论讲记·第二辑》/萧平实著，中西书局2013年/480页

《起信论讲记·第三辑》/萧平实著，中西书局2013年/367页

《起信论讲记·第四辑》/萧平实著，中西书局2013年/376页

《法句譬喻经注译与辨析》/荆三隆、邵之茜著，中国社会科学出版社2013年/349页（佛教比喻经典丛书）

《大无畏》/罗莎等著，中国财富出版社2013年/194页

《救世救心八大人觉经》/释证严讲述，复旦大学出版社2013年/157页（证严上人著作·静思法脉丛书）

《金刚经讲义》/江味农著，一苇整理，齐鲁书社2013年/414页

《因为你，我在这里：文殊菩萨如是说》/马明博著，生活·读书·新知三联书店

2013 年/308 页（生活禅丛书）

《虎头金粟影——维摩诘变相研究》/邹清泉著，北京大学出版社 2013 年/237 页

《旭桐画经·心经金刚经·六祖坛经·弘一法师的座右铭》（全三册）/田旭桐著，新星出版社 2013 年

《喝茶是修行：茶道，通往内观世界的方便之门》/［美］亚伦·费希尔著，刘嫰、杨黎译，江苏文艺出版社 2013 年/240 页

《辩中边论略讲》/心月法师著，宗教文化出版社 2013 年/188 页

《名家集注金刚经》（全 4 册）/李佩森编著，印刷工业出版社 2013 年/470 页

《净土五经一论》/宗文点校，宗教文化出版社 2013 年/161 页（佛教基本典籍）

《唐前中国佛教史论稿》/张雪松著，中国财富出版社 2013 年/477 页

《高僧说什么》/马超著，中国财富出版社 2013 年/210 页

《千佛像》/夏荆山著，中国书籍出版社 2013 年/270 页

《云中漫步——中国禅的花朵》/本性禅师著，华文出版社 2013 年/252 页

《意义：当代神学的公共性问题》/杨慧林著，北京大学出版社 2013 年/231 页（人文学科关键词研究）

《敦煌佛教歌辞研究》/王志鹏著，高等教育出版社 2013 年/299 页

《禅者的秘密饮食》/悟义著，文汇出版社 2013 年/190 页

《佛不立相：金刚经谛鉴》/程东著，汕头大学出版社 2013 年/490 页（中华文化经典究竟解义丛书）

《这个和尚有点萌》（漫画版）/延参法师著，安徽人民出版社 2013 年/222 页

《慢品李叔同：情深，万象皆深》/马艺文编著，中国华侨出版社 2013 年/305 页

《一日一生：活好每一天，就是活好一辈子》/［日］酒井雄哉著，程亮译，江苏文艺出版社 2013 年/149 页

《不贪心——每天学点佛学智慧》/了凡编著，化学工业出版社 2013 年/209 页

《佛学概论》/［英］关大眠著，郑柏铭译，译林出版社 2013 年/129 页（牛津通识读本）

《叩佛问禅》/纪广洋著，经济科学出版社 2013 年/209 页

《禅学指归》/胡适著，金城出版社 2013 年/267 页

《自在》/星云大师著，甘肃人民美术出版社 2013 年/246 页

《佛教史研究的方法与前景》（复旦文史专刊之七）/复旦大学文史研究院编，中华书局 2013 年/297 页

《安士全书》/（清）周安士著，团结出版社 2013 年/981 页

《中国佛教史》/蒋维乔著，群言出版社 2013 年/391 页

《佛学研究十八篇》/梁启超著，群言出版社 2013 年/470 页

《观待与割裂》/赵跃辰著，湖南人民出版社 2013 年/234 页

《禅心：生死心》/［日］尾关宗园著，刘波译，东方出版社 2013 年/240 页

《平常心：简约是福》/一诚法师著，九州出版社 2013 年/328 页

《寒山寺论学集》/昌莲著，秋爽主编，宗教文化出版社 2013 年/342 页

《大千世界法身妙相——中国古代金铜佛造像简说》/金申著，人民邮电出版社 2013 年/42 页

《中国佛学》（2013 总第 33 期）/《中国佛学》编委会编，社会科学文献出版社 2013 年/320 页

《直观造化之相——文化研究语境下的藏族唐卡艺术》/意娜著，社会科学文献出版社 2013 年/235 页（文化中国书系）

《缘来如此：胡适说佛》/胡适著，群言出版社 2013 年/480 页

《半中岁月》/满观著，东方出版社 2013 年/160 页

《灵山不如归》/满观著，东方出版社 2013 年/207 页

《〈救度母四曼荼罗仪轨〉新辑译文》/妙音胜慧编，西藏藏文古籍出版社 2013 年/102 页

《东方琉璃·药师佛大愿》（全 2 册）/释证严讲述，复旦大学出版社 2013 年（证严上人著作·静思法脉丛书）

《菩提无花时：与大师一起参禅》/黑德昆、吴光远编，宗教文化出版社 2013 年/253 页

《大方广佛华严经疏玄谈浅释》（全 2 册）/宣化法师著，宗教文化出版社 2013 年/1770 页

《维摩大意》/徐文明著，中国社会科学出版社 2013 年/256 页（哲学与文化丛书）

《中国华严宗脉络》/崔奥飞著，中国财富出版社 2013 年/260 页

《我用〈金瓶梅〉解〈心经〉》/王少农著，当代世界出版社 2013 年/224 页（红尘禅影）

《做个自在人：黄檗无念禅师说禅》/（明）黄檗无念禅师著，王少农标点注讲，当代世界出版社 2013 年/284 页（红尘禅影）

《我用〈红楼梦〉讲〈坛经〉》/王少农著，当代世界出版社 2013 年/235 页（红尘禅影）

《图说佛教常识》/熊江宁、苏磊著，中华书局 2013 年/252 页（视觉历史）

《吴言生说禅壹：经典禅语》/吴言生著，商务印书馆国际有限公司 2013 年/261 页

《吴言生说禅贰：经典禅诗》/吴言生著，商务印书馆国际有限公司 2013 年/252 页

《吴言生说禅叁：经典颂古》/吴言生著，商务印书馆国际有限公司 2013 年/190 页

《时空中的莲花》（全 2 册）/夏丏尊编译，上海三联书店 2013 年/549 页

《仓央嘉措：人生就是一场修行》/吴俣阳、古苏著，东方出版社 2013 年/227 页

《八至十世纪敦煌尼僧研究》/石小英著，人民出版社 2013 年/367 页

《得喜乐》/照圣禅师著，重庆出版社 2013 年/274 页

《心经随喜》/胡兰成著，小北译，中国长安出版社 2013 年/160 页

《心香》/延参法师著，长江文艺出版社 2013 年/240 页

《藏传佛教中的活佛转世》/蔡志纯、黄颢著，华文出版社 2013 年/236 页（西藏视点丛书）

《禅门七日》/马明博主编，中国发展出版社 2013 年/307 页

《步步踩着莲花：佛陀故乡印度朝圣之旅》/闻章著，中国发展出版社 2013 年/285 页

《中国佛教脉络》/谢路军著，中国财富出版社 2013 年/412 页

《禅门内外——南怀瑾先生侧记》/刘雨虹著，东方出版社 2013 年/314 页

《佛教十三经》（线装典藏本）（四函三十二册）/赖永海主编，中华书局 2013 年

《佛教十三经》（尊享礼品装）（四函三十二册）/赖永海主编，中华书局2013年

《佛说死亡》/海波著，人民出版社2013年/257页（人民·联盟文库）

《转身遇见佛：弘一大师修心录》/弘一法师著，李汶娟、李莉娟编著，现代出版社2013年/263页

《禅眼看尘世》/林清平著，东方出版社2013年/287页

《慧律法雨》/释慧律主讲，宗教文化出版社2013年/141页

《佛教与人生》/释慧律主讲，宗教文化出版社2013年/156页

《有悟的人生：宗性法师谈生活修持》/宗性法师著，东方出版社2013年/258页

《一书在手如师相随——印光法师答念佛600问》/印光法师著，华东师范大学出版社2013年/377页

《仁王经疏解汇集》（全3册）/曙正集校，宗教文化出版社2013年/2040页

《佛门探宝从朝山礼佛说起》/智渡法师著，宗教文化出版社2013年/109页

《龟兹石窟佛学研究》/霍旭初著，宗教文化出版社2013年/326页

《禅者的秘密·禅茶》/悟义著，文汇出版社2013年/204页

《北周佛教美术研究——以长安造像为中心》/王敏庆著，社会科学文献出版社2013年/284页

《废墟中的菩提》/洛卓尼玛著，光明日报出版社2013年/268页

《坛经释义》/王孺童译注，中华书局2013年/322页（国民阅读经典）

《俗语佛源》/中国佛教文化研究所编著，中西书局2013年/236页

《慧语莲灯：慈诚罗珠堪布四季语录》（印章本）/慈诚罗珠堪布著，浙江古籍出版社2013年/275页

《南师所讲呼吸法门精要》/刘雨虹汇编，上海书店出版社2013年/192页

《汉语佛学评论》（第3辑）/中山大学人文学院佛学研究中心主办，上海古籍出版社2013年/501页

《人间佛教的戒定慧》/星云大师著，东方出版社2013年/216页

《心理禅——禅学与现代心理治疗》/徐光兴著，安徽人民出版社2013年/225页

《包容的智慧》/星云大师、刘长乐著，湖南人民出版社2013年/209页

《苦才是人生》（全3册）/索达吉堪布著，甘肃人民美术出版社2013年

《从前有座山，山上有座庙》/延参法师著，安徽人民出版社2013年/281页

《当和尚遇到钻石》/［美］麦克·罗奇著，夏理扬、田多多等译，江西人民出版社2013年/320页

《能断金刚：超凡的经营智慧》/［美］麦克·罗奇著，夏理扬、田多多等译，江西人民出版社2013年/310页

《高僧传》/王孺童编译，国际文化出版公司2013年/405页

《佛经七讲》/太虚著，国际文化出版公司2013年/285页（白象文丛解经系列）

《大乘止观述记》/谛闲著，国际文化出版公司2013年/401页（白象文丛解经系列）

《残酷才是青春》/索达吉堪布著，甘肃人民美术出版社2013年/248页

《读禅学领导》/王帅著，广西人民出版社2013年/208页

《李叔同画传》/金梅著，中华书局2013年/301页

《生命这出戏》（增订本）/希阿荣博堪布著，华文出版社2013年/255页

《中土前期禅学史》/徐文明著，北京师范大学出版社 2013 年/459 页

《入行论释·善说海》/无著菩萨著，索达吉堪布译，西藏藏文古籍出版社 2013 年/401 页

《藏密佛教史》/第二世敦珠法王著，索达吉堪布译，西藏藏文古籍出版社 2013 年/390 页

《中观宝鬘论广释》/喇拉曲智仁波切著，索达吉堪布译，西藏藏文古籍出版社 2013 年/333 页

《大圆满前行引导文》/华智仁波切著，索达吉堪布译，西藏藏文古籍出版社 2013 年/334 页

《阿含解脱道次第》/郭永进编著，华艺出版社 2013 年/302 页

《花都法雨》/净慧编著，金城出版社 2013 年/283 页

《宗密思想综合研究》/胡建明著，中国人民大学出版社 2013 年/434 页（哲学文库）

《佛解人生》/梁启超著，新世界出版社 2013 年/203 页（国风书系）

《莲池大师文集》/（明）莲池大师著，张景岗点校，九州出版社 2013 年/685 页（云在阁经藏·净土宗大师文集系列）

《显密圆通成佛心要集》/（辽）道殿著，水境居士讲述，宗教文化出版社 2013 年/347 页

《佛门大孝地藏经》/释证严讲述，复旦大学出版社 2013 年/472 页（证严上人著作·静思法脉丛书）

《真妄之间——作为史传家的禅师惠洪研究》/江泓著，宗教文化出版社 2013 年/258 页

《朝山宝筏普贤菩萨法源经图》/缪留根编著，宗教文化出版社 2013 年/118 页

《当代佛教论集》/黄夏年编著，宗教文化出版社 2013 年/408 页

《灵隐寺与中国佛教——纪念松源崇岳禅师诞辰 880 周年》（全 2 册）/光泉编，宗教文化出版社 2013 年

《光明自在心》/周石星著，湖南文艺出版社 2013 年/275 页

《古清凉传·广清凉传·续清凉传》/杨扬炯、冯巧英校注，山西人民出版社 2013 年/221 页

《禅宗六祖慧能胜迹录》（全 2 册）/广东省文物考古研究所编著，科学出版社 2013 年/447 页

《心安是福》/释永信著，华龄出版社 2013 年/250 页

《中国佛教史》/蒋维乔著，东方出版社 2013 年/292 页

《究竟无证——〈坛经〉谛义》/程东著，汕头大学出版社 2013 年/511 页（中华文化经典究竟解义丛书）

《六祖坛经》/净因法师导读及译注，中信出版社 2013 年/317 页（中信国学大典）

《弘一法师全集》（全 4 册）/李叔同著，新世界出版社 2013 年

《你也可以在菩提树下吃杯茶》/王导著，南方日报出版社 2013 年/191 页

《如来，如愿：听佛学大师解读〈金刚经〉》/星云大师等著，甘肃人民美术出版社 2013 年/371 页

《圆满》/星云大师著，甘肃人民美术出版社 2013 年/277 页

《禅的光年》/陈钟谊著，黑龙江教育出版社 2013 年/309 页

《宽怀：不计较的人生智慧》/印心居士著，百花洲文艺出版社 2013 年/222 页

《禅宗六祖惠能演义》/卢琰源、熊正耕著，新华出版社 2013 年/333 页

《蕅益大师文集》/（明）蕅益大师著，于德隆、徐尚定点校，九州出版社 2013 年/670 页（云在阁经藏·净土宗大师文集系列）

《漫画法句经》/蔡志忠编著，商务印书馆 2013 年/399 页

《漫画大珠慧海禅师》/蔡志忠编著，商务印书馆 2013 年/279 页

《漫画佛教经典》/蔡志忠编著，商务印书馆 2013 年/391 页

《应无所住而生其心——惠能的世界》/陈中浙著，商务印书馆 2013 年/204 页

《成就的秘诀》/星云大师著，现代出版社 2013 年/254 页

《李叔同教你读心悟道》/赵凡编著，中国言实出版社 2013 年/258 页

《山房涉事》/释明鉴著，生活·读书·新知三联书店 2013 年/197 页

《山茨禅师语录》/（明）山茨通际撰，（明）达尊编，曾华强等编，上海古籍出版社 2013 年/400 页

《〈成唯识论〉识变问题研究》/张利文著，宗教文化出版社 2013 年/202 页

《宋元禅宗清规研究》/王大伟著，宗教文化出版社 2013 年/353 页

《跟虚云大师学参禅》/虚云大师著，江苏文艺出版社 2013 年/246 页（民国四大高僧佛法系列）

《向印光大师学修行》/印光大师著，江苏文艺出版社 2013 年/232 页（民国四大高僧佛法系列）

《与弘一法师谈人生》/弘一法师著，江苏文艺出版社 2013 年/246 页（民国四大高僧佛法系列）

《听太虚大师讲佛法》/太虚大师著，江苏文艺出版社 2013 年/246 页（民国四大高僧佛法系列）

《莲花里的钻石》/陈默著，人民出版社 2013 年/281 页

《念念不忘，必有回响》/陈念萱著，中国友谊出版公司 2013 年/201 页

《光明大手印：智慧人生》/雪漠著，中央编译出版社 2013 年/386 页（光明大手印）

《光明大手印：文学朝圣》（全 2 册）/雪漠著，中央编译出版社 2013 年（光明大手印）

《光明大手印：当代妙用》（全 2 卷）/雪漠著，中央编译出版社 2013 年（光明大手印）

《世界上最快乐的人》/［尼泊尔］咏给·明就仁波切著，江翰霁等译，海南出版社 2013 年/271 页

《禅趣人生》/吴平、吴士蓉、李雪锋编著，研究出版社 2013 年/320 页

《名家说禅》/吴平、王新霞、樊姗编著，研究出版社 2013 年/338 页

《名家说佛》/吴平、郑伟、叶宪允编著，研究出版社 2013 年/364 页

《天竺与佛陀》/钱文忠著，上海三联书店 2013 年/176 页

《快乐之源》/嘎玛仁波切著，东方出版社 2013 年/246 页

《儒家修行　道家修性　佛家修心》/吉家乐编著，中国华侨出版社 2013 年/382 页

《南怀瑾的 16 堂佛学课》/张笑恒编著，中华工商联合出版社 2013 年/230 页

《每天学点佛学智慧：不生气的智慧》/山湖居士编著，广东人民出版社 2013 年/380 页

《道从这里讲起：〈薄伽梵歌〉解读与会通》/［以］伊萨玛·泰奥多著，徐达斯译，九州出版社 2013 年/301 页

《心经修心课》/［日］濑户内寂听著，王建新译，华文出版社 2013 年/235 页

《图解藏密财神法》/诺布旺典著，紫禁城出版社 2013 年/320 页

《〈坛经〉版本谱系及其思想流变研究》/白光著，宗教文化出版社 2013 年/267 页

《跟王阳明一起修心 跟仓央嘉措一起修行》/杨嵘、谷研、李倩编著，中国华侨出版社 2013 年/385 页

《赵州禅师语录·壁观》/冯学成著，南方日报出版社 2013 年/290 页

《百年佛缘》（全 9 册）/星云大师口述，佛光山书记室记录，生活·读书·新知三联书店 2013 年/3684 页

《量子佛学》/高月明著，河南人民出版社 2013 年/281 页

《永嘉禅讲座》（初级）/达照著，中国人民大学出版社 2013 年/455 页

《永嘉禅讲座》（中级）/达照著，中国人民大学出版社 2013 年/497 页

《永嘉禅讲座》（高级）/达照著，中国人民大学出版社 2013 年/442 页

《妙法莲华经文句》/朱封鳌校点，宗教文化出版社 2013 年/549 页

《巴汉词语手册》/慧观、慧音编著，宗教文化出版社 2013 年/775 页

《楞严经译解》/释智觉撰述，上海古籍出版社 2013 年/727 页

《禅心：平常心》/［日］尾关宗园著，代红光译，东方出版社 2013 年/162 页

《禅宗北宗研究》/韩传强著，宗教文化出版社 2013 年/557 页

《小沙弥》/丹增著，重庆出版社 2013 年/354 页

《梵华楼藏宝·唐卡》/王家鹏主编，故宫出版社 2013 年/359 页

《梵华楼藏宝·供器》/王家鹏主编，故宫出版社 2013 年/303 页

《梵华楼藏宝·佛像》（全 2 册）/王家鹏主编，故宫出版社 2013 年/610 页

《行愿大千——〈普贤行愿品〉的智慧解读》/印顺讲述，曹文红译，宗教文化出版社 2013 年/282 页

《一言一世界》/弘一法师著，金重编，中华工商联合出版社 2013 年/241 页

《实用佛学辞典》/佛学书局编纂，上海古籍出版社 2013 年/860 页

《净土十要》/（明）藕益大师选定，（民国）印光大师增订，张景岗点校，九州出版社 2013 年/615 页（净土宗大师文集系列）

《唐代净土祖师全集》/（唐）善导、法照、少康著，九州出版社 2013 年/607 页（净土宗大师文集系列）

《参禅要义》/释果如著，中央编译出版社 2013 年/305 页

《祖师禅》/释果如著，中央编译出版社 2013 年/289 页

《法华经新释》/［日］庭野日敬著，释真定译，上海古籍出版社 2013 年/500 页

《元代北京佛教研究》/怡学著，金城出版社 2013 年/294 页（汉传佛教研究论丛）

《新中国佛教大事记》/张琪编著，金城出版社 2013 年/528 页（汉传佛教研究论丛）

《佛教与中国历史文化》/杨曾文著，金城出版社 2013 年/528 页（汉传佛教研究论丛）

《〈心经〉新诠》/何新著，同心出版社 2013 年/196 页

《禅悟人生》/丁鑫编著，中国华侨出版社 2013 年/385 页

《管好你的心：心经·金刚经大智慧》/多识仁波切著，江苏文艺出版社 2013 年/233 页

《发心才有力量》/须弥著，中国言实出版社 2013 年/211 页

《红尘中最美的重逢：与仓央嘉措一起修行》/聂晓阳著，华夏出版社 2013 年/279 页

《不焦虑的活法：金刚经修心课》/费勇著，华东师范大学出版社 2013 年/248 页

《不抑郁的活法：六祖坛经修心课》/费勇著，华东师范大学出版社 2013 年/215 页

《洛阳民俗博物馆馆藏木雕造像》/王支援等主编，中州古籍出版社 2013 年/447 页

《佛典密意系列：〈解深密经〉密意》/谈锡永著，复旦大学出版社 2013 年/264 页（佛典密意系列）

《早期佛像研究》/何志国著，华东师范大学出版社 2013 年/275 页

《好故事》/［韩］法顶禅师著，徐千菱译，二十一世纪出版社 2013 年/181 页

《佛学入门四书·佛教常识答问》/赵朴初著，东方出版社 2013 年/165 页（佛学入门四书）

《佛是过来人》/九戒著，群言出版社 2013 年/245 页

《八部金刚功》/米晶子著，深圳报业集团出版社 2013 年/148 页

《佛陀说·法句经》（中英文对照版）/蔡志忠编绘，［美］拉思杰等译，现代出版社 2013 年/286 页（蔡志忠漫画中国传统文化经典）

《禅说·六祖坛经》（中英文对照版）/蔡志忠编绘，［美］布雅译，现代出版社 2013 年/278 页（蔡志忠漫画中国传统文化经典）

《圣严禅语》/圣严法师著，世界图书出版公司 2013 年/176 页

《藏族格萨尔唐卡》/青措著，青海人民出版社 2013 年/218 页

《弘明集校笺》/（南朝梁）释僧祐撰，李小荣校笺，上海古籍出版社 2013 年/830 页

《唯识研究》（第 2 辑）/杭州佛学院编，中国社会科学出版社 2013 年/320 页

《佛教概论》/蒋维乔著，岳麓书社 2013 年/123 页

《〈金刚经〉传》/林涌强著，浙江大学出版社 2013 年/195 页

《楞严大义》/达照著，上海古籍出版社 2013 年/277 页

《凡夫说佛》/徐健全著，宗教文化出版社 2013 年/202 页

《辽金经幢研究》/张明悟著，中国科学技术出版社 2013 年/180 页

《转瞬即逝的莲花：杰克·凯鲁亚克与佛教》/邓建新著，中国社会科学出版社 2013 年/313 页

《吐蕃僧诤记》/［法］戴密微著，耿昇译，中国藏学出版社 2013 年/525 页

《博伽梵歌原意》/维亚萨戴瓦梵文原著，A. C. 巴克提韦丹塔·斯瓦米·帕布帕德英文译著，嘉娜娃中文译，中国社会科学出版社 2013 年/848 页

《心史：永明延寿佛学思想研究》/孙劲松著，商务印书馆 2013 年/244 页

《关于禅的 100 个故事》/确真降措仁波切、堪尔土丹尼玛仁波切审定，南京大学出版社 2013 年/187 页（人文社会科学通识文丛）

《关于汉传佛教的 100 个故事》/确真降措仁波切、堪布士丹尼玛仁波切审定，南京大学出版社 2013 年/185 页（人文社会科学通识文丛）

《隋唐佛学研究》/夏金华著，上海社会科学院出版社 2013 年/335 页

《碧岩录》/（宋）雪窦重显法师、（宋）圆悟克勤法师著，王诚、陈树译，东方出版社 2013 年/635 页（学而丛书）

《印光法师文钞全集》（全 4 册）/释印光著，团结出版社 2013 年/2088 页

《佛教常识答问》/赵朴初著，九州出版社 2013 年/256 页

《解秘身心和世界入门：大乘百法明门论诠释》/宗性法师著，巴蜀书社 2013 年/154 页

《傻瓜的禅》/木鱼编著，吉林文史出版社 2013 年/276 页

《因为苦过，所以知足：智藏法师教你守住幸福》/智藏法师著，天津人民出版社 2013 年/292 页

《不离：上师人生开示录》/晋美彭措口述，索达吉编译，华文出版社 2013 年/214 页

《大藏经目录备考：〈至元法宝勘同目录〉藏文德格版北京版比较研究》（藏文德格版北京版）/彭学云著，民族出版社 2013 年/660 页

《普贤上师言教》/巴珠仁波切著，熙日森王明佛学院译，西藏人民出版社 2013 年/274 页

《棒喝截流》/冯学成著，东方出版社 2013 年/181 页（禅风佛韵系列丛书）

《心灵锁钥》/冯学成著，东方出版社 2013 年/180 页（禅风佛韵系列丛书）

《大相国寺音乐诗传乐谱孤本》/王宗葵编纂，谈龙建、王玉助编，宗教文化出版社 2013 年（中国佛教音乐文化文库）

《梵心佛语》/落然著，金城出版社 2013 年/261 页

《禅说正能量》/延参法师著，长江文艺出版社 2013 年/233 页

《抱愿，不抱怨》/释果东著，中国友谊出版公司 2013 年/214 页

《信心铭》/冯学成讲述，东方出版社 2013 年/210 页

《金刚经笺注》/丁福保著，华东师范大学出版社 2013 年/159 页

《慧眼观人生——会心一笑〈百喻经〉》/刘韶军、李晓明著，海燕出版社 2013 年/171 页（华夏文库）

《把五星红旗高高地插在喜马拉雅山上》/范明著，郝瑞整理，南海出版社 2013 年/183 页

《邱常梵藏传佛教精品集》（全 3 册）/邱常梵等著，华东师范大学出版社 2013 年

《中国佛教近代转型的社会之维：民国上海居士佛教组织与慈善研究》/唐忠毛著，广西师范大学出版社 2013 年/288 页

《近现代居士佛学研究》/刘成有著，人民出版社 2013 年/323 页

《印光思想、净土信仰与终极关怀》/黄家章著，社会科学文献出版社 2013 年/367 页（世界宗教研究丛书）

《宋代佛教史》（上下册）/闫孟祥著，人民出版社 2013 年（河北大学历史学丛书）

《天人合一说》/蒲创国选编、标点，国家图书馆出版社 2013 年/227 页（佛教资料类编丛书·第 13 辑）

《龙门地区佛教寺院史料辑绎》/张乃翥编著，国家图书馆出版社 2013 年/246 页

《从容录》/（宋）天童正觉颂古，（元）万松行秀评唱，尚之煜点注，宗教文化出版社 2013 年/365 页

《心灵之旅》/王桂贞著，宗教文化出版社 2013 年/193 页

《赴日元使一山一宁禅师及其禅法》/释觉多著，宗教文化出版社 2013 年/245 页（弘法文库）

《观世音菩萨普门品浅释》/宣化法师讲述，宗教文化出版社 2013 年/225 页

《幸好有烦恼》/索达吉堪布著，中国友谊出版公司 2013 年/248 页

《佛说阿弥陀经浅释》/宣化法师讲述，宗教文化出版社 2013 年/240 页

《一花开五叶——禅宗史话》/梁晓虹著，上海交通大学出版社 2013 年/226 页（周末读禅）

《如莲绽放》/泽仁扎西堪布著，海南出版社 2013 年/219 页

《彻悟大师文集》/（清）彻悟大师著，于德隆点校，九州出版社 2013 年/284 页（云在阁经藏·净土宗大师文集系列）

《如·来：延佛语录》/延佛著，国际文化出版公司 2013 年/215 页

《莲花中的珍宝：阿姜查·须跋多传》/［泰］阿姜查弟子著，捷平译，商务印书馆 2013 年/262 页

《森林里的一棵树》/［泰］阿姜查著，法园编译群编译，商务印书馆 2013 年/204 页

《我们真正的归宿》/［泰］阿姜查著，法园编译群编译，商务印书馆 2013 年/91 页

《以法为赠礼》/［泰］阿姜查著，法园编译群编译，商务印书馆 2013 年/103 页

《无穷乐趣——〈金刚经〉之闻思修》/圆融著，宗教文化出版社 2013 年/355 页

《让心安住》/陈春花著，机械工业出版社 2013 年/102 页

《宽怀》/一诚法师著，九州出版社 2013 年/320 页

《中观甚深心要善说：龙树意趣庄严论》/更敦群培著，智严译，中国社会科学出版社 2013 年/194 页

《我心中的少林》（英文版）/释永信著，五洲传播出版社 2013 年/218 页

《玄奘》/皮波人物国际名人研究中心著，国际文化出版公司 2013 年/77 页（名人传记丛书·中小学读本）

《释迦牟尼》/皮波人物国际名人研究中心著，国际文化出版公司 2013 年/92 页（名人传记丛书·中小学读本）

《西藏生死书》/索甲仁波切著，郑振煌译，浙江大学出版社 2013 年/419 页

《六祖坛经》/净因法师著，中信出版社 2013 年/331 页（中信国学大典）

《心经·金刚经》/饶宗颐著，中信出版社 2013 年/142 页（中信国学大典）

《转身遇见佛》/弘一大师著，现代出版社 2013 年/196 页

《淡定·从容·心安》（全 3 册）/弘一法师、虚云大师著，庆裕、沈海然整理，新世界出版社 2013 年/758 页

《中土前期禅学史》/徐文明著，北京师范大学出版社 2013 年/462 页（经典天天读书系）

《深入经藏·智慧如海：无量寿经菁华、晚晴集讲记》/净空法师讲述，团结出版社 2013 年/171 页

《深入经藏·智慧如海：六祖坛经讲记》/净空法师讲述，团结出版社 2013 年/137 页

《深入经藏·智慧如海：金刚经讲记》/净空法师讲述，团结出版社 2013 年/238 页

《深入经藏·智慧如海：佛说阿弥陀经要解讲记》/净空法师讲述，团结出版社 2013

年/160 页

《深入经藏·智慧如海：阿难问事佛吉凶经讲记》/净空法师讲述，团结出版社 2013 年/149 页

《深入经藏·智慧如海：发起菩萨殊胜志乐经讲记》/净空法师讲述，团结出版社 2013 年/172 页

《深入经藏·智慧如海：十善业道经讲记》/净空法师讲述，团结出版社 2013 年/237 页

《深入经藏·智慧如海：地藏菩萨本愿经讲记》/净空法师讲述，团结出版社 2013 年/212 页

《佛解人生》/梁启超著，新世界出版社 2013 年/132 页

道教

《多重视野下的西方全真教研究》/张广保编，宋学立译，齐鲁书社 2013 年/634 页

《丹道今诠》（全 2 册）（增订本）/戈国龙编著，中央编译出版社 2013 年/685 页

《泰州道教》/张葛珊著，宗教文化出版社 2013 年/224 页

《参同集注——万古丹经王〈周易参同契〉注解采成》（全 4 册）/（东汉）魏伯阳等著，周全彬、盛克琦编校，宗教文化出版社 2013 年/2107 页

《道教史》/许地山著，中国画报出版社 2013 年/188 页

《道家窖藏武功摄生秘笈》/姜运和著，人民体育出版社 2013 年/151 页

《金丹大道入门》/（明）伍冲虚、（清）柳华阳撰，陶秉福增撰要旨，中央编译出版社 2013 年/563 页

《武当丹道精要》/孔德著，中央编译出版社 2013 年/385 页

《大道太极》/黄震寰著，新星出版社 2013 年/245 页

《鸿爪雪泥——袁志鸿修道文集》/袁志鸿著，社会科学文献出版社 2013 年/361 页

《一口气读懂道教的故事》/孙丹枫著，民主与建设出版社 2013 年/265 页

《天乐集：道教西派海印子内丹修炼典籍》（全 2 册）/董沛文主编，宗教文化出版社 2013 年/1233 页

《道教名山之旅》/李发平、汪传树编著，湖北美术出版社 2013 年/231 页（视觉中国文化丛书）

《道家真气》/湛若水著，海南出版社 2013 年/261 页

《道教壁画五岳神祇图像谱系研究》/赵伟著，文化艺术出版社 2013 年/214 页

《说道》/郑主持著，群言出版社 2013 年/477 页

《上阳子道言》/（元）陈致虚著，宗教文化出版社 2013 年/696 页

《图解三命通会》（全 3 册）/许颐平主编，程子和点校，华龄出版社 2013 年/1661 页

《简明中国道教史》/卿希泰著，中华书局 2013 年/267 页

《安星法及推断实例》/王亭之著，复旦大学出版社 2013 年/143 页（斗数玄空系列）

《真灵位业图校理》/（梁）陶弘景纂，（唐）闾丘方远校定，王家葵校理，中华书局 2013 年/332 页（道教典籍选刊）

《以道莅天下》/林存霞著，华夏出版社 2013 年/227 页

《灉熻易考》（上下卷）/（清）刘名瑞著，山西科学技术出版社 2013 年/594 页

《道源精微》（上下卷）/（清）刘名瑞著，山西科学技术出版社 2013 年/674 页

《敲蹻洞章》（上下卷）/（清）刘名瑞著，山西科学技术出版社 2013 年/588 页

《符箓平话》/刘仲宇著，宗教文化出版社 2013 年/156 页

《伍柳仙宗全集》/（明）伍冲虚、（清）柳华阳著，宗教文化出版社 2013 年/625 页

《道教金丹派南宗考论》（全 2 册）/盖建民著，社会科学文献出版社 2013 年（道教南宗研究系列）

《中国道教脉络》/王卉著，中国财富出版社 2013 年/186 页

《道教的道德教化研究》/伍成泉著，知识产权出版社 2013 年/246 页

《道教概论》/孔令宏著，浙江大学出版社 2013 年/326 页

《道教简史》/李申著，广西师范大学出版社 2013 年/413 页

《阴符经集释》/（上古）黄帝著，（商）伊尹等注，中国书店 2013 年/415 页

《道教手印研究》/任宗权著，宗教文化出版社 2013 年/435 页

《正一道教研究》（第 2 辑）/刘仲宇、吉宏忠主编，宗教文化出版社 2013 年/353 页

《白玉蟾文集新编》/（南宋）白玉蟾著，盖建民辑校，社会科学文献出版社 2013 年/382 页

《道教徒的诗人李白及其痛苦》/李长之著，生活·读书·新知三联书店 2013 年/144 页（中学图书馆文库）

《道家科技思想范畴引论》/谢清果著，宗教文化出版社 2013 年/312 页

《白玉蟾全集》（全 2 册）/（南宋）白玉蟾著，周全彬等编校，宗教文化出版社 2013 年/1043 页（唐山玉清观道学文化丛书）

《敦煌本〈太上洞渊神呪经〉辑校》/叶贵良著，中国社会科学出版社 2013 年/225 页

《三丰全集》/李涵虚编，宗教文化出版社 2013 年/533 页（中国道教丹道修炼系列丛书）

《合宗明道集与语录》/冉道源、冼心子著，宗教文化出版社 2013 年/454 页（中国道教丹道修炼系列丛书）

《北京道教史》/佟洵、孙勐著，宗教文化出版社 2013 年/434 页（北京宗教史系列丛书）

《金丹秘要》/（元）陈致虚著，盛克琦等编，宗教文化出版社 2013 年/537 页

《千峰老人全集》（上下册）（繁简对照本）/董沛文主编，席春生执行主编，宗教文化出版社 2013 年/754 页（唐山玉清观道学文化丛书）

《神隐圣逸天社山》/王凯编著，华夏出版社 2013 年/203 页（中国道教文化之旅丛书）

《伍柳仙宗》/（明）伍冲虚、（清）柳华阳著，九州出版社 2013 年/387 页（中国道教典籍丛刊）

《关于道教的 100 个故事》/彭友智编著，南京大学出版社 2013 年/196 页（人文社会科学通识文丛）

《理论·视角·方法——海外道教学研究》/朱越利主编，齐鲁书社 2013 年/683 页

《南华真经释义》（上下册）/阎建中释译，李思齐校订，社会科学文献出版社 2013 年/700 页

《云南道教碑刻辑录》/萧霁虹主编，中国社会科学出版社 2013 年/786 页

《千秋道韵——历代诗人颂老子》/黄永锋编注，宗教文化出版社2013年/376页（柘荣清云宫马仙与道教文化丛书）

伊斯兰教

《智慧珠玑》/［土］法土拉·葛兰著，宗教文化出版社2013年/167页

《新杂学：穆斯林生活常识读本》/绿色火焰编写，甘肃民族出版社2013年/152页

《伊斯兰教与中国穆斯林社会现代化》/高占福、李志坚主编，宗教文化出版社2013年/360页

《中国伊斯兰教概论》（阿文版）/冯今源著，［埃及］侯赛因译，宁夏人民出版社2013年/176页

《追踪与溯源：当今世界伊斯兰教热点问题》/吴云贵著，中国社会科学出版社2013年/329页（中国社会科学院学部委员专题文集）

《心灵的泪滴：来自富饶的〈玛斯纳维〉（鲁米精选）》/［土］托普巴希著，谭卉颖译，宗教文化出版社2013年/222页

《穆圣传记·演讲集》/［巴基斯坦］哈立德·阿拉维著，潘世昌、赵新霞译，甘肃民族出版社2013年/274页

《提尔米兹圣训集》/提尔米兹辑录，穆萨·余崇仁译，宗教文化出版社2013年/496页

《伊本·马哲圣训集》/伊本·马哲辑录，穆萨·余崇仁译，宗教文化出版社2013年/422页

《奈萨仪圣训集》/奈萨仪辑录，穆萨·余崇仁译，宗教文化出版社2013年/558页

《艾布·达乌德圣训集》/艾布·达乌德辑录，穆萨·余崇仁译，宗教文化出版社2013年/525页

《朝觐心路》/海俊亮著，甘肃民族出版社2013年/350页

《杭州伊斯兰教史》/马建春著，中国社会科学出版社2013年/167页

《光龛 苏莱曼和艾卜斯 春园（节译）：爱的火焰》/［古阿拉伯］安萨里、［古波斯］贾米、［古波斯］鲁米著，康有玺译，宗教文化出版社2013年/233页

《伊赫提亚尔教法经解》（阿拉伯文版）（全2册）/中国伊斯兰教协会编，宗教文化出版社2013年

《塔哈维教典诠释》（阿拉伯文版）/中国伊斯兰教协会编，宗教文化出版社2013年/104页

《古兰经》/马坚译，中国社会科学出版社2013年/330页

《伊斯兰知识问答》/杨占武、王臻编著，宁夏人民出版社2013年/88页（新时期穆斯林知识读本）

《百年中国穆斯林》（阿文版）/丁宏、张国杰编著，宁夏人民出版社2013年/156页

《伊斯兰教教义学大纲新解（中阿文对照本）》（第二版）/［伊拉克］萨迪著，韩文清、马文才编译，宗教文化出版社2013年/491页

《伊斯兰苏菲概论》/［埃及］伍奈米著，潘世昌译，商务印书馆2013年/318页（伊斯兰哲学译丛）

《南亚伊斯兰现代进程》/刘曙雄等著，北京大学出版社2013年/292页

《马注思想研究》/许淑杰著，人民出版社 2013 年/241 页

《蔷薇园》/［古波斯］萨迪著，水建馥译，商务印书馆 2013 年/287 页（水建馥译文集）

《〈清真释疑〉研究》/马占明著，中国社会科学出版社 2013 年/249 页

《圣训珠玑》/［埃及］巴基编，马贤译，宗教文化出版社 2013 年/765 页

《诚实守信论（汉阿对照）》/敏祉编著，马晓明译，宁夏人民出版社 2013 年/109 页（伊斯兰经典名言名句）

《社会和谐论（汉阿对照）》/敏祉编著，马晓明译，宁夏人民出版社 2013 年/121 页（伊斯兰经典名言名句）

《团结友爱论（汉阿对照）》/敏祉编著，马晓明译，宁夏人民出版社 2013 年/125 页（伊斯兰经典名言名句）

《两世吉庆论（汉阿对照）》/敏祉编著，马晓明译，宁夏人民出版社 2013 年/121 页（伊斯兰经典名言名句）

《舍来哈·伟戛业》（全 4 册）/［印度］麦哈木德著，丁秉全译，宁夏人民出版社 2013 年（经堂教育经典读本今译）

基督宗教

《中国与基督教：中西文化的首次撞击》/［法］谢和耐著，耿昇译，商务印书馆 2013 年/496 页

《英格兰精神与基督教文化透视中华文明》/马深著，知识产权出版社 2013 年/321 页

《改革开放以来的中国基督教及研究》/唐晓峰著，宗教文化出版社 2013 年/277 页（基督教中国化研究）

《世俗化与当代英国基督宗教》/孙艳燕著，社会科学文献出版社 2013 年/431 页（宗教与文化战略丛书）

《宗教情感》/［美］爱德华兹著，杨基译，生活·读书·新知三联书店 2013 年/319 页（基督教经典译丛）

《雅歌注释——天道圣经注释》/黄朱伦著，上海三联书店 2013 年/272 页

《多雷插图本〈圣经故事〉》/文洁若编订，安徽人民出版社 2013 年

《新约圣经背景注释》/［美］季纳著，刘良淑译，中央编译出版社 2013 年/914 页

《旧约圣经背景注释》/［美］华尔顿、［美］麦修斯、［美］夏瓦拉斯著，李永明、徐成德等译，中央编译出版社 2013 年/1144 页

《圣经的故事》/［美］房龙著，张稷译，中华书局 2013 年/403 页（国民阅读经典）

《基督教思想评论》（第 16 辑）/许志伟主编，上海人民出版社 2013 年/295 页

《圣经指南》/梁工著，北方文艺出版社 2013 年/505 页

《圣经的故事》/［美］房龙著，庆学先译，安徽文艺出版社 2013 年/447 页（理想图文藏书·房龙作品）

《基督教》/陈泽民著，中国大百科全书出版社 2013 年/89 页（名家文库）

《圣经故事》/俞萍编著，［法］古斯塔夫·多雷绘，译林出版社 2013 年/361 页（字里行间图文馆）

《生命的成熟：灵命成长原则与实践》/［新西兰］孙德生著，南方出版社 2013 年/

258页

《荒漠甘泉》/［美］考门夫人著，王秀丽译，现代出版社2013年/386页

《走过古老的从前：〈圣经〉考古全纪录》/陈庆真著，团结出版社2013年/242页

《寻找·苏慧廉——传教士和近代中国》/沈迦著，新星出版社2013年/494页

《基督教概论》/［英］麦格拉思著，孙毅、马树林、李洪昌译，上海人民出版社2013年/487页（基督教文化译丛）

《生命的旅程：如何在不确定的世界凭信而活》/［美］比利·葛培理著，王恩惠译，新世界出版社2013年/246页

《圣徒永恒的安息》/［英］马克斯特著，许一新译，生活·读书·新知三联书店2013年/310页（基督教经典译丛）

《基督教艺术纵横》/何琦著，宗教文化出版社2013年/348页

《圣经人伦：行在光与爱的人性》/杨克勤编，宗教文化出版社2013年/227页

《个人道德与群体政治：莱茵霍尔德·尼布尔的基督教现实主义思想研究》/任小鹏著，上海人民出版社2013年/189页

《贫与富——马太效应》/［美］里格尼著，秦文华译，商务印书馆2013年/184页

《马丁·路德桌边谈话录》/［德］马丁·路德著，林纯洁等译，经济科学出版社2013年/406页（人文译丛）

《塔中书》/［英］托马斯·莫尔著，殷宏译，经济科学出版社2013年/227页（人文译丛）

《灵魂的50位天使》/［德］安塞姆·格林著，王丽丽、马绎译，山东人民出版社2013年/150页

《一年中的50位天使》/［德］格林著，李晓艳译，山东人民出版社2013年/151页

《福杯满溢：姊妹篇》/［英］布里斯柯著，张燕译，南方出版社2013年/366页

《玻璃岛：亚瑟与我三千年》/冯象著，生活·读书·新知三联书店2013年/258页

《不同寻常的礼貌：基督徒怎样在失礼的世界中保持文明礼貌》/［美］毛瑞祺著，倪慧良译，宗教文化出版社2013年/203页

《异乡客：基督徒的拓荒生活》/［美］侯活士、［美］威廉姆著，贺智勇译，世界图书出版公司2013年/162页

《腓立比书注释》/冯荫坤著，上海三联书店2013年/441页（天道圣经注释丛书）

《圣经故事》/文洁若编订，安徽人民出版社2013年/231页

《基督教历代名著集成系列：教父及中世纪证道集》/［美］皮特立选编，朱信译，宗教文化出版社2013年/230页

《圣像的修辞》/杨慧林著，宗教文化出版社2013年/287页（基督教文化学刊）

《基督教仪式与礼文》/谢炳国编著，宗教文化出版社2013年/266页

《神学的奇异回归——基督教在后现代思想中的变迁》/［英］库比特著，王志成、刘瑞青、李圆圆译，社会科学文献出版社2013年/238页（灵性与社会丛书）

《亚伯拉罕：基督教的犹太根源》/［美］马文·韦尔森著，林梓凤译，中西书局2013年/507页

《太平天国与启示录》/周伟驰著，中国社会科学出版社2013年/407页

《拆毁了中间隔断的墙——基督教与转型中的中国社会》/余国良编著，宗教文化出

版社 2013 年/527 页

《圣经思想中的自由与诱惑：耶稣在旷野里的第一个试探》/王瑜琨著，浙江工商大学出版社 2013 年/265 页（当代浙江学术文库）

《基督教神学发展史》（全 3 册）/林荣洪著，译林出版社 2013 年（凤凰文库·宗教研究系列）

《苦难与信仰——近代潮汕基督徒的宗教经验》/胡卫清著，生活·读书·新知三联书店 2013 年/374 页（潮汕社会宗教与文化研究系列）

《圣经的故事》/［美］房龙著，朱振武、张海强、邓纯译，上海译文出版社 2013 年/393 页

《澳门圣保禄学院研究——兼谈耶稣会在东方的教育机构》/戚印平著，社会科学文献出版社 2013 年/301 页（澳门文化丛书）

《错引耶稣：〈圣经〉传抄、更改的内幕》/［美］巴特·埃尔曼著，黄恩邻译，生活·读书·新知三联书店 2013 年/249 页（新知文库）

《波斯时期的犹大社会与圣经编纂》/孟振华著，宗教文化出版社 2013 年/293 页（汉语基督教经学丛书）

《谷中清泉》/［美］考门夫人著，道声翻译组译，上海三联书店 2013 年/376 页

《基督教中国化研究》（第 1 辑）/张志刚、唐晓峰主编，宗教文化出版社 2013 年/317 页

《陌生客同路人》/［加］高约翰著，徐武豪译，上海三联书店 2013 年/303 页

《基督教对文明的影响》/［美］施密特著，汪晓丹等译，上海人民出版社 2013 年/360 页

《漫画圣经故事——新约》/［美］卡列洛等著，何理璐译，世界图书出版公司 2013 年/240 页

《多走一里路就是一台戏》/［加］杨宓贵灵著，徐成德、白瑞槐、陈知纲译，世界图书出版公司 2013 年/326 页

《麦芒上的圣言——一个乡村天主教群体中的信仰和生活》/吴飞著，宗教文化出版社 2013 年/240 页（基督教中国化研究）

《基督教新教传教士在华名录》/［英］伟烈亚力著，赵康英译，顾钧审校，天津人民出版社 2013 年/422 页

《书中之书讲演录：〈圣经〉文化今读》/齐宏伟著，团结出版社 2013 年/190 页

《使徒教父著作》/［古罗马］克莱门著，高陈宝婵等译，生活·读书·新知三联书店 2013 年/353 页（基督教经典译丛）

《黑门山路》/［美］考门夫人著，尼西译，华文出版社 2013 年/443 页

《神的历史》/［英］阿姆斯特朗著，蔡昌雄译，海南出版社 2013 年/449 页

《安息日的真谛》/［美］赫舍尔著，邓元尉译，上海三联书店 2013 年/178 页

《摩西五经》/冯象译注，生活·读书·新知三联书店 2013 年/431 页

《圣经的故事》（插画全彩本）/［美］赫尔伯特著，高新力、安蔷译，中央编译出版社 2013 年/600 页

《基督教思想评论》（第 17 辑）/许志伟主编，上海人民出版社 2013 年/292 页

《柱头上的圣经》/邢啸声编，广西师范大学出版社 2013 年/547 页

《天堂：〈圣经〉里的天堂真貌》/［美］爱尔康著，林映军、黄丹力、王乃纯译，甘肃人民美术出版社2013年/482页

《驳塞尔修斯》/［古罗马］奥利金著，石敏敏译，生活·读书·新知三联书店2013年/582页（基督教经典译丛）

《福杯满溢·弟兄篇》/［英］布里斯柯著，李永程、林青姬译，南方出版社2013年/363页

《圣经导读按卷读经》/［加］戈登·菲、［美］道格拉斯著，李瑞萍译，上海人民出版社2013年/368页（基督教文化译丛）

《与神同心：王季庆的最后八堂课》/王季庆著，华夏出版社2013年/198页

《没有终点的到达——美南浸信会在华南地区的传教活动》/吴宁著，宗教文化出版社2013年/436页

《天下之龙：东西方龙文化的比较研究》/赵启光著，子禾译，海豚出版社2013年/201页

《守望信仰》/刘建军著，人民出版社2013年/206页

《新约中的十字架》/［澳］莫里斯著，李丽娟译，宗教文化出版社2013年/581页

《罗马书注释》（全2册）/鲍会园著，上海三联书店2013年

《基督教与西方文化》/赵林著，商务印书馆2013年/351页（名师讲堂丛书）

《基督的新娘》/康志杰著，中国社会科学出版社2013年/391页

《漫画圣经故事——旧约上篇》/［美］卡列洛等著，高渝、邹贵虎译，世界图书出版公司2013年/242页

《马丁·路德天职观研究》/林纯洁著，人民出版社2013年/265页

《圣洁》/［英］莱尔著，李漫波、朱保平译，生活·读书·新知三联书店2013年/422页（基督教经典译丛）

《新的大故事》/［英］库比特著，王志成等译，浙江大学出版社2013年/231页

《基督徒心灵与华人精神香港的一个客家社区》/郭思嘉著，谢胜利译，社会科学文献出版社2013年/239页（海外客家研究译丛）

《圣经的历史》/［美］斯蒂芬·米勒、［美］罗伯特·休伯著，黄剑波、艾菊红译，中央编译出版社2013年/416页

《神学大全第一集第1卷：论上帝的本质》/［意］托马斯·阿奎那著，段德智译，商务印书馆2013年/483页

《神学大全第一集第2、3卷：论三位一体、论创造》/［意］托马斯·阿奎那著，段德智译，商务印书馆2013年/359页

《神学大全第一集第4、5卷：论天使、论六天工作》/［意］托马斯·阿奎那著，段德智译，商务印书馆2013年/331页

《神学大全第一集第6卷：论人》/［意］托马斯·阿奎那著，段德智译，商务印书馆2013年/465页

《神学大全第一集第7卷：论上帝的管理》/［意］托马斯·阿奎那著，段德智等译，商务印书馆2013年/331页

《敬虔与圣洁生活的严肃呼召》/［英］劳威廉著，杨基译，生活·读书·新知三联书店2013年/305页（基督教经典译丛）

《天主教研究论辑》（第10辑）/赵建敏主编，宗教文化出版社2013年/399页

《尼撒的格列高利基督教哲学思想研究》/罗跃军著，人民出版社2013年/220页

《God的汉译史——争论、接受与启示》/程小娟著，社会科学文献出版社2013年/285页

《圣经里的故事》/［荷兰］G. 英沃森夫人著，陈凤、朱素云、张海云译，团结出版社2013年/517页

《改变生命大能——结出圣灵的果实》/［美］华理克著，吴苏心美译，上海三联书店2013年/220页

《破解人生难题——12个圣经榜样人物给你答案》/［美］华理克著，吴苏心美译，上海三联书店2013年/170页

《基督教文字传媒与中国近代社会》/李灵、陈建明主编，上海人民出版社2013年/567页

《终约——后现代基督教文化》/［英］唐·库比特著，王志成、富瑜译，浙江大学出版社2013年/258页（文明经典文丛）

《耶稣传》/［法］欧内斯特·勒南著，梁工译，商务印书馆2013年/324页（汉译世界名著丛书）

《造物中展现的神的智慧》/［英］约翰·雷著，熊姣译，商务印书馆2013年/286页

《天学初函·理编》（全4册）/（明）李之藻编，黄曙辉点校，上海交通大学出版社2013年

《圣经导读·解经原则》（第三版）/［加］戈登·菲、［美］斯图尔特著，魏启源等译，上海人民出版社2013年/261页（基督教文化译丛）

《裸颜》（精装修订版）/［英］路易斯著，曾珍珍译，华东师范大学出版社2013年/314页（路易斯著作系列）

《魔鬼家书》（精装修订版）/［英］路易斯著，曾珍珍译，华东师范大学出版社2013年/193页（路易斯著作系列）

《返璞归真：纯粹的基督教》（精装修订版）/［英］路易斯著，汪咏梅译，华东师范大学出版社2013年/252页（路易斯著作系列）

《走过古老的从前：〈圣经〉考古全纪录》/陈庆真著，团结出版社2013年/196页

《从神性本质到个体存在：弗兰克基督教人学理论研究》/金娜著，哈尔滨工业大学出版社2013年/214页

《废墟中的记忆》/中国人民大学基督教文化研究所编，宗教文化出版社2013年/269页（基督教文化学刊第30辑）

《基督教神学》（中文版）/［英］福特著，译林出版社2013年/299页（牛津通识读本）

《天堂：〈圣经〉里的天堂真貌》/［美］蓝迪·爱尔康著，林映君、黄丹力、王乃纯译，甘肃人民美术出版社2013年/404页

《新教伦理与资本主义精神》/［德］韦伯著，电子工业出版社2013年/141页

《〈圣经〉文化今读》/齐宏伟著，团结出版社2013年/106页（书中之书讲演录）

《信仰之问》/何光沪著，中国人民大学出版社2013年/105页（爱智书系）

《耶稣》/皮波人物国际名人研究中心著，国际文化出版公司2013年/77页（名人传

记丛书·中小学读本）

《东正教与俄罗斯社会》/张雅平著，社会科学文献出版社 2013 年/287 页（宗教与文化战略丛书）

其他

《六壬辨疑·毕法案录》/（清）张官德撰，郑同校，华龄出版社 2013 年/229 页

《大六壬指南》/（明）陈公献撰，郑同编校，华龄出版社 2013 年/222 页

《六壬金口诀指玄》/（战国）孙膑撰，郑同编校，华龄出版社 2013 年/191 页

《玉函通秘》/紫霞散人编，华龄出版社 2013 年/299 页

《奇门遁甲秘笈大全》/（汉）诸葛武撰，（明）刘伯温辑，郑同校，华龄出版社 2013 年/294 页

《人占汇选》/（清）程树勋辑，肖岱宗点校，华龄出版社 2013 年/330 页

《奇门指归》/（清）朱浩文撰，郑同编校，华龄出版社 2013 年/255 页

《紫微斗数讲义》/陆斌兆著，王亭之注释，复旦大学出版社 2013 年/258 页

《虞翻易学思想研究》/文平著，光明日报出版社 2013 年/213 页（高校哲学社会科学成果文库）

《汉—唐国家祭祀形态与郊庙歌辞研究》/张树国著，人民出版社 2013 年/470 页

《流传千年的北欧神话故事》/钟怡阳编著，南京大学出版社 2013 年/151 页（公众人文素养读本）

《巫与祭司》/宋兆麟著，商务印书馆 2013 年/381 页

《你可以通灵——古代神秘学院的教诲》/［加］道格拉斯·德龙著，彭朋译，世界图书出版公司 2013 年/200 页

《奇门遁甲鸣法》（全 2 册）/（清）矫子阳著，九州出版社 2013 年（龙伏山人存世文稿）

《奇门遁甲衍象》（全 2 册）/（清）矫子阳著，九州出版社 2013 年（龙伏山人存世文稿）

《奇门遁甲枢要》（全 2 册）/（清）矫子阳著，九州出版社 2013 年（龙伏山人存世文稿）

《遁甲括囊集》（全 3 册）/（清）矫子阳著，九州出版社 2013 年（龙伏山人存世文稿）

《增注蒋公古镜歌》/（清）矫子阳著，九州出版社 2013 年（龙伏山人存世文稿）

《易隐：大成国学》/（清）曹九锡等著，金志文译注，世界知识出版社 2013 年/445 页（大成国学丛书）

《神相全编》/（宋）陈抟等著，金志文译注，世界知识出版社 2013 年/543 页（大成国学丛书）

《地理人子须知》（全 3 册）/（明）徐善继、（明）徐善述著，金志文译注，世界知识出版社 2013 年（大成国学丛书）

《易冒》/（清）程良玉著，金志文译注，世界知识出版社 2013 年/446 页（大成国学丛书）

《御定奇门遁甲：奇门宝鉴》（全 3 册）/金志文点校，世界知识出版社 2013 年（故

宫博物院术数丛刊）

《神相铁关刀》/佚名著，金志文译注，世界知识出版社 2013 年/360 页（大成国学丛书）

《水镜神相》/（清）右髻道人著，金志文译注，世界知识出版社 2013 年/379 页（大成国学丛书）

《三元总录》/（明）柳洪泉著，金志文译注，世界知识出版社 2013 年/336 页（大成国学丛书）

《观人学》/（民国）邵祖平著，孙政治译注，世界知识出版社 2013 年/379 页（文士派识人经典）

《图解麻衣神相》/（宋）麻衣道者著，金志文译注，世界知识出版社 2013 年/377 页（中国古代相学名著）

《绘图地理五诀》/（清）赵玉材著，金志文译注，世界知识出版社 2013 年/370 页（中国古代风水学名著）

《柳庄神相》/（明）袁柳庄著，金志文译注，世界知识出版社 2013 年/392 页（中国古代相学名著）

《阴阳五要奇书》/（晋）郭璞等著，九州出版社 2013 年/562 页

《神话的力量：在诸神与英雄的世界中发现自我》/［美］坎贝尔著，浙江人民出版社 2013 年/289 页（神话学大师坎贝尔系列作品）

《星座：预知未来的魔法》/王小亚著，北京燕山出版社 2013 年/358 页

《中西神话》/张学明著，世界图书出版公司 2013 年/183 页

《日本妖怪奇谭》/王新禧著，陕西人民出版社 2013 年/284 页

《利文斯敦》/皮波人物国际名人研究中心著，国际文化出版公司 2013 年/69 页（名人传记丛书·中小学读本）

《十分钟风水学》/雷铎著，花城出版社 2013 年/196 页

《甲骨文与殷商时代神灵崇拜研究》/［韩］具隆会著，中国社会科学出版社 2013 年/508 页（社科博士文库）

《米诺王权与太阳女神——一个近东的共同体》/［美］南诺·马瑞纳托斯著，王倩译，陕西师范大学出版社 2013 年/298 页（神话学文库）

《洪水神话》/［美］阿兰·邓迪斯编，陈建宪等译，陕西师范大学出版社 2013 年/418 页（神话学文库）

《日本神话的考古学》/［日］吉田敦彦著，唐卉、况铭译，陕西师范大学出版社 2013 年/214 页（神话学文库）

《蓬莱神话——神山、海洋与洲岛的神圣叙事》/高莉芬著，陕西师范大学出版社 2013 年/198 页（神话学文库）

《印度教》/朱明忠著，福建教育出版社 2013 年/482 页

《老得好优雅》/［美］琼·齐谛斯特著，唐勒译，上海三联书店 2013 年/233 页

《中国罗盘通俗解读》/王玉德著，中央编译出版社 2013 年/210 页

《伏羲神话传说与信仰研究》/刘惠萍著，陕西师范大学出版社 2013 年/332 页

《古代徽州宗教信仰研究》/丁希勤著，安徽师范大学出版社 2013 年/278 页

《冯承钧西北史地著译集：王玄策使印度记》［法］烈维等著，冯承钧译，中国国际

广播出版社 2013 年/178 页（西北史地丛书）

《哈尔滨犹太简明辞书》/曲伟、李述笑主编，社会科学文献出版社 2013 年/588 页

《玄武神话、传说与信仰》/陈器文著，陕西师范大学出版社 2013 年/234 页（神话学文库）

《易理乾坤》/陈阳著，中国广播电视出版社 2013 年/296 页

《中原农村伏羲信仰》/陈伟涛著，上海人民出版社 2013 年/235 页

《古代命理学研究——命理基础》/凌志轩著，中山大学出版社 2013 年/385 页

《清代八卦教》/马西沙著，中国社会科学出版社 2013 年/349 页

《犹太教基本概念》/宋立宏等主编，江苏人民出版社 2013 年/268 页（宗教文化大系）

《中国古代宫殿堪舆考》/谢宇主编，华龄出版社 2013 年/176 页

《中国古代寺庙堪舆考》/谢宇主编，华龄出版社 2013 年/200 页

《巴坦加里的瑜伽经》/［印］沙吉难陀著，陈景圆译，商务印书馆国际有限公司 2013 年/344 页

《命理天机紫微斗数规则的运用和分析》/周德元著，团结出版社 2013 年/486 页

《纯爱瑜伽——关系的艺术》（中英双语）（全 2 册）/［法］桑克依坦·达斯著，王博译，中国广播电视出版社 2013 年

《法老的诅咒——探寻古埃及神秘的巫术与宗教》/郭丹彤、马晓敏著，北京大学出版社 2013 年/208 页

2013年宗教学研究会议目录

王　伟　梁恒豪　杨　莉　编

1月

1月1日，“诺那活佛对近代密宗弘传的贡献与影响研讨会”在台湾新北市龙山寺举行，研讨会由台湾诺那华藏精舍举办。

1月8—9日，2013年全国宗教工作会议暨全国宗教工作系统表彰大会在北京举行。会议深入学习贯彻党的十八大精神，总结2012年和十六大以来的宗教工作，分析宗教工作面临的形势，部署2013年宗教工作。

1月12日，由中央民族大学“比较经学与宗教对话”创新引智基地举办的“比较经学与六朝佛教——以《大乘起信论》为中心的考察”国际学术研讨会在北京举行。

1月15日，由四川博物院、四川大学共同合作的《四川出土南朝佛教造像》科研课题在四川大学博物馆召开了专家评审会。

1月16日，中国佛教协会在四川省成都市举办“佛教生命观研讨会”。就四川、青海、甘肃交界地区发生的自焚事件，来自汉传佛教、藏传佛教及南传上座部佛教三大语系约40名高僧大德和专家学者以“慈心悲愿、善待生命”为主题进行研讨。

1月19—20日，由深圳大学主办、深圳大学国学研究所承办的“儒家思想与当代中国文化建设国际学术研讨会”在深圳举行。来自韩国、俄罗斯、马来西亚、美国、海峡两岸暨香港等国家和地区的120余位专家学者参加了会议。

2月

2月20—23日，以“反思宗教之于欧洲的意义”（Rethinking Europe with（out）Religion）为主题的国际学术研讨会在奥地利维也纳举行。

2月27日，由泰国朱拉隆功佛教大学佛学院主办，中国重庆华岩寺和有关佛学研究单位协办的第二届中泰佛教研讨会在曼谷中国文化中心隆重举行。

3月

3月7—8日，由法鼓佛教学院、佛教莲花基金会与台湾多所大学教育学系、心理学系共同举办的为期两天的2013年“正念与慈悲禅定国际研讨会”在法鼓山世界佛教教育园区召开，并进行了九场议程发表。此次研讨会邀集心理治疗、咨商以及教育辅导、临终医疗等方面的研究人士，借由与佛法的合作、对话，增进对于禅修的认知，并运用于“正念治疗”之中。

3月15—17日，“马来西亚佛教居士总会成立典礼暨居士佛教研讨会”在吉隆坡珍苑大酒店隆重举行。

3月19日，“宗教活动场所、宗教院校法人资格问题调研座谈会”在国家宗教事务局召开，会议由国家宗教事务局宗教研究中心主办。

3月19日，由中国社会科学院世界宗教研究所与社会科学文献出版社联合举办的《中华珍本宝卷》（第1辑）新书发布会暨民间宗教信仰研讨会在社会科学文献出版社蓝厅举行。

3月21日，《中国古代政教关系史》出版座谈会在京举行。中国社会科学院学部委员、原副院长汝信，中央社会主义学院常务副院长周宁，中国社会科学院学部委员、世界宗教研究所所长卓新平，中国宗教学会顾问、中央民族大学教授牟钟鉴，北京大学宗教文化研究院院长张志刚等学者出席会议，并参加讨论。

3月26日，“中国国际老子文化周”大型系列文化活动在北京举行。此次活动由中国人民对外友好协会和中国关心下一代工作委员会主办，来自境内外的老子文化研究领域专家、学者，以及社会各界人士500多人出席了开幕式。

3月28日，中美“宗教心理学”座谈会在中国社会科学院世界宗教研究所举行，金泽副所长首先致辞，欢迎来自美国富勒心理学院学者前来进行学术交流，并预祝座谈会顺利举行，期许与会学者深入交流，有所收获。

3月30—31日，由南京大学中华文化研究院主办，佛光山人间佛教研究院协办的首届“星云大师人间佛教理论实践学术研讨会”在宜兴市大觉寺开幕。

3月30—31日，“21世纪的佛法——国际南传、汉传、藏传佛教论坛”在集思台大会议中心举行，有四众佛弟子500余人出席。

3月31—4月2日，由广东省民族宗教研究院、深圳弘法寺、深圳大学宗教文化研究所联合举办的第二届“宗教的现代社会角色”学术研讨会在深圳举行，中国佛教协会、深圳弘法寺、中国社会科学院世界宗教研究所、中山大学，以及海外的专家代表、宗教界人士90余人参加了研讨会。

4月

4月8日，陕西省西安市曲江楼观道文化研究院揭牌仪式暨首届全国老子学会会长论坛在西安举行。

4月12—13日，以“中世纪与近代早期欧洲政治、宗教与法律”为主题的学术论坛在河南大学历史文化学院举行。

4月15日，台湾佛光大学佛教研究中心成立，为祝贺佛光大学佛教研究中心开幕，佛光山与佛光大学、南华大学于15—20日分别在高雄佛光山和宜兰佛光大学召开了“汉传佛教研究的过去、现在与未来”国际学术研讨会。

5月

5月7日，中法学者关于宗教研究的对话在中国社会科学院世界宗教研究所举行。

5月7—8日，“东岳信仰与北京东岳庙学术研讨会”在北京召开，研讨会由中国社会科学院世界宗教研究所主办，北京东岳庙承办，北京市道教协会支持。

5月9日，中国社会科学院世界宗教研究所湖北国情调研课题组与中共武汉市委统战部、武汉市民族宗教委员会，在武汉归元寺召开座谈会，探讨武汉市的宗教历史、现状与发展趋势。

5月9—11日，“东北三老佛学思想研讨会”在香港举行，研讨会由中华佛教文化院、西方寺、东林念佛堂、香港大学佛学研究中心、辽宁大学永惺佛学研究中心联合主办。

5月11日，中国社会科学院世界宗教研究所湖北国情调研课题组与中共武汉市委统战部、武汉市民族宗教委员会、丹江口市宗教事务局、武当山道教协会、武当山道教学院等单位在武当山道教学院召开座谈会。

5月11—12日，“2013年三论宗学术研讨会”在中国佛学院栖霞山分院召开。

5月12日，“陕西省大学语文研究会学术年会暨佛教文化与文学当代价值及传播论坛”在陕西法门寺举行，论坛由陕西省佛教协会、陕西省大学语文研究会主办，西北大学文学院、陕西法门寺慈善基金会、高等教育出版社协办。

5月13—17日，由中央民族大学“比较经学与宗教间对话”创新引智基地主办的“中西宗教的比较经学”研讨会在北京举行。

5月18日，“宗教、慈善与地方社会”学术研讨会在禅宗六祖故里广东省云浮市新兴县召开，研讨会由中山大学主办。

5月20日，内蒙古自治区包头市佛教协会在九原区观音寺召开了“适应社会、服务社会研讨会”。

5月21—22日，第十届“联合国卫塞节”国际佛教大会在泰国曼谷联合国会议中心隆重举行。

5月22日，国家社会科学基金重大项目《中国地方志佛道教文献汇纂》出版座谈会在中国人民大学举行。

5月23—24日，“现代新儒家与中国哲学的主体意识”研讨会在宜宾学院召开，研讨会由四川思想家研究中心、唐君毅研究所联合举办。

5月25日，“第三届河北禅宗文化论坛”在河北省石家庄市平山开幕，论坛由河北省社会科学院哲学所、河北省佛教协会主办，河北省赵县柏林禅寺承办。

5月25日，少林寺“第三届中国佛医高峰论坛”开幕式隆重举行。

5月25—26日，由中国佛学院普陀山学院和华东师范大学哲学系联合主办的“佛教文化与现代社会学术研讨会暨《普陀山佛学文丛》首发式”在中国佛学院普陀山学院举行。

5月26—27日，“社会服务与宗教在地化暨第七届宗教与公益事业论坛”在河南省周口市举行，此次活动由中国人民大学宗教高等研究院与周口市基督教三自爱国会运动委员会、基督教协会联合举办，论坛主题是“社会服务与宗教在地化”。

5月28—29日，山西省全省民族宗教工作会议在太原市召开。

6月

6月1日，香港“宗教心、生态情、环保行——2013年宗教与生态环保工作坊”论坛在九龙湾亿京中心16楼香港佛光道场大斋堂举行。

6月3—5日，河北省保定市基督教协会在伯特利堂举办了“基督教与中国文化”研习班。

6月6日，由西藏藏学研究中心主办的“西藏首届藏传佛教教义研讨会”在西藏佛学院举行。

6月7日，国家宗教事务局和中国佛教协会在云南省瑞丽举行了“探索发挥南传佛教在对东南亚民间外交中的积极作用”座谈会。

6月8日，“重元寺文化建设研讨会”在苏州市重元寺法堂内召开。

6月8—9日，“宗教与中华文化软实力高层论坛暨2013年中国宗教学会年会”在华侨大学开幕，论坛由中国宗教学会、中国社会科学院世界宗教研究所、华侨大学联合举办。

6月8—9日，上海大学文学院历史系暨宗教与中国社会研究中心联合举办了以“汉语文献与中国基督教研究”为题的大型国际学术研讨会。

6月14—23日，“第二期宗教工作专题研究班”在国家宗教事务局培训中心举办。

6月15日，由中国人民大学清史研究所主办的“新发现黄天道帛书与写经”学术研讨会在京召开。

6月16日，“第二届宗教经典翻译理论与实践研讨会”在山东省青岛市举行，研讨会由中国海洋大学主办。

6月16—17日，首届“亚洲禅学研讨会”在香港九龙湾国际展贸中心隆重举行，研讨会由（香港）中国文化研究院主办，中华文化国际传播联合会、中华炎黄文化研究会、澳门基金会、（香港）和谐社会发展基金会协办，香港仁华寺与小灵山灵显法苑承办。

6月17日，由青海省海东地区佛教协会主办的“海东地区第三届藏传佛教论坛”在循化县文都大寺举行。

6月17—18日，由河南省安阳市佛教协会主办的以“佛教文化与国家软实力建设”为主题的安阳首届佛教文化研讨会召开。

6月19—20日，由中国人民大学佛教与宗教学理论研究所主办的主题为“佛教与现代性”的第五届中日佛学学术研讨会在北京举行

6月21日，第一届宗教社会学论坛——“宗教社会学2013北京论坛”在中国社会科学院世界宗教研究所举行。

6月22—23日，“第二届中日韩佛教学术大会”在北京举行，大会由中国人民大学佛教与宗教学理论研究所和日本东洋大学东洋学研究所、韩国金刚大学佛教文化研究所联合主办，来自中、日、韩三国的佛学研究专家，围绕“南北朝佛教思想”这一主题进行了研讨。

6月26日，国家社会科学基金重点项目“我国宗教文化遗产保护和利用现状及对策研究”课题开题会在国家宗教事务局召开。

6月27—30日，由国际宗教社会学会主办的“第三十二届国际宗教社会学大会”在芬兰古城图尔库召开。

6月29日，由中国佛学院研究部主办的《中国佛教教育年鉴》编纂研讨会在中国佛学院隆重举行。

6月30日，由广东省佛教协会举办的“六祖慧能与坛经研究目录搜集研讨会”在广州市举行。

7月

7月2日，由华中师范大学科研部和历史文化学院联合主办的“宗教社会史研究”学术沙龙在华中师范大学举行。

7 月 7 日，“2013 民族宗教问题高层论坛”在北京举办，论坛由甘肃省委统战部、西北民族大学、中国统一战线理论研究会民族宗教理论甘肃研究基地和中国人民大学法律与宗教研究中心联合举办。

7 月 9—10 日，“中国天主教民主办教三项制度颁布十周年座谈会”在哈尔滨市隆重召开。

7 月 9—12 日，由香港汉语基督教文化研究所和中国人民大学基督教研究所共同举办的“和谐共融：基督宗教在当代中国社会的作用”学术研讨会在香港召开。

7 月 11—13 日，“第一届中国佛教研究研讨会”在香港召开，研讨会由香港中文大学人间佛教研究中心与中国佛教学会联合举办。

7 月 11—13 日，由美国普度大学中国宗教与社会研究中心和香港中文大学崇基学院宗教与中国社会研究中心联合举办的“宗教、灵性资本与公民社会——第十届宗教社会科学年会”在香港中文大学召开。

7 月 13 日，“7 至 17 世纪西藏历史与考古、宗教与艺术国际学术研讨会”在四川大学召开，研讨会由四川大学中国藏学研究所与哈佛燕京学社共同主办。

7 月 16—24 日，第 10 届中美欧暑期宗教学高级研讨班在中国人民大学举办，本年度的主题是“宗教心理学的理论与实践”。

7 月 20 日，由北京外国语大学法学院、北京大学宪法与行政法研究中心、北京普世社会科学研究所联合举办的“宗教与法治学术研讨会——关于宗教财产的立法问题”在北京举行。

7 月 21 日，“中国梵净山生态文明与佛教文化论坛”在贵州省铜仁市举行，该论坛是“生态文明贵阳国际论坛 2013 年年会”的分论坛，主题是“梵天净土，桃源铜仁”。

7 月 25 日，江苏省盐城市宗教文化学会成立暨第一次会员代表大会在东台弥陀寺举行。

7 月 26—27 日，“中国梦与儒家文化学术研讨会”在山东省济南市召开，会议由中国孔子基金会、中共中央党校社会发展研究中心、山东省社会科学院、山东大学儒学高等研究院、山东省齐鲁文化研究院和孔子研究院等单位共同主办。

7 月 27 日，“多元文化中的慈悲——社会互助”主题论坛在北京龙泉寺举行。

7 月 28 日，山西省临汾市佛教协会在天龙寺举办首届“汉传佛教讲经交流会”。

7 月 28—29 日，“饶学国际学术研讨会”将在韩山师范学院隆重举行。据悉，这是迄今在该院举办的第四场有关国学大师饶宗颐的学术研讨会，也是在世界范围内首次以“饶学”命名的学术研讨会。

8 月

8 月 4—6 日，山东全省民族宗教工作座谈会在济南市召开。省民委领导、各市民宗局（办）局长（主任），省民委机关各处室主要负责人参加会议。

8 月 5—7 日，来自中国社会科学院世界宗教研究所、中国人民大学佛教与宗教学理论研究所、《中国宗教》杂志社、《中国民族报》宗教周刊、华侨大学等佛教研究领域著名专家学者云集全州县，对该县湘山寺无量寿佛文化进行了考察，并举行了无量寿佛文化学术研讨会。

8 月 8 日，在广东省四会市六祖寺文化办在武汉灵泉寺组织了一次“健康禅社会化服务研讨会”。

8月8日，由浙江杭州灵隐寺主办、杭州佛学院协办的“2013年灵隐寺外文网站建设工作研讨会”在灵隐寺华严阁隆重举行。

8月9—10日，“海峡两岸观音文化学术研讨会暨第三届伏牛山文化圈全国学术研讨会”在河南省平顶山市隆重召开，研讨会由河南省平顶山市政协、财团法人向阳基金会（台湾）、平顶山学院联合主办，来自海峡两岸百余名佛教界专家和学者出席了此次研讨会。

8月16—18日，“第七届海峡两岸周易学术研讨会”在山东省济南市山东大学召开，研讨会由山东大学易学与中国古代哲学研究中心、中国周易学会和《周易研究》编辑部主办，台湾“中华易经学会”协办，会议以“易学与中国哲学文化的历史与未来”为主题。

8月18日，“中国敦煌吐鲁番学会成立30周年国际学术研讨会”在首都师范大学举行。

8月18—19日，“中国无神论学会第四届会员代表大会暨2013年学术年会”在北京召开，主题为“科学无神论事业继往开来的历史使命”。

8月18—20日，“2013骊山问道之儒道两行·文化复兴”学术研讨会在骊山明圣宫举行，会议由中国社会科学院道家与道教文化研究中心、世界宗教研究所儒教研究中心联合主办，陕西省西安市临潼明圣宫承办。

8月20—23日，“基督教与当代中国社会思潮”研讨会在牛津大学召开。40余位资深学者在会上发言，并就“基督教与自由主义”“基督教与新左派”“基督教与新儒家”等话题同与会者展开讨论。

8月21—24日，“儒学与中国少数民族文化研讨会”在宁夏大学召开。

8月23—25日，由慈氏学会（香港）和慈氏文教基金主办的第一届慈宗国际学术论坛在香港理工大学隆重开幕。

8月26日，安徽省淮北市天主教爱国会第一届会员大会暨成立大会在淮北市相山隆重召开。

8月26日，中国佛教协会成立60周年纪念会在人民大会堂举行。

8月28日，安徽省淮北市基督教协会第一届会员大会暨成立大会隆重召开。

8月29日，四川省佛教协会第九届理事会召开藏传佛教活佛转世灵童认定指导小组第一次会议，副省长曲木史哈出席并讲话。

8月30日，山东省佛协联合山东大学佛学研究中心在青岛湛山寺共同举办了“天台宗在山东研讨会”。

9月

9月2日，由中国社会科学院文学哲学学部、中国宗教学会、中国社会科学院世界宗教研究所、云南民族大学联合主办的“2013中国宗教研究五十人论坛——宗教与文化多样性”学术研论会在云南民族大学雨花校区图书馆报告厅隆重开幕。本次会议主题是“宗教与文化多样性”。

9月4日，纪念六祖惠能圆寂1300周年学术研讨会在广州市召开，本届研讨会是2013广东禅宗六祖文化节活动的重要组成部分。

9 月 7 日，“首届柳州开元论坛”学术研讨会在广西壮族自治区柳州市开元寺大雄宝殿内隆重召开。

9 月 9 日，第三届中日临济禅学术研讨会于河北省石家庄市正定县举办。此次会议由中国佛教文化研究所、日本灵云院国际禅交流友好协会主办，河北省佛教协会协办，河北省正定县临济寺承办。本次会议主题为“世界和平与临济禅”。

9 月 12 日，由北京大学宗教学系、中国人民大学佛教与宗教学理论研究所、中国社会科学院佛教研究中心联合主办的“净慧长老与生活禅”学术研讨会在北京大学英杰交流中心会议厅举行，本次会议的主题是“净慧长老的佛学思想以及当代佛教的新面貌”。

9 月 16—17 日，四川省第三届汉传佛教文化讲经交流会在峨眉山大佛禅院峨眉讲堂隆重开幕。本次讲经交流会的主题是“善愿、庄严、和谐”。

9 月 16—17 日，由中国社会科学院世界宗教研究所、罗马第三大学、佩鲁贾外国人大学、意大利世界历史学会联合主办的“当代宗教：全球化与地方化”国际学术研讨会在罗马和佩鲁贾相继举行。

9 月 17—19 日，由中国社会科学院世界宗教研究所、中国道教协会道教文化研究所共同主办，江苏省道教协会、苏州市道教协会协办，吴中区道教协会、穹隆山上真观承办的“铁竹道人施道渊与江南道教研究”学术研讨会在江苏省苏州市吴中区穹窿山上真观举行。

9 月 19—22 日，“多元宗教与地方经验暨第三届中国宗教人类学论坛”在甘肃省兰州市召开。论坛由中国社会科学院世界宗教研究所与兰州大学西北少数民族研究中心民族学研究院共同举办。

9 月 21—22 日，以“名人名寺·和合圆融”为主题的“第七届寒山寺文化论坛”在江苏省苏州市召开。

9 月 21—22 日，第二届灵隐寺佛教文化论坛——“灵隐寺与北宋佛教”学术研讨会在浙江举行，探讨灵隐寺对北宋时代社会历史文化的影响与贡献。

9 月 26 日，“2013 年第二届亚洲佛教文化节系列活动之佛教造像与石窟艺术国际研讨会”在斯里兰卡康提佛牙寺会议中心召开。会议主要围绕“佛教造像与石窟艺术”两大主题展开学术研讨。

9 月 27 日—10 月 6 日，“2013 年第二届世界佛教青年会议暨第十届世界青年僧伽大会”于美国洛杉矶法身寺分院举行。此次大会主题为“全球化世代新佛教徒的产生”。

9 月 28—29 日，由南京大学中华文化研究院主办，中华文化国际交流会、南京鸡鸣寺协办的“中华民间宗教文化论坛”在古鸡鸣寺举行。此次论坛主题为“道在民间”。

10 月

10 月 1—2 日，“世界佛教徒联谊会”在曼谷召开“世佛联”生态环保国际论坛。针对地球、人类、贫疾、佛教等相关内容进行探讨。

10 月 2—7 日，第四届海峡两岸（威海）道教文化研讨会在山东省文登市举行。

10 月 9 日，“第三届天主教本地化神学论坛”在北京中国天主教神哲学院举行。

10 月 9 日，浙江省湖州市佛教协会发起的“观音文化研究会”成立大会隆重举行。

10 月 9 日，四川省成都市召开藏传佛教界代表人士座谈会。与会藏传佛教界人士一致认为，只有在强大祖国的关心下，在中华民族的大家庭里，藏族群众才能够更好地生活，藏传佛教才能够获得更好的发展。

10 月 10 日，由中国藏学研究中心等单位共同举办的“首届黄寺论坛”在北京西黄寺开幕，与会的专家学者及宗教界人士就“乾隆皇帝与六世班禅”这一主题进行了探讨。

10 月 12 日，由北京佛教文化研究所、清华大学哲学系、加拿大英属哥伦比亚大学亚洲系、何创时书法艺术基金会共同主办的“明代北京佛教学术研讨会”在北京什刹海书院隆重开幕。

10 月 12 日，由河南省老子学会、河南省廉政理论研究中心与河南省社会科学院共同主办，中共三门峡市纪委、中共灵宝市纪委承办的“《道德经》与修德养廉报告会”和“2013 中国·函谷关《道德经》与修德养廉理论座谈会”在灵宝市召开。

10 月 12—13 日，由兰州大学文学院主办，萃英学院、敦煌研究院民族宗教文化研究所与甘肃省唐代文学学会协办的“敦煌文化与唐代文学国际学术研讨会”在观云楼萃英学院会议室召开。

10 月 14 日，香港中华密教学会与西北大学佛教研究所举行“密宗的当代处境与现代价值”学术座谈会。

10 月 15 日，新疆维吾尔自治区库车县召开纪念鸠摩罗什圆寂 1600 周年研讨会，由库车县委宣传部主办、新疆龟兹学会协办。

10 月 15 日，“中国道教与中医药学高端论坛”在江西省樟树市召开，以“谈玄灵宝，论道岐黄”为主题，探讨道家哲学思想与中医药文化的历史关系，呼吁国民重视道教养生。

10 月 16 日，由中国佛教协会第八届理事会权益保护委员会主办，九华山佛教协会承办的“中国佛教协会第八届理事会权益保护委员会会议”在安徽省举行。

10 月 18—20 日，由中国社会科学院世界宗教研究所、武汉市民族宗教事务委员会主办，中国社会科学院佛教研究中心、武汉市佛教协会、武汉归元禅寺协办的武汉归元佛教文化论坛“佛教文化与强国战略”在归元寺正式拉开帷幕。

10 月 18—20 日，由中国政法大学宗教与法律研究中心、中国人民大学佛教与宗教学理论研究所与重庆市华岩寺联合主办的第二届“宗教·法律·社会”学术研讨会在北京召开。

10 月 19 日，由中国环境科学学会、北京市道教协会等主办的第四届传统文化与生态文明国际研讨会在北京召开。

10 月 19—20 日，由中国社会科学院世界宗教研究所主办的“宗教哲学 2013 北京论坛”（第三届宗教哲学论坛）在北京召开，以“宗教与哲学关键词”为主题。

10 月 21—23 日，由中国社会科学院世界宗教研究所巴哈伊中心、巴哈伊教澳门总会共同主办，全球文明研究中心（香港）协办的“宗教与可持续社区学术研讨会”在澳门召开。

10 月 24 日，全国政协民宗委座谈会在无锡灵山梵宫召开。与会学者探讨了如何发挥宗教正能量、共圆中国梦等问题。

10 月 25 日，“简帛《老子》与道家思想”国际学术研讨会在北京举办。会议由北京大学中国古代史研究中心及北京大学出土文献研究所主办。

10 月 25 日，“‘哲学·文化·佛教’2013 国际论坛”开幕式在暨南大学举行。本次论坛由暨南大学哲学研究所、中印比较研究所和广东省六祖寺联合主办，广东省天柱文化慈善促进会、《亚太经济时报》《禅文化》等协办，论坛分别在暨南大学和广东六祖寺举行。

10月25—27日，中国社会科学院世界宗教研究所主办了“第二届东南亚宗教研究论坛”，会议主题为“东南亚宗教的复兴与变革”，分四个议题：东南亚宗教的复兴与变革，中国与东南亚的宗教文化交流，东南亚华人宗教的传承与变迁，东南亚宗教与民族文化的互动。

10月26—28日，第五届国际彝学研讨会在西南民族大学开幕，会议以“传承·转型·发展”为主题，全面反映出本次研讨会在全球化与现代化进程下，对彝族传统文化如何突破自我窠臼、加速现代化进程、实现更好发展这一时代议题的深刻思考。

10月27日，“2013汉传佛教讲经交流会”开幕式在浙江省杭州市佛学院隆重举行。本届讲经交流会是首届汉传佛教讲经交流会举办以来的第六届，以“清净·和谐”为主题。

10月29日，全国政协民族和宗教委员会在河南省郑州市举行“推进新形势下人民政协民族宗教工作研讨会”。会议紧密围绕着“推进新形势下人民政协民族宗教工作”的主题进行研讨交流。

10月30日，由中国人民大学国际佛学研究中心主办的“戒律思想与实践——第三届国际佛学论坛”在北京隆重举行。会议围绕佛教戒律话题中汉传佛教戒律研究、戒律溯源、戒律的现代意义、藏传佛教戒律思想、中国佛教戒律研究、戒律思想研究、戒律及其现代实践7个分主题进行研讨探究，分享交流。

11月

11月1日，中华基督教女青年会全国协会在浙江省杭州市杭州图书馆举办了“2013·基督教女青年会社会服务研讨会”。

11月2日，以“弘扬禅文化，传承生活禅”为主题的第四届黄梅禅宗文化高峰论坛在禅宗发祥地湖北省黄梅隆重开幕。

11月2日，由中国逻辑学会因明专业委员会主办，肇庆学院承办，杭州佛学院、中国藏学研究中心、肇庆市哲学学会等协办的第九届全国因明学术研讨会在广东省肇庆市举行。

11月3日，2013藏传佛教教义阐释工作研讨会在中国藏语系高级佛学院召开，此次会议主要围绕“藏传佛教与构建和谐社会”和“教义阐释与实现中国梦”等议题展开充分深入的研讨交流。

11月3—4日，由中国社会科学院、中国宗教学会主办，中国社会科学院世界宗教研究所承办的“中国社会科学论坛（2013·宗教学）——世界宗教与文明对话”国际学术研讨会在京召开。

11月4—5日，河北省五大宗教院校思想政治工作研讨会在省佛学院落下帷幕，各院校进行了汇报交流及教学观摩。

11月4日，新疆维吾尔自治区佛教协会召开六届三次常务理事会议，纪念自治区佛教协会成立30周年。

11月5日，来自新疆维吾尔自治区的近百名各界青年代表在自治区团委召开了“传递正能量远离极端宗教”座谈会。

11月6—7日，正一道教研究国际学术会议在上海举行。会议由上海市道教协会、华东师范大学明道道教研究所、华东师范大学宗教文化研究中心共同主办，上海城隍庙承办。

11月6—7日，山东省青岛市基督教两会第六次神学思想建设研讨会在李沧区王家下河基督教堂举行。

11月9—10日，由中国文化院和北京师范大学人文宗教高等研究院共同主办的“儒释道融合之因缘”研讨会在北京师范大学举行，本次研讨会由国家宗教事务局指导，支持单位为中国佛教协会和中国道教协会。

11月9日，由中国社会科学院近代史研究所与福建师范大学中国基督教研究中心联合举办的“近现代基督教的中国化”国际学术研讨会，在武夷学院宋明理学山庄拉开序幕。

11月11日，江苏省无锡市道协、江阴市道教协会联合西南大学宗教研究所、重庆国学院在江阴联合举办主题为“仙道贵生、无量度人”首届君山中华丹道养生学术研讨活动。

11月14—17日，第五届戒幢论坛在苏州西园寺举行，围绕“佛法与心理治疗”的主题进行研讨。

11月15日，上海玉佛禅寺第十二届“觉群文化周暨当代佛教的历史使命与社会责任”研讨会开幕式在玉佛禅寺举行。

11月15—16日，作为2013广东道教文化节暨第七届惠州国际（休闲养生）旅游节活动之一的“道教文化与生态文明”研讨会在罗浮山举行。

11月16日，广东省肇庆市举行了“第三届利玛窦与中西文化交流国际学术研讨会”，以利玛窦与中西文化交流、肇庆特色历史文化及其现代价值、广府文化视野中的粤西重要历史人物研究三个主题，进行讨论研究。

11月16日，由中国社会科学院世界宗教研究杂志社、浙江省社会科学院浙江宗教研究中心主办，浙江省佛教协会指导，仙居县民族宗教事务局、仙居新区开好管理委员会、仙居县佛教协会承办的第二届“中国（仙居）药师佛学术交流大会”在浙江省仙居县召开。

11月16—17日，由深圳大学举办，深圳大学国学研究所承办的第十届当代新儒学国际学术会议开幕。本届当代新儒学国际学术会议的主题为“儒学的当代发展与未来前瞻”。

11月18—19日，庐山东林寺举行纪念净土宗二祖善导大师诞辰1400周年暨善导大师净土思想研讨会。

11月19—20日，由中国基督教两会和美国葛培理布道会共同主办的第二届中美基督教领袖论坛在上海举行。论坛的主题为“和好·福音”，与会代表围绕城市化进程中教会面临的挑战、福音与本土文化、社会服务、加强中美基督教相互了解与交流等专题进行了研讨。

11月20日，四川省社会科学院党委统战部和院党外知识分子联谊会共同举办的“同心共筑中国梦·社科统战在行动”系列学术沙龙第二次活动在三圣乡刘家花园开讲。

11月22—23日，中国社会科学院世界宗教研究所、燕京神学院在北京联合举办“基督教与和谐社会建设”国际论坛。

11 月 23 日，“近百年泉州宗教学回顾暨纪念吴文良先生诞辰 110 周年学术研讨会”在福建省泉州市举行。

11 月 24 日，以“净土佛教的人间性”为主题的第 14 届中日佛教学术交流会议在上海玉佛禅寺隆重举行。

11 月 25 日，第八届青年佛教学者学术研讨会开幕式在香港中文大学举行，会议以“中国佛教研究”为主题。

11 月 27 日，第十六次中韩日佛教友好交流会议在海南省三亚市隆重举行。中、韩、日三国佛教代表及四众弟子、各界嘉宾 500 余人出席会议，会议以“自然灾害后的心灵救助”为主题展开深入研讨。

11 月 28 日，以“儒家学说在俄罗斯”为主题的国际儒学研讨会在俄罗斯莫斯科举行，探讨儒家思想在俄罗斯乃至世界各地的研究现状并交流研究经验。

11 月 29 日—12 月 2 日，“基督宗教与中华民族的复兴梦想：基督宗教在中华文化建设中的地位和作用学术研讨会”在浙江省杭州市举办，由浙江大学基督教与跨文化研究中心主办。

11 月 30 日，由中国孔子基金会、两岸统合学会、中国评论通讯社共同举办的“推动两岸文化融合研讨会”在宜兴大觉寺举行。

11 月 30 日，2013 浙江国际华严文化节系列活动之“华严国际学术研讨会”在浙江省丽水市龙泉崇仁寺隆重开幕。

12 月

12 月 2 日，中国伊斯兰教教务指导委员会三届二次委员会议在京召开。会议为期两天，总结指导委一年来的工作，审议《新编卧尔兹演讲集》（第 5 辑）书稿，研究下一步的工作。

12 月 4 日，由中国人民大学法律与宗教研究中心和国家发展与战略研究院社会转型与治理研究中心联合主办的“宗教事务管理和宗教慈善法治化研究”研讨会，在中国人民大学举行。

12 月 5 日，国家宗教事务局召开中国佛协、中国道协直属寺观管理工作座谈会。会议就如何提高全国性宗教团体直属寺观管理的水平、发挥全国性宗教团体直属寺观的榜样作用，进行了深入研讨。

12 月 6 日，中国传统文化反思与展望学术研讨会在北京大学举办。在著名哲学史家、佛学家、北京大学宗教文化研究院名誉院长楼宇烈先生 80 华诞之际，北京大学哲学系、宗教学系主办，北京大学宗教文化研究院与北京大学佛学教育研究中心承办此次研讨会。

12 月 8—10 日，由山东大学犹太教与跨宗教研究中心联合芝加哥大学北京中心、芝加哥大学犹太研究中心举办的“犹太与儒家伦理”国际学术研讨会在山东大学召开。与会学者围绕犹太与儒学两种传统中的伦理以及二者之间的比较研究，展开了富有成效的研讨和交流。

12 月 12 日，中国佛教协会在北京广济寺隆重举办了纪念正果法师诞辰 100 周年法会暨座谈会。

12 月 12 日，由北京大学佛学教育中心主办的“佛教文献、历史与哲学工作坊”学术活动在京举行。

12 月 13 日，江苏省扬州市鉴真佛教学院在学院多媒体室举办了纪念鉴真东渡成功 1260 周年研讨会。

12 月 13—15 日，由武汉市道教协会、武汉音乐学院、香港青松观主办，武汉长春观、武汉大道观、香港青松观、武汉音乐学院中国道教音乐研究中心承办的“道教音乐学术研讨会暨道教音乐展演”在武汉音乐学院举行。

12 月 14 日，由浙江省普陀山佛教协会主办，中国佛学院普陀山学院、华东师范大学哲学系承办的纪念鸠摩罗什大师圆寂 1600 周年暨佛教教育现代化论坛开幕式在中国佛学院普陀山学院举行。

12 月 15 日，中国科学院院士、南方科技大学校长朱清时，藏传佛教觉囊派法主、国家级非物质文化遗产传承人健阳乐住仁波切，中国人民大学宗教高等研究院副院长、西域历史语言研究所所长沈卫荣，在中国人民大学围绕“佛教与科学”进行了对话交流活动。

12 月 15 日，“两岸三地谈太虚——太虚大师与人生佛教”研讨会在新加坡大会堂隆重举行，来自两岸三地及新加坡佛教界的法师、居士大德围绕着“太虚大师与人生佛教”共同展开研讨。

12 月 20 日，普陀山国际佛教文化交流中心——如易阁落成典礼暨观音文化与生活实践研讨会在普陀山举行。

12 月 20—24 日，由台湾“中华宗教研究社”主办的“宗教时代责任与社会服务”学术会议在台湾举办。来自海峡两岸的 60 多名学者出席了会议。本次会议以宗教会通为宗旨，与会代表就宗教的责任与社会服务和宗教慈善等问题进行了深入研讨。会议还举行了天帝教天人研究院授予曹中建宗教哲学荣誉博士学位典礼。

12 月 21 日，以中央民族大学李俊清教授为首席专家的国家社会科学基金决策咨询点，在北京召开“民族宗教问题与社会稳定”学术研讨会。

12 月 21 日，由中央编译出版社和北京大学哲学系联合举办的“汤一介先生学术研讨会暨《瞩望新轴心时代》发布会”在北京大学举行。

12 月 22 日，“西南佛教碑刻文化与少数民族哲学”学术研讨会在云南大学召开。研讨会由云南大学哲学系佛学与现代宗教研究所主办，重庆华岩文教基金会协办。

12 月 22 日，由重庆华岩寺文教基金会、云南大学哲学系、云南大学哲学系佛教与现代宗教理论研究所联合举办的“西南佛教碑刻文化与少数民族哲学”学术研讨会举行。

12 月 23 日，中国社会科学院世界宗教研究所主办了“伊斯兰教与丝绸之路经济带”学术研讨会，分为“区域文化合作”“区域经济合作”与“区域安全合作”三个议题。

12 月 24 日，为纪念中国佛教界禅宗六祖惠能大师圆寂 1300 周年，弘扬历史悠久的佛教文化和书法艺术，由中国艺术研究院、中国政协文史馆、广东省佛教协会、南华禅寺、国际中国书画家交流促进会、林若熹艺术基金会等单位共同举办的“禅文化书法展”在中国政协文史馆开幕。

12 月 26 日，第十一届吴越佛教学术研讨会暨汉传佛教艺术展在杭州举办。本次研讨会的主题是“佛教艺术与当今人文”，在国内外，由佛教界举办专门学术会议探讨佛教艺术尚属先例。

12 月 26 日，“第十一届吴越佛教学术研讨会”在西子湖畔杭州佛学院隆重举行。本次研讨会以佛教艺术特有的方式传播佛教的理念，使佛教艺术在提升人们的内在精神与品格、促进社会和谐方面发挥出更加重要的作用。

12 月 26 日，由中国社会科学院世界宗教研究所、中国宗教学会、甘肃省泾川县人民政府主办的“甘肃泾川佛教文化”学术研讨会在北京召开。与会人员围绕“甘肃泾川佛教文化”主题进行了深入探讨交流。

12 月 27—29 日，中国社会科学院世界宗教研究所一年一度的青年学者论坛和博士后论坛在北京召开。本次论坛是该所青年学者论坛的第九届、博士后论坛的第三届。论坛讨论的主题是“宗教的复兴与变革”。

12 月 28 日，庆祝《空林佛教》创刊十周年、发行一百期暨当代佛教传播方法座谈会在四川省成都市文殊院举行。文殊院方丈宗性法师为活动致辞并对《空林佛教》的未来及传播提出了指导意见。

12 月 28 日，西北大学佛教研究所主办了“中日佛教交往学术座谈会”。与会学者就中日佛教交往在人类文明交往过程中的地位等问题做了重点发言。

12 月 30 日，安徽省安庆师范学院皖江历史文化研究中心主办，安庆职业技术学院皖江研究所、安庆三祖禅寺、天柱山文化研究院协办的第二届禅宗暨皖江历史文化研讨会在安徽省安庆市举行。

《当代宗教研究——著作、论文集》数据库概述

王潇楠*

当代宗教研究需要准确把握社会发展的客观规律性，并需要有可持续性的研究，其研究结果也需要假以时日才得到证实，因此当代宗教研究更加具有特殊性和挑战性，故国内大规模开展这方面研究，还是经历了一个相对较长的阶段。因此在众多宗教研究著作中，准确遴选出关于当代宗教研究的著作和论文集，还是费了一些周折。当代宗教研究数据库是笔者承担的课题项目成果之一。① 该数据库主要收集了新中国成立60年以来，中国学者关于当代宗教研究的专著、论文集和译著，并逐一做出了提要。

数据库收集了300多部各类当代宗教研究著作和论文集，共分为8个大的部分：第一部分，当代宗教学研究；第二部分，社会主义时期宗教与宗教政策；第三部分，当代中国宗教、少数民族宗教研究；第四部分，当代道教研究；第五部分，当代佛教研究；第六部分，当代伊斯兰教研究；第七部分，当代基督教研究；第八部分，当代其他宗教研究。这些著作和论文集中，凝聚了老中青宗教学者几代人的心血，透过他们辛勤的学术成果，可以充分反映出我国当代宗教研究的独特发展历程。

一 当代宗教学研究

本部分收录当代宗教学研究著作近90部，包括“当代宗教研究探索”“宗教观及其信仰研究”“宗教与诸学科研究”和“当代世界宗教概况”等四部分内容。

（一）当代宗教研究探索

中国社会科学院世界宗教研究所卓新平于1992年6月出版的《世界宗教与宗教学》②中，指出西方学术界对宗教的理解往往从思辨意义和神性经验两个方面加以阐释，中国学者则倾向于对宗教作比较具体、明确的标定：在整个宗教体系中，宗教的思想观念位居核心（包括宗教情感和体验），涉最深之层次；处于中层的为宗教的崇拜行为和思想活动；最外层的即属宗教的组织与制度，它标志着宗教思想行为的规范化、程式化、机构化和制度化。卓新平在1999年9月出版的《宗教理解》③ 一书中，运用比较研究的方法，从“宗教是什么”“宗教的历程”“宗教的研究”和“基督宗教之探”四个方面探析了宗教

---

* 王潇楠，中国社会科学院世界宗教研究所当代宗教研究室研究员。

① 该课题在世界宗教研究所王子华教授的帮助下，得以顺利完成。

② 卓新平：《世界宗教与宗教学》，社会科学文献出版社1992年版。

③ 卓新平：《宗教理解》，社会科学文献出版社1999年版。

理解问题，全书始终抓握“宗教理解”这一隐性的思维链条，立足世界文化之大视野探考中外宗教与宗教研究论题，借描述宗教外显现象剖析其内在结构，旨在达到对宗教灵性意境的真实理解和对宗教与现实人生关系的客观展示。

2000年8月，联合国召开了来自世界各地的1000多名宗教领袖共同参与的“宗教与精神领袖世界千年和平高峰会议”，与会者积极倡导，世界和平的对话应该首先从“宗教对话”开始，并发表“为全球的和平而奋斗”的宣言。卓新平、王作安主编《宗教：关切世界和平》① 一书，系为此次全球宗教盛会而汇编的专著，共收录中国宗教领袖和学者撰写的论文39篇，以阐述宗教在促进世界和平、消除矛盾和化解冲突方面已做出及理应做出的贡献；表达对“现实世界中的许多暴力和罪恶，却在宗教‘神圣外衣’的包裹下进行”等具体问题的担忧；同时指出人类社会需要对话而不是对抗、需要协商而不是冲突。为了促进人类进步和时代发展，必须求同存异，和谐共在。全书分为“化解冲突—维护和平”“致力对话—促进交流”“消除贫困—保护环境”“以和为贵—兼容并蓄”四部分，代表性地反映了中国宗教人士、宗教学者维护世界和平、改善人类生存环境的思考与探索。

主要相关论著有：何光沪、许志伟主编《对话：儒释道与基督教》②，张志刚主编《宗教研究指要》③ 等，米寿江《当代视角下的宗教》④，王志成、安伦《全球化时代宗教的发展与未来》⑤，傅有德等主编《跨宗教对话：中国与西方》⑥ 等。

（二）宗教观及其信仰研究

2009年5月，中国社会科学院世界宗教研究所主办“马克思主义宗教观研究论坛”，卓新平在会上致辞说，在经济全球化的形势下，对于马克思主义宗教观的理解与运用，不能采取教条主义、本本主义、机械唯物主义和形而上学的方法，必须在深入学习和实践科学发展观中，对马克思主义宗教观的精髓和科学方法加以真正的理解和正确的运用。卓新平、唐晓峰主编《论马克思主义宗教观》⑦ 一书，即是依据上述指导思想汇编的一部论文集，为近年来国内学界的几部有关马克思主义宗教观研究的著作之一，提出当前中国社会科学院的建设发展的三大任务：一是建成马克思主义的坚强阵地；二是建成中国哲学社会科学研究的最高殿堂；三是做好党中央、国务院的智囊团、思想库。全书内容体现了目前国内马克思主义宗教观研究的主要观点及流派，集合了新时期我国学术界马克思主义研究、宗教学研究的最新成果，涵括马克思主义宗教观研究的诸多方面。

吕大吉、高师宁《马克思主义宗教理论研究》⑧（中国社会科学院文库·哲学宗教研究系列），对马克思主义有关宗教理论进行了总体研究，讲述了马克思、恩格斯宗教理论的历史具体性与历史发展性两方面。作者研究了马克思主义发展史上的诸位具有经典地位

---

① 卓新平、王作安主编：《宗教：关切世界和平》，宗教文化出版社2000年版。

② 何光沪、许志伟主编：《对话：儒释道与基督教》，社会科学文献出版社1998年版。

③ 张志刚主编：《宗教研究指要》，北京大学出版社2005年版。

④ 米寿江：《当代视角下的宗教》，江苏人民出版社1992年版。

⑤ 王志成、安伦：《全球化时代宗教的发展与未来》，学林出版社2011年版。

⑥ 傅有德等主编：《跨宗教对话：中国与西方》，中国社会科学出版社2004年版。

⑦ 卓新平、唐晓峰主编：《论马克思主义宗教观》，社会科学文献出版社2009年版。

⑧ 吕大吉、高师宁：《马克思主义宗教理论研究》，中国社会科学出版社2011年版。

的思想家、政治家、革命家关于宗教的理论和政策，指出历史唯物主义的认识论和方法论要求，一方面要准确把握它在某个历史阶段为当时社会历史条件所决定的具体规定性；另一方面要全面系统地把握它在历史演变中的变化和发展，并把它的历史具体性和整体发展观联系起来；要打破对马克思主义的僵化理解，才能更真切地看出马克思主义宗教理论的真实发展脉络。全书贯彻了唯物主义的批判精神、还原了马克思主义的宗教学说在历史情境中的发生史，是一部理论功底深厚、历史感强、秉持真正的历史唯物主义态度的学术著作。

主要相关论著：王珍《马克思恩格斯宗教思想研究》①，陈荣富《马克思主义宗教观研究》②，盖伯琳等《信仰的智慧：信仰和科学信仰教育研究》③，魏琪《马克思主义宗教观的形成与变迁》④，刘丽《马克思宗教批判思想研究及其当代意义》⑤，郭长刚主编《全球化、价值观与多元主义：全球化时代宗教、信仰与文化变迁研究》⑥ 等。

（三）宗教与诸学科研究

戴康生、彭耀主编《宗教社会学》⑦，运用社会学的统计原理和研究方法，一是对历史上和当代中国有关社会与宗教之关系的若干问题作出理论阐析，并结合国内五省市的宗教调查资料和统计数字予以实证说明，真实地反映了当代中国社会转型时期宗教与社会互动的历史进程，表明中国宗教走向与社会主义社会相适应的内在必然性；二是对宗教社会学的性质、范围、特征和方法，宗教信仰者及其行为，宗教组织、宗教制度，宗教的社会功能，现代社会的宗教与世俗化等作了比较系统的论述和评价。全书共分 8 章，在末章“社会主义制度下的中国宗教”中，编者还对改革开放以来中国宗教的状况、变化进行了理论上的探索，认为在社会主义中国，宗教虽然已经作为并将继续作为社会一个必不可少的部分存在下去，但它又是中国主体意识形态的相异物，必然受到相应的制约，不会过度发展为对社会起重大影响作用的子系统。

罗竹风主编《人·社会·宗教》⑧ 提出，对于宗教社会功能积极或者消极的评判，是极其复杂的，不能用某一个既定公式。因为，不仅宗教现象及其功能极为复杂，而且参与宗教活动的亿万宗教徒是人民群众中的重要组成部分，是创造世界历史的主体。必须采取历史唯物主义的、具体的、细致的方法，作出实事求是的分析。该书摆脱了哲学史、思想史的传统模式，就宗教本身所固有的规律和特点研究宗教，是一部颇有新意的学术专著。

由金泽、陈进国主编《宗教人类学》（第 1 辑）⑨，针对不同气质的宗教形态在地方特色中的实际表现（民间信仰）展开论述，涉及中国部分农村地区的祖先崇拜、地方

---

① 王珍：《马克思恩格斯宗教思想研究》，宗教文化出版社 2005 年版。
② 陈荣富：《马克思主义宗教观研究》，四川人民出版社 2008 年版。
③ 盖伯琳等：《信仰的智慧：信仰和科学信仰教育研究》，中国社会科学出版社 2006 年版。
④ 魏琪：《马克思主义宗教观的形成与变迁》，宗教文化出版社 2008 年版。
⑤ 刘丽：《马克思宗教批判思想研究及其当代意义》，巴蜀书社 2009 年版。
⑥ 郭长刚主编：《全球化、价值观与多元主义：全球化时代宗教、信仰与文化变迁研究》，上海三联书店 2010 年版。
⑦ 戴康生、彭耀主编：《宗教社会学》，社会科学文献出版社 2000 年版。
⑧ 罗竹风主编：《人·社会·宗教》，上海社会科学院出版社 1995 年版。
⑨ 金泽、陈进国主编：《宗教人类学》（第 1 辑），民族出版社 2009 年版。

道教、基督教，以及日本冲绳的民俗风水等内容。书中所强调的“走近宗教现场”，是指研究者在运用人类学方法研究宗教事实时，必须兼顾两个现场的文化反观，以穿越时空，走近宗教传统自身的生存真实（宗教文本）及宗教实践者的生活真实（心性的体会）。该书通过走进“宗教文本”与“宗教田野”两个“现场”，开拓了中国大陆宗教研究的人类学视角和方法，勾画出宗教文明演进的内在路线图，为后继学人“走进宗教之历史与当下的真实”提供了一个新的理论平台。至2013年，《宗教人类学》已经出版了5辑。

主要相关著作：卓新平等主编《信仰之间的重要相遇：“亚洲与西方的宗教文化交流”国际学术研讨会文集》①，于本源主编《中国伦理学百科全书：宗教伦理学卷》②，高师宁、杨凤岗主编《从书斋到田野：宗教社会科学高峰论坛论文集》（书斋篇）③，单纯《当代西方宗教哲学》④，［苏］德·莫·乌格里诺维奇著，沈翼鹏译《宗教心理学》⑤，王文东《宗教伦理学》（上、下册）⑥，曾广乐《道德与神圣：宗教与道德关系问题研究》⑦ 等。

（四）当代世界宗教概况

中国社会科学院世界宗教研究所《各国宗教概况》编写组编写《各国宗教概况》⑧，按全球五大洲次序编写。亚洲是世界三大宗教及印度教、道教、神道教、锡克教、耆那教、祆教等具有世界影响的宗教的发源地，且洲域面积位冠全球，故为首篇。各洲均有总体反映宗教概貌的介绍，内容涵括“主要宗教教徒人数及信众比例”“主要宗教的传播和分布情况”等多项统计信息，各洲内按每个国家或地区分别概述。该书参考并引用了国内外出版的各种史书、年鉴、专著、手册以及中外文报刊中的有关资料（以外文资料为主）；书后设四篇附录，含世界三大宗教大事年表、主要国际宗教组织简介、专有名词英汉对照表、世界主要宗教教徒统计表。本书系一部知识性的参考书，主要为宗教研究者、宗教事务工作者、外事部门、高等院校文科各系等机构和人员提供有关各国宗教的基本情况。

段琦《美国宗教嬗变论：一个中国人眼中的美国宗教》⑨ 指出，美国作为移民国家，来自全世界的迁徙者在移居美国的同时，也必然将其母国的宗教信仰带往新大陆，使美国的信仰结构愈益多元化。该书根据作者在美国实地考察和调研的结果，并援引大量第一手

---

① 卓新平等主编：《信仰之间的重要相遇：“亚洲与西方的宗教文化交流”国际学术研讨会文集》，宗教文化出版社2005年版。

② 于本源主编：《中国伦理学百科全书：宗教伦理学卷》，吉林人民出版社1993年版。

③ 高师宁、杨凤岗主编：《从书斋到田野：宗教社会科学高峰论坛论文集》（书斋篇），中国社会科学出版社2010年版。

④ 单纯：《当代西方宗教哲学》，中国社会科学出版社2004年版。

⑤ ［苏］德·莫·乌格里诺维奇：《宗教心理学》，沈翼鹏译，社会科学文献出版社1989年版。

⑥ 王文东：《宗教伦理学》（上、下册），中央民族大学出版社2006年版。

⑦ 曾广乐：《道德与神圣：宗教与道德关系问题研究》，宗教文化出版社2008年版。

⑧ 中国社会科学院世界宗教研究所《各国宗教概况》编写组编：《各国宗教概况》，中国社会科学出版社1984年版。

⑨ 段琦：《美国宗教嬗变论：一个中国人眼中的美国宗教》，今日中国出版社1994年版。

相关统计资料撰写而成。书中分别介绍了美国主流文化圈的犹太教、天主教和新教各派，以及非主流文化的东方宗教、印第安人宗教、华人宗教等，对主导美国社会价值观的犹太—基督教体系所包含的不同派别（自由派、保守派和中间派）及社会实体（天主教会与新教教会）予以重点说明；另就美国少数民族宗教、尚未进入主流和渐趋进入主流的东方宗教、各类新兴宗教等进行动态研究。作者指出，美国是西方国家中最早施行政教分离和宗教信仰自由的国度，不设任何国教，客观上为各种宗教的生存与发展创造了公平条件；通过研究美国宗教构成及其发展趋势，可以窥见美国整体国家形态与美国精神的内核。

徐以骅等《宗教与当代国际关系》① 认为，国际关系作为一门独立学科在西方诞生以来，宗教一直是被西方国际关系理论界所长期忽视、边缘化，甚至是“放逐”的对象。然而自“冷战”结束，尤其是“9·11”事件发生后，世界上几乎所有的重大事件或多或少均有宗教的背景和动因，使宗教从所谓“威斯特伐利亚的放逐”回归国际关系的中心，并且成为国际舞台上冲突各方争抢的资源，具体表现为宗教极端主义和基要主义的普世化和政治化。该书试图对宗教在当代国际关系中的地位、作用和影响进行较为全面的评估，对宗教与当前国际关系的有关重要议题展开探讨，指出跨学科实证研究、国际关系学界的“宗教介入”，以及超越描述性个案研究而建立宗教作为自变和因变量影响国际事务的理论框架，应是宗教与国际关系研究学术转向的后续发展。

主要相关著作：国家宗教事务局宗教研究中心编《当代世界宗教问题》②，金宜久主编《当代宗教与极端主义》③（中国社会科学院文库·哲学宗教研究系列），徐以骅主编《宗教与美国社会》（第2辑）④、（第3辑）⑤，［日］村上重良著，张大柘译《宗教与日本现代化》⑥，李德洙、叶小文主编《当代世界民族宗教》⑦，姜永仁、傅增有等《东南亚宗教与社会》⑧、郑筱筠主编《东南亚宗教与社会发展研究》⑨ 等。

二　社会主义时期宗教与宗教政策

（一）社会主义时期宗教研究

牙含章《民族问题与宗教问题》⑩ 是阐述有关马克思主义民族和宗教理论的论文集，分上、下两编：上编为“民族形成问题研究”、下编为“无神论和宗教问题”。全书广征博引马克思、恩格斯、列宁、斯大林论述民族和宗教问题的经典章句，同时援引斯宾诺莎、费尔巴哈等西方哲学家的相关著作，以“阶级分析”和“无神论”两条路径对上述

---

① 徐以骅等：《宗教与当代国际关系》，上海人民出版社 2012 年版。
② 国家宗教事务局宗教研究中心编：《当代世界宗教问题》，中国社会科学出版社 2008 年版。
③ 金宜久主编：《当代宗教与极端主义》，宗教文化出版社 2007 年版。
④ 徐以骅主编：《宗教与美国社会》（第 2 辑），时事出版社 2004 年版。
⑤ 徐以骅主编：《宗教与美国社会》（第 3 辑），时事出版社 2005 年版。
⑥ ［日］村上重良：《宗教与日本现代化》，张大柘译，今日中国出版社 1990 年版。
⑦ 李德洙、叶小文主编：《当代世界民族宗教》，中共中央党校出版社 2003 年版。
⑧ 姜永仁、傅增有等：《东南亚宗教与社会》，国际文化出版公司 2012 年版。
⑨ 郑筱筠主编：《东南亚宗教与社会发展研究》，中国社会科学出版社 2013 年版。
⑩ 牙含章：《民族问题与宗教问题》，中国社会科学出版社 2009 年版。

问题进行梳理。作者认为在社会主义社会仍然存在民族矛盾与民族差别，但它和阶级社会里的民族差别、民族矛盾和民族问题有着本质上的区别。在现阶段，中国各民族之间存在的民族差别，主要是历史遗留下来的事实上的不平等；这种民族矛盾是人民内部矛盾；要进一步发展社会主义时期的民族关系，要对新中国成立以来民族工作中的成功经验与失误教训进行总结。

冯今源主编《引导宗教与社会主义相适应的理论与实践》①，该书围绕当代实践的现实问题，从全球化发展的现状和趋势透视当今世界宗教与政治的关系，特别是从国际共运的历史教训分析苏联和东欧社会转变过程中的宗教因素，检讨其意识形态和宗教政策的误区，以此凸显“引导相适应”这一命题的重大意义。全书共5章：编者在系统梳理中国传统宗教以及民间信仰发展脉络、国际共运史上相关理论与实践的基础上，结合新中国宗教政策的历史状况，对50年来我国宗教的发展历程及各种错误宗教观的回顾与反思，对典型地区基督教、藏传佛教、伊斯兰教的田野调研，对新时期宗教领域面临的新情况、新问题的总结与分析，明确提出引导宗教与社会主义社会相适应的理论依据、实践基础、表现形式、具体内容，以及对引导主体的要求，并对构建社会主义和谐社会事业中的宗教提出相应意见与建议。

龚学增《社会主义与宗教》② 指出，宗教问题涉及我国一亿以上各民族群众的特殊精神生活和一些复杂的社会矛盾，因此，正确认识和处理好我国社会主义时期的宗教问题，直接关系到加强党同人民群众的血肉联系，关系到推进社会主义物质文明和精神文明的建设，关系到加强民族团结、保持社会稳定等一系列重大理论和社会实践问题，必须给予高度重视。本书从历史发展的纵向和横向比较的视角，系统研究社会主义与宗教的关系，总结出带有规律性的认识，表达了作者对这一重大问题的理解。

主要相关著作：韩秉方等《宗教之和·和之宗教：中国宗教之和谐刍议》③，国家宗教事务局宗教研究中心组编《中国五大宗教论和谐》④，罗竹风主编《中国社会主义时期的宗教问题》⑤（哲学社会科学“六五”期间国家重点项目），龚学增主编《宗教问题概论》⑥，叶小文《宗教问题怎么看怎么办》⑦，朱晓明主编《宗教若干理论问题研究》⑧（中央社会主义学院理论文库）等。

（二）宗教政策研究

王作安《中国的宗教问题和宗教政策》⑨，是国内第一部统合论述宗教问题和宗教政策的专著，共分为“正确处理宗教问题的重要意义”“社会主义初级阶段宗教存在的根

---

① 冯今源主编：《引导宗教与社会主义相适应的理论与实践》，中国社会科学出版社、四川民族出版社1984年版。

② 龚学增：《社会主义与宗教》，宗教文化出版社2003年版。

③ 韩秉方等：《宗教之和·和之宗教：中国宗教之和谐刍议》，社会科学文献出版社2009年版。

④ 国家宗教事务局宗教研究中心组编：《中国五大宗教论和谐》，宗教文化出版社2010年版。

⑤ 罗竹风主编：《中国社会主义时期的宗教问题》，上海社会科学院出版社1987年版。

⑥ 龚学增主编《宗教问题概论》，四川人民出版社2007年版。

⑦ 叶小文：《宗教问题怎么看怎么办》，宗教文化出版社2007年版。

⑧ 朱晓明主编：《宗教若干理论问题研究》，民族出版社2006年版。

⑨ 王作安：《中国的宗教问题和宗教政策》，宗教文化出版社2002年版。

源”“全球化进程对我国宗教的影响”等17章；作者试图在当前国际国内的大背景下，在对政策性文件和这种政策付诸实施过程中所产生的社会效应的研究基础之上，结合自身多年宗教工作实践，系统地阐述了我国的宗教政策，并对少数民族中的宗教问题、爱国宗教团体的作用、宗教活动场所的管理、党同宗教界的爱国统一战线、宗教方面两类不同性质的矛盾、国际宗教人权斗争、防范和取缔邪教，以及加强党对宗教工作的领导等各个方面进行了深入细致的研究。

中国社会科学院世界宗教研究所编译《苏联宗教政策》①，为了加强我国社会主义民主和法制建设，更好地贯彻党和政府的宗教政策，并对苏联的宗教历史与现状有一个全面系统的了解，中国社会科学院世界宗教研究所根据苏联当时已出版的书籍以及多项材料，搜集整理了苏联在列宁斯大林、赫鲁晓夫和勃列日涅夫三个不同历史时期就宗教和教会问题所制定的政策文件，编成该书。选入该书的绝大部分材料为新译（旧译文均核对过原文并作修改），分正文和附录两编。正文包括苏联党和政府1930—1977年颁布的有关宗教和教会决议、法令、指示、条例和通告；附录包括苏联报刊1954—1979年就宗教问题发表的重要社论和文章。

何虎生《中国共产党的宗教政策研究》②，从“与新民主主义革命总路线和总政策相适应的中国共产党的宗教政策”“从确立国家基本政策、宗教制度民主改革到‘文化大革命’时期的极‘左’政策”“中国共产党正确的宗教政策的恢复、发展和完善”三个方面阐述了中国共产党成立80多年来所逐步形成的宗教政策，以及在处理宗教问题上的经验和教训，体现出党的宗教政策不断发展、完善的过程和与时俱进的品质。

主要相关著作：段德智《新中国宗教工作史》③，朱晓明《新时期民族宗教工作的实践与思考》④（中央社会主义学院理论文库），闫莉《宗教信仰：自由与限制》⑤，杨玉辉《宗教管理学》⑥，吴延富《新时期统战民族宗教工作思考录》⑦ 等。

三 当代中国宗教、少数民族宗教研究

（一）当代中国宗教研究

曹中建主编《中国宗教研究年鉴》（第1—9册）⑧，是中国宗教研究领域首屈一指的工具书，旨在介绍我国宗教学研究现状，向国内外同行和宗教界展示我国宗教研究的整体情况，正确传达当前我国宗教研究的动态信息。该年鉴系列体量庞大、门类齐全、内容丰富、异彩纷呈，是中国宗教学最新主要研究成果的集中体现。自1996年创刊以来，曾多次荣获中国社会科学院优秀科研成果奖，得到了海内外宗教学术界的重视和肯定，在宗教学研究领域产生了很大影响。截至2013年，除1996年卷外，其它均为每两年1卷，已总

① 中国社会科学院世界宗教研究所编译：《苏联宗教政策》，中国社会科学出版社1980版。

② 何虎生：《中国共产党的宗教政策研究》，宗教文化出版社2004年版。

③ 段德智：《新中国宗教工作史》，人民出版社2013年版。

④ 朱晓明：《新时期民族宗教工作的实践与思考》，华文出版社2003年版。

⑤ 闫莉：《宗教信仰：自由与限制》，社会科学文献出版社2012年版。

⑥ 杨玉辉：《宗教管理学》，人民出版社2008年版。

⑦ 吴延富：《新时期统战民族宗教工作思考录》，甘肃人民出版社1995年版。

⑧ 曹中建主编：《中国宗教研究年鉴》（第1—9册），中国社会科学出版社、宗教文化出版社1998—2013年版。

共出版9卷。各卷的主体内容分为“学术专稿”“研究综述”“资料附录”三部分：第一部分学术专稿，包括新华社专稿报道国家领导人对宗教的指示精神、宗教管理部门领导的讲话，以及宗教学领域专家的文章；第二部分研究综述，主要由宗教学理论与宗教现状研究、佛教研究、道教研究、伊斯兰教研究和基督宗教研究，以及其他相关方面的研究综述组成；第三部分是当年宗教研究的资料大全，包括中国宗教学者介绍、部分宗教学著作简介、国内宗教研究教学机构、国内宗教期刊与杂志、我国宗教学及宗教类新版图书、部分宗教研究专业刊物篇目、部分宗教学术论文目录、世界宗教研究所部分重要学术活动、我国宗教工作与宗教活动大事记等。

牟钟鉴《探索宗教》①，是作者自20世纪90年代以来宗教研究论文的结集，主要包括“宗教观与宗教文化”“宗教与民族”“中国宗教史与儒佛道三教关系”“佛教与道教”等5个方面的内容，共计29篇文章。这些论文展示了作者近20年中对于宗教的理论、历史与现状的真诚探索与学术创新；如“马克思主义宗教观的再认识”“关于马克思主义宗教观核心是什么的思考”“关于社会主义与宗教相互关系的论述”“试论民族理性与宗教理性”“宗教在民族问题中的地位和作用”等篇，均是作者颇具匠心、运思独创的精神结晶，有着重要的理论价值和现实意义，有助于人们以理性和宽容的态度认识和对待宗教，促进宗教在构建和谐社会中的积极作用。

金泽等主编《宗教蓝皮书：中国宗教报告（2008）》②，是一部有关宗教情势和宗教学研究动向的著作，由“总报告”“专题研究”和“热点关注”三部分组成，分别从“现实问题”和“宗教学术体系建设”两个角度出发，对当代中国宗教发展趋势、中国宗教及其信教者现实状况、宗教与政治关系等方面问题作出评估、探索与回应。至2013年，《宗教蓝皮书》已出版5辑。

李向平等主编《中国信仰研究》（第1—3辑）③，从社会学的角度出发，运用社会学的量化统计与研究方法，以中国长三角地区公民信仰状况的实证调查为例，科学分析了中国信仰的基本结构和功能属性、基督教社会服务及慈善事业的发展历史等方面问题。全书共3辑，2011—2013年由上海人民出版社按年度出版。第1辑主要从社会学的宏观层面阐述中国信仰问题；第2辑是一部关于长三角地区信仰与宗教信仰的调研报告；第3辑重点介绍上海、浙江、江苏等省市基督教社会服务和慈善事业的现状，以及国家相关政策和地方政府的管理与服务理念，力图使社会客观了解基督教慈善事业的积极作用，为国家政策制定提供参考。

主要相关著作：戴康生等《社会主义与中国宗教》④，卓新平主编《当代中国宗教学研究（1949—2009）》⑤，中国社会科学院世界宗教研究所编《宗教文化青年论坛（2010）》⑥，朱越利主编《今日中国宗教》⑦，佟洵等编著《宗教与社会和谐社会建设：以

---

① 牟钟鉴：《探索宗教》，宗教文化出版社2008年版。

② 金泽等主编：《宗教蓝皮书：中国宗教报告（2008）》，社会科学文献出版社2008年版。

③ 李向平等主编：《中国信仰研究》（第1—3辑），上海人民出版社2011—2013年版。

④ 戴康生等：《社会主义与中国宗教》，江西人民出版社1994年版。

⑤ 卓新平主编：《当代中国宗教学研究（1949—2009）》，中国社会科学出版社2011年版。

⑥ 中国社会科学院世界宗教研究所编：《宗教文化青年论坛（2010）》，社会科学文献出版社2010年版。

⑦ 朱越利主编：《今日中国宗教》，今日中国出版社1994年版。

北京地区为例》[①]，江丕盛等编《科学与宗教对话在中国》[②]，李桂玲《台港澳宗教概况》[③] 等。

（二）当代少数民族宗教研究

尕藏加《藏传佛教与青藏高原》[④] 一书，借鉴和运用宗教学、人类学、社会学、经济学、环境学等多学科的研究方法，以丰富的相关藏文文献和实地调查研究所获得的第一手资料作为重要依据，从多角度多层面对藏传佛教与青藏高原之间存在的错综复杂的互动关系作了综合研究。全书分为“青藏高原与苯波教、佛教、藏传佛教”“藏传佛教与环境、经济、发展”上、下两编，共计6章。上编描述了青藏高原的自然地理环境，梳理了苯波教的历史渊源和文化演进过程，叙述了印度佛教的发展进程以及藏传佛教的形成与发展。下编探讨了藏传佛教与自然环境之间的因缘关系，论述了藏传佛教在保护自然环境方面所起到的客观作用；剖析了藏传佛教与社会经济之间存在的错综复杂的互动关系，论述了藏传佛教对社会经济发展产生的双重影响；讨论了藏传佛教与未来藏区社会发展之间的协调问题，大胆探索了如何引导藏传佛教与社会主义社会相适应的路径。

嘉木杨·凯朝《中国蒙古族地区佛教文化》[⑤]，是一部研究蒙古族佛教的重要著作。作者精通蒙、藏、汉、日、巴利、梵文语言，在利用原始资料的基础上，进行了多次关于内蒙古地区和其他省市的蒙古族聚居区佛教寺院宗教状况的走访调研工作，其中涉及的蒙古族佛教寺院即达70多座。该书依据实地考察结果，重点论述了蒙古族地区佛教文化的历史形成过程及其与蒙古族佛教艺术、蒙古族民俗文化的关系，指出蒙古族在佛教思想方面主要吸收了汉传佛教的思想（其中耶律楚材禅师和海云法师的影响较大），在佛教仪轨方面主要吸收了藏传佛教密宗方面的仪轨，而影响较深的是萨迦派和格鲁派。该书之学术成果，将对我国蒙古族地区传统佛教文化艺术的保护、挖掘与研究起到推动的作用。

张践《民族宗教关系的社会理论考察》[⑥]，指出宗教与民族之间存在着密切的关系，由宗教问题引发的民族冲突，成为当代世界重中之重的热点问题。该书试图对民族、宗教两大范畴进行解析，从而解释不同宗教在不同历史时期的经济、政治环境下对民族关系的具体影响，指出工商经济时代的民族宗教关系在世界范围内所形成的四种差异极大的民族国家模式，以及在全球化时代的宗教民族主义中，霸权主义和恐怖主义这两股势力对人类生存和发展的严重威胁。作者第一次将民族分成原生型民族、衍生型民族、复合型民族和泛化型民族，并在将宗教分为单一神教、多神教、一神教和泛神教的基础上，分析了宗教对民族和国家在农业时代、工业时代和经济全球化时代的不同作用；认为多元民族认同使得中国在现代化进程中受到狭隘民族主义的影响最小，保持了民族国家的凝聚力，故而中华民族得以在近代民族竞争中浴火重生。

时国轻《壮族布洛陀信仰研究：以广西田阳县为个例》[⑦]，以大量田野调查为依据，

---

① 佟洵等编著：《宗教与社会和谐社会建设：以北京地区为例》，宗教文化出版社2011年版。

② 江丕盛等编：《科学与宗教对话在中国》，中国社会科学出版社2008年版。

③ 李桂玲：《台港澳宗教概况》，东方出版社1996年版。

④ 尕藏加：《藏传佛教与青藏高原》，江苏教育出版社、西藏人民出版社2004年版。

⑤ 嘉木杨·凯朝：《中国蒙古族地区佛教文化》，民族出版社2009年版。

⑥ 张践：《民族宗教关系的社会理论考察》，宗教文化出版社2009年版。

⑦ 时国轻：《壮族布洛陀信仰研究：以广西田阳县为个例》，宗教文化出版社2008年版。

重点研究了正在发生于广西壮族自治区的一场宗教信仰重建（或称宗教运动）的“历史”；从历时性角度回溯了进入21世纪后的短短五六年间，布洛陀信仰重建的三个阶段，并跟踪考察了广西田阳县壮族民族民间信仰恢复和重建的具体过程；亦从共时性视角描述和分析了民众、知识界、政府等不同社会角色介入这一过程的互动。全书共分6章，述及布洛陀神话传说及信仰重建等多方面问题。作者认为，广义的布洛陀信仰（麽教信仰），是麽经布洛陀中所包含的以灵魂崇拜、自然崇拜、图腾崇拜、祖先崇拜等原始信仰为主，以观音、佛三宝、太上老君、张天师、八仙等佛教、道教信仰为辅的壮族原生性民族民间宗教信仰；狭义的布洛陀信仰是指以布洛陀为壮族始祖神的壮族民族信仰，是对麽教中主神，即布洛陀和米洛甲远祖信仰中男性始祖神的凸显和对其他原始信仰和佛道教信仰的遮蔽。

主要相关著作：牟钟鉴主编《宗教与民族》（第1—6辑）[①]，尕藏加《藏区宗教文化生态》[②]，龚学增主编《新中国处理少数民族宗教问题的历程和基本经验》[③]，吴秋林《众神之域：贵州当代民族民间信仰文化调查与研究》[④]，闵丽等《西部现代化境域中的四川少数民族宗教问题研究》[⑤]，关小云等编著《鄂伦春族萨满文化遗存调查》[⑥]，王存河《宗教与西部少数民族现代化》[⑦] 等。

四　当代道教研究

本部分内容主要包括道教历史与现状研究，当代道教教义、经籍、社会功能研究，道教文化与现代社会研究，道教生态伦理研究，道教人物的贡献，以及道教在国内外的发展状况等。

李养正主编《当代道教》由东方出版社2000年出版。作者集数十年道教研究之理论功底和实践经验，撰写出这部系统介绍道教信仰、道教文化研究、道教组织实体在当代世界的活动情况，并探讨其与社会发展的关系和趋向的专著。全书分“中国大陆地区当代道教”、“中国台港澳地区当代道教”、“道教在国外的传播和国际汉学中的道教研究”三大部分；作者热情赞扬了当代道教发扬优良传统与革新精神的成就，同时也揭示了当代道教发展的走向，恳切提出了道教应加强自身建设的意见。

卿希泰《道教文化与现代社会生活研究》[⑧]，收集了作者近年来发表的道教研究学术论文及讲话，着重探索了道教文化在当代社会的功用价值及发展方向，并旁及地方道教史研究、道教人物、道派研究等内容，从理论上系统地阐释了传统道教文化在当代社会生活中的现实意义。

---

① 牟钟鉴主编：《宗教与民族》（第1—6辑），宗教文化出版社2002—2009年版。

② 尕藏加：《藏区宗教文化生态》，社会科学文献出版社2010年版。

③ 龚学增主编：《新中国处理少数民族宗教问题的历程和基本经验》，宗教文化出版社2010年版。

④ 吴秋林：《众神之域：贵州当代民族民间信仰文化调查与研究》，民族出版社2007年版。

⑤ 闵丽等：《西部现代化境域中的四川少数民族宗教问题研究》，巴蜀书社2007年版。

⑥ 关小云等编著：《鄂伦春族萨满文化遗存调查》，民族出版社2010年版。

⑦ 王存河：《宗教与西部少数民族现代化》，民族出版社2012年版。

⑧ 卿希泰：《道教文化与现代社会生活研究》，巴蜀书社2007年版。

吴亚魁《生命的追求：陈撄宁与近现代中国道教》[①] 与刘延刚《陈撄宁与道教文化的现代转型》[②]。前部著作是第一部介绍陈撄宁的生平以及他对于20世纪道家和道教文化发展的历史贡献的专著。吴亚魁认为，陈撄宁先生对中国道教事业的贡献是划时代的。陈撄宁耗毕生之力研究仙道之学，并融会贯通、明辨深思、不蹈故常，终而创立“新仙学”的卓然品质，具有较高的学术价值。因此探索陈撄宁先生的人生道路和思想轨迹，对于当代中国道教的建设和发展，对于中国道教的未来走向，有着重要意义。作者通过对陈撄宁之思想与人格价值的发掘，力图找寻道教振兴的力量之源。后部著作中，刘延刚将陈撄宁放在儒、释、道三教传统文化的现代转型的大背景中进行历史和逻辑的考察，详细分析陈撄宁仙学思想现代性的理论贡献、陈撄宁在近现代道教组织和媒体中之作用，并与儒家文化现代转型的理论大师冯友兰和佛教文化现代转型的哲学大师太虚大师进行对比研究，较全面、系统地分析了陈撄宁在道教文化转型中的历史地位和作用，认为在道教文化的现代转型中，是陈撄宁开创了道教的现代化之路。

有学者对道教生态学进行了研究。乐爱国《道教生态学》[③] 全面阐述了道教生态理论，对道教及其思想中所蕴含的生态哲学或生态智慧进行全方位、多角度的深入研究，试图构建起一种新型的“道教生态学”体系；指出道教生态学不仅在自然哲学本体论以及生态学理论上形成完整的思想体系，而且进一步在人与自然、人与人之间建立起一种伦理关系；其主张以普遍的生命为中心，提出“慈心于物”的道德认知，倡导“仙道贵生”的道德情怀，并且还建立“守道而行”的道德准则，从而形成了以生命为中心的生态伦理观。蒋朝君《道教生态伦理思想研究》[④]，基于泰勒“生命平等论”的生态伦理结构体系，力图以“道教生态伦理”的理论结构为基点，开创道教生态伦理的研究范式以及建立“道教生态伦理”的理论框架。

相关研究著作包括：姜生《宗教与人类自我控制：中国道教伦理研究》[⑤]，傅凤英《二十世纪中国道教学术的新开展》[⑥]，钟国发《香港道教》[⑦]，黄永锋《道教在当代中国的阐扬》[⑧]，郭武主编《道教教义与现代社会》[⑨]，郭武《道教与云南文化：道教在云南的传播、演变及影响》[⑩]，刘延刚《陈撄宁与道教文化的现代转型》[⑪] 等。

五 当代佛教研究

本部分主要收录当代佛教研究著作，包含当代佛学、佛法、传统与现代、佛教与社会

① 吴亚魁：《生命的追求：陈撄宁与近现代中国道教》，上海辞书出版社2005年版。
② 刘延刚：《陈撄宁与道教文化的现代转型》，巴蜀书社2006年版。
③ 乐爱国：《道教生态学》，社会科学文献出版社2005年版。
④ 蒋朝君：《道教生态伦理思想研究》，东方出版社2006年版。
⑤ 姜生：《宗教与人类自我控制：中国道教伦理研究》，巴蜀书社1996年版。
⑥ 傅凤英：《二十世纪中国道教学术的新开展》，巴蜀书社2007年版。
⑦ 钟国发：《香港道教》，宗教文化出版社2010年版。
⑧ 黄永锋：《道教在当代中国的阐扬》，东方出版社2011年版。
⑨ 郭武主编：《道教教义与现代社会》，上海古籍出版社2003年版。
⑩ 郭武：《道教与云南文化：道教在云南的传播、演变及影响》，云南大学出版社、云南人民出版社2011年版。
⑪ 刘延刚：《陈撄宁与道教文化的现代转型》，巴蜀书社2006年版。

变迁、佛教与和谐社会、佛耶对话、中国地方佛教发展与世界一些国家的当代佛教研究。

杨曾文主编《当代佛教》①，以历史为经，事实为纬，按国别系统地介绍了当今世界各国的佛教现况，包括佛教在印度的起源与发展、当代南亚和东南亚各国的佛教及其影响、欧美的佛教和佛教研究、国际佛教组织和主要活动、佛教节日和纪念活动等内容，涉及这些国家的佛教历史、教义、组织、人物、圣地及学术研究机构；并对近现代兴起的佛教民族主义、佛教社会主义、佛教改革思潮和运动、属于佛教系统的新兴宗教的组织和活动、现代中外佛教文化交流等以往学术界较少涉及的内容，作了比较系统和客观的考察与阐述。

宋立道《传统与现代：变化中的南传佛教世界》② 认为，流传于南亚、东南亚和我国云南地区的南传佛教，在历史上曾对这些国家与地区的社会政治、文化有过重大影响；亦曾被当作民族主义的文化精神旗帜，在这些国家民族争取独立自主的斗争中，发挥过重要作用。该书阐述了当代南传佛教现代化的进程、类型、存在的问题，佛教传统与现代化的关系等，并以缅甸、老挝、柬埔寨、斯里兰卡等国的佛教社会发展运动为例，考察和论述了各国上座部佛教如何在特定的政治历史条件下与现代社会及现代化进程相调适的境况。

郑筱筠《中国南传佛教研究》③，广泛搜集历史文献资料并长期深入民族地区进行田野调查，在翔实可靠的第一手资料基础上，运用历史唯物主义观点，跨学科研究的理论方法，对错综复杂的宗教现象进行研究，系统梳理了中国南传佛教的历史，深入探讨了南传佛教的经典和教义、教派的形成和演变、寺院经济、僧阶制度、僧团管理模式、寺院教育、宗教艺术、南传佛教的社会功能和现实意义等诸多问题，提出了观点鲜明的独特见解，填补了这一研究领域的空白。

吴言生等主编《佛教与基督教对话》④，提出佛教与基督教作为东西方两大宗教，二者的对话是国际学术界所关注的热点。而中国的佛耶研究，目前仍处在相当初步的发展阶段。为扭转此不利局面，促进东西方文化交流与合作，2003 年 11 月，陕西师范大学佛教研究所、清华大学道德与宗教研究中心等单位在西安合办了“佛教与基督教对话国际学术研讨会”。该书所收集该会议的中外学者的 27 篇论文，分设“佛耶对话之反思”“对话个案之研究”“哲思教理之比较”“诠释实践之参照”4 个专题，展现了汉语学术界对佛耶对话的多维思考与理性探求，为建构更具包容性和开放性的全球伦理精神开辟了理论通道。

潘德荣等主编《人间佛教的都市发展模式：以上海玉佛寺为例》⑤，指出人间佛教的真正发展，无法限制在佛教寺庙的架构之中。当年太虚法师孜孜以求的佛教革命之一，就是希望佛教能够走出寺庙，建设教团，在佛教与社会之间建构一种制度化的社会中介，从而使佛教与社会之间的互动和交往关系大致形成专业化、组织化和制度化。该书以上海玉佛寺倡导的“人间佛教”及其在实践过程中的业绩为研究样本，比较全面地梳理了该寺

---

① 杨曾文主编：《当代佛教》，东方出版社 1993 年版。

② 宋立道：《传统与现代：变化中的南传佛教世界》，中国社会科学出版社 2002 年版。

③ 郑筱筠：《中国南传佛教研究》，中国社会科学出版社 2012 年版。

④ 吴言生等主编：《佛教与基督教对话》，中华书局 2005 年版。

⑤ 潘德荣等主编：《人间佛教的都市发展模式：以上海玉佛寺为例》，宗教文化出版社 2009 年版。

在文化、教育、学术事业、寺庙制度建设、对外交往活动诸方面所取得的成就，其中贯穿着一条“文化建寺、教育兴寺”的主线，反映了玉佛寺在改革开放三十年来践行“人间佛教”宏旨的历程。作者期待在人间佛教的体系建构上，开辟出一种“文化型”都市寺院的发展路径。

主要相关著作：杨曾文《当代佛教与社会》①，方立天等主编《佛教传统与当代文化》②，叶小文《从心开始的脚步》③，麻天祥《20世纪中国佛学问题》④，邢东风《禅宗与“禅学热”》⑤，江灿腾《二十世纪台湾佛教文化史研究》⑥，唐吉思《蒙古族佛教文化调查研究》⑦ 等。

六 当代伊斯兰教研究

本部分收录42部著作，内容包括当代中国伊斯兰教、当代伊斯兰运动、伊斯兰教法、伊斯兰教派、伊斯兰与世界政治等。

金宜久主编《当代伊斯兰教》⑧，将伊斯兰复兴运动分为两大派别，即伊斯兰传统主义和伊斯兰现代主义。前者认为伊斯兰教信仰是超国界的，近代出现的民族国家、世俗政府不符合伊斯兰原则；后者则主张伊斯兰教应进行相应的改革，使之适应现代社会不断变化发展的现实。这场始于20世纪初的复兴运动不仅是宗教信仰或传统文化的复兴，而且是大规模的社会政治运动。该书详细讲解了“二战”后世界范围内风起云涌的泛伊斯兰主义、伊斯兰民族主义、伊斯兰社会主义思潮及伊斯兰各国的政治、经济、文化建设及其发展趋势等问题。作者认为，中东战争的失败以及伊斯兰各国在现代化进程中所遭遇到的反复和倒退，是促使伊斯兰教传统回归的主因；复兴运动无论推进的手段或和平或渐进或暴力，其目的均为抵御西方政治思想、价值观念及生活方式，以挽救日趋衰落的伊斯兰世界。

吴云贵《穆斯林民族的觉醒：近代伊斯兰运动》⑨，认为伊斯兰教作为各穆斯林民族的主体文化，历史上曾经是一种高度发达的文化方式。当民族生存受到巨大威胁时，世界各地的穆斯林大众，尤其是那些富有威望和影响的宗教领袖和知识精英们，会从宗教信仰角度来回顾过去、反思现实和展望未来，希冀从自身文化传统中探寻救国救民、复兴信仰的途径。该书共分8章，主要介绍了近现代伊斯兰世界的瓦哈比运动、圣战运动、赛努西运动、苏丹马赫迪运动、伊朗巴布运动、阿赫默迪亚运动、泛伊斯兰运动、伊斯兰教现代主义运动的兴起背景、发起人、发展过程以及社会影响等。作者认为，一部伊斯兰教近代史，其实也是一部世界穆斯林各族人民政治斗争的历史。由于历史条件的限制，这些思潮和运动难免带有种种的局限性，而且大多以失败告终，但它们对近现代伊斯兰教产生了重

---

① 杨曾文：《当代佛教与社会》，宗教文化出版社2009年版。

② 方立天等主编：《佛教传统与当代文化》，中华书局2006年版。

③ 叶小文：《从心开始的脚步》，宗教文化出版社2006年版。

④ 麻天祥：《20世纪中国佛学问题》，湖南教育出版社2001年版。

⑤ 邢东风：《禅宗与“禅学热”》，宗教文化出版社2006年版。

⑥ 江灿腾：《二十世纪台湾佛教文化史研究》，宗教文化出版社2010年版。

⑦ 唐吉思：《蒙古族佛教文化调查研究》，辽宁民族出版社2010年版。

⑧ 金宜久主编：《当代伊斯兰教》，东方出版社1995年版。

⑨ 吴云贵：《穆斯林民族的觉醒：近代伊斯兰运动》，中国社会科学出版社1994年版。

要影响，并为广大发展中国家步入现代国家行列提供了许多借以参照的经验教训。

李林《信仰的内在超越与多元统一：史密斯宗教学思想研究》[①]，是国内首部以史密斯宗教学思想为主题的研究专著。威尔弗雷德·坎特韦尔·史密斯是20世纪西方最杰出的比较宗教学家与伊斯兰教研究权威，他在通往信仰与真理的道路上孜孜不倦、上下求索的足迹主线，被喻为“人类的精神奥德赛”。该书作者在深入细致地研读史密斯著作的基础上，紧扣“信仰”这一核心概念，从“理想与现实”“传统与现代”“内在与超越”“多元与统一”“自由与平等”5个层面，对史密斯的宗教学思想进行了详细的梳理和论述，高屋建瓴地总结出研究对象的思想精髓，并将这些思想有机地连贯成一体，全方位呈现了史密斯的学术思想体。该书的一大贡献在于发掘出史密斯宗教学理论的问题意识及其与史密斯伊斯兰教研究的关系所在，同时也体现出作者十分清晰而强有力的逻辑思辨能力及优秀的学术研究能力。

哈宝玉《伊斯兰教法：经典传统与现代诠释》[②]，以大量阿拉伯文、英文和中文文献的第一手资料为基础，运用宗教学、历史学、社会学、法学和政治学等研究方法，对伊斯兰教法的传统地位和现实影响进行了较为深入的探讨。全书分“伊斯兰教法概述”“宗教义务”“伊斯兰民法”“伊斯兰刑法”等7章。全书逐层阐述了伊斯兰教法的起源、发展演变过程及其历史形态，伊斯兰教的基本宗教义务，并进一步分析伊斯兰教的和平与战争观、战争法，伊斯兰教法与人权，以及伊斯兰教法在中国穆斯林中的实践历程及影响等内容。作者指出，不同国度或不同地域的伊斯兰教，在保持其基本特质的前提下，灵活运用教法“创制”的原则和精神，能够使其在现代社会中发挥有效的积极进取精神，为社会发展做贡献。

马通《中国西北伊斯兰教基本特征》[③]，从我国伊斯兰教自身的特点出发，分别讲述了中国西北伊斯兰教的基本特征、中国西北伊斯兰教派门宦与研究方法、中国西北伊斯兰教什叶派等众多我国本土的伊斯兰问题，并指出自唐代传入以来，伊斯兰教在我国西北部地区已逐步形成独具一格的地域特色。书中附有西北穆斯林学用阿拉伯语、波斯语和汉语专用语目录，可为读者研究中国少数民族问题、伊斯兰问题提供帮助。

主要相关著作：吴云贵《当代伊斯兰教法》[④]，李维建等《甘肃临夏门宦调查》[⑤]，杨桂萍主编《回族伊斯兰教与西部社会的协调发展：以宁夏吴忠市为研究个案》[⑥]，马明良《伊斯兰文明与中华文明的交往历程和前景》[⑦]，马平主编《人类学视野中的回族社会》[⑧]，李群英《全球化背景下的伊斯兰极端主义》[⑨]，吴冰冰《什叶派现代伊斯兰主义的兴

---

① 李林：《信仰的内在超越与多元统一：史密斯宗教学思想研究》，社会科学文献出版社2011年版。

② 哈宝玉：《伊斯兰教法：经典传统与现代诠释》，中国社会科学出版社2011年版。

③ 马通：《中国西北伊斯兰教基本特征》，宁夏人民出版社2000年版。

④ 吴云贵：《当代伊斯兰教法》，中国社会科学出版社2003年版。

⑤ 李维建等：《甘肃临夏门宦调查》，中国社会科学出版社2011年版。

⑥ 杨桂萍主编：《回族伊斯兰教与西部社会的协调发展：以宁夏吴忠市为研究个案》，宗教文化出版社2010年版。

⑦ 马明良：《伊斯兰文明与中华文明的交往历程和前景》，中国社会科学出版社2006年版。

⑧ 马平主编：《人类学视野中的回族社会》，宁夏人民出版社2004年版。

⑨ 李群英：《全球化背景下的伊斯兰极端主义》，中国政法大学出版社2007年版。

起》[①] 等。

七 当代基督教研究

本部分著作主要内容是：当代中西方基督教（包括新教、天主教和东正教）神学思想，基督教与当代社会，基督教与中国文化处境，基督教会发展，以及一部分基督教调研报告。

卓新平《当代西方天主教神学》[②]，指出20世纪是西方天主教神学发展最快、变化最大的一个时代，当代天主教理论探究的活跃和思想交锋的激烈为我们认识其现代进程和整体状况提供了全新景观，天主教神学思潮也随之呈现错综复杂的多样性特色。该书通过对20世纪以来西方天主教神学发展及其神学代表人物之思想动态的追踪考察，开拓并深化了中国学术界有关当代西方天主教理论的思维尺度和研究进程，并对天主教神学走向其第三个千年的可能途径和理论特点进行了探索和展望。

卓新平《当代西方新教神学》[③]，认为基督宗教的思想理论发展在20世纪进入了思潮风涌、观念多变的时代。这种多元性和多变性在当代西方新教神学的历程中得到了典型体现。书中论及数百名西方新教神学家和思想家，其中有些思想流派或人物在国内乃首次探讨。

卓新平《基督教与中国文化处境》[④]，通过从基督教与中国文化的关系的历史沿革看，双方是两种文化体系相遇和对话的关系，也是两种强势文化彼此接触和对比的关系；在基督教与中国文化的相遇过程中，双方曾因其自我文化意识的鲜明和对各自文化本体的维护而发生过“文化对峙”和“文化排斥”，也因其文化上的相互学习和交流而出现过“文化求同”和“文化共识”。该书在详尽阐述基督教与中国文化各具特色、各有代表性的文化分立的基础上，着重探讨了两种异质文化再度相遇于全球化时代后的反映和表现，以及彼此间的“对话”问题。作者指出，基督教在华传播是一种“文化沟通”的艰难历程，自近代以来作为基督教东传中国的大趋势，基督教更多突出其“传”的意义，其“宣道神学”主要为单向性的“叙述神学”而非双向性的“对话神学”，因而如何在当今的时代语境中构筑起一种全新的对话模式就显得尤为重要。

高师宁等主编《基督教文化与现代化》[⑤]，认为“基督教文化”与“西方文化”是不同的两个概念，蔓延欧洲的基督教文化曾经以西方文化为主要代表，特别是西欧国家在政治、法律、社会、经济、文化等方面进行的制度变革，确曾为现代化的要素和保障。基督教与文化的关系、基督教文化与各民族文化的关系、现代化与基督教和民族文化的关系，等等，均可集中表述为“基督教文化与现代化”。1994年10月，由中国宗教学术界和基督教界第一次共同发起的“基督教文化与现代化”国际研讨会在北京召开，该书即是这次研讨会的论文集，收录了《在“基督教文化与现代化”国际学术研讨会开幕式上的致

---

① 吴冰冰：《什叶派现代伊斯兰主义的兴起》，中国社会科学出版社2004年版。

② 卓新平：《当代西方天主教神学》，上海三联书店1998年版。

③ 卓新平：《当代西方新教神学》，上海三联书店1998年版。

④ 卓新平：《基督教与中国文化处境》，宗教文化出版社2013年版。

⑤ 高师宁等主编：《基督教文化与现代化》，中国社会科学出版社1996年版。

辞》《基督教与现代文明的危机》、《中国基督教历史回顾》、《中西文化交流中的基督教原罪观》等数十篇论文，从不同视角对有关基督教文化与现代化的关系问题作出了精彩阐述。

唐晓峰《改革开放以来的中国基督教及研究》①，该书由理论探索、历史研究、现状研究、人物研究等多个研究系列组成，分为"改革开放以来的中国基督教""改革开放以来中国大陆基督教现状研究""中国社会文化发展中的基督教"上、中、下三篇。上篇介绍了改革开放以来中国教会实体的发展和神学建设、中国教会出版物、中国基督教教育及信徒文化素质、中国基督教的自我定位等方面情况；中篇探讨了20世纪80年代至2009年期间中国大陆学界基督教研究的现状及启示、结论与反思；下篇论述了基督教在中国社会发展中应有的地位和作用以及发挥作用的途径，包括对中国文化"基督教化"可能性的诘难、对基督教中国化可能性的探讨、加强基督教之社会认同等方面内容；书末还附录1949—2008年、2009—2012年两个时段的中国基督教现状研究参考书籍及论文目录。

随着中国社会改革开放和社会转型、发展，基督教曾经呈现了一定热度的发展状态，国内外学者也开展了一系列的国情、现状调研。《中国基督教调研报告集》② 是中国社会科学院世界宗教研究所就国内基督教现状和发展趋势等问题组织的调研报告的汇编。科研人员采取入户调查与驻点考察相结合的方式，对内地与边远地区、汉族居民区与少数民族地区、发达地区与贫困山区的基督教传教史、教徒构成、教牧成分、教堂点、教派关系、教内经济来源、宗教管理等方面问题展开系统调研，并得出贴近实际的较为客观的结论，勾画了当前具有典型意义的国情报告。

陈村富《转型期的中国基督教：浙江基督教个案研究》③，以浙江省温州市和浙西地区的基督新教和天主教的生存实态为典型个案，通过问卷调查的方式，用大量真实可靠的第一手资料详尽介绍了在社会主义市场经济条件下，中国基督教的新特点和新趋势以及发展中所面临的新问题，并对城市化和世俗化潮流中的当代中国农村基督教进行了横向和纵向的剖析，重点研究了转型期对中国基督教的特殊影响。

李华伟《乡村基督徒与儒家伦理：豫西李村教会个案研究》④，以豫西李村教会的典型事例为研究对象，从市场经济的大视野考察了该地区基督教的生存状态，并从社会现代转型的高度来研究基层民间基督教的演变、基督教对农村民众生活中的儒家伦理的影响。同时，该书深刻揭示了由于社会结构性的变动和失衡，基督教在落后农村壮大的社会根源，以及在农村社会中因宗族的弱化形成的道德失范的局面后，乡村基督教所建立超出五伦之外的新型人际关系的内涵。

主要相关著作：卓新平等主编《基督宗教与当代社会》⑤，卓新平《当代基督宗教教会发展》⑥、《当代亚非拉美神学》⑦、《田野写真：调研集》⑧，杨华明、李林译《道成肉

---

① 唐晓峰：《改革开放以来的中国基督教及研究》，宗教文化出版社2013年版。

② 中国社会科学院世界宗教研究所编：《中国基督教调研报告集》，中国社会科学出版社2011年版。

③ 陈村富：《转型期的中国基督教：浙江基督教个案研究》，东方出版社2005年版。

④ 李华伟：《乡村基督徒与儒家伦理：豫西李村教会个案研究》，社会科学文献出版社2013年版。

⑤ 卓新平等主编：《基督宗教与当代社会》，宗教文化出版社2003年版。

⑥ 卓新平：《当代基督宗教教会发展》，上海三联书店2007年版。

⑦ 卓新平：《当代亚非拉美神学》，上海三联书店2007年版。

⑧ 卓新平：《田野写真：调研集》，中国社会科学出版社2011年版。

身：基督教思想史》[1]，王美秀《当代基督宗教社会关怀：理论与实践》[2]，顾裕禄《中国天主教的过去和现在》[3]，赵建敏《二思集：基督信仰与中国现代文化的相遇》[4]，张百春《当代东正教神学思想：俄罗斯东正教神学》[5]，罗秉祥等主编《基督宗教思想与21世纪》[6]等。

八　当代其他宗教研究

（一）当代新兴宗教、邪教研究

戴康生主编《当代新兴宗教》[7]为关于当代新兴宗教研究的代表著作，该书针对新兴宗教的定义、特点、类型、与社会的关系及其自19世纪以来在世界各地的发展，特别是日本和美国所产生的较有影响的各种教派作了介绍。另专章论述了邪教，并对其中具有典型性的组织及事件进行剖析。全书分“社会变迁与新兴宗教”“19世纪产生的新兴宗教”“本世纪二战前出现的新兴宗教”等7章。作者认为，新兴宗教力图通过共同的宗教体验与认知，崇拜新的卡里斯玛型的“先知”或“教长”，专注于自我，以“自我提升”或“灵魂治疗”等方式，吸引一部分人群并形成某种共识，同时利用其“新的观念”去解释世界与时代，提出某些要求重新构建社会或改造已过时宗教的口号。因此在某种程度上或某些方面迎合了在现代多元社会中不同社会成员对人生观、价值观的需求，填补了在社会转型期内旧的价值观崩溃后所造成的内心空虚的需要。因此，当代新兴宗教大多产生、活跃于传统社会解体、现代化进程主导着社会转变的这样一个时期，是各国现代化、世俗化过程中的历史产物，以及宗教对当时社会思想环境作出的一种反应。

高师宁在其著作《新兴宗教初探》[8]中，运用宗教社会学、宗教心理学等研究方法对新兴宗教现象进行了初步探索，提出新兴宗教是现代社会出现的某些新形式的精神运动和宗教团体，代表了一种新型的思维趋向及社会关系，它的产生具有一定的自然性。目前，新兴宗教仍处于既可朝良性亦可朝恶性方面发展的动态过程中。在相当程度上，整个社会环境以及社会所有成员和所有部门的相关认识和相应行动，将决定它的变化方向。书末附录国外部分新兴宗教团体（包括具有危害性的新兴宗教团体）的参考资料。作者认为，在新世纪中，新兴宗教将要经历其第三个百年行程：一方面，21世纪也许是新兴宗教继续发展、不断体制化的世纪；另一方面，新兴宗教还将面临与现代社会、与科学、与传统宗教三重关系的问题。

罗伟虹《世界邪教与反邪教研究》[9]系统研究了世界范围的邪教和反邪教问题，明确了邪教定义及与之相关联的新宗教、膜拜团体的概念，考察了伴随世界新宗教运动而出现

① ［美］玛格丽特：《道成肉身：基督教思想史》，杨华明、李林译，中央编译出版社2012年版。
② 王美秀：《当代基督宗教社会关怀：理论与实践》，上海三联书店2006年版。
③ 顾裕禄：《中国天主教的过去和现在》，上海社会科学院出版社1989年版。
④ 赵建敏：《二思集：基督信仰与中国现代文化的相遇》，宗教文化出版社2010年版。
⑤ 张百春：《当代东正教神学思想：俄罗斯东正教神学》，上海三联书店2000年版。
⑥ 罗秉祥等主编：《基督宗教思想与21世纪》，中国社会科学出版社2001年版。
⑦ 戴康生主编：《当代新兴宗教》，东方出版社1999年版。
⑧ 高师宁：《新兴宗教初探》，中国社会科学出版社2006年版。
⑨ 罗伟虹：《世界邪教与反邪教研究》，宗教文化出版社2002年版。

的邪教的特点；并从现代化社会中的后现代思潮、传统宗教的世俗化、宗教多元化、新时代运动以及神秘主义复兴等多种角度分析了邪教产生与发展的社会背景，归纳总结了世界各国各界的反邪教运动及其成功的经验与存在的局限，阐述了当今世界范围内，邪教活动已成为各国政府和民间社会普遍关心的社会问题，预防和制止邪教也成为新的课题。作者力求准确把握当代世界邪教的共性、洞察邪教发生发展的社会根源和心理基础，并结合我国实际提出比较切实可行的解决思路。

“社会问题研究丛书”编委会主编《宗教、教派与邪教——国际研讨会论文集》①，收录中外学者43篇论著，这些文章风格多样、观点纷呈，有代表性地反映了当今国际宗教学界对各类新兴宗教及邪教的基本立场、理论思索和治理对策等。

（二）世界某些地域性宗教研究

对于当代世界地域性宗教的研究，本数据库收录了印度的宗教、日本和韩国的新宗教、诞生于伊朗的巴哈伊教等。

吴永年、季平《当代印度宗教研究》是本数据库中收录的最早研究当代印度宗教的著作，由上海外语教育出版社于1998年10月出版。该书以研究印度教、佛教和锡克教三大印度原生宗教为主，重点论述了三大原生宗教对当今印度社会的影响，突出宗教因素在印度社会世俗化和现代化进程中的作用，兼顾后期传入印度的伊斯兰教、基督教、巴哈伊教和袄教等宗教。全书共分8章：第1章概述印度宗教的历史沿革和特点，介绍印度独立以后教派冲突情况及其对印度经济发展和社会进步所造成的影响，探索当今印度教派之争的政治、经济与文化根源；第2—4章分别论述印度教、伊斯兰教和佛教在印度的现状以及在印度文化和社会发展中的地位与作用，其中特别介绍了印度的种姓制度及印度人民党与印度教派主义的关系，分析了佛教在印度消亡的原因和印度瑜伽与佛教的关系问题；第5—7章介绍鲜为人知的印度锡克教从产生到发展的演变过程及其在世界各地的传播与影响，概述其教义主张和伦理思想，分析其在印度现当代历史上的地位与作用；第8章介绍耆那教、基督教、袄教和巴哈伊教在印度的基本情况，勾画出这些非主流宗教的大体轮廓及其在当今印度社会生活中的影响。对于印度宗教的研究，还有邱永辉《印度宗教多元文化》②、《印度教概论》③，张高祥《印度教派冲突研究》④ 等。

张大柘在其著作《当代神道教》⑤ 中，认为神社神道、教派神道、神道新宗教三大体系，构成了日本神道既互相关联又独立存在的整体。书中重点评述了当代日本神道教的现状，同时对神道教的发展历程作了概要介绍；在对战后神道教的介绍中，详细考察日本的社会环境、宗教政策、神社神道和教派神道的教团和宗教活动，以及属于神道教系统的文教事业和教派神道的思想源流、教派神道的研究等。金勋《现代日本的新宗教》⑥ 是国内第一部研究现代日本新宗教的专著。该书不仅系统扫描和耙梳日本宗教史的整体脉络及其

① “社会问题研究丛书”编委会主编：《宗教、教派与邪教——国际研讨会论文集》，广西人民出版社2004年版。

② 邱永辉：《印度宗教多元文化》，社会科学文献出版社2009年版。

③ 邱永辉：《印度教概论》，社会科学文献出版社2012年版。

④ 张高祥：《印度教派冲突研究》，人民出版社2012年版。

⑤ 张大柘：《当代神道教》，东方出版社1999年版。

⑥ 金勋：《现代日本的新宗教》，宗教文化出版社2003年版。

现代走向，而且从新宗教的概念界定、产生原因、基本特征、社会功能，新宗教与传统宗教的关系、与民众宗教的关系等理论问题入手，剖析现代日本的新宗教，达成一种广度与深度的掘进。金勋还著有《韩国新宗教源流与嬗变》① 等论著。

蔡德贵《当代新兴巴哈伊教研究》②，该书追溯了巴哈伊教的创办历史，认为巴哈伊教虽然保存了伊斯兰教的宇宙观和上帝观，但是在其他方面却进行了根本性变革，较早完成了宗教向世俗化和现代化的转换。同时，通过此现象解析了在宗教世俗化和世俗宗教化这两大世界趋势面前，传统宗教如何适应人类发展需要、不断调整自身，从而形成现代性、开放性、世俗性、超越性等新特征的必然逻辑。

结语

本数据库在收集相关当代宗教研究著作中，必会有不完善之处，敬请各位学者专家赐文补充。在此感谢！

① 金勋：《韩国新宗教源流与嬗变》，宗教文化出版社 2006 年版。

② 蔡德贵：《当代新兴巴哈伊教研究》，人民出版社 2006 年版。

第十篇

论文索引

2013年马克思主义宗教观研究论文索引

马克思主义宗教观及其中国化宗教理论的创新/曾长秋、李霞/青海社会科学/2013. 1

马克思主义宗教观的基本内涵/陶文俊/云南社会主义学院学报/2013. 1

南疆少数民族青少年树立马克思主义宗教观的制约因素分析/丛培兵/喀什师范学院学报/2013. 4

马克思主义宗教观视角下的宗教异化理论探究——对宗教及异化问题的几点反思/陈栋/理论导报/2013. 9

新时期新疆高校马克思主义宗教观教育研究/刘江宁、秦永丰/科技信息/2013. 10

西部高校大学生马克思主义宗教观教育实证考察及其思考/肖延军、方立江/青海师范大学学报（哲学社会科学版）/2013. 2

民办高校马克思主义宗教观教育的实践与反思/李铁华/黄河科技大学学报/2013. 3

高校马克思主义宗教观教育的实然与应然/李玉环/中国轻工教育/2013. 4

军队进行马克思主义宗教观教育的四重维度/于恩洲/西安政治学院学报/2013. 6

马克思主义宗教观与当代生活/王健/学理论/2013. 11

宗教与影视作品的结合——用马克思主义宗教观来解读/单娟/今传媒/2013. 10

新时期以来党对马克思主义宗教观的新发展/杨合理/中共南京市委党校学报/2013. 2

胡锦涛中国化马克思主义宗教观研究/刘明定/喀什师范学院学报/2013. 2

马克思主义民族宗教观中国化研究/曲超/佳木斯教育学院学报/2013. 5

探析中国化马克思主义宗教观的民族特色/钟淳/知识经济/2013. 10

论当代大学生的马克思主义宗教观教育/管莹莹/世纪桥/2013. 3

高校“马克思主义基本原理概论”课引导大学生正确对待宗教信仰问题之我见/葛英杰/兰州教育学院学报/2013. 2

思想渊源·实践基础·体系建构·历史地位——再论中国特色社会主义宗教理论/龚学增/西北民族大学学报（哲学社会科学版）/2013. 6

高校马克思主义宗教观教育机制的系统构建/高永/思想教育研究/2013. 4

论马克思主义宗教观的中国化及其现实价值/贺彦凤/理论探讨/2013. 1

上海民办高校大学生宗教信仰问题分析与应对策略/迟春丽、迟春霞/教育与职业/2013. 23

从《导言》到《提纲》——试论马克思对宗教问题理解的逐步成熟/陆洋/北京印刷学院学报/2013. 5

以马克思主义宗教观教育引导新疆高校学生正确认识和对待宗教问题研究综述/吴敏/兵团党校学报/2013. 2

从“宗教本质”谈“新时期的中国化马克思主义宗教观”/李云轩、林高堆/今日中国论坛/2013. 11

马克思主义宗教观的实践性及其当代意义/李静/科教文汇（上旬刊）/2013.2

高校大学生马克思主义宗教观教育探析/陈平、王玮/中小企业管理与科技（下旬刊）/2013.6

马克思宗教观与中国化体系的构建/王倩雅/求索/2013.4

当代大学生宗教信仰问题刍议——以大学生基督教信仰为例/朱洪岩、耿庆锋/黑龙江省社会主义学院学报/2013.2

当代大学生宗教信仰与认知调查——以福建省高校为例/陈国成/湖北第二师范学院学报/2013.10

试论大学生中开展马克思主义宗教观教育的思考/冀志刚/黑龙江高教研究/2013.10

与时俱进　推进马克思主义宗教观研究/卓新平/马克思主义宗教观研究/2013.7

以实事求是的态度研究马克思主义宗教观/吴云贵/马克思主义宗教观研究/2013.7

马克思主义宗教观之我见/李申/马克思主义宗教观研究/2013.7

从“鸦片论”“幻想论”到“掌握论”——看马克思主义宗教观的理论基石/牛苏林/马克思主义宗教观研究/2013.7

《资本论》在马克思主义宗教观发展史上的地位/陈荣富/马克思主义宗教观研究/2013.7

马克思主义宗教观的话语形态/黄奎/马克思主义宗教观研究/2013.7

从“积极引导适应”到“促进宗教关系和谐”——马克思主义宗教观中国化的新成果/龚学增/马克思主义宗教观研究/2013.7

坚持实践的观点　不断推进马克思主义宗教观中国化时代化/张训谋/马克思主义宗教观研究/2013.7

中国共产党关于宗教社会作用两重性论——马克思主义宗教观中国化成果/沈桂萍/马克思主义宗教观研究/2013.7

宗教五性论：马克思主义宗教观中国化的一个标志性成果/任杰/马克思主义宗教观研究/2013.7

马克思主义宗教观在新疆宗教工作实践中的理论建构初探/李建生/马克思主义宗教观研究/2013.7

马克思主义宗教观中国化的历史、成就和经验/加润国/马克思主义宗教观研究/2013.7

推进马克思主义宗教观中国化的重要文献——纪念中共中央1991年6号文件发表20周年/毛胜/马克思主义宗教观研究/2013.7

马克思主义宗教观与藏传佛教研究——兼论东噶·洛桑赤列《论西藏政教合一制度》/尕藏加/马克思主义宗教观研究/2013.7

马克思主义宗教观学科发展报告/曾传辉、黄奎/马克思主义宗教观研究/2013.7

当代大学生宗教信仰引领路径初探/张承安、曹外成、张莉/中南林业科技大学学报（社会科学版）/2013.1

高校青年教师和大学生宗教信仰问题研究/王楠/佳木斯教育学院学报/2013.1

当代中国宗教慈善事业发展：历史与现实的审视/龚万达、刘祖云/甘肃社会科学/2013.5

论新时期中国共产党宗教理论和实践的创新与发展/王康/观察与思考/2013.8

大学生宗教信仰状况调查与思考——以海南大学城三所高校为例/许培栓/海南广播电视大学学报/2013. 1

多元文化背景下尊重和把握宗教自身发展规律/董小琴/四川省社会主义学院学报/2013. 1

马克思在《关于费尔巴哈提纲》中的宗教批判思想/刘宇/黑龙江史志/2013. 23

高校大学生宗教信仰现状探析及对策/王强/全国商情（理论研究）/2013. 21

浅析当前西藏高校思想政治教育的功能承担/杨文仙/中国西部科技/2013. 10

论高校思想政治理论课中的反宗教渗透教育/黎万和、李昌国/西南科技大学学报（哲学社会科学版）/2013. 5

大学生宗教信仰与高校“思政课”教育教学/刘军/韶关学院学报/2013. 3

中国特色宗教与社会关系和谐论/沈桂萍/西北民族大学学报（哲学社会科学版）/2013. 1

毛泽东宗教思想研究述评/彭月英/湖南第一师范学院学报/2013. 6

论乔治·艾略特的女性主义宗教观在《亚当·贝德》中的体现/郝明/赤峰学院学报（汉文哲学社会科学版）/2013. 1

诺曼·梅勒的存在主义宗教观/张涛/安徽农业大学学报（社会科学版）/2013. 2

论詹姆斯的经验主义宗教观/耿星/常熟理工学院学报/2013. 3

浅谈艾米莉·狄金森诗歌中女性主义宗教观/孙兵/吉林广播电视大学学报/2013. 11

人类的灵魂净化之旅——从《现在是你敞开心扉之际》看沃克的妇女主义宗教观/钟丹/淮海工学院学报（人文社会科学版）/2013. 21

以宗教促进社会和谐的理念与路径探索——古巴共产党和老挝人民革命党的视角和经验/董卫华、曾长秋/东北师大学报（哲学社会科学版）/2013. 3

鸦片与甘露——关于宗教信仰的一点思考/张君梅/沧桑/2013. 3

大学生宗教信仰问题研究综述/常彪/科教文汇（下旬刊）/2013. 10

现时代藏传佛教与藏民族信教观念转换之思考/吴春香（卓玛）、霍霞/甘肃理论学刊/2013. 6

马克思主义大众化传播的三个关键点/张福平/郑州轻工业学院学报（社会科学版）/2013. 4

当前我国马克思主义宗教观研究的新变化及其启示/卢国琪/湖州师范学院学报/2013. 5

2013年佛教研究论文索引

佛经转读与四声发现献疑/戴伟华/世界宗教研究/2013. 1

竺道生佛学思想的毗昙学印迹/许潇/世界宗教研究/2013. 1

土观·洛桑却吉尼玛宗教思想简述/吕其俊/世界宗教研究/2013. 1

真言宗教·镇护国家·二语教学——空海编写《文镜秘府论》的出发点/吴双/世界宗教研究/2013. 1

论宋元禅寺中的职事僧群体/王大伟//世界宗教研究/2013. 1

中国刻本藏经对《高丽藏》的影响/方广锠、张贤明/世界宗教研究/2013. 2

鸠摩罗什生平事迹新证——汉藏文献记载的比较研究/陈楠/世界宗教研究/2013. 2

隋唐长安寺院长生畜禽考/孙英刚/世界宗教研究/2013. 2

“施者得福”——中古世俗社会对佛教僧团的医药供养/陈明/世界宗教研究/2013. 2

关于东传日本的宁波佛画《十王图》中有无地藏一图的再检讨/何卯平/世界宗教研究/2013. 2

《成唯识论》种子本有论探析/张利文/世界宗教研究/2013. 3

论藕益智旭的儒佛会通思想/习细平/世界宗教研究/2013. 3

重读李华《润州鹤林寺故径山大师碑铭》——“牛头祖统说”再研究/顾伟康/世界宗教研究/2013. 3

康区藏传佛教文化区的划分及相关问题——以1949年的甘孜和昌都为中心/王开队/世界宗教研究/2013. 3

西夏佛教之“系统性”初探/［俄］索罗宁/世界宗教研究/2013. 4

伊犁河谷藏传佛教寺院考察——以新疆伊犁哈萨克自治州昭苏县圣祐寺为中心/胡方艳/世界宗教研究/2013. 4

藏传佛教前弘期“顿渐之诤”再考释/孙悟湖/世界宗教研究/2013. 4

智憬与《起信论同异略章》、《一心二门大意》——中日韩佛教思想交流的“边地情绪”和“伪托现象”/圣凯/世界宗教研究/2013. 4

佛道修行的科学诠释问题——以《楞严经》与道教内丹学之关联为例/夏志前/世界宗教研究/2013. 5

慧光“四宗”判教之略探/可祥/世界宗教研究/2013. 5

“会昌毁佛”原因与反思/静贤/世界宗教研究/2013. 5

香巴噶举觉域教法传承钩沉——对唐杰流派秘密觉域耳传的田野考察/德吉卓玛/世界宗教研究/2013. 5

佛塔受花形制渊源考略——兼谈中国与中、西亚之艺术交流/王敏庆/世界宗教研究/2013. 5

民国时期佛学通史的书写/龚隽/世界宗教研究/2013. 6

金代佛教政策新议/王德朋/世界宗教研究/2013.6
唐代僧人获赐紫衣考/董立功/世界宗教研究/2013.6
心与文明——佛教徒在当代社会的使命/学诚/世界宗教文化/2013.1
20世纪上半叶日本学者对蒙辽地区辽代佛教建筑的考察与研究/曹铁娃、曹铁铮、王一建/世界宗教文化/2013.1
日本学者南条文雄与中国佛教居士杨仁山的交往/嘉木扬·凯朝/世界宗教文化/2013.1
南传佛教与佤族社会生活之阶序逻辑——以云南临沧佤族为例/郑筱筠/世界宗教文化/2013.1
佛教东来与海南宝岛之猜想/田德毅/世界宗教文化/2013.1
论新加坡汉传佛教与殖民政府的关系/张文学/世界宗教文化/2013.1
人类智慧之光——走进中国佛学/张文勋/世界宗教文化/2013.2
当代台湾佛教史学论述及其思想诠释冲突/江灿腾/世界宗教文化/2013.2
陕西长武县北魏佛教石刻造像的再认识/宋莉/世界宗教文化/2013.2
从窣堵婆到无缝塔：论中国禅僧与无缝塔葬/王大伟/世界宗教文化/2013.2
试说宗教造型艺术基本形态/王敏庆/世界宗教文化/2013.2
当代台湾佛教文学研究的诠释建构者群像及其相关论述/丁敏/世界宗教文化/2013.3
当代台湾汉传佛教转型史学的诠释建构者：江灿腾的研究特色及其方法学的相关检讨/侯坤宏/世界宗教文化/2013.3
形制与图像：莫高窟第100窟设计思想探源/米德昉/世界宗教文化/2013.3
唐五代佛寺壁画里的文殊/马新广/世界宗教文化/2013.3
汉语成语中的佛道世界/焦玉琴/世界宗教文化/2013.3
从《达摩流浪者》看“垮掉的一代”作家对佛教的接受与误读/邓建新/世界宗教文化/2013.3
当代台湾学术性佛教多元哲学研究的诠释建构者——林镇国的研究特色及其方法学的相关检讨/刘宇光、赵东明/世界宗教文化/2013.4
关于借用汉传佛教文化力量改造重刑罪犯的一点思考/李晓非/世界宗教文化/2013.4
20世纪50年代以来裕固族藏传佛教信仰变迁及原因探析/贾学锋、钟梅燕/世界宗教文化/2013.5
信息时代下的佛教传播——新媒体与中国当代佛教传播之道/李一苇/世界宗教文化/2013.5
法国佛学发展与佛教文化的贡献/李岩译/世界宗教文化/2013.6
英国维多利亚时代的佛教/杨健/世界宗教文化/2013.6
安世高译经“五阴六识”相关词汇之《荀子》探源/兰宇冬/世界宗教文化/2013.6
再论《大智度论》之作者/王孺童/世界宗教文化/2013.6
“五四”后中国佛教文学思想的现代转型/谭桂林/中国社会科学/2013.4
隋唐佛教“宗派问题”再辨——兼对隋唐佛教不存在宗派说的回应/俞学明/浙江学刊/2013.2
汉传佛教的思想特质及其当代走向/赖永海/江海学刊/2013.4
汉魏佛教的区域性特色及其人文地理学分析/李尚全/社会科学研究/2013.3

论中国佛教忏文的产生及其演变/张慕华/学术研究/2013. 6

清朝民国祭祀佛教的历史状况及其社会学分析/李尚全/甘肃社会科学/2013. 3

佛教戒律下的音声理念——云冈石窟伎乐雕塑引发的思考/项阳/中国音乐/2013. 2

藏传佛教与印度佛教/姜芃/山东社会科学/2013. 1

民国上海居士佛教慈善的运作模式、特点与意义/唐忠毛/社会科学/2013. 10

人间佛教发展过程中的世俗化问题辨析/唐忠毛/华东师范大学学报（哲学社会科学版）/2013. 6

“人间佛教”的理论演进及其当代社会价值/谭苑芳/广东社会科学/2013. 3

宋儒误读佛教的情形及其原因/李承贵/湖南大学学报（社会科学版）/2013. 5

佛教中国化与三教关系论衡/洪修平、韩凤鸣/华东师范大学学报（哲学社会科学版）/2013. 2

论汉传佛教史学意识的自觉及中国佛教史学的兴起/王宝坤/陕西师范大学学报（哲学社会科学版）/2013. 5

汉至北魏秦州佛教史料与麦积山石窟（二）/魏文斌/敦煌学辑刊/2013. 2

须弥山石窟与藏传佛教造像/薛正昌/甘肃社会科学/2013. 1

近十年来中国西部地区佛教文化遗产研究述评/杨姗姗、蔡其娇/文山学院学报/2013. 1

佛教在精神分析与心理治疗中的意义/杨维中/南京大学学报（哲学・人文科学・社会科学版）/2013. 3

日本佛教本土化进程探略/施晓霞/韶关学院学报/2013. 7

北京佛教文化特质与价值/佟洵/北京联合大学学报（人文社会科学版）/2013. 2

浅谈现代佛教寺庙规划设计——以恩施云台寺佛教文化旅游区总体规划设计为例/黄杰/华中建筑/2013. 8

宗教仪式与政治伦理——宋代佛教戒坛的建置及其象征意义/游彪/北京师范大学学报（社会科学版）/2013. 2

汉、藏佛教演进路向之比较——兼论中国传统文化的方法论原则对当代和谐社会建设的启迪意义/何石彬/河北学刊/2013. 2

佛教文化旅游资源对五台山旅游的影响/杨蝉玉、吴向潘/长春师范学院学报（自然科学版）/2013. 12

魏晋南北朝道教、佛教思想关系研究/张广保/宗教学研究/2013. 4

清代汉传佛教政策考正/任宜敏/浙江学刊/2013. 1

浅析藏传佛教造像艺术的文化元素及其特征/罗桑开珠/中央民族大学学报（哲学社会科学版）/2013. 2

再论晚唐五代北宋时期的敦煌佛教/李正宇/南京晓庄学院学报/2013. 6

武术与佛教关系刍议/李全生/体育文化导刊/2013. 5

法显与佛教律在汉地的传承/王邦维/宗教学研究/2013. 4

利玛窦佛教观的日本来源及其在中国儒家上的应用/梅谦立/孔子研究/2013. 1

南北朝时期中国佛教史学述论/樊霞/安庆师范学院学报（社会科学版）/2013. 4

佛教文化影响力与信众的信仰偏好——基于宗教资本的视角/姚俭建/中央社会主义学院学报/2013. 5

隋释彦琮《辩正论》的佛教思想及与翻译思想的关系/黄小芃/天府新论/2013.4

云南与东南亚傣仂南传佛教文化圈寺院乐器的比较研究——以太阳鼓及鼓乐的传播与分布为例/杨民康/中央音乐学院学报/2013.2

佛教视域下的白族神话传说/赵纪彬/宁夏大学学报（人文社会科学版）/2013.6

元代佛教寺院赋役的演变/陈高华/北京联合大学学报（人文社会科学版）/2013.3

对佛教孝道观研究的反思——以释契嵩为例/喻静/社会科学论坛/2013.2

论唐宋时期的民俗佛教/宇恒伟、李利安/广州社会主义学院学报/2013.1

论佛教戒律对中国古代法制的影响/任汝平、张欧琼/宜春学院学报/2013.1

印度佛教兴衰进程中的政治因素研究/王新有/南亚研究季刊/2013.1

佛教石雕造像艺术简论——从印度到中国/刘长久/中共四川省委省级机关党校学报/2013.4

云南藏传佛教音乐文化的研究现状及意义/和云峰/云南艺术学院学报/2013.4

浅析大乘佛教与小乘佛教流行于不同区域的原因/王芳/沧桑/2013.6

信仰论政治的历史建构及其意义——云南南诏大理国时期的佛教与王权关系/李向平/地方文化研究/2013.4

云纹模式视野下的南诏大理佛教绘画艺术——以《南诏图传》和《梵像卷》为中心/张蓓蓓/民族艺术研究/2013.2

从《湘山野录》《续录》看宋初佛教的贡献/张锦辉/广州大学学报（社会科学版）/2013.5

论佛教伦理思想的现代意义/杨勇/学术探索/2013.2

浅议早期佛教的都市性/传诚/佛学研究/2013

文以载道　声气相求——巨赞的佛教文学观/麻天祥/哈尔滨工业大学学报（社会科学版）/2013.4

民国时期的云南藏传佛教/王碧陶/云南社会科学/2013.1

东亚佛教文化圈中的韩国佛教——以知讷真心思想为中心的考察/李海涛/佛学研究/2013

六朝佛教文学与佛教图像关系/高尚学/文艺评论/2013.10

明代商人的佛教信仰与义举的关系——兼论商人碑传文的真实性/张三夕、张世敏/江汉论坛/2013.6

基督教佛教兴起对欧亚地区竞争力的影响（之三）——从分裂到统一：古代中国地区竞争力从世界边缘走向中心——与欧洲比较/张文木/太平洋学报/2013.10

汉至北魏秦州佛教史料与麦积山石窟（一）/魏文斌/敦煌学辑刊/2013.1

佛使比丘与泰国佛教改革/李毓贤/南通大学学报（社会科学版）/2013.2

佛教文化与敦煌石窟艺术探析/黄媛/东北农业大学学报（社会科学版）/2013.4

新疆于阗早期佛教造像特征/徐玉琼/昌吉学院学报/2013.2

耶稣涅槃——中亚摩尼教对佛教的依托/克林凯特、陈瑞莲、杨富学/河西学院学报/2013.3

近现代汉传佛教戒律松弛现象及自我矫正——以虚云大和尚为中心讨论/陈友康/西北民族大学学报（哲学社会科学版）/2013.4

唐代佛教分期问题研究/陈双印、张郁萍/敦煌学辑刊/2013.4

中古时期沿丝绸之路入华佛教僧侣译经活动考述/冯敏/广西师范大学学报（哲学社会科学版）/2013.1

以“法布施”为核心的都市佛教社会福利实践——以台湾法鼓山前十年为例（1989—1999）/谭苑芳/宗教学研究/2013.1

新世纪初国内回鹘佛教研究的回顾与展望/杨富学/西夏研究/2013.2

佛教与潮汕历史文化综论/郑群辉/韩山师范学院学报/2013.4

三燕至隋唐时期辽西地区的佛教与传播/王禹浪、程功、于彭/哈尔滨学院学报/2013.11

近代殖民主义对佛教西传的影响/王欣/宝鸡文理学院学报（社会科学版）/2013.1

佛教慈善组织养老服务递送能力的探索性研究/钟洪亮、吴宏洛/中国农业大学学报（社会科学版）/2013.4

试析早期佛教在山东的传播/白若萌/管子学刊/2013.1

传统佛教瓷雕艺术浅析/林荣昌/艺术科技/2013.10

巧夺天工——从灵山梵宫和九华山大愿文化园看“金螳螂”将传统佛教文化建筑与现代工艺相结合的美妙之笔/陆建军、左树刚/中国建筑装饰装修/2013.5

佛教史与批判佛教视野中的涅槃思想/陈凯/宗教学研究/2013.2

宋代地方官与佛教界之间的关系考论——以范成大蜀地任职为例/游彪、胡正伟/四川大学学报（哲学社会科学版）/2013.3

徐霞客的佛教因缘与佛教信仰/程佩/江南大学学报（人文社会科学版）/2013.3

信仰论政治的历史建构及其意义——云南南诏大理国时期的佛教与王权关系/李向平/佛学研究/2013

宗教学视阈下的佛教文化旅游体验探析/王勇琦/旅游纵览（下半月）/2013.3

僧侣的抗争——以1929年四川佛教团体反对《寺庙管理条例》为例/朱丽晖、严斌林/华中师范大学研究生学报/2013.1

试论中国古代佛教寺额命名的主体、缘起及其特点——以浙江省为例/石洪斌/前沿/2013.2

佛教文化及梵呗对峨眉山旅游业发展的重要意义/张俊萍、李姣、白海燕/大众文艺/2013.5

新医改背景下佛教团体举办医疗机构的可行性研究/袁明、李宣海、陈志兴、许铁峰/中国医院管理/2013.9

论澹归与丹霞山佛教禅宗文化旅游深度开发/余志勇/韶关学院学报/2013.7

图像学方法与佛教造像研究/傅小凡/天水师范学院学报/2013.3

试论民国时期佛教的困境——以20世纪二三十年代佛教界对自身积弊的反思为中心的考察/单侠/贵州文史丛刊/2013.1

佛教信仰及其死亡观念的当代意义/李海波/华东师范大学学报（哲学社会科学版）/2013.5

浅析佛教中国化的发展阶段/吴小娣/艺术科技/2013.3

佛教生态哲学的理论与实践——五台山生态文化实践探析/毕晋锋/自然辩证法研究/2013.5

近十年来五台山藏传佛教研究综述/赵利文/文化学刊/2013.2

试论南传佛教对云南傣族审美艺术的影响/吴之清、杨杰、墨婧金/宗教学研究/2013.3

太虚的佛教慈善观/刘聪/宗教学研究/2013.4

从转轮王到顶轮王——佛教轮王思想盛行的政治因素剖析/张文卓/青海社会科学/2013.3

印度古代与佛教中龙的传说、形象与描述/湛如/文学与文化/2013.1

般若中观视野下的佛教疾病观/覃江/西南民族大学学报（人文社会科学版）/2013.7

近代科学与佛教的关系研究/费伟平/前沿/2013.22

藏传佛教寺院管理创新与《道德经》思想启迪/李红英、鲁顺元/青海社会科学/2013.4

西双版纳地区南传佛教跨界诵经风格的传统和变迁——以中缅打洛、小勐拉为例/董宸/音乐探索/2013.2

论佛教考古研究中的“模式”/于春/西北大学学报（哲学社会科学版）/2013.3

“人间佛教”视野下的都市寺院网站建设/何杰峰/五台山研究/2013.2

佉卢文文书所见鄯善国之佛教/杨富学、徐烨/五台山研究/2013.3

佛教福田思想与社会慈善事业/陶新宏/青海社会科学/2013.1

藏族传统体育发展与藏传佛教的关系/雷巍、黄聪/武汉体育学院学报/2013.8

汉传佛教偈颂类型蠡测/王丽娜/佛学研究/2013

藏传佛教文学论略/索南才让、张安礼/江西师范大学学报（哲学社会科学版）/2013.10

高昌早期佛教造像形制及其特征——以吐峪沟石窟壁画为中心/徐玉琼/长江大学学报（社会科学版）/2013.8

读《洛阳伽蓝记》论佛教与世俗的交互影响/张磊/河南科技大学学报（社会科学版）/2013.5

南传佛教本土化对傣族地区马克思主义大众化的启示/杨玲、曹茂、杨云/民族论坛/2013.11

从忠孝观看宋代佛教的世俗化——以北石窟寺为例/段有成、冯小琴/陇东学院学报/2013.2

宗喀巴的佛教生态伦理思想及其现代价值/王冬/五台山研究/2013.2

中国佛教文化景观感知心理刍议——五蕴视角/徐文廷、林建群/华南理工大学学报（社会科学版）/2013.2

中国佛教文化研究所/佛学研究/2013

论《庄子·至乐》所见佛教文化因子——兼谈佛教传入中国的时间/李其霞/学术交流/2013.8

近十年来五台山藏传佛教研究综述/赵利文、余锦龙/五台山研究/2013.1

昌明法师对“人间佛教”的贡献/金欣/湖北经济学院学报（人文社会科学版）/2013.10

对中国佛教造像审美的现实性和艺术性之分析/张蔚/佳木斯教育学院学报/2013.1

曹魏时代创制的汉化佛教音乐/杨朝民/郑州铁路职业技术学院学报/2013.4

无畏施含义的嬗变及其对中国佛教慈善事业的启示/陈寒/唐都学刊/2013.3

唐代内地经吐蕃道与印度的佛教文化交流/张云、张钦/西藏民族学院学报（哲学社会科学版）/2013.1

人间佛教的幸福观及其伦理启示——以太虚大师的《人生进善之阶段》为中心/薛江谋/学术论坛/2013.2

媒体在佛教现代传播中的作用/陈楠/青年记者/2013.2

日本佛教的早期发展/邓秀梅/新西部（理论版）/2013.13

略论泰国佛教教育与世俗教育关系的演变/姜立刚/临沧师范高等专科学校学报/2013.1

佛教思想与生态文明/洪修平/中国宗教/2013.8

古代山西佛教慈善状况及其基本特征/史政坤/山西社会主义学院学报/2013.4

论道教、玄学对中国早期佛教艺术的影响/范英豪/美育学刊/2013.4

选择接受转化——论佛教中国化及其当代价值/禹权恒/阜阳师范学院学报（社会科学版）/2013.1

藏传佛教在康区传播与发展历史三段论/范召全/西藏研究/2013.1

保护视角下佛教文化遗产旅游功能研究——以杭州为例/吕丽辉、高海霞/学习与探索/2013.2

民国时期都市佛教的医药慈善事业/李铁华/中医药文化/2013.2

“天福之面”的图像与信仰——尼泊尔佛教美术的考察与研究/赵玲/贵州大学学报（艺术版）/2013.2

甘肃藏区藏传佛教的区域性特点及发展趋势/昂巴/中央民族大学学报（哲学社会科学版）/2013.3

中国佛教解脱价值论与道德价值论/白冰/天水师范学院学报/2013.4

桂滇黔汉传佛教文化遗产旅游开发的SWOT分析及对策/杨姗姗、程芸燕/五台山研究/2013.1

从人口性别比例、灾难和疾病看西夏的佛教信仰/于亚龙/黄河科技大学学报/2013.4

佛教价值观的六个基本要义/孙伟平/河北学刊/2013.6

《列仙传》佛教渊源探析/秦蕊、卢云/韶关学院学报/2013.9

佛教与社会主义核心价值观/魏道儒/中国宗教/2013.11

再论竺道生的佛教伦理思想——以“善不受报义”为中心/史经鹏/佛学研究/2013

佛教生态思想及其现实意义/罗玲/五台山研究/2013.2

造像之美：法度与实践——从西藏唐卡画师的艺术实践看藏传佛教造像的美学观/刘冬梅/中国藏学/2013.3

汉宋时期鲁南地区的佛教文化遗存/唐仲明/理论学刊/2013.7

从佛教的世俗化看马克思主义的大众化/崔海亮/西藏民族学院学报（哲学社会科学版）/2013.1

从敦煌佛教歌曲看唐五代宋初的佛儒交融/刘传启/民族艺术/2013.4

论元杂剧中的佛教剧/郑传寅/武汉大学学报（人文科学版）/2013.1

以赵朴老的新佛教观为导向做好佛教界工作/袁普泉、陈辽/江苏省社会主义学院学报/2013.3

金牛道佛教造像考略/耿纪朋、郑小红/科学咨询（科技·管理）/2013.5

佛教文化旅游策划设计特性研究/常楠/数位时尚（新视觉艺术）/2013. 1

唐代敦煌壁画“迦陵频伽”造像与佛教音乐美学/叶明春/交响（西安音乐学院学报）/2013. 4

明太祖佛教政策演变论说/赵长贵/北方论丛/2013. 5

大同佛教造像的民族性格/杨俊芳/美术大观/2013. 7

景谷傣族南传佛教的传播发展和经文系统初探/周寒丽、李莲/红河学院学报/2013. 5

从 P. 3364《某寺面油破历》看民俗佛教的一些特点——民俗佛教认识之二/王慧慧/敦煌研究/2013. 4

浅析早期佛教中国化现象——试用若干社会学理论阐述/麦佩怡/科教文汇（中旬刊）/2013. 2

“人间佛教”与传统文化现代化/杨海文/福建论坛（人文社会科学版）/2013. 1

谁的精神分析与谁的禅宗——关于弗洛伊德到弗洛姆与佛教到禅宗的对比分析/吕昂/鄂州大学学报/2013. 1

河南省佛教文化旅游资源的深度开发研究/李晓楠/佳木斯教育学院学报/2013. 10

浅析中国佛教文化与艺术的融合/杜季月/艺术科技/2013. 2

考论克孜尔佛教石窟壁画及其史料价值——以打击类艺术组合壁画为考据/钦媛/求索/2013. 1

从敦煌莫高窟壁画看佛教艺术的本土化/徐玉琼/怀化学院学报/2013. 6

佛语千言瓷上见偶得神韵妙笔先——论佛教题材在青花瓷上的运用/游欣婷/景德镇高专学报/2013. 3

中国佛教建筑及装饰的现代转型探析/宋元园/大众文艺/2013. 10

论南朝佛教盛行之因/魏登云/兰台世界/2013. 27

论藏传佛教的历史地位与现代发展/孙浩然/江南社会学院学报/2013. 4

北朝佛教研究之我见/张守夫/山西大同大学学报（社会科学版）/2013. 4

浅论佛教思想对少林武术的影响/黄东辉/军事体育进修学院学报/2013. 2

宋代士大夫的宗教信仰——以佛教为例/左莹/语文教学通讯·D 刊（学术刊）/2013. 12

清代阜新地区藏传佛教圣经寺壁画艺术研究/梁姝丹/黑龙江民族丛刊/2013. 4

佛教比喻故事中的布施思想及价值/张爱萍/五台山研究/2013. 4

中国佛教协会第八届理事会汉传佛教教务委员会会议在洛阳白马寺召开/刘东/法音/2013. 12

边陲伽蓝云南南传佛教寺院巡礼/孙钢/中国宗教/2013. 6

台州佛教仪式音乐的活态传承与保护研究——以天台国清寺佛教仪式音乐为例/王小天、李隽/长沙铁道学院学报（社会科学版）/2013. 4

佛教初传高句丽时间探析/齐利毅/黑龙江史志/2013. 21

禅宗思想和佛教音乐的艺术结合/常丽文/大舞台/2013. 2

佛教对阴阳灾异说的化解：以地震与武周革命为中心/孙英刚/史林/2013. 6

浅谈渤海上京城的佛教文化/关燕妮/黑龙江史志/2013. 7

河北地区佛教建筑历史分期及艺术特色初探/潘莹、赵晓峰、赵晓冬/科技视界/2013. 13

西南地区汉传佛教文化遗产旅游开发适宜性评价的必要性与可行性/蔡其姣、杨姗姗/桂林师范高等专科学校学报/2013. 2

佛教在新媒体时代的传播——以延参法师走红现象为例/厉秋辰/西部广播电视/2013. 8

微博对佛教文化传播的影响/王菊松/新闻世界/2013. 9

第七届亚太地区佛教音乐学术研讨会综述/傅暮蓉、杨秋悦/人民音乐/2013. 3

当代藏传佛教教义阐释工作的有益探索/米广弘/西北民族大学学报（哲学社会科学版）/2013. 2

从审美教育看中国佛教/张新平/湖北工程学院学报/2013. 4

能海法师与四川佛教之发展/杨俊/成都大学学报（社会科学版）/2013. 5

论太虚《整理僧伽制度论》人间性的佛教底蕴/王大伟/西华师范大学学报（哲学社会科学版）/2013. 1

从叙事文学角度看宋代佛教史书中的灵异故事/张培锋/贵州社会科学/2013. 6

政教关系与佛教的中国化历程/王公伟/佛学研究/2013

南京国民政府抑制汉传佛教和道教政策述论/李尚全/佛学研究/2013

从六祖惠能到孙悟空——佛教中国化进程阐释/杨晓兰/新西部（理论版）/2013. 22

探寻中国佛教的故事“佛教胜地行”系列采访活动正式启动/本刊编辑部/中国宗教/2013. 6

《“批判佛教”的批判》/张文良/佛学研究/2013

张恨水早期小说创作与佛教文化/彭正生、方维保/齐鲁学刊/2013. 3

民国时期西藏佛教通史研究的路径抉择/胡永辉/西藏研究/2013. 6

新加坡汉传佛教文物辩证——以碑铭与匾额为中心/许源泰/泉州师范学院学报/2013. 1

“空”与“有”——评《绿衣骑士》中主人公对佛教理想人生的追求/李馥辰/江苏师范大学学报（哲学社会科学版）/2013. 5

浅谈隋唐时期中土商人的佛教信仰/袁贞/延安职业技术学院学报/2013. 6

佛教对高句丽建筑的影响/李乐营、孙炜冉/通化师范学院学报/2013. 11

宋代汉传佛教造像及审美观念研究/刘晗露、冯学文/艺海/2013. 7

中国佛教音乐的源流/于娜/中国校外教育/2013. 9

佛教禅宗在江西的繁衍及民族文化特征/龚国光/黄河科技大学学报/2013. 6

关于“民胞物与”与佛教思想的几点思考/耿静波/理论界/2013. 1

佛教文化对大学生思想观念的影响及其对策研究——以台州学院为例/叶珊珊、林伟、胡银凤、王侃、胡涛/台州学院学报/2013. 4

安息帝国的佛教/王宏涛/黑龙江史志/2013. 13

佛教文化与当代道德建设/王国棉/五台山研究/2013. 4

衡阳佛教旅游景区景点名称的英译简析/高芬、颜晓华、大岳/南华大学学报（社会科学版）/2013. 5

“佛教文学”之内涵辨/戴莹莹/中国宗教/2013. 1

北京地区辽代佛教综论——以石刻文字资料为中心/孙勐/北京联合大学学报（人文社会科学版）/2013. 2

伪满洲国的汉传佛教基本状况研究/和琴/学理论/2013.6

六朝佛教礼忏仪的形成以悔过法、唱导、斋会为中心/圣凯/中国文化/2013.2

略论泰国佛教教育与世俗教育关系的演变/姜立刚/红河学院学报/2013.5

汉传佛教寺院的旅游开发模式研究——以妙乐寺遗址旅游开发构想为例/王奇、张立生/中国商贸/2013.27

阿底峡《菩提道灯论》对藏传佛教后弘期的影响/张安礼/西藏研究/2013.6

藏传佛教的活佛转世/中国藏学/2013.S1

佛教大众化机制、特点对马克思主义大众化的启示/姚洪越/安庆师范学院学报（社会科学版）/2013.6

论印度贵霜时期犍陀罗佛教造像特征/徐玉琼/佳木斯教育学院学报/2013.4

山庄周围寺庙群是清王朝塞外的佛教圣地/于佩琴/河北民族师范学院学报/2013.3

云冈石窟与北魏佛教文化发展研究/李刚/新西部（理论版）/2013.12

对梧州佛教文化旅游资源深度开发的思考/唐峰陵、毛廷贵/梧州学院学报/2013.5

藏传佛教文化旅游体验的双重三位一体结构/王勇琦、阿旺加参/河北旅游职业学院学报/2013.4

贵州梵净山——佛教名山的当代定位/蒋立群/今日中国论坛/2013.5

浅析净土宗的人间佛教理想/王卓菲/吉林广播电视大学学报/2013.5

略论佛教价值哲学/白冰/许昌学院学报/2013.4

西夏建筑中的佛教建筑/郑涛/现代装饰/2013.9

对台湾发展佛教文化旅游的思考/王凡、郑耀星/乐山师范学院学报/2013.12

新疆古代佛教雕塑概述/王哲/艺术科技/2013.8

伪满洲国佛教政策社会背景研究/和琴/长江大学学报（社科版）/2013.3

信仰正义慈悲——从佛教的视角看现代法治的宗教情怀/赵俊勇/新西部（理论版）/2013.5

早期南亚佛教音乐初探/夏凡/法音/2013.7

河北佛教慈善基金会的成长之路/邓莉雅/中国宗教/2013.11

藏传佛教文化旅游资源开发研究/朱德亮/中央民族大学学报（哲学社会科学版）/2013.2

东北地区藏传佛教信仰状况分析/张岩/学理论/2013.21

汉画中的佛教造像溯源/王峰/寻根/2013.5

数码成像技术与传统佛教壁画结合之探索/林涵/淮阴师范学院学报（哲学社会科学版）/2013.4

论莲花的意象与佛教/赵志刚/中国宗教/2013.8

佛教健康发展的三个根本保障/蒋坚永/中国宗教/2013.11

甘孜藏族自治州佛教协会举行成立五十周年庆祝大会/桑吉扎西/法音/2013.11

《当代佛教论集》/黄夏年/佛学研究/2013

历史脉络下的"如来藏"佛性思想研究——《如来藏经典与中国佛教》评述/白银宇、韩凤鸣/佛学研究/2013

明代北京佛教学术研讨会在什刹海书院隆重举行/佛学研究/2013

浅谈渤海上京城的佛教文化/关燕妮/黑龙江史志/2013.9

中国佛教走出围墙困境及进入主流社会的路径/王雷泉/法音/2013.1

试论中国古代佛教建筑设计的思想特色以及风格/李晓杰/电子制作/2013.12

佛教文化传入中国原因浅析/田洪远/黑龙江史志/2013.19

试论佛教文化中莲花元素对陶瓷装饰中的影响与应用/冯祥/南方农机/2013.1

承德藏传佛教寺庙兴建原因浅析/王晴/河北旅游职业学院学报/2013.3

中华佛教总会（1912—1915）述评/许效正/法音/2013.4

浅析中国佛教文化与艺术的融合/杜季月/艺术科技/2013.2

佛教对儒家道统观的影响——以韩愈和朱熹为中心/李勇刚/五台山研究/2013.1

赵朴初的佛教观及其意义/袁普泉、陈辽/中国宗教/2013.6

佛教胜地行：探寻中国佛教的故事（一）/中国宗教/2013.6

藏传佛教对业果关系思想的发展：以已坏实有为中心/陈又新/中国藏学/2013.S1

汉至隋唐于阗的佛教绘画样式/李钦曾/科教导刊（中旬刊）/2013.4

佛教版画对古版画发展的影响/程国亮、魏茜/大舞台/2013.8

佛教的“止恶修善”教理对现代人道德教育的启迪/唐凡淇/学理论/2013.30

南宋名将孟珙的佛教价值取向浅析/黄锦君/宗教学研究/2013.4

浅谈中国佛教音乐“本土化”的重要意义/刘璐/戏剧之家（上半月）/2013.7

杭州佛教代表团赴美进行佛教文化交流/法音/2013.10

经济因素对台湾当代佛教建筑形态的影响——以台湾慈济静思精舍、高雄慈济静思堂、高雄佛光山为例/时阳/城市建筑/2013.4

《中国佛教文学研究》述评/何剑平、刘林魁/西北大学学报（哲学社会科学版）/2013.3

麦积山石窟北朝佛教供养人服饰研究/徐玉琼/佳木斯教育学院学报/2013.12

政教关系视野下的当代大陆佛教史观——评侯坤宏等著《浩劫与重生：1949 年以来的大陆佛教》/何建明/佛学研究/2013

试论新形势下佛教信仰的“社会性”导向/龚德全/法音/2013.10

论大乘佛教“以音声为佛事”的观念——佛教吟诵的理论基础研究/张培锋/文学与文化/2013.4

切实维护佛教权益促进社会和谐发展——中国佛教协会第八届理事会权益保护委员会会议在安徽九华山举行/常正/法音/2013.11

六十年继往开来——中国佛教协会成立 60 周年之际专访传印会长/本刊编辑部/中国宗教/2013.8

中国佛教本体论思想略探/白宗军、李靖/商/2013.24

北朝时期佛教造像纹饰在现代服装设计中之应用探索/李晓宇/黄河之声/2013.17

藏传佛教健康发展的必由之路/曲木史哈/中国宗教/2013.3

山西佛教印象/李嶷/中国宗教/2013.8

我国佛教的发展历程/董鹏昭/黑龙江史志/2013.17

梁武帝与佛教吃素/马学仁/寻根/2013.6

从黄梅禅看佛教与中国社会的适应/王丽媛/法音/2013.3

福建佛教文化的优势资源及其现实价值/杨小霞/闽江学院学报/2013.3

唐后期河北藩镇统治下的佛教/冯金忠/贵州社会科学/2013.6

当代中国佛教艺术的传承与发展/张总/法音/2013.1

中国佛教协会慈善公益委员会第二次会议在广州举行/桑吉扎西/法音/2013.5

论佛教与唐宋茶文化/梁霞/青海师范大学学报（哲学社会科学版）/2013.6

中国佛教主体意识觉醒与道路建设/佛学研究/2013

论金批《水浒传》中的佛教态度/韦强/绥化学院学报/2013.3

程式与新风——17至19世纪藏传佛教绘画风格的演变/伯果/青海民族研究/2013.3

数字技术时代的佛教艺术与动漫/王六一/贵阳文史/2013.6

“生活禅”相摄的几个佛教理论问题/宇恒伟、李利安/宝鸡文理学院学报（社会科学版）/2013.1

中国佛教协会举行成立60周年纪念会　俞正声会见与会代表/本刊编辑部/中国宗教/2013.9

论佛教题材对中国陶瓷绘画的影响/郑汇经/陶瓷科学与艺术/2013.2

宴坐菩提场　乐度婆婆人——专访河北省佛教慈善基金会会长常辉法师/王丽心、郭芳玲/法音/2013.6

杭州佛教素食文化旅游资源开发的思考/胡叶茂/中国经贸导刊/2013.1

浙江古代佛教题材雕印木版画初探/周增炎、周辰/杭州师范大学学报（社会科学版）/2013.1

汉传佛教梵呗《华严字母》的音乐特色研究/徐菲/美与时代（下）/2013.6

第十六次中韩日佛教友好交流会议在海南三亚举行/陈长松/法音/2013.12

四川省内江市佛教协会召开第六次代表会议/法音/2013.4

从《太平广记》僧侣游看佛教初传中国/宋华英/旅游纵览（下半月）/2013.8

中国佛教文化/谭舯/统一论坛/2013.2

佛教慈善的现代意义与现实问题/段彩虹、邓莉雅/中国宗教/2013.5

明代西宁卫所属藏传佛教寺院考补/武沐/青海民族大学学报（社会科学版）/2013.3

清代藏传佛教金铜造像鉴赏/赵巍/福建文博/2013.3

佛教图形符号的应用研究/刘子建、赵洋/现代装饰（理论）/2013.9

佛教造像中香盖图像的起源与演变/张蓓蓓/南通大学学报（社会科学版）/2013.2

佛教的产生及演变/曾长秋、张金荣/石油政工研究/2013.4

推进文化强国建设可辅之适当的佛教教育/陈笑丽、殷丽新/赤子（中旬）/2013.7

藏传佛教宁玛派伦理思想及其特点/余仕麟/西南民族大学学报（人文社会科学版）/2013.12

内蒙古包头地区的藏传佛教建筑概况/韩瑛、张鹏举、宝山/山西建筑/2013.1

大陆佛教代表团赴台湾参访交流/曙正、刘东/法音/2013.10

炳灵寺藏传佛教艺术中的三十五佛初探/王玲秀/敦煌研究/2013.4

风雨一甲子　奋进六十年——刘延东副总理在中国佛教协会成立60周年纪念会上的讲话/中国宗教/2013.9

近代佛教学术传统的传承与光大——读《中国佛教思想史稿》/徐明生/社会科学研究/2013.3

江苏南京秦淮区佛教协会成立/法音/2013.12

俄罗斯藏传佛教的历史与现状/苗嵩/国际研究参考/2013.11

从大同辽金时期的建筑遗存看佛教的特征/李珍梅、李杲、王宇超/山西大同大学学报（社会科学版）/2013.2

《元史·释老传》所载北京藏传佛教佛事活动考释/李德成/中国藏学/2013.S1

青海省佛教论坛在西宁举行/法音/2013.3

加强南传佛教人才培养　提高服务社会大众意识——在第十六次中韩日佛教友好交流会议上的补充发言/祜巴龙庄勐/法音/2013.12

佛教经行解/张庆松/宗教学研究/2013.3

天竺山下法筵再启——2013汉传佛教讲经交流会在杭州隆重举行/刘东/法音/2013.11

中国佛教协会第八届理事会汉传佛教教务委员会会议在洛阳白马寺举行/刘东/法音/2013.12

书写两岸佛教交流新篇章大陆佛教代表团赴台交流/张华/中国宗教/2013.10

中国佛教协会六十年/传印/佛学研究/2013

禅宗是大乘佛教吗？/［日］野口善敬著，朱凤岚译/佛学研究/2013

《印度宗教与佛教》/李建欣/佛学研究/2013

佛教在北魏的调整与适应/徐婷、陈昌文/中国宗教/2013.10

中国佛教协会派员指导山东佛教界“教风年”和谐寺院创建工作/王孺童、于常青/法音/2013.5

佛教思想对唐代法律的影响/谢山/河南司法警官职业学院学报/2013.3

佛教在美国/原雅娟/法音/2013.6

心悟梵天净土　共绘和谐桃源——2013中国梵净山生态文明与佛教文化论坛举行/姜小溪/中国宗教/2013.8

继承优秀传统繁荣佛教艺术——在首届中国当代佛教艺术展开幕式上的致辞/学诚/法音/2013.1

唐宋《金刚经》见证佛教传播/赵峰生/东方收藏/2013.3

浅析佛教因果报应观念下儒家伦理道德在小说中的体现/曹小丰/焦作大学学报/2013.1

聚焦亮点展示佛教风采/张乐斌/中国宗教/2013.6

论景德镇瓷业与佛教信仰/蔡定益、肖绚/兰台世界/2013.1

宋代西京佛教遗迹初探/李兴隆/开封教育学院学报/2013.4

弘宗演教法音宣流——中国佛教协会2013汉传佛教讲经交流巡讲活动侧记/刘东、陈长松/法音/2013.5

现阶段山西佛教慈善状况及其基本特征/史政坤/五台山研究/2013.3

从道教神仙体系看道教对佛教的借鉴吸收/阳开怀/名作欣赏/2013.26

佛法同源梵响有授——第七届亚太地区佛教音乐学术研讨会综述/郭波、徐爱珍/艺术评论/2013.6

慈心悲愿·善待生命——佛教生命观研讨会在成都举行/田悦阳/中国宗教/2013.2

浅析佛教传播及其对中韩写梦小说的影响——以《南柯记》和《调信传》为例/徐筱婷/淮海工学院学报（人文社会科学版）/2013.10

江阴市佛教协会召开第四次代表会议/法音/2013.12

隋唐至元代佛教玉概述/金泉/博物馆研究/2013. 3

在中国佛教协会第八届理事会权益保护委员会会议上的讲话/传印/法音/2013. 11

辽宁省佛教界重点寺院授牌仪式暨第三届讲经交流会举行/法音/2013. 11

湖南岳阳县佛教协会成立/法音/2013. 11

浙江杭州滨江区佛教协会成立/法音/2013. 11

感动与感悟——读周耘的新著《曼妙和谐——佛教音乐观》/田可文/星海音乐学院学报/2013. 4

爱国爱教六十年　续佛慧命谱新篇——中国佛教协会成立六十周年纪念/中国宗教/2013. 8

2013 汉传佛教讲经交流座谈会在杭州佛学院举行/刘东/法音/2013. 5

佛教心灵哲学的特殊理路、实质与动机/熊桂玉/华中师范大学研究生学报/2013. 2

佛教民俗与生态文明建设民间文艺中的护生宣传/陈红兵/中国宗教/2013. 12

书写两岸佛教交流新篇章大陆佛教代表团赴台湾交流侧记/颜玉科、张华/中国宗教/2013. 10

论佛教对于阿尔泰乌梁海部族史诗的影响和具体表现/海英/名作欣赏/2013. 14

抚顺市档案局（馆）与抚顺市佛教协会互赠佛教史料/吴艳/兰台世界/2013. 19

山西晋城市、临汾市佛教协会分别举办汉传佛教讲经交流会/尚止/法音/2013. 8

从石刻文献看佛教文化对隋唐五代楷书的影响/李海燕、路莹/泰山学院学报/2013. 4

关于《汉书・西域传》中为何不载佛教问题的思考/史坤/群文天地/2013. 2

刍议佛教的财富观/曹晓晨/新西部（理论版）/2013. 14

在旅游中感受佛教建筑之美/吴月翔/旅游纵览（下半月）/2013. 9

佛教为民族融合提供了一道地平线——浅议佛教在凉州的影响/刘娜/现代妇女（下旬）/2013. 10

叙述历史的诗歌——西藏佛教印象/李嶷/中国宗教/2013. 11

在第十六次中韩日佛教友好交流会议开幕式上的致辞/王作安/法音/2013. 12

佛教胜地行：探寻中国佛教的故事（四）/中国宗教/2013. 9

自然灾害后的心灵救助——在第十六次中韩日佛教友好交流会议上的补充发言/佐藤益弘/法音/2013. 12

大乘佛教/林纾威/四川统一战线/2013. 11

明代宫廷美术与西藏本土佛教美术风格的相互影响/童赛玲/新美术/2013. 5

嵩山佛教文化旅游项目创新研究/洪星、葛法权/旅游纵览（下半月）/2013. 12

在第十六次中韩日佛教友好交流会议开幕式上的致辞/传印/法音/2013. 12

云南省佛教协会召开南传佛教工作委员会扩大会议/桑吉扎西/法音/2013. 1

“聊为友谊的比赛”——从陈垣与胡适的争论说到早期中国佛教史研究的现代典范/葛兆光/历史研究/2013. 1

在第十六次中韩日佛教友好交流会议上的基调发言/悔净/法音/2013. 12

佛教胜地行：探寻中国佛教的故事（五）/中国宗教/2013. 10

首届归元佛教文化论坛在武汉归元禅寺举行/陈长松/法音/2013. 11

充分发挥佛教在经济社会发展中的正能量作用/周正华/四川统一战线/2013. 7

韩中日三国共同谱写 21 世纪新的世界佛教史——在第十六次中韩日佛教友好交流会

议开幕式上的致辞/慈乘/法音/2013.12

保持、求变、追踪——中国与周边南传、汉传佛教音乐城市化的比较研究/杨民康/音乐艺术（上海音乐学院学报）/2013.1

新世纪以来中国电影中的佛教元素与价值表达/宋法刚/现代传播（中国传媒大学学报）/2013.5

从佛经翻译看佛教在中国的传播与发展/孙娟/英语教师/2013.12

基督教佛教兴起对欧亚地区竞争力的影响（之二）——从统一到分裂：古代欧洲地区竞争力优势的形成和丧失——与中国比较/张文木/太平洋学报/2013.9

诗歌吟诵的活化石——论中国佛教梵呗、读诵与古代诗歌吟诵的关系/张培锋/南开学报（哲学社会科学版）/2013.3

《般若心经》——佛教发展中的文化汇流之又一例证/方广锠/深圳大学学报（人文社会科学版）/2013.4

论佛教思想对经济学效用理论的修正/姚文捷/西安财经学院学报/2013.5

佛教和中国国家文化软实力/何洪兵、蒋朝莉/西南民族大学学报（人文社会科学版）/2013.3

道安与儒家/梁世和/湖北文理学院学报/2013.6

内蒙古地域藏传佛教建筑形态的一般特征/张鹏举、高旭/新建筑/2013.1

试析西藏归入祖国统一的宗教背景/李顺庆/宗教学研究/2013.2

社会交换视角下佛教慈善组织发展动力机制研究——以台湾佛教慈济基金会为例/郭玉辉/学术探索/2013.9

试论中古时期佛教徒的全身葬法/王磊/中山大学学报（社会科学版）/2013.2

西部地区宗教文化资源的特点及其旅游开发研究——以云南佛教为例/杨姗姗、陈炜/青海民族研究/2013.1

经济转型背后的幸福悖论：论当代上海佛教的信仰性格/成庆/上海大学学报（社会科学版）/2013.1

韩愈与佛教/文碧方/海南大学学报（人文社会科学版）/2013.4

1990 年以来中国大陆佛教寺院藏书研究述评/师宇明/图书馆论坛/2013.5

从饮酒看晚唐五代宋初敦煌佛教的世俗化——以 S.6452—3、S.6452—5 号文书为中心的考察/李文才/陕西师范大学学报（哲学社会科学版）/2013.2

佛教般若思想的心理治疗意蕴/石文山/心理学探新/2013.3

钱氏家族与吴越佛教文化/薛正昌/浙江社会科学/2013.3

大乘佛教慈善理念的特质及现代意义/谭洁/湖北工程学院学报/2013.2

首届藏传佛教中级学衔授予工作正式启动/米广弘/法音/2013.8

泉州景教石刻与佛教关系发微/李静蓉、林振礼/东南学术/2013.1

藏传佛教文化的当代性及其弘扬机制与模式/刘俊哲/民族学刊/2013.1

《红楼梦》霍克思译本中佛教思想翻译的策略/钱亚旭、纪墨芳/湘潭大学学报（哲学社会科学版）/2013.2

隋唐时期中土商人的佛教信仰/姚潇鸫/云南社会科学/2013.4

达斡尔族的佛教信仰/景爱/黑龙江民族丛刊/2013.1

从身心观之异看佛教对中国传统医学的影响/李铁华、王欢/医学与哲学（A）/2013.1

南北朝佛教唱导的底本/何剑平、周欣/西南民族大学学报（人文社会科学版）/2013. 9

部派佛教的“法”与“我”的实有与空无观念/姚卫群/西南民族大学学报（人文社会科学版）/2013. 7

20 世纪以来白族佛教密宗阿吒力教派研究综述/黄正良、张锡禄/大理学院学报/2013. 7

转轮王与皇帝：佛教对中古君主概念的影响/孙英刚/社会科学战线/2013. 11

西域佛教美术遗址考古综论/黄培杰、满盈盈/民族艺术/2013. 2

中古佛教的传播与自然审美观念的形成/钟仕伦/西南民族大学学报（人文社会科学版）/2013. 8

早期佛教与婆罗门教的差异和融合及相关影响/严耀中/宗教学研究/2013. 2

清代中国蒙藏地方立法中的藏传佛教因素探析/田庆锋、侯洁/西藏研究/2013. 3

中国佛教史上第一篇孟子学文献——《牟子理惑论》新探/杨海文/湖南大学学报（社会科学版）/2013. 5

和谐社会视阈下的西藏地区藏传佛教寺院管理/陈立/西藏发展论坛/2013. 2

论辽代佛教的华严思想/陈永革/西夏研究/2013. 3

2000 年以来甘青地区藏传佛教研究综述/彭博/北方民族大学学报/2013. 6

益州佛教与梁武帝经略益州相关史事述论/董华锋、何先红/敦煌学辑刊/2013. 2

历代官府藏书中的佛教典籍考述/王贵海/图书馆工作与研究/2013. 9

湖南佛教造像记十例/胡彬彬/湖南大学学报（社会科学版）/2013. 1

论悲惨与悲壮之差异——兼论敦煌早期佛教艺术内涵并与李泽厚先生“悲惨世界论”商榷/胡同庆/敦煌研究/2013. 2

佛教对银杏文化的影响/陈凤洁、樊宝敏/世界林业研究/2013. 6

近现代藏传佛教寺院经济研究：贵金属、劳动力与土地/朱文惠/中国藏学/2013. 1

佛教思想对绿色设计理念的解读/覃京燕、李丹、李淳/包装工程/2013. 12

佛教戒律与康德的诫律之比较研究/陈进/华中科技大学学报（社会科学版）/2013. 3

南朝佛教图像对北朝的影响——以礼佛图、天人骑兽图为例/于向东/南京艺术学院学报（美术与设计版）/2013. 5

敦煌碑铭赞佛教词语诂解/刘瑶瑶/甘肃社会科学/2013. 1

论密教密法之渊源——佛教早期咒法/侯慧明/西北民族大学学报（哲学社会科学版）/2013. 4

高昌故城东南佛寺与藏传佛教/陈爱峰、吾买尔·卡德尔/中国藏学/2013. 4

敦煌乐舞与印度佛教乐舞的渊源关系/曾金寿/交响（西安音乐学院学报）/2013. 4

论山西佛教建筑色彩装饰文化的基本特征/张繁荣、付蓉、吴玉文/山西档案/2013. 5

唐代敦煌壁画的佛教文化意蕴/侯奔奔/民族艺术/2013. 3

论佛教文化中的生态伦理思想及其意义/宫捷、叶华青、杜建中/中央社会主义学院学报/2013. 5

藏彝走廊北部地区藏传佛教寺院历史述略/李顺庆/西藏大学学报（社会科学版）/2013. 3

回鹘文佛教文献断代考析/王红梅/宗教学研究/2013. 3

佛教外交——印度对西藏政策的组成部分/范名兴/南亚研究季刊/2013. 2

莫高窟石室瘗窟随葬波斯银币与中古敦煌佛教/沙武田/西夏研究/2013.4
"因明"未必等于"佛教逻辑"/程朝侠/兰州学刊/2013.2
五台山佛教传播对新闻传播学的启示/王涌米/五台山研究/2013.1
明清时期湖南佛教造像的程式仪轨解析/李方/湖南大学学报（社会科学版）/2013.4
试论藏传佛教文化中的青海旅游文化因素/李永华/青海民族研究/2013.3
竺道生与慧远佛教思想的差异/高璐/宗教学研究/2013.3
佛教对中古论说文的沾溉与影响/王京州/西南石油大学学报（社会科学版）/2013.5
中国佛教与古代科技的发展/周瀚光/东方论坛/2013.4
核心价值观的佛学表述/韩焕忠/苏州大学学报（哲学社会科学版）/2013.3
略论贡本（塔尔寺）道场圣迹文化的形式与内涵/白佩君/青海师范大学学报（哲学社会科学版）/2013.5
论旅游主体的价值需求层次——以藏传佛教文化为背景/冯天春/青海民族大学学报（社会科学版）/2013.4
中国佛教"和谐"思想的生命伦理意蕴/李勇/南京医科大学学报（社会科学版）/2013.6
微观法治建设领域的若干悖论及其超越——佛教经律与法律的对话/刘志/深圳大学学报（人文社会科学版）/2013.2
从佛经音义看唐五代敦煌的佛教信仰/张颖/西北师大学报（社会科学版）/2013.3
四川藏传佛教寺院建筑的外部空间特点解析/刘伟、刘春燕/青海民族大学学报（社会科学版）/2013.2
略谈《红楼梦》中的佛教思想/许佳佳/湛江师范学院学报/2013.2
中新关系中的佛教——宏船法师及其访华（1982—1990）/谢明达/东南亚研究/2013.4
六朝"曹家样"的外来影响因素/吴晓慧/艺术教育/2013.3
神圣与世俗——南传佛教在云南傣族地区的适应和演变/程利/贵州民族研究/2013.6
中国佛教音乐的历史及变迁/卢艺/艺术百家/2013.6
补王化之所未逮：儒教国家之佛教社会化功能的角色定位/任文利/云南大学学报（社会科学版）/2013.2
当代佛教寺院与寺院财产研究/杨计国/贵州文史丛刊/2013.1
越南曹洞宗的江南禅系源流与17—18世纪中越佛教交流/冯超/延边大学学报（社会科学版）/2013.2
从大同云冈石窟分析北魏佛教本土化及特征/李珍梅、冯红梅/兰台世界/2013.21
原始佛教的本体论意蕴/宇恒伟/江西社会科学/2013.6
南朝造像题记与南朝佛教相关问题考论/董华锋/敦煌学辑刊/2013.4
古代印度佛教瑞像的生成研究/蒋家华/云南社会科学/2013.6
道安对于中国佛教僧团建设的贡献/孙昌武/湖北文理学院学报/2013.1
三部僧尼传所见东晋南朝佛教传播及分布/盛蕙/南京晓庄学院学报/2013.2
略论藏传佛教与早期赎替仪式的差异性/许渊钦/宗教学研究/2013.2
佛教心性论：从心性本净到心性本觉/周荃、刘佳明/宜春学院学报/2013.7
唐中期以来的华夷之辨及其对佛教的影响/王航/南昌工程学院学报/2013.2

连钱纹的源起及其在佛教装饰艺术中的运用/向静、龙红/装饰/2013.9

浅议我国佛教寺庙建筑/史雅婷/沧桑/2013.4

藏传佛教寺院建筑装饰文化探析/龙珠多杰/青海师范大学民族师范学院学报/2013.2

论五台山藏传佛教旅游资源的开发/赵改萍/五台山研究/2013.4

中古佛教寺院儒化伦理教育探析/贾发义/陕西师范大学学报（哲学社会科学版）/2013.5

佛教影响下的藏族传统法律文化特征——藏传佛教的法治功能浅议/才华加/青海师范大学学报（哲学社会科学版）/2013.6

法文化视野下傣族南传佛教运行制度探析/刘华/云南大学学报（法学版）/2013.2

从社会学角度认识宗教——以佛教中国化为例/范晓明/人民论坛/2013.17

从孟买到金奈——南印度佛教美术遗迹考察笔记/阮荣春、朱浒/贵州大学学报（艺术版）/2013.2

试论云冈石窟佛教艺术的鲜卑族文化特色/范鸿武/数位时尚（新视觉艺术）/2013.3

元代藏传佛教在福建地区的遗迹考——以泉州清源山二世佛石刻题记为中心/陈立华/中国藏学/2013.4

内蒙古席力图召及其古佛殿壁画研究/奇洁/阴山学刊/2013.3

藏传佛教理论的生态功能探析/梁霞/青海民族大学学报（社会科学版）/2013.1

超越与入世——中国佛教舞蹈的审美精神/李鸿宇/东方论坛/2013.2

不丹的佛教与寺庙教育系统/［不丹］云丹·达吉著，刘伟译/教育观察（上旬刊）/2013.7

浅析佛教生态伦理思想的当代价值/杨文野/科技创业月刊/2013.7

略论十六国北朝佛教造像盛行的原因/姚义斌/贵州大学学报（艺术版）/2013.3

比丘尼在藏传佛教和汉传佛教中的比较研究/孙凤娟、公维军、李风/黑河学刊/2013.4

河西刘萨诃佛教文化资源及其经营发展策略/吴浩军/河西学院学报/2013.1

中土佛教“迎像”风俗小探/蒋家华/宗教学研究/2013.4

论社会主义时期藏传佛教文化地位的变迁及其原因/罗桑开珠/西北民族大学学报（哲学社会科学版）/2013.6

佛教对汉语言文字的影响/李芳萍/黑河学刊/2013.1

林语堂佚失的演说文章《从现代欧美思想上来谈谈佛教》/李斌/海南师范大学学报（社会科学版）/2013.2

峨眉山佛教音乐的旅游资源开发/白海燕/黄河之声/2013.1

佛教的世间善恶思想/傅映兰/宜春学院学报/2013.7

耿世民先生与回鹘佛教研究/金琰/河西学院学报/2013.6

佛教寺庙常见植物/颜晓佳、周云龙、李韶山/生物学通报/2013.11

现代佛教音声梵呗分类/傅暮蓉/中国音乐/2013.3

云南佛教慈善历史论略/孙浩然/地方文化研究/2013.6

元明时期佛教在内地的发展与时代背景关系研究/赛音德力根/兰台世界/2013.12

从道安对佛教发展的贡献谈对外来文化应有的态度/姚卫群/湖北文理学院学报/2013.3

《禅宗少林·音乐大典》对佛教音乐的贡献和启示/郭红丽/大舞台/2013. 8
疑伪经略论/韩廷杰/西南民族大学学报（人文社会科学版）/2013. 10
青州龙兴寺佛教造像中的莲花图像/王丽媛、付卫杰/科学通报/2013. S1
试论积极引导藏传佛教与社会主义相适应的法理基础/阙成平/西藏发展论坛/2013. 1
论道安在中国佛教史上的目录、义理、译经之三大贡献/赖功欧/湖北文理学院学报/2013. 4
19 世纪美国的华工及其佛教信仰/邓建新、杨健/青海民族大学学报（社会科学版）/2013. 3
从《太平广记》看中古民间佛事活动与儒家伦理之关系/韩涛/济南大学学报（社会科学版）/2013. 6
《五山十刹图》中的南宋佛教家具研究/邵晓峰/民族艺术/2013. 5
小乘佛教在傣族地区城市化进程中的生境/沈乾芳、夏文仙/曲靖师范学院学报/2013. 1
马注对中国佛教与道教的批判/许淑杰、于晓杰/吉林师范大学学报（人文社会科学版）/2013. 2
佛教与中国古代小说/尹艺桦/阜阳师范学院学报（社会科学版）/2013. 5
唐代佛教与谶纬/赵豫云/黄冈师范学院学报/2013. 5
以敦煌石窟图像再谈于阗与中原的佛教艺术交流/钮毅/荆楚理工学院学报/2013. 1
由庐山僧团看早期汉传佛教教育/李勤合、周敏/郧阳师范高等专科学校学报/2013. 2
关于内蒙古藏传佛教文化旅游的思考/冯守宇、邱雪静/现代营销（学苑版）/2013. 6
大乘思想萌芽与兴起的探源/沈氏雪娥/现代语文（学术综合版）/2013. 1
麦积山石窟北朝壁画佛教造像特征及其来源探析/徐玉琼/赤峰学院学报（汉文哲学社会科学版）/2013. 3
从清代湖南佛教造像记看民众的信仰/胡彬彬、李方/贵州大学学报（艺术版）/2013. 3
龟兹《十诵律》在江南地区的传播与影响/黄夏年/新疆师范大学学报（哲学社会科学版）/2013. 2
论佛教文化中的生态伦理思想及意义/宫捷、叶华青、杜建中/江苏省社会主义学院学报/2013. 5
从“中国文化佛教化”到“西方文论中国化”/靳义增/南阳师范学院学报/2013. 10
浅谈佛教对中国文化的影响/刘婷/商/2013. 21
晚清民初汉藏佛教互动之语境——评《建构现代中国的藏传佛教徒》/郁丹、曾吉卓玛/中国藏学/2013. 4
佛教舞狮运动的起源/周洪芝、青小力/兰台世界/2013. 3
近代中国基督徒眼里的观世音——张亦镜对观世音的认识/范大明/湘南学院学报/2013. 1
保尔·聂图普斯基及其《拉卜楞寺：一个位于内亚边界地方的藏传佛教社区，1709—1958》/苏发祥/西藏民族学院学报（哲学社会科学版）/2013. 6
佛教感悟与白马湖作家群的“人生艺术化”倾向/竺建新/名作欣赏/2013. 17
儒学普及应借鉴台湾人间佛教的作法和经验/李祥熙/山西社会主义学院学报/2013. 2

中国佛学人本化溯源/孟淑媛/理论建设/2013.2
藏传佛教密宗与瑜伽的关系研究/陈敏、张月娟/新西部（理论版）/2013.Z1
从《隋书·经籍志》看佛教对隋唐文化的影响/曾麟/黑龙江史志/2013.11
佛教对六朝史传的影响/段闪闪/商丘师范学院学报/2013.8
论佛教的和谐作用/耿雪芬/洛阳理工学院学报（社会科学版）/2013.4
佛教传入对中国古代诗歌创作的影响/张雯/华北水利水电学院学报（社科版）/2013.5
七叶树选择与佛教世俗化/贺新花、包琰、张红/科学通报/2013.S1
北魏平城初期佛教在后宫的传播途径/陈开颖/兰台世界/2013.3
藏传佛教伏藏的时空分布/秦永生/黑龙江史志/2013.10
从新德里到菩提迦耶——北印度佛教美术遗迹考察笔记/阮立/贵州大学学报（艺术版）/2013.2
浅谈《消失的地平线》同佛教思想的契合与差异/杨婧依/牡丹江教育学院学报/2013.5
呼和浩特地区人文环境及对藏传佛教召庙的影响/朱学荣、乔恩懋/山西建筑/2013.3
天水麦积山石窟佛教艺术品遗存的美术价值泛论/范毅宏、韩琦/陇东学院学报/2013.2
徐霞客的佛教情缘/程佩/郑州航空工业管理学院学报（社会科学版）/2013.4
云南南传上座部佛教“有寺无僧”问题的影响及对策/张杰/商/2013.20
浅谈佛教对早期山水画的影响/肖斌/美术教育研究/2013.23
新罗花郎道与佛教之关系考论/佟波/吉林广播电视大学学报/2013.5
浅析拉萨藏传佛教文化深层旅游体验——一种人本质异化论的视角/王勇琦、阿旺加参/经济研究导刊/2013.27
佛教视野下王阳明诗歌中的艺术境界揭橥/姚明明/长沙大学学报/2013.6
河湟口传文学中的佛教器物——以卓仓婚礼歌为例/蒲生华/青海师范大学民族师范学院学报/2013.2
论佛教思想在婴戏图绘画中的体现/牟克、王小娟/美术教育研究/2013.3
世界宗教简述——佛教/吴星辰/天津市社会主义学院学报/2013.2
佛教文化与企业管理浅谈/肖飞/现代商业/2013.32
佛教在中国早期传播的原因探究/孙敬敬/科技视界/2013.1
《水浒传》中的佛教寺院/李娜、国威/学周刊/2013.28
试论佛教初传中国的成功原因及其对中外文化交流的启示/任雪花/才智/2013.23
道教“古灵宝经”中的佛教词语/杜晓莉/西昌学院学报（社会科学版）/2013.4
张恨水的佛教思想探析/胡梅花、李芳/攀枝花学院学报/2013.6
民国时期藏传佛教在五台山的发展略述/张燕/山东省农业管理干部学院学报/2013.6
佛教对内蒙古西部地区寺庙经变壁画的影响/任美平、张琰、郭静/内蒙古农业大学学报（社会科学版）/2013.6
从墓志看唐代寡母的佛教信仰/齐淑珍/中共济南市委党校学报/2013.5
五代闽国佛教青铜器小考/原媛/福建文博/2013.3
青州龙兴寺佛教造像及石雕彩绘艺术特点/冯星海/大众文艺/2013.18

文殊院佛教档案保存现状研究/仲杰/兰台世界/2013.23

旧时期藏传佛教寺院经济对农牧民经济生活的影响分析/席蒙蒙、裴儒弟/中外企业家/2013.14

藏传佛教寺院制度与僧侣服饰概述/张琼/新西部（理论版）/2013.13

试论藏传佛教中的生态环境保护思想/杨哲/剑南文学（经典教苑）/2013.9

中国化视角下马克思主义与佛教研究/薛月爱/学理论/2013.26

杨文会之佛学教育刍议/卫春梅/郑州师范教育/2013.5

唐代佛教香器面临的问题及其对策/王朝阳、魏兴爱/黑龙江史志/2013.21

佛教文化视野下的《西游记》解读/周燕、喻小琴/文学教育（中）/2013.7

论以陶瓷装饰为媒介的佛教题材的表现技巧/朱彬/科教文汇（上旬刊）/2013.3

从《弘明集》看魏晋南北朝时期佛教与中国文化的冲突与融合/樊志成/黑龙江史志/2013.17

佛教音乐之道浅谈/于娜/中国校外教育/2013.3

佛教在永春县的传播/黄奇鸿/福建文博/2013.4

汉画像中胡人图像的宗教意义/朱浒/江苏师范大学学报（哲学社会科学版）/2013.6

试述《大乘起信论》在佛教弘扬中的重要意义/刘丽娜/才智/2013.30

迦陵频伽：从西天佛国到北疆草原的意义嬗变/徐英/艺术探索/2013.5

从佛教东传看中国文化的世俗精神/赵寰宇、林海燕/现代交际/2013.12

浅谈中国古代佛教雕塑艺术的演变/赵龙飞、唐小杰/中国校外教育/2013.17

浅析佛教中国化的“进化”——以宗教社会学的视角/闫雪/山东工业技术/2013.12

全国五大宗教基本概况/四川统一战线/2013.12

中国佛教造像艺术之于艺术设计基础课程/朱亚男、刘长宜/艺术教育/2013.7

论藏传佛教的发展对元代室内设计的影响/段岳琳/美术教育研究/2013.10

浅析紫砂《天冠壶》的佛教艺术特色/范亦新/陶瓷科学与艺术/2013.9

昭如白日的晦蔽者：重议宗派问题/王颂/佛学研究/2013

梁武帝佛缘探究/赵鹏/长春工业大学学报（社会科学版）/2013.1

“孝名为戒”：中国佛教徒对孝道观的发展/广兴/佛学研究/2013

佛教实践、佛教语言与佛教文学创作/吴光正/学术交流/2013.2

20世纪以降中国大陆汉传佛教音乐研究的历史与现状/周耘/黄钟（中国·武汉音乐学院学报）/2013.2

浅议中国传统设计中的“须弥山世界”/张宁/兰州交通大学学报/2013.5

郭沫若在汉藏教理院的一次演讲/李斌/郭沫若学刊/2013.1

《肇论》的核心范畴体系/斯洪桥/湖南科技学院学报/2013.10

产业化视角下的武汉市归元寺规划策划/马丽/长江大学学报（自科版）/2013.34

浅谈净土法门的菩提心问题/韩立鹤/商/2013.8

邺城佛寺的兴衰/朱岩石、何利群、沈丽华/中国文化遗产/2013.6

基督教佛教兴起对欧亚地区竞争力的影响（之一）——从统一到分裂：古代欧洲地区竞争力优势的形成和丧失——与中国比较/张文木/太平洋学报/2013.8

净宗先锋论/崔磊/文学界（理论版）/2013.1

唐代造型艺术的人物形象与长安样式/郭子瑶/设计艺术（山东工艺美术学院学

报）/2013. 1

藏传佛教诵经音乐的形态特征分析/王进/音乐时空（理论版）/2013. 6

探讨色彩语言对藏传佛教传播的影响——审美完美结合分析/吉薇羲/艺术科技/2013. 6

藏传佛教中羌姆仪式乐舞起源——探访香格里拉松赞林寺/陈雪/音乐时空（理论版）/2013. 7

从《梵经》及其注释看佛教与吠檀多派的理论差别/姚卫群/宗教与哲学/2013. 2

解读白居易闲适诗中的佛教思想/于平/艺术科技/2013. 8

意向之花与莲之实体——佛教与基督教艺术比较研究/时瑞、陈丹/艺术科技/2013. 9

敦煌写本佛事文体结构与佛教仪式关系之研究/张慕华/中山大学学报（社会科学版）/2013. 1

佛教与阴阳灾异：武则天明堂大火背后的信仰及政争/孙英刚/人文杂志/2013. 12

从临终关怀思想看佛教生命教育特点/周军、刘红梅/合肥工业大学学报（社会科学版）/2013. 2

“观”：从《周易》到佛教/陈坚/周易研究/2013. 3

云南藏传佛教音乐的形态特征/桑德诺瓦/中国音乐/2013. 2

当代临济子孙的历史使命/明海/佛学研究/2013

寄寓现代，扎根传统——净慧长老“生活禅”的深厚宗教文化渊源/宋立道/佛学研究/2013

从《太平广记》看中古民间佛事活动与儒家伦理之关系/韩涛/济南大学学报（社会科学版）/2013. 6

经史之间：印顺佛教经史研究与近代知识的转型/龚隽/中国哲学史/2013. 1

佛道合一的禅医伤科的形成及其学术成就/韦以宗/中医药文化/2013. 2

晚明狂禅风潮与汤显祖的“情至”理念/柳旭/文艺评论/2013. 8

慈心悲愿善待生命——佛教生命观研讨会发言摘要/法音/2013. 2

新佛教电影：佛教思想的隐性植入与具象阐释——试析电影《爱未央》/周传皓/电影评介/2013. 12

信徒、圣地及其关系——藏传佛教信徒朝圣的特征/陈国典、刘诚芳/西南民族大学学报（人文社会科学版）/2013. 4

关于当代佛教与文化繁荣的几个问题/方立天/法音/2013. 1

佛教中国化过程中的观念对峙：自然与因果/宋玉波/暨南学报（哲学社会科学版）/2013. 7

清代藏传佛教格鲁派寺院在藏彝走廊北部地区的时空分布与特征/李顺庆/西北师大学报（社会科学版）/2013. 4

唐代文士崇佛之日常表现/马小方/湖南师范大学社会科学学报/2013. 3

藏传佛教高僧在和谐藏区构建中的地位和作用研究/切排、王兰/青海社会科学/2013. 1

隋唐高僧与中国书法/介永强/史学集刊/2013. 5

刘宋时期佛教僧尼与社会政治之关系考述/王永平/扬州大学学报（人文社会科学版）/2013. 3

论民间信仰之格义：于佛经义理与六朝志怪小说之间/王红/求索/2013. 8

佛教与中国梦/方立天/中国宗教/2013. 12

基督教佛教兴起对欧亚地区竞争力的影响（之四）——东西方新千年地区竞争力再评估——以美国兴衰为例/张文木/太平洋学报/2013. 11

生态文明与佛教智慧/学诚/中国宗教/2013. 3

从《菜根谭》看佛教对儒家缺陷的弥补/郝铁川/学术界/2013. 9

社会交换视角下佛教慈善组织志愿者动员机制分析——以台湾慈济基金会为例/郭玉辉/西安电子科技大学学报（社会科学版）/2013. 5

论近代老学的佛教诠释/刘固盛/暨南学报（哲学社会科学版）/2013. 6

佛陀释迦牟尼自己就是一位爱国者/象本/中国统一战线/2013. 12

近代佛教研究的深化之作——读学愚《佛教、暴力与民族主义——抗日战争时期的中国佛教》/韩焕忠/五台山研究/2013. 4

藏传佛教《时轮经》中的伊斯兰教表述/周传斌、胡美娟/青海民族研究/2013. 2

佛教教义与思想治疗/杨维中/江苏行政学院学报/2013. 3

佛教与三言二拍的文体构成/姜良存/齐鲁学刊/2013. 4

青海河湟地区藏传佛教与道教互动/马婧杰、马明忠/青海民族研究/2013. 3

中国佛教与文化强国（上）/方立天/中国宗教/2013. 4

都市佛教寺庙管理模式创新的有益——以广州大佛寺为例/何方耀、释耀智/法音/2013. 4

藏传佛教宁玛派大学者隆钦饶绛巴哲学思想/陈鉴潍/中国藏学/2013. 4

论佛教输入对早期道教造物艺术的意义/范英豪/南京艺术学院学报（美术与设计版）/2013. 1

明清闽南家族与佛教的社会救济/陈玉女/泉州师范学院学报/2013. 1

1990 年以来佛教与宋词关系研究述评/程磊/天中学刊/2013. 2

汉越佛教熟语之文化研究/赵燕华/广西社会科学/2013. 2

佛教对谢灵运山水诗创作的影响/赵晓春/兰州学刊/2013. 5

包容神圣：清朝皇帝的文殊形象与藏传佛教的臣服——正统性传承中主导性虚构的凝聚力作用/孙逊/西藏研究/2013. 3

明代佛教文学史研究刍议/李舜臣/学术交流/2013. 2

佛教的生命健康观刍议/冯小林/医学与哲学（A）/2013. 1

《山法了义海论》所引佛教经论藏汉译文比较研究之八/班班多杰/中国藏学/2013. 2

论僧人书法艺术的形成和发展/尚荣/学术界/2013. 6

心理咨询师看《了凡四训》——佛教心理调节的方法与现代心理咨询的比较研究/朱建军/心理技术与应用/2013. 2

莲的漂移——从卧佛和涅槃佛造像的区别谈起/邵小宜/建筑与文化/2013. 6

中国佛教与文化强国（下）/方立天/中国宗教/2013. 5

试论西藏古代法律与佛教根本戒律的暗合——以藏巴汗《十六法》为例/阙成平/原生态民族文化学刊/2013. 1

扩大佛教心理治愈和世界化的摸索——在第十六次中韩日佛教友好交流会议上的补充发言/瑞光/法音/2013. 12

藏传佛教寺庙的社区类型及其功能定位/唐小蓉、陈昌文/西北民族大学学报（哲学社会科学版）/2013.5

从般若中道的阐发窥汉藏传佛教之异同——以吉藏和宗喀巴为例/王冬/西藏大学学报（社会科学版）/2013.1

张载的“太和易体”及其对佛教本体的取代/曹润青/理论探索/2013.3

清代前期中央政府对藏传佛教各派管理得失浅论/叶小琴、彭陟焱/青海民族大学学报（社会科学版）/2013.3

关于张载心性论的几点思考——基于佛教视角所作的考察/耿静波/兰州学刊/2013.2

虚云和尚与藏传佛教/欧阳镇/法音/2013.8

公私之辨——看王阳明对佛教的批判逻辑及深度/吕昂/中共宁波市委党校学报/2013.1

近代民国佛教僧人的政治参与问题刍议/何子文/燕山大学学报（哲学社会科学版）/2013.1

南北朝佛教调控方式研究——以南梁与北魏为中心/谢舟/中华文化论坛/2013.3

纳西族摩梭人社会生活中的藏传佛教印迹/赵沛曦、张波/红河学院学报/2013.1

当代汉译佛典修辞研究考察——兼论佛教修辞研究的对象、步骤与方法/王彩丽、袁影/外国语言文学/2013.3

新罗高僧元晓生平考/敖英/延边大学学报（社会科学版）/2013.4

黑水城与东千佛洞石窟同类佛教造像题材浅析艺术/张小刚、郭俊叶/西藏研究/2013.5

两个出世神秘主义的典范——论马克斯·韦伯学说中的道教与佛教/刘宁/太原理工大学学报（社会科学版）/2013.2

佛教轮回思想与我国古代小说关系研究现状综述/黄艳燕/理论观察/2013.3

汉传佛教天台、华严“圆融”思想的特质/赵锭华/江西社会科学/2013.6

藏传佛教中女性形象探析/拉毛措/青海社会科学/2013.5

争吃“唐僧肉”相煎何日休——中国当代“消费佛教”现象批判/戴继诚/法音/2013.11

黄瓜的传入及其经典寓意/黄夏年/社会科学战线/2013.4

名山寺院“合理布局”探讨——以普陀山佛教文化功能区为例/张二平/法音/2013.1

内齐托音与黑龙江藏传佛教/王佳/黑龙江民族丛刊/2013.2

奉先寺卢舍那大佛造像艺术研究/周玲/大众文艺/2013.10

传统茶文化符号中藏传佛教的世俗生活/赵国栋/西藏研究/2013.5

汉传佛教素食传统浅谈/圣凯/中国宗教/2013.8

略论佛教的人生关怀/李玉用/江西师范大学学报（哲学社会科学版）/2013.4

日本藏中国古代佛教石刻造像艺术/白文/荣宝斋/2013.10

论能海法师对成都藏传佛教发展的贡献/余光会/中国藏学/2013.2

甘南州藏传佛教寺院社会化管理的现状问题与对策/杨泽明/中国藏学/2013.3

英文佛教哲学研究著作中译经验谈/刘宇光/哲学分析/2013.3

当代佛教问题的思考/济群/法音/2013.6

译学中的佛学——严复翻译实践中的佛教理解/蒋海怒/浙江理工大学学报/2013.4

内蒙古巴彦淖尔地区藏传佛教建筑遗产现状调查/韩瑛、张鹏举、李国保/内蒙古工业大学学报（自然科学版）/2013. 2

近代佛学教育主体的多元化——以中国汉地佛教为范围的透视/王福兰、王喜旺/山西大学学报（哲学社会科学版）/2013. 5

论岑参的佛教情结/任文京、张晓宇/河北学刊/2013. 6

洛阳白马寺藏原北京大能仁寺佛教造像考/谷新春/文物世界/2013. 2

五台山佛教文化地区方言概况/张光明/忻州师范学院学报/2013. 1

高丽谛观与吴越佛教天台宗/李海涛/延边大学学报（社会科学版）/2013. 2

二至六世纪佛教艺术中的鸟翼冠与冠带主题——以西亚、犍陀罗、西域间的交流为中心/林玲爱/许昌学院学报/2013. 4

佛教放生习俗的形成及其流行/圣凯/中国宗教/2013. 12

高氏家族与云南佛教/高金和/曲靖师范学院学报/2013. 1

中古社会的“新文化运动”从天台宗的解经体例谈起/李四龙/中国文化/2013. 1

对青海地区伊斯兰教与藏传佛教互动共存层次的探讨——以回族和藏族的互动为例/索南旺杰、何启林/青海民族大学学报（社会科学版）/2013. 4

旅顺博物馆藏古代印度佛教造像摭谈/徐媛媛/收藏家/2013. 8

佛教视域中人的生命层次观/陈红/江苏科技大学学报（社会科学版）/2013. 4

藏传佛教寓言小说和苯教寓言小说比较/觉乃・云才让/宗教学研究/2013. 4

15—17 世纪藏传佛教绘画风格的本土化演变/伯果/青海民族大学学报（社会科学版）/2013. 2

佛教手印文化与手舞审美特质/杨岚/美与时代（下）/2013. 5

略论佛教三论宗对隋唐道教重玄学的影响/李玉用、王维维/五台山研究/2013. 2

无我与超越——论佛教对自我的形而上学探讨/斯洪桥、金峰/湖南工业大学学报（社会科学版）/2013. 5

从寺院时空分布看藏传佛教萨迦派在安多地区的传播/王兰/北方民族大学学报/2013. 6

藏传佛教与黑龙江民间节庆文化/王佳/文化学刊/2013. 2

佛教道教视野下的焰口施食仪式研究/袁瑾/佛学研究/2013

现代语境下的佛教生态伦理资源/宋立道/佛学研究/2013

民国时期明真法师著作资料收集浅议——兼论近代湖南与南岳的佛教地位/黄夏年/佛学研究/2013

生命的无比尊严与无上价值学——在佛教生命观研讨会上的总结讲话/学诚/法音/2013. 2

《汉语大词典》所收佛教词语辨误数则/程志兵、赵红梅/法音/2013. 5

关于宗教财产权的法律现状分析——以四川省阿坝藏族羌族自治州佛教寺院为例/索郎玉珍/法制与社会/2013. 23

中国佛教纹样装饰风格的演变/瞿竞/成都纺织高等专科学校学报/2013. 4

“黄金纽带”宜珍惜/王作安/中国宗教/2013. 12

都市寺院与人间佛教——上海玉佛寺在当代的探索与实践/觉醒/中国宗教/2013. 1

陕西省榆林市佛教净土宗信众的社会组成结构与日常宗教活动/高璐/榆林学院学报/

2013. 3

龙泉寺：佛教的开放与革新/习牧歌/中关村/2013. 7

南北朝至隋唐时期佛教寺院经楼、钟楼布局变化初探/玄胜旭/华中建筑/2013. 10

第二届藏传佛教教义阐释研讨会综述/高颖/中国藏学/2013. 1

中国佛教关注生态文明建设/学诚/法音/2013. 5

浅析国产动画电影的佛教文化意蕴——以《夹子救鹿》《九色鹿》等为主题/张胜珍/经济研究导刊/2013. 11

美国的华人佛教与华人眼中的美国（下）——随广州华严寺弘法团赴美国考察记/陈星桥/法音/2013. 7

新见《佛堂铭》中舍宅为寺及佛教灵验叙事浅析/傅清音、张安兴/文博/2013. 6

现时代藏传佛教与藏民族信教观念转换之思考/吴春香（卓玛）、霍霞/甘肃理论学刊/2013. 6

梁武帝舍身同泰寺的佛教渊源/武锋/南京晓庄学院学报/2013. 5

坚决整治寺庙乱象　促进佛教健康发展/学诚/法音/2013. 1

传承峨眉文化践行普贤精神——永寿法师与峨眉山佛教的未来发展/铂净/法音/2013. 1

浅谈明代陶瓷上的八宝纹饰演变——藏传佛教八吉祥纹的演变/徐家星/景德镇陶瓷/2013. 2

北魏后期佛教艺术的世俗化倾向——以古阳洞为中心的供养人像研究/陈开颖/濮阳职业技术学院学报/2013. 4

魏晋南北朝佛教雕塑艺术赏析/覃福勇/大舞台/2013. 10

略论汉传中观学的三期发展/丁建华/理论月刊/2013. 12

洞山良价大师的伦理思想/徐文明/西南民族大学学报（人文社会科学版）/2013. 6

论唐诗里的佛教情绪/杜骞/西安文理学院学报（社会科学版）/2013. 4

试论李煜词与佛教/虞旦/安徽文学（下半月）/2013. 11

释尊的中心思想与《法华经》的特色/［日］菅野博史著，张文良译/佛学研究/2013

1500 年来佛学视域中的“陶渊明”——兼及陶《乞食》诗用佛教“冥报”说新证/丁永忠/天中学刊/2013. 6

论明清小说戏曲理论与佛教心性论的关系/汤凌云/湘南学院学报/2013. 4

佛教对唐志怪变形母题的影响/金官布/青海民族研究/2013. 1

一诚法师与江西佛教/欧阳镇/法音/2013. 4

试析民国初年（1912—1915）的佛教保护政策/许效正/法音/2013. 7

浅析《神路图》中的藏传佛教因素/朱永强/内蒙古大学艺术学院学报/2013. 3

慈爱人间宗教有为——各地佛教界开展“宗教慈善周”活动综述/王丽心/法音/2013. 10

佛教胜地行：探寻中国佛教的故事（三）/中国宗教/2013. 8

藏传佛教在台湾的传播与发展/陈立健/青海民族大学学报（社会科学版）/2013. 4

馆藏北朝佛教造像碑三尊/柳恒/中原文物/2013. 5

管窥佛教与艺术——历史语境中的千年对话/章岁青/上海艺术家/2013. 3

古寺新颜历史新篇——当代中国佛教文化旅游风景区掠影/徐寅岚、王春/园林/

2013. 6

了悟生死，解脱自在——佛教生死哲学探讨/刘丽桃/现代妇女（下旬）/2013. 9

一部藏传佛教艺术的百科全书——读康格桑益希的《藏传噶玛嘎孜画派唐卡艺术》/林木/民间文化论坛/2013. 6

清翫雅集会员藏佛教造像/史彬士、陈姿颖/收藏/2013. 3

我国古代佛教译场的发展沿革及其对当今翻译的启示/杨国华/湖北第二师范学院学报/2013. 3

晚得微禄者是萬荁——兼谈萬荁与佛教的关系/黄夏年/嘉应学院学报/2013. 6

浅谈佛教因果观的教化作用/赵正一/黑龙江史志/2013. 15

佛教胜地行：探寻中国佛教的故事（六）/中国宗教/2013. 11

略论《儒林外史》与佛教空性的契合/金婕/太原师范学院学报（社会科学版）/2013. 3

藏传佛教艺术品——唐卡/世界文化/2013. 6

香花与妙相——佛教经典的文本描绘与思想演进/李华伟/文学与文化/2013. 4

守护生命，我们共同的神圣责任——佛教生命观研讨会侧记/本刊编辑部/中国宗教/2013. 2

佛教石窟寺地震风险评价方法研究/葛川、张立乾/建筑与文化/2013. 4

略论佛图澄对佛教弘传、民族融合作出的巨大贡献/陈梅/法音/2013. 4

印度早期佛教史研究的新收获——评《净法与佛塔》/赵纪彬/文学与文化/2013. 3

从许承尧《西干志》辑录看歙县西干佛教生态/潘国好/淮北师范大学学报（哲学社会科学版）/2013. 6

浅析佛教寺庙园林的空间艺术特征——以北京市寺庙园林为例/孔繁恩/广东园林/2013. 6

有大功于释氏，犹孔门之孟子——浅谈调和佛教与名教的高僧慧远/李淑芳/山西档案/2013. 1

康有为《大同书》中的佛教情怀/杨健/南昌教育学院学报/2013. 9

济群法师弘法系列文章连载之六人生佛教在当代的弘扬——坐看云起·济群法师访谈录/法音/2013. 11

论隋唐时期佛教在荆州的传播/徐文武/荆楚学刊/2013. 5

佛教“三学”理论与青少年心理保健/王长坤/湖南工业职业技术学院学报/2013. 3

有关佛教因果思想与信仰缺失问题的思考/方文风/安徽警官职业学院学报/2013. 4

北京历史上的佛教与道教文化/郑永华/北京观察/2013. 10

一路前行一路景 风雨兼程访兰若——“佛教胜地行”系列采访活动之河北、河南纪行/卢晓容、姜小溪/中国宗教/2013. 7

守护生命，我们的神圣责任——在佛教生命观研讨会上的致辞/王作安/法音/2013. 2

论藏传佛教寺院塔尔寺空间形态及其形成的主导因素/孔繁恩、宋钰红/现代装饰（理论）/2013. 4

觉者之光耀香江——记香港佛教联合会会长觉光长老/本刊编辑部/中国宗教/2013. 11

论裴休的佛教信仰/陈艳玲/南京晓庄学院学报/2013. 4

《般若波罗蜜多心经》汉藏译文比较/旺多/西藏大学学报（社会科学版）/2013. 1

魏晋南北朝佛教雕塑造型特点/董阳/雕塑/2013.6

初探巴竹·晋美却吉旺布的传法及其对当代藏传佛教教义阐释的启示/拉先加/西藏研究/2013.6

佛教装饰纹样与现代平面设计/王巍/剑南文学（经典教苑）/2013.4

《伽婢子》中佛教主题的深化/蒋云斗/现代语文（学术综合版）/2013.11

论印光大师对中国近代佛教慈善事业的贡献/吴兴洲/渭南师范学院学报/2013.11

艺术中的美与丑——藏传佛教怒像神灵造型的审美内涵/成晓娜/群文天地/2013.2

佛教与《搜神后记》/张斌斌/文学教育（上）/2013.11

云冈石窟洞窟形制设计与佛教世俗化的关系/范鸿武/艺术百家/2013.S1

般若的艺术——印度佛教艺术寻根/陈学荣/上海艺术家/2013.2

论佛教思想对金斯伯格的启示/梁呐/理论界/2013.11

自然灾害后的心灵救助——在第十六次中韩日佛教友好交流会议上的基调发言/学诚/法音/2013.12

试析乐山大佛在宋代佛教中的地位/颜冲/四川省干部函授学院学报/2013.4

加强自身建设促进佛教健康发展/印顺/五台山研究/2013.1

元代写经初探/戎龙超/中国书画/2013.11

自然灾害后的心灵救助——在第十六次中韩日佛教友好交流会议上的基调发言/伊藤唯真/法音/2013.12

包头藏传佛教建筑文化的历史渊源/刘明洋/山西建筑/2013.32

和瑛《西藏赋》中的佛教文化解读/乌日罕/赤峰学院学报（汉文哲学社会科学版）/2013.12

人间佛教一使臣——悼念惟贤长老/温金玉/法音/2013.3

慧心妙手铸佛境——上海静安寺的佛教造像艺术/李宝贵/中国宗教/2013.6

隋唐佛教雕塑艺术的公共客观性与主观性/杜冬梅/文艺评论/2013.10

吉林珲春马滴达塔基性质刍议/白淼/北方文物/2013.3

眸首灵山静思华萃——解读现代佛教艺术的本土化/章岁青/中国宗教/2013.9

五台山佛教的兴衰/邱启明/档案时空/2013.9

一片大悲心处处慈善情——记浙江台州市佛教协会护法慈善功德会/王丽心/法音/2013.10

谈承德佛教造像的蜡染画制作工艺/关文杰、刘玉堂/河北旅游职业学院学报/2013.4

遗民生涯原是梦——佛教对屈大均词的影响/董菊/陕西教育学院学报/2013.1

浅谈佛教的福田思想与地方公益事业之关系——以宋代福建僧侣为研究个体/林敏/延安职业技术学院学报/2013.4

缁林法乘史苑奇葩——震华法师与《兴化佛教通志》/陈麟德/江苏地方志/2013.1

中国佛教协会举行“中国梦”学习研讨会/刘东/法音/2013.4

道安——佛教民族化的重要奠基人——纪念道安大师诞辰1700周年/杨曾文/湖北文理学院学报/2013.1

毛泽东的佛教情结/王存福/云南档案/2013.4

寺院新空间——现代佛教寺院空间设计研究/沈金璐/现代装饰（理论）/2013.9

自然灾害与心灵救助——在第十六次中韩日佛教友好交流会议上的补充发言/渡部畅

也/法音/2013. 12

民国时期促进汉藏文化交流的政府政策初探——以藏传佛教管理为例/陈小华/佳木斯教育学院学报/2013. 9

普陀山佛教协会加强教职人员队伍建设的经验与启示/倪忠扬/中国宗教/2013. 5

撑起爱的蓝天——峨眉山佛教协会慈济功德会慈善侧记/周蜜/中国宗教/2013. 5

苏东坡与佛教寺院的诗书文化——游广州六榕寺、湖北当阳玉泉寺/陈世和/贵阳文史/2013. 5

苏轼书画创作中的佛教意蕴/唐付丽/艺海/2013. 10

论古典政治哲学“自然权利”论与佛教有部“万物皆不得自在”思想之关联/于璐/西部学刊/2013. 11

“在我们相似的地方就可以对话”——美国乔治敦大学教授莱弗比尔访谈/游斌、聂建松/中国宗教/2013. 9

素朴传幽真——辽宁佛教印象/李嶷/中国宗教/2013. 10

台湾僧伽教育的现状与反思/熊江宁/法音/2013. 4

台湾中台禅寺——西式建筑演绎的东方佛教情怀/陈世和/贵阳文史/2013. 6

浅议人间佛教的有情思想与解脱之道/倪宁/黑龙江史志/2013. 17

千秋兄弟情 日日德业新——第十六次中韩日佛教友好交流会议在海南三亚举行/李嶷/中国宗教/2013. 12

韦皋对佛教的贡献及影响/凌晓蕾/兰台世界/2013. 36

浅谈德化窑佛教雕塑艺术/郑成全/陶瓷科学与艺术/2013. Z1

在中国佛教协会第八届理事会权益保护委员会会议上的讲话/圣辉/法音/2013. 11

福建佛学院成立三十周年庆典暨佛教教育研讨会在莆田隆重举行/陈星桥/法音/2013. 11

在中国佛教协会慈善公益委员会第二次会议上的总结讲话/明生/法音/2013. 5

在中国佛教协会第八届理事会权益保护委员会会议上的讲话/裴飚/法音/2013. 11

藏传佛教对企业内部控制失控的影响/黄灿荣/科技视界/2013. 28

唐代宗教文化对人物画的影响/徐翊轩/数位时尚（新视觉艺术）/2013. 2

中国佛教协会 2013 汉传佛教讲经交流巡讲团活动掠影/刘东、智忠/法音/2013. 5

在继承创新中探索佛教院校发展路径/张乐斌/中国宗教/2013. 12

在中国佛教协会“教风年”和谐寺院创建活动座谈会上的讲话/传印/法音/2013. 5

净土信仰与南宋白莲教/范立舟/暨南学报（哲学社会科学版）/2013. 7

佛教生命观研讨会引起媒体广泛关注/本刊编辑部/中国宗教/2013. 2

“愿善心善行薪火相传”——访中国佛教协会副会长学诚法师/法音/2013. 8

以众生为本的菩萨精神服务于灾后心灵救度——在第十六次中韩日佛教友好交流会议上的补充发言/印顺/法音 2013. 12

彭阳县境内佛雕造像与佛教石窟寺述略/海梅/社科纵横（新理论版）/2013. 3

具足慈悲获得安乐——在第十六次中韩日佛教友好交流会议开幕式上的致辞/班禅额尔德尼·确吉杰布/法音/2013. 12

“中国佛教国际宣传步行队”东南亚宣传抗日记/曾友和/云南档案/2013. 2

宋代佛教戒坛的建制及其象征意义/游彪/历史教学（下半月刊）/2013. 12

中国佛教石窟雕塑艺术漫谈/张红萍/艺术生活（福州大学厦门工艺美术学院学报）/2013. 5

浅析敦煌壁画中供养人的服饰/张琍沫/大众文艺/2013. 3

国外近年藏传佛教藏区寺院研究综述/谢佩芸、戚西川/商/2013. 22

再析佛教是何时传入中国/李乐新/中国地名/2013. 9

李森同志《青州龙兴寺历史与窖藏佛教造像研究》序/金维诺/潍坊工程职业学院学报/2013. 5

佛教经济伦理思想简述/杨倩、刘雨森/赤子（中旬）/2013. 12

吐蕃职官管理制度之宗教因素考析/朱悦梅/中南民族大学学报（人文社会科学版）/2013. 2

佛教对高剑父艺术创作的影响/张繁文/美术大观/2013. 8

上海玉佛禅寺举办第十二届觉群文化周/曹曙红/法音/2013. 12

中国佛教协会发言人就拟拆除西安兴教寺部分建筑答记者问/法音/2013. 5

《中国佛教教育年鉴》编纂研讨会在中国佛学院举行/刘东/法音/2013. 7

隋唐舍利瘗埋空间中的世界图像/杨效俊/文博/2013. 5

中国佛教代表团向缅甸农民捐赠农机/法音/2013. 7

善待佛教和谐社会/法音/2013. 8

充分发挥佛教界两会代表和委员参政议政的作用/法音/2013. 3

在第十六次中韩日佛教友好交流会议开幕式上的致辞/何西庆/法音/2013. 12

在第五届海峡论坛·闽台佛教教育交流研讨会开幕式上的致辞/学诚/法音/2013. 7

五代、宋时期的十八罗汉图像与信仰/于向东/民族艺术/2013. 4

第十六次中国韩国日本佛教友好交流会议共同宣言/中国宗教/2013. 12

在第十六次中韩日佛教友好交流会议开幕式上的致辞/安田暎胤/法音/2013. 12

跨越光辉六十年中国佛教协会举行成立 60 周年纪念会/中国宗教/2013. 9

遗失的古城——印度桑吉/高山流水/黑龙江科学/2013. 1

“人间佛教”促进社会和谐/杨松生/社会与公益/2013. 5

净心奉献　慧德觉悟——缅怀净慧长老/蒋坚永/中国宗教/2013. 5

“有我”之中的“无我”境界——读人物画《般若心经》/张和勇/中国残疾人/2013. 6

牟子儒佛道三教圆融思想研究/毛廷贵、唐峰陵/广西社会科学/2013. 12

佛陀造像缘起探析/徐晶/江西社会科学/2013. 1

佛教量论的基本结构及其认识论价值/王砚旭/商/2013. 22

俺答汗与蒙藏民族文化变迁与认同——一个民族文化“引入”的个案/钟梅燕/兰州大学学报（社会科学版）/2013. 3

谈“空”说“有”话佛理/方立天/法音/2013. 6

论麦积山早期塑像的艺术意蕴/李娜/美术教育研究/2013. 15

对拉萨老城转经道的认识与思考/蒋其平、刘要收、周满、晋美/南方建筑/2013. 1

《贤者喜宴——噶玛噶仓》译注（十四）/巴卧·祖拉陈瓦、周润年/西藏民族学院学报（哲学社会科学版）/2013. 3

《中国宗教文学史》编撰研讨会综述/李松/高校社科动态/2013. 1

"世界"概念与佛玄合流/鲍永玲/人文杂志/2013.11

临济禅师的禅与佛陀的原教义——基于《经集》的解读/佐佐木奘堂/佛学研究/2013

元代临济宗高僧中峰明本与日本幻住派/纪华传/佛学研究/2013

民国四大高僧与福建的僧教育/李清华/海峡教育研究/2013.3

竹林禅意无锡灵山竹林精舍/陆嵘、王惠彬/室内设计与装修/2013.6

从礼仪文化的角度看"夷夏之辨"/张晔/河南工业大学学报（社会科学版）/2013.2

禅宗反智根源探究/周黄琴/学术论坛/2013.8

中青年宗教界人士畅谈中国梦/中国宗教/2013.4

响堂山石窟：瑰玮国宝的前世今生/董培升、孙达/东方收藏/2013.3

浅议佛像火焰纹背光/姜小妍/美与时代（上）/2013.2

"烈士池"系列故事的象征意义/孙振杰/社科纵横（新理论版）/2013.10

摩利支天——从印度神到中国神/薛克翘/东方论坛/2013.5

南北朝中晚期飞天艺术形象的演变/马楠/新美术/2013.12

《弘明集》中儒佛关于孝和礼的争论/王瑜/华北水利水电学院学报（社科版）/2013.3

房山石经与历代王朝/郑永华/北京观察/2013.5

"慈云助学"的理念与实践/正慈/法音/2013.5

陶瓷佛造像的传承与发展/聂磊/陶瓷科学与艺术/2013.1

观世音菩萨造像/钟惠咏/文物鉴定与鉴赏/2013.12

打造新时代法乘　树立僧教育典范——中国佛学院普陀山学院的管理与特色/陈宏成/中国宗教/2013.9

旅美弘法的三代僧人/宏正/中国宗教/2013.3

与净空法师的三次缘/王鲁湘/中关村/2013.11

抵华初期耶稣会士形象嬗变原因探析/曾大伟/前沿/2013.12

禅学哲学诗学思想的集中绽放——吴言生《禅门经典》述评/张锦辉/五台山研究/2013.3

湖南29所寺庙免收门票寺庙不能变成商业谋利的工具/林洛頫/法音/2013.6

此音只应天上有，人间哪得几回闻？/狄其安/音乐爱好者/2013.2

人身难得慈悲护生弘扬正法破邪显正/嘉木样·洛桑久美·图丹却吉尼玛/法音/2013.2

茗山大师在抗战中/李守静/钟山风雨/2013.1

辑录禅宗《八家语录》随感/悟凡/法音/2013.4

大同华严寺、善化寺建筑刻件造型艺术特色/张光远、张乐阁/艺术教育/2013.6

河洛地区洛阳经歌的音乐特征探析/王莹/中国校外教育/2013.18

刘大为与佛像艺术——现代佛造像收藏风向标/邵颖/收藏/2013.21

佛教心学的智慧——评陈兵《佛教心理学》/张海滨/宗教心理学/2013.1

基于大势至菩萨的图像学特征为中心的净土信仰衍生图像探究审美完美结合分析/吉薇羲/艺术科技/2013.5

浅析西夏宗教与西夏佛塔/布加/现代妇女（下旬）/2013.12

浅论中国画的禅境/王秋寒/中国书画/2013.5

塔尔寺：一代黄教宗师那些事/伍振/四川统一战线/2013.10

房山石经医药养生文献述要/李良松/中医文献杂志/2013.4

天宫伎乐——敦煌乐舞蹈中的佛教形象/郑芃芃/艺术科技/2013.4

《花灯轿莲女成佛记》的佛教意蕴/刘玉红/暨南学报（哲学社会科学版）/2013.8

无我：佛教中自我观的心理学分析/彭彦琴、江波、杨宪敏/宗教心理学/2013.1

马克思主义宗教观与藏传佛教研究——兼论东噶·洛桑赤列《论西藏政教合一制度》/尕藏加/马克思主义宗教观研究/2013.7

敦煌石窟壁画佛教本生故事对中国动画创作的启示/李小斌、常亚恒/艺术科技/2013.9

明晰“文学”观念：佛教的贡献/孙昌武/南开学报（哲学社会科学版）/2013.3

生死疲劳不应贪著　六道轮回无为涅槃——从佛教角度论《生死疲劳》/李南/名作欣赏/2013.3

佛教的无常观与日本文学/张芳/牡丹江大学学报/2013.5

晚唐五代敦煌佛教教团僧尼违戒蓄财研究/魏迎春、郑炳林/敦煌学辑刊/2013.2

佛教书法“写经体”与写经生/尚荣/民族艺术/2013.3

佛教放生仪式中的空间意义/姚华、杨路明/学术界/2013.6

佛教讲经传统与民间说唱伎艺发展进程/田莉/中国文化研究/2013.1

现代旧体诗的现代性——论佛教领袖赵朴初居士的诗歌创作/周萍、丽娜/华东师范大学学报（哲学社会科学版）/2013.2

唯识无境与现象学还原——佛教唯识学与胡塞尔现象学的一个比较/陈鑫/科学经济社会/2013.2

何为佛教对自然灾害幸存者应起的作用——在第十六次中韩日佛教友好交流会议上的补充发言/月道/法音/2013.12

佛教“光明为美”思想的独特建构/祁志祥/社会科学研究/2013.5

宋代的佛教与茶/湛如/中国宗教/2013.6

藏传佛教度母与基督教圣母的比较研究——以夏吾才让的唐卡与拉斐尔的《西斯廷圣母》为例/杨菊/西藏艺术研究/2013.2

中国古代佛教摩崖刻经略论/尚荣/现代哲学/2013.4

佛教的生态伦理智慧/王菊英、赵建功/中国宗教/2013.1

苏轼出川前佛教因缘探析/司聃/内蒙古师范大学学报（哲学社会科学版）/2013.1

从排诋佛教到提倡佛教——以清末民初张謇为主的讨论/徐跃/文化纵横/2013.3

藏传佛教宗派无别观的起源与发展/卡尔梅·桑木丹、同美/西南民族大学学报（人文社会科学版）/2013.9

浅析忽必烈对藏传佛教与道教政策之异同/舒婷/华夏文化/2013.4

颜之推的佛教观及其形成原因——兼论颜之推在儒、佛之间的价值取向/洪卫中/法音/2013.10

慈悲与杀生的辩证——兼评《佛教、暴力与民族主义》/伦伟/中国图书评论/2013.4

论师陀小说的佛教精神与超越情怀/王欣/文艺争鸣/2013.8

佛教自我观：假我、无我与真我的统一/刘佳明、郑发祥/宜宾学院学报/2013.9

识精：佛教心灵哲学的独特发现/熊桂玉/福建论坛（人文社会科学版）/2013.9

东晋佛隐诗创作述略/高智/成都理工大学学报（社会科学版）/2013.5

部派佛教时期之化地部述论/杨锋兵/贵州民族大学学报（哲学社会科学版）/2013.4

美国的华人佛教与华人眼中的美国（上）/陈星桥/法音/2013.6

隋唐敦煌佛教写经书法类型：以供养人身份为视角/邱才桢/装饰/2013.10

佛教的生命哲学——以《大乘百法明门论》为中心研究/余志琴/湖南工业职业技术学院学报/2013.3

佛教供养、世俗厚葬兼防盗功能的统一——法门寺唐代地宫文化内涵再探讨/李发良/西部学刊/2013.1

佛教水陆画的赏鉴与收藏/李林/艺术市场/2013.28

从法兴寺圆觉殿塑像看佛教诸宗思想融合/刘宝峰/山西档案/2013.2

稀世国宝佛教圣物——青瓷莲花尊鉴赏/曾立平/文物鉴定与鉴赏/2013.9

佛教大藏文化瑰宝——《赵城金藏》/张文卓/山西档案/2013.3

佛教、亚洲价值及21世纪的世界/李雪涛/法音/2013.11

南宋绍兴府佛教寺院初探——基于《嘉泰会稽志》的考察/贾灿灿/许昌学院学报/2013.6

佛教中阴说与《冥祥记》“还魂”故事/陈星宇/文艺评论/2013.12

论《东坡梦》中佛性与人性的冲突——以其对佛教素材的摄入为视角/汪文国/西安文理学院学报（社会科学版）/2013.2

佛教与人类健康——在北京国子监“中医养生论坛”上的发言/学诚/法音/2013.10

“佛教将军”唐生智/郦千明/文史天地/2013.5

唐卡中的佛教世界/尚诚/中国宗教/2013.10

从戒律精神看现代佛教字纸的处理（上）/学诚/法音/2013.6

从戒律精神看现代佛教字纸的处理（下）/学诚/法音/2013.7

以辽宁地区为例看辽代佛教的兴盛/肖忠纯/兰台世界/2013.16

象雄古格藏传佛教壁画艺术风格初探/李胜菊/上海工艺美术/2013.3

宁夏伊斯兰教建筑装饰艺术与佛教、道教遗迹的比较/纳建宁/回族研究/2013.4

禅与瑜伽的关系/毛忠贤/宜春学院学报/2013.7

佛教与长安古城的因缘/卫晓君、佘树声/中国宗教/2013.7

古塔·古柏·佛刹·僧人——河北佛教掠影/李嶷/中国宗教/2013.9

拒秦兴汉和应对佛教的儒家哲学——从董仲舒到陆象山/张祥龙/全国新书目/2013.12

佛教与雅安地震灾民的心理抚慰/王健、蔡双全/黑龙江史志/2013.15

藏传佛教瑜伽修行图书《究竟定》选页/紫禁城/2013.7

佛法对自然灾害下的心灵救助——在第十六次中韩日佛教友好交流会议上的补充发言/明生/法音/2013.12

俞正声西藏调研　关心藏传佛教的健康发展/中国宗教/2013.8

探索建立藏传佛教管理的长效机制——记云南省迪庆藏族自治州宗教事务局/中国宗教/2013.2

“第四届佛教与基督教比较学术研讨会”在重庆召开/李璐/法音/2013.6

艺术与佛教的珠联璧合：丰子恺《护生画集》/蒋霞/安徽文学（下半月）/2013.11

关于做好甘孜州藏传佛教工作的思考/蒙兴甫/四川统一战线/2013.11

哈尔滨市佛教僧尼血中同型半胱氨酸的水平/王雪婷、田玉双、耿琳、王莹、张璐璐、曲光瑾、杨玉玲/职业与健康/2013.9

随缘：佛教养生新理念/宏文/今日科苑/2013.9

《敦煌佛教歌辞研究》出版/王志鹏/敦煌研究/2013.5

浅谈佛教对于中国美学的影响/杨骁/科学咨询（科技·管理）/2013.4

历史文化与佛教意蕴的生动呈现——程丽清长篇历史小说《兴林国》读后/闫社喜/河北省社会主义学院学报/2013.1

第十六次中韩日佛教友好交流会议在海南三亚隆重举行/桑吉、刘东/法音/2013.12

川滇藏峡地的树葬比较研究——以奔子栏和三岩为例/叶远飘/中国藏学/2013.1

敦煌都司的设置考论/王祥伟/敦煌研究/2013.2

唐代寺院对诗歌儒释融合作用初探/贾发义/山西大学学报（哲学社会科学版）/2013.1

试论脂批者对佛学的复杂态度/甘生统/红楼梦学刊/2013.5

慧远与山水诗的发展/赵翔/兰州学刊/2013.5

两晋南北朝河西僧人西行及河西的译经活动/高人雄/新疆大学学报（哲学·人文社会科学版）/2013.5

再议《西游记》的宗教文学性——兼与胡令毅、胡义成先生商榷/符玉兰/齐齐哈尔师范高等专科学校学报/2013.4

方志在佛学研究中的文献功能与作用——以《番禺县志》为例/叶宪允/科技情报开发与经济/2013.11

用画笔通往“菩提”之净界——观“心有菩提——张淑平国画暨彩纳轩藏品佛艺联展”有感/谢雳/文艺生活（艺术中国）/2013.11

用心、用情、用理、用法做寺庙群众工作/胡昌升/党建/2013.11

“R为A所见V”被动句式的厘定——兼谈李密《陈情表》之“所见明知”/朱庆之/古汉语研究/2013.4

论移民社会的宗教徒身份——以美国华裔佛教徒为例/李四龙/北京大学学报（哲学社会科学版）/2013.4

身体与信仰：西双版纳傣族仪式治疗中的二元宗教互动/张振伟/思想战线/2013.2

“原心定罪”与“原情定罪”之异同分析/柳正权/中国政法大学学报/2013.2

宋代有关僧尼的法条初探/游彪/河南大学学报（社会科学版）/2013.3

苏轼与佛印交游考/喻世华/江苏大学学报（社会科学版）/2013.4

传统中国意识形态史的知识社会学初步考察：一种民族学视角的社会理论反思/张亚辉/青海民族研究/2013.1

浅谈宗教信仰对幸福感的影响/孟唯一/民族论坛/2013.1

论青藏高原天葬的起源与演变轨迹——基于青海省玉树县巴塘乡的田野调查/叶远飘/西藏大学学报（社会科学版）/2013.4

密教双身图像研究——以丹丹乌里克木板画为引子/李翎/中国国家博物馆馆刊/2013.1

朝鲜通信使眼中的日本丧祭礼俗——以《海行总载》中的记录为例/金禹彤/东疆学刊/2013.1

鄯善佛寺分期初探/陈晓露/华夏考古/2013.2

陕西宜君县东部石窟、摩崖造像调查简报/陈晓捷/四川文物/2013.3

黑水城出土西夏文献概述/陈晓芳/图书馆理论与实践/2013. 1

梵呗华严字母的华化/傅暮蓉/中国音乐/2013. 2

论早期五台山图的底本来源——以敦煌壁画中的五台山图为中心/许栋/社会科学战线/2013. 1

宋代中越文学交流述论/刘玉珺/学术论坛/2013. 5

鲜演大师《华严经玄谈决择记》的西夏文译本/孙伯君/西夏研究/2013. 1

从《目连救母》看仪式戏剧的衍生与发展——以闽南打城戏为中心/骆婧/福建师范大学学报（哲学社会科学版）/2013. 3

西夏仁宗皇帝的校经实践/孙伯君/宁夏社会科学/2013. 4

当前澳门华商群体的宗教信仰/王春霞/观察与思考/2013. 4

论张大千绘画艺术与敦煌石窟艺术的内在联系/巴东/内江师范学院学报/2013. 1

新疆库车县文物局所藏梵本《法集要颂经》残片考释/荻原裕敏/西域研究/2013. 1

严儒释之辨，破图貌之误——论戴震的佛学观/陶武/学术界/2013. 8

髡残卒年新考及有关补述/毛文鳌/中国国家博物馆馆刊/2013. 5

略论武周政治对敦煌文化的影响/王志鹏/西夏研究/2013. 3

论《红楼梦》德译本中国宗教词汇意蕴的再现——以“空门”“神仙”和“识通灵”的德译为例/华少庠/湘潭大学学报（哲学社会科学版）/2013. 2

犍陀罗艺术及其东传龟兹考/满盈盈/西北民族大学学报（哲学社会科学版）/2013. 3

论清末民初（1895—1916）陕西的庙产兴学运动/许效正/西北大学学报（哲学社会科学版）/2013. 4

古代通俗小说女大师形象与佛经翻译文献/王立/山西大学学报（哲学社会科学版）/2013. 2

魏晋六朝小说中的地狱意象/刘铁/党政干部学刊/2013. 3

敦煌白伞盖信仰及相关问题/李翎、马德/敦煌学辑刊/2013. 3

论刘义庆和他的《宣验记》/张朋兵/西南科技大学学报（哲学社会科学版）/2013. 1

辽朝鲜演的华严思想/袁志伟/湖南大学学报（社会科学版）/2013. 5

政治、宗教与文学——阎朝隐《鹦鹉猫儿篇》发覆/李小荣/福建师范大学学报（哲学社会科学版）/2013. 5

鉴真精神：当代中日友好交流的黄金纽带/李尚全/扬州大学学报（人文社会科学版）/2013. 6

巴蜀禅师的“文性”——以圆悟克勤为例/尹邦志/四川师范大学学报（社会科学版）/2013. 1

藏族史书中的玄奘形象分析/朱丽霞/北方民族大学学报（哲学社会科学版）/2013. 4

扎藏寺与车臣诺们汗/蒲文成/中国藏学/2013. 1

论止贡巴·玖旦贡布关于苯教发展三阶段说的价值/班班多杰/青海民族大学学报（社会科学版）/2013. 3

论傣族赕佛活动的社会功能/田玉玲/民族论坛/2013. 8

尼泊尔三乘物观音造像与成就法/张同标/南京艺术学院学报（美术与设计版）/2013. 5

梁武帝论述之圣君与佛徒/刘小丽/四川文理学院学报/2013. 1

顾太清咏莲词中的佛、道因素/万春香/濮阳职业技术学院学报/2013. 3

关于鸡足山佛塔寺规划及建筑设计的探讨/朱春林、赵亢璐、方其培/有色金属设计/2013.3

《续金瓶梅》孝哥故事的文化解读/张思/陕西理工学院学报（社会科学版）/2013.1

佛经版画起源及其发展过程/胡媛媛、苏金成/美术学报/2013.2

北魏诸王舍宅为寺探析/赵延旭/云南社会科学/2013.5

略论当代藏族长篇小说中的色空观念/方波/北方民族大学学报（哲学社会科学版）/2013.1

普庵信仰的宗教定位及特色/杨永俊/宜春学院学报/2013.5

试论裕固族民间文学的多元性/杜曼·叶尔江/河西学院学报/2013.4

明代秦藩的佛道信仰探析/罗莹/西南农业大学学报（社会科学版）/2013.12

程朱论“敬以直内，义以方外”——兼谈理学对经学的选择性凸显及其自我建构/翟奎凤/中国哲学史/2013.3

欧阳渐与《辨方便与僧制》/温金玉/佛学研究/2013

从“树木出家”看泰国僧侣对森林资源的保护/李毓贤/学术探索/2013.2

基于哲学视角的安徽地域文化的特点和现代价值研究/杨守戎、梁文慧/安徽农业大学学报（社会科学版）/2013.6

青海宗教音乐形态及其特征/张连葵、李锦辉/青海师范大学学报（哲学社会科学版）/2013.2

云冈石窟“纪念碑性”造像意义探讨/徐建国/山西农业大学学报（社会科学版）/2013.6

佛刊论政——民国出版自由图景的一个侧观/郭毅/成都理工大学学报（社会科学版）/2013.5

清宫藏五色璎珞法衣举要/殷安妮/艺术设计研究/2013.1

《金刚经》缘起论与《圣经》创世论对比研究/王婧瑶、王向东/文学教育（中）/2013.1

“老板佛教徒”的灵性资本及社会资本——对上海“明心禅宗道场”的考察/高虹、林志刚/社会与公益/2013.4

释道安与僧尼轨范/温金玉/湖北文理学院学报/2013.6

青州龙兴寺窖藏北齐佛造像的艺术风格/徐晶/艺术百家/2013.3

宋元禅寺中住持的象征与权力/王大伟/陕西师范大学学报（哲学社会科学版）/2013.5

北朝文人礼佛实践考/白云娇/廊坊师范学院学报（社会科学版）/2013.3

试探东乡县红塔寺石窟的艺术特点/胡同庆/敦煌研究/2013.6

佛经翻译之阶段性及其特点/殷薇/长江大学学报（社科版）/2013.3

大足石刻所见宋代的儒释教化/韩红宇、董春林/兰台世界/2013.15

试论汉语成语中的儒释道文化/孙永兰/赤峰学院学报（汉文哲学社会科学版）/2013.10

隆钦饶降巴对宁玛派伦理思想的理论贡献/余仕麟/中南民族大学学报（人文社会科学版）/2013.6

《法苑珠林校注》补议/范崇高/成都大学学报（社会科学版）/2013.3

试论观音美术形象在华嬗变之原因/刘春潮/东方收藏/2013.9

太虚大师的和平观研究/朱大伟/五台山研究/2013.1

唐代佛道土地资源之争述论/刘小平/农业考古/2013.4

巴蜀弥勒文化考论/龙显昭/西华师范大学学报（哲学社会科学版）/2013.6

北魏洛阳寺院社会公共空间述论——以《洛阳伽蓝记》为中心/刘小平/哈尔滨师范大学社会科学学报/2013.5

浅析宗喀巴传记唐卡产生与繁荣的历史文化渊源/拉姆布织/西藏艺术研究/2013.2

论《法句经》的来源及其编集/屈大成/五台山研究/2013.3

“出污泥而不染”源流考/汤仕普/六盘水师范学院学报/2013.2

明真法师生年及其闭关金山观音阁考/万里/湖南科技学院学报/2013.11

继承中国传统宗教文化发展现代宗教休闲/吴树波/邯郸学院学报/2013.4

略谈傣族佛寺中的“金水”/赵云川、安佳/中国美术/2013.6

玄奘的旅行对大唐帝国繁荣的贡献/孟涛/兰台世界/2013.36

开封繁塔“伴虎行脚僧图”审美文化意义研究/孙晓岗/语文知识/2013.3

昙始考/侯慧明/五台山研究/2013.1

“天竺粲然靡不备”——《教苑清规》探源/熊江宁/浙江树人大学学报（人文社会科学版）/2013.5

藏族“和睦四瑞”图的象征意义及伦理价值简析/普华才让/内蒙古师范大学学报（哲学社会科学版）/2013.5

神圣与世俗多元音乐并存现象初探——以汶上县宝相寺太子灵踪文化节为例/李金芳/枣庄学院学报/2013.3

“缘”及“因缘”“缘分”的文化转型/程建功/现代语文（语言研究版）/2013.11

须弥山石窟研究的回顾与展望/安永军/宁夏师范学院学报/2013.4

顿门巴在吐蕃消失的原因/张露元/黑河学刊/2013.8

“2012 襄阳道安论坛”会议总结/黄夏年/湖北文理学院学报/2013.1

古塔艺术漫谈/秦红卫/美术教育研究/2013.12

禅门立宗理路之我见/于佳彬/安顺学院学报/2013.6

敦煌莫高窟中梵天形象流变考/蒋崴/大众文艺/2013.6

云冈石窟“祭祀礼仪性”略谈/徐建国/兰台世界/2013.33

巩义石窟寺中的飞天艺术/陈卫国/甘肃高师学报/2013.6

“五蕴皆空，度一切苦厄”——诵经音乐的社会功能与社会意义/安雅嘉/开封教育学院学报/2013.7

浅析海珠屿大伯公庙宗教艺术在大学教学中的应用价值/秦俊晖、陈锐/美术教育研究/2013.23

浅析儒释两教在越南的传播及其对民族文化的影响/曾强/才智/2013.23

佛儒道思想对“斋姑娘”习俗的影响/马晓垠/旅游纵览（下半月）/2013.2

2013 年南传佛教研究论文索引

保持、求变、追踪——中国与周边南传、汉传佛教音乐城市化的比较研究/杨民康/音乐艺术（上海音乐学院学报）/2013. 1

南传佛教与佤族社会生活的“阶序”逻辑——以云南临沧佤族为例/郑筱筠/世界宗教文化/2013. 1

云南省佛教协会召开南传佛教工作委员会扩大会议/桑吉扎西/法音/2013. 1

经济转型背后的幸福悖论：论当代上海佛教的信仰性格/成庆/上海大学学报（社会科学版）/2013. 1

四色版纳/郑一若、邱开培、刘云川/今日民族/2013. 1

印度的贝叶书/冯文敏/现代出版/2013. 1

南传上座部佛教与傣族原生性宗教的调适与互动——试析上座部佛教在云南的本土化路径/梁晓芬/东南亚宗教与社会发展研究/2013. 1

云南临沧市南传上座部佛教慈善事业现状及模式探索/提卡达希/东南亚宗教与社会发展研究/2013. 1

贝叶经典籍对中国南传佛教地区社会发展的影响/周娅/东南亚宗教与社会发展研究/2013. 1

云南与东南亚傣仂南传佛教文化圈寺院乐器的比较研究——以太阳鼓及鼓乐的传播与分布为例/杨民康/中央音乐学院学报/2013. 2

法文化视野下傣族南传佛教运行制度探析/刘华/云南大学学报（法学版）/2013. 2

西双版纳地区南传佛教跨界诵经风格的传统和变迁——以中缅打洛、小勐拉为例/董宸/音乐探索/2013. 2

身体与信仰：西双版纳傣族仪式治疗中的二元宗教互动/张振伟/思想战线/2013. 2

慈心悲愿·善待生命——佛教生命观研讨会在成都举行/田悦阳/中国宗教/2013. 2

僧侣自杀和劝诱鼓励他人自杀违背比库巴帝摩卡/祜巴龙庄勐/法音/2013. 2

试论南传佛教对云南傣族审美艺术的影响/吴之清、杨杰、墨婧金/宗教学研究/2013. 3

藏传佛教文化旅游体验的双重三位一体结构/王勇琦、阿旺加参/河北旅游职业学院学报/2013. 4

景谷傣族南传佛教的传播发展和经文系统初探/周寒丽、李莲/红河学院学报/2013. 5

巧夺天工——从灵山梵宫和九华山大愿文化园看“金螳螂”将传统佛教文化建筑与现代工艺相结合的美妙之笔/陆建军、左树刚/中国建筑装饰装修/2013. 5

神圣与世俗——南传佛教在云南傣族地区的适应和演变/程利/贵州民族研究/2013. 6

边陲伽蓝——云南南传佛教寺院巡礼/孙钢/中国宗教/2013. 6

云南德宏南传佛塔的装饰艺术/孙媛/现代装饰（理论）/2013. 6

浅析大乘佛教与小乘佛教流行于不同区域的原因/王芳/沧桑/2013.6

当代佛教问题的思考/济群/法音/2013.6

云南佛教慈善历史论略/孙浩然/地方文化研究/2013.6

论傣族赕佛活动的社会功能/田玉玲/民族论坛/2013.8

南传佛教本土化对傣族地区马克思主义大众化的启示/杨玲、曹茂、杨云/民族论坛/2013.11

加强南传佛教人才培养提高服务社会大众意识——在第十六次中韩日佛教友好交流会议上的补充发言/祜巴龙庄勐/法音/2013.12

2013年基督教研究论文索引

基督教在广西农村的传播、发展与影响/张毅、蒙绍荣/广西民族研究/2013.1

非基督教运动对中国现代文学的影响/杨世海/学术月刊/2013.5

20世纪上半期基督教社会主义的在华传播及影响/杨卫华/当代世界社会主义问题/2013.1

中国基督教史研究的新趋向/陶飞亚/史林/2013.2

社会工作的源起与基督教公益慈善——以方法和视角的形成为中心/卢成仁/华东理工大学学报（社会科学版）/2013.1

基督教视域中的儒家宗教性——理雅各对《诗》《书》宗教意义的认识/姜燕/山东大学学报（哲学社会科学版）/2013.1

孙中山基督教葬礼问题再探——从宋庆龄与斯诺的一段纠葛谈起/林辉锋/广东社会科学/2013.3

基督教与哲学的对话——基于认识论和本体论的对比研究/杨莉萍、杨林、赵冰/哈尔滨师范大学社会科学学报/2013.1

基督教是如何在西方扎根的？/黄平/福建论坛（人文社会科学版）/2013.8

贵州基督教史研究发微/谭厚锋/贵州民族大学学报（哲学社会科学版）/2013.3

信仰与理性的碰撞——基督教神学对古希腊哲学的顺承、弘扬与反叛/杨凯/哈尔滨学院学报/2013.10

江苏新社会阶层基督教信徒信仰状况调研报告/张全录、郁松/江苏省社会主义学院学报/2013.6

元代泉州基督教丧葬艺术的多元融合——从概念契合到图像创新/李静蓉/福建师范大学学报（哲学社会科学版）/2013.1

二战前新加坡华人基督教教育探析/陈晓蓉/华侨华人历史研究/2013.2

基督教的传播对多民族地区的影响及对策建议——以甘宁青地区为例/刘有安、张俊明/新疆社会科学/2013.4

文化治理视野下农村地区基督教信仰问题研究——以陕西省三原县为例/朱宏伟、艾静、何得桂/前沿/2013.23

基督教女传教士在近代西北穆斯林中的传教活动述论——以内地会濮氏母女为例/张科、刘继华/青海社会科学/2013.3

基督教与多元社会结构的形成/乔飞/湖北社会科学/2013.9

论早期基督教图像的象征性/张婷/艺术科技/2013.2

西方大学发展轨迹探析——基于大学与基督教会的亲疏关系/肖维、姚敏/洛阳师范学院学报/2013.4

君士坦丁大帝皈依基督教之动机探微/张日元/泰山学院学报/2013.1

西方文明之源——基督教/吴星辰/天津市社会主义学院学报/2013.3

基督教与启蒙运动的辩证关系/严天钦/成都工业学院学报/2013.3

从基督教自身因素看晚清基督教在华传播受阻原因/刘剑/黑龙江史志/2013.15

当代美国基督教的新发展及其影响/徐其森/国际关系研究/2013.4

云南基督教社会工作论略/孙浩然/昭通学院学报/2013.6

袁世凯与近代来华基督教/张德明/史学月刊/2013.8

基督教与伊斯兰教比较研究综述/张会敏/商/2013.22

中国基督教音乐先河/陈伟/中国宗教/2013.8

基督教——欧洲的摇篮/蒋小龙/艺术科技/2013.3

中国基督教第九次代表会议代表谈：如何办好中国教会/本刊编辑部/天风/2013.7

基督教哲学源流分析/阿迪力·阿不力米提/现代妇女（下旬）/2013.12

基督教中国化之浅见/李平晔/中国宗教/2013.12

浅谈基督教与和谐社会/逯艳红/法制与社会/2013.36

清末民国时期基督教会在贵州的办学活动及其影响/肖金香/贵州民族大学学报（哲学社会科学版）/2013.1

三浦绫子与远藤周作的基督教文学之比较——以《冰点》《续冰点》与《沉默》为中心/葛亦鸣/文学教育（中）/2013.5

边疆少数民族地区基督教参与和谐社会建设的思考/董国菊/云南社会主义学院学报/2013.1

浅谈基督教会的社区服务/张远来/天风/2013.5

福克纳小说中的基督教特征/卢青/小说评论/2013.S1

近代重庆基督教会慈善福利事业的社会功能分析/周晓光/湘潮（下半月）/2013.1

基督教的传播与日本民族意识启蒙/李阳/沧州师范学院学报/2013.4

中国基督教的“好声音”/本刊特约评论员/中国宗教/2013.9

试论中国近代的“非基督教运动”/姚军亮/企业研究/2013.24

近代教会学校科学教育探究——以1870年代至1930年代为中心/周松浩、丁敏锐/电子测试/2013.11

天风中国基督教新闻/天风/2013.7

太平天国与基督教问题漫说——评周伟驰著《太平天国与启示录》/陈明/开放时代/2013.3

伊西多礼《辞源·论史》与基督教编年史的兴起/李隆国/古代文明/2013.14

从基督教哲学到胡塞尔的一般与个别视域反思/朱光亚、黄蕾/武汉科技大学学报（社会科学版）/2013.1

论《复乐园》里耶稣基督的神性与人性——兼论《基督教教义》中耶稣基督的身份/吴玲英/外国文学研究/2013.1

基督教佛教兴起对欧亚地区竞争力的影响（之一）——从统一到分裂：古代欧洲地区竞争力优势的形成和丧失——与中国比较/张文木/太平洋学报/2013.8

基督教佛教兴起对欧亚地区竞争力的影响（之二）——从统一到分裂：古代欧洲地区竞争力优势的形成和丧失——与中国比较/张文木/太平洋学报/2013.9

两岸是一家　主内是弟兄—两岸基督教论坛侧记/邱云/中国宗教/2013.10

民元前后基督教传教士对改革和革命的认识与反应——基于三种基督教出版物的考察/吴义雄/徐州工程学院学报（社会科学版）/2013. 3

基督教艺术中的圣母子图像/陈云海/美术研究/2013. 1

城市基督教基层组织的认同整合研究——以上海市基督教闸北堂为例/黄海波/宗教学研究/2013. 1

儒家思想和基督教对中美价值观的影响比较/张琳/齐齐哈尔大学学报（哲学社会科学版）/2013. 2

改造性的阐释：基督教对犹太教的传承与发展/刘建军/东北师大学报（哲学社会科学版）/2013. 6

“魅”影重重的地平线：基督教“除魅”思维的现代性解读/王建光/南京农业大学学报（社会科学版）/2013. 3

影响与对策：农村宗教信仰与社会稳定研究——基于对苏北 L 市农村的调查/陈朝晖/农业经济/2013. 2

当代美国基督教音乐传播及其文化影响/许正林、刘荒石/上海大学学报（社会科学版）/2013. 4

中世纪文学批评与基督教的关系之初探/何伟文/当代外语研究/2013. 3

基督教文化与巴黎大学的历史发展/刘亮/高等理科教育/2013. 4

20 世纪 20 年代基督教青年会音乐推广活动/关心/民国档案/2013. 3

太平天国天教与西方基督教的关系问题商榷/张英明/江西师范大学学报（哲学社会科学版）/2013. 4

论弥尔顿对“精神”的神学诠释——兼论《基督教教义》里的“圣灵”/吴玲英、吴小英/中南大学学报（社会科学版）/2013. 1

基督教信仰与蛮族的教化/赵林/学习与探索/2013. 12

宗教存在的文化反思——以基督教为例/黄力之/安徽师范大学学报（人文社会科学版）/2013. 1

论奥古斯丁基督教道德哲学的“爱”/王腾/社科纵横/2013. 5

犹太—基督教哲学中恶的问题/禤庆文/宗教学研究/2013. 3

鲁迅与非基督教运动/杨世海/中南大学学报（社会科学版）/2013. 3

真正的宗教就是真正的人道——施韦泽论基督教的伦理本质/陈泽环/华中科技大学学报（社会科学版）/2013. 4

当代大学生宗教信仰问题刍议——以大学生基督教信仰为例/朱洪岩、耿庆锋/黑龙江省社会主义学院学报/2013. 2

德性与科学的交轨——麦金太尔早期的基督教化马克思主义观评析/张晓/山东社会科学/2013. 6

社会思维模式之权力结构的新格局——论莎士比亚悲剧的宗教内涵/刘磊/重庆工商大学学报（社会科学版）/2013. 1

简析基督教文化对英美文学的影响/纪银平/学术探索/2013. 10

基督教传入对西南信教少数民族权利观念的影响/殷秀峰、陈小曼/河南大学学报（社会科学版）/2013. 6

基督教艺术对罗马艺术元素的运用/刘平/装饰/2013. 8

基督教伦理与现代社会工作的发展/何历宇、罗婷婷/前沿/2013.12

太平洋战争爆发后伪满对基督教会的控制/徐炳三/史学集刊/2013.6

汕头新中华基督教会研究/胡卫清/韩山师范学院学报/2013.4

基督教美学理论的源泉——试论普罗提诺的本体形上美学/徐龙飞/云南大学学报（社会科学版）/2013.5

《瓦尔登湖》的内蕴与基督教的精神向度/孙霄/南京师范大学文学院学报/2013.1

论西欧中世纪基督教对现代婚姻的影响/孙龙/佛山科学技术学院学报（社会科学版）/2013.5

有意栽花与无意插柳——基督教在中国近现代社会的性别化传播/郭晓霞/河南师范大学学报（哲学社会科学版）/2013.1

《牧师书简（1911～1914）》的发掘及其史料价值——管窥清末民初基督教英美会在乡土四川的发展与境遇/张丽萍/暨南学报（哲学社会科学版）/2013.4

苏慧廉论基督教与中国宗教的会通——以耶儒会通为例/伍玉西/宗教学研究/2013.2

尼采与基督教再审查/胡书庆/郑州大学学报（哲学社会科学版）/2013.5

民国时期华西基督教联合机构的本色化/陈建明/宗教学研究/2013.4

基督教内地会濮氏父子在近代西北穆斯林中的传教活动述论/刘继华/青海民族研究/2013.2

兄弟加弟兄　相聚乐融融——台北“两岸基督教论坛”小记/邱云/天风/2013.10

从《玉官》看许地山的基督教和中西文化观/杨世海/聊城大学学报（社会科学版）/2013.1

论基督教朝圣网络与贸易路线的重合/张强/湖北理工学院学报（人文社会科学版）/2013.1

美国早期文化研究：从基督教到自由主义/魏春蓉/中华文化论坛/2013.3

论罗马帝国统治策略对早期基督教传播的影响/郑凯/陇东学院学报/2013.2

当前农村基督教问题研究/胡业方、叶柯霖、王云飞/安徽工业大学学报（社会科学版）/2013.3

社会转型期基督教传播对农民精神文化的影响——河南省Y县的实证调查为例/金鸽/哈尔滨市委党校学报/2013.1

基督教在山西的传播及其本土化/刘素清、张剑、张勇斌/兰台世界/2013.3

基督教艺术中的圣母荣耀与圣母加冕图像/陈云海、黄厚明/艺术百家/2013.3

基督教音乐在19世纪到20世纪初对中国音乐教育的影响/卢超/大众文艺/2013.1

现代时间观：基督教、物理学与马克思的相遇/吕绍勋/社会科学家/2013.10

试析早期英国基督教会宗教传统的确立/谢胜男/理论界/2013.1

基督教性别歧视对罗马法的影响/张春华/景德镇高专学报/2013.1

智举抑或暴行？——莎翁罗马悲剧与基督教悲剧中的自杀观/吴亚蓉、田德蓓/合肥工业大学学报（社会科学版）/2013.5

自由与超越——《西方文化与悲剧精神：古希腊维度与基督教维度》评析/戴玉竹、许铁汉/佳木斯大学社会科学学报/2013.1

从冲突走向融合：近代基督教在庐山的传播/龚喜林、瞿安明/九江学院学报（社会科学版）/2013.1

基督教影响下的新伦理探索及当代意义——许地山作品中的伦理追求/杨世海/湖南工业大学学报（社会科学版）/2013.2

陆志韦的基督教精神及其外化——兼论陆志韦诗集《渡河》/赵思运/杭州电子科技大学学报（社会科学版）/2013.2

基督教视角下的海明威精神探索历程探析/许家进/名作欣赏/2013.14

略论近代以来基督教在华北兴办的社会事业——以直隶省为中心进行考察/马广全/河北广播电视大学学报/2013.3

当代乡村视野下基督教葬礼与传统葬礼的调查对比——以洛阳市汝阳农村地区为例/李炜玮、庞勃、茹静文/神州民俗（学术版）/2013.2

基督教青年会与职业指导的推展/韩树双、谢长法/教育学术月刊/2013.8

谈基督教对傈僳族文化的影响/吕偲、申晓虎/旅游纵览（下半月）/2013.2

基督教音乐与信仰/隋欣、陶亚宾/艺术教育/2013.8

在中国发现乌托邦——读《中国的基督教乌托邦研究：以民国时期耶稣家庭为例》/杨卫华/史林/2013.6

浅谈古埃及神话对中世纪基督教的影响——从伊西斯与玛利亚比较/杜雪婷/吉林省教育学院学报（上旬）/2013.6

新世纪华人移民文学与基督教文化/丰云/齐鲁学刊/2013.5

上海基督教青年会、女青年会社区服务管窥/毛丽娅/长沙理工大学学报（社会科学版）/2013.5

中华基督教女青年会干事陆慕德研究/曲宁宁/四川文理学院学报/2013.6

基督教人文主义与现代意义学术自由的萌芽和发展/檀慧玲/河北大学学报（哲学社会科学版）/2013.5

但丁作品中的基督教神学因素/赵长印/辽宁师范大学学报（社会科学版）/2013.4

神性的阐述——欧洲中世纪基督教艺术的观念与图像/赵勇/南京艺术学院学报（美术与设计版）/2013.4

论洪秀全的文化复古思想/李勇、郑文龙/湖北第二师范学院学报/2013.11

张爱玲与基督教/金晓慧/合肥师范学院学报/2013.4

基督教与欧洲法治的形成和发展/强梅梅/公民与法（法学版）/2013.11

中国哲学自然神论之普世性的发现——论伏尔泰的中西哲学比较研究/许苏民/人文杂志/2013.6

论基督教文化与《红墙白玉兰》的对位/刘敏/河北工业大学学报（社会科学版）/2013.2

简论蒋介石与基督教/胡欢欢/大庆师范学院学报/2013.4

中国基督教大学早期校园文化建设研究/谢竹艳/海峡教育研究/2013.2

论新时期以来中国基督教文学的自然书写/季玢/苏州科技学院学报（社会科学版）/2013.3

基督教信仰实践的多重社会关联：两部海外研究专著的启示/汪琳岚/理论月刊/2013.12

论中世纪基督教绘画对文艺复兴时期绘画的影响/郑小刚/大众文艺/2013.13

立足于圣经文本基督教老年观研究/孙文英、樊志辉/哈尔滨学院学报/2013.11

历史终结的神学暗喻——尼布尔的基督教历史哲学/于维君/鸡西大学学报/2013. 3

浅析基督教教义与西方宪政主义/骆鸿儒/才智/2013. 17

非法基督教民间组织现状调查研究——以河南部分地区为例/王相军、王邦康、赵帅、刘通、祝顺利/学理论/2013. 23

基督教对近代中韩文学的不同影响及原因探析/张乃禹/苏州教育学院学报/2013. 6

彝族基督教信仰的变迁——以赫章县兴发乡新营村为例/陈兴才、杨姣/毕节学院学报/2013. 6

简析《五月花号公约》产生的基督教因素/亢丽芳/长春教育学院学报/2013. 3

略论李璜与非基督教运动/易锐/佳木斯大学社会科学学报/2013. 4

基督教大学外籍校长与"收回教育权"运动/谢竹艳/海峡教育研究/2013. 3

谈基督教美学及其在影视创作中的表现/连成亮/长春教育学院学报/2013. 6

自由意志对世俗基督教教义的反拨——看苔丝人物的寓意性/高晓敏/现代语文（学术综合版）/2013. 7

清末民初中国东北的基督教神学教育/邱广军/吉林师范大学学报（人文社会科学版）/2013. 1

拯救与复活:《吉尔的妻子》的基督教婚姻伦理/罗俏鹃/电影文学/2013. 11

生育的权力之争——《使女的故事》对基督教生育观念的批判/李莹莹/兴义民族师范学院学报/2013. 4

中国儒家文化与西方基督教文化中尚"勇"精神异同/李志媛/焦作大学学报/2013. 4

透视《北京遇上西雅图》中的爱情和道德双重困境——基督教神学视域下的救赎隐喻/黄冠乔、王蕾/学理论/2013. 32

浅析基督教伦理思想/江舒/佳木斯教育学院学报/2013. 10

上帝与孔子的对话：日与月乎？——以张亦镜为考察中心/范大明/湖南城市学院学报/2013. 2

简析多元文化背景下的新疆基督教/刘向权、李景/学理论/2013. 29

论朱西宁小说中的基督教文化印记/王云芳/沈阳师范大学学报（社会科学版）/2013. 3

韩国与利比亚卡扎菲政权关系的困境——宗教与国际关系的视角/钮松/天津行政学院学报/2013. 1

试论基督教在古代发展的原因/黄璜/黑龙江史志/2013. 13

中世纪基督教文化及西方近现代文化的形成/王升/劳动保障世界（理论版）/2013. 12

基督教赞美诗在中国近代的足迹和意义（1840—1919 年）/赵宁/产业与科技论坛/2013. 18

论拜占廷帝国早期君士坦丁堡教会地位的形成/武鹏/历史教学（下半月刊）/2013. 10

管窥基督教音乐的合唱艺术/郭丽萍、朱佳宇/黄河之声/2013. 2

用我的笔歌颂真善美/程乃珊/天风/2013. 5

华兹华斯思想与基督教思想的一致性——以《我们是七个》为例/乔继梅/剑南文学（经典教苑）/2013. 6

基督教与西方音乐的完美碰撞/邢艺/黄河之声/2013. 15

芥川龙之介的“文化基督徒”身份/王鹏/外国文学研究/2013.4

君士坦丁与基督教：神迹的作用/陈伟、李琴/现代妇女（下旬）/2013.10

近代以来勒墨人宗教信仰变迁研究/杨飞雄、寸淑梅/思想战线/2013.S1

在中国发现中国基督教的历史：裴士丹的《中国基督教新史》/陶飞亚/史学月刊/2013.10

明末天主教文献所见汉语基督教词汇考述/王铭宇/汉语学报/2013.4

基督教传教士与工尺谱/宫宏宇/音乐探索/2013.1

基督教佛教兴起对欧亚地区竞争力的影响（之三）——从分裂到统一：古代中国地区竞争力从世界边缘走向中心——与欧洲比较/张文木/太平洋学报/2013.10

基督教新教传教士与中国音乐——以李太郭为例/宫宏宇/中国音乐/2013.14

文化传播与基督宗教的深度中国化/王晓朝/清华大学学报（哲学社会科学版）/2013.5

从古代到中世纪：早期基督教思想家眼中的“音乐”和“音乐家”/伍维曦/音乐研究/2013.5

地方社会研究的不可能与可能——吴庄基督教的人类学研究札记/黄剑波/中国农业大学学报（社会科学版）/2013.1

论马丁·路德的基督教正义观/张仕颖/宗教学研究/2013.2

云南苗族村寨基督教社会功能转换问题研究——“小水井现象”探析/张雍德、古文凤/云南社会科学/2013.4

近三十年来近代东北基督教研究综述/王晓辉、黑龙/宗教学研究/2013.2

中国基督教史研究与区域社会文化史研究/吴义雄/史学月刊/2013.10

权力意志对基督教的道德化改写——《敌基督者》中尼采对基督教的批判/曹润青/太原理工大学学报（社会科学版）/2013.2

基督教佛教兴起对欧亚地区竞争力的影响（之四）——东西方新千年地区竞争力再评估——以美国兴衰为例/张文木/太平洋学报/2013.11

中世纪西方对东方认知的历史演变——以基督教长老约翰传说为例/姬庆红/贵州社会科学/2013.3

汉族地区宗教参与养老的实证研究——以豫东杨村基督教为案例/赵立新、杨海松/鲁东大学学报（哲学社会科学版）/2013.2

近代韩国西方音乐传入与基督教赞美诗的相关研究/陈乃良、谢丹/音乐研究/2013.5

基督教与中国近代社会转型/李金强/史学月刊/2013.10

基督教文化在中国区域传播研究的力作——《近代基督教在华西地区文字事工研究》序/谢放/宗教学研究/2013.3

中国基督教三自爱国运动委员会第八届中国基督教协会第六届常务委员会工作报告：凝心聚力　建设一个和谐健康发展的中国教会/傅先伟/天风/2013.11

从基督教在安徽的传播再看宗教市场论：两个时代的比较分析/周典恩/宗教学研究/2013.3

基督教传媒与西方民主思想在近代中国的传播——以《万国公报》为中心/谢放、谢尚芸/深圳大学学报（人文社会科学版）/2013.6

十字军东征与基督教的教俗之争/王伟城/学理论/2013.9

清末民初通俗文学作家译群研究——论林纾获奖译作中被误读和消解的基督教/禹玲/北京科技大学学报（社会科学版）/2013.2

“中外新教合作建制”与近代基督教中国化研究/刘家峰/史学月刊/2013.10

简析加拿大华人新移民群体接纳和认同——基督教音乐文化的心路历程/何茜/艺术评论/2013.1

行动的信仰——朋霍费尔基督教伦理精神解读/章铸、章澄/社会科学论坛/2013.8

近代中国政教关系的变与不变——评《救赎与自救：中华基督教会边疆服务研究》/王立桩/宗教学研究/2013.2

信徒的诞生——一个村庄里基督教群体的宗教教育/杨宝琰/当代教育与文化/2013.3

考茨基唯物史观思想评析——以《基督教之基础》为例/王宵前/南京政治学院学报/2013.3

藏传佛教度母与基督教圣母的比较研究——以夏吾才让的唐卡与拉斐尔的《西斯廷圣母》为例/杨菊/西藏艺术研究/2013.2

由回回哈的司与崇福司看元代的伊斯兰教与基督教发展/吴巍/北方民族大学学报（哲学社会科学版）/2013.5

城市居民基督教信仰状况与生活满意度研究——以郑州市为例/孔兢/社会福利（理论版）/2013.10

基督教与20世纪的美国文学/钱中丽/名作欣赏/2013.12

在华基督教传教士的汉学素养探析——以《教务杂志》（*The Chinese Recorder*）书目为中心的探讨（1928—1941）/王皓/美与时代（下）/2013.3

佛山基督教的历史、现状及展望/罗长斌/佛山科学技术学院学报（社会科学版）/2013.1

顾颉刚与中华基督教会在西南边疆的社会服务运动——以顾颉刚日记为中心的考察/汪洪亮/西南民族大学学报（人文社会科学版）/2013.11

基督教视域中的《白卫军》人物形象分析/罗妍/湖北工程学院学报/2013.2

从《辟邪纪实》看对基督教的误读/陆辰叶/宁波教育学院学报/2013.2

基督教与西方社会结构的变迁/吕绍勋/内蒙古师范大学学报（哲学社会科学版）/2013.6

建国初我国的宗教政策与基督教“三自爱国运动”研究/盛亚军/大庆师范学院学报/2013.5

羌族多神崇拜与基督教一神崇拜的相通性探微/沈群英、易安银/四川民族学院学报/2013.3

基督教成为中国人本土宗教要回答的四个问题/温伟耀/天风/2013.4

奥古斯丁基督教美学思想内蕴疏论/张能、李坤/曲靖师范学院学报/2013.5

城市共融下的“中国梦”——上海基督教青年会、女青年会为外来务工人员服务掠影/马兆珍/中国宗教/2013.4

我们都是“梦之队”——基督教全国两会“畅谈中国梦”座谈会摘要/本刊编辑部/天风/2013.5

简介台湾基督教的历史与现状/孙琪/天风/2013.8

认识的确定性与“上帝”观念的演变——兼论自然科学与基督教信仰之间的关系/李

海峰、宋成/社会科学辑刊/2013. 6

随俗与调适：鲁西南地区基督教春节活动——以孙庄教会为例/郭爱坤/南阳理工学院学报/2013. 2

从史铁生的基督教情怀内视其生存哲学/王琨/郧阳师范高等专科学校学报/2013. 4

近代重庆基督教会慈善福利事业与传统慈善福利事业的比较研究/周晓光/改革与开放/2013. 4

基督教敬拜赞美中的流行音乐元素——以昆明三一国际礼拜堂为例/师向宁、张净媛/民族音乐/2013. 2

从传统到现代——《中东：自基督教兴起至二十世纪末》读后感/鲁能/华夏文化/2013. 2

梦想　从我开始——关于发挥基督教积极作用的若干思考/岳清华/中国宗教/2013. 5

闻一多与基督教/谢荣谦/中国宗教/2013. 12

在实践中不断深化对宗教的认识——徐州铜山区临头村基督教发展现状引发的思考/顾传勇/唯实/2013. 5

试论罗马帝国时期的瘟疫对基督教发展的影响/卢杨/黑龙江史志/2013. 15

论基督教幽暗意识对宪政权力限制的影响/蒲恩灿/法制与社会/2013. 10

基督教伦理学与丁光训主教的著作/白理明、安静侠/天风/2013. 1

从公共教育学角度谈基督教神学教育的努力方向/龙尚勇/天风/2013. 11

从《陶行知年谱长编》看基督教对陶行知的影响/徐志辉/南京晓庄学院学报/2013. 4

对话增进友谊　交流创造和谐——第二届中美基督教领袖论坛在沪成功举行/薛春梅、姜小溪/中国宗教/2013. 12

基督教音乐的神圣之美——以威尔第的《安魂曲》为例/曲萌/中国宗教/2013. 11

早期基督教新教伦理对 17 世纪荷兰绘画的影响/王芸辉、赵倩倩/艺术探索/2013. 5

透过基督教和儒家思想看英语构词和汉语造字中的男尊女卑/张人愚/湖北广播电视大学学报/2013. 11

处境化神学的思考和实践——从新教神学看中国基督教会神学思想建设/张仕颖/中国宗教/2013. 8

基督教信仰中的共同富裕/陈驯/中国宗教/2013. 4

巩天民与奉天基督教青年会/巩宁、巩辛/党史纵横/2013. 8

和平的福音　友好的交流——中美基督教领袖论坛侧记/孙琪、王冬昀/天风/2013. 12

伪满时期的日系基督教/问昕/兰台世界/2013. 31

古老的东正教堂——基督教文明札记/沈黎思/天风/2013. 7

论中世纪早期西欧的艺术教育/洪缨、罗萍嘉/设计/2013. 8

用建筑语言诠释基督精神——记温州基督教会柳市堂/尚斌/中国宗教/2013. 4

中国基督教史研究应走向开放/学术界/2013. 11

浅析对教义神学的前瞻性理解/陈跃鑫/天风/2013. 12

墙上讲述的故事——管窥文艺复兴初期基督教壁画艺术/王毛子/大众文艺/2013. 11

谈朱春林油画作品中的基督教信仰情感/刘斐男、张明远/现代装饰（理论）/2013. 7

中国基督教第九次代表会议发挥正能量，共圆“中国梦”倡议书/天风/2013. 10

蒋坚永副局长到访基督教全国两会听取意见/王冬昀、王腾飞/天风/2013. 9

徐亨与大陆基督教领袖的交往/曹圣洁/世纪/2013.5

新普送的五旬节经验及其在中国的影响/陈声柏/暨南学报（哲学社会科学版）/2013.4

加拿大差会在华西地区的社会文化活动——以华英书局传教士为中心的讨论/周蜀蓉/宗教学研究/2013.3

张雪岩建立“人间天国”的社会福音思想/陈建明/四川大学学报（哲学社会科学版）/2013.4

《田家半月报》创刊初期出版概况研究/王京强/成都师范学院学报/2013.8

论复活节在文学作品中的呈现、描写及功能意义/孙晓博/佳木斯教育学院学报/2013.7

略论天津中华基督教青年会与近代社会慈善救济事业——以《大公报》1917年大水灾报道为中心/王军、侯杰/广东社会科学/2013.1

朝鲜洪大容《乾净衕会友录》及其流变——兼及崇实大学校基督教博物馆藏本介绍/夫马进、张雯/清史研究/2013.4

从三个“教徒世家”看基督教对城市家庭的影响——兼论城市基督徒社会地位的演变及其影响/张丽萍/西南民族大学学报（人文社会科学版）/2013.2

“光盘行动”中的基督教角色/康鸿/中国宗教/2013.3

“同化”与坚持：略论在美所见两种基督教早期中文书籍/李期耀/宗教学研究/2013.2

基督教会海淀堂/曼哈德·冯·格康、斯特凡·胥茨、Christian Gahl/城市环境设计/2013.7

关于重庆市基督教社会服务的思考/唐代虎/中国宗教/2013.4

早期中国穆斯林学者对基督教的态度/许淑杰、于鹏翔/社会科学战线/2013.4

科学价值观的“宗教主义形态”：影响近代科学发展的双刃剑——以基督教为例/屈婷婷/求索/2013.8

建立富有中国特色的圣经学——香港中文大学教授李炽昌访谈/焦玉琴、游斌/中国宗教/2013.11

珍惜生命　呵护生命　基督教的生命观/张忠成/中国宗教/2013.2

论《魔戒》的基督教关怀/袁芳/长江大学学报（社科版）/2013.11

基督教文化视域中的《阿拉比》/梁楹/忻州师范学院学报/2013.3

欧洲例外——基督教的翻云覆雨/章迪禹/世界知识/2013.16

让福音成为促进和谐世界的力量——中美基督教领袖论坛美国代表访谈摘要/邱云/天风/2013.12

“第四届佛教与基督教比较学术研讨会”在重庆召开/李璐/法音/2013.6

基督教私设聚会点与家庭聚会的区别/周庆/四川统一战线/2013.9

花开山脚下——狮子庙基督教会福音见证/刘佳音/天风/2013.7

“天府之国”的美好见证　四川省基督教两会抗震救灾纪实/中国宗教/2013.11

生命与生活——山西省基督教首届讲道交流活动侧记/石薇/中国宗教/2013.10

平潭吹响福音号角　岚城高奏真理乐章——平潭城关基督教会福音见证/邓灵勇、许恒乐/天风/2013.3

超越伊斯兰政治史的中东史——读《中东：自基督教兴起至二十世纪末》/韩大猛/中国宗教/2013.9

学位服与基督教源流考究/智华/天风/2013.12

上海市伊协与上海市基督教“两会”联合举办“和合共兴”对话交流会/本刊讯/中国穆斯林/2013.6

浅谈如何加强对宗教工作的管理/王澄雄/海南人大/2013.8

黔西北彝苗地区宗教变迁与族群性/黄瑾/贵州民族研究/2013.5

近代中国基督徒眼里的观世音——张亦镜对观世音的认识/范大明/湘南学院学报/2013.1

论善因营销本土化/梁勇/广东商学院学报/2013.1

从传说到传奇——吸血鬼形象的起源与演变/刘礼飞/燕山大学学报（哲学社会科学版）/2013.1

“朝圣路上发回的报告”——梭罗的宗教观及其《瓦尔登湖》/孙霄/南开学报（哲学社会科学版）/2013.1

重审穆旦诗中“我”的现代性与永恒性/李章斌/中国现代文学研究丛刊/2013.3

马克思哲学中两种逻辑间的张力及一种可能的解决方式/王南湜/学习与探索/2013.11

西方民主话语霸权的政治解读/倪春纳/河南大学学报（社会科学版）/2013.3

宗教象征叙事与俄苏革命文学/王志耕/外语与外语教学/2013.1

《新约》中的死亡观及其历史影响/林中泽/四川师范大学学报（社会科学版）/2013.1

对东方学研究的研究/蔡伟良/阿拉伯世界研究/2013.2

奥古斯丁的修辞学：灵魂治疗与基督宗教修辞/梅谦立、汪聂才/中山大学学报（社会科学版）/2013.4

瓦格纳歌剧《帕西法尔》的思想寓意/康啸/星海音乐学院学报/2013.2

论英国的共和主义传统/于文杰/史学月刊/2013.1

修身与治国：蒋介石的省克生活/黄克武/杭州师范大学学报（社会科学版）/2013.2

明教“五佛”考——霞浦文书研究/马小鹤/复旦学报（社会科学版）/2013.3

20世纪以来国内苗族宗教研究述评/罗兆均、徐祖祥/民族论坛/2013.7

登州文会馆与山东大学堂学缘述论/崔华杰/山东大学学报（哲学社会科学版）/2013.2

《坎特伯雷故事》中“不合适”的母亲/张亚婷/国外文学/2013.2

宗教文化与17世纪科学革命/赵立坤/湘潭大学学报（哲学社会科学版）/2013.1

博爱与仁爱：东西方语境下“爱”的释读——以《圣经》和《论语》为例/唐军、吴舒娟/学术界/2013.11

圣母形象在中国的形成、图像转译及其影响——以《中国风圣母子》为例/董丽慧/文艺研究/2013.10

《罗慕拉》中的空间叙事/徐颖/北京第二外国语学院学报/2013.8

哥特式教堂的宗教文化探析/刘汉州、郭兆儒/河南大学学报（自然科学版）/2013.3

东正教灵修传统与俄国文化史——霍鲁日的俄国文化史观/徐凤林/俄罗斯研究/2013.6

随俗与立异：江淮地区一个乡村基督徒的春节习俗/周典恩/民俗研究/2013.6

近代瑞典传教团喀什噶尔传教之旅——《中亚的传教与变革》评述/木拉提·黑尼亚提、迪木拉提·奥迈尔/西域研究/2013.1

论美国传教士对中国晚清社会的“文明化”虚构/王以芳/山东社会科学/2013.6

生存与信仰之间：教会大学的两难处境（1922—1951）——以华中大学为中心/章博/江汉论坛/2013.9

西方古代德性传统的三源泉及其交汇/江畅/武汉科技大学学报（社会科学版）/2013.2

自传忏悔的文化背景和内在张力/曹蕾/浙江师范大学学报（社会科学版）/2013.2

跨境民族的宗教信仰与口头传统关系——以云南傈僳族为个案/杨杰宏/保山学院学报/2013.1

论达尔文宗教观的演变/张增一、李亚宁/自然辩证法通讯/2013.6

王光祈的中华民族根本思想与卫礼贤的“礼乐”思想/管建华/音乐探索/2013.1

从“走”到“坐”：西方史家治史从古代向中古的转变/李隆国/史学史研究/2013.4

精神世界与艺术主题的转换——汉晋南北朝与罗马时代艺术社会背景略述/刘道广/艺术百家/2013.2

中国自由派基督徒视域中的苏俄国际形象（1918—1949）/杨卫华/中山大学学报（社会科学版）/2013.6

异化理论的认同与艺术、宗教的融合——C. H. 布尔加科夫对马克思主义学说的早期理论探索/周来顺/求是学刊/2013.2

试析拉美左翼政治与拉美宗教社会主义思潮/成晓叶/中共贵州省委党校学报/2013.3

季理斐与广学会文字布道事业的发展/陈喆/宗教学研究/2013.1

好莱坞电影中的文化透视/张文星/电影文学/2013.4

教会法对西方法律制度的影响/李世鹏/法制与社会/2013.12

探析《深河》中的东方主义思想/高玉霞/文学教育（上）/2013.2

原罪的诱惑——浅析原罪思想对《雷雨》的影响/杨珩/名作欣赏/2013.12

试论“出埃及”事件的宗教与文化意义/郭白歌/鲁东大学学报（哲学社会科学版）/2013.6

宗教、教育与国权——张亦镜与近代中国收回教育权运动/范大明、周建树/湛江师范学院学报/2013.1

哈代的宗教思想探微/郭高萍/长春理工大学学报（社会科学版）/2013.3

《恋爱中的女人》中掌击的深层文化意蕴/徐敬珍/甘肃社会科学/2013.2

关于普罗柯比的宗教信仰问题/马锋/中南大学学报（社会科学版）/2013.3

《亚当·比德》中的自然与超自然/徐颖/天津外国语大学学报/2013.6

君士坦丁与“米兰敕令”的政治动因/刘钊/南通大学学报（社会科学版）/2013.3

从“极致”的罪恶到“无比单纯”的救赎——《圣经》叙事与余华的小说创作/姚晓昕/理论界/2013.7

福州圣约翰堂的建筑特征及其文物价值/谢承平、关瑞明/华中建筑/2013.6

西欧中世纪朝圣观念变迁的社会根源/张强/湖北师范学院学报（哲学社会科学版）/2013.2

从全球史视角看宗教的起源与发展/张虹/赤峰学院学报（汉文哲学社会科学版）/2013. 7

婚姻　人性　种族——赫斯顿的短篇小说《汗水》的多元主题/姜伟/江苏科技大学学报（社会科学版）/2013. 2

从《奥斯卡与露辛达》看19世纪澳大利亚的信仰文化/张计连/学术探索/2013. 11

民国自由派基督徒乡村改造思想中的几个问题/杨卫华/中国农史/2013. 6

虔信的天籁之音——论布鲁克纳交响曲中的宗教情结/张晨/乐府新声（沈阳音乐学院学报）/2013. 2

传教目的下的美育操作透视——“石门坎现象”的美学分析/何嵩昱/人民论坛/2013. 26

俄罗斯东正教对阿穆尔河流域及滨海地区土著民族的影响/尤里娅·维克多罗夫娜·阿尔古加耶娃、余鑫/东北史地/2013. 5

路易—菲利普的御前汉语翻译考/谢海涛/史林/2013. 6

但丁的人学观之成因/李晓东/学术交流/2013. 6

“此在”与“终极”——林徽因的超越精神/孙翀/中共济南市委党校学报/2013. 1

西方社会文化道德行为约束与宗教“末日审判”情结的关联/王岩/湖北第二师范学院学报/2013. 9

梅列日科夫斯基文学创作中的哲学观与宗教观/王晨/学术交流/2013. 10

清末绥远地区宗教文化的侵袭与抵制——二十四顷地教案成因探析/王德/内蒙古社会科学（汉文版）/2013. 6

国家法律与社会“活法”的冲突法理学分析/赵子萱/法制博览（中旬刊）/2013. 9

施莱尔马赫的“绝对依赖感”概念再析/闻骏/理论月刊/2013. 12

试析传教活动主体的伦理正当性/程洪猛/中央社会主义学院学报/2013. 1

论穆旦的生命哲学及诗学主旨/高兴/沧州师范学院学报/2013. 3

对“晚明”牙雕断代的再认识——以圣母子和送子观音像为例/董丽慧/装饰/2013. 2

直面人性之“罪”/孙翀/山东行政学院学报/2013. 2

亚历山大教理学校及其在西方教育史上地位/田明/民族高等教育研究/2013. 2

T. S. 艾略特的保守主义政治文化观/李兆前/江苏广播电视大学学报/2013. 6

中国近代民众入教与宗族问题初探/李越/湖北社会科学/2013. 11

浅谈《愤怒》中的西方资源/秦慧芳/安徽文学（下半月）/2013. 1

论中西方文化对科学形成及发展的影响/宋清波/人民论坛/2013. 14

《圣经》教义对英美文学创作影响之探析/王俊生/开封教育学院学报/2013. 8

思想政治教育三大案例略谈/卢有志/吉林省教育学院学报（上旬）/2013. 12

浅谈芭蕾舞与宗教的关系/刘莎莎/世纪桥/2013. 5

美国黑人福音音乐中黑白文化的融合/于佳/黄河之声/2013. 2

中西绘画审美意识的差异与互补性综述/毕崇旭/艺术研究/2013. 1

帕斯卡的人文主义“正义”解——《思想录》的“政治话语”管窥/惠天羽/剑南文学（经典教苑）/2013. 10

对中世纪单音音乐到复音音乐发展的思考/杨阳/大众文艺/2013. 7

西方古代金箔玻璃器皿赏析/吴欧红/苏州工艺美术职业技术学院学报/2013. 4

工楷写耶稣——赵紫宸本色教会观探析/郭炳瑞/黑龙江史志/2013. 13

勃艮第乐派宗教音乐作品风格简析/杨紫晴/中国校外教育/2013. 7

一场由翻译触发的社会运动：从马礼逊的圣经翻译到太平天国/王悦晨/中国翻译/2013. 3

跨地方对话与地方重构——从“炼狱”到“天堂”的石门坎/袁振杰、朱竑/人文地理/2013. 2

论维多利亚宗教法律思想/于浩、曾航/政治与法律/2013. 4

“中国无宗教论”反思/张志刚/北京大学学报（哲学社会科学版）/2013. 3

东方学传统与传教士汉学——艾约瑟对上古中国宗教的阐释/陈喆/中山大学学报（社会科学版）/2013. 1

中国慈善发展的历史与现实/周秋光/史学月刊/2013. 3

民族精神的传承与自觉——以英法德美日韩等发达国家为例/顾鋆斋/山东大学学报（哲学社会科学版）/2013. 1

“你的名如同倒出来的香膏”——圣贝尔纳的爱情观与世界观/彭小瑜/华中师范大学学报（人文社会科学版）/2013. 2

新中国60年索尔·贝娄小说之考察与分析/祝平/当代外国文学/2013. 2

节庆游戏与“共同体”生活——法国中世纪的愚人节研究/沈坚、唐运冠/浙江大学学报（人文社会科学版）/2013. 5

论马克思主义大众化中的信仰培育——一种基于西方诠释学的考察/彭启福/江淮论坛/2013. 1

论西方宗教与法治社会的关系/单纯/中国政法大学学报/2013. 5

马克思的马克思主义道德观解读/王新红/中共福建省委党校学报/2013. 1

中世纪知识分子与大学的兴起/邢亚珍/高教探索/2013. 1

历史想象与传奇叙事：论《天使在美国》的现代性诗学救赎/朱雪峰/当代外国文学/2013. 3

古典学的诞生与解经学的现代传统/赵敦华/北京大学学报（哲学社会科学版）/2013. 2

在现代与后现代之间：马克思的人的观念的历史定位/王晓升/华中科技大学学报（社会科学版）/2013. 4

重估尼采哲学/赵敦华/中国高校社会科学/2013. 4

俄罗斯认同中“我—他”身份构建的历史流变/郭小丽/俄罗斯研究/2013. 3

落地生根：中国社会工作本土化与基础理论建构/黄耀明/社会工作/2013. 5

希腊想象与启蒙时代的德意志身份重构/施锐/外语学刊/2013. 1

宗教与沙特外交：战略、机制与行动/涂怡超/阿拉伯世界研究/2013. 4

波斯语在东亚的黄金时代的开启及终结/刘迎胜/新疆师范大学学报（哲学社会科学版）/2013. 1

民族认同与宗教对我国少数民族民族认同的影响/宫玉宽/西北民族大学学报（哲学社会科学版）/2013. 2

《玫瑰之名》与诗术——埃柯与亚里士多德的谐剧观/刘小枫/思想战线/2013. 1

C. S. 路易斯的“神话”思想探析——以小说《裸颜》为例/王立新、郭星/南开学报

（哲学社会科学版）/2013.1

18世纪英国国教会述析/李义中/北京大学学报（哲学社会科学版）/2013.4

托马斯·阿奎那论预定和人的自由意志/刘光顺、徐勇/宗教学研究/2013.1

从乔布斯的斯坦福演讲看美国人的核心价值观——浅议宗教信仰、历史、地理条件对美国人核心价值观形成的影响/丁诗雯/外国语文/2013.S1

重新思考世俗性/查尔斯·泰勒、刘擎/马克思主义与现实/2013.5

圣经中译史研究的学术回顾和展望/赵晓阳/晋阳学刊/2013.2

社会控制视角下的宗教功能刍议/邱高兴/苏州大学学报（哲学社会科学版）/2013.3

简论罗明坚和利玛窦对近代汉语术语的贡献——以汉语神学与哲学外来词研究为中心/张西平/贵州社会科学/2013.7

论西方知识分子的清教主义传统及其精神特质/韩彩英、邢娟娟/学术界/2013.1

对近代中国教案史研究的回顾与反思/苏全有、张超/湖南工程学院学报（社会科学版）/2013.2

边缘人的言说和自我建构——梅希蒂尔德与《流溢的神性之光》/杜力/外国文学/2013.1

宗教慈善的借鉴与实践——以意大利“圣艾智德”和上海“普安堂”为例/李天纲/华东师范大学学报（哲学社会科学版）/2013.2

敦煌新近发现的景教遗物——兼述藏经洞所出景教文献与画幡/彭金章/敦煌研究/2013.3

中国大学生的宗教信仰现状及问题/王卫东、陈昳茹/科学经济社会/2013.4

论奥古斯丁的世界历史观念/石敏敏/浙江工商大学学报/2013.2

西学东渐下的科学与宗教/陈世锋/自然辩证法研究/2013.3

心态史视野下的西欧资本主义文明的兴起/闵凡祥/学海/2013.1

宗教与政治的关系：西方的视角/张志超/国外理论动态/2013.4

西方对汉语的想象：韦伯、费诺罗萨、庞德（英文）/丹尼尔·奥尔布赖特/外国文学研究/2013.4

康熙朝贡狮与利类思的《狮子说》/邹振环/安徽大学学报（哲学社会科学版）/2013.6

《查拉图斯特拉如是说》“论幻觉与迷”一章法理释读/于浩、曾航/西南政法大学学报/2013.2

浅析马丁·路德宗教改革对中世纪德意志民族工作观的影响/张伟/外国语文/2013.S1

颠覆与杂糅：哈格德笔下的母权空间/周子玉、罗璠/外国文学研究/2013.2

神话学视野中的《圣经》观照/梁工/民俗研究/2013.4

“义人”与“圣人”：基于《圣经》与《道德经》的比较/孙清海/云南社会科学/2013.4

阿拉伯国家的宗教旅游文化及其影响探析/刘晖/宁夏社会科学/2013.5

理性地对待宗教在公共领域中的力量——评述哈贝马斯对“政治神学”的批判/张庆熊/马克思主义与现实/2013.5

《伊丽莎白·科斯特洛：八堂课》与后殖民沟通/王旭峰/南开学报（哲学社会科学版）/2013.1

宗教战略在美国公共外交中的运作——评杜鲁门政府建立的国际“宗教战线”/贾付强、李隽/太平洋学报/2013.4

“灵肉互文”与“身体美学”——从互文性视角看“身体写作”/陈定家/江苏行政学院学报/2013.2

远藤周作《死海之滨》中的耶稣形象/臧运发、史军/解放军外国语学院学报/2013.2

宗教与美国慈善事业发展研究综述/李月娥、满小欧、李真/学会/2013.6

法学视野下幸福观的历史流变/杨学科/上海政法学院学报（法治论丛）/2013.1

《圣经》中译与文化诠释：几个相关问题的思考/陈声柏、姜宗强/宗教学研究/2013.1

文化哲学：关于民族性的思考/谢·尼·布尔加科夫、徐凤林/求是学刊/2013.2

从《沉默》到《深河》——远藤周作多元化宗教思想探索/陈云辉/西华大学学报（哲学社会科学版）/2013.2

现代汉语“审判”一词的由来/孙逊/日语学习与研究/2013.2

西方吸血鬼和中国鬼怪的对比研究和文化解读——以《惊情四百年》和《倩女幽魂》为例/田学军、陈兆霞/电影评介/2013.11

科学与宗教的关系及其与中国文化的涵容——谢扶雅论中国文化建设视域下的科学与宗教/赵清文/自然辩证法研究/2013.5

关于“人文主义”的再思考——南开大学博士生导师王志耕教授访谈/欧光安、王志耕/社会科学家/2013.6

《追风筝的人》看外国文学中的精神救赎/王娟/南昌教育学院学报/2013.9

简论哈利·波特的“救世主”英雄形象/穆念/海外英语/2013.16

从理性的高扬到理性的反思——启蒙运动背景下近代理性主义宗教的兴衰/闻骏/武汉科技大学学报（社会科学版）/2013.6

欧洲文明转型与现代史学的诞生/张乃和/史学集刊/2013.1

“第三王国”的理想——《皇帝与加利利人》与《叛教者尤利安》比较研究/武晓霞/解放军外国语学院学报/2013.3

海外传教活动对20世纪美国的影响/戴维·A. 霍林格、郭擎川/复旦学报（社会科学版）/2013.3

技术与美德之间：西方医学人道主义思想渊源/李振良、孟建伟/医学与哲学（A）/2013.10

探求神迹背后的真实——解读教宗格里高利一世的《圣本尼狄克传》/包倩怡/国外文学/2013.1

冰心小说《相片》的叙事伦理——兼论东方主体如何对待东方主义问题/李玲/中国现代文学研究丛刊/2013.5

从儒家政治哲学中发现“共和政体因素”——论孟德斯鸠的中西哲学和文化比较研究/许苏民/河北学刊/2013.3

中世纪英国政府对黑死病的反应及应对措施/刘黎/大理学院学报/2013.1

析普罗提诺新柏拉图主义美学/陆扬/徐州工程学院学报（社会科学版）/2013.2

中世纪世俗史学的社会政治功能及叙史逻辑/陈文海/华南师范大学学报（社会科学版）/2013.5

以宗教信仰促成社会和谐/胡玉鸿/学习论坛/2013.1

云南少数民族宗教文化的现代传承与发展/孙浩然/学术探索/2013.6

"永生"的寓喻叙事：浅析李提摩太对《西游记》的翻译理解方案/李晖/北京第二外国语学院学报/2013.8

信耶稣的国民：民族主义与1920年代中国基督徒的身份问题/吴义雄/安徽大学学报（哲学社会科学版）/2013.5

利玛窦的家庭教育及耶稣会人文主义教育背景/王苏娜/北京行政学院学报/2013.1

国际宗教慈善发展研究的新进展/李琳、明世法/中共石家庄市委党校学报/2013.4

马克斯·韦伯宗教经济伦理思想产生的背景探究/刘凯/云南大学学报（社会科学版）/2013.2

中国女娲创世神话与《创世记》1至11章的叙事/李炽昌、林艳/西北师大学报（社会科学版）/2013.4

从主题学谈《安娜·卡列尼娜》与《包法利夫人》的异同/李会芹/重庆科技学院学报（社会科学版）/2013.11

论严歌苓长篇小说《第九个寡妇》中的家庭伦理书写/刘云/海南师范大学学报（社会科学版）/2013.4

奥古斯丁论自由意志与德性之困难/林季杉/道德与文明/2013.3

我国新兴宗教问题研究综述/于涛/中国轻工教育/2013.3

传教士缘何研习《圣谕广训》：美国卫三畏家族档案手稿所见一斑/司佳/史林/2013.3

理雅各的《中国经典》及其宗教思想/乔澄澈/学术界/2013.12

恩格斯晚年宗教思想研究/黄传根/重庆邮电大学学报（社会科学版）/2013.6

艾略特《荒原》的宗教救赎观及艺术特色/闫柯菲/北京科技大学学报（社会科学版）/2013.6

宗教与科学关系研究的哲学思考/郭霞、马兆俐、张海滨/辽宁省社会主义学院学报/2013.1

美国慈善意识的文化因素及启示/李国强/中北大学学报（社会科学版）/2013.4

帕斯卡尔赌注的数学思想及其逻辑结构/王幼军、甄玉君/上海交通大学学报（哲学社会科学版）/2013.4

试论宗教改革对近代西方文化转型的意义/张贵银/人民论坛/2013.35

上帝、圣经与阅读的寓言：德里达与奥古斯丁/李永毅/国外文学/2013.2

路德宗教改革与德意志民族主义/徐乐天/云南民族大学学报（哲学社会科学版）/2013.4

洛维特与施特劳斯——对虚无主义的历史与哲学克服/高山奎/同济大学学报（社会科学版）/2013.2

乔治·艾略特与圣经高等评断学/徐颖/外国文学/2013.4

俄罗斯东正教会封圣史发展概述？/赵小华/俄罗斯研究/2013.6

为上帝的事业辩护——论莱布尼茨的神正论及其现实意义/王国华、姚帮/理论月刊/2013.2

外来宗教教育传播与苗族文化的磨合——"石门坎现象"激活的历史记忆/秋阳/三

峡论坛（三峡文学·理论版）/2013.1

李约瑟难题/张怀武/宁夏党校学报/2013.3

历史意识的觉醒与西方历史主义的兴起/宋友文/北京行政学院学报/2013.3

中越跨境民族宗教生态发展的特点和规律/徐祖祥/宗教学研究/2013.3

永恒的“现在”与光明的“未来”——艾略特与唐祈诗歌中的“时间”之比较/李章斌/中国比较文学/2013.3

论维特根斯坦的语言宗教观/王海东/苏州大学学报（哲学社会科学版）/2013.6

失落之中的期待——小说《亡命之徒》的宗教意识探析/卢姗/北京社会科学/2013.1

现代性视域中的经济个人主义：意义与局限/曹东勃、邱卫东/南京政治学院学报/2013.1

论十七世纪法国冉森派的神学和政治/崇明/浙江学刊/2013.2

捷克宗教改革家约翰·胡斯研究述评/曾祥敏/西南民族大学学报（人文社会科学版）/2013.2

毛姆的精神之旅/郑素华/重庆理工大学学报（社会科学）/2013.6

现代政治应该如何对待宗教——以《利维坦》的分析为例/李育书/江西社会科学/2013.4

罪与罚——析《红字》的救赎主题/杨红梅/丽水学院学报/2013.4

广场音乐文化参与群体调研与分析/包婷/四川戏剧/2013.4

评蔡元培“以美育代宗教说”/王元骧/社会科学战线/2013.7

以儒证耶——哈佛燕京本林乐知译《安仁车》的研究/姚达兑/中国比较文学/2013.4

中西伦理治理之比较及启示/邵龙宝/中州学刊/2013.11

论莱布尼茨辩证的善恶观/王国华/中南大学学报（社会科学版）/2013.1

文化视野下金陵女子大学的组织变迁分析/陈兵兵、徐玮玮/中华女子学院学报/2013.1

明末基督教徒与西方传华火器技术之关系研究/冯震宇、高策/科学技术哲学研究/2013.2

宗教意识下的中西婚俗比较/薛源/长春教育学院学报/2013.16

野蛮与文明的融合变奏——英雄史诗《贝奥武甫》的蛮族文化传统与英国文化精神/王春雨/东北师大学报（哲学社会科学版）/2013.6

欧洲世俗化进程的转向——兼论宗教与社会的关系/伍慧萍/德国研究/2013.3

马克思主义形成的欧洲深层思想文化背景究探/张允熠/学术界/2013.11

抗战时期基督宗教在广西的救亡活动/李林凤、颜小华、谢东艳/广西社会科学/2013.1

关注世界　聚焦宗教——2012年世界十大宗教热点问题评析/王建华、熊坤新/民族论坛/2013.1

哥特式建筑艺术的起源——从中世纪的共济会谈起/冯亚/艺术探索/2013.2

西方宗教哲学之意义、问题与可能性/翟志宏/陕西师范大学学报（哲学社会科学版）/2013.5

莱布尼茨的中国人观论要/陈丛兰/道德与文明/2013.2

勒内·基拉尔与《约伯记》的人类学解读——以《约伯，民众的替罪羊》为例/陈金

星/淮南师范学院学报/2013. 1

理雅各对“仁”的译解及其与“经文辩读”的贯通/邱业祥/汉语言文学研究/2013. 1

中国文化世俗主义传统之思考/李晶/北京社会科学/2013. 2

传教士与庚子赔款——以美国北长老会为例/王妍红/福建论坛（人文社会科学版）/2013. 3

陈独秀宗教观的变迁/张洪波/学术界/2013. 5

古罗马晚期与汉末魏晋造物艺术之比较——3 至 5 世纪造物风格变迁脉络探析/朱文涛/装饰/2013. 8

宋元时期景教文献的中土接受与诠释/宗亦耘/上海大学学报（社会科学版）/2013. 5

柯尔律治文学释经思想探析/黄弋/外国文学/2013. 4

女性主义的宗教传统观——以麦菲和露华为例/高健群/国外理论动态/2013. 12

适应与奉献——中国社会处境中的基督宗教/卓新平/汕头大学学报（人文社会科学版）/2013. 1

东亚宗教文化模式及其现代意义/牟钟鉴/探索与争鸣/2013. 4

福音东传：英国浸礼会在华布道事业论略/张德明/宗教学研究/2013. 1

庄子的“真人”与尼采的“超人”内涵和价值之比较/梁景时/通化师范学院学报/2013. 3

《圣经》文学研究与西方“两希”精神/袁秀萍/楚雄师范学院学报/2013. 4

翻译、信仰与理性——奥古斯丁与哲罗姆关于“字对字”与“意对意”的分歧/方仪力/当代文坛/2013. 3

后殖民生态批评视域中的《绿绿的草，流动的水》/张慧荣/江苏师范大学学报（哲学社会科学版）/2013. 3

儒耶人格修养观比较——以孟子的“养气”和保罗的“称义”为核心/周玄毅/武汉大学学报（人文科学版）/2013. 4

“天定齐家”：美国新教妇女来华传教的社会性别逻辑/朱骅/妇女研究论丛/2013. 3

以“医”传“道”：英美会在川医疗传教活动述论/赵庆文/四川文理学院学报/2013. 4

德国左翼与艾哈德的思想遗产：对话瓦根克内希特/殷叙彝/国外理论动态/2013. 8

战后美国对日本教育的改革新探（1945—1950）/白玉平、张杨/中南大学学报（社会科学版）/2013. 6

《关于费尔巴哈提纲》中旧唯物主义所指范畴的论证/于天宇/牡丹江大学学报/2013. 1

德国马克思主义的四条路向/王凤才/人民论坛/2013. 3

论裴斯泰洛齐的“教育爱”思想——读《林哈德和葛笃德》有感/刘攀/鸡西大学学报/2013. 2

论中国古代道德生态的形成及其特点/张洪兴/学术论坛/2013. 2

从文学人类学视角解析《白鲸》中的圣经原型/赵攀/周口师范学院学报/2013. 3

试论《泰阿泰德》关于知识的第三个定义/余建军/重庆理工大学学报（社会科学）/2013. 7

基督宗教与中华文化/何光沪/甘肃理论学刊/2013. 5

西方古典德性思想的特点及其价值/江畅/伦理学研究/2013. 5

论海德格尔的时间观/王洁/重庆科技学院学报（社会科学版）/2013.1

《汤姆叔叔的小屋》中母亲形象的分析/刘丹/内蒙古民族大学学报（社会科学版）/2013.1

医药传教与西方医学在中国的本土化——以近代豫北加拿大长老会医药传教为例/邵金远、杨小明、高策/山西大学学报（哲学社会科学版）/2013.3

贺麟文化身份的再认识/单世联/广东社会科学/2013.5

关于中国宗教学研究的几个问题/卓新平/中国宗教/2013.11

清末时新小说《驱魔传》中鬼魔的宗教原型及社会意涵/黎子鹏/中国现代文学研究丛刊/2013.11

历史的流向与人类的选择——奥登创作中的线性历史意识/蔡海燕/海南大学学报（人文社会科学版）/2013.1

宗教革新与反帝爱国：新中国成立初期甘肃省三自革新运动研究/尚季芳/北方民族大学学报（哲学社会科学版）/2013.1

《贝奥武甫》的英雄观与英国文化传统/王春雨/外国问题研究/2013.1

探寻作为历史人物的耶稣/梁工/宗教学研究/2013.3

十字形符号在古代宗教建筑中的语义探究/王冬梅、张炯/华中建筑/2013.2

谭嗣同的宗教大同理想——《仁学》的宗教认知特征/张晓林/甘肃社会科学/2013.1

张悦然小说的悲剧描写/葛晓磊/忻州师范学院学报/2013.1

托马斯·莫尔的人文主义乌托邦/王小菲/重庆电子工程职业学院学报/2013.1

明清耶稣会士来华经历对于文化传播的启迪/李枫/东北大学学报（社会科学版）/2013.6

新教传教士与中国教育的早期近代化/吴雪玲/东岳论丛/2013.8

末代帝国民众的精神状态/陈志强/历史教学（下半月刊）/2013.12

论英格玛·伯格曼电影的“两希”文明底蕴/潘汝/上海大学学报（社会科学版）/2013.4

清末民初新兴音乐读物与出版/郭常英/中国出版/2013.3

人性和神性的冲撞与融合——试析《人生的枷锁》的宗教意识/马林贤/成都师范学院学报/2013.3

世俗美国梦的宗教救赎——从《了不起的盖茨比》到《阿甘正传》/梁忠宝/前沿/2013.8

论教皇权在十字军东征中的兴衰/苗玉龙/濮阳职业技术学院学报/2013.4

近代基督新教在华传教运动女性化原因探析/尹翼婷/求索/2013.7

耶稣会传教士《易经》的索隐法诠释/杨平/周易研究/2013.4

论《圣经·旧约·诗篇》在马丁·路德思想体系中的地位和作用/明晓旭、樊志辉/云南大学学报（社会科学版）/2013.6

女性主义圣经诠释概述/林燕/宗教学研究/2013.4

早期美国的孔子形象/张涛/贵州社会科学/2013.3

唯心主义者费尔巴哈——解读施蒂纳对费尔巴哈的两次批判/林钊/岭南学刊/2013.2

论《红楼梦》德译本中国宗教词汇意蕴的再现——以“空门”“神仙”和“识通灵”的德译为例/华少庠/湘潭大学学报（哲学社会科学版）/2013.2

道德话语和道德实践的危机与重构——麦金太尔德性思想的理论探析/姜延博/湖北民族学院学报（哲学社会科学版）/2013. 3

《十日谈》的伦理革新精神/都文娟/济南职业学院学报/2013. 3

文以载道　声气相求——巨赞的佛教文学观//麻天祥/哈尔滨工业大学学报（社会科学版）/2013. 4

“羌为何人”——20 世纪前期西方学者的羌民研究/卞思梅/云南师范大学学报（哲学社会科学版）/2013. 3

美国墨西哥裔文化中的民间药师及其文学再现/李保杰/山东外语教学/2013. 5

清教家庭伦理研究/张生/甘肃理论学刊/2013. 5

“镜喻论”评析/崔涛/学海/2013. 6

原型批评视角下文学作品中“河流”的救赎意义——以《约檀河之水》《施洗的河》《阿难》为例/孙胜杰/江西社会科学/2013. 12

《惜别》与鲁迅“弃医从文”——太宰治利用《圣经》虚构之意图/蔡超/重庆三峡学院学报/2013. 1

敦煌莫高窟的“人非人”形象及其启示/石炯/陕西师范大学学报（哲学社会科学版）/2013. 1

国家政权建设视野中土家族地区农村民间信仰传统的变迁——以鄂西五峰土家族自治县为例/赵晓峰/北方民族大学学报（哲学社会科学版）/2013. 3

跨越边界的深度学习——哈佛大学世界宗教研究所所长克鲁尼教授访谈/潘少铎、孙乃木、游斌/中国宗教/2013. 8

跨文化视域下祖先崇拜与上帝崇拜的阐释/蒋栋元/江苏师范大学学报（哲学社会科学版）/2013. 5

“西学”与上海文化/李天纲/书城/2013. 11

明清时期中国礼仪之争事件始末/刘碧霞、刘飞/兰台世界/2013. 3

早期英语谚语中的两希伦理观探析/肖建荣/重庆交通大学学报（社会科学版）/2013. 1

马·雅巴拉哈三世生平考略/李超、孟楠/宗教学研究/2013. 1

清末民初英国传教士与温州民俗的碰撞和适应/杨洁、李新德/温州大学学报（社会科学版）/2013. 2

美国清教主义的形成和危害/罗长斌/湖南第一师范学院学报/2013. 3

宗教与科学的关系/关亮亮/社科纵横（新理论版）/2013. 2

严歌苓移民小说中异国形象及其成因/陈学芬/集美大学学报（哲学社会科学版）/2013. 4

《红字》中的圣经文学投射/郑成英、黄泽火/海外英语/2013. 5

新世纪美国外交史学对宗教范畴的运用和讨论/曲升/北方论丛/2013. 3

大革命时期的《中国青年》对学生运动的独特贡献/王鹏程/湖北行政学院学报/2013. 2

从《我与地坛》看史铁生的信仰探索之旅/刘广新/名作欣赏/2013. 17

祛魅与复魅——皮珀休闲异化思想论析/郑明/吉林师范大学学报（人文社会科学版）/2013. 4

海内存“知己” 天涯若比邻——论《鲁滨逊漂流记》与《少年派》的宗教情结/周洁/名作欣赏/2013. 33

《圣经》官话译本对现代白话文发展的影响/邢梅/东南学术/2013. 6

比较文学视域中的芥川“切支丹物”——以《信徒之死》为例/王鹏/解放军艺术学院学报/2013. 1

现代性批判、文明的走向与作为生活方式的哲学——卢风教授访谈录/路强/晋阳学刊/2013. 1

“基督宗教与近代黄河中下游地区社会历史变迁”学术研讨会述评/柳岳武/宗教学研究/2013. 1

宁夏图书馆馆藏西方教会文献概述（一）/菊秋芳/图书馆理论与实践/2013. 4

《我们的祖先》：英雄主义的挽歌/李明英/安庆师范学院学报（社会科学版）/2013. 2

夜莺与悲情救赎——解读《夜莺与玫瑰》中的宗教元素/朱亚兰/攀枝花学院学报/2013. 3

中国传统社会宗教适应问题探析/答小群/西夏研究/2013. 3

捍卫古典传统，超越现代性——阿瓦尼教授访谈录/黄其洪/华中科技大学学报（社会科学版）/2013. 4

德川时代西方科技在日本的传播特征探析/王秋菊、陈红兵/东北大学学报（社会科学版）/2013. 4

从历史小说看芥川龙之介的罪恶观——以《竹林中》为中心/刘绍晨、江南南/名作欣赏/2013. 24

科学理论与宗教信念的合理性/张志林/深圳大学学报（人文社会科学版）/2013. 5

清教主义与英国殖民扩张析论/黄光耀/江苏广播电视大学学报/2013. 2

论中国教会大学之始末及特点/吴玉满、刘二铭/中国电力教育/2013. 14

《丰乳肥臀》：一个救赎的故事/毛峰/名作欣赏/2013. 23

进化论与海明威的男性身体观/邹理/外国语文/2013. S1

“空灵之神韵”与“神性之意味”——王维与华兹华斯自然诗呈现的审美境界之比较/许辉/文山学院学报/2013. 4

国际金融危机对西欧政党格局的影响/赵婷/领导科学/2013. 29

思想渊源·实践基础·体系建构·历史地位——再论中国特色社会主义宗教理论/龚学增/西北民族大学学报（哲学社会科学版）/2013. 6

从传播“基督福音”到冷战心理宣传——论美国海外学生交流的历史演进/陈永贵/甘肃社会科学/2013. 6

改革开放以来中国天主教社会服务浅议/左芙蓉/广东工业大学学报（社会科学版）/2013. 1

康有为与《大同书》中的平等观问题/李爱勇/信阳师范学院学报（哲学社会科学版）/2013. 2

俄罗斯东正教长老制的实质研究/刁科梅/哈尔滨工业大学学报（社会科学版）/2013. 2

清末民初西方传教士眼中的温州民间信仰/杨洁、李新德/温州职业技术学院学报/2013. 1

《红字》中的西方文化价值观解析/苗莉珺/赤峰学院学报（汉文哲学社会科学版）/2013. 4

英国人的契丹认知与航海探险/赵欣/外国问题研究/2013. 1

中西文化对比在英汉习语中的体现/刘文君/文史博览（理论）/2013. 3

走向钦定版之路：圣经英译（六七〇——一六一一）勾要/洪庆福/东吴学术/2013. 5

西欧近代早期盐的象征意义——16 世纪至 17 世纪西欧社会的盐与巫术/胡琬琳/盐业史研究/2013. 3

海德格尔对保罗书信的现象学阐释——加拉太书阐释作为导论/王坚/现代哲学/2013. 6

浅析反犹主义思想的历史渊源/葛名威/扬州大学学报（高教研究版）/2013. S1

痛苦和无聊的人生——波德莱尔诗歌赏析/宋军/名作欣赏/2013. 5

东西方自传文学中的两颗启明星——法显《法显传》和奥古斯丁《忏悔录》在文学性方面的比较/赵晓春/福建论坛（人文社会科学版）/2013. 2

神学、目的论、科学与内心世界的救赎东西方的不同方式？/腊碧士、褚龙飞、陈婷/科学文化评论/2013. 1

"单一"与"多元"：中西方宗教信仰差异的原因及影响/邢帅/河北省社会主义学院学报/2013. 2

《退潮》与南太平洋上的史蒂文森/牛振宇/甘肃社会科学/2013. 4

诗人的使命——关于荷尔德林的诗《在可爱的蓝里》/黄凤祝/同济大学学报（社会科学版）/2013. 6

天人合一的内在超越与神人相分的外在救赎——《诗经》与《诗篇》的赞美比较/明晓旭/学术交流/2013. 6

西方史学思想中的"西方中心主义"——试论其表现形式及产生原因/高美苏/前沿/2013. 11

生态美学视域下的许地山创作/周伟薇/华侨大学学报（哲学社会科学版）/2013. 3

"悖论"之中的意义链条——齐泽克的三个笑话/杨慧林/西北民族大学学报（哲学社会科学版/2013. 6

乔治·奥威尔的困境——论《马拉喀什》中的欧洲中心主义/邓云飞/安徽文学（下半月）/2013. 3

清代中叶华籍神父的研究——以李安德神父（1692—1774）为例/韦羽/中国天主教/2013. 2

大方之家，所见略同——赛珍珠与冰心文学文化观管窥/乔世华/江苏大学学报（社会科学版）/2013. 3

第四届萨尔兹堡国际景教会议综述/殷小平/西域研究/2013. 3

《圣经》十诫的积极意义/贾志宏/中国天主教/2013. 5

美国早期对华传教舆论中的孔子/张涛/社会科学辑刊/2013. 5

广州地区大学生宗教认知状况调查述要/覃辉银/人民论坛/2013. 35

萨沃纳罗拉改革对佛罗伦萨思想文化的冲击/杜佳峰/文化艺术研究/2013. 3

资本主义是中国的出路吗：民国基督徒的资本主义想象/杨卫华/东岳论丛/2013. 11

科学与宗教关系演变的历史素描/李醒民/理论研究/2013. 6

从边缘视角看奥尼尔与莎士比亚戏剧的深层关联/肖利民/四川戏剧/2013.2

尼采是“古希腊人”吗？——从一则箴言管窥尼采对古希腊价值观的解读/张瑞臣/求是学刊/2013.2

圣殿骑士团的兴衰/高天宜/沧桑/2013.1

试析韦伯文化科学分析中的理想典型/舒志锋/海南广播电视大学学报/2013.1

抗战时期节约献金救国运动发端考/王京强/四川文理学院学报/2013.4

《圣经》与流行歌曲/任东升、高玉霞/世界文化/2013.9

孔子与美国来华传教的舆论准备（1800—1830）/张涛/安徽史学/2013.6

现代犹太人和基督徒获得自由的能力/［德］布鲁诺·鲍威尔著，李彬彬译/现代哲学/2013.6

1922年非基运动中两大组织宣言与通电之“非”与“反”词义考/王良滨/宗教学研究/2013.1

“死如秋叶之静美”——对“尊严死”的一点浅见/陈企瑞/天风/2013.4

简论薄伽丘作品中对人性的反思/王丽东/大连大学学报/2013.1

民国时期金陵神学院乡村文字事工——《乡村教会》研究/王京强/宗教学研究/2013.2

西欧中世纪文化的功与过/段江/湖南大众传媒职业技术学院学报/2013.4

比较东西方“爱”之异同——以《论语》和《圣经》为例/崔罗强/名作欣赏/2013.29

论海明威的存在主义宗教意识/田俊武/广西大学学报（哲学社会科学版）/2013.4

宗教认同与民族认同的互动——以延边朝鲜族基督信仰为例/朱芸芸、郑慧淑/学理论/2013.27

伊斯兰文明与地中海——一场矛盾的邂逅/苏菲·玛卡里欧/中国国家博物馆馆刊/2013.12

回归原点寻求共识——对世界不同文明对话的思考/王志民/中国文化研究/2013.1

殖民者即上帝的隐喻——论莱辛“太空小说”中男主人公耶和尔形象及其殖民主义思想/陶淑琴/重庆工商大学学报（社会科学版）/2013.2

涂又光先生学术思想的转变与晚年定论/郭齐勇/湛江师范学院学报/2013.1

论海德格尔的时间观/王洁/重庆科技学院学报（社会科学版）/2013.1

论朗费罗诗化的宗教话语/柳士军/山西师大学报（社会科学版）/2013.1

文艺复兴时期的无伴奏合唱——《马尔切里教皇弥撒曲》作品分析及后世评价/殷乐/艺术教育/2013.2

基督教传教士与工尺谱/宫宏宇/音乐探索/2013.1

马克思的马克思主义道德观解读/王新红/中共福建省委党校学报/2013.1

爱不止息——怀念丁光训主教/王作安/天风/2013.1

基督教伦理学与丁光训主教的著作/白理明、安静侠/天风/2013.1

德厚流光大爱无疆——告别追思敬爱的丁光训主教/王从友/天风/2013.1

痛苦和无聊的人生——波德莱尔诗歌赏析/宋军/名作欣赏/2013.5

浅谈《愤怒》中的西方资源/秦慧芳/安徽文学（下半月）/2013.1

三千法国女郎争嫁中国劳工/赖晨/文史博览/2013.1

毛泽东在湖南会见外宾/夏远生/湘潮（上半月）/2013.1

岭东浸会吴雨三的教女经/蔡香玉/广东社会科学/2013.1

从互惠到博弈——试论新教伦理与依法治税/杨大春/法制博览（中旬刊）/2013.1

试析早期英国基督教会宗教传统的确立/谢胜男/理论界/2013.1

全省性宗教团体新一届领导班子座谈会在蓉召开/罗让达娃/四川统一战线/2013.1

神圣与世俗的平衡——托马斯“法的秩序”解析/卢传斌/太原理工大学学报（社会科学版）/2013.1

元代泉州基督教丧葬艺术的多元融合——从概念契合到图像创新/李静蓉/福建师范大学学报（哲学社会科学版）/2013.1

伊拉斯谟的教育思想探析——关于《论基督君主的教育》的研究/任超阳/重庆第二师范学院学报/2013.1

历史的流向与人类的选择——奥登创作中的线性历史意识/蔡海燕/海南大学学报（人文社会科学版）/2013.1

许地山“生本不乐”下的救赎/杨世海/湖南科技学院学报/2013.2

基督教艺术中的圣母子图像/陈云海/美术研究/2013.1

古东方文化与古西方文化的怨恨主题学概述/王明科、张海燕、姑丽娜尔·吾甫力/喀什师范学院学报/2013.1

基督教性别歧视对罗马法的影响/张春华/景德镇高专学报/2013.1

谭嗣同的宗教大同理想——《仁学》的宗教认知特征/张晓林/甘肃社会科学/2013.1

早期美国的孔子形象/张涛/贵州社会科学/2013.3

孔子与耶稣生死本体论之比较/朱清华/道德与文明/2013.2

中世纪西方对东方认知的历史演变——以基督教长老约翰传说为例/姬庆红/贵州社会科学/2013.3

宗教象征叙事与俄苏革命文学/王志耕/外语与外语教学/2013.1

《论列强》与德国的强国梦——反思德意志历史主义/陶杨华/社科纵横/2013.2

论西方理性观演变的逻辑与历史/商逾/胜利油田党校学报/2013.1

基督徒如何过清明节/罗应忠/天风/2013.3

十字架的启示/张丽丽/天风/2013.3

宗教象征叙事与俄苏革命文学/王志耕/外语与外语教学/2013.1

论西方理性观演变的逻辑与历史/商逾/胜利油田党校学报/2013.1

“拉加”与“魔利”/陈志华/天风/2013.3

用行动来阐释基督的爱/周兴/天风/2013.3

西学东渐下的科学与宗教/陈世锋/自然辩证法研究/2013.3

数学文化对宇宙观念的影响/刘鹏飞、徐乃楠/咸阳师范学院学报/2013.2

从传说到传奇——吸血鬼形象的起源与演变/刘礼飞/燕山大学学报（哲学社会科学版）2013.1

浪漫主义时期音乐对死亡主题的艺术性表现/李晶/音乐创作/2013.3

论十七世纪法国冉森派的神学和政治/崇明/浙江学刊/2013.2

论中国古代道德生态的形成及其特点/张洪兴/学术论坛/2013.2

赵紫宸：建构本色教会的探寻者/唐晓峰/中国宗教/2013.3

2013年儒教研究论文索引

大陆新儒家的政治诉求——新儒家思潮/马立诚/文史月刊/2013. 1

浅谈儒学思想对韩国的影响/孙传波/神州/2013. 1

儒学如何走向世界？——试论杜维明“儒学第三期发展”说/张城/学习与探索/2013. 1

“儒学第三期发展”重思/干春松/学习与探索/2013. 1

关于“百年儒学的命运与前景”的思考/吴光/中国德育/2013. 1

国家建构与国族建构：儒家视角的观照与反思/陈明/社会科学/2013. 1

杜维明与儒学的现代发展/李小娟/江海学刊/2013. 1

儒学复兴与现代国家建设/成中英/中共宁波市委党校学报/2013. 1

走向中华文明的未来谈/陈明、王人博、丛日云/中国政法大学学报/2013. 1

儒家文化在中国传统宗教领域中的地位/公超、付少平/前沿/2013. 1

宗教情怀与人文理性——论许地山的儒教观/刘雪飞/齐鲁学刊/2013. 1

关于儒教传统形态与现代转型问题的思考/白欲晓/福建论坛（人文社会科学版）/2013. 1

明清之际的“回儒学”何为可能？/阿里木·托和提/宁夏社会科学/2013. 1

儒家宪政主义：一个现实的乌托邦/郑维伟/浙江社会科学/2013. 1

唐君毅文化哲学观综论/吴衍发/唐都学刊/2013. 1

论唐君毅的文化哲学观/吴衍发/文化艺术研究/2013. 1

儒学政治化与政治儒教化——从儒学与汉代政治看儒学独尊之必然与偶然/张悦欢/青年文学家/2013. 1

易学与中国哲学及中国文化的发展/成中英/贵州大学学报（社会科学版）/2013. 1

中国传统社会的超越秩序及其影响——以儒家哲学为视角/刘晓庆/现代妇女/2013. 1

浅析中国儒学对韩国教育的影响/钱丽艳/才智/2013. 2

王阳明和胡塞尔的心学还原论——“重读王阳明”和“重读胡塞尔”/李幼蒸/贵州师范大学学报（社会科学版）/2013. 2

儒学演变的动力和意义生成模式——以许衡、丘浚治世思想为核心的研究/冯建章、王宏海/湖州师范学院学报/2013. 2

理学发展对明清山东文化之影响举隅/杨洁/潍坊学院学报/2013. 2

现代新儒学思潮的意识形态批判/叶超群/广西青年干部学院学报/2013. 2

儒学展开的新向度——简评陈明的“文化儒学”/周良发、杨阳/郑州轻工业学院学报（社会科学版）/2013. 2

儒学与生态文明——第九届国际儒学论坛综述/刁生虎、王喜英/高校社科动态/2013. 2

论日本江户时期的朱子学/史少博/东方论坛/2013.2

怎样认清儒学——评介刘绪贻《中国的儒学统治》/高放/江西社会科学/2013.2

儒学的融合历史溯源/朱光亚/宁波职业技术学院学报/2013.2

中国儒教核心思想与日本近世核心内容的对比/丁宁/青年文学家/2013.2

儒学之渊源特质与荀子论儒/葛志毅/大连大学学报/2013.2

论大陆儒学复兴运动的实践化导向/杜霞/美与时代（下）/2013.2

儒与信仰的重塑之于中国/丁继鹏/美与时代（下）/2013.2

互文视角下梭罗对儒家文本的接受/章以华/北京第二外国语学院学报/2013.2

应当严格区分“当代新儒学”与“现代新儒学”——评《新世纪大陆新儒家研究》/徐庆文/社会科学研究/2013.3

论儒学的宗教底蕴——对儒学宗教性问题的再辨析/王帆/河北师范大学学报（哲学社会科学版）/2013.3

儒家礼教的符号——徽州牌坊中造物观念的解读/张初/家具与室内装饰/2013.3

东西政治价值的冲突与融合：中韩政治发展比较/赵虎吉、臧豪杰/武汉大学学报（哲学社会科学版）2013.3

宋明理学的兴起与时代精神的建构/张涪云/哈尔滨工业大学学报（社会科学版）/2013.3

儒家思想的现代性构建——评贝淡宁《超越自由民主》/董毅/理论界/2013.3

“自我”与“他者”：文化政治与儒学复兴/廖永林、卞程秀/江淮论坛/2013.3

儒学的重新登场——“儒家思想与当代中国文化建设”国际学术研讨会综述/陈椰/深圳大学学报（人文社会科学版）/2013.3

民间儒学的新开展/郭齐勇/深圳大学学报（人文社会科学版）/2013.3

日本国学思想内向构建中的他者意识/张琦伟、国宇/深圳大学学报（人文社会科学版）/2013.3

中国缺乏宗教信仰的缘由探析/令小雄、郭菊霞/宁波广播电视大学学报/2013.3

康有为早期西方宗教文化观评析/刘国军、张桂珍、陈晶华/大连民族学院学报/2013.3

近代日本新儒家学派的中国认知——以宇野哲人《中国文明记》为中心/孙志鹏/北方论丛/2013.3

儒教与重振儒教/解光宇/学术界/2013.3

儒学的历史与未来——我的儒学观/陶清/学术界/2013.3

论儒学传统在当代中国的价值与出路——金砖四国国故传统的比较与借鉴/汪嘉瑶/社科纵横（新理论版）/2013.3

新儒学理论系统的建构——牟宗三“两层存有论”及相关问题检讨/林安梧/杭州师范大学学报（社会科学版）/2013.3

韩国儒学与现代性问题/孙永方/重庆科技学院学报（社会科学版）/2013.3

补王化之所未逮：儒教国家之佛教社会化功能的角色定位/任文利/云南大学学报（社会科学版）/2013.3

上帝与孔子的对话：日与月乎？——以张亦镜为考察中心/范大明/湖南城市学院学报/2013.3

当前深圳民间的三色儒学/问永宁/周易研究/2013.3

宋志明对新儒学的认识与探索——基于“五个向度”的考察/周良发/黄河科技大学学报/2013.3

王通“三教可一”思想简论/王彬、王美力/学理论/2013.3

魏晋思想的世俗与超俗/张荣明/天津师范大学学报（社会科学版）/2013.3

青年与公共幸福——儒学的民众化与青年现象的形成/吴端/青年探索/2013.3

信仰与教化之间：儒学宗教性之历史性格刍议/柳向忠/孔子研究/2013.3

儒释道三教合流的历史经验/杨海文/孔子研究/2013.3

儒学的批判性与批判儒学/吴根友/孔子研究/2013.3

论经学史与儒学史的统一/严正/晋阳学刊/2013.3

中越制度文化交流及其影响/李育民/晋阳学刊/2013.3

美国华裔学者儒家思想史研究论析/路则权/中华文化论坛/2013.3

儒学复兴的理性思考——杜维明“儒学复兴”论刍议/刘雪飞、李建/湖南大学学报（社会科学版）/2013.3

东亚崛起过程中的儒学因素/张怀承、黄勇军/湖南大学学报（社会科学版）/2013.3

儒家人格培养中的宗教因素/袁名泽、逄礼文/西南民族大学学报（人文社会科学版）/2013.4

试论贵州邪教与佛道儒巫宗教文化现象的相似性/安尊华/教育文化论坛/2013.4

学与儒教分离论/孙景坛/中共南京市委党校学报/2013.4

儒家传统复兴与国家治理精神重建/陈赟/人民论坛·学术前沿/2013.4

传统儒教国家迈向现代国家的转型困境——以韩国近代政治文化变迁为视角/张建伟/东疆学刊/2013.4

论儒学在韩国不同时期的发展/王臻/兰台世界/2013.4

儒家伦理价值的现代观照/王垒/广东第二师范学院学报/2013.4

道德学社与道德宗教/韩星/宗教与哲学/2013.4

王阳明三教之判中的五个向度/陈立胜/宗教与哲学/2013.4

唐代帝王的崇儒理政思想疏解/刘伟/华中师范大学学报（人文社会科学版）/2013.4

唐中期以来的华夷之辨及其对佛教的影响/王航/南昌工程学院学报/2013.4

现代视域与传统原典的结合——中国哲学史书写的一个较佳选择/柴文华/河北学刊/2013.5

主权在民，治权在贤：儒家之混合政体及其优越性/白彤东/文史哲/2013.5

马克思主义中国化与儒学的当代价值之交锋/邢起龙/山西师大学报（社会科学版）/2013.5

多面朱熹/曾纪鑫/书屋/2013.5

儒教之于何教/王小勇/东方企业文化/2013.5

国家治理逻辑与中国官僚体制：一个韦伯理论视角/周雪光/开放时代/2013.5

价值儒学：接着新理学的新儒学——陈来先生儒学思想访谈录/陈来、翟奎凤/江海学刊/2013.5

“儒教”：认识民族情感的新视野/单纯/中国图书评论/2013.5

儒学日本化的传统与近代形态/王玉强/中国社会科学报/2013.5

关孔子神化的几个问题/曹智频、邓妍/前沿/2013.5
儒家行为管理思想探析——中西比较的视角/余焕新/当代财经/2013.5
末代士绅阶层的式微与儒教文化之危机——兼论《白鹿原》的当代文化意义/刘宁/陕西师范大学学报（哲学社会科学版）/2013.5
儒学禁入公共领域/袁伟时/中国企业家/2013.5
中国现代性的理性之思/方永恒、张云龙/华中科技大学学报（社会科学版）/2013.5
汉学研究的知性无意识/顾明栋/北京师范大学学报（社会科学版）/2013.5
“儒家思想与当代中国文化建设”国际学术研讨会综述/柳向忠/孔子研究/2013.5
康有为的经学近代化改革及其失败/姜广辉、李有梁/中国哲学史/2013.5
论六朝儒学的主导地位/董恩林、赵娜/华中师范大学学报（人文社会科学版）/2013.5
中国解释学何为——对徐复观解释学的再思考/刘毅青/绍兴文理学院学报（哲学社会科学）/2013.5
重建中华文化的主体性/卢国龙/世界宗教文化/2013.6
台湾“鹅湖学派”的理论渊源、代表人物及义理走向/程志华/东岳论丛/2013.6
高丽中期儒学的心性论倾向研究/金哲洙/延边大学学报（社会科学版）/2013.6
儒学拯救世界/白彤东/山西青年/2013.6
论儒家思想的宗教性意蕴及其现代意义/张晔/科技视界/2013.6
儒家思想的主体性特征及当代意义/李育书/学术探索/2013.6
清末君主立宪话语中的帝制问题/孙德鹏/西南政法大学学报/2013.6
浅析儒学传入对日本的影响/刘剑/青年文学家/2013.6
儒学专家杜维明：“学而优则仕”思想被严重误读/田超/民主与法制时报/2013.6
江左文风与河汾儒学之融汇突破——王勃江南游历期诗文的考察/张丽/荆楚学刊/2013.6
实学与闽学在台湾儒学发展中的思想对立及合流/杜维超、张盛文/福建省社会主义学院学报/2013.6
宋明儒学与当代论域/沈潜/求索/2013.6
中国政治思想史研究中的王权主义学派/李振宏/文史哲/2013.7
论儒家视野里的个人与社群/夏纪森/社会科学/2013.7
政统与道统之间：董仲舒思想探要/张平/社会科学论坛/2013.7
探析儒家文化对国外的影响/朴金凤/湖北科技学院学报/2013.7
略论汉代皇权观的儒学化——以汉代德主刑辅思想演进的政治背景为切入点/朱腾/北方法学/2013.7
走出经学时代——儒家哲学现代化的范式转换/杨少涵/探索与争鸣/2013.7
胡适与儒学/陈华伟/唐山师范学院学报/2013.7
儒学的现代命运与未来发展——李景林教授访谈录/冯前林/晋阳学刊/2013.7
传统经学、经学传统及其现代转型/曾军/孔子研究/2013.7
近代以来我国传统文化形象的演变及其启示/方晓珍/青海社会科学/2013.7
当今儒家的“创教”与“干政”及基督教在中国的传播问题——在联合国总部“纽约尼山世界文明论坛”上的点评发言/黄玉顺/当代儒学/2013.7
应当严格区分“当代新儒学”与“现代新儒学”——评《新世纪大陆新儒家研

究》/徐庆文/当代儒学/2013.7

变革社会中的宗教处境/卢国龙/儒道研究/2013.8

儒教重建之文化向路的思考/张宏斌/儒道研究/2013.8

性情论与《大学》之道/赵法生/儒道研究/2013.8

张载的经学：礼乐、井田、宗法与祭祀/王志跃/儒道研究/2013.8

王船山气论视野中的人性学说/陈明/儒道研究/2013.8

论黄宗羲的君臣观及其主要思想渊源/时亮/儒道研究/2013.8

从民间信仰到儒教/杨莉/儒道研究/2013.8

儒学与儒教/周桂钿/衡水学院学报/2013.8

论儒学的破茧和"大儒精神"/李天柱/青春岁月/2013.8

黄宗羲与儒耶哲学对话/许苏民/北京行政学院学报/2013.8

从儒教中国到共产主义中国——评列文森《儒教中国及其现代命运》/肖京/文化纵横 2013.8

论严复的立宪观/汪栋/东方论坛/2013.8

儒家孝道思想的义理阐释/姚凤/青岛农业大学学报（社会科学版）/2013.8

简论马克思主义中国化进程中的儒学之地位/丁成际/宿州学院学报/2013.8

浅析儒释两教在越南的传播及其对民族文化的影响/曾强/才智/2013.8

明清时期的学术流变与"回儒"的兴起/冯杰文/民族艺林/2013.8

民族地区儒学传播与研究综述/刘静/兴义民族师范学院学报/2013.8

儒学、孔教与国教——论康有为保存与重建儒学的努力/曾亦/同济大学学报（社会科学版）/2013.8

文化政治视域下的儒家文化复兴及其当代路径/卞程秀、廖永林/学理论/2013.8

近代儒学在漠南蒙古地区的传播与影响/刘彩虹/前沿/2013.9

儒教三典论略说/陈明/天府新论/2013.9

日本儒学发展与舜帝观的变迁/瞿亮/武陵学刊/2013.9

关于"三教合一"与理学关系的几个问题/刘学智/陕西师范大学学报（哲学社会科学版）/2013.9

宋明理学与道家道教之关系/任健/南通大学学报（社会科学版）/2013.9

孔学与国学——康有为、梁启超思想比较/魏义霞/井冈山大学学报（社会科学版）/2013.9

"儒家自由主义"如何可能？/胡岩/杭州师范大学学报（社会科学版）/2013.9

论宋明书院赋之理学精神/易永姣/宁夏社会科学/2013.9

当代大陆儒教复兴之载体及其效用——历史视野下的反思/李华伟/宗教学研究/2013.9

明清时期儒学的民间化、宗教化转向及其对现代的启示/韩星/徐州工程学院学报（社会科学版）/2013.9

论唐君毅的宗教情怀/曾加荣、郭玲/绵阳师范学院学报/2013.9

基督宗教与中华文化/何光沪/甘肃理论学刊/2013.9

近代日本视野下的孔教运动/朱忆天/上海师范大学学报（哲学社会科学版）/2013.9

重议《脱亚论》——以时间跨度和"儒教"为切入点/陈凯/成都师范学院学报/

2013. 9

子学和经学/金春峰/孔子研究/2013. 9

“视域融合”下的马克思主义中国化与“儒学复兴”/韦汉吉/河海大学学报（哲学社会科学版）/2013. 9

儒家文化的现代价值——以中日两国的现代化进程为例/王铁桥/南开日本研究/2013. 9

唐代庙学与文化共相/卢国龙/世界宗教研究/2013/10

魏晋时期山东士人对儒学典籍研究的时代意蕴——齐鲁文化视域下的思考/李红艳/齐鲁师范学院学报/2013. 10

儒家宪政之形成及其创造性转化——从1958年《为中国文化敬告世界人士宣言》谈起/张敏/河北法学/2013. 10

儒家思想在日本本土化过程中的派系对决/史少博/学术论坛/2013. 10

祛蔽与复魅——当下儒学复兴的恰当策略/高宏洲/江汉大学学报（社会科学版）/2013. 10

儒学复兴与大陆新儒学/周良发/郑州轻工业学院学报（社会科学版）/2013. 10

以儒证耶——哈佛燕京本林乐知译《安仁车》的研究/姚达兑/中国比较文学/2013. 10

癸卯学制中的“中体西用”观与儒家教化的近代危机/袁晓晶/教育学报/2013. 10

颜之推的佛教观及其形成原因——兼论颜之推在儒、佛之间的价值取向/洪卫中/法音/2013. 10

董仲舒政治思想的时代性论析/李鑫、周沫/大连大学学报/2013. 10

信仰控制与道德渗透——儒教影响民间信仰的途径分析/赖萱萱/宜春学院学报/2013. 10

普及与推广中华儒学经典的思考与献议/刘平/山东图书馆学刊/2013. 10

重视民间儒教复兴“礼仪之邦”/李天纲/中国民族报/2013. 10

传统史学与价值认同/许兆昌/史学集刊/2013. 11

列文森观察儒家文化的角度/武海霞/博览群书/2013. 11

儒法传统与中国崛起/赵鼎新/社会观察/2013. 11

曹魏儒学之传播与分布格局/夏增民/南都学坛/2013. 11

论儒家宪政主义的理论建构与现实困境/金莉/人民论坛/2013. 11

东亚价值观内涵发展现代意义/沈林/人民论坛/2013. 11

王学的跨江传播与两浙的地位互换/钱明/浙江学刊/2013. 11

明清鼎革之际的台湾儒学/左玉河/广东社会科学/2013. 11

论巴金小说中的儒教“宗教人”形象/哈迎飞/广东社会科学/2013. 11

日本的“回儒”研究/阿里木·托和提/宁夏社会科学/2013. 11

儒家宗法集体主义研究的现状、问题与展望/陈云/云南社会科学/2013. 11

儒家“大一统”思想是中华民族统一的政治基础/张践/西北民族大学学报（哲学社会科学版）/2013. 11

邓晓芒传统儒家伦理观三问/姚才刚、范欢/学海/2013. 11

越南儒学研究的历史与现状/丁克顺/复旦学报（社会科学版）/2013. 11

现代新儒学视域下的中国教育制度建构/章宁、孙孝科/湖南社会科学/2013. 11
土田健次郎论儒学与儒教问题/杨恩泽、史少博/学习与探索/2013. 12
梁启超国学建构的独特意蕴和多重价值/魏义霞/北华大学学报（社会科学版）/2013. 12
儒教文明在现代化当中作用的再评价/蔡旺儒、刘翠/佳木斯大学社会科学学报/2013. 12
淮南三王佛道思想之比较/张树俊/东莞理工学院学报/2013. 12
宋庆历名僧援儒入佛新内涵及其思想史意义/汪国林/辽东学院学报（社会科学版）/2013. 12
教育·教化：宗教与青岩地方社会/黄亦君/教育文化论坛/2013. 12
论儒学的内在超越性——兼与任剑涛先生商榷/胡金旺/学术界/2013. 12
登封古迹所折射的儒释道关系/邱洪瑞/郑州轻工业学院学报（社会科学版）/2013. 12
董仲舒“三维一体”的政治哲学理念及其现代意义/李英华/衡水学院学报/2013. 12
儒家的社会学：一个未竟之业/蔡博方/原道/2013. 12
“儒教与公民生活”综合讨论提纲/林端/原道/2013. 12
儒教与公民生活会议/陈明、林端/原道/2013. 12
走向儒教贤能政治：在现代西方政治陷入困境之际/范瑞平/原道/2013. 12
中国儒教重建的渐进路线——明确儒教法律地位的建言/陈杰思/原道/2013. 12
宗教、宗教冲突与宗教的和平共存与发展——唐君毅哲学的启示/陈弘毅/原道/2013. 12
儒家仁政和责任政治/谢文郁/原道/2013. 12
儒家思想传统中的平等与不平等观念/李晨阳/原道/2013. 12
朱陆之争：宋儒经典解释取向的政治蕴涵/任剑涛/原道/2013. 12
“限政”视域下的“仁政”/邓林/原道/2013. 12
基督教会、民主制度、公民宗教/杨凤岗/原道/2013. 12
文明论的华夷观——中国民族思想的起源/王柯/原道/2013. 12
民间信仰与文化认同——贵州屯堡“汪公信仰”的人类学考察/曾顺岗/原道/2013. 12
清代以来儒家宗法伦理思想对索伦鄂温克氏族组织的影响/王伟/原道/2013. 12
《大禹谟》《皋陶谟》经解——大禹之功与皋陶之谟的内容、争论及其延续/白立超/原道/2013. 12
唐代《春秋》经典的学术转向及影响/高会霞/原道/2013. 12
重视文本研究理解著者本意——以尸子考为例彰显考据精神/肖俏波/原道/2013. 12
湖湘士人的血性与事功/朱汉民/原道/2013. 12
“培养中国式的新政治习惯”——试论早期梁漱溟社会政治思想的三次转向/张城/原道/2013. 12
舜的形象及其政治哲学意涵/王正/原道/2013. 12
“教化”意识：《大学》的隐含前提——《大学》为何没有专门解释“格物致知”？/邹晓东/原道/2013. 12
《论语》新札记/李竞恒/原道/2013. 12

黄宗羲法政思想研究之“民主”范式述评/时亮/原道/2013. 12
重建中华文化价值的主体性——探索中国改革开放的前途/王晓波/原道/2013. 12
元理学的“内圣外王”之道/孙建平/原道/2013. 12
《论语》夷狄之有君章疏论/秦际明/原道/2013. 12
王船山的太和观念/鲁鹏一/原道/2013. 12
道之大原出于天——董仲舒天命信仰下的王道理想/张宏斌/世界宗教研究/2013. 12

2013年道教研究论文索引

论福永光司的道教研究/孙亦平/杭州师范大学学报（社会科学版）/2013. 5

陈垣与20世纪中国的道教研究/刘玲娣/宗教学研究/2013. 3

王明与道教研究/陈霞/商丘师范学院学报/2013. 5

许地山的道教研究述论/郎文春/华夏文化/2013. 6

中国道教史研究的意义/卿希泰/宗教学研究/2013. 3

王家祐的道教研究/李远国/宗教学研究/2013. 12

目前全真道研究的几个问题/王宗昱/全真道研究/2014. 6

汉学研究的知性无意识/顾明栋/北京师范大学学报（社会科学版）/2013. 5

敦煌道经对于中古道教研究的重要性/耿纪朋、郑小红/湖北科技学院学报/2013. 8

汤用彤的道家品格/赵建永/中国道教/2013. 8

道教学研究“全球化”时代的到来——《理论·视角·方法：海外道教学研究》评议/张雪松/中国宗教/2013. 11

百年中国道教文献语言研究综述/萧红、袁媛/武汉大学学报（人文科学版）/2013. 7

《道教金丹派南宗考论：道派、历史、文献与思想综合研究》评论/李志鸿/宗教学研究/2013. 12

《周立昇文集——谈道录》读后/王艺/宗教学研究/2013. 6

二十世纪日本与法国道教学特征探异/袁方/佳木斯大学社会科学学报/2013. 4

汉代墓葬绘画宗教思想的海外研究刍议/汪小洋/贵州大学学报（艺术版）/2013. 3

四裔、名物、宗教与历史想象——美国汉学家薛爱华（Edward H. Schafer）及其唐研究/程章灿/陕西师范大学学报（哲学社会科学版）/2013. 1

中国现当代道教文学史研究的回顾与省思/李松/学术交流/2013. 2

新的方法、新的视角与新的范式——《丘处机学案》评介/刘莉/宗教学研究/2013. 3

史海拾珠勤作首　独辟蹊径勇当先——评袁名泽《道教农学思想发凡》/卢笑迎/农业考古/2013. 8

从跨文化视域看道教在越南传播的特点/孙亦平/西南民族大学学报（人文社会科学版）/2013. 3

中国现存地方道教仪式新探/吕鹏志/宗教学研究/2013. 9

鲁迅与日本的中国研究——以橘朴为中心/赵京华/新文学史料/2013. 11

宋金元时期道教与诗歌研究的回顾与思考（2005—2012）/罗争鸣/贵州社会科学/2013. 6

道士谭峭的科学思想——兼论道教与科学的关系/刘芳、王昌忠、刘银伟/自然辩证法研究/2013. 10

20世纪初新疆道教遗存——以三部外国游记为主要依据/衡宗亮、孟楠/黑龙江民族

丛刊/2013.12

农道双修：道教与中国传统农业社会之关系研究——《道教农学思想发凡》评介/陈碧/宗教学研究/2013.6

苏州穹隆山上真观·铁竹道人施道渊与江南道教学术研讨会综述/黄吉宏/宗教学研究/2013.12

山东地区汉代胡人石像研究/朱浒/贵州大学学报（艺术版）/2013.3

"十王"图像流变述略——明清时期民间宗教绘画/郭燕冰/中国美术研究/2013.3

"经文辩读"视野下道教术语英译的宗教学考察——以施舟人和傅飞岚《道藏通考》为例/何立芳/宗教学研究/2013.9

桂东南道教洞天福地考辨/袁名泽/玉林师范学院学报/2013.8

道教文昌信仰与古代天文历算关系初论/杨子路、盖建民/南昌大学学报（人文社会科学版）/2013.9

对《瓦尔登湖》和道教共性的分析/王晓丰/广西教育学院学报/2013.8

一部优秀的道学教材——评《道教礼仪学》/胡小柳/宗教学研究/2013.12

《洞玄灵宝三师记并序》作者归属及相关的会昌灭佛问题考论/罗争鸣/宗教学研究/2013.3

早期道教的画符、写经与书法之关系——兼论古代书论的"天然"观产生之背景/祁小春/中华书画家/2013.1

构建道教农学思想体系拓展道教科技研究领域——《道教农学思想发凡》述评/逄礼文/社会科学研究/2013.9

浅谈傅勤家《中国道教史》的历史分期问题/邱沛轩/参花（文化视界）/2013.2

二十世纪中国仙话研究述评/贾利涛/文学教育（中）/2013.11

微观史学与道教史研究——《多面相的神仙——永乐宫的吕洞宾信仰》评介/张悦/宗教学研究/2013.3

刘咸炘的道教史研究——以《道教征略》为中心/由申/中华文化论坛/2013.5

刘咸炘研究溯论/单战战/丝绸之路/2013.1

日本人类学的风水研究/［日］小林宏至著，张晶晶译/宗教人类学/2013.9

许地山与《佛藏子目引得》/陈振文/法音/2013.10

《崂山道教与〈崂山志〉研究》简评/柳卓霞/西藏民族学院学报（哲学社会科学版）/2013.5

刘仲宇的《授箓制度研究》/李似珍/华东师范大学学报（哲学社会科学版）/2013.7

雍正皇帝与紫阳真人——兼述龙门派宗师范青云（上）/王卡/宗教学研究/2013.3

刘迅教授莅临道教与宗教文化研究所讲学/杨荣涛/宗教学研究/2013.6

论道教的行为教化作用/邓永胜/湖南科技学院学报/2013.3

从神仙传记看早期道教修仙伦理的演变/苟波/四川大学学报（哲学社会科学版）/2013.9

霍克思的翻译思想及其经典译作的生成——以《楚辞》英译全本为例/王丽耘、朱珺、姜武有/燕山大学学报（哲学社会科学版）/2013.11

关中地区道教造像艺术特点/张敏超/现代装饰（理论）/2013.2

论道教文化对传统服饰图案的影响/陆霞/现代装饰（理论）/2013.2

论道教文化资源的保护与开发/陈雅岚/中国宗教/2013.6

一部道教宗派研究的开拓性力作——盖建民教授新著《道教金丹派南宗考论》述评/颜文强/齐鲁文化研究/2013.12

道教碑文的修辞与语篇建构/赵静/宗教学研究/2013.3

仪式象征与文化涵化——以瑶族度戒的道教色彩为例/张泽洪/民族艺术/2013.3

钩沉索隐　寻道问乐——武汉音乐学院道教音乐研究的历史回顾/胡军/黄钟（中国·武汉音乐学院学报）/2013.10

论道家道教健康模式/程雅君/四川大学学报（哲学社会科学版）/2013.7

安世霖与1940年代北京白云观的宫观改革——以《白云观全真道范》为中心的探讨/付海晏/华中师范大学学报（人文社会科学版）/2013.1

多元宗教文化的涵化与和合共生——以河湟地区的道教文化为视点/杨文炯、樊莹/兰州大学学报（社会科学版）/2013.11

东汉道教仪式音乐之初步研究/蒲亨强、李劲松/中央音乐学院学报/2013.5

明代道教文学研究的几个问题/余来明、黎超/云南大学学报（社会科学版）/2013.7

魏晋南北朝道教、佛教思想关系研究/张广保/宗教学研究/2013.12

唐代道教女信徒的宗教活动及其生活——以墓志材料为中心/焦杰/陕西师范大学学报（哲学社会科学版）/2013.3

道乐著经典仙韵全景现——评《中国道教音乐之现状研究》/李刚/中国音乐/2013.4

谢灵运的佛道思想与其诗文/裴健伟/中南民族大学硕士论文/2013.4

敦煌本《灵宝经目》与古灵宝经的分类及其内在关系考释之二——以古灵宝经“三洞经书”观念的传承为中心/王承文/敦煌学辑刊/2013.6

宋代民间生活中的道教驱邪活动——以《夷坚志》“安氏冤”为例/张悦/史林/2013.3

贵州遵义南宋杨粲墓道教因素试析/龚扬民、白彬/四川文物/2013.4

隋唐两宋道教史学编纂研究/林国妮/吉首大学学报（社会科学版）/2013.7

早期民间道教美学的本体论转向与审美内涵拓展——出土汉代神仙题材画像及铭文的辑录与研究/刘克/吉首大学学报（社会科学版）/2013.9

道教与李白诗歌之关系研究综述/裴露琼/湖北函授大学学报/2013.8

古灵宝经“元始旧经”和“新经”出世先后考释——兼对刘屹博士系列质疑的答覆/王承文/中山大学学报（社会科学版）/2013.3

史学的伦理承担——沦陷时期陈垣著述中的“表微”机制/袁一丹/中华文史论丛/2013.6

道教与传统兵学互通关系略论/于国庆、詹石窗/社会科学战线/2013.4

《步虚》声、步虚词与步罡蹑斗——以《太上飞行九晨玉经》为中心的考察/罗争鸣/学术论坛/2013.5

中国西南少数民族梅山教的三元信仰/张泽洪/宗教学研究/2013.12

青海河湟地区藏传佛教与道教互动/马婧杰、马明忠/青海民族研究/2013.7

道教文化与明清剑侠小说/罗立群/西南大学学报（社会科学版）/2013.7

方家、炼丹与西土药——中古道教医学与外来文化初探/陈明/史林/2013.4

晋唐以来葛洪研究史述略/丁宏武/宁夏师范学院学报/2013.4

宋明理学与道家道教之关系/任健/南通大学学报（社会科学版）/2013.9

道经图像概述/许宜兰/宗教学研究/2013. 6
成都道教音乐现状调查/甘绍成、朱江书/中华文化论坛/2013. 1
论孔望山汉代摩崖造像不是道教/李凇/美苑/2013. 4
山林与宫廷之间：中晚唐道教史上的刘玄靖/雷闻/历史研究/2013. 12
竹林七贤对于魏晋神仙道教文化的诗性阐释及其贡献/蒋振华、段祖青/中州学刊/2013. 7
新加坡韭菜芭城隍庙跨境文化交流活动的人类学考察/陈碧/东南亚研究/2013. 6
论赣南道教节日祈祥法事仪式器乐的风格特征/蒋燮/中央音乐学院学报/2013. 3
朱元璋的道教政策及其因由与影响/斯洪桥/学术界/2013. 5
明传奇中的道教文化透视——以《六十种曲》为例/李艳/宗教学研究/2013. 3
唐代道教与泰山祭祀考论/刘兴顺/泰山学院学报/2013. 3
苗族巴岱信仰中的道教文化因子初探——以腊尔山台地“巴岱扎”宗教活动为例/焦丽锋/民族论坛/2013. 4
道教与当代广东文化建设刍议/刘玲娣/湖北师范学院学报（哲学社会科学版）/2013. 11
湖南南岳“幸运香火法会”音乐考察/代宏/中国音乐学/2013. 10
从地域文化看葛氏家族对江苏道教的贡献/韩玉胜/云南社会科学/2013. 11
当代散居正一道士及其管理问题——以粤西地区为例/夏志前/广州大学学报（社会科学版）/2013. 10
试论梅山教的形成及其与道教的关系/胡克森/邵阳学院学报（社会科学版）/2013. 12
改革开放以来我国对道教文物的保护/王宜峨、陈晓莉/中国道教/2013. 2
浙江道教茶文化资源及其产业化开发/李文杰/浙江树人大学学报（人文社会科学版）/2013. 3
“贵身”与“炼形”：道教养生思想中的体育精神/曹景川/体育科学/2013. 10
文化地理与空间生产视阈下江西道教文化资源开发探究/陈平辉/华东理工大学学报（社会科学版）/2013. 9
赣台道教文化交流与两岸关系和平发展探析/胡云/理论导报/2013. 5
评张泽洪《道教唱道情与中国民间文化研究》/张勇风/文艺研究/2013. 5
辽代燕京道教初探/郑永华/北京联合大学学报（人文社会科学版）/2013. 4
道教术语跨文化翻译中的“异化”与“归化”策略——以道教神仙术语英译为例/夏康明/乐山师范学院学报/2013. 3
从洞经音乐到“纳西古乐”——丽江洞经音乐的本土化与身份重构/杨杰宏/内蒙古大学艺术学院学报/2013. 6
道教的女性精神平等观及启示/黄梦婉/江苏教育学院学报（社会科学版）/2013. 7
试论道教风水的合理内核/王巧玲/浙江万里学院学报/2013. 3
茅茨：一种道教信仰符号的传播与适应/陈铮/民族艺术/2013. 4
白玉蟾江西道教活动考述/陈金凤/华侨大学学报（哲学社会科学版）/2013. 3
中国古代道教建筑神话色彩分析/刘洁、戴秋思、闫会峰/重庆交通大学学报（社会科学版）/2013. 4

论原始道教形成的两大源流/胡克森/北京行政学院学报/2013.6

墨家对道教影响研究综述/柳恒/湖南科技学院学报/2013.5

重新认识道教的起源与社会作用/詹石窗/中国道教/2013.2

雷州雷神与道教/张应斌/广东海洋大学学报/2013.4

瑶族度戒仪式中的“重生”寓意——以牛津大学图书馆藏瑶族道经为例/胡小柳/云南社会科学/2013.9

由简帛《老子》重论其书之形成和篇章分合/虞万里/中国文化/2013.1

从《隋书》《旧唐书》对道教的批判看道教的发展/茶志高/文学教育（中）/2013.8

拓展正一道研究的新气象——首届“正一道教：历史与现状”国际学术研讨会侧记/蔡林波/中国道教/2013.12

诗杂仙心：魏晋道教审美趣味与文人游仙诗/张梅、潘显一/江西社会科学/2013.5

作为道家和业余道教徒的李商隐/李珺平/美与时代（下）/2013.4

《道枢》生命哲学整体性剖析与建构/逄礼文/山东科技大学学报（社会科学版）/2013.10

论葛洪的思想、著述及其价值/赵逵夫/复旦学报（社会科学版）/2013.7

区域文化发展背景下的三门峡道教景观文化研究/杨静/产业与科技论坛/2013.6

道教音乐与旅游开发价值研究/荏家飚、毛建明/全国商情（理论研究）/2013.9

六朝后期及隋唐三吴地区的道教信仰——以栝州叶氏家族为例/王大良/阅江学刊/2013.10

儒、道之间：白玉蟾的诗词创作与心路历程/罗争鸣/海南大学学报（人文社会科学版）/2013.9

魅与治魅：道教文献中的精魅思想/张悦/云南社会科学/2013.5

论道教的生命健康生态伦理/赵昌莉、李成/江西社会科学/2013.4

传统气论与道教神仙思想之互通关系略析/张利明/宗教学研究/2013.9

论佛教输入对早期道教造物艺术的意义/范英豪/南京艺术学院学报（美术与设计版）/2013.1

论道教的绿色——生态政治观/肖凤良、吕有云/江西师范大学学报（哲学社会科学版）/2013.6

关于信阳民间道教音乐的抢救、保护与传承的思考/金平/学术界/2013.3

吕祖信仰与明清道教老学中的仙注《老子》/王玲、许伟/西南民族大学学报（人文社会科学版）/2013.5

茅山道教休闲养生旅游开发研究/翁李胜、江姗、常亚甫、杨旺生/绿色科技/2013.9

浅析儒、释、道对中国民间舞蹈的影响/李成林/西北民族大学/2013.5

道教孝道：多元文化对话中的普世伦理构建/周山东/唐都学刊/2013.5

关于孔望山道教摩崖造像的几个问题——《连云港孔望山》调查报告研读/甲宗杰/唐山学院学报/2013.1

论道教星斗信仰在朝鲜半岛的传播方式/孙亦平/宗教学研究/2013.12

《三洞众戒文》所载道教戒律考辨/张永龙/中国道教/2013.4

宋南渡文人的道教因缘——兼论道教对文人词创作的影响/姚惠兰/中华文化论坛/2013.6

中古时期的历史性大降温与道教之关系/黄勇/绵阳师范学院学报/2013.12

道家与道教之辨/陈军学/理论/2013.1

道教对现今中国体育文化的影响/程鹏/湖北体育科技/2013.6

去神圣化：桂东南乡村社会的道公研究——以贵港市木梓镇为个案/王易萍、崔雁鸣/吉首大学学报（社会科学版）/2013.1

中国道教理论对民族传统体育养生的启示/孙海龙、张云龙/搏击（武术科学）/2013.2

湘西南道教造像记中所见祖先崇拜/吴灿、胡彬彬/湖南大学学报（社会科学版）/2013.9

2013年伊斯兰教研究论文索引

传统回族伊斯兰教之“礼教”：和谐家庭之伦理教育思想/郭苏星、孙振玉/内蒙古师范大学学报（教育科学版）/2013.1

李贽伦理思想中的伊斯兰教情愫/陈道德、李仁/伦理学研究/2013.1

宗教与慈善之我见——以伊斯兰教的慈善事业为例/高睿/今日中国论坛/2013.Z1

宁夏伊斯兰慈善事业的特点/杨姗姗/剑南文学（经典教苑）/2013.4

试论伊斯兰教慈善伦理/虎利平/中国穆斯林/2013.3

伊斯兰慈善公益探析/虎利平/昭通学院学报/2013.4

试论近代中国伊斯兰教的慈善事业/曾桂林/世界宗教研究/2013.2

伊斯兰经济与非伊斯兰经济制度的对比/沙里赫/现代营销（学苑版）/2013.4

伊斯兰保险理论与实践/曹庆锋/中国穆斯林/2013.1

宁夏伊斯兰金融业务探析/孙光慧/生产力研究/2013.10

浅析云南省清真寺管理模式的历史变迁与现状/马淑艳/云南社会主义学院学报/2013.2

西北回族聚居区清真寺社会功能研究——以宁夏吴忠市为例/杨志文/中国穆斯林/2013.6

城市学视角下的清真寺作用机制研究——以银川市为例/齐一聪、马冰洋/上海城市规划/2013.4

从清真寺在回族社区的功能管窥回族的民族意识/马妍/青年文学家/2013.5

城市清真寺现代功能的拓展/徐中林、刘立敏/中国宗教/2013.3

探讨城市清真寺现代功能拓展与社会管理创新——以济南市清真寺服务管理穆斯林流动人口为例/徐中林、徐欣欣/中国穆斯林/2013.1

清真寺作为穆斯林群众信息传播中心的价值探讨/陆凤红/图书馆工作与研究/2013.6

当代都市清真寺的现状和功能/孙凤娟/湖北第二师范学院学报/2013.5

城市清真寺周边商业环境的空间区位分析/魏明洁、艾少伟、陈肖飞/经济地理/2013.2

从义乌穆斯林群体看跨国文化圈的共同体认同模式/马艳/北方民族大学学报（哲学社会科学版）/2013.2

试析义乌穆斯林族群认同及其特点/马艳/中国穆斯林/2013.2

穆斯林流动人口的社会资本研究综述/晏玲/新西部（理论版）/2013.10

内地穆斯林人口与珠三角伊斯兰教的新发展/马建春、褚宁/青海民族研究/2013.4

西北大城市穆斯林流动人口的城市适应问题研究/侯海冲/黑龙江民族丛刊/2013.5

中国城市穆斯林研究的人类学视角/马强、张再利/青海民族研究/2013.3

现代化背景下中国城市清真寺功能转型初探/马强/青海民族大学学报（社会科学版）/2013.2

伊斯兰文化与中国古典文学互融现象研究/牛香兰/西北民族大学学报（哲学社会科学版）/2013. 1

基于伊斯兰文化的回商创业精神研究/朱琳/回族研究/2013. 2

伊斯兰文化影响下回族特性分析/郑凤华/山东省农业管理干部学院学报/2013. 2

中国传统文化与伊斯兰文化在清真寺建筑中的交融——以西安化觉巷清真大寺为例/杨欢、王慧/大众文艺/2013. 20

《经学系传谱》与伊斯兰教法/哈宝玉/世界宗教研究/2013. 5

试论《古兰经》注释中的文化内涵/金忠杰/世界宗教研究/2013. 2

苏非主义初入新疆述略/周燮藩/西域研究/2013. 1

阿帕克和卓三入中原说述考/王希隆、单广宁/世界宗教研究/2013. 3

《历史记录》：一部关于20世纪新疆苏非派的未公开写本/白海提/世界宗教研究/2013. 1

真主与代治：一个伊斯兰教团体的生态实践与信仰表述/王正儒、敏俊卿/世界宗教研究/2013. 4

土耳其奈格什班迪教团的历史特征与当代发展/敏敬/世界宗教研究/2013. 5

甘宁青地区穆斯林朝觐的经济行为调查研究/常青、尹伟先/兰州商学院学报/2013. 3

由“籍”而“族”——三亚穆斯林的历史史实、记忆及情境/常棣/北方民族大学学报（哲学社会科学版）/2013. 1

泉州伊斯兰教文化遗存及其现代价值/吴幼雄/泉州师范学院学报/2013. 3

青海伊斯兰教教派和谐相处的教育与管理研究/刘景华/青海社会科学/2013. 6

宁夏伊斯兰教研究综述/王伏平/回族研究/2013. 4

论伊斯兰教在闽都社会的传播及影响/王晓云/福建行政学院学报/2013. 5

浅谈伊斯兰教对维吾尔族民俗的影响/魏铭静/科技信息/2013. 6

从婚葬习俗看伊斯兰教对维吾尔族社会的影响/刘晨晨/新西部（理论版）/2013. 22

20世纪前后伊斯兰教在新疆哈萨克族中发展演变及“本土化”诠释/陈刚、阿扎提/西北民族研究/2013. 1

新疆社会稳定视域中的伊斯兰教/高亚滨、张炳勇/新疆职业大学学报/2013. 2

伊斯兰文化的传播与维吾尔族近代格局的形成/王志刚、宋德志/塔里木大学学报/2013. 1

试论伊斯兰教在台湾的传播与发展/何绵山/福建省社会主义学院学报/2013. 4

近年来台湾伊斯兰教发展现状及研究初探/刘智豪/回族研究/2013. 3

澳门伊斯兰教的历史与现状/马建福、张宇/中国穆斯林/2013. 3

文明交往视野下的美国穆斯林移民/王国栋/四川师范大学学报（社会科学版）/2013. 3

试析影响美国穆斯林社会整合的制约因素/杨忠东/回族研究/2013. 3

德国的伊斯兰社区米里格瑞斯及其转型困境/李光/德国研究/2013. 4

穆斯林移民在德国及其社会融入/胡雨/德国研究/2013. 3

简论穆斯林人口移民英国的历史进程/宋全成、王娅/人文杂志/2013. 4

英国穆斯林移民的人口社会学分析/宋全成、王娅/东岳论坛/2013. 2

法国穆斯林的历史与现状/哈宝玉、摆祥/中国穆斯林/2013. 2

法国穆斯林的社会融入困境与实践/赵万智/中国穆斯林/2013. 1

合力与平衡：略论英法两国国内穆斯林政策的调整/黄海波/新疆社会科学/2013. 6

高加索的伊斯兰教及其对俄罗斯地区冲突的影响/齐昕译/俄罗斯文艺杂志/2013. 4

论伊斯兰教在马来西亚政治中的作用和影响/王文俊/东南亚纵横/2013. 11

穆斯林西班牙的文化成就/王云龙/贵州社会科学/2013. 8

俄国的莫斯科伊斯兰学研究/张来仪/世界宗教研究/2013. 4

中西方伊斯兰社会性别研究概述/王艳/世界宗教研究/2013. 3

占婆国故地　婆尼教寻踪——越南本土化伊斯兰教初探/聂慧慧/世界宗教研究/2013. 2

撒哈拉以南非洲伊斯兰极端主义/李维建/世界宗教文化/2013. 3

马里的伊斯兰教与民主化/李文刚/世界宗教文化/2013. 3

日本百年伊斯兰研究回溯/王煜焜/世界宗教文化/2013. 1

2013年宗教人类学研究论文索引

念念有“慈”——广西马山县古零镇灵阳寺“佛七法会”仪式解读/罗宗志、梁宏章/宗教学研究/2013. 1

仪式与象征——论傈僳族上刀山下火海仪式的文化意义/高志英、马居里/云南民族大学学报（哲学社会科学版）/2013. 1

地方社会研究的不可能与可能：吴庄基督教的人类学研究札记/黄剑波/中国农业大学学报（社会科学版）/2013. 1

畲族的宗教仪式与村落生活——以做福与传师学师仪式的考察为例/周慧慧/宁德师范学院学报（哲学社会科学版）/2013. 1

东巴教仪式略论/杨福泉/云南民族大学学报（哲学社会科学版）/2013. 1

市场化背景下彝汉杂居村落湖村的宗教信仰与族群认同/李翠玲/云南社会科学/2013. 1

盘县布依族非正常死亡葬仪的人类学思考/彭娜娜/贵州民族大学学报（哲学社会科学版）/2013. 2

试论“苯教是否为萨满教”问题的争论/孟万鹏/四川民族学院学报/2013. 2

试论苯教研究中的几点争议/孟万鹏/内蒙古民族大学学报（社会科学版）/2013. 2

命以载史：民间信仰与个体生命——以江苏省南京市高淳叔村出菩萨仪式为例/李胜/南京工程学院学报（社会科学版）/2013. 2

宁南山区回族精灵鬼怪观的人类学观察/杨文笔/民族艺林/2013. 2

国家个人及民间社会的内在秩序：试论天津皇会中各阶层之间的互动关系/蒲娇/山东社会科学/2013. 3

民间仪式与权力意志——华北米村丧葬仪式的变迁研究/狄金华/南通大学学报（社会科学版）/2013. 3

莎车县当代苏菲主义教团迪喀尔仪式的人类学调查与研究/阿依努尔·艾尼瓦尔/时代报告/2013. 3

祭词、医疗与民族文化遗产——哈尼族宗教祭词《斯批黑遮》的疾病认知体系探究/徐义强/西南民族大学学报（人文社会科学版）/2013. 3

仪式与秩序建构：对青海省互助县土族村落背经转山的民族学考察/赵利生、钟静静/西北民族研究/2013. 3

边缘化族群的国家认同——土家族“梯玛信仰”仪式的人类学考察/雷翔/宗教学研究/2013. 3

当代台湾宗教人类学研究的二位典范：刘枝万和李亦园的研究特色及其方法学的相关检讨/如静/世界宗教文化/2013. 3

中国文化的一统与多元何以达致？——中西学界有关神明“标准化”与仪式“正统

行为”的争论/杜树海/民俗研究/2013. 3

民间信仰的社会功能——广西壮族地区J县扶乩活动的文献和田野考察/杜树海/宗教学研究/2013. 3

二郎：一个重建宇宙和社会秩序的神明/杜靖/地方文化研究/2013. 3

森普神山崇拜及其社会整合功能/完麻加/青海民族研究/2013. 3

信徒、圣地及其关系——藏传佛教信徒朝圣的特征/陈国典、刘诚芳/西南民族大学学报（人文社会科学版）/2013. 4

仪式与村寨共同体社会运作：红河州老刘寨苗族祭龙仪式的人类学考察/靳志华/湖北民族学院学报（哲学社会科学版）/2013. 4

人神共场：神山崇拜的界域与认同——对安多藏区山神信仰的特质与意义的考察/李玉琴/青海社会科学/2013. 4

人类学视野下康区宗教的研究路径/郭建勋/西南民族大学学报（人文社会科学版）/2013. 4

山远水长：西北汉族地方性丧葬仪式的个案研究——来自南长滩的田野报告/董湘漪、孙振玉/北方民族大学学报（哲学社会科学版）/2013. 4

试论满族的两个祖先信仰系统/孟慧英/辽宁大学学报/2013. 5

人类学宗教仪式研究评述/陈锦均/民族论坛/2013. 6

一个盘瑶村寨的丧葬仪式/陈锦均/民族论坛/2013. 7

20 世纪以来国内苗族宗教研究述评/罗兆钧、徐祖祥/民族论坛/2013. 7

一个村庄里的民间信仰的民族志考察——以豫西L村为个案/高明雪/重庆科技学院学报（社会科学版）/2013. 8

从祖先神明向“旅游神明”的转换——关于山东费县闵家寨闵子祠的历史人类学考察/杜靖/民族论坛/2013. 9

民间杨泗信仰合法性探究——基于湖南省南县杨泗信仰的考察/刘友富/民族论坛/2013. 10

民族文化的在地特色——湖南维吾尔族宗教信仰的人类学考察/佟春霞、杨圣敏/西北民族论丛第九辑/2013

2013年宗教心理学研究论文索引

禅宗公案中的心理学元认知现象研究/麦劲恒、范向阳/宗教学研究2013.1

宗教的心理哲学理解及其交叉领域研究/徐凯/求索/2013.1

从宗教的心理属性看边疆多民族地区宗教事务管理的路径选择——基于新疆南疆等地的田野调查/戴宁宁、刘继杰/新疆社会科学/2013.1

西藏转经习俗与个人宗教体验/张虎生、陈映婕/宗教学研究/2013.1

浅谈心理健康与宗教/雷秀雅、高淑芳/中国宗教/2013.1

高校部分学生宗教心理倾向浅析/胡吉省、吕瑞芳、张晓泳/宁波广播电视大学学报/2013.2

多维一体：关于宗教心理结构性分析——以裕固族女性宗教心理为考察对象/刘生琰、李静/青海民族研究/2013.3

对精神控制者及其家庭提供心理支持的思考/刘援朝/天津法学/2013.3

一种整合的观点：精神性、宗教和心理学和谐共处/卢川/华人时刊/2013.3

从心理学角度分析大学生信仰宗教的原因及引导策略/蒋静文、胡新宇/科技创业（月刊）/2013.3

大学生宗教行为现状研究——以泉州大学生为例/林永乐、宋兴川、张艺/龙岩学院学报/2013.3

宗教网络传播对大学生心理健康教育的影响/王志峰、刘秀伦/沈阳农业大学学报（社会科学版）/2013.3

和谐社会建设中的宗教心理调试功能及其正面引导/郑慧、薛恒/西北民族大学学报/2013.4

论宗教神秘主义的超个人心理学诠释/陈明、吕锡琛/宗教学研究/2013.4

彝族宗教文化导引与彝族民众心理压力释放/易莉/中华文化论坛/2013.4

从心理学视角探讨膜拜教徒自杀类型及其归因机制/陈青萍/世界宗教文化/2013.5

宗教信仰对少数民族大学生心理健康和主观幸福感的影响/杨玲、李毅、张娟娟/当代教育与文化/2013.5

农民宗教信仰的心理意义及对膜拜现象认知的研究——以陕西1个自然村为例/斯琴、陈青萍、梁颖、罗燕、李胜利/中国健康心理学杂志/2013.6

当代大学生宗教信仰引领路径初探/张承安、曹外成、张莉/中南林业科技大学学报（社会科学版）/2013.7

推动宗教心理学的研究/魏德东/中国民族报/2013.7.23.第6版

从个体心理角度分析当代大学生信仰宗教的原因/周文潇、陆思洲、苏晨/南方论刊/2013.8

心理学视野下的宗教——与艾米·沃克霍兹、凯文·L.拉德的访谈/陆丽青、梁恒豪/

中国民族报/2013. 8. 13. 第6版

当代大学生宗教信仰与认知调查——以福建省高校为例/陈国成/湖北第二师范学院学报/2013. 10

简论荣格的宗教心理学思想/宋斌、申荷永/西南民族大学学报（人文社会科学版）/2013. 10

文化认同、身份建构与人口较少民族书面文学的宗教重述/李长中/中州学刊/2013. 12

当代大学生宗教信仰探析与引导/侯志强/山西农业大学学报（社会科学版）/2013. 12

宗教信仰的心理功能探析/马定松、向泰/社会心理科学/2013. 12

创伤后应激障碍与宗教信仰/周爱保、崔丹、马小凤/医学与哲学（A）/2013. 12

大学生迷信与信教的人格基础分析/陈培峰/社会心理科学/2013. 12

自我超越在护理领域中应用的研究进展/孙建萍、张晶、宋丹、杨支兰、吕康、张要珍/中华现代护理杂志/2013. 32

宗教信仰下的民族认同与国家认同——以伊斯兰教为例/马钊/金田/2013. 12

宗教心理学之我见/梁恒豪/宗教心理学/2013. 1

重视我国宗教心理学问题的研究/宋兴川/宗教心理学/2013. 1

宗教研究的心理学视角：历史、理论与方法/陈彪/宗教心理学/2013. 1

中国宗教心理学的发展现状和展望/梁恒豪/宗教心理学/2013. 1

西方宗教心理学的历史——理论和方法/［美］吉姆·尼尔森著，梁恒豪译/宗教心理学/2013. 1

跨文化、不同信仰背景中的宗教经验/［美］路易斯·霍夫曼著，梁恒豪译/宗教心理学/2013. 1

皈依心理学与信仰转换/［美］刘易斯·兰博著，陈纳、刘芳译/宗教心理学/2013. 1

宗教心理学在美国的发展历程及态势探析/陈永胜、梁恒豪、陆丽青/宗教心理学/2013. 1

宗教心理学视阈下弗洛伊德的宗教经验观——兼论弗洛伊德理论的X模型/周普元、彭无情/宗教心理学/2013. 1

冯特的宗教心理学思想研究/陆丽青/宗教心理学/2013. 1

詹姆斯的宗教心理学思想新探/陈永胜、沈洋/宗教心理学/2013. 1

瓦茨的神秘体验宗教心理观探究/陈永胜/宗教心理学/2013. 1

西方宗教心理学研究的“去宗教性”倾向/石文山/宗教心理学/2013. 1

保罗的“皈依”：一个宗教心理学经典案例的再理解/张晓梅/宗教心理学/2013. 1

中国古代道家责任心理思想及其现代意义/叶浩生/宗教心理学/2013. 1

无我：佛教中自我观的心理学分析/彭彦琴、江波、杨宪敏/宗教心理学/2013. 1

论儒道互补与中国心理咨询本土化/周武、徐学俊/宗教心理学/2013. 1

关于宗教认同的调查与分析/梁丽萍/宗教心理学/2013. 1

宗教体验的情绪活动与生理活动研究/韩慧娟、刘昌/宗教心理学/2013. 1

发展中国的宗教心理学的必由之路——陆丽青译冯特的《民族宗教心理学纲要》序/吕大吉/宗教心理学/2013. 1

佛教心学的智慧——评陈兵《佛教心理学》/张海滨/宗教心理学/2013. 1

2013年萨满教研究论文索引

交流与融合：萨米人萨满教与斯堪的纳维亚宗教的互动/吴凤玲/世界宗教文化/2013.5

南阿拉斯加的古萨满/李楠译/世界宗教文化/2013.5

通古斯人萨满教的几个特征/［俄］史禄国著，于洋译/世界宗教文化/2013.5

适应与反抗——苏维埃时期西伯利亚和远东地区的萨满教/苑杰/世界宗教文化/2013.5

从“萨满”思想解读亚欧草原石人及其手中杯/包桂红/世界宗教文化/2013.5

论萨满教对北方初民性关系的规范/王海冬/世界宗教研究/2013.4

日本的萨满教研究——成果与课题/［日］新里喜宣著，刘正爱译/宗教人类学（第4辑）/2013.4

西方萨满教研究的几个阶段性特点/孟慧英/中国宗教学（第4辑）/2013.1

试论萨满教在公众环境保护中的作用——以北方民族萨满教为例/色音/中国宗教学（第4辑）/2013.1

论迟子建小说的萨满文化因素——以《额尔古纳河右岸》为例/修磊/福建论坛（人文社会科学版）/2013.7

对病态社会的疗救：论金芝河与加里·斯奈德的萨满诗学（英文）/［韩］金原中/外国文学研究/2013.1

达斡尔族萨满教术语探源/孟盛彬/北方民族大学学报（哲学社会科学版）/2013.5

古代蒙古人的萨满信仰与蒙古族传统体育/布仁巴图/内蒙古师范大学学报（哲学社会科学版）/2013.1

略论清入关前满族萨满教的变化及其原因/孟繁勇、王雁/兰台世界/2013.3

契丹民族与萨满教信仰/杜美林/兰台世界/2013.21

论萨满教对蒙古社会的影响及其衰落原因/呼和/赤峰学院学报（汉文哲学社会科学版）/2013.4

论萨满教对阿尔泰乌梁海部族史诗形成与发展过程中的影响/海英/名作欣赏/2013.15

萨满教的宇宙观念探析/吴昊/黑河学刊/2013.4

信奉萨满教的蒙古人多神崇拜现象综述/樊永贞/集宁师范学院学报/2013.1

萨满教由“迷信”到“民族文化”的身份之变/范冬敏、石玉静/黑龙江史志/2013.9

试论“苯教是否为萨满教”问题的争论/孟万鹏/四川民族学院学报/2013.2

朝鲜半岛萨满教的历史发展梳理/代娜新/辽东学院学报（社会科学版）/2013.6

哈萨克族苍天信仰与萨满教/明景磊、巴哈尔古力/伊犁师范学院学报（社会科学版）/2013.3

中国境内的萨满音乐研究现状综述/宁淑云/黄河之声/2013.19

鄂伦春族萨满教神偶艺术刍议/王冠/法制与社会/2013. 11

东北文化中的萨满教因子及其重组/程家亮/理论观察/2013. 6

挖掘和利用北方民族萨满艺术的思考/陶瑞峰、王泽娟/现代交际/2013. 12

“窝车库乌勒本”与满族文化关系研究/高荷红/满族研究/2013. 3

浅谈萨满面具的造型特征/奇格根图/现代交际/2013. 1

满族民居禁忌习俗起源与功能/赫亚红、姜亭亭/吉林师范大学学报（人文社会科学版）/2013. 3

清代满族宗教信仰之嬗递/范立君、肖光辉/吉林师范大学学报（人文社会科学版）/2013. 5

东北绝唱：赫哲族神秘的萨满舞/韩加君/生命世界/2013. 10

萨满教对东北地区诸民族物质生活民俗的影响/胡卫军、刘鸣谦/文艺争鸣/2013. 7

论原始宗教信仰中体育元素的表达——以萨满教为例/张德智/体育与科学/2013. 2

试论满族的两个祖先信仰系统/孟慧英/辽宁大学学报（哲学社会科学版）/2013. 5

蒙古族敖包祭祀的生态功能及文化价值/邢莉/云南师范大学学报（哲学社会科学版）/2013. 2

萨满文化在维吾尔民俗活动中的戏剧性传承/韩芸霞/四川戏剧/2013. 7

中国北方萨满艺术在动画中的表现/王志善/艺术教育/2013. 8

清代满洲的敬鸦文化/方华玲/寻根/2013. 5

科尔沁萨满服饰及其文化蕴含/武亚芹/黑龙江史志/2013. 21

仪式中身体实践的认知性结构隐喻——以成吉思汗查干苏鲁克大典中的嘎日利祭祀为例/叶高娃/贵州社会科学/2013. 7

萨满图腾与北方少数民族服饰纹样/张梓烨/艺术教育/2013. 10

性别视角下的满族三仙女神话/漆凌云/文艺争鸣/2013. 2

满族萨满神话与生态美学/阎丽杰/文艺理论研究/2013. 5

多面的他者：16 至 20 世纪中叶西方视野下的萨满形象/郑文/民俗研究/2013. 3

萨满舞蹈身体语言中的指示符号研究/孙慧佳/北京舞蹈学院学报/2013. 1

论特德·休斯诗歌与诗学中的萨满特性/吴笛、凌喆/外国文学研究/2013. 3

小说中的萨满神话——现当代东北小说马意象中的马神话隐形结构/李枫/文艺争鸣/2013. 5

“博”之舞/穆延彬/音乐创作/2013. 3

鄂温克族医药思想观念初探/包羽、伊乐泰/中国民族医药杂志/2013. 2

达斡尔族传统民间故事中的原始宗教因素/德红英/内蒙古师范大学学报（哲学社会科学版）/2013. 5

萨满服饰符号的现代借鉴价值研究/刘凌、陈佳/艺术生活/2013. 1

察哈尔蒙古族祭火习俗的由来及传承/樊永贞/集宁师范学院学报/2013. 3

北方少数民族服饰艺术中的萨满文化遗存/侯霞、潘春利/美术大观/2013. 9

仪式与变迁：从“祭天仪式”看阿尔泰语系萨满的文化空间与样式/黄适远/佳木斯大学社会科学学报/2013. 4

满洲祭祀典礼在《红楼梦》中的艺术体现/李雨泽/吉林省教育学院学报（下旬）/2013. 12

清代黑龙江宗教问题研究综述——以移民与宗教变迁为视角/王聪、姚敏/黑龙江史志/2013. 17

活力·诙谐·超越——论东北民俗文化的现代价值与当下意义/潘海军/佳木斯大学社会科学学报/2013. 3

鄂温克疾病痊愈禁忌的文化阐释/刘荣臻、包羽、伊乐泰/中国民族医药杂志/2013. 1

满族伦理思想析论/坤新、日晨、谭洪宗/黑龙江民族丛刊/2013. 2

满族萨满文化背景下的东北家具/姜海叶、朱毅、魏靖琳/山西建筑/2013. 24

"叙话—调子"本质直观路径探索——以宁古塔满族萨满祭祖为例/关杰/黑龙江民族丛刊/2013. 4

当代文化空间下原始信仰萨满在新疆地区的考察——以新疆哈萨克族和维吾尔族巴克希为例/黄适远/新疆社科论坛/2013. 3

萨满服饰艺术特征研究/孙晓菲/劳动保障世界（理论版）/2013. 7

东北作家群小说中"跳神"场景的话语机制、知识形态与文化身份/刘慧敏/学术交流/2013. 2

多元并蓄：试论维吾尔族萨满信仰的"混杂状态"/热依汗古丽·依玛木/青海民族研究/2013. 2

哈萨克族"角形"纹样的人类学阐释/叶尔米拉/新疆艺术学院学报/2013. 2

论社会主义新农村建设中满族非物质文化遗产的开发与保护/杨晗/黑龙江民族丛刊/2013. 1

土族节庆文化旅游开发比较研究——以青海省互助县与民和县为例/星景花/攀登/2013. 3

试论满族萨满音乐特征/潘晓红/辽宁教育行政学院学报/2013. 5

蒙古族神话中的"人性"与"神性"/秋喜/民族论坛/2013. 11

东北满族剪纸的民俗性与艺术性/苏明哲、潘驰宇/大舞台/2013. 11

鄂温克民间美术文化内涵探究/杜宝罗日瓦/大舞台/2013. 3

论裕固族服饰刺绣的艺术表现/王萍、陈文福/通化师范学院学报/2013. 11

满族萨满神服的款式风格探析/王杨/剑南文学（经典教苑）/2013. 5

谈蒙古族文化对其传统民居及室内设计的影响/魏靖琳、朱毅、姜海叶/山西建筑/2013. 18

鄂伦春族文化传承与保护研究/米娜、刘堂灯/黑河学刊/2013. 5

蒙古族舞蹈的文化生态保护与发展/赵小丁/内蒙古大学艺术学院学报/2013. 1

浅析满族文化与女真族文化的关系/矫石/黑龙江史志/2013. 17

成吉思汗十二首祭祀歌及其表演阐释/哈斯巴特尔/歌海/2013. 5

吉林地区少数民族传统萨满造型艺术特征及文化内涵/潘宝泉、张宝文/艺术教育/2013. 11

敖包祭祀与萨满文化/王其格/内蒙古民族大学学报（社会科学版）/2013. 6

满族萨满器物美术及其价值/宋小飞/满语研究/2013. 2

科尔沁博与满族萨满教比较研究/高娃/满语研究/2013. 2

蒙古人的宗教伦理教育/王风雷/民族高等教育研究/2013. 2

满族说部中的历史记忆/姜小莉/吉林师范大学学报（人文社会科学版）/2013. 5

解析黑龙江流域达斡尔族艺术形式/付中凤、戚锋、张晓丽/美术教育研究/2013. 13
《天宫大战》中的神与神话/高荷红/东北史地/2013. 4
《天宫大战》与《恩切布库》之比较研究/邵丽坤/古籍整理研究学刊/2013. 5
析清代紫禁城坤宁宫仿沈阳清宁宫室内格局及陈设的意义/李军/文物世界/2013. 6
试论苯教研究中的几点争议/孟万鹏/内蒙古民族大学学报（社会科学版）/2013. 2
鄂温克民族医药的发展趋势与开发前景/包羽、伊乐泰/中国民族医药杂志/2013. 1

第十一篇

年度信息

2013年宗教研究发展大事记

杨　莉编

一月

1月，中国社会科学院世界宗教研究所戈国龙研究员的《丹道今诠》（增订本）由中央编译出版社出版，全书分上、下两册，共5万字。

1月1日，“诺那活佛对近代密宗弘传的贡献与影响研讨会”在台湾新北市龙山寺举行，研讨会由台湾诺那华藏精舍举办。

1月8日，北京大学—敦煌研究院教学科研协同创新基地签约揭牌仪式在英杰交流中心举行。

1月9—10日，中国社会科学院世界宗教研究所荣誉学部委员马西沙研究员赴陕西师范大学宗教研究中心主持国家社科基金重大项目开题报告并做学术讲座。该所尕藏加研究员、嘉木扬·凯朝副研究员参加会议。

1月12日，由中央民族大学“比较经学与宗教对话”创新引智基地举办的“比较经学与六朝佛教——以《大乘起信论》为中心的考察”国际学术研讨会在北京举行。

1月13日，由中国伊斯兰教协会和新疆伊斯兰教协会组成翻译专家组翻译的维吾尔文《古兰经》正式出版发行。

1月16日，中国佛教协会在四川成都举办“佛教生命观研讨会”。中国社会科学院世界宗教研究所卓新平所长应国家宗教事务局之邀赴成都参加“佛教生命观”研讨会。

1月18—19日，中国社会科学院世界宗教研究所高级研修中心主任王志远教授率佛教博学第二届高级研修班学员到四川峨眉山大佛禅院参访、考察，受四川省佛教协会会长永寿法师委托，峨眉山佛教协会副会长满霖法师、佛协慈善文化教育组组长昌林法师、佛协接待组组长镇祥法师等热情接待，并进行了交流座谈。

1月19日，甘肃省敦煌哲学学会在兰州成立。该学会的成立，对拓宽敦煌学研究领域、深化中国哲学史、佛教思想史研究等有重要意义。

1月19—20日，由深圳大学主办、深圳大学国学研究所承办的“儒家思想与当代中国文化建设”国际学术研讨会在深圳举行。来自韩国，俄罗斯，马来西亚，美国等国家和中国大陆与台湾、香港等地区的120余位专家学者参加了会议。

1月24日，北京市委统战部张猛副处长等领导，代表市委统战部到北京佛教居士林慰问宗教人士，并和居士林夏法圣理事长、吴炎主任进行了亲切的交谈。

1月21—28日，中国社会科学院世界宗教研究所郑筱筠研究员主编的《东南亚宗教与社会发展研究》一书由中国社会科学出版社出版。该书以“东南亚宗教与区域社会发展”为主题，聚集国内外学界和宗教界专门研究东南亚宗教的学者，汇集了大家的最新成果，从宗教与东南亚地区社会结构、社会发展之间的关系入手，深度探讨了宗教在当代东南亚社会、政治、经济和文化变迁中的作用，以期为我国社会和文化发展战略提供重要的参考和建议。

二月

2月，中国社会科学院荣誉学部委员吴云贵所著《追踪与溯源：当今伊斯兰教热点问题》已由中国社会科学出版社出版。全书33.5万字，收入论文、文章26篇，为“中国社会科学院学部委员专题文集”首批出版的30部著作之一。

2月2日凌晨4点50分，中国佛教协会咨议委员会主席、重庆市佛教协会会长、重庆佛学院院长惟贤长老在重庆涂山寺圆寂，国家宗教事务局发唁电悼念。

2月20—23日，以“反思宗教之于欧洲的意义”（Rethinking Europe with（out）Religion）为主题的国际学术研讨会在奥地利维也纳举行。

2月21日，国家宗教事务局王作安局长会见了由永远馆长卢维干、馆长洪少陵率领的香港蓬瀛仙馆第21届理事会访京团一行。

2月25日，台湾佛光山开山宗长星云大师一行拜会国家宗教事务局，王作安局长等给予了热情接待。

2月27日，由泰国朱拉隆功佛教大学佛学院主办，中国重庆华岩寺和有关佛学研究单位协办的第二届中泰佛教研讨会在曼谷中国文化中心隆重举行。

三月

3月11日，中国政协十二届一次会议第四次全体会议在北京人民大会堂举行，中国政协新一届领导层产生。中国佛教协会名誉会长，西藏自治区政协主席帕巴拉·格列朗杰当选十二届全国政协副主席，中国佛教协会会长传印长老，中国佛教协会副会长刀述仁、学诚法师、第十一世班禅额尔德尼·确吉杰布、珠康·土登克珠当选十二届全国政协常务委员。

3月19日，“宗教活动场所、宗教院校法人资格问题调研座谈会”在国家宗教事务局召开，会议由国家宗教事务局宗教研究中心主办。

3月19日，由中国社会科学院世界宗教研究所与社会科学文献出版社联合举办的《中华珍本宝卷（第1辑）》新书发布会暨民间宗教信仰研讨会在社会科学文献出版社蓝厅举行。

3月21日，《中国古代政教关系史》出版座谈会在京举行。

3月22日，第二轮贵州省宗教志《道教篇》审稿会议在省政府五号楼召开，标志着《贵州省志·宗教志》（1978—2010）初稿基本完成。

3月23日，日本曹洞宗访问团一行五人抵达四祖寺参访。

3月25—31日，中国社会科学院世界宗教研究所卓新平所长率当代宗教研究室邱永辉、陈进国、叶涛、王潇楠等专家学者，对澳大利亚宗德孔孟协会、澳洲孔孟道德会和澳洲忠恕道院进行了参访。

3月26日，“中国国际老子文化周”大型系列文化活动在北京举行。此次活动由中国人民对外友好协会和中国关心下一代工作委员会主办，来自境内外的老子文化研究领域专家、学者以及社会各界人士500多人出席了开幕式。

3 月 26 日，位于河南鹿邑的国家 4A 级景区明道宫玄元殿前，来自英国，新加坡，韩国，中国香港、澳门和台湾，马来西亚等 14 个国家和地区的道教会员和李氏宗亲代表，来自企业界的商家代表，共 3000 多人，祭奠老子这位道教学派创始人。

3 月 28 日，中美“宗教心理学”座谈会在中国社会科学院世界宗教研究所举行，金泽副所长首先致辞，欢迎来自美国富勒心理学院学者前来进行学术交流，并预祝座谈会顺利举行，期许与会学者深入交流，有所收获。

3 月 31 日—4 月 2 日，由广东省民族宗教研究院、深圳弘法寺、深圳大学宗教文化研究所联合举办的第二届“宗教的现代社会角色”学术研讨会在深圳举行，中国佛教协会、深圳弘法寺、中国社会科学院世界宗教研究所、中山大学以及海外的专家代表、宗教界人士 90 余人参加了研讨会。

四月

4 月，中国社会科学院世界宗教研究所李华伟的专著《乡村基督徒与儒家伦理——豫西李村教会个案研究》由社会科学文献出版社出版，全书 32.7 万字。

4 月，金宜久同志的专著《苏菲主义在中国》由社会科学文献出版社出版，全书 44.1 万字。

4 月 2 日上午 11 时，由海南出版社主办、弘法寺协办的《本焕长老传奇》新书首发式，在弘法寺停车广场举行。

4 月 6—8 日，中国社会科学院世界宗教研究所创新工程“东西方佛教思想发展史”课题组在扬州举行工作交流会。

4 月 5 日，台湾当局领导人马英九亲自主持入神轿仪式，将湄洲妈和正、副炉妈以及千里眼、顺风耳等神像送上神轿安座，宣告年度宗教盛事——大甲镇澜宫妈祖神像南下绕境登场。

4 月 10 日，“香港六宗教领袖座谈会”与香港中文大学（中大）举行捐赠及签约仪式，香港六宗教过去 35 年交往的文献从此将全部由中大收藏，并将数码化以供业界研究。

4 月 12 日上午，由无锡宜兴市阳羡旅游区管委会、无锡市道教协会主办，宜兴市张公洞景区、宜兴市洞灵观承办的 2013 宜兴湖㳇文化旅游季暨张公洞第二届道教文化节开幕式在张公洞景区隆重举行。

4 月 15 日，华东师范大学先秦诸子研究中心主任方勇在上海召开的专题报告会上介绍了国家 985 项目《子藏》工程的进展。

4 月 15 日，台湾佛光大学佛教研究中心成立，为祝贺佛光大学佛教研究中心开幕，佛光山与佛光大学、南华大学于 4 月 15—20 日分别在高雄佛光山和宜兰佛光大学召开“汉传佛教研究的过去、现在与未来”国际学术研讨会。

4 月 19—28 日，郑筱筠研究员应邀参加中央统战部南传佛教调研项目组，到云南西双版纳、德宏地区和临沧地区开展南传佛教现状调研。

4 月 25 日，中央统战部、教育部、国家宗教事务局等六部委调研组来陕西调研民族宗教工作，省委常委、省委统战部部长陈强出席座谈会并讲话。

4 月 27 日，中国经过几年努力从海外征集回归的七件“国宝级”洛阳龙门石窟流失佛雕，在洛阳龙门博物馆首次与公众见面，并将长期展出。

五月

5月7日，中法学者关于宗教研究的对话在中国社会科学院世界宗教研究所举行。

5月7—8日，“东岳信仰与北京东岳庙学术研讨会”在北京召开，研讨会由中国社会科学院世界宗教研究所主办，北京东岳庙承办，北京市道教协会支持。

5月9日，世界宗教研究所湖北国情调研课题组与中共武汉市委统战部、武汉市民族宗教委员会在武汉归元寺召开座谈会，探讨武汉市的宗教历史、现状与发展趋势。

5月10日，习近平在人民大会堂会见俄罗斯东正教大牧首基里尔。

5月11日，中国社会科学院世界宗教研究所湖北国情调研课题组与中共武汉市委统战部、武汉市民族宗教委员会、丹江口市宗教事务局、武当山道教协会、武当山道教学院等单位在武当山道教学院召开座谈会。

5月15日上午，国家宗教事务局张乐斌副局长在上海市民宗委沈国强副主任、市民宗委佛道教处何建处长等的陪同下来到上海玉佛禅寺调研。

5月17日上午，国家宗教事务局副局长张乐斌一行到浙江省宁波市宁海县调研民间信仰事务管理工作。

5月22日，国家社会科学基金重大项目《中国地方志佛道教文献汇纂》出版座谈会在中国人民大学举行。

5月23—24日，“现代新儒家与中国哲学的主体意识”研讨会在宜宾学院召开，研讨会由四川思想家研究中心、唐君毅研究所联合举办。

5月23—25日，中国社会科学院世界宗教研究所道教与中国民间宗教研究室主任王卡研究员率研究室部分成员前往山东考察道教与民间儒教。

5月25—26日，由中国佛学院普陀山学院和华东师范大学哲学系联合主办的“佛教文化与现代社会”学术研讨会暨《普陀山佛学文丛》首发式在中国佛学院普陀山学院举行。

5月30日，国家宗教事务局在广西南宁召开2013年宗教界“宗教政策法规学习月”活动专题会。

5月31日，中国社会科学院世界宗教研究所郑筱筠研究员应邀参加由中国社会科学院社会政策研究中心、社会科学文献出版社举办的“2013《慈善蓝皮书》发布暨中国慈善事业发展研讨会”，并在会上作《2012大陆、台湾、澳门宗教慈善发展报告》的主旨发言。

六月

6月，由荣誉学部委员马西沙主编，社会科学文献出版社出版的大型宗教典籍文库《中华珍本宝卷》第1辑共10册7776页，正式出版，此文库是中国社会科学院创新工程学术出版资助项目。

6月，中央民族大学教授牟钟鉴所著《当代中国特色宗教理论探讨》一书由甘肃民族出版社出版发行。该书全面探讨了中国特色社会主义宗教理论，是牟钟鉴教授在这一领域以往研究成果的集成。

6月，中国社会科学院世界宗教研究所周伟驰研究员的专著《太平天国与启示录》由中国社会科学出版社出版，全书43.3万字。该成果为中国社会科学院创新工程学术出版资助项目。

6月1日，香港“宗教心、生态情、环保行——2013年宗教与生态环保工作坊”论坛在九龙湾亿京中心16楼香港佛光道场大斋堂举行。

6月4—7日，中共中央书记处书记、全国政协副主席、中央新疆工作协调小组副组长杜青林到新疆，围绕加强基层基础工作和宗教事务管理工作展开考察调研并召开座谈会。

6月7日，国家宗教事务局和中国佛教协会在云南瑞丽举行了“探索发挥南传佛教在对东南亚民间外交中的积极作用”座谈会。

6月7日上午，张乐斌副局长会见了来国家宗教事务局拜会的阿拉伯国家代表团一行15人。

6月8—9日，“宗教与中华文化软实力高层论坛暨2013年中国宗教学会年会”在华侨大学开幕，论坛由中国宗教学会、中国社会科学院世界宗教研究所、华侨大学联合举办。

6月14—23日，“第二期宗教工作专题研究班”在国家宗教事务局培训中心举办。

6月15日—7月3日，中国社会科学院世界宗教研究所唐晓峰副研究员赴芬兰图尔库参加中国民族出版社与荷兰博睿出版社共同举行的“当代中国宗教研究精选丛书”部分书籍的英文版发行仪式。

6月16日，“第二届宗教经典翻译理论与实践研讨会”在山东青岛举行，研讨会由中国海洋大学主办。

6月16—17日，首届“亚洲禅学研讨会”在香港九龙湾国际展贸中心隆重举行，研讨会由（香港）中国文化研究院主办，中华文化国际传播联合会、中华炎黄文化研究会、澳门基金会、（香港）和谐社会发展基金会协办，香港仁华寺与小灵山灵显法苑承办。

6月18日，中国佛教协会第八届理事会居士事务委员会在峨眉山举行。

6月19日（农历五月十二），广西壮族自治区桂林市恭城瑶族自治县举行了盛大的关公巡游活动，吸引数万游客参与。恭城民间认为农历五月十二是三国名将关羽的诞辰，每年举行纪念活动，形成了广西最大的庙会之一。同时，恭城百姓每3年还会将关帝庙供奉的关羽像抬出来巡游，祈求国泰民安。

6月19—20日，由中国人民大学佛教与宗教学理论研究所主办的主题为“佛教与现代性”的第五届中日佛学学术研讨会在京举行。

6月20日，从甘肃省文物局了解到，泾川县大云寺旁出土的陶棺近日开启，出土了佛骨及舍利。

6月22日下午，由中国佛教协会指导、《中国宗教》杂志社主办的“佛教胜地行”采访组一行，在《中国宗教》杂志社社长韩松的带领下，抵达少林寺，进行为期三天的采访、拍摄活动。

6月22—23日，“第二届中日韩佛教学术大会”在北京举行，大会由中国人民大学佛教与宗教学理论研究所和日本东洋大学东洋学研究所、韩国金刚大学佛教文化研究所联合主办，来自中、日、韩三国的佛学研究专家，围绕“南北朝佛教思想”这一主题进行了研讨。

6月23日下午，“中国传统文化的智慧”大型公益讲座在江苏省盐城市东台弥陀寺弥陀大讲堂隆重举行。

6月24日子时，国内外武术界、道教界的得道高道，原四川省成都市道教协会会长，当代全真龙门派丹台碧洞宗一代宗师蒋信平在青城山羽化登仙，享年111岁。

6月27—30日，由“国际宗教社会学学会”主办的“第三十二届国际宗教社会学大会”在芬兰古城图尔库召开。

6月28日，中国民族出版社与荷兰博睿出版社共同举行“当代中国宗教研究精选丛书”中的部分书籍的英文版发行仪式。

6月29日，由中国佛学院研究部主办的《中国佛教教育年鉴》编纂研讨会在中国佛学院隆重举行。

七月

7月，中国社会科学院世界宗教研究所卓新平研究员的专著《基督教与中国文化处境》由宗教文化出版社出版，全书30万字。

7月，由曾传辉主编的论文集《马克思主义宗教观研究（2011）》由社会科学文献出版社出版，全书39.2万字。

7月，中国社会科学院世界宗教研究所唐晓峰博士的著作《改革开放以来的中国基督教及研究》由宗教文化出版社出版，全书30万字。

7月，曹中建主编，郑筱筠作为执行主编的工具书《中国宗教研究年鉴（2011—2012）》由中国社会科学出版社出版，全书181.9万字。

7月1日上午，武汉大学健康禅研究中心成立暨与武汉灵泉寺合作研究签字仪式在武汉大学外语学院报告厅举行。

7月5日，中国社会科学院世界宗教研究所卓新平所长赴云南丽江参加由北京大学主办的“西方宗教起源、发展与演变”研讨会。

7月7日，“2013民族宗教问题高层论坛”在北京举办，论坛由甘肃省委统战部、西北民族大学、中国统一战线理论研究会民族宗教理论甘肃研究基地和中国人民大学法律与宗教研究中心联合举办。

7月11—13日，由美国普度大学中国宗教与社会研究中心和香港中文大学崇基学院宗教与中国社会研究中心联合举办的“宗教、灵性资本与公民社会——第十届宗教社会科学年会”在香港中文大学召开。

7月14—30日，中国社会科学院世界宗教研究所尕藏加研究员参加中国社会科学院李捷副院长课题赴西藏，在拉萨市、那曲地区和阿里地区进行国情调研。

7月16—24日，第10届中美欧暑期宗教学高级研讨班在中国人民大学举办，本年度的主题是“宗教心理学的理论与实践”。

7月19日，纪念六祖暨禅宗六祖文化节系列活动新闻发布会召开。

7月23—25日，国家宗教事务局举办党的群众路线专题学习研讨班，局机关全体干部和直属单位全体党员干部180余人参加。

7月26—27日，“中国梦与儒家文化学术研讨会”在山东济南召开，会议由中国孔子基金会、中央党校社会发展研究中心、山东省社会科学院、山东大学儒学高等研究院、山东省齐鲁文化研究院和孔子研究院等单位共同主办。

7月28—29日，“饶学国际学术研讨会”将在韩山师范学院隆重举行。据悉，这是迄今在该院举办的第四场有关国学大师饶宗颐的学术研讨会，也是在世界范围内首次以

“饶学”命名的学术研讨会。

八月

8 月，由中国社会科学院世界宗教研究所卢国龙主编的论文集《儒道研究》第 1 辑由社会科学文献出版社出版，全书 29 万字。

8 月，由中国社会科学院世界宗教研究所黄夏年著的论文集《当代佛教论集》由宗教文化出版社出版，全书 40 万字。

8 月 2 日上午，“海东讲坛”举办第五期讲座，邀请中共第十八届中央委员、中央社会主义学院党组书记、第一副院长叶小文做题为《民族宗教政策新论》的专题报告。

8 月 5—7 日，来自中国社会科学院世界宗教研究所、中国人民大学佛教与宗教学理论研究所、《中国宗教》杂志社、《中国民族报》宗教周刊、华侨大学等佛教研究领域的著名专家学者云集全州县，对该县湘山寺无量寿佛文化进行了考察，并举行了无量寿佛文化学术研讨会。

8 月 9—10 日，“海峡两岸观音文化学术研讨会暨第三届伏牛山文化圈全国学术研讨会”在平顶山隆重召开，研讨会由河南省平顶山市政协、财团法人向阳基金会（台湾）、平顶山学院联合主办，来自海峡两岸的百余名佛教界专家和学者出席了此次研讨会。

8 月 16—18 日，“第七届海峡两岸周易学术研讨会”在济南市山东大学召开，研讨会由山东大学易学与中国古代哲学研究中心、中国周易学会和《周易研究》编辑部主办，台湾中华易经学会协办，会议以“易学与中国哲学文化的历史与未来”为主题。

8 月 18—20 日，“2013 骊山问道之儒道两行·文化复兴”学术研讨会在骊山明圣宫举行，会议由中国社会科学院道家与道教文化研究中心、中国社会科学院世界宗教研究所儒教研究中心联合主办，陕西西安临潼明圣宫承办。

8 月 20—23 日，“基督教与当代中国社会思潮”研讨会在牛津大学召开。40 余位资深学者在会上发言，并就“基督教与自由主义”、“基督教与新左派”、“基督教与新儒家”等话题同与会者展开讨论。

8 月 20—25 日，中国社会科学院世界宗教研究所卓新平所长赴英国牛津大学参加“基督教信仰与当代中国社会思潮学术研讨会”。

8 月 21—24 日，“儒学与中国少数民族文化研讨会”在宁夏大学召开。

8 月 26 日，中国佛教协会成立 60 周年纪念会在人民大会堂举行。

8 月 29 日，四川省佛教协会第九届理事会召开藏传佛教活佛转世灵童认定指导小组第一次会议，副省长曲木史哈出席并讲话。

8 月 29 日，吉尼斯世界纪录有限公司总裁来到雍和宫，为 18 米高白檀木弥勒大佛颁发吉尼斯世界纪录新式证书，确认其为世界上殿堂内独木雕成的最大站立佛像。

九月

9 月，由中国社会科学院世界宗教研究所金泽、邱永辉研究员主编的《宗教蓝皮书：中国宗教报告（2013）》由社会科学文献出版社出版，全书 34.6 万字。

9 月 2 日，由中国社会科学院文学哲学学部、中国宗教学会、中国社会科学院世界宗教研究所、云南民族大学联合主办的“2013 中国宗教研究五十人论坛”在云南民族大学雨花校区图书馆报告厅隆重开幕。共同研讨“宗教与文化多样性”这一课题。

9月3日，加拿大佛教会会长、加拿大湛山精舍住持达义法师一行参拜南华禅寺，在南华禅寺方丈传正法师的陪同下，达义法师一行参拜了六祖真身，参观了即将竣工的曹溪讲坛，并惊叹于曹溪讲坛的宏广规制及讲坛内展示的书画雕刻等工艺精湛的艺术作品，对传正法师恢复建设盛唐时期“大南华”的宏大愿力表示高度赞扬。

9月6—9日，国家宗教事务局政法司副司长刘金光率调研组到湖北进行宗教工作调研，并为武当山道教学院新生进行专题辅导讲座。

9月7日上午，《西藏自治区僧尼学汉语专用教材》发放仪式在日喀则地区举行，西藏自治区党委常委，区政协党组书记、副主席，区党委统战部部长公保扎西出席，并为部分寺庙僧众代表发放《西藏自治区僧尼学汉语专用教材》。

9月8日，中国基督教第九次代表会议在京开幕。

9月8—11日，国家宗教事务局研究中心副主任加润国一行到青海省调研宗教工作。期间，调研组一行赴西宁、海东市，海北、黄南州就宗教工作中的重大理论和现实问题与基层宗教工作部门进行了座谈交流，并深入塔尔寺、隆务寺等寺院，对寺院社会化管理、民主管理、宗教教职人员社会保障等问题进行了实地调研。

9月12日，由北京大学宗教学系、中国人民大学佛教与宗教学理论研究所、中国社会科学院佛教研究中心联合主办的“净慧长老与生活禅”学术研讨会在北京大学英杰交流中心会议厅举行，研讨净慧长老的佛学思想以及当代佛教的新面貌。

9月13—17日，中国社会科学院世界宗教研究所创新工程项目“东西方佛教思想发展史”课题组工作交流会在哈尔滨举行。会议由“东西方佛教思想发展史”课题组首席研究员魏道儒主持。

9月14—15日，国家宗教事务局研究中心副主任加润国一行，在甘肃省宗教事务局负责人的陪同下到临夏回族自治州调研指导宗教工作。

9月16—17日，由中国社会科学院世界宗教研究所、罗马第三大学、佩鲁贾外国人大学、意大利世界历史学会联合主办的“当代宗教：全球化与地方化”国际学术研讨会在罗马和佩鲁贾相继举行。

9月17—19日，由中国社会科学院世界宗教研究所、中国道教协会道教文化研究所共同主办，江苏省道教协会、苏州市道教协会协办，吴中区道教协会、穹隆山上真观承办的“铁竹道人施道渊与江南道教研究”学术研讨会在江苏苏州吴中区穹隆山上真观举行。

9月19—22日，“多元宗教与地方经验”暨第三届中国宗教人类学论坛在甘肃兰州召开。论坛由中国社会科学院世界宗教研究所与兰州大学西北少数民族研究中心/民族学研究院共同举办。

9月27日—10月6日，“2013年第二届世界佛教青年会议暨第十届世界青年僧伽大会”于美国洛杉矶法身寺分院举行。此次大会主题为“全球化世代新佛教徒的产生”。

十月

10月，中国社会科学院世界宗教研究所孙波的著作《徐梵澄精神哲学入蹊》由华东师范大学出版社出版，全书18.5万字。

10月1日—11月30日，中国社会科学院世界宗教研究所张总研究员应德国海德堡学术院邀请，赴德国进行合作研究，参与雷德侯教授主持的中德合作《中国佛教石经》项目。张总研究员此次出访对于促进中国社会科学院世界宗教研究所学者与德国学者在中国佛教研究领域的学术合作有重要意义。

10 月 2—6 日，受宋庆龄基金会委托，中国社会科学院世界宗教研究所卓新平所长作为与会中国代表团团长出席在希腊罗德岛召开的第 11 届“文明对话——世界公众论坛”。来自 60 多个国家和地区的 600 余名代表与会，宋庆龄基金会组织的中国代表团由 12 位学者组成，此外还有一些中国学者作为个人代表参会。

10 月 10 日，由中国藏学研究中心等单位共同举办的首届黄寺论坛在北京西黄寺开幕，与会的专家学者及宗教界人士就“乾隆皇帝与六世班禅”这一主题进行了探讨。

10 月 12 日，由北京佛教文化研究所、清华大学哲学系、加拿大英属哥伦比亚大学亚洲系、何创时书法艺术基金会共同主办的“明代北京佛教学术研讨会”在北京什刹海书院隆重开幕，中国社会科学院世界宗教研究所杨曾文研究员应邀出席了开幕式。

10 月 17—18 日，部分省市贯彻《宗教事务条例》专题研讨会在江苏省无锡市召开。

10 月 18—20 日，由中国政法大学宗教与法律研究中心、中国人民大学佛教与宗教学理论研究所与重庆市华岩寺联合主办的第二届“宗教・法律・社会”学术研讨会在北京召开。

10 月 21—23 日，由中国社会科学院世界宗教研究所巴哈伊中心、巴哈伊教澳门总会共同主办，全球文明研究中心（香港）协办的“宗教与可持续社区学术研讨会”在中国澳门召开。

10 月 22 日，应杭州佛学院佛学研究所常务副所长邱高兴教授的邀请，中国社会科学院世界宗教研究所学部委员魏道儒到杭州佛学院做主题为“佛教禅学的核心内容与价值”的讲座。

10 月 25 日，“简帛《老子》与道家思想”国际学术研讨会在京举办。会议由北京大学中国古代史研究中心及北京大学出土文献研究所主办。

10 月 25 日，“‘哲学・文化・佛教’2013 国际论坛”开幕式在暨南大学举行。此次论坛由暨南大学哲学研究所、中印比较研究所和广东六祖寺联合主办，广东省天柱文化慈善促进会、亚太经济时报《禅文化》等协办，论坛分别在暨南大学和广东六祖寺举行。

10 月 25—27 日，中国社会科学院世界宗教研究所主办了“第二届东南亚宗教研究论坛”，此次会议主题为“东南亚宗教的复兴与变革”，会议分为四个议题：东南亚宗教的复兴与变革，中国与东南亚的宗教文化交流，东南亚华人宗教的传承与变迁，东南亚宗教与民族文化的互动。

10 月 26—28 日，第五届国际彝学研讨会在西南民族大学开幕，会议以“传承・转型・发展”为主题，全面反映出此次研讨会在全球化与现代化进程下，对彝族传统文化如何突破自我窠臼、加速现代化进程、实现更好发展这一时代议题的深刻思考。

10 月 26—28 日，中国社会科学院世界宗教研究所佛教研究中心副秘书长、河北省佛学院客座教授纪华传到河北省佛学院，为学院学僧做了以“中国禅宗史的历史分解与禅法特点”为主题的讲座。

10 月 27 日，中央民族大学哲学与宗教学学院太平道文化教学研究基地揭牌仪式在河北省邢台市平乡县玉皇宫举行，中央民族大学马文喜副校长、平乡县县长贾芳共同为基地揭牌。

10 月 27 日，“2013 汉传佛教讲经交流会”开幕式在杭州佛学院隆重举行。此届讲经交流会是首届汉传佛教讲经交流会举办以来的第六届，以“清净・和谐”为主题。

10月28日，中国社会科学院世界宗教研究所尕藏加研究员应邀出席《拉萨市法治发展报告》出版暨拉萨市法治建设座谈会。

10月30日，由中国人民大学国际佛学研究中心主办的“戒律思想与实践——第三届国际佛学论坛”在北京隆重举行。围绕佛教戒律话题从汉传佛教戒律研究、戒律溯源、戒律的现代意义、藏传佛教戒律思想、中国佛教戒律研究、戒律思想研究、戒律及其现代实践7个分主题进行研讨探究，分享交流。

十一月

11月，中国社会科学院世界宗教研究所卓新平研究员的最新成果《马克思主义宗教观探究》由中华书局出版，全书31.5万字。

11月，中国社会科学院世界宗教研究所马西沙研究员的文集《古代中国民众的精神世界及社会运动》由中国社会科学出版社出版，全书44万字。

11月，中国社会科学院世界宗教研究所张雅平研究员的最新成果《东正教与俄罗斯社会》由中国社会科学出版社出版，全书28.9万字。

11月2日，由中国逻辑学会因明专业委员会主办，肇庆学院承办，杭州佛学院、中国藏学研究中心、肇庆市哲学学会等协办的第九届全国因明学术研讨会在广州肇庆举行。

11月3—4日，由中国社会科学院、中国宗教学会主办，中国社会科学院世界宗教研究所承办的“中国社会科学论坛（2013·宗教学）——世界宗教与文明对话国际学术研讨会”在京召开。

11月5日，来自新疆维吾尔自治区近百名各界青年代表在自治区团委召开了“传递正能量远离极端宗教”座谈会。

11月6—7日，正一道教研究国际学术会议在上海举行。会议由上海市道教协会、华东师范大学明道道教研究所、华东师范大学宗教文化研究中心共同主办，上海城隍庙承办。

11月7日，中国社会科学院世界宗教研究所道教与民间宗教研究室在室主任王卡研究员带队下，乘车前往位于北京市平谷区刘家店镇的丫髻山进行实践调研。

11月9日，由中国社会科学院近代史所与福建师范大学中国基督教研究中心联合举办的“近现代基督教的中国化”国际学术研讨会，在武夷学院宋明理学山庄拉开序幕。

11月12日，乌兹别克斯坦科学院历史所学者希加布基诺夫·里纳特·纳奇梅基诺维奇在世界宗教研究所大会议室做了主题为“20世纪40—80年代中亚的非官方伊斯兰教”的学术讲座。

11月14日，第五届戒幢论坛在苏州西园寺举行。此届论坛共持续4天，来自国内佛教界与心理学界200多位法师、专家、学者参与了此次论坛，并围绕“佛法与心理治疗”的主题进行研讨。

11月16日，广东肇庆举行了“第三届利玛窦与中西文化交流国际学术研讨会”，以利玛窦与中西文化交流、肇庆特色历史文化及其现代价值、广府文化视野中的粤西重要历史人物研究为三个主题。

11月16日，由中国社会科学院《世界宗教研究》杂志社、浙江省社会科学院浙江宗教研究中心主办，浙江省佛教协会指导，仙居县民族宗教事务局、仙居新区开好管理委员会、仙居县佛教协会承办的第二届“中国（仙居）药师佛学术交流大会”在浙江仙居县召开。

11 月 16 日，中国民俗学会第七届常务理事会第九次会议在西安市召开，学会会长朝戈金主持了会议，学会秘书长叶涛汇报了学会近期的工作。会议讨论并通过了《中国民俗学奖评审条例》，并责成秘书处尽快启动 2013 年度中国民俗学奖（青年学术奖）的推荐与评审工作。

11 月 16—17 日，由深圳大学举办，深圳大学国学研究所承办的第十届当代新儒学国际学术会议开幕。此届会议的主题为“儒学的当代发展与未来前瞻”。

11 月 19 日，以日本国际刻字协会会长、延命寺住持薄田泰元为团长的“长安华严寺重建第一回写经奉纳友好访问团”一行 6 人到华严宗祖庭长安华严寺参访交流。

11 月 19—20 日，由中国基督教两会和美国葛培理布道会共同主办的第二届中美基督教领袖论坛在上海举行。论坛的主题为“和好・福音”，与会代表围绕城市化进程中教会面临的挑战、福音与本土文化、社会服务、加强中美基督教相互了解与交流等专题进行了研讨。

11 月 20 日，四川省社会科学院党委统战部和院党外知识分子联谊会共同举办的“同心共筑中国梦・社科统战在行动”系列学术沙龙第二次活动在三圣乡刘家花园开讲。

11 月 20 日，孔子学院总部在美国首都华盛顿为孔子学院美国中心举行揭牌仪式，正在美国访问的国务院副总理刘延东为中心揭牌，教育部部长袁贵仁发表讲话。

11 月 20—22 日，为期 3 天的第九届世界宗教和平会议在奥地利首都维也纳闭幕。会议通过的《维也纳宣言》呼吁加强公民权利，并谴责宗教极端主义。

11 月 22—23 日，中国社会科学院世界宗教研究所、燕京神学院在北京联合举办“基督教与和谐社会建设”国际论坛。

11 月 23—29 日，中国社会科学院与教育部联合组织的“根在基层・中国梦”陕西省商洛市丹凤县峦庄镇“基层教育发展和工作状况”青年国情调研项目如期进行。

11 月 25 日，2013 年第八届青年佛教学者学术研讨会开幕礼在香港中文大学谢昭杰室举行，以“中国佛教研究”为题，包括“星云大师人间佛教思想与佛光山实践”、“佛教教育”、“佛教文化”、“佛教与国家、社会、家庭、科学、生态环保”等 8 个子题。

11 月 27 日，第十六次中韩日佛教友好交流会议在海南三亚隆重举行。中、韩、日三国佛教代表及四众弟子、各界嘉宾 500 余人出席会议，围绕会议主题——“自然灾害后的心灵救助”展开深入研讨。

11 月 28 日，以“儒家学说在俄罗斯”为主题的国际儒学研讨会在莫斯科举行，探讨儒家思想在俄罗斯乃至世界各地的研究现状并交流研究经验。

11 月 28 日上午，北京大学与河南巩义青龙山慈云寺共建佛教实验考古基地签约仪式在河南省巩义市举行。

11 月 30 日，由中国孔子基金会、两岸统合学会、中国评论通讯社共同举办的“推动两岸文化融合研讨会”在佛光山宜兴大觉寺进行。

十二月

12 月，卓新平、王晓朝、安伦主编的论文集《思源探新：论宗教与中国传统文化》由社会科学文献出版社出版，全书 25.1 万字。

12 月 2 日，中国伊斯兰教教务指导委员会三届二次委员会议在京召开。会议为期两天，总结指导委一年来的工作，审议《新编卧尔兹演讲集》第5辑书稿，研究下一步的工作。

12月6日，中国社会科学院世界宗教研究所戈国龙研究员出席北京大学“中国传统文化反思与展望学术研讨会”，发表论文《神与神性：两种宗教类型与宗教的两个维度》。

12月6日，中国传统文化反思与展望学术研讨会在北京大学隆重举办。在我国著名哲学史家、佛学家、北京大学宗教文化研究院名誉院长楼宇烈先生80华诞之际，北京大学哲学系、宗教学系主办，北京大学宗教文化研究院与北京大学佛学教育研究中心承办此次研讨会，就中国传统文化里一些关键而具体的问题进行专题研讨。

12月8日，重庆佛学院举办佛教学术讲座，中国社会科学院学部委员、中国社会科学院佛教研究中心主任魏道儒教授，中国社会科学院佛教研究中心副主任纪华传教授应邀为重庆佛学院全体师僧做了精彩讲演。

12月8—10日，由山东大学犹太教与跨宗教研究中心联合芝加哥大学北京中心、芝加哥大学犹太研究中心举办的“犹太与儒家伦理”国际学术研讨会在山东大学召开。围绕犹太与儒学两种传统中的伦理以及二者之间的比较研究展开了富有成效的研讨和交流。

12月9日，中国社会科学院学部委员魏道儒研究员一行走进北碚区档案局，仔细查阅了汉藏教理院名人题词档案，指导珍贵档案文化研究工作。

12月12日，由北京大学佛学教育中心主办的“佛教文献、历史与哲学工作坊”学术活动在京举行。此次活动是工作坊第十二讲，由中央民族大学哲学与宗教学学院院长刘成有教授主讲，题目是“从《起信》义诤看佛学研究的现实关怀——熊十力、吕澄、印顺围绕《大乘起信论》的思想论争”。

12月13日，入选联合国教科文组织“世界记忆项目”的九珍《甘珠尔》证书移交仪式在蒙古国国家图书馆举行，《甘珠尔》及获颁证书都将收藏于蒙古国国家图书馆珍宝馆内。

12月15日，“两岸三地谈太虚——太虚大师与人生佛教”研讨会在新加坡大会堂隆重举行，来自中国两岸三地及新加坡佛教界的法师、居士大德数百人齐聚新加坡，围绕着“太虚大师与人生佛教”共同展开研讨。

12月17—18日，为期两天的柬埔寨第22届全国僧侣大会在四臂湾会议厅隆重召开，肯定了佛教的道德教育价值。

12月18日上午，中国社会科学院世界宗教研究所“宗教人类学名家讲座”第8讲在所会议室举行。本次学术讲座由中国社会科学院世界宗教研究所当代宗教研究室与巴哈伊研究中心共同举办。该系列讲座是中国社会科学院2009年开始重点扶持的“交叉学科”——宗教人类学的项目之一，系由金泽研究员和陈进国博士共同主持，目前共举办了三届“宗教人类学学术论坛”，出版了多本《宗教人类学》年刊，已经成为中国及周边地区的宗教人类学者最重要的学术交流平台。

12月20—24日，由中国台湾中华宗教研究社主办的“宗教时代责任与社会服务”学术会议在台湾举办。来自海峡两岸的60多名学者出席了会议。此次会议以宗教会通为宗旨，与会代表就宗教的责任与社会服务和宗教慈善等问题进行了深入研讨。会议还举行了天帝教天人研究院授予曹中建宗教哲学荣誉博士学位典礼。

12月23日，中国社会科学院世界宗教研究所主办了“伊斯兰教与丝绸之路经济带”学术研讨会，分为“区域文化合作”、“区域经济合作”与“区域安全合作”三个议题。

12 月 26 日，第十一届吴越佛教学术研讨会暨汉传佛教艺术展在杭州举办。此次研讨会的主题是“佛教艺术与当今人文”，在国内外，由佛教界举办专门学术会议探讨佛教艺术尚属先例。

12 月 27—29 日，中国社会科学院世界宗教研究所一年一度的青年学者论坛和博士后论坛在北京召开。此次论坛是该所青年学者论坛的第九届、博士后论坛的第三届。论坛讨论的主题是“宗教的复兴与变革”。

12 月 28 日，庆祝《空林佛教》创刊十周年、发行一百期暨当代佛教传播方法座谈会在四川成都文殊院举行。文殊院方丈宗性法师为活动致辞并对《空林佛教》的未来及传播提出了指导意见。

12 月 28 日，西北大学佛教研究所主办了“中日佛教交往学术座谈会”。与会学者就中日佛教交往在人类文明交往过程中的地位等问题做了重点发言。

2013年中国社会科学院世界宗教研究所大事记

刘玉萍 编

2013年在中国社会科学院世界宗教研究所领导和全所人员的共同努力下，本所的科研工作取得可喜的成果。在进入“创新工程”之后，科研人员的精神面貌发生了很大的变化，成果颇丰。

一 科研成果获奖评奖概况

科研成果获奖4项，如下：

金泽的专著《宗教人类学学说史纲要》获得第八届（2013年）中国社会科学院优秀科研成果奖一等奖；

杨健的专著《清王朝佛教事务管理》获得第八届（2013年）中国社会科学院优秀科研成果奖二等奖；

杨华明的论文《莫尔特曼的三位一体辩证法》获得第八届（2013年）中国社会科学院优秀科研成果奖三等奖。

中国社会科学院第五届离退休人员优秀科研成果奖公布，本所段琦同志的《梵蒂冈的乱世抉择（1922—1945）》获得三等奖。

2013年度本所共举办国际学术会议4场，国内学术会议20场，不仅为学术交流提供了平台，还凸显本所的学术水平和业务实力。

二 学术会议

（一）国际学术会议

• 2013年9月16—17日，由本所、罗马第三大学（Università Roma Tre）、佩鲁贾外国人大学（Università Stranieri di Perugia）、意大利世界历史学会（World History Academy）联合主办的“当代宗教：全球化与地方化”（Le religionicontemporaneetraglobalizzazione e localizzazione）国际学术研讨会在罗马和佩鲁贾相继举行，本所11位学者参加了此次学术研讨会。在开幕式上，所党委书记曹中建追溯了马可·波罗、孟高维诺、利玛窦等人开拓的中意友谊，回顾了21世纪以来中国社会科学院世界宗教研究所与意大利学者之间的学术交流及所取得的成就，并介绍了本所以及中国社会科学院与会人员情况。开幕式由罗马第三大学人文学院罗古齐（Adriano Roccucci）教授主持。在为期两天的学术研讨会上，与会者以“宗教：普世性与特殊性”、“当代中国的宗教现状”为主题进行了广泛、深入的交流和探讨。会议期间，本所代表团参访了米兰昂布罗修图书馆（BibliotecaAmbrosiana）这一米兰城曾经的文化发源地，还参访了多姆大教堂、圣马可大教堂、圣母百花大教堂、梵蒂冈圣彼得大教堂等众多宗教文化遗产。

• 2013年10月21—23日，“宗教与可持续社区学术研讨会”在澳门召开，研讨会由本所巴哈伊中心、巴哈伊教澳门总会共同主办，全球文明研究中心（香港）协办。在为期两天的学术研讨中，共有十个主题小组讨论。此次研讨会构建了一个跨学科、跨研究方法、跨认识论派别的对话平台，与会学者提交的论文均以探讨宗教和社区建设为中心，其视角则来自宗教学、环境科学、管理学、社会学、教育学、法律学以及人类学、民俗学等多个不同学科。论文兼顾概念性与实证性的研究，话题涉及乡村及城市宗教团体的声音，东方及西方的社区建设经验。

• 2013年11月3—4日，中国社会科学论坛（2013・宗教学）——“世界宗教与文明对话”国际学术研讨会在京召开，研讨会由中国社会科学院、中国宗教学会主办，本所承办。本所所长卓新平出席开幕式并致辞。开幕式由曹中建书记主持。卓新平在致辞中说，“文明对话”的呼声越来越高，世界有识之士为之付出的努力也越来越大。而当人们意识到无论是“文明冲突”还是“文明对话”都与宗教密切关联以后，也更加强调世界宗教在文明对话中的意义，鼓励并促进世界宗教对文明对话的积极参与。卓新平指出，为了世界和平和人类共同发展，我们只能选择文明对话、宗教宽容之道，这正是我们组织世界宗教与文明对话这一论坛的初衷和真谛。会议期间，来自中国、美国、意大利、芬兰等国的相关领域专家学者齐聚一堂，围绕世界宗教中的文明对话、中国宗教在文明对话中的参与、西方宗教的文明对话、宗教与中西方对话、宗教与文明对话的多样性等问题展开理论探讨及经验分析。与会学者表示，在当前国际形势下，探讨宗教与文明对话的基本理论，考察各种宗教与文明间的多维相处之道，分析当今国际诸宗教与世界文明对话的途径、主要特点及发展趋势，对构建世界和平无疑具有极其重要的理论意义和现实意义。

• 2013年11月22日，由中国社会科学院基督教研究中心、中国宗教学会主办，燕京神学院协办的“基督教与和谐社会建设”国际论坛在北京召开。开幕式由本所党委书记曹中建主持。国家宗教事务局副局长蒋坚永、本所所长卓新平、中国基督教三自爱国运动委员会副主席、北京市基督教三自爱国运动委员会主席、燕京神学院副董事长蔡葵出席并分别向大会致辞。参加此论坛的40余位专家学者来自国内外多家科研院校以及基督教团体和神学院等机构，这些机构有：清华大学、中央民族大学、浙江大学、武汉大学、山东大学、华东师范大学、天津外国语大学、华侨大学、燕京神学院、香港大学、台湾中央大学、香港中国神学研究院、香港浸信会神学院、台湾中原大学、香港圣公会、基督教香港崇真会、宗教文化出版社、芬兰赫尔辛基大学、加拿大文化更新研究中心、中国社会科学院等，还有数家媒体参与。此次论坛主要探讨以下问题：和谐社会与基督教的理解；基督教与中国文化；宗教对话与经典研究；基督教对和谐社会的可能贡献；基督教的“中国化”及其实现和谐的努力；生态与社会和谐之共在；对和谐的神学理解等。围绕这些论题，专家学者们展开了为期两天的学术对话、讨论和交流。这次国际论坛的召开正处于我国贯彻落实中共中央十八届三中全会精神、全面深化改革开放的时期，按照全会“最大限度增加和谐因素，增强社会发展活力”的精神，该论坛探讨基督教对世界和平、社会和谐的积极参与和贡献，基督教在构建中国和谐社会中的正能量、正功能，研讨基督教思想文化的历史积淀、理论发展及其精神资源，以及在中国思想文化的处境中实现本土化的探索，基督教与当代中国社会相适应的理论和实践。论坛以积极的、建设性的姿态将基督教的发展与和谐社会建构紧密结合起来，并对之展开全方位的研讨。论坛强调，积极引导基督教与中国当代社会相适应、实现其“中国化”发展有着重要的理论意义和现实意义。

（二）国内学术会议

• 2013 年 2 月 19 日下午，中国社会科学院基督教研究中心温州柳市调研基地揭牌仪式在温州基督教柳市堂隆重举行。本所所长、基督教研究中心主任卓新平研究员在揭牌仪式上致辞，他从调研基地成立的目的、意义、未来发展的前景等方面进行了精彩阐述。所党委曹中建书记为调研基地揭牌，浙江省民族宗教事务委员会莫幸福主任、温州市、乐清市、柳市镇各级政府部门负责宗教工作的干部及温州基督教柳市堂郑利华长老、陈金海牧师参加了揭牌仪式，同时来自我院、四川大学、温州大学及港台地区近 40 位专家学者出席了此次活动。揭牌仪式结束后，参加仪式的专家学者以“温州基督教柳市堂与社会和谐发展展望”为题进行了研讨。卓新平所长首先阐明了基地成立的初衷和设想，再次表达了对调研基地和柳市堂未来发展的期许。曹中建书记提出了完善教会和研究基地网络建设并发挥其积极作用的意见。马西沙研究员、王卡研究员、四川大学詹石窗教授等专家学者在研讨会上做了精彩发言。中国社会科学院基督教研究中心温州柳市调研基地是中国社会科学院基督教研究中心与温州基督教会柳市堂本着进行客观学术研究及友好合作的原则设立的，是中国社会科学院基督教研究中心在国内设立的首个调研基地。中国社会科学院基督教研究中心将以此为依托开展基督教国情调研工作及相关学术研究。

• 2013 年 3 月 19 日，由中国社会科学院世界宗教研究所与社会科学文献出版社联合举办的《中华珍本宝卷（第 1 辑）》新书发布会暨民间宗教信仰研讨会在社会科学文献出版社蓝厅举行。中国社会科学院世界宗教研究所金泽副所长、中国社会科学院网络中心主任张新鹰、社会科学文献出版社社长谢寿光等领导出席会议并致辞，社会科学文献出版社人文分社社长宋月华主持会议。《中华珍本宝卷（第 1 辑）》是由中国社会科学院世界宗教研究所马西沙研究员主编的大型宗教历史典籍资料文库，已被列入中国社会科学院创新工程学术出版资助项目。《中华珍本宝卷》是继《敦煌文书》《中华大藏经》《中华道藏》之后的又一部大型宗教文献资料集，是从现存的 1500 余种宝卷中甄选出的数百种精品，其中多数宝卷为首次出版。《中华珍本宝卷》不仅具有宗教的经典性，而且具有古代书法、绘画、版刻的艺术性，是研究中国宗教史、俗文学、宗教艺术的重要参考资料。会上，《中华珍本宝卷》项目主持人马西沙研究员回顾了宝卷研究项目的立项和运作情况，并同与会的专家学者就宝卷的价值、研究现状等问题进行了研讨。《光明日报》《中国艺术报》等媒体参加了发布会。

• 2013 年 5 月 7—8 日，“东岳信仰与北京东岳庙学术研讨会”在北京召开，研讨会由本所主办，北京东岳庙承办，北京市道教协会支持。5 月 7 日上午的开幕式在中国社会科学院一层学术报告厅隆重举行。开幕式由本所党委书记曹中建主持，本所所长卓新平、国家宗教事务局副局长蒋坚永、中央统战部二局副局长袁莎、北京市政协民宗委主任佟根柱、中国道教协会副会长丁常云、北京市朝阳区政协主席辛燕琴、北京市朝阳区政府副区长苑文新、北京东岳庙住持袁志鸿道长分别致辞。北京东岳庙是道教正一派在华北地区最大的庙宇，元代建成后即作为东岳大帝在京都的唯一道场。东岳信仰体现了道教崇奉神灵、敬畏自然、规范人伦的宗教精神，对中国的政治、文化、民族性格等都产生了重要影响。在提倡文化大发展、大繁荣的今天，召开“东岳信仰与北京东岳庙学术研讨会”具有重要的意义。来自中国社会科学院世界宗教研究所、历史研究所、哲学研究所以及北京大学、中国人民大学、北京师范大学、中央民族大学、首都师范大学、北京联合大学、南京大学、四川大学、华东师范大学、华中师范大学、中南大学、云南大学、山东师范大学、陕西省社会科学院、四川省社会科学院、云南省社会科学院等高校和科研院所的50余位专家学者及来自道教界的人士围绕“东岳信仰与北京东岳庙”这一主题，分别讨论了东岳信仰与道教神谱、东岳信仰与封禅文化、东岳信仰与山岳崇拜、东岳信仰与地狱文化、东岳信仰与当代道德建设、东岳信仰的内涵与传播史、北京东岳庙庙史研究、北京东岳庙文物研究、道教的过去与现在等专题。这次研讨会对于学术界与道教界厘清东岳信仰的产生、发展演变、社会功能及其海外影响具有积极的价值，展现了道教文化在建设“和谐社会”、文化大发展大繁荣过程中的积极作用。

• 2013年6月8—9日，“宗教与中华文化软实力高层论坛暨2013年中国宗教学会年会”在华侨大学开幕，论坛由中国宗教学会、本所、华侨大学联合举办。华侨大学副校长张禹东教授主持开幕式，中国宗教学会常务副会长、本所党委书记曹中建、华侨大学校长贾益民、福建省民族与宗教事务厅副厅长林致知、中国伊斯兰教协会副秘书长张广林、中国道教协会副会长林舟、中国宗教杂志社副主编胡绍皆分别在开幕式上致辞。“宗教与中华文化软实力高层论坛暨2013年中国宗教学会年会”围绕宗教与中国传统文化、宗教与国家文化软实力、宗教与地域（区域）文化发展、宗教与台港澳文化、宗教与海外华人文化、目前我国宗教工作需要研究解决的重大理论与现实问题进行了研讨。来自中国社会科学院世界宗教研究所、北京大学、中国人民大学、复旦大学、浙江大学、南京大学、四川大学、山东大学、厦门大学、西北大学、兰州大学、华侨大学、西北民族大学、新疆师范大学、首都师范大学、西南大学、上海市社会科学院、江苏省委党校、吉林民族干部学校、内蒙古师范大学等科研机构的学者，来自福建省民族与宗教事务厅、福建省委统战部、中国道教协会、中国伊斯兰教协会等部门的领导，以及来自《中国宗教》杂志社、佛教在线等媒体的代表参加了这次论坛。论坛分为六个专场进行了讨论。会上，还召开了中国宗教学会理事工作会议，讨论增补学会理事以及学会其他工作事宜。

• 2013年6月21日，第一届宗教社会学论坛——“宗教社会学2013北京论坛”在本所举行。来自本所、社会学研究所以及北京大学、中国人民大学、复旦大学、华东师范大学、中央民族大学、深圳大学、上海大学、华东政法大学、上海市社会科学院、北京市社会科学院、郑州大学、台州学院、哥廷根大学、香港大学等国内外的高校、科研单位和来自社会科学文献出版社、中国民族报、中国宗教学术网等媒体单位的40余位代表出席了会议。开幕式由本所金泽副所长主持，卓新平所长在开幕式上致欢迎词并对中国宗教社会学的发展提出了建议。这次论坛围绕“西方宗教社会学理论与中国宗教”展开研讨，会议共分为8个专场，分别为：西方宗教社会学与中国信仰类型；宗教性与认同身份；中国宗教及其测量；多元的中国基督教；中国宗教特征与另类的现代性；当代宗教；西方话语与中国宗教社会学研究等。“宗教社会学论坛”侧重宗教社会学学科建设，力求为学界搭建宗教社会学交流与沟通的平台，强调以下研究重点：1. 对宗教社会学理论的研究；2. 对宗教社会学关键人物、关键词的研究；3. 对宗教社会学重要理论专题的研究；4. 对中国宗教问题的社会学研究。“宗教社会学论坛”为小型学术论坛，每届邀请十几位相关领域有代表性的专家学者参会，并在论坛论文的基础上，每年出版一辑《宗教社会学》学术辑刊。

• 2013 年 8 月 18—20 日，“2013 骊山问道之儒道两行 · 文化复兴”学术研讨会在骊山明圣宫举行，会议由中国社会科学院道家与道教文化研究中心、本所儒教研究中心联合主办，陕西西安临潼明圣宫承办。本所副所长金泽研究员、中国社会科学院道家与道教文化研究中心和儒教研究中心主任卢国龙研究员、中国道教协会会长任法融道长、道教协会副会长张继禹道长、我院哲学所陈静研究员、北京大学郑开教授、本所儒教研究室赵法生、王志跃副研究员、陕西省社科院樊光春研究员、明圣宫主持刘世天道长，以及众多专家与会。会议以“儒道两行、文化复兴”为主题，旨在探求儒教与道家的源同理通之处，搭建两家价值诉求和现实关注融会的桥梁，取长补短、互为助益，以期为儒教、道教的健康发展，乃至中国传统文化的复兴和中华民族文化主体性的建构提供资源和方略。大会议题包括：理性批判中的儒道张力、儒道两家在文化建构中形成合力的历史经验和理论可能性、以道教为现实载体建构合力的途径。与会专家学者就各个议题进行了精彩纷呈的研讨，方家之论高屋建瓴，彼此交流相得益彰。

• 2013 年 9 月 2 日上午，由中国社会科学院文学哲学学部、中国宗教学会、本所、云南民族大学联合主办的“2013 中国宗教研究五十人论坛”在云南民族大学雨花校区图书馆报告厅隆重开幕。来自本所、国家宗教事务局宗教研究中心、云南民族大学、中国道教协会、山东大学、新疆社会科学院、西北民族大学、中国人民大学、上海大学、华东师范大学、浙江大学、陕西终南山宗教文化研究院、云南大学、云南师范大学、云南省社会科学院、中共石家庄市委党校等全国各地的宗教学界知名学者以及云南民族大学的部分师生近百人汇聚一堂，共同研讨“宗教与文化多样性”这一课题。开幕式由本所党委书记、中国宗教学会常务副会长曹中建主持。所长、中国宗教学会会长卓新平研究员在开幕式上致辞。国家宗教事务局宗教研究中心原主任赵匡为、云南民族大学校长彭金辉教授等先后在开幕式上致辞。研讨会上，与会者围绕“宗教与少数民族文化、当代宗教与中国社会文化变迁、宗教管理与文化建设、宗教与中国传统文化、多元宗教和谐相处、跨境民族地区宗教文化交流”等议题展开深入讨论。

• 2013 年 9 月 12 日，由中国社会科学院佛教研究中心、北京大学宗教学系、中国人民大学佛教与宗教学理论研究所联合主办的“净慧长老与生活禅”学术研讨会在北京大学英杰交流中心会议厅举行，来自海内外四十余位佛教学者共同研讨了净慧长老的佛学思想以及当代佛教的新面貌。为中国佛教事业做出杰出贡献的净慧长老，于 2013 年 4 月圆寂。净慧长老所倡导的“生活禅”是中国传统佛教最成功的现代转型之一。参与此次研讨会的学界代表，大多是与净慧长老有过交往的佛教学者。中国社会科学院亚太研究所原所长黄心川先生、中国人民大学佛教与宗教学理论研究所所长方立天先生、北京大学宗教文化研究院名誉院长楼宇烈先生、中国社会科学院佛教研究中心原主任杨曾文先生，在开幕式致辞中深情缅怀净慧长老与他们的交往，回忆净慧长老在改革开放时期为创办佛教刊物、恢复佛教祖庭所作的艰辛努力。

• 2013 年 9 月 17—19 日由中国社会科学院世界宗教研究所、中国道教协会道教文化研究所共同主办，江苏省道教协会、苏州市道教协会协办，吴中区道教协会、穹窿山上真观承办的“铁竹道人施道渊与江南道教研究”学术研讨会在江苏苏州吴中区穹窿山上真观举行。来自中国社会科学院世界宗教研究所、中国社会科学院哲学研究所、中国社会科学院历史研究所、中国道教协会道教文化研究所、北京联合大学、四川大学宗教研究所、华侨大学宗教研究所、长安大学、陕西社科院宗教所、南京大学、山东师范大学齐鲁文化研究中心、南京师范大学等学术单位的40多位学者发表了论文，内容涉及中国道教的历史变迁、教义教理、宫观建制、斋醮科仪等诸多方面。涵括历史、哲学、宗教学、民俗学、音乐学、心理学诸多学科。会议期间还举行了“穹窿山上真观重修工程竣工暨神像开光庆典”。

• 2013年9月19—22日，“多元宗教与地方经验”暨第三届中国宗教人类学论坛在甘肃兰州召开。论坛由本所与兰州大学西北少数民族研究中心/民族学研究院共同举办。来自国家宗教事务局、中国社会科学院、兰州大学、中国人民大学、南京大学、四川大学、暨南大学、西藏大学、西南大学、福建师范大学、青海师范大学、新疆师范大学、云南民族大学、大连民族学院、“台湾中央研究院”、法国国立东方语言学院等国内外25所高校、科研机构以及相关政府机构与出版机构的专家、学者出席了本次会议。会议开幕式由兰州大学社科处处长陈文江教授主持，本所副所长金泽研究员致开幕词。金泽研究员针对本次会议主题“多元宗教与地方经验”，指明了此次会议的目的和意义，以及宗教人类学研究的任务和目标，希冀通过地方经验的研究来实现宗教人类学理论的整体进步。“台湾中央研究院”张珣研究员、兰州大学王建新教授分别做主题发言。此次会议共分为六场，与会学者分别就“宗教、理论与地方经验”、“宗教、民族与社会生活”、“伊斯兰、人类学与本土化”、“信仰、历史与地方社会”、“信仰、变迁与文化融合”、“信仰、文本与地方经验”六个主题展开讨论。与会学者不仅对宗教人类学学科理论发展、宗教文化与当代社会发展的关系等宏观问题开展了深入论述，并且对于中国西北、西南、东南、东北等地多元民族宗教文化现象开展了探讨，同时，对于文明宗教佛教、基督教、道教、伊斯兰教等在当代的发展也有深入的涉及。副所长金泽、副研究员陈进国等分别就此次会议致闭幕词。金泽研究员首先对实际操办此次会议的兰州大学表示感谢，其次对于此次会议所表现出来的思想的多元碰撞表示赞赏，对于宗教人类学近年来的发展给予了一定的肯定，并且对于通过学术的一点点积累而使中国本土的宗教研究达到新的高度寄予了希望。

• 2013年9月21—22日，马克思主义宗教观研讨会（2013）在京召开。研讨会由本所主办，围绕“宗教研究范式和话语的反思与构建”主题，重点探究“新中国成立以来我国宗教研究的范式或话语的反思和重建”、“马克思主义宗教观对中国特色宗教学话语体系构建的重大作用和意义”等问题。中国社会科学院学部委员、本所所长卓新平研究员在开幕词中指出，当前，中国宗教学的发展，马克思主义宗教观的发展，以及中国宗教与中国社会和谐关系的发展，都已经到了非常关键的时刻。本所是中国社会科学院最早建立马克思主义基本理论研究室的研究所之一，马克思主义宗教观研究室自成立以来也积极主动、特别活跃，以非常醒目的身影站在中国当代马克思主义宗教观研究的第一线。中华人民共和国自成立以来，关于宗教的理解和理论问题已有过多次讨论。卓新平所长希望这种学术讨论或争鸣能够增进对马克思主义宗教观的正确理解，促进具有中国特色、中国气派、中国风骨的社会主义宗教理论体系和话语体系的完美构建，带动中国的宗教学术健康发展。来自中共中央统战部、国家宗教事务局、中共中央党校、中共中央文献研究室、中央社会主义学院、四川省人民政府参事室、中国人民大学、中央民族大学、新疆师范大学、辽宁大学、黑龙江大学、南京大学、山西大学、湘潭大学、天津工业大学、重庆邮电大学、云南民族大学及中国社会科学院等单位的专家学者40余人出席会议。此次研讨会的论题紧扣会议主题，主要包括中国特色社会主义宗教理论体系建构、中国宗教研究范式构建、新中国成立以来我国马克思主义宗教观研究范式的回顾和反思、毛泽东思想活的灵魂与中国宗教学研究、中国特色社会主义宗教理论的基本内容、马克思主义宗教观教育、宗教法治的理论渊源、宗教研究中的立场问题等。与会者本着学术民主、求同存异的精神畅所欲言，并进行了热烈的问答式讨论，达成了许多共识。此次研讨会为每位与会者配发了《马克思主义宗教观研究（2011）》（曾传辉主编）。中国社会科学院宗教所主办的年会模式的马克思主义宗教观研讨会，按惯例在会后将会议论文结集出版，已初步形成了相关学术积累及可持续发展的良性循环机制。

• 2013 年 10 月 18 日，由本所、武汉市民族宗教事务委员会主办，中国社会科学院佛教研究中心、武汉市佛教协会、武汉归元禅寺协办的武汉归元佛教文化论坛——“佛教文化与强国战略”在归元寺正式拉开帷幕。中国社会科学院学部委员、副院长李培林，武汉市政协主席吴超，本所所长卓新平，本所党委书记曹中建，武汉市委常委、市委统战部部长张学忙，武汉市人大常委会副主任彭志敏等领导出席开幕式。北京大学哲学系教授楼宇烈、武汉大学哲学系教授唐明邦、中国社会科学院学部委员魏道儒等 90 多名来自海内外宗教文化研究方面的专家学者和高僧大德参加论坛。开幕式由武汉市委常委、市委统战部部长张学忙主持，武汉市政协主席吴超、北京大学哲学系教授楼宇烈、中国社会科学院学部委员、副院长李培林研究员分别在开幕式上致辞。李培林副院长代表中国社会科学院对论坛的召开表示热烈的祝贺，他指出，党的十八大明确提出，要扎实推进社会主义文化强国建设，全面建成小康社会，实现中华民族伟大复兴，必须推动社会主义文化大发展大繁荣，重塑中华民族精神，提高国家的文化软实力。弘扬中国传统文化，是中华民族立于世界民族之林的根基和保证。李培林强调，佛教作为中国传统文化的重要组成部分，历史上在辅助国家教化、安定社会民心等方面发挥了积极的作用，今天依然是推动和谐社会建设的重要力量。佛教文化中的优秀价值取向已逐渐得到人们的广泛认同，是建设中国社会主义核心价值观必要的历史文化资源，是实现中华民族文化复兴的“中国梦”需要凝聚的力量之一。开幕式后，首先由中国社会科学院世界宗教研究所党委书记、副所长曹中建主持大会基调发言。中国社会科学院学部委员、世界宗教研究所所长、中国宗教学会会长卓新平、武汉大学哲学系教授唐明邦、中国社会科学院学部委员魏道儒在会上发表了自己的观点。此次论坛以“佛教文化与强国战略”为主题，关注佛教与社会主义核心价值体系建设、佛教与中华民族精神、佛教与社会伦理及公民道德建设、佛教与生态文明建设、佛教文化的现代价值、佛教思想与中国梦、佛教与对外文化交流及中华文化走向世界、佛教与文化自觉等议题。通过对这些问题的深入研讨，积极探索佛教文化在中国特色社会主义建设中的重要地位，发挥佛教在建设社会主义核心文化价值体系中的积极作用，将对于提高中华民族的向心力和凝聚力，促进和谐社会建设，具有重要的理论价值和现实意义。

• 2013 年 10 月 19—20 日，“宗教哲学 2013 北京论坛”（第三届宗教哲学论坛）在北京香山饭店召开，论坛由中国社会科学院世界宗教研究所主办。此次论坛以“宗教与哲学关键词”为主题，在中西哲学和不同宗教的比较视域中，着重对自由观念、爱的观念、死亡观念等核心宗教哲学问题，展开了深入而热烈的交流与探讨，成果颇丰。学者们从西方宗教哲学和中国宗教哲学两个方面进行了探讨，反思中国的思想、精神与政治路向，充分体现了当今汉语学术界宗教哲学领域的最高水准和最新成果。

• 2013 年 10 月 25—27 日，本所主办了“第二届东南亚宗教研究论坛”，此次会议主题为“东南亚宗教的复兴与变革”。作为一个具有浓郁宗教传统的地区，东南亚是当今世界经济发展最有活力和潜力的区域之一，东南亚的宗教与社会发展势必影响到世界政治、经济秩序格局，因此，对这一地区的研究与探讨极为重要。有鉴于此，此次学术论坛的召开受到学界的广泛关注，汇集了30余位国内外东南亚研究领域的重要学者。本所党委书记曹中建在论坛开幕式的致辞中指出，当前，国际宗教格局愈加复杂化，在此背景下，探讨东南亚宗教的发展特点、社会功能，认清东南亚各宗教在现代社会的复兴与变迁过程，对于我们更好地处理我国的宗教问题，构建社会主义和谐社会、实现中华民族伟大复兴的中国梦无疑具有极其重要的理论意义和现实意义。曹书记进一步指出，此次论坛还有着巨大的社会意义，体现出中国宗教学界的人文关怀。论坛的召开既拓展了国内学术界的视野，也为各位学者进一步加强联系和沟通搭建了一个良好平台。论坛有以下四个议题：东南亚宗教的复兴与变革，中国与东南亚的宗教文化交流，东南亚华人宗教的传承与变迁，东南亚宗教与民族文化的互动。与会学者围绕这些议题积极发言，并展开了热烈的讨论，取得了较好的效果。副所长金泽为论坛致闭幕词。此次会议是国内宗教学界第二次以东南亚宗教为主题召开的学术研讨会，去年本所举办了“东南亚宗教与区域社会发展”学术论坛，围绕东南亚宗教研究的相关专题展开研讨。在此基础上，此次论坛对东南亚宗教问题进行了更深入的探讨和发掘，在理论分析、实证研究等方面都有更进一步的突破和更翔实的论证。

- 2013年11月16日，由本所《世界宗教研究》杂志社、浙江省社会科学院浙江宗教研究中心主办，浙江省佛教协会指导，仙居县民族宗教事务局、仙居新区开发管理委员会、仙居县佛教协会承办的第二届“中国（仙居）药师佛学术交流大会”在浙江仙居县召开。来自国内外学者140余人出席了大会，会议收到论文80篇。本所党委书记曹中建、院荣誉学部委员杨曾文，浙江省佛教协会副会长月真、诚信、智明等诸山长老，仙居县委书记单坚、县长林虹，以及学者黄夏年、陈永革、鲍海宁、沈烈毅、王钦木、徐海遨等出席了会议，参会的还有国内设计与施工单位等代表，本所编辑部于光、于静、袁朝晖也应邀出席。与会人员围绕药师佛信仰与药师佛造像等主题做了深入探讨，对药师佛信仰在当代社会的流传与药师佛造像的特点，以及如何策划药师佛景区及制作药师佛像的问题提出了不同的见解，曹中建书记在致辞中，对仙居从事药师佛文化给予了充分肯定，他表示：“仙居县政府领导眼光长远，在当前经济发展浪潮中，不盲目追风，将目光锁定本地的特色山水，充分发挥特色的地理优势资源，把经济发展定位在独特的环保与山水结合，传统文化与现代思想的结合，利用佛道教里保存的特殊的清净解脱思想，刻意建设当代宜居的花园城市，为当代人类提供优美的生存环境，让人们享受人生，安怡生活，这是符合未来社会的发展潮流，走在了时代前面，不失为好的选择。仙居地方历史文化界与本所《世界宗教研究》杂志社合作已经连续举办了两届学术研讨会，必将对研究仙居历史文化和城市文明发展，提升仙居的文化地位起到重要的推动作用。”此次会议规模超过以往，会议具有国际性，对仙居的药师佛道场的建设提供了重要的理论支撑。

- 2013年12月8日，由本所、中国宗教学会主办的“世界宗教与文化战略”研讨会在京召开。卓新平所长出席开幕式并致辞。开幕式由所党委书记曹中建主持。卓新平所长在致辞中提出正确认识宗教在文化战略中地位和作用的多重视角。曹中建书记强调了宗教文化在中国文化战略中的重要地位和作用。来自北京、上海、浙江、湖北、四川等国内多省的近50名专家学者，以及来自宗教文化出版社、《中国宗教》杂志社、社会科学文献出版社、《中国民族报》等新闻出版机构的负责人参加了此次会议。大会讨论围绕宗教与文化战略、中国传统文化与宗教、宗教与中国社会、基督教中国化研究等问题展开。12月9日，《宗教与文化战略》、《基督教中国化研究》两套丛书发布会在本所举行，来自国内诸多研究机构的近50位专家学者出席了新书发布会，发布会上丛书总主编卓新平研究员、北京大学宗教文化研究院院长张志刚教授、社会科学文献出版社杨群总编辑、宗教文化出版社社长戴晨京总编辑分别致辞并介绍了丛书出版情况，华东师范大学李向平教授代表学界发言，对丛书进行了评论及推荐。《中国宗教》《中国社会科学报》《中国民族报》等新闻媒体出席了此次发布会。《宗教与文化战略》系列丛书以马克思主义为指导，专注于宗教的文化意义和文化软实力作用，对世界宗教和中国宗教与文化战略的关系及关联加以系统探讨、研究。该套丛书由卓新平研究员主编、社会科学文献出版社出版，目前已经出版卓新平著《中国宗教与文化战略》、张雅平著《东正教与俄罗斯社会》两部专著。《基督教中国化研究丛书》由中国社会科学院基督教研究中心和北京大学宗教文化研究院进行策划、编写，卓新平研究员和张志刚教授担任总主编，宗教文化出版社出版。目前已经出版7部作品，包括卓新平著《基督教与中国文化处境》、唐晓峰著《改革开放以来的中国基督教及研究》、张志刚和唐晓峰主编《基督教中国化研究》（第1辑）、梁燕城著《儒道易与基督信仰》、孙尚扬著《明末天主教与儒学的互动——一种思想史的视角》、吴飞著《麦芒上的圣言——一个乡村天主教群体中的信仰和生活》、俞国良著《拆毁了中间隔断的墙——基督教与转型中的中国社会》。

• 2013年12月19—20日，由中国社会科学院基督教研究中心和中国社会科学出版社共同主办的“国家社科基金重大招标项目《剑桥基督教史》翻译启动大会暨出版座谈会”在北京昌平举行，本所所长卓新平研究员、中国社会科学出版社社长赵剑英总编辑、本所副所长金泽研究员、中国社会科学出版社曹宏举副总编辑出席了开幕式。卓新平研究员在致辞中强调了翻译对于当代学术研究的重要性，中国的改革开放使我们进入了一个翻译时代，由中国社会科学出版社主持的剑桥系列是这个“大翻译时代”的重要标志之一，在此过程中，《剑桥基督教史》具有典型意义；赵剑英社长肯定了该翻译项目的价值，并对课题组的翻译工作提出一些具体建议，曹宏举副总编辑在发言中给予项目组充分肯定，同时就一些课题进展细节及同行课题组的经验进行阐述和分享。开幕式由副所长金泽研究员主持。来自本所、中国社会科学出版社、北京大学、清华大学、中国人民大学等研究、出版机构的近30位学者参加了此次会议。与会专家围绕翻译的规划，其间遇到的问题进行了讨论。《剑桥基督教史》（九卷本）翻译项目由卓新平所长主持、中国社会科学院基督教研究中心成员具体承担每卷本的翻译工作，中国社会科学出版社承担出版工作。

• 2013年12月23日，本所主办的“伊斯兰教与丝绸之路经济带”学术研讨会于在北京召开。副所长郑筱筠研究员主持开幕式，副所长金泽研究员致辞。此次会议邀请来自本所、欧亚所、亚非所、亚太所、考古所以及国家宗教事务局、中国伊协、北京大学、中央民族大学、对外经贸大学、外交学院、现代国际关系研究院等单位的专家、学者二十余人共同研讨。会议为期一天，分为“区域文化合作”、“区域经济合作”与“区域安全合作”三个议题。

• 2013年12月26日，由本所、中国宗教学会、甘肃省泾川县人民政府主办的“甘肃泾川佛教文化”学术研讨会在京召开。本所党委书记曹中建，副所长金泽研究员，副所长郑筱筠研究员，中共平凉市委常委、宣传部部长周奉真，中共泾川县委书记李全中，泾川县人民政府县长王廷佐以及泾川县相关领导参加了开幕式。此次研讨会围绕“甘肃泾川佛教文化”主题进行了深入探讨交流。著名学者楼宇烈、方立天、杨曾文、龚鹏程、杜斗城、黄夏年、姚卫群、张总等分别发言，围绕泾川佛教文化资源、学术定位等方面进行了全方位、深层次研讨，进一步厘清了泾川佛教文化的历史源流，明确了泾川佛教文化的历史地位，共同探讨了泾川佛教文化的学术、历史、社会价值，阐明了泾川佛教文化的保护、开发、利用方向。来自本所、北京大学、中国人民大学、北京师范大学、中央民族大学、兰州大学、西北大学、西北师范大学、甘肃省文物考古研究所、陕西省历史博物馆等全国知名院校和研究机构的40多位专家学者齐聚一堂，通过研讨一致认为，泾川县应切实加强对当地佛教文化资源的保护、研究、开发和利用，从不同角度和层面进行坚持不懈地总结和探索，进一步挖掘、整理泾川丰厚的佛教文化遗产，研究探讨佛教文化、舍利文化与泾川的历史渊源，使佛教文化在构建和谐社会、推动经济发展中发挥积极作用。《光明日报》《甘肃日报》《中国民族报》《中国社会科学报》、中国宗教学术网等媒体参加了研讨会。

• 2013年12月27—29日，本所第九届青年学者论坛暨第三届博士后论坛在北京举行，主题为“宗教的复兴与变革”。本所所领导、知名研究员、中青年学者及博士后、访问学者等60多人参加论坛。副所长郑筱筠主持论坛开幕式，所长卓新平、党委书记曹中建、副所长金泽分别为论坛致辞。所长卓新平从当前宗教研究面临的现实问题，对所青年学者和博士后人员提出要有危机意识、责任意识、团结意识、参与意识，并积极投入到开展从基层调研到顶层设计的宗教研究中去。曹中建书记强调此次会议对于加强宗教所人才培养，学科建设起到了重要的作用，高度赞扬大家不辞辛劳参与本次论坛的精神，并且对全所青年学者及博士后人员提出鼓励，殷切希望青年学者未来能够将本所建设得更美好。金泽副所长对与会人员表示感谢，并且鼓励青年学者和博士后人员能够积极参与论坛讨论。在两天的时间中，论坛共展开了六场讨论。其中，青年论坛包括“宗教新视野”、“国际新观察”、“当代新发展”三场；博士后论坛则由“社会新趋势”、“中外新动态”、“思想新探索”构成。与会者从自身学科背景、研究兴趣点出发，发表了自己的见解，使得本次论坛成为一场丰富多彩的多元学术交流会。此次论坛讨论范围广泛、视角多元、研究方法多样，讨论的对象包括儒教、道教、佛教、基督教、天主教、民间宗教、伊斯兰教等；研究的学科跨越宗教学、历史学、社会学、人类学、艺术学等；研究的方式包括文献研究、田野调查、文本解读等；从现实研究到理论探讨，从小问题到大概念，为本所研究人员的学术交流与分享提供了一个宝贵的交流平台。29日上午，论坛进入自由讨论。与会者围绕学术热点、自身学术兴趣、宗教研究与国家安全战略、青年论坛如何开展等方面进行了热烈的探讨。闭幕式由唐晓峰博士主持，郑筱筠副所长、金泽副所长、曹中建书记、卓新平所长依次为本次论坛作总结发言。郑筱筠副所长根据参会人员的发言，总结了此次论坛理论探索的学术水准与学术成就，金泽副所长就此会议参与情况提出了殷切的希望，曹中建书记就年青学者们的演讲情况做出中肯指导，卓新平所长从自身学术研究经历及近几年宗教研究面临的现实问题，分析了宗教学研究今后的形势与布局，以及对全所中青年学者学术研究的高度期待。

三　其他学术活动

（一）马克思主义宗教观研究

1. 新书目

• 由曾传辉主编的论文集《马克思主义宗教观研究（2011）》于2013年7月由社会

科学文献出版社出版，全书39.2万字。

• 本所张雅平研究员的最新成果《东正教与俄罗斯社会》于2013年11月由社会科学出版社出版，全书28.9万字。

2. 创新交流

（二）佛教研究

1. 新书目

杨曾文著《佛教与中国历史文化》，2013年11月由金城出版社出版，全书约40余万字。该书编入由怡学主编的"汉传佛教研究论丛"，共收录近40篇杨曾文的论文。

2. 创新交流

• 2013年1月18—19日，中国社会科学院世界宗教研究所高级研修中心主任王志远教授率佛教博学第二届高级研修班学员到四川峨眉山大佛禅院参访、考察，受四川省佛教协会会长永寿法师委托，峨眉山佛教协会副会长满霖法师、佛协慈善文化教育组组长昌林法师、佛协接待组组长镇祥法师等热情接待，并进行了交流座谈。

• 2013年4月6日至8日，本所创新工程"东西方佛教思想发展史"课题组在扬州举行工作交流会。会议由学部委员、"东西方佛教思想发展史"课题组首席研究员魏道儒主持，课题组全体成员十余人参加。会议主要对2013年创新工程项目的进展情况进行了交流。根据课题组成员工作进展的实际情况，为了更符合学术规范，提高学术研究的水平，课题组对原来的工作计划进行了适当调整。会议还决定课题组将在6月初再次召开工作座谈会，在8月份召开统稿会，交流工作进展情况，以确保本年度任务的顺利完成。会议还讨论了即将于10月份召开的武汉"归元佛教文化论坛"的相关情况。会议期间，课题组成员还参观了扬州鉴真佛教学院，并与副院长蒋寿建、教务长明空法师等进行了交流，探讨了中国社会科学院佛教研究中心与鉴真学院在教学、研究以及建立佛教研究基地等方面进行合作的可能。在参观观音山之后，课题组成员还与方丈法融法师就目前社会发展和佛教界存在的问题进行了深入交流。

• 2013年5月11—12日，杨曾文研究员、魏道儒研究员、黄夏年研究员等应邀参加中国佛学院栖霞山分院举行的"2013年三论宗学术研讨会"。

• 2013年7月14—30日，尕藏加研究员参加李捷副院长课题赴西藏在拉萨市、那曲地区和阿里地区进行国情调研。

• 2013年9月13—17日，根据本所2013年创新任务与规划，创新工程项目"东西方佛教思想发展史"课题组工作交流会在哈尔滨举行。会议由"东西方佛教思想发展史"课题组首席研究员魏道儒主持。课题组全体成员出席了会议，并分别汇报和讨论了所承担工作的进展情况，同时，根据课题组成员的实际情况，对原来的工作安排进行了局部调整。会议期间，课题组成员还一起参观了哈尔滨极乐寺，并与极乐寺住持、哈尔滨市佛教协会会长静波法师等进行了交流。魏道儒、尕藏加、纪华传和杨健等分别为哈尔滨极乐寺佛学院的学生做了学术讲座。此外，课题组成员还参观了大庆净觉寺、正洁寺，分别与本英法师、慧悟法师等诸位法师进行了交流。

• 2013年10月12日，由北京佛教文化研究所、清华大学哲学系、加拿大英属哥伦比亚大学亚洲系、何创时书法艺术基金会共同主办的"明代北京佛教学术研讨会"在北京什刹海书院隆重开幕，杨曾文研究员应邀出席了开幕式。

• 2013 年 10 月 22 日，应杭州佛学院佛学研究所常务副所长邱高兴教授的邀请，学部委员魏道儒到杭州佛学院做主题为“佛教禅学的核心内容与价值”的讲座。

• 2013 年 10 月 26—28 日，本所佛教研究中心副秘书长、河北省佛学院客座教授纪华传到河北省佛学院，为学院学僧做了以“中国禅宗史的历史分解与禅法特点”为主题的讲座。

• 2013 年 10 月 28 日，尕藏加研究员应邀出席《拉萨市法治发展报告》出版暨拉萨市法治建设座谈会。

• 2013 年 11 月 20—23 日，国家新闻出版广电总局开展第三届中国出版政府奖图书评选活动。尕藏加研究员应邀作为评审会委员出席 20 日上午召开的第三届中国出版政府奖图书评选活动评审委员会全体会议。

• 2013 年 11 月 30 日，2013 浙江国际华严文化节系列活动之“华严国际学术研讨会”在浙江丽水龙泉崇仁寺隆重开幕。佛教研究室主任魏道儒、《世界宗教研究》编辑部主任黄夏年应邀参加会议并发言。

• 2013 年 12 月 9 日，中国社会科院学部委员魏道儒研究员一行走进北碚区档案局，仔细查阅了汉藏教理院名人题词档案，指导珍贵档案文化研究工作。魏道儒指出：研究这部珍贵档案的文化内涵，挖掘其文化价值对于加强民族团结，唤起民族的爱国激情，加强华人文化交流，开展对台交流工作，加强佛教文化学术研究具有很强的社会意义和现实意义。希望北碚区档案局协同各方力量共同进行学术研究，研究工作要分层次有重点地开展，要从服务于实现中国梦的作用上开展学术文化价值挖掘宣传工作，特别是挖掘对抗日战争中社会各界反对日寇侵略文化价值和全民抗战意志精神的内涵。座谈会上，北碚区档案局与中国社会科学院佛教研究中心、西南大学宗教研究所达成了对这批抗战文化珍贵档案开展文化研究合作的意向性协议。座谈会后，各位专家学者为北碚区档案馆作了题字。魏道儒的题字是：“开发历史资源，服务现实社会。”纪华传的题字是：“汉藏教理院在交流汉藏文化，沟通民族感情，巩固边疆稳定发挥过积极作用，历史经验值得借鉴。”

（三）宗教学理论研究

1. 新书目

• 本所金泽、赵广明主编的（论文集）《宗教与哲学》（第 2 辑）于 2013 年 4 月由中国社会科学文献出版社出版。全书 49. 6 万字。

• 李华伟博士的专著《乡村基督徒与儒家伦理——豫西李村教会个案研究》于 2013 年 4 月由社会科学文献出版社出版，全书 32. 7 万字。

• 由金泽、梁恒豪主编的论文集《宗教心理学（第 1 辑）》于 2013 年 6 月由社会科学文献出版社出版，全书 38. 5 万字。

• 由金泽、李华伟主编的论文集《宗教社会学（第 1 辑）》于 2013 年 6 月由社会科学文献出版社出版，全书 46. 3 万字。

• 由本所金泽、陈进国主编的论文集《宗教人类学》（第 4 辑）于 2013 年 9 月由社会科学文献出版社出版，全书 45. 6 万字。

• 由本所金泽、邱永辉主编的《宗教蓝皮书：中国宗教报告（2013）》于 2013 年 9 月由社会科学文献出版社出版，全书 34. 6 万字。

2. 创新交流

（四）道教与民间宗教研究

1. 新书目

• 由荣誉学部委员马西沙主编，社会科学文献出版社出版的大型宗教典籍文库《中华珍本宝卷》第1辑共10册7776页，正式出版，此文库是中国社会科学院创新工程学术出版资助项目。

• 戈国龙研究员的《丹道今诠》（增订本）于2013年1月由中央编译出版社出版，全书分上、下两册，共5万字。

• 马西沙著《清代八卦教》于2013年3月由中国社会科学出版社出版，全书38.1万字，收入“当代中国学者代表作文库”。

• 2013年11月，本所马西沙研究员的文集《古代中国民众的精神世界及社会运动》由中国社会科学出版社出版，全书44万字。

2. 创新交流

• 2013年1月9—10日，荣誉学部委员马西沙研究员赴陕西师范大学宗教研究中心主持国家社科基金重大项目开题报告并做学术讲座。尕藏加研究员、嘉木扬·凯朝副研究员参加会议。

• 2013年5月23—25日，本所道教与中国民间宗教研究室主任王卡研究员率研究室部分成员前往山东考察道教与民间儒教。5月23—24日考察团参访尼山圣源书院，并就“明清儒学与道教”相关问题与尼山圣源书院执行院长、山东师范大学原副校长刘示范教授，书院秘书长赵法生副研究员、副秘书长陈洪夫先生，山东师范大学赵卫东教授等进行座谈。5月25日，考察团考察了岱庙以及泰山碧霞祠。

• 2013年8月19—22日，本所道教研究室刘志参加了由四川师范大学学报（哲社版）在成都举办的“巴蜀文化国际学术研讨会”。

• 2013年11月7日，道教与民间宗教研究室在室主任王卡研究员带队下，乘车前往位于北京市平谷区刘家店镇的丫髻山进行实践调研。

• 2013年12月6日，戈国龙研究员出席北京大学“中国传统文化反思与展望学术研讨会”，发表论文《神与神性：两种宗教类型与宗教的两个维度》。

• 2013年12月15日上午，戈国龙研究员出席“贵州知行讲坛”的公益讲座，主讲“回归心灵的故乡”。贵州知行讲坛是常设的思想、学术、文化、知识的传播与交流空间。强调在保持文化主体性基础上不同文化间的交流。宣导创新的思想、前沿的学术、多元的文化和广博的知识。知行讲坛是面向社会的纯公益性讲座，由贵州大学中国文化书院、贵州省图书馆、贵阳城文文化公司等协办。

（五）基督教研究

1. 新书目

• 由卓新平、王晓朝、安伦主编的论文集《思源探新：论宗教与中国传统文化》于2012年12月由社会科学文献出版社出版，全书25.1万字。

• 本所周伟驰研究员的专著《太平天国与启示录》于2013年6月由中国社会科学出版社出版，全书43.3万字。该成果为我院创新工程学术出版资助项目。

• 由北京大学张志刚教授及本所唐晓峰博士共同主编的论文集《基督教中国化研究》

（第 1 辑）于 2013 年 6 月由宗教文化出版社出版，全书 42 万字。

• 本所卓新平研究员的专著《基督教与中国文化处境》于 2013 年 7 月由宗教文化出版社出版，全书 30 万字。

• 本所唐晓峰博士的著作《改革开放以来的中国基督教及研究》于 2013 年 7 月由宗教文化出版社出版，全书 30 万字。

• 本所卓新平的最新成果《马克思主义宗教观探究》于 2013 年 11 月由中华书局出版，全书 31.5 万字。

• 孙艳燕著《世俗化与当代英国基督宗教》于 2013 年 12 月由社会科学文献出版社出版，全书约 44 万字，收入"宗教与文化战略丛书"。

2. 创新交流

• 由王美秀主持，任延黎作为主要参加人的国家社会科学基金一般项目（批准号：06BZJ007）"中梵关系再研究"结项，全国哲学社会科学规划办鉴定等级为"优秀"。

• 2012 年 12 月 27 日—2013 年 1 月 11 日，基督教研究中心段琦研究员应汕头大学基督教研究中心邀请赴汕头市区、潮南、古溪、澄海盐灶、南澳岛、樟林等地调研宗教生态问题，并为汕头大学师生作了题为《失衡与重建——基督教与中国宗教生态》的学术报告。

• 2013 年 1 月 16—17 日，卓新平所长应国家宗教事务局之邀赴成都参加"佛教生命观"研讨会。

• 2013 年 3 月 21 日，石衡潭副研究员应国家发展与改革委员会培训中心党总支邀请，给该中心干部党员做了基督教知识的讲座，介绍了基督教的历史、现状以及基督教与中国文化的关系。这次讲座是他们深入学习贯彻落实党的十八大精神，建设学习型、服务型、创新型党组织行动计划的重要组成部分，是他们安排的系列讲座的第一讲。

• 2013 年 5 月 21 日，卓新平所长一行在浙江省杭州市上城区民族宗教事务局薛迓冰局长的陪同下，考察了部分宗教活动场所。卓新平一行考察了凤凰寺，杭州市伊斯兰教协会副会长魏志明、阿訇杜永波详细介绍了凤凰寺的历史发展及建筑特点。参观后，卓新平与伊斯兰教教职人员代表座谈。在听取代表的工作建议和生活感受后，卓新平指出，民族和宗教有着密切的内在联系，尤其是对于伊斯兰教而言，穆斯林绝大多数都是少数民族群众。凤凰寺作为我国伊斯兰教四大清真寺之一，在促进民族团结、宗教和睦上有着不可或缺的作用。教职人员一是要配合好政府部门开展工作，二是要把握好民族和宗教的关系，三是要积极引导广大穆斯林为促进社会和谐做出贡献。并现场作了"民族团结，宗教和谐，人民幸福"的题词。随后，卓新平一行又到基督教堂鼓楼堂。在牧师黄明科的指引下，卓新平饶有兴致地参观了礼拜堂、钟楼、中华圣公会旧址等建筑。在同相关人员座谈时，卓新平客观地分析了基督教在中国的发展历程，并就基督教如何真正融入中国文化、中华民族，尤其是当代中国社会进行了深入探讨。最后，卓新平指出，鼓楼堂作为南宋御街宗教文化体验线的重要组成部分，既是展示中山南路传统文化的新亮点，又是展示宗教信仰自由政策的窗口，希望鼓楼堂能够进一步结合中国文化发挥基督教文化的积极作用，在推动基督教中国化的发展与实现，促进经济社会和谐发展上开展有益的探索。

• 2013 年 6 月 16 日，在山东青岛举行的第二届宗教经典翻译理论与实践研讨会上，与会学者对宗教典籍翻译思想及其体系、宗教典籍翻译与中国翻译学的关系等问题展开探讨。本所所长卓新平出席会议，在发言中表示，中国学术界在基督教研究上已经进入系统释经的时代，圣经释经学与现代解释学密切结合，在方法论上有明显提高。此次研讨会由中国海洋大学主办，来我院、清华大学、北京大学、四川外国语大学等科研机构和高校的近百名学者与会。

• 2013 年 6 月 17 日上午，世界文明与世界宗教讲座在中国海洋大学行远楼辅楼学术报告厅举行。此次讲座是海大人文讲坛的第二十三讲，邀请到卓新平所长主讲。他结合宗教、国家历史、军事、时事等多方面知识，围绕文明与宗教的关系，以宗教与哲学的对话为视角，从世界宗教概论、中国五大宗教和世界文明与世界宗教三个方面展开讲述。

• 2013 年 7 月 5 日，卓新平所长赴云南丽江参加由北京大学主办的"西方宗教起源、发展与演变"研讨会。

• 2013 年 7 月 27 日，银川晚报举办的"朔方人文科学大讲堂"后，卓新平所长接受记者采访时表示"应当积极、理性、客观地为宗教'脱敏'，集合各种宗教力量为构建社会主义和谐社会而努力"。

• 2013 年 9 月 16—17 日，卓新平所长赴浙江杭州参加"基督教公益慈善论坛"。

• 2013 年 10 月 16 日，卓新平所长应邀赴上海参加市政协、市民宗委座谈会。

• 2013 年 10 月 17 日，所长卓新平应山西省委统战部、省宗教事务局邀请在太原作题为"世界民族宗教发展趋势及其对我国的影响"的报告。会上，卓新平所长进一步阐述了世界民族宗教的现状及发展趋势，全面分析了世界宗教对我国的影响。

• 2013 年 10 月 27 日，卓新平所长、中国宗教杂志社副主编胡绍皆博士访问浙江省宁波市七塔禅寺，受到七塔禅寺监院界义法师、副寺法净法师等法师的接待。宁波市民宗局副局长许伯强、处长章洪春等领导陪同访问。界义法师引领卓新平所长一行参观了各大殿堂，并向他们介绍了七塔禅寺的历史概况、寺院目前的布局、常住僧众的学修情况、寺院基础建设和寺院未来的发展规划等。

• 2013 年 11 月 11 日，卓新平所长赴汕头参加"基督教与区域社会"研讨会。

• 2013 年 11 月 19 日，卓新平所长应国家宗教事务局邀请参加"中美基督教领袖论坛"。

• 2013 年 11 月 30 日—12 月 2 日，浙江大学基督教与跨文化研究中心主办的"基督宗教与中华民族的复兴梦想：基督宗教在中华文化建设中的地位和作用学术研讨会"在杭州梅竺度假村召开。卓新平所长、高师宁研究员、周伟驰研究员、编辑部袁朝晖参加会议并发言。

• 2013 年 12 月 3—5 日，卓新平所长应邀参加由中央统战部在上海复旦大学组织召开的基督教研讨会。

• 2013 年 12 月 6 日，中国传统文化反思与展望学术研讨会在北京大学隆重举办。在我国著名哲学史家、佛学家、北京大学宗教文化研究院名誉院长楼宇烈先生八十华诞之际，北京大学哲学系、宗教学系主办，北京大学宗教文化研究院与北京大学佛学教育研究中心承办此次研讨会，就中国传统文化里一些关键而具体的问题进行专题研讨，以跨学科的方法拓展研究领域，期待能在学术界凝聚共识，协同创新。所长卓新平参加会议并致辞。

• 2013 年 12 月 16 日，卓新平所长应邀赴河南大学参加学术交流会。

（六）伊斯兰教研究

1. 新书目

• 荣誉学部委员吴云贵所著《追踪与溯源：当今伊斯兰教热点问题》已于 2013 年 2

月由中国社会科学出版社出版。全书33.5万字，收入论文、文章26篇，为“中国社会科学院学部委员专题文集”首批出版的30部著作之一。

• 本所金宜久同志的专著《苏菲主义在中国》于2013年4月由社会科学文献出版社出版，全书44.1万字。该书为金宜久承担的中国社会科学院老年课题的最终成果。

• 近年来，黄河出版集团宁夏人民出版社计划组织出版一套“精品阿拉伯文、波斯文图书系列”，包括中古传统文化类、伊斯兰文化类、新时期穆斯林知识读本系列、“经堂教育”经典读本系列、伊斯兰经典名言名句等五大类，约共30余部。本所研究员冯今源的两部著作作为伊斯兰文化类重要著作被收入该“精品阿拉伯文、波斯文图书系列”中，并已于2013年3月正式出版发行。第一本是《中国的伊斯兰教》（阿文版），最早由北京的外文出版社于1991年翻译出版，深受阿拉伯地区广大读者及我国驻阿使节的欢迎；2003年4月，香港的蓝月出版社再版；今年3月，被收入黄河出版集团宁夏人民出版社“精品阿拉伯文、波斯文图书系列”，再一次正式出版发行。以上三个版本的翻译者均为李华英。此外，《中国的伊斯兰教》还曾被伊朗伊斯兰文化联络组织翻译为波斯文在伊朗正式出版发行，译者是伊朗当代著名的中国问题专家穆罕默德·杰瓦德·阿米德·瓦尔尼亚（Muhammaid Jiewad Amid Warniya）；波斯文译者根据自己对原著内容的理解，将书名改作“伊斯兰与伊朗文化在中国”。第二本是《中国伊斯兰教概论》（阿文版），系作者应约为这套“精品阿拉伯文、波斯文图书系列”而作，译者是埃及学者侯赛因·易卜拉欣。该书共约10万余字，分以下几个部分：导论，伊斯兰教在中国历史上的各种称谓，中国穆斯林的民族成分与人口，伊斯兰教传入中国，中国的清真寺，中国的伊斯兰教教派，中国的《古兰经》抄本、刻本、译本，中国的伊斯兰教教育，中国的伊斯兰教团体组织，中国伊斯兰教的教务活动，中国穆斯林的朝觐活动。以上两部著作均为“民族文字出版专项资金资助项目”。

2. 创新交流

• 2013年10月12日，应中国人民解放军总政治部的邀请，荣誉学部委员吴云贵赴总政参加新疆工作咨询会议，并就外来宗教思想对新疆可能产生的影响作专题发言。

• 2013年10月13—19日，应辽宁省伊斯兰教协会和抚顺市民族宗教事务局的邀请，荣誉学部委员吴云贵赴沈阳、抚顺，分地区作专题调研，并与有关负责同志就民族、宗教工作交流思想和工作建议。

3. 课题立项、结项

• 2013年4月17日，中国社会科学院国情调研重大课题《宁夏伊斯兰教调研》结项报告会在所大会议室召开。所内专家金泽、邱永辉、曾传辉、唐晓峰、周燮藩，所外同行专家高占福、杨桂萍，科研局周颖昕、王子豪，课题组成员王宇洁、李林、李维建、马景、李晓曈参加会议。

（七）儒教研究

1. 新书目

• 由卢国龙主编的论文集《儒道研究》第1辑于2013年8月由社会科学文献出版社出版，全书29万字。

2. 创新交流

（八）宗教文化艺术研究

1. 新书目

• 张总著《中国三阶教史——一个佛教史上湮灭的教派》，2013 年 3 月由社会科学文献出版社出版，约 78.8 万字，该书被收入“国家哲学社会科学成果文库”。

• 嘉木扬·凯朝的最新成果《内蒙古佛教与寺院教育》于 2013 年 4 月由中国社会科学出版社出版，全书 44.3 万字。该书为作者承担的中国社会科学院重点项目“内蒙古佛教与寺院教育研究”的最终成果，是中国社会科学院创新工程学术出版资助项目。

王敏庆著《北周佛教美术研究——以长安造像为中心》于 2013 年 7 月由社会科学文献出版社出版，全书约 32.6 万字。

2. 创新交流

（九）《世界宗教研究》编辑部

1. 新书目

• 由美国加利福尼亚洛杉矶分校教授斯坦利·沃尔波特著，李建欣、张锦冬翻译的专著《印度史》于 2013 年 8 月由中国出版集团东方出版中心出版，全书 45 万字。

• 由本所黄夏年著的论文集《当代佛教论集》于 2013 年 8 月由宗教文化出版社出版，全书 40 万字。

• 本所李建欣博士的论文集《印度宗教与佛教》于 2013 年 10 月由宗教文化出版社出版，全书 33 万字。

2. 创新交流

• 2013 年 3 月 31 日，由广东省民族宗教研究院、深圳弘法寺、深圳大学宗教文化研究所联合举办的“宗教的现代社会角色”学术研讨会开幕式在深圳举行，全国各地以及海外的大学专家代表 50 余人参加了此次研讨会。荣誉学部委员杨曾文、《世界宗教研究》编辑部主任黄夏年等出席会议并做了重点发言。

• 2013 年 9 月 7 日，“首届柳州开元论坛”学术研讨会在广西柳州开元寺大雄宝殿内召开。本所研究员黄夏年应邀出席此次研讨会。

• 2013 年 10 月 12—13 日，“中西交汇中的近代中国都市与乡村国际学术研讨会”在浙江省杭州市举行，该研讨会由中国社会科学院近代史所、杭州师范大学历史系、香港中文大学崇基学院宗教与中国社会研究中心主办，杭州师范大学历史系承办。研讨会重点围绕近代中国都市与乡村的相关问题展开学术讨论，展示海内外中国近代史都市与乡村相关领域研究的最新成果。本所段琦研究员、《世界宗教研究》编辑部袁朝晖参加会议，发表论文并主持相关会议。

• 2013 年 10 月 14 日，第二届中华佛教宗风论坛组委会第六次会议在弘法寺佛学院举行，黄夏年应邀作为组委会秘书长参加会议。

• 2013 年 11 月 15 日上午，本所杨曾文、黄夏年研究员应邀参加上海玉佛禅寺第十二届“觉群文化周”暨“当代佛教的历史使命与社会责任”研讨会。

• 2013 年 11 月 23—29 日，中国社会科学院与教育部联合组织的“根在基层·中国梦”陕西省商洛市丹凤县峦庄镇“基层教育发展和工作状况”青年国情调研项目如期进行。调研组共计 10 人，教育部与中国社会科学院各 5 名同志参与此次调研。调研组通过和学校及当地教育主管部门的充分沟通和了解，采取分组调研，集中突破、广听博思、重点分析的方式，通过个别采访、集体座谈、单独旁听、随机抽访、课堂考察等形式，初步了解了当地教育发展状况，并就当前我国山区贫困中小学教育现状等热点问题写出了一系列的对策报告。本所编辑部袁朝晖参加了此次调研活动并担任组长。

（十）《世界宗教文化》编辑部

1. 新书目

• 由郑筱筠主编，中国社会科学出版社出版的论文集《东南亚宗教与社会发展研究》于2013年1月出版，全书43万字。

2. 创新交流

• 2013年4月19—28日，郑筱筠研究员应邀参加中央统战部南传佛教调研项目组，到云南西双版纳、德宏地区和临沧地区开展南传佛教现状调研。

• 2013年4月24日，郑筱筠应国家宗教事务局培训中心之邀，为来自全国各地的宗教管理干部讲授“当代中国宗教慈善的理论及实践模式”课程。

• 2013年5月31日，郑筱筠应邀参加由中国社会科学院社会政策研究中心、社会科学文献出版社举办的“2013《慈善蓝皮书》发布暨中国慈善事业发展研讨会”，并在会上作《2012大陆、台湾、澳门宗教慈善发展报告》的主旨发言。

（十一）当代宗教研究

1. 新书目

• 由本所金泽、陈进国主编的论文集《宗教人类学》（第4辑）于2013年9月由社会科学文献出版社出版，全书45.6万字。

• 由本所金泽、邱永辉主编的《宗教蓝皮书：中国宗教报告（2013）》于2013年9月由社会科学文献出版社出版，全书34.6万字。

• 本所孙波的著作《徐梵澄精神哲学入蹊》于2013年10月由华东师范大学出版社出版，全书18.5万字。

2. 创新交流

• 2013年11月16日，中国民俗学会第七届常务理事会第九次会议在西安市召开，学会会长朝戈金主持了会议，学会秘书长叶涛汇报了学会近期的工作。会议讨论并通过了《中国民俗学奖评审条例》，并责成秘书处尽快启动2013年度中国民俗学奖（青年学术奖）的推荐与评审工作。在讨论过程中，与会各位常务理事就参评成果作者的年龄、评审程序、奖励名额等进行了充分磋商，达成了一致意见。鉴于学会法人代表刘魁立年龄已经超过国家规定的最高年限，本次会议通过了朝戈金会长提出的由秘书长叶涛担任学会法人代表的议案，会后将按照国家社团管理部门的规定办理更换法人代表的手续。

（十二）中国宗教学会

1. 新书目

• 由中国宗教学会秘书处编辑的论文集《中国宗教学（第4辑）》于2013年1月由宗教文化出版社出版，全书35万字。

2. 创新交流

• 2013 年 6 月 8 日，“宗教与中华文化软实力高层论坛暨 2013 年中国宗教学会年会”召开，论坛由中国宗教学会、中国社会科学院世界宗教研究所、华侨大学联合举办。中国宗教学会常务副会长、中国社会科学院世界宗教研究所党委书记曹中建，华侨大学校长贾益民、副校长张禹东，福建省民族与宗教事务厅副厅长林致知，中国伊斯兰教协会副秘书长张广林，中国道教协会副会长林舟，中国宗教杂志社副主编胡绍等出席会议并致辞。针对宗教在文化软实力中扮演的角色问题，学者一致认为，在现代化进程中，必须尊重民族优秀传统文化。中国传统文化的主干，是以儒释道为主体的文化。因此，我们要阐扬中国优秀传统文化，包括宗教文化的合理价值，建设一个以人文、理性与天下意识为特征的具有全球领导力的新文化。

• 2013 年 9 月 2—3 日，“2013 中国宗教研究五十人论坛”在云南民族大学举行，论坛由中国社会科学院文学哲学学部、中国宗教学会、中国社会科学院世界宗教研究所、云南民族大学联合主办。来自全国各地各高校和研究机构的宗教学界知名学者以及云南民族大学的部分师生近百人汇聚一堂，共同研讨“宗教与文化多样性”这一理论意义深远、现实意义重大的课题。研讨会上，与会者围绕“宗教与少数民族文化、当代宗教与中国社会文化变迁、宗教管理与文化建设、宗教与中国传统文化、多元宗教和谐相处、跨境民族地区宗教文化交流”等议题展开深入讨论。

• 2013 年 11 月 3—4 日，由中国社会科学院、中国宗教学会主办，中国社会科学院世界宗教研究所承办的中国社会科学论坛（2013 · 宗教学）——“世界宗教与文明对话”国际学术研讨会在京召开。中国社会科学院世界宗教研究所卓新平所长、曹中建书记出席会议并致辞。

• 2013 年 11 月 22 日，由中国宗教学会、中国社会科学院基督教研究中心主办，燕京神学院协办的“基督教与和谐社会建设”国际论坛在北京召开。国家宗教事务局副局长蒋坚永，中国社会科学院世界宗教研究所所长卓新平、书记曹中建，中国基督教三自爱国运动委员会副主席，北京市基督教三自爱国运动委员会主席，燕京神学院副董事长蔡葵等出席并向大会致辞。

• 2013 年 12 月 8—9 日，由中国社会科学院世界宗教研究所、中国宗教学会主办的“世界宗教与文化战略”研讨会在京召开。中国社会科学院世界宗教研究所所长、中国宗教学会会长卓新平，书记曹中建出席会议并致辞。大会围绕宗教与文化战略、中国传统文化与宗教、宗教与中国社会、基督教中国化研究等问题展开讨论。

• 2013 年 12 月 26 日，由世界宗教研究所、中国宗教学会、甘肃省泾川县人民政府主办的“甘肃泾川佛教文化”学术研讨会在京召开。此次研讨会围绕“甘肃泾川佛教文化”进行了深入探讨交流。中国社会科学院世界宗教研究所党委书记曹中建、副所长金泽、副所长郑筱筠，著名学者楼宇烈、方立天、杨曾文等参会并发言。

（十三）科研管理

1. 新书目

• 由本所曹中建主编，郑筱筠作为执行主编的工具书《中国宗教研究年鉴（2011—2012）》于 2013 年 7 月由中国社会科学出版社出版，全书 181.9 万字。

2. 创新交流

四　院及所内学术讲座

• 2013 年 4 月 16 日上午，本所在大会议室进行学术讲座，题目为“朝觐：牺牲与超越——朝觐仪式的亲历与观察”，由本所博士后敏俊卿主讲。朝觐是伊斯兰教基本宗教制度和宗教功课之一，是世界上最宏大的宗教仪式。其意义为向指定目的而出发，特指穆斯林到伊斯兰教圣地麦加履行相关的宗教仪式。主讲人通过讲述自己亲历朝觐活动的过程，与大家分享朝觐仪式的盛况与内涵。

• 2013 年 4 月，为深入学习贯彻党的十八大精神，应中国社会科学院计财局邀请，本所纪华传、李林、唐晓峰、李志鸿为该局员工做佛教、伊斯兰教、基督教、道教和民间宗教基础知识讲座，受到听众欢迎。计财局段小燕局长全程与会。

• 2013 年 4 月 19 日下午，“宗教学英文名著研读工作坊”同仁在本所资料室，研读：Robert N. Bellah，*The first Chapter of Religion in Human Evolution*，*From the Paleolithic to the Axial Age*，pages 175 – 182，（罗伯特·贝拉：《人类演化中的宗教：从旧石器时期到轴心时代》，第 175—182 页）。

• 2013 年 10 月 22 日上午，新疆师范大学民族学与社会学学院阿地力·阿帕尔教授在世界宗教研究所小会议室做报告，题为“维吾尔族伊斯兰文化中的萨满现象”，本所伊斯兰教研究室、基督教研究室、马克思主义宗教观研究室、宗教艺术研究室以及中国社会科学院外国文学研究所的十余位学者参加了此次讲座。

• 2013 年 11 月 7 日上午，戈国龙研究员在所大会议室，为新一届研究生作专题讲座，主题为“禅道漫谈：生活智慧的开启”。

• 2013 年 12 月 18 日上午，本所“宗教人类学名家讲座”第 8 讲在所会议室举行。此次学术讲座由本所当代宗教研究室与巴哈伊研究中心共同举办。该系列讲座是中国社会科学院 2009 年开始重点扶持的“交叉学科”——宗教人类学的项目之一，系由金泽研究员和陈进国博士共同主持，目前共举办了三届“宗教人类学学术论坛”，出版了多本《宗教人类学》年刊，已经成为中国及周边地区的宗教人类学者最重要的学术交流平台。宗教人类学名家系列学术讲座最终也会结集出版。此次受邀的主讲嘉宾是香港大学社会学系著名人类学家——宗树人（DAVID A. PALMER）博士，讲座的主题是“洋人道教：灵性个人主义与中国传统文化的全球传播”。来自中国社会科学院各个科研院所、中国道教协会、国际友谊促进会、中国藏学研究中心、北京大学、中国人民大学、北京师范大学、中央民族大学、北京联合大学、青岛大学、西藏大学、《炎黄地理》杂志等机构和单位的 20 多人参加了本次学术讲座。此次学术讲座由本所当代宗教研究室副主任、“宗教人类学交叉学科”项目负责人之一陈进国博士主持。演讲结束后，本所所长、巴哈伊研究中心主任卓新平研究员、巴哈伊研究中心副主任邱永辉研究员与宗树人博士就“巴哈伊信仰与可持续性社会”合作研究项目的相关事宜进行了友好的磋商，并达成了共识。

• 2013 年 12 月 24 日上午，中国社会科学院荣誉学部委员、伊斯兰教研究专家金宜久研究员在本所大会议室做专题学术讲座，题为“苏非主义在中国”。这是由中国社会科学院世界宗教研究所伊斯兰教研究室主办的系列讲座。金宜久先生从自己从事苏非主义研究的经历讲起，对苏非主义的起源、哲理、典籍、神秘主义特征、派别属性等问题深入浅出，娓娓道来，并解答了现场听众提出的问题，尽显大家风范。参加讲座的听众达数十人，分别来自本所、外文所和少文所以及中央民族大学、陕西师范大学、中国伊协、中国经学院、北京市经学院等单位。

五 外事活动及与港澳台的交流

（一）本所人员出访

• 2013 年 1 月 15—20 日，张总研究员受印度英迪拉甘地国家艺术研究中心邀请，赴印度参加“佛教理论与阿底峡在汉藏地区形象比较研究”国际学术研讨会。

• 2013 年 1 月 16 日—2 月 7 日，宗教艺术研究室博士后王敏庆应法国远东学院邀请，前往巴黎进行了一次短期交流访学。访学期间受到法兰西学院院士、远东学院院长 FranciscusVerellen 教授热情接待，并赠送了相关研究书籍。18 日她在远东学院介绍了其研究领域及论文《敦煌莫高窟 428 窟佛塔形制渊源考》。她主要选听的课程有郭丽英教授的佛典导读和巴黎高等实践学院皮诺教授的吐火罗文与中亚文化。参观了卢浮宫、凡尔赛宫、吉美博物馆、奥塞美术馆、亚洲艺术博物馆、犹太人历史艺术美术馆、克吕尼中世纪博物馆等。实地考察教堂 7 座。此外，还申请观看了收藏于法国国家图书馆的珍贵的敦煌卷子五件，其中三件为特藏。

• 2013 年 1 月 21—28 日，由中国社会科学院世界宗教所高级佛学研究中心王志远主任为团长、雍和宫大管家马志德为副团长一行 16 人赴斯里兰卡参学巴利语系佛教。在斯里兰卡参学期间，得到万萨法师（全称：Kirimetiyane Wimalawansa）的大力支持和该国官方与佛教界提供的诸多方便和关照。嘉木扬·凯朝也参加了此次活动。

• 2013 年 3 月 25—31 日，卓新平所长率当代宗教研究室邱永辉、陈进国、叶涛、王潇楠等专家学者，对澳大利亚宗德孔孟协会、澳洲孔孟道德会和澳洲忠恕道院进行了参访。台湾中华文化国际交流促进会理事长李玉柱和台湾中华华夏文化交流协会董事长沈智慧等人陪同参访。

• 周齐研究员作为德国埃尔朗根—纽伦堡大学国际人文研究中心的顾问委员，应邀参加该中心于 2013 年 5 月 29 日至 6 月 2 日举办的“符号阅读——中国历史上的预测学语言”学术研讨会，并就中国历史上的预测学语言这一论题与该研究中心学者进行学术交流。

• 2013 年 6 月 15 日—7 月 3 日，唐晓峰副研究员赴芬兰图尔库参加中国民族出版社与荷兰博睿出版社共同举行的“当代中国宗教研究精选丛书”部分书籍的英文版发行仪式。

• 2013 年 6 月 27 日，本所唐晓峰副研究员应邀赴芬兰赫尔辛基大学参加“中国与北欧学术论坛”，以及《中国当代宗教学丛书》首发式。

• 2013 年 6 月 30 日，本所周齐研究员作为德国埃尔朗根—纽伦堡大学国际人文研究中心的顾问委员，应邀参加 6 月 30 日至 7 月 3 日举行的“国际人文研究中心顾问委员会”年会，审核及商讨该研究中心“命运、自由及预测——东亚与欧洲的比较”国际合作项目。

• 2013 年 8 月 20—25 日，卓新平所长赴英国牛津大学参加宣道研究中心主办的“基督教信仰与当代中国社会思潮学术研讨会”。

• 2013 年 10 月 1 日—11 月 30 日，张总研究员应德国海德堡学术院邀请，赴德国进行合作研究，参与雷德侯教授主持的中德合作《中国佛教石经》项目。张总研究员此次出访对于促进本所学者与德国学者在中国佛教研究领域的学术合作有重要意义。

• 2013 年 10 月 2—6 日，受宋庆龄基金会委托，卓新平所长作为与会中国代表团团长出席在希腊罗德岛召开的第 11 届“文明对话——世界公众论坛”。来自 60 多个国家和地区的 600 余名代表与会，宋庆龄基金会组织的中国代表团由 12 位学者组成，此外还有一些中国学者作为个人代表参会。罗德岛论坛（Rhodes Forum）于 2003 年创办，旨在推动当代世界各文明之间的对话及理解，形成世界文化共同体的发展。该论坛为非政府组织的文化学术活动，其讨论的内容涉及政治、经济、思想、文化、宗教等话题，而且还比较突出宗教文化和人的灵性等精神意义。罗德岛论坛由俄罗斯人为主创办，并联合了奥地利、美国等国学者及前政要共同参与，其总部分别设在俄罗斯的莫斯科和奥地利的维也纳，因此俄国与会者占了该论坛参加者的一半以上，反映出俄罗斯的政治及文化影响。论坛每年秋季在希腊罗德岛举行，迄今共已召开 11 届，有着广泛的国际影响。此届论坛的主题是“世界图景之时代”（The Age of World Picture），旨在描述当代世界多元文化的发展及其复杂图景。会议语言为俄文、英文、中文和希腊文等，会场设有同声传译。此次中国学者除了参加大会主题发言和一般发言之外，还应论坛之邀专门组织了中国圆桌会议，主题是“面向未来：多元视角下的中国与世界”。论坛首场全体大会由创始主席弗拉基米尔·雅库宁（Vladimir Yakunin）主持并发表主题讲演，随之他邀请卓新平所长作为第二个发言者代表中国发表主题讲演。卓新平的讲演主题为“以多元文化包容争取世界和谐”，其主题发言获得大会的热烈欢迎和巨大反响。此外，卓新平所长还主持了本次论坛的中国圆桌会议，组织了关于中国话题的讨论。罗德岛论坛主席雅库宁、共同主席阿尔弗雷德·古森鲍尔以及俄罗斯、美国、英国、印度、日本等国的 30 多人出席了中国圆桌会议，其中包括俄罗斯研究中国问题的资深学者和著名汉学家出席，大家围绕中国学者的发言展开了热烈讨论。圆桌会议结束后，雅库宁主席及论坛组委会还与中国代表团专门进行会谈，与卓新平所长等中国学者进行了交流，并表达了今后进一步合作的意向。罗德岛论坛结束后，卓新平所长还与中国代表团成员到雅典拜访了中国驻希腊大使馆，与杜大使进行了会谈交流。

• 2013 年 10 月 8—17 日，根据中共中央对外联络部联出字［2013］89 号出国、赴港澳任务批件，批准由严隽琪同志等 12 人，自经印度组团前往尼泊尔、斯里兰卡，对尼泊尔和平与团结理事会、斯里兰卡探路者基金会进行访问。本所邱永辉研究员作为成员随团执行访问任务。

• 2013 年 10 月 10—11 日，《世界宗教研究》编辑部李建欣博士参加了由复旦大学文史研究院与加拿大英属哥伦比亚大学亚洲研究系主办的“中古世界的佛法与王法”国际学术研讨会，并在会议上宣读了论文《佛教传说中的转轮圣王阿育王对隋文帝的影响》。

• 2013 年 10 月 10—15 日，叶涛研究员应东京大学东洋文化研究所菅丰教授邀请，参加在日本东京大学召开的“日本民俗学会第 65 届年会”，并发表论文《中国民俗学会与非物质文化遗产保护》。

（二）外国研究机构人员来访

• 2013 年 1 月 15 日下午，美国南美以美大学（Southern Methodist University）博金斯

学院新约教授温司卡（Sze-ka Wan）一行26人来中国社会科学院基督教研究中心访问，双方就中国宗教政策、中国基督教现状以及中美关系中的基督教等问题进行了热烈讨论。卓新平所长等参加会见。

• 2013年11月6日，马来西亚“世界中和组织”（Global Movement of Moderates）首席执行官 Dato' Saifuddin Abdullah 一行到访本所，卓新平所长等会见了客人，宾主双方进行了亲切友好的交流。

（三）外方及港澳台学者讲座

• 2013年3月28日，中美“宗教心理学”座谈会在本所大会议室举行。金泽副所长致辞，美国富勒心理学院 Alvin Dueck（杜爱文）教授随后介绍了与会的美国学者和嘉宾，座谈会由梁恒豪博士主持。Todd E. Johnson 教授首先发表了题为《礼拜仪式中国化的思考》的论文，唐晓峰副研究员围绕基督教中国化的主题进行了回应并提出了自己的观点。梁恒豪博士发表题为《一位中国佛教徒皈依的文化心理学分析》的论文。J. R. Daniel Kirk 教授在座谈会上发表题为《殉难、拯救与和平》的论文，杨华明博士针对相关主题进行了自己的解读。Alvin Dueck 教授发表题为《道德发展的文化心理学》的论文，梁恒豪博士针对文化心理学和道德发展的主题做出了评论并提出了自己的问题。本所的硕士研究生、博士研究生、博士后以及宗教学理论研究室和基督教研究室的相关学者参与了座谈会，并积极发言参与交流，讨论非常热烈。最后，金泽副所长做总结发言，他感谢了发表论文的四位学者，感谢与会学者的积极参与，与以往相比，此次座谈会时间比较充裕，讨论更加深入，并对双方以后进一步的合作和交流提出了希望。

• 2013年5月7日上午，中法学者关于宗教研究的对话在本所举行。中方参加学者主要有卓新平研究员、金泽研究员、王卡研究员、魏道儒研究员、黄夏年编审、张总研究员、尕藏加研究员、李建欣副编审、李志鸿副研究员、李华伟博士、王敏庆博士以及历史研究所的雷闻研究员、哲学研究所的任蜜林副研究员、北京师范大学的鞠熙博士等。法方参加对话的学者有法国远东学院（EFEO）吕敏（Marianne Bujard）研究员、范华（Patrice Fava）研究员和王微（Fran . oise Wang née Toutain）研究员。吕敏研究员围绕《中国中古时代的宗教与社会》（巴黎：利氏学社，2009年，728页）一书，简要介绍了法国的中国宗教研究情况。王微研究员介绍了自己的佛教研究以及法国的佛教研究。范华研究员介绍了法国宗教研究的最新进展：从宗教到本体论的转向。中方学者做出热烈的回应，双方就共同关心的问题开展了有益的讨论。双方都认为中法宗教学术界就宗教研究尤其是中国宗教研究开展多种形式的交流和对话是十分有益的，希望以后能酝酿并形成固定的平台，以有利于中法学者在宗教研究方面的深入交流和宗教研究的繁荣昌盛。

• 2013年5月28日，美国亚利桑那州立大学陈怀宇博士在本所以“从佛教学到佛教研究：一些回顾与反思”为题做学术报告，这是《世界宗教研究》编辑部所创办的“《世界宗教研究》年度主题讲座”的第一讲。副所长金泽研究员致辞并介绍了主讲人的学术经历和学术成果，讲座由《世界宗教研究》编辑部副主任李建欣博士主持。陈怀宇博士是近几年脱颖而出的中国宗教研究新秀，仅在2012年就出版了《动物与中古政治宗教秩序》（上海古籍出版社）、《近代传教士论中国宗教：以慕维廉〈五教通考〉为中心》（世纪出版集团、上海人民出版社）和《景风梵声：中古宗教之诸相》（宗教文化出版社）三部著作，2013年3月又出版了新著《在西方发现陈寅恪：中国近代人文学的东方学与西学背景》（北京师范大学出版社），成果卓著。陈博士结合其新著，重点讲述了佛教学在东方学背景下的产生与发展、以陈寅恪为代表的中国现代佛教学者在西方东方学中的学术谱系，介绍了佛教研究在现代的转型，其中以牛津大学教授贡布里希为代表的社会史研究和近些年流行的新文化史研究。陈博士的讲述使与会者对佛教研究在西方的学术发展过程以及对中国佛教的影响有了更进一步的认识，相信会对各自以后的相关研究有所助益。宗教所相关研究室研究人员、研究生及所内外人士参加了这次讲座。

• 2013 年 5 月 28 日，美国曼荷莲学院（Mount Holyoke College）历史系教授、系主任霍莉·汉森（Holly Hanson）博士，在本所作题为“世界宗教与非洲进步的挑战”的学术报告。霍莉教授利用她对乌干达历史的研究，尝试探索信仰伊斯兰教、基督教和巴哈伊教的非洲人，如何解决他们面临的各种社会问题。演讲结束后，部分听众向霍莉教授提出一些问题，进行了热烈讨论。这次讲座由本所巴哈伊中心组织。来自巴哈伊研究中心、伊斯兰教研究室、基督教研究室的部分学者，以及部分博士研究生参加了这次学术活动。

• 2013 年 5 月 28 日，俄罗斯科学院访问学者、远东研究所研究员、情报文献中心主任戈尔布来本所交流座谈。马克思主义宗教观研究室张雅平研究员主持会议，金泽副所长、魏道儒研究员、黄奎副研究员、唐晓峰副研究员、石衡潭副研究员、白文飞、郑天星、王帅、刘志、李懿以及人民大学何虎生教授等学者参加，与会者就中俄两国宗教现状研究中的佛教、基督教、宗教政策等相关问题进行了交流讨论。王帅博士做翻译。

• 10 月 22 日，本所在大会议室举办“电影与宗教价值”主题讲座，邀请美国富勒神学院副院长 Fred Messick 教授、富勒神学院 RobertK. Johnston 教授、Catherine M. Barsotti 教授和富勒神学院电影研究中心主任 Eugene Suen（孙向辰）教授主题演讲。副所长金泽参加主持讲座，相关学者参加讲座。

• 2013 年 11 月 12 日下午，乌兹别克斯坦科学院历史所学者希加布基诺夫·里纳特·纳奇梅基诺维奇在中国社会科学院世界历史研究所侯艾君副研究员的陪同下，在本所大会议室做了主题为“20 世纪 40—80 年代中亚的非官方伊斯兰教”的学术讲座。伊斯兰教研究室全体成员、周燮藩研究员、马克思主义宗教观研究室曾传辉研究员、基督教研究室杨华明、宗教艺术研究室张小燕等学者参加了讲座。希加布基诺夫在充分研究档案文献的基础上认为，卫国战争后期成立的官方伊斯兰机构“中亚穆斯林宗教事务管理局”具有矛盾属性，一方面旨在监督和控制宗教活动，另一方面又要维护宪法对宗教信仰的认可和对合法宗教活动的保护，因此难以满足民众对宗教生活的现实需求，从而一定程度上激发了非官方伊斯兰教在民间的传播和发展。此外，他还介绍了现当代中亚地区，尤其是乌兹别克斯坦和吉尔吉斯斯坦两国伊斯兰教的发展状况及相关影响，以及面临的主要问题。讲座结束后，双方学者还进行了热烈的交流与互动，探讨了一些共同关心的热点问题。双方一致期望今后进一步加强中乌两国学者在伊斯兰研究领域的学术交流与合作。

（四）与港澳台的交流

• 2013 年 7 月 9—13 日，卓新平所长赴香港参加香港汉语基督教文化研究所举办的“和谐共融：基督宗教在当代中国的社会作用”学术研讨会，就现代社会的宗教角色及功能进行研讨。

• 2013 年 7 月 10—14 日，李华伟博士赴香港中文大学参加“宗教、灵性资本与公民社会”学术研讨会。

• 2013 年 8 月 23—26 日，嘉木扬·凯朝副研究员赴香港理工大学，参加“第一届慈宗国际学术论坛”。

（五）国外访问学者

• 2 月 22 日，卓新平所长等会见韩国监理会神学大学校长朴钟天教授、牧园大学前校长李君镐教授等一行 6 人，并同来访者进行了亲切交谈。韩方客人首先介绍了近年来韩国基督教学术研究的概况，卓新平所长也向客人通报了中国社会科学院世界宗教研究所基督教研究室和中国社会科学院基督教研究中心的研究和对外交往情况，宾主双方还就今后进一步加强合作研究进行了磋商和交流，并初步达成了共识。中国社会科学院世界宗教研究所参加座谈会的还有周伟驰、李林、孙艳燕、杨华明、王帅等。